RELIGIONEN DER WELT

RELIGIONEN DER WELT

IN GESCHICHTE UND GEGENWART

Herausgegeben von Monika und Udo Tworuschka

Faktum
LEXIKON INSTITUT

AUTORISIERTE SONDERAUSGABE FÜR BASSERMANN VERLAG

Layout: Schmidt Design/Klaus Numberger
Satz: Veit-Rost Typographie, Ingolstadt

55005X817 2635 4453 6271

03 02 01 00

VORWORT

Das Interesse an Religion und Religionen hat in den letzten Jahren erheblich zugenommen. Ohne Berücksichtigung des religiösen Faktors ist nämlich das gegenwärtige Weltgeschehen oft nicht zu verstehen. So spielen die Religionen eine Rolle im wirtschaftlichen, politischen, sozialen und kulturellen Leben ihrer Länder: ob wir in den Nahen und Mittleren Osten schauen (Stichworte: Re-Islamisierung, Fundamentalismus) oder in das bislang katholische Brasilien, das von den Pfingstlern zu einem protestantischen Land gemacht zu werden scheint.
Unsere Welt ist kleiner geworden: »Ost ist Ost und West ist West – nie werden die beiden zusammenkommen« – so formulierte einst pathetisch Rudyard Kipling. Er hat sich geirrt: Tibetischer Buddhismus findet sich in der katholisch geprägten Voreifel oder im Sauerland. Muslime sind mit ca. zwei Millionen Gläubigen inzwischen die zweitgrößte Religionsgemeinschaft in Deutschland. Jeder 5. Europäer glaubt einer wissenschaftlichen Untersuchung zufolge an die Seelenwanderung. Die Zahl »neuer Religionen« hat im 20. Jahrhundert erheblich zugenommen. In das öffentliche Bewußtsein ist die weltweite religiöse Renaissance wohl erst durch die sogenannten »Jugendreligionen« getreten bzw. durch »New Age«, die »Esoterik- und Okkult-Welle« oder durch den Fundamentalismus, der sich in vielen Religionen findet. Im säkularisierten Japan sind nach dem Zweiten Weltkrieg hunderte neuer Religionen entstanden. Der Islam mit weltweit einer Milliarde Bekenner ist – nachdem er in den 1950er und 60er Jahren noch totgesagt war – zur bedeutsamen Lebensmacht geworden.
In den Mittelpunkt des Interesses hat sich in letzter Zeit das Stichwort von der »Multikulturellen Gesellschaft« geschoben: In den unterschiedlich stark säkularisierten Ländern Westeuropas sind immer weniger Gesellschaften anzutreffen, die kulturell-religiös homogen sind. Die Religionen sind heutzutage weniger denn je auf ihre Ursprungsgebiete beschränkt. Vielmehr haben sie sich über die ganze Welt hin ausgebreitet und wurden vor neue Probleme gestellt.
Das »Bertelsmann Handbuch Religionen der Welt« enthält einerseits Überblicksdarstellungen zu den Religionen, präsentiert ihre Kernaussagen und gibt Einblicke in die Praxis. Neuartig ist der Versuch, die Religionen regional darzustellen. Selbstverständlich ist es unmöglich – in einem Band – alle Religionen der Welt zu behandeln. Da es um die Religionen der Gegenwart geht, sind alle »vergangenen Religionen« nicht aufgenommen worden. Doch auch bei den »lebenden Religionen« mußte ausgewählt werden. Ein besonderes Augenmerk haben die Herausgeber dabei nicht nur auf traditionelle »Kernländer« der einzelnen Religionen gelegt, sondern auch auf die Situation religiöser Minderheiten, insbesondere in den westeuropäischen Ländern: Artikel über Hinduismus in Großbritannien, Buddhismus in Deutschland oder Islam in Frankreich mögen nur auf den ersten Blick »exotisch« wirken, machen jedoch schlaglichtartig deutlich, daß die zeitgenössische Religionsgeschichte von einer erstaunlichen Dynamik gekennzeichnet ist. Vollständigkeit war nicht unser Ziel, insbesondere nicht im Bereich der kleineren Religionstraditionen.
Aus dem Interesse des Handbuches an den gegenwärtigen Religionen ergeben sich weitere Schwerpunkte: In Form von »Essays« wurden ausgewählte Probleme dargestellt, die in der augenblicklichen Diskussion eine Rolle spielen und dem gewachsenen Informationsbedürfnis des religionswissenschaftlichen bzw. theologischen »Laien« entgegenkommen wollen. Ein umfangreiches Glossar schlüsselt die meisten der in den Texten vorkommenden unbekannten Begriffe auf und enthält zahlreiche Querverweise, die zum Weitersuchen animieren sollen.
Ein Handbuch dieser Größenordnung kann heutzutage niemand mehr allein schreiben. Herausgeber und Verlag freuen sich, weit über 100 Fachkolleginnen und Fachkollegen aus vielen Teilen der Welt zur Mitarbeit an diesem Werk gewonnen zu haben. Ihnen sei dafür an dieser Stelle ausdrücklich gedankt.

Monika und Udo Tworuschka

Verzeichnis der Mitarbeiterinnen und Mitarbeiter:

Abun-Nasr, Jamil M., Prof. Dr., Bayreuth
Ahmed, Munir D., Dr., Hamburg
Ammar, Abdul-Fattah, Dr., Köln
Anschütz, Helga, Dr., Reinbek bei Hamburg
Balić, Smail, Dr., Zwerndorf, Österreich
Balsiger, Max Ulrich, Meikirch, Schweiz
Banks, Marcus, Dr., Oxford, Großbritannien
Baumann, Christoph Peter, Basel, Schweiz
Baumann, Martin, Bielefeld
Baumgarten, Reinhard, Stuttgart
Becken, Hans-Jürgen, Dr., Stuttgart
Boden, Gertrud, Dr., Köln
Brodd, Sven-Erik, Dozent Dr., Schweden
Brown, Alan, Director, London
Carey, Patrick W., Prof. Dr., Milwaukee, USA
Clarke, Peter B., Dr., London, Großbritannien
Cüppers, Christoph, Dr., Düsseldorf
Das, Rahul Peter, Dr., Quickborn
Dauth, Jürgen, Singapur
El-Droubie, Riadh, Dr., Croydon, Großbritannien
Escobar, Samuel, Prof. Dr., Wynnewood, USA
Fendl, Regina, München
Finkelstein, Eitan, München
Gareis, Iris, Dr., München
Gern, Wolfgang, Dr., Reicheltsheim
Gerritsen, J.H., Den Haag, Niederlande
Gesch, Patrick F. SVD, Papua-Neuguinea
Glüer, Winfried, Dr., Stuttgart
Grafe, Hugald, Dr., Hildesheim
Halm, Heinz, Prof. Dr., Tübingen
Hamer, Heyo E., Dr., Bocholt
Hanada, Nobuhisa, Prof. Dr., Fukuoka, Japan
Haug, Hellmut, Dr., Stuttgart
Hauptmann, Peter, Prof. Dr., Münster
Hecking, Hans-Peter, Aachen
Heinonen, Reijo, Dozent Dr., Naantam, Finnland
Hock, Klaus, Dr., Nigeria
Hoheisel, Karl, Prof. Dr., Bonn
Holm, Nils G., Prof. Dr., Abo/Turku, Finnland
Huhta, Simo, Jervenpää, Finnland
Illman, Karl-Johan, Prof. Dr., Finnland
Jah, Cherif Abderrahman, Prof. Dr., Spanien
Jahn, Bruno, München
Jokisch, Karl, Dr., St. Augustin
Kamphausen, Erhard, Dr., Hamburg
Kassian, Günther, Dr., Bonn
Kirste, Reinhard, Dr., Nachrodt
Klautke, Heinz, OKR, Hannover
Klöcker, Michael, Prof. Dr., Köln
Kollmar-Paulenz, Karenina, Dr., Königswinter
Koschorke, Klaus, Dr. Dr., Worb
Kotte, Heinz, Dr., Bochum
Krämer, Gudrun, Dr., Ebenhausen
Krochmalnik, Daniel, Dr., Heidelberg
Kröger, Wolfgang, Dr. Dr., Neuenburg
La Torre, Guiseppe, Palermo, Italien
Loth, Heinz-Jürgen, M.A., Neuss
Magonet, Jonathan, Dr., Rabbiner, London
Mahlke, Reiner, Dr., Berlin
McKenzie, Peter R., Prof. Dr., Großbritannien
Modehn, Christian, Berlin
Moritz, Ralf, Prof. Dr., Leipzig
Mürmel, Heinz, Dr., Leipzig
Natvig, Richard, Dr., Bergen, Norwegen
Nesbitt, Eleanor, Dr., Coventry, Großbritannien
Neu, Reiner, Prof. Dr., Wesel
Nolte, Harald, Köln
Nye, Malory, London, Großbritannien
Okubo, Masayuki, Prof. Dr., Kurume, Japan
Oosthuizen, Gerhardus C., Prof. Dr., Südafrika
Oppenheim, Paul, Auslandspfarrer, Singapur
Oschlies, Wolf, Köln
Palmié, Stefan, Dr., München
Prudký, Martin, Dr., Prag, CSFR
Reiter, Florian, PD Dr., Gerbrunn
Ricca, Paolo, Prof. Dr., Rom
Riplinger, Thomas, Dr., Heidelberg
Rotholz, Walter, Dr., München
Rubinstein, William D., Prof. Dr., Australien
Rudnicka, Agnieszka, Berlin
Rzepkowski, Horst, Dr. SVD, St. Augustin
Schlang, Stefan, Dr., Hedeper
Schleip, Dietrich, Stuttgart
Schleßmann, Ludwig, Köln
Schreiner, Lothar, Prof. Dr., Wuppertal
Schultze, Herbert, Dr., Hamburg
Schulze, Reinhard, Prof. Dr., Bonn
Schumann, Olaf H., Prof. Dr., Hamburg
Schwartz, Shuly Rubin, Dr., New York, USA
Senft, Josef, Dr. habil., Köln
Siebel-Robra, Barbara, Witten
Sievernich, Michael, S.J., Prof. Dr., Frankfurt
Sonn, Wolfgang, Dr., Freiburg
Stehly, Ralph, Prof. Dr., Strasbourg, Frankreich
Stern, Zuzana, München
Stuart-Fox, David, Dr., Leidendorp, Niederlande
Suermann, Harald, Dr., Aachen
Sundermeier, Theo, Prof. Dr., Heidelberg
Triebel, Johannes, Dr., Neuendettelsau
Tworuschka, Monika, Dr., Bad Münstereifel
Tworuschka, Udo, Prof. Dr., Bad Münstereifel
Utitz, Zev, Hachotrim, Israel
van den Boom, Marien, Dr., Niederlande
van Dijk, Alphons, Dr., Zeist, Niederlande
van Oers, B., Niederlande
van Voolen, Edward, Drs., Rabbiner, Amsterdam
vom Bruck, Gabriele, London, Großbritannien
von Wedel, Ezzelino, Bremen
Westerman, Wim E., Drs. Santpoort, Niederlande
Wießner, Gernot, Prof. Dr. Dr., Göttingen
Writer, Rashna, Dr., Großbritannien
Yabu, Toshiya, Prof. Dr., Fukuoka, Japan
Yagi, Seiichi, Prof. Dr., Tokio, Japan
Ziakas, Grigorios, D., Prof. Dr., Griechenland

Übersetzer:
Dufner, Karin, München
Gockel, Gabriele, München
Rethmann, Petra, München
Traub, Hartmut, München

Hinweise für die Benutzung des Handbuches

Schreibweise der fremdsprachlichen Ausdrücke

Bei Namen und Begriffen aus fremden Schriftsystemen wurde eine vereinfachte Umschrift zugrunde gelegt. Eingedeutschte Namen und Begriffe werden in der bei uns allgemein üblichen Form geschrieben:
Also: Koran statt Qur an; Schia statt Shia.
Begriffe werden ohne Längenangaben und diakritische Zeichen wiedergegeben.

Sanskrit: Statt:

cakra:	chakra	
Visnu:	Vishnu	
Rgveda:	Rigveda	
Siva:	Shiva	

Aussprache:

ch sprich tsch	(chakra: tschakra)	
sh	sch	(Vishnu: Vischnu)
v	w	(Shiva : Schiwa)
y	j	(yantra: jantra)
j/jh	dsch	(jnana: dschnana)

Japanisch:
Sowohl in Japan als auch international ist es üblich, die Hepburn-Umschrift zu verwenden:
Aussprache:

s sprich stimmloses s		(deutsch: Haß)
z stimmhaftes s		(deutsch: Sand)
ch	tsch	(deutsch: Matsch)
tsu		(wie deutsch z)
y	j	deutsch: ja)
j	dsch	(deutsch: Dschungel)
ei	ee	(deutsch: Tee)

Arabisch:
Die diakritischen Punkte und Längen sowie die Buchstaben »ain« und »hamza« wurden aus Gründen leichterer Lesbarkeit für den Laien nicht wiedergegeben. Stattdessen wurde das »ain« in der Regel mit einem »a« ausgedrückt:
Beispiele: Kaaba, jamaat
Aussprache:

th sprich stimmloses englisches th	(wie in thing)
j sprich stimmhaftes dsch	(wie in Dschungel)
kh sprich stimmloses ch	(wie in Nacht)
s sprich stimmloses s	(wie in Ast)
z sprich stimmhaftes s	(wie in Sand)
sh sprich sch	(wie in Schule)
q sprich kehliges k	

Türkisch:
Aussprache:

c sprich dsch	(wie in Dschungel)
s sprich stimmloses s	
z sprich stimmhaftes s	

Chinesisch:

Die hier verwendete Umschrift zur phonetischen Wiedergabe des Chinesischen mit lateinischen Buchstaben ist die sog. Pin-Yin-Umschrift.

INHALT

Abbildungsnachweis

Archiv für Kunst und Geschichte, Berlin (16); Alinari, Florenz (4); Anthony-Verlag, Starnberg (2); Arte e Moneta SA, Borromeo in Savosa; Josef Bachinger, Gütersloh (1); Bartcky-Ritzau, Paris (1); Bavaria-Verlag, Gauting (1); Bayer. Staatsbibliothek, München (1); Beeldbank en Uitgeefprojekten BV, Amsterdam (1); Bertelsmann Lexikon-Verlag GmbH, Gütersloh (10); Biblioteca Apostolica Vaticana (1); Bibliotheque Nationale, Paris (2); Bibliotheque Publique de Dijon (1); Bodleian Library, Oxford (1); Emmanuel Boudot-Lamotte, Paris (1); Bildarchiv Preußischer Kulturbesitz, Berlin (10); The British Library, London (1); The British Museum, London (2); Corpus Christi College, Oxford (1); Deutsche Fotothek, Dresden (1); dpa, Düsseldorf (3); Embassy of India, Bonn (2); Werner Forman Archiv, London (9); Bildarchiv Foto Marburg, Marburg (10); Archiv Gerstenberg, Wietze (2); Dr. Georg Gerster, Zumikon (3); Photographie Giraudon, Paris (1); Lore Hamacher (1); Claus & Liselotte Hansmann, München (4); Hirmer Verlag, Foto-Archiv, München (5); Irish Tourist Board (1); Internationales Bildarchiv Horst von Irmer, München (1); A. F. Kersting, London (1); Europa-Farbbildarchiv G. u. W. Klammet, Ohlstadt (2); Dr. L. Kothary (2); Kunsthistorisches Museum, Wien (1); Hans Lachmann, Düsseldorf (1); Dr. Andreas Lommel, München (3); Mainbild, Frankfurt (3) - Autenrieth (1); Aldo Margiocco, Campomorone (1); Enrico Mariani, Mailand (3); MAS, Barcelona (1); Bildagentur Mauritius, Mittenwald (1); Federico Arboria Mella, Mailand (1); Musée de l'art Islamique, Kairo (1); Musée Guimet, Paris (1); National Museum, Seoul (1); Österr. Nationalbibliothek, Wien (1); Erhard Pansegrau, Berlin (1); Ann u. Bury Peerles (1); Dr. Heinrich Pleticha, Würzburg (1); Propyläen-Verlag, Berlin (3); Rijksmuseum voor Volkenkunde, Leiden (3); Roger Viollet, Paris (1); Hans Roßdeutscher, Bielefeld (4); Sakamoto Photo, Tokio (3); Scala, Antella (2); Dr. Gerhard Schatt, Erlangen (12); Toni Schneiders, Lindau (1); Staatl. Museum für Völkerkunde, München (1); Stadtbibliothek Schaffhausen (1); Steinheim-Institut, Duisburg (1); D.-H. Teuffen, Bielefeld (4); Topkapi Saray Museum, Istanbul (1); Ullstein Bilderdienst, Berlin (1); Victoria & Albert Museum, London (1); ZEFA, Düsseldorf (5).

JUDENTUM

Das jüdische »Dennoch!«

In Tel Aviv wurde verkündet, daß Gott die Stadt wegen ihrer Sünden mit einer zehn Meter hohen Flutwelle überschwemmen würde. Muslime gingen in ihre Moscheen, um eine rasche Versetzung in das Paradies zu erbitten. Christen gingen in ihre Kirchen, um die Fürbitte der Heiligen zu erflehen, aber die Juden gingen in die Synagoge und beteten: »Herr Gott, es wird schwierig sein, unter zehn Metern Wasser zu leben!«

»Solange im Herzen darinnen
Ein jüdisches Fühlen noch taut,
Solang gen Ost zu den Zinnen
Von Zion ein Auge noch schaut.
Solang lebt die Hoffnung
auf Erden,
Die uns 2000 Jahre verband.
Daß ein Freivolk wir
wieder werden
In Zions, Jerusalems Land.«
(»Hatikvah«,
Israels Nationalhymne)

Einer von vielen jüdischen Witzen mit ihrer so typischen Haltung des »Dennoch!« Geprägt durch die Erfahrungen zweitausendjähriger Bedrängnis und Verfolgung. Ihr hoffnungsvolles »Dennoch« konnten und können die Juden sagen, weil sie ihre Leiden vor dem Hintergrund der göttlichen »Erwählung« ihres Volkes deuten. »Sie haben es sich nicht ausgesucht, Juden zu sein, Gott scheint sie geprüft und auserwählt zu haben, und dagegen können sie nichts machen« – so der liberale englische Rabbiner Lionel Blue. Die jüdische Leidensgeschichte im christlichen Abendland – unterbrochen von Phasen friedlicher Koexistenz – erreichte ihren geschichtlich singulären Höhepunkt im millionenfachen, fabrikmäßigen Völkermord durch die Nazis. Von Gott nach Auschwitz zu reden, fällt vielen Juden schwer.

In deutlichem Gegensatz zu der zahlenmäßigen Kleinheit des Judentums steht die Bedeutung dieser Religion für die allgemeine Kultur- und Religionsgeschichte. Das Christentum war ursprünglich eine jüdische »Sekte«, bevor es sich verselbständigte. Und auf Abraham, die israelitischen Propheten und Jesus beruft sich der Islam, die dritte »Abrahamsreligion«.

Hauptströmungen des Judentums

Aschkenasen und Sepharden

Der Begriff Judentum steht für eine vielgestaltige Größe. Er meint nicht nur die Religion im engen Sinne, sondern zugleich das ganze politisch-kulturelle Umfeld. Von den weltweit ca. 13 Millionen Juden leben etwa 4 Millionen in Israel. Geographisch-kulturell teilt sich das zeitgenössische Judentum in zwei große Blöcke: Aschkenasen und Sepharden. Aschkenas war im Mittelalter die hebräische Bezeichnung für Deutschland. Spätestens seit der Wende vom 13. zum 14. Jahrhundert galt diese Bezeichnung außerdem für die aus (Nord-) Frankreich, Britannien und Norditalien stammenden Juden. Unter Sepharden (nach der hebräischen Bezeichnung für Spanien) verstand man die von der iberischen Halbinsel 1492 vertriebenen Juden, die dann in Südosteuropa, Nordafrika, Asien, in den Niederlanden, in Britannien, Nordwestdeutschland, in den USA und in Lateinamerika lebten.

Richtungen im religiösen Judentum

Zum aschkenasischen Judentum gehören folgende Gruppen: Orthodoxe, Konservative, Liberale und aus diesen hervorgegangene Reformjuden (USA, England), schließlich Rekonstruktionisten als einzig rein amerikanischer Zweig. Ein wesentlicher Unterschied zwischen den Orthodoxen und den »Reformjuden« (Sammelbezeichnung für die übrigen Gruppen) ist die Deutung des 9. Glaubensgrundsatzes des Moses Maimonides (Mosche ben Maimon). Maimonides war der bedeutendste Rabbiner seiner Zeit (geb. 30. März 1135 in Córdoba; gest. 13. Dezember 1204 in Fustat bei Kairo), Philosoph und Jurist, und als Arzt in Spanien, Marokko und Ägypten (ab 1185 Hofarzt des Sultans Salah ad-Din) tätig. »RaMBaM« (so die Abkürzung seines Namens) schrieb arabisch. Sein Werk wird heute nicht nur aus dem Kontext der mittelalterlich-jüdischen Philosophie gedeutet, sondern unter stärkerer Berücksichtigung arabischer Denktraditionen.

In der Einleitung zu dem *Mischna*-Traktat *Sanhedrin* (10,1) stellte Maimonides seine berühmten »13 Glaubensgrundsätze« (*schloscha-assar ikkarim*) auf. Sie sollten das Judentum von den beiden anderen monotheistischen Religionen (Christentum und Islam) abgrenzen. Die »Glaubensgrundsätze« gelangten sogar in zwei unterschiedlichen Versionen in die Liturgie und finden sich im *Siddur* (hebräisch »Ordnung« der Gebete), dem jüdischen Gebetbuch für den Alltag (*Jigdal* = poetische Fassung, entstanden um 1300 in Rom; Prosafassung am Schluß des Morgengebets). Folgende Themen enthalten die »Glaubensgrundsätze«: Das Dasein des Schöpfers (1) – Die Einheit Gottes (2) – Die Verneinung der Körperlichkeit Gottes (3) – Die Anfangslosigkeit Gottes (4) – Gottes Dienst und seine Verherrlichung (5) – Die Prophetie (6) – Die Prophetie Mosches (7) – Die Tora (8) – Die Aufhebung der Tora (9) – Gottes Kenntnis und Beachtung der menschlichen Werke (10) – Gottes Belohnung und Bestrafung (11) – Die messianische Zeit (12) – Das Wiederaufleben der Toten (13).

Immer wieder gab es im Judentum Denker, die verbindliche Glaubensgrundsätze zu formulieren versuchten. Der wahrscheinlich älteste, in Palästina entstandene Glaubenssatz betraf die Totenauferstehung. Auf vorchristliche Zeit zurück geht die für glaubenskonstitutiv gehaltene Überzeugung von Gott, der die Taten des Menschen beurteilt und die Geschichte lenkt. Zusammenstellungen jüdischer Glaubensbekenntnisse finden sich bei dem jüdisch-hellenistischen Religionsphilosophen Philo von Alexandrien. In kritischer Auseinandersetzung mit Maimonides entwickelte der spanische Theologe Joseph Albo (um 1360 – nach 1433), der das Judentum gegen die christliche Mission verteidigte, seine drei Glaubenssätze: »der Glaube an das Dasein des einzigen, einigen, höchsten Gottes« (1), »der Glaube, daß die Tora unmittelbar von Gott uns gegeben worden« (2), »und der Glaube, daß Gott ein gerechter Richter sei, der die Handlungen der Menschen nach Verdienst und Schuld belohnt und bestraft« (3).

Der 9. Glaubensgrundsatz des Rabbi Mosche ben Maimon, der Orthodoxe und Liberale trennt, lautet: »Die Aufhebung. Das heißt, daß diese Tora Mosches nicht aufgehoben und daß von Gott keine andere außer ihr gegeben werden wird. Zu ihr wird nichts hinzugefügt, nichts von ihr abgestrichen werden, weder hinsichtlich des Wortlautes, noch hinsichtlich der Auslegung.«

Die Orthodoxen legen die unwandelbare Tora (»Weisung«, »Lehre«), worunter in erster Linie die fünf Bücher Mose verstanden werden, wortwörtlich aus. Eigentlich handelt es sich bei der heutigen Orthodoxie um eine »Neuorthodoxie«; denn sie ging aus der Auseinandersetzung mit den aufgeklärten jüdischen Reformern hervor. Ihr Zentrum ist neben den USA der Staat Israel, dessen Rabbinat zum größten Teil orthodox ist (es gibt wenige israelische Gemeinden und Kibbuzim, die sich zum Reformjudentum bekennen). Ein Beispiel für die Spannungen zwischen den Gruppen in Israel zeigt sich am Verständnis des Begriffes »Jude«: Die Orthodoxen wollten neu bestimmen, wer Jude ist und das Rückkehrgesetz des Staates Israel (1962) ändern, welches Jude als jemanden definiert, »der von einer jüdischen Mutter geboren wurde, oder sich zum Judentum bekehrt hat und der nicht einer anderen Religion angehört«. Schon seit Jahren forderten die Orthodoxen die Hinzufügung: »oder wer nach der *Halacha* (...) übergetreten ist«, das heißt seine Konversion bei einem orthodoxen Rabbiner vollzogen hat. Neben den Orthodoxen sind die aus dem osteuropäischen Raum stammenden *Chasidim* (»Fromme«) zu erwähnen, die in den USA, aber auch in Europa verbreitet sind. Wie die Orthodoxen halten sie die *Halacha* strengstens ein. Ihre Frömmigkeit ist stark von der Mystik geprägt. Zu den bekanntesten chasidischen Gruppen zählen die Lubavitscher, die sich auch *Chabad Chasidim* nennen. *Chabad* ist ein Kunstwort und besteht aus den drei Anfangsbuchstaben der göttlichen Eigenschaften: *chochmah* (»Weisheit«), *binah* (»Vernunft«) und *daat* (»Wissen«). Ihr Zentrum ist Brooklyn/New York.

Die Konservativen, die mittlerweile in den USA stärker als die Orthodoxen oder Reformjuden vertreten sind und sich für die »authentischen Juden des rabbinischen Judentums« halten, stehen zwar treu zur *Halacha*, dem jüdischen Gesetz. Zu gleicher Zeit befürworten sie aber auch ihre Veränderung – für den Fall, daß bestimmte *mizwot* (Singular *mizwa*, hebräisch »Gebot«) veraltet sind.

Das heute mehr als 1,2 Millionen Anhänger umfassende Reformjudentum (meist in USA) wurzelt in der europäischen Reformbewegung des 19. Jahrhunderts. Das heutige Reformjudentum – in mehr als einem Dutzend Ländern vertreten – hat sich in der »World Union for Progressive Judaism« (Hauptsitz in Jerusalem) zusammengeschlossen. Die Ursprünge des Reformjudentums liegen im Zeitalter der Aufklärung, die ebenfalls eine innerjüdische Aufklärung hervorbrachte: die *Haskala*, die insbesondere durch den Philosophen und Freund Lessings, Moses Mendelssohn (1729 – 1786), Nachdruck verliehen bekam. Die *Haskala* brachte einige praktische religiöse Reformen im jüdischen

Erziehungswesen und in der synagogalen Liturgie auf den Weg: unter anderem Predigt statt bibelexegetischem Vortrag; statt Vorbeter Choräle eines Chors; Orgelspiel; Gebete in Landessprache statt in für viele unverständlichem Hebräisch; Beseitigung von Passagen aus der Liturgie, welche die Wiedereinführung von Tieropfern und die Rückkehr nach Israel zum Inhalt hatten. Eine der ersten Lehranstalten der jüdischen Reformbewegung in Deutschland war die von Israel Jacobson (1768–1828) in Seesen/Harz 1801 gegründete Religions- und Handelsschule für Jungen und Mädchen (Jacobsonschule). Zu den Hauptvertretern des liberalen Judentums zählen Abraham Geiger (1810–1874), der sich auf dem Gebiet der »Wissenschaft des Judentums« besonders hervortat, sowie Leo Baeck (1873–1956). Das liberale Judentum stellt das Verhältnis des Menschen zu Gott und den Mitmenschen über die Erfüllung der religionsgesetzlichen Vorschriften. Zu den bereits genannten Reformen kommen noch hinzu: die Aufhebung der für Frauen reservierten Galerien in den Synagogen zugunsten von Familienbänken (vor allem in den USA), das Unbedecktlassen des Hauptes beim Gebet, *bat mizwa* für Mädchen und anderes. Seit Mitte der 1960er Jahre werden Frauen zum Rabbinatsstudium zugelassen (über 150 ordinierte Rabbinerinnen seit 1972). In liberalen Gemeinden gibt es ebenfalls Kantorinnen und Vorbeterinnen. Auch das Leitungsgremium des konservativen Judentums beschloß 1985, einen entsprechenden Studienabschluß einzuführen. Selbst in der Orthodoxie finden sich mittlerweile vereinzelte Befürworter der Ordination von Frauen zum Rabbinat.

»Wohl denen,
deren Weg ohne Tadel ist,
die leben nach der Weisung
des Herrn...
Gepriesen seist du, Herr!
Lehre mich deine Gesetze!
Mit meinen Lippen
verkünde ich
alle Urteile deines Mundes.
Nach deinen Vorschriften
zu leben
freut mich mehr als
großer Besitz.«
(Aus Psalm 119)

Jüdischer Glaube

TeNaK, Talmud und andere autoritative Schriften

TeNaK (gesprochen Tenach) ist ein Kunstwort, welches aus den hebräischen Anfangsbuchstaben der drei Teile zusammengesetzt ist, in welche die hebräische Bibel – das von Christen sogenannte »Alte Testament« (AT) – eingeteilt ist: *Tora* (fünf Bücher Mose: Pentateuch), *Nebiim* (frühere und spätere Propheten), *Ketubim* (Schriften). Die hebräische Bibel hat im Unterschied zum christlichen AT nicht 39 Schriften, sondern nur 24, weil manche Schriften zu einem Buch zusammengefaßt werden. Im TeNaK lassen sich mehrere *Tora*-Auffassungen unterscheiden: Die mündlich erteilte »Tora der Priester« gab dem Juden Auskunft über die rechte Unterscheidung von rein/unrein, heilig/profan. Die »Tora Jahwes« (bei den Propheten Hosea und Jeremia) meint die gesamte Willenskundgebung Gottes. Die »Tora des Mose« (deuteronomistische und chronistische Literatur) steht für die gesamtheitliche Willensoffenbarung Gottes. Damit wird *Tora* allmählich zur geschriebenen *Tora*, zu einer »Größe von zeitloser Geltung und identisch mit dem ganzen Pentateuch« (Franz Mußner). Im Frühjudentum gewinnt die *Tora* kosmische Dimensionen, gilt als präexistent: Sie war bei Gott und ist sein Schöpfungsinstrument. Aus unverdienter Gnade hat Gott sie seinem Volk gegeben.

Juden verstehen die 613 Einzelbestimmungen der *Tora* (248 Gebote des Tuns, 365 Gebote des Nicht-Tuns) als Gnade. Oft werden die »Gebote des Nicht-Tuns« von Außenstehenden mißverstanden, weil diese nicht berücksichtigen, daß die vielen Vorschriften oft Ausführungsbestimmungen zum Gebot der Nächsten- (3. Mose 19,18) und der Fremdenliebe (3. Mose 19,33 f.) sind. Neben dem TeNaK steht der *Talmud* (»Lernen«, »Lehre«, »Studium«). Er entstand im Laufe mehrerer Jahrhunderte als Zusammenfassung von *Mischna* und *Gemara*. Die in nachbiblischem Hebräisch verfaßte *Mischna* (hebräisch »wiederholen«) wurde von den Pharisäern und Tannaiten (jüdische Gesetzeslehrer des 1.–3. Jahrhunderts) geschaffen. Sie ist eine Sammlung von religionsgesetzlichen Vorschriften und Regeln des Zivilrechts. Anfang des 3. Jahrhunderts wurde sie von Rabbi Judah dem Patriarchen in Palästina redigiert. Die *Gemara* (aramäisch »Vollendung«, »das Gelernte«) besteht aus den Diskussionen, die jahrhundertelang in den rabbinischen Hochschulen Palästinas und Babyloniens geführt wurden.

Der ältere und kürzere palästinische oder (ungenau) Jerusalemer *Talmud* (redigiert im 5. Jahrhundert n. Chr.) wurde vom jüngeren und umfassenderen babylonischen *Talmud* (6./Anfang 7. Jahrhundert) fast verdrängt. Heutige orthodoxe Juden richten sich nach dem palästinischen *Talmud* nur, wenn der babylonische diesem nicht widerspricht. Die 63 Traktate des *Talmud* verteilen sich auf sechs »Ordnungen« (*Sedarim*): 1. Regeln über Benediktionen, Landwirtschaft, Abgaben; 2. Vorschriften über Sabbat, Fest- und Fasttage; 3. Eherecht, Gelübde; 4. zivil- und strafrechtliche Vorschriften; 5. kultische Anweisungen; 6. Vorschriften über rituelle Verunreinigung und Reinigung. Man unterscheidet zwei Gattungen des talmudischen Stoffes: Die *Mischna* stellt die verschiedenen

Von Rabbi Hillel stammt
der Ausspruch:
»Sei einer von den Schülern
Aarons, den Frieden liebend
und dem Frieden nachfolgend;
sei einer,
der die Mitmenschen liebt und
sie der Tora nahebringt.«
(Sprüche der Väter 1,12).

Halachot (von *Halacha* = »Gesetz«) hintereinander, während die *Gemara* jede einzelne *Halacha* diskutiert. Außerdem gibt es erzählende, belehrende, erbauliche und anekdotenhafte Stoffe, die man *Aggada* (»Erzählung«) nennt. Antijudaistische Ausschreitungen haben in der christlichen Welt vom 6. bis zum 18. Jahrhundert oft zu Talmudverboten und -verbrennungen (letzte Verbrennung: 1757 in Polen) geführt.

Seit dem 9. Jahrhundert begannen die Gelehrten, das religiöse Recht zu sammeln. Der in Deutschland geborene rabbinische Gelehrte Jakob ben Ascher (um 1280 – 1340) verfaßte das berühmte halachische Kompendium *Arba Turim* (»Vier Reihen«). Es faßt die Entwicklung der *Halacha* zusammen und orientiert sich an Maimonides. Die prominentesten Halachisten kommentierten dieses Werk, das zum Vorbild für den *Schulchan Aruch* (»Gedeckter Tisch«) des Joseph ben Ephraim Karo (1488 – 1575) wurde. Wie die Arba Turim war auch dieses Werk ein viergeteiltes halachisches Kompendium und bestand aus: 1. Vorschriften über Alltag, Sabbat und Feiertage; 2. Ritualgesetz; 3. Ehegesetz; 4. Zivil- und Strafrecht. Ohne nähere Ausführungen listet der *Schulchan Aruch* die *Halacha* entsprechend dem sephardischen Ritus auf. Erst dadurch, daß der polnische Rabbiner Mose Isserles (1525 – 1572) einen Kommentar mit der Bezeichnung *Mappa* (»Decke«) hinzufügte, in dem die aschkenasischen Bräuche berücksichtigt waren, wurde der *Schulchan Aruch* bis heute zu einem maßgebenden halachischen Werk. In der Tradition des *Schulchan Aruch* steht die heutige halachische Literatur des Judentums. Weitere wichtige Quellen für das jüdische Recht sind die – insgesamt etwa 300 000 – Responsen (*Scheelot u-Teschuwot*: »Fragen und Antworten«). Es handelt sich bei ihnen um Präzedenzurteile berühmter Gelehrter zur Lösung rechtlicher Probleme. Weitere bedeutende religiöse Literatur: *Tossefta* (aramäisch »Hinzufügung«) aus dem 2./3. Jahrhundert ist ein Werk, das tannaitische Aussprüche enthält, die nicht in der *Mischna* enthalten sind. Zur selben Zeit entstanden die *Midraschim* (hebräisch *darosch*: »suchen«): Bibelauslegungen (Kommentare, Predigten, Homilien usw.). Die *Midrasch*-Sammlungen des Mittelalters und theologische Werke bis in die Gegenwart stehen in dieser Tradition.

»Er, der Herr, ist unser Gott.
Seine Herrschaft
umgreift die Erde.
Ewig denkt er an seinen Bund,
an das Wort, das er gegeben hat
für tausend Geschlechter,
an den Bund, den er mit
Abraham geschlossen,
an den Eid, den er Isaak
geschworen hat.
Er bestimmte ihn als
Satzung für Jakob,
als ewigen Bund für Israel.
Er sprach:
Dir will ich Kanaan geben,
das Land, das dir als Erbe
bestimmt ist.«
(Psalm 105,7–11)

Der Glaube an Gott: Jüdischer Monotheismus
Im Mittelpunkt der jüdischen Religion steht der Glaube an den einen und einzigen, heiligen und ewigen Gott, der sein Volk Israel »aus dem Land Ägypten, aus dem Haus der Dienstbarkeit« geführt hat. Er hat Israel unter den übrigen Völkern »erwählt« und mit ihm einen Bund bis zum Ende aller Tage geschlossen, damit Israel die *Tora* erfüllt. Der überheblich klingende Begriff Erwählung wird von Juden nicht im Sinne einer Erhöhung über andere Menschen verstanden, sondern soll Juden zu Zeugen der göttlichen Existenz und Lehre machen: »Ihr sollt ein Panier der Nationen sein, ein Licht der Völker.« Der vierbuchstabige heiligste Name Gottes JHWH durfte, um ihn vor magischem Mißbrauch zu schützen, im Tempelbereich nur in besonderen Situationen im vollen Wortlaut ausgesprochen werden. Heute ist dies jedoch verboten. Statt dessen ist von *Adonai* (»mein Herr«), *ha-schem* (»der Name«), der Ewige usw. die Rede.

Gott, der wegen des Bilderverbotes nicht dargestellt werden darf (Darstellungen von Menschen und Tieren waren erlaubt), wird als Schöpfer verehrt. Erhabenheit, Güte und Mitleid gegenüber seinen Geschöpfen sind wichtige Bestandteile seines Wesens. Die Propheten preisen sein gnädiges Sich-Herablassen zu seinem Volk. Der majestätisch-erhabene Gott stellt sich »mit den gebeugten Herzen auf die gleiche Stufe« (Talmud. Tanchuma, Wajera 3). In der rabbinischen Überlieferung wird das Mitleid Gottes mit seinen Geschöpfen als reales Mit-Leiden verstanden. Die Rabbinen entfalteten Gottes »Einwohnen« unter seinem Volk mit dem Begriff *Schechina*: Gottes Gegenwart im Tempel, darüber hinaus seine unsichtbare Gegenwart auf den Wegen des Volkes Israel.

Der Mensch als Ebenbild Gottes
Der Mensch wird als Gottes Geschöpf geschaffen, nach seinem »Ebenbild«: *be-Zelem-Elohim*. Er soll Gott ähnlich werden, ihn also durch sein Tun nachahmen, ihm nachfolgen. Das Judentum kennt keine Erbsünde. Der Mensch besitzt den freien Willen, kann daher zwischen Gut und Böse unterscheiden. Nach 1. Mose 8,21, Psalm 51,7 sowie einer Talmudstelle hat der Mensch einen guten und einen bösen Trieb. Trotz seiner angeborenen Neigung zum Bösen kann er Gutes vollbringen und das Schlechte neutralisieren. Das Leben wird als hoher Wert betrachtet. Die Liebe zum Nächsten als *mizwa* leitet Leo Trepp aus dem »Wissen um die den Menschen wesenhaft eingeborene Gleichheit und Würde« ab. Mildtätigkeit und Wohltätigkeit (*zedaka*) sind jüdische Tugenden: »Wohl dem, der sich des Armen annimmt«, heißt es

»Das ist doch der Sinn der
Erwählung: gleichsam das
Experiment Gottes zu sein.
Denn dieses Volk ist eine Frage
von Gott. Es selber und darum
auch die Menschheit,
in die es hineingestellt ist,
sollen die Antwort geben.
Antwort an Gott.«
(Leo Baeck: Dieses Volk, 1955)

Psalm 41,2. Im Judentum wurde eine kommunale Armensteuer erhoben. Gegründet wurden Armenkassen, Armenküchen, Kleiderkassen usw. Ein Grundsatz jüdischer Ethik ist der Verzicht auf Rache. Auch das Gebot der Feindesliebe ist im Judentum bezeugt. Im Falle der Bedrohung gilt allerdings die Maxime des *pikkuach nefesch*: die Erhaltung des Lebens. Der Hinweis in 3. Mose 19,16: »Du sollst nicht untätig beim Blute deines Nächsten stehen« legitimiert die Notwehr.

Der Messias und die messianische Zeit
Zu den zentralen Grundvorstellungen des jüdischen Glaubens gehört der Glaube an den Messias. Schalom Ben-Chorin unterscheidet mehrere Formen: Der »restaurative Messianismus«, wie ihn Maimonides (12. Glaubenssatz) vertrat, erwartete in der Zukunft das verklärte Königreich Davids. Der »utopische Messianismus« (Jesaja 2; Micha 4) sehnte ein »universelles Reich des Friedens, der Liebe und der Gerechtigkeit« herbei, in dem keine Kriege herrschen. Der restaurative Messianismus wurde im Zionismus säkularisiert, der utopische dagegen im Sozialismus. Im Reformjudentum wurde der Messias entpersönlicht und zur Symbolgestalt, einer »Chiffre für die Hoffnung«.

Die Zehn Gebote
»Ich bin Jahwe, dein Gott, der dich aus Ägypten herausgeführt hat, aus dem Sklavenhaus.
1. Du sollst neben mir keine anderen Götter haben.
2. Du sollst den Namen Jahwes, deines Gottes, nicht mißbrauchen.
3. Denk an den Sabbat; halte ihn heilig.
4. Ehre deinen Vater und deine Mutter, damit du lange lebst in dem Land, das Jahwe, dein Gott, dir gibt.
5. Du sollst nicht morden.
6. Du sollst nicht die Ehe brechen.
7. Du sollst nicht stehlen.
8. Du sollst nicht falsch Zeugnis gegen einen anderen aussagen.
9. Du sollst nicht die Frau eines anderen begehren.
10. Du sollst nicht das Haus eines anderen begehren, seinen Sklaven oder seine Sklavin, sein Rind oder seinen Esel oder irgendetwas, was dem anderen gehört.«

(Nach 2. Mose 20, 2 – 17)

Religiöses Leben

Friedrich Heiler (»Das Gebet«, 1917) unterstreicht den sozialen Gebetsgeist des Judentums. Er findet seinen Ausdruck im Gemeindegebet, das »um das fremde Heil bittet wie für das eigene, ... alle Menschen teilnehmen lassen will an den eigenen Gebetserfahrungen«. Der Gemeindegottesdienst ist typisch für Juden, Christen und Muslime. Viel seltener – oft nur bei großen Festveranstaltungen und Prozessionen – kennen ihn die östlichen Religionen.

Die Synagoge
Die Synagoge (griechisch »Versammlung«; hebräisch »Bet ha-Knesset«, »Ort der Versammlung«) ist das jüdische Versammlungshaus. Im Jiddischen wird es »Schul« genannt. Ursprünglich handelte es sich um ein Rats- beziehungsweise Gerichtsgebäude mit einem speziellen Betsaal. Wie die Moschee ist sie keine reine Kultstätte, dient vielmehr noch anderen Zwecken. Das »heilige Rathaus« (Lionel Blue) erhält seine Heiligkeit nicht durch das äußere Gebäude, sondern durch die Zusammenkunft der gläubigen Gemeinde. Jüdischer Gottesdienst ist »ein Dienst ohne Opfer, ohne Priester« (Robert Raphael Geis).

Religiöse Autoritäten
Die wichtigste Aufgabe im synagogalen Gottesdienst hat der Vorbeter, der die Gebete im Wechsel mit der Gemeinde spricht. Seine Titel *chasan hakknesset* (»Diener der Synagoge«) beziehungsweise *scheliach zibbur* (»Gesandter, Beauftragter der Gemeinde«) oder *baal tefilla* (»Herr beim Gebet«) zeigen, daß er als Gebetskoordinator verstanden wird und die Gemeinde im Gebet gegenüber dem Schöpfer vertritt. Er besitzt keine besonderen Weihen, und sein Amt wird heutzutage oft von dem beamteten, am Konservatorium ausgebildeten Kantor oder Rabbiner wahrgenommen. Der von der Gemeinde gewählte Rabbiner hat mehrere Aufgaben: Ursprünglich war Rabbi (»mein Meister«) der Titel autorisierter jüdischer Gelehrter und Vorsteher von Lehrhäusern, in denen die Toraschüler unterrichtet wurden. Überwog früher seine Richtertätigkeit, so hat der Rabbiner heute folgende Aufgaben: Er lehrt, predigt, ist *Halacha*-Fachmann. Er ist Pädagoge und Liturg, leitet die Gemeinde und übernimmt seelsorgerliche Aufgaben. Seit Mitte des 19. Jahrhunderts wurden Rabbiner nicht länger in Talmudhochschulen, sondern in Rabbinerseminaren ausgebildet.

Versammlung der Gläubigen in einer spanischen Synagoge des 14. Jahrhunderts am Vorabend des Pessachfestes.

Zentrale Gebete

Frühestens seit dem 9. Jahrhundert gibt es jüdische Gebetbücher im heutigen Sinn dieses Wortes. Aufgrund der über die Jahrhunderte ungeheuer angewachsenen Fülle von Gebeten entstand im 14. Jahrhundert die bis heute gültige Trennung in: *Siddur* (»Ordnung«), das tägliche Gebetbuch; *Machsor* (»Wiederholung«), das festtägliche Gebetbuch; *Aggada* (»Erzählung«), das Gebetbuch für den *Pessach-Seder.* »Das Gebet des Einzelnen wird von der Familie aufgenommen und mündet in die Liturgie des synagogalen Gottesdienstes ein« (Peter Maser). Für das richtige jüdische Beten ist die völlige Ausrichtung auf Gott, die »bewußte Absicht« und »Intention« (*kawwana*) entscheidend. Sie entspricht der islamischen *niyya*. Mit der jüdischen Reformbewegung begann zugleich auch eine neue Phase in der Geschichte jüdischer Gebetbücher (erstes Reformgebetbuch in Deutschland: 1819). Das angloamerikanische Reformjudentum wurde durch das 1894/95 erschienene *Union Prayer Book* tief geprägt.

Das Sch'ma Israel
»Höre, Israel, der Ewige,
unser Gott, der Ewige ist einzig!
Gelobt sei der Name der
Herrlichkeit seines Reiches
immer und ewig.
Du sollst den Ewigen, deinen
Gott, lieben mit deinem ganzen
Herzen und deiner
ganzen Seele und deinem
ganzen Vermögen.
Es seien diese Worte, die ich dir
heute befehle in deinem Herzen.
Schärfe sie deinen Kindern ein
und sprich von ihnen, wenn du
in deinem Hause sitzest und
wenn du auf dem Wege gehst,
wenn du dich niederlegst und
wenn du aufstehst.
Binde sie zum Zeichen auf
deinen Arm, und sie seien zum
Denkband auf deinem Haupte.
Schreibe sie auf die Pfosten deines Hauses und deiner Tore!«
(5. Mose 6, 4–9)

Das zentrale Bekenntnis im Morgen- und Abendgottesdienst ist das *Sch'ma*-Gebet: »Höre Israel, der Ewige unser Gott, der Ewige, ist einzig« (5. Mose 6,4). Die dreiteilige *Sch'ma*-Liturgie enthält folgende Bibelabschnitte: 5. Mose 6,4–9; 5. Mose 11,13–21; 4. Mose 15,37–41. Die Schriftverse bekunden den Monotheismus, die Liebe des Menschen zu Gott und seiner *Tora*, den Lohn- und Strafgedanken sowie den Exodus aus Ägypten.

Mittelalterliche und neuzeitliche jüdische Apologeten – zum Beispiel der britische Oberrabbiner Joseph H. Hertz in seinem 1941 publizierten Kommentar zum jüdischen Gebetbuch – haben im *Sch'ma Israel* eine Absage an die christliche Trinitätslehre gesehen. Das wichtigste Gebet aller werktäglichen Gottesdienste, das »Achtzehn-Bitten-Gebet« (die *Sch'mone essre*) – tatsächlich sind es inzwischen 19 Bitten –, vereinigt Hymnus, Bitte und Danksagungen. Es beginnt mit einem Glaubensbekenntnis und endet mit Gebeten zur Wiederherstellung Jerusalems, der Bitte um das Kommen des Messias sowie dem Wunsch nach Frieden. Im größtenteils aramäisch verfaßten *Kaddisch* (»heilig«) (entstanden 1./2. Jahrhundert) betet der Jude darum, daß Gott bald sein Königtum herbeiführen möge.

Zu den erhabensten Gebeten gehört das *Alenu* (»An uns«, so die Anfangsworte), das wohl im 3. Jahrhundert n. Chr. entstand. Darüber hinaus gibt es besondere Gebete für den Sabbat und die einzelnen Festtage. Im Verlauf des Gottesdienstes wird durch das ganze liturgische Jahr abschnittweise der Bibeltext gelesen und kommentiert. Auf die *Tora*-Lesung folgt heute die gemeinsame Bitte für die Regierung des jeweiligen Landes sowie ein Gebet für den Staat Israel.

Kultkleidung

Männliche Juden tragen eine Kopfbedeckung nicht nur in der Synagoge, sondern auch in der eigenen Wohnung bei den häuslichen Gebeten. Einige tragen sie sogar zu jeder Tages- und Nachtzeit. In manchen Reformsynagogen (USA) braucht man keine Kopfbedeckung aufzusetzen. Beim Morgengottesdienst tragen der Kantor und die erwachsenen Männer den *tallit*, den »Gebetsmantel« mit schwarzen oder blauen Streifen längs der Seitenkanten. Juden, die ihre *bar mizwa* haben, sollen sich beim wochentäglichen Morgengottesdienst – nicht jedoch am Sabbat und an anderen Festtagen – die *tefillin*, die »Gebetsriemen«, festbinden: zwei schwarze Lederkapseln, die auf Pergament geschriebene Bibelverse enthalten und am linken Oberarm und an der Stirn befestigt werden. Eine Kapsel enthält die Verse: 5. Mose 6,4–9; 11,13–21; 2. Mose 13,1–10; 13,11–16. Nach frommer Tradition sollen sie den Gläubigen an die Gottesoffenbarung und den Auszug aus Ägypten erinnern.

Alenu
»An uns ist es, zu preisen den
Herrn des Alls.
Huldigung darzubringen dem
Schöpfer des Anbeginns,
daß er uns nicht erschaffen
gleich den Völkern der Länder
und uns nicht gleichgemacht
den Familien der Erde,
daß er nicht unseren Anteil
gleichgemacht hat mit dem
ihren und unser Los gleich
dem all ihrer Menge…
Wir knien nieder, bücken uns
und danken dem König aller
Könige, dem Heiligen,
gelobt sei er,
er wölbt den Himmel und
gründete die Erde,
der Sitz seiner Ehre ist im
Himmel oben
und die Stätte seiner Macht in
den höchsten Höhen.
Er ist unser Gott, keiner sonst,
in Wahrheit unser König,
keiner außer ihm, wie in seiner
Lehre geschrieben.«

Jede Synagoge besitzt eine Lade als Aufbewahrungsort für die Torarollen, die in einen kunstvoll bestickten samtartigen Teppich eingehüllt sind. Sobald die »fünf Bücher Mose« aus der Lade »ausgehoben« worden sind, erhebt sich die Gemeinde solange, bis die Torarollen zur *bima* (»Pult«) getragen worden sind, die sich im Mittelpunkt der Synagoge befindet. Vor der Toralade befindet sich das »Ewige Licht«, ein Symbol für Gott und die durch die *Tora* bewirkte Erleuchtung.

In den meisten Synagogen herrscht Geschlechtertrennung: In alter Zeit nahmen die wenigen Frauen, die überhaupt in die Synagoge gingen, im selben Raum wie die Männer Platz. Später bürgerte sich eine Trennung von Männern und Frauen ein. Gegen die Trennungsgitter zwischen Männern und Frauen erhob sich im 19. Jahrhundert Protest, so daß die Gitter wieder beseitigt wurden. In reformjüdischen Gemeinden sitzen die Frauen auf derselben Ebene wie die Männer, jedoch von ihnen getrennt. Das US-amerikanische Reformjudentum hob die Geschlechtertrennung vollständig auf, so daß Frauen in den Männerreihen sitzen.

»Königin Sabbat«

»Komm, mein Geliebter, entgegen der Braut, laß uns den Sabbat freundlich empfangen« – so beginnt die um 1540 von Salomo Alkabez verfaßte Hymne. Wenn am Schluß des Gebetes dieselben Zeilen wiederholt werden, blickt man in manchen Gemeinden zum Eingang der Synagoge, um dadurch die Hoffnung auszudrücken, daß »Königin Sabbat« jetzt wirklich in das Gotteshaus einzieht. Mit dem Ausspruch »Gut Schabbes« pflegen sich Juden nach dem Gottesdienst zu grüßen. Sabbatbeginn ist der Sonnenuntergang am Freitagabend. Zu den wichtigen kultischen Elementen des Sabbat gehören: *Kiddusch* (»Heiligung«), der Segensspruch über den Becher Wein, *Challa*, die speziellen Sabbatbrote, die *Hawdala*-Zeremonie (hebräisch hawdala = »Unterscheidung«) am Ausgang des Sabbats.

In der hebräischen Bibel gibt es mehrere Stellen zur Bedeutung des Sabbats: Er ist der siebte Tag der Woche, an dem sich Gott nach der Weltschöpfung ausruhte. Auch gilt er als »Zeichen des Bundes« zwischen Gott und seinem Volk. Schließlich wird der Sabbat historisch gedeutet: als Erinnerungstag an den Auszug aus Ägypten. Der Sabbat ist der Höhepunkt der jüdischen Woche. Weder Mensch noch Tier darf »arbeiten« (hierüber gibt es genaue halachische Bestimmungen). Während Nicht-Juden oft nur die vielen Einschränkungen des Sabbats sehen, die den Juden angeblich so sehr knechten, deuten die Gläubigen selbst den Sabbat als einen »so wunderbaren und außerordentlichen Tag, daß sein Beschreiben eine nahezu übermenschliche Aufgabe ist – oder vielleicht sogar Gotteslästerung« (The Jewish Catalog). »Nur Mensch zu sein« – nichts anderes: So interpretiert der jüdische Soziologe und Psychoanalytiker Erich Fromm den Sabbat, über den er eine eigene Studie verfaßte (»Der Sabbath«, 1927).

Stadien des Lebens

Jeder männliche Jude wird »beschnitten«: Seine Vorhaut wird von einem *mohel* (»Beschneider«) abgeschnitten. Während heutzutage die Beschneidung (*berit mila*: »Bund der Beschneidung«) kurz nach der Geburt vollzogen wird, fand sie im alten Israel während der Pubertät statt. Einander widersprechende Traditionen führen sie auf Mose oder Abraham zurück. Ursprünglich ein Gebot unter vielen, erhielt die Beschneidung später eine über die anderen Bibelgebote herausragende Bedeutung. Sie galt als »Bundeszeichen« zwischen Gott und seinem erwählten Volk. Als »Beschneidung des Herzens« (5. Mose 10,16; Jeremia 4,4) wurde der Brauch vergeistigt. Im Unterschied zu Jungen haben Mädchen kein vergleichbares Fest. Sie erhalten ihren Namen, und der Rabbiner spricht ein kurzes Gebet. Im orthodoxen Judentum findet am 31. Tag nach der Geburt *pidjon ha-ben* (»Auslösung des erstgebornen Sohnes«) statt. Der Priester (*kohen*) erhält fünf Schekel, die er dem Vater zurückgeben kann.

Mit 13 Jahren wird ein jüdischer Junge *bar mizwa* (»Sohn der Pflicht«), also ein religiös mündiges Gemeindeglied. Erstmalig legt er die Gebetsriemen an und wird beim *minjan* (hebräisch »Zahl«: für den Gottesdienst erforderliche Mindestzahl von zehn Männern; Reformjuden zählen auch Frauen mit) mitgezählt. Bei seiner Feier liest er den hebräischen Bibeltext vor, was er in seinem mehrere Jahre langen Religionsunterricht gelernt hat. Die heute praktizierte Form ist wesentlich vom liberalen deutschen Judentum des 19. Jahrhunderts geprägt und von der protestantischen Konfirmation beeinflußt. Mädchen werden schon mit 12 Jahren *bat mizwa* (»Tochter der Pflicht«). Die für Jungen große Feier (seit dem 19. Jahrhundert im liberalen deutschen Judentum; erst im 20. Jahrhundert bei den Konservativen und Rekonstruktionisten) ist heute zu einer Art Wallfahrtsfest geworden. Die Orthodoxen führen ganze Gruppen von Dreizehnjährigen zu einer Art Kollektiv-Bar-Mizwa zusammen. In Israel wird sie häufig an der Westmauer in Jerusalem begangen.

Das Judentum bewertet die Sexualität positiv. Schon in der Bibel wird die Ehe, die nicht als Sakrament, jedoch als heilige Angelegenheit betrachtet wird, zum Garant für den Fortbestand der Familie: »Gäbe es kein Triebleben«, heißt es im *Talmud* (Bereschit Rabba 9), »so würde der Mensch weder ein Haus bauen noch heiraten«. Oder: »Je größer ein Mensch, desto größer seine Leidenschaft« (Sukka 52 a). Die Rabbinen empfahlen ihren Schülern den täglichen Geschlechtsverkehr. Da dieser außerhalb der Ehe streng untersagt ist, wird die Ehe aus moralischen und theologischen Gründen als vornehme religiöse Pflicht angesehen. Um Emanzipation der Frau und Ehezweck gibt es im heutigen Judentum starke Auseinandersetzungen. Orthodoxe Vertreter lehren die »Unterordnung der Frau unter den Mann« und gestatten die sexuelle Erfüllung der Frau nur während ihrer fruchtbaren Tage. Liberalere betonen die Unabhängigkeit des Geschlechtsverkehrs von der Fortpflanzung. Außereheliche Beziehungen, Untreue, sexuelle »Perversionen« und Homosexualität (vor allem männliche) lehnt das Judentum im allgemeinen streng ab. In den USA gibt es Synagogen für Homosexuelle (Gay Synagogues). Man diskutiert die Probleme, ob Homosexuelle Ämter bekleiden dürfen, ob Rabbiner homosexuelle Ehen nach jüdischem Ritus trauen dürfen usw.

Die Eheschließung findet meist in der Synagoge statt und soll in der Anwesenheit von zehn männlichen Zeugen stattfinden. Unter einer *chuppa* (»Brauthimmel«) empfängt das Paar den Segen des Rabbiners. Zum Ritus gehören folgende Elemente: zweimaliges Weintrinken von Braut und Bräutigam aus einem gemeinsamen Becher; Aussprechen der Trauungsformel; Austausch der Ringe; Verlesen des Ehevertrages (*ketubba*); Zerbrechen des Glases durch den Ehemann; dreifacher Priestersegen des Rabbiners. Ehen können unter bestimmten Umständen geschieden werden, doch heißt es im *Talmud*: »Über einen, der seine erste Frau von sich scheidet, vergießt der Altar Tränen.« Nur die Orthodoxen kennen noch den vom Mann ausgestellten *get*, den »Scheidebrief«, ohne den die Frau nicht erneut heiraten kann.

Die Anschauung vom Tod hat sich von einer negativen Auffassung (Trennung von Gott) im Laufe der jüdischen Frömmigkeitsgeschichte zu einer positiven gewandelt, zu einer Hoffnung auf die »Belebung der Toten« (M Berachot V, 2) und die »kommende Welt«, die »nicht wie diese Welt« ist, sondern ganz anders (bBer 17a). Die Gläubigen vertrauen darauf, daß sie durch den Tod nicht von Gott, dem »Beleber der Toten«, getrennt werden. In Jesaja 26,19 kommt diese Hoffnung zum Ausdruck: »Deine Toten werden leben, die Leichen stehen wieder auf; wer in der Erde liegt, wird erwachen und jubeln. Denn der Tau, den du sendest, ist ein Tau des Lichts; die Erde gibt die Toten heraus.« Auch der ursprünglich am Morgen gebetete »Lobpreis für die Verleihung der Seele« (*Elohaj neschama*) ist stark von der Auferstehungshoffnung durchdrungen: »Gelobt seist du Herr, der du die Seelen wiedergibst den toten Körpern.« Die zweite Bitte des Achtzehnbittengebets lautet: »Gepriesen seist du, Ewiger, der die Toten belebt.« Vom sterbenden Juden wird erwartet, mit dem Bekenntnis zum Monotheismus (*Sch'ma Israel*) aus dem Leben zu scheiden. Besondere Beerdigungsbruderschaften übernehmen die Sorge um den Verstorbenen. Verbrennung als Bestattungsart wird von den Orthodoxen abgelehnt, von den Reformjuden dagegen erlaubt. Drei Trauerstadien (erste sieben Tage; erster Monat; erstes Jahr) schützen die Empfindungen der Hinterbliebenen. Oft wird ein kleiner Sack mit israelischer Erde dem Grab beigegeben. Der jüdische Friedhof, das »Haus des Lebens«, gehört den Toten für immer, bleibt ewig ein heiliger Ort.

»Die Feier des Pessachfestes«. Gemälde von Dirk Bouts, 1464. Das Pessachfest beginnt am 14. Nisan und dauert acht (nach der Bibel sieben) Tage.

Feste

»Der Katechismus des Juden ist sein Kalender« – so formulierte der Frankfurter Rabbiner Samson Raphael Hirsch (1808–1888). Im Judentum werden drei Festgattungen unterschieden: die »ehrfurchtsvollen Tage«, die »Wallfahrtsfeste«, die »kleinen Feste«; hinzu kommen die fünf öffentlichen sowie vielerlei persönliche Festtage. Zu den Neuschöpfungen gehören der »Holocaust-Gedenktag« und der israelische »Unabhängigkeitstag«.

Rosch ha-Schana, das jüdische Neujahr, ein Fest der Einkehr und Besinnung, gilt als Tag der Welterschaffung (3761 vor der christlichen Zeitrechnung) und des Gerichts. Das Blasen des Schofarhorns ruft zur Buße. Der Neujahrswunsch *Leschana towa tikkatew* (»zu einem guten Jahr mögest du eingeschrieben sein«) bezieht sich auf das Buch des göttlichen Gerichts. Mit *Rosch ha-Schana* beginnen die »zehn Tage der Umkehr« (*Teschuwa*). Letzter dieser Bußtage ist *Jom Kippur* (eigentlich *Jom ha-Kippurim:* »Tag der Sühnungen«), der von allen Juden, selbst areligiösen, streng beachtete »Versöhnungstag«, an dem ganztägiges Fasten und ununterbrochenes Gebet stattfinden. Bei den drei »Wallfahrtsfesten« handelt es sich um aus Kanaan stammende Naturfeste, die später hi-

Silberner Sederteller mit einer Darstellung des Pessachmahls. Deutschland, 18. Jahrhundert. Judaica-Sammlung Max Berger, Wien.

storisiert wurden. Das achttägige (in Israel siebentägige) *Pessach* (»Überschreiten«, »Schonen«) – ursprünglich Gerstenerntefest–, ein traditionelles Familienfest, erinnert an den Auszug der Israeliten aus Ägypten. Die Bezeichnung spielt auf das biblische Ereignis an, bei dem der Würgeengel sämtliche Erstgeburten des Landes tötet – ausgenommen die israelitischen, deren elterliche Häuser mit Blut tabuisiert waren. Im Mittelpunkt des Festes steht der am ersten Abend nach festgelegter »Ordnung« (*seder*) verlaufende Familiengottesdienst, bei dem die *Pessach-Haggada*, die »Erzählung vom Auszug aus Ägypten« verlesen wird.

Zwischen *Pessach* und dem 50 Tage späteren *Schawuot*-Fest liegt die *Omer*-Zeit: die »Tage der Trauer«. Sie erinnern an einige tragische Ereignisse in der jüdischen Geschichte. Die sieben Wochen zeichnen sich durch zahlreiche Trauerbräuche aus. Ausgesetzt werden diese in der *Omer*-Zeit durch *Lag ba-Omer* (33. Tag). An diesem Tag wird gern geheiratet, dreijährige Jungen erhalten ihren ersten Haarschnitt. In Israel ist dieser Tag vor allem ein Tag der Jugend, an dem die Kinder schulfrei haben, Sportwettbewerbe und Ausflüge stattfinden. Am Ende der Trauerperiode findet *Schawuot* (*Chag ha-Schawuot* = »Wochenfest«) statt: Wallfahrtsfest, Fest der ersten (Feld-) Früchte, Erinnerung an die Sinai-Offenbarung und Vergegenwärtigung der Erwählung Israels.

Sukkot, das siebentägige freudige »Laubhüttenfest«, ursprünglich ein Wein- und Obsterntefest, erinnert an die Zeit der Wüstenwanderung. »Sieben Tage«, heißt es 3. Mose 23,42 f., »sollt ihr in Laubhütten wohnen; (...) daß eure Nachkommen wissen, wie ich die Kinder Israels habe lassen in Hütten wohnen, da ich sie aus Ägyptenland führte«. Fromme Juden bauen ihre eigene *sukka* (»Laubhütte«) und wohnen in ihr. Bei den Umzügen in der Synagoge wird ein *lulaw* (»junger Zweig«) getragen, der aus Palmen-, Myrten und Bachweidenzweigen sowie einer Zitrusfrucht besteht. In der Diaspora endet *Sukkot* mit *Schemini Azeret* (eigentlich: »der achte Tag, das Schlußfest«). In Israel ist dieses Fest identisch mit *Simchat Tora* (»Freude der Lehre«). Die jüdische Liebe zur *Tora* drückt sich darin aus, daß die Gläubigen fröhlich singen und ausgelassen in der Synagoge um die Torarollen tanzen. An diesem Freudentag wird das letzte Kapitel aus dem 5. Buch Mose gelesen, das vom »Bräutigam der Tora« handelt.

Chanukka (»Einweihung«), das achttägige Lichterfest, erinnert an die Einweihung des Tempels nach seiner Wiedereroberung während der Makkabäerkriege. Damals fand man eine kleine Flasche mit rituell reinem Öl für das »Ewige Licht«. Eigentlich hätte es nur für höchstens einen Tag reichen dürfen, doch auf wunderbare Weise langte das Öl für acht Tage. Deshalb hat der *Chanukka*-Leuchter acht Kerzenhalter, die der Reihe nach mit einer neunten Kerze, dem »dienenden Licht«, angezündet werden. *Purim* ist ein Freudenfest und gedenkt der Errettung der persischen Juden vor der Verfolgung durch den Großwesir des Perserkönigs Ahasveros (Xerxes?), Hamann. An diesem karnevalsartig begangenen Fest verkleiden sich die Menschen, sprechen dem Alkohol zu, gehen auf *Purim*-Parties. Bei Kinderfesten wird häufig die Hamann-Geschichte als Theaterstück aufgeführt. Der »Holocaust-Gedenktag« (jeweils eine Woche vor dem Unabhängigkeitstag) und der »israelische Unabhängigkeitstag« (erstmalig: 14. Mai 1948) sind neuere Schöpfungen.

»Freut euch und jubelt an
Torafreude
und gebet Ehre der Tora heute.
Besser als aller Erwerb ist's,
sie zu erwerben,
köstlicher ist sie als Gold
und Perlen.
Wir jubeln, der Tora freuen
wir uns,
denn sie ist Kraft und Licht
für uns.«

Jüdischkeit

Juden leben toragemäß, weil sie den Gott lieben, der sein Volk erwählt hat. Der Glaube als Gehorsam gegen Gottes *Tora* führt zur »Heiligung des Alltags«, die alles der *Tora* unterwirft und keinen Bereich des Lebens ausklammert. Wie die Muslime, so sprechen Juden vor dem Ausführen eines Gebotes einen Segensspruch. Damit wollen sie ausdrücken, daß sie die folgende Handlung bewußt tun: »Gesegnet seist du, Herr unser Gott, König der Welt, der du uns geheiligt hast mit deinen Geboten!« Vorschriften, rituelle Handlungen und ihre Symbolik bilden bei den verschiedenen Tätigkeiten des religiösen Juden eine Einheit. Die Mehrheit der Juden in aller Welt, mit Ausnahme assimilierter Kreise in Europa und in den USA, befolgen die Speisevorschriften, die *kaschrut* (von hebräisch *koscher/kascher* = »rein«, »tauglich«). Die Speisegebote werden aus dem Pentateuch und dem Talmud abgeleitet. Das 3. Buch Mose enthält eine längere Aufzählung aller eßbaren und nicht-eßbaren Tiere. Grundsätzlich unterscheidet die Bibel zwischen reinen (*tahor*) und unreinen (*tame*) Tieren, wobei diese Begriffe in einem kultisch-rituellen Sinn gemeint sind. Von den Säugetieren gelten nur solche als koscher, die erstens gespaltene Hufe haben und zweitens zugleich Wiederkäuer sind. Das Schwein ist daher unrein.

Verglichen mit dem Islam sind die jüdischen Speisegebote sehr viel komplizierter. In der koscheren Küche ist der Genuß von Talg und einer bestimmten Hüftsehne verboten. Wichtige Voraussetzung ist die vorschriftsmäßige »Schächtung« der Tiere: die mit einem einzigen raschen Schnitt durch die Halsschlagader erfolgende Tötung. Blut darf nicht genossen werden. Außerdem muß »Milchiges« von »Fleischigem« streng getrennt werden. Diese Forderung stützt sich auf die in der *Tora* dreimal wiederkehrende Bestimmung: »Du sollst das Böcklein nicht in der Milch seiner Mutter bereiten.« Daher finden sich in jüdischen Haushalten Küchengeräte, die mit Speisen in unmittelbare Berührung kommen, stets doppelt.

Geschichte

Von den Patriarchen zum babylonischen Exil

»Ein umherirrender Aramäer war mein Vater…« lautet ein altes kultisches Bekenntnis (5. Mose 26,5). Die »Väter« oder »Patriarchen« (Abraham, Isaak, Jakob) waren aramäischer Abstammung. Sie kamen nach biblischem Bericht aus dem Zweistromland und waren Anführer halbnomadischer Clans. Die »Hebräer« (abgeleitet von Eber, einem der Stammväter Israels) gehörten möglicherweise zu jener Klasse von Menschen (den sogenannten *Chapiru*) ohne Bürgerrecht, die in Ägypten zu den Bauprojekten (östlich des Wadi-Sees?, im östlichen Nil-Delta beim Bau der Stadt Ramses II.) der Pharaonen herangezogen wurden. Wohl im 13. Jahrhundert v. Chr. fand der Exodus aus Ägypten statt (*Pessach*). Viele alttestamentliche Erzählungen ranken sich um die mächtige Führergestalt Mose (Ableitung des Namens von der Grundbedeutung »gebären«). In der Forschung wurde Mose unterschiedlich gedeutet, so als Religionsstifter, Volksgründer, Reformator, Priester, Theologe und Gesetzgeber. Nur noch in Umrissen ist er als Führer des Volkes beim Exodus und in der Wüste sowie als Stifter der israelitischen Religion faßbar. Beim Bundesschluß am Sinai trat er als Mittler zwischen Gott und Israel auf. Mose legte wohl auch die Grundlagen zu Priestertum, Bundeslade und Stämmebund. Unter seiner Führung wanderte nicht das ganze Volk Israel nach Palästina, sondern nur die kleine »Mose-Schar«. In den ältesten Liedern der hebräischen Bibel wird noch knapp, aber begeistert gesungen, was spätere fromme Legenden wunderhaft ausgemalt haben: die erfolgreiche Durchquerung des Schilfmeeres (der Bitterseen?, Nordende des Golfes von Suez?) sowie die Vernichtung der ägyptischen Verfolger. Im Mirjamlied wird siegestrunken gejubelt: »Singt Jahwe! Denn er ist hoch erhaben. Rosse und Reiter hat er ins Meer gestürzt.« Auf die Zeit der schrittweise vollzogenen »Landnahme« (13. Jahrhundert v. Chr.) folgte die Zeit der Richter (gewählte Stammesoberhäupter), daran anschließend die Königszeit (ab 1010 v. Chr.) mit den Königen David, Saul und Salomo. Nach Salomos Tod zerfiel das Großreich in das südliche »Juda« und das nördliche »Israel« (später die Provinz Samaria). 720 v. Chr. kam es zur Massendeportation der zehn israelitischen Nordstämme in das Zweistromland und nach Medien. Die durch Nebukadnezar II. 597 und 587/586 v. Chr. (Zerstörung des Tempels) ausgelöste »babylonische Gefangenschaft« bedeutete die Deportation der judäischen Oberschicht nach Babylonien (Rückwanderung unter Dareios I., ca. 522 v. Chr. und in den folgenden Jahrzehnten). Als Ende des babylonischen Exils gilt entweder der Kyros-Erlaß (538 v. Chr.) oder die Vollendung des Wiederaufbaus des Jerusalemer oder Zweiten Tempels (515 v. Chr.). Während des Exils und danach wurden die alten Jerusalemer Traditionen vereinheitlicht und zu großen Sammelwerken (*Tora*; »Deuteronomistisches Geschichtswerk«: Josua bis 2. Könige) zusammengefaßt. Außerdem fand eine religiöse Erneuerung statt: Die (Tier-) Opfer im Tempel wurden durch die Toralesung und -auslegung ersetzt, und Ort des Gottesdienstes wurde die Synagoge.

Das Frühjudentum

Die Zeit zwischen 538 v. Chr. und 70 n. Chr. bezeichnet man als Frühjudentum. Während der persischen Periode (538 – 332 v. Chr.) kam es zur Abgrenzung der heimkehrenden Juden von den Altisraeliten und Altjudäern. Die Namen Esra und Nehemia sind mit der Kultrestauration verbunden. Der Priester Esra verpflichtete das Volk auf die *Tora* des Mose. Unter dem Statthalter Nehemia kam es zur Abgrenzung der »Juden« von den Daheimgebliebenen. Sabbatheiligung, Beachtung ritueller Reinheitsgebote sowie die strikte Ablieferung der kultischen Abgaben wurden streng geregelt. Die altisraelitischen »Samaritaner« organisierten sich von nun an als eigene Gemeinschaft mit dem Kultzentrum des heiligen Berges Garizim bei Sichem. Schließlich übernahm der Hohepriester auch die politische Repräsentanz. Auf die Unterdrückung des Judentums

Die Juden auf dem Weg in die Babylonische Gefangenschaft. Teil eines Reliefs aus dem Palast König Sanheribs in Ninive. British Museum, London.

während der hellenistischen Periode (Verbot jüdischer Religionsgesetze: Beschneidung, Sabbatheiligung; Entweihung des Tempels) gelang es im Rahmen einer breiten Aufstandsbewegung dem aus dem priesterlichen Geschlecht der Hasmonäer stammenden Judas Makkabäus (der »Hammerartige«) 164 v. Chr. Jerusalem zu erobern und den Tempel wieder einzuweihen (*Chanukka*-Fest). Die Unabhängigkeit des hasmonäischen Judenstaates dauerte nicht lange, denn die Juden gerieten unter zunächst indirekte, später direkte römische Herrschaft. Nach dem Tode Herodes des Großen (37 – 4 v. Chr.) wurde sein Reich auf drei Söhne verteilt. Die innerjüdischen Belange wurden durch das »Synhedrion« (hebräisch *Sanhedrin*: »Rat«, »Gerichtshof«) unter Vorsitz des Hohenpriesters geregelt. Das Hauptproblem war die Unvereinbarkeit zwischen radikal-jüdischen Ansprüchen auf Gottesherrschaft und dem Anspruch des Imperium Romanum. Manche suchten zwar eine Erfüllung der Endzeithoffnungen im nichtpolitischen Sinne (zum Beispiel die frühen Christen in der Person Jesus von Nazareth). Andere Radikale bildeten Terrorgruppen (Zeloten). 70 n. Chr. wurden der Zweite Tempel ein Opfer der Flammen und Jerusalem zerstört. In Jawne erlaubten die Römer die Errichtung eines neuen Sanhedrins, der sich in der Folgezeit zur Geburtsstätte eines neuen Judentums entwickelte. Unter Bar Kochba (»Sternensohn«) kam es 132 n. Chr. zu einem erneuten zelotischen Aufstand, der mit einer jüdischen Niederlage endete.

Nach dem Sieg von Christentum und Islam

Der Sieg des Christentums im 4. Jahrhundert (seit 380 Staatsreligion) leitete für das Judentum eine zunehmende Einengung seiner bisherigen Rechte ein (unter Theodosius II. Einsetzen judenfeindlicher Gesetzgebung: Juden als Staatsfeinde; Absprechen des Volkscharakters). Justinian I. (527–565) schloß Juden aus dem bürgerlichen Leben aus und begünstigte die christliche Besiedelung Palästinas. 613 – 617 brachte ein parthischer Vorstoß Jerusalem erneut in jüdische Hand. Doch die Wiedereroberung des Gebiets durch Kaiser Herakleius ließ die messianische Begeisterung rasch verebben. Zu dieser Zeit hatte bereits Babylonien die Rolle des geistigen jüdischen Zentrums eingenommen. Die Eroberung Palästinas durch die Muslime wurde von den Juden begrüßt. Wie die Christen, so galten die Juden als *dhimmis* (»Schutzbefohlene«). Im »Omar-Vertrag« wurden die Anhänger der »Buchreligionen« toleriert. Trotz regionaler und periodischer Schwankungen in der Anwendung blieb diese Rechtsgrundlage über die Jahrhunderte erhalten. Allmählich übernahmen die Juden die arabische Sprache; dennoch erlebte das Hebräische als Literatursprache eine neue Blütezeit. Auf die Zeit weitgehender religiöser Toleranz folgte unter der Abbasiden-Dynastie eine zunehmend antijüdische Politik. Jerusalem und Palästina galten als »heiliges Gebiet« des Islam. Wegen ihrer schlechter

Triumphzug mit dem siebenarmigen Leuchter des Salomonischen Tempels. Relief am Titusbogen auf dem Forum Romanum in Rom.

werdenden Stellung unterstützten die Juden den Sturz dieser Dynastie und begünstigten die Fatimiden. Dafür räumten diese den Juden führende Stellungen in der Zivil- und Militärverwaltung ein. Das geistig-religiöse Leben der Juden erreichte seinen Höhepunkt auf der iberischen Halbinsel. Dieses »Goldene Zeitalter« (Anfang bis Mitte des 10. Jahrhunderts), das jüdische Wissenschaft und Literatur förderte und berühmte jüdische Gelehrte aus der Diaspora nach Spanien brachte, endete mit dem Eindringen der kriegerischen Berber aus Nordafrika und der christlichen Reconquista von Norden her.

Die Kreuzzüge führten zum Teil zu unbarmherzigen Ausschreitungen gegenüber der jüdischen Bevölkerung. Nach der islamischen Rückeroberung durch Sultan Saladin (1187) rief dieser in einer Proklamation alle Juden und Flüchtlinge der Kreuzzüge zur Rückkehr auf. Bald gab es wieder eine jüdische Gemeinde in Jerusalem. Während der Mamluken-Herrschaft in Palästina (1291–1516) konnten die Juden vergleichsweise sicher leben. Trotzdem kam es zu einem Niedergang des jüdischen Lebens. Die Judenverfolgungen im christlichen Europa führten dazu, daß viele Juden nach Palästina zogen. In der zweiten Hälfte des 14. Jahrhunderts kamen viele Juden aus Deutschland, die bald die Mehrheit in der Jerusalemer Gemeinde bildeten. Im 15. Jahrhundert erfolgte eine Einwanderungswelle aus Italien. Da der Papst 1428 den italienischen Städten die Überführung von Juden in das Heilige Land verboten hatte, erfolgte die Einwanderung mit türkischer Hilfe. Insgesamt entwickelte sich das Osmanische Reich Ende des 15. Jahrhunderts zu einer bedeutenden jüdischen Zufluchtsstätte; denn die Inquisition in Spanien und Portugal hatte Hunderttausende zum Verlassen ihrer Heimat gezwungen.

Zur Zeit der türkischen Herrschaft über Palästina (1517–1917) erlebten die dortigen jüdischen Gemeinden einen neuen Aufschwung. Palästina wurde erneut zum geistigen Zentrum des Gesamtjudentums, und die Gelehrten von Safed genossen weltweites Ansehen (Joseph Karo: *Schulchan Aruch*; maßgebliches Werk des jüdischen Rechts und Brauchtums). Die enge Verknüpfung zwischen kabbalistischen und messianischen Spekulationen bereitete den Boden für schwärmerische Bewegungen (Sabbatai Zewi, um 1666). Im 17./18. Jahrhundert verlor das sephardische Judentum mit dem Niedergang des Osmanischen Reiches an Bedeutung.

Die Juden in der christlichen Welt

Infolge des Zusammenbruchs des Römischen Reiches und wegen der islamischen Eroberungen kam den Juden, die in beiden Welten zu Hause waren, die Rolle des internationalen Vermittlers und Händlers zu. Dies trug dazu bei, ihre Lage insgesamt zu verbessern. Zur Zeit der ottonischen Könige und Kaiser erlebten die deutschen Juden eine Zeit wirtschaftlicher und kultureller Blüte. In den großen Bischofsstädten im Rheingebiet (Köln, Mainz, Worms, Speyer) entstanden bedeutende jüdische Gemeinden. Obwohl die Juden eine religiöse Sonderstellung mit eigenem Gesetz einnahmen und in speziellen Vierteln lebten, gestaltete sich das Zusammenleben mit den christlichen Nachbarn recht harmonisch. Teilweise paßte man sich bestimmten Lebensformen der christlichen Umwelt an. Einen ähnlichen Aufschwung konnten auch die jüdischen Gemeinden in Frankreich und Italien verzeichnen. Während der Kreuzzüge und der Inquisition entwickelte sich zunehmend ein Antijudaismus. Der Höhepunkt gesellschaftlicher Entrechtung folgte für die Juden aus dem Verfall der kaiserlichen Macht, die im 12. Jahrhundert den Juden als »Kammerknechten« einen gewissen Schutz verliehen hatte.

Im Italien des 15./16. Jahrhunderts konnten die Juden relativ ruhig neben ihren christlichen Nachbarn leben (Kulturbeitrag der Juden während der Renaissance). Die Reformation brachte keine Besserung der Lage der Juden (Martin Luther: »Von den Juden und ihren Lügen«, 1543). Vertreibungen und Verfolgungen dauerten an. Dazu kam die teilweise Zwangsghettoisierung. Größere Gemeinden bestanden nur in Frankfurt und Metz. Das Schwergewicht des Gesamtjudentums verlagerte sich im 16. Jahrhundert nach Polen/Litauen, wo die städtischen Kolonisten ihr mitteleuropäisches

Heinrich VII. empfängt nach seiner Krönung eine Abordnung römischer Juden. Eine päpstliche Verordnung von 1119 zwang sie, den Kaiser um das Wohnrecht und um das Recht der Religionsausübung zu bitten. Miniatur aus dem »Codex Balduinensis«.

Judendeutsch beibehielten und zum »Jiddischen« ausbildeten. Dieser Aufschwung fand sein Ende durch den Kosakenaufstand und polnisch-schwedische Kriege. Später spezialisierten sich die Juden auf die Vermittlung landwirtschaftlicher Produkte an die städtischen Verbraucher und gründeten dörfliche Siedlungen (*Schtetl*). Mitte des 18. Jahrhunderts entstand hier das Zentrum des osteuropäischen Chasidismus.

Die Zeit der Aufklärung

Im 17. und 18. Jahrhundert gelang es aufgrund ihrer Fähigkeiten einzelnen Juden, führende Positionen an Fürstenhöfen zu erringen (»Hofjuden«). Insgesamt konnten sich in den meisten Teilen Europas nur reiche Juden nach Erwerb eines Privilegs niederlassen. Der beklagenswerte Zustand der Juden wurde zu einem europäischen Problem und fand die Aufmerksamkeit von aufgeklärten Staatsmännern und Philosophen (Gotthold Ephraim Lessing: »Nathan der Weise«, 1779). Das persönliche Vorbild Moses Mendelssohns, dessen Humanismus und Bürgersinn das christliche Zerrbild des Juden widerlegte, verhalf der *Haskala* (hebräisch soviel wie »Aufklärung«) zum Durchbruch. Wie seine aufgeklärten christlichen Zeitgenossen sprach Mendelssohn von einer natürlichen Religion der Vernunft und stellte das sittliche Handeln, das den Juden mehr Bürgerrechte bringen sollte, in den Vordergrund. Doch erst die Französische Revolution (1789) brachte die völlige Emanzipation der Juden. Nach Waterloo (1815) verloren die Juden als Folge der Reaktion wieder ihre Bürgerrechte. Zwar verhalf ihnen die liberale Bewegung von 1830 und 1848 erneut zu bürgerlicher Anerkennung, doch fielen die letzten Beschränkungen erst mit der Reichsgründung (1871).

Jüdische Mystik

Die früheste Epoche der jüdischen Mystik, die »Merkaba-Mystik«, reicht vom 2. Jahrhundert v. Chr. bis in das 10. Jahrhundert n. Chr. Mittelpunkt dieser mystischen Strömung war die Schau der göttlichen Erscheinung auf dem »Thronwagen« (Ezechiel 1, 26). In den *Hechaloth*-Büchern (ca. Ende 4. Jahrhundert bis zum Auftreten des Islam) wird erzählt, wie die Mystiker die Himmelshallen und -paläste (*hechaloth*) betreten, in denen sich der Gottesthron befindet. Ein besonderes Kennzeichen dieser jüdischen Mystik ist die durch vorbereitende Übungen bewirkte Himmelsreise in die göttliche Lichtwelt. Ein bedeutendes mystisches Werk aus dem 3./4. Jahrhundert ist *Sefer Jezira* (»Buch der Schöpfung« beziehungsweise »Buch der Formung«).

Das während der Zeit der Kreuzzüge leidgeprüfte deutsche Judentum brachte im 12./13. Jahrhundert den aschkenasischen Chasidismus hervor, zu dessen Hauptvertretern Samuel und Juda die Chasiden sowie Eleasar ben Juda zählten. Im Unterschied zur talmudischen Bedeutung des Wortes *chasid* (»Frommer«) ist der chasidische Mystiker kein intellektueller, sondern ein einfacher, sanftmütiger, religiöser Mensch. Von der Welt hält er sich fern, und er zeichnet sich durch seelischen Gleichmut sowie extremen Altruismus aus. Der *Sefer Chasidim* (»Buch der Frommen«) ist das wichtigste Werk dieser aschkenasischen Mystik.

In Gestalt der *Kabbala* (»Tradition«) erlebte die jüdische Mystik im 12. – 14. Jahrhundert vor allem in Spanien, Südfrankreich und Deutschland einen neuen Aufschwung. Von großer Bedeutung war die Idee der Emanation: des Ausfließens alles Seienden aus dem Göttlichen. In allem Ir-

Buchmalerei aus der um 1320 in Katalanien entstandenen »Goldenen Haggada«: Die Israeliten bauen Vorratsstätten für die Pharaonen Pitom und Ramses und sammeln Stroh. Mose und Aaron verwandeln vor den Augen Pharaos das Wasser zu Blut, während die Ägypter erfolglos nach Wasser graben. Der Stab Aarons, der sich in eine Schlange verwandelt hat, verschlingt die Stäbe der Weisen und Zauberer Ägyptens.

dischen sind also Gottesfunken vorhanden, die auf ihre Befreiung warten. Das Ziel der *Kabbala* ist die Schau Gottes. Auch bemühten sich die Kabbalisten um einen tieferen Schriftsinn der *Tora*. Dieser erschließt sich aus dem Zahlenwert der hebräischen Buchstaben. Zu den Hauptvertretern der *Kabbala* gehörten neben dem Kreis um Mose ben Nachman (Nachmanides: 1194–1270), Abraham Abulafia (1240–1291) und dem unbekannten Verfasser des einflußreichen Buches *Sefer ha-Zohar* (»Das Buch des Glanzes«) vor allem der »heilige Löwe« Isaak Luria (1534–1572) und seine Schule. Sabbatai Zewi machte sich die lurianische *Kabbala* für seine pseudomessianischen Aktionen zunutze. Die *Kabbala* wirkte auch in das Christentum hinüber. Hier waren es vor allem die Humanisten Pico della Mirandola (1463–1494) und Johannes Reuchlin (1455–1522), die eine »christliche Kabbala« kreierten. Diese wiederum strahlte auf die christliche Theosophie und Anthroposophie aus.

In dem polnischen und ukrainischen Chasidismus des 18. und 19. Jahrhunderts standen nicht Gottesgelehrsamkeit, sondern »innige Gottesfreude, ausgedrückt im religiös-ekstatischen Tanz und Gesang der ergriffenen Männer, inbrünstiges, spontanes Gebet, Dienst am Nächsten« (Salcia Landmann) im Mittelpunkt. Von dem Gründer des ostgalizischen Chasidismus, dem Wanderprediger Israel ben Elieser (geb. vermutlich 1698 in Okup an der galizisch-rumänischen Grenze, gest. 1760) erzählt die Legende, daß er Kinder gern hatte, ihnen eigene neue Gebetsmelodien beibrachte und die mystischen Texte der *Kabbala* studierte. Mit 36 Jahren wurde der volkstümliche, durch Wundertaten berühmt gewordene Prediger seßhaft und scharte eine große Jüngergemeinde um sich. Seine Anhänger nannten ihn *Baal Schem Tow* (»Herr des guten Namens«), abgekürzt: »Bescht«. Die drei Grundsätze, die er verkündete und auch vorlebte, waren: Demut, Freude und religiöse Entflammung. Der *zaddik* (»Gerechter«), der osteuropäische »Wunderrabbi«, stand als Mittler zwischen den oberen und unteren Welten im Mittelpunkt. Die Heiligung des Alltags war das Ziel des osteuropäischen Chasidismus. Martin Bubers »Schriften zum Chassidismus« (Werke, Bd. 3) zeichnen einseitig das Bild des »reinen, rührigen Heiligen« (S. Landmann) und blenden den wundertätigen Rabbi aus.

Der vielleicht bedeutendste Mystiker des 19./20. Jahrhunderts war Rabbi Abraham Isaak Kook (1865–1935), auch Raw Kuk genannt. Die gegenseitige Befruchtung von Judentum und moderner Kultur war eines seiner großen Anliegen: »Das Heilige wird sich erneuern und das Neue geheiligt werden.« Das profane Siedlungswerk der Zionisten in Israel betrachtete Raw Kuk – im Gegensatz zu den meisten orthodoxen Rabbinern – als »Beginn der Erlösung«. 1921 berief man ihn zum ersten aschkenasischen Oberrabbiner in Palästina. Tolerant war Raw Kuk nicht nur gegen die sozialistisch-areligiösen Anschauungen der Pioniere, sondern auch gegenüber anderen Religionen.

Judas Ischariot mit 30 Silberlingen. Judaslohn bedeutet in christlicher Vorstellung den Lohn für den Verrat an einem Unschuldigen. Passionsszene vom Naumburger Meister am Lettner im Dom in Naumburg.

Antijudaismus und Antisemitismus

Gegenüber kaum einer anderen Religion sind die christlich-theologischen Verdammungsurteile so kultiviert worden wie gegenüber dem Judentum. Judentum und Antijudaismus beziehungsweise Antisemitismus gehören zusammen wie zwei Seiten einer Medaille. Im Unterschied zum rassenideologisch geprägten »Antisemitismus« (Begriff von dem Journalisten Wilhelm Marr 1879 in: »Der Sieg des Judentums über das Germanentum«) hat der Antijudaismus religiöse, wirtschaftliche und nationalistische Gründe.

Der spätantike Antijudaismus (so in Alexandrien ca. 150/100 v. Chr.) mit seinen religiösen, sozialen und politischen Motiven wurde durch den kirchlichen Antijudaismus abgelöst, der auf das Neue Testament (unter anderem Pharisäer-Polemik als christliche Abgrenzungsstrategie gegenüber dem Judentum) zurückgeht. Hatten viele neutestamentliche Texte ursprünglich nicht den (späteren) judenfeindlichen Klang, so boten sie dennoch die Grundlage für den jahrhundertelangen christlichen Antijudaismus: So wurden die Juden als Christus-, also Gottesmörder hingestellt. Man sagte ihnen ebenso den Kinderraub zum Zwecke von Ritualmorden nach wie Hostienfrevel und Brunnenvergiftungen. Der »alte Bund« des Judentums galt als minderwertige Religionsform, die durch die Kirche als »neues Volk des Bundes« ersetzt worden war. Finanzieller Neid und wirtschaftliche Ausbeutung gesellten sich zu den religiösen Argumenten. Die Judenverfolgungen erreichten ihre Höhepunkte in den Kreuzzügen, der Inquisition, bei den »Judenschlägern« des 14. Jahrhunderts, schließlich im Genozid der Nazis. Alphons Silbermanns Untersuchung »Sind wir Antisemiten«? (1982) belegt das heutige Vorhandensein von latentem und manifestem Antisemitismus in Deutschland. Neue Formen des Antijudaismus finden sich in rechts- und linksextremistischen Kreisen (Neonazis, Skinheads und andere) und in der modernen Subkultur, selbst in Teilen feministischer Theologie.

In den USA ist der Antisemitismus heutzutage zwar »keine mächtige soziale und politische Kraft« mehr – so die jüdische Bürgerrechtsorganisation »American Jewish Committee« (1992). Trotzdem hat der Antisemitismus insgesamt zugenommen: bei Rap-Musikern, afroamerikanischen Bevölkerungsschichten, der radikalen »Nation of Islam«. Dies ist das Ergebnis einer Untersuchung der »Anti-Defamation League of B'nai B'rith« (1992). Zu einem ähnlichen Ergebnis gelangt der Bericht (1992) des Londoner Instituts für jüdische Angelegenheiten. Der Antisemitismus erlebt in den 90er Jahren einen neuen Auftrieb, der besonders in Erfolgen der politischen Rechten in Westeuropa und in nationalistischen Strömungen Osteuropas seinen Ausdruck findet. Die »wahrscheinlich dynamischste antisemitische Bewegung in der ganzen Welt« finde sich in Rußland.

Seit den späten 1980er Jahren ist es in Japan, wo kaum mehr als 2000 Juden leben, zu einer Welle von literarischem Antisemitismus gekommen (Übersetzungen älterer antisemitischer Literatur ins Japanische; neue Bestseller). Dabei wurden alte, hauptsächlich wirtschaftliche Klischees wiederbelebt: In der Aufwertung des japanischen Yen witterten manche japanische Antisemiten eine »Verschwörung des Weltjudentums«.

Aus der Speyrer Juden- und Ghetto-Ordnung (15. Jahrhundert), in der Bischof Matthias den Juden gebot:
» 1. daß alle Juden von über fünf Jahren den gelben Ring und die Frauen zwei blaue Streifen tragen müssen;
2. daß die Kleidung von derjenigen der Christen unterschieden sein muß;
3. daß die Juden jeden Umgang mit Christen meiden sollen;
4. daß sie ohne Sondergenehmigung keine Synagogen oder Schulen erbauen oder die vorhandenen nicht gebrauchen dürfen;
5. daß sie abgesonderte und entlegene Wohnplätze haben sollen;
6. daß sie keinerlei Geschäfte an christlichen Feiertagen betreiben dürfen;
7. daß sie keinen Zinseszins nehmen dürfen;
8. daß sie sich in der Karwoche in der Öffentlichkeit nicht zeigen sollen;
9. daß sie dem bischöflichen Richter unterworfen sind.«

Judenabzeichen standen in der Tradition, Andersgläubige durch bestimmte Auflagen in bezug auf ihre Kleidung zur Unterscheidbarkeit zu zwingen: gelber Fleck (Deutschland, 15. Jahrhundert), rot-weißer Fleck (Frankreich, 14. Jahrhundert), spitzer Hut (Prag, 12. Jahrhundert).

Dialog und Trialog

Der Holocaust zerstörte alle bis dahin existierenden jüdisch-christlichen Beziehungen. 1945 markiert ein Datum des völligen Neubeginns. Denker wie Ferdinand Ebner (1882 – 1931), Franz Rosenzweig (1886 – 1929) und Martin Buber (1878 – 1965) haben die theoretischen Grundlagen des »Dialoges« gelegt. Die jüdische Haltung zum Dialog mit Christen ist uneinheitlich: Manche jüdischen Organisationen widmen sich ihm intensiv: so das International Jewish Commitee for Interreligious Consultations (IJCIC). Auch der rechte Flügel der amerikanischen Orthodoxie steht dem

Dialog aufgeschlossen gegenüber, solange allerdings gesellschaftliche Probleme und keine Glaubensfragen thematisiert werden.

Auf katholischer Seite ist das 2. Vatikanische Konzil (4. Kapitel der »Erklärung über das Verhältnis zu den nichtchristlichen Religionen«) maßgebend. Zwischen 1945 und 1985 sind 85 katholische Verlautbarungen zum christlich-jüdischen Dialog erschienen. Die protestantischen Kirchen des Westens – nicht aber die Ostkirche und die Kirchen Lateinamerikas, Asiens oder Afrikas – setzten sich gründlich mit den christlichen Wurzeln des späteren politischen und rassistischen Antisemitismus auseinander. 81 Beschlüsse wurdem im genannten Zeitraum gefaßt. In Deutschland ragen dabei vor allem folgende heraus: EKD-Studien »Kirche und Judentum« (1967) sowie »Christen und Juden« (1991); Beschluß der Rheinischen Landeskirche »Zur Erneuerung des Verhältnisses von Christen und Juden« (1980), sowie Aussagen der badischen Kirche und des Reformierten Bundes.

Der Ritualmordvorwurf gegen Juden wurde auch anläßlich des Todes des Knaben Simon in Trient (1475) erhoben. Holzschnitt aus der Schedelschen Weltchronik, Nürnberg 1493.

Der jüdisch-christliche Dialog ist Thema sowohl evangelischer (seit 1961) als auch katholischer Kirchentage (seit 1973). Neben acht jüdischen Verlautbarungen (so Ansprachen von Landesrabbinern, Vorsitzenden jüdischer Organisationen, Staatspräsidenten Israels) sind zwölf gemeinsame jüdisch-christliche Papiere erwähnenswert. Vereinzelt wächst die Erkenntnis, daß auch der Islam mit in das Gespräch einbezogen werden muß. Der bedeutende jüdische Islamwissenschaftler Ignaz Goldziher schrieb im hohen Alter an einen muslimischen Schüler: »Wir sind Brüder. Wir haben denselben Gott.«

Der mittelalterliche jüdische Gelehrte Jehuda Halewi hat das Verhältnis der drei Religionen in dem Bild vom »Samen« ausgedrückt, der einen Baum mit zwei Ästen hervorbringt: Christentum und Islam. Ignaz Maybaum, ehemaliger Gelehrter am Londoner Leo-Baeck-College, betrachtete Christen und Muslime als Zwillinge, die dem Leib Rebekkas entstammen:

Das Judentum ist die Mutter, die beiden anderen Religionen sind »Brüder, die sich um die rechte Lehre streiten«. Weniger der auf christlicher und islamischer Seite oft in den Mittelpunkt gestellte Gedanke der »Abrahamsbruderschaft« spielt für die jüdische Haltung zu anderen Religionen eine Rolle als der rabbinische Gedanke: »Die Rechtschaffenen aller Nationen haben einen Anteil an der kommenden Welt.« Der Weg zu Gottes Gegenwart ist jedem Menschen offen, wobei nach jüdischer Überzeugung der Nicht-Jude es eigentlich leichter hat, weil die Ansprüche, die ihm gestellt werden, geringer sind.

»Du bist Gott, alle Gebilde sind
Deine Knechte und Diener.
Deine Ehre leidet nicht Mangel
durch die Schar der Götzendiener,
denn alle wollen zu Dir gelangen,
aber gleich Blinden, die zum
König hinstreben,
irren sie vom Wege ab.
Der eine versinkt in verderblicher
Grube,
der andre fällt in die Falle.
Alle meinen,
sie hätten ihr Ziel erreicht –
und haben sich umsonst bemüht!
Deine Knechte aber sind
Sehenden gleich,
die auf rechtem Wege wandeln,
weichen vom Weg nicht nach
links oder rechts,
bis sie an den Hof des Königs
gelangen.«
(Salomo ibn Gabirol: »Die
Königskrone«)

LITERATUR: Gershom Scholem: Zur Kabbala und ihrer Symbolik. Frankfurt/M. 1960. – Ders.: Über einige Grundbegriffe des Judentums. Ebd. 1970. – Johann Maier: Geschichte der jüdischen Religion. Berlin/New York 1972. – Léon Poliakov: Geschichte des Antisemitismus. 8 Bde., Frankfurt/M. 1977–1988 (frz. 1955–1977). – Haim Hillel Ben-Sasson (Hg.): Geschichte des jüdischen Volkes. München 1978–1980. – Leo Baeck: Das Wesen des Judentums. Wiesbaden 1979. – Michael Klöcker, Udo Tworuschka (Hg.): Ethik der Religionen – Lehre und Leben. 5 Bde., Göttingen/München 1984–1986. – Arnulf H. Baumann (Hg.): Was jeder vom Judentum wissen muß. 4. Auflage, Gütersloh 1987. – Leo Trepp: Die Juden. Volk, Geschichte, Religion. Reinbek 1987. – Theodor Herzl: Der Judenstaat. Versuch einer modernen Lösung der Judenfrage. Zürich 1988. – Franz Rosenzweig: Der Stern der Erlösung. Frankfurt/M. 1988. – Heinz-Jürgen Loth: Judentum. Göttingen 1989. – Peter Maser (Hg.): An uns ist es zu preisen. Eine Auswahl aus dem jüdischen Gebetbuch. Konstanz 1991. – Julius H. Schoeps (Hg.): Neues Lexikon des Judentums. Gütersloh/München 1992.

Udo Tworuschka

Daten zur Geschichte des Judentums

ca. 1300 v. Chr.	Exodus aus Ägypten unter Moses
ca. 1000 v. Chr.	Anfänge des israelitischen Königtums
926 v. Chr.	Reichsteilung (Juda/Israel)
ca. 750 v. Chr.	Aktivitäten von Amos, Hosea, Jesaja, Micha
1. Jh. v. Chr.	Periode des von zwei Gelehrten geführten Lehrhauses: Hillel (um 20 v. Chr.) und Schammai (um 30 v. Chr.)
200 n. Chr.	Jehuda ha-Nassis Mischna; Anfänge der Gemara
ca. 400	Abschluß des palästinischen Talmuds
ca. 500	Abschluß des babylonischen Talmuds
882–942	Saadja ben Josef (hebräisch Gaon), Religionsgelehrter, führende rabbinische Autorität
1000	Beginn des »Goldenen Zeitalters«
um 1020–1057/58	Salomo ben Jehuda ibn Gabirol, Verfasser des Lehrgedichts »Die Königskrone«
1040–1107	RaSCHi (eigentlich Salomo ben Isaak), Autor eines bedeutenden Bibel- und Talmudkommentars
1075–1141	Jehuda ben Halewi, herausragendster hebräischer Dichter des Mittelalters
1135–1204	Moses Maimonides
ca. 1200	Die Kabbala kommt nach Europa
ca. 1500	Blüte jüdischer Mystik
1488–1575	Joseph Karo, Verfasser des »Schulchan Aruch«
1534–1572	Isaak Luria, bedeutender Halachist, Talmudkommentator
1632–1677	Baruch Spinoza, plädiert für die Gewissensfreiheit und die Trennung von Staat und Kirche (»Tractatus Theologico-Politicus«, 1670)
31. Mai 1665	Sabbatai Zewi proklamiert sich zum Messias
1729–1786	Moses Mendelssohn, Literaturkritiker, Bibelübersetzer, Reformer
ca. 1750	Chasidismus, von der Ukraine aus zunächst in Osteuropa, später in der ganzen Welt verbreitet
ca. 1800	Reformbewegung (1801 Jacobson-Schule in Seesen/Harz)
1808–1888	Samson Raphael Hirsch, radikaler Reformer und Philosoph
ca. 1819	Beginn der »Wissenschaft vom Judentum«. 1840er Jahre: mehrere Rabbinerversammlungen im Reformjudentum
1829 – 1900	Isaac Mayer Wise, aus Böhmen stammender amerikanischer Reformrabbiner; maßgeblich beteiligt an der Gründung eines Bundes reformistischer Synagogen (»Union of American Hebrew Congregations«, 1873), eines Seminars für Rabbiner (»Hebrew Union College«, 1875) und einer Rabbinervereinigung (»Central Conference of American Rabbis«, 1889)
1842	Gründung der Reformgemeinde in London
nach 1846	Spaltung des deutschen Reformjudentums in drei Richtungen (rechter Flügel: Zacharias Frankel; »Liberales Judentum«; Berliner »Reformgemeinde«)
ca. 1850	Musar (hebräisch mussaru=»Moral«)-Bewegung, von Litauen ausgehend; begründet von Rabbi Israel Lipkin Salanter (1810–1883); bewirkte eine Reform des orthodoxen Judentums
1881/82	Pogrome im zaristischen Rußland führen zur Ersten Alija (»Hinaufzug«) nach Palästina
1904	Zweite Alija
1919	Dritte Alija
1924	Vierte Alija
1933 – 1939	Fünfte Alija
14. Mai 1948	Gründungserklärung des Staates Israel
1979	Friedensvertrag Ägypten – Israel
seit Dez. 1987	Intifada im Gazastreifen und Westjordanland

Israel

Statistische Angaben

Im Staat des jüdischen Volkes leben heute über 5 Millionen Menschen, mehr als 4 Millionen von ihnen sind Juden (Ende 1948 betrug die Bevölkerungszahl 915 000, darunter 759 000 Juden). Die Bevölkerung wächst weiter, in jüngster Zeit vor allem durch die Einwanderung zahlreicher Juden aus der früheren Sowjetunion.

Zur Geschichte

Palästina, »Eretz Israel« (das Land Israel), blieb von biblischen Zeiten bis heute beinahe ununterbrochen von Juden bewohnt. Zwar hatte die Eroberung des Landes durch die Muslime im 7. Jahrhundert die Dezimierung der Juden zu einer verschwindenden Minderheit zur Folge, jedoch verlor das Land nie seine Anziehungskraft für Juden. Es blieb das Ziel ihrer Sehnsucht, war immer eine Pilgerstätte, und in den vier heiligen Städten Jerusalem, Hebron, Safet und Tiberias bestanden jüdische Gemeinden. Hier wollten Gläubige ihren Lebensabend beschließen, um in der heiligen Erde begraben zu werden. Andere erwarteten den Messias an »Ort und Stelle«, sollte doch dieser zur Zeit der Erlösung alle Söhne Israels in das Gelobte Land, nach Zion-Jerusalem heimführen. Doch die überwiegende Mehrheit der Juden lebte in der Diaspora, aufgeteilt in zwei ethnisch-kulturelle Gruppen: die sephardische im Nahen und Mittleren Osten und die aschkenasische in Europa und später auch in den Überseeländern. Die Rückkehr in das Heilige Land blieb ungefähr 2 000 Jahre ein frommer Wunsch: »Nächstes Jahr in Jerusalem«, lautet der Abschluß eines Gebets. Nur wenige setzten im Laufe der Generationen den Spruch in die Tat um.

Im 19. Jahrhundert drang die Aufklärung auch in die jüdischen Gemeinden Europas. Mit ihr verbunden war eine Lockerung der religiösen Bindungen und das Erwachen des nationalen Bewußtseins. Den prägnantesten und historisch wichtigsten Ausdruck fand der jüdische Nationalismus im Zionismus. Die nationale Renaissance im Lande Israel sollte die bis dahin religiös verstandene Identität durch einen Nationalcharakter ersetzen.

Der Zionismus führte zu einem schweren Konflikt mit großen Teilen der frommen Judenheit. Der jüdische Nationalismus war mit einer teilweisen, wenn nicht völligen Loslösung von der Religion verbunden. Vielen Juden erschien die organisierte Rückkehr in das Gelobte Land als sündhaftes Vorgreifen auf die messianische Erlösung, also als Sakrileg. Zwei hervorragende Rabbiner waren aber anderer Meinung: Zwi Hirsch Kalicher aus Posen und der in Sarajewo geborene Jehuda Alkalai vertraten die Meinung, daß der Ankunft des Messias die Selbsterlösung der Juden voranginge. Diese erste Phase bestehe in der Rückkehr in das Land der Väter, darin, es zu besiedeln und zu kultivieren, statt wie die »alten« jüdischen Gemeinden in Palästina hauptsächlich von Spenden reicher Juden in der Diaspora zu leben. In Jerusalem gab es damals auch sephardische Juden, die regen wirtschaftlichen und gesellschaftlichen Kontakt mit der Umwelt hatten. Doch bestanden nur wenige Verbindungen zu den Juden in Europa.

Im Jahre 1903 wurde die »Misrachi«-Bewegung gegründet, die in Europa tätig war. Im Sinne der beiden erwähnten Glaubensgelehrten vereinte sie strenge Beachtung der religiösen Gebote

Gershom Scholem

Gershom Scholem wurde am 5. Dezember 1897 in Berlin geboren. Er studierte in Berlin, Jena, Bern und München Religionsgeschichte und Philosophie. Seine Studien schloß er 1922 mit der Promotion ab. Da er mit dem Zionismus sympathisierte, wanderte er nach Palästina aus. 1925 wurde er Dozent, später Professor für jüdische Mystik und Kabbala an der Hebräischen Universität in Jerusalem. Von 1968 bis 1974 war er Präsident der Israelischen Akademie der Wissenschaften. Seine wichtigsten Werke handeln von den Ursprüngen und Anfängen der Kabbala sowie von Sabbatai Zewi und der sabbatianischen Bewegung.

Am Sabbat an der Westmauer, 1896. Der auch »Klagemauer« genannte Westteil der Umfassungsmauer des herodianischen Tempelbezirks blieb nach der Zerstörung des Zweiten Tempels (70 n. Chr.) erhalten.

Gershom Scholem korrespondierte mit bedeutenden Persönlichkeiten, zum Beispiel mit Franz Rosenzweig. Zu Scholems wichtigsten Veröffentlichungen gehören: »Die jüdische Mystik« (1957), »Judaica 1–4« (1977 ff.), »Von Berlin nach Jerusalem« (1977). Eine enge Freundschaft verband Scholem mit dem Schriftsteller und Literaturwissenschaftler Walter Benjamin (»Walter Benjamin. Die Geschichte einer Freundschaft«, 1975).

In seinem Werk »Die jüdische Mystik«, das neun Vorlesungen enthält, ging es Scholem nicht um eine vollständige Geschichte der jüdischen Mystik, sondern um die Darstellung ihrer Hauptzüge und die Analyse der Hauptstadien ihrer Entwicklung. Die Vorlesungen waren nicht nur für den Forscher, sondern für alle diejenigen gedacht, die an den Problemen der jüdischen Geschichte und Religion interessiert sind. Eine wesentliche Aufgabe der Wissenschaft vom Judentum im 20. Jahrhundert bestand für Scholem darin, »jüdische Geschichte von einem tiefen Verständnis für die Wechselwirkung religiöser, politischer und sozialer Faktoren her neu zu schreiben. Wenn diese Aufgabe erfolgreich gelöst werden soll, ist es unerläßlich, die Funktion neu zu bestimmen, die die jüdische Mystik zu verschiedenen Zeiten in dieser Geschichte erfüllt hat, und ihre Ideale und ihre Haltung zu den Fragen, die sich aus der jeweiligen Situation des Judentums ergaben, ins rechte Licht zu setzen.«

Gershom Scholem starb am 20. Februar 1982 in Jerusalem.

LITERATUR: Mysticism and Religion. Presented to Gershom G. Scholem on his Seventieth Birthday. 1967.

mit aktivem Zionismus. Der erste Oberrabbiner von Eretz Israel, Abraham Jitzchak Hakohen Kuk, unterstützte diese Einstellung. Er sah keinen Widerspruch zwischen äußerster Frömmigkeit und Zionismus. Die Besiedelung des Landes, auch durch areligiöse Pioniere, sei als geheiligte Tat zu begrüßen. Bis zum heutigen Tag ist die Orthodoxie in ihrer Einstellung zum Zionismus und dem jüdischen Staat gespalten. Ein Teil sieht auch jetzt noch im Zionismus eine Entweihung des jüdischen Erbes.

Religiöse Strömungen

Die Einteilung der verschiedenen religiösen Strömungen in Orthodoxe, Konservative und Reformgläubige, die vor allem in Nordamerika leicht vorzunehmen ist, hat in Israel geringe Bedeutung. Die beiden nichtorthodoxen Gruppen sind zahlenmäßig nicht bedeutend, und die dominanten Orthodoxen setzen alles daran, ihre Entfaltung zu drosseln.

Für die Orthodoxie in allen ihren Schattierungen kennzeichnend ist eine rigorose Beachtung aller Gesetze und Gebote, wie sie durch Generationen überliefert wurden. Im Laufe von Jahrhunderten wurden kaum Abänderungen in Ritual und Lebensweise gestattet. Doch bestehen heute wesentliche Unterschiede auch innerhalb der Orthodoxen.

Die Konservativen sind bestrebt, an den hergebrachten Sitten und Gebräuchen festzuhalten, wollen diese aber den jetzigen Umständen anpassen. Dementsprechend wird auch die religiöse Strenge gemildert und etwa an der strikten Trennung der Männer und Frauen, besonders beim Gottesdienst, nicht festgehalten. In Israel ist ihre Anzahl sehr gering.

Die Reformreligiösen gehen in ihrer Anpassung an die gegenwärtige Begriffswelt weiter. Die Sabbatruhe wird eher im Sinne der Bequemlichkeit der Gläubigen gestaltet, die Benutzung von Fahrzeugen ist gestattet. Frauen dürfen im Gottesdienst aus der *Tora* (Pentateuch) vorlesen, und heute gibt es auch weibliche Rabbiner. (All dies ist bei den Orthodoxen undenkbar und als sündhaft verpönt.) Eine weitere Abweichung vom orthodoxen Gottesdienst ist dessen eventuelle Begleitung mit Instrumentalmusik. Diese Gruppe ist in Israel zahlreicher vertreten; kleinere reformierte Gemeinden wurden hauptsächlich von Einwanderern aus Nordamerika gegründet. Die Reformbewegung sucht Berührungspunkte mit Andersgläubigen. Weltanschaulich ist sie demokratisch-humanistisch eingestellt. Auf der Suche nach gegenseitigem Verständnis und Frieden bemühen sich die Reformreligiösen um Kontakte zur nichtjüdischen Umwelt.

Theodor Herzl auf der Fahrt nach Palästina 1898. Zahlreiche Verhandlungen mit dem türkischen Sultan Abd ül-Hamid II. und dem deutschen Kaiser Wilhelm II. hatten die Gründung einer »Heimstätte des jüdischen Volkes« in Palästina zum Ziel.

Orthodoxes Judentum in Israel

In Israel ist die orthodoxe Richtung dominierend und in Fragen der rabbinischen Rechtsprechung, des Übertritts zum Judentum, der Eheschließung und der Bestattung auf öffentlichen Friedhöfen allein zuständig. Alle staatlich-religiösen Institutionen Israels befinden sich unter der Aufsicht der Orthodoxen, an deren Spitze zwei Oberrabbiner stehen, von denen der eine die sephardische, der andere die aschkenasische Gemeinde vertritt. Theologisch besteht kein wesentlicher Unterschied zwischen den beiden ethnischen Gruppen. Doch da gewisse Traditionen, Gebete und Bräuche verschieden sind, hält man an der zweiköpfigen Spitze der religiösen Hierarchie fest.

Die »Neturei Karta« (Behüter der Stadt) sind eine von der Umwelt weitgehend abgeschlossene Sekte. Eine kleine Gemeinde, hauptsächlich in einem eigenen Viertel Jerusalems lebend, bilden sie eine Welt für sich. Nur die Rechtsprechung der von ihnen anerkannten Rabbiner besitzt für sie Gültigkeit. Der jüdische Staat gilt ihnen als Sakrileg, der Zionismus als Sünde. Diese Sekte verweigert grundsätzlich die Respektierung der Bürgerpflichten, nimmt aber andererseits keine Dienstleistungen des Staates in Anspruch.

Abgesehen von dieser Sekte werden die Orthodoxen in zwei große Gruppen eingeteilt: die Ultraorthodoxen (Charedim) und die Nationalorthodoxen. Der wesentliche Unterschied zwischen diesen zwei Richtungen besteht darin, daß die »Charedim« das in sich abgeschlossene, weltfremde Leben der Diaspora in Israel fortsetzen, während die Nationalorthodoxen bei Einhaltung aller Gebote und Bräuche in enger Verbindung mit ihrer Umwelt leben. Auch äußerlich unterscheiden sie sich nicht von den übrigen Israelis, während die »Charedim« in allen Generationen an der traditionellen Kleidung Osteuropas (schwarze Anzüge, schwarze halbsteife und steife Hüte) festhalten und Schläfenlocken tragen. Die nationalorthodoxe Richtung befürwortet die Förderung der Wissenschaften, bildet neue Siedlungen und hat eine in ihrem Geiste wirkende Universität gegründet, die moderne Wissenschaft betreibt und Studenten jeder Richtung und Weltanschauung zugänglich ist (Bar-Ilan Universität). Im Unterschied zu den »Charedim« sind die Nationalorthodoxen Zionisten, die den Staat Israel völlig bejahen. In ihrem Rahmen finden wir sogar extremste nationalistische Zusammenschlüsse.

Die »Charedim« sind in sich noch einmal gespalten: in die Chasidim, die eng mit der Kabbala, der mystischen Deutung des Judentums, verbunden sind, und in die scholastische Richtung, die nüchtern an die Heilige Schrift und ihre Auslegungen gebunden ist. Die verschiedenen hier erwähnten religiösen Gruppen sind in politischen Parteien zusammengefaßt, die teils zusammenarbeiten, teils einander befehden. In einer Frage haben sie ein gemeinsames Ziel: die größtmögliche

Unterordnung der staatlichen Gesetze unter den religiösen Kodex. In ihren theokratischen Bestrebungen sind sich alle orthodoxen Gruppen einig.

Verhältnismäßig neu im politischen und religiösen Spektrum Israels ist die »Schas«-Partei. In ihrer religiösen Einstellung rigoros, sieht sie ihre Hauptaufgabe in der Wahrnehmung der Interessen der orthodoxen sephardischen Juden. Im Gegensatz zur Tradition der sephardischen Juden ist diese Gruppe ultraorthodox und intolerant.

Nehmen wir die Vertretung der religiösen Parteien in der Knesseth (Parlament Israels) als Maßstab, dann ist die überwiegende Mehrheit der Bevölkerung unreligiös. Von 120 Abgeordneten zählen alle religiösen Fraktionen zusammengenommen 18 Sitze. Dieses Kriterium ist aber ungenügend. Doch auch ein zweites Indiz weist darauf hin, daß die Majorität der Bürger Israels areligiös ist. Das Schulwesen ist in eine religiöse und eine weltliche Strömung geteilt. Auch hier bildet der Sektor der religiösen Erziehung die Minderheit. Dessenungeachtet ist ein großer Teil der Israelis traditionsgebunden, beachtet völlig oder teilweise die Gebote, besucht die Synagoge, besonders an den hohen Feiertagen wie Neujahr (Rosch ha-Schana) und Versöhnungstag (Jom Kippur). Das weist darauf hin, daß es hier weniger um eine atheistische Einstellung geht als um eine Distanzierung von den Institutionen, die den Glauben vertreten. Oft können wir hören und lesen, daß Israelis erklären, gläubig zu sein, jedoch das Diktat des Rabbinats ablehnen. Vor allem sephardische Juden respektieren das religiöse Erbe, sind mit der heiligen Schrift vertraut, versuchen aber nicht, ihren Glauben und ihre Überzeugung anderen aufzudrängen.

Zusammenfassend sei hier gesagt, daß die genaue Auseinanderhaltung von einander abweichenden Strömungen im Judentum schwieriger ist als bei anderen Religionen. Die Grenzen zwischen der anglikanischen und der römisch-katholischen Kirche sind klar gezogen, desgleichen ist im Islam der Unterschied zwischen Sunniten und Schiiten eindeutig festzustellen. Seit der Zerstörung des Tempels in Jerusalem und dem Mangel einer obersten jüdischen Autorität, wie der Sanhedrin es war, fehlt in der jüdischen Religion die dominierende Achse, um die sich verschiedene Interpretationen gruppieren können. Deshalb die Vielfalt der Nuancen, die manchmal schwer voneinander zu trennen sind. Der Versuch, das Oberrabbinat Israels zum geistigen Mittelpunkt der Juden auf der ganzen Welt zu erklären, schlug fehl. Wohl ist das Religionswesen des Staates mit dem der Diaspora eng verbunden, doch nicht als maßgebende Institution.

Der neue jüdische Staat schafft Probleme und stellt Fragen, mit denen sich das Judentum seit Ausfallen der jüdischen Souveränität vor ungefähr 2000 Jahren nicht auseinandersetzte. Dies ist eine ethische und intellektuelle Herausforderung, die gläubige wie areligiöse Juden in gleichem Maße angeht.

LITERATUR: Encyclopedia Judaica. Jerusalem 1974. – Isaia Leibowitz: Judentum, das jüdische Volk und der Staat Israel. Tel-Aviv 1975. – Encyclopedia Hebraica. Jerusalem 1977. – Elieser Schweid: Das Judentum und säkulare Kultur. Tel-Aviv 1981. – Benjamin Isch: Schalom Harav Kuk (Der Rabbiner Kuk). Tel-Aviv 1990. *Zeev Utitz*

Islamische Länder

Das Judentum in den islamischen Ländern ist ein glanzvolles Kapitel jüdischer Geschichte, das spätestens in den sechziger Jahren des 20. Jahrhunderts mit der Einwanderung in den Staat Israel zu Ende ging. Einige Zahlen verdeutlichen diese Tatsache: Von 300 000 Juden Marokkos blieben ca. 18 000, von ca. 55 000 Juden Jemens ca. 1 000; von den 135 000 Juden Algeriens ist praktisch niemand übriggeblieben, für die 125 000 Juden des Irak gilt das gleiche, ebenso für Ägypten; lediglich in der Türkei verblieben von den ca. 90 000 Juden etwa 23 000. Die Einwanderung nach Israel hängt eng mit der sich verschlechternden sozio-ökonomischen Lage der Juden in den islamischen Ländern seit Beginn des 19. Jahrhunderts zusammen, die wiederum mit tiefgehenden Veränderungen der islamischen Staatenwelt von diesem Zeitpunkt an erklärbar ist. Sie ist aber auch religiös-messianisch motiviert. Viele orientalische Juden sahen im Staat Israel die Verheißung des neuen Jerusalem realisiert. Die orientalischen Juden haben die soziale und politische Struktur Israels nachhaltig beeinflußt.

Man schätzt den früheren Anteil der jüdischen Bevölkerung in islamischen Ländern auf ca. 1 Prozent. Im Gegensatz zu dieser geringen Zahl steht ihre soziale und kulturelle Bedeutung. Der jüdische Beitrag für den Islam ist seit den Veröffentlichungen des deutsch-jüdischen Historikers Abraham Geiger (1810–1874) Gegenstand wissenschaftlicher Erforschung.

In allen späteren islamischen Ländern lebten Juden: Die Juden Afghanistans und des westlichen Zentralasien (Buchara, Samarkand) sprachen persisch; sie bildeten bis ins 16. Jahrhundert eine einheitliche Gruppe. Die Juden des westlichen Irak und des fruchtbaren Halbmondes (Syrien, Palästina) sprachen aramäisch und gehörten zum Kulturkreis des babylonischen *Talmud*. In Palästina und Unterägypten (Alexandrien) sprachen die Juden griechisch und waren Teil der hellenistischen Zivilisation. Auch auf der arabischen Halbinsel gab es bereits vor dem Auftreten des Islam Juden. Es bestand unter den Juden auch eine politische Trennung: Sie befanden sich teils unter byzantinischer, teils unter persisch-sassanidischer Herrschaft.

Die arabisch-islamische Eroberung vereinte die verschiedenen jüdischen Gruppen, unter denen eine große soziale Mobilität herrschte, die sich die arabischen Eroberer zunutze machten. Entscheidend in diesem Zusammenhang war, daß die Juden sich arabisierten. Es kam zu einer sprachlichen und kulturellen Integration. Westlich des Iran, von Irak bis nach Marokko und Südspanien (Sepharad), sprachen die Juden arabisch beziehungsweise judeo-arabisch. Das gleiche gilt für die Juden des Jemen.

Was die Situation der Juden insgesamt betrifft, können folgende Phasen unterschieden werden: 1. die frühe, durch Toleranz gegenüber den jüdischen Minoritäten gekennzeichnete Phase des Islam, 2. die mongolisch-türkisch-osmanische Phase mit ihrer stärkeren Betonung von Orthodoxie und Hierarchie und 3. die Phase der Konfrontation mit den Europäern und der daraus resultierenden Verschlechterung der Lage der orientalischen Juden.

Jeschajahu Leibowitz
Jeschajahu Leibowitz wurde am 28. Januar 1903 in Riga geboren. 1919 begann er, in Berlin Chemie zu studieren, wo er 1924 seine Doktorprüfung ablegte. Der junge Naturwissenschaftler schloß sich den Misrachi an, einer 1902 unter Rabbi Izhak (Isaak Jakob) Reines in Wilna gegründeten religiös-zionistischen Bewegung. Leibowitz wanderte über die Schweiz, wo er 1934 sein Medizinstudium vollendete, nach Palästina aus. 1953 wurde er Chefredakteur der »Encyclopaedia Hebraica«. 1961 ernannte die hebräische Universität von Jerusalem Leibowitz zum Professor für Biochemie und Neurophysiologie.

Jeschajahu Leibowitz gehört zu den umstrittensten Denkern Israels. In religiöser Hinsicht vertrat er rigorose Ansichten: Die Halacha ist für ihn ein reines Religionsgesetz, alle kulturellen und nationalen Merkmale sind zweitrangig. Allerdings sollen der jüdische Staat und die jüdische Kultur in die Halacha integriert werden. Leibowitz kritisierte von diesem Standpunkt aus alle Zweckbündnisse zwischen orthodoxen Juden und säkularem Zionismus im Staat Israel. Vehement trat er für die Trennung von Religion und Staat ein. Ebenso bejahte er den Kulturkampf. In politischer Hinsicht erregte sein Protest gegen die Besetzung arabischer Gebiete weltweit Aufsehen.

LITERATUR: Jeschajahu Leibowitz: Vorträge über die Sprüche der Väter. Auf den Spuren des Maimonides. 1990. – Ders.: Gespräche über Gott und die Welt. 1990.

Schalom Ben Chorin

Schalom Ben Chorin, der mit ursprünglichem Namen Fritz Rosenthal hieß, wurde am 20. Juli 1913 in München geboren. In seiner Heimatstadt studierte er Germanistik, Theater- und Religionswissenschaft. 1935 emigirierte er nach Jerusalem. Als Schüler Martin Bubers war er gegen die jüdische Orthodoxie eingestellt und wandte sich einem dialogoffenen und verinnerlichten Judentum zu. 1958 gründete er in Jerusalem die Har-El-Gemeinde als erste jüdische Reformgemeinde.

Zu Ben Chorins wissenschaftlichen Werken gehören unter anderem: »Bruder Jesus. Der Nazarener in jüdischer Sicht« (1967), »Paulus. Der Völkerapostel in jüdischer Sicht« (1970), »Mutter Mirjam. Maria in jüdischer Sicht« (1971) und »Jüdischer Glaube. Strukturen einer Theologie des Judentums anhand des Maimonidischen Credo« (1975). Beim letzten Werk handelt es sich um Ben Chorins Vorlesungen am Institutum Judaicum an der Universität Tübingen im Sommersemester 1975. Seit Jahrzehnten war ein solches Werk, das sich am ehesten mit Louis Jacobs »The Principles of Judaism« (London 1964) vergleichen läßt, in Deutschland nicht mehr erschienen. Als theologischer Denker gehört Ben Chorin zu den maßgebenden Vorkämpfern eines besseren Verhältnisses zwischen Juden und Christen sowie zwischen Israelis und Deutschen. 1961 war er Mitbegründer der »Arbeitsgemeinschaft Juden und Christen« beim Evangelischen Kirchentag. Von 1970 bis 1982 war er Gastprofessor, Dozent und Lehrbeauftragter an den Universitäten Jerusalem, München und Tübingen.

Neben seinen theologischen und religionsgeschichtlichen Arbeiten schrieb Schalom Ben Chorin auch packende Erzählungen wie »Der Engel mit der Fahne« (1985). Seine Geschichten ranken teils um mythische Themen, teils führen sie den Leser in das Land der Bibel oder in das Jerusalem von heute. Manche von ihnen tragen auch autobiographische Züge. Durch Ben Chorins Erzählungen gewinnt der Leser Einblicke in das jüdische Denken, Fühlen und Handeln.

Die frühe Phase des Islam

Eines der wesentlichen Probleme des Judentums in der arabischen Welt war der rechtliche und soziale Status der Juden. Juden waren in den Augen vieler Muslime Ungläubige, die im Zuge der Expansion des muslimischen Imperiums unter muslimische Oberhoheit gerieten. Aber der Islam akzeptierte, daß auch die Juden der göttlichen Offenbarung teilhaftig geworden waren, wenn auch in pervertierter Form. Daher fielen die Juden bis in die Mitte des 19. Jahrhunderts unter die Regelungen des religiösen Gesetzes (*sharia*). Sie konnten nicht Vollmitglieder der perfekten islamischen Ordnung werden. Sie teilten dieses Los mit den Sklaven. Jedoch war der Zustand der Juden als Minorität freiwillig: Sie konnten zum Islam übertreten und somit der dominierenden Gruppe der Muslime angehören.

Die Geschichte der Beziehungen zwischen Juden und Muslimen fängt bereits in der Frühzeit des Propheten Muhammad an. Im Koran wird über die Beziehungen des Propheten mit den Juden Medinas und des nördlichen Hejaz berichtet. Immer sind die Alternativen Unterwerfung, Exil, Übertritt zum Islam oder Tod.

Ein wichtiges Modell der späteren Beziehungen bildete die Kapitulation der Juden der Oase Khaybar (629) – die erste muslimische Eroberung. Den Juden wurde erlaubt zu bleiben, sie mußten aber über die Hälfte ihrer Produkte abgeben. Später wurde daraus die Bezahlung einer Steuer (*jizya*) abgeleitet. Zentrale legitimierende Stelle im Koran bildete die Sure 9,29: »... kämpft gegen sie, bis sie kleinlaut (*saghirun*) aus der Hand Tribut (*jizya*) entrichten.« Die Tributzahlung sollte grundsätzlich etwas Verächtliches (*dhilla*) an sich haben. Da aber diese Regelungen Teil des göttlichen Gesetzes waren, banden sie Herrscher wie Beherrschte. Juden waren daher Schutzbefohlene (*dhimmi*), sie gehörten zur Gruppe der Schutzbefohlenen (*ahl al-dhimma*). Dieser Zustand bedeutete die Zuerkennung eines bestimmten sozialen Status, er war ein Arrangement mit einer Gruppe, nicht mit einem einzelnen. Es gab Restriktionen wie etwa bei Zwischenheiraten beziehungsweise -erbschaften. Innerhalb ihrer Gruppe blieben die Juden aber autonom, was Religionsausübung und eigene Gerichtsbarkeit betraf.

Die Spannungen zwischen Juden und Muslimen waren nicht theologischer – der Koran erkennt die Existenz mehrerer Religionen an –, sondern eher fiskalischer Art. Die Juden hatten als Nichtmuslime zu gewissen Berufen keinen Zugang. Daher war der Beruf des Bankiers und des Arztes ein Ausweg, für den die soziale Mobilität der Juden sehr hilfreich war; denn sie erlaubte ihnen, eine wichtige sozio-ökonomische Vermittlungsrolle in der islamischen Welt zu spielen. Aber ebenso hatten sie sogenannte »unreine« Berufe wie die des Färbers und Grubenentleerers (besonders in Marokko und Jemen).

Die Aufrechterhaltung des göttlichen Gesetzes war eine dauernde Aufgabe muslimischer Herrscher. Sie machte die Juden jedoch vollkommen vom Herrscher abhängig. Ein gutes Beispiel hierfür bietet das Verhalten des osmanischen Herrschers Beyazid II. (1481–1512): Er verfügte zwar den Abriß sämtlicher nach der Eroberung Konstantinopels gebauter Synagogen, aber er initiierte auch die größte bekannte Einwanderungswelle von Juden in das Osmanische Reich aus dem Spanien der Reconquista. Zu Verfolgungen seitens der Muslime kam es immer dann, wenn der *dhimmi* seinen Status durchbrach oder wenn der Islam bedroht war. Das hatte im Gegenzug eine strengere Anwendung des göttlichen Gesetzes zur Folge, was meistens die Wiederherstellung des status quo bedeutete.

Geschichte seit dem 19. Jahrhundert

Ende des 18. Jahrhunderts hatte der Islam die endgültige Überlegenheit des Christentums erfahren müssen. Die christlichen Mächte begannen im ersten Drittel des 19. Jahrhunderts, sich als Protektoren von Minoritäten in die inneren Angelegenheiten des Osmanischen Reiches einzumischen. Die Erfahrung der Modernisierung wurde als Bedrohung empfunden. Der *dhimmi*-Status vertrug sich nicht mit den einsickernden Ideen der Gleichheit. 1856 wurde daher dieser Status aufgehoben und die Gleichheit der Juden vor dem Gesetz eingeführt. Auch wenn die osmanischen Behörden im Rahmen ihrer Bestrebungen, den osmanischen Staat nach dem Vorbild der europäischen Nationalstaaten zu reformieren, den Status der Juden verbesserten – es wurden neue kommunale Strukturen eingeführt, das sogenannte *millet*-System mit einem Rabbiner an der Spitze, das die bisherige Gemeindestruktur (hebräisch *kehila*) ablöste, außerdem schuf man das Amt des Oberrabbiners (*hahambashi*) für das gesamte Imperium –, verschlechterte sich die Lage der Juden im Verlaufe des 19. Jahrhunderts zusehends: Ausländische Protektion und die Ideen von Gleichheit und Selbstbestimmung ließen die alte Sozialordnung zusammenbrechen. Damit waren die Juden dem Druck der Straße schutzlos ausgeliefert.

Im Verlauf des 19. Jahrhunderts fiel philanthropischen Organisationen wie der durch Adolph Crémieux gegründeten »Alliance universelle israélite«, die sehr einflußreich werden sollte, auf, daß die Juden in den islamischen Ländern durchweg unterschiedlich behandelt wurden: So wurden die Juden in Marokko ghettoisiert (das sog. *mellah*), genossen im Gegensatz dazu in der Türkei Bewegungsfreiheit; am schlechtesten war die Behandlung im persischen Reich, die sich bis 1925, dem Ende der Kajaren-Dynastie, nicht änderte. Die Einbeziehung der Westmächte in die Angelegenheiten der Juden islamischer Länder entlud sich ab 1840 in einer Reihe spektakulärer Affären, bei denen die Juden Opfer antisemitischer Ausschreitungen wurden, die zumeist mit dem Vorwurf ritueller Verwendung von Menschenblut in Zusammenhang gebracht wurden. Ab 1870 fühlten sich die jüdischen philanthropischen Organisationen so gefestigt, daß sie zu Gunsten ihrer Glaubensbrüder auf der sozialen Ebene zu intervenieren begannen. Sie errichteten Schulen und vermittelten den Juden eine moderne europäische Erziehung. Das aber entfremdete diese der autochthonen Bevölkerung noch weiter. Denn die Eroberungen von islamischen Ländern durch die Westmächte führte zu wachsendem Nationalismus bei den Muslimen. Zusätzlich waren die Juden noch mit dem Aufstieg des Christentums konfrontiert.

Nun erst breitete sich Antisemitismus auch in der islamischen Welt aus. Ende des 19. Jahrhunderts erschien das erste antisemitische Traktat und

1927 die erste arabische Übersetzung der Protokolle der Weisen von Zion. Hinzu kam dann die steigende Bedeutung der Palästina-Frage. Seither kann man die jüdisch-arabischen Beziehungen als spiegelbildlich zur politischen Entwicklung des zionistischen Staates Israel betrachten. Besonders im arabischen Kleinbürgertum ist der Antisemitismus weit verbreitet. Grundsätzlich muß jedoch gesagt werden, daß der westliche Einfluß den Zerfall des islamischen Judentums vorbereitete. Nicht die islamische Religion war die Ursache, sondern die nationalistischen Ideologien der Moderne. Dadurch wurde – ein irreversibles historisches Faktum – eine einzigartige kulturelle Symbiose zerstört.

LITERATUR: E. Ashtor: History of the Jews in Egypt and Syria under the rule of the Mameluks. Jerusalem 1944 – 1970 (hebr.). – S. W. Baron: Social and Religious History of the Jews. New York 1952. – A. J. Arberry (Hg.): Religion in the Middle East. Cambridge 1969. – R. Attal: Les Juif d'Afrique du Nord. Jerusalem 1973. – J. W. Hirschberg: Jewish Communities in North Africa. 2 Bände, Leiden 1974. – H. M. Haddad: Jews of Arab and Islamic Countries. New York 1984. – S. D. Goitein: Jews and Arabs: Their Relations through the Ages. New York. *Walter Rotholz*

Äthiopien

Die Herkunft der »Falaschen« (amharisch: Fremde) genannten äthiopischen Juden, deren Zahl heute auf 30 000 geschätzt wird, ist ungeklärt und umstritten. Es existieren mehrere Ansätze, die eine Verbindung der Falaschen, die sich selbst als »Beta Israel« (Haus Israel) bezeichnen, zu den Israeliten der alten Zeit herstellen. So werden sie als Nachkommen des Stammes Dan gesehen, der nach der Zerstörung des Ersten Tempels (587 v. Chr.) ins Land Kusch wanderte (David ibn Zimra, 16. Jahrhundert); oder sie sehen sich als Nachfahren der mit König Menelik I., der aus einer Verbindung zwischen König Salomo und Königin Saba hervorgegangen sein soll, nach Äthiopien gekommenen Juden. Vermutlich stammen sie von jüdischen Kaufleuten und Einwanderern aus dem Südwesten Arabiens ab, die sich im Gebiet der Agau niedergelassen haben und dort auch missionarisch tätig waren.

Nach der Zerstörung des Ersten Tempels ist der Kontakt zu den Juden in Israel abgerissen; denn das Judentum der Falaschen kennt weder den Talmud noch später entstandene Riten. Ihre religiöse Praxis ist im wesentlichen in der Tradition aus der Zeit vor der babylonischen Gefangenschaft verankert (Heilighaltung des Sabbats, Reinheitsgebote, Speiseverbote, Beschneidung). Neben einer Bibel, die nicht in Hebräisch, sondern in Ge'ez abgefaßt ist, kennen sie eine Anzahl apokrypher Schriften (unter anderem Judith, zwei Makkabäer-Bücher, das Buch Baruch). Zentrum des religiösen Lebens war in jedem Dorf die *mesgid* (Synagoge). Priester wählten in den einzelnen Gegenden aus ihrer Mitte einen Hohepriester. Für christlichen Einfluß spricht unter anderem auch die Institution des Mönchswesens.

Die Falaschen, zum größten Teil Bauern und Handwerker (Töpfereien, Silberschmiedearbeiten), bildeten in vielen Gebieten des Amharen-Hochlands bis zum 15./16. Jahrhundert die Bevölkerungsmehrheit. Von den christlichen äthiopischen Kaisern wurden sie zur Konversion gezwungen. Ersten Kontakt zur internationalen jüdischen Gemeinschaft bekam die unterdrückte Minderheit der Falaschen, als Joseph Halévy 1867 im Auftrag der Alliance Israélite Universelle Äthiopien bereiste.

Durch das in der völligen Isolierung von der übrigen jüdischen Welt bedingte Verharren in der vorrabbinischen Tradition war die Zugehörigkeit der Falaschen zum Judentum umstritten. Der Orientalist Jacques Faitlovitch, der seit 1904 mehrere Forschungsreisen zu den Falaschen unternahm, wies mit Nachdruck darauf hin, daß sie als Juden zu betrachten seien. Erst 1972 wurden die Falaschen vom israelischen Oberrabbinat als Juden anerkannt.

Aufgrund politischer Umstände wanderten viele Falaschen nach Israel ein (bis in die siebziger Jahre rund 5 000). Während der Hungersnot und des Bürgerkriegs 1984/85 in Äthiopien wurden etwa 10 000 Falaschen über den Sudan nach Israel gebracht (»Operation Mose«). Nach dem Sturz Mengistus (Mai 1991), der nach Aufnahme diplomatischer Beziehungen mit Israel 1989 die Ausreise der Falaschen ermöglicht hatte, wurden im Zuge der »Operation Salomo« fast 15 000 von ihnen nach Israel ausgeflogen. Schwierigkeiten bei der Eingliederung rühren neben vielen anderen gesellschaftlichen Faktoren auch von den noch immer vorhandenen religiösen Vorbehalten her.

LITERATUR: C. Rappoport: The Lost Jews: Last of the Ethiopian Falashas. New York 1980. – David Kessler u. Tudor Parfitt: The Falashas. London 1985. – Tudor Parfitt: Operation Moses. The story of the exodus of the Falasha Jews from Ethiopia. London 1985 (dt. Berlin. 1985). – Kay Kaufman Shelemay: Music, Ritual, and Falasha History. Michigan 1986. – Michael Ashkenazi u. Alex Weingrod (Hg.): Ethiopian Jews and Israel. New Brunswick/Oxford 1987. *Bruno Jahn*

Spanien

Statistische Angaben

Günstige ökonomische und soziale Bedingungen nach dem Zweiten Weltkrieg bewogen viele Juden dazu, sich in Spanien niederzulassen. Heute leben in Spanien rund 13 000 Juden, die meisten von ihnen in Barcelona und in Madrid. Bis 1945 stammte die Mehrheit der Juden aus dem östlichen Mittelmeerraum, dem Balkan, den ost- und mitteleuropäischen Ländern. Seither ließen sich viele Juden aus dem spanischen und französischen Marokko – fast 85 Prozent von ihnen waren Sepharden – in Spanien nieder. Bis 1967 konnte die jüdische Gemeinde keine formelle Anerkennung als Religionsgemeinschaft erreichen. Erst 1968 wurde in Madrid eine Synagoge offiziell, in Anwesenheit von Kirchen- und Regierungsmitgliedern, eingeweiht. Um die Bedeutung dieses Moments hervorzuheben, hob die spanische Regierung das Edikt der Vertreibung von 1492 auf.

Geschichte

Mit aller Wahrscheinlichkeit ließen sich die ersten jüdischen Gruppen in Spanien unter den Römern

---

Daher tragen sie zum Verständnis dieser Religion und dieses Volkes bei.

Schalom Ben Chorin erhielt zahlreiche Auszeichnungen: so den Leo Baeck-Preis des Zentralrats der Juden in Deutschland (1959), das Bundesverdienstkreuz (1969), den Leopold-Lucas-Preis (1975) und die Buber-Rosenzweig-Medaille (1982). Die Landesregierung von Baden-Württemberg verlieh Schalom Ben Chorin 1986 den Professorentitel, und 1988 erhielt er von der Universität München die Ehrendoktorwürde.

Martin Buber

Martin Buber wurde am 8. August 1878 in Wien geboren. Er wuchs in Lemberg (Galizien) auf, wo auch sein Großvater, der Kaufmann und bekannte Midrasch-Forscher Salomon Buber, lebte. Dieser machte ihn mit der »Haskala«, der jüdischen Aufklärung, bekannt. Buber studierte von 1896 bis 1904 bei dem Philosophen und Soziologen Georg Simmel. 1902 war Buber Mitbegründer des Jüdischen Verlags. Schon frühzeitig (1898) trat er der zionistischen Bewegung bei. Dort vertrat er gegen Theodor Herzl den kulturzionistischen Standpunkt, der vor der politischen eine geistige Erneuerung des Judentums forderte. Seine in Prag gehaltenen »Drei Reden über das Judentum« (1909 – 1911) übten großen Einfluß auf die zionistische Jugendbewegung in Deutschland aus. 1916 begründete er die Monatsschrift »Der Jude«, deren Herausgeber er bis 1924 war. Ab 1926 übersetzte er mit Rosenzweig den Pentateuch ins Deutsche. 1930 – 1933 war er Professor für Vergleichende Religionswissenschaft in Frankfurt. 1938 ging Buber nach Palästina, wo er nach der Staatsgründung Israels im Sinne des von ihm vertretenen »hebräischen Humanismus« für einen arabisch-jüdischen Ausgleich wirkte. 1938 – 1951 war Buber Professor für Sozialphilosophie an der Hebräischen Universität in Jerusalem. Er betrachtete das Ostjudentum als wichtige Quelle religiöser Erneuerung. Seine

Nacherzähungen der chasidischen Überlieferungen trugen entscheidend zur Entdeckung der ostjüdischen Spiritualität im Westen bei. Buber befaßte sich mit der dialogischen Existenz des Menschen (»Ich und Du«, 1923), die in der Bibel und in den chasidischen Geschichten zu finden war. Wahre, dialogische Religiosität war für Buber der Gegensatz zu einer in Dogmen und Gesetzen erstarrten Religion. In einer Rede (1930) über die beiden Brennpunkte der jüdischen Seele nennt er: die Urerfahrung des Gesprächs Gottes mit dem Menschen sowie das jüdische »Grundgefühl, daß die erlösende Kraft Gottes überall und immer wirkt und daß doch nirgends und niemals ein Erlöstsein besteht«.

Das dialogische Prinzip war auch in Bubers Erwachsenenbildung spürbar, die er zunächst mit Franz Rosenzweig am Jüdischen Lehrhaus in Frankfurt, dann 1933 als Leiter der Mittelstelle für Erwachsenenbildung in ganz Deutschland ausübte und nach 1938 im Anschluß an seine Emigration in Palästina fortsetzte. Während er bei Juden aufgrund seiner Ablehnung des normativen Denkens nicht einhellige Zustimmung fand, schätzen ihn vor allem Nichtjuden insbesondere in Deutschland als einen der bedeutendsten Vertreter des modernen Judentums. Für die Aussöhnung von Juden und Christen hat sich Buber nach dem Zweiten Weltkrieg engagiert (Friedenspreis des Deutschen Buchhandels, 1952). Er starb am 13. Juni 1965 in Jerusalem.

LITERATUR: B. Casper: Das dialogische Denken. – H. Kohn: Martin Buber. 1979

nieder. Zwischen dem 6. und dem Ende des 7. Jahrhunderts, unter der Herrschaft den Westgoten, wurde das politische und das religiöse Leben von den Konzilien von Toledo bestimmt; so auch die Politik den Juden gegenüber. Wie die übrigen Untertanen sollten sie das Christentum annehmen, das zur Staatsreligion geworden war. Immer wieder wurden Juden zwangschristianisiert oder ins Exil gezwungen, ihr Besitz wurde konfisziert. Kinder aus Mischehen wurden zwangsgetauft. Nachdem das Gerücht aufkam, daß die verfolgten Juden bei den wesentlich toleranteren Muslimen Zuflucht suchten, wurden sie am 9. November 694 auf dem 17. Konzil von Toledo des Verrats beschuldigt. Strengste Maßnahmen wurden ergriffen, Juden wurden zu Sklaven erklärt, ihr Vermögen wurde konfisziert.

Als um 711 die Muslime die Westgoten vertrieben, fanden sie keine praktizierende jüdische Gemeinde mehr vor. Doch gab es unzählige Juden, die ihre Religion im geheimen praktizierten und die Muslime als ihre Retter willkomen hießen. Die Muslime pflegten ihrerseits Juden als Statthalter einzusetzen, so im Falle Córdoba, Granada, Toledo und Sevilla. Die soziale und ökonomische Situation der Kryptojuden veränderte sich, so daß auch vor den Westgoten nach Nordafrika geflüchtete Juden nach Spanien zurückkehrten.

Während der Herrschaft der Omaiyaden kam es zu einer Blüte jüdischer Kultur und Wissenschaft. In dieser Zeit war Córdoba ein Zentrum jüdischer und arabischer Kultur. Von den Arabern lernten jüdische Literaten den Sinn für Ästhetik und die Wertschätzung der Schönheit. Mit der Eroberung der Stadt (1013) durch die Berber verlor Córdoba seine Bedeutung.

Jüdische Steuereintreiber, Berater, Ärzte und Finanziers waren an den verschiedensten Höfen tätig. Im 11. Jahrhundert lebten in Toledo, der Hauptstadt des Berber-Königreichs, 4 000 Juden.

Die Almorawiden waren den Juden nicht mehr so freundlich gesonnen wie ihre Vorgänger. Jüdische Gemeinden wurden zerstört, Juden wurde verboten ihre Religion auszuüben, und man zwang sie zur Konversion. Viele flohen ins christliche Spanien.

Bis zur Mitte des 13. Jahrhunderts eroberten die Kastilier größte Teile Andalusiens, die Muslime hielten sich lediglich im Königreich Granada, im Südosten Spaniens. In Kastilien hatten die Juden fast die gleichen Rechte wie die Christen. Im 11. Jahrhundert garantierte Alfonso V. von Leon den Juden Privilegien und Freiheiten, um sie als Siedler ins Land zu locken. Mit König Alfonso begann wahrscheinlich die Tradition der jüdischen Höflinge, die eine bedeutende politische und wirtschaftliche Macht ausübten. Die Juden von Toledo, Barcelona und Saragossa konnten auch nach der christlichen Eroberung bleiben, ohne ihre alten Privilegien zu verlieren. Oft wurden sie als Statthalter eingesetzt. Daß die Juden der Krone als Kammerknechte unterstellt waren, bedeutete in Zeiten der Stabilität nicht mehr, als daß sie steuerpflichtig waren. Innerhalb ihrer Gemeinden blieben sie autonom. Die Gemeinden waren selbständige politische Gebilde, die ihre Steuern direkt an die königliche Schatzkammer abzuführen hatten.

Von König Alfonso X. stammt die Gesetzessammlung »Las Siete Partidas« (1263, allmählich angewendet, ab 1348 voll angewendet). Danach wurde den Juden völlige religiöse Freiheit garantiert, so lange sie nicht den christlichen Glauben schmähten. Ende des 13. Jahrhunderts verloren die Höflinge von Aragon allmählich ihren Status, während sie in Kastilien nach wie vor eine wichtige Rolle spielten. Ende des 14. Jahrhunderts verschlimmerte sich die Position der spanischen Juden zunehmend. 1390 setzte in Aragon eine Verfolgungswelle ein. In vielen Städten wurden die *juderías* (Ghettos) und Synagogen niedergebrannt, jüdische Frauen und Kinder an die Muslime als Sklaven verkauft. Am schwierigsten war jedoch die Lage der *Conversos*. Obwohl zur Konversion gezwungen, waren sie in den Augen der Kirche Christen, und es war ihnen verboten zum Judentum zurückzukehren. Von spanischen Christen »Neuchristen« genannt, hielten viele von ihnen insgeheim am Judentum fest.

Die Heirat von Isabella von Kastilien mit Ferdinand von Aragon 1492 blieb für die Juden Spaniens nicht ohne Folgen. Zuerst betrachteten die katholischen Könige nur die *Conversos* als Gefahr für die nationale Einheit und riefen die Inquisition ins Land. Den Inquisitoren schien es unmöglich, alle Ketzer unter den *Conversos* zu finden, während es immer noch praktizierende Juden gab.

Nachdem auch die letzte Bastion der Muslime, Granada (1492), an die katholischen Herrscher fiel, wurde der Wunsch nach religiöser Einheit noch stärker. Am 31. März 1492 wurde in Granada das Vertreibungsedikt unterschrieben.

Etwa 100 000 Personen flüchteten nach Portugal, wo sie fünf Jahre später ebenfalls vertrieben wurden, die wenigen Überlebenden flüchteten anschließend nach Nordafrika und dem Orient. Viele zogen die Taufe dem Exil vor. Am 31. Juli 1492 verließ der letzte Jude Spanien. Sephardische Juden gründeten neue Gemeinden hauptsächlich in Nordafrika und Palästina. Auch viele *Conversos*, die zuerst geblieben waren, flohen später ins Ausland und kehrten in den sephardischen Gemeinden in Europa und dem Orient zum Judentum zurück.

Spanien war während des Zweiten Weltkriegs für Hundertausende Brücke nach Amerika. Bis 1942 wurden Flüchtlinge gefangengenommen und nach Deutschland deportiert, später nicht mehr. 4000 sephardische Juden in Frankreich und Marokko waren Bürger Spaniens und wurden als solche von der Franco-Regierung geschützt.

LITERATUR: Encyclopedia Judaica. Jerusalem 1971. – H. H. Ben-Sasson (Hg.): Geschichte des jüdischen Volkes. 3 Bde., München 1980. – Julius H. Schoeps (Hg.): Neues Lexikon des Judentums. Gütersloh/München 1992 *Zuzana Stern*

Griechenland

Die Geschichte der Juden in Griechenland reicht bis in das 3. vorchristliche Jahrhundert zurück. Schon im ersten Jahrhundert vor Christus existierten florierende jüdische Gemeinden in allen bedeutenderen Städten des Landes. Unter byzantinischer und griechischer Herrschaft wurden die Juden oft drangsaliert, verfolgt und zwangsgetauft. 1376 wanderten ungarische Juden nach Griechenland ein. 1492 – im Anschluß an die Eroberung Granadas – kam es zu einem massenhaften Exodus spanischer Juden, die von Isabella von Kastilien (1474 – 1504) und Ferdinand von Aragonien (1479 – 1516) vertrieben wurden. 1497 wurden sie von König Johann II. aus Portugal vertrieben, wanderten aus nach Nordafrika, Italien, Türkei und Griechenland.

Diese sephardischen Juden dominierten im Handel bald über die Italiener und Griechen. Die Blütezeit des griechischen Judentums fiel mit dem Goldenen Zeitalter der Osmanen (16. Jahrhundert) zusammen. Für die nächsten rund 400 Jahre ist Thessaloniki, die *malkha Israel* (»Mutter Israels«), Zentrum des griechischen Judentums. Noch zu Beginn unseres Jahrhunderts war die Hälfte der Saloniker Bevölkerung jüdisch, und das Gemeindeleben blühte. Organisiert war das Saloniker Judentum in sogenannten *kehels* (hebr. *kehila* »Gemeinde«). Es gab über 60 kleine und große Synagogen, Kulturzentren, Krankenhäuser, Altenheime, Waisenanstalten. Das Pogrom in Korfu (1891) ist mit darauf zurückzuführen, daß die Juden während der Griechischen Befreiungskriege gegen die Osmanische Herrschaft (1821) die Türken unterstützten.

Die Eingliederung Salonikis in den neuen griechischen Staat (nach den Balkankriegen 1812/13) sowie die Feuersbrunst von 1917 versetzten dem Judentum Thessalonikis einen empfindlichen Schlag. Bis in den Zweiten Weltkrieg hinein lebten noch 60 000 Juden in Thessaloniki. Mit der Besetzung Griechenlands durch die Deutschen (6. April 1941) begann die planmäßige Verfolgung der griechischen Juden. Von Thessaloniki aus wurden die Massentransporte nach Auschwitz organisiert. Fast 44 000 Juden wurden bis zum Herbst 1943 in die Vernichtungslager transportiert und dort umgebracht.

Gegen Ende des Krieges lebten nur noch 12 000 Juden in Griechenland, die meisten in Athen. Seither sind über 7000 Juden nach Israel und in die USA ausgewandert. Die einstige blühende jüdische Metropole Griechenlands, Thessaloniki, gehört heute der Vergangenheit an, und man muß die jüdischen Spuren mühsam suchen.

LITERATUR: Julius H. Schoeps (Hg.): Neues Lexikon des Judentums. Gütersloh/ München 1992.

Udo Tworuschka

Südosteuropa

Statistische Angaben

In Rumänien leben nach den Erhebungen von 1990 weniger als 20 000 Juden. Die 5 000 sephardischen, meist assimilierten Juden Bulgariens wohnen vorwiegend in Sofia. Die drei größten der 33 Gemeinden des ehemaligen Jugoslawiens befinden sich in Belgrad (1600 Mitglieder), Zagreb und Sarajevo (jeweils 1100 Mitglieder).

Rumänien

Juden lebten im alten Dakien (heutiges Rumänien) bereits seit den ersten Jahrhunderten n. Chr. Sie kamen als Händler oder Soldaten der römischen Legionen. Sie ließen sich in den Fürstentümern Walachei und Moldau nieder, wo sie auch einige Privilegien genossen. Trotz zeitweiliger judenfeindlicher Maßnahmen waren sie im Handel und in der Wirtschaft erfolgreich. Ende des 18. und Anfang des 19. Jahrhunderts setzte, aus Furcht vor jüdischer Konkurrenz, eine starke antisemitische Hetze seitens der Großgrundbesitzer, der Industriellen, der Kaufleute und der Großfinanz ein. Es folgten im 19. und 20. Jahrhundert die Juden rigoros diskriminierende Gesetze. Die rumänische Regierung ignorierte den Beschluß des Berliner Kongresses (auf dem die Unabhängigkeit der südosteuropäischen Staaten beschlossen wurde), nach dem allen Bürgern, ungeachtet ihrer Volks- und Religionszugehörigkeit, die Gleichberechtigung zu gewähren sei. Juden erhielten die rumänische Staatsbürgerschaft erst nach dem Ersten Weltkrieg. Durch Gebietszuwachs, als Folge der Balkankriege 1912, gelangte eine große Anzahl von Juden in den rumänischen Staatenverband. Die Bukarester Regierung kam ihrem Versprechen, auf die bürgerlich-rechtliche Gleichstellung zu achten, die die Juden in diesem Gebiet früher genossen hatten, nicht nach. In den 1920er und 1930er Jahren kam es erneut zu antisemitischen Ausschreitungen, insbesondere durch die sogenannte »Eiserne Garde«.

Bulgarien

Die ersten Juden lebten in Bulgarien bereits in der Römerzeit. Im 8. und 9. Jahrhundert gründeten byzantinische Flüchtlinge eine griechischsprachige jüdische Gemeinde (Romaniots). Zar Iwan Alexander heiratete 1335 die Jüdin Sara (Theodora). Während der Kreuzzüge kamen aus Mitteleuropa und 1376 aus Ungarn vertriebene Juden. Die vor der Inquisition geflüchteten spanischen Juden gründeten Gemeinden in Sofia, Nicopolis und Pleven; 1640 vereinigten sich mehrere kleinere Gemeinden. Ladino wurde zur gemeinsamen Sprache der Romaniots und der Aschkenasim. Die Gleichberechtigung der Juden kam mit Bulgariens Unabhängigkeit, festgelegt 1878 durch den Berliner Kongreß. Einige zionistische Gruppen (die sich 1880 zusammenschlossen) kauften 1894 Land in Palästina und errichteten erste Ansiedlungen (Har Tuv). In den dreißiger Jahren des 20. Jahrhunderts nahm der Antisemitismus zu.

Ehemaliges Jugoslawien

Während der Römerzeit bestand bereits eine jüdische Gemeinde in Dalmatien. In Slowenien lebten Juden seit dem 12. Jahrhundert. Geflüchtete spanische Juden gründeten im 15. Jahrhundert in Belgrad und Sarajevo Gemeinden, die unter der osmanischen Herrschaft dem Oberrabbiner von Konstantinopel unterstanden. In Kroatien durften sich Juden erst nach 1750 ansiedeln. Die Lage der Juden verbesserte sich mit der Gleichberechtigung 1873 und nach dem Berliner Kongreß. Nach dem Ersten Weltkrieg wanderten Juden aus Österreich-Ungarn in das neugebildete Jugoslawien zu.

Der Zweite Weltkrieg

Rumänien trat am 21. Juni 1941 auf seiten des Deutschen Reiches in den Krieg ein. Hunderttausende Juden vor allem in der Bukowina und in Bessarabien wurden umgebracht oder nach Transnistrien deportiert. Alle Juden Nordtranssilvaniens wurden in die Vernichtungslager deportiert. Im Süden Transsilvaniens, in der Walachei und in

Leo Baeck

Leo Baeck wurde am 23. Mai 1873 in Lissa in Posen geboren. Zunächst besuchte er das Rabbinerseminar in Breslau. 1894 ging er an die liberale »Hochschule für die Wissenschaft des Judentums« (1870 – 1942) in Berlin, wo er 1895 bei Wilhelm Dilthey seine Doktorprüfung ablegte. Seit 1897 war Baeck Rabbiner in Oppeln, ab 1907 in Düsseldorf und seit 1912 in Berlin.

Baecks Denken kreiste vor allem um ein Thema, das er in immer neuen Anläufen behandelte und in seiner Hauptschrift niederlegte: »Das Wesen des Judentums«. In diesem Werk wehrte er sich gegen die Beschreibung des Judentums als überholte Gesetzesreligion, wie sie der protestantische Kirchenhistoriker Adolf von Harnack in seinem »Das Wesen des Christentums« (1900) vorgenommen hatte. Leo Baeck sah das Wesen des Judentums im wechselseitigen Verhältnis von »Geheimnis« und »Gebot«. Unter »Gebot« verstand Baeck kein starres System, sondern eher die Weise, in der Gott zum Menschen spricht und der Mensch zum Handeln aufgefordert wird. »Geheimnis« und »Gebot« bedingen einander, denn beide stammen aus dem einen Gott. Jüdische Frömmigkeit ist nur da vorhanden, wo die Seele die »Einheit von Andacht und Tat besitzt«. Baeck gehörte zu den wenigen jüdischen Denkern seiner Zeit, die für die Mystik Verständnis hatten. Das Judentum war für Baeck die »klassische« Religion, der er das Christentum als die »romantische Religion« gegenüberstellte. Neben Analysen alter Midschraschim und Beiträgen zur jüdischen Mystik schrieb er eine Abhandlung über »Das Evangelium als Urkunde der jüdischen Glaubensgeschichte« (1938).

Bei seiner liberalen Auslegung des Judentums hob Baeck den ethischen Monotheismus der Propheten hervor. Gleichzeitig wollte er die geschichtliche Individualität des Judentums erfassen.

Im Ersten Weltkrieg war er als Feldrabbiner tätig. Baeck war der letzte Lehrer des deutschen Judentums. Er wurde Präsidialmitglied des Keren Hajessod, eines 1921 in London gegründeten Stiftungsfonds zur Finanzierung der jüdischen Einwanderung in Palästina. Ebenso wirkte er im Präsidium der Jewish Agency mit, welche die Interessen der in Palästina lebenden Juden bei der britischen Mandatsregierung vertrat. 1922 wurde Baeck Vorsitzender des Allgemeinen Rabbinerverbands in Deutschland. Seit 1924 war er Präsident des deutschen Zweiges der B'nai B'rith (»Söhne des Bundes«), eines 1843 in New York gegründeten jüdischen Ordens, der sich der Wohlfahrt widmete. Seit 1933 war Baeck Mitglied und später Vorsitzender der Reichsvertretung der deutschen Juden und unterhielt auch Kontakte zur Widerstandsgruppe von Carl Friedrich Goerdeler. Baeck, der alle Angebote, sich ins Ausland zu retten, ablehnte, wurde 1943 in das Konzentrationslager Theresienstadt deportiert.

1945 trat er sein Amt als Präsident der World Union for Progressive Judaism an, in das er schon 1938 in Abwesenheit gewählt worden war. Von 1948 an war er Professor für Religionsgeschichte am Hebrew Union College in Cincinnati. 1954 wurde in Jerusalem das Leo Baeck Institut gegründet (weitere Institute in New York und London). Er starb am 2. November 1956 in London. Seit 1956 wird jährlich der vom Zentralrat der Juden in Deutschland und der Zentralwohlfahrtsstelle gestiftete Leo Baeck-Preis verliehen.

LITERATUR: Albert H. Friedländer: Leo Baeck. Leben und Lehre. 1990.

Rechts:
Leo Baeck in einer Berliner Synagoge. Foto: Abraham Pisarek, um 1934/35.

Gegenüberliegende Seite oben:
Martin Buber. Foto: Lotte Jacobi, 1928.

Gegenübeliegende Seite unten:
Josel von Rosheim gehörte zu den bedeutendsten jüdischen Persönlichkeiten während der Zeit der Reformation. Holzschnitt aus einem Flugblatt der Zeit.

Moldau gab es nicht so viele Opfer. Mehr als die Hälfte der 900000 Juden Rumäniens wurden während des Krieges ermordet.

Bulgarien ging 1940 ein Bündnis mit Deutschland ein. Die orthodoxe Kirche und die Opposition verhinderten 1943 die Deportation der Juden. Allerdings kamen die 12000 Juden aus den von Bulgarien besetzten Gebieten Thrakiens und Makedoniens nach Polen in die KZs. Das nach dem Vorbild der deutschen Rassengesetze erlassene »Gesetz zum Schutz der Nation« wurde bereits 1941 aufgehoben.

Im von den Nationalsozialisten besetzten Jugoslawien wurde 1942 unter der aktiven Hilfe der kroatischen Faschisten, der »Ustaschas«, das KZ Jasenovac (Mittelkroatien) eingerichtet, in dem 20000 Häftlinge zusammengezogen wurden. Aus dem Internierungslager auf der Insel Rab konnte eine Anzahl Häftlinge flüchten (einige schlossen sich Titos Partisanen an); 300 wurden nach Auschwitz deportiert.

Nachdem aus allen drei Ländern nach dem Krieg kommunistische Staaten entstanden waren, wanderten viele Juden aus; hauptsächlich nach Israel, aber auch nach Amerika und Westeuropa.

LITERATUR: Julius H. Schoeps (Hg.): Neues Lexikon des Judentums. Gütersloh/München 1992.

Zuzana Stern

Deutschland

Aschkenasisches und deutsches Judentum

In den ersten beiden Phasen ihrer Geschichte spielten die Juden in Deutschland für die religiöse Entwicklung des Judentums überhaupt eine maßgebliche Rolle. Im Aschkenas – ein Eigenname aus dem Völkerahnenstammbaum (1. Mose 10,4), der beim Propheten (Jeremias 51,27) ein nördliches Land, in den mittelalterlichen Quellen zunächst Deutschland, dann die Juden in Deutschland, dann die jü-

dischen Flüchtlinge aus Deutschland, vor allem in Osteuropa, schließlich unscharf die nordeuropäischen beziehungsweise europäischen im Unterschied zu den sephardischen, das heißt, spanischen beziehungsweise orientalischen Juden bezeichnet – wurde um die Jahrtausendwende eine einheitliche religiöse Kultur geschaffen, die mit ihrer jiddischen Umgangssprache, ihrer besonderen Aussprache der heiligen hebräischen Sprache, ihrem Typus der autonomen lokalen Gemeinde, ihren eigenartigen Bräuchen und ihrer »pietistischen« Spiritualität (Chasidismus) bis zum Ausgang des 18. Jahrhunderts zwischen dem Elsaß und der Ukraine herrschte und in den großen religiösen Zentren des Judentums in den USA und Israel zum Teil bis heute weiter herrscht. Diese über die deutschen und europäischen Grenzen hinausgreifende aschkenasische Einheitskultur zerbrach erst mit dem Aufkommen der modernen Nationalstaaten, die zögerlich auch ihre Judenschaft nationalisierten. Der Impuls zur inneren Anpassung an die neue Situation ist auch hier wieder vom »Deutschen Judentum« ausgegangen und bis zu seiner Zerstörung immer wieder erneuert worden.

Moses Mendelssohn, der Vordenker des modernen Judentums, war der erste, der unter den gewandelten äußeren Bedingungen einen Kompromiß zwischen der Treue zur angestammten Religion, der Pflege der Tradition, der Teilnahme an der allgemeinen und nationalen Kultur gesucht hat und für sich persönlich in der aufgeklärten Gesellschaft Berlins auch verwirklichen konnte. Seine Kompromißformel lautete, der Jude könne nach dem Selbstverständnis der jüdischen Religion ein aufgeklärter und allgemeingebildeter Staatsbürger sein, ohne deshalb auf die überlieferte Lebensform verzichten zu müssen. Aber auch schon dieser gemäßigte Kompromiß war ein Bruch mit der aschkenasischen Einheitskultur, mit ihren autonomen Institutionen, mit ihrer traditionellen Bildungswelt und Sprache. Außerdem erwies sich diese Formel schon bald als untauglich. In der nächsten Generation wurde die traditionelle jüdische Lebensform von gebildeten Juden, gerade auch von den Kindern Moses Mendelssohns, die sich alle taufen ließen, unter dem wachsenden nationalistischen Anpassungsdruck preisgegeben. Alle Strömungen des modernen Judentums im 19. Jahrhundert: die mehr oder weniger radikalen Richtungen der jüdischen Reformbewegung, die radikale neoorthodoxe Gegenreform, die vermittelnde konservative Richtung haben eigene Kompromißformeln – Variationen zur Formel von Moses Mendelssohn – angeboten; alle diese Strömungen sind in Deutschland entstanden, an jüdischen Hochschulen, Schulen und Gemeinden in Deutschland verbreitet worden, ehe sie von den übrigen Juden rezipiert wurden.

Die programmatischen religiösen Losungen des modernen Judentums wurden meistens von akademisch gebildeten Rabbinern, dem typisch deutschen »Doktor Rabbiner«, propagiert. Abraham Geiger (1810 – 1874), Samuel Hirsch (1815 – 1889), Samuel Holdheim (1806–1860) und andere waren die Vordenker und Führer der verschiedenen Richtungen des Reformjudentums, das eine weitgehende Nationalisierung und Konfessionalisierung des Judentums anstrebte und eine mehr oder weniger weitgehende, wissenschaftlich

gerechtfertigte Anpassung der jüdischen Lebensform an die christliche Umwelt vollzog. Die Ableger der jüdischen Reformbewegung aus Deutschland haben sich vor allem in den angelsächsischen Ländern durchsetzen können. Samson Raphael Hirsch (1808 – 1888), der prominenteste Vordenker der orthodoxen Gegenreformation, suchte auch einen Kompromiß zwischen weltlicher, das heißt klassischer deutscher Bildung und unbedingt religiöser Observanz; er bekämpfte aber vehement jede zeitgemäße Anpassung der traditionellen jüdischen Lebensform und führte innerhalb der mehr oder minder liberalen deutschen Einheitsgemeinden ein Schisma herbei. Die deutsche »Austritts«-Orthodoxie wurde zu einem Modell der modernen jüdischen Orthodoxie und trug wesentlich zur Organisation der Weltorthodoxie, der »Agudat Israel«, bei. Zacharias Frankel (1801–1875) versuchte, zwischen den Extremen einer erstarrten Bewahrung und eines hemmungslosen Abbaus der Tradition zu vermitteln, und orientierte sich dabei am Maßstab des historisch gewachsenen Judentums, das weder immer gleich war noch beliebig verändert werden kann. Sein Konservatismus hat sich in den USA auf breiter Front durchgesetzt und bildet den ideologischen Hintergrund für die sich so nennenden »traditionalistischen« Juden, die zwischen den verschiedenen Richtungen der Reform und der Orthodoxie die breite Masse der religiösen Juden ausmachen. Alle diese Richtungen des modernen Judentums hatten in Deutschland ihre hohen Schulen und Rabbinerseminare: die Hochschule für die Wissenschaft des Judentums (1870 – 1942) in Berlin, das Hildesheimersche Rabbinerseminar (1873 – 1939) in Berlin, das Jüdisch-Theologische Seminar in Breslau (1854 – 1938). Diesen Einrichtungen entsprechen heute in den USA in etwa das Hebrew Union College in Cincinnati/Ohio (gegründet 1875), die Yeshiva University in New York (1897) und das Jewish Theological Seminary in New York (1886).

Trotz des dauernden geistigen Substanzverlustes des deutschen Judentums durch Assimilation – dem eine außergewöhnliche Produktivität der Juden auf allen Gebieten des deutschen Lebens und der deutschen Kultur entsprach – sind gerade wieder in Deutschland originelle religiöse Antworten auf die durch den Antisemitismus ausgelöste Assimilationskrise um die Jahrhundertwende formuliert worden. Für weitreichende zionistische und nichtzionistische Dissimilationsprogramme stehen Namen wie Martin Buber, Franz Rosenzweig und andere. Die unvergleichliche religiöse Innovationskraft des deutschen Judentums verdankt sich neben vielen anderen Ursachen gerade in religiöser Hinsicht dem Umstand, daß trotz gegenseitiger Verwerfungen eine bleibende Verbindung und Wechselwirkung zwischen dem deutschen beziehungsweise deutschsprachigen Judentum Mitteleuropas und dem jiddischsprachigen, aschkenasischen Judentum Osteuropas bestanden hat. Osteuropäische Juden, die, was nahe lag, an deutschen Universitäten studierten, suchten hier nach Formeln, die es ihnen ermöglichten, ihre ausgeprägte jüdische Identität mit den herrschenden geistigen Strömungen zu verbinden. Diese Konstellation war etwa für die wichtigsten religiösen jüdischen Denker der Nachkriegszeit, für Emmanuel Lévinas (geb. 1906), Abraham Joshua Heschel (1907–1972), Jeschajahu Leibowitz (geb. 1903) und Joseph Dov Soloveitschik (geb. 1903) bestimmend. Umgekehrt bewirkte die Berührung junger assimilierter deutscher Juden mit der intakten traditionellen aschkenasischen Kultur in Osteuropa, so während des Ersten Weltkrieges, eine Rückkehr zu den jüdischen Wurzeln. Diese Konstellation ist auch für Martin Buber und Franz Rosenzweig bestimmend gewesen.

Sowohl das deutsche wie auch das aschkenasische Judentum ist von Deutschen zwischen 1933 und 1945 beinahe vollständig vernichtet worden. Daß in der Nachkriegszeit in der Bundesrepublik Deutschland überhaupt noch Juden leben, wird von diesen und allen anderen Juden als eine schwer erträgliche Anormalität betrachtet. Tatsächlich ist die jüdische Gemeinschaft in Deutschland kaum das Resultat eines bewußten Neuanfangs und Wiederaufbaus; vielmehr handelt es sich um ein äußerst inhomogenes Zufallsprodukt am Rande der großen jüdischen Emigrationsbewegungen in der Nachkriegszeit. Diese komplexe Beschaffenheit erschwert die Beschreibung der religiösen Situation der jüdischen Gemeinschaft in der Bundesrepublik.

Statistische Angaben

Nach einer Zählung der Zentralwohlfahrtsstelle und des Zentralrats der Juden in Deutschland waren am 31. Dezember 1986 in der BRD 27533 Juden in 65 Gemeinden, mit 53 Synagogen, 22 Betsälen, 22 Ritualbädern und 14 Rabbinern organisiert. Im September 1990 sind 8 ostdeutsche Gemeinden mit damals ca. 350 Mitgliedern und seither eine vergleichsweise große Anzahl von jüdischen Emigranten aus der ehemaligen Sowjetunion hinzugekommen (Mitte 1991 waren es etwa 6000), die aber meistens nicht religiös erzogen worden sind.

Zur gegenwärtigen Situation

Die Gemeinden sind in der Regel Einheitsgemeinden, die Juden unterschiedlich strenger Obser-

Franz Rosenzweig
Franz Rosenzweig wurde am 25. Dezember 1886 in Kassel als Sohn einer assimilierten, zum Teil zum Christentum übergetretenen großbürgerlichen Familie geboren. Nach seiner Studienzeit, in der er sich insbesondere der Erforschung des deutschen Idealismus widmete, hatte auch er vor, sich christlich taufen lassen. Er entschied sich dann aber bewußt für das Judentum. Rosenzweig wurde ein Schüler des Philosophen Hermann Cohen, dem Begründer der neukantianischen »Marburger Schule«. 1919 erschien Rosenzweigs religionsphilosophisches Hauptwerk »Stern der Erlösung«, das er als Soldat im Ersten Weltkrieg zum Teil auf Feldpostkarten geschrieben hatte. Rosenzweig war einer der ersten Juden, die Judentum und Christentum als

gleichwertige Offenbarungsreligionen anerkannten. Das Christentum als geschichtliche Macht und das Judentum als außergeschichtliches Ideal ergänzen sich in der Heilsgeschichte bei der Entfaltung der Beziehungen zwischen Gott, Mensch und Welt: »Vor Gott sind so die beiden, Jude und Christ, Arbeiter am gleichen Werk. Er kann keinen entbehren. Zwischen beiden hat er in aller Zeit Feindschaft gesetzt und doch hat er sie aufs engste wechselseitig aneinander gebunden (...) Und so haben wir beide an der ganzen Wahrheit nur teil. Wir wissen aber, daß es das Wesen der Wahrheit ist, zu teil zu sein, und daß eine Wahrheit, die niemandes Teil ist, keine Wahrheit wäre; auch die ›ganze‹ Wahrheit ist Wahrheit nur, weil sie Gottes Teil ist. So tut es weder der Wahrheit Abbruch noch auch uns, daß sie uns nur zuteil wird. Unmittelbare Schau der ganzen Wahrheit wird nur dem zuteil, der sie in Gott schaut. Das aber ist ein Schauen jenseits des Lebens.« (»Der Stern der Erlösung«, 4. Auflage, Den Haag 1976).

Als Jude läßt sich Rosenzweig nicht in die üblichen Gruppierungen einordnen. Die Liebe zur Freiheit des Denkens verband ihn mit dem liberalen Judentum, mit dem konservativen aber die Liebe zur Erfüllung der Gebote.

Bereits im Krieg entwarf Rosenzweig Pläne für eine jüdische Bildungsreform. 1920 gründete er das Freie Jüdische Lehrhaus in Frankfurt, wo berühmte Lehrer – so Martin Buber, Gershom Scholem, Erich Fromm und Ernst Simon – das Judentum erforschten. Ihre mit dem traditionellen jüdischen Lernen übereinstimmende Methode hatte goßen Einfluß auf die spätere jüdische Erwachsenenbildung. Zusammen mit Martin Buber begann Rosenzweig die Übersetzung der Hebräischen Bibel (Pentateuch, 1925), die Buber 1961 abschloß. Rosenzweig, der seit 1922 an einer fortschreitenden Lähmung litt, starb am 10. Dezember 1929 in Frankfurt/Main.

LITERATUR: S. Moses: System und Offenbarung. Die Philosophie Franz Rosenzweigs. 1985.

vanz und sehr verschiedener Herkunft, das heißt auch verschiedenen religiösen Brauchtums, integrieren und die elementaren religiösen Bedürfnisse von der Beschneidung bis zur Beerdigung, vor allem die Gottesdienste an den Feiertagen und die religiöse Erziehung, erfüllen. Die jüdischen Gemeinden sind aber nach ihrem Selbstverständnis nicht nur religiöse Einrichtungen, sie bilden auch die sozialen und kulturellen Mittelpunkte der Minderheit und nehmen ihre politische Interessenvertretung wahr. In der BRD ist die rituelle Funktion der Gemeinden faktisch sogar sekundär. In den meisten Gemeinden, auch denen mittlerer Größe, kommen alltags nie und am Sabbat nicht immer das für den Gottesdienst erforderliche Minimum von zehn erwachsenen Männern zusammen. Etwa drei Viertel der Juden in Deutschland sind sogenannte »Dreitagesjuden«, die nur an den drei hohen Feiertagen in der Synagoge erscheinen und auch dann häufig nur, um zu sehen und gesehen zu werden. Die mehrheitlich orthodoxen Rabbiner sind von den Gemeinden zum Teil mit Zeitverträgen angestellt, und ihrer rabbinischen Autorität sind enge Grenzen gezogen. Sie sind meist auf rituelle, pastorale und repräsentative Aufgaben beschränkt. Nicht die deutsche Rabbinerkonferenz, sondern der Zentralrat der Juden und seine Verbandspolitiker sind das Sprachrohr der Juden in Deutschland.

Obwohl sich die Gemeinden viel Mühe mit der religiösen Erziehung geben, sind die Resultate dürftig. Größere Gemeinden wie Berlin (ca. 8000 Juden), Frankfurt a. M. (ca. 5000 Juden), München (ca. 4000 Juden) unterhalten private jüdische Kindergärten, Grundschulen, Jugendzentren, Volkshochschulen; in kleineren Gemeinden unterrichten Wanderlehrer. Die Lehrkräfte müssen aber wie die Rabbiner größtenteils aus dem Ausland angeworben werden. Die Erwartung, daß die Absolventen der »Hochschule für jüdische Studien in Heidelberg« (Gründung 1979) den Bedarf an Lehrkräften decken wird, hat sich bisher noch nicht erfüllt. Höhere jüdische Schulen, das missing link zwischen der jüdischen Grund- und Hochschule, sowie Rabbinerseminare und *jeschiwot* gibt es in Deutschland nicht. Einige jüdische Familien schicken daher ihre Kinder auf ausländische jüdische Internate und *jeschiwot*; wegen des fehlenden religiösen Milieus kehren aber gerade solche Nachwuchskräfte, die sich als Religionspädagogen oder Rabbiner eignen würden, nicht nach Deutschland zurück. Daß die jüdische Erziehung in der BRD stärker als in den kleineren deutschsprachigen jüdischen Gemeinschaften in Österreich und in der Schweiz auf das Ausland angewiesen bleibt und trotz aller Anstrengungen nur dürftige Resultate zeitigt, ist nur ein Indiz für die Existenzschwierigkeiten der jüdischen Gemeinschaft in der BRD.

Neben der Traditionsvermittlung setzen die jüdischen Gemeinden in der BRD aber noch andere spezifische Prioritäten. Sie fühlen sich als Partner bei der deutschen und christlichen »Vergangenheitsbewältigung«, deren Rituale bisweilen den Charakter eines Religionsersatzes annehmen. Für kleinere jüdische Gemeinden wie etwa Straubing, Regensburg oder Bayreuth spielen städtische oder kirchliche Gedenkveranstaltungen und Aktivitäten der christlich-jüdischen Gesellschaften sogar eine Hauptrolle. Die jüdischen Repräsentanten sind darüber hinaus bei der Aufklärung und Anprangerung von antisemitischen Vorurteilen gefragt.

Jüdische Identität ist in diesem Land, dem Epizentrum der jüdischen Katastrophe in diesem Jahrhundert, mehr als anderswo von außen bestimmt. Das Mißverhältnis zwischen äußerer Inanspruchnahme als Jude und innerer jüdischer Bildungsdefizite dürfte angesichts einer weltweiten religiösen Mobilisierung des Judentums eine Umorientierung der gemeindepolitischen Ziele bewirken. Erste Anzeichen dafür gibt es schon. So hat die Gemeinde München, die durch die starke Präsenz ostjüdischer Flüchtlinge in der Nachkriegszeit von ostjüdischer Religiösität geprägt blieb, einen *schaliach* (Missionar) der Chasidim von Lubawitsch, einer orthodoxen Massenbewegung, die mit den modernen Mitteln der amerikanischen Erweckungsbewegung eine aggressive innere Mission betreibt, bestellt und bestallt. Die erfolgreiche, vor allem nach außen gerichtete Kulturarbeit der 1980er Jahre wird gerade von der jüngeren Generation der Gemeindevorstände und durch die von ihnen vertretene Priorität der religiösen Erziehung verdrängt. Die Defiziterfahrungen und das Erstarken religiöser Strömungen in den großen jüdischen Zentren erzeugt auch hierzulande ein Gefälle, das die religiöse Situation mittelfristig verändern wird.

Die jüdische Erziehung ist nur zum Teil ein gemeindepolitisches Problem. Das Scheitern der Traditionsvermittlung hängt vor allem damit zusammen, daß die in Deutschland verbliebenen Überlebenden in keiner Weise darauf vorbereitet waren, die religiöse Tradition, von der sie geprägt waren, an die nächste Generation zu überliefern und den tiefen Bruch zwischen ihrer zumeist ostjüdischen Vorkriegswelt und der Nachkriegsrealität der Bundesrepublik der 1950er und 60er Jahre zu überbrücken.

Die Niederlassung in der Bundesrepublik war für die meisten Juden zuerst nur ein Provisorium, eine aufgeschobene Auswanderung. Sie hatten ein mißtrauisches Verhältnis zu ihrer nichtjüdischen Umgebung und ein schlechtes Gewissen gegenüber den anderen Juden – das sie häufig durch ein auffälliges zionistisches Bekenntnis beruhigten. Auf der anderen Seite nahm die Generation der Überlebenden am wirtschaftlichen Aufstieg der BRD teil und ermöglichte es der nächsten Generation, sich in diesem Land zu etablieren und zu assimilieren. Aus dieser widersprüchlichen psychosozialen Befindlichkeit resultierten heftige Generationskonflikte und Traditionsbrüche. Wie weit die jüdische Assimilation in diesem Land geht, zeigt die Quote der Mischehen. Diese Quote ist in allen großen Diaspora-Zentren (USA, England, Frankreich) sehr hoch. In den siebziger Jahren wählte dort etwa einer von vier Juden einen nichtjüdischen Ehepartner, Ende der achtziger und Anfang der neunziger Jahre einer von drei. Am höchsten liegt diese Quote aber in der BRD. Nach einer Veröffentlichung des statistischen Jahrbuches von 1987 für die Jahre 1982 bis 1985 entschieden sich etwa zwei von drei Juden für nichtjüdische Ehepartner. Solche alarmierenden Zahlen bedürfen einer sorgfältigen Interpretation. Es wird angenommen, daß die Mischehenquote mit der jüdischen Siedlungsdichte abnimmt, also eher in den kleinen Gemeinden mit beschränkter Partnerwahl sehr hoch ist und in den großen Gemeinden eher randständige Gruppen betrifft. Wie auch immer: Der Umkehrschluß, daß eine Eheschließung zwischen jüdischen Partnern schon ein traditionelles jüdisches Familienleben garantiert, trifft auch nicht zu.

Trotz allem scheinen sich in den wichtigsten Großstädten des Landes kleine jüdische Gemeinden auf Dauer zu erhalten. Die dritte und vierte Generation von Juden in der Bundesrepublik wächst unbefangener als die zweite auf und findet einen privilegierten Ort in der deutschen Gesellschaft und funktionierende Gemeinde-Institutionen vor. Eine originelle Antwort auf die religiöse Krise der Moderne und die fundamentalistische Krise der Postmoderne, eine originelle Verarbeitung des religiösen und geistigen Erbes des deutschen und aschkenasischen Judentums ist von dieser vergleichsweise unbedeutenden Gemeinschaft nicht zu erwarten. Ihre Identität wird gleichwohl von der besonderen Situation der Juden in Deutschland geprägt bleiben – beträchtliche wissenschaftliche Kapazitäten werden aufgewendet, um diese Situation dauernd zu analysieren – religiös ist sie aber stark von den Bewegungen in den großen jüdischen Zentren abhängig.

LITERATUR: Micha Brumlik, Doron Kiesel, Cilly Kugelmann, Julius H. Schoeps (Hg.): Jüdisches Leben in Deutschland seit 1945. Frankfurt/M. 1986. – Daniel Krochmalnik: Autobiographien von Juden der Nachkriegsgeneration in Deutschland und Österreich von 1979 bis 1988. In: Manfred Treml, Josef Kirmeier (Hg.): Geschichte und Kultur der Juden in Bayern. München 1988, S. 579–591. – Julius H. Schoeps (Hg.): Neues Lexikon des Judentums. Gütersloh/München 1992.

Daniel Krochmalnik

Österreich

Juden im heutigen Österreich

In Österreich gibt es noch fünf jüdische Kultusgemeinden. Die Wiener Gemeinde, in der die Juden Wiens, Niederösterreichs und des nördlichen Burgenlandes organisiert sind, hat etwa 6700 Mitglieder. Die übrigen Gemeinden zählen nur noch wenige Mitglieder (Linz einschließlich Oberösterreichs 50 – 60; Salzburg 100; Innsbruck 64 einschließlich Tirols und Vorarlbergs; Graz einschließlich der Steiermark, Kärntens und des südlichen Burgenlandes 100).

Seit 1966 besteht das »Institut für Judaistik an der Universität Wien«, in dem sich eine internationale Sammelstelle für illuminierte hebräische Handschriften befindet. Eine wichtige Sammlung aus dem jüdischen Wien wird seit 1982 im »Österreichischen Jüdischen Museum« in Eisenstadt gezeigt.

Neben den Synagogen der Kultusgemeinde existiert in Wien eine ganze Reihe von ostjüdischen und chasidischen Bethäusern; die »türkische Gemeinde« besitzt ein sephardisches Bethaus. Die Wiener Kultusgemeinde hat ein Gemeindezentrum in der Seitenstettengasse neben der Stadtsynagoge und ein jüdisches Altersheim.

Das kulturelle Leben der Juden in Österreich bereichern einige Zeitschriften wie »Das Jüdische Echo«, das Sprachrohr der Vereinigung Jüdischer Hochschüler; »Die Gemeinde«, das Organ der Kultusgemeinde und schließlich die orthodoxe Zeitschrift »Heruth«.

Geschichte

Die ersten Juden dürften bereits mit den römischen Legionen nach Wien gekommen sein. In der Raffelstätter Zollordnung von 906 werden »Juden und andere Kaufleute« erwähnt. Der älteste jüdische Grabstein datiert von 1130 und wurde in der Nähe St. Stephans in Kärnten gefunden. Die erste zuverlässige Erwähnung einer jüdischen Siedlung stammt aus dem Jahr 1194. Der von den Babenbergern nach Wien gerufene Münzmeister Schlomo gründete neben der Residenz das erste Judenviertel, das aus vier Häusern, einer Synagoge und der alten Münzstätte »Am Hof« bestand. 1196 wurden sechzehn Wiener Juden, unter ihnen auch Schlomo, von den durchziehenden Kreuzfahrern ermordet.

Im 13. Jahrhundert lebten Juden auch in Klosterneuburg, Krems, Tulln und in Wiener Neustadt. 1238 räumte Kaiser Friedrich II. den Wiener Juden ein Privileg ein, das 1244 von Herzog Friedrich dem Streitbaren, im sogenannten »Fredericianum«, auf Juden in ganz Österreich erweitert wurde; es galt seinerzeit als Muster für ähnliche Judenordnungen in Böhmen, Polen und Ungarn. König Přemysl Otakar II. bestätigte es 1254, 1255 und 1268 und erweiterte es um die Schutzbestimmung des Verbotes der Blutbeschuldigung. Rudolf von Habsburg bestätigte und erweiterte das Privileg um die Androhung der Todesstrafe für die Ermordung von Juden und die Schändung ihrer Friedhöfe.

Im 13. und 14. Jahrhundert wurde Wien zu einem geistigen Zentrum der Juden; unter anderem lehrte dort Rabbi Isaak ben Moses, dessen Ritualkodex *Or Sarua* ein bedeutendes Quellenwerk für die Überlieferung des Jerusalemer *Talmuds* ist. Seine Schule wirkte an der berühmten Talmud-Lehranstalt in Wiener Neustadt und durch seinen Schüler Meir ben Baruch von Rothenburg fort. Unter Rabbi Abraham Klausner (1350–1408) und Rabbi Meir ben Baruch Halevi aus Erfurt erlebte die Wiener Talmud-Schule ihre letzte Blüte.

Im Laufe des 14. und 15. Jahrhunderts verschlimmerte sich die Lage der Juden. Dem Vorwurf der Hostienschändung 1338 in Pulkau folgten Massaker, Steuererhöhungen, wirtschaftliche Einschränkungen und erzwungene Schuldenerlasse. Die Judenverfolgungen und die anschließende Vertreibung der Wiener Juden von 1420 sind in der *Wiener Geserah* detailliert festgehalten. 1496 wurden dann die Juden aus Steiermark, Kärnten und Krain vertrieben. Allerdings durften sich einzelne Juden bereits 1536 in Wien befristet niederlassen.

Während des 30jährigen Krieges mußten Wiens Juden neben Schutzgeldern, Mautgebühren und Steuern außerordentliche Kontributionen in Höhe von jährlich 10 000 und 20 000 Gulden aufbringen. Für ihre Dienste wurden sie vor den Toren Wiens, in der Leopoldstadt, in einem Ghetto angesiedelt, aus dem sie knapp 50 Jahre später 1670 erneut vertrieben wurden; schließlich fanden sie Aufnahme bei König Sigmund von Ungarn.

Bertha Pappenheim

Bertha Pappenheim wurde am 27. Februar 1859 in Wien geboren. 1889 zog sie nach Frankfurt/Main. Sie engagierte sich in der deutschen Frauenbewegung und übertrug deren Forderungen nach gleichen Bildungs- und Berufschancen und nach politischer Gleichberechtigung der Frauen auf das Judentum. Für eine bessere religiöse Ausbildung der Frau und deren Gleichstellung in jüdischen Einrichtungen eintretend, ging es ihr vor allem darum, das Rollenverständnis von Männern und Frauen im jüdischen Gemeindeleben zu modernisieren. 1904 gründete sie mit Gleichgesinnten den Jüdischen Frauenbund, den sie bis 1924 als Vorsitzende leitete. Ihrer unermüdlichen Energie ist es zu verdanken, daß 1917 die Zentralwohlfahrtsstelle der Juden in Deutschland gegründet wurde.

Insbesondere setzte sie sich für die Durchsetzung des Wahlrechts für Frauen in jüdischen Gemeinden ein. Die meisten Rabbiner – so auch Leo Baeck – hatten Einwände. Unterstützt in ihrem Bemühen wurde Bertha Pappenheim von dem orthodoxen Frankfurter Rabbiner Nehemia Anton Nobel, der 1919 mit ihr eine neue Gemeindesatzung vorbereitete. Gegen den Widerstand von Kollegen erklärte er, daß es keine religionsgesetzlichen Bedenken gegen das aktive und passive Wahlrecht der Frauen gäbe. Im Hinblick auf Palästina führte er aus, daß man ein neues Land nicht ohne gleichberechtigte Frauen aufbauen könne.

Von 1907 bis kurz vor ihrem Tode war Bertha Pappenheim ehrenamtlich Hausmutter im Mädchen- und Waisenheim Neu-Isenburg bei Frankfurt/Main. Diese Einrichtung war zunächst als Frauenhaus für ledige jüdische Mütter und ihre Kinder gedacht. Dort wurde ihnen direkte Hilfe und die Geborgenheit jüdischer Tradition vermittelt. Später kamen Kinder aus zerrütteten Familien dazu. Nach der Machtübernahme der Nazis brachte Bertha Pappenheim noch einige der ihr anvertrauten Schützlinge nach England. 1936 erkrankte sie schwer, wurde aber noch auf dem Sterbebett von der Gestapo verhört.

Bereits 1890 hatte sie begonnen, schriftstellerisch tätig zu werden. Unter dem Pseudonym Paul Berthold verfaßte sie den Novellenband »In der Trödlerbude«. 1899 schrieb sie das Theaterstück »Frauenrechte« und eine Übersetzung von Mary Wollstonecrafts Schrift »A Vindication of the Rights of Women«, 1900 erschien »Zur Judenfrage in Galizien«. Kritisch äußerte sich Bertha Pappenheim über den zunehmenden Glaubensübertritt deutscher Juden zum Christentum. Mit diesem Problem setzte sie sich in ihrer Novelle »Der Schwächling« auseinander. 1930 erschien ihr bekanntestes Werk »Sisyphus-Arbeit«, in dem sie nach einer Studienreise über Prostitution und Mädchenhandel in Osteuropa und im Vorderen Orient berichtete. Schonungslos beschäftigte sie sich dabei mit Problemen im Zusammenhang mit Verelendung, Zuhälterei und Prostitution. Ferner verfaßte sie Artikel über Frauenbildung und die Bedeutung der Sozialarbeit. Bertha Pappenheim starb am 28. Mai 1936 in Isenburg.

LITERATUR: Pnina Navè-Levinson: Was wurde aus Saras Töchtern? Frauen im Judentum. Gütersloh 1989.

Kaiser Karl VI. und Sultan Achmed Khan unterzeichneten 1718 den Friedensvertrag von Passarowitz, der den Untertanen des einen Staates den freien Aufenthalt im anderen sicherte. Sephardische Juden, die daraufhin als Händler nach Österreich kamen, waren somit ottomanische Staatsbürger, auch wenn sie seit Generationen in Wien ansässig waren. Im Vergleich zu österreichischen Juden besaßen sie Privilegien, die ihnen eine Sonderstellung einräumten. 1736 wurde von Moses Diego d'Aguilar die »türkische Gemeinde« (sephardische Juden aus dem ottomanischen Reich) in Wien gegründet, die bis Anfang des 20. Jahrhunderts ihre Selbstständigkeit behaupten konnte und regelmäßig zum Fluchtort sephardischer Juden wurde, wenn diese in ihrer südosteuropäischen Heimat gefährdet waren. Durch die der spanischen Tradition verpflichteten Sephardim erhielt die türkische Gemeinde immer wieder neue kulturelle Impulse. Nach 1780 wuchs die sephardische Gemeinde stark an; 1798 lebten in Wien bereits 20, 1818 gar 57 sephardische Familien (etwa 10 Prozent der gesamten Judenschaft). Zwischen 1870 und 1914 erschienen in der Wiener türkischen Gemeinde 32 Bücher und 25 Zeitungen und Zeitschriften. Nach dem Zusammenbruch der Monarchie 1918 konnte die alte sephardische Gemeinde kein unabhängiges jüdisches Gemeindewesen mehr etablieren.

Durch die Annexion Galiziens 1772 wuchs die jüdische Bevölkerung der Monarchie auf mehr als das Zweifache an; ein kontinuierlicher Zuzug von Juden hauptsächlich nach Wien war die Folge.

Das josephinische Toleranzpatent von 1782 war der Anfang eines neuen Kapitels in der Geschichte des österreichischen Judentums. Nun mußten die Wiener Juden nicht mehr in ihnen zugewiesenen Häusern wohnen, sondern konnten sich auch in der Stadt sowie in den ihnen bisher verbotenen Vorstädten niederlassen. Alle Kleidervorschriften fielen weg. Gleichzeitig wurden die doppelten Gerichts- und Kanzleigebühren für die Wiener Juden abgeschafft und die Leibmaut für den auf wenige Tage befristeten Aufenthalt fremder Juden aufgehoben. Die neuerrichtete »Jüdische Normalschule« wurde unter staatliche Oberaufsicht gestellt. 1787 erließ Joseph II. eine Bestimmung, nach der Juden zur Annahme von Familiennamen verpflichtet wurden. Diese Maßnahme ermöglichte allerdings auch eine verschärfte Kontrolle der Juden. Auf eine rechtliche Gleichstellung mit der übrigen Bevölkerung mußten die österreichischen Juden bis Mitte des 19. Jahrhundert warten. Zunehmender Antisemitismus seit dem ausgehenden 19. Jahrhundert förderte die Tendenz zur Assimilation, der es nicht zuletzt zu verdanken ist, daß sich Juden in der zweiten Hälfte des 19. Jahrhunderts in neuentstehende Berufe (zum Beispiel Naturwissenschaften, Sozialwissenschaften, Psychologie) vorwagten. Auf den Gebieten der Wissenschaften und Künste haben österreichische Juden Hervorragendens geleistet (Sigmund Freud, Alfred Adler, Gustav Mahler, Arnold Schönberg, Karl Kraus, Arthur Schnitzler).

In den 1930er Jahren lebten in Österreich etwa 200 000 Juden. Unter den Nationalsozialisten wurden sie fast vollständig vertrieben oder ermordet (etwa ein Drittel kam in KZs ums Leben). Nach dem Krieg befand sich in Österreich eine große Zahl von »displaced persons« (Menschen, die aus den KZs zurückkamen und kein Zuhause mehr besaßen), die jedoch bis 1953 das Land wieder verlassen hatten. Nach dem ungarischen Aufstand 1956 flüchteten etwa 20 000 ungarische Juden nach Österreich; lediglich 200 bis 300 blieben im Lande. Die zweite Republik wurde zum Durchgangsland für osteuropäische, hauptsächlich russische Juden, die nach Israel und in die USA auswanderten.

Die antisemitische Tradition ist in Österreich nach wie vor virulent. Als der Vorsitzende der Sozialdemokratischen Partei, Bruno Kreisky, zum Außenminister und später zum Bundeskanzler gewählt wurde (als erster Jude in diesem Amt), sah er sich einer breiten antisemitischen Kampagne ausgesetzt.

LITERATUR: Encyclopaedia Judaica. Bd. 3, Jerusalem 1971. – Hugo Gold (Hg.): Geschichte der Juden in Österreich. 1971. – Heinz Gstrein: Jüdisches Wien. Wien/München 1984. *Zuzana Stern*

Tschechoslowakei

Geschichte

Auf dem Gebiet der heutigen Tschechoslowakei ist am Anfang des 10. Jahrhunderts die erste Erwähnung jüdischer Kaufleute belegt (Raffelstätter Zollordnung, 906). Zu den ältesten Niederlassungen gehören Prag (berühmte Synagoge »Alt-Neu Schul«, ca. 1270 – 1280, bis heute im Gebrauch), Brünn, Olmütz, Iglau, Preßburg, Tyrnau. König P Přemysl Otakar II. hat die Rechtsverhältnisse der Juden 1254 gesichert (sein Privilegium ist verhältnismäßig besser als das von Friedrich dem Streitbaren). Während der Kreuzzüge und im Laufe des 13. und 14. Jahrhunderts waren die Juden mehreren Verfolgungen ausgesetzt (so während der »blutigen Ostern« 1389, als im Prager Ghetto 3000 Menschen umkamen). Mehrmals sind die Juden auch aus den Städten oder aber dem ganzen Lande ausgewiesen worden (1430, 1504, 1545, 1650, 1744). Von den wichtigsten Gestalten des Judentums auf dem Gebiet der heutigen Tschechoslowakei bis ins 19. Jahrhundert seien wenigstens R. Avigdor Karo, R. Löw ben Bezalel, Jomtow Lipman Heller, Mordechai Meisel, Jakob Bassevi von Treuenberg und Gerschom Kohn erwähnt.

Im Laufe des 19. Jahrhunderts sind schrittweise alle Beschränkungen aufgehoben worden; Gleichberechtigung wurde im Jahre 1867 erklärt. Juden sind dann in größerer Zahl in die großen Städte gezogen, wo neue Gemeinden wie auch das kulturelle und politische Leben aufblühte. Damit gingen die Assimilation (insbesondere in Böhmen), aber auch ein Anwachsen des Antisemitismus (zum Beispiel Hilsner-Affäre) Hand in Hand.

Nach dem Ersten Weltkrieg gab es über 350 000 Juden (bei einer Gesamtbevölkerung von etwa 13 Millionen) in der neuen Tschechoslowakischen Republik (Volkszählung 1921). Politisch waren die Juden zum großen Teil in der »Jüdischen Partei« organisiert, die nach 1929 zwei Abgeordnete im Parlament hatte.

Einen besonders wichtigen Beitrag haben die (zum großen Teil deutschsprachigen) Juden für die Kultur geleistet. Die Werke von Schriftstellern wie Franz Kafka, Paul Eisner, Gustav Meyrink, Paul Leppin, Franz Werfel und Max Brod sind Belege dafür, wie fruchtbar sich das Aufeinandertreffen des deutschen, tschechischen und jüdischen geistigen Erbes im Umkreis der »Prager-deutschen Juden« auswirkte.

In der zweiten Hälfte der 1930er Jahre wurde Prag einer der wichtigen Asylorte der deutsch-jüdischen Emigration aus dem Nazi-Reich. Nach der Okkupation, der Errichtung des »Protektorats Böhmen und Mähren« und des faschistischen »Slowakischen Staates« (1939) wurden Rassengesetze angewandt; Konfiskationen und Deportationen setzten ein. Die Stadt Terezín wurde 1941 als Konzentrationslager eingerichtet (sogenanntes Ghetto Theresienstadt), das zum Symbol der Verfolgung wurde (heute Museum).

Aus dem bestehenden Jüdischen Museum in Prag wurde 1941–1945 ein »Jüdisches Zentralmuseum« aufgebaut, das als »Museum der ausgestorbenen Rasse« dienen sollte. Die reichen Sammlungen sind bis heute ein gewaltiges Gedenkmal der tausendjährigen Geschichte der Juden in der Tschechoslowakei wie auch der Verfolgung und des Genozids.

Im Jahre 1939 gab es im Lande 153 Gemeinden, von denen nach dem Krieg 52 erneuert wurden. Nach der Machtübernahme der Kommunistischen Partei im Jahre 1948 wurden Juden und jüdische Gemeinden wieder verfolgt. In den politischen Schau-Prozessen sind viele jüdische Kommunisten unter der Anklage, »Zionisten« zu sein und »der imperialistischen Verschwörung des Weltjudentum« zu helfen, zu Klassenfeinden und Verrätern erklärt und zum Tode verurteilt worden (R. Slánský-Prozeß).

Das kulturelle wie auch religiöse Leben der Juden wurde unter strenge Kontrolle gebracht und eigentlich nur im Rahmen der eng beschränkten amtlichen Kultpflege toleriert. Viele Juden, insbesondere die jungen und aktiven, gingen ins Ausland.

Zur aktuellen Lage

Zu einer neuen Situation für die Juden in der Tschechoslowakei kam es im November 1989, als das kommunistische Regime zerfiel und durch ein demokratisches ersetzt wurde. Damit wurde die ideologische Kontrolle und Zensur des Staates auf religiösem, sozialem und kulturellem Gebiet aufgehoben. 1990 sind dann nach 40 Jahren wieder diplomatische Beziehungen mit dem Staat Israel aufgenommen worden. Erneut wurde mit der Konsolidierung und dem Wiederaufbau des jüdischen Lebens begonnen. Die Selbstverwaltung der Gemeinden und der Föderation der jüdischen Gemeinden wurde grundsätzlich erneuert. Auch einige Vereine (Makabi, B'nai B'rith) und Organisationen (Verlag »Sefer«) wurden wieder aufgebaut oder neu gegründet. Es entstanden auch neue Interessengemeinschaften wie die »Gesellschaft für jüdische Kultur« und die »Gesellschaft für tschechoslowakisch-israelitische Freundschaft«. Auch auf dem Gebiet der jüdisch-christlichen Beziehungen wurden offizielle Schritte unternommen (1990 wurde die »Gesellschaft der Juden und Christen« gegründet).

Es gibt zur Zeit in der ganzen CSFR (15 Millionen Einwohner) etwa 6000 Gemeindeglieder in 20 Gemeinden. Das religiöse Leben der Gemeinden ist überwiegend konservativ geprägt.

LITERATUR: G. Bondy, F. Dworsky: Zur Geschichte der Juden in Böhmen, Mähren und Schlesien. 2 Bände, Prag 1906. – Hugo Bold: Die Geschichte der Juden und Judengemeinden Mährens in Vergangenheit und Gegenwart. Brünn 1929. – Ders.: Die Juden und Judengemeinden Böhmens in Vergangenheit und Gegenwart. Brünn/Prag 1934. – Jüdisches Museum Prag (Hg.): Judaica Bohemiae. Prag 1965 ff. (Zeitschrift). – Ferdinand Seibt (Hg.): Die Juden in den böhmischen Ländern. Wien 1983 (Vorträge der Tagung des Collegium Carolinum). – Wilma Iggers: Die Juden in Böhmen und Mähren. Ein historisches Lesebuch. München 1986.

Martin Prudký

Polen

Geschichte

Jüdische Niederlassungen in Polen sind seit dem 10. Jahrhundert nachgewiesen. Die ältesten Gemeinden befanden sich in Przemysl (1085), Pock (1237), Sandomierz, Lemberg, Krakau (1304). Seit 1264 (Statut von Kalisz) erfreuten sich die Juden der königlichen Generalprivilegien (erweitert 1334, 1364 und 1367), die von fast allen polnischen Königen bestätigt wurden. Die katholische Kirche und das Bürgertum waren bemüht, die seit der Regierungszeit von Kazimierz III. dem Großen (1333 – 1370) wachsende ökonomische Bedeutung der Juden einzuschränken. Die Bemühungen schlugen sich in Niederlassungsbeschränkungen, Zwangsansiedlungen in Judenviertel (»Judengassen«: Krakau 1304, Warschau 1430; Ghetto von Wilna 1633), Vertreibungen aus den Städten (Warschau 1483, Krakau 1495) sowie Verfolgungen nieder, die sich der Ritualmordlüge bedienten (14./15. Jahrhundert).

Bis zum 16. Jahrhundert lebten die polnischen Juden vorwiegend vom Handel. Als Folge der Einschränkung ihrer Handelsrechte im 16. Jahrhundert wandten sie sich der ländlichen Pacht zu und monopolisierten sie weitgehend. Von den leibeigenen Bauern gehaßt, wurden sie zu Hauptopfern der Kosaken- (1637, 1648 – 1650) und Hajdamekenrevolte (1734 – 1736). In ihrem Verlauf wurden nahezu 700 Gemeinden zerstört. In Wolhynien, Podolien und der Ukraine überlebten nur ca. 10 Prozent der jüdischen Bevölkerung. Verarmung der am Leben Gebliebenen und massenweise Auswanderungen nach Westeuropa waren die Folge.

Ende des 18. Jahrhunderts lebten zwei Drittel der jüdischen Bevölkerung Zentral-Polens in Städten; je weiter nach Osten, umso größer war der Anteil jüdischer Landbevölkerung. Nach den Teilungen Polens (1772, 1793, 1795) unter Rußland, Preußen und Österreich beteiligten sich Juden an den polnischen nationalen Aufständen und Demonstrationen (1793, 1830, 1861–1863).

Antisemitische Tendenzen machten sich verstärkt am Ende des 19. Jahrhunderts bemerkbar, vor allem als nach den russischen Pogromen (1881) Flüchtlinge in das vom russischen Zaren regierte Königreich Polen strömten. 1919 erlangte Polen wieder die Unabhängigkeit. Der sogenannte Bol-

Theodor Herzl

Der Schriftsteller und zionistische Politiker Theodor Herzl wurde am 2. Mai 1860 in Budapest geboren. Nach einem Jurastudium in Wien wurde Herzl Journalist. Ursprünglich hatte er Richter werden wollen, aber dies war ihm wegen seiner jüdischen Herkunft verwehrt. Unter diesem in früher Jugend erlebten Antisemitismus und den Judenverfolgungen, von denen er später erfuhr, litt er sehr. 1891 wurde Herzl Pariser Korrespondent der Wiener »Neuen Freien Presse« und später Feuilletonredakteur dieser Zeitung, bei der er bis 1896 tätig war. Im selben Jahr publizierte er unter dem Eindruck der Dreyfus-Affäre sein bekanntes Werk »Der Judenstaat«. Zionismus, der von Nathan Birnbaum 1890 geprägte Begriff, wurde durch das Engagement Herzls zu einem politischen Programm.

Ein Jahr später rief Herzl in Basel den 1. Zionistenkongreß ein und wurde zum Präsidenten der Zionistischen Weltorganisation gewählt. Das Ziel dieser durch sein Buch angeregten zionistischen Bewegung war die »Errichtung einer Heimstätte des jüdischen Volkes«. Ursprünglich stand der Ort dieser Heimstätte nicht genau fest. Unter dem Einfluß der Chowewe Zion (der »Zionliebenden«) entschied er sich für Palästina als Land für den zukünftigen Judenstaat. Zu diesem Zweck führte Herzl Verhandlungen mit dem türkischen Sultan Abd ül-Hamid II. und dem deutschen Kaiser Wilhelm II.

Herzl war der festen Überzeugung, daß es für die Juden notwendig sei, sich als Nation zu begreifen und sich um ihrer Würde und Selbstachtung willen zu einem unabhängigen Staat zusammenzuschließen. Dieser Staat sollte die Verfassung einer »aristokratischen Republik« erhalten, in der die verschiedenen Sprachen der Herkunftsländer gleichberechtigt nebeneinander existieren können. Während sein Vorhaben bei den westeuropäischen Juden wenig Resonanz fand, sahen viele Juden in Osteuropa in Herzls Idee einen Weg, den Verfolgungen und der materiellen Not zu entrinnen. Obwohl zu Herzls Lebzeiten seine Pläne weitgehend Theorie blieben, bildeten seine Aktivitäten eine wichtige Voraussetzung für die spätere Gründung des Staates Israel (1948).

Zu den weiteren wichtigen literarischen Werken Herzls gehören der utopische Roman »Altneuland« (1902), in dem er den zukünftigen Staat beschreibt, und seine in sieben Bänden erschienenen Briefe und Tagebücher (1983 ff.), die eine wichtige Quelle der Geschichte der zionistischen Bewegung darstellen.

Theodor Herzl starb am 3. Juli 1904 in Edlach (Österreich). 1949 wurde sein Leichnam zur Gedächtnisstätte auf dem Herzl-Berg in Jerusalem überführt. Nach Herzl benannt ist die Stadt Herzliy(y)a im nördlichen Vorortbereich von Tel Aviv.

Literatur: Julius H. Schoeps: Theodor Herzl. 1975. – A. Bein: Theodor Herzl. 1983.

schewikenkrieg brachte 1920/21 viel Leid über die in Grenzgebieten lebenden Juden. Der damals von der polnischen Seite erhobene Vorwurf der mangelnden Loyalität der Juden gegenüber dem polnischen Staat gehört bis heute zum Kanon der antisemitischen Agitation.

Die Jahre 1919 – 1939 waren einerseits durch steigende Pauperisierung der Juden und wachsenden Antisemitismus gezeichnet, der von der National-Demokratie und seit 1934 vom National-Radikalen Lager geschürt wurde. Andererseits bedeuteten sie einen Höhepunkt des religiösen und kulturellen Lebens des polnischen Judentums. Vor dem Ausbruch des Zweiten Weltkrieges lebte in Polen ein Drittel der Juden Europas. Nach dem deutschen Überfall auf Polen flohen viele in den von der ehemaligen Sowjetunion besetzten Osten. Seit 1940 wurden Juden in Ghettos eingesperrt, 1941 fingen die Deportationen in das Generalgouvernement an. In die Vernichtungslager Polens (Chelmno ab Dezember 1941, Auschwitz-Birkenau ab März 1942, Majdanek, Treblinka, Plaszow, Belzec, Sobibor und andere) wurden Juden aus ganz Europa deportiert und dort ermordet.

Selbstverwaltung und Emanzipation

Die Organisationsform der jüdischen Gemeinde in Polen, der *kahal*, bildete sich bis Ende des 16. Jahrhunderts aus und übte bis ins 19. Jahrhundert die administrative Gewalt und die Gerichtsbarkeit über die polnischen Juden aus. Er erlangte eine weitgehende Autonomie. Die Verwaltung des *kahals* bestand aus den Ältesten (Senioren), die der Gemeinde vorstanden, den boni viri, *kahal*-Räten, Zensoren, Vorwählern, Rabbinern, einem Stadtschreiber und einem Syndicus. Seit 1551 lag das Rabbiner- und Seniorenernennungsrecht bei den Gemeinden. Ende des 17. Jahrhunderts trieben die wachsenden finanziellen Forderungen des Staates die meisten großen Gemeinden in den Bankrott. Soziale Konflikte und die Gemeindeoligarchie ließen im 17. und 18. Jahrhundert die Autorität des *kahal* sinken. Nach der Teilung Polens wurden *kahale* abgeschafft. In dem von Rußland annektierten Gebiet wurden sie 1822 durch die Synagogenaufsicht (*dozor bozniczy*) ersetzt, deren Kompetenzen sich lediglich auf Kultus- und Wohlfahrtsangelegenheiten erstreckten.

Über dem *kahal* standen die Provinzialvertretungen und, als die Zentralinstitution der jüdischen Selbstverwaltung 1580 – 1764, die Vierländersynode (*waad arba arazot*), der Reichstag der polnischen Juden. Er entstand duch Zusammenschluß der Provinzialvertretungen von Groß- und Kleinpolen, Rhutenien, Litauen (bis 1623, später wurde der Reichstag der Juden Litauens gebildet) und Wolhynien. 1765 war die Vierländersynode die oberste Gewalt von ca. 730 Gemeinden (1765), von denen Lemberg (6 378 Mitglieder) die größte war. Die Vierländersynode zählte 20 bis 30 Delegierte der Provinzialvertretungen und der unabhängigen Gemeinden (Posen, Krakau, Przemysl) und tagte meist zweimal im Jahr. Ihre Aufgaben waren unter anderem: die Kopfsteuer für die polnische Judenheit pauschal zu entrichten, die Kontakte zur Krone und zu ausländischen Gemeinden zu pflegen, die Wirtschaftsinteressen des polnischen Judentums zu verteidigen, die Verwaltungs-, Erziehungs- und sozialen Fragen zu regeln, in religiösen Belangen Entscheidungen zu treffen sowie die strittigen Angelegenheiten polnischer und auswärtiger Gemeinden zu lösen. Angesichts der rapiden Verarmung der *kahale* in der Mitte des 18. Jahrhunderts mußte auch die Vierländersynode hohe Schulden machen. 1764 wurde sie vom polnischen Sejm aufgelöst.

Trotz der früh erreichten Autonomie der jüdischen Selbstverwaltung war der Prozeß der bürgerlichen Emanzipation der polnischen Juden lang und schwierig. Er ist von dem Prozeß des Zerfalls der feudalen Struktur des Ständestaates, der in Polen langwieriger als in anderen europäischen Ländern war, nicht zu trennen. Die Fragen der Emanzipation und Assimilation wurden erstmals in der zweiten Hälfte des 18. Jahrhunderts öffentlich diskutiert. In den Tagungen des ersten polnischen Parlaments, des vierjährigen Sejm (1788 – 1791), standen sie mehrmals auf der Tagesordnung. Aber erst im geteilten Polen haben die Juden Bürgerrechte bekommen: im russischen Königreich Polen 1862. Im unabhängigen Polen wurde bürgerliche Gleichberechtigung der Juden 1921 durch die Verfassung garantiert.

Religiöses Leben

Bereits im 16. Jahrhundert wurde Polen-Litauen zum Zentrum rabbinischer Gelehrsamkeit. Jakob Polak (1460/70 – 1522), Schalom Schachna (Salomon Szachna, 1510 – 1558) und Salomo ben Jechiel Luria (1510 – 1573) aus Lublin, Mose Isserles (1558 – 1633), Kabbalist und Gelehrter, beide aus Krakau, und viele andere haben seinen Ruf über die polnischen Grenzen hinaus begründet. Berühmte Akademien und Druckereien gab es in Krakau und Lublin. Seit dem 18. Jahrhundert wurde das religiöse Leben der polnischen Juden von der Haskala und den Frömmigkeitsbewegungen des Sabbatianismus, Frankismus und Chasidismus geprägt. Der Sabbatianismus konnte nur in Podolien Fuß fassen und hatte in Polen relativ wenige Anhänger. Der Frankismus, die von Jakob Frank (1720 – 1793) auf der Basis des Sabbatianismus gegründetete religiös-mystische Bewegung, gewann dagegen in der zweiten Hälfte des 18. Jahrhunderts mehr Einfluß. Bis ins 19. Jahrhundert lebten kleine Gruppen von Frankisten in Polen. Gründe für die Verbreitung beider mystischer und messianischer Bewegungen sind in der Pauperisierung der jüdischen Bevölkerung, die auf die Kriege des 17. Jahrhunderts und die wirtschaftliche und politische Krise in Polen im 18. Jahrhundert zurückzuführen waren, im Autonomie- und Prestigeverlust der Institutionen des polnischen Judentums (Vierländersynode, *kahal*, Rabbiner) und in der Expansion der Lurianischen Kabbala, die die Wertehierarchie des talmudischen Judentums umwarf, zu sehen. Die Bekenner der Lehre des Bescht, des Chasidismus, waren in den Anfängen der Bewegung in Südost-Polen (Galizien, Podolien, Wolhynien) besonders zahlreich. Hier wirkten Baer von Mesiritsch und später Levi Isaak aus Berdyczew. In Lublin, das im 19. Jahrhundert zum berühmten Zentrum des Chasidismus wurde, war Zadik Jakub Jicchock Horovitz (gestorben 1815) tätig. Trotz Auseinandersetzungen und teilweise offener Gegnerschaft zwischen *chasidim* und *missnagdim* (Anhänger des Rabbinismus, vor allem in Litauen und Weißrußland) blieb der Chasidismus die einflußreichste religiöse Massenbewegung im polnischen Judentum. Zu den Wegbereitern der polnischen *haskala* gehörten vor allem Salomon Leib Rappoport (1790 – 1867), Jakub Brodek und Abraham Kohn. Neben Lemberg, wo sie wirkten, war auch Wilna ein Zentrum der Bewegung, die seit der Mitte des 19. Jahrhunderts mit liberalen und stark assimilatorischen Tendenzen einherging.

Juden im Nachkriegs-Polen

Etwa 45000 Juden überlebten in Polen den Holocaust. Die Repatriierung der am Anfang des Krieges in die Sowjetunion Geflüchteten ließ ihre Zahl 1945 – 1947 auf eine Viertelmillion anwachsen. Pogromartige Ausschreitungen (1945 Rzeszow, Krakau, Radom; 1946 Parczew, Kielce), von den kommunistischen Machthabern provoziert oder zumindest toleriert, kosteten in den ersten zwei Nachkriegsjahren über 350 Juden das Leben. 150 000 Juden wanderten bis Ende 1947 aus, bis 1955 noch 50 000 weitere.

In den 1950er Jahren wurden die Juden in einer von der kommunistischen Partei organisierten Kampagne der Fehler und Verbrechen der stalinistischen Ära bezichtigt. 1956/57 kam es erneut, diesmal vor allem in Niederschlesien, zu Judenmißhandlungen und Friedhofsschändungen, was zum Teil mit einer neuen Repatriierungswelle aus der Sowjetunion zusammenhing. Nach 1957 blieben nur noch ca. 20 000 – 30 000 Juden in Polen. Die meisten von ihnen wanderten aus, nachdem 1968 unter der Parole »Liquidierung der zionistischen Fünften Kolonne« die kommunistische Partei sowie Schlüsselstellen in der Verwaltung, Wirtschaft, Wissenschaft und in den Medien von Juden »gesäubert« wurden.

In breiten Bevölkerungsschichten Polens sind eine latente, religiös gefärbte Judenfeindschaft, ein Mythos der jüdischen Unassimilierbarkeit sowie das Vorurteil, Juden seien für die Etablierung des Kommunismus verantwortlich, präsent. Sie wurden sowohl von Kommunisten gegen innerparteiliche Gegner und intellektuelle Opposition, als auch – nach der Demokratisierung Polens (seit 1989) – von vereinzelnten Gruppierungen und Parteien gegen unliebsame Politiker ausgespielt. Dies machte sich bei den Wahlen zum Sejm (1989, 1990) und zum Präsidentenamt (1990) bemerkbar. Die komplizierte Beziehung der polnischen katholischen Kirche zur jüdischen Problematik zeigte sich vor allem im Sommer 1989 in der Auseinandersetzung um das Karmelitinnen-Kloster am Konzentrationslager Auschwitz. Die immer öfter und lauter von kirchlichen Würdenträgern ausgesprochenen Warnungen vor Antisemitismus und die Bemühungen um einen christlich-jüdischen Dialog werden durch das Treiben des niederen Klerus und ungeschickt mehrdeutige Aussagen des Primas Glemp in Frage gestellt. Als positiv läßt sich das zunehmende Interesse an der jüdischen Kultur Polens nennen, das sich seit einigen Jahren durch Ausstellungen, Tage der jüdischen Kultur, Publikationen und Gründungen von Instituten für jüdische Geschichte (Warschau, Krakau) bemerkbar macht.

Zur Zeit leben in Polen 5000 – 10 000 Personen, die sich mit der jüdischen Religion und/oder Tradition identifizieren. Sie sind in zwei Verbänden organisiert: 1) in der »Sozio-Kulturellen Gesellschaft der Juden in Polen« (TSKZ, Towarzystwo Spoleczno Kulturalne Zydow w Polsce), einer säkularen Gesellschaft, die im ganzen Land über 14 Lokalverbände verfügt, Hilfe für bedürftige Mitglieder organisiert und eine jiddisch-polnische Wochenzeitung »Folks-sztyme« herausgibt; 2) im »Religionsverband des Mosaischen Glaubens« (ZRWM, Zwiazek Religijny Wyznania Mojzeszowego). Wie im TSKZ sind auch in diesem religiösen Verband mehrheitlich alte Menschen vertreten. Seit einigen Jahren wenden sich aber zunehmend junge Menschen aus nichtreligiösen Familien dem Judentum zu.

Als religiöse Gemeinschaft haben die Juden Rechte, die auch anderen konfessionellen Gruppen von der Verfassung garantiert werden. Der ZRWM verfügt in ganz Polen über sieben funktionierende Synagogen (in Bytom, Dzierzoniow, zwei in Krakau, in Legnica, Lodz und Warszawa) und mehrere Gebetshäuser. Ca. 50 000 koschere Mahlzeiten werden jährlich in den Kantinen des ZRWM serviert. Seit Mai 1991 hat die polnische jüdische Gemeinschaft nach über 30 Jahren wieder einen Rabbiner, Pinchas Menachem Yoskovich aus Israel; seit den späten 50er Jahren kam lediglich zu hohen Festen ein Rabbiner aus dem Ausland (vor allem aus Ungarn). Zu kulturellen Einrichtungen gehört das »Jüdische Theater« (Teatr Zydowski) in Warschau, das Stücke in Jiddisch aufführt. Das »Jüdische Historische Institut« (ZIH, Zydowski Instytut Historyczny) in Warschau, das der polnischen Akademie der Wissenschaften angegliedert ist, besitzt ein Archiv mit einer umfangreichen Sammlung von Dokumenten zur jüdischen Geschichte und zum Holocaust (unter anderem das Ringelblum-Archiv), eine Bibliothek sowie ein Museum und gibt »Biuletyn ZIH« und »Bleter far Geszichte« heraus.

LITERATUR: M. Balaban: Skizzen und Studien zur Geschichte der Juden in Polen. 1911. – P. Arnsberg: Von Podolien nach Offenbach. Die jüdische Heilsarmee des Jakob Frank. 1965. – F. Golczewski: Polnisch-jüdische Beziehungen 1881 – 1922. 1981. – A. Leszczynski: Die Rolle der Gemeinden (Kehila) bei der Entwicklung des wirtschaftlichen und kulturellen Lebens der Juden im alten Polen. In: S. Jersch-Wenzel (Hg.): Deutsche – Polen – Juden. 1987. – M. Niezabitowska, T. Tomaszewski: Die letzten Juden in Polen. 1987. – D. Weinryb: The Jews in Poland. A Social and Economic History of the Jewish Community in Poland from 1100 to 1800. 1987. – Biuletyn Zydowskiego Instytutu Historycznego. 1986 – 1991. *Agnieszka Rudnicka*

Gemeinschaft Unabhängiger Staaten

Die erste Erwähnung von Juden in der Moskauer Rus stammt von 1471 und bezieht sich auf die Verbreitung des Judentums.

Bis zum letzten Drittel des 18. Jahrhunderts waren Juden im Moskauer Staat vielfach Gesandte ausländischer Staaten oder Ratgeber, Finanziers und Ärzte am Zarenhof; noch häufiger aber finden sie Erwähnung als Kaufleute und kleine Händler. Aufgrund der feindseligen Haltung gegenüber

Abraham Joshua Heschel

Abraham Joshua Heschel wurde am 11. Januar 1907 in Warschau geboren. Er gehörte zu den wichtigsten jüdischen Denkern Osteuropas. Heschel war Nachfahre berühmter chasidischer Führer. Väterlicherseits stammte er von A. J. Heschel von Opatow ab, mütterlicherseits von von Levi Jizchak von Berditschew.

1927 nahm Heschel seine philosophischen Studien in Berlin auf. Sechs Jahre später legte er seine Doktorprüfung mit der bedeutenden Arbeit »Die Prophetie« ab, deren deutsche Fassung 1936 und die erweiterte englische Ausgabe 1962 erschienen. In dieser Phänomenologie der prophetischen Gotteserfahrung unterscheidet Heschel zwischen dem Gott der Bibel und dem Gott der Philosophie. Der Gott der Bibel ist für ihn kein indifferenter Gegenstand der Theologie, sondern eine Größe, die sich dem Menschen gefühlvoll zuwendet. Diesem »Pathos« Gottes steht die »Sympathie« des Propheten gegenüber, der die Beziehungen zwischen Gott und Mensch empathisch versteht und das »Ethos« Gottes den Menschen erklärt und verkündet. Heschels 1935 veröffentlichte Maimonides-Biographie erlangte große Bedeutung. 1937 ernannte Martin Buber Heschel zu seinem Nachfolger an die Mittelstelle für jüdische Erwachsenenbildung am Jüdischen Lehrhaus in Frankfurt/Main. Ein Jahr später wurde Heschel von den Nationalsozialisten nach Polen ausgewiesen. Von dort gelang ihm 1939 die Flucht nach England und ein Jahr später in die USA.

Von 1940 bis 1945 lehrte Heschel am Hebrew Union College in Cincinnati und ab 1945 am Jewish Theological Seminary in New York, der bedeutenden Lehrstätte des amerikanischen konservativen Judentums.

Besondere Verbreitung fanden Heschels Bücher über den »Shabbat« (1951) und über das Gebet: »Der Mensch fragt nach Gott« (1954). In seinem bekanntesten Werk, »Gott sucht den Menschen« (1956), entwickelte Heschel seinen phänomenologischen Ansatz weiter zu einer Theologie, die sich vor allem mit dem religiösen Handeln und weniger mit der religiösen Ideenwelt beschäftigte. Darüber hinaus engagierte sich Heschel in der amerikanischen Bürgerrechtsbewegung der sechziger Jahre und trat offen gegen den Vietnamkrieg auf. Ebenso bemühte er sich sehr um den interreligiösen Dialog, zum Beispiel bei der Vorbereitung zum Zweiten Vatikanischen Konzil. Zusammen mit Kardinal Bea war er verantwortlich für die Abfassung der sogenannten Judenerklärung des Zweiten Vatikanums. Mit Amerikas großem protestantischen Theologen Reinhold Niebuhr war Heschel befreundet.

Abraham Joshua Heschel, der zu den profiliertesten Vertretern des modernen Judentums gehörte, starb am 23. Dezember 1972 in New York.

LITERATUR: F. A. Rothschild: Abraham Joshua Heschel (1907– 1972): Theologian and Scholar. In: American Jewish Yearbook 74 (1973). – B. L. Sherwin: A. J. Heschel, 1907–1972. In: Jewish Book Annual 32 (1974/75).

Andersgläubigen und besonders in bezug auf die Juden wurde es ihnen nicht erlaubt, sich lange innerhalb der Grenzen des Moskauer Reiches aufzuhalten, dort Unternehmen zu gründen und Untertanen des Zaren zu werden. Diese Situation änderte sich, als nach den Teilungen Polens 1772, 1793 und 1795 Weißrußland, die Ukraine, Litauen und andere ehemalige polnische Ländereien, die von Juden dicht besiedelt waren, Bestandteile des russischen Reiches wurden. Nach der Eroberung der Krim, des Kaukasus und Zentralasiens fielen auch die kleineren Gruppen der östlichen Juden unter die russische Krone. Durch den Anschluß Kurlands und besonders Ostpolens erhöhte sich die Anzahl der jüdischen Bevölkerung im Imperium auf etwa eine Million.

Die russische Regierung änderte die soziale und politische Lage der Juden radikal. Diese gehörten nun zum Mittelstand, sie wurden Händler und Kleinbürger. Damit verbunden war das Recht auf Teilnahme an der ständischen und städtischen Selbstverwaltung. In dieser Zeit konnten sich die Juden auch ihre traditionelle gesellschaftliche Organisation bewahren. Diese positiven Schritte Petersburgs stießen auf Widerstand seitens der übrigen, insbesondere der katholischen Bevölkerung, und die Rechte der Juden wurden wieder eingeschränkt.

Im Jahre 1791 wurden Gesetze eingeführt, die den Juden das freie Reisen innerhalb des Imperiums und das Leben außerhalb der Stadt verbaten. So kam es zu der zwangsweisen Seßhaftigkeit, dem Verbot für die Juden, außerhalb festgelegter Ortschaften in den westlichen Gouvernements zu leben. Der »Zwang zur Seßhaftigkeit« wurde zum Symbol der jüdischen Rechtlosigkeit in Rußland und blieb bis Februar 1917 erhalten.

1804, unter der Herrschaft Alexander I., gab es eine spezielle »Gesetzgebung für Juden«, die ihren Status als eine besondere Gruppe festlegte und sie zu den Parias der russischen Gesellschaft machte. In der Regierungszeit des Zaren Nikolaus I. verschlechterte sich die Situation der Juden noch weiter: Ihnen wurde das Recht entzogen, Land zu besitzen oder zu erwerben, ihnen wurde verboten, auf vielen Gebieten Handel zu treiben oder ein Handwerk auszuüben, in den staatlichen Dienst einzutreten, an der örtlichen und ständischen Selbstverwaltung teilzunehmen. Das größte Unglück für sie aber waren die besonderen Gesetze, die den Kriegsdienst betrafen. Jungen wurden mit 12 Jahren den Eltern fortgenommen und in besondere Kriegsschulen geschickt, die sich oft im Innern Rußlands befanden. Nach Erreichen des Einberufungsalters mußten sie 25 Jahre in der Armee dienen. Zar Alexander II. (1855 – 1881) hob die grausamen antisemitischen Gesetze zum Teil auf und versuchte, die Juden in die russische Gesellschaft zu integrieren. Dem stand aber der gesellschaftliche Antisemitismus entgegen. Einflußreiche Kreise der russischen Gesellschaft, darunter auch einige Schriftsteller (F. Dostojewskij, I. Aksakow) wandten sich gegen den Vorschlag, den Juden politische und bürgerliche Rechte zu gewähren.

Wenn in den vorangegangenen Jahrzehnten die Vorstellung von den Juden als einer dunklen, ungebildeten Masse, die niemals zu »vollwertigen« Bürgern werden könne, vorherrschend gewesen war, so begann man, in den 1860er und 70er Jahren die Juden als einen potentiellen und gefährlichen Konkurrenten zu begreifen. Die scharfe antisemitische Propaganda führte dazu, daß es nach dem Tod Alexanders II. im Jahre 1881 im Süden Rußlands zu einer Welle antjüdischer Pogrome kam: Ursache der ersten Auswanderungswellen von Juden aus Rußland. Von 1881 bis 1913 emigrierten aus dem russischen Imperium mehr als zwei Millionen Juden hauptsächlich nach Amerika. Trotz der offenen Feindseligkeiten und der versteckten Mißgunst erhielten sie sich die russische Sprache. Sie fühlten sich der russischen Kultur und den russischen Traditionen zugehörig. Die massive Emigration war eines der Ergebnisse der starken Emanzipationstendenz innerhalb des russischen Judentums. Ein weiteres Ergebnis dieser Tendenzen war, daß zu Beginn des 20. Jahrhunderts Rußland das Zentrum der jüdischen Diaspora (5,5 Millionen) war.

Die Juden begannen auch eine fühlbare Rolle in der russischen Gesellschaft zu spielen. Der jüdische Student, Musikant, Arzt oder Handwerker war in russischen Städten wie Petersburg, Moskau, Nischnij Novgorod und anderen eine gewohnte Erscheinung. Die Juden schenkten der russischen Kultur dieser Zeit so großartige Musiker wie Arthur und Nikolaj Rubinstein, den Künstler Isaak Levitan, den Bildhauer Mark Antokol'skij und andere. Nur in der politischen und sozialen Sphäre blieben sie die Parias der russischen Gesellschaft. Die Seßhaftigkeit, die beschränkte Zulassung zum Studium, die endlosen diskriminierenden Gesetze – das alles existierte noch zu Beginn des 20. Jahrhunderts. Die offene antisemitische Propaganda, die Ritualmordprozesse (die Sache Bejlis, Kiew 1911 – 1913) die Massenaussiedlungen (aus Moskau 1891) und Pogrome (Balta 1882; Nischnij Novgorod 1884; Kischinjew 1905/1906 etc.) machten das Leben der Juden unerträglich, so daß sie genötigt waren zu emigrieren oder sich linksradikalen Parteien zuzuwenden.

Der Erste Weltkrieg (auf der Seite Rußlands starben 450 000 Juden), die Februar- und Oktoberrevolution (1917) und der Bürgerkrieg in Rußland (1918 – 1921) änderten auf grundlegende Weise die Demographie der jüdischen Bevölkerung sowie ihre politische, soziale und ökonomische Lage. Der Abfall Polens und der baltischen Länder, die Kriegsverwüstungen in hauptsächlich von Juden besiedelten Provinzen zur Zeit des Ersten Weltkrieges und die Massenpogrome in der Ukraine zur Zeit des Bürgerkrieges hatten zur Folge, das 1922 im sowjetischen Rußland nur noch 2,5 bis 3 Millionen Juden lebten.

Von der Beendigung des Bürgerkrieges bis 1940 wurden die Juden in Massen aus ihren ehemaligen Siedlungsgebieten nach Moskau, Leningrad und in größere industrielle Zentren wie das Wolgagebiet, die Ukraine und Sibirien umgesiedelt. Zu dieser Zeit schloß die jüdische Jugend ihre Ausbildung an mittleren und höheren Bildungseinrichtungen ab. Es war nicht schwer für sie, Betätigungsfelder zu finden: im Staatsapparat, im diplomatischen Dienst, in der Armee, in der Industrie etc. Diese Erfolge lassen sich in hohem Maß durch das Fehlen von Konkurrenz oder »alten Kadern« – Beamte, Intelligenz usw. – erklären. Diese wurden entweder physisch vernichtet oder fielen in

Ungnade. In diesem Sinne waren die zwanziger und dreißiger Jahre das »goldene Jahrhundert« des russischen Judentums. Die Juden dieser Zeit waren nicht nur die gebildetste Gruppe der Bevölkerung der UdSSR, sondern auch die gebildetste in der jüdischen Welt. Aus ihren Reihen rekrutierte sich eine beispiellose Anzahl von Ministern, Generalen, Führern von industriellen Unternehmen, Wissenschaftlern von Weltrang, ausgezeichneten Filmregisseuren, Schauspielern usw.

Im Kontrast zu diesem phänomenalen Erfolg begann die Zerstörung der russisch-jüdischen Zentren, die Ausmerzung der Nationalkultur, die Verfolgung der Religion, das Abbrechen der Verbindungen mit den Juden in anderen Ländern. In den »goldenen« Zwischenkriegsjahren wurden Tausende von jüdischen Organisationen aufgelöst, Hunderte Zeitungen und Zeitschriften, Hunderte Synagogen, Schulen und Institutionen konnten nicht mehr arbeiten. Es war verboten, Iwrith zu sprechen, viele Juden wurden ausgewiesen oder waren gezwungen zu emigrieren, insbesondere Vertreter der traditionellen Kultur wie S. Dubnow, der Poet Ch. N. Bjalik, der Künstler M. Chagall und andere. Damit einhergehend propagierte die Macht in diesen Jahren die Entwicklung einer »neuen« jüdischen Kultur. Es war erlaubt, Jiddisch zu sprechen, insgesamt aber wurde die Masse von den traditionellen und religiösen Wurzeln abgeschnitten. Mit diesem Ziel wurde 1927 in einem abgelegenen Gebiet des östlichen Sibirien die jüdische autonome Republik Birobidzan gegründet. Obwohl im Jahre 1940 die jüdische Bevölkerung von Birobidzan auf 30000 Einwohner angestiegen war, verließ die Mehrheit in den folgenden Jahren das »Neue Israel« (gegenwärtig leben dort weniger als 10000 Juden).

Der Zweite Weltkrieg änderte das Schicksal des russischen Judentums grundlegend. Während der Okkupation des sowjetischen Territoriums durch die Nazis in den Jahren 1941 bis 1944 wurde ungefähr eine Million Juden umgebracht. In den Kämpfen mit der Armee Hitlers starben 200000 jüdische Soldaten und Offiziere (im ganzen kämpften in der sowjetischen Armee 500000 Juden, darunter 70 Generäle). Als Resultat der Hitlerschen Invasion ist die Vernichtung dessen zu bezeichnen, was vom russisch-jüdischen Zentrum noch übrig geblieben war. Der Krieg vernichtete die russischen Juden, die als erste Generation außerhalb der Zentren der »Seßhaftigkeit« lebten, und damit auch die nationalen Wurzeln. Aber auf die Juden wartete noch weiteres Unglück.

Sofort nach Beendigung des Zweiten Weltkrieges 1945 verwandelte Stalin den Antisemitismus in ein Werkzeug des Terrors. Die stalinistische Ideologie entwickelte eine mächtige Kampagne antisemitischer Propaganda. Die Juden wurden des Kosmopolitismus und der Verweigerung des Kriegsdienstes beschuldigt; denjenigen, die eine wie wenig auch immer herausgehobene Stellung besaßen, wurde die Arbeit gekündigt. 1948 wurde der Schauspieler S. Michojels, der als inoffizieller Führer der sowjetischen Juden galt, auf grausame Art und Weise ermordet. 1952 organisierten die Behörden die Ärzte-Kampagne (*delo vracej*), in der namhafte jüdische Ärzte des Mordes an führenden sowjetischen Persönlichkeiten im Auftrag internationaler jüdischer Organisationen für schuldig befunden wurden. Im Land entstand eine pogromartige Stimmung, Vorbereitungen für die Deportation der Juden aus Moskau in abgelegene Gebiete Sibiriens wurden getroffen.

Seit dem Tod Stalins 1953 hat der antijüdische Terror aufgehört, aber an seine Stelle trat ein System von Verboten und Einschränkungen, das den Juden sehr effektiv den Zugang zu einer Reihe von Tätigkeitsfeldern, Berufen und Beschäftigungen versperrte. Die antisemitische Politik von Chruschtschow und Breschnew wurde mit antizionistischen Losungen betrieben, obwohl in Wirklichkeit die Nomenklatura der Partei auf diese Art und Weise ihren Einfluß und ihre Macht zu vergrößern und verstärken suchte.

Die Situation begann sich im Jahre 1967 zu verändern, als unter dem Einfluß des israelischen Sieges im Sechstagekrieg die zionistischen Gedanken in breite jüdische Kreise Einlaß fanden. 1969/70 äußerten die ersten Wagemutigen offen den Wunsch, nach Israel zu emigrieren. Die Macht antwortete mit Repressionen: Diejenigen, die nach Israel auszuwandern wünschten, verloren ihre Arbeit, ihnen wurde Furcht eingejagt, sie wurden bespitzelt. 1969/70 fanden in Riga , Kischinjew und Leningrad eine Reihe von »Schauprozessen« statt. Im sogenannten »Flugzeugprozeß« wurden M. Dymschiz und J. Kusnezow wegen des Versuches, ein Flugzeug nach Israel zu entführen, zum Tod durch Erschießen verurteilt.

Doch die Repressionen hatten den gegenteiligen Effekt: Die Anzahl der Ausreisewilligen nach Israel wuchs, in der Weltöffentlichkeit erhob sich sogar eine Welle des Protestes gegen die Verfolgung der sowjetischen Juden. Der Kreml war gezwungen, Zugeständnisse zu machen, und bereits 1971 konnten 14000 Juden das Land verlassen. 1979 stieg die Anzahl der Ausreisenden auf 29000, obwohl ein großer Teil von ihnen schon nicht mehr nach Israel ausreiste, sondern in die USA. 1980 begann der Emigrantenstrom wieder abzunehmen.

Mit der von Gorbatschow eingeführten Perestrojka begann sich der staatliche Antisemitismus abzuschwächen, den Juden eröffneten sich breite Perspektiven in fast allen gesellschaftlichen Bereichen, so auch die Möglichkeit, nationale Vereine und Gruppen zu gründen, die Traditionen wieder zu reaktivieren, Kontakte mit Juden aus anderen Ländern zu pflegen. Ein Teil der jüdischen Bevölkerung unterstützte aktiv den Prozeß der Demokratisierung und Perestrojka. Andere begannen, mit nicht weniger Optimismus die traditionelle Kultur wiederzubeleben. 1986 entstanden in den Ländern der GUS Vereine zur Pflege jüdischer Kultur; Grundschulen und Klubs begannen, jüdische Zeitungen und Zeitschriften herauszugeben. Aber diese zwei Tendenzen bestimmen nicht die Stimmung der jetzt schon ehemaligen sowjetischen Juden. Die politische Instabilität, die Desintegration des Landes, die scharfen lokalen Konflikte, die immer mehr wachsende Furcht vor einem Bürgerkrieg, der wieder entstehende Antisemitismus und vor allem die unglaublichen ökonomischen Schwierigkeiten zwingen Hunderttausende Menschen, ihr Glück außerhalb der Grenzen des Landes zu suchen. Von 1988 bis 1992 emigrierten schätzungsweise 460000 Juden (340000 nach Israel). 1992 ersuchten mehr als 120000 Ju-

Olga Belkind
Olga Belkind wurde 1852 in Logoisk in Weißrußland geboren. Da ihr Vater, Rabbi Meïr Belkind, ein fortschrittlicher Mann war, unterrichtete er nicht nur seine Söhne, sondern auch seine Töchter in der hebräischen Sprache und den klassischen religiösen Texten: Bibel, Mischna und Talmud. Olga Belkind erlernte den Beruf der Telegraphistin und absolvierte das damals einzig mögliche Studium für Frauen: Sie wurde Hebamme. Auch unterstützte sie finanziell die Familie. Ihre drei Geschwister Israel, Simon und Fania gehörten 1882 zur ersten Gruppe der sogenannten Bilu-Zionisten, die nach Palästina auswanderten. Bilu ist die Abkürzung des Verses Jesaja 2,5: »Kinder Jakobs, laßt uns aufbrechen.« Der Vater reiste später seinen Kindern nach und wurde ein führender Vertreter des religiös-zionistischen Unterrichtswesens.

Olga Belkind arbeitete zunächst als Hebamme in der russischen Hauptstadt, bis sie 1886 nach Palästina gerufen wurde, um dort ihren Beruf auszuüben. Sie heiratete den jungen Pionier Joshua Hankin. Die Pioniere standen im Konflikt mit Baron Rothschild, der den jüdischen Bauern in ihren Dörfern nicht genügend Freiraum gewährte. Olga erreichte eine Kompromißlösung zwischen beiden Parteien, zog aber bald darauf mit ihrem Mann nach Jaffa, wo sie auch als Hebamme bei der arabischen Bevölkerung arbeitete. Olga und Joshua unterhielten stets freundschaftliche Beziehungen zu den Arabern und Türken, denen sie schließlich schwer zu bearbeitendes Dünen- und Sumpfland abkauften. In aufopfernder Arbeit gelang es ihnen, die Sümpfe zu bebauen, zum Beispiel die des Jesreeltals. Während des Ersten Weltkrieges wurden sie von den Türken verbannt, kehrten dann aber nach Palästina zurück. Zu Lebzeiten wurden sie oft als wirklichkeitsfremd verlacht. Heute stehen größere Dörfer auf dem von ihnen bebauten Gebiet. Olga Belkind starb 1942 im Alter von 90 Jahren. Joshua erbaute für sie eine Grabstätte am Gilboa-Berg über dem Tal, das sie urbar gemacht hatte. Drei Jahre später starb auch er. Zwei Orte wurden nach ihnen benannt: Kfar Jehoschua im Tal und Givat Olga am Mittelmeer.

LITERATUR: Pnina Navè-Levinson: Was wurde aus Saras Töchtern? Frauen im Judentum. Gütersloh 1989.

den um eine Genehmigung, die Grenzen der GUS zu verlassen.

LITERATUR: S. W. Baron: The Russsian Jews under Tsars and Soviets. New York 1964. – Z. Rudy: Die Juden in der Sowjetunion. Wien 1966. – Julius H. Schoeps (Hg.): Neues Lexikon des Judentums. Gütersloh/München 1992. *Eitan Finkelstein*

Niederlande

Statistische Angaben

Wie in den meisten Ländern ist auch in den Niederlanden weniger als die Hälfte der Juden Mitglied einer religiösen Organisation. Vor der bürgerlichen Gleichstellung 1796 gehörte man mehr oder weniger selbstverständlich zu einer autonomen jüdischen Gemeinschaft. Die »jüdische Nation« hatte nicht nur Verantwortung für religiöse Angelegenheiten, sondern auch für das Ehe- und Scheidungsrecht und einen Großteil der bürgerlichen und strafrechtlichen Angelegenheiten. Seit 1796 waren die jüdischen »Kirchengemeinden« nur noch in religiösen Fragen zuständig.

Die Niederländisch-Israelitische Gemeinde, in der eine Anzahl von orthodoxen Gemeinden vereinigt sind, zählt heute ca. 6000 Seelen, davon 3000 aus Amsterdam. Der Verband der liberal-religiösen Juden in den Niederlanden hat 2300 Mitglieder. Die Mitgliederanzahl der Portugiesisch-Israelitischen Gemeinde beträgt nicht einmal 300. Doch bedeutet Mitgliedschaft nicht religiöse Orientierung. Wer am Sabbat eine Synagoge in großen Städten wie Amsterdam, Rotterdam oder Den Haag besucht, wird sich über die geringe Teilnahme wundern. In anderen jüdischen Gemeinden werden nur unregelmäßig Synagogengottesdienste gehalten.

Judesein in den modernen Niederlanden

Die ca. 30000 niederländischen Juden geben auf verschiedene Art und Weise Aufschluß über die Möglichkeiten, heute jüdisch zu sein. Außer auf religiösem kann sich dies auch auf kulturellem, sozialem oder politischem Gebiet ausdrücken oder einfach nur das Lesen des Jüdischen Wochenblattes (NIW) beinhalten. Als Folge des Zweiten Weltkrieges, als die perfekte Registrierung den entsetzlichen Massenmord an 107000 von 140000 Juden erleichterte, sind viele niederländische Juden kopfscheu gegenüber jüdischen Organisationen geworden. Diese Registrierungsangst erschwert die Arbeit von besonderen sozialen Einrichtungen wie dem Jüdisch Gesellschaftlichen Werk (JMW). Israel ermöglicht vielen ein Gefühl von Sicherheit und Stolz. Familienangehörige, die in Israel wohnen, sind ein Grund dieses Gefühls, vor allem jedoch die Tatsache, daß seit 1948 zum ersten Mal ein Ausweichplatz existiert.

Mitgliederzahl und Einfluß des niederländischen Zionistenbundes gehen seit langem zurück: Die Solidarität mit Israel drückt sich heute meist anders aus. Die israelische Friedensbewegung, wie zum Beispiel *Schalom Achschav* (Frieden Jetzt), hat seit 1982 Zulauf gefunden. Das 1974 aufgebaute Zentrum für Information und Dokumentation Israel (CIDI) fungiert als wichtigster Wortführer der jüdischen und pro-israelischen Organisation in der öffentlichen Meinung und Politik. Es gibt kaum antisemitische Tendenzen in den Niederlanden, und die Anzahl der Zwischenfälle ist glücklicherweise gering.

Portugiesische und hochdeutsche Juden

Die jüdische Gemeinschaft in den Niederlanden entstand im frühen 17. Jahrhundert und bestand immer aus zwei Gruppen: portugiesischen und hochdeutschen Juden. Die portugiesischen Juden (besser: spanisch-portugiesisch) stammen ursprünglich von der Iberischen Halbinsel. Ihre Vorfahren wurden 1492 aus Spanien und 1497 aus Portugal vertrieben. Sie wurden ebenso wie die orientalischen Juden *sephardim* genannt. Seit ihrer Ansiedelung in Amsterdam kurz vor 1600 haben viele von ihnen einen wichtigen Beitrag zur ökonomischen und kulturellen Entwicklung der Stadt geleistet. Auch außerhalb von Amsterdam hat sich eine Anzahl von portugiesischen Juden angesiedelt. Erhalten blieb die Synagoge der portugiesischen Gemeinde in Den Haag von 1726 (heute in Gebrauch der Liberalen Jüdischen Gemeinde). Entwurf und Einteilung dieser Synagoge basieren auf dem Vorbild der berühmten und wesentlich größeren »Esnoga« (1675) in Amsterdam.

Diese monumentale Synagoge ist seit der Einweihung mit Ausnahme der Kriegsjahre ununterbrochen in Gebrauch gewesen. Ein Teil der weltberühmten Bibliothek »Ets Haim Livaria Montezinos« befindet sich als Leihgabe in Jerusalem. Der Zweite Weltkrieg hat auch den portugiesischen Juden einen harten Schlag zugefügt: Vor dem Weltkrieg wohnten in Amsterdam 5000 portugiesische Juden, von denen nur einige hundert überlebt haben. In den letzten Jahren ist ihre Anzahl dank der Immigration wieder angewachsen. In Ouderkerk an der Amstel befindet sich der portugiesische Friedhof (seit 1614 in Gebrauch). Die mit bildlichen Darstellungen versehenen Grabsteine dieses berühmten Friedhofs ziehen jährlich zahlreiche Besucher an.

Die zweite Gruppierung bilden die »hochdeutschen« Juden aus Osteuropa und Deutschland. Diese *aschkenasischen* Juden haben zahlenmäßig bereits Ende des 17. Jahrhunderts die portugiesischen Juden überflügelt: Ihre ersten religiösen Zusammenkünfte hielten sie 1635 in Amsterdam ab. Trotz allerlei ökonomischer Einschränkungen der Juden, wie zum Beispiel der Ausschließung aus den wichtigsten Zünften, besaß Amsterdam eine große Anziehungskraft für die häufig armen jüdischen Flüchtlinge: Opfer von Pogromen und Verfolgungen in Mitteleuropa. Juden mußten in Amsterdam keine äußerlichen Kennzeichen tragen und wurden nie in Ghettos konzentriert. Sie durften sich zu ihrer Religion öffentlich bekennen, seit 1671 ihrem Bekenntnis sogar in Form eines von außen deutlich erkennbaren Gebäudes Ausdruck geben. Ihre Synagoge, die »Große Synagoge«, bildete den Beginn eines Komplexes von vier Synagogen, die bis zum Weltkrieg jede von einer eigenen Gemeinde benutzt wurde. Seit 1987 ist in diesen Komplex das Jüdisch Historische Museum eingezogen.

Von den 140000 niederländischen Juden wohnte kurz vor dem Krieg beinahe die Hälfte in Amsterdam. Juden machten etwa 10 Prozent der Amsterdamer Bevölkerung aus. Durch diese hohe jüdische Einwohnerzahl bekam Amsterdam die unbestrittene Zentrumsfunktion in den »jüdischen« Niederlanden.

Noch immer ist die größte Konzentration jüdischer Bevölkerung in Amsterdam und Amstelveen zu finden. Von den etwa 30000 Juden, die es in den Niederlanden gibt, wohnen beinahe 20 000 in und um Amsterdam, wovon etwa ein Viertel Mitglied einer religiösen Gemeinschaft ist. Insgesamt zehn Synagogen sind in Amsterdam noch in Gebrauch, bei denen sich auch die jüdischen Tagesschulen befinden.

Aber auch außerhalb von Amsterdam trifft man auf jüdisches Leben, allerdings in bescheidenerem Umfang als früher. Viele jüngere Juden aus der Provinz ziehen an den Stadtrand. Auch die Vergreisung und die Emigration – namentlich nach Israel – haben merkliche Folgen für den Umfang der kleinen Gemeinden in der Provinz gehabt. In etwa zehn Städten außerhalb Amsterdams werden noch regelmäßig Dienste gehalten, in anderen jüdischen Gemeinden nur an einigen Feiertagen oder gar nicht mehr. Die meisten noch bestehenden niederländischen Synagogen werden nicht mehr im Sinne ihrer ursprünglichen Bestimmung gebraucht. Einige sind in Kirchen oder Moscheen umgewandelt worden, andere haben eine kulturelle oder sogar kommerzielle Funktion bekommen, wieder andere Gebäude wurden nach dem Zweiten Weltkrieg abgebrochen. Die hochdeutsche Gemeinschaft in den Niederlanden kämpft mit dem Problem des Mangels religiöser Leiter. Dabei besteht ein Grundkonflikt zwischen den religiösen Auffassungen der toleranten und gesellschaftlich integrierten Mehrheit und einer kleinen ultrakonservativen Minderheit.

Aufgrund ihrer unterschiedlichen Herkunft unterscheiden sich die portugiesischen und hochdeutschen Juden in der Aussprache des Hebräischen, in Details des synagogalen Ehrendienstes und in zeremoniellen Gebräuchen. Nach dem Krieg haben sich diese Unterschiede in den Niederlanden verwischt. Nur die Familiennamen erinnern noch an die Herkunft.

Orthodoxe und Liberale

Zum orthodoxen Judentum gehören Gemeinden des Niederländisch-Israelitischen und der Portugiesisch-Israelitischen Kultusgemeinschaft. Innerhalb der Orthodoxie besteht eine Vielzahl von verschiedenen Richtungen.

Seit 1932 gibt es ein liberales Judentum in den Niederlanden. Es macht einen Teil des World Union of Progressive Judaism aus – der Anzahl der Mitglieder nach die größte jüdisch-religiöse Bewegung der Welt. Es gibt Gemeinden in Amsterdam, Den Haag, Arnheim, Rotterdam, der Provinz Brabant und der Gegend um Twente.

Die jüngere Generation der Juden wuchs im allgemeinen mit wenig Wissen über das Judentum auf. Es ist jedoch auffallend, wieviele Juden in den letzten Jahren auf die Suche nach ihren Wurzeln gegangen sind. Für einige bietet die Religion Ansatzpunkte: die Liberalen für die Suche nach neuen Möglichkeiten, die neuen Formen der Orthodoxie für die Sehnsucht nach Geborgenheit. Beispiel dafür ist der Chasidismus; die Lubavitcher Variante *(chabad)* ist in den Niederlanden bei Rabbinern und deren Anhängern beliebt.

Im liberalen Judentum hat die veränderte gesellschaftliche Rolle der Frau deutlicher erkennbare Konsequenzen als in der Orthodoxie. Jüdische Feministinnen kritisieren die traditionelle Trennung von häuslichem Bereich und öffentlichem religiösen Leben. Eine der Folgen der Gleichberechtigungsdebatte ist auch, daß andere Formen von sexuellen Beziehungen zugelassen werden. So haben sich zum Beispiel jüdische Lesben und Homosexuelle zu Sjalhomo zusammengeschlossen.

Trotz aller Unterschiede innerhalb der niederländischen Judenheit herrscht eine Zusammengehörigkeit auf zwei Gebieten: Die traumatischen Folgen des Zweiten Weltkrieges und die wechselnden Reaktionen auf das Verhalten Israels beschäftigen sowohl die Überlebenden als auch die junge Generation. Holocaust und Israel spielen eine große Rolle im jüdischen Bewußtsein. So hält das niederländische Auschwitz-Komitee nicht allein die Erinnerung an die Judenverfolgung wach, sondern warnt auch vor heutigen Formen von Faschismus und Fremdenhaß. Die Kinder der Überlebenden mit typischen »Zweite-Generations-Problemen« können sich an das jüdische Hilfswerk wenden. Niederländische Juden haben häufig ebenso unterschiedliche Meinungen zur Politik Israels wie die Israelis selber: Für die meisten der sich widersprechenden sozialen und kulturellen Projekte in Israel bestehen in den Niederlanden Unterstützungsgruppen, die übrigens auch durch Nicht-Juden finanziert werden. Eine Dachorganisation mit einem offiziellen Sprecher für die jüdische Gemeinde gibt es nicht, Juden sind aber in vielen öffentlichen Organen vertreten wie z. B. im Ausschuß für Christen und Juden (OJEC).

Politiker, Schriftsteller, Journalisten, Künstler, Filmer und Photographen legen direkt oder indirekt Zeugnis von ihrem Judesein ab. Judentum in den Niederlanden ist offen und ansprechbar geworden; Juden, ob religiös lebend oder nicht, sind integriert in die Gesellschaft.

LITERATUR: J. F. van Agt, E. van Voolen: Synagogen in Nederland 1988. – J. Stoutenbeek, P. Vigeveno: Joods Nederland. Een cultuurhistorische gids. Amsterdam 1989. – J. Michman u. a.: Geschiedenis van de joodse gemeenschap in Nederland. Ede 1992. *Edward van Voolen*

Skandinavien

Juden kamen verhältnismäßig spät nach Skandinavien, und ihre Anzahl war immer klein. Dies hängt mit der nördlichen Lage, mit der späten Entwicklung des Handels und mit der religiösen Einheitlichkeit der skandinavischen Völker – erst Katholizismus, dann Luthertum – zusammen.

Dänemark

Die ersten Juden waren Sepharden, die ab 1622 aus Hamburg und Amsterdam kamen und sich in den damals zum dänischen Königreich gehörenden Städten Gückstadt und Altona ansiedelten. Im Jahre 1673 erhielten diese und bald danach auch *aschkenasische* Juden das Recht, sich auch in anderen dänischen Städten niederzulassen. 1682 wurde ihnen in Fredericia und 1684 in Kopenhagen Kultusfreiheit gewährt. Die ersten Synagogen wurden in Fredericia im Jahre 1719 und in Kopenhagen im Jahre 1766 in Gebrauch genommen. Im 19. Jahrhundert gab es in mehreren Städten Synagogen, allmählich konzentrierte sich aber die jüdische Bevölkerung fast ausschließlich auf Kopenhagen, wo sich jetzt die einzige Gemeinde befindet.

Wie allgemein in Europa hatten die Juden auch in Dänemark nur das Recht, solche Tätigkeiten auszuüben, die außerhalb des Zunftwesens lagen, das heißt Geldwechsel, Pfandleihgeschäft, Handel mit Kolonialwaren und dergleichen. Im 19. Jahrhundert wurden ihre Bürgerrechte allmählich erweitert; im Jahre 1849 schließlich wurde ihnen volle bürgerliche Gleichheit zuerkannt. Obwohl in der dänischen Gesellschaft lange Zeit Vorurteile gegen die Juden herrschten, konnten sich zum Beispiel drei Mitglieder der Familie Brandes große Anerkennung erwerben: Georg als Schriftsteller und Professor für Ästhetik, Ernst als Volkswirtschaftler und Edvard in der Welt des Theaters, in der Journalistik und in der Politik.

Im 20. Jahrhundert war die alte dänische Judenschaft schon sehr gut in der Gesellschaft integriert. In den Jahren 1904 – 1910 kamen etwa 4000 Ostjuden nach Dänemark und in den 30er Jahren weitere 4500, von denen 3000 weiterwanderten. Diese bildeten ziemlich lange distinkte Gruppen, die am traditionellen jüdischen Brauchtum festhielten. Während des Zweiten Weltkrieges wurden etwa 460 Juden nach Theresienstadt deportiert, von denen ca. 50 umkamen. Die große Mehrzahl – ca. 7 500 – wurde in Kleinbooten nach Südschweden hinübergerettet. Am Ende der 60er Jahren kamen etwa 3 000 jüdische Flüchtlinge ins Land und heute rechnet man mit etwa 10 000 Juden in Dänemark.

Die jüdische Gemeinde in Kopenhagen ist nominell orthodox. Männer und Frauen sitzen getrennt, aber man hat einen Männerchor, Orgelmusik kommt jedoch nicht vor. Es gibt eine jüdische Schule für die Stufen 1 – 10, wo man 4 – 6 Wochenstunden jüdische Fächer lernt. Daneben existiert – seit 1910 – eine kleine streng orthodoxe Gemeinde, die eine traditionelle *cheder*-Schule unterhält.

Der bekannteste jüdische Wissenschaftler Dänemarks ist der Physiker und Nobelpreisträger (1922) Niels Bohr (1885 – 1962). Rabbiner David Simonsen (1853 – 1932) besaß eine umfassende Bibliothek (40 000 Bände), die das Fundament der sehr bedeutenden Judaica-Abteilung der königlichen Bibliothek in Kopenhagen bildet.

Norwegen

Die ersten Juden, die nach Norwegen kamen, reisten am Ende des 17. Jahrhunderts über Dänemark ein. Norwegen gehörte damals dem Dänischen Königreich, und nach der Abtrennung von Dänemark 1814 wurde Juden verboten, sich in Norwegen aufzuhalten. Dieses Verbot wurde 1851 aufgehoben, und die erste jüdische Gemeinde wurde 1892 in Kristiania, dem späteren Oslo, gegründet. Ansätze, kleinere streng orthodoxe Gemeinden zu gründen, wurden wiederholt gemacht, aber seit den 30er Jahren gibt es nur eine Gemeinde in Oslo und eine in Trondheim (gegründet 1905).

Die Einwanderung der Juden nach Norwegen erfolgte anfänglich aus Dänemark und Schleswig-Holstein, später aus Litauen, Polen und Rußland. Die Zahl war immer niedrig, stieg aber stark während der ersten zwei Jahrzente dieses Jahrhunderts: von 642 im Jahre 1900 auf 1457 im Jahre 1920, was die höchste offizielle Zahl bleiben sollte. Während dieser Zeit gab es in Norwegen Judenfeindlichkeit, besonders innerhalb der nationalistischen Partei. Diese stützte die deutsche Besatzung ab April 1940 und bildete bald danach eine Marionettenregierung mit Vidkun Quisling als Staatsminster. Ende 1942 und Anfang 1943 wurden 760 Juden nach Auschwitz deportiert, von denen nur 25 überlebten. Über 900 norwegische Juden konnten nach Schweden fliehen. Heute gibt es etwa 1 000 Juden in Norwegen. Beide jüdische Gemeinden sind nominell orthodox. Der kleinen Anzahl der Juden zum Trotz wurden einige von ihnen als Ärzte, Schriftsteller und Künstler berühmt. Erwähnt seien der Psychiater Leo Eitinger, der die »Spätschäden« ehemaliger KZ-Gefangenen erforschte und die Viktimologie mitbegründete; der Sprachlehrer Oskar Mendelsohn, der eine umfangreiche Geschichte der norwegischen Juden schrieb, und der Vorsitzende des norwegischen Reichstages, Jo Benkow. Die Produktion und Übersetzung von Büchern zu jüdischen Themen ist erstaunlich intensiv.

Schweden

Einzelne sephardische Juden haben sich schon im 17. Jahrhundert am königlichen Hof als Ärzte oder als Hebräischlehrer an den Universitäten Uppsala und Lund aufgehalten. Dies konnten sie nur als Konvertiten zum lutherischen Christentum tun. Die ersten Juden, die ungetauft blieben, kamen 1774, und das Recht, sich in Schweden niederzulassen, erhielten sie vom Reichstag 1778/79. Durch das sogenannte Judenreglement von 1782 wurden ihnen Stockholm, Göteborg und Norrköping als Wohnorte zugewiesen, kurz danach auch Karlskrona. Die Beschränkungen waren solcherart, daß nur ziemlich wohlhabende Juden sich überhaupt niederlassen konnten. Die Bedingungen der jüdischen Einwanderung wurden schrittweise erleichtert, und 1870 erhielten die Juden die Staatsbürgerschaft. Schon im folgenden Jahr wurden zwei jüdische Abgeordnete in den Reichstag gewählt. Schwedische Staatsbeamte konnten Juden, wie auch andere Nichtlutheraner, erst mit dem neuen Dissentergesetz von 1951 werden.

Das Gottesdienstritual wurde 1855 in Göteborg und 1870 in Stockholm gleichzeitig mit der Einweihung von neuen Synagogen reformiert. Die Reform folgte dem deutschen Muster: Kabbalistisch gefärbte Gebete und solche über die Rückkehr nach Zion wurden gestrichen, Predigt, Chor und Orgelmusik wurden eingeführt. Während die ersten jüdischen Generationen wohlhabend und gut in der Gesellschaft integriert waren, kamen ab 1860 polnische und russische Juden, die sehr arm und auf die Hilfe ihrer Glaubensgenossen angewiesen waren. Diese Einwanderung bedeutete mehr als eine Verdoppelung der schwedischen Judenheit: während der Jahre 1880 – 1930 von 3000 auf 6 600. Damals wurden etliche neue kleine Gemeinden gegründet, von denen aber nur die Gemeinde von Malmö von dauernder Bedeutung blieb. Diese Einwanderung stärkte die orthodoxe Form des Judentums nur vorübergehend, weil auch diese Juden sich schnell in die schwedische

Gesellschaft integrierten. Während der Kriegsjahre war Schweden ein sicherer Hafen für Tausende von Flüchtlingen. Der schwedische Einsatz von beispielsweise Raoul Wallenberg und Folke Bernadotte (Rotes Kreuz) sind wohlbekannt. Die meisten Flüchtlinge wanderten nach dem Kriege in Drittländer weiter. Weil die schwedische Bevölkerung nicht nach Religion oder Nationalität gezählt wird, kann die Zahl der Juden heute nur geschätzt werden: ca. 15 000 – 17 000.

Die größten Gemeinden sind die im 19. Jahrhundert reformierten, jetzt wohl »konservativ« zu nennenden Gemeinden von Stockholm und Göteborg, danach die »orthodoxen« Gemeinden von Malmö und Stockholm. Die Hillel-Schule in Stockholm erteilt Unterricht in Hebräisch und anderen jüdischen Fächern. Die ehemalige »Mosaische Gemeinde« nennt sich heute wieder »Jüdische Gemeinde«. Man spricht auch von einer jüdischen Renaissance. Die Zeitschrift Judisk Krönika (Jüdische Chronik) erscheint 6 Mal pro Jahr und hat sich zu einer bedeutenden Kulturzeitschrift entwickelt.

Die Juden haben sich in Schweden in vielen verschiedenen Berufen behauptet, besonders auf den Gebieten des Handels, der Industrie, der Kultur und der Wissenschaften. Der Dichter und Essayist Oscar Levertin, der Buchverleger Albert Bonnier, die Literaturwissenschaftler Henrik Schück, Karl Warburg und Martin Lamm kamen alle aus jüdischen Familien. Von den berühmten Kunstmalern Geskel Saloman, Ernst Josephson und Isaac Grünewald (gest. 1946) war der letztgenannte wohl der »jüdischste«. Unter den Rabbinern sind Gottlieb Klein (gest. 1914) und Marcus Ehrenpreis (gest. 1951) die bekanntesten. Beide waren bedeutende Gelehrte, der erste Antizionist, der zweite dagegen Theodor Herzls Sekretär beim ersten Weltkongreß in Basel 1897.

Finnland

Die jüdische Minorität in Finnland stammt zum größten Teil von Soldaten ab, die ihren Militärdienst in der russischen Armee im Großfürstentum Finnland abgeleistet hatten, bevor es selbständig wurde. Doch erwarben die Juden volle Bürgerrechte erst im Jahre 1918, als Finnland unabhängig geworden war. In den 20er und 30er Jahren stieg ihre Zahl im Lande auf 2000 Personen. Diese verteilten sich auf drei Gemeinden: Helsinki (Helsingfors), Wiborg (Viipuri) und Turku (Åbo).

Während des zweiten Welkrieges haben die jüdischen Bürger ebenso wie andere Finnen in der Armee und entsprechenden Bereichen Dienst getan. Von den 150 jüdischen Flüchtlingen aus Mitteleuropa wurden acht an die Nazi-Besatzung in Estland ausgeliefert, von denen nur einer überlebte.

Heute gibt es zwei jüdische Gemeinden in Finnland: eine in Helsinki und eine in Turku, beide »orthodox« in der norwegischen und dänischen Weise. Die Gesamtzahl ihrer Mitglieder beträgt 1992 etwa 1 000. In Helsinki wirkt eine neunjährige jüdische Grundschule. Während die Juden älterer Generationen sich vorwiegend im Handel betätigten, sind sie heute größtenteils Akademiker oder üben einen anderen Ausbildungsberuf aus. Dem finnischen Reichstag mit 200 Abgeordneten gehört (1992) ein Jude an.

Einzelne jüdische Persönlichkeiten haben bedeutende kulturelle Leistungen erbracht. Hier seien erwähnt die Liedersängerin Ida Morduch (1875 – 1942), der Dirigent Simon Parmet (1897 – 1969), die Kunstmaler Sam Vanni (geb. 1908) und Rafael Wardi (geb. 1928), sowie der Schriftsteller Daniel Katz (geb. 1942). Eine hervorragende diplomatische Karriere machte Max Jakobson (geb. 1923), der unter anderem als Botschafter Finnlands bei den Vereinten Nationen wirkte.

LITERATUR: O. Mendelsohn: Jodenes historie i Norge gjennom 300ar. 1 – 2 (Dreihundert Jahre der Geschichte der Juden in Norwegen). Oslo 1969, S. 19 – 86. – L. Yahil: The Rescue of Danish Jewry. Test of a Democracy. Philadelphia 1969. – D. J. Elazar u. a. (Hg.): The Jewish Communities of Scandianvia. Sweden, Denmark, Norway and Finland. Lanham 1984. – H. Jorgensen (Hg.): Indenfor murene. Jodisk liv i Danmark 1684 – 1984 (Hinter den Mauern. Jüdisches Leben in Dänemark 1684 – 1984). Kopenhagen 1984. – H. Rautkallio: Finland and the Holocaust. The Rescue of Finland's Jew. New York 1987. – G. Broberg, H. Runblom, M. Tydén (Hg.): Judiskt liv i Norden (Jüdisches Leben in Skandinavien). Uppsala 1988 (mit englischen Zusammenfassungen). – T. Torvinen: Kadimah. Suomen juutalaisten historia (Kadimah. Geschichte der Juden Finnlands). Helsinki 1989. *Karl-Johan Illman*

Frankreich

Nach dem Zweiten Weltkrieg war Frankreich das einzige europäische Land, in das Juden in nennenswerter Zahl einwanderten. Innerhalb von 25 Jahren verdreifachte sich die jüdische Bevölkerung. Heute werden etwa 600000 – 700000 Juden geschätzt, was über ein Prozent der französischen Bevölkerung entspricht.

Bedingt durch weltpolitische Ereignisse wie die Unabhängigkeit Algeriens oder den Sechstage-Krieg veränderte sich die Zusammensetzung der jüdischen Gemeinde: Etwa 50 Prozent der Juden, die Nordafrika verließen, siedelten sich in Frankreich an, so daß mittlerweile die sephardischen Juden in der Mehrheit sind.

Aus dem kulturellen Leben Frankreichs sind Juden nicht wegzudenken. Aus jüdischen Familien stammende Autoren wie Emmanuel Lévinas, Claude Lévy-Strauss, Jacques Derrida, André Glucksmann, Bernard-Henri Lévy und Alain Finkielkraut wurden in den letzten Jahren auch jenseits der Grenzen Frankreichs berühmt. Wenngleich viele Intellektuelle und Schriftsteller die jüdische Religion kaum praktizieren, thematisieren sie doch zunehmend ihre eigene Tradition.

Die französische Judenheit trägt ihre öffentlichen Diskussionen in 40 wöchentlich oder monatlich erscheinenden Publikationen aus. Gut zehn Tages- und Wochenschriften erscheinen noch in jiddischer Sprache und stellen die Informationsorgane der bewußt aschkenasischen Juden dar.

Obwohl sich nach Meinungsumfragen bei etwa 20 Prozent der Franzosen manifester Antisemitismus findet, fühlt sich die überwiegende Zahl der französischen Juden (nach eigener Aussage) sehr gut in die französische Gesellschaft integriert.

Alfred Dreyfus
Alfred Dreyfus wurde 1859 in Mühlhausen/Elsaß als Sohn einer wohlhabenden assimilierten Familie geboren. Nach dem Französisch-Preußischen Krieg ließ sich die Familie in Paris nieder. Dreyfus studierte an der École Polytechnique und trat als Ingenieur in die Armee ein. 1892 wurde er Hauptmann im Generalstab, in dem er der einzige Jude war.

Zwei Jahre später fiel ein geheimes militärisches Dokument, das dem deutschen Botschafter zugespielt werden sollte, in die Hände des französischen Nachrichtendienstes. Aufgrund einer gewissen Ähnlichkeit der Handschrift wurde Dreyfus des Landesverrats verdächtigt und vor Gericht gestellt. Obwohl die Beweise von verschiedenen Seiten angezweifelt wurden, die Zeugenaussagen nur unzureichend verifiziert waren und Dreyfus selbst seine Unschuld beteuerte, wurde er verurteilt und auf die Teufelsinsel verbannt.

Doch die Zweifel an der Richtigkeit des Urteils verstummten nicht: Der deutsche Botschafter erklärte förmlich, daß es keinen Kontakt zu Dreyfus gegeben hätte. 1899 kam es zu einer zweiten Gerichtsverhandlung, die die Haftdauer auf zehn Jahre verkürzte, von denen Dreyfus fünf bereits verbüßt hatte.

Erst 1906 nahm ein Appellationsgericht den Fall wieder auf. Das corpus delicti erwies sich als Fälschung, Dreyfus wurde vollständig entlastet und diente als Major noch ein weiteres Jahr in der Armee; später nahm er als Oberstleutnant am Ersten Weltkrieg teil.

Von den ersten Ansiedlungen bis zur Revolution

Archäologische Funde aus dem 1., 2. und frühen 5. Jahrhundert weisen vage auf jüdische Siedlungen in den Gegenden von Arles und Bordeaux hin. Sichere Hinweise geben ab dem fünften Jahrhundert Berichte von bischöflichen Missionsversuchen. Bereits 576 hieß für die Juden Clermont-Ferrands die Alternative Taufe oder Ausweisung. Die karolingische Herrschaft war für die französischen Juden die beste Zeit bis zum Ende der Monarchie: Sie erlebten einen gewaltigen wirtschaftlichen Aufschwung, etablierten sich besonders in der Landwirtschaft und nahmen den Geldverleih in die Hand. Die Karolinger sicherten auch persönliche Privilegien und gewährten völlige juristische Gleichheit. Größere Einwanderungswellen unter anderem aus Italien ließen die jüdische Gemeinde auch zahlenmäßig erheblich wachsen.

Radikal hat sich diese günstige Situation am Beginn des 11. Jahrhunderts verändert: Eine antijüdische und antiislamische Welle erfaßte den ganzen christlichen Westen und bereitete den Boden für die Kreuzzüge. Juden und Muslime wurden zu Ungläubigen, aus deren Hand man das Heilige Land befreien müsse. In Frankreich drohte den Juden Zwangstaufe, Vertreibung oder Ermordung. Am Ende des 14. Jahrhunderts fanden sich kaum mehr Juden in Frankreich.

Im Laufe des 16. Jahrhunderts siedelten sich nach und nach wieder Juden an, zuerst heimlich, als Händler oder sogenannte *conversos* getarnt. Im 17. Jahrhundert durften die Juden im südlichen Frankreich ihren Handel ausweiten. Ab dem 18. Jahrhundert wurden Juden, die aus dem Elsaß, Bordeaux und Avignon, aber auch aus Deutschland und Holland nach Paris kamen, dort geduldet.

Am Vorabend der Revolution lebten etwa 40000 Juden in Frankreich, die nach langem Drängen und Bitten schließlich auch französische Bürger werden durften, was aber mit dem Ende ihrer speziellen Privilegien, das heißt ihrer religiösen Autonomie verbunden war. So erlitten die Synagogen ein ähnliches Schicksal wie die Kirchen: Sie wurden geschlossen oder zerstört und ihre Organisation abgeschafft.

Als die Synagogen wieder geöffnet wurden, hatte sich der Charakter der früheren Gemeinden stark verändert: Die Ghettos waren geöffnet worden; für die Juden bestand Freizügigkeit.

Die Juden: Eine Nation in der Nation (Napoleon)

Die Emanzipation der Juden hatte nicht die erwarteten Veränderungen gebracht. So versuchte Napoleon, die jüdische Gemeinde ähnlich wie die anderen Religionsgruppen unter staatliche Kontrolle zu stellen. Dazu berief er eine Versammlung wichtiger jüdischer Persönlichkeiten, die auf zwölf Fragen eines staatlichen Kommissars antworten mußte, um zu klären, ob das jüdische Religionsgesetz mit französischem Recht zu vereinbaren sei. Ein sogenannter »Grand Sanhedrin«, bestehend aus 45 Rabbis und 46 Laien, kodifizierte die Ergebnisse der Befragung. Ein Konsistorialsystem sollte die Beschlüsse an die Gemeinden weitergeben und ihre Einhaltung überwachen. Dazu erhielt jedes Département, in dem mindestens 2000 Juden lebten, ein Konsistorium. Das 1808 gegründete Zentralkonsistorium, bestehend aus drei Rabbinern und zwei Laien, erhielt seinen Sitz in Paris.

Die napoleonische Politik gegenüber den Juden verfolgte das Ziel, Staat und religiöses Leben streng zu trennen, dabei aber die Juden möglichst weitgehend in die französische Gesellschaft zu integrieren.

Das zweite Kaiserreich war für die französischen Juden eine ruhige Epoche. Ihr sozialer und politischer Aufstieg, der bereits während der Restauration begonnen hatte, setzte sich weiter fort. Die ersten Juden zogen in die »Abgeordnetenkammer« ein. Jegliche berufliche Laufbahn einschließlich der Armee stand ihnen nun offen.

Die »Dreyfus-Affäre« oder die gescheiterte Assimilation

Was macht den Justizirrtum, dessen Opfer der Hauptmann Dreyfus wurde, zur Dreyfus-Affäre? Allein die Tatsache, daß Alfred Dreyfus Jude war – in seinem Rang der einzige in der französischen Armee. Die voreilig erhobenen Vorwürfe aktivierten längst vergangen geglaubte Vorurteile: der Jude als Verräter, als Volksfeind. Nur so läßt sich erklären, daß dieser Fall die französische Gesellschaft über Jahre in zwei Lager spaltete: die «Dreyfusards» und ihre Gegner. Politiker, Künstler und Intellektuelle bezogen Position. Émile Zola publizierte in L'Aurore einen offenen Brief: »J'accuse« (Ich klage an), in dem er die Ankläger des Hauptmanns der Verleumdung bezichtigte. Eine Welle des Antisemitismus schwappte über das Land. Sie gipfelte an verschiedenen Orten in Aufständen. Auch das Ausland nahm regen Anteil. Juden in aller Welt waren schockiert, daß dies im Mutterland der Freiheit und der »großen Revolution« möglich war.

Die Dreyfus-Affäre machte schmerzhaft deutlich, daß Assimilation kein Schutz vor Antisemitismus sein kann. Diese Erfahrung trug wesentlich zum Entstehen von Theodor Herzls Idee des Zionismus bei. Sein Vertrauen in Liberalismus und Menschenrechte war so erschüttert, daß er die einzige Zukunft für die Juden in einem »Judenstaat« sah.

Die Jahre des Holocaust

Am 10. Mai 1945 fiel die deutsche Wehrmacht in Frankreich ein. Am 14. Juni wurde Paris eingenommen. Der Waffenstillstand, der zwei Wochen später unterzeichnet wurde, teilte Frankreich in eine besetzte und eine unbesetzte Zone. Elsaß-Lothringen wurde dem »Reich« angeschlossen. Für die französischen Juden bedeutete die Unterwerfung durch den Nationalsozialismus den Beginn des verhängnisvollen Paktes zwischen traditionellem französischem Antisemitismus und den deutschen Betreibern der »Endlösung«. Vor der deutschen Invasion lebten in Frankreich etwa 300 000 Juden; etwa 90 000 von ihnen wurden deportiert; nur etwa 3 000 jüdische Menschen überlebten den Völkermord in Frankreich.

Eine große Zahl antijüdischer Maßnahmen und Verordnungen machte der jüdischen Bevölkerung das Leben in ihren angestammten Wohnungen, Berufen und Geschäften unmöglich: Ein Zensus wurde angeordnet; alle französischen Juden erhielten den Status des Ausländers. Jüdischen Unternehmen wurde ein nichtjüdischer Verwalter zugewiesen; wirtschaftliche Transaktionen unter Beteiligung von Juden wurden stark eingeschränkt. Eine Ausgangssperre für Juden zwischen 8 und 18 Uhr wurde eingeführt, die Freizügigkeit aufgehoben. Ab 1942 mußten alle Juden den gelben Stern tragen. Der Zugang zu allen öffentlichen Plätzen, Gärten, Parks usw. wurde auf eine Stunde zur Erledigung der nötigsten Einkäufe beschränkt.

Die deutschen Verordnungen waren nur in der besetzten Zone gültig, auch nach der Besetzung ganz Frankreichs wurden sie nicht ausgeweitet. Die Gesetze und Verordnungen der Vichy-Regierung andererseits galten in ganz Frankreich. Während die deutschen Maßnahmen sich ausnahmslos gegen alle Juden richteten, betrafen die Maßnahmen des Vichy-Regimes hauptsächlich Juden fremder Nationalität, Staatenlose und später Eingewanderte.

In der Tat konnten die Deutschen nicht immer auf ihrer antisemitischen Politik beharren, sondern mußten dem Vichy-Regime Zugeständnisse machen. Erst in jüngster Zeit wurde die Kollaboration von Deutschen und Franzosen in dieser Zeit öffentlich diskutiert; dabei wurden schwere Vorwürfe gegen französische Politiker laut.

Bei der Hauptrazzia am 16./17. Juli 1942 in Paris wurden 13 000 Menschen festgenommen; mehr als die Hälfte von ihnen wurde den Deutschen übergeben. Es gab zwei Haupt-Konzentrationslager für ausländische Juden: Pithiviers und Beaune-la-Rolande in der Nähe von Paris. Drancy, ein nördlicher Vorort von Paris, war das wichtigste Transitlager nach Auschwitz.

Widerstand und Befreiung.
Jüdische Organisationen verhalfen vielen ausländischen Juden zur Flucht nach Übersee. Die französischen Rabbinate ermöglichten vielen Bedrohten die Rettung ins Ausland und unterstützten die Internierten. Auch rekrutierte sich aus ihren Reihen eine ansehnliche Zahl von Mitgliedern der Résistance. Es gab niemals ernsthafte Schwierigkeiten, jüdische Kinder auf dem Land oder sogar in der Stadt zu verstecken. Insgesamt war die Haltung der Franzosen gegenüber den verfolgten Juden positiv. Denunziationen waren selten.

Die katholische Kirche hat die antisemitischen Maßnahmen nicht insgesamt verurteilt. Jedoch halfen viele einzelne Priester und Ordensleute den Bedrängten. Die zahlenmäßig viel kleinere protestantische Kirche war im Widerstand gegen die Judenverfolgung aktiver.

Frankreichs Juden in der Gegenwart
Einige Jahre nach der Befreiung gelang es den französischen Juden, ihre ökonomischen Lebensverhältnisse wieder zu stabilisieren. Doch jede neue Einwanderungswelle, sei es aus den nordafrikanischen Ländern oder in jüngster Zeit aus der Gemeinschaft Unabhängiger Staaten (GUS), brachte gewaltige wirtschaftliche und soziale Probleme für die jüdischen Gemeinden mit sich.

Die Aufarbeitung der Rolle französischer Handlanger und Kollaborateure des Nationalsozialismus beschäftigte vor allem die Jugend Frankreichs und spielte eine wichtige Rolle in den Maiunruhen des Jahres 1968.

Jüdische Intellektuelle befaßten sich vor allem seit den 80er Jahren sehr gründlich mit dem Judesein in der französischen Gesellschaft. Exemplarisch ist hier Alain Finkielkrauts Buch »Der eingebildete Jude«. Auf Finkielkraut und auf viele andere jüdische und nichtjüdische Intellektuelle übte der Philosoph und langjährige Leiter der École Normale Juive Emmanuel Lévinas großen Einfluß aus, der in seinem Werk einen Dialog zwischen jüdischem Denken und der klassischen westlichen Philosophie versucht.

Antisemitismus findet sich latent vor allem im französischen Kleinbürgertum, doch erfuhr er Veränderungen durch das Erstarken des Islam in Frankreich. Zu Beginn der achtziger Jahre führten Attentate auf jüdische Einrichtungen zu mehreren Todesopfern. Vertreter des rechtsradikalen »Front National« versuchten in den letzten Jahren wiederholt, die antisemitischen Vorurteile in Teilen der französischen Gesellschaft für ihre Zwecke auszunutzen.

LITERATUR: Philippe Bourdrel: Histoire des Juifs de France. Paris 1974. – H. H. Ben-Sasson (Hg.): Geschichte des jüdischen Volkes. 3 Bde., dt. München 1978–1980. – Alain Finkielkraut. Der eingebildete Jude. Frankfurt a. M. 1984. *Regina Fendl*

Großbritannien

Großbritanniens jüdische Gemeinde, die »Anglo-Jewry«, ist die zweitgrößte in Westeuropa. Sie ist im höchsten Maße organisiert, genießt volle politische Freiheit und hat proportional die höchste Synagogen-Mitgliedschaft in der Diaspora. Doch verringert sich seit einigen Jahren die Zahl der Synagogen-Mitglieder; Mischehen (in denen der Partner nicht zum Judentum konvertiert) nehmen zu, die Scheidungsrate erreicht den nationalen Durchschnitt, und die Gemeinschaft ist religiös polarisiert. In jüngster Zeit wuchs die Zahl der jüdischen Grund- und Sekundarsschulen, doch gibt es im ganzen Land nur einen Lehrstuhl für Judaistik und nur wenige Möglichkeiten zu einer akademischen Ausbildung von Rabbinern. Von der überproportional großen Zahl jüdischer Parlamentarier bekennen sich nur wenige zu ihrem jüdischen Erbe. Englische Juden, zu denen viele Emigranten gehörten, haben sich im Dienst des Landes mit großartigen Beiträgen auf den Gebieten der Kunst, Wissenschaft und Kultur hervorgetan, doch blieben schöpferische Beiträge zur jüdischen Kultur und Spiritualität selten. Noch bis vor kurzem herrschte innerhalb der jüdischen Gemeinschaft die Meinung, daß der Preis für die Aufnahme in die britische Gesellschaft der Verzicht auf das Engagement für die jüdische Sache sei.

Statistische Angaben
Aus Mangel an ausreichenden demographischen Studien ist es enorm schwierig, genaue Zahlen der Gemeindemitglieder festzustellen; daher müssen indirekte Erhebungen herangezogen werden. Nach der letzten offiziellen Schätzung der Community Research Unit (CRU) des Ausschusses der Bevollmächtigten der Juden Großbritanniens (»Board of Deputies of British Jews«) von 1985 lebten damals in Großbritannien 330 000 Juden; aber die letzte Untersuchung von 1991 schätzt die Zahl auf unter 300 000, von denen etwa 70 Prozent in London wohnen. Dieser abnehmenden Zahl entsprechen die Angaben für die Synagogen-Mitgliedschaft

Lily Montagu
Baronesse Lilian Helen Montagu wurde 1874 als Tochter eines Bankiers in London geboren. Ihr Vater war Parlamentsabgeordneter der Liberalen für Whitechapel, wo er sich für jüdische und nicht-jüdische Unterprivilegierte einsetzte. Lily Montagu, die als Sozialarbeiterin tätig war, widmete sich besonders der Förderung von Sozialwohnungen und der Berufsfrage für Mädchen. 1902 erregte Lily Montagu großes Aufsehen, als sie sich zusammen mit einigen jüdischen Theologen von der Cathedral Synagogue of the British Empire trennte. Diese war 1842 als Reformgemeinde gegründet worden.

Die junge Jüdin wurde wegen ihres Schritts sofort von ihrem Vater enterbt. Sie und der Religionsforscher Claude Goldsmid Montefiore (1858–1938) waren die Leiter dieser neuen Gruppe. Miss Lily, die in dieser neuen Liberal Union als Laienpredigerin arbeitete, erreichte 1926, daß die »Weltvereinigung des religiös liberalen Judentums« gegründet wurde (World Union for Progressive Judaism). Lily Montagu war Präsidentin und ehrenamtliche Leiterin der World Union. Als wichtigstes Ziel nannte sie »den Kampf, die Materialisten für ein lebendiges Judentum zu gewinnen und vielleicht die Apathie und Gleichgültigkeit zu heilen, wenn wir als geeignete Körperschaft unsere Botschaft formulieren und Boten in viele Länder aussenden, um zu zeigen, wie das Judentum heute wie vor Jahrhunderten sich für Recht, Gerechtigkeit und Frieden einsetzt«. 1928 predigte Lily Montagu als erste Frau in einer Berliner Synagoge. Sie starb 1963.

LITERATUR: Pnina Navè-Levinson: Was wurde aus Saras Töchtern? Frauen im Judentum. Gütersloh 1989.

Louis Jacobs
Louis Jacobs wurde 1920 in Manchester geboren. Seine Ausbildung erhielt er an den jeschiwot (jüdische Fach- und Volkshochschulen) von Manchester und Gateshead. Anschließend studierte er an der Universität von London. Nachdem er einige Zeit an der Golders Green Beth Hamidrash gelehrt hatte, war er zunächst Rabbi an der Central Synagogue in Manchester und von 1954 bis 1959 an der New West End Synagoge in London. Von 1959 bis 1962 unterrichtete er am Jews' College in London. Jedoch beendete er seine Lehrtätigkeit, als nach dem Rücktritt von Oberrabbi Epstein der neue Präsident des College, Brodie, sich gegen seine Ernennung zum Prinzipal aufgrund seiner heterodoxen Ansichten aussprach. Dieser Vorfall führte zu einem vehementen Disput unter den englischen Juden, bei dem der »Jewish Chronicle« Louis Jacobs' Partei ergriff. Seine Anhänger ernannten ihn zum Direktor der speziell für ihn gegründeten Society for the Study of Jewish Theology, für die er in London und in anderen Landesteilen Vorlesungen hielt. Als das Rabbinat an der New West End Synagoge frei wurde, wählte man Louis Jacobs in sein früheres Amt. Die endgültige Ernennung wurde jedoch abermals von Brodie verhindert. Daraufhin trennten sich etliche Mitglieder von ihrer Synagoge und gründeten 1964 die New London Synagogue mit Louis Jacobs als Rabbiner. Die Gottesdienste fanden jedoch weiterhin im orthodoxen Ritus statt.

Die Kontroverse hatte ihre Ursprünge in Jacobs Werken: »We have Reason to Believe« (1957), »Jewish Values« (1960), »Principles of the Jewish Faith« (1964), einer analytischen Studie von Maimonides' Glaubenssätzen, sowie »Faith« (1968). In diesen Schriften verwandte der Autor einige Methoden der historisch-kritischen Bibelforschung, stritt die Verbalinspiration des Pentateuch ab und räumte eine menschliche Beteiligung bei der Entstehung der Bibel ein. Jacobs widmete sich auch in einigen Studien der Kabbala und dem Chasidismus. Ferner gab er folgende

(109426 Haushalte im Jahre 1985 und 101239 im Jahre 1991).

Die Mitgliederzahl der 365 Synagogengemeinden rangiert zwischen einigen wenigen bis hinauf zu 2500. Die englischen Juden lassen sich folgenden Strömungen zuordnen (Prozentzahlen für das Jahr 1990, in Klammern für 1983): »Right-Wing Orthodox« (Rechtsgerichtete Orthodoxe): 8,8 (5,3) %; »Central Orthodox« (Orthodoxe der Mitte): 58,2 (66) %; Sepharden: 3,7 (3,3) %; Reformierte: 18 (16,5) %; Liberale: 11,3 (8,9) %.

Aus diesen Zahlen geht der Trend zur größeren Polarisierung innerhalb der Gemeinde deutlich hervor, wobei ein relativer Zuwachs der Mitgliedszahlen bei den rechten orthodoxen Gruppierungen auf der einen Seite und bei den Reformierten und den Liberalen auf der anderen Seite zu verzeichnen ist. Die Gemeinden der Orthodoxen der Mitte nehmen im Verhältnis zu den anderen Gruppen ab. Wahrscheinliche Gründe für die rückläufigen Zahlen sind unter anderem: die Mischehen, eine generelle Abneigung, zum Judentum zu konvertieren (die Zahl der Konversionen im Jahr liegt, bezogen auf das ganze religiöse Spektrum, bei unter 200), die niedrige Geburtenrate (außer in den rechten orthodoxen Gemeinden), die Emigration, meist wegen besserer beruflicher Chancen, die *alija* nach Israel und eine allgemeine Gleichgültigkeit dem organisierten Judentum gegenüber.

Das 1760 gegründete »Board of Deputies of British Jews« repräsentiert die britischen Juden in allen Angelegenheiten der politischen und bürgerlichen Rechte. Die Gemeinde verfügt über eine große Zahl von Einrichtungen im Wohlfahrts- und Sozialbereich. In den letzten Jahren erlebte das kulturelle Leben der Gemeinde mit einer Reihe eigenständiger Bildungsprogramme für Erwachsene, mit jüdischen Musik- und Film-Festivals, Bücherwochen und ähnlichem einen bemerkenswerten Aufschwung.

Einige im Lande geborene jüdische Künstler erreichten internationale Anerkennung, so die Dramatiker Harold Pinter, Arnold Wesker und Peter Schaffer, die Schauspieler David Bomberg und Mark Gertler.

Geschichte
Einzelne Juden lebten wahrscheinlich schon in der Römerzeit in England. Belege für organisierte Gemeinden setzen erst nach der normannischen Eroberung 1066 ein. Im Jahre 1290 wurden die Juden von Edward I. aus England ausgewiesen; erst 1656 unter Oliver Cromwell durften sich wieder Juden in England ansiedeln.

Als erste kamen sephardische Juden aus Holland, im selben Jahrhundert gefolgt von aschkenasischen Juden aus Deutschland. Bis Ende des 18. Jahrhunderts wuchs die jüdische Einwohnerschaft etwa auf 20000 Personen, und bis Mitte des 19. Jahrhunderts waren sie zu einer gut etablierten Gemeinde geworden. Sie waren keine Einwanderer mehr und erwarben kontinuierlich Bürgerrechte und einen Platz in der englischen Gesellschaft.

In der Zeit von 1881 bis 1914 flohen zahlreiche Juden aus dem Russischen Reich, und die britische Gemeinde wuchs in dieser kurzen Zeit auf etwa 350000.

Die letzte große Einwanderungswelle erreichte Großbritannien in den 30er Jahren nach dem Aufstieg der Nationalsozialisten in Deutschland. Bis zum Ausbruch des Zweiten Weltkriegs kamen an die 60000 Flüchtlinge aus Deutschland, Österreich und der Tschechoslowakei nach Großbritannien.

Religiöse Bewegungen
Die Gemeinde ist von eher konservativem Charakter, sowohl was die Religion anbetrifft als auch kulturell. Der Oberrabbiner gilt in religiösen Fragen als Repräsentant der ganzen Gemeinde, seine tatsächliche Autorität ist auf die Orthodoxie der Mitte beschränkt; sein Recht, die ganze Gemeinde zu repräsentieren, wird zunehmend von den Anhängern der extremen Linken wie der extremen Rechten in Frage gestellt. Während in Amerika die Nichtorthodoxen in der Mehrheit sind, ist das etablierte englische Judentum eine »middle of the road«-Orthodoxie; die Reformierten und die Liberalen sind trotz ihrer relativ langen Geschichte – die erste Reformierte Synagoge wurde 1840 und die Liberale Bewegung 1902 gegründet – marginale Strömungen. Ihren Zuwachs in der Nachkriegszeit verdanken sie zum Teil dem Erfolg ihres gemeinsam betriebenen Rabbinischen Seminars, des Leo Baeck College (1956 gegründet), dessen Absoventen bei der Gründung neuer Gemeinden mitwirkten. Ausdruck des Niedergangs der »Central Orthodoxy« seit dem Zweiten Weltkrieg ist auch die relativ niedrige Zahl der Rabbiner, die das Jews' College, das Seminar der zentralen Orthodoxie (gegründet 1855), absolvierten, so daß die Kanzeln der Orthodoxen immer mehr von Graduierten der rechten *jeschiwot* (Lehrhäuser) oder Lubavitscher *chasiden* besetzt werden, was zur Polarisierung innerhalb der Orthodoxie beiträgt. In jüngster Zeit entstand eine kleine konservative Bewegung unter der Leitung von Rabbiner Dr. Louis Jacobs, des wahrscheinlich größten im Lande geborenen jüdischen Gelehrten. Die Ernennung des neuen Oberrabbiners, Dr. Jonathan Sacks, war Anlaß zu Hoffnungen auf größere religiöse Toleranz innerhalb der Gemeinschaft.

LITERATUR: Jonathan A. Romain: Original Sources and Illustrations. 2. Auflage, London 1988. – Stephen Brook: The Club: The Jews of Modern Britain. London 1989. – Marlena Schmool und Frances Cohen: British Synagogue Membership in 1990. – Stephen W. Massil (Hg.): The Jewish Year Book 1991 (5751 – 5752). London 1991. – Howard Cooper und Paul Morrison: A Sense of Belonging: Dilemmas of British Jewish Identity. London 1991.

Jonathan Magonet

Vereinigte Staaten

Statistische Angaben
Die Zahl der Juden in den Vereinigten Staaten ist von 2500 Personen im Jahre 1790 (knapp unter 0,3 Prozent der Gesamtbevölkerung) auf fast 6000000 (knapp unter 3 Prozent der Gesamtbevölkerung) heute angewachsen. Nach der 1955er Erhebung hatte die »Union of Orthodox Jewish Congregations« (Bund der orthodoxen jüdischen Gemeinden) über 700 Gemeinden in den USA

und Kanada; heute sind es beinahe 1000 Gemeinden. Zu der (konservativen) »United Synagogue of America« bekannten sich 1955 über 200000 Familien aus 508 Gemeinden; 1990 waren es etwa 850 Gemeinden. Zur (reformierten) »Union of American Hebrew Congregations« gehörten 1955 520 Gemeinden mit 255000 Familien; 1990 waren es 815 Gemeinden. 1988 bekannten sich zu der »Federation of Reconstructionist Congregations and Havurot« 62 Gemeinden.

Auch in den 1980er Jahren bekannte sich die überwiegende Mehrheit der amerikanischen Juden weiterhin zu irgendeiner religiösen Gruppe, obwohl die Zahl derer, die sich mit keiner religiösen Bewegung identifizieren, weiter wächst.

Geschichte

Das Judentum in den Vereinigten Staaten ist das Ergebnis des Versuchs von Generationen, ein »Amerikanisches Judentum« zu formen, das die Antwort auf die Herausforderungen der modernen Welt mit der Treue zur jüdischen Tradition in Einklang bringt. Einige charakteristische Elemente der amerikanischen Mentalität wie der voluntaristische Zugang der Amerikaner zur Religion, ihre Neigung, sich zu Organisationen zusammenzuschließen, aber auch das Fehlen einer traditionellen jüdischen Gesellschaftsschicht und des tief verwurzelten organisierten Antisemitismus trugen dazu bei, den besonderen Charakter des amerikanischen Judentums zu formen. Die Geschichte des amerikanischen Judentums läßt sich großenteils anhand der verschiedenen Denominationen darstellen, von denen jede zumindest zeitweilig den Anspruch erhob, der alleinige und authentische Vertreter des amerikanischen Judentums, ja des Judentums überhaupt zu sein.

Die »Reformbewegung« unternahm als erste den Versuch, ein Judentum zu formulieren, das den Bedürfnissen der amerikanischen Juden entspricht. Die Anführer des Reformjudentums des 19. Jahrhunderts, meist Emigranten aus Mitteleuropa, bauten auf den Errungenschaften des europäischen Reformjudentums auf. Das Reformjudentum blühte im amerikanischen Milieu auf. In der »Pittsburgh Platform« von 1885 faßten die amerikanischen Reformjuden ihre Ansichten zusammen, wobei sie sich auf Rationalismus, ethischen Monotheismus, universale Mission und soziale Gerechtigkeit konzentrierten und den jüdischen Nationalgedanken als der modernen Empfindsamkeit fremd ablehnten. Die dreiteilige organisatorische Struktur – eine Union der Gemeinden, ein Rabbinerseminar und eine Rabbiner-Vereinigung – die alle Denominationen charakterisiert, geht auf Isaac Mayer Wise zurück.

Die eher traditionelleren Oberhäupter waren davon überzeugt, daß die Kompromisse der Reformierten zu viele Eigenheiten des Judentums verschwinden ließen. Viele von ihnen bemühten sich daher um die Gründung des »Jewish Theological Seminary«, das der Traditionserhaltung und wissenschaftlichen Studien des Judentums gewidmet war. Nach einem zögerlichen Anfang wurde das Seminar 1902 von seinem damaligen Präsidenten Solomon Schechter (1850–1915) reorganisiert. Als spiritueller Erbe Zacharias Frankels (1801 – 1875) baute Schechter das Seminar zu einem namhaften Zentrum der Wissenschaft und des Konservativen Judentums aus.

Gleichzeitig veränderte die Einwanderungswelle der Juden aus Osteuropa die demographische Zusammensetzung des amerikanischen Judentums. Das konservative Judentum war die zweite Bewegung in Amerika, die von sich behauptete, die religiösen Bedürfnisse der Juden Amerikas mit ihrer sowohl auf Bewahrung der Tradition wie auf Veränderung ausgerichteten Philosophie am besten zu stillen. Einige Änderungen wurden in Form von Responsen vom gesamten konservativen Rabbinat veröffentlicht, vieles andere wurde diskret von örtlichen Rabbinern eingeführt. Dies trug zu dem Eindruck bei, daß die Bewegung nicht über eine zentrale Autorität in Fragen des Glaubens und der Traditionsausübung verfüge – ein Problem das sich durch die Darstellung des Konservatismus als eine nach allen Seiten offenen (»middle of the road«) Bewegung noch verstärkt. Viele ideologische Inhalte dieser Bewegung gehen auf Mordechai M. Kaplan zurück, der mit seinen Schriften und Lehrveranstaltungen auf dem »Jewish Theological Seminary« Hunderte konservativer Rabbiner beeinflußte. Nach seiner Konzeption der jüdischen religiösen Erfahrung in Amerika war Judentum eine Zivilisation, die stets und bewußt genährt werden muß, und zwar inallen ihren Facetten. Die Verbreitung von Synagogen-Zentren, multifunktionellen Institutionen, die auch mit Turnhallen, Kinderhorten, Begegnungsstätten und Bibliotheken ausgestattet sind, zeugt ebenso von seinem weitreichenden Einfluß wie die wachsende Zahl von Sommerlagern, Gemeinschaftszentren, Jugendgruppen und hebräischen Klubs. In Teilen wurden seine Ansichten vom gesamten amerikanischen Judentum übernommen, nicht zuletzt weil sie dem wachsenden Bedürfnis nach einer ethnischen Identifikation entgegenkommen.

Nachdem Kaplan das Seminar 1963 verlassen hatte, spaltete sich der Rekonstruktionismus, die Ideologie, für die Kaplan eingetreten war, ab und bildete eine eigenständige Denomination, die 1968 das »Reconstructionist Rabbinical College« gründete. Die rekonstruktionistische Bewegung blieb klein und versucht noch immer, eine bedeutendere Rolle im amerikanischen Judentum zu spielen, das sich jedoch große Teile ihres Programms zu eigen machte.

Bis vor kurzem war die Orthodoxie in den Vereinigten Staaten sowohl zahlenmäßig als auch in ihrem Einfluß beschränkt; sie selbst sah sich als den Rettungsanker des amerikanischen Judentums. Zwischen den Traditionalisten, die die osteuropäische Orthodoxie in Amerika einführen wollten, und den Modernisten, die eine wahre amerikanische Orthodoxie aufbauen wollten, herrschte Spannung. Die Modernisten setzten sich schließlich durch. Die Errichtung der Infrastruktur wurde mit großem Eifer vorangetrieben, besonders der Aufbau von Tagesschulen und der *kashrut*-Überwachung. Der Zustrom großer Zahlen traditioneller Juden einschließlich einiger prominenter Rabbiner in den 1940er Jahren, begleitet von Veränderungen in der amerikanischen Gesellschaft der Nachkriegszeit, verhalf der Orthodoxie in der zweiten Hälfte des Jahrhunderts zur Blüte.

Judentum im heutigen Amerika

In den 1950er Jahren beschränkte sich das religiöse Leben der meisten amerikanischen Juden auf

Werke heraus: »Studies in Talmudic Logic and Methodology« (1961), »Jewish Prayer« (1962), »A Guide to Yom Kippur« (1957), »A Guide to Rosh Ha Shannah« (1959). Schließlich übersetzte er auch wichtige Werke aus dem Hebräischen ins Englische: Moses Cordoveros' »Palmtree of Deborah« (1960) und Dov Ber Schneersohns »Tract on Ecstasy« (1963). Louis Jacobs, der auch »Seeker of Unity: The Life and Works of Aaron Starosselje« (1966) verfaßte, gehört zu den bedeutendsten jüdischen Theologen Großbritanniens.

LITERATUR: Ignaz Maybaum: Louis Jacobs. In: Judaism 13 (1964), S. 471–477. – A. Sherman: Louis Jacobs. In: Commentary 38 (1964), S. 60–64.

die Mitgliedschaft in der Synagoge, Engagement in Klubs und Komitees, Erziehung und Ausbildung der Kinder, gelegentliche Besuche der Gottesdienste und eine minimale Befolgung der rituellen Gesetze, die sich auf das Anzünden der *chanukka*-Lichter und den Besuch des *seder*-Abends reduzierte. Statistiken der 1960er und 70er Jahre wiesen auf ein enormes Anwachsen der Assimilation und von Mischehen hin. Dies rüttelte die jüdischen Gemeinden wach und veranlaßte sie, ihre Zielsetzungen zu überdenken. Die »counter-culture-rebellion« (Auflehnung junger Leute gegen das Establishment) ließ einzelne Juden nach einer authentischeren religiösen Erfahrung suchen, während die jüdische feministische Bewegung (»Jewish feminist movement«) mit ihren Forderungen nach Gleichberechtigung im jüdischen religiösen Leben zur Reife gelangte. Diese Entwicklung betraf alle Denominationen.

In den letzten 20 Jahren haben die Reformierten mit einer aggressiven Kampagne versucht, Juden aus Mischehen zum Judentum zurückzuführen; nach einer von ihnen verabschiedeten Resolution gelten auch Kinder eines jüdischen Vaters als Juden. Die Reformierten intensivierten ebenfalls ihre Verbindungen zum Staat Israel und führten wieder viele traditionelle Bräuche ein. Mit dieser Einstellung hatten sie Erfolg und gewinnen heute erneut Anhänger. Das konservative Judentum konzentriert seine Kräfte auf das Artikulieren seiner Ideologie und die verstärkte Unterstützung der Laienarbeit. Diese Anstrengungen gipfelten 1988 in einer ersten Erklärung der Prinzipien ihrer Bewegung: »Emet-Ve-Emunah«.

Der Rekonstruktionismus hat am erfolgreichsten die ethische Seite des Judentums hervorgehoben. Seine wichtigsten Anliegen sind heute der Umweltschutz, Homosexuellenrechte und soziale Gerechtigkeit. Alle drei Bewegungen reagieren auf die feministische Herausforderung, indem sie Frauen gleichberechtigt Aufgaben im religiösen Leben übernehmen lassen, obwohl dies besonders im konservativen Judentum nicht ganz freiwillig geschieht.

Der Orthodoxie ist es gelungen, sich weitgehend von diesen Problemen zu distanzieren, da sie als eine attraktive Alternative für diejenigen schien, die einen intensiven religiösen Ausdruck suchten. Im weltweit zunehmenden Strom des religiösen Konservatismus gewannen die Traditionalisten an Stärke. Ihren Erfolg verdanken sie zum Teil ihrem Einfluß auf Studenten der Tagesschulen. Die Orthodoxie wird nicht mehr mit einem Unterschichten-Status assoziiert. Wohlhabende orthodoxe Juden, die sich in Amerika sicher fühlen können, errichteten eine Überfülle an Institutionen, unter anderem koschere Restaurants, *mikven* (rituelle Tauchbäder) und »Eruv Gemeinden«. Mit ihrem neugewonnen Selbstbewußtsein versuchen einige Orthodoxe, Einfluß auf nichtgläubige Juden zu nehmen. Trotz ihrer gleichbleibenden Zahl behauptet die amerikanische Orthodoxie, daß sie den Teil des amerikanischen Judentums repräsentiere, der Bestand haben wird.

Das amerikanische Judentum steht vor einer doppelten Herausforderung. Einerseits bleibt die überwiegende Mehrheit der Juden organisierten religiösen Aktivitäten fern, was auf die Grenzen des Denominationismus zurückzuführen ist. Andererseits nahm in den letzten 20 Jahren unter den Aktiven das Interessse an der Stärkung ihrer jeweiligen Denimination noch zu. Doch mag das amerikanische Judentum gerade von seiner inneren Zerrissenheit profitieren; der Denominationismus wird es auch weiterhin beleben.

LITERATUR: Jacob Neusner (Hg.): Understanding American Judaism. 2 Bde., New York 1975. – Bernard Martin (Hg.): Movements and Issues in American Judaism. Westport 1978. – Mark Lee Raphael: Profiles in American Judaism. San Francisco 1984. – Nathan Glazer: American Judaism. Chicago 1987. – Jack Wertheimer: Recent Trends in American Judaism. In: American Jewish Year Book, 1989.

Shuly Rubin Schwartz

Hannah Arendt

Hannah Arendt wurde am 14. Oktober 1906 in Linden bei Hannover geboren. Sie studierte Philosophie bei Edmund Husserl in Freiburg, Martin Heidegger in Marburg und Karl Jaspers in Heidelberg, bei dem sie 1928 über den »Liebesbegriff bei Augustin« promovierte. 1938 beendete sie eine Biographie über Rahel von Varnhagen (englisch 1958, deutsch 1959), in der sie sich mit der Problematik der jüdischen Assimilation auseinandersetzte. Nach Beginn der Judenverfolgung arbeitete sie im zionistischen Untergrund und nach ihrer Flucht nach Paris in der Jugend-Alija. 1940 emigrierte sie in die USA. Dort kritisierte sie die zionistische Einstellung zur Araberfrage. Nach dem Krieg schrieb Arendt ihre berühmte Analyse »Elemente und Ursprünge totalitärer Herrschaft« (englisch 1951, deutsch 1955), in der sie das KZ als typisches Phänomen totalitärer Herrschaft beschrieb. Empörung löste sie mit ihrer Schrift »Eichmann in Jerusalem« (englisch 1963, deutsch 1965) aus: sie sprach von einem Schauprozeß, schilderte Eichmann als einen »schuldunfähigen Vernichtungsbürokraten« und kritisierte die »Judenräte« in den Ghettos. Weitere Werke: »The Human Condition« (1958), »Vita activa oder vom täglichen Leben« (1960), »The Life of the Mind« (2 Bde., 1981), »Nach Auschwitz« (2 Bde., 1989). Hannah Arendt starb am 4. Dezember 1975 in New York.

Literatur: E. Young-Bruehl: Hannah Arendt. Leben, Werk und Zeit. Frankfurt/M. 1986.

Lateinamerika

Statistische Angaben

Nach offiziellen Statistiken gibt es rund 450 000 Juden in Lateinamerika. Inoffiziellen Schätzungen zufolge sind es dagegen 950 000, was 0,2 Prozent der Gesamtbevölkerung entspricht. Argentinien stellt mit rund 500 000 Mitgliedern (nach anderen Angaben 300 000) sogar die viertgrößte jüdische Gemeinschaft außerhalb Israels (nach USA, GUS, Frankreich) dar. Der überwiegende Teil lebt in Buenos Aires, der sechstgrößten jüdischen Gemeinde der Welt. In Brasilien leben ca. 220 000 Juden, konzentriert vor allem auf São Paulo, Rio de Janeiro und Porto Alegre. Nach der letzten Statistik (1989) zählt die jüdische Gemeinschaft Perus rund 5 000 Personen, die überwiegend in der Hauptstadt Lima leben.

Geschichte

Die ersten Juden gelangten nach Lateinamerika, nachdem sie aus Spanien vertrieben worden waren. Mehr als 100 000 Juden verließen ihre Heimat, nachdem am 31. März 1492 die »Katholischen Könige« Ferdinand von Aragon und Isabella von Kastilien in einem Edikt ihre Vertreibung binnen vier Wochen anordneten – es sei denn, sie ließen sich taufen. Vorausgegangen war die Eroberung Granadas, der letzten islamischen Bastion auf der Iberischen Halbinsel, durch die Christen. Kurz nach 1500 erfolgte bereits ein Einwanderungsverbot für Juden im spanischen und portugiesischen Kolonialreich. Gegen die »marranos« (Marranen), die im 16. Jahrhundert getauften Juden, die oft insgeheim weiter ihren alten Glauben ausübten, kam es 1528 zu Inquisitionsprozessen, insbesondere in Lima (Peru). Zwischen 1630 und 1654 blühte die jüdische Gemeinde im niederländisch besetzten Nordbrasilien (Recife). Die Unabhängigkeitsbewegung (1811 – 1821), der Einfluß der Aufklärung sowie der amerikanischen und französischen Revolution führten zu begrenzter Judenemanzipation und zu religiöser Toleranz.

Später gelangten Juden in mehreren großen Einwanderungsschüben nach Mittel- und Südamerika. Aus Osteuropa wanderten nach den Pogromen in Rußland (1881) viele Juden ein; um 1900 waren es bereits rund 100 000. Der Bankier und Philanthrop Moritz Baron von Hirsch (1831 – 1896) gründete 1891 die »Jewish Colonization Association«, um seinen Glaubensgenossen

Mittel für die Gründung von Ackerbaukolonien in Argentinien zur Verfügung zu stellen.

Weitere Einwanderungswellen nach dem Ersten Weltkrieg wurden von jüdischen Hilfsorganisationen unterstützt. Argentinien und Brasilien waren die aufnahmebereitesten Länder für die deutsch-jüdischen Emigranten zwischen 1933 und 1938. Bald gelang es den Nazis jedoch, durch politischen Druck die Einreisegenehmigungen zu erschweren. Die Juden wichen in Staaten wie Chile, Bolivien, Ecuador, Kolumbien und Kuba aus. Aus arabischen Ländern erfolgte nach 1950 ein größerer Einwanderungsschub.

Die jüdischen Gemeinden sind nach religiöser Ausrichtung und landsmannschaftlicher Herkunft voneinander getrennt. Es gibt sephardische und aschkenasische Bildungseinrichtungen, von denen die meisten von den verschiedenen zionistischen Organisationen unterhalten werden. Die bedeutendste jüdische Erziehungseinrichtung Argentiniens bilden die »Escuelas Israelitas Sholem Aleijem«, in denen die Schüler neun Stunden täglich verbringen und eine solide hebräische und spanische Sprachbildung erhalten. 30 000 Juden gehören dem »Hebraica Club« in São Paolo an, zu dem Sporteinrichtungen, Restaurants und verschiedene kulturelle Einrichtungen gehören.

Was die religiöse Observanz betrifft, so sind die weitaus meisten brasilianischen Juden säkular. Die Gottesdienste in den Synagogen werden schwach besucht und lediglich an Freitababenden gefeiert. Der jüdische Einfluß auf das Kulturleben Brasiliens ist von erheblicher Bedeutung. So ist die »Manchete«, die einflußreichste Tageszeitung des Landes, mit betont »pro-jüdischem und pro-israelischem Kurs« in der »Hand des greisen Mentors der Juden von Rio«, Adolpho Bloch, zu dessen Kulturimperium weitere 25 Zeitschriften, sechs Rundfunkstationen sowie ein Fernsehnetz von fünf eigenen und 36 angeschlossenen Stationen gehören. In Brasilien und Argentinien gibt es eine Reihe jüdischer Periodika, sogar eine jiddische Zeitung. Eigene Programme in Hörfunk und Fernsehen verbreiten die jüdische Kultur. Die gesamte zionistische Meinungsbandbreite ist in den Massenmedien vertreten. Als Organ des mehrheitlich traditionalistisch ausgerichteten brasilianischen Judentums versteht sich die in São Paulo erscheinende Zeitschrift »Shalom«, deren Weite des Blickfeldes beeindruckt. Sie behandelt Themen wie Menschenrechte, Rechte der Farbigen, Dialog mit Christen, informiert über Israel und das Palästinenserproblem.

Antisemitismus ist im allgemeinen kein Problem für die lateinamerikanischen Juden, so daß Auswanderungen (*alija*) nach Israel nicht ins Gewicht fallen. Urheber der eher seltenen antisemitischen Vorfälle sind konservative und kirchliche, insbesondere auch linksextreme Kreise. Nur etwa 200–250 Personen wandern jährlich aus Brasilien aus, in Argentinien sind es ca. 3000. Anders ist es in Peru, wo wegen des linksextremen Terrors gegen die Reichen des Landes – zu denen auch zahlreiche Juden gehören – viele peruanische Juden ihre Heimat verlassen. Die jüdische Gemeinschaft hat in den letzten beiden Jahren rund 30 Prozent ihrer Mitglieder verloren.

Die Juden Perus sind in verschiedenen Organisationen erfaßt, die ihrerseits in dem Dachverband »Asociation Israelita del Peru« (AIP) organisiert sind. Dreiviertel aller peruanischen Juden gehören dem europäisch-aschkenasischen Zweig an, 15 Prozent sind Sepharden. Der peruanische Oberrabbiner ist ein sephardischer Jude aus Marokko, ein Bruder des argentinischen Oberrabbiners. Vor einigen Jahren trat eine von evangelischen Missionaren betreute Indio-Gemeinde zum Judentum über und emigrierte anschließend nach Israel.

LITERATUR: J. L. Elkin: Jews of the Latin American Republics. Chapel Hill 1980. – Achim Schrader, Karl Heinrich Rengstorf (Hg.): Europäische Juden in Lateinamerika. St. Ingbert 1989.

Udo Tworuschka

Australien

Statistische Angaben

Die ersten Juden gelangten 1788 mit den ersten weißen Siedlern nach Australien. In Australien entstand eine erstaunlich erfolgreiche Gemeinde, die seit den 1930er Jahren stark zunimmt und bis heute 100 000 Mitglieder zählt.

Unter den 1800 für kleine Vergehen verurteilten Sträflingen, die 1788 aus England in den Hafen von Sydney transportiert wurden, waren zwischen sechs und vierzehn Juden. Zwischen 1788 und 1850 wurden etwa 1000 Juden (von den 145000 Briten, die als Sträflinge nach Australien geschickt wurden) nach Australien transportiert. Die freiwillige Einwanderung begann 1816. 1851 lebten in Australien 1778 Juden, etwa 0,5 Prozent der gesamten aus Europa stammenden Bevölkerung von 333 197. Die Mehrheit dieser Juden sprach Englisch und war britisch; große Zahlen Jiddisch sprechender Juden aus Polen begannen in den 20er Jahren ins Land zu kommen. Etwa 10 000 Flüchtlinge vor allem aus Deutschland emigrierten 1933 – 1940 nach Australien, und wahrscheinlich 25 000 Überlebende des Holocaust 1946–1960. Gegenwärtige Einwanderungswellen kommen aus der ehemaligen UdSSR (7500 seit 1970), Südafrika und Israel. Diese Migrationswellen ließen die jüdische Bevölkerung Australiens rasch ansteigen: Bis 1952 waren es 52 000 Personen, und heute sind es an die 100 000. (Nach der Volkszählung von 1986, bei der die Frage nach der Religionszugehörigkeit nicht beantwortet werden mußte, wurden der Religion nach 69 089 Juden gezählt. Die meisten Demographen schätzen die eigentliche Zahl auf 90 000 bis 100 000.) Zu den größten Gemeinden zählen Melbourne (50 000), Sydney (35 000) und Perth (6 000); in anderen großen Städten wie Adelaide und Brisbane gibt es kleinere Gemeinden.

Geschichte

Den frühen jüdischen Sträflingen war es nicht möglich, eine lebensfähige religiöse Gemeinde zu gründen. Der erste *minjan* (um einen religiösen Gottesdienst feiern zu können sind 10 Personen nötig, der *minjan*) kam etwa 1820 in Sydney zusammen, und die erste Synagoge wurde 1828 in Sydney gegründet. Da beinahe alle Juden aus Großbritanien kamen, war das religiöse Leben der australischen Juden jahrzehntelang vom Hauptstrom der britischen Orthodoxie abhängig, der

Henrietta Szold

Henrietta Szold wurde am 21. Dezember 1860 in Baltimore/USA als älteste Tochter des deutschstämmigen Rabbiners Benjamin Szold geboren. Bei ihm studierte sie Talmud und Geschichte. Der Vater besprach mit ihr die Predigttexte, deren englischen Stil die Tochter verbesserte. Von ihrem 17. Lebensjahr an arbeitete Henrietta Szold als Lehrerin an einer höheren Töchterschule. Außerdem beschäftigte sie sich mit Geschichte und Botanik, verfaßte unter dem Pseudonym »Sulamith« Artikel in Fachzeitschriften. Darüber hinaus gab sie Religionsunterricht für Kinder und Erwachsene und half ihrem Vater bei der Eingliederung jüdischer Flüchtlinge aus dem zaristischen Rußland. Als an der John Hopkins Universität öffentliche Vorlesungen eingeführt wurden, erfüllte sie sich ihren langgehegten Wunsch nach einem Studium. 1888 war Henrietta Szold als einzige Frau Gründungsmitglied der Jewish Publication Society of America in Philadelphia. Sie wurde Redakteurin, übersetzte deutsche Werke ins Englische und gab schließlich den Schuldienst auf. Im Alter von über 40 Jahren wurde sie Schülerin am Jewish Theological Seminary of America. Allerdings mußte sie sich verpflichten, nicht die Ordination als Rabbiner anzustreben. Dies sollte erst 70 Jahre später Wirklichkeit werden.

Sie übersetzte viele Werke und war Herausgeberin der ersten Bände des »American Jewish Yearbook« und Koordinatorin der »Jewish Encyclopedia. Besonders widmete sich Henrietta Szold der Verbreitung jüdischen Wissens unter Frauen, zum Beispiel in der Harlemer Gruppe »The Daughters of Zion«. Aus diesen kleineren Gruppen in verschiedenen Städten entstand später die Hadassah-Organisation, deren Mitbegründerin und erste Präsidentin sie war. Diese Organisation sah die jüdische Erziehung als ihre Aufgabe.

1909 reiste Henrietta Szold mit ihrer Mutter nach Europa und Palästina. 1910 war sie Sekretärin der Federation of American Zionists. In Palästina half sie aktiv in Krankenhäusern. Das Hadassah-Krankenhaus, dessen Direktorin sie war, half verschiedenen Menschen aus den Ländern des Nahen Osten ohne Rücksicht auf deren Religionszugehörigkeit: Juden, Christen, Drusen und Bahais gehörten zu den Patienten.

Henrietta Szold wurde 1916 ein Ehrengehalt auf Lebensdauer garantiert, damit sie sich weiter ihren Aufgaben widmen konnte. Als Direktorin der medizinischen Programme in Israel und Präsidentin der Hadassah in Amerika reiste sie ständig zwischen beiden Ländern hin und her. Im Alter von 73 Jahren rettete sie jüdische Jugendliche aus Nazi-Deutschland. Sie war Leiterin der von der Jewish Agency gegründeten Jugend-Alija, die deutsch-jüdische Kinder nach Palästina brachte. Sie bemühte sich bei der britischen Mandatsregierung um Einreisegenehmigungen, gründete Siedlungen für die jungen Menschen. Im hohen Alter von 80 Jahren rief sie ein pädagogisches Forschungsinstitut ins Leben, das später nach ihr benannt wurde. Henrietta Szold, die 1944 den Ehrendoktor der Universität Boston erhielt, starb am 13. Februar 1945 in Jerusalem.

LITERATUR: Pnina Navè-Levinson: Was wurde aus Saras Töchtern? Frauen im Judentum. Gütersloh 1989.

vom britischen Oberrabbiner und der Vereinigten Synagoge repräsentiert wurde. Die bedeutendsten Synagogen in dieser Tradition sind die »Great Synagogue« im Zentrum Sydneys und die »Central Synagogue« in Bondi, Sydney, sowie die meisten frühen Synagogen in Melbourne, besonders die der »Melbourne Hebrew Congregation« (gegründet 1842) und die St. Kilda Synagoge. Frühe Synagogen bestanden auch in kleineren Städten; sie wurden von Goldsuchern und Händlern gegründet, und die meisten von ihnen verschwanden in unserem Jahrhundert. Im Australien der Anfangszeit gab es wenig Antisemitismus, und Juden war es möglich, die höchsten Ämter zu bekleiden; so zum Beispiel Sir Isaac Isaacs (1855 – 1948), Australiens erster im Land geborener Generalgouverneur (Staatsoberhaupt) und Sir John Monash (1865–1931), Australiens Oberbefehlshaber im Ersten Weltkrieg.

Die jüdischen Neuankömmlinge, die seit den 1920er Jahren ins Land strömten, verbreiterten die religiöse Basis des australischen Judentums. So ist die Anzahl der streng orthodoxen, der europäischen Orthodoxen, der sephardischen und reformierten Juden angestiegen. Heute ist das australische Judentum wesentlich pluralistischer und enthusiastischer als vor 1933. Gegenwärtig gibt es an die 70 Synagogen, davon 32 in Melbourne, 25 in Sydney und eine bis zwei oder sogar drei in den meisten größeren Städten. Bis auf zehn sind sie alle orthodoxer Ausrichtung, obwohl die Orthodoxie sich auch in verschiedene Strömungen teilt.

Die Orthodoxie europäischen Typs gelangte in den 1920er Jahren durch polnische Emigranten nach Carlton in Australien. Diese Einwanderer waren von größerer Frömmigkeit als die oft nur nominelle englische jüdische orthodoxe Strömung. Eine der bedeutenden rabbinischen Dynastien waren die Gutnicks in Melbourne. Aus ihrer Mitte kamen in der Zeit nach 1960 fünf Rabbiner. Zu den bedeutenden moderaten orthodoxen Rabbinern der jüngsten Zeit gehören Dr. Israel Porush (1907 – 1991) und Raymond Apple (geb. 1935) von der »Great Synagogue« in Sydney sowie Ronald Lubofsky (geb. 1928) von der St. Kilda Synagoge in Melbourne.

Religiöse Strömungen

Es mag stimmen, daß sich Australiens Englisch-Orthodoxe Synagogen in den letzten Jahren der religiösen »Rechten« angenährt haben. Im heutigen Australien gibt es drei streng orthodoxe Strömungen von Bedeutung: Mizrachi (moderne streng orthodoxe Zionisten) die besonders stark in Melbourne anzutreffen sind, die weit verbreitete Lubavitcher Bewegung, hauptsächlich in Sydney und Melbourne, und die in sich gekehrte Adass-Bewegung (ähnlich wie Satmar) besonders in Melbourne. Es gibt zwei sephardische Synagogen, eine in Sydney und die andere in Melbourne.

Das reformierte Judentum gelangte erst in den 1930er Jahren nach Australien. Da das englische orthodoxe Judentum weniger streng ist, schlugen möglicherweise frühere Versuche fehl, in Australien eine reformierte Bewegung zu gründen. Die in den 30er Jahren gekommenen deutschen jüdischen Flüchtlinge stärkten wesentlich das Reformjudentum, besonders nachdem der herausragende deutschstämmige Rabbiner Herman Sanger (1909 – 1980) an den »Temple Beth Israel« in Melbourne kam. Sanger und sein Nachfolger Rabbi John Levi (geb. 1934) sind die bekanntesten australischen Reform-Rabbiner. Gegenwärtig gibt es in Australien zehn reformierte, aber keine konservative Synagoge. Obgleich die australischen Reformierten schon immer theologisch »konservativer« waren als andere, verschlechterten sich in der jüngsten Zeit die Beziehungen zwischen der Orthodoxie und den Reformierten sichtlich, möglicherweise weil die australischen Orthodoxen zunehmend strenger werden.

Das charakteristischste Merkmal des australischen jüdischen Alltags sind die jüdischen Tagesschulen, in denen gegenwärtig an die 10 000 Schüler eingeschrieben sind, wahrscheinlich eine höhere Prozentzahl jüdischer Jugendlicher als in jedem anderen Land der Diaspora. Diese Schulen werden in der Regel mit besonders religiösen Strömungen oder Bewegungen in Verbindung gebracht, obwohl es unter den neun jüdischen Tagesschulen in Melbourne Institutionen, die zum säkularisierten Zionismus (Bialik College) zählen, und eine jiddische Schule (die Sholem Aleichem School) gibt. Melbournes älteste und größte jüdische Schule, das »Mount Scopus College« (1949 gegründet) ist die größte jüdische Schule in der Diaspora; sie beherbergt mehr als 2500 Studenten.

Die jüdische Gemeinde ist auch als ethnische Gruppe anerkannt. Deren repräsentativer Korpus, das »Executive Council of Australian Jewry« (die Exekutivversammlung des australischen Judentums), berät seit neuestem die Regierung in jüdischen Angelegenheiten. In Australien ist ebenfalls eine starke zionistische Bewegung beheimatet. Der Wortlaut der Resolution, die 1991 die UNO Resolution von 1975 aufhob, stammt von der australischen zionistischen Bewegung. Es gibt eine B'nai B'rith Bewegung, eine Reihe kultureller Institutionen und eine hervorragende Wochenzeitung »The Australian Jewish News«. Der 1977 bis 1982 amtierende Generalgouverneur Australiens, Sir Zelman Cowen (geb. 1919), war wie sein Vorgänger Sir Isaac Isaacs ein Jude aus Melbourne.

LITERATUR: John Levi, G. T. F. Bergman: Australian Genesis: Jewish Convicts and Settlers, 1788 – 1850. Adelaide 1950. – Suzanne Rutland: Edge of the Diaspora: The Jews in Australia. Sydney 1987. – Hilary L. Rubinstein: The Jews in Victoria, 1835 – 1985. Sydney 1985. – Dies: The Jews in Australia. Bd. 1: 1788 – 1945. Melbourne 1991. – W. D. Rubinstein: The Jews in Australia. Bd. 2: 1945 – Present. Melbourne 1991.

W. D. Rubinstein

CHRISTENTUM

Das heutige Erscheinungsbild

Christentum: Das ist zunächst der Name für eine der größten Religionstraditionen der Welt, die auf eine fast 2000jährige Geschichte zurückblicken kann und zu der sich heute über eine Milliarde Menschen bekennen. Darüber hinaus ist Christentum ein wesentlicher Bestandteil der westlichen Kultur- und Geistesgeschichte. An der Schwelle zum 3. Jahrtausend wird deutlich: Die Zukunft dieser Religion liegt nicht länger in Europa und Nordamerika, sondern in den Ländern der Dritten Welt. Bemerkenswert ist »das beträchtliche Anwachsen der Zahl der Christen in den Ländern Lateinamerikas und in einigen Ländern Afrikas (...) Nicht unerwähnt soll die zunehmende Bedeutung des Christentums in einigen Ländern Asiens bleiben. In all dem wird eine Gewichtsverlagerung deutlich, die am besten dadurch beschrieben werden kann, daß am Ende dieses Jahrhunderts wohl mehr als zwei Drittel aller Katholiken in der Dritten Welt leben werden, so daß die katholische Kirche des 3. Jahrtausends eine Dritte-Welt-Kirche sein wird« (Peter Antes).

»Der denkende Mensch
steht der überlieferten religiösen
Wahrheit freier gegenüber
als der nichtdenkende;
aber das Tiefe und Unvergängliche, das in ihr enthalten ist,
erfaßt er lebendiger als dieser.
Das Wesentliche des Christentums,wie es von Jesus
verkündigt ist und wie es vom
Denken begriffen wird, ist dies,
daß wir durch Liebe
allein in Gemeinschaft mit Gott
gelangen können.«
(Albert Schweitzer)

Wirkungen des Christentums

Einer immer größer werdenden Zahl von Zeitgenossen ist immer weniger bewußt, welch maßgeblichen Einfluß die christliche Religion auf das abendländische Denken, auf die europäische Literatur und Kunst ausgeübt hat. Selbst elementare, alltägliche Lebensverrichtungen und -phasen sowie Gefühlseinstellungen sind vom Christentum geprägt worden: Essen und Trinken, Sexualität, Gesundheit, Arbeit und Freizeit, Erziehungsvorstellungen, die Einstellung zu Zeit und Raum, zu Gefühlen und Bedürfnissen. Nicht zuletzt auf das zum Teil noch konfessionell unterschiedliche Verhalten bei politischen Wahlen ist hinzuweisen. Für Deutschland ist nachgewiesen, daß es statistisch auffällige Unterschiede gibt, was typisch katholische und protestantische Verhaltensweisen in verschiedenen Lebensbereichen betrifft, wobei Gebildetere und Jüngere Ausnahmen bilden. Auch die Sprache nichtreligiöser Zeitgenossen transportiert durchaus noch eine hohe Zahl von biblischen Wendungen, die längst zu geflügelten Worten geworden sind. Wie mächtig der Einfluß christlichen Denkens ist, zeigen zwei so typisch christliche Begriffe wie Sünde und Erlösung: Beide Wörter und die sie umgebenden Wortfelder haben bis hin zur »Verkehrssünderkartei« auch Eingang in die profane Sprache gefunden.

Das Christentum hat zu allen Zeiten versucht, auf seine Umwelt einzuwirken: in Politik und Gesellschaft, Wissenschaft und Erziehung. Viele Phänomene unserer scheinbar nachchristlichen Kultur haben christliche Wurzeln: die Auffassung von den Menschenrechten und vom Völkerrecht ebenso wie das moderne Geschichtsbewußtsein, Naturwissenschaft und Technik.

Daß wir beim Erscheinen dieses Handbuches das Jahr 1992 schreiben, ist – vom Hintergrund der großen Menschheitskulturen her betrachtet – nicht selbstverständlich. Unsere Zeitrechnung verdankt sich nämlich einem christlichen Maßstab, rechnet vor beziehungsweise nach Christi Geburt. Trotzdem: Insbesondere seit der Re-Islamisierung schreiben weite Teile der islamischen Welt wieder das Jahr 1412 beziehungsweise 1413, weil sie von der *hijra,* der Auswanderung Muhammads von Mekka nach Medina, ausgehen. Und orthodoxe Juden zählen von dem einst von Rabbi Hillel II. im 4. Jahrhundert »errechneten« Datum der Schöpfung im Jahre 3761 v. Chr. an. 1992 entspricht somit dem jüdischen Jahr 5752 beziehungsweise 5753. Daß unsere Woche einen Sieben-Tage-Rhythmus hat mit dem Sonntag als Ruhetag, verdankt sich jüdisch-christlichem Erbe. Auch die großen Feste des Jahreslaufes – Weihnachten, Ostern und Pfingsten sowie eine Reihe anderer Feiertage – sind christlichen Ursprungs.

Die vielen christlichen Denominationen und die Einheit des Christentums

Christentum: Sammelbegriff für weit mehr als eine Milliarde Menschen. Sie gehören verschiedenen Konfessionen, Kirchen, Denominationen an, die jeweils ihr spezifisches Milieu besitzen. 311 Mitgliedskirchen (Stand 1991; jeweils mindestens 25 000 Mitglieder) aus etwa 100 Ländern, die im »Ökumenischen Rat der Kirchen« (ÖRK, Sitz in Genf) zusammengeschlossen sind – über die Hälfte stammt aus südlichen Kontinenten –, repräsentieren rund 400 Millionen Gläubige. Hinzu kommen noch 29 »angeschlossene Kirchen« (solche mit jeweils bis 10000 Mitgliedern).

Neben der römisch-katholischen Kirche, die selbst nicht Mitglied des ÖRK ist, sondern nur Beobachterstatus besitzt, sich aber so gut wie an allen Programmen des ÖRK beteiligt, stehen die reformatorischen Kirchen. Sie setzen sich aus 14 »Konfessionsfamilien« zusammen:

- Lutherische Kirchen
- Reformierte Kirchen
- Evangelisch-unierte Kirchen
- Anglikanische Kirche
- Mennoniten
- Baptisten
- Quäker
- Brüderunität (»Herrnhuter«)
- Methodistische Kirche
- Disciples of Christ (Jünger Christi)
- Freie Evangelische Gemeinden
- Heilsarmee
- Pfingstbewegung
- Christliche Unitarier
- Siebenten-Tags-Adventisten

Diese Kirchen gehen auf die Reformation des 16. Jahrhunderts zurück, als deren Hauptvertreter Martin Luther (1483 – 1546), Johannes Calvin (1509 – 1564) und Huldrych Zwingli (1484 – 1531) gesehen werden. Eine etwas andere Entwicklung nahm die anglikanische Kirche. Sie ist eine einzigartige Verbindung von Katholizismus und Protestantismus und begreift sich als »via media« (Mittelweg) zwischen beiden. Spaltungserscheinungen und Zusammenschlüsse prägen das facettenreiche Bild des Weltprotestantismus.

Zur christlichen Vielfalt gehören die Rom-freien katholischen Kirchen, zu denen folgende zählen:

– Die Altkatholische Kirche. Sie ist eine katholische Reformkirche mit altkirchlicher und ökumenischer Ausrichtung, die aus der Opposition gegen die Erklärung der päpstlichen Unfehlbarkeit durch das Erste Vatikanische Konzil (1870) hervorgegangen ist.

– Die Orthodoxen Kirchen

Nach Schwierigkeiten, die bereits auf das 9. Jahrhundert zurückgehen, verdanken sie ihre Entstehung dem großen Schisma (Kirchenspaltung) von 1054. Seitdem sind die (lateinische) Westkirche und die (griechische) Ostkirche offiziell voneinander getrennt. Die gegenseitigen Exkommunikationen wurden 1964 durch Papst Paul VI. und den Patriarchen von Konstantinopel, Athenagoras I., aufgehoben. Die Orthodoxen Kirchen erkennen nur die Beschlüsse der gemeinsamen sieben Konzile zwischen Nicäa (325) und Nicäa (787) an. Auf die vier alten Patriarchate (Kirchenprovinzen, an deren Spitze ein oberster Bischof, ein »Patriarch«, steht): Konstantinopel, Alexandrien, Antiochien und Jerusalem folgten durch die Bekehrung der meisten Slawenvölker die Patriarchate Moskau und ganz Rußland sowie das serbische (Belgrad), bulgarische (Sofia) und rumänische (Bukarest) Patriarchat. Auch wenn sie in Lehre und Kult weitgehend übereinstimmen, stellen sie sich dennoch als autokephale, das heißt »selbständige« Landeskirchen dar.

Zu den altorientalischen Kirchen gehören:

- Koptische Orthodoxe Kirche
- Syrisch-Orthodoxe Kirche
- Armenische Apostolische Kirche
- Orthodoxe Kirche von Indien
- Äthiopische Orthodoxe Kirche

Diese Kirchen sind dadurch entstanden, daß sie sich auf mehreren Konzilien der Alten Kirche weigerten, die – in der übrigen Kirche verbindliche – Theologie vom »Gottmenschen« Jesus Christus zu akzeptieren. Das Ergebnis waren der Bruch mit der Reichskirche sowie Verfolgungen von seiten des byzantinischen Staates. Eine Reihe von orthodoxen Kirchen hat sich später wieder mit Rom »uniert«.

Aus östlichen Gebieten der Türkei stammende Arbeitnehmer sowie Asylsuchende aus Äthiopien, der Türkei und dem Iran haben inzwischen altorientalische Gemeinden auch in Deutschland gegründet.

Trotz unübersehbarer Vielfalt in Gottesdienst, Lehre und Leben in den christlichen Konfessionsfamilien besteht eine unverkennbare Einheit der Weltchristenheit: Alle christlichen Kirchen berufen sich auf Jesus Christus und die Bibel.

Von allen großen Weltreligionen ist das Christentum wohl diejenige, welche sich am stärksten auf eine Person beruft. Wie wichtig für das Christentum die Person Jesu Christi ist – und nicht diese oder jene »Lehre« – verdeutlicht ein Vergleich der drei großen »Heiligen Nächte« in der Religionsgeschichte: In der Weihnacht feiern Christen die »Menschwerdung Gottes« (Inkarnation). Anders im Buddhismus: Sechs Jahre lang sucht der indische Fürstensohn Siddharta Gautama vergeblich das Heil. Da geschieht es: Mit einem Male wird ihm die »Erleuchtung« zuteil. In der »heiligen Nacht« des Frühlingsmonats Vesakh findet keine Menschwerdung Gottes statt, sondern es wird eine »Erkenntnis« geboren, die aus dem Leiden herausführen soll. In der islamischen »Nacht der Macht« im Monat Ramadan schließlich erhält Muhammad seine erste Offenbarung. Nicht um eine »Erkenntnis«, auch nicht um die Inkarnation geht es hierbei. Geoffenbart wird ein Buch: der Koran. »Was die Lehre für den Buddhismus und der Koran für den Islam sind, das ist Christi Person für das Christentum« – so formulierte der schwedische Erzbischof und Religionsforscher Nathan Söderblom 1920.

Wenn der jüdische Wanderprediger Jesus auch keine Religion »stiften« oder »gründen« wollte, wie man einen Verein oder eine Firma »gründet«, so muß man ihn religionswissenschaftlich vom Ergebnis seines Wirkens her gleichwohl als Religionsstifter verstehen.

Jesus von Nazareth und seine Heilsbedeutung

Jesous/Jesus ist die griechische/lateinische Form des hebräischen Namens Jeschua oder Joschua (Josua = »Gott ist Rettung«), der mit dem Ehrentitel Christos/Christus (griechisch: »Gesalbter«, hebräisch Maschiach = »Messias«) verknüpft wird. So verbindet sich mit dem Namen der historischen Person eines Juden, Sohn eines Zimmermanns, Joschua aus Nazareth, für die Christen der Gedanke, daß Jesus nach seinem Tod als der gekommene Messias, der Heilbringer für die Welt verstanden werden muß, darum der Doppelname: Jesus Christus.

Außerbiblische Zeugnisse für die Existenz Jesu

Wenn es außerhalb der Bibel keine Belege dafür gäbe, daß Christus gelebt hat, so wäre das keineswegs verwunderlich; denn für die zeitgenössische Geschichtsschreibung stellte das Leben Jesu durchaus kein epochemachendes Ereignis dar. Daß es dennoch vereinzelte Dokumente gibt, hängt damit zusammen, daß man sich im Römischen Reich über die wachsende Zahl der Christen zunehmend Gedanken machte und dabei auch nach dem Stifter dieser Gruppe fragte. Allerdings sind diese Dokumente später entstanden als die Briefe des Apostels Paulus.

Der jüdische Historiker Flavius Josephus (37–97 n. Chr.) betrachtete die neue Religion kritisch. Jedoch hat man seinen Texten später christliche Eintragungen zugefügt (in Klammern):

»Zu dieser Zeit lebte Jesus, ein weiser Mann (wenn man ihn überhaupt einen Menschen nennen darf). Er tat wunderbare Werke (und war ein Lehrer der Menschen, die mit Freuden die Wahrheit aufnahmen). Viele Juden und Heiden zog er an sich (Er war der Messias) … Und als ihn auf Anklage unserer vornehmen Männer Pilatus mit dem Kreuzestod bestraft hatte, ließen die nicht ab, die ihn früher geliebt hatten … Noch bis heute hat das Geschlecht derer nicht aufgehört, die nach ihm Christen genannt sind.« (XVIII, 3, 3)

»Der Hohepriester Annas versammelte den Hohen Rat zum Gericht und stellte vor denselben den Bruder des Jesus, der Christus genannt wird, den Jakobus, nebst einigen anderen und ließ sie zur Steinigung verurteilen.« (XX, 9, 1) Gemeint ist hier der Apostel Jakobus der Jüngere, der auch in Gal 1,19 »Bruder des Herrn« genannt wird. Er war erster Bischof von Jerusalem und wurde Ostern 62 gesteinigt.

Plinius der Jüngere (62 – 114 n. Chr.) bat 112 n. Chr. als Statthalter der Provinz Bithynien den Kaiser Trajan um Weisung, wie er sich den Christen gegenüber verhalten sollte.

»weihnacht
damals
als gott
im schrei der geburt
die gottesbilder zerschlug
und
zwischen marias schenkeln
runzlig und rot
das kind lag«
(Kurt Marti)

In seinem Brief heißt es: »Sie kommen an einem bestimmten Tag vor Sonnenaufgang zusammen und huldigen Christus als einem Gott im Lied ... Überaus weithin hat sich dieser Aberglaube verbreitet, nicht bloß in den Städten und Dörfern, sondern auch auf dem flachen Lande.« (Briefe, 10. Buch, 96)

Publius Cornelius Tacitus (55 – 120 n. Chr.) beschrieb um 116 n. Chr. in seinen Jahrbüchern (Annales) die Ereignisse der Jahre 14 – 68 n. Chr., wobei er sich unter anderem auf die Historien Plinius des Älteren, eines Augenzeugen der Eroberung Jerusalems, berief. Bei der Schilderung des Brandes der Stadt Rom (64 n. Chr.) berichtet Tacitus, daß Nero die Schuld auf die Christen abzuwälzen versucht habe:

»Um dieses Gerücht [der Kaiser selbst habe Rom anzünden lassen] zu unterdrücken, gab er andere als schuldig an und bestrafte mit ausgesuchten Martern jene, die das Volk allgemein Christen nennt und die wegen ihrer Schandtaten verhaßt waren. Dieser Name hat seinen Ursprung in Christus, welcher unter der Regierung des Tiberius durch den Landpfleger Pontius Pilatus mit dem Tode bestraft worden war. Ihr zunächst zurückgedrängter Aberglaube brach aufs neue hervor, nicht bloß in Judäa, wo dieses Übel entstanden war, sondern auch in Rom. Darum ergriff man zuerst die, welche sich dazu bekannten; sodann wurde durch die gerichtliche Nachforschung eine ungeheure Menge überführt, nicht sowohl, daß sie schuld seien an jenem Brande, sondern daß sie vom ganzen menschlischen Geschlecht gehaßt wurden. Noch im Tode trieb man Spott mit ihnen, indem man sie in Tierfelle wickelte und von Hunden zerreißen ließ. Viele wurden ans Kreuz geschlagen oder verbrannt. Andere verwandte man, als der Tag sich neigte, zur Erleuchtung der Nacht. Nero gab für dieses Schauspiel seine Gärten her, wobei er sich, als Wagenlenker verkleidet, unter das Volk mischte oder auf seinem Wagen fuhr.« (Annales XV, 44)

Cajus Suetonius Tranquillus (75 – 150 n. Chr.) hatte als Kabinettsgeheimsekretär unter den Kaisern Trajan (98 – 117) und Hadrian (117 – 138) Zugang zu den kaiserlichen Archiven. Um 120 verfaßte er Biographien der ersten zwölf römischen Kaiser. In der über Kaiser Claudius (41 – 54 n. Chr.) heißt es, dieser habe »die Juden aus Rom vertrieben, da sie auf Anstiftung eines Chresto (Christus) häufig Unruhen auslösten.« (Vita Claudii, 25; vgl. Apg 18,2) Unter der Bezeichnung »impulsore Chresto« ist Christus zu verstehen, weil die Schreibarten »Chrestos« und »Christus« nebeneinander gebäuchlich waren. Auch Tacitus spricht von »Chrestiani«.

Quellen der Jesustradition

Die Versuche, historisch-wissenschaftlich ein Bild über das Leben Jesu zu gewinnen, sind dadurch erschwert, daß wir es im Neuen Testament mit Literatur zu tun haben, die aus der Sicht von Glaubenden entstanden ist und die Ereignisse des Lebens und Sterbens deutend reflektiert und in das eigene Lebens- und Weltverständnis integriert. Dennoch hat die neutestamentliche Forschung eine Reihe von Thesen entwickelt, um hinter den Zeugnissen der Evangelien mehr über den historischen Jesus zu erfahren. Während Forscher des 19. Jahrhunderts eine Fülle von völlig unterschiedlichen Jesusbiographien durch unterschiedliche Nutzung der Quellen produzierten, interessierte sich der Exeget (Bibelwissenschaftler) Rudolf Bultmann (1884 – 1976) nur für das »Daß« des Lebens Jesu. Die weitere Forschung ging jedoch dahin, die Person Jesus in ihren gesellschaftlichen, kulturellen und sozialgeschichtlichen Lebenszusammenhängen zu sehen, so daß von der »Umwelt Jesu« Rückschlüsse auf sein Judesein, seine Stellung zur verarmten Landbevölkerung, zu Außenseitern, religiösen Abweichlern, zur römischen Besatzungsmacht in Ansätzen möglich wurden. Die Bibelwissenschaft erweiterte dabei den bisher schon benutzen Methodenkatalog um die Frage nach den Formen und Typen, der literarischen Gattung (Form- und Gattungsgeschichte) und der redaktionellen Veränderung der Texte (Redaktionsgeschichte).

Die Stufen von der mündlichen Rede und dem konkreten Handeln Jesu bis zur wissenschaftlichen Bearbeitung der Texte verlaufen in mehreren Schritten: Die sogenannte »Spruchquelle« ist die älteste vermutete Sammlung der Jesustradition. Sie wurde vom Matthäus- (entstanden vor 70 n. Chr.?) und Lukasevangelium (etwa 90 n. Chr.) benutzt. Hauptsächlicher Bestandteil ist Redestoff (zum Beispiel Gleichnisse und mancherlei von dem, was Matthäus in der Bergpredigt zusammengefaßt hat). Sie will Zeugnis für Jesu Verkündigung sein, nicht für seine Taten. Das Entscheidende ist also das, was Jesus predigt (ausgenommen die Wundergeschichte Mt 8,5 – 13). In den vier Evangelien stehen aber Worte und Taten nebeneinander.

Neben eigenständiger Überlieferung haben die synoptischen Evangelien (= Zusammenschau von Markus [entstanden zwischen 67 und 69 n. Chr.], Lukas, Matthäus) offensichtlich voneinander gewußt. Die ihnen vorliegenden Traditionen haben sie in das Konzept ihres Jesusverständnisses hineingenommen (zum Beispiel Messiasgeheimnis bei Markus; weltgeschichtlich umfassendes Heilskonzept bei Lukas; auf Judenchristen bezogenes Denksystem »Jesus der Messias der Juden« bei Matthäus). Das Johannesevangelium (entstanden gegen Ende des 1. Jahrhunderts n. Chr.) als spätestes und von den synoptischen Evangelien unabhängiges hat offensichtlich andere (auch historisch sehr glaubwürdige) Überlieferungen zur Verfügung gehabt und in das umfassende Konzept von der Menschwerdung des Logos (des göttlichen Wortes), der Einheit von Logos/Jesus und Gott sowie der Erhöhung des Messias (in doppeltem Sinne zum Kreuz und zum Himmel) eingebracht.

Die Apostelfürsten Petrus und Paulus, ein stilisiertes Kreuz in ihren Händen haltend. Ausschnitt aus dem Relief einer Stele. Musée d'Art et d'Histoire, Narbonne.

Exegetisch-theologischer Zusammenhang der Geschichte Jesu

Je nachdem, welchen neutestamentlichen Schriftsteller man betrachtet (Matthäus, Markus, Lukas, Johannes, Paulus, Katholische Briefe: Jakobus-, 1. Petrus-, Judas-, 2. Petrusbrief), ändert sich auch der Zusammenhang, in den das Kommen des Erlösers, Retters, Messias gestellt wird. Alle Schriftsteller gehen jedoch von einem größeren Kontext aus, der durchaus universale Dimensionen annehmen kann. Im Matthäus- und im Lukasevangelium fällt besonders auf, daß die Geburtsgeschichten Vorgeschichten des Eigentlichen sind, daß Passion und Ostern dem Weihnachtsereignis sachlich-theologisch vorausgehen, auch wenn die Geburt Jesu zeitlich vorgeordnet ist. Auch die Präexistenz (»Vorherdasein«) Jesu im Himmel (so bei Johannes und Paulus) ist nur von Ostern her zu verstehen.

Dieses Eigentliche prägt auch die »Berichte« des Lebens Jesu. Sein Handeln während seiner Wanderzeit durch Palästina erhält durch die Interpretationsmaßstäbe des Kreuzes und der Auferstehung als Heilsereignisse seine Bedeutung. So haben die Vorgeschichten bei Matthäus und Lukas geradezu Signalwirkung: Sie werden vor das Evangelium, die frohe Botschaft von der Errettung und dem Kommen des Gottesreiches gesetzt und verwandeln sich damit selbst zum Teil des Evangeliums, das mit der Geburt Jesu menschlich sichtbar wird; aber es bleibt ein Geschehen, das nicht nur regionalen Charakter hat, sondern weltweit und kosmisch wirkt. Der protestantische Theologe Martin Kähler (1835 – 1912) hat die Evangelien als »Passionsgeschichten mit ausführlicher Einleitung« bezeichnet.

Die Legenden von der Geburt Jesu nach Lukas und Matthäus

Die Biographien aller Religionsstifter verknüpfen Historisches mit Legendärem. Dabei ist auffallend, »daß allenthalben ganz ähnliche Ansatzpunkte für die Legendenbildung erscheinen. Im vitalen Lebensablauf sind es vorzugsweise Geburt und Tod, die legendarisch ausgestaltet werden« (Gustav Mensching).

Der Blick auf die Geburt und Kindheit Jesu zeigt, daß die Erzählungen den Glauben an den auferstandenen Christus als Retter der Welt sozusagen schon bereithalten. Der legendarische Charakter der Geburtsgeschichten erlaubt, gleichzeitig in vielen Passagen Anklänge an die hebräische Bibel und an die antike Tradition von Heilsbringern herauszuhören. Die Botschaft von Jesus Christus hat mit dieser Geburt nach Lukas bereits universale Tragweite (Lk 2,11.14: Weltheiland). Matthäus beschränkt sich zwar in gewisser Weise mit dem Hinweis auf die Ankunft des Erlösers auf das jüdische Volk (Mt 1,21), aber die Zeichen, die er setzt, haben geradezu kosmische Dimension. Historisch bleibt vieles ungenau, und es schimmert die Tendenz zum Gleichnishaften oder Typischen durch.

Die Zeitangaben sind bei beiden Evangelisten nicht zu verifizieren. Lukas 2,1–3 macht auf die Tragweite der Geburt aufmerksam; es werden sozusagen die Antipoden der neuen Herrschaft genannt: Quirinius, der Gouverneur von Syrien und Palästina, verkörpert das Römische Reich, während der sogenannte Friedenskaiser Augustus der eigentliche Gegenspieler des in Bethlehem geborenen Friedensfürsten ist.

Die Steuerschätzung (übrigens nicht die allererste und auch nicht unter den von Lukas genannten Bedingungen einer halben Völkerwanderung) zeigt an, daß es sich um Geschichte im Weltmaßstab handelt, darüber hinaus um Zeitgeschichte, die nicht mit unseren historisch-kritischen Maßstäben zu messen ist; denn die hier vorausgesetzte Steuerschätzung dürfte im Jahre 9 n. Chr. stattgefunden haben. Zugleich bietet sich aber mit dem Steuerangebot des Kaisers Augustus (63 v. Chr. – 14 n. Chr.) die Möglichkeit einer tiefen theologischen Aussage, nämlich den Geburtsort Bethlehem heilsgeschichtlich zu begründen und in die Erzählgemeinschaft des Volkes und seiner Verheißung einzuordnen.

Der Stern ist das zusammengefaßte Symbol des Gesagten. Johannes Kepler (1571 – 1630) hat ihn als Jupiter-Saturn-Konjunktion im Tierkreiszeichen der Fische rekonstruiert, die auf das Jahr 7 v. Chr. festzulegen ist. Diese besonders enge Sternkonstellation zeigt an, daß Himmel und Erde bei dem zu erwartenden Erlösungsgeschehen zusammengehören.

Den Himmel mit seinen Erscheinungen können auch Menschen anderen Glaubens deuten, die Astrologen und Magier aus dem Osten, die dank ihrer Sternkenntnis (von der babylonisch-astronomischen Überlieferung her) und im Verlauf der christlich-kirchlichen Tradition zu Repräsentanten der damals bekannten drei Erdteile (Asien, Europa, Afrika) aufrücken.

Schließlich erfolgt die Einengung auf das jüdische Volk: Der Gegenspieler heißt hier nicht Augustus, sondern Herodes (73 – 4 v. Chr.). Nicht der Idumäer Herodes, tatsächlich Usurpatur des jüdischen Königsthrons, sondern Jesus setzt die legitime Davidstradition fort, die sozusagen mit seinem Geburtsort Bethlehem, der Heimatstadt König Davids, abgesichert wird.

Der Kindermord in Bethlehem und die Flucht nach Ägypten runden das Bild der Verheißungsgeschichte ab, wie die Anklänge an die hebräische Bibel und die wörtlichen Zitate aus ihr zeigen. Jedem halbwegs bibelkundigen Juden fiel auf, daß Jesus im Typ des neuen Mose auftritt, der sein Volk noch großartiger befreien wird als damals in der Zeit des Pharao, ja die Linien lassen sich sogar bis in die Erzvätertradition verfolgen, die in der babylonischen Gefangenschaft prophetisch überhöht wird (Jer 31,15), beziehungsweise eine Voraussage empfängt, die Mt 2,18 aufnimmt.

Überdies erfüllen sich an dem göttlichen Kind von Bethlehem die alttestamentlichen Weissagungen, die von der neuen Heils- und Friedensherrschaft sprechen, die von Davids Haus ausgehen wird (Micha 5,1 und öfter). Im göttlichen Kind Jesus schwingt sicher auch ein Glaubenstyp anderer Religionen aus der jüdischen Umwelt mit (Paul Schwarzenau). In diese Linie fügt sich nahtlos die Jungfrauengeburt ein, eine im Mittelmeerraum durchaus geläufige Vorstellung, um den Zusammenhang Gott – Mensch zu betonen. Allerdings erzählen im Neuen Testament nur Lukas und Matthäus davon; die anderen haben sie entweder nicht gekannt oder wollten sie nicht kennen (zum Beispiel Johannes).

Die Jungfrauengeburt erfüllt die Aufgabe, die den Menschen übersteigende Größe Jesu herauszustellen und seine Nähe zu Gott plausibel zu dokumentieren. Wenn sich Matthäus und Lukas dabei einer Vorstellung der hellenistischen Umwelt bedienen, empfindet dies niemand als Sakrileg, ganz im Gegenteil: Seine Geburt aus der Jungfrau stellt für Jesus die nicht mehr hinterfragbare göttliche Legitimation dar.

Engelerscheinungen bei der Geburt im Stall (in der orthodoxen Tradition eine Höhle/Grotte), weil in der Herberge kein Platz ist, gemahnen daran, daß mit der frohen Botschaft alle Menschen ohne Ausnahme gemeint sind.

»Ich glaube an den Einen Gott,
den Vater, den Allmächtigen,
Schöpfer Himmels und der
Erden,
all des, das sichtbar
und unsichtbar.
(Ich glaube) an den Einen
Herrn Jesum Christum,
Gottes einigen Sohn,
der vom Vater geboren ist vor
aller Zeit und Welt,
Gott von Gott, Licht von Licht,
wahrhaftiger Gott vom wahrhaftigen Gott,
geboren, nicht geschaffen,
mit dem Vater eines Wesens,
durch welchen alles geschaffen
ist, welcher um uns Menschen
und um unsrer Seligkeit willen
vom Himmel kommen ist,
und ist leibhaftig worden durch
den Heiligen Geist von der
Jungfrau Maria,
und Mensch worden,
auch für uns gekreuzigt unter
Pontio Pilato,
gelitten und begraben,
und am dritten Tage auferstanden nach der Schrift
und ist aufgefahren gen Himmel
und sitzet zur Rechten des
Vaters und wird wiederkommen
in Herrlichkeit,
zu richten die Lebendigen und
die Toten,
des Reich wird sein ohne Ende.
(Ich glaube) an den Heiligen
Geist, der da ist Herr und
machet lebendig,
der von dem Vater und dem
Sohne ausgeht und mit ihm
angebetet und zugleich geehrt
wird,
der durch die Propheten
geredet hat.
Und die Eine, heilige, allgemeine, apostolische Kirche.
Ich bekenne die Eine Taufe
zur Vergebung der Sünden
und warte auf die Auferstehung
der Toten
und das Leben der zukünftigen
Welt.«
(Nicänisches Glaubensbekenntnis)

Taufe und Gottessohnschaft

Jesus von Nazareth tritt in einer Zeit der politischen Unterdrückung und der wachsenden Messiashoffnung (Erwartung eines Befreiers Israels) auf. Johannes der Täufer, der zwischen 27 und 29 wirkte, hatte darum mit seiner Bußpredigt und Bekehrungstaufe erheblichen Erfolg. Daneben spielte die elitäre Gemeinschaft der Essener, die ihr Zentrum in Qumran am Toten Meer hatten, und eine Reihe von Befreiungsbewegungen (Kampf der Unterdrückten gegen die römische Besatzungsmacht) eine erhebliche Rolle. Johannes der Täufer erwartete wie die Essener einen priesterlichen/königlichen Messias. Von dieser asketischen Bußbewegung des Täuferkreises wird auch Jesus von Nazareth angezogen. Er schließt sich zuerst Johannes an und läßt sich von ihm im Jordan taufen. Die Evangelien sehen in diesem Vorgang, den man als Berufungsereignis – analog dem anderer Propheten und Religionsstifter – betrachten kann, den Beginn der öffentlichen Wirksamkeit Jesu. Bald scheint Jesus einen eigenen Jünger- und Jüngerinnenkreis (ähnlich wie jüdische Rabbiner) gehabt zu haben, der ihn während seiner Wanderungen begleitete. Schon Markus sieht in der Berufung und Geistbegabung Jesu während der Taufe die Bevollmächtigung durch Gott (vgl. Mk 1,11). Nach Markus wird Jesus zum Gottessohn adoptiert.

Wie sich Jesus selbst verstanden hat, ist schwer zu entscheiden. Doch wird man wohl davon auszugehen haben, daß er sich nicht im Sinne der griechischen Mythologie als Sohn Gottes sah. So gut wie sicher ist, daß Jesus keinen der bekannten Hoheitstitel für sich in Anspruch nahm: »Menschensohn«, »Gottessohn«, »Sohn Davids«, »Heiland«, »Christus« sind Würdenamen. Sie sagen viel über den Glauben der frühen Anhänger aus. Vermutlich hat er sich auch nicht als Messias bezeichnet; allerdings sieht er sein Handeln im Kontext der durch Katastrophen geprägten messianischen Endzeit (Apokalyptik). In der frühen Kirche, die eine Reihe von Wandlungen gegenüber dem palästinensischen Urchristentum durchmachte, wird der Ehrentitel »Sohn Gottes« in den hellenistischen Zusammenhang eingefügt, was zu eigenständigen Überlegungen zum Verhältnis Jesus – Gott führte und verschiedene Christologien hervorbrachte, die besonders seit dem 3. Jahrhundert die göttliche und menschliche Natur Jesu betreffende dogmatische Lehrgebäude entwickelten.

Jesus als Wanderprediger: Gottes Herrschaft ist nahe

Im Matthäusevangelium (4,1–11; vgl. Paralleltexte bei Mk und Lk) wird die Vorbereitung auf die Verkündigungsphase im Leben Jesu dargestellt. Die Verhaftung und Hinrichtung Johannes des Täufers dürften wohl die eigenständige Lehrtätigkeit Jesu (etwa in seinem 30. Lebensjahr) eingeleitet haben. Auch Jesus konzentriert sich auf die Zeitverhältnisse bezogene Schriftauslegung (das heißt der hebräischen Bibel), deutet in den Synagogen die heiligen Texte und diskutiert in Lehr- und Streitgesprächen über die Tora, über den Anwendungsbereich des jüdischen Gesetzes in den konkreten Fällen des Lebens. Galiläa scheint sein Hauptwirkungsgebiet zu sein, besonders Kapernaum (Kafarnaum) und die Gegend um den See Gennesaret (Genezareth), woher auch die meisten seiner Jüngerinnen und Jünger stammen.

Jesus predigt die hereinbrechende Gottesherrschaft nicht im Sinne der Wiederherstellung eines von Rom unabhängigen Israel, sondern im Gegensatz zu den widergöttlichen Mächten, die angesichts der göttlichen Nähe fliehen müssen (belegt durch eine Reihe von Heilungswundern). Das Evangelium ist frohe Botschaft (griechisch *euangelion)* an alle, die »mühselig und beladen« sind, sei es durch Krankheiten, Gefährdungen durch die Natur, ungerechte Gesellschaftsstrukturen oder auch

»Und er sprach: Das Reich Gottes ist so, wie wenn ein Mensch den Samen aufs Land wirft und schläft und steht auf Nacht und Tag; und der Same geht auf und wächst, ohne daß er's weiß. Denn die Erde bringt von selbst Frucht, zuerst den Halm, danach die Ähre, danach den vollen Weizen in der Ähre. Wenn sie aber die Frucht gebracht hat, so schickt er alsbald die Sichel hin; denn die Ernte ist da.«
(Mk 4,26–29)

Die Darstellung einer mittelalterlichen Mühle versinnbildlicht die Berührung zwischen dem Alten (Samenkorn) und dem Neuen Testament (Mehl). Romanisches Kapitell der Abteikirche Sainte-Madeleine in Vézelay/Frankreich, 12. Jahrhundert.

Folgen persönlicher Verfehlungen. Die Armen und Außenseiter erfahren darum verstärkt die Zuwendung Jesu und der heilsamen Botschaft von Gottes Herrschaft. Das von Jesus angekündigte Heil ist ein Geschenk Gottes, nicht menschliche, fromme Leistung. Darum gilt es allen Menschen, obwohl Jesus anfänglich überwiegend seinen jüdischen Zeitgenossen predigte; allerdings kommen sehr bald die geächteten Samaritaner, aber auch die »Heiden« aus der Umgebung Galiläas (zum Beispiel den zehn Städten, aus Tyrus, Sidon oder der römischen Besatzungsmacht), hinzu.

Was Gottes Herrschaft konkret ist, erläutert Jesus in Gleichnissen, macht er exemplarisch deutlich durch Wunder. Die Gleichnisse Jesu sind neben Sprüchen (Logien) sowie Streit- und Schulgesprächen eine Redeform, welche die Eigenart von Personen, eines Ereignisses, eines Sachverhaltes durch einen bildhaften Vergleich aus einem anderen Lebensbereich »erklären« will.

Heilung eines Taubstummen: »Und da er wieder fortging aus der Gegend von Tyrus, kam er durch Sidon an das Galiläische Meer, mitten in das Gebiet der zehn Städte. Und sie brachten zu ihm einen, der taub und stumm war, und sie baten ihn, daß er die Hand auf ihn legte. Und er nahm ihn von dem Volk besonders und legte ihm die Finger in die Ohren und berührte mit Speichel seine Zunge und sah auf gen Himmel, seufzte und sprach zu ihm: Hephata! Das ist: Tu dich auf! Und alsbald taten sich seine Ohren auf, und das Band seiner Zunge ward los, und er redete recht...« (Mk 7, 31–35).

Jesu Botschaft läßt sich am ehesten durch das aktualisierte Doppelgebot der Liebe zusammenfassen: »Du sollst Gott deinen Herrn lieben von ganzem Herzen, von ganzer Seele und mit allen deinen Kräften und deinen Nächsten wie dich selbst« (Lk 10,27; vgl. Dt 6,5; Lev 19,18). Sie gipfelt in den Aussagen der Bergpredigt über die Feindesliebe:

»Liebet eure Feinde,
tut denen Gutes, die euch hassen.
Segnet, die euch verfluchen,
betet für die, die euch verleumden.« (Mt 5,44–45a)

Die bei Matthäus als »Bergpredigt« und bei Lukas als »Feldrede« stilisierte Spruchsammlung enthält die Quintessenz seines Redens und Handelns. Sie stellt die Orientierung und Anleitung für das eigene Handeln dar.

Heilungs- und Naturwunder

Wunder stellen eine so innige (ganzheitliche) Verbindung von Glaubenserfahrung dar, daß die heutige Verkündigung nicht von den erstaunlichen Ereignissen absehen kann, die Jesus zugeschrieben werden.

Allerdings ist eines unbestritten: Wunder beweisen nichts, weil die Ursache der Kräfte, die Heilung ermöglichen, weder im mythischen Weltbild, noch in neuerem Verständnis bewiesen werden können. Der Geheilte kann – schon nach antikem Verständnis – durch göttliche Kraft gesund geworden sein. Jesus traf ja auch der Vorwurf, daß er Dämonen durch Beelzebul, den obersten der Teufel, ausgetrieben habe (Mk 3,22–30). Zudem sind Wunder im religionsgeschichtlichen Umfeld Jesu keineswegs selten, bezeugen sie doch, daß es sich beim Wundertäter nicht um einen gewöhnlichen Menschen, sondern um einen Gottbegnadeten handelt.

»Kreuzabnahme«. Marmorrelief von Benedetto Antelami, 1178, ursprünglich wohl an einer Kanzelbrüstung, heute im Dom von Parma.

Jede Wundergeschichte hat ihr besonderes Thema; sie ist bei den Evangelisten die leiblich »begreifbare« Begleitung und spürbare, sichtbare oder hörbare Erfahrung der Verkündigung, handelt es sich nun um die Speisung von 5 000 Menschen, um die Stillung eines Sturmes auf dem See Genezareth, einen überdimensionierten Fischzug, die Heilung von Kranken beziehungsweise von Dämonen Besessenen oder eine Totenauferweckung.

Passion, Kreuzigung und Auferstehung

Die Evangelien steuern mit ihren Berichten über das Leben Jesu konsequent auf die letzte Phase zu: Die Erfahrung von Kreuz und Auferstehung ermutigt dazu, die Geschichten des Lebens Jesu unter österlichen Vorzeichen zu lesen und weiter zu verkündigen.

Die historische Nachfrage bei den vier Evangelisten dürfte (trotz vieler unterschiedlicher Thesen in der Evangelienforschung) den Schluß zulassen, daß Jesus Gegner auf seiten der jüdischen Verwaltung wie bei der römischen Besatzungsmacht hatte. Sein – doppelt erzählter – Prozeß (vor dem jüdischen Hohenpriester und vor dem römischen Gouverneur Pontius Pilatus) führte dazu, daß er wegen Hochverrats von der römischen Besatzungsmacht (offensichtlich kurz vor dem Passahfest) öffentlich am Kreuz hingerichtet wurde. Das nächste historisch faßbare Ereignis ist der Osterglaube der Jüngerinnen und Jünger, die Erscheinungen Jesu haben und das Grab leer sehen.

Der Christus des Glaubens

Aus Jesus, dem »Verkündiger«, dem Anführer einer jüdischen Bewegung und häretischen Sekte, wurde nach Tod und Auferstehung der »Verkündigte«: der »Christus des Glaubens«. Mehrere Christologien (Lehren von Christus) entstanden, »die sich je nach den verschiedenen sozialen Kontexten voneinander unterschieden, größtenteils gleichzeitig entwickelten und gegenseitig beeinflußten«. Jesus wurde von den Gläubigen als »Erlöser« erfahren. Deshalb schmückten sie ihn mit Würdetiteln und Sinnbildern aus ihrer jeweiligen Umwelt. Nach der neuesten Forschung zeichnen sich vier christologische Entwicklungslinien ab, die der US-amerikanische katholische Theologe Paul F. Knitter folgendermaßen beschreibt:

»Die Maranatha-(»Komm, Herr Jesus«) oder Parusie-Christologien sahen in Jesus den Herrn der Zukunft und Richter der Welt, der die näherrückende Fülle des Heils bringt. Dieses Modell, das eine Erweiterung der frühesten Glaubensüberzeugung – Jesus als letzter der Propheten – darstellt, entstand im sozialen Kontext der jüdischen

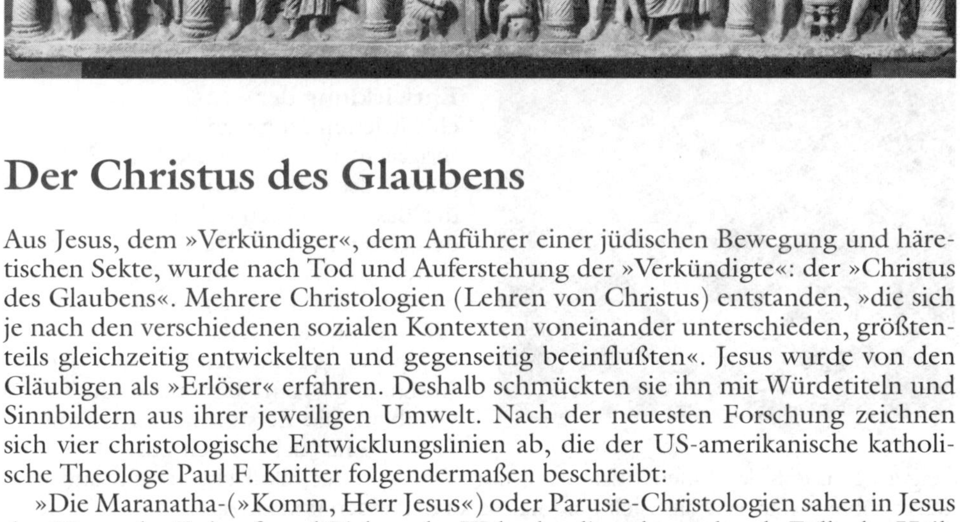

Oben:
Via-Crucis-Sarkophag, 4. Jahrhundert. Das Christusmonogramm im Zentrum diente den konstantinischen Legionen als Feldzeichen. Museo del Laterano, Rom.

Links:
Passionssarkophag, um 360. Museo del Laterano, Rom.

Endzeiterwartung mit ihrem heftigen Verlangen nach der endgültigen Wiederherstellung der Gottesherrschaft für Israel. Seine grundlegenden Titel waren mareh oder mar (Herr) und »Menschensohn«. Nach Schillebeeckxs erwähnte diese Christologie, die in der Q-Tradition (einer frühen Quelle, die sowohl von Matthäus als auch von Lukas benützt wurde) zu finden ist, weder die Auferstehung noch irgendeine der Erscheinungen nach der Auferstehung (...) 2. Die Christologie vom Göttlichen Menschen (theios aner) stellte Jesus als göttlichen Mittler dar, der wunderbare Taten vollbringen konnte; sie inspirierte die vielen Sammlungen von Wundergeschichten. Diese Christologie nährt zahlreiche gelehrte Kontroversen, aber die meisten Fachleute geben zu, daß die frühen Christen Jesus nicht unbedingt für eine göttliche Person hielten, wenn sie das Bild vom Göttlichen Menschen auf ihn übertrugen (...) 3. Die Weisheit- und Logos-Christologien bedienten sich eines weiteren Bildes, das in den Umkreis des vorchristlichen – griechischen wie jüdischen – ›Zeitgeistes‹ gehörte. Im jüdischen Kontext stand der Begriff Weisheit für das Wirken Gottes in der Welt, das schöpferisch, offenbarend und erlösend war (...) Auf Jesus angewendet drückte ›Weisheit‹ aus, daß der Gläubige ihn als Diener, Bringer und Lehrer göttlicher Weisheit erlebte (...) Die Weisheits-Christologie bildete daher den Ursprung der vollentfalteten Glaubenslehre von der Inkarnation, die vor allem zu dem Zeitpunkt Gestalt annahm, als der Verfasser des Johannesevangeliums das jüdische Bild der Weisheit mit dem griechischen Symbol des universalen Logos kombinierte (...) 4. Die Passah- oder Oster-Christologie hob die Wirklichkeit der Kreuzigung und Auferstehung Jesu und mehr noch die Auswirkungen dieser Tatsachen auf die Gemeinschaft der Gläubigen hervor. Diese Christologie wendete sich an Jesus als den Christus oder Messias (...) Oster-Christologien befassen sich weniger mit den Worten und Taten des historischen Jesus als mit seiner erhöhten Gegenwart, die die Gemeinde formt und belebt. Obwohl Paulus ihr Hauptvertreter ist, gab es die Vorstellung vom vollendeten erhöhten Herrn schon vor seinem Einfluß.«

Der griechische Kirchenlehrer und Patriarch von Konstantinopel Johannes Chrysostomos (344/354–407). Mosaik in der Cappella Palatina in Palermo, 12. Jahrhundert.

Entwicklung der christlichen Dogmen

Jerusalem und Galiläa sind die Anfangspunkte des christlichen Glaubens, der auf der Basis der Ostererscheinungen an beiden Orten bald weitere Verbreitung fand. Waren die Christen am Anfang höchstens eine jüdische Sekte, so führte die eigene Identitätssuche und das nicht vom Judentum geprägte Heidenchristentum zu einer Abrenzung vom bisherigen jüdischen Glauben. Die Zerstörung Jerusalems im Jahre 70 hat sicher noch zusätzlich dazu beigetragen, daß das Judenchristentum fast völlig von der Bildfläche verschwand. Das Kernproblem war: Wie läßt sich der Glaube an den einen und einzigen Gott – für Jesus immerhin absoluter Bezugspunkt seiner Existenz – mit dem Glauben an Christus vereinbaren? Die neutestamentlichen Aussagen ließen unterschiedliche Deutungen zu, die sich auch in den verschiedenen Gemeinden teilweise lange hielten, bis mit Hilfe der griechischen Philosophie und auch als Folge kirchenpolitischen Drucks der (christlichen) Kaiser sich die sogenannte Zweinaturenlehre Jesu durchsetzte. So begegnet uns der Adoptianismus als frühe Erscheinungsform, ausgehend von der (Tauf-)Tatsache, daß Jesus zum Gottessohn adoptiert wurde. In den subordinatianischen Versuchen, die auch schon im Neuen Testament beginnen (zum Beispiel Phil 2,5–11, Joh 1 und die gesamte Logos-Christologie) wird Christus als präexistentes Wesen gedacht, das »untergeordnet« unter Gott-Vater sich als Gottes Sohn inkarniert.

Mit dem Modalismus (besonders durch Origenes) läßt sich nicht nur das Verhältnis Vater – Sohn bestimmen, sondern sich dieses leicht auf den Geist erweitern: Es wird von drei Weisen (*modi*) Gottes gesprochen, Wesenstypen (griechisch *hypostasis*), die real existieren, aber im Blick auf Wesen beziehungsweise ihr Sein und ihre Natur voneinander abhängig sind. Schließlich findet man angesichts der erheblichen Problematik solcher Unterscheidungen einen Kompromiß: Gott habe eine einzige Seinsstruktur, aber drei Seinsweisen. Doch das Problem verschiebt sich damit nur: Sind der menschgewordene Gott-Logos-Sohn und Gott-Schöpfer-Vater wesens-ähnlich oder wesens-gleich? Die Wesensähnlichkeit behauptete der alexandrinische Priester Arius, gegen den die Kirche unter Federführung des Bischofs von Alexandria, Athanasius, entschied und im Konzil von Nicäa 325 für wesensgleich plädierte und im Bekenntnis von Nicäa (Nicänum) dogmatisierte.

Der Streit war damit aber keineswegs beendet – die Germanen nahmen beispielsweise weitgehend die arianische Variante des Christentums an –, spitzte sich vielmehr auf die göttliche und menschliche Natur Jesu und ihr Verhältnis zueinander zu. Das Konzil von Chalkedon brachte 451 eine mehr formale Klärung (unvermischt und unverbunden, aber doch in einer Person [= Hypostase/Wesenstruktur] finden sich die göttliche und menschliche Natur vereinigt). Die Streitereien gingen weiter und führten zur (häretischen) Ausgrenzung der »orientalischen« Kirchen, die in den Untergrund gingen oder außerhalb des Römischen Reiches und unter islamischer Herrschaft (seit dem 7. Jahrhundert) überlebten.

In Abgrenzung zum Judentum, zur eigenen christlichen Glaubensentwicklung, zur Gnosis und zu anderen religiösen Strömungen des Hellenismus, aus Ägypten und aus dem Iran wird die Stellung Jesu zu Gott und zu den Menschen immer philosophisch feinsinniger definiert. Die Grundlagen für die Trinitätslehre (Lehre von der Dreieinigkeit Gott Vaters, des Sohnes und des Heiligen Geistes) sind damit unter den Bedingungen der griechischen Sprache und Philosophie gelegt und erlauben es, den christlichen Glauben in dogmatischen Formulierungen festzuschreiben. So werden die ersten Glaubensbekenntnisse (Romanum, Apostolicum, 2. Jahrhundert) ergänzt und erweitert. Das Bekenntnis des Athanasius, das durch den Abschnitt über den Heiligen Geist erweiterte Nicäno-Kontantinopolitanum (beschlossen auf der Synode von Konstantinopel 381) und das aus dem 5. Jahrhundert stammende Athanasianum (nicht von Athanasius) gehören bis heute zur Grundlage aller katholischen, orthodoxen und evangelischen Kirchen. Gemeinsam ist ihnen die dreigliedrige Struktur: Sie reden von den drei göttlichen Personen (Gott Vater, Sohn, Heiliger Geist).

Das Denkschema der Dreieinigkeit (Trinität) befriedigt nur vordergründig logische Anfragen. Außerdem bergen theologisch-philosophische Versuche immer die Gefahr in sich, das Geheimnis der Trinität erforschen zu wollen. Es dauert immerhin bis zum Konzil von Florenz (1439 – 1442), bis die westliche Kirche einen dogmatischen Endpunkt offiziell formuliert: Gott als eine Essenz faltet sich in drei Personen (Hypostasen) auf. Aber nur der göttliche Vater zeugt den Sohn, nur der Sohn ist vom Vater gezeugt (also keine biologische Zeugung). Der Heilige Geist geht wegen dieser Einheit von Vater und Sohn von beiden zugleich aus. Die drei Personen sind ein Gott und nicht drei Götter.

Den heiligen Vätern folgend, lehren wir alle übereinstimmend, als einen und denselben Sohn unsern Herrn Jesus Christus zu bekennen, denselben vollkommen in der Gottheit und denselben vollkommen in der Menschheit, wahrhaft Gott und denselben wahrhaft Mensch...
wesensgleich dem Vater nach der Gottheit und denselben uns wesensgleich nach der Menschheit, in allem uns gleich, ausgenommen die Sünde...
einen und denselben Christus, Sohn, Herrn, Einziggeborenen, in zwei Naturen unvermischt, unverwandelt, ungetrennt, unzerteilt erkannt...«
(aus dem Bekenntnis von Chalcedon, Übersetzung: Heinrich Karpp)

»Die Liebe Gottes wurde unter uns dadurch offenbart, daß Gott seinen einzigen Sohn in die Welt gesandt hat, damit wir durch ihn leben. Nicht darin besteht die Liebe, daß wir Gott geliebt haben, sondern daß er uns geliebt hat.«
(1. Joh 4,9–10)

Die Lebensmitte des Christentums

Der Begriff »Lebensmitte« stammt von dem Religionswissenschaftler Gustav Mensching (1901 – 1978), der damit die unverwechselbare Besonderheit jeder konkreten Religion auf dem allgemeinen Hintergrund von Religion (seine bekannte Religionsdefinition: »Religion ist erlebnishafte Begegnung mit dem Heiligen und antwortendes Handeln des vom Heiligen bestimmten Menschen«) auf den Begriff bringen wollte. Das Christentum war für Mensching »die Religion der Gotteskindschaft und der Liebe«.

Gott

Gibt es ein spezifisch christliches Gottesbild? Realistisch ist von der Voraussetzung vielerlei real existierender christlicher Gottesbilder auszugehen: »Alle Epochen der Geschichte der Christenheit sind bestimmt worden durch neue Formen der Gotteserfahrung und Christuserfahrung. Die großen Charismatiker, die Propheten, Reformatoren und Mystiker schrieben die Partituren, die die theologischen Epigonen ihrer Epoche spielten« (Ernst Benz). Religionswissenschaftlich gesehen, ist das Christentum eine monotheistische Religion: Der christliche Gott ist der eine und einzige Gott. Im Unterschied zu den von Mensching sogenannten »theiomonistischen« (griechisch to theion: »das Göttliche«) Religionen, die »das göttliche Eine« als Mittelpunkt ihres Glaubens haben, wird hier die göttliche Wirklichkeit personal vorgestellt. Gott ist der Eine, neben dem es keine weiteren Götter gibt. Das monos (»einzig, allein«) hat »einen überlegten, polemischen, affirmativen und zugleich das Gegenteil negierenden Charakter« – so der italienische Religionshistoriker Ugo Bianchi. Damit steht das Neue Testament auf dem Boden der von der hebräischen Bibel her vorgezeichneten Glaubensvorstellungen. Deutlich sind die Unterschiede zu denjenigen Religionen, die keine »Gottperson« (Ulrich Mann) glaubensvoll verehren: Buddhismus, Hinduismus und Daoismus. Hier stellt man sich das Zentrum der Religion häufig impersonal vor, als: das nirvana, das brahman, das dao usw.

Die personifizierte Philosophie spendet dem im Gefängnis auf die Hinrichtung wartenden Boethius Trost. Die Miniatur (Anfang 13. Jahrhundert, Kloster Aldersbach) illustriert Titel und Entstehungsumstände der Schrift »De consolatione philosophiae«, die der Philosoph und Staatsmann Boethius während seiner Haft im Kerker von Padua verfaßte. Bayerische Staatsbibliothek, München.

Gott ist der Eine (1 Kor 8,6; Eph 4,6; Jk 4,12) und Einzige (Joh 17,3; Röm 16,27; Mt 4,10; 1 Tim 6,15), der Höchste, der zu allem die Macht hat. Er ist himmlischer Souverän und Majestät. Wie der Koran, so betonen auch neutestamentliche Aussagen über Gottes Thron die numinose majestas, die Erhabenheit Gottes (Hebr 8,1; 12,2; Off 4,2 – 6). In diesen Zusammenhang gehören auch die Aussagen vom »lebendigen« Gott (Mt 16,16;26, 63; Apg 14, 15). Die Vorstellung von der Einigkeit und majestas Gottes sind in Gottes Schöpfersein begründet: Gott ist der Schöpfer der gesamten Wirklichkeit, »der Himmel und Erde gemacht hat« (Apg 4, 24; 14, 15; 17, 24). Als Schöpfungsmittler fungiert im Neuen Testament Jesus Christus (1 Kor 8,6; Hebr 1,2 f.; Joh 1,3.143; Hebr 11, 3). Gott ist auch der Herr der Geschichte, ohne den kein Sperling vom Dach fällt. Gott wird im Neuen Testament als der heilige, ewige, große, mächtige, numinose, »ganz andere« Gott (Rudolf Otto) gepriesen, den die Menschen anbetend verehren und dessen Herrlichkeit die Himmel rühmen. Als der Unsichtbare ist Gott menschlichem Sehen nicht zugänglich (1 Tim 6,16).

Zugleich ist Gott aber der »liebe Vater«, der die Sünder sucht. Auf dem Hintergrund des vom Judentum her übernommenen Monotheismus zeigt sich eine weitere grundlegende Seite des christlichen Gottesbildes: Dieser mächtig-heilige Gott hat sich zu den Menschen in Jesus Christus herabgeneigt. Es ist die zentrale Botschaft des Neuen Testaments, daß das »Reich Gottes« und damit das Heil ganz nahe herbeigekommen sind. Der mit seinem Werk »Das Heilige« (1917 und öfter) epochale evangelische systematische Theologe Rudolf Otto hat diese »Kontrast-Harmonie«, die »Mischung des tremendum mit dem fascinans folgendermaßen beschrieben:

»Der Herr dieses Reiches ist der ›himmlische Vater‹. Das klingt uns Heutigen linde und wirkt oft fast gemütlich, etwa wie der ›liebe Gott‹. Aber damit mißverstehen wir den biblischen Sinn sowohl des Substantives wie des Prädikates. Dieser ›Vater‹ ist zuerst der heilig-erhabene König dieses ›Reiches‹, das dunkel-dräuend mit der vollen emat Jahveh aus den Tiefen des ›Himmels‹ herannaht. Indem er sein Herr ist, ist er nicht weniger ›heilig‹ numinos geheimnisvoll qadosch hagios sacer und sanctus als sein Reich, sondern viel mehr, und alles das in absolutem Maße (...) Darum folgt der Anrede ›Vater unser‹ alsbald das Wort ›Geheiligt werde dein Name‹, das weniger Bitte als scheuer Huldigungs-anruf ist (...). Daß dieses Geheimnisvoll-Scheubare, dieses fremde Unnahbare im Himmel‹ zugleich heimsuchend-nahender Gnadenwille sei: dieser aufgelöste Kontrast erst macht die Harmonie echten christlichen Grundgefühles aus.«

Das Hauptgebet aller Christen, das (in der jüdischen Gebetstradition stehende) »Vater Unser«, führt unmittelbar auch zum Gottesbild Jesu zurück und ist »das wichtigste und unverdächtigste Binde-Gebet zwischen Christentum und Judentum. Wenn Christen es beten, bekennen sie sich in geistiger Hinsicht zusammen mit Jesus als jüdische Fromme« (Clemens Thoma). Jesus verkündete den »himmlischen Vater«. Von diesem Gott spricht Jesus immer und immer wieder in seinen Gleichnissen: Er ist wie jemand, der einem verlorenen Schaf nachläuft und die übrige Herde alleinläßt. Gottes Willen erfüllt man, indem man sich den Armen, Zu-Kurz-Gekommenen und Verachteten so zuwendet, wie Gott selbst dies tun würde. So wie Gott alle Menschen liebt, so soll der Mensch seinen »Nächsten« lieben – sogar die Feinde.

»Vater unser
Vater unser, der du bist im Himmel.
Geheiligt werde dein Name.
Dein Reich komme.
Dein Wille geschehe.
Wie im Himmel, so auf Erden.
Unser tägliches Brot gib uns heute.
Und vergib uns unsere Schuld.
Wie wir vergeben unseren Schuldigern.
Und führe uns nicht in Versuchung.
Sondern erlöse uns von dem Bösen;
denn dein ist das Reich
und die Kraft
und die Herrlichkeit.
In Ewigkeit. Amen.«

Mensch
Im Unterschied zum Islam, der den Menschen als Gottes »Stellvertreter« bzw. »Statthalter« auf Erden betrachtet, gehört es zu den Gundannahmen des jüdisch und christlich gedeuteten Menschenbildes, daß der als leib-seelische Ganzheit aufgefaßte Mensch »nach dem Bilde Gottes« geschaffen wurde. Damit ist keine göttliche Eigenschaft, sondern eine Beziehung zu Gott gemeint, in der die Menschenwürde grundgelegt ist. Grundüberzeugung ist weiterhin die – vom Islam geteilte – Auffassung, daß der Mensch als »Krone der Schöpfung« von der nicht-menschlichen Kreatur grundsätzlich verschieden ist. Er hat einen Herrschaftsauftrag über die Schöpfung verliehen bekommen. Er soll sie bebauen und bewahren, nicht aber zerstören.

Der Mensch ist geschlechtlich differenziert – als Mann und Frau – geschaffen. Als von Gott Gesegnete sollen beide mit ihren Nachkommen die Erde bevölkern. Diese Aussagen der hebräischen Bibel werden von Jesus vorausgesetzt, der immer wieder die Güte Gottes betont. Paulus betrachtet den sündigen Menschen im Kontext der übrigen Schöpfung, die leidet und auf Erlösung harrt.

Die Rede von der Sünde, die eine herausragende Bedeutung in der Bibel einnimmt, ist ein Versuch, die Tatsache zu erklären, daß die alltägliche Erfahrung des Menschseins nicht durch Heil, Glück, Liebe usw. gekennzeichnet ist, sondern auch durch Leid, Unglück, Unheil. Man wird der Eigenart christlicher Sündenidee erst dann gerecht, wenn man sie in den Kontext anderer religionsgeschichtlicher »Sünden«-Auffassungen stellt. Grundlegend sind die Erkenntnisse von Gustav Mensching, der zwischen »aktuellen und konkretisierten Sünden« einerseits und der »essentiellen und generellen Sündenidee« anderseits unterschieden hat. Es ist ein Wesenszug aller Universalreligionen, daß sie von der vorfindlichen Sünde im Singular ausgehen. Von dieser Sünde gibt es keinen Plural; denn es handelt sich um eine »Gesamtsituation«, um »ein vor aller Tat und vor aller Gesinnung liegendes Sein, eine allgemeine Situation gegenüber einem Transzendenten«. Sünde meint nicht in erster Linie ein moralisches Versagen, sondern ist Symbol für etwas Allgemeines und Grundlegendes in der menschlichen Existenz. Die Auffassung von der Sünde differenziert sich religionsgeschichtlich auf mannigfaltige Weise. Mit Blick auf die »prophetischen Religionen« (so Judentum, Christentum, Islam, Zoroastrismus) hat Mensching das grundsätzliche »Hemmnis« der Einheit zwischen Gott und Mensch als »ichsüchtige Existenz« beziehungsweise »Ichsüchtigkeit« charakterisiert. Hierunter versteht er die »Richtung aller Wesenskräfte auf das Ich und seine Bedürfnisse«. Davon unterscheidet sich die in den »mystischen Religionen« (so Buddhismus, Hinduismus, Daoismus) vorkommende Auffassung von Sünde als »Ichhaftigkeit«: »Das Ich und das Ichbewußtsein sind daher die Faktoren, gegen die als heilshindernde Größen sich das Erlösungsverlangen in erster Linie richtet, weil das Ichbewußtsein für die Mystik der markanteste Ausdruck unerlöste menschlicher Existenz ist.«

Verklärung Christi auf dem Berg Tabor. Apsismosaik in der von Argentarius erbauten Kirche Sant' Apollinare in Classe, Ravenna, um 549.

Sünde ist in der hebräischen Bibel Verfehlung: Verstoß gegen ein gegebenes Gebot und Verbot. Darüber hinaus kommt die ganze Tiefe der biblischen Sündenvorstellungen in der Bedeutung »sich auflehnen, sich gegen jemanden empören«, also in der Rebellion gegen Gott, zum Ausdruck. Es gibt aber keine allgemeine Lehre von der Sünde, sondern die Sünde realisiert sich in konkreten Situationen des menschlichen Lebens. Die hebräische Bibel kennt keine Erbsündenlehre. 1. Mose 6,5 – 8,21 und weitere Textstellen sprechen jedoch für die Annahme einer allgemein-menschlichen Schuldhaftigkeit. Sünde ist nicht Bestandteil der guten Schöpfung Gottes; sie bricht vielmehr dämonisch aus verborgenen Tiefen des Menschen hervor. Durch die verbindlichen Weisungen des Dekalogs (»Zehn Gebote«) soll der Mensch ein Gott wohlgefälliges Leben führen, das auf Vergebung angewiesen ist (Psalm 103).

»Die Nacht ist vorgedrungen,
der Tag ist nicht mehr fern.
So sei nun Lob gesungen
dem hellen Morgenstern!
Auch wer zur Nacht geweinet,
der stimme froh mit ein.
Der Morgenstern bescheinet
auch deine Angst und Pein.«
(Jochen Klepper)

Im Neuen Testament wird diese Linie fortgesetzt. In den Evangelien wird vom beständigen Schuldigwerden des Menschen gesprochen. In den synoptischen Evangelien sowie in der Apostelgeschichte kommt das Wort Sünde nur im Zusammenhang mit der durch Jesu Wirken geschehenen Sündenvergebung vor. Jesus ist gekommen, um die Sünder zur Buße zu rufen (Mk 2,17). Er hat die Vollmacht, Sünden zu vergeben und überträgt sie auch auf seine Nachfolger (Mk 11,25 f.; Mt 6,14 f.; Joh 20,23).

Im paulinischen Schrifttum dagegen wird anders von Sünde gesprochen: Paulus charakterisiert die Sünde als eine personifizierte Macht, welche die Menschheit seit Adams Fall beherrscht und welcher der Mensch bis zur Erlösung durch Christus sklavisch ausgesetzt ist. Sünde ist Schicksal und Verhängnis (Röm 7,15–20; 5,12 ff.), zugleich aber auch verantwortungsvolles Tun. Paulus spricht vom »Leben nach dem Fleisch«, das die verkehrte Ausrichtung des »ichsüchtigen«, sich vor Gott behauptenden Menschen zeigt. Durch die Sünde ist zugleich ihre Frucht, der Tod, in die Welt gekommen.

Neben dem Kirchenvater Tertullian, der den Begriff *vitium originis* (»Ursünde«) prägte, ist es vor allem Augustinus, der die christliche Sündenlehre maßgeblich beeinflußte. In seiner Auseinandersetzung mit Pelagius entwickelte er die Lehre von der »Erbsünde«. Während Pelagius behauptete, daß die Sünde nicht auf die nachfolgenden Generationen vererbt werde, sondern als »Gewohnheitsmacht zum Bösen« verstanden werden müsse, die durch Erziehung in den Griff zu bekommen sei, lehrte Augustinus: Der Mensch besaß vor dem Sündenfall das »Vermögen, nicht zu sündigen« (posse non peccare). Nach dem Fall wurde daraus ein prinzipielles »Unvermögen, nicht zu sündigen« (non posse non peccare). In der mittelalterlichen Lehre von der Sünde gelangte ein neues, aus dem Neuplatonismus stammendes Motiv in die Theologie: Sünde wurde als Nichtseiendes, als absentia (Abwesenheit) oder als defectus boni (Fehlen des Guten), betrachtet. Die augustinische Denklinie war theologiegeschichtlich erfolgreich. Der Konzilstext von Trient (1545 – 1563), der sich zum Teil auch von der augustinischen Auffassung entfernt, zeigt dies in der Hervorhebung der »Übertragung durch Fortpflanzung« und der Notwendigkeit der Kindertaufe zur Beseitigung der Erbschuld. Unter Berufung auf das Konzil von Trient, das – wie man heute zunehmend erkennt – den reformatorischen Überzeugungen nicht grundsätzlich entgegensteht, formuliert der katholische Theologe Ludwig Ott, »daß Adam durch Übertretung des göttlichen Gebotes die Heiligkeit und Gerechtigkeit verlor (...) Es verwirft die Lehre, daß Adam die von Gott empfangene Heiligkeit und Gerechtigkeit bloß für sich allein, nicht auch für uns verloren habe und daß er nur den Tod und die körperlichen Leiden, nicht auch die Sündenschuld auf seine Nachkommen vererbt habe. Positiv lehrt es, daß die Sünde, welche der Tod der Seele ist, von Adam auf alle seine Nachkommen durch Abstammung, nicht durch Nachahmung übergeht und jedem einzelnen Menschen innewohnt (...) Da die Erbsünde ein peccatum naturae (Sünde der Natur) ist, wird sie auf demselben Wege fortgepflanzt wie die menschliche Natur, durch den natürlichen Zeugungsakt.«

Die Reformatoren deuteten die Sünde radikal als Ungehorsam, Unglaube, hochmütige Emanzipation, verkehrtes Verhältnis zu Gott. Diese »Ichsüchtigkeit« zeigt sich im »verkrümmten Herzen« (cor incurvatus in se), das sein Heil bei sich selber sucht. In der protestantischen Orthodoxie (17./18. Jahrhundert) wurde die »Synthese von Schicksal und Schuld« (Elert) gelehrt. Erbsünde und Tatsünden sind miteinander verwoben: Die eine ist die Wurzel der anderen. Luthers Betonung der Personsünde ging in der Orthodoxie zugunsten ihres Interesses an der Erbsünde wieder verloren. Daher wurden in der Aufklärungstheologie und im Idealismus wieder pelagianische Tendenzen maßgebend.

Von den Ansätzen der Theologen dieses Jahrhunderts sind die der evangelischen Theologen Karl Holl (1866 – 1926), Karl Barth (1886 – 1968), Emil Brunner (1889 –

1966), Rudolf Bultmann (1884–1976), Paul Tillich (1886–1965) und Dietrich Bonhoeffer (1906–1945) bemerkenswert. Tillich sprach von »Entfremdung«: »Sünde als individueller Akt aktualisiert das universale Faktum der Entfremdung.« Ferner sind zu nennen: Wolfhart Pannenberg (geb. 1928), Eberhard Jüngel (geb. 1934), Gerhard Ebeling (geb. 1912). Auf katholischer Seite ist sowohl hinzuweisen auf Karl Rahner (1904 – 1984), Alexandre Ganoczy (geb. 1928), den Niederländer Edward Schillebeeckxs (geb. 1914) wie auch auf dessen Landsmann Piet Schoonenberg (geb. 1911), der »Sünde« als allgemeine »Situiertheit« des Menschen qualifiziert. Neue Wege der Sündendeutung beschritten unter anderem die evangelische Theologin Dorothee Sölle (geb. 1929), die ein Verständnis von Sünde »im spezialistisch-religiösen Sinn« ablehnt und den Begriff »weltlich-politisch« deutet, sowie der lateinamerikanische katholische Befreiungstheologe Leonardo Boff (geb. 1938).

Das Christentum ist eine Erlösungsreligion; denn es verspricht Befreiung aus der vom Menschen generell vorgefundenen »sündhaften« Unheilssituation. Ein Vergleich der hauptsächlichen Typen theologischer Dogmatiken (so die scholastische »Summa« des Thomas von Aquin; die altprotestantische Lehre mit ihrem »heilsgeschichtlichen Schema« beziehungsweise die analytische Methode hoch-und spätorthodoxer Dogmatik seit etwa 1630, schließlich die Darstellung des christlichen Glaubens durch Schleiermacher, 1830/31) zeigt: Unmittelbar im Anschluß an die durch die »Sünde« charakterisierte Grundsituation des Menschen wird dogmatisch das Thema Gnade verhandelt. Alles in der christlichen Frömmigkeit ist auf die durch Jesus Christus vollbrachte Erlösung bezogen. Erlösung kann religionsgeschichtlich 1. als ausschließliches Werk Gottes, also als reine Gnade, 2. als alleiniges Werk des Menschen (sehr selten anzutreffen) und 3. als Gott und Mensch zusammenbindendes Geschehen, »Synergismus« (häufig anzutreffen), verstanden werden.

Denkmodell: Rechtfertigungslehre

Am Beispiel reformatorischer Theologen sollen die Hauptmerkmale eines bedeutenden theologischen Denkmodells, der Rechtfertigungslehre, dargestellt werden:

Die Einheit der Kirche zerbrach im 16. Jahrhundert an einem Streit, dessen Kern die Frage bildete: Welche Bedeutung für unser Heil haben die göttliche Gnade einerseits und die Werke beziehungsweise Leistungen des Menschen andererseits? Dies ist die klassische Problembechreibung der Rechtfertigung des Menschen nicht aus seinen (guten) Taten, sondern aus dem Glauben, den Gott (durch Gnade) schenkt .

Das Lebensideal der humanitas setzte Erasmus von Rotterdam (1466/69 – 1536) mit Bildung im umfassenden Sinne gleich, und zwar als auf Gott bezogene Humanität: humanitas christiana. Die Antike, auf die er als Humanist zurückging, lag im christlichen Altertum: Jesus Christus will die ursprünglich gut geschaffene, aber verletzte Natur wiederherstellen. Die Schwächung trat durch die Erbsünde ein, die Wiederherstellung erfolgt durch Gnade. So hebt das Gesetz Christi keineswegs die alten Ordnungen auf, sondern verchristlicht sie. Die Religion gehört zur Philosophie und ist ihr bestes Teil. In diesem Sinne ist philosophia Christi die Verwandlung des Lebens und die Erneuerung der Welt.

Martin Luther (1483–1546): Gesetz und Evangelium

Martin Luther hat eine spannungsgeladene Biographie vorzuweisen: Die Sorge, nicht der göttlichen Gnade teilhaftig zu sein, spitzte sich bei ihm immer stärker zu. Sein Leben im Kloster der strengen Augustiner-Eremiten und seine Arbeit an den »Quellen«, an der Bibel, als Theologieprofessor in Wittenberg, führte insbesondere durch die Auslegung des Römer- und des Galaterbriefes konsequent in die »lutherische Rechtfertigungslehre«. Sie ist gekennzeichnet durch die Dialektik von Gesetz und Evangelium. Luther unterscheidet verschiedene Arten des Gesetzes:

Der politische beziehungsweise bürgerliche Gebrauch des Gesetzes im Sinne der Regelung menschlichen Zusammenlebens ist notwendig, aber nicht heilsnotwendig.

Der theologische beziehungsweise überführende Gebrauch im Sinne einer Klarstellung über die Unmöglichkeit des Menschen, selbst etwas zur Heilwerdung zu erreichen oder über bestimmte religiöse Leistungen ein Anrecht auf das himmlische Heil zu erwerben. Wer aber durch Gott gerechtfertigt ist, kann auf das Gesetz verzichten, er wird von dieser Funktionsweise des Gesetzes nicht mehr betroffen.

Die Gerechtfertigten geraten immer wieder in Situationen, in denen sie eine praktische Orientierung brauchen. Dies ist der dritte Gebrauch des Gesetzes, der es ermöglicht, Anfechtungen und Versuchungen zu bestehen und den Weg eines Gläubigen, im Sinne der Heiligung zu gehen.

Titelblatt der ersten Gesamtbibel in Martin Luthers Übersetzung, die 1534 bei Hans Luft in Wittenberg gedruckt wurde. Der Holzschnitt stammt vom Monogrammisten MS der Cranach-Werkstatt.

An der Bußpraxis der Kirche, im besonderen am Ablaßhandel, konkretisierte sich Luthers Glaubensverständnis und sein Verständnis von Rechtfertigung des Menschen durch Gott. In der ersten der 95 Thesen von 1517 schreibt er: »Wenn unser Herr und Meister Jesus Christus sagt: Tut Buße usw., so wollte er, daß das ganze Leben der Gläubigen Buße sei.«

Der Glaube an Gottes Wort ist für die Buße, die Umkehr des Menschen zu Gott und damit zum Leben, zentral. Der neue Mensch muß täglich neu geboren werden: durch Reue und Buße. Wer glaubt, hat Vergebung bereits erhalten. Zum Glauben kommt der Mensch allein aus Gnade (sola gratia, Röm 3,24). Nicht der Mensch leistet etwas zu seiner Verbesserung, sondern er wird gerechtfertigt. Das Gesetz spielt dabei eine überführende Funktion. Ohne dieses bliebe der Mensch blind: »Zum Zweiten wird der Mensch gerecht von innen: aus dem Glauben, aus der Gnade.« Die Gnade ist ein Geschehen, das man in seiner Wirkweise auch als Werk des Heiligen Geistes bezeichnen kann. Gnadenwirkung ist Geistwirkung. Das Evangelium als Angebot der göttlichen Gnade ist Zusage und bedarf nicht eigener Leistung, sondern nur eines bußfertigen Herzens.

Philipp Melanchthon (1497–1560), der engste Mitarbeiter Luthers, kommt aus dem Humanismus. Er steht in seinem Denken eher zwischen Luther und Erasmus. So ist der Gedanke des freien Willens bei ihm nie so zugespitzt formuliert wie bei Luther. Auch die Wertschätzung der Tradition läßt keine radikale Abkehr von den altkirchlichen Bekenntnissen zu, was dazu führt, daß sich seine Interpretation der Heiligen Schrift vermittelnd an den theologischen Vätern und der altkirchlichen Tradition orientiert.

Dem Traditionalismus korrespondiert ein Rationalismus, der auf die Entsprechung von menschlicher Seele und Gott verweist. Diese Entsprechung blieb auch nach dem Sündenfall des Menschen rudimentär in seiner Seele erhalten und kann durch das Evangelium wiederhergestellt werden. Der lutherische Gegensatz von Gesetz und (geoffenbartem) Evangelium erweicht sich damit zur Dialektik von Vernunft und Offenbarung: Das Evangelium als Offenbarung bringt das, was die Vernunft fordert. Damit bleibt auch der von Gott Gerechtfertigte weiterhin an das Gesetz gebunden.

Johannes Calvin (1509–1564): Ethische Konsequenzen aus der Rechtfertigung

Calvin als Genfer Reformator ist – wie die meisten Reformatoren – anfangs stark durch Luther geprägt. Huldrych Zwingli (mit seiner Reformation in Zürich) spielt in diesem Rahmen insofern eine Sonderrolle, als seine Theologie (besonders in der symbolischen Bedeutung der Abendmahlslehre) selbst in der reformierten Tradition nicht recht zum Zuge kam.

Calvin entwickelt in seinem Verständnis von der Rechtfertigung des Sünders einen stark eschatologischen Zug, der in die Lehre von der doppelten Prädestination mündet: Der Mensch ist zum Heil beziehungsweise zur Verdammnis auserwählt. Eine Korrektur durch ein besonders moralisches Leben ist von daher im Grunde nicht möglich. Da die Prädestination aber intentional beschrieben wird, hat der bekehrte Sünder (der sich nun in diesem Heilsplan Gottes auf der positiven Seite vorfindet) größtes Interesse daran, diese Erfahrung auch durch Taten zu erweisen. So entwickelt sich eine politische Ethik, die sich durch Strenge der Lebensführung und leistungsorientiertes Engagement auszeichnet. Der Stadtstaat von Genf ist das erste Beispiel dieses Denkens. Die bis nach Amerika vertriebenen Calvinisten (Puritaner) prägten und prägen bis heute ganz wesentlich die Leistungsgesellschaft der USA.

Für die orthodoxe Theologie hat die Rechtfertigungslehre keine große Bedeutung. Hier steht die Idee der Vergottung im Zentrum. Sünde gilt nicht als Bruch eines Rechtsverhältnisses zwischen Gott und Mensch, sondern »als ein Wesensschwund, ein Substanzverlust, eine Verwundung, Erkrankung, eine Infektion des ursprünglichen Seins des ›Gottesbildes‹ (...) Die Erlösung ist dementsprechend nicht primär die Wiederherstellung eines durch die Sünde gestörten Rechtsverhältnisses, sondern Seinserfüllung, Seinserneuerung, Seinsverklärung, Seinsvollendung, Vergottung.« (Ernst Benz)

Christliches Handeln

Darüber, was das Eigentliche einer christlichen Ethik sei, werden von Theologen immer wieder neu Auseinandersetzungen geführt. Die Antwort fällt zumeist sehr zurückhaltend aus: Das Christentum biete von seinen Grundlagen im Neuen Testament vor allem eine besondere Motivation und allgemeine Orientierung für das Handeln, lasse aber im konkreten Einzelfall eine breite Skala von Entscheidungsmöglichkeiten und kulturell bedingten Ausformungen zu. Als zentraler, jedoch stets neu auszulegender Maßstab wird dabei mit Berufung auf die Botschaft Jesu in den Evangelien das »Doppelgebot der Liebe« angeführt. Als ein jüdischer Gesetzeslehrer Jesus nach dem »vornehmsten Gebot im Gesetz« fragte, antwortete dieser, indem er zwei Stellen aus der hebräischen Bibel zitierte, zunächst 5. Mose 6,5, dann 3. Mose 19,18: »›Du sollst lieben Gott, deinen Herrn, von ganzem Herzen, von ganzer Seele und von ganzem Gemüte.‹ Dies ist das vornehmste und größte Gebot. Das andere ist dem gleich: ›Du sollst deinen Nächsten lieben wie dich selbst.‹ In diesen zwei Geboten hängt das ganze Gesetz und die Propheten.«

Christliche Grundauffassung ist: Weil Gott den Menschen zuerst geliebt hat, ist auch dieser in der Lage, Gott und seinen »Nächsten« zu lieben. Die christliche Ethik orientiert sich auf der Grundlage dieses Doppelgebotes darüber hinaus an biblischen Weisungen, in erster Linie an den (an zwei Stellen in der hebräischen Bibel aufgeführten) »Zehn Geboten« (Dekalog): eine Zusammenfassung von Gottes »heiligem Willen«. Während die ersten drei Gebote sich auf den Schutz des Gottesverhältnisses beziehen, betreffen die restlichen den Schutz der menschlichen Gemeinschaft, ohne den diese untergehen würde. Christen sind oft in der Gefahr gewesen, die »Zehn Gebote« als gesetzliche Forderungen mißzuverstehen, statt sie als Verheißung zu begreifen: als die »zehn großen Freiheiten« (E. Lange). Jesus hat einerseits auf alttestamentliche Weisungen verwiesen, wenn es darum ging zu erklären, was »Gottes Willen tun« konkret bedeutet. Anderseits hat er diese Weisungen neu ausgelegt, zum Beispiel in der »Bergpredigt« (Mt 5–7) beziehungsweise der bei Lukas sogenannten »Feldrede« (Lk 6,17). Darüber hinaus gehört die in zahlreichen Religionen ebenfalls bekannte »Goldene Regel« in ihrer positiven Fasssung zur Grundorientierung einer christlichen Ethik: »Alles, was ihr also von anderen erwartet, das tut auch ihnen. Das ist das Gesetz und die Propheten.« (Mt 7,12)

Die virulenten ethischen Themen unserer Tage im individuellen, familiären und gesellschaftlichen Bereich haben im christlichen Raum zu teils unterschiedlichen, teils über die Konfessionsgrenzen hinausgehenden gemeinsamen Antworten geführt. Diskutiert werden unter anderem Fragen des Sexualverhaltens (vor- und außerehelicher Geschlechtsverkehr, Homosexualität, Abtreibung), der Euthanasie, der aktiven und passiven Sterbehilfe. Ein (immer noch) tiefer Riß geht durch die Kirchen in der Frage der Rolle der Frau in der Kirche. Während in der römisch-katholischen Kirche Priesterinnen derzeit noch undenkbar sind, gibt es sie in der anglikanischen Kirche Australiens mittlerweile. Im deutschen Protestantismus hat die Wahl der ersten Bischöfin die Spaltung zwischen dem evangelikalen Lager, das diesen Vorgang für »unbiblisch« hält, und der Volkskirche erheblich vertieft.

Weitere drängende Fragen zu Beginn des 21. Jahrhunderts sind: Todesstrafe, Kriegsdienst, Verantwortung für »Gerechtigkeit, Frieden und Bewahrung der Schöpfung«. Der katholische Theologe Hans Küng (geb. 1928) hat sich für ein »Projekt Weltethos« eingesetzt. Die über-lebenswichtigen Probleme der Menschheit verlangen nämlich heute nach globalen Antworten. Wir haben nur dann eine Chance zum Überleben, wenn wir uns von verbindenden und verbindlichen Normen, Werten, Idealen und Zielen leiten lassen. »Kein Überleben ohne ein Weltethos« – so lautet eine Kernthese Küngs, der die Idee einer für die gesamte Menschheit verbindlichen Ethik entwickelt. Küng tritt nicht nur für eine Koalition der Glaubenden ein, die ein Bollwerk gegen den um sich greifenden Unglauben darstellen, sondern für ein Miteinander auch mit Nichtglaubenden. »Kein Weltfriede ohne Religionsfriede« – so lautet die zweite Hauptthese. Küng fordert einen ökumenischen Weg zwischen »Wahrheitsfanatismus«, welcher die Wahrheit unter Exklusivvertrag hat, und »Wahr-

»Selig sind, die da geistlich arm sind; denn das Himmelreich ist ihrer.
Selig sind, die da Leid tragen; denn sie sollen getröstet werden.
Selig sind die Sanftmütigen; denn sie werden das Erdreich besitzen.
Selig sind die, die da hungern und dürsten nach der Gerechtigkeit; denn sie sollen satt werden.
Selig sind die Barmherzigen; denn sie werden Barmherzigkeit erlangen.
Selig sind die, die reines Herzens sind; denn sie werden Gott schauen.
Selig sind die Friedfertigen; denn sie werden Gottes Kinder heißen.
Selig sind die, die um der Gerechtigkeit willen verfolgt werden; denn das Himmelreich ist ihrer.
Selig seid ihr, wenn euch die Menschen um meinetwillen schmähen und verfolgen und reden allerlei Übles wider euch, so sie daran lügen. Seid fröhlich und getrost; es wird euch im Himmel wohl belohnt werden. Denn also haben sie verfolgt die Propheten, die vor euch gewesen sind.«
(Die Seligpreisungen der Bergpredigt: Mt 5,2–11)

heitsvergessenheit«, für die alles gleichgültig, also gleichermaßen gültig und wahr ist. Konsequent ergibt sich Küngs dritte These: »Kein Religionsfriede ohne Religionsdialog.«

Wesentlich für die christliche Ethik ist der Gedanke der »Nachfolge«. Ein Vergleich mit dem auch im Buddhismus vorkommenden Nachfolgegedanken macht erneut deutlich, wie zentral die Person Jesus von Nazareth für das Christentum ist. Jesus-Nachfolge ist nicht auf das raum-zeitlich-konkrete Hinter-dem-Meister-Hergehen beschränkt, begründet vielmehr ein inneres, ein »persönliches Nachfolgeverhältnis«, das Gustav Mensching so charakterisiert: »Wirksam in bezug auf Nachfolge ist daher Christi Sein als Person, nicht Tugenden und Taten. Dies alles sind vielmehr Hinweise, Symptome jenes Seins. Die Verbindung mit den Jüngern besteht im Mitleben, in der Substanzverbundenheit vor allen Worten und Taten. (...) Nachfolge ist vielmehr Mit-Leben des persönlichen Lebens Christi an ganz anderen Inhalten des eigenen Lebens.«

»Von guten Mächten wunderbar geborgen
erwarten wir getrost, was kommen mag.
Gott ist mit uns am Abend und am Morgen
und ganz gewiß an jedem neuen Tag.«
(Dietrich Bonhoeffer)

Jesus-Nachfolge ist in der christlichen Frömmigkeitsgeschichte sehr unterschiedlich ausgelegt worden und hat zu verschiedenartigen Formen der Lebensgestaltung geführt. Die Spanne der Realisierungen von Nachfolge reicht von der konkreten imitatio Christi bis zur mystischen Spiritualisierung, von der Forderung radikaler Besitzlosigkeit bis zum Ideal der Demut und Selbstverleugnung. In den Symbolen »Mönch« und »Kämpfer« meint Reiner Strunk zwei Haupttypen der vielschichtigen Nachfolge erblicken zu können.

Heilige Schriften

Urkunde des christlichen Glaubens ist die Bibel. Für Christen ist sie das »Buch der Bücher«, das Ende der 70er Jahre des 20. Jahrhunderts in 1750 Sprachen der Welt übersetzt war. Die Bibel besteht aus dem (von Christen so genannten) »Alten Testament« (AT) – für Juden die hebräische Bibel – und dem »Neuen Testament« (NT). Gegenüber der jüdischen Bibel wie auch gegenüber der griechischen (Septuaginta) und der lateinischen Übersetzung (Vulgata) des »Alten Testamentes« besteht eine Reihe von Unterschieden, was Einteilung, Zählung und Benennung der einzelnen Schriften betrifft.

Zur Entstehungsgeschichte führt Klaus Koch aus: »Als die israelitischen Stämme um das Jahr 1200 v. Chr. sich zu einem Volk unter der Verehrung des Gottes Jahwä zusammenschlossen, dachte niemand von ihnen an einen Kanon. Erst um das Jahr 600 führt man eine – längst vorhandene – Schrift mit ermahnenden und gesetzlichen Jahwäworten, nämlich das 5. Buch Mose, als normativ für bestimmte Fragen der Religionsausübung ein. (...) Um 450 wird der Kreis der für die israelitische Religionsgemeinschaft maßgebenden Bücher auf die fünf Bücher Mose erweitert, die fortan als Tora, das heißt als Willensoffenbarung Gottes (weniger genau: als Gesetz), heilig gehalten werden. Zwischen 400 und 200 wachsen diesem Grundstock der Psalter und die älteren geschichtlichen und profetischen Überlieferungen zu. Über andere belehrende, weissagende und geschichtliche Bücher wird erst um das Jahr 100 nach Christus auf der Synode von Jamnia der Kreis der kanonischen Bücher fest abgegrenzt.«

Die Entstehungszeit der neutestamentlichen Schriften reicht vom 1. Thessalonicherbrief des Paulus (kurz vor 50 n. Chr.) bis zum 2. Petrusbrief (130 n. Chr.). Die Entstehungsgeschichte der Bibel ertreckt sich über einen sehr langen Zeitraum, in welchem die anerkannten Schriften von anderen ähnlichen Inhalts gesondert wurden. Um 400 n. Chr. ist dieser Prozeß abgeschlossen, was vor allem ein Verdienst der Kirchenväter Athanasius und Augustinus war. Dennoch unterscheiden sich bis heute die großen christlichen Kirchen in der Anzahl der Bücher, die sie in das AT und NT aufgenommen haben. Römisch-katholische Bibeln enthalten einige Schriften (»apokryphe«, das heißt »verborgene«) mehr als protestantische Ausgaben.

Entwicklungslinien der Bibelauslegung bis ins 20. Jahrhundert

Die Geschichte der Theologie ist auch eine Geschichte der Bibelauslegung. Schließlich ist die Bibel als Urkunde des christlichen Glaubens Kriterium und Maßstab sowie Aktualisierungsrahmen von Glauben des einzelnen und christlicher Gemeinschaft (Kirche). Hintergrund der biblischen Auslegungstradition durch die Christen ist die Lehre vom mehrfachen Schriftsinn, die von Tertullian (um 160 – nach 200), Origenes (185–254), Johannes Cassianus (ca. 360 – 430/435) und Aurelius Augustinus (354 – 430) und vom mittelalterlichen Judentum weiterentwickelt wurde und bis in die Zeit Luthers bestimmend war.

Es handelt sich dabei um den buchstäblichen Sinn (literal) und um die drei geistlichen Sinne (tropologisch: auf ein Thema bezogen; anagogisch: zu einem geistlich-mystischen oder eschatologischen Sinn hinführend; allegorisch: bestimmte Bilder auf biblische Sachverhalte übertragend).

Origenes ist der erste, der die Allegorese im Stil des jüdisch-hellenistischen Philosophen Philo (ca. 50 v. Chr. – ca. 50 n. Chr.), eines der berühmtesten Neuplatoniker und Wegbereiter der Mystik in das Judentum, mit philologischer Akribie und der Inspiration der heiligen Schriften systematisierend verbindet. Seine Schriftauslegung entfaltet sich fünffach: somatisch/buchstäblich; psychisch/moralisch; historisch/grammatisch; pneumatisch/allegorisch; mystisch/anagogisch.

Thomas von Aquin (mit Nimbus und Taube) auf der Cathedra, zu seinen Füßen zwei Schüler. Holzschnitt in einem Druck von Heinrich Quentell, Köln 1490.

Thomas von Aquin (1225–1274) nimmt nicht nur vorhandene Auslegungsmuster auf, sondern erarbeitet eine regelrechte Methodologie: Er geht von der Autorschaft Gottes aus und hebt sie von den menschlichen Autoren der Bibel ab. Er betont, daß Gott nicht nur in den Worten (*signum*, Zeichen), sondern den damit bezeichneten Dingen (also den *res* als *signata*) den Übergang zum »realen« Bedeutungsgehalt auf das Wesentliche gibt. Dieser »Realprophetie« entspricht ein dreifacher geistlicher Schriftsinn: in der Relation von Altem und Neuem Bund, Christus und Christen, kirchlicher Wirklichkeit und himmlischer Vollendung. Der buchstäbliche Sinn (Literalsinn) ist also die Grundlage, auf die allein sich eine geistliche Deutung berufen kann.

In den sogenannten häretischen Bewegungen des Mittelalters (zum Beispiel bei den Katharern und Waldensern in Italien und Südfrankreich) zeigt sich zwar im Schriftverständnis eine biblizistische Tendenz (die Bibel ist als Heilige Schrift Wort Gottes), ohne daß allerdings eine eigenständige biblische Auslegungslehre entstünde. Dies geschieht erst durch die Reformation (unter starker Aufnahme der Quellenforschung im Humanismus). Martin Luther setzt gegen die scholastische Methode eine biblisch-christusbezogene Auslegung. Das hermeneutische Schema von Geist und Buchstabe (*spiritus* und *litera*) wird umgewandelt in die enge Verbindung von buchstäblichem Schriftsinn (= Christus) und *sensus tropologicus* (= Glaube an Christus). Unter Hervorhebung der Bedeutung der Ursprachen und einer ausgefeilten Begriffsexegese wird die Urform der reformatorischen Rechtfertigungslehre angelegt. Christus ist nun der punctus mathematicus der Heiligen Schrift, das Zentrum, auf das sich alles bezieht. Nicht das einzelne Wort ist das letztlich Entscheidende, sondern der Gesamtzusammenhang: Die Schrift darf nicht anders gedeutet werden als so, daß der Mensch nichts und Christus alles sei.

Aus den von Luther eingebrachten Auslegungskoordinaten (Erfahrung und Verstehen, Glaube und Geschichte, Zentrierung des vierfachen Schriftsinnes auf Christus hin) entwickeln die Späteren eine eigenständige Schriftlehre, wobei Zwingli eine stärker typologische, Calvin eine mehr heilsgeschichtliche Deutung bevorzugt. Vorreiter einer eigenständigen Schriftlehre aber ist Melanchthon. Die göttliche Eingebung, also die Inspiration der Bibel (darum »heilige« Schrift), wird dabei von niemandem bestritten, entwickelt sich aber erst in der Nachreformationszeit zum wirklichen Problem.

Die Dogmatisierung der Schriftlehre bringt die Rede von der wörtlichen und buchstäblichen Inspiriertheit der gesamten Heiligen Schrift mit sich. Jedes einzelne Wort, ja jeder Buchstabe und zum Schluß auch noch jedes (hebräische) Vokalzeichen ist aufgrund seiner Göttlichkeit der Kritik entzogen, selbst wenn eine falsche hebräische Punktation in den Texten nachgewiesen werden konnte.

Der aufkommende Rationalismus war im 18. Jahrhundert nicht mehr bereit, den Feindifferenzierungen der altprotestantischen Dogmatik zu folgen, so daß die gesamte Inspirationslehre in den Schatten einer scholastisch orientierten Vergangenheit versank.

Pietismus, Rationalismus und neue Hermeneutik
Die Philosophie eines René Descartes (1596 – 1650) und eines Baruch de Spinoza (1632 – 1677) veränderte die philosophische Landschaft derart, daß nicht wie bisher das zu bedenkende Objekt, sondern vielmehr das denkende Subjekt im Mittelpunkt steht. Gleichzeitig wird der universale Zweifel zum Prinzip erhoben. Damit tritt in der Bibelauslegung die Exegese vor die Dogmatik. Neben dem Rationalismus als Gegenreaktion weicht auch der Pietismus von der dogmatischen Engführung ab. Diese Abweichungen wachsen sich so aus, daß die Betonung des Wortes Gottes im Bewußtsein der Glaubenden zum Schlüsselverständnis avanciert. Zum ersten Mal wird damit Erfahrung zum hermeneutischen Kriterium: also ein Ich, wenn auch nicht das kritische, sondern das glaubende. Erst Schleiermacher nimmt diese hermeneutische Grunderkenntnis systematisierend auf.

Teilweise in Abgrenzung von den verfaßten Kirchen, teilweise durchaus im Bereich des theologischen Denkens, aber auch durch Philosophen und Theologen wie Gottfried Wilhelm Leibniz (1646 – 1716), Johann Salomo Semler (1725 – 1791), Johann Gottfried Herder (1744 – 1803), und Gotthold Ephraim Lessing (1729 – 1781), Christian Wolff (1679 – 1754) und Immanuel Kant (1724 – 1804) setzt sich ein Denken durch, das humanistische Traditionen des 16. Jahrhunderts aufnimmt, aber auch kritisch gegenüber der eigenen christlichen Tradition (durch Vergleich mit anderen Traditionen und Philosophien) weiterentwickelt. Besonders deutlich wird dies an der Bibelauslegung, die zum ersten Mal im Sinne einer Bibelkritik zu arbeiten anfängt.

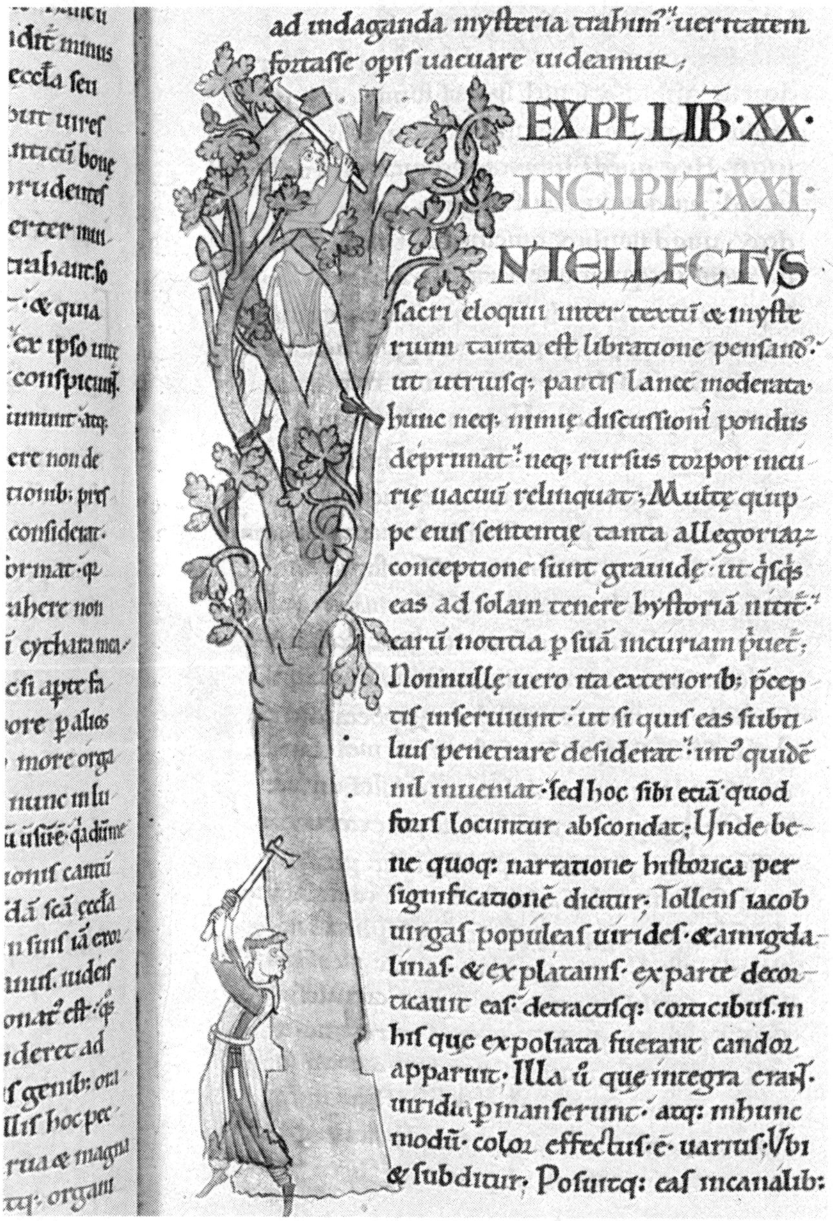

Nach der Benediktinerregel (»ora et labora«) war neben dem Gebet und dem Studium die körperliche Arbeit ein fester Bestandteil im Tagesablauf eines Mönchs. Die Initiale »I« des Wortes »Intellectus« aus den »Moralia in Hiob« Gregors des Großen zeigt zwei Mönche beim Fällen eines Baumes. Bibliothèque Publique, Dijon.

Sie erfährt allerdings erst mit Friedrich Daniel Ernst Schleiermacher (1768 – 1834) ihre geniale Erweiterung. Biblische Texte, Leser und Hörer sollen so miteinander in Bezug stehen, daß faktisch die menschliche Sprache zum Verständniskriterium erhoben wird. Seine Analyse des Verstehens berücksichtigt die Verzahnung der Sprache allgemein mit individuellen Faktoren des Sprechens beziehungsweise Denkens in der einzelnen Rede. Konservative Theologen sahen darin eine Reduzierung der christlichen Botschaft auf allgemein menschliche Werte.

Dialektische Theologie und Protestantisches Prinzip
Die Dialektische Theologie entwickelte sich als Gegenbewegung zur Liberalen Theologie des 19. Jahrhunderts und gleichzeitig als Aufarbeitung des Schocks, der mit dem Ersten Weltkrieg entstanden war. Ihre Vertreter sind keine Exegeten, sondern Systematiker.

Während Karl Barth (1886 – 1968) die Spannung vom geoffenbarten Wort Gottes zum Menschen und die Abhängigkeit des Menschen und die Unverfügbarkeit Gottes dialektisch thematisierte, arbeitete Paul Tillich (1886 – 1965) protestantische Perspektiven heraus. Er wandte sich also von der Dialektischen Theologie ab und entwickelte eine eigenständige Korrelationsmethode.

Karl Barth geht von der Unverfügbarkeit der Offenbarung in Jesus Christus aus, die sich dem Menschen »senkrecht von oben« mitteilt. Als Professor in Bonn und Basel entwickelt er eine »Kirchliche Dogmatik« als sein Lebenswerk (vier Teile, 1932 – 1975). Dieses an scholastische Werke des Mittelalters und der altprotestantischen Orthodoxie erinnernde Werk geht vom Wort Gottes als dem Kriterium jeder Dogmatik aus, um von dort her die Offenbarung Gottes trinitarisch zu entwickeln. Schwerpunkte legt Barth dabei auf die Fleischwerdung des Wortes in Jesus Christus, auf die Ausgießung des Heiligen Geistes, auf Gottes Wort für die Kirche und deren Verkündigung.

Barth hat in späteren Jahren geäußert, daß er – sofern er seine Dogmatik noch einmal schreiben würde – die Lehre vom Heiligen Geist (Pneumatologie) in den Mittelpunkt stellen würde, was anzeigt, daß er auf eine erhebliche Revision seines theologischen Denkens zusteuerte.

Tillich geht es in besonderer Weise um das Verhältnis von Offenbarung und menschlicher Wirklichkeit. Er ist ein Hermeneutiker eigener Art: Die Vernunft darf nicht unter die Heteronomie der Offenbarung geraten, aber beide dürfen auch nicht auseinandergerissen werden, weil damit die menschliche Wirklichkeit nur in Teilen erfaßt würde.

Rudolf Bultmanns Bibelauslegung und die Weiterentwicklung

Seit Schleiermacher ist die Frage der sachgemäßen und ebenso zeitgemäßen Auslegung biblischer Schriften nicht mehr zur Ruhe gekommen. Allerdings verkürzte sich der Streit oft auf die Akzeptanz wissenschaftlicher Methoden, konkret der historisch-kritischen Forschung. So scheinen immer wieder eine göttlich inspirierte Bibel und ein historisch-kritisches Veständnis derselben gegeneinanderzulaufen. Aber es geht um mehr als nur um einen Methodenstreit. Rudolf Bultmann (1884 – 1976) hat dies klassisch formuliert:

»Die Interpretation der biblischen Schriften unterliegt nicht anderen Bedingungen des Verstehens als jede andere Literatur (...) Ebenso setzt das Verstehen von Berichten über Ereignisse als Handeln Gottes ein Vorverständnis dessen voraus, was überhaupt Handeln Gottes heißen kann – im Unterschied etwa vom Handeln des Menschen oder von Naturereignissen. Und wenn entgegnet wird, der Mensch könne vor der Offenbarung Gottes auch wohl wissen, wer Gott sei, (...) so ist zu antworten, daß der Mensch sehr wohl wissen kann, wer Gott ist, nämlich in der Frage nach ihm.«

Allerdings ist mit dem Gesagten nur ein historisches Verständnis des Textes angesprochen, das auf ein existentiales, also existenzbezogenes, heutiges Veständnis hin zu erweitern ist. Zu der von Bultmann so genannten existentialen Interpretation gehören die historische Erforschung des Textes und das auf Existenz bezogene Verstehen.

Nicht das Stichwort »existentiale Interpretation« war der Anstoß der Hermeneutik Bultmanns, sondern der Begriff der Entmythologisierung. Bultmann geht es nicht darum zu sagen, daß biblische Wunder, die Auferstehung, mythische Ereignisse zwischen Gott/Göttern und Menschen ad acta gelegt werden, vielmehr wird nach ihrer Bedeutsamkeit für heute gefragt. An Fragen wie der Jungfrauengeburt, der leiblichen Auferstehung Jesu, der Himmelfahrt und ähnlicher Glaubensereignisse spitzte sich der Streit um Bultmann zu. Letztlich ist er bis heute nicht völlig ausgetragen, wie etwa auf katholischer Seite die Auseinandersetzungen um die tiefenpsychologisch und symbolisch angelegten Auslegungskonzepte Eugen Drewermanns zeigen.

In der »Schule« Bultmanns entwickelten Theologen wie Ernst Fuchs und Gerhard Ebeling – der eine als Exeget, der andere als Systematiker und Dogmatiker – eine Theologie als Hermeneutik. Dadurch kommt die Erfahrung in den Quellen jeder Dogmatik zu ihrem Recht. Die hermeneutische Aufgabe ist eine doppelte: die geschehene Verkündigung als solche zu klären und den Weg zu bahnen für geschehende Verkündigung, für die auf die Aktualität bezogene, aber von ihr nicht abhängige Predigt. Diese ständige, kreisende Bewegung zwischen damals und heute nennt man auch »hermeneutischen Zirkel«.

Sozialgeschichtliche (materialistische) Bibelauslegung, Theologie der Befreiung, feministische Theologie

Ist bei Fuchs und Ebeling eine kontinuierliche Weiterführung der Ansätze Bultmanns zu beobachten, so geht Dorothee Sölle den Weg kritischer Auseinandersetzung. Sie befürchtet bei Bultmann eine Entpolitisierung des Evangeliums. Je reiner theologisch im Sinne historischer Exegese gedacht wird und je mehr der existentiale Bezug auf das Individuum und sein persönliches Handeln eingeschränkt wird, umso besser funktioniere die Theologie als Mittel der Anpassung an die gesellschaftlichen Verhältnisse .

Diese von einer Reihe von Theologinnen und Theologen geäußerte Kritik hat dazu geführt, daß neben der Redaktionsgeschichte und den materiellen Hintergründen der biblischen Texte die sozialpolitische Komponente für die Interpretation betont wurde (materialistische/sozialgeschichtliche Auslegung). Luise Schottroff, Gerd Theißen, Wolfgang Stegemann und andere befragen darum die Bibel viel stärker, als das bisher der Fall war, nach ihren Befreiungstraditionen. So erreichen sie eine ökumenische Weite ihrer Interpretation, die sich teilweise mit der lateinamerikanischen Theologie der Befreiung trifft. Diese gehört insofern zu einem Bibelverständnis mit revolutionären Auswirkungen, als hier in einer konsequenten Weise die Option für die Armen hermeneutisch realisiert wird und Initiativen des Handelns von der biblischen Grundlage her freigibt. Vergleichbares geschieht eigentlich nur noch im Bereich der Feministischen Theologie seit etwa 20 Jahren, beginnend in den Vereinigten Staaten und immer stärker auf Europa übergreifend. In den Ländern der sogenannten Dritten Welt geht sie auch mit Elementen der dortigen kontextuellen Theologie zusammen.

Der französische Theologe und Mystiker Jean Charlier de Gerson (1363–1429) als Pilger. Titelholzschnitt von Albrecht Dürer zu den »Opera«, Nürnberg 1489.

Mystik

Friedrich Heiler unterschied in seinem klassischen Werk »Das Gebet« zwei »Haupttypen der persönlichen Frömmigkeit«: Mystik und Prophetie, die »beiden Grundformen universaler Religion« (Gustav Mensching). Auch wenn die Mystik in den Religionen viele gemeinsame Merkmale aufweist, so unterscheiden sich islamische Mystik (Sufismus), buddhistische Mystik, jüdische Mystik (Kabbala) und eben auch christliche Mystik – zum Teil ganz erheblich – voneinander.

Besaß und besitzt die Mystik im römisch-katholischen und ostkirchlichen Frömmigkeitsleben sowie in der Theologie einen beträchtlichen Stellenwert, so geriet sie im Protestantismus insbesondere des 19./20. Jahrhunderts in den Verruf vermeintlicher Selbsterlösung und »Werkgerechtigkeit«. Von Paul Tillich stammt das Wort: »Ein Protestantismus, in dem Meditation und Kontemplation, Ekstase und ›mystische Vereinigung‹ keinen Raum mehr haben, hat aufgehört, Religion zu sein.«

Die christliche Mystik hat eine reiche Tradition. Paulus gilt als »Vater der katholischen Mystik« (Friedrich Heiler). Albert Schweitzer stellte in seinem Werk »Die Mystik des Apostels Paulus« (1930) die These auf, daß die Rechtfertigungslehre des Paulus nur ein »Nebenkrater« im Ganzen seiner Christusmystik sei. Man findet bei Paulus eindrucksvolle Hinweise auf seine eigenen mystischen Erlebnisse (2 Kor 12). Das Christenleben ist für ihn ein »Sein in Christo« (Röm

8,1; 2 Kor 5,17), es ist »verborgen mit Christo in Gott« (Kol 3,3), es ruht in der jenseitigen Welt (Phil 3,20). Die mystische Hauptschrift des Neuen Testaments ist das Johannesevangelium, der Lieblingstext vieler christlicher und nicht-christlicher Mystiker. Jesus führt hier seine Jünger in das Mysterium der Kontemplation ein: »Von nun an werdet ihr den Himmel offen sehen...« (Joh 2,51). Es ist die rechte Unterweisung im Gebet »im Geist und in der Wahrheit« (Joh 4,24). Die christliche Mystik wird neben ihrer neutestamentlichen Wurzel durch zwei außerchristliche Quellen beeinflußt: vom neuplatonischen Erbe und von der spätantiken Stoa. Im frühen Christentum gibt es eine Reihe herausragender Mystiker. In der Ostkirche war es zunächst Origenes (185 – 254), der die mystische Interpretation der Schrift einführte. Daneben waren noch bedeutend: Makarios der Große (um 300 – nach 380), Gregor von Nyssa (um 335 – 394), Johannes I. Chrysostomos (344/354 – 407), Makarios von Mesopotamien. Besonders wichtig war aber der im 5./6. Jahrhundert griechisch schreibende Schriftsteller Pseudo-Dionysios Areopagita, der viele theologisch-mystische Schriften und Briefe verfaßte und zu beinahe apostolischem Ansehen gelangte. Seine Schriften wurden von Johannes Scotus Eriugena (um 810 – um 877) übersetzt und waren überaus einflußreich im westlichen Mittelalter. Symeon der neue Theologe (949 – 1022) führte die ostkirchliche Mystik insbesondere durch seine Hymnen zu einem Höhepunkt und bereitete den späteren Hesychasmus vor. Diese Frömmigkeitsform gelangte im 14. Jahrhundert zu ihrem Durchbruch und war vor allem auf dem Berg Athos beheimatet. Ihr Ziel bestand in der Schau des ungeschaffenen Lichtes Gottes (nach Mt 17). Der Weg dorthin ist das »Jesusgebet«, das »immerwährende Herzensgebet«, in Verbindung mit körperlicher Konzentration. Jesus hatte gelehrt, »allezeit zu wachen und zu beten, unablässig zu bitten; nicht viele Worte zu machen, aber im Herzen – im Verborgenen – in Geist und Wahrheit – in seinem Namen – zum Vater zu bitten. Und der Apostel Paulus fordert auf, in Geist und Verstand, ohne Unterlaß zu beten« (Alla Selawry).

In der westlichen Kirche war es insbesondere Augustinus (354 – 430), der zum Beispiel im 9. Buch seiner »Confessiones« das letzte Gespräch mit seiner Mutter beschreibt, das in mystische Kontemplation übergeht. Ferner ist Boethius (um 480 – 524), der Kanzler Theoderichs des Großen (um 454 – 526), zu nennen. Im Mittelalter erreichte die Mystik ihren Höhepunkt mit Bernhard von Clairvaux (um 1090 – 1153) und den Victorinern in Frankreich, in Italien mit Franz von Assisi (1181 – 1226) und Bonaventura (1221 – 1274), mit dem Spanier Raimundus Lullus (1232/33 oder 1235 – 1315/16) und dem Niederländer Jan van Ruusbroec (1293 – 1381). Bedeutend war auch die englische Mystik: Richard of Hampole, Julian of Norwich (1342 – 1416) mit ihrer Schrift »Revelations of Divine Love« sowie der anonyme Verfasser der »Cloud of Unknowing«. Im deutschen Bereich erreichte die mittelalterliche Mystik ihren Höhepunkt bei den großen Nonnen-Mystikerinnen (so Hildegard von Bingen, 1098 – 1179, Mechthild von Magdeburg, um 1210 – 1282 oder 1294) und in dem genialen Vertreter der spekulativen Mystik, Meister Eckhart (um 1260 – 1328), sowie seinen großen Schülern Johannes Tauler (um 1300 – 1361) und Heinrich Seuse (1295/1300 – 1366). Große katholische Mystiker des Reformationszeitalters waren Ignatius von Loyola (1491 – 1556), der Stifter des Jesuitenordens, Therese von Avila (1515 – 1582) und Johannes vom Kreuz (1542 – 1591) in Spanien sowie Franz von Sales (1567 – 1622) in Frankreich.

Die protestantische Mystik beginnt mit Martin Luther, der vielfältige Berührungen (seit 1516 nachweisbar) mit mystischem Traditionsgut aufweist. Er gab sogar einen Traktat der mittelalterlichen Mystik heraus, dem er den Titel »Eyn Deutsch Theologia« (später: »Theologia Deutsch«) gab. In seiner Vorrede von 1518 rühmte Luther diese kleine Schrift, die er unmittelbar neben die Bibel und Augustinus stellte. Die Anknüpfung an die Mystik durch Luther trug »zu einer Verlebendigung und Vertiefung der reformatorischen Frömmigkeit« (W. Zeller) bei. Zu erwähnen sind die evangelische Erbauungsliteratur (Gebetsliteratur) und herausragende Vertreter wie Johann Arndt (1555–1621), der mit seinen »Vier Büchern vom wahren Christentum« (1605 – 1609) das Standardwerk lutherischer Mystik schuf. Während Arndt vor allem eine Wiederentdeckung der deutschen Mystik vollzog und an das Luthertum vermittelte, griff Philipp Nicolai (1733 – 1811) insbesondere das pseudoaugustinische und pseudobernhardinische Traditionsgut auf. Der Einfluß der lutherischen Mystik war auch auf verschiedenen Gebieten der Kunst zu spüren: zum Beispiel in der Musik Johann Sebastian Bachs (1685 – 1750).

Im Bereich des Kirchenlieds ist die Mystik einflußreich auf Paul Gerhardt (1607–1676) gewesen, dessen trinitarischer Glaube und mystische Frömmigkeit zu einer

»Gott ist, aber anders als wir
denken.
Unsere Vorstellung von Gott
(Gott ist ein weißer Mann)
ist ein Vorurteil, das wir aus
einer von Männern beherrschten
(sexistischen) und von der
weißen Rasse beherrschten
(rassistischen) Welt herleiten.
Diese Vorurteile hindern uns
daran zu merken,
wer Gott wirklich ist.
Die Bibel sagt: Gott ist Liebe.«
(Dorothee Sölle)

»Du sollst minnen das Nicht
Du sollst fliehen das Icht.
Du sollst allein stehn
Und zu niemand gehn.
Du sollst sehr unmüßig sein
Und von allen Dingen frei sein.
Du sollst die Gefangenen
entbinden
Und die Freien zwingen.
Du sollst die Siechen laben.
Und sollst doch selbst
nichts haben.
Du sollst das Wasser der Pein
trinken.
Und das Feuer der Minne
mit dem Holz der Tugend entzünden.
So wohnst du in der wahren
Wüstenei.«
(Mechthild von Magdeburg)

Einheit verschmolzen. Neben dem lutherischen Pfarrer Valentin Weigel (1533–1588) sind als Repräsentanten einer spiritualistischen Mystik der Theosoph Jakob Böhme (1575 – 1624) sowie der zum Katholizismus übergetretene Angelus Silesius (Johann Scheffler, 1624 – 1677) zu erwähnen, dessen geschliffene Paradoxien zum literarisch Besten gehören, was christliche Mystik hervorgebracht hat. Zugleich sind sie in einer glühenden Jesus-Mystik eingefügt. Die Mystik des reformierten Protestantismus wird in erster Linie durch den protestantischen »Heiligen« (Walter Nigg) Gerhard Tersteegen (1797 – 1769) vertreten, der unter anderem als Kirchenliederdichter mystisches Gedankengut, das er teilweise aus dem spanisch-französischen Bereich bezog, an das reformierte Christentum vermittelte.

Im 18./19. Jahrhundert wird die Mystik im Bereich des Protestantismus immer mehr zurückgedrängt. Eine Ausnahme bildet noch der größte Theologe jener Zeit, Friedrich Schleiermacher (»Reden über die Religion«, 1799). Seit dem 19. Jahrhundert haben protestantische Theologen – vor allem Albrecht Ritschl (1822 – 1889), Emil Brunner (1889–1966), Paul Althaus (1888–1966), Karl Barth – die Mystik energisch bekämpft und verunglimpft. Im 20. Jahrhundert hat der Protestantismus in dem ehemaligen Generalsekretär der Vereinten Nationen (bis 1961), Dag Hammerskjöld, einen protestantischen Mystiker hervorgebracht.

»Gottes Wille steht allen Menschen offen, er sei welches Namens er wolle. Es kann ein Heide selig werden, wenn er sich zu dem lebendigen Gott wendet und in rechter Zuversicht sich in Gottes Willen ergibt, der kommt auch ohne die Wissenschaft vom Reiche Christi in Gottes Willen; und in Gottes Willen ist das Herz Gottes.«
(Jakob Böhme)

»Wird Christus tausendmal zu Bethlehem geboren
Und nicht in dir: du bleibst noch ewiglich verloren.«
(Angelus Silesius)

»Gott ist so über all's, daß man nichts sprechen kann,
Drum betest du ihn auch mit Schweigen besser an.«
(Angelus Silesius)

»Ich bin so satt der fremden Dingen,
So müd der Mannigfaltigkeit;
Es kann doch nichts als Plage bringen: Wie enge wird mir's in der Zeit!«
(Gerhard Tersteegen)

Kirche: Gemeinschaft, Gottesdienst und Spiritualität

»Jesus verkündete das Reich Gottes, gekommen aber ist die Kirche« – so hat sich einmal der katholische Reformtheologe Alfred Loisy ausgedrückt. Die Geschichte der christlichen Kirche ist, wie eingangs dargestellt wurde, eine Geschichte vieler Kirchen. Protestantismus, Katholizismus, Orthodoxie unterscheiden sich durch unterschiedliche Frömmigkeitsstile, verschiedene Auffassungen vom Wesen der Kirche und ihren Sakramenten, im Verständnis von Heiliger Schrift, kirchlicher Tradition und kirchlichem Lehramt.

Östliches und westliches Christentum

Ernst Benz hat in seiner Schrift »Geist und Leben der Ostkirche« (1957) auf die »Andersartigkeit« des römisch-katholischen und orthodoxen Christentums hingewiesen. Typisch für das abendländische Christentum sei das Verständnis der Religion als eines »Rechtsverhältnisses«, während in der Orthodoxie »sehr viel stärker die mystische Seite der neutestamentlichen Verkündigung, und zwar ebenso die paulinische wie die johanneische Mystik hervortritt. Die Hauptthemen der orthodoxen Fröm-

Die Heiligen Sergius und Bakchos; eine der wenigen Ikonen, die den Bilderstreit des 8. und 9. Jahrhunderts überlebten. Vermutlich 7. Jahrhundert. Städtisches Museum für westliche und östliche Kunst, Kiew.

migkeit sind nicht – wie im Protestantismus – die Rechtfertigung, sondern die Vergottung, die Heiligung, die Wiedergeburt, die Neuschöpfung, die Auferstehung und die Verklärung nicht bloß des Menschen – darin liegt ihr charakteristischer kosmischer Zug – sondern der ganzen Welt. Der zentrale Begriff ist nicht die Gerechtigkeit, sondern die Liebe Gottes.«

Nicht nur die Religion wurde als »Rechtsverhältnis« (Paulus deutete die Heilserfahrung in seinem Römerbrief als »Rechtfertigung«) verstanden, auch das Verständnis von Kirche war ein rechtliches (Kirche als Rechtsinstitution, als Bußinstitut; Amtsverständnis: Bischof als Rechtsträger der Kirche, Priester als vom Bischof ordinierter Rechtsträger). Schließlich beherrschte auch ein rechtliches Denken die abendländische Theologie: Die auf Paulus aufbauende Rechtfertigungslehre des Augustinus; die Satisfaktionslehre Anselm von Canterburys (1033 – 1109), die auf dem Grundgedanken eines gültigen Rechtsverhältnisses zwischen Gott und Mensch beruht; Bundes- und Föderaltheologien der Scholastik; die Prädestinationslehre enthält eine stark rechtliche Färbung; Gerechtigkeit Gottes angesichts des Jüngsten Gerichts und Fegefeuer sind der orthodoxen Kirche, welche die Lehre von der ewigen Verdammnis kritisierte, weitgehend fremd.

»Gegrüßet seist du, Maria, voll der Gnade, der Herr ist mit dir. Du bist gebenedeit unter den Frauen und gebenedeit ist die Frucht deines Leibes, Jesus. Heilige Maria, Mutter Gottes, bitte für uns Sünder, jetzt und in der Stunde unseres Todes. Amen.«
(Ave Maria)

Wenn Protestanten eine katholische Kirche betreten, öffnet sich ihren Sinnen eine weitgehend nicht vertraute Welt: Da riecht es nach Weihrauch, und es erklingen andere, fremde Töne. Außerdem sind katholische Kirchen im Unterschied zu protestantischen tagsüber immer geöffnet – und nicht nur zur Zeit des Gottesdienstes, was besonders Vertretern anderer Religionen auffällt. Manche Frömmigkeitsformen wie Knien, Bekreuzigen, Weihwasser nehmen usw. sind evangelischen Christen nicht geläufig. Auch die Priester sehen in ihren liturgischen Gewändern anders aus als der Pfarrer im schwarzen Talar mit Bäffchen.

Durch die Weihe bekommt der katholische Priester ein »unauslöschbares Siegel Christi«, den »unzerstörbaren Charakter« *(character indelebilis)*, eingeprägt, so daß er dem »Priester Christus gleichförmig« ist. Nur unter Mitwirkung des Priesters ist sakramentales Handeln möglich. Priester und Laie sind nicht bloß dem Grade, sondern »dem Wesen« nach unterschieden. Anders sehen es die Protestanten: Die Reformatoren hatten sich bemüht, die Unterscheidung zwischen »Geistlichen« und »Laien« zu überwinden. Sie sprachen vom »Priestertum aller Glaubenden«. Die Ordination zum Pfarrer verleiht keine besonderen Kräfte, unterscheidet Pfarrer/Pastor nicht »dem Wesen nach« vom Laien.

Mancher Protestant ist irritiert durch die teilweise glühende Marienfrömmigkeit katholischer Mitchristen sowie durch volksfromme Heiligenverehrung. Nach Paulus sind alle Christen »Heilige«, weil sie durch Glaube und Taufe Christus angehören. Die Heiligenverehrung bezieht sich dagegen auf außergewöhnliche Menschen, die ihren christlichen Glauben ganz ernst nehmen und voll und ganz in der Nachfolge Christi stehen. »Nothelfer« um Fürbitte anzurufen, wird evangelischen Christen kaum in den Sinn kommen. Auch die katholische Kirche lehrt im übrigen nicht die Heilsnotwendigkeit und Verpflichtung der Heiligenverehrung.

Schließlich der Papst, das Oberhaupt der römisch-katholischen Kirche: Er gilt als Nachfolger des Apostels Petrus im römischen Bischofsamt, beansprucht den damit verbundenen Primat, also eine geistliche und rechtliche Vorrangstellung. Protestanten, die den Papst zur Reformationszeit noch als »Hure Babylons« verhöhnten, halten heutzutage immerhin eine Gemeinschaft mit ihm, nicht jedoch unter ihm, für möglich. Zwar vertrauen Katholiken und Protestanten gleichermaßen auf Gottes Gnade; doch wie der als Sünder angesprochene Mensch gerechtfertigt wird, welche Rolle dabei die Kirche spielt, wird unterschiedlich gesehen.

Eine weitere Unterscheidung betrifft das Verhältnis von Heiliger Schrift, kirchlicher Tradition und kirchlichem Lehramt. Die römisch-katholische Kirche lehrt: Die Bibel muß vom Gesamtzeugnis der Kirche ausgelegt werden. Über dessen Reinheit wacht das kirchliche Lehramt, also Papst und Bischöfe. Protestanten vertrauen darauf, daß Gott trotz menschlicher und kirchlicher Unvollkommenheit und Irrtumsfähigkeit die Seinen schon in der Wahrheit erhalten werde.

Sakramente

Ebenfalls bestehen in der Sakramentenlehre Unterschiede. Gemeinsam lehren beide Kirchen: In Predigt und Abendmahlsfeier spricht Gott das Heil in Christus zu. Sakrament, Geheimnis Gottes und des Glaubens: Katholiken sehen darin sieben von Jesus gegebene wirksame Gnadenzeichen: Buße/Beichte, Taufe, Eucharistie, Firmung, Ehe, Priesterweihe, Krankensalbung. Protestanten erkennen nur Taufe und

Abendmahl an. Klassisch ist immer noch Martin Luthers Definition im »Kleinen Katechismus«. Unter Bezug auf den »Taufbefehl« in Mt 28,20 erläutert er die Wirkung: »Sie wirkt Vergebung der Sünden, erlöst vom Tode und Teufel und gibt die ewige Seligkeit allen, die es glauben...« Das bedeutet, »daß der alte Adam in uns durch tägliche Reue und Buße soll ersäuft werden und sterben mit allen Sünden und bösen Lüsten; und wiederum täglich herauskommen und auferstehen ein neuer Mensch, der in Gerechtigkeit und Reinheit vor Gott ewiglich lebe.«

Durch die Taufe wird ein Mensch (Kind oder Erwachsener) daran erinnert, daß das Leben eine Qualität bekommt, die über Geburt und Tod hinausgeht. Neben der Begrenzung des irdischen Lebens tritt das entgrenzte ewige Leben bereits in dieses irdische Leben. Der Ritus des Taufens besteht darin, den Täufling mit Wasser zu besprengen oder unterzutauchen. Mit seiner »zweiten Geburt« wird dem Täufling zugesagt, daß er als ein so Ausgezeichneter und Gesegneter nun die ersten Schritte in ein neues Leben wagen kann.

Im Gottesdienst feiern Christinnen und Christen das Abendmahl, auch Eucharistie (Dankfeier) genannt; man bezeichnet es als Herrenmahl, weil es sich auf die Einsetzung Jesu Christi unmittelbar vor seinem Tode bezieht. Mit seinen Freunden feierte Jesus diese Mahlzeit wahrscheinlich als Passahmahl und damit im Kontext der jüdischen Tradition (Mk 14,22–25). Nach Jesu Tod nahmen die Christen diese Tradition auf, indem sie sich der Nähe des auferstandenen Christus vergewisserten (Lk 24,30–35). Ursprünglich wurde es als erweiterte Familienmahlzeit in den Häusern der Christen gefeiert, dann wurde es von der Mahlzeit getrennt und zu einem eigenständigen kultischen Mahl ausgebaut, zu dem wesensmäßig die Einsetzungsworte Jesu und die Elemente (Brot und Wein beziehungsweise Traubensaft) gehören.

Die byzantinische Kaiserin Zoe, eine Schenkungsurkunde in den Händen haltend. Detail aus einem Mosaik (um 1030), das sie neben Christus zusammen mit ihrem dritten kaiserlichen Gemahl, Konstantin IX. Monomachos, zeigt. Hagia Sophia, Istanbul.

Jesus kommt in Brot und Wein zu seiner Gemeinde. Sie empfängt »Leib und Blut Christi« (soteriologischer Charakter). Die Gegenwart Christi im Mahl bewirkt Vergebung der Sünden. Mit dem Abendmahl wird das Reich Gottes, seine neue Friedensherrschaft sozusagen, schon im Vorgriff gefeiert. Das führt zur Versöhnung aller, die zum »Tisch des Herrn« kommen, und läßt sie an seiner Geistesgegenwart teilhaben (eschatologischer und pneumatologischer Charakter). Weil im Abendmahl Versöhnung erfahren wird, ist der Weg frei, die Gemeinschaft der Versöhnten auch im Alltag zu praktizieren (soteriologischer und ethischer Charakter).

Basis für diese Verständnisvarianten sind die folgenden neutestamentlichen Schriftstellen: Mk 14,22–26; Mt 26,17–30; 1 Kor 10,14–22 und 11,17–33. Gestiftete Versöhnung, Kraftquelle für den Glauben und Wegzehrung für das weitere Leben sind Bedeutungsgehalte, die sich bei allen christlichen Denominationen finden, mögen sie aus ihrer Tradition her eher an eine substantielle Verwandlung von Brot und Wein in Leib und Blut Christi (Transsubstantiation in der katholischen Kirche), an die reale Gegenwart im Vollzug des Abendmahls (Realpräsenz in den lutherischen Kirchen) oder an die geistige Verbindung mit Christus durch Brot und Wein (symbolische Präsenz in den reformierten Kirchen) glauben. Mehr und mehr setzt sich auch in den evangelischen Kirchen das Abendmahl mit Kindern durch, das bisher als Erstabendmahl meistens mit der Konfirmation verbunden war. Die katholische Kirche legt die Erstkommunion in die Grundschulzeit der Kinder.

Auch die Orthodoxen lehren (seit den Unionsverhandlungen mit Rom; Konzil von Lyon 1274) die Siebenzahl der Sakramente. Dennoch lassen sich viele orthodoxe Theologen nicht starr auf diese Zahl festlegen, denn für sie ist der Bereich der orthodoxen Mysterien weit umfassender. Zwar lehren sie eine Art Transsubstantiationslehre wie die römischen Katholiken; dennoch ist für sie der Augenblick der Wandlung nicht der Höhepunkt der Eucharistie: »Das eigentliche zentrale Geschehen und die dadurch geprägte Erfahrung des Mysteriums ist die Herabkunft, der Einzug, die Vergegenwärtigung, die Erscheinung des Auferstandenen selbst, und dieses Geschehen setzt in seiner vollen Dynamik vom ersten Augenblick der Liturgie an ein.« (Ernst Benz)

Herausragende Bedeutung in der orthodoxen Frömmigkeit hat die Ikone. Besucht man einen orthodoxen Gottesdienst, so fallen einem nicht nur die Kerzen und die vielerlei Gebärden, Handlungen und Symbole, sondern insbesondere die Ikonen in die Augen. Zu ihren Haupttypen zählen: Christus-Ikonen, Heilige-Dreifaltigkeits-, Mutter-Gottes-, Heiligen-, Engel- und Szenische Ikonen. Bereits das Herstellen der Ikonen aus geweihten Materialien ist eine liturgische Handlung, auf die sich der Maler fastend und büßend vorbereitet. Die Ikone ist letztlich kein Menschenwerk, sondern »Erscheinung des himmlischen Urbildes selbst. Die Ikone ist gewissermaßen ein Fenster, das zwischen unserer irdischen und der himmlischen Welt angebracht ist, ein Fenster, durch das die Bewohner der himmlischen Welt in unsere Welt herabschauen und auf dem sich die wahren Züge der himmlischen Urbilder flächenhaft, also zweidimensional abdrücken. Das auf der Ikone erscheinende Antlitz Christi, der Gottesmutter, der Heiligen ist also echte Erscheinung, Selbstabbildung, Selbstabdruck der himmlischen Urbilder; durch die Ikonen hindurch offenbaren sich die himmlischen Gestalten der Gemeinde und vereinigen sich mit ihr.« (Ernst Benz) Vor allem die Christus-Ikonen selbst werden auf »nicht von Händen gemachte« Urbilder zurückgeführt. Sie sind durch wunderhafte Erscheinungen hervorgetreten, haben sich gleichsam »von selbst gemalt«.

Zwischen der Gemeinde und dem Altarraum befindet sich die Ikonostase, die »Bilderwand«, auf der die Ikonen nach einer festen Ordnung angebracht sind: ursprünglich eine niedrige Schranke, heute eine hohe Wand, welche die Kommunikation zwischen Priestern und Gemeinde nur durch drei Türen ermöglicht.

Kirche – Kunst – Kirchenbau

Die Spuren christlicher Kunst sind von urgemeindlichen Zeiten an unübersehbar. Bildende Kunst und Kirchenbau sind dabei Ausdrucksträger des Glaubens und eines Weltverständnisses, für das die Gottesbeziehung konstitutiv ist. Die Kirchenmusik erlebt mit der Gregorianik ihre erste Hochblüte, entwickelt im Westen besonders in der protestantischen Kirchenmusik seit dem 17. Jahrhundert ihr eigenständiges Gepräge. In der Malerei entwickeln die östlichen Kirchen mit ihren Ikonen ein Geflecht biblischer Vergegenwärtigungen (einschließlich der Heiligengeschichten). Aufgrund der Kulturvoraussetzungen im Mittelmeerraum (Griechenland, Ägypten, Rom, Zweistromland, Iran, Indien) entsteht eine Visualisierung der Heilsgeschichte, besonders an den Kirchenbauten und in den Kirchen selbst. Der Westen braucht insgesamt länger und bedient sich dabei (teilweise unbewußt) der arabisch-islamischen Kulturbrücke der iberischen Halbinsel.

Mit der öffentlichen Anerkennung des Christentums durch das Mailänder Edikt von 313 nahm die christliche Kunst als Malerei, Plastik und Architektur einen ungeheuren Aufschwung. 319 wurde der Pionierbau einer Großbasilika, die Laterankirche, vollendet, die sich durch Vorhalle, Mittel- und Seitenschiffe, sowie durch die Apsis (für den erhöhten Altar) auszeichnet. Die sakrale Basilika ist eine Abwandlung der überdachten Marktforen im Römischen Reich. Durch die Nähe von Kaiserkult und christlicher Liturgie (seit Konstantin dem Großen im 4. Jahrhundert) bekommen Kirchen einen Thronsaalcharakter. Allerdings wird die basilikale Grundstruktur durch den Kuppelbau im positiven Sinne aufgesprengt. St. Gereon in Köln (4. Jahrhundert) und die Hagia Sophia in Istanbul (5. Jahrhundert) als Kaiserkirche sind Beispiele dieses neuen Ausdruckselements, mit dem sich weltliche und göttliche Herrschaft sichtbar zusammenfinden. Das zeigt dann auch die Pfalzkapelle Karls des Großen in Aachen aus dem Jahre 805. Basilikaler Bau und Zentralbau führen nördlich der Alpen zu einer besonderen Ausprägung. Die Basilika mit Querschiff und Vierung an der Schnittstelle von Lang-, Querhaus und Chor mit Apsis, Westwerk gegenüber dem Altar setzt sich in der Romanik als Typus eines Verständnisses durch, das die weltliche und die geistliche Macht in der Kirche vereinigt. Aber schon in der Romanik und verstärkt in der Gotik (Frankreichs und Deutschlands) öffnet das auf-

Mittlere Fensterrose der Fassade von San Rufino in Assisi, 13. Jahrhundert.

strebende Bürgertum das »Westwerk« zum Eintrittsfeld der Gläubigen (vgl. die das Himmelslicht einlassenden Fensterrosen, zum Beispiel in Straßburg), die an der Westseite der Kirche ankommend (von der Taufe, oft »vor« der Kirche in einem Baptisterium) den Pilgerweg zur Versöhnung mit Gott durchschreiten, auf diesem Weg die Predigt hören, um endlich in der Kommunion bei Christus, dem Erlöser, anzukommen.

Sakrale Großbauten haben die Jahrhunderte geprägt, das Barock ging mit den vorgegebenen Grundstrukturen recht sorgsam um, öffnete aber mit seinen Deckenkonstruktionen und Malereien sozusagen das himmlische Paradies. Das 19. Jahrhundert wendete sich wieder der Romanik und Gotik zu beziehungsweise knüpfte an Elemente der Renaissance im Sinne der Neoklassik an. Im 20. Jahrhundert dokumentieren groß dimensionierte Kirchbauten entweder den Glauben in einer modernen Welt (zum Beispiel die Kathedrale in Rio de Janeiro) oder die Kopie vergangenen kirchlichen Glanzes (Abbild von St. Peter im Vatikan an der Elfenbeinküste).

Kirchenjahr und Feste

Die christlichen Feste sind auf die Heilsgeschichte hin orientiert und wiederholen diese Jahr für Jahr im zyklischen Rhythmus. Das wichtigste Fest der östlichen und westlichen Christenheit – Ostern – ist Symbol des Heils: Kreuz und Auferstehung. Alle anderen Feste haben sich nach und nach darum gegliedert und das Kirchenjahr entstehen lassen.

- Osterfestkreis (die Osterdaten werden nach dem ersten Frühlingsvollmond festgelegt)

- Aschermittwoch: Bußgottesdienst mit Aschenkreuz auf der Stirn (Asche als Zeichen der Buße)
- Aschermittwoch bis Karsamstagnacht: Passionszeit (liturgische Farbe: violett; als Zeichen der Buße, der Einkehr und der vertiefenden Besinnung)
- Heilige Woche vor Ostern mit:
- Palmsonntag: Erinnerung an den Einzug Jesu in Jerusalem
- Gründonnerstag: Einsetzung des Abendmahls
- Karfreitag: Todestag Jesu (liturgische Farbe: schwarz)
- Ostern: Auferstehung Jesu (liturgische Festfarbe: weiß; als Symbol des Lebenslichtes)
- Himmelfahrt Christi: 40 Tage nach Ostern (liturgische Farbe: weiß)

- Pfingstkreis
- Pfingsten: Empfang des Heiligen Geistes, Gründungsdatum der Kirche (höchste Festfarbe: rot)

- Trinitatis, Dreieinigkeitsfest: Erster Sonntag nach Pfingsten (liturgische Farbe: weiß)

- Fronleichnam: (aus *fron* = »zum Herrn gehörig« und *lîcham* = »lebender Leib«), Donnerstag nach Trinitatis; Einsetzung des Altarsakraments (Eucharistie)

- Sonntage nach Pfingsten beziehungsweise Trinitatis (liturgische Farbe: grün; als Zeichen der Hoffnung)

- 31. Oktober: Reformationsfest (der evangelischen Kirchen)
- 1. November: Allerheiligen; Fest für alle Heiligen der (katholischen) Kirche
- 2. November: Allerseelen; Totengedächtnis (mit Lichtern auf den Gräbern)
- Totensonntag/ Ewigkeitssonntag: letzter Sonntag im Kirchenjahr mit Bezug auf das Ende der Zeit und das Jüngste Gericht

- Weihnachtsfestkreis
  Erster Advent (lat. *adventus* = »Ankunft«): Beginn des Kirchenjahres
  Vier Adventssonntage als Schritte hin zum kommenden Erlöser
  Ursprünglich Fastenzeit ab St. Martin als letzter Festtag mit »Martinsgans« am 11. November (liturgische Farbe: violett)
- 24./25. Dezember: Heiliger Abend/Heilige Nacht vor dem Weihnachtsfest
- 25./26. Dezember: Feier der Geburt Christi (Menschwerdung/Inkarnation; liturgische Farbe: weiß)
- 6. Januar: Erscheinungsfest/Epiphanias, Fest der Heiligen drei Könige, orthodoxes Weihnachtsfest
- 2. Februar: Darstellung Jesu im Tempel: Jesus das Licht der Völker; gleichzeitig Maria Lichtmeß: kultische Reinigung der Maria nach der Geburt; Ende der Weihnachtszeit.

Die Ausbreitung des Christentums

Christentum im Römischen Reich
In der Geschichte des Christentums lassen sich mehrere Hauptphasen unterscheiden: Die erste Phase spielt sich innerhalb des Römischen Reiches ab. Das Christentum hat seinen Ursprung in der judenchristlichen Gemeinde von Jerusalem. Es war vor allem das Verdienst des (ursprünglich strenggläubigen Juden und späteren) Apostels Paulus (gest. 60 n. Chr.), christliche Gemeinden in der hellenistischen Welt zu verbreiten.

»Neben Jesus von Nazareth hat Paulus in der Geschichte des Christentums am meisten bewegt. Ihm verdanken wir, daß der christliche Glaube eine Weltreligion geworden ist.« (Martin Hengel) Vom östlichen Mittelmeer ausgehend, gründet der rastlos Reisende auf großen Missionsreisen viele Gemeinden (Kleinasien, Philippi, Thessalonich, Korinth).

Auf dem »Apostelkonzil« (49 n. Chr.) überzeugte Paulus die übrigen Apostel davon, daß der Weg zur neuen Religion nicht notwendig über eine genaue Aneignung jüdischer Traditionen und Gesetzesverpflichtungen führen müsse. Erst diese Einstellung ermöglichte die Missio-

Oben:
Konstantin der Große, unter dem das Christentum zur »erlaubten Religion« wurde. Museo del Laterano, Rom.

Oben Links:
Konstantin der Große überreicht Papst Silvester I. die Tiara. Die damit symbolisierte Übertragung der Herrschaft über den Westen wurde im Mittelalter für die Begründung des Machtanspruchs des Papsttums herangezogen. Fresko, 13. Jahrhundert, Kirche SS. Quattro Coronati, Rom.

Links:
1111 ließ Heinrich V. Papst Paschalius II. gefangennehmen und erzwang das Zugeständnis zur Kaiserkrönung und das Investiturrecht. Aus einer Bearbeitung der Weltchronik des Frutolf von Michelsberg. Corpus Christi College, Cambridge.

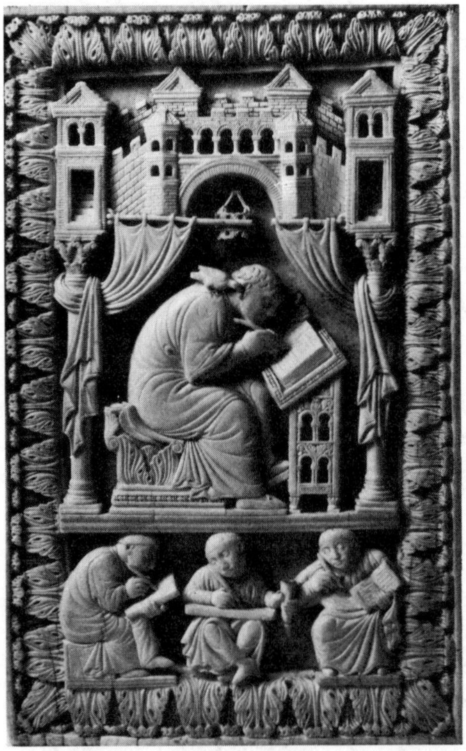

nierung der »heidnischen« Massen: Aus der jüdischen Winkelsekte konnte so eine Weltreligion werden.

Zunächst galt das Christentum im Römischen Reich noch als *religio illicita* (»unerlaubte Religion«). Bis die junge Religion von Kaiser Konstantin dem Großen im Edikt von Mailand (311) als *religio licita* (»erlaubte Religion«) geduldet und später von dem oströmischen Kaiser Theodosius I. (380) offiziell als Staatsreligion anerkannt wurde, kam es zu einer Reihe von Christenverfolgungen, vor allem unter den Kaisern Nero (37 – 68), Decius (249 – 251), Valerian (253–260) und Diokletian (284–305).

Oben:
Der Kirchenlehrer und spätere Papst Gregor I. (um 540 – 604) wird durch den Heiligen Geist in Gestalt einer Taube inspiriert. Buchdeckel aus Elfenbein, Ende 10. Jahrhundert. Kunsthistorisches Museum, Wien.

Rechts oben:
Der Apostel Petrus überreicht Papst Leo III. eine Stola, Karl dem Großen eine Fahne als Zeichen der geistlichen und weltlichen Macht. Mosaik, 9. Jahrhundert. Lateran, Rom.

Rechts:
Verbrennung eines Ketzers, die von Vertretern der Kirche und der weltlichen Macht veranlaßt wurde. Holzschnitt, 14. Jahrhundert.

Krönungsbild des »Pontificale«. In seinem Werk »Dictatus Papae« (1075) formte Papst Gregor VII. die Auffassung des uneingeschränkten Vorrangs des Papstes vor jeder weltlichen Macht aus. Erste Hälfte 11. Jahrhundert. Stadtbibliothek, Schaffhausen.

Strafrechtlich konnte man gegen die Christen nicht vorgehen. Bis in das 3. Jahrhundert hinein gab es kein Verbot des Christentums. Auch für Verbrechen gegen die offizielle Staatsreligion bestanden keine festen Vorschriften. Die Verweigerung des Kaiserkults gab aber die Möglichkeit, gegen die Christen mit dem Vorwurf des Hochverrats vorzugehen.

Das Christentum mußte sich auch gegen zeitgenössische geistige Strömungen wie zum Beispiel Judentum, griechische Philosophie, Gnosis und die Mysterienkulte abgrenzen.

Das veränderte Verhältnis von Römischem Reich und Christentum veränderte die Kirche, die unter Theodisus I. und Justinian I. zur Reichskirche wurde. In das Reichsgesetz wurde die zentrale Glaubensformel aufgenommen: »Daß wir gemäß apostolischer Weisung und evangelischer Lehre eine Gottheit Vaters, Sohnes und Heiligen Geistes in gleicher Majestät und heiliger Dreifaltigkeit glauben.« Die Entwicklung führte zur Stärkung der Autorität der römischen Bischöfe.

Nach der Zeit der Christenverfolgungen zogen zunächst wenige, später viele Christen – nicht zuletzt aus Protest gegen die Verfilzung von Kirche und Teilen des Klerus mit Staat und Wirtschaft – aus den Städten in die Wüste (Syrien, Ägypten), um dort als Anachoreten (Einsiedler) – frühestes sicher bekanntes Beispiel: Antonius von Ägypten (etwa 255–356) – oder in Gemeinschaften evangeliumsgemäß zu leben. Im Verlauf des 4. Jahrhunderts bildete sich das Mönchtum zu einer festen Institution heraus.

Der Ägypter Pachomius (292 – 346) gilt als Schöpfer und Gestalter des in Gemeinschaft lebenden Mönchtums. In der westlichen Kirche gehen die Anfänge des Mönchtums auf das späte 4. Jahrhundert zurück (Asketensiedlung nach 360 im gallischen Poitiers, deren Mittelpunkt Martin von Tours [316/317 – 397] war; Priscillianismus/Spanien. Darüber hinaus: Rom, Nord- und Süditalien, Nordafrika, Spanien, westliches Gallien, Südgallien).

Das Erstarken des Katholizismus

Die zweite Phase beginnt mit dem Übergang der christlichen Religion zu den germanischen (um 200 erste Christen in England; auf dem Konzil von Arles im Jahre 314 waren bereits drei englische Bischöfe vertreten), romanischen und (von Byzanz aus) slawischen Völkern. Lag das Schwergewicht des Christentums in den ersten Jahrhunderten im Osten, wo die Theologie aufblühte und die großen Dogmenkämpfe des 4. und 5. Jahrhunderts geführt wurden – Ausnahme war das Wirken des großen Theologen Augustinus – so verlagerte es sich nun in den Westen. Dieser epochale Umbruch ist das Ergebnis des Zerfalls des Imperium Romanum einerseits und der Staatenbildungen der Westgermanen und ihrer Einfügung in die katholische Kirche anderseits. Während die ostgermanisch-arianischen Kirchen nur Episode blieben, erstarkte der Katholizismus unaufhaltsam.

Benedikt von Nursia auf der Flucht. Im Geist sieht er den von ihm geplanten Klosterbau. San Speco, Subiaco.

Vor allem in den Ländern Ost- und Nordwesteuropas setzte sich das Christentum erfolgreich durch (Alemannen, Bayern, Thüringer, Hessen, Angeln, Sachsen, Friesen, Skandinavier), und es kam zu regelrechten (von den Fürsten unterstützten) Massenbekehrungen. Die Christianisierung der Germanen erstreckte sich über einen Zeitraum von rund 1000 Jahren (2.–12. Jahrhundert), die der Slawen erfolgte zwischen 600 und 1400. Nilaufwärts bis nach Äthiopien hinein erstreckte sich die Wirksamkeit der ägyptischen Monophysiten. Nestorianer brachten das Christentum nach

Heinrich IV. bittet Abt Hugo von Cluny und Markgräfin Mathilde von Tuszien im Investiturstreit um Fürsprache bei Gregor VII. Miniatur aus der »Vita Mathildis«.

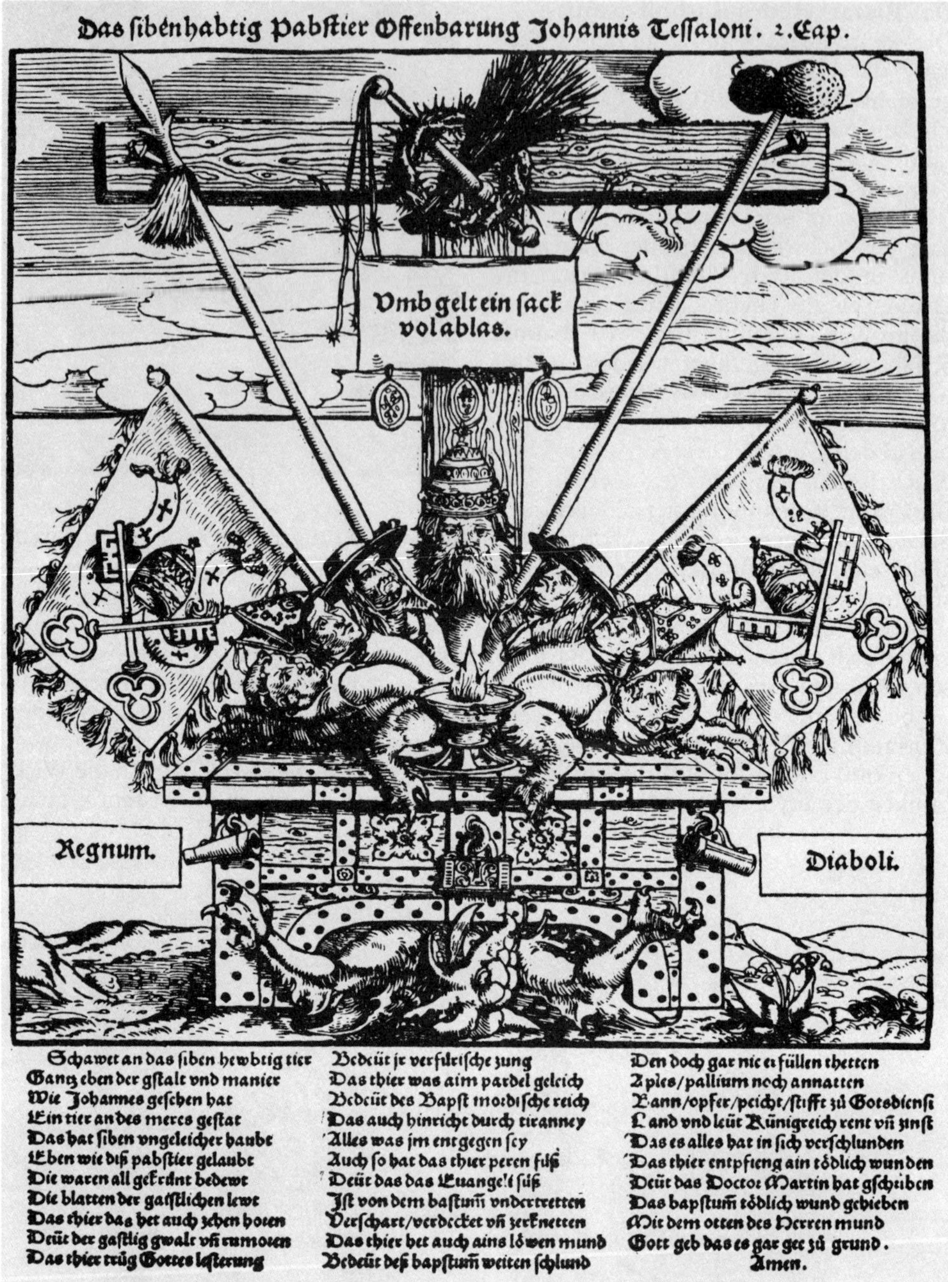

Das siebenhäuptige »Papsttier«, das ein »Regnum Diaboli« führt. Flugblatt mit einem Text von Hans Sachs, um 1535/40.

Indien, in das Innere Asiens und im 7. Jahrhundert nach China. Katholische Missionare, die im 13. Jahrhundert nach China kamen, trafen auf nestorianische Überreste.

Im 6./7. Jahrhundert trat der Islam als geschichtsbestimmende Macht auf. Diese jüngste Weltreligion stieß neben der griechischen Reichskirche auf eine Reihe nationaler, »häretischer« Sonderkirchen (äthiopische Kirche, Kopten in Ägypten, Jakobiten in Syrien, Nestorianer in Persien, armenische Kirche). Diese Kirchen erfuhren den Islam zunächst durchaus als Befreiung; denn die Katholiken hatten versucht, den Sonderkirchen ihren »rechten« Glauben aufzuzwingen.

Der Unterschied zwischen den Kirchen des Abendlandes und denen des Ostens erweiterte sich im Laufe der Zeit immer mehr. Der Kaiser übte auf die einzelnen Kirchen des Ostens Druck aus. Die Gegensätze zwischen Abendland und Morgenland wurde immer größer, so daß es 1054 nach mehrfachen früheren Schismen und Rangstreitigkeiten zum endgültigen Bruch kam. Fortan erkannten die orthodoxen Kirchen die Primatsansprüche des Papstes nicht mehr an, weil sie ihrem Traditionsverständnis widersprachen.

Allmählich fiel der Kirche die Hoheit über den Staat zu, und der Papst wurde in gewisser Weise zum Herrn der Welt, der Fürsten und Bischöfe als seine Untergebenen betrachtete. Im Zusammenhang dieser monopolartigen Machtstellung kam es

Tagung während der dritten, von Papst Pius IV. einberufenen Sitzungsperiode (1562/63) des Konzils von Trient. Österreichische Nationalbibliothek, Wien.

zu Verfallserscheinungen in der Kirche, die den Ruf nach einer Reformation an »Haupt und Gliedern« laut werden ließ.

Reformation und Gegenreformation

Die dritte Phase ist die Reformations- und Gegenreformationszeit, die das 16. und 17. Jahrhundert umfaßt. Die durch Luther, Zwingli, Calvin und andere hervorgerufene Bewegung zur Erneuerung der Kirche führte zur Entstehung neuer, vom Papst unabhängiger Kirchen. Die Reformation wurde durch eine Reihe von Motiven vorbereitet: die geistesgeschichtlichen Spannungen des Spätmittelalters; die in der Re-

Nach Luthers Kritik an der überkommenen Bilderverehrung gingen radikalere Anhänger der Reformation daran, Bilder, Heiligengestalten und liturgisches Gerät zu zerstören. Stich von Hogenberg. Bibliothèque Nationale, Paris.

naissance einsetzende historische Kritik auch an den Einrichtungen der Kirche; die durch die Erfindung der Buchdruckerkunst allgemein zugänglich gemachten Schriften der Bibel und der Kirchenväter; das Streben der Fürsten und weltlichen Machthaber, das landesherrliche Kirchenregiment weiter auszubauen; die sozialen Gegensätze in den Städten; die inneren Verfallserscheinungen der Kirche; die anwachsende Bedeutung der »Laien« und ihr Streben nach religiöser Erneuerung.

Die Landeskirchen legten auf dem Reichstag zu Augsburg (1530) ein erstes grundlegendes Bekenntnis ab: das »Augsburger Bekenntnis« (Confessio Augustana). Reichsrechtlich wurden sie dann im Augsburger Religionsfrieden (1555) anerkannt. Von Zürich aus unternahm Zwingli und von Genf aus Calvin die Reformation in der deutschen beziehungsweise französischen Schweiz. Zwischen beiden Reformatoren kam es aufgrund ihrer unterschiedlichen Abendmahlsauffassungen zu keiner Einigung (Zwinglianismus im Bodenseegebiet; Calvinismus in Teilen des lutherischen Deutschland und in Frankreich).

Infolge der Reformation kam es in den einzelnen deutschen Territorien zur Bildung voneinander unabhängiger Landeskirchen. Das »Konkordienbuch« (veröffentlicht 1580) stellt die maßgebliche Sammlung der lutherischen Bekenntnisschriften dar, während der »Heidelberger Katechismus« (1563) die verbreitetste Bekenntnisschrift der reformierten Kirchen (Schweiz, Schottland, Teile Deutschlands, Frankreich, Ungarn, USA: Presbyterianer) ist.

In England kam es aufgrund der Verweigerung der obersten Leitungsgewalt des Papstes zur Entstehung der anglikanischen Kirche (»39 Articles of Religion«, 1562; »The Book of Common Prayer«, seit 1549).

Spottbild auf Martin Luther. Titelbild der gegen die Reformation gerichteten Flugschrift »Sieben Köpffe Martini Luther« von Johannes Cochläus, Leipzig 1529.

Die Verkündigung Luthers ermutigte dazu, die Forderungen des Evangeliums unter den politischen Bedingungen Deutschlands zu realisieren. Besonders Unterprivilegierte wie Ritter und Bauern hörten die Worte aus Wittenberg wie ein Befreiungssignal. Das führte dazu, daß der Stadtpfarrer von Wittenberg, Andreas Karlstadt (um 1480 – 1541), verstärkte Mitsprache der Laien beim Gottesdienst forderte und einen faktischen Bildersturm in Wittenberg provozierte, während Luther aufgrund seiner Bannung durch den Reichstag zu Worms (1521) versteckt auf der Wartburg lebte. Das brachte den humanistisch aufgeschlossenen Ritter, Ulrich von Hutten (1488 – 1523), in die reformatorische Bewegung der Kirche und führte schließlich zu großen Bauernaufständen (1524/25), deren theologische Legitimität Thomas Müntzer (1468 – 1525) mit dem Evangelium als einer Kraft der Befreiung begründete, die sich gegen die etablierten Autoritäten wendete. Sein Verständnis der Freiheit des Evangeliums wurde von Luther aufs schärfste bestritten.

Die größte Protestgruppe bildeten die Täufer, die – von unterschiedlichen Voraussetzungen herkommend – als einzigen gemeinsamen Glaubenspunkt die Ablehnung der Kindertaufe hatten. Zuerst im südwestdeutschen (seit 1525) und seit 1530 auch im niederdeutschen Raum betonten sie die Verantwortung der Laien, das Recht auf freie Pfarrerwahl, die persönliche Verantwortung für den Glauben und dessen Bezeugung. Nur wer sich zu einem Gott gehorsamen

Leben verpflichtete, die Nachfolge Christi also konsequent lebte, konnte (wieder) getauft werden. So ist die täuferische Haltung auch durch eine Radikalität (die Luthers Reformversuche weit überholte) gekennzeichnet, verbunden mit einem Antiklerikalismus und in der Hoffnung, das anbrechende Reich Gottes (mit-) gestalten zu können. Extreme Form nahm diese eschatologisch-utopische Heilsvorstellung im Täuferreich von Münster (1534/35) an, das in einer Koalition des Bischofs von Münster, katholischer und lutherischer Verbündeter brutal ausgerottet wurde. Es sei in diesem Zusammenhang erwähnt, daß der Straßburger Reformator Martin Bucer (1491 – 1551) auch mit diesen Gruppen einen Ausgleich suchte, was ihm sogar teilweise trotz unterschiedlicher Glaubenssichten gelang.

Ignatius von Loyola (1491 – 1556), der Gründer der »Gesellschaft Jesu«. Holzplastik von Juan Martinez Montañéz, um 1610. Universitätskirche, Sevilla.

Obwohl die Täuferbewegung faktisch zerschlagen wurde, hat ihre Spiritualität viele Strömungen des Protestantismus nachhaltig beeinflußt, was sich an Emigrantenkirchen bis nach Amerika verfolgen läßt. Versucht man die Faszination und Ablehnung dieses bisher oft unterbewerteten »linken Flügels« der Reformation zu verstehen, wird man entdecken, daß die Spannung zwischen Zukunftserwartung, Reich Gottes, Rechtfertigung des Sünders und Herbeiführung gerechter Verhältnisse auf der Erde Triebkräfte sind, die in der von Luther und Melanchthon geprägten Linie der Reformation faktisch zur Aufrichtung neuer (staatskonformer) Ordnungsprinzipien führten. Durch die Reformation wurde die Gegenreformation (katholisch auch »Selbstreformation«) ausgelöst, die zur Erneuerung der römisch-katholischen Kirche beitrug. Im Mittelpunkt steht das Konzil von Trient (1545 – 1563), auf dem die Lehren des Katholizismus gegenüber den protestantischen Kirchen formuliert wurden.

Ausbreitung in der Neuzeit

Die vierte Phase des Christentums beginnt mit seiner Ausbreitung in der Neuzeit. Sie steht im Zusammenhang mit der politischen Expansion der europäischen Mächte (Kolonialismus, Imperialismus). Einerseits kam es zur religiösen Legitimierung des Kolonialismus (so Opiumkrieg in China, 1840/1842; Boxeraufstand der Chinesen gegen fremde Unterdrückung, 1900), anderseits regte sich bei den Missionaren auch Widerstand gegen kolonialistische Unterdrückung und Ausbeutung. Die geographischen Entdeckungen des 15. und 16. Jahrhunderts boten die Voraussetzungen für die (zunächst) katholische Mission unter fremden Völkern. Ein bedeutender Pionier war der Jesuit Franz Xaver (1506 – 1552), der bis Japan gelangte. Die von ihm entwickelte missionarische Methode der Akkomodation, der »Anpassung« an die fernöstliche Kultur, wurde seinen Nachfolgern schließlich vom Papst untersagt.

Die Protestanten waren missionarisch weit weniger aktiv, und eine organisierte Missionsarbeit begann erst mit der Entsendung des Missionars Bartholomäus Ziegenbalg in die dänische Besitzung Tranquebar in Indien (1706). Der Pietismus (Herrnhuter Brüdergemeine, seit 1732; Württemberger Pietisten) – und später, seit der Wende vom 18. zum 19. Jahrhundert die Erweckungsbewegung – beflügelten den Missionsgedanken. Seit Beginn des 18. Jahrhunderts entstanden zahlreiche Missionsgesellschaften. Systematisch erschloß man die Missionsgebiete, und es entstanden große »Stammeskirchen«, deren Mitglieder vielfach geschlossen zum Christentum übertraten (so die Goßner-Kirche in Nordindien; die Batak-Kirche in Sumatra; Kirchen im Inneren Ostafrikas).

Bis zum Ende des 18. Jahrhunderts war das Christentum in alle fünf Erdteile gelangt. Während das Christentum einerseits an den Islam viele Anhänger abtreten mußte, gelangen ihm große Erfolge auf dem nordamerikanischen Kontinent, wohin die puritanischen »Pilgerväter« auf dem Schiff »Mayflower« (1620) gekommen waren: Waren 1790 fünf Prozent der Bevölkerung der USA Kirchenmitglieder, so stieg diese Zahl aufgrund der Einwanderung von über drei Millionen Katholiken (Iren, Deutsche) und aufgrund der Mission unter freigelassenen Sklaven (Gründung von afro-amerikanischen Kirchen: Methodisten, Baptisten) 1870 auf 18 Prozent der Bevölkerung an. 1910 waren bereits 43,4 Prozent Kirchenmitglieder, und 1957 gehörten 61 Prozent der Bevölkerung einer Kirche an.

Die Missionierung Lateinamerikas beschreibt der Befreiungstheologe Leonardo Boff folgendermaßen: »1492–1992 sind Daten, die – aus der Sicht der Indios und der lateinamerikanischen Schwarzen – einen Kreuzweg mit unzähligen Stationen des Leidens markieren, einen Karfreitag, der seit 500 Jahren andauert mit wenig Aussicht auf eine Auferstehung.« Die Christen »verursachten den größten Völkermord aller Zeiten, der die Bevölkerung auf ein Fünfundzwanzigstel zurückgehen ließ. Sie eigneten sich das Land widerrechtlich an, zerstörten die soziale und politische Ordnung des Volkes, unterdrückten die einheimischen Religionen (...) Die katholischen und protestantischen Missionare predigten nicht nur das Evangelium, sondern auch die europäische Kultur. Sie gehörten wesentlich zum Plan der Eroberung und Kolonisierung. Den Eingeborenen und versklavten Afrikanern bot sich das Christentum als Religion der Feinde, die unterjochen und töten.«

Ökumenische Perspektiven

Seit einiger Zeit ist das ökumenische Bewußtsein um die Zusammengehörigkeit der Christen gewachsen. Ursprünglich war der Begriff »Ökumene« geographisch gemeint, bedeutete »die ganze bewohnte Erde«. Dann besagte er: »zum Römischen Reich gehörig«. Später fiel Ökumene mit »Kirche« zusammen, stand für »die ganze christliche Welt«. Unter der »Ökumenischen Bewegung« versteht man alle zeitgenössischen Bestrebungen, welche die verlorengegangene Einheit der Kirche wiederherstellen möchten. Gewöhnlich datiert man den Beginn auf das Jahr 1910. Damals fand im schottischen Edinburgh die erste Weltmissionskonferenz statt. 1948 wurde in Amsterdam der »Ökumenische Rat der Kirchen« gegründet. Die »Ökumenische Bewegung« ist aber nicht einfach mit dem Weltkirchenrat identisch. Neben den konfessionellen Weltbünden, den reformierten und lutherischen beispielsweise, und den vielfältigen Beziehungen einzelner Kirchen untereinander, bestehen mannigfaltige ökumenische Arbeitskreise, Zentren und Institute. Im Frühsommer 1989 fand in Basel die ökumenisch-europäische Versammlung »Frieden in Gerechtigkeit« statt, eine wichtige Etappe auf dem Weg zu einem zukünftigen ökumenischen Friedenskonzil. Ein konziliarer Prozeß ist entstanden, eine die Konfessionen übergreifende Arbeit in Gruppen und Kirchengemeinden an den über-lebensnotwendigen Aufgaben: Frieden, Gerechtigkeit und Bewahrung der Schöpfung. Ein Vergleich ist aufschlußreich: 99 Prozent der Teilnehmer von Edinburgh stammten aus dem nordatlantischen Raum. Ganz anders sah es auf der Weltmissionskonferenz in San Antonio 1989 aus: 70 Prozent der Delegierten kamen aus Gebieten, in die einst die weißen Missionare geschickt worden waren.

Theologie im alten Europa und in der Dritten Welt kann höchst unterschiedlich aussehen. Klaus Klostermaier spricht in seiner faszinierenden Schrift »Christ und Hindu in Vrindaban« (1968) über seine Erfahrungen in Indien: »Theologie bei 48 Grad C im Schatten scheint doch anders zu sein als Theologie bei 21 Grad C. (...) Der Theologe bei 21 C in guter Position setzt voraus, daß Gott zufrieden und glücklich ist, gutgenährt und ausgeruht, ohne Bedürfnisse irgendwelcher Art. Der Theologe bei 48 C versucht sich vorzustellen, daß Gott hungert und dürstet, daß er leidet und traurig ist, daß er Schweiß vergießt und verzagt ist.«

»Religion ist der Versuch, keinen Nihilismus zu dulden und eine unendliche Bejahung des Lebens zu leben. Wo die Fremde, der Zufall und das Nichts waren, soll Heimat, Identität und Gott sein.«
(Dorothee Sölle)

Großes Elend, Armut, Hunger, Seuchen und Krankheit: Angesichts solcher »Geißeln der Menschheit« stellen christliche Theologen der Dritten Welt heute nicht nur andere Fragen als (noch) viele ihrer europäischen Kollegen. Sie geben auf alte Fragen zunehmend auch andere Antworten. Viele liebgewordene Fragen haben längst keine Bedeutung mehr. Die Zahl der Christen in den Ländern Lateinamerikas und in manchen Gegenden Afrikas hat rapide zugenommen. Die Entwicklungsländer im Ökumenischen Rat der Kirchen bilden inzwischen die Mehrheit. Mission ist keine Einbahnstraße mehr: vom christlichen Europa in die »heidnische« Welt der »Eingeborenen« und »Primitiven«. Neben die »alte Kirche« sind die »jungen Kirchen« getreten. Zum Teil haben sie eigene, faszinierende Theologien entwickelt, starren nicht länger gebannt auf die (nur allzu oft um sich selbst kreisende) abendländische Dogmatik. Die lateinamerikanische »Theologie der Befreiung«, die »Schwarze Theologie« in Afrika, die »Minjung-Theologie« in Asien – sie alle sind hoffnungsvoller Ausdruck der Eigenständigkeit dieser jungen Kirchen. Neue Formen christlichen Zusammenlebens haben ihren Ausdruck unter anderem in den kirchlichen Basisgemeinden gefunden, in Europa und in den USA, vor allem jedoch in Lateinamerika. Hier sind es meist arme Menschen, die – oft von Bischöfen und Priestern dazu inspiriert – ihr Schicksal in die Hand nehmen und der befreienden Kraft des Evangeliums vertrauen.

Christliche Mission erlebt heute einen wahrhaften Boom. Konservative Kreise, insbesondere aus dem protestantischen Nordamerika, gehen aggressiv vor, sehen ihr Ziel noch immer in »Heiden«-Bekehrung und »Seelenfang«. Daß die Missionsgeschichte durch solche Praktiken hinlänglich diskreditiert ist, stört sie offensichtlich nicht. Daneben steht eine »neue Mission« mit entwicklungspolitischen Dimensionen, die eintritt gegen: Hunger und Überbevölkerung, die weltweite Umweltzerstörung und Atomkatastrophen, die Diskrimierung der Frau, kurz – sich stark macht für die »Verteidigung des Lebens«.

Christentum und Dialog der Religionen

Seit dem Zweiten Weltkrieg findet durch die Wanderungs- und Flüchtlingsbewegungen, durch die erleichterten Fernreisen und den optimalen Ausbau der Massenkommunikation die Begegnung der Kulturen gewissermaßen vor der Haustüre statt. Der Ökumenische Rat (ÖRK) ermuntert im Konziliaren Prozeß, global zu denken und lokal zu handeln. Es stellt sich die Frage, wie das menschliche Zusammenleben künftig insgesamt geregelt werden soll und welche Aufgabe die Religionen dabei haben. Besonders im angelsächsischen Raum hat sich auch theologisch eine Richtung herausgebildet, die sich den Dialog der Religionen und die versöhnliche Begegnung der Kulturen zur Hauptaufgabe gemacht hat.

In multikulturellen Gesellschaften gibt es schon seit längerem Versuche, die Begegnung von Menschen unterschiedlicher Glaubensweisen voranzubringen. Von kirchlicher Seite sind auf Weltebene zum einen durch das Zweite Vatikanische Konzil und zum andern durch die Arbeit des Ökumenischen Rates der Kirchen Marksteine gesetzt worden. 1979 kamen beim ÖRK die Leitlinien des Dialogs heraus, die Orientierung für Theorie und Praxis interreligiöser Begegnung in den Gemeinden, Schulen, aber auch in größerem Rahmen bieten. Es geht darum, das eigene christliche Engagement nicht von vornherein zur Bekehrung Andersdenkender einzusetzen, sondern um eigenständige theologische Versuche, auf die Vielfalt der Religionen und religiösen Strömungen so einzugehen, daß der interreligiöse Dialog nicht nur verbal vorankommt, sondern ein echter Pluralismus entsteht, der die unterschiedlichen Positionen nicht verwischt, sondern einen Prozeß einleitet, dessen Ziel gemeinsamen Zusammenlebens nicht schon am Anfang dogmatisch gefährdet wird.

Ein solcher Pluralismus wird keineswegs von allen Christen und Kirchen gewollt. Das bisherige Missionsverständnis stellt sich als zunehmende Hemmschwelle heraus. Glücklicherweise bemühen sich nicht nur die Dialogabteilung des ÖRK, sondern eine ganze Reihe von Theologinnen und Theologen (besonders aus dem angelsächsischen Raum) darum, eine (christliche) Theologie der Religionen zu entwickeln.

Ausgesprochen unkonventionell reflektieren Paul F. Knitter aus den USA und der in Kalifornien lehrende John Hick den religiösen Pluralismus. Gemeinsam mit anderen auch in Deutschland bekannten Theologinnen und Theologen wie Stanley J. Samartha, Wesley Ariarajah, Rosemarie R. Ruether, Aloysius Pieris, Raimundo Panikkar, Hans Küng, Willard Oxtoby, Ulrich Schoen, Ulrich Mann, Paul Schwarzenau akzeptieren und fordern die Genannten drei Verstehensebenen als grundlegend: Die historisch-kulturelle Ebene zeigt die Relativität aller unserer Glaubensformen. Die theologisch-mystische Ebene mahnt uns an das Geheimnis, das die letzte Wirklichkeit umgibt, die sich jedoch unterschiedlich kulturell äußert, symbolisch gesprochen: am Jordan, am Tiber, am Ganges, am Nil, am Amazonas, am Ganges, an der Wolga, am Rhein usw. Die ethisch-praktische Ebene trägt den Namen Gerechtigkeit; denn sie ist der Zugangsweg, damit Menschen wieder Hoffnung schöpfen können und das »Jenseits« nicht zur billigen Vertröstung wird.

Die multikulturellen Erfahrungen, verstärkt inzwischen auch in den europäischen Ländern (mit oder ohne koloniale Vergangenheit), bringen mittlerweile ein eigenständiges Theologisieren hervor, das in anderen Religionen eigenständige Wege zum Heil sieht. Es scheint sich sogar eine Art theologisches Netzwerk zu entwickeln, in dem leichter als bisher fortgeführt werden kann, was einzelne begonnen haben. Orte interreligiösen Dialogs (Birmingham, Claremont, Genf, Holland, Ruhrgebiet und andere), wo dieses Denken seine aktualisierende adäquate Fortsetzung hin in die Praxis der interreligiösen Begegnung findet, ermutigen zu neuen Modellen.

LITERATUR: Gerhard Schmidtchen: Protestanten und Katholiken. Soziologische Analyse konfessioneller Kultur. Bern 1973. – Hans Küng: Christ Sein. München/Zürich 1974. – Ernst Benz: Beschreibung des Christentums. München 1975. – Gerhard Schmidtchen: Was den Deutschen heilig ist. München 1979. – Otto Hermann Pesch, A. Peters: Einführung in die Lehre von Gnade und Rechtfertigung. Darmstadt 1981. – Fritz Maas: Was ist Christentum? 3. Aufl. 1982. – Kleines Handbuch für evangelisch-katholische Begegnungen. Göttingen 1983. – Ökumene-Lexikon. Kirchen, Religionen, Bewegungen. Frankfurt 1983. – Taschenlexikon Religion und Theologie. 5 Bde., Göttingen, 4. Aufl. 1983. – Martin und Amrei Stupperich, Jörg Ohlemacher: Zweitausend Jahre Christentum. 3 Bde., Göttingen 1984. – Peter Antes: Christentum – eine Einführung. Stuttgart u. a. 1985. – Fritz Stolz: Christentum. Göttingen 1985 (= Religionen Bd. 3). – Karl-Heinz Bieritz: Das Kirchenjahr. München, 2. Aufl. 1988. – Andreas Rössler: Positionen, Konfessionen, Denominationen. Eine kleine Kirchenkunde. Stuttgart 1988. – Wörterbuch des Christentums. Gütersloh/Zürich 1988. – Jakob J. Petuchowski, Clemens Thoma: Lexikon der jüdisch-christlichen Begegnung. Freiburg u. a. 1989. – Sigrid und Karl-Wolfgang Tröger: Kirchenlexikon. Berlin (jetzt München) 1990. – Dictionary of the Ecumenical Movement. Genf/Grand Rapids 1991. – Leonard Swidler: Der umstrittene Jesus. Stuttgart 1991.

Reinhard Kirste / Udo Tworuschka

Daten zur Geschichte des Chistentums

ca. 7/4 – ca. 30	Jesus von Nazareth
ca. 10 – 64	Paulus; nach Bekehrung in Damaskus Missionstätigkeit in Arabien (?), Kleinasien, Griechenland, auf den Mittelmeerinseln und in Rom
48/50	Apostelkonzil in Jerusalem
Um 200	Christentum in Kleinasien, Britannien, Nordafrika, Persien, Gallien
185 – 254	Origenes
250 – 1000	Christianisierung der Germanen
303 – 313	Letzte Christenverfolgung unter Diokletian
354 – 430	Augustinus
367	Kanon des Neuen Testaments endgültig fertiggestellt
391	Kaiser Theodosius der Große führt das Christentum als Staatsreligion ein
Um 400	Christentum in Zentralasien und Ostafrika nachgewiesen
431	Abspaltung der Nestorianischen Kirche
432	Patrick als Missionar unter den Iren
440 – 461	Papst Leo der Große: Ausprägung der Papstidee
529	Benedikt von Nursia gründet das erste Kloster des abendländischen Mönchtums
590 – 604	Gregor der Große (Papst): Gründung des Kirchenstaates
um 600	Christentum in China (Nestorianer)
910	Gründung des Klosters Cluny (cluniazensische Klosterreform)
1054	Spaltung in Ost- und Westkirche
Um 1170 – 1221	Dominikus gründet einen Predigerorden (Dominikaner)
1075 – 1122	Investiturstreit in Deutschland
ab 1095	Kreuzzüge; Entstehung der Ritter- und Spitalorden
1090 – 1153	Bernhard von Clairvaux, Gründer des Zisterzienserordens
1182 – 1226	Franz von Assisi, Gründer des Franziskanerordens
1414 – 1418	Konzil in Konstanz; Verbrennung des Jan Hus (1369 – 1415); anschließend Hussitenkriege in Böhmen
1452/1455	Druck der ersten Bibel bei Gutenberg in Mainz
1481 – 1531	Huldrych Zwingli, Einführung der Reformation in Zürich
1483 – 1546	Martin Luther, Einführung der Reformation in Nord- und Mitteldeutschland
1491 – 1556	Ignatius von Loyola, Gründer des Jesuitenordens
1492	»Entdeckung« Amerikas durch Kolumbus
1501 – 1564	Johannes Calvin, Reformator Genfs
1531	Heinrich VIII., König von England gründet eigene Staatskirche (Anglikaner/ Church of England)
1555	Augsburger Religionsfrieden: »cuius regio, eius religio«
1545 – 1563	Konzil von Trient, Beginn der Gegenreformation
1562 – 1580	Hugenottenkriege in Frankreich
1643 – 1715	Vertreibung von über 50 000 Hugenotten aus Frankreich
1685	Aufhebung des Edikts von Nantes durch Ludwig XIV.
1618 – 1648	Dreißigjähriger Krieg
1781	Toleranzpatent Josephs II.: Duldung der Nichtkatholiken in Österreich
1869/70	1. Vatikanisches Konzil
1871	Trennung der Altkatholiken von der Römischen Kirche
1910	Weltmissionskonferenz in Edinburgh
1933 – 1945	Bekennende Kirche in Hitler-Deutschland
1948	Gründung des Ökumenischen Rates der Kirchen (ÖRK)
1950	Dogmatisierung der leiblichen Himmelfahrt Mariens durch Papst Pius XII.
1961	Vollversammlung des ÖRK in Neu-Delhi: Basisformel für alle Mitgliedskirchen: Jesus Christus als gemeinsame Grundlage des Glaubens
1962 – 1965	2. Vatikanisches Konzil

Rudolf Otto
»Der Glanz des Numinosen war um ihn«: Mit diesen Worten charakterisierte Gustav Mensching 1937 in einem Nachruf seinen Lehrer Rudolf Otto, der am 25. November 1869 im hannoverschen Peine geboren wurde. Sein epochemachendes Werk »Das Heilige« (1917) wurde ein religiöser Beststeller, der bis in die Gegenwart immer wieder neue Leser fasziniert und für Religion öffnet. Ottos Grundthese: Religion fängt mit sich selber an. Schon auf der primitivsten Anfangsstufe enthalte Religion eine in sich identische Größe: das numinose Gefühl. Mit Hilfe dieser religiösen Anlage glaubte Otto, das Heilige erfassen zu können. Dieses Heilige beziehungsweise Numinose könne niemals als solches beschrieben werden, sondern nur auf dem Umweg über menschliche Reaktionen auf eine Begegnung mit dem Heiligen. Otto charakterisiert das »Numinose« als »mysterium tremendum« (das Schauervolle), »mysterium fascinans« (das Bestrickende und Faszinierende) sowie als »mysterium augustum« (das Erhabene). Otto war in erster Linie systematischer Theologe. 1906 wurde er außerordentlicher Professor in Göttingen, 1915 berief man ihn nach Breslau, 1917 nach Marburg, wo er bis zu seiner Emeritierung lebte. 1913 nahm Otto aktiv am Kongreß für »Freies Christentum und religiösen Fortschritt« teil. Außerdem war er über Jahre Mitglied des preußischen Parlamentes. Bleibende Bedeutung haben Ottos vergleichende Untersuchungen über Meister Eckhart und Shankara: »West-Östliche Mystik« (1926; 3. Auflage überarbeitet von G. Mensching), seine religionsgeschichtliche Untersuchung über »Reich Gottes und Menschensohn« (1933, 2., verbesserte Auflage 1940), die Aufsätze über »Sünde und Urschuld« (1932), wie die 5. und 6. Auflage der berühmten »Aufsätze, das Numinose betreffend« hießen. Die deutsche und internationale Religionswissenschaft dieses Jahrhunderts läßt sich ohne die Auseinandersetzung mit dem Werk Rudolf Ottos nicht verstehen. Nach der insbesondere seit den 1970er Jahren einsetzenden methodologischen Kritik am »Heiligen« ist in den letzten Jahren, vor allem im

Protestantismus in Deutschland

Mit »Protestantismus« bezeichnet man die Gesamtheit der Nichtkatholiken. Das betrifft zum einen das landeskirchlich organisierte evangelische Christentum und die von ihm unabhängigen »Freikirchen«. Diese finanzieren sich auf freiwilliger Grundlage (im Sinne der völligen Trennung von Staat und Kirche), während die Landeskirchen ihre Beiträge über die Finanzämter einziehen lassen (»Kirchensteuer«). Die Orthodoxen (griechischer, russischer, serbischer Provenienz) sowie die orientalischen Kirchen werden nicht zu den Protestanten gerechnet, ebenso nicht die Sondergemeinschaften beziehungsweise Sekten.

Statistische Angaben
Der deutsche Protestantismus der Gegenwart weist eine Fülle unterschiedlicher Facetten auf:

EKD, Konfessionelle Kirchenbünde und Landeskirchen, die auch die Verbindung zum Ökumenischen Rat der Kirchen (ÖKR) in Genf halten;

Freikirchen, in der Regel evangelikalen Zuschnitts, die in bestimmten Bereichen mit den Landeskirchen zusammenarbeiten, aber auch eigene Strukturen aufgebaut haben;

Sondergemeinschaften traditioneller Art (zum Beispiel Zeugen Jehovas, Neuapostolische Kirchen) und neureligiöser Strukturierung (zum Beispiel die Jugendreligionen).

Im vereinigten Deutschland sind als Mitglieder zu rechnen (nach den Statistiken von 1986, 1989, 1990 und neuesten Schätzwerten mit ca. 76 Millionen Einwohnern, davon ca. 16 Millionen in Ostdeutschland):

Im Westen 25,1 Millionen Evangelische in den Landeskirchen (West) und ca. 4,0 Millionen (im Osten), insgesamt also 29,1 Millionen. Dazu kommen noch ca. 600 000 aus den Freikirchen und ca. 300 000 aus Sondergruppen und »Sekten«, die teilweise dem protestantischen »Spektrum« zuzuordnen sind. Die gegenwärtigen Tendenzen zeigen ein Abnehmen der Mitgliederzahlen, in der ehemaligen DDR gehören inzwischen 20–30 Prozent keiner Kirche mehr an. Die Austrittsquote liegt im Jahr bei ca. 0,5 % Prozent.

Entwicklung des Protestantismus
Das Grunddatum des Protestantismus ist die Reformation, die anfangs auch von den Humanisten (zum Beispiel auch von Erasmus von Rotterdam) geförderte Reformbewegung innerhalb der (katholischen) Kirche, die sich sehr stark auf die Quellen des christlichen Glaubens berief (zum Beispiel Lektüre der Bibel in den Originalsprachen). Allerdings folgte der Humanismus nicht den kirchenreformerischen Konsequenzen, wie sie Martin Luther (1483–1546) einleitete und die schließlich zur Trennung von den »Altgläubigen« führten.

Das Wort »Protestanten« entstand durch die »Protestation« auf dem Reichstag in Speyer 1529, wo sich die nichtkatholischen Stände, also ein Teil der politischen Entscheidungsträger, gegen die Altgläubigen wandten.

Die größte Wirkung hat sicher Martin Luther mit seiner Berufung auf die Heilige Schrift als alleinige Autorität des Glaubens. Neben ihm spielte Philipp Melanchthon (1497–1560), der faktische Autor des Augsburger Bekenntnisses, (die bedeutendste lutherische Bekenntnisschrift von 1530) die maßgebliche Rolle. Er kommt aus der zeitgleichen humanistischen Bewegung. Luther hat sich trotz der Not der Bauern und der dadurch folgenden Aufstände für die landesherrlichen Regimenter (die sich gegen den päpstlichen Zentralismus in Deutschland wehrten) und damit gegen eine sozialpolitische Umsetzung des Evangeliums entschieden (so in der Auseinandersetzung mit Thomas Müntzer, 1468–1525).

Seine Wirkungen gingen auch nach Südwestdeutschland und in die Schweiz. Während es mit Huldrych Zwingli (1484 – 1531) zu keiner Einigung in der Abendmahlsfrage kam (Marburger Religionsgespräch mit Martin Luther 1529), versuchte Martin Bucer (1491 – 1551) im Umfeld Straßburgs eine Versöhnung der divergierenden Kräfte in den Reformbewegungen zu erreichen.

Alle Gruppierungen, die eine stärkere Verbindlichkeit des Wortes Gottes forderten, der »linke Flügel« der Reformation, gingen von Luther unabhängige Wege. Aufgrund der teilweise scharfen Gegnerschaft sowohl zu den Lutheranern wie den Katholiken wurden diese Gruppen, besonders die Täuferbewegung, unbarmherzig verfolgt und weitgehend ausgerottet.

Bedeutung weit über die Schweiz hinaus erlangte der ursprünglich näher bei Luther als bei Zwingli stehende Johannes Calvin (1502–1565), der sich – allerdings umsonst – um die Einheit der reformatorischen Bewegung bemühte. Von ihm und durch seine Nachfolge weitergeführt (zum Beispiel Heinrich Bullinger 1504–1574) entstanden Bekenntnisschriften der Reformierten (zum Beispiel Heidelberger Bekenntnis, 1563).

Die im 16. Jahrhundert aufgebauten Denkrichtungen, verbunden mit der Konfessionalisierung der deutschen Territorien, verhärteten sich im 17./18. Jahrhundert zunehmend (auch gegeneinander) und führten politisch zum 30jährigen Krieg (1618 – 1648) und theologisch zur sogenannten altprotestantischen Orthodoxie mit einem reformierten und einem lutherischen Flügel.

Der Pietismus als eine die Glaubenspraxis betonende Laienbewegung einerseits (zum Beispiel Nikolaus Graf von Zinzendorf, 1700–1760) und die einsetzende Aufklärung mit der französischen Revolution andererseits führten zu einem Kreis des bisherigen landeskirchlichen Regiments, zu vielen religiösen Neugründungen, aber auch zu dem kirchenpolitischen Versuch des Berliner Theologen Friedrich Schleiermacher (1768 – 1834), eine Bekenntnisunion von Lutheranern und Reformierten in Preußen zu erreichen, die allerdings scheiterte.

19./20. Jahrhundert
Die genannten Umwälzungen und die Industrialisierung des 19. Jahrhunderts führten dazu, daß Kirche und Protestantismus beinahe zum Synonym für aufgeklärtes Bürgertum wurde. Durch die Verbindung der evangelischen Kirchen mit dem Landesherrn wurde durch die Gründung des Deutschen Reiches mit einem protestantischen Kaiser an der Spitze die »Ehe von Thron und Altar« verhängnisvoll zementiert, so daß nach der Niederlage des Deutschen Reiches 1918 die Kirche den Weg weder zur Weimarer Republik, noch zu den im

19. Jahrhundert verelendeten Massen der Arbeiter und Bauern fand.

Auch im Blick auf die Mission verlief die Entwicklung problematisch. Die innere Mission, durchaus mit starken ethischen Impulsen, führte zu bemerkenswerten diakonischen Einrichtungen für Menschen, die von der Gesellschaft ausgegrenzt wurden (zum Beispiel Bodelschwinghsche Anstalten in Bielefeld-Bethel), aber nicht zu einer Infragestellung der bestehenden Gesellschaftsordnung, die mitverantwortlich für die »neue« Armut war. Die Äußere Mission konnte keine von der deutschen Kolonialpolitik unabhängige Stellung gewinnen und änderte sich auch nach dem Ersten Weltkrieg (trotz eingeschränkter Möglichkeiten) kaum. Immerhin gibt es schon sehr früh Beispiele einer Mission unter Respektierung der Besonderheit anderer Religionen und Menschen (zum Beispiel 1706 die Indienmission von Bartholomäus Ziegenbalg). Ein Umdenken im Blick auf das Missionsverständnis und die Bedeutung anderer Kulturen für das Christentum steckt noch in den Anfängen.

Das 18. Jahrhundert hatte mit der Aufklärung auch die historisch-wissenschaftliche Betrachtung der Bibel gefördert und faktisch zu einer Umwälzung der engen dogmatischen Positionen geführt. Dadurch entstand unter anderem die »Liberale Theologie« des 19. Jahrhunderts. Als Gegenbewegung setzte sich nach dem Ersten Weltkrieg die »Dialektische Theologie« durch, deren berühmtester Vertreter Karl Barth (1886 – 1968) war. Er ging von der entscheidenden Voraussetzung der Offenbarung in Jesus Christus für alles theologische Denken und ethische Handeln aus. Das wirkte sich auch im Kirchenkampf aus, als die evangelischen Kirchen ihr bisheriges Arrangement mit den staatstragenden Nationalsozialisten überprüften und zum Teil in den Widerstand gingen (Barmer Bekenntnis von 1934). Weite Kreise der Kirche blieben aber dem Widerstand fern oder wehrten sich sogar gegen politische Konsequenzen aus der Unvereinbarkeit von christlichem Glauben und Naziideologie, im Gegensatz etwa zu Dietrich Bonhoeffer (1906–1945).

Kirchliche Entwicklungen nach 1945

Mit dem Zusammenbruch des Dritten Reiches und trotz der Verhärtung der machtpolitischen Blöcke von Ost und West kamen die gemeinsame Entwicklung und der Aufbau der evangelischen Kirche nach der Befreiung Deutschlands relativ schnell voran: 1948 wurde die Evangelische Kirche in Deutschland (EKD) gegründet, die alle bisherigen deutschen Landeskirchen umfaßte. Dazu konstituierten sich die konfessionellen Bünde neu: Evangelisch-Lutherische Kirche Deutschlands (VELKD), der Bund der Reformierten Kirchen und die Arnolsdhainer Konferenz (AKF) als »Vertretung« von Kirchen reformierten und lutherischen Bekenntnisses.

Die Abgrenzungspolitik der ehemaligen DDR führte allerdings dazu, daß die Verbindungen, besonders seit dem Bau der Mauer 1961, immer schwerer aufrecht zu erhalten waren und 1969 die faktische Teilung der evangelischen Kirchenzusammenschlüsse in Ost und West erfolgte.

Die DDR-Kirchen versuchten, durch ihren überkonfessionellen Bund (von 1969 – 1990) ein erträgliches Zusammenleben zwischen Staat und Kirche zu erreichen und sich unter den Bedingungen *des real existierenden Sozialismus* glaubwürdig einzurichten.

Gegenwärtige Probleme des Protestantismus

Das Verhältnis von Staat und Kirche ist zwar durch das Grundgesetz und viele Landesgesetze geregelt, leidet und profitiert jedoch zugleich von den gewachsenen historischen Bindungen. Die zunehmende Säkularisierung der Gesellschaft macht umfassende kirchliche Veränderungen notwendig: Die Volkskirche ist nicht mehr die Kirche des Volkes. Eine verstärkte Öffnung zu anderen Religionen und Kulturen müßte die Folge sein. Erhebliche Wirkungen gehen von der diakonischen Arbeit mit ihren großen sozial ausgerichteten Institutionen aus sowie auch von der Gemeinde- und Religionspädagogik. Die Evangelische Erwachsenenbildung (einschließlich der Evangelischen Akademien) hat sich zu einem eigenständigen Zweig kirchlich orientierten Gemeindelebens entwickelt.

LITERATUR: H. Gasper, J. Müller, F. Valentin (Hg.): Lexikon der Sekten, Sondergruppen und Weltanschauungen. Fakten, Hintergründe, Klärungen. 3. Auflage, Freiburg 1991. – H. Gutschera, J. Thierfelder: Brennpunkte der Kirchengeschichte. Paderborn 1976. – S. und K.-W. Tröger (Hg): Kirchenlexikon. Christliche Kirchen, Freikirchen und Gemeinschaften im Überblick. 2. Auflage, München 1991.

Reinhard Kirste

Katholizismus in Deutschland

Statistische Angaben

Im wiedervereinigten Deutschland haben sich im Herbst 1990 die sechs in der Berliner Bischofskonferenz zusammengeschlossenen Jurisdiktionsbezirke (zu ihnen gehörten 1988 ca. 1 Million Katholiken = ca. 6 Prozent der Gesamtbevölkerung) den 22 in der Deutschen Bischofskonferenz zusammengeschlossenen (Erz-) Bistümern (in ihnen lebten 1990 ca. 26,2 Millionen Katholiken = ca. 43 Prozent der Gesamtbevölkerung) angeschlossen.

Definition

»Katholizismus« kann in Abhebung von der »katholischen Kirche« definiert werden als die Sozialform des katholischen Christentums im Kontext der Modernisierungen von Geist, Welt, Leben. Auf Trends der Moderne hat die Kirchenführung einerseits mit scharfem »Antimodernismus« (Aufgipfelung in der zweiten Hälfte des 19. Jahrhunderts) reagiert, andererseits sind moderne Entwicklungsprozesse und -strukturen auch wesentlich von katholischen Kräften mitgeprägt worden. Die Entwicklungen des Katholizismus in Deutschland sind zwar geprägt durch nationalgeschichtliche Besonderheiten (so zum Beispiel im politischen System durch die Übergänge zum paritätischen Staatsmodell an der Wende zum 19. Jahrhundert und durch die Herausforderung nationalsozialistischer Herrschaft), müssen aber zugleich als national-, regional- und lokalspezifische Ausformungen im Kontext der »westlich« geprägten Modernisierung begriffen werden.

angelsächsischen Raum, eine Otto-Renaissance spürbar. Zu den bedeutendsten Schülern Rudolf Ottos zählt Gustav Mensching (1901 – 1978). Die Bedeutung Rudolf Ottos reicht über Theologie und Religionswissenschaft hinaus, wirkt in den Bereich der Geistes- und Sozialwissenschaften hinein. Über einen Zusammenschluß der christlichen Kirchen hinaus schwebte Otto ein Weltbund vor Augen. 1921 gründete der Gelehrte darum den »Religiösen Menschheitsbund« – mit dem Ziel, ein Menschheitsgewissen zu schaffen. Nach Ottos Ansicht gibt es über die tatsächlichen Unterschiede der religiösen Morallehren hinaus eine verbindende Überzeugung: »Unsitte und Unzucht, Ungerechtigkeit und Vertragsbruch, Übervorteilung und Gewinnsucht, Ungeistlichkeit und Weltgebundenheit bekämpft eine jede dieser Religionen.« Der Religiöse Menschheitsbund sollte sich insbesondere um praktische Fragen kümmmern. Er trat für soziale Gerechtigkeit ein, suchte Lösungen der Frauen- und Arbeiterfrage und engagierte sich in der Rassenproblematik. Otto sah den Bund als einen Anwalt gegen den Druck der jeweils Mächtigen, für die religiösen, völkischen und sozialen Minderheiten.

Bemerkenswert sind Ottos ausgedehnte Forschungsreisen, die ihn unter anderem 1895 nach Ägypten führten. In Kairo hinterließen die christlich-koptische Liturgie sowie die islamische Mystik einen nachhaltigen Eindruck auf den damals noch jungen Gelehrten. Ferner bereiste er Nordafrika, Indien, Birma, sogar Japan. Seine wissenschaftliche Arbeit bestand zu einem nicht geringen Teil in Untersuchungen zur ostasiatischen Religionswelt.

Rudolf Otto starb am 6. März 1937 unter tragischen Umständen, auch desillusioniert über die politischen Entwicklungen in Deutschland.

Literatur: W. Haubold: Die Bedeutung der Religionsgeschichte für die Theologie Rudolf Ottos. Marburg 1940. – Ernst Benz (Hg.): Rudolf Ottos Bedeutung für die Religionswissenschaft und die Theologie heute. Leiden 1971.

Friedrich Heiler
Friedrich Heiler wurde als Sohn einer bayerisch-katholischen Lehrerfamilie am 30. Januar 1892 in München geboren. Als der 28jährige von der Evangelisch-theologischen Fakultät der Universität Marburg auf Vorschlag Rudolf Ottos und auf Anregung des schwedischen Erzbischofs von Uppsala, Nathan Söderblom, zum Professor für Religionsgeschichte berufen wurde, war der einstige Katholik längst Protestant geworden. Zwar blieb Heiler sein Leben lang »katholisch«, jedoch im Sinne des Ignatius von Antiochien (gest. um 110 n. Chr.): »Wo Jesus Christus ist, da ist die katholische Kirche.« Durch die Teilnahme am Abendmahl der schwedisch-lutherischen Kirche (1919) trennte sich Heiler ganz bewußt von der römisch-katholischen Kirche, wurde evangelisch-lutherischer Christ. Obwohl er den in Deutschland gebräuchlichen juristischen Akt nie vollzogen hat, genügte der Marburger Fakultät diese Form des Übertritts. Bis zu seiner Emeritierung (1960) hatte Heiler diese Stelle inne, obschon er während der Nazi-Diktatur 1934 wegen seiner Beteiligung an dem Protest der Fakultät gegen den Arierparagraphen in die Philosophische Fakultät zwangsversetzt wurde. 1948/49 war er jedoch wieder Dekan der Theologischen Fakultät. 1953 wurde er Direktor der berühmten, von Rudolf Otto gegründeten Religionskundlichen Sammlung.

Heiler war ein Theologe ganz besonderer Prägung. Neben religionswissenschaftlichen und -psychologischen Werken lag der Schwerpunkt seines Œuvres im kirchengeschichtlichen und konfessionskundlichen Bereich. Weltberühmt wurde seine Dissertation »Das Gebet« (1918). Heiler nahm in Kindheit und Jugend aktiv am kirchlichen Leben als Ministrant und Orgelspieler teil. Dieser »Grenzgänger zwischen den Konfessionen« hatte zeit seines Lebens großes Interesse an der Liturgie. Im Protestantismus empfand er vor allem die »evangelische Freiheit« als wichtiges Gut, kritisierte aber auch die sich fast ausschließlich in Predigten erschöpfenden evange-

1848 hatten sich die deutschen Bischöfe zum erstenmal zu einer Gesamtkonferenz getroffen. Die 1966 förmlich errichtete »Deutsche Bischofskonferenz« besteht aus den Organen Vollversammlung (oberstes Organ; jährlich Zusammenkunft im Frühjahr und im Herbst in Fulda), Ständiger Rat, Vorsitzender, Kommissionen und einer Reihe von Dienststellen.

Die päpstliche Souveränität bei der Ernennung der Diözesanbischöfe ist eingeschränkt durch Staatskirchenverträge und Domkapitel-Wahlrechte. Dem Diözesanbischof unterstellt sind die Strukturen der Leitung und Mitverantwortung auf der Bistums-, der mittleren und unteren pastoralen Ebene (Dekanate, Regionen – Pfarrgemeinden, -verbände). Nach dem Vatikanum II haben sich auf allen Ebenen »Räte« des »Laienapostolats« gebildet: Rat gebend, Hilfe leistend, letztlich aber gebunden an die Entscheidungskompetenz des Bischofs. Die »Gemeinsame Synode der Bistümer in der Bundesrepublik Deutschland« in Würzburg 1971 – 1975 bildete eine spezifisch deutsche Variante des neuen Synodaltyps; an ihr waren nunmehr Laien vollberechtigt, aber auch die Bischöfe maßgeblich beteiligt. Die insgesamt überalterte Priesterschaft (1991: ca. 16900 Weltpriester, ca. 2550 Ordenspriester) leidet ebenso wie generell der Ordensberuf an eklatantem Nachwuchsmangel. In der Bundesrepublik ist die Zahl der Studienanfänger mit dem Ziel Diözesanpriester seit 1983 (von 633, der höchsten Anzahl seit 1966, auf 1988: 430) kontinuierlich gesunken.

Hier ist die katholische Kirche allerdings in imposantem Ausmaß organisatorisch präsent im Bildungssektor (1990 im Bereich der alten Bundesrepublik: 8943 Kindergärten und -horte, 1120 Schulen, 6 Fachhochschulen, 10 kirchliche Fakultäten und Ordenshochschulen, eine Katholische Universität in Eichstätt; kirchlich beaufsichtigter Religionsunterricht als ordentliches Lehrfach an öffentlichen Schulen) sowie im Sozialsektor (1990 ebd. 29026 Einrichtungen; neben ehrenamtlichen Helfern 320008 hauptamtliche Mitarbeiter, darunter 24272 Ordensangehörige; seit 1897 Zentralisierung der kirchlichen Sozialdienste im Deutschen Caritasverband, einem Grundpfeiler des modernen Systems »freier Wohlfahrtspflege«): in Sektoren, deren Leistungen hauptsächlich öffentlich finanziert werden.

Verhältnis Kirche-Staat, politischer Katholizismus
Durch die favorisierte »Koordination« (nicht Trennung) von Kirche und Staat gelang in Deutschland ein beachtlich wirksames Austarieren der Kirche-Staat-Gegensätze, das in Länderkonkordaten sanktioniert worden ist und bis hin zum (noch heute geltenden) Reichskonkordat von 1933 schließlich zur Akzeptanz der Bundesrepublik und zur Privilegierung in Länderverfassungen reichte. Heute noch schlägt sich die Koordinations-Linie in dieser Republik nieder in den Privilegien der katholischen Kirche als überaus bevorteilter Körperschaft des öffentlichen Rechts einschließlich einer beträchtlichen Reihe von Vorteilen bei Glaubensvermittlung und Religionsausübung (Staatsleistungen; staatliches Inkasso der »Kirchensteuer«; Privilegien im Bildungs-und Sozialsektor, wo die Kirche arbeitsrechtlich »selbständig« agieren kann).

In der neueren deutschen Geschichte ragt die Zentrumspartei als hervorragende parteipolitische Vertretung des Katholizismus bis 1933 hervor. Die Strategie defensiver Abgrenzung ist in der Bundesrepublik durch die Integration des politischen Katholizismus in die Unionsparteien wie auch in die Einheitsgewerkschaft massiv aufgegeben worden. In jüngster Zeit häufen sich allerdings innerkatholische Stimmen gegen »unkatholische« Tendenzen in der CDU.

»Katholische Büros » vertreten Kircheninteressen bei Bund und Ländern. Der »päpstliche Gesandte« (= Apostolischer Nuntius) ragt hervor als Doyen des Diplomatischen Korps.

»Laienapostolat«
Das im 19. Jahrhundert und später dicht entfaltete Vereins- und Verbandswesen (modernes Modell: die Katholischen Gesellenvereine) erstarkte nach dem zweiten Weltkrieg wieder, ist seit den 1960er Jahren von Stagnation, dann Niedergang bedroht (Anfang 1990 in der Bundesrepublik: mehr als 100 überdiözesan tätige Verbände mit über 4,5 Millionen Mitgliedern). Das Zentralkomitee der deutschen Katholiken (1868 gebildet zur Organisierung der seit 1848 stattfindenden Katholikentage und Förderung des Vereinslebens; 1952 Neugründung) repräsentiert als oft sogenannte »oberste Dachorganisation der Laien« das organisierte Laienapostolat (alte Verbände, neue Räte des Laienapostolats), kooptiert in der Vollversammlung weitere Vertreter der katholischen Öffentlichkeit und steht in engem Dialog mit der Deutschen Bischofskonferenz (laut Statut mit Beratungsfunktion gegenüber der Bischofskonferenz); parteipolitisch dominiert ein enger Anschluß an die Unionsparteien.

Sozialprofil
Bis in die jüngste Geschichte der Bundesrepublik belegen Statistiken (gegenüber Gesamtbevölkerung und speziell Protestantismus) Defizite hinsichtlich Besuch und Abschluß höherer Bildungsanstalten/Hochschulen (speziell in naturwissenschaftlichen, neuartigen, nicht: sozialpädagogischen Bildungsgängen) und Unterrepräsentanz in wirtschaftlichen, sozialen, kulturellen Führungsebenen. Die früher massive Überrepräsentanz des Lebens auf dem Lande ist geschwunden. Fortbestehende »moralstatistische« Eigentümlichkeiten sind die sehr gesunkene, aber proportional noch höhere Kinderzahl und die anhaltend relativ geringe Selbstmordquote. Der Anteil der »Mischehen« ist erheblich gestiegen (Ende der 1980er Jahre in der Bundesrepublik etwa jede dritte Eheschließung; viel geringere Zahlen in Bistümern mit größerer Milieugeschlossenheit).

Frömmigkeit
Die kirchlichen Rituale an den Einschnitten des Lebens werden in sehr hohem Ausmaß in Anspruch genommen (Reihenfolge: Geburt, Tod, Heirat). Die Tauffreudigkeit (geringer in den Metropolen; zum Teil verschoben auf spätere Lebensjahre) hält auch bei den Eltern mit schwindender Kirchenbindung an. Die Erstkommunionfeier ist durchweg ein prachtvolles Familienfest geblieben, wird aber mehr in der Gemeinde »verortet«. Das kirchliche Begräbnis wird auch von der Masse jener genutzt, die an Himmel, Hölle, Feg-

feuer im dogmatischen Sinn nicht glauben. Armenseelenkult und Familienreligiosität (zum Beispiel gemeinsames Tischgebet) sind sehr zurückgegangen. Besonders massiv zeigt sich im Bereich der Sexualität eine gewandelte, undogmatische Lebenspraxis. Durchgesetzt haben sich weithin Bußfeiern, Gottesdienste (anstelle der Einzelbeichte). Das kirchenkritische Potential bei Frauen ist enorm gewachsen (bis hin zu einer »feministischen Theologie«). Alte Autoritätsansprüche stoßen massiv auf Reformforderungen, die statt dogmatischer Fixierung und herkömmlicher Sündenmoral mehr auf individuelle Gewissensbildung und Mündigkeit setzen.

Der neuere tiefgreifende Frömmigkeitswandel ist statistisch um 1970 im rapiden Rückgang des (ziemlich) regelmäßigen Kirchenbesuchs (Beginn der 1990er Jahre: nurmehr etwa jedes fünfte Kirchenmitglied; Überalterung; Dominanz der Frauen) hervorgetreten; er ist langfristig zu erklären als Folge des Abschmelzens der Milieugeschlossenheit im Zuge der allseitigen Modernisierungen und innerkirchlicher Erneuerungen. Die gesteigerte Pluralisierung des religiösen Lebensstils der Laien im Rahmen der multikulturellen Gesellschaft spiegelt sich wider in unterschiedlichen Gruppen und Frömmigkeitsprofilen, typischen Erscheinungsformen wie: aktive Teilnahme an Laienapostolat und »Kerngemeinde« (kaum ein Zehntel der Pfarrgemeinde, vorwiegend Mittelschichten); volkskirchliche Mehrheit von »Auswahlchristen« ohne regelmäßigen Kirchenbesuch; »fundamentalistische« Gemeinschaften; neuere, selbstverantwortlich engagierte Gruppen (einerseits neupfingstlerische Aufbruchbewegungen; andererseits Basisgemeinden, organisiert in der »Kirche von unten«).

Perspektiven

1990 sind über 100 000 Katholiken in der Bundesrepublik aus der Kirche ausgetreten (weit über dem Spitzenwert von 1974). Wenn auch noch weit unterproportional zum Protestantismus (ab 1986 galt aber nicht mehr die »Faustregel«: Austritte bei Protestanten etwa doppelt so hoch), so zeichnet sich doch für die Zukunft angesichts der unvollkommenen Weitergabe des Glaubens an die jüngeren Generationen die Schrumpfung zu einer »Sekte« kirchentreuer Mitglieder ab. Um Volkskirche zu bleiben, müssen Brückenschläge zur Masse der »fernstehenden Auswahl-Christen« gelingen.

LITERATUR: Heinz Hürten: Kurze Geschichte des deutschen Katholizismus 1800 – 1960. Mainz 1986. – Kirchliches Handbuch. Statistisches Jahrbuch der Bistümer im Bereich der Deutschen Bischofskonferenz. Hg. vom Sekretariat der Deutschen Bischofskonferenz, Bd. 30: 1987 – 1988. Köln 1990. – Michael Klöcker: Katholisch von der Wiege bis zur Bahre. Eine Lebensmacht im Zerfall? München 1991. *Michael Klöcker*

Österreich

Statistische Angaben

Aus Anlaß des Staatsvertrages von 1955, der Österreichs Souveränität nach dem Zweiten Weltkrieg wiederherstellte, wurde eine Münze geprägt, die das Bildnis der Schutzmantelmadonna zeigte und die Umschrift »Magna mater Austriae« trug. Die Bevölkerung der Republik Österreich ist zu 89 Prozent römisch-katholischen Glaubens. 6,2 Prozent gehören zur »Evangelischen Kirche Augsburgischen und Helvetischen Bekenntnisses in Österreich«. Die übrigen Staatsbürger sind Mitglieder der jüdischen und islamischen Kultusgemeinschaft, der buddhistischen Gesellschaft sowie verschiedener Freikirchen. Die meisten dieser Religionsgemeinschaften sind nach den geltenden Gesetzen öffentlich anerkannt.

Geschichte

Vier Daten begründen die Freiheit der Religionsausübung auch für die Christen in Österreich. 1781 erließ der aufgeklärte Joseph II. sein Toleranzedikt. Das Entstehen von 50 »Toleranzgemeinden« bis 1790 brachte einen kleineren Teil des durch die Gegenreformation zerstörten evangelischen Lebens im Lande zurück. Doch blieben politische und organisatorische Behinderungen des religiösen Lebens der protestantischen Minderheit, wie zum Beispiel auch für die jüdische. Das Protestantenpatent von 1861 brachte Fortschritte in der Selbstverwaltung. Behinderungen in Schulwesen und Ehegesetzen durch das Konkordat von 1855 wurden durch Gesetze von 1867/68 behoben. Die heute geltende Religionsfreiheit beruht auf Artikel 63 des Friedensvertrages von St.-Germain (1919) und Artikel 6 des Staatsvertrages (1955).

Die gegenwärtige Situation

Als Reflex auf zwiespältige Erfahrungen der Christen beider Konfessionen nach dem Anschluß an Nazideutschland 1938 und im Krieg bis 1945 bildeten sich laizistische Momente im österreichischen Katholizismus wie ökumenische Offenheit bei katholischen wie evangelischen Behörden und Einrichtungen heraus. Interkonfessionelle Zusammenarbeit und interreligiöser Dialog sind herausragende Folgen dieser Entwicklung. Gleichzeitig hat sich die Lage der Freikirchen verbessert. Die Altkatholische Kirche erlangte als erste Privilegien, zum Beispiel das Recht zur Erteilung eigenen Religionsunterrichts in öffentlichen Schulen (anerkannt seit 1877). Heute sind auch Methodisten und Mormonen anerkannt. Zum Ökumenischen Rat in Österreich haben auch Baptisten und Mennoniten Beziehungen. Losere Kontakte bestehen zu den Quäkern.

Die Bildungshäuser der römisch-katholischen Diözesen und die Evangelische Akademie stellen ein weitgefächertes Angebot zur Erwachsenenbildung, Fort- und Weiterbildung bereit. Beide Konfessionen investieren beachtliche Bemühungen in die Förderung eines sowohl theologisch als auch pädagogisch verantworteten, zeitgemäßen Religionsunterrichts. Diasporawerke in Deutschland fördern die evangelischen Initiativen. Das Gegenüber zwischen Staat und Kirche gilt als durchweg entspannt.

LITERATUR: Heinrich von Skrib: Die Beziehung von Staat und Kirche in Österreich während des Mittelalters. 1973 (Reprint der Ausgabe von 1904). – Maximilian Liebmann (Hg.): Kirche in Österreich 1938 – 1988. Eine Dokumentation. Graz 1990. *Herbert Schultze*

lischen Gottesdienste in Deutschland. Von dem Hintergrund der schwedisch-lutherischen Kirche aus suchte er innerhalb des Protestantismus die Möglichkeit für eine sakramentale Erneuerung des Gottesdienstes und strebte ein neues ökumenisches Bewußtsein an. Heiler selbst nannte sich – angeregt durch Nathan Söderblom – einen »evangelischen Katholiken«. Seit 1929 war er Vorsitzender der »Evangelisch-ökumenischen«, anfänglich sogenannten »Hochkirchlichen Vereinigung«. In »Der Katholizismus« (1923) definiert er »evangelische Katholizität« als »christlichen Universalismus«. Bei aller Hochschätzung der anderen Religionen umfaßt das Christentum »schlechthin alles, was an religiös Wertvollem in der Menschheitsgeschichte zu finden ist«. Der große Marburger Gelehrte und ökumenische Pionier starb am 28. April 1967.

LITERATUR: Wolfgang Philipp: Friedrich Heiler. In: Hans Jürgen Schultz (Hg.): Tendenzen der Theologie im 20. Jahrhundert. Stuttgart/Olten 1966, S. 387–391. – Udo Tworuschka: Friedrich Heiler. In: Reinhard Kirste, Paul Schwarzenau, Udo Tworuschka (Hg.): Religionen im Gespräch. Bd. 2, Iserlohn 1992.

Schweiz

Statistische Angaben

	1980	1970	1920	1860
Prot.	44,3%	47,7%	57,5%	58,9%
Kath.	47,6%	49,3%	40,9%	40,7%
Christ-kath.	0,26%	0,32%	1% (ca.)	
Juden	0,28%	0,33%		
Muslime	0,88%	0,26%		
Andere	6,6 %	1,9 %		

(Die Prozentzahlen beziehen sich auf die Wohnbevölkerung)

Geschichte
Die frühesten christlichen Spuren im Gebiet der heutigen Schweiz führen in die spätrömische Zeit. Aus der 2. Hälfte des 4. Jahrhunderts sind nach Süden orientierte Bistümer bekannt. 515 wurde das Kloster St. Maurice gegründet. Die Christianisierung der Alemannen ist mit den Namen der irischen Mönche Columban (der Jüngere) und Gallus (Kloster St. Gallen 612) verbunden. Alle bedeutenden Orden errichteten Niederlassungen auf dem Boden der späteren Eidgenossenschaft. Nach deren Gründung 1291 verordneten die Stände im »Pfaffenbrief« von 1370, daß auch die Geistlichen keine fremden Gerichte anrufen durften. Die Reformkonzile in Konstanz und Basel im 15. Jahrhundert vermochten den Niedergang des kirchlichen Lebens nicht aufzuhalten, so daß auf Schweizer Boden eine eigenständige Erneuerungsbewegung unter der Führung von Ulrich Zwingli die Einführung der Reformation in mehreren Ständen der damaligen Eidgenossenschaft auslöste. Durch Johannes Calvin wurden Teile der Westschweiz der Reformation zugeführt. Die Innerschweiz blieb geschlossen katholisch. Einige Stände duldeten beide Konfessionen. Trotz kriegerischer Auseinandersetzungen brach die Eidgenossenschaft nicht auseinander. Konfessionelle Konflikte gab es noch im 17./18. Jahrhundert (Villmerger Kriege) und im 19. Jahrhundert (Sonderbundskrieg, Kulturkampf).

Der Plan des Benediktinerklosters St. Gallen war Vorbild für viele spätere Klosterbauten. Um 820. Stiftsbibliothek, St. Gallen.

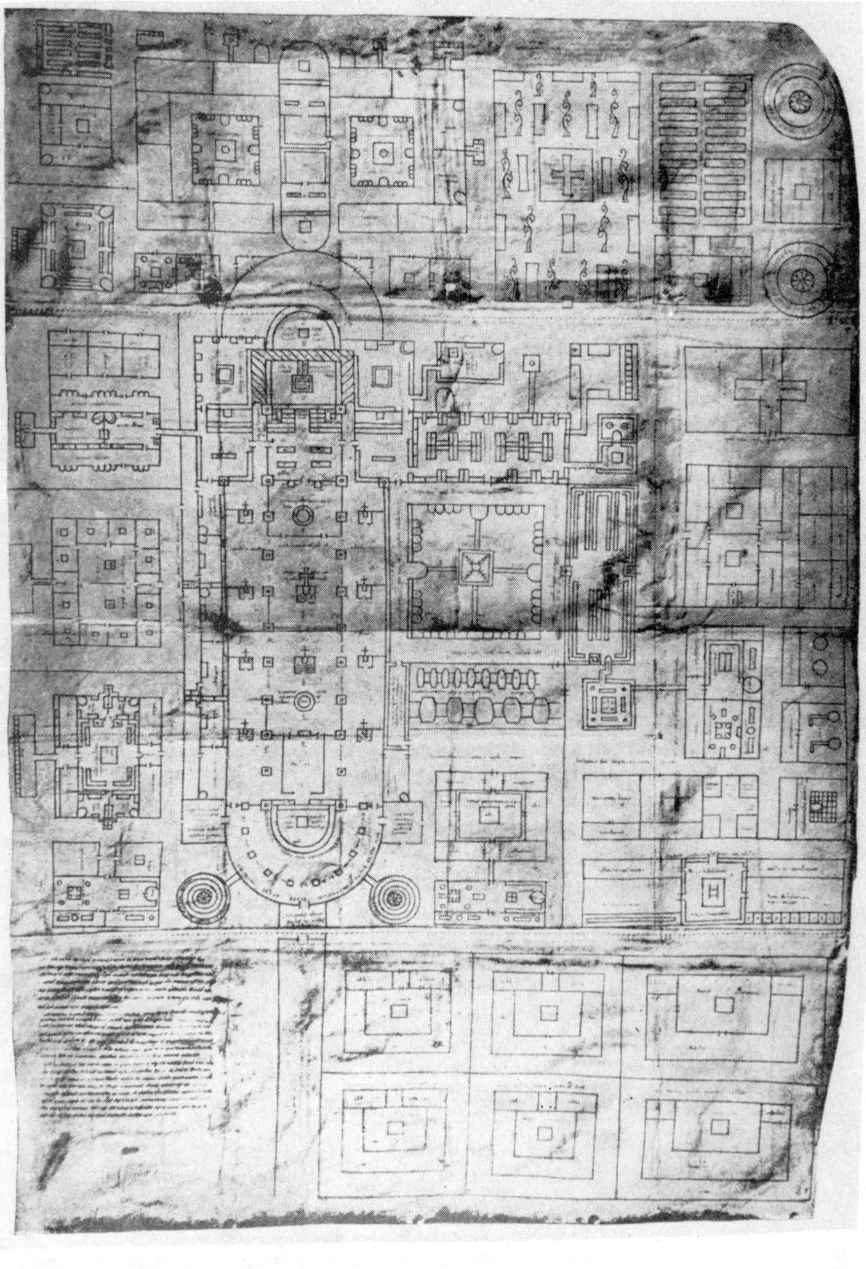

Beziehungen zwischen Staat und Kirchen
Die Bundesverfassung steht unter der Präambel: »Im Namen Gottes des Allmächtigen.« Andererseits garantiert sie Glaubens- und Gewissensfreiheit. Die Regelung des Kirchenwesens ist aber Sache der Kantone. Eine ausdrückliche Trennung von Kirche und Staat kennen nur drei Kantone. In den übrigen bestehen mehr oder weniger enge partnerschaftliche Beziehungen zwischen dem Staat und einer oder mehrerer Kirchen.

Reformierte Kirche
Es gibt 20 selbständige Kirchen oder Kirchenverbände. Sie verpflichten sich auf die Grundsätze der Reformation, ohne ein historisches Bekenntnis vorzuschreiben. Ihre leitenden Organe sind demokratisch gewählte Synoden, die ihrerseits Exekutivbehörden wählen. Den ebenfalls demokratisch strukturierten Kirchgemeinden wird weitgehende Autonomie gewährt. Daraus ergibt sich eine Vielfalt kirchlicher Lebensformen. Pfarrerinnen und Pfarrer werden an (staatlichen) Universitäten ausgebildet. Pietistische Strömungen innerhalb der Landeskirche profilieren sich seit dem 19. Jahrhundert auf den Gebieten Schule und Krankenpflege (Diakonissenhäuser), sowie in weltweiter Missionsarbeit (Basler Mission). Die Schweiz kennt einige Freikirchen und zahlreiche Sondergemeinschaften. Die bedeutendste Freikirche ist die Evangelisch-methodistische Kirche (EMK). Sie gehört, zusammen mit den reformierten Kantonalkirchen, dem Schweizerischen Evangelischen Kirchenbund an, der auch der Träger des Hilfswerks der Evangelischen Kirchen der Schweiz (HEKS) sowie des Instituts für Sozialethik (ISE) ist. Durch den Kirchenbund ist der Schweizer Protestantismus im Ökumenischen Rat der Kirchen vertreten.

Die Bekenntnisfreiheit ermöglicht ein Nebeneinander unterschiedlicher theologischer Strömungen. Lehrbeanstandungsverfahren gibt es nicht, aber zeitweise kommt es zu öffentlichen Auseinandersetzungen, wie zwischen der durch

Karl Barth und Emil Brunner geprägten Dialektischen Theologie und der durch Martin Werner und andere vertretenen Liberalen Theologie.

Römisch-katholische Kirche
Die Schweiz bildet keine eigene Kirchenprovinz. Die sechs Diözesen und zwei selbständigen Abteien sind direkt Rom unterstellt, sind aber untereinander verbunden in der Schweizerischen Bischofskonferenz. Die konfessionellen Ausnahmeartikel in der Bundesverfassung von 1874 (Verbot jesuitischer Tätigkeit in Kirche und Schule sowie Verbot neuer Klöster) sind 1973 in einer Volksabstimmung aufgehoben worden. Für die Bischofsernennungen bestehen teilweise ungewöhnliche Regelungen mit einem verbrieften Mitspracherecht von Kantonsregierungen (Bistum Basel). Auch die Wahl katholischer Pfarrer durch die Gemeinden sowie deren Besoldung durch den Staat (im Kanton Bern) sind Sonderfälle innerhalb der römischen Kirche.

Der schweizerische Katholizismus gilt als aufgeschlossen und fortschrittlich. In vielen Pfarreien, die ohne geweihten Priester auskommen müssen, übernehmen gut ausgebildete Pastoralassistenten (auch Frauen!) verantwortungsvolle Aufgaben. Ein weitgefächertes Vereinswesen vermittelt vielfältige Impulse. Laien waren auch maßgeblich beteiligt an der »Synode 72«, welche die Wünsche der Schweizer Katholiken formulierte. Katholische Institutionen wie »Caritas« und »Justitia et Pax« leisten vielbeachtete Öffentlichkeitsarbeit.

Christkatholische Kirche
Die 1874 aus Opposition gegen die Beschlüsse des Erste Vatikanischen Konzils (1869/70) gegründete Christkatholische (altkatholische) Kirche genießt in der Schweiz besonderes Wohlwollen. Sie ist als Nationaldiözese unter einem Bischof organisiert. Der Kanton Bern unterhält an der staatlichen Universität eine christkatholisch-theologische Fakultät.

LITERATUR: Rudolf Pfister: Kirchengeschichte der Schweiz. 3 Bde., Zürich 1964 – 85. – G. W. Locher: Die Zwinglianische Reformation im Rahmen der europäischen Kirchengeschichte. Göttingen 1979.
Max Ulrich Balsiger

Niederlande

Christliche Glaubensgemeinschaften
In den Niederlanden gibt es drei große Glaubensgemeinschaften: die Römisch-Katholische Kirche, die »Nederlandse Hervormde Kerk« (Niederländische Reformierte Kirche), gegründet 1578 und die »Gereformeerde Kerken in Nederland« (Evangelisch-reformierte Kirchen in den Niederlanden), gegründet 1886. Daneben bestehen die »Lutherse Kerk in het Koninkrijk der Nederlanden« (Lutherische Kirche im Königreich der Niederlanden), die »Remonstrantse Broederschap« (Remonstrantische Brüderschaft), die »Doopsgezinde Broederschap« (Mennonitengemeinde) und Glaubensgemeinschaften ausgesprochen streng konservativer, kalvinistischer Prägung.

Die Mitgliederzahl der Pfingstbewegung zeigt eine starke Zunahme. Auch das Interesse für New-Age-Bewegungen nimmt zu.

Die Niederländische Reformierte Kirche und die Evangelisch-reformierten Kirchen in den Niederlanden haben sich für eine Wiedervereinigung der beiden Glaubensgemeinschaften spätestens am Anfang des 21. Jahrhunderts ausgesprochen. Das Tempo dieses Prozesses, der »sich zusammen aufmachen« genannt wird, ist abhängig vom Wachstumsprozeß auf lokaler Ebene. Die Lutherische Kirche hat die Absicht ausgesprochen, sich zu gegebener Zeit mit diesen Kirchen zu vereinigen.

Die älteren Kirchen- und Glaubensgemeinschaften sind Mitglied des Kirchenrates in den Niederlanden. Ausnahmen sind die Pfingstgemeinschaft und die Glaubensgemeinschaften konservativer kalvinistischer Prägung.

Zur Säkularisationsfrage kann bemerkt werden, daß ungefähr 48 Prozent der Bevölkerung nicht mehr an einen persönlichen Gott glaubt. In den Großstädten besuchen manchmal weniger als 10 Prozent der eingetragenen Kirchenmitglieder regelmäßig Gottesdienste.

Christen und Andersgläubige
Die Zahl der allochthonen Mitbürger beläuft sich auf mehr als 800 000 Personen verschiedener Herkunft. Sie sind aus verschiedenen Gründen nach Holland gekommen, zum Beispiel Dekolonisation (Surinam wurde 1975 eine unabhängige Republik), Gastarbeit oder Flucht. Am Ende dieses Jahrhunderts wird ihre Anzahl gestiegen sein bis auf eine Million, die Gesamtbevölkerung bis zu 16 Millionen. Große Konzentrationen von Migranten findet man hauptsächlich in den Großstädten im Westen des Landes: Amsterdam 25 Prozent, Rotterdam 19 Prozent und Den Haag 14 Prozent der Bevölkerung. 380 000 Personen aus der Migrantengruppe sind Muslime, 120 000 (namentlich Surinamer) sind Hindus.

Der Dialog zwischen Christen und Andersgläubigen wird angeregt und begleitet von der Abteilung für Interreligiöse Begegnung des Kirchenrates in den Niederlanden. Diese Abteilung umfaßt Arbeitsgemeinschaften, an denen Hindus, Muslime und Anhänger neuer religiösen Bewegungen teilnehmen.

Die holländische Verfasssung ermöglicht die Stiftung von Schulen auf religiöser Basis neben dem staatlichen Unterricht. Römisch-Katholische und Protestanten nehmen dieses Recht schon mehr als ein Jahrhundert wahr. Die Muslime beabsichtigen die Stiftung von etwa 50 Grundschulen vor dem Ende des Jahrhunderts. Statistisch gesehen, bevorzugen aber viele Muslime den allgemeinen, römisch-katholischen oder protestantischen Unterricht. Hindus neigen weniger zur Gründung eigener Schulen. Aus Integrationsgründen bevorzugen sie die Teilnahme an schon bestehendem Unterricht.

Viele Christen haben Teil am sogenannten konziliaren Prozeß, einer andauernden Besinnung auf Fragen des Friedens, der Gerechtigkeit und der Sorge für die Schöpfung. Intensive Gespräche finden über die ethischen Fragen von Leben und Tod statt. Einflüsse der Befreiungstheologie und der feministischen Theologie kommen in Predigt, Katechese und Bildung zum Ausdruck.

LITERATUR: J. Bots: Kirche in Holland. St. Augustin 1979.
J. H. Gerritsen

Gertrud Kurz
Gertrud Hohl wurde am 15. März 1890 in Lutzenburg (Appenzell) geboren. Sie besuchte die Handelsschule in Neuchatel und die Hauswirtschaftsschule in Frankfurt. 1912 heiratete sie Albert Kurz, mit dem sie nach Bern zog.

Bald wurde das Haus des Ehepaares Kurz ein Zufluchtsort für Obdachlose, Haftentlassene und Außenseiter, denen Hilfe und Geborgenheit vermittelt wurden. 1931 nahm Gertrud Kurz an einem internationalen Kongreß des 1924 gegründeten Kreuzritterordens in Belgien teil, der später in »Christlicher Friedensdienst« umbenannt wurde und sich vor allem für Völkerverständigung einsetzte. Eines der wichtigsten Anliegen von Gertrud Kurz bestand darin, Andersdenkende und Andersgläubige zu achten und zu akzeptieren.

Als 1938 die Judenverfolgungen in Deutschland zunahmen, kümmerte sie sich um die ankommenden Flüchtlinge. Sie wandte sich an die obersten Gremien der Schweiz, bat um aktive Unterstützung und warnte vor den Folgen der Verschließung der Grenzen. Sie sammelte Gelder und organisierte Hilfe aller Art. Bald war sie in der ganzen Schweiz als »Flüchtlingsmutter« bekannt. 1948 nahm sie an der Weltkirchenkonferenz in Amsterdam als Delegierte der Berner Landeskirche teil und diskutierte engagiert über Krieg, Verfolgung und Flüchtlinge. Auch nach dem Zweiten Weltkrieg kümmerte sie sich intensiv um politisch Verfolgte: Menschen aus Ungarn, Algerien oder Asien, zum Beispiel Tamilen aus Sri Lanka. Für sie besorgte die engagierte Frau nicht nur Kleidung, Wohnraum und Arbeitsstellen. Darüber hinaus bemühte sie sich um eine Integration der Fremden in der Schweiz. Bis ins hohe Alter hielt sie Vorträge, setzte sie sich für die Versöhnung der Völker ein. Sie starb am 26. Juni 1972.

LITERATUR: Beate Weise: Grenzenlose Hilfe. Gertrud Kurz. In: Dietrich Steinwede, Renate Schupp (Hg.): Unbeirrbar. Lebensbilder von Frauen und Männern des 20. Jahrhunderts. Lahr/Kevelaer 1991, S. 93–96.

Belgien

Geschichte

Die Universität von Löwen kann als ein Spiegel für die Lage der Christen und des Christentums in Belgien dienen. 1517–1521 hat der Humanist Erasmus von Rotterdam dort gelebt. Er hat mit Martin Luther korrespondiert, von dem er allerdings wegen seiner Lehre vom unfreien Willen enttäuscht war. Andererseits beteiligte sich Erasmus nicht an der antilutherischen Hetze seiner Professorenkollegen. Die Gegenreformation war in den habsburgischen Niederlanden, zu denen Belgien gehörte, auf der ganzen Linie erfolgreich. Mit dem Toleranzedikt Joseph II. 1781 erlangten die Protestanten begrenzte Freiheit der Religionsausübung. Siege der Franzosen in den Jahren 1792 und 1794 leiteten die französische Herrschaft ein, die Auflösung von Klöstern und eine Einschränkung des gottesdienstlichen Lebens bis zu dessen Verhinderung bedeutete.

Dem Bau der hochgotischen Kathedrale Notre-Dame in Reims wurde 1211 begonnen und um 1300 vollendet.

Der Wiener Kongreß hatte das Königreich der Niederlande geschaffen. 1930/31 endlich schlug die Geburtsstunde des selbständigen belgischen Staates in seinen heutigen Grenzen. Die Universität Löwen konnte ihren Betrieb wieder aufnehmen, auch eine Dépendance in Mecheln eröffnen. Doch ständige Auseinandersetzungen zwischen Katholiken und Liberalen, mit wechselnden Erfolgen, hielten das Land in Unruhe. Alle Bemühungen der katholischen Kirche um die in den französischsprachigen Gebieten lebenden Arbeiter waren nicht vom Erfolg gekrönt.

Zur gegenwärtigen Situation

Um 1950 zerfällt das Parteienspektrum in flämische und frankophone Gruppierungen. Das Werben der römischen Kirche um die Einheit des Landes erlahmt. 1961 kommt Leon Suenens auf den erzbischöflichen Stuhl von Mecheln. Er wird Kardinal und Promotor des zweiten Vatikanums. Die Theologische Fakultät der Universität Löwen begibt sich mit international beachteten Veröffentlichungen an die Umsetzung der Konzilsbeschlüsse. Doch 1968 erreichen flämische Extremisten ihr Ziel: Die ruhmreiche Hochschule wird gespalten. Neben der flämischen Katholischen Universität zu Löwen gibt es nun die Université catholique de Louvain.

Die protestantische Minderheit unterhält in Brüssel ihre eigene theologische Fakultät, die eng mit Paris zusammenarbeitet. Die ca. 100 000 Evangelischen gehören verschiedenen, überwiegend reformierten Kirchen an. Die anderen sind Mitglieder bei baptistischen, mennonitischen, pfingstlerischen Gemeinden, der Brüdergemeinde, Heilsarmee, ausländischen und anderen Kirchen.

Im letzten Jahrzehnt des 20. Jahrhunderts sind Politiker und Beamte in Belgien mit der Umstrukturierung des Landes zu einer Föderation zwischen dem flämischen und wallonischen Landesteil beschäftigt: ein Vorgang, der auch die Christen betrifft. Politische, soziale, Sprachen- und religiöse Fragen sind eng miteinander verflochten.

LITERATUR: R. Aubert: 150 ans de vie des eglises (1830 – 1980). Brüssel 1985. *Herbert Schultze*

Frankreich

Von seiner Geschichte her ist Frankreich ein katholisches Land. Entsprechend seiner Vorreiterrolle in der politischen und kulturellen Geschichte Europas fällt die französische Kirchengeschichte über weite Strecken mit der Geschichte der katholischen Kirche überhaupt zusammen. Selbst das Papsttum geriet immer wieder unter starken französischen Einfluß. Zu allen Zeiten sind von der französischen Kirche wichtige Erneuerungsimpulse ausgegangen. Aus dem Mittelalter wären unter anderem zu nennen: die karolingische Renaissance, die monastischen Reformbewegungen, die Kreuzzüge, die Scholastik. Auch in der Neuzeit waren Franzosen an der Durchsetzung der Gegenreform und der Gestaltung des post-tridentinischen Katholizismus maßgebend beteiligt, ebenfalls an der Auseinandersetzung mit den geistigen Strömungen der Moderne. Nachhaltig sind vor allem Theologie und Spiritualität seit dem 19. Jahrhundert vom französischen Geist geprägt worden.

Wie bei kaum einem anderen Land zeigt die heutige Lage der katholischen Kirche in Frankreich exemplarisch die Probleme dieser Kirche in der modernen säkularisierten Welt. Teilweise gilt das auch für die anderen Kirchen im Lande, die aber gesellschaftlich nur eine untergeordnete Rolle spielen. Die größte protestantische Kirche, die Église Reformée de France, vereinigt seit 1938 die presbyterianisch-reformierten Christen der hugenottischen Tradition mit Methodisten und Kongregationalisten. Daneben gibt es lutherische Kirchen, vor allem in Elsaß-Lothringen, sowie weitere kleinere Kirchen und Sekten, wovon insbesondere die Pfingstkirchen zu nennen wären. Aufgrund von Einwanderung gibt es auch eine nennenswerte Präsenz verschiedener Ostkirchen, die eine wichtige Rolle im französischen Ökumenismus spielen.

Entchristlichung

Das größte und auffallendste Problem für die französischen Kirchen heute ist die Entchristlichung. Obwohl schätzungsweise über 80 Prozent der Bevölkerung noch katholisch getauft wurde, sind kaum 25 Prozent praktizierende Christen. Für viele endet der Kirchenbesuch schon mit der Erstkommunion; danach kommen sie nur zur Trauung, Kindertaufe und Beerdigung. Freilich gibt es erhebliche regionale Unterschiede: Allgemein ist die Praxis am schwächsten in den Großstädten, etwas weniger schwach in den übrigen Städten, auf dem Land meist besser – aber auch hier gibt es Ausnahmen. Auffallend schwach ist die äußere Religiosität der jungen Erwachsenen, der Arbeiter und Angestellten sowie der Intelligenz. Wie eine eventuell verbliebene innere Religiosität zu bewerten ist, bleibt umstritten.

Vor allem seit dem Zweiten Weltkrieg gibt es in Frankreich eine heftige Diskussion um die Ursachen und die pastoralen Folgen dieser »Entchristlichung«. Es wurde ernsthaft überlegt, ob der Masse der nicht-praktizierenden Taufkatholiken praktisch wie Heiden zu begegnen ist und sie von kirchlichen Amtshandlungen wie Kindestaufe, Trauung und Beerdigung auszuschließen sind. Neue Wege wurden gesucht, um die kirchliche Präsenz in verschiedenen gesellschaftlichen Bereichen wiederherzustellen: zum Beispiel Laienapostolat, Arbeiterpriester, Kaplaneien für Schulen, Hochschulen, und einzelne Berufsgruppen, Begegnungsstätten und -gruppen für Manager, Technokraten, Künstler und andere Vertreter der Intelligenz.

Kirche in laizistischer Gesellschaft

Seit der laizistischen Gesetzgebung von 1905 ist der französische Staat offiziell areligiös: Religion ist Privatsache; der Staat hat nur für Toleranz und prinzipielle Gleichheit aller zu sorgen. Für viele Franzosen bilden die Ideale der Aufklärung und des Rationalismus, insbesondere die Errungenschaften der Revolution von 1789, heute noch eine Art quasi-religiöse »republikanische Konfession«, deren Verbreitung die Aufgabe des staatlichen Schulsystems ist. Ansonsten ist dem Staat jede Art von politischer oder finanzieller Hilfe für die Kirchen untersagt (für Elsaß-Lothringen gibt es konkorditäre Sonderregelungen; auch im Schul- und Medienbereich gibt es mittlerweile bescheidene staatliche Subventionen und sonstige Hilfen). Folglich ist die katholische Kirche in Frankreich arm. Ohne einträglichen Besitz und ohne Kirchensteuer ist sie auf Spenden angewiesen. Mit einem Gehalt unterhalb des offiziellen Mindestlohns muß der Großteil des Klerus auskommen.

Mitarbeiterkrise

Die pastoralen Probleme werden durch den katastrophalen Rückgang der Zahl der in Zölibat und Armut lebenden Priester und Ordensleute verschärft. Traditionell waren die Welt- und Ordenspriester nicht nur Träger der Seelsorge und Mission, sondern auch der intellektuellen Auseinandersetzung mit den geistigen Strömungen des Landes; Ordensfrauen und -brüder sind Träger der Bildungs- und Caritasarbeit. Obwohl die Zahl der theologisch gebildeten Laien seit den 60er Jahren steigt, stellen sie aus finanziellen Gründen – trotz ihrer Bereitschaft zum ehrenamtlichen Dienst – keinen ausreichenden Ersatz dar.

Westfassade der Kathedrale Notre-Dame auf der Ile de la Cité in Paris. Mit dem Bau der Kathedrale wurde 1163 begonnen.

Papst Innozenz III. (1160/61–1216) unterstützte die Entstehung der Bettelorden, förderte aber auch nachhaltig die Kreuzzugsbewegung. Wandgemälde in der Kirche Sacro Speco in Subiaco, 13. Jahrhundert.

Polarisierung

Ein weiteres Problem ist die Polarisierung zwischen progressiven und konservativen Katholiken, wovon die Traditionalistenbewegung unter Erzbischof Lefebvre nur die Spitze des Eisbergs zeigt. Die Spaltung geht auf die Französische Revolution zurück und verbindet häufig in unglücklicher Weise religiöse mit sozial-politischen Elementen. Nicht wenige konservative Katholiken sind militant antidemokratisch und antisozialistisch gesinnt. In jüngster Zeit hat diese Polarisierung eine Verschärfung erfahren, einerseits durch innerkirchliche Strömungen ausgelöst durch das Zweite Vatikanische Konzil (1962–1965), andererseits durch gesellschaftspolitische Strömungen, ausgelöst durch die Ereignisse vom Mai 1968. Angesichts der Polarisierung versuchen die Bischöfe, eine vermittelnde Stellung zu halten, während die Theologen unterschiedliche Wege bei der Begegnung der postmodernen Welt einschlagen.

LITERATUR: A. Latrielle u. a.: Histoire du catholicisme en France. 3 Bde, Paris 1957–1962. – R. Mandriou u. a.: Histoire des Protestants en France. Toulouse 1977. – H. Mischler: Die Situation des Klerus in Frankreich. Speyer 1983. – R. Winling: La theologie catholique en France au XXe siecle. In: NRT 111 (1989), S. 537–555. – F. Paepcke: Frankreich, B: Die geistige und kirchliche Situation im 20. Jahrhundert. In: Wörterbuch des Christentums. Gütersloh/Zürich, 1988, S. 357–360.

Thomas Riplinger

Italien

Das Christentum ist seit ca. zweitausend Jahren ein wesentlicher Bestandteil der Geschichte Italiens; und obwohl die politische und kulturelle Geschichte Italiens nie in der Kirchengeschichte aufging, ja gelegentlich in deutlichem Widerspruch zu ihr stand, bleiben sie doch voneinander abhängig, verweisen aufeinander und beeinflussen sich gegenseitig. Dies ist zunächst auf die führende Rolle und den starken Einfluß des Papsttums zurückzuführen, das über ein Jahrtausend einen »Kirchenstaat« aufbaute (der sich ab 1870 allein auf die Vatikanstadt reduzierte) und schon immer einen starken religiösen, kulturellen und politischen Einfluß auf das Land ausübte, in dem es seinen Sitz hatte. In der Geschichte Italiens finden sich jedoch außer Rom zahlreiche weitere bedeutende historische Zentren, durch die das Christentum verbreitet wurde. So wurde das in der christlichen Antike von ambrosianischer Tradition geprägte Mailand im Spätmittelalter der Nährboden verschiedener neuer christlicher Strömungen und später durch Carlo Borromeo ein Hauptzentrum der Gegenreformation. Das »byzantinische« Ravenna blieb bis heute in seinen Kunstschätzen lebendig. Italien ist aber auch die Heimat wichtiger mönchischer Bewegungen wie der benediktinischen und franziskanischen, die auf unterschiedliche Weise das Christentum ihrer Zeit wieder mit seinen evangelischen Wurzeln verbinden wollten.

Nach der Spaltung in Ost- und Westkirche (1054) und vor allem nach dem Bruch zwischen Katholizismus und Protestantismus innerhalb des westlichen Christentums (1517) hat sich das italienische Christentum stark im römisch-katholischen Sinne entwickelt. Italien war die Wiege der Gegenreformation, die das Bewußtsein der Bevölkerung prägte und bleibende Spuren im religiösen sowie moralischen und kulturellen Bereich hinterließ. Mit der Gegenreformation setzte sich ein bestimmter Typus katholischer Reform durch (ein anderer mußte untergehen), während der Protestantismus, der sich seit der ersten Hälfte des 17. Jahrhunderts in vielen Gegenden Italiens durchzusetzen begann, sowie andere christliche Bewegungen gänzlich ausgerottet wurden (nur die Waldenser überlebten die Unterdrückung).

Während die Aufklärung ein sehr schwaches Echo in der italienischen Kultur erfuhr, konnte sich im 19. Jahrhundert der politisch-kulturelle Liberalismus, verbündet mit der Bewegung der nationalen Einheit (»Risorgimento«) durchsetzen, und zwar trotz des scharfen Streites mit dem offiziellen Katholizismus sowie mit der Politik des Papstes. Er erlangte mit der »Eroberung Roms« (30. September 1870) seinen Höhepunkt.

In der ersten Hälfte des 20. Jahrhunderts wirkte der Einfluß des Katholizismus auf die italienische Gesellschaft nicht nur über die religiöse Tätigkeit und ein dichtes Netz verschiedener Hilfswerke, sondern auch durch eine Partei (heute die »Democrazia Cristiana«, die Christlich-Demokratische Partei), eine Gewerkschaft, einige Universitäten und zahlreiche katholische Laienorganisationen (vorwiegend in der Arbeitswelt und unter den Universitätsstudenten), die den Richtlinien der kirchlichen Hierarchien folgten. Die Ausrichtung war antimodern, antisozialistisch und antiökumenisch.

Mit dem zweiten vatikanischen Konzil änderte sich vieles, und einem neuen Katholizismus wurde Platz gemacht: offener, gesprächsbereiter, sensibel für die sozialen Probleme und politisch autonomer, mit dem Wunsch, den eigenen Glauben ökumenisch zu leben. Obwohl nach dem Konzil auch Bewegungen mit deutlicher Neigung zum »Fundamentalismus« entstanden (wie »Comunione e Liberazione«), ist der italienische Katholizismus heute von vielen Elementen der Erneuerung durchsetzt, oft mit biblischer und evangelischer Inspiration.

Madeleine Barot

Madeleine Barot wurde 1909 geboren. Sie stammte aus einer Hugenottenfamilie. Ihre Eltern – selber nicht streng religiös – legten Wert auf eine Erziehung zu kritischer Urteilsfähigkeit, um ihrer Tochter eine selbständige Entscheidung in Fragen der Religion zu ermöglichen. Madeleine Barot studierte an der Pariser Universität Sorbonne, wo sie Kontakt zur christlichen Studentenbewegung und zur Ökumenischen Bewegung hatte. Nach Abschluß ihrer Studien erhielt sie 1935 als erste Protestantin eine Stellung am französischen archäologischen Institut in Rom. 1939 gehörte sie zum Vorbereitungsteam der ersten Weltjugendkonferenz des Christlichen Studentenbundes. Nach Ausbruch des Zweiten Weltkrieges berief man sie zur Generalsekretärin der »Christlichen Jugendbewegung Frankreichs zur Hilfe für Flüchtlinge« (CIMADE). Als die Deportation von Juden aus den französischen Lagern in die Konzentrationslager begann, schleuste Madeleine Barot unter Einsatz ihres Lebens viele Hunderte von Juden in die Schweiz. Nach dem Krieg wirkte sie in der Zentrale des Ökumenischen Rates in Genf. 1947 wurde sie zur Vorsitzenden der Jugendabteilung des Weltrates der Kirchen gewählt, und von 1953–1966 leitete sie das »Department on the Co-operation of

Paradoxerweise ist Italien als Sitz des Papsttums auch das Land, das seit fast acht Jahrhunderten die älteste westliche evangelische Strömung aufgenommen hat, die sich bis auf den heutigen Tag erhalten konnte: Die Bewegung der Waldenser kam um 1175 in Frankreich auf und breitete sich einige Jahrzehnte später im Piemont aus; 1532 schloß sie sich an die Schweizer Reformation an und war über drei Jahrhunderte lang das einzige protestantische Element in Italien. Sie mußte harte Verfolgungen erfahren. Heute zählt sie ca. 25 000 Mitglieder. Seit 1860 sind weitere protestantische Gemeinschaften zunächst als Mission, anschließend als selbständige Kirchen, hinzugekommen: Baptisten (ca. 6 000), Methodisten (ca. 4 000). Weitere evangelische Glaubensgemeinschaften sind die »Chiesa dei Fratelli« (Kirche der Brüder, ca. 12 000), die Lutheraner (ca. 6 000), »l'Esercito della Salvezza« (Heilsarmee), verschiedene Gemeinschaften protestantischer Ausländer, die in Italien ansässig sind und vor allem die Pfingstbewegung, die heute die größte evangelischen Gemeinschaft in Italien ist (über 120 000 Mitglieder). Man geht davon aus, daß es heute ca. 200 000 italienische Protestanten gibt.

Die Orthodoxe Kirche ist in verschiedenen italienischen Städten mit Gemeinschaften präsent, deren Mitglieder meist aus Griechenland und Rumänien stammen. Ihre Gesamtzahl liegt bei ca. 25 000.

Die ökumenische Hauptorganisation in Italien ist das SAE (Segretariato Attività Ecumeniche = Sekretariat für ökumenische Tätigkeiten) mit Sitz in Rom: Gegründet auf Initiative der katholischen Laien ist es heute interkonfessionell und sorgt sich vorwiegend um den Dialog mit dem Judentum.

Obwohl auch Italien vom Säkularisierungsprozeß überollt wurde, bleibt es auch heute ein in der katholischen Tradition verwurzeltes Land, auch wenn der Katholizismus vieler Italiener vor allem als ein statistisches Merkmal zu sehen ist. Im italienischen Leben nimmt die Katholische Kirche weniger als Glaubensgemeinschaft als vielmehr unter sozialem Aspekt eine wichtige Rolle ein. Auch als Glaubensgemeinschaft hat sie sich nach dem Konzil in vielen Bereichen erneuert, auch dank einiger Persönlichkeiten von herausragender religiöser Bedeutung (P. Mazzolari, L. Milani, C. Carretto, D.M. Turoldo, E. Balducci). Die Teilnahme an der Sonntagsmesse ist noch relativ hoch (25 – 30 Prozent der Bevölkerung nimmt mindestens einmal im Monat daran teil), während andere religiöse Praktiken (wie die Beichte) an Bedeutung verloren. Die Anzahl der Taufen bleibt hoch (75 bis 80 Prozent der Neugeborenen), doch nimmt die Zahl der nur standesamtlichen Trauungen zu.

Obwohl diese katholische Verwurzelung weiterhin besteht, allerdings mehr aus gesellschaftlichen denn geistlichen Gründen, ist die italienische Gesellschaft wie andere europäische Gesellschaften heute auch auf religiöser Ebene pluralistisch. Neben der auf eine lange Geschichte zurückblickenden jüdischen Gemeinde in Italien (ca. 40 000 Personen) wird aufgrund der starken Einwanderungswelle aus Nordafrika die muslimische Gemeinschaft immer zahlreicher (heute etwa 1 000 000 Personen), und auch alte (Buddhismus) und neue (»New Age«) orientalische Religionen und Kulte finden immer mehr Verbreitung. Das italienische religiöse Spektrum ist heute daher sehr unterschiedlich und neigt dazu, sich immer mehr zu differenzieren.

Paolo Ricca

Spanien

Seit Jahrhunderten ist das Christentum Spaniens durch eine eigenartige Verflechtung von römisch-katholischem Glauben, elitärem Nationalbewußtsein und konservativ-autoritären Gesellschaftsformen bestimmt. Trotz antiklerikaler Republik (1931 – 1939), Spanischem Bürgerkrieg (1936 – 1939) und faschistisch-klerikaler Franco-Diktatur (1939–1975) zählen beinahe 97 Prozent der Spanier zum römischen Katholizismus. Protestanten, Anglikaner, Orthodoxe, Juden, Muslime und Anhänger anderer Religionen zusammen machen weniger als 1 Prozent, Nichtgläubige etwa 2 Prozent der Bevölkerung aus. Seit dem Aufbruch der katholischen Arbeiterbewegung in den 50er Jahren und noch mehr seit der in den 60er Jahren begonnenen konziliaren Erneuerung von Theologie, Liturgie und Kirche bemüht sich ein Teil der katholischen Kirche darum, das Verhältnis zwischen Christentum und Nation neu zu bestimmen. Dafür haben die Öffnung der Gesellschaft und die Demokratisierung des Staates seit dem Tod Francos (1975) und dem EG-Beitritt (1977/1986) völlig neue Rahmenbedingungen geschaffen.

Anfänge des Christentums

Sehr früh entfaltete sich das Christentum im römischen Spanien, ohne daß die Details seiner Ausbreitung bekannt sind. Schon in der Spätantike wird eine Neigung zum moralisch-asketischen Rigorismus – Synode von Elvira (306) und Priszillianismus – sichtbar, die bis in die Gegenwart die spanische Frömmigkeit prägt und die Bildung elitärer Gemeinschaften wie des Opus Dei fördert.

Mittelalter

Grundlegend für die Prägung des katholisch-nationalen Bewußtseins war die Zeit der Völkerwanderung (Bekehrung der westgotischen Herrscherschicht zur katholischen Kirche 589). Die bald danach einsetzende arabisch-islamische Eroberung spaltete zunächst das Land. Während im Süden eine von Judentum und Islam geprägte kulturelle Blüte sich entfalten konnte, baute sich vor allem im Norden und Westen der iberischen Halbinsel ein kämpferischer, christlich-nationaler Widerstand auf, der mit zunehmendem Erfolg die »Wiedereroberung« (reconquista) und Neuchristianisierung des Landes betrieb.

Das »goldene Jahrhundert«

Mit der Hochzeit der »katholischen Majestäten« Ferdinand von Aragon und Isabella von Kastilien (1469) und der Eroberung Granadas (1492) wurde die Bildung des spanischen Nationalstaates praktisch abgeschlossen. Juden und Muslime wurden vertrieben, die Inquisition als Überwachungsinstrument ausgebaut. Die Entdeckung Amerikas durch Columbus (1492) leitete eine Epoche beispielloser Expansion in Übersee ein: Süd- und Mittelamerika, Asien, Afrika. Weit über die Geschichte der eigentlichen Kolonialherrschaft hinaus trugen spanische Missionare den national-

Men and Women in Church and Society« bei der »World Conference of Churches«. In der Folgezeit lag ihr Arbeitsschwerpunkt in der Dritten Welt. 1958 organisierte sie die erste afrikanische Frauenkonsultation. Dabei wurden weniger theologische Themen als vielmehr praktische Fragen diskutiert: Alkoholismus, Jugendkriminalität, Prostitution und Analphabetismus. 1959 fuhr die engagierte Frau zur ersten Vollversammlung der »Christlichen Konferenz Ostasiens«. Sie richtete in vielen Ländern Beratungsstellen für Frauen ein und forderte sie zur aktiven Teilnahme am gesellschaftlichen Leben auf. In Europa bemühte sie sich vor allem um die Zulassung der Frauen zum Pfarramt.

Beim Zweiten Vatikanischen Konzil (1962 – 1965) war sie die einzige als Beobachterin zugelassene Frau. Schließlich übernahm Madeleine Barot 1968 die Abteilung für Entwicklungsfragen im Weltrat der Kirchen. Nach ihrer Pensionierung lebte sie in Paris. Dort setzte sie sich nachdrücklich in der »action chretien pour l'abolution de la torture« (»Christliche Aktion zur Abschaffung der Folter«) ein. Sie wurde Vizepräsidentin dieser Basisbewegung, bei der es sich um eine Art christlichen Zweig von »amnesty international« handelt.

LITERATUR: A. Freudenberg: Rettet sie doch! Arbeit der CIMADE zwischen 1939 und 1944. Zürich 1969. – W. Simpfendörfer: Ökumenische Spurensuche – Acht Portraits. Stuttgart 1989. – André Jacques: Madeleine Barot. Genf 1991. – Ders.: Barot, Madelaine. In: Dictionary of the Ecumenical Movement. Genf/Grand Rapids 1991, S. 89 – 90.

Initialseite aus dem »Codex Vigilanus« (976, Kloster Albelda). Er enthält die Protokolle der Konzilien von Toldeo, unter anderem auch jenen Beschluß des dritten Konzils (589), mit dem der Katholizismus zur Reichsreligion erklärt wurde. El Escorial, Madrid.

katholischen Glauben nach Indien, China, Japan, der Südsee und Schwarzafrika. Das »goldene Jahrhundert« (16. Jahrhundert) war zugleich eine Zeit kultureller und religiöser Blüte, die theologisch durch Abwehr der Reformation und Erneuerung des Thomismus und spirituell durch ergreifende Mystik und barocke Volksfrömmigkeit geprägt wurde. Träger dieser Entwicklungen waren vor allem die neugegründeten oder reformierten Orden (Jesuiten, Franziskaner, Dominikaner, Karmeliter, Trinitarier).

Die Moderne
Es folgten ein langsamer Niedergang und eine zunehmende Erstarrung: Die Wirtschaft stagnierte; die Kolonien gingen nach und nach verloren. Seit dem 18. Jahrhundert mehren sich die Versuche, Macht und Einfluß der Kirche einzuschränken. Die protestantische Missionstätigkeit begann im 19. Jahrhundert; erst 1868 wurde aber eine restriktive religiöse Toleranz gewährt. Die Polarisierung der politischen Kräfte zwischen Konservativen, Liberalen und Sozialisten bestimmt die Geschichte des Landes im 19. und 20. Jahrhundert. Aufstände und Staatsstreiche setzten mal diese mal jene Partei an die Macht; keine vermochte aber die sozialen Probleme des Landes zu lösen. Die Kirche wurde Spielball dieser Politik, mal von Liberalen und Republikanern bekämpft, mal von Konservativen gefördert und in Dienst genommen. In dieser Linie reiht sich die Geschichte der 2. Republik (1931 – 1939), des Spanischen Bürgerkriegs (1936 – 1939) und der daraus hervorgegangenen Franco-Diktatur (1939 – 1975). Die brutale Verfolgung der Kirche unter der späten Republik (zwischen 1936 und 1939 über 6000 Tote allein unter dem Klerus und den Ordensleuten) machte Francos faschistische Bewegung zum Verteidiger der Kirche und der traditionellen nationalen Werte. Der Wiederaufbau des Staates knüpfte an Elemente der katholischen Soziallehre an. Schon nach dem Krieg begann eine vorsichtige Liberalisierung, die die Versöhnung der alten Gegner betrieb und den Weg für die Umgestaltung nach Francos Tod anbahnte.

Die Gegenwart
Mit dem Zweiten Vatikanischen Konzil zerbrach die bisherige Geschlossenheit der katholischen Theologie Spaniens in eine Vielzahl widerstrebende Richtungen mit starker Polarisierung zwischen progressiven und konservativen Gruppierungen. Dabei geht es sowohl um die bisher versäumte Auseinandersetzung mit der Moderne wie auch mit einer sich abzeichnenden neuen postmodernen Problematik. Neben der akademischen Theologie an den Hochschulen meldet sich zunehmend eine »wilde« Theologie der kleinen Gruppen und Basisgemeinden.

LITERATUR: I. Behn: Spanische Mystik: Darstellung und Deutung. Düsseldorf 1957. – J. Krinke: Das christliche Spanien. Marburg 1967. – Garcia Villoslada (Hg.): Historia de la Iglesia en España. 5 Bde., Madrid 1979. – Iglesia, sociedad y politica en la España contemporanea. Madrid 1983. – F. Azcona u. a.: Catolicismo en España: analisis sociologica. Madrid 1985. – G. B.: Spanien nach den Wahlen. In: Herder-Korrespondenz 48 (1986), S. 358 – 360. – E. Vilanova Bosch: Teologia en España, Veinticinco Años de Posconcilio. In: ET 2 (1991), H. 2, S. 37 – 50 (deutsche Zusammenfassung S. 50 f.). – J. H. Eliot (Hg): Die spanische Welt: Geschichte, Kultur, Gesellschaft. Freiburg u. a. 1991.

Thomas Riplinger

Portugal

Seit dem Mittelalter ist Portugal ein zweigeteiltes Land. Im Norden überwiegt kleinbäuerlicher Grundbesitz, im Süden – bis zur Landreform (1974/75) – ausgedehnter Latifundienbesitz. Auch die schwach entwickelte Industrie liegt hauptsächlich in Nord- und Mittelportugal, mit nur wenigen aber wichtigen Zentren im Süden. Diese Spaltung spiegelt sich im Religionsbild des Landes wieder: Obwohl etwa 95 Prozent der Bevölkerung zur römisch-katholischen Kirche gezählt werden, unterscheiden sich Norden und Süden in Hinblick auf die religiöse Praxis erheblich.

Während im Norden der regelmäßige Gottesdienstbesuch bei bis zu 80 Prozent und darüber liegt, fällt er in einigen Gebieten des Südens auf etwa 5 Prozent zurück. Im Süden herrscht außerdem gravierender Priestermangel. Bis vor kurzem kümmerten sich Episkopat und Klerus nur wenig um die entchristlichten Massen; statt die Kirche zu reformieren und den Glauben zu erneuern, konzentrierten sie sich auf die Erhaltung der in vieler Hinsicht rückständigen traditionellen Religiosität und unterstützten die Abschottungspolitik der Salazar-Diktatur. Noch in den 70er Jahren wurden die Verfechter einer Kirchenreform im Geist des Zweite Vatikanischen Konzils Repressionen ausgesetzt. Erst langsam, infolge der unblutigen Revolution von 1974 und der Öffnung nach Europa (EG-Beitritt 1986), bahnt sich jetzt eine Wende auch im kirchlichen Bereich an.

Andere religiöse Gruppen (Anglikaner, Methodisten, Presbyterianer, Baptisten, Adventisten, Pfingstler, Zeugen Jehovas) spielen in Portugal trotz missionarischer Tätigkeit kaum eine Rolle. Eine Besonderheit ist das Überleben der sogenannten Marranos (ca. 100 000): Diese sind Krypto-Juden, die nach der erzwungenen Bekehrung zum Katholizismus im 15./16. Jahrhundert immer noch geheim einige jüdische Bräuche, zum Beispiel das Pessachfest, praktizieren.

Antike und Mittelalter

Wie sonst auf der iberischen Halbinsel breitete sich das katholische Christentum schon in der Römerzeit aus und setzte sich als Landesreligion unter den Westgoten durch. Während im Norden die islamische Herrschaft von relativ kurzer Dauer und geringer Intensität war, wurde der Süden erst 1250 von den Christen wieder erobert. Im 12. Jahrhundert befreite sich der Graf von Portugal Alfonso von der kastilischen Oberhoheit und nahm den Königstitel (1139) an. Für die aus Spanien fliehenden Juden bot sich Portugal zunächst als Refugium an, bis 1497 die Juden zur Bekehrung oder Auswanderung gezwungen wurden.

Das goldene Zeitalter

Im 15. Jahrhundert unter dem Königsohn Heinrich dem Seefahrer begann die systematische Expansion in Übersee, zunächst zu den atlantischen Inseln Madeira, Azoren, Kapverdische Inseln und entlang der afrikanischen Küste bis Indien (1498 von Vasco de Gama erreicht), Sri Lanka und den Molukken, dann auch nach Südamerika, wo ab 1539 Brasilien systematisch erforscht und kolonialisiert wurde. Auf den Routen der Entdecker folgten Händler, Kolonisten und Missionare. Allerdings ging die portugiesische Missionstätigkeit schon nach 1600 merklich zurück: Nachhaltig hat sie den Katholizismus vor allem in Brasilien und Indien geprägt. Die Reformation fand kaum Echo in Portugal, umso mehr dagegen die Gegenreform im Geiste des Trienter Konzils. Für religiöse und politische Konformität sorgte die 1536 errichtete Inquisition. Neugegründete und reformierte Orden unterstützten die Erneuerung. Wie im benachbarten Spanien war das 16. Jahrhundert eine Epoche wirtschaftlicher, kultureller und religiöser Blüte. Scholastik, Mystik, barocke Kunst und Frömmigkeitsbräuche bestimmten das intellektuelle und spirituelle Leben des Landes.

Von der Aufklärung zur Gegenwart

Mit dem 17. Jahrhundert beginnt ein langsamer Niedergang. Zwar gelang es, die spanische Herrschaft (1580 – 1640) abzuschütteln, aber größere Teile des Kolonialreichs gingen verloren. Nur der Sklavenhandel florierte. Korruption breitete sich im Klerus und Ordensstand aus.

Erste antiklerikale Maßnahmen wurden im Namen der Aufklärung unter König Joseph I. (1750–1777) und seinem Minister Pombal getroffen; weitere folgten unter liberalen Regierungen im 19. Jahrhundert, vor allem aber unter der Republik (1910 – 1926). Gestärkt durch die Fatima-Erscheinungen (1917) formierte sich eine katholische Reaktion, die nach 1926 unter der Führung von A. Salazar (1889 – 1968) eine autoritäre, korporatistische Staatsform einführte, die auch nach seinem Tod zunächst fortbestand.

Nach der »sanften« Revolution von 1974 und anfänglichen Experimenten mit einem radikalen Sozialismus hat das Land im letzten Jahrzehnt langsam politische und wirtschaftliche Stabilität gewonnen; allerdings bleiben gewaltige soziale Probleme. Zögernd stellt sich die Kirche auf die neue, europäisch orientierte und zunehmend säkularisierte Gesellschaft ein.

LITERATUR: F. de Almeida: Historia da Igreja in Portugal. 4 Bde., 2. Aufl., Porto 1967 - 1971. - M. Raske u. a.: Der totalitäre Gottesstaat. Düsseldorf 1970. - G. Burchardt: Land am Rand Europas: Die späte Öffnung Portugals. In: Herder-Korrespondenz 42 (1988), S. 388 - 392. - M. Kaplan: The Portuguese: The land and its people. London/New York 1991. *Thomas Riplinger*

Großbritannien und Irland

Zur gegenwärtigen Situation

Die Vielfältigkeit christlicher Bekenntnisse ist eine der markanten Beobachtungen, die der Besucher auf den Britischen Inseln macht. In England gibt es eine offizielle Kirche, die anglikanische Staatskirche von England (Church of England). Kontinental-Europäer ordnen sie den protestantischen Kirchen zu. Ihrem Ritus nach gehört sie sowohl zur protestantischen als auch zur katholischen Kirche; gerechter wäre sie als »Reformierte Katholische Kirche« zu bezeichnen, obwohl dies keine exakte Definition wäre. Die Anglican Church ist in Wales zwar vertreten, aber nicht Staatskirche, sie rangiert neben der römisch-katholischen Kirche, den Free Churches, den Pfingstlern und anderen Bekenntnissen. Für Schottland wiederum ist die Presbyterianische Kirche, die »Church of Scotland«, das offizielle Kirchenbekenntnis. Der Monarch des Vereinigten Königreichs ist zugleich der ranghöchste kirchliche Würdenträger der Church of England, hat aber über die Church of Scotland keine Autorität. In Nord-Irland läßt die Geschichte der Spannungen zwischen Katholiken und den Presbyterianern übersehen, daß auch andere Bekenntnisse existieren. Die Römisch-Katholische Kirche in Irland (Eire) übt weithin großen Einfluß auf politische und soziale Entscheidungen der Dubliner Regierung aus.

Raimundo Panikkar

»Ich bin als Christ gegangen, ich habe mich als Hindu gefunden und ich kehre als Buddhist zurück, ohne doch aufgehört zu haben, ein Christ zu sein.« Raimundo Panikkar (geb. 1918) ist ein religiöser Sucher, für den die Vielfalt der Glaubenstraditionen religiöse Verlockung und Glaubensanfrage zugleich ist. Der ehemalige Professor für Religionswissenschaft (Universität Santa Barbara/Kalifornien) ist Sohn einer spanisch-katholischen Mutter und eines Hindu-Vaters. Der promovierte Chemiker hat neben Naturwissenschaften auch Philosophie und Theologie studiert. Er gehört zu den anregendsten Theologen der Gegenwart. Hatte er früher noch behauptet, daß sich die Fülle der Offenbarung im historischen Jesus ereignet habe (so in der 1. Auflage von »Christus der Unbekannte im Hinduismus«, 1965), so lehnt er heute Vorstellungen ab, die von vornherein die Überlegenheit des Christentums behaupten beziehungsweise die Vervollkommnung anderer Glaubenstraditionen im Christentum voraussetzen (so in der »vollständig revidierten und erweiterten Ausgabe« desselben Buches). Panikkar tritt für die »ökumenische Ökumene« ein, die über die Kirchen hinausgreift und alle Religionen umspannt. In seinem Buch »Der neue religiöse Weg. Im Dialog der Religionen leben« (1990, amerikanisches Original 1978) plädiert Panikkar für eine »echt universale Christologie«. Christus ist für ihn der universale beziehungsweise kosmische Christus. Mit dem historischen Jesus ist der »kosmische Christus« nicht einfach identisch. Christus ist der äußere Ausdruck, die schöpferische Mitteilung des allerhöchsten Gottes. In Jesus von Nazareth wurde dieser kosmische Christus Mensch. Jedoch kann keine geschichtliche Gestalt endgültiger, voller Ausdruck des Christus sein. Der kosmische Christus darf also nicht auf den historischen Jesus von Nazareth beschränkt werden. Auf die eine oder andere Weise erkennen alle Religionen den universalen Christus an, sei es als Krishna und Purusha im Hinduismus beziehungsweise als Buddha im Buddhismus usw.

Panikkar vermittelt authentische Dialogerfahrungen. Bei der Frage nach dem Sinn des Lebens soll man stets radikal offen für die Antworten aus anderen Religionen sein. »Mir scheint, die einem Christen angemessene Haltung dem Glauben anderer gegenüber ist das Umfangen, Aufnehmen und sich Einverleiben, nicht das Zurückweisen, Ablehnen oder Ausschließen. (...) Wir werden immer offener dafür, die andere Religion als Ergänzung und Bereicherung der eigenen anzusehen.«

Literatur: Paul F. Knitter: Ein Gott – viele Religionen. Gegen den Absolutheitsanspruch des Christentums. München 1988. – Th. Emprayil: The Emerging Theology of Religions. The Contribution of the Catholic Church in India. Rewa 1980. – Reinhard Kirste, Hartmut Schröter, Udo Tworuschka: Theologische Ansätze des religiösen Pluralismus IV: Raimundo Panikkar und die Versöhnung der Religionen. In: Ders., Paul Schwarzenau, Udo Tworuschka (Hg.): Engel – Elemente – Energien. Iserlohn 1992 (Religionen im Gespräch, Bd.2).

Statistische Angaben

Statistiken sind gefährlich; denn nicht alle Kirchen erfassen ihre Mitglieder nach den gleichen Kriterien, zum anderen insistiert nicht jede Kirche auf dem wöchentlichen Kirchbesuch. Annähernd zehn Prozent der erwachsenen Bevölkerung in England, das sind etwa 3,7 Millionen Menschen, besucht im Durschnitt sonntags die Kirche – seit 1979 ist dies ein Rückgang um ein Prozent. Ebenfalls für England kann dieser Rückgang an erwachsenen Kirchbesuchern in den Jahren 1979 – 1989 mit den folgenden Zahlen belegt werden:

United Reformed Church	18 Prozent
Römisch Katholische Kirche	14 Prozent
Methodisten	11 Prozent
Anglican Church	9 Prozent

Wohingegen die folgenden Glaubensbekenntnisse eine Zunahme verzeichnen:

Independant Churches	42 Prozent
Orthodoxe	34 Prozent
Pfingstler	8 Prozent
Afrokaribische Kirchen	4 Prozent

Statistiken geben nur einen Teil der Wahrheit wieder. Die obige bezieht sich auf die Kirchgänger eines Durchschnitts-Sonntags. Sie verweist keinesfalls auf die Kirchenmitglieder. Eine Statistik, die die Mitglieder zur Grundlage hat, kommt für England zu anderen Ergebnissen (nach Peter Brierley: »Christian« England. London 1991, S. 57):

schätzt man 17000 Mitglieder, 16000 sind in England beheimatet. Müssen diese statistischen Angaben auch mit Vorsicht beachtet werden, so liefern sie doch einen Ausgangspunkt über die Kirchgänger-Zahlen in England.

Die 26 Bischöfe der Church of England sitzen im House of Lords, sie können dort die Regierungs-Legislative kommentieren, bevor sie beide Häuser des Parlaments passiert. Beide Häuser beginnen jeden Tag mit einem Gebet; natürlich sind die Bischöfe durch den Monarchen, das Oberhaupt der Englischen Staatskirche (Supreme Head of the Church of England) eingesetzt, der Prime Minister hat beratende Funktion. Erscheinen diese Privilegien auch als anachronistisch, sie erlauben jedoch der Church of England einen machtvollen Zugang in die »Regierungsfabrik«. Die Bischöfe im House of Lords genießen Privilegien, die anderen christlichen Konfessionen nicht zugestanden werden, wie zum Beispiel der nichtstaatlichen Anglican Church of Wales, obwohl die Gesetzgebung für das gesamte vereinigte Königreich Aufgabe des Parlaments ist.

Ein zusätzliches Merkmal des »christlichen« England und Wales sind die 7000 kirchlichen Schulen (etwa 23000 im ganzen). Sie verteilen sich hauptsächlich auf die Church of England und die römisch-katholische Kirche. Diese Schulen sind durch den Staat angelegt, sie sind für die christliche Basisarbeit in England und Wales von immenser Wichtigkeit. Für alle Staatsschulen ist

	1989 Kirchenmitglieder	Kirchgänger	Differenz	Differenz in Prozent
Methodisten	422200	396100	26100	+ 7
Baptisten	170600	199400	– 28800	– 14
United Reform Church	119900	114000	5900	+ 5
Independenten	222100	292800	– 70700	– 24
Afrokaribische Kirchen	68200	68500	– 300	– 1
Pfingstler	68000	95200	– 27200	– 29
Andere Freikirchen	103200	83000	20200	+ 24
Freikirchen insgesamt	1174200	1248000	– 74800	– 6
Anglikaner	1559000	1143900	415100	+ 36
Römische Katholiken	4197100	1304600	2892500	+ 222
Orthodoxe	232100	9400	222700	+ 2369
Summe	7162400	3706900	3455500	+ 93

Das Schaubild zeigt auch, daß einige Kirchen mehr Mitglieder als Kirchbesucher haben, während für andere wiederum genau das Gegenteil zutrifft. Greifen wir nur das Beispiel der Orthodoxen heraus, so fällt auf, daß zwischen Kirchenmitgliedern und Kirchgängern eine Ungleichheit besteht, die auffallender ist als die statistischen Angaben zur römisch-katholischen Kirche.

Aus diesen Angaben kann gefolgert werden, daß offensichtlich die Mitgliedschaft zu den einzelen Bekenntnissen höher ist. Man schätzt, daß im Vereinigten Königreich die Lutheran Church (sie ist nicht identisch mit der evangelisch-lutherischen Kirche in England) etwa 11 000 Mitglieder umfaßt, während davon 10000 in England leben; für die Religious Society of Friends (Quäker)

ein täglicher, gemeinsamer religionsübergreifender Gottesdienst Pflicht, in dem die »tolerante Tradition des christlichen Glaubens« vermittelt werden soll; zugleich soll auch nichtkonfessioneller Religionsunterricht praktiziert werden. In der Schulpraxis wird viel über nichtchristliche Religionen unterrichtet.

Etliche andere Beispiele als die angeführten, zeigen, wie komplex die Beziehung zwischen Kirche und Staat sind. Heute gehen weniger Menschen in die Kirche als vor 20 Jahren, und doch existieren noch immer strenge christliche Normen, die die sozialen und politische Strukturen in England und Wales maßgeblich prägen.

Die Kirchenmitgliedschaft in Wales ist weitgehend gleichgeblieben. Die größte Einzelgruppe sind die römisch-katholisch Gläubigen. 22 Prozent der Bevölkerung in Wales hingegen, die sich als Ganzes sehen, bestehen auf ihrer Mitgliedschaft in der Kirche; die eine Hälfte rechnet sich zu der Anglican Church, die andere gehört der Römisch-Katholischen Kirche an.

Mit beinahe 32 Prozent scheint Schottland die meisten Kirchenmitglieder zu haben. Der größte Anteil bekennt sich zur Church of Scotland, den Presbyterianern. Für den nichtschottischen Beobachter entsteht schnell der Eindruck, daß die Religion eine bedeutendere Rolle im Alltagsleben des Durchschnitts-Schotten spielt als bei einem Durchschnitts-Waliser oder -Engländer. Doch solche Eindrücke täuschen. Wie christlich alle Teile des vereinigten Königreichs sind, zeigt sich am deutlichsten bei den Mitgliedern anderer Religionen. Ein orthodoxer Jude wies einst darauf hin. »Du gehst die Straße entlang, schaust aus dem Zugfenster: du siehst Kirchen. Schaltest du das Fernsehen ein, werden dort religiöse Handlungen gezeigt, sie sind unabänderlich christlich. Meine Festtage stimmen absolut nicht mit den christlichen Festtagen überein, und deswegen muß ich der Arbeit fernbleiben.« Die Sprache der Bibel ist in der Umgangssprache der Menschen abgefaßt, selbst für solche, die nicht der Kirche anhängen.

In Nordirland sind 70 Prozent der Bevölkerung Mitglied in einer Kirche, ein Drittel Prebyterianer und drei Achtel sind römisch-katholisch. Die gegenseitigen Antipathien zwischen Katholiken und Presbyterianern sind zur Genüge bekannt, andererseits sind sie auch wieder zu komplex, als daß sie hier abgehandelt werden sollten. Ein kleiner Abriß mag die Wichtigkeit der Religion illustrieren. Folgt man den Fernsehnachrichten, die über einen Mord in Nord-Irland berichten, so wird gleichbleibend immer wieder gesagt, daß das Opfer ein Katholik oder ein Protestant war, was für einen Nachrichtensprecher im Vereinigten Königreich als irrelevant erachtet wird. Es gibt Unterschiede zwischen Presbyterianern und anderen protestantischen Gruppen, aber im allgemeinen gilt für die Religion in Nord-Irland, daß sie »katholisch und protestantisch« ist, und die Prozentzahl über die Kirchenmitglieder belegt, daß es für die Bevölkerung wichtig ist, Mitglied eines Religionsblocks zu sein.

In Irland gehört die überwältigende Mehrheit der römisch-katholischen Kirche an. Macht und Einfluß der Kirche durchdringen jeden Lebensbereich. Eine starke Lobby achtet darauf, daß keine Regierung Gesetze erläßt, die dem römisch-katholischen Lehrauftrag und der kirchlichen Praxis zuwiderlaufen.

Schlußfolgerung

Inmitten dieser Vielfalt sind Schlußfolgerungen, die Richtungen aufzeigen, unmöglich. Einige Kirchen, wie die Afro-Caribean Churches feiern ihre sonntäglichen Vereinigungen mit durchschnittlich 100 Teilnehmern, während zu den Pentecostals etwa 140 Besucher kommen. Die Anglikaner müssen sich mit nur 77 Gläubigen begnügen. 355 Besucher kommen hingegen zu den Römisch-Katholischen! Das Christentum existiert weiter, während die Statistiken nur Teilaspekte wiedergeben. Statistiken, die bis ins Mittelalter reichen, belegen, daß die Engländer nie eine »Kirchgänger-Nation« waren (eine Ausnahme bildete sicher die viktorianische und die post-viktorianische Ära). Schotten, Waliser und Iren haben eine unterschiedliche Tradition mit einer ereignisreichen Geschichte von Unterdrückung, aber es kann ohne weiteres behauptet werden: Immer wenn Menschen oder die Nation unterdrückt werden, sind es die christlichen Werte (was immer das auch bedeuten mag!), die die Gesellschaft vorantreiben, und Kirchgang wird unbedeutend.

Irisches Kreuz von Monasterboice, das für Abt Muiredach errichtet wurde. Um 900.

LITERATUR: P. A. Welsby: A History of the Church of England, 1945 – 1980. Oxford 1984. – R. H. Lloyd: A Pocket Guide to the Anglican Church. 1984. – J. Atherton: Faith in the Nation. 1988. – J. Whale: The Future of Anglicanism. 1988. – S. Sykes, J. Booty (Hg.): The Study of Anglicanism. 1988. – J. R. H. Paterson: A Faith for the Year 2000. 1990. – A. Hastings: A History of English Christianity, 1920 – 1990. 1991. – G. R. Evans, J. R. Wright (Hg.): The Anglican Tradition. 1991. – P. Brierley: »Christian« England. 1991. – D. Daves u. a.: Church and Religion in Rural England. 1991. *Alan Brown*

Dänemark

Die Lage des Christentums in Dänemark, seine Organisationsstrukturen, Frömmigkeitsformen und theologischen Richtungen sind, ungeachtet geschichtlicher Prozesse, nahezu durchgängig von drei Faktoren bestimmt: einer überwiegenden konfessionellen Homogenität, innerhalb derselben einer erstaunlichen Breite unterschiedlicher Richtungen sowie einer gewissen Harmonie zwi-

John Hick

Der Engländer John Hick, geb. 1922 in Scarborough, gehört zu den anregendsten Theologen der Gegenwart, die sich mit der religiösen Pluralität der Religionen beschäftigen. 1953 zum presbyterianischen Geistlichen ordiniert, wirkte Hick als Professor an verschiedenen Universitäten Englands und der USA. Seit 1986 lehrt er Religionsphilosophie an der »Claremont Graduate School« in Kalifornien (Direktor des »Blaisdell Programs in World Religions and Cultures«). Bevor Hick zum Vordenker einer pluralistischen Religionstheologie wurde, vertrat er die evangelikale Ansicht, daß es außerhalb des Christentums keine Erlösung gäbe. Drei Schlüsselerfahrungen führten ihn von dieser Ansicht weg: seine Tätigkeit im multireligiösen Birmingham; Studienreisen nach Indien und Sri Lanka; die Bekanntschaft mit dem Werk Wilfred Cantwell Smiths. Hicks Theologie bedeutet die Abkehr von einer Kirchen- beziehungsweise Christus-zentrierten Theologie zu einer Theologie mit Gott im Mittelpunkt. Religionen sind für Hick menschliche Schöpfungen, die sich einer Begegnung mit dem Transzendenten verdanken. Hick unterscheidet zwischen »natürlicher Religion«, die keine göttlichen Impulse von außen kennt, und »Offenbarungsreligion«. Offenbarungsreligionen (Religionen, die nach der von Karl Jaspers sogenannten »Achsenzeit« entstanden sind) verdanken sich der Offenbarung derselben »letzten göttlichen Realität«, die mit vielen verschiedenen Namen benannt wird (»God has many names«, 1980). Alle Weltreligionen sind nach John Hick gleichwertige Heilswege. Ihre Gemeinsamkeit liegt nicht in einem gemeinsamen »Wesen«, sondern in ihrer Heils-Orientierung. Sie sind verschiedene Wege, die zu einem gleichen Ziel führen, das in den Religionstraditionen unterschiedlich benannt ist: Befreiung, Heil, letzte Erfüllung usw. Die darüber hinaus bestehenden (nicht unbeträchtlichen) Unterschiede der Religionen betrachtet Hick nicht als exklusive, einander ausschließende Gegensätze. Hick kritisiert das christologische Dogma (»Myth of God Incarnate«, 1977), das für ihn ein Mythos, also eine symbolische Aussage ist. Zwischen dem historischen Jesus und dem Christus des nicänischen Glaubensbekenntnisses steht eine zur Vergöttlichung Jesu führende Entwicklung. Sein mit Paul F. Knitter herausgegebenes Werk »The Myth of Christian Uniqueness« (1988) greift die These vom Absolutheitsanspruch des Christentums an, diskutiert theologische Tabus (Gottesbilder, Seelenwanderung, Erlösungskonzeptionen, Wahrheitsfrage, Absolutheitsansprüche, Mission). Sein Werk »An Interpretation of Religion« (1989) bietet die umfassendste Darstellung seiner Gedanken über Religion und Religionen.

LITERATUR: Reinhold Bernhardt: Der Absolutheitsanspruch des Christentums. Von der Aufklärung bis zur Pluralistischen Religionstheologie. Gütersloh 1990, S. 199–225. – Reinhard Kirste: Theologische Ansätze des religiösen Pluralismus I. In: Ders., Paul Schwarzenau, Udo Tworuschka (Hg.): Gemeinsam vor Gott. Religionen im Gespräch. Hamburg 1991, S. 303–317 (Jahrbuch für Interreligiöse Begegnung, Bd. 1).

schen dem Christentum und den gesellschaftlich-politischen Gegebenheiten.

Als Datum der Christianisierung des Landes gilt die Taufe König Harald Blauzahns (965), der auf dem Runenstein von Jelling in Ostjütland mitteilt, er habe »die Dänen zu Christen gemacht«. Die meisten Herrscherinnen und Herrscher Dänemarks zeigten sich großzügig gegenüber der Kirche, zum Beispiel hinsichtlich von Kloster- und Kirchengründungen, was Klerus und Adel mit loyaler Stärkung des jeweiligen Herrscherhauses honorierten. Im 16. Jahrhundert überwogen auf Kanzeln und Kathedern Reformkatholizismus und Humanismus. Von dem zunächst große Teile des heutigen Schweden und Norwegen umfassenden Reich blieben 9 Stifte (Bistümer): Kopenhagen, Roskilde, Fünen, Lolland-Falster, Aalborg, Viborg, Aarhus, Ribe und Hadersleben. In der Reformation setzte sich das lutherische Bekenntnis durch.

Den Rang einer Reichskirche verlor die lutherische Kirche mit dem ersten demokratischen Grundgesetz von 1849. Seitdem trägt sie die Bezeichnung »Volkskirche«, der über 90% der Bevölkerung angehören. Eine kirchliche Zentralbehörde ist unbekannt. Zwar ist der Bischof von Kopenhagen primus inter pares unter seinen Kollegen: doch werden die weltweiten Verbindungen, zum Beispiel zum Ökumenischen Rat der Kirchen und dem Lutherischen Weltbund, durch zwei inoffizielle Gremien wahrgenommen: dem Zwischenkirchlichen Rat der dänischen Volkskirche und dem Dänischen Nationalkomitee des Lutherischen Weltbundes. Die frühere Zuständigkeit des Königs bzw. der Königin für Kirchenangelegenheiten ging auf ein Staatsministerium über.

Die deutschsprachigen Gemeinden in Nordschleswig (nördlich der Grenze bei Flensburg) gehören heute zur Nordelbischen Evangelisch-Lutherischen Kirche, die dänischsprachigen Gemeinden in Südschleswig gehören zur Dänischen Kirche im Ausland. Minderheitskirchen sind die Römisch-Katholische Kirche seit ca. 1600 mit etwa 25 000 Mitgliedern, Baptisten und Methodisten seit Beginn des 18. Jahrhunderts mit je unter 10 000 Gemeindegliedern, die Brüdergemeinde (ca. 200) und die Reformierte Kirche (ca. 800) mit einem von 1682 datierenden Privileg.

Zu den Vorrechten der lutherischen Volkskirche in dem Land erklärter Religionsfreiheit gehört neben finanzieller Förderung durch den Staat vor allem die Bindung des Religionsunterrichts in Grundschule und den unteren Sekundarschuljahren an die Bekenntnisse dieser Kirche. Im Gymnasium und vergleichbaren weiterführenden Schulen ist dieser Unterricht so konsequent wissenschaftlich orientiert, daß er als offen für jede Denkweise bezeichnet werden kann. Wichtigere theologische Entwicklungen haben nicht nur die Volkskirche, sondern auch das Bildungswesen des Landes beeinflußt, zum Beispiel die lutherische Reformation und der Humanismus, die Aufklärung und die historisch-kritische Schule der Bibelwissenschaft, die pietistische Erweckungsbewegung, Nikolai Fredrik Severin Gruntvigs Volksbildungsbewegung, Sören Kierkegaards dialektische Theologie und Philosophie und die ökumenische Theologie der Gegenwart.

Gruntvig (1783–1872), als Politiker liberal, als Theologe orthodox, als Dichter volkstümlich, schuf zunächst Einrichtungen zur Bildung der Landbevölkerung, dann Volkshochschulen mit reichen Angeboten, förderte die Kenntnis der nordischen Mythologie und überhaupt nationaler Traditionen, wobei er pietistische Erweckung mit aufgeklärter Bildung verband. Obgleich später selbst Bischof, gehört zu seinem Denken ein kirchenkritisches Moment, an der biblischen Botschaft orientiert. Dieses Element hat Kierkegard (1813 – 1855) leidenschaftlich und ironisch verschärft, indem er theologischen Liberalismus und philosophischen Idealismus geißelte. Beide Denker leiteten nach Übernahmen aus Deutschland, England und Frankreich ein genuin dänisches Theologisieren ein, das die Kultur, zum Beispiel den Bildhauer Bartel Thorvaldsen, nachhaltig beeinflußte.

LITERATUR: Bernd Moeller: Die Kirche in ihrer Geschichte. Bd. 3, Göttingen 1982.

Herbert Schultze

Norwegen

Das heutige Norwegen ist ein überwiegend homogen lutherisches Land, dessen Verfassung selbstverständlich Religionsfreiheit garantiert, deren Schutz u.a. römisch-katholische und freikirchliche Minderheiten genießen. Die noch junge Eigenstaatlichkeit hat eine enge Verknüpfung nationaler Traditionen mit jenen der lutherischen Volkskirche begünstigt, ungeachtet der Tatsache, daß dies Kirchentum aus Zeiten dänischer Herrschaft datiert und auch zu Zeiten der Union mit Schweden kaum Veränderungen erfahren hat.

Die Religionsfreiheit wurde 1845 durch Gesetz eingeführt. Seit 1851 durften Juden das Land betreten. Verbote von Mönchsorden wurden 1897 aufgehoben, jenes gegenüber den Jesuiten 1956. Nur etwa 4 % der Bevölkerung gehören nicht der lutherischen Kirche an. Die reformatorische Lehre fand zu einer Zeit kulturellen und politischen Niedergangs Eingang in das Land: während der seit 1319 bestehenden Union Skandinaviens. Vor dieser Vereinigung war Norwegen für mehr als 150 Jahre ein blühendes katholisches Land gewesen, mit etwa 1 300 Kirchen, mehr als 2 000 Geistlichen und 28 Klöstern. Der Konfessionswechsel wurde aufgrund eines königlichen Erlasses durchgeführt und vollzog sich ohne große Probleme.

In einer bis 1814 unter dänischem Regiment stehenden Kirche, wie auch während der bis 1905 dauernden Union des Landes mit Schweden, wie auch in dem seit 1905 selbständigen norwegischen Königreich herrschte die lutherische Orthodoxie vor. Eine pietistische Erweckung am Anfang des 18. Jahrhunderts bekräftigte biblizistische Züge in Theologie und Frömmigkeit. Vorsichtige Versuche liberaler Theologie stießen bei der Pfarrerschaft und in der Bevölkerung auf massiven Widerstand. Der Protest gegen die Berufung eines liberalen Professors im Jahre 1908 führte zur Gründung einer privaten theologischen Fakultät in Oslo, der »Gemeindefakultät«. Seitdem gibt es beide Fakultäten nebeneinander. Die Gemeindefakultät erfreut sich eines beachtlichen Zulaufes.

Aktuelle Ereignisse während des Zweiten Weltkrieges gaben der tief verwurzelten Kirchentreue eine neue Richtung. Zur Zeit der deutschen Besetzung ab April 1940 übertrugen die Statthalter Nazi-Deutschlands die Macht an die sehr kleine Partei Vidkun Quislings, die fanatisch der nationalsozialistischen Ideologie huldigte. Die lutherische Kirche erklärte sogleich als »Wächterin des Gewissens« ihren Widerspruch gegen »Gewalt und Unrecht«. Nach verschiedenen staatlichen Eingriffen legten erst alle Bischöfe, dann fast alle Pfarrer ihre staatlichen Ämter nieder. Die Quisling-Regierung setzte darauf einige ihr hörige Geistliche als Bischöfe ein. Doch im Volk galten diese als Verräter. Im November 1942 protestierten die Geistlichen im Widerstand in einem Brief an Quisling scharf gegen die einsetzenden Judendeportationen. Den Brief verlasen sie von ihren Kanzeln.

Aus dieser Erfahrung datiert der hohe Rang, der der »Bekenntnistreue« zuerkannt wird. Es nimmt nicht wunder, daß die Lehrpläne für den schulischen Religionsunterricht an diesem lutherischen Bekenntnis orientiert sind. Beachtlich ist allerdings, daß ein zusammen mit der Vereinigung säkularer Humanisten erarbeiteter Alternativlehrplan zugunsten einer Integration dieser Themen in den Religionslehrplan aufgegeben wurde, weil selbst Mitglieder jenes Verbandes ihre Kinder in dem allgemeinen Religionsunterricht besser aufgehoben wußten. *Herbert Schultze*

Schweden

Statistische Angaben

Svenska kyrkan, die »Kirche von Schweden«, umfaßt 89 Prozent der Bevölkerung (7,6 Millionen Mitglieder). In den 80er Jahren haben, in bezug auf die übrige Christenheit, große denominationelle Veränderungen durch Einwanderung stattgefunden. Vorher dominierten die aus dem 19. Jahrhundert stammenden angelsächsisch beeinflußten sogenannten Freikirchen, heute spielen dagegen die orthodoxen und orientalischen (vorchalcedonensischen) Kirchen und die römisch-katholische Kirche eine immer größere Rolle.

Die nachfolgende Aufzählung gibt die Mitgliedszahl der größten Freikirchen 1991 an:

Frälsningsarmén (Heilsarmee)	25 612
Pfingstbewegung	95 768
Svenska Baptistsamfundet (Baptisten)	20 512
Svenska Missionsföroundet (Schwedischer Missionsbund, kongregationalistisch)	78 071
Örebromissionen (Örebro-Mission, baptistisch)	22 675

Unter den Einwandererkirchen haben die römisch-katholische 145 312 und die orthodoxen und orientalischen Kirchen zusammen 100 410 Mitglieder. Die letzteren sind untereinander zersplittert; am größten sind die serbisch-orthodoxe (27 031) und die griechisch-orthodoxe (17 450) Kirche. Unter den vorchalcedonensischen Kirchen ragt die syrisch-orthodoxe mit 26 272 Mitgliedern besonders hervor.

Zwischen 1975 und 1991 haben sich Svenska Missionsförbundet um 10 Prozent, Svenska Baptistsamfundet um 12 Prozent und Frälsningarmen um 33 Prozent verringert. Dagegen haben sich die Einwandererkirchen während derselben Periode sehr stark vergrößert, die römisch-katholische Kirche um 107 Prozent und die orthodoxen und orientalischen Kirchen um 99 Prozent. (In Schweden leben etwa 70 000 Muslime und 16 000 Juden).

Geschichte

Erst um 830 kam Schweden mit der christlichen Mission in Berührung (St. Ansgar aus Bremen). Im 12. Jahrhundert entstanden selbständige Bistümer, und 1164 wurde ein Erzbistum in Uppsala eingerichtet. Noch im 16. Jahrhundert, als die Kirche langsam die lutherisch-melanchthonianische Reformation annahm, konnte man im Lande Reste des nordischen Heidentums finden. Bis in die zweite Hälfte des 19. Jahrhunderts blieb Schweden religiös monolithisch. Danach kam es zu Absplitterungen durch pietistische und angelsächsische Erweckungsbewegungen, und im 20. Jahrhundert konnten sich mit der Zunahme von Liberalismus, Demokratisierung und Religionsfreiheit auch andere Religionsformen zum Teil durchsetzen.

Zur gegenwärtigen Situation der Kirche von Schweden

Die Kirche von Schweden ist in einer doppelten Weise organisiert. Sie ist als episkopale Kirche in 13 Diözesen, die meistens aus dem Mittelalter stammen, eingeteilt, unter der Leitung von Bischöfen in apostolischer Sukzession. Die Bischöfe vertreten in der Bischofskonferenz die gesamte Kirche.

Die Kirche ist synodal mit demokratisch gewählten Leitungsgremien verfaßt: Auf lokaler Ebene (Pfarrei) gibt es »Gemeindekirchenrat« und »Gemeindesynode«, und der Gemeindepfarrer ist kraft seines Amtes Mitglied des Kirchenrates; auf diözesaner Ebene bestehen Diözesanrat und Diözesansynode. Im Diözesanrat ist der Bischof kraft seines Amts Vorsitzender. Gremien auf nationaler Ebene sind Kirchenleitung und Generalsynode. In jeder Diözese besteht ein Domkapitel unter bischöflicher Leitung. Die Bischöfe arbeiten in der Generalsynode ex officio mit. In der Kirchenleitung ist der Erzbischof von Uppsala ex officio Vorsitzender.

Nach der Weiheliturgie von 1987 werden Bischof, Priester und Diakon ordiniert. Das Diakonat war bis zu den 60er Jahren als Mutterhausdiakonie nach deutschem Vorbild organisiert. Im Dienst der Kirche arbeiten insgesamt etwa 30 000 nichtordinierte Mitarbeiter. Die Zahl der Priester beträgt ca. 5 000.

Liturgisch gesehen steht die schwedische Kirche der anglikanischen und der römisch-katholischen nahe. Das hat teilweise mit den Besonderheiten der konservativen schwedischen Reformation (ab 1521) zu tun. 1593 fand eine Provinzsynode für Schweden-Finnland statt, das damals ein Königreich war, und die Confessio Augustana wurde angenommen. Die Liturgie ist auch ein Ergebnis neuer ökumenischer Erfahrungen, die sich in den 1986 und 1987 von der Generalsynode vorgeschriebenen liturgischen Büchern manifestieren. Der schwedische Erzbischof und Pionier der Ökumene Nathan Söderblom (1866–1931) hat die Kirche von Schweden als »evangelisch-katholisch« charakterisiert.

Nathan Söderblom

»Ich weiß, daß Gott lebt. Ich kann es beweisen durch die Religionsgeschichte.« Diese Worte stammen aus dem Munde des sterbenden Religionsgeschichtlers und Bischofs Nathan Söderblom. Söderblom wurde am 15. Januar 1866 in Tröno bei Söderhamm in der Provinz Hälsingland in einem pietistischen schwedischen Pfarrhaus geboren.

Nach Studien der Philosophie und Theologie wurde er 1893 »zum Priester geweiht«. Entscheidend beeinflußte ihn die deutsche Theologie (so Albrecht Ritschl, Julius Wellhausen, Adolf Harnack). Während seiner Zeit als schwedischer Gesandtschaftspfarrer in Paris, wo er oft notleidende schwedische Seeleute betreute, studierte er Orientalistik und Religionswissenschaft an der Ecole pratique des Hautes Etudes und an der protestantisch-theologischen Fakultät an der Sorbonne (Dr. theol. 1901 mit einer Arbeit zur altiranischen Religionsgeschichte). Im selben Jahr erhielt er an der Universität Uppsala einen Lehrstuhl für »Theologische Pränotionen und theologische Enzyklopädie«, was gleichzeitig die Übernahme einer Pfarrstelle an der Pfarrkirche »Heilige Dreifaltigkeit« zur Folge hatte. Zwei Jahre lang (1912 bis 1914) hatte er gleichzeitig zwei Lehrstühle (Leipzig, Uppsala) inne. 1914 wurde Söderblom Erzbischof, führte als primus inter pares (»Erster unter Gleichen«) den schwedischen Gesamtepiskopat.

Als Religionsforscher ragt Söderblom durch seine quellenfundierten Studien zur altiranischen Religionsgeschichte, sein Werk »Das Werden des Gottesglaubens« (schwedisch 1914), seine posthum erschienenen, an der Universität Edinburgh gehaltenen Gifford-Vorlesungen der allgemeinen Religionsgeschichte heraus. Schon vor Rudolf Otto (1869–1937) sah Söderblom im »Heiligen« das Wesen der Religion. Bahnbrechendes leistete der schwedische Kirchenführer als Ökumeniker. Man bezeichnete ihn sogar als »ökumenischen Kirchenvater«, gelang es seinem unermüdlichen Wirken im Dienste der christlichen Einheit, die »Weltkonferenz für Praktisches Christentum« (1925) in Stockholm einzuberufen. Sein schon viele Jahre vorher gehegter Gedanke, einen »Rat der christlichen Kirchen« zu bilden, wurde erst nach Söderbloms Tod (1938) und schließlich 1948 auf der Amsterdamer Weltkirchenkonferenz Wirklichkeit.

Söderblom war nicht nur Pionier der Ökumene, sondern auch Motor des Dialoges der Religionen. Seine in der lutherischen Kreuzestheologie wurzelnde Auffassung vom Christentum als »Offenbarungsreligion« schlechthin, die in jeder Hinsicht alle anderen Religionen übertrifft, hinderte ihn nicht an der vorurteilslosen Anerkennung außerchristlicher Gottesoffenbarung. Söderbloms Vorstellung einer weitergehenden Offenbarung markiert eine wichtige Position in der theologischen Bewertung des religiösen Pluralismus. Söderblom starb am 12. Juli 1931 und wurde im Dom zu Uppsala beigesetzt.

LITERATUR: Friedrich Heiler: Söderbloms Leben und Wirken. In: Nathan Söderblom: Der lebendige Gott im Zeugnis der Religionsgeschichte. Mit einer biographischen Einleitung hg. von Friedrich Heiler. München/Basel 1966, S. XI–LII. – Peter Gerlitz: Nathan Söderbloms Thesen von einer »Fortdauernden Offenbarung«. In: Reinhard Kirste, Paul Schwarzenau, Udo Tworuschka (Hg.): Religionen im Gespräch. Bd.2, Iserlohn 1992.

Kirche und Staat

Heute sind die Beziehungen zwischen Staat und Kirche in Frage gestellt, und das traditionelle Staatskirchentum ist unter Abwicklung. 1992 hat die Staatsverwaltung neue Vorschläge für diesen Prozeß gemacht. Gegenwärtig erläßt der Reichstag Kirchengesetze, und die Regierung ernennt einen von drei von der Kirche durch Wahl vorgeschlagenen Bischofskandidaten. Betreffs der Lehre und Kirchenordnung ist das Beschlußrecht der Kirche übertragen. Spezielle Gesetze für andere Religionsgemeinschaften gibt es nicht. Die legale Verbindung zwischen Staat und Kirche ist durch die öffentlich-rechtliche Stellung der Kirche in der Gesellschaft begründet, und der Staat treibt die Kirchensteuer für die Kirche ein.

In der schwedischen Reformation ist das schwedische Staatskirchentum begründet. Von einer totalen Identifikation zwischen Staat und Kirche läßt sich nicht sprechen, teilweise aufgrund der Weiterführung der mittelalterlichen Selbstverwaltung der Pfarreien, teilweise aufgrund der Selbständigkeit des Bischofsamtes. Die Annahme der Ideen der lutherischen Orthodoxie gab eine theologische Begründung für den Zusammenhang zwischen Staat und Kirche, und erst 1686 vermochte ein Kirchengesetz, die mittelalterliche, nach der Reformation revidierte Diözesanverfassung zu ersetzen. Die Kirche von Schweden gab ihr Gepräge allen Formen gesellschaftlichen Lebens, und erst 1951 wurde ein liberales Religionsfreiheitsgesetz angenommen.

Auch die meisten anderen Kirchen und Religionsgemeinschaften (zum Beispiel Muslime und Juden) erhalten heute gesellschaftliche Unterstützung verschiedener Formen, unter anderem durch die staatliche »Samarbetsnämnden för statsbidrag till trossamfunden« (Ausschuß für Staatszuschüsse an Glaubensgemeinschaften). Das freikirchlich-ökumenische Organ für internationale Entwicklungshilfe »Diakonia« erhält über 80 Prozent seiner Kosten vom Staat.

Ökumene

Ökumenisch ist die Kirche von Schweden mit dem Luthertum verbunden, und sie ist Mitgliedskirche des Lutherischen Weltbunds. Seit den 1920er Jahren bestehen auch Kirchengemeinschaften mit der Kirche von England und anderen anglikanischen Kirchen, was sich zum Beispiel in Interkommunion und wechselseitiger Teilnahme (als Mitordinatoren) bei Bischofsweihen äußert. Es gibt auch eine Annäherung zwischen der römisch-katholischen Kirche und der Kirche von Schweden. Dies zeigt sich zum Beispiel bei dem ökumenischen Gottesdienst im römischen Petersdom 1991, bei dem die schwedischen und finnischen Erzbischöfe in voller episkopaler Tracht zusammen mit dem Bischof von Rom die Kanonisation der schwedischen Heiligen Sankta Birgitta (heilig gesprochen 1391) zelebrierten.

Mit den Freikirchen bestehen gute ökumenische Verbindungen, und mit den Methodisten und Kongregationalisten wie auch mit der römisch-katholischen Diözese in Schweden führt die Kirche von Schweden seit mehreren Jahren bilaterale Gespräche.

Die drei ältesten Freikirchen (Svenska Missionsförbundet [1878], Svenska Baptistsamfundet [1857] und Metodistkyrkan [1868]) haben 1952 und 1969–1970 eine gemeinsame Freikirche oder Freikirchenföderation zu bilden versucht. Doch dieser Versuch scheiterte. Seit den 70er Jahren besteht jedoch eine zunehmende freikirchliche Vereinigung, wobei die Gemeinden sich zusammenschließen und die neuentstandenen ökumenischen oder vereinten Gemeinden sich zwei oder mehreren Denominationen anschließen. Für Svenska Baptistsamfundet bedeutet das, daß heute ein Drittel der Gemeinden auch dem Svenska Missionsförbundet angehören.

Säkularisierung und neue religiöse Bewegungen

Schweden ist manchmal als eine säkularisierte Gesellschaft charakterisiert worden. Nur ca. 5 Prozent der Einwohner sind sonntägliche Kirchgänger. Viele religionssoziologische Untersuchungen zeigen, daß das christliche Bewußtsein gering ausgeprägt ist. Doch werden 75 Prozent aller Neugeborenen in der Schwedischen Kirche getauft, 64 Prozent aller Trauungen in der Kirche gefeiert und 93 Prozent aller Verstorbenen kirchlich bestattet. Die Kirche hat deshalb neue pastorale Strategien entwickelt.

Der Mangel an Überzeugungskraft des klassischen christlichen Glaubens hat das Auftreten neuer religiöser Bewegungen aus den Vereinigten Staaten gefördert. Die Kirchen haben sich nicht für den Dialog, sondern für eine Konfrontation mit diesen Bewegungen entschieden. Es gibt in Schweden Zeugen Jehovas (ca. 22 000), Mormonen (8 000) und viele andere kleine, aber in der Presse zeitweise beachtete Gruppen.

LITERATUR: P. G. Lindhart: Kirchengeschichte Skandinaviens. Göttingen 1983. – Sven-Erik Brodd, L. Wikström: Church of Sweden in Brief. Uppsala 1990. – M. Skog: Antalet medlemmar i valda samfund 1975–1991. Uppsala 1991. *Sven-Erik Brodd*

Finnland

Statistische Angaben

Die evangelisch-lutherische Kirche Finnlands zählte 1990 4 379 851 Mitglieder, fast 88 Prozent der Bevölkerung. Die orthodoxe Kirche ist autonom und dem Patriarchen von Konstantinopel unterstellt. Sitz des Erzbischofs ist Kuopio. 1990 hatte sie 52 646 Mitglieder, die katholische Kirche 4 012.

Geschichte

Der geopolitischen Lage nach ist Finnland ein Grenzland. Die kulturellen und religiösen Einflüsse vollzogen sich über Handelswege von Osten und Westen. Die aus dem Osten stammenden alten Lehnwörter (risti = Kreuz, pappi = Pfarrer, raamattu = Bibel) weisen darauf hin, daß die ersten christlichen Einflüsse aus dieser Richtung kamen. Die westliche organisierte Mission erreichte Finnland später als die anderen nordischen Länder. Christliche Siedlungen gab es um 1100 bereits auf den Aland-Inseln und in Südwest-Finnland. Zu den Missionspraktiken kommt in dieser Zeit ein neues Element: Gewaltanwendung. Von Kreuzzügen im eigentlichen Sinne kann man aber nicht sprechen, weil die gewaltsamen »Missionsreisen«

mit Hilfe von Wehrpflichtigen (*ledung*-System) unternommen wurden.

Als Ergebnis des von dem Schwedenkönig Erik I. geführten ersten Zuges (1155) nach Finnland blieb der Missionsbischof Henrik im Lande, erlitt aber bald danach den Märtyrertod und wurde Schutzheiliger des Landes. Anders als in den baltischen Ländern bedeutete die neue Herrschaft für die finnischen Bauern keine Leibeigenschaft. Wichtig für die Stabilisierung der kirchlichen Verhältnisse war die Errichtung des Domkapitels in Turku 1276. Einen zentralen Einfluß in der Verbreitung der kirchlichen Kultur übten die Dominikaner aus (Klöster in Turku 1249 und Viborg 1392), deren Liturgie man im Stift von Turku annahm. Die schwedische Expansion nach Osten erlitt einen entscheidenden Rückschlag, als Alexander Newskij die von Bischof Tuomas gegen Nowgorod geführten Truppen 1240 besiegte. Die Grenze zwischen Schweden und Nowgorod, deren Festsetzung das Ende der Missionszeit bedeutete und eine Religions- und Kulturgrenze begründete, definierte man im Friedensbeschluß von Pähkinäsaari 1323.

Der Anfang der Reformation wurde im Reichstag zu Westeras 1527 verkündet. Der finnische Reformator Mikael Agricola (1510 – 1557) kehrte aus Wittenberg (1536 – 1539) mit Empfehlungsschreiben von Luther und Melanchthon zurück und begann zunächst als Rektor der Kathedralschule, später (1554) als Bischof die reformatorischen Grundgedanken vorsichtig zu verwirklichen. Dazu gehörte die Gestaltung der finnischen Schriftsprache. Zu den von Agricola formulierten Lehnschöpfungen gehört der Begriff *omatunto*, der anders als seine Vorbilder (*syneidesis*, *conscientia*, *samvete*, Gewissen) »eigenes Erkennen«, »bei sich selbst (fühlend) erkennen« betont.

Die lutherische Orthodoxie fällt historisch zusammen mit der schwedisch-finnischen Großmachtstellung. Das Staatskirchentum fand seinen Höhepunkt in dem Kirchengesetz von 1686, das die Zugehörigkeit aller Staatsbürger zur lutherischen Kirche forderte. In dieser Zeit legte man die Grundlagen der Volksbildung fest. Mit Hilfe des sogenannten »Hausverhörs« (kinkerit) prüfte man besonders auf dem Lande Lesefähigkeit sowie Katechismus-, Bibel- und Gesangbuchkenntnisse. Die kollektive Religiosität beherrschte der Gedanke, daß das Wohl der Gesellschaft von der strengen Einhaltung der kirchlichen Verordnungen abhinge.

Durch die Verbreitung der Lesefähigkeit wurden die Voraussetzungen zur individuellen Überzeugung geschaffen. Die übersetzte pietistische Literatur gab Impulse zu persönlichen Bekehrungen schon im 18. Jahrhundert, aber besonders in den pietistischen Erweckungsbewegungen des 19. Jahrhunderts. Die Kenntnis der Theologie dieser vier Bewegungen bietet einen Schlüssel auch zum Verständnis der jetzigen evangelisch-lutherischen Kirche Finnlands. Als volkstümliche Bewegungen reflektieren sie auch die lokale Eigenart des jeweiligen Entstehungsortes.

Der Religionszwang wurde schon in dem damals liberalen Kirchengesetz 1869 gemildert, die volle Religionsfreiheit aber erst 1922 gegeben. Der bald nach der politischen Selbständigkeitserklärung am 6. Dezember 1917 ausgebrochene Befreiungs- und Bürgerkrieg verursachte eine tiefe und langandauernde Spaltung des Volkes in ein »rotes« und ein »weißes« Finnland. Der Eindruck, daß die Kirche zu dem weißen, bürgerlichen Finnland allein gehöre, begann erst im Winterkrieg (1939 – 1940), in dem eine neue Solidarität entstand, abzuklingen.

Durch den Krieg und die aus ihm erwachsenen Probleme, wozu 400 000 vertriebene (die gesamte Bevölkerung insgesamt ca. 4 Millionen) aus Karelien gehörten, ergab sich eine neue Auffassung von den Brennpunkten der kirchlichen Arbeit.

Durch die Gründung der Zentralkirchenkartei, die 1944 ihre Tätigkeit begann, verstärkten sich das konsistoriale Element sowie das Laienelement in der synodal-episkopalen kirchlichen Führung. Diakonie und Jugendarbeit wurden der Situation angepaßt. Neu war die Gründung von Beratungsstellen für das Familienleben sowie die kirchliche Betreuung der Industriearbeiter. Das Engagement mancher kirchlichen Gruppen für die sozialen und ökumenischen Aufgaben führte zu Versuchen, den Begriff Volkskirche neu zu definieren, wobei sich Spannungen mit den evangelikalen, neopietistischen Richtungen artikulierten.

Das lutherische Erbe wird durch Forschung (L. Haikola, L. Pinomaa, T. Mannermaa) und ökumenische Zusammenarbeit (M. Juva als Präsident des lutherischen Weltbundes 1970 – 1977) gepflegt. Im Dienst der sechs offiziellen Missionsgesellschaften der lutherischen Kirche arbeiteten im Herbst 1987 insgesamt 606 Mitarbeiter, davon 253 in Asien und 310 in Afrika.

Zu Kontroversen haben in den letzten Jahren die Einführung der Frauenpriesterschaft und die Probleme der Beziehung der wissenschaftlichen Exegese (H. Räisänen) zum kirchlichen Dogma gehört.

Zur Aktivierung des Gemeindelebens trug das neue Gesangbuch 1986 und die neue Bibelübersetzung 1992 bei. Eine besondere internationale Aufgabe haben die Kirchen in der Ausarbeitung der Konsequenzen des KSZE-Prozesses für die Religionsfreiheit und Menschenrechte in den verschiedenen Ländern bekommen.

LITERATUR: Kirkon vousikirja 1989. Pieksämöki 1988. – H. Heino, J. Kauppinen, R. Ahonen (Hg.): Suomen Evangelisluterilainen Kirkko vousina 1984 – 1987. Jyväskylä 1989. – R. Heinonen: Die Evangelisch-Lutherische Kirche Finnlands zur Zeit des Pariser Friedensvertrags (1947). In: Kirchliche Zeitgeschichte (1989), S. 102 – 120. – K. Pirinen: Suomen Kirkon Historia I. Keskiaika ja uskonpuhdistuksen aika. Porvoo 1991. – P. Laasonen: Suomen Kirkon Historia II. Vuodet 1593 – 1808. Porvoo 1992. – E. Murtorinne: Suomen Kirkon Historia III. Autonomian kausi 1809–1899. Porvoo 1992.

Reijo Heinonen

Ekstatismus in Nordeuropa

Von jeher ereigneten sich in den nordischen Ländern (Schweden, Norwegen, Dänemark, Finnland) ekstatische Erlebnisse. So findet man den Schamanismus unter den Samen (Lappen), den Finnen und den germanischen Völkern. Als das

Christentum im 11. Jahrhundert eingeführt wurde, verschwanden jene Strömungen. Aber es dauerte Hunderte von Jahren, beinahe bis in unser Jahrhundert, bis zum Beispiel die schamanistischen Riten der Samen verschwanden. Während des Katholizismus, also bis zum Ende des 16. Jahrhunderts, gab es sicherlich ekstatische Phänomene in den Klöstern, zum Beispiel im Leben der heiligen Birgitta. Wir wissen jedoch sehr wenig von der religiösen Ekstase des Volkes zu dieser Zeit.

Nachdem der Protestantismus im 16. Jahrhundert eingeführt wurde und die lutherische Orthodoxie im 17. Jahrhundert dem Volk den Katholizismus gelehrt hatte, erschien im 18. Jahrhundert eine neue radikal-pietistische Erweckungsbewegung. Sie war teilweise vom deutschen Pietismus beeinflußt. Allerdings war jener in eine »Leidensform« umgewandelt worden, die der Pietismus nach dem großen nordischen Krieg am Anfang des 18. Jahrhunderts und nach der sibirischen Gefangenschaft eines großen Teils des schwedischen Heeres bekommen hatte. So wurde in Schweden-Finnland eine Frömmigkeit verbreitet, die die persönliche Verantwortung, das wahre Erfahren von Gottes Gnade und die Freiheit gegenüber den Geboten der Obrigkeit betonte. Im 18. Jahrhundert wurde der Radikalpietismus vom Staat und von den kirchlichen Behörden bekämpft.

Das 19. Jahrhundert wurde jedoch überall im Norden die besondere Zeit der pietistischen Erweckungsbewegungen. Mehrere starke, geistige Bewegungen entstanden, die sich oft zu größeren, heute noch aktiven Richtungen vereinten, die auch das kirchliche Leben im Norden beeinflußten. Im Zusammenhang mit den Erweckungsbewegungen kamen auch manchmal außergewöhnliche psychische Zustände wie zum Beispiel Visionen und Auditionen vor.

Im zirkumpolaren Gebiet war und ist heute noch der Laestadianismus von größter Bedeutung. Der Gründer der Bewegung, Lars Levi Laestadius, lebte am Anfang des 19. Jahrhunderts und bewirkte in Lappland eine kräftige Erweckung, die eine gesunde, nüchterne Lebensweise und ein wahres Erlebnis von Gottes Gnade betonte. Die Zusammenkünfte, die oft auf Finnisch gehalten werden, bestehen aus Sündenbekenntnissen und Vergebungen und manchmal aus sogenannten »liikutuksia«, als einem Beweis für die Gegenwart des Heiligen Geistes. Mit »Liikutukset« ist eine Art von zitternden Bewegungen und Lauten gemeint, die der vom Geist beeinflußte Mensch hervorbringt.

Besonders in Finnland kommen während der 19. und 20. Jahrhunderte sogenannte Schlafprediger vor. Meistens sind es junge Frauen, die in Trance das Wort Gottes predigen, wie Karolina Utriainen (1843–1929), Helena Konttinen (1871–1916), Saara Malinen (1861 – 1923) und Maria Akerblom (1898 – 1981). Die letztere bewirkte in den zwanziger Jahren eine kräftige Erweckungsbewegung, die aber in Konflikten und Streitigkeiten endete. Nach mehreren Gerichtsverfahren, wodurch die Hauptperson für längere Zeit ins Gefängnis geriet, fing die Bewegung in den dreißiger Jahren an, abzunehmen. Eine spätere Prophetin, die sogenannte Prophetin aus Oulu, Laila Heinonen, fing in den sechziger Jahren an zu predigen und gewann besondere Aufmerksamkeit, da gleichzeitig die sogenannte Notenkrise in Finnland war. Auch ihre Bewegung entartete und besteht heute nur noch aus einer kleinen, eng zusammengeschweißten Kerngruppe.

In dieser Art Erweckungen spielt die Bibel eine große Rolle als Voraussetzung, denn darin wird unter anderem behauptet, Gott suche sich das, was den Menschen unansehnlich vorkommt, aus. Daß eine junge und unerfahrene Frau unter diesen Umständen hochgestimmt und feierlich unter Ekstase predigt, wird von den Zuhörern als ein großes Wunder empfunden. Die Leute, die die Rolle annehmen, dürften dazu noch die Veranlagung für dramatische Vorstöße haben und sich wahre Sorgen über die Not der Welt machen. Daraus folgt ein starkes Sichhineinversetzen in die christliche Mythologie.

In diesem Zusammenhang muß auch die Pfingstbewegung erwähnt werden. Sie ist in den nordischen Ländern verhältnismäßig weit verbreitet und ist in der Regel die stärkste Freikirche. Sie hat einen baptistischen Ursprung, aber betont dazu noch die Geisttaufe und damit verbundene Zeichen von Gottes Gnade, vor allem das Zungenreden. Auch die Heilung durch Gesundbeten ist wesentlich. Das ganze 20. Jahrhundert hindurch bis zum Anfang der siebziger Jahre hat besonders die Pfingstbewegung das Zungenreden für grundsätzlich in einem wahren christlichen Leben gehalten. Da zu dieser Zeit die charismatische Erweckung auch unter den Vertretern anderer Gemeinschaften und Kirchen verbreitet wurde, schätzte man dieses Verhalten auch weiter außerhalb der Pfingstbewegung. In den charismatischen Gemeinschaften wird während der letzten Jahrzehnte besonders das göttliche Heilen hervorgehoben. Ebenso ist das in den nordischen Ländern noch verhältnismäßig junge Phänomen, während des Betens für einige Minuten wie ohnmächtig hinzufallen, verbreitet.

Religionspsychologisch können diese Erscheinungen als ein Sichhineinversetzen in die Rollen der heiligen Geschichte, vor allem die der Bibel, erklärt werden. Zur Theologie gehört meistens ein Idealisieren der urkirchlichen, biblischen Erzählungen, die man in der Gegenwart aktualisieren möchte. Es ist nicht schwer, die menschlichen Rollen der biblischen Modellerzählungen zu übernehmen, wobei man gleichzeitig die Rolle des göttlichen Waltens die Wahrnehmung strukturieren läßt. Verschiedene suggestive Elemente sowie feurige Predigten, Flehen und Handauflegen erleichtern die Einfühlung in diese Modelle. Außerdem dürfte der sogenannte ideomotorische Effekt des Nervensystems das Umfallen erklären: Wenn sich eine Person intensiv auf ein gewisses Verhalten konzentriert und dieses außerdem auch oft bei anderen sieht, fängt in ihrem Nervensystem ein schwacher Vorbereitungsprozeß an, der nachher nur noch einen auslösenden Impuls braucht, um das beobachtete Verhalten anzuschalten. Das Individuum erlebt jedoch dies als etwas von ihm selbst nicht Zustandegebrachtes.

LITERATUR: Gustav Björstrand: Akerblom-rörelsen. En finlandssvensk profetrörelses uppkomst, utveckling och sönderfall. Åbo 1976. – Aarni Voipio: Sleeping preachers. A Study in Ecstatic Religiosity. Helsinki 1951. *Nils G. Holm*

Baltische Staaten

Die seit 1918 bestehende Selbständigkeit der baltischen Staaten dauerte bis zum Zweiten Weltkrieg, währenddessen sie zwangsweise in die Sowjetunion integriert wurden. Nach dem Zusammenbruch der Sowjetunion erklärten sie sich 1990 für selbständig. Dies führte auch zur Befreiung der Kirchen.

Die Geschichte des Christentums und der christlichen Kirchen im Baltikum spiegelt die staatlichen und politischen Strukturen wider. Auch kulturell ist das Baltikum von vielen Strömungen beeinflußt worden. Von Süden her kamen Impulse aus Polen und Deutschland, vom Westen wurde das Baltikum durch die skandinavischen Staaten (Dänemark, Schweden) beeinflußt. Östlicher Expansionsdrang wirkte jahrhundertelang auf das Baltikum. Jede dieser Strömungen hat auch Spuren in den verschiedenen Kirchen hinterlassen.

Estland

Estland ist traditionell ein lutherisches Land. Vor dem Zweiten Weltkrieg gehörten der lutherischen Volkskirche ca. 80 Prozent der Bevölkerung an. Der nationalen orthodoxen Kirche gehören ca. 18 Prozent der Esten an. Die lutherische Kirche Estlands betont seit ihrer Gründung 1918 ihren Charakter als freie Volkskirche. Auf diese Weise versucht sie, sich aus der Situation einer deutschen »Herrenkirche« zu befreien, die sie seit Jahrhunderten belastet. Große Teile der heutigen estnischen Bevölkerung gehören nicht zur Kirche. Zum unmittelbaren Wirkungskreis der lutherischen Kirche gehören ca. 200000 Personen. Jedoch nur ca. 70000 sind zahlende Mitglieder. Die folgende Tabelle zeigt, daß die Bedeutung der Kirche zunimmt:

	Zahlende Mitglieder	Taufen	Konfirmierte	Getraute
1937	272300	11400	10540	
1969	98300	990	450	6230
1978	65400	620	480	230
1987	49300	1830	1180	170
1989	59400	12960	8840	310
1991	69500	15226	8333	1430

Zur lutherischen Kirche Estlands gehören 151 Gemeinden und ca. 90 Pastoren. Die Kirche wird von einem Erzbischof geleitet, außerdem gibt es einen Diözesanbischof. In der Pfarrerschaft vollzieht sich ein Wechsel der Generationen. Die theologische Ausbildung geschieht im Theologischen Institut von Tallinn. An der Dorpater Universität wurde die theologische Fakultät wieder eröffnet.

In der lutherischen Kirche sind keine deutlich sichtbaren theologischen Strömungen vorhanden. In einigen Gemeinden wirken noch herrnhuterische oder andere pietistische Gruppen.

Die vor den Kriegen geknüpften Verbindungen mit den skandinavischen und deutschen Schwesterkirchen sind verstärkt worden. In den letzten Jahren hat auch die Zusammenarbeit mit der sich in Schweden befindenden Exilkirche begonnen.

Auch die Mitgliederzahl der orthodoxen Kirche ist zurückgegangen. 1989 schätzte man die Zahl der estnischen Orthodoxen auf 10000 – 20000 und die der russischen Orthodoxen auf ca. 25000. Die Zahlen spiegeln einerseits die Verfolgungen und Schwierigkeiten der sozialistischen Periode, andererseits das Wiederaufleben der lutherischen Kirche. Die russische Vergangenheit der orthodoxen Kirche wird seit dem Erwachen des Nationalgefühles als nicht mehr zeitgemäß empfunden. In der orthodoxen Kirche ist dieselbe Entwicklung wie in der lutherischen Kirche zu beobachten. Die Zahl der Jugendlichen nimmt ebenso zu wie die Menge der Veröffentlichungen. Die kirchlichen Organisationsstrukturen werden verbessert; ebenso baut man die Verbindungen mit den Schwesternkirchen wieder auf. Auch mit der theologischen Ausbildung ist wieder begonnen worden.

Für die orthodoxe Kirche Estlands ist die Frage ihrer kanonischen Beziehungen seit Jahrhunderten wichtig, weil sie die empfindliche Frage der Beziehung der Kirche zu Rußland berührt. 1923, kurz nach dem Beginn der Selbständigkeit Estlands, bewarb sich die orthodoxe Kirche erfolgreich um die Aufnahme in das Patriarchat Konstantinopels als autonome Kirche. Nach der Besetzung durch die Sowjetunion 1945 wurde die Kirche unter die Verwaltung des Moskauer Patriarchates gestellt. Dadurch verminderten sich im Laufe der Jahre die estnischen Merkmale der Kirche. Manche späteren Bischöfe waren Russen.

1990 wurde Aleksi, der Metropolit der orthodoxen Kirche, zum Patriarch von Moskau und Rußland ernannt. Sein Nachfolger wurde der russisch-geborene, aber estnisch sprechende Pastor Jakobs aus Tallinn.

Positiv zu bewerten ist die Zusammenarbeit der christlichen Kirchen in Estland. 1989 wurde der Rat der estnischen Kirchen gegründet, zu dessen Mitgliedern außer der lutherischen und orthodoxen Kirche auch Baptisten, Methodisten und Adventisten zählen. Sie haben ca. 1000–2000 Mitglieder. Die Katholiken und Pfingstler haben Beobachterstatus. Auch sie bilden eine kleine Minorität in der Kirche. Der Rat der estnischen Kirchen fördert mannigfaltige Formen der Zusammenarbeit unter den christlichen Glaubensgemeinschaften.

Lettland

Lettland ist wie Estland ein Land mit lutherischer Majorität. Auch dort gab es starke Veränderungen während der sozialistischen Zeit. Während im Jahre 1936 die Mitgliederzahl der lutherischen Kirche Lettlands 1,2 Millionen betrug, belief sie sich im Jahre 1989 nur auf ca. 25000. Zum kirchlichen Umfeld gehören ca. 120000 Menschen. Im Jahre 1936 bestand die Kirche aus 272 lettischen und

52 deutschen Gemeinden, in denen über 300 Pastoren tätig waren. Mitte der 1980er Jahre waren es ca. 100 Pastoren.

Die Zahl der Kirchenmitglieder und Pastoren steigt beträchtlich, und die Entwicklung verläuft ähnlich wie in Estland.

Die lutherische Kirche in Lettland hat in ihrer Autonomiebestrebung klarer als die estnische Kirche eine nationalpolitische Haltung eingenommen. Die Leitung der Kirche, einschließlich des Erzbischofs, wurde im Jahre 1989 völlig ersetzt. Vor allem der Erzbischof wurde der Sowjetsympathie beschuldigt. Nachdem sich der Streit entspannt hatte, war es der Kirche möglich, ihre innere Entwicklungs- und Aufbauarbeit zu beginnen.

Innerhalb der Kirche sind keine klaren theologischen oder geistlichen Gruppierungen zu erkennen. Einen Hintergrund der Erneuerung stellt das charismatische Erweckungschristentum dar, an das sich der hochchristliche Biblizismus anschließt. Die geistlichen Einflüsse der Lutheraner Lettlands waren vielfältiger Natur.

Während der Selbständigkeit Lettlands zwischen den Weltkriegen waren ca. 23 Prozent der Letten römisch-katholisch. Obgleich die lutherische Majorität klar dominierte (Volkskirche), stieg der Anteil der Katholiken. Besonders in den südlichen Teilen des Landes, nahe der Grenze zu Litauen, hatten die Katholiken einen starken Einfluß.

Während der Sowjetzeit hatte die katholische Kirche Lettlands große Schwierigkeiten. 1939 gehörten zur Kirche 187 Priester und genau so viele Gemeinden. 1988 waren es ca. 100 Geistliche.

Die Kirche hatte in den schweren Jahren eine außerordentlich große Verantwortung für die Heranbildung der Priester in ihren Gemeinden. In Litauen gab es ein eigenes Priesterseminar. Die Verantwortung dehnte sich auch auf die Diözesen in der Sowjetunion außerhalb des Baltikums aus, weil es dem Papst nicht möglich war, Bischöfe für die Diözesen der Sowjetunion zu ernennen. Die Situation änderte sich erst im Jahre 1989, als die Diözese Minsk einen eigenen Bischof erhielt.

Seit der zweiten Hälfte der 1980er Jahre blühten die Aktivitäten der Kirche wieder auf. Besonders wurde die Kirchenarbeit mit Kindern und Jugendlichen verstärkt. Zweckentfremdete Kirchen nutzt man wieder in ihrem ursprünglichen Sinn.

Als die Kirchen noch selbständig waren, bekannten sich neun Prozent der Bevölkerung zur lettischen orthodoxen Kirche. In den Jahren des Sozialismus traf die orthodoxe Kirche dieselben Schwierigkeiten wie ihre Schwesterkirche in Estland. Sie wurde eng an das Moskauer Patriarchat angebunden, so daß ihr nationaler Charakter immer schwächer wurde.

Auch wenn die Betätigungsfelder der Kirche nach der Befreiung anwuchsen, so haftete der orthodoxen Kirche Lettlands der Vorwurf an, sich mit Rußland zu sehr identifiziert zu haben.

In Lettland gibt es kleine Gruppen von Baptisten, Methodisten und Pfingstlern. Sie arbeiten untereinander sowie auch mit den erweckungschristlichen Kreisen der lutherischen Kirche zusammen.

Litauen

Nach der Volkszählung von 1923 gehören über 80 Prozent der litauischen Bevölkerung der katholischen Kirche an. Die Kirche ist seit 1927 in sechs Diözesen aufgeteilt. Die Residenz der Erzbischöfe wurde in Kaunas gegründet, weil die alte Hauptstadt des Landes, Vilnius, zu Polen gehörte. Deshalb befinden sich Litauen und Polen im Konflikt.

Die katholische Kirche entwickelte sich zur litauischen Volkskirche, nachdem sie früher von der polnischen katholischen Kirche abhängig war. Dies war von großer Bedeutung für die nationale Identität in den Jahren, als die Sowjetunion herrschte.

Während der sozialistischen Zeit wurde die Aktivität der katholischen Kirche Litauens sehr behindert: Man schloß die Kirchen und verhaftete Priester und aktive Gemeindeglieder.

Die litauische Kirchenleitung und der Papst wurden wegen ihrer Willfährigkeit gegenüber der Sowjetunion kritisiert, weil man in dieser Haltung eine Preisgabe des christlichen Glaubens sah. Nachdem Papst Johannes Paul II. den ostpolitischen Kurs des Vatikans gegenüber Litauen geändert hatte, wurde der neue Erzbischof zum Kardinal ernannt.

Nachdem gegen Ende der 1980er Jahre die religiöse Befreiungsbewegung aktiv geworden war, begann man in Litauen mit dem Wiederaufbau der Kirche. Die Kirche entfaltete in zunehmender Weise in vielen Bereichen eine erstaunliche Aktivität: So unterstützte sie kräftig die Bestrebungen nationaler Selbständigkeit, wobei ihnen Hilfe zuteil wurde sowohl von Rom als auch von den katholischen Staaten.

Die Anzahl lutherischer Christen betrug zu Beginn des Zweiten Weltkrieges sieben Prozent (Gesamtzahl der Einwohner Litauens: 3,4 Millionen). Unter einem Prozent lag der Anteil der reformierten Christen. Etwa die Hälfte von ihnen war deutschsprachig. In den Jahren 1940–1941 siedelten die deutschsprachigen Protestanten zum größten Teil in das Hitler-Deutschland über. Auch ein Teil der Litauer emigrierte. Dadurch verminderte sich die Zahl der Protestanten in Litauen stark.

Zur Zeit der sowjetischen Besetzung Litauens war besonders die lutherische Kirche das Ziel der stalinistischen Verfolgung. Pastoren wurden ermordet oder nach Sibirien verschleppt, so daß die Kirche mehrere Jahre von Laien geleitet werden mußte. Außerdem wurde versucht, ein ökumenisches Netzwerk aufzubauen. Die aus dem Land geflüchteten Litauer gründeten eine Exilkirche, die außerhalb des Landes die Aktivitäten der Kirche unterstützte.

Am Anfang der Erneuerungspolitik der 1980er Jahre hatte die lutherische Kirche 25 000 Mitglieder, 25 Gemeinden und 9 Pastoren. Die Handlungsfelder wurden erweitert; besonderer Wert wurde auf die Ausbildung der Kinder und Jugendlichen gerichtet. Während die vom deutschen Pietismus beeinflußten protestantischen Kirchen als kleine Minderheitskirchen die Forderungen nach Religionsfreiheit unterstützen, identifiziert sich die starke römisch-katholische Kirche mit den nationalen Bestrebungen. Sie vertritt als eine kleine Minderheitskirche die Forderungen der Religionsfreiheit, wobei sich die starke römisch-katholische Kirche mit den nationalen Bestrebungen identifiziert.

Die reformierte Kirche hat ca. 10 000 Mitglieder, 10 Gemeinden und 2 Pastoren. Die Kirchen werden nicht mehr zweckentfremdet. Die Zahl neuer Gemeindegründungen hat zugenommen.

Ingermanland

Außerhalb des eigentlichen Baltikums, aber kirchlich mit Estland zusammengeschlossen, liegt Ingermanland in der Umgebung von St. Petersburg.

Die 60 000 lutherischen Ingermanländer sind die Nachkommenschaft der im 15. Jahrhundert aus Finnland Ausgewanderten, die teilweise noch finnisch sprechen und sich für Finnen halten. Unter der kommunistischen Herrschaft und während des Zweiten Weltkrieges wurden die Ingermanländer wegen ihres Finnentumes und ihrer Religion verfolgt. Bis zur Religionsbefreiung waren die vier Gemeinden Ingermanlandes Teil der lutherischen Kirche Estlands. Es gab kaum eigene Pastoren, und die finnische Kirche war kaum in der Lage, ihnen zu helfen.

Der Ingermanländer bemühen sich seit den 90er Jahren, ihre eigene selbständige Kirche zu bilden, die eng mit der finnischen lutherischen Kirche verbunden sein soll.

LITERATUR: Aarno Lahtinen, Teuvo Laitala, Ernst Chr. Suttner: Usko, toivo ja vallankumous (Glaube, Hoffnung und Revolution). Helsinki 1991. – Sam Dahlgren: Politik och kyrka–lutherska kyrkor i Öst-europa 1989 (Politik und Kirche–lutherische Kirchen in Osteuropa). 1989. *Simo Huhta*

Tschechoslowakei

Statistische Angaben

Nach der Volkszählung 1991 gibt es in der ganzen Bevölkerung der Tschechoslowakei (15 Millionen) 53,8 Prozent Gläubige (Tschechische Republik 44,1 Prozent; Slowakei 72,8 Prozent). Von diesen sind (Tschechische Republik/ Slowakische Republik) 88,9/82,9 Prozent römisch-katholisch; 0,2/ 4,7 Prozent griechisch-katholisch; 0,4/0,9 Prozent orthodox; 4, 2/0 Prozent evangelische Böhmische Brüder; 3,8/0 Prozent tschechoslowakisch-hussitisch; 0,1/8,5 slowakisch-evangelisch; 0,1/2,2 Prozent reformiert in der Slowakei.

Geschichte

Die erste Anwesenheit des Christentums im Raum der heutigen Tschechoslowakei ist im 9. Jahrhundert in Südmähren und der Slowakei (Bistum Nitra 833) nachzuweisen. Im Jahre 845 wurden in Regensburg adelige Böhmen getauft; 863 kamen Konstantin und Method nach Mähren. Unter den Przemysliden wurden große Teile des böhmischen Landes politisch zentralisiert und christianisiert (Herzog Wenzel wurde nach seinem Märtyrertod 929 Landespatron). Im Jahre 973 wurde in Prag, 1063 im mährischen Olomouc (Olmütz) ein Bistum errichtet. Es folgten im 11. und 12. Jahrhundert mehrere Klosterstiftungen verschiedener Orden. Karl IV. setzte das eigene Erzbistum Prag 1344 durch.

Unter Einfluß der radikalen Prediger der *devotio moderna* (Johann Milic aus Kremsier, Konrad Waldhauser) und der wycliffischen Kritik an der römischen Kirche (Peter Payne) entstand an der Schwelle des 15. Jahrhunderts eine Reformbewegung, deren Sprecher Jan Hus war. Auf dem Konstanzer Konzil (1415) wurde er verurteilt und verbrannt. Trotzdem hatte sich die reformatorische Bewegung in Böhmen und Mähren durchgesetzt (Hussitische Kriege 1419 – 1436). Ihr Programm enthalten die »vier Prager Artikel« (1419 – 1420): 1. Freiheit und Autorität des gepredigten Wortes Gottes; 2. Kommunion unter beiderlei Gestalt (daher der Name »Utraquisten« und der Kelch als Symbol); 3. Absage an die politische und wirtschaftliche Machtstellung der Kirche; 4. sozialethische Folgen des Glaubensgehorsams. Eine Strömung der reformatorischen Bewegung erreichte auf dem Basler Konzil 1436 ein Abkommen (die sogenannten Kompaktaten), eine andere mündete in der Gründung einer eigenen Kirchengemeinschaft (Brüderunität, 1457).

Zur Reformation des 16. Jahrhunderts gab es viele Beziehungen (seit 1519 mit Luther; mit Bucer, Calvin, Zwingli; Müntzer wirkte in Prag 1521), doch blieb eine eigene Prägung der kirchlichen Lage und Theologie (die Utraquisten näherten sich später mehr der lutherischen, die Brüdergemeinde mehr der reformierten Seite an).

1620 kam mit der Niederlage des ständischen Schutzaufstands für die Religionsfreiheit eine drastische Wende. Die Länder wurden konsequent rekatholisiert, unnachgiebige Protestanten ins Ausland vertrieben (Johannes Amos Comenius). Der Barock-Katholizismus blühte im Land, kräftig gestützt durch die Arbeit der Orden (Jesuiten) und die Stiftung neuer Bistümer (Leitmeritz, Königgrätz, Brünn). Das Josephinische Toleranzpatent (1781) ermöglichte die Gründung von reformierten wie auch lutherischen Kirchengemeinden, das kaiserliche Patent (1861) garantierte eine volle Gleichstellung der Kirchen. Bis zum Ende des 19. Jahrhunderts entstanden mehrere protestantische Kirchen (Baptisten, Methodisten, Freireformierte). Auch die Brüderunität wurde neu aufgebaut (Herrnhuter Brüdergemeinde).

Nach der Gründung der Tschechoslowakischen Republik 1918 schlossen sich in Böhmen und Mähren die tschechischen reformierten und lutherischen Gemeinden zur Evangelischen Kirche der Böhmischen Brüder zusammen. Die deutschen Gemeinden bildeten eine eigene deutsche evangelische Kirche. In der Slowakei gab es unter anderem die Evangelische Kirche und die Reformierte christliche Kirche (für Slowaken, Deutsche und Ungarn). Aus dem tschechischen liberalkatholischen Reform-Priesterverein entstand die Tschechoslowakische Kirche (1920), die in der breiten Los-von-Rom-Bewegung viele Mitglieder gewann.

Es gab keine Trennung von Staat und Kirche, als 1948 das kommunistische Regime eingesetzt wurde. Die Kirchen wurden unter strenge Kontrolle gesetzt (Kirchengesetze von 1949), alle Klöster aufgelöst (1950), viele Geistliche (insbesondere römisch-katholische, einschließlich der Bischöfe) in Haft gesetzt. Das öffentliche christliche Leben sollte auf einen engen Raum des Kultes begrenzt werden. Alle religiösen Aktivitäten bedurften einer Genehmigung des Staatssekretariats. Unter diesen Umständen entstanden aber auch einige außerordentliche Leistungen wie zum Beispiel die neue ökumenische Übersetzung der Bibel ins Tschechische. An dieser Arbeit haben Bibelwissenschaftler aus protestantischen, römisch-katholischen wie auch orthodoxen Kirchen mitgearbeitet. Der Text wurde von allen diesen Kirchen offiziell anerkannt.

Zur aktuellen Lage
Nach der politischen Wende 1989 hat sich die Lage der Christen und der Kirchen von Grund auf geändert: Die staatliche Einmischung gibt es nicht mehr. Man hat auf vielfältige Weise mit der Erneuerung des Kirchenlebens und der christlichen Diakonie begonnen (kirchliche Institutionen, christliche Vereine, Sozialeinrichtungen, Schulwesen, Publizistik). Die Lage ist jedoch allgemein sehr stark säkularisiert (in Böhmen mehr als in Mähren; in der Slowakei gemäßigt).

LITERATUR: E. Winter: Tausend Jahre Geisteskampf im Sudetenraum. 2. Auflage, Leipzig 1956. – R. Rican: Das Reich Gottes in den böhmischen Ländern. Geschichte des tschechischen Protestantismus. 1957. – J. L. Hromádka: Von der Reformation zum Morgen. Prag 1959. – P. Filipi (Hg.): Tschechischer Ökumenismus. Historische Entwicklung. Prag 1977. *Martin Prudký*

Polen

Die römisch-katholische Kirche, tief verankert im Bewußtsein der Mehrheit der Bevölkerung, hat maßgeblich zu den jüngeren politischen Veränderungen in Polen beigetragen, die schließlich das Ende des kommunistischen Regimes besiegelten. Diese Verbindung von nationaler und religiöser Identität hat eine lange Tradition. Doch darf nicht übersehen werden, daß in vielfältigem, das Land belastendem Wechselspiel von außenpolitischen Bedrohungen und innenpolitischen Wirren immer wieder das Schicksal und die Aktivitäten von christlichen Minderheitskirchen und Gemeinschaften Beiträge zum gesellschaftlichen und politischen Geschehen leisteten.

Boleslaw der Tapfere (992 – 1025) strebte mit Hilfe missionarischer Aktivitäten, besonders Adalberts von Prag, ein mächtiges Großreich an, letztlich ohne Erfolg – doch Adalbert wurde einer der Nationalheiligen. Der andere, Stanislaus von Krakau, stand auf der Seite der Magnaten, die die Macht Boleslaws des Kühnen (1058 – 1079) einschränkten, ihn schließlich außer Landes trieben. Zeiten der Ausdehnung des Landes wechselten mit solchen der Teilung, bis zum 14. Jahrhundert den Herrschern die Einbeziehung der Ukraine und Litauens gelang. Damit waren drei Großkirchen mit ihren Hierarchien im Lande vertreten: die römisch-katholische, die östlich orthodoxe und die armenisch-unierte.

Verschiedene reformatorische Bewegungen waren in Polen seit dem 15. Jahrhundert so erfolgreich, daß die meisten von ihnen nach vielen religiös und politisch motivierten Verfolgungen bis heute in Polen vertreten sind. Die Selbständigkeit des Adels gegenüber den Königen hat diese Entwicklung begünstigt. Die Böhmischen Brüder, Lutheraner, Calvinisten und Sozinianer verdankten Schutzherrschaften die Freiheit, ihrem Glauben gemäß zu leben. Adlige strebten auch immer wieder danach, durch die Bildung von Unionen religiösen Frieden herzustellen.

Diese Versuche scheiterten oft an theologischem Streit. Erwähnenswert sind die folgenden Daten: Im Consensus von Sadomir (1570) beschlossen Böhmische Brüder, Lutheraner und Reformierte Kanzel- und Abendmahlsgemeinschaft. In der Warschauer Konföderation (1573) versprachen die zur Königswahl berechtigten Adligen einander, auf Verfolgungen wegen des Bekenntnisses zu verzichten – ein Verzicht, den jeder König zu beschwören hatte. In der Union von Brost (1596) gelang es, die Litauer Orthodoxen, bei den Privilegien der eigenen Liturgie und der Priesterehe, Rom zu unterstellen. König Wladislaw IV. brachte 1645, also nach dem Beginn der erfolgreichen Gegenreformation, Katholiken, Böhmische Brüder, Lutheraner und Reformierte zu dem Thorner Religionsgespräch an einen Tisch.

Wurden diese Friedensmaßnahmen auch immer wieder gebrochen, so blieben sie eine Möglichkeit, Zwistigkeiten zu schlichten. Weniger erfolgreich als die genannten Gemeinschaften waren die Sozinianer und die sie favorisierenden Adligen. Lälius Sozzini (1522 – 1562) und Faustus Sozzini (1539 – 1604) – italienische Humanisten – lehrten entgegen der kirchlichen Trinitätslehre die Einheit Gottes. Jesus gilt ihnen als gottgefällig lebender Mensch, den Gott vom Tode auferweckt hat. Diese unitarische Lehre war in Polen und Litauen besonders erfolgreich. Petrus Gonesius war ihr erster polnischer Prediger. Die Sozinianer schufen in Rakow ein blühendes geistiges Zentrum, wo auch ihr Bekenntnis, der Rakauer Katechismus (1605), erschien. Ihre Bemühungen, den Unionen der Bekenntnisse beizutreten, wurden abgewiesen. 1658 wurden sie aus Polen vertrieben. Die Verstreuten gelangten vor allem nach den Niederlanden, England, Preußen, Siebenbürgen und Nordamerika. Sie sind in unitarischen Gemeinschaften aufgegangen.

Stanislaus Hosius (1504 – 1579), führender katholischer Geistlicher – er starb als Kardinal und Großpönitentiar in Rom – wirkte 1551 – 1560 als Bischof von Ermland, holte die Jesuiten ins Land und leitete mit ihnen energisch die Gegenreformation ein. Wo Überzeugung nicht half, setzten Hetztiraden und blinde Zerstörungswut evangelischem Leben ein Ende. Neuansiedlungen, vor allem von Lutheranern, durch verschiedene Fürsten glichen den Verlust nur teilweise aus.

Immer wieder, bis in jüngste Zeit, standen Duldung und Verfolgung der christlichen Minderheiten im Dienst politischer Ziele. Dem Wirken des Johan Amos Comenius (Komensky, 1592 – 1670) verdankt Lissa trotz Zerstörung einen blühenden Aufschwung.

Das Auf und Ab für die polnische Nation und die christlichen Kirchen dort erfuhr durch die verschiedenen Teilungen des Landes zusätzliche Belastungen. Die nach dem Ersten Weltkrieg wiedererlangte nationale Einheit fand ein brutales Ende durch die deutsche und sowjetische Besetzung und erneute Teilung 1939. Katholische Kirche und evangelische Kirchen litten schwer unter christentumsfeindlicher Politik und Verfolgung. Nach dem Krieg brachten die Kündigung des Konkordats mit Rom 1945 sowie Verbot nichtgottesdienstlicher Aktivitäten und der deutschen Sprache viel Not über christliche Mehrheit und Minderheiten.

Der gegenwärtige Neubeginn in allen christlichen Gemeinschaften des Landes ist durch Improvisation, Einfallsreichtum und ökumenische Aufgeschlossenheit gekennzeichnet. Daneben gibt es das Bemühen um Wiederherstellung früherer Privilegien. *Herbert Schultze*

Südosteuropa

Belgrader Umfragen fanden es im Frühjahr 1992 heraus: Erstmals seit Kriegsende hat in Serbien der Anteil der Gläubigen (41 Prozent) den der Ungläubigen (35 Prozent) überflügelt. In Bulgarien lagen diese Werte schon im Mai 1991 bei 54 Prozent Gläubigen. Dies ist verständlich in einem Land, wo bei religionssoziologischen Untersuchungen bereits 1962 knapp 36 Prozent aller Menschen eine Bindung an die Religion kundtaten.

Südosteuropa scheint einen religiösen Aufbruch zu erleben: Mit dem Kollaps des Kommunismus wenden sich Blicke und Herzen religiöser Transzendenz zu. Keine Partei glaubt noch, ohne kirchlichen Beistand auskommen zu können. Christliche Feiertagsgottesdienste werden live im Fernsehen übertragen – ganztägig! Die Kirchen sind ständig überfüllt, vor Jahrzehnten verbotene (und danach verfolgte) Glaubensgemeinschaften erwachen zu kräftig neuem Leben, theologische Hochschulen tun sich auf, Religionsunterricht kommt in die Schulen zurück, in den Medien erobern religiöse Themen immer größere Räume, auf dem Buchmarkt sowieso.

»Wen Gott zerstören will, dem nimmt er Verstand und Maß« – besagt ein serbisches Sprichwort. Der Belgrader Religionshistoriker Djordje Janic zitierte es im Februar 1992, um seine skeptische Meinung zu untermauern, daß derzeit »religiöse Menschen niemals seit 1945 aus dem religiösen Leben mehr verdrängt« seien. Die scheinbare Renaissance des Christentums entpuppt sich bei näherem Hinsehen als areligiöses Polittheater: Ein tagespolitisch orientierter Caesaropapismus hat in Ex-Jugoslawien die Kirchen zu Bataillonen der Bürgerkriegsparteien, in Rumänien zu Stoßtrupps des neobolschewistischen Iliescu-Regimes verkommen lassen; buchstäblich mörderische Kämpfe entzweien die christlichen Konfessionen; orthodoxe Konzile rufen zur »Einheit« auf – gegen Rom – und prolongieren dabei Schismen in den eigenen Reihen (zum Beispiel die serbisch-makedonische Kirchenspaltung). Innerkirchliche Vergangenheitsbewältigung gerät zu Brachialkämpfen jedes gegen jeden – kongenial den Haßtiraden, die gegen andere Christen, aber auch gegen Juden und Muslime verbreitet werden. Sollte in der derzeitigen (Schein)-Blüte des südosteuropäischen Kirchenlebens der Keim für eine baldige Existenzkrise des Christentums in einer ganzen Region stecken – es wäre wahrhaft kein Wunder!

Geschichte

Das alles und mehr geschieht inmitten von Völkern, die es zumeist ohne ihre Kirchen gar nicht mehr gäbe. Im 14. Jahrhundert wurde der Balkan von osmanischen Reiterheeren erobert, und für gute 500 Jahre versank die Region zwischen Ägäis und Karpatenbogen im Imperium der Hohen Pforte. Wie »wirksam« diese Fremdherrschaft war, offenbart bis heute selbst ein oberflächlicher Blick auf balkanische Küche, Musik, Architektur, Brauchtum und die Sprachen dieser Halbinsel. Die relativ »liberale« Besatzerpolitik der Osmanen, die ja nur an Militärdienstpflichtigen und Steuerzahlern interessiert waren, hätte die Völker rasch und spurenlos turzisiert, wären nicht die orthodoxen Volks- und Nationalkirchen intakt geblieben, in deren Institutionen und Botschaften die Flamme der Nationalkultur und die Erinnerung an die ethnische Autonomie nie abzutöten waren. Aus den Kirchen kam im 18. Jahrhundert der Anstoß zur ethnokulturellen »Wiedergeburt«, im 19. die Energie, die Kirchenkämpfe zum »Vehikel« nationaler Aspirationen machte, im 20. die Mahnung, das nationalkonservierende Verdienst der Kirchen politisch zu würdigen. Letztere Mahnung erklang besonders zu Zeiten kommunistischer Herrschaft – leise aber wirkungsvoll. Wer zum Beispiel die Arbeiten des atheistischen »Chefideologen« Bulgariens, Nikolaj Mizov, las, wußte mit den Jahren immer weniger, was er eigentlich las – Parteipolemik gegen Christen oder christliche Mahnungen an die Partei, die loyalen, fleißigen und nüchternen Gläubigen als denkbar beste Staatsbürger zu achten.

Das alles ist vorbei – vielleicht nur für den Moment, vermutlich aber weit über diesen hinaus. Die Kirche regeneriert sich in ihren überlebtesten Wesensmerkmalen: Als Staatskirche, wobei »Staat« mehr gentile als nationale Gemeinschaften einschließt; als ruralkonservative, dabei geistigen und individuellen Bedürfnissen instinktiv abgeneigte Institution; als gesellschaftlicher Faktor, der politisch immer stärker wird und sozial so schwach ist wie nie zuvor in tausend Jahren Balkan-Geschichte. Die Kirche genießt den Beifall von der falschen Seite, reichlich gespendet von alten Kommunisten und neuen Despoten, die ihr Privilegien in Fülle zukommen lassen und von ihr Alibis im selben Maße empfangen. »Das ist leider eine Zeit, in der Gott nicht viele Mitarbeiter hat«, seufzte im Februar 1992 Lukijan, serbisch-orthodoxer Bischof von Slavonien.

Albanien

Keine Diebe, keine Hunde, keine Gläubigen – besaß Albanien seit 1967, nachdem es sich in einer neuen Verfassung als »erster atheistischer Staat der Welt« proklamiert hatte. Religionsfreiheit wurde als »Freiheit, sich von der Religion zu befreien«, definiert. Bis dahin hatte es unter den ca. 2,1 Millionen Albanern 67 Prozent (sunnitische) Muslime, 19 Prozent Orthodoxe und 13 Prozent Katholiken gegeben; fortan sorgte Terror dafür, daß die Religion aus der Öffentlichkeit verschwand: Allein bei den (im Norden beheimateten) Katholiken wurden 128 Priester und Ordensleute umgebracht, im ganzen Land 2169 Kirchen und Moscheen zerstört, geplündert oder zu profanen Zwecken »umgewidmet«. Zehntausende Christen mußten oft für Jahrzehnte in Gefängnissen und Zwangsarbeitslagern schmachten.

Seit dem 29. April 1991 hat Albanien eine neue Verfassung, die wahre Religionsfreiheit und ungehinderte Glaubenspraxis garantiert – Resultat einer antistalinistischen Revolution, die das Land aus seiner totalitären Selbstisolierung löste. Eine

Symbolfigur dieses Wandels war der 65jährige katholische Priester Simon Jubani, dem seither viele nachgefolgt sind: Von großen Gottesdiensten wird berichtet, von Massenwallfahrten, von jungen Männnern, die es zuhauf zum Priesterberuf drängt – aber auch von Priestermangel, fehlenden Kirchen, Unkenntnis der liturgischen Neuerungen des Zweiten Vatikanischen Konzils und anderen Defiziten mehr. Bevor diese noch überwunden sind, begann in Albanien neue Unsicherheit: Eine im Dezember 1990 gegründete »Volkspartei der religiösen Einheit« kam offenbar über erste Schritte nicht hinaus, weil die in ihr zusammengefaßten Christen, Orthodoxen und Muslime inzwischen vom Ausland betreut und vereinnahmt wurden – die Muslime von Saudi-Arabien und anderen islamischen Staaten, die im Süden lebenden Orthodoxen von dem griechischen Ökumenischen Patriarchat in Istanbul, die Katholiken von Rom. Dabei hätte gerade Albanien mit Gonxha Bojaxhiju eine christlich-humane Symbolfigur – die in aller Welt nur als »Mutter Teresa« bekannt ist. Aber außer als Namensgeberin für einen Kindergarten in Tirana gab es keine weitere »Verwendung« für sie.

Bulgarien

»Fora zvetulkata« (Christofor das Glühwürmchen) nennen die witzigen Sofioter den orthodoxen Geistlichen Christofor Sybev (geb. 1946), der – vor seiner geistlichen Berufung ein international angesehener Atomphysiker – an der Spitze einer Bürgerrechtsbewegung für religiöse Freiheit aktiv in die bulgarische *promjana* (Wende) vom Spätherbst 1989 eingegriffen hat und danach den Neuanfang Bulgariens am »Runden Tisch« strukturieren half. Für eine Zeit sah es so aus, als könne Sybev der neue Patriarch Bulgariens werden – inzwischen betätigt er sich nur noch als Organisator »alternativer« Gottesdienste, zu denen sich Zehntausende bei Kerzenschein (daher Sybevs Spitzname) unter freiem Himmel versammeln.

Man kann es Sybev nicht verdenken, denn seine Bulgarisch Orthodoxe Kirche (BOK) ist auf einem Tiefpunkt ihrer Entwicklung angelangt: Eine Kirchliche Volksversammlung, nominell höchstes BOK-Organ, ist seit 1953 überfällig, und diese »Pause« sorgte dafür, daß die gesamte BOK-Führung inzwischen nicht nur nicht legitimiert ist, sondern auch in ihren amoralischen Handlungen, finanziellen Manipulationen, Verstrickungen mit dem kommunistischen Geheimdienst usw. unkontrollierbar ist. So beklagen es wiedergegründete Organisationen wie der »Verband der bulgarischen orthodoxen Geistlichkeit« oder neugeschaffene wie die »Bewegung für die Erneuerung der Bulgarischen Orthodoxen Kirche«. Geistliche »Einzelkämpfer« wie der Kirchenrechtler Radko Poptodorov, der Priester Janko Dimov, die Nonne Aleksenija Dimitrova u.a. warten in der Presse mit Dokumenten und Enthüllungen auf, die jedem Leser die Haare zu Berge steigen lassen. Wer sich zum Beispiel an den Patriarchen Kyrill (1901 – 1971) noch als weisen Kirchenfürsten, mutigen Streiter für die Rettung der bulgarischen Juden im Zweiten Weltkrieg, international angesehenen Kirchenhistoriker u. a. erinnert, muß nun erfahren, daß er ein geborener Albaner war, Kommunist seit 1920, den die Kommunisten ganz bewußt in die BOK-Spitze hievten, um sie sich untertan zu machen.

Ist das alles glaubwürdig? Die Ankläger zitieren Dokumente, sechs bulgarische Metropoliten haben sich zu »Sünden« der BOK in der Vergangenheit bekannt – aber die Führung schweigt. Und ungeklärte Rechts- und Besitzfragen bleiben weiterhin offen. Etwas besser steht es um die kleineren Konfessionen, speziell um die 60 000 Katholiken (plus 20 000 Griechisch-Katholische), die einer ungestörten Zukunft entgegensehen, zumal Bulgarien seit Dezember 1990 wieder diplomatische Beziehungen zum Vatikan unterhält.

Rumänien

Fahne, Lorbeerzweig und die Prägung »Romania 22 decembrie 1989« – in schlichter Würde erinnert die neue Zehn-Lei-Münze von 1991 an den großen Tag der rumänischen Geschichte, an welchem der Diktator Nicolae Ceausescu durch die »revolutia tinerilor« (Revolution der Jungen) gestürzt wurde. Mit Unruhen um den reformierten Geistlichen ungarischer Nationalität László Tökes hatte sie in Timisoara (Banat) begonnen – durch eine Huldigungsadresse, vom Patriarchen Teoctist an Ceausescu gesandt, sollte sie gestoppt werden. Aber die Revolution ging weiter – wie auch die Karriere von Teoctist!

Nach dem Sieg der Revolution und der Hinrichtung Ceausescus trat Teoctist vor rumänische TV-Kameras – die Kämpfer, die neue Freiheit, gar die rumänischen Emigranten im Westen in einer Weise feiernd, wie er es zuvor jahrzehntelang mit den Kommunisten getan hatte. Das war zuviel Unverschämtheit, und so mußte der oberste Kirchenfürst Rumäniens am 18. Januar 1990 zurücktreten – dazu gezwungen von Protesten Gläubiger, Geistlicher und neuer Organisationen wie der »Gruppe zur Reflexion für die Erneuerung der Kirche«. Knapp drei Monate später holte ihn der »Heilige Synod« zurück – für die Opposition ein Beweis mehr, wie gut die alte Seilschaft von Ceausescus Geheimdienst *Securitate* und kompromittierten »Systempriestern« nun für die neuen Herren der »Front zur Nationalen Rettung« (FSN) noch funktioniert.

Seit Ende 1991 hat Rumänien eine neue Verfassung, an der Kritiker bemängeln, daß sie nicht die »christlichen Traditionen und Werte des rumänischen Volkes« berücksichtige. Das tat sie auch kaum, aber dafür hatte sich die FSN der Kirche bereits vollauf bemächtigt – rügte im Mai 1991 die IV. »Nationalkonferenz der Geistlichen der Rumänisch-Orthodoxen Kirche«. Und die erwähnte Reflexionsgruppe fügte hinzu, die FSN tue das mittels einer »Konfusion aus Theologie, Juristerei, Geschichte und Politik« – nämlich um die »restitutio in integrum«, d. h. die vollständige Rückgabe des Besitzes der 1948 verbotenen Griechisch-Katholischen Kirche zu erreichen. Dagegen wehren sich die Orthodoxen – mit blutigen Auseinandersetzungen um die Kathedralen von Baja Mare, Blaj u. a., die von »neobolschewistischen« Drahtziehern gesteuert und Teoctists Tiraden gegen den Vatikan begleitet werden. Und weil man einmal dabei ist, wird auch gleich gegen die Protestanten gehetzt, die traditionellen Konfessionen der Ungarn und Deutschen in Rumänien – von dem ins Kraut schießenden Antisemitismus ganz zu schweigen.

Eine gute, dem Evangelium verpflichtete Kirche gibt es derzeit in Südosteuropa überhaupt nicht, aber es gibt auch nur wenige, die so schlecht wie die rumänische sind – schrieb im Sommer 1991 der Publizist Bedros Horasangian: Ihre ganze neuere Geschichte sei von »Opportunismus und Kollaborantentum« geprägt, derzeit lasse sie sich von Politikern einspannen, die »Xenophobie, Chauvinismus, Antisemitismus und Antieuropäertum« förderten und darüber den »sozialen, ökonomischen und politischen Verfall« des Landes vergäßen. Der gegenwärtige Erfolg des Islam, so Horasangian, beruhe auf einer engen Zusammenarbeit Klerus – Gläubige; wenn die christliche Kirche die Gläubigen vergäße und nur mit wechselnden Machthabern kollaboriere, sei sie zum Kollaps verurteilt.

Taufszene mit Bulgaren, die sich zum Christentum bekehrten. 864 trat Boris I. mit einem Teil seines Volkes zum Christentum über; 870 unterstellte er sein Land dem Patriarchen von Konstantinopel. Miniatur, 14. Jahrhundert. Bibliotheca Apostolica Vaticana, Rom.

Slowenien und Kroatien

Slowenien hat seine staatliche Sezession von Jugoslawien konsequent und kaltblütig betrieben – und längst bereut: Jugoslawische Märkte verloren, im Westen nichts hinzugewonnen, durch eigene Grenzziehungen zur »Provinz« verfallen. Es war die katholische Kirche des Landes, die Slowenien auf seinem Weg zur Eigenstaatlichkeit geführt und ermuntert hat – seit 1960, als sie vor allem von der Klimaverbesserung Vatikan – Jugoslawien profitierte und ihren wachsenden Einfluß in einem antijugoslawischen Sinne praktizierte. Seit 1987 mußte sie sich praktisch keine Beschränkungen mehr auferlegen, und die bischöfliche *Komisija Pravicnost in mir* (Gerechtigkeit und Frieden) stellte sich hinter alle Stimmen, die ein Los-von-Jugoslawien forderten; seit 1989 hat sie auch verfassungsrechtlich eine unangreifbare Stellung in Slowenien errungen.

Gegenwärtig wird diese Kirche allein durch einen spürbaren Priestermangel behindert, was ihrem politischen Einfluß indes keinen Abbruch tut. Slowenische Wahlen werden auf dem Lande entschieden, und dort gibt die Kirche den Ausschlag.

In urbanen Zentren wollte sie über eine Verankerung des Abtreibungsverbots in der Verfassung mitbestimmend werden, was erst Ende 1991 durch gewundene Kompromißformeln abgewendet wurde, dennoch der Kirche viel Kritik als »herrschsüchtige Amtskirche« einbrachte.

Ähnlich, aber auch wieder anders stehen die Dinge in Kroatien. Hier hätte die katholische Kirche die Möglichkeit, mit Josip Juraj Stroßmayer (1815 – 1905), dem (deutschstämmigen) Bischof von Osijek, den »Vater des Jugoslawismus« als Leitfigur zu ehren. Statt seiner entschied sie sich für Alojzije Stepinac (1898 – 1960), einen jener kroatischen Kleriker, für die Katholizismus kaum mehr als eine nachgeordnete Funktion der »kroatischen Frage« war und die darum zumeist aufseiten des kroatischen Separatismus standen. Nachfolger von Stepinac ist Kardinal Franjo Kuharic (geb. 1919), dessen Engagement für die »Rehabilitierung« von Stepinac u. a. den 1985 begonnenen Dialog zwischen kroatischen Katholiken und serbischen Orthodoxen scheitern ließ. Kuharics kirchenpolitisches Ziel ist es, die katholische Kirche aus einer »Kirche im kroatischen Sprachraum« zu einer »Kirche der Kroaten« zu machen, also zu einer Staatskirche, für die »Ökumene« ohne die »völlige Freiheit des kroatischen Volks« undenkbar ist.

Das seit dem 15. Januar 1992 international anerkannte Kroatien entwickelt sich unter seinem diktatorischen Präsidenten Franjo Tudjman und dessen autoritärer »Kroatischen Demokratischen Eintracht« (HDZ) zu einer »neuen Despotie« (so wenigstens der Zagreber Publizist Ivan Z. Cicak). Die Opposition wird ausgeschaltet, die Nation gleichgeschaltet (»homogenisiert«), die Kirche in die Politik eingeschaltet: Sie verantwortet den neuen Mythos von »tausend Jahren kroatisch-christlicher Kultur«, propagiert in aller Welt das Bild von Kroatien als unschuldigem Opfer des Bürgerkriegs und hält die Kontakte zu den vermögenden, kroatisch-separatistisch gesinnten Emigranten in aller Welt aufrecht.

Serbien

»Blau der Himmel/Serben-Farbe/Droben sitzt der serbische Gott«, reimte vor langen Jahren der freche Belgrader Miloje Milojevic, so den serbischen Nationalismus ironisierend. Es gibt diesen Nationalismus, und er hat eine eminent kirchenrelevante Komponente: Solange sich die Serbische Orthodoxe Kirche (SOK) auf die »Slavenapostel« Kyrill und Method bezieht, ist sie zuerst universalistisch, danach erst partikularistisch – eine Reihenfolge, die sich bei einer Berufung auf den Heiligen Sava, einen serbischen Schüler von Kyrill und Method, umkehrt. In Zeiten kollektiver Bedrohung des Serbentums, wie sie derzeit eigener Einschätzung zufolge wieder bestehen, dominiert die zweite Berufung.

Seit Dezember 1990 hat die SOK mit Pavle einen neuen Patriarchen – einen Geistlichen mit »Engelsgesicht«, aber ohne jedes politische Verständnis, der eben deshalb nicht verhindern konnte, daß sich die SOK vollauf in die Botmäßigkeit des »sozialistischen« Regimes des Slobodan Milosevic begeben hat.

Äußerlich hat die SOK großartige Möglichkeiten – in ihren Kirchen, aber auch in den Schulen, selbst in der Armee –, tatsächlich aber ist sie caesaropapistisch vereinnahmt. Bezeichnend dafür neue empirische Daten: 52 Prozent der Anhänger der »sozialistischen« Regierungspartei, die fast durchweg atheistisch ist, empfinden das Wirken der SOK »positiv« – gegenüber nur 42 Prozent der größten Oppositionspartei, der »Serbischen Erneuerungsbewegung«, in der viele Christen aktiv sind.

Was von der SOK an offiziellen Äußerungen kam, war bis Frühjahr 1992 so unbedacht und durchsichtig wie die gesamte Public-Relations-Politik Serbiens – Briefe zum Beispiel, die Pavle und Tudjman schrieben, wiederholten nur die antikroatischen Argumente Belgrads. Bei einem Treffen der elf höchsten orthodoxen Kirchenführer, im März 1992 in Istanbul abgehalten, versuchten die SOK-Repräsentanten ihre Glaubensbrüder, die Vertreter von 300 Millionen Orthodoxen in aller Welt, gegen den »missionarischen Expansionismus Roms« einzustimmen und ähnliches mehr. Erst seither hat die SOK offen eine kritische Position gegenüber dem Milosevic-Regime bezogen – gewiß dem Einwirken jener Handvoll junger Bischöfe und Metropoliten zu verdanken, die aus Kroatien vertrieben wurden und sich die wachsende Kluft zwischen den serbischen Gläubigen und der offiziellen SOK-Politik nicht länger gefallen lassen.

Makedonien

»Zapejte, site andjeli« (Singt, alle Engel) – ein wunderschönes Lied, das in der Interpretation von Goce Nikolovski bei dem makedonischen Folk-Festival »Valandovo« 1991 ganz vorn landete. Geschrieben war es aus Anlaß des 12. August 1990, als in Skopje endlich die neue Kathedrale »Heiliger Kliment von Ohridski« geweiht wurde. Kliment war ebenfalls ein Schüler von Kyrill und Method, der im südmakedonischen Ohrid wirkte und dort vor rund tausend Jahren die erste Universität des Slaventums begründete. In Ohrid war auch das makedonische »Erzbistum von Ohrid« beheimatet, das die Türkenzeit bis 1766 überdauerte, als es dank griechischer Denunziationen beim Sultan geschlossen wurde.

Bereits Ende des Zweiten Weltkriegs kam bei den makedonischen Partisanen die Idee auf, das Erzbistum als Makedonische Orthodoxe Kirche (MOK) zu erneuern. Nach dem Krieg wurden entsprechende Initiativkomitees gegründet, und am 4. Oktober 1958 entstand die Autokephale MOK. Ebenso lange dauert auch das serbisch-makedonische Schisma, denn die SOK will die Autonomie der MOK um keinen Preis anerkennen – wie sie zuletzt noch bei dem Instanbuler Treffen versicherte. In der Vergangenheit führte dieser Streit zu der wunderlichen Koalition von MOK und »Bund der Kommunisten Jugoslawiens« (SKJ) auf der einen, SOK auf der anderen Seite. Beide Kirchen argumentierten dabei mit historischen »Besitzständen«, mehr aber noch mit der Rücksicht, die sie auf Gläubige im Ausland, speziell in Amerika und Australien zu nehmen hätten. Inzwischen sind SKJ und Jugoslawien zerfallen, und die Nachfolgestaaten sind auf sich selber und ihre geistig-geistlichen Potenzen angewiesen.

Zieht man im Falle Makedoniens noch die griechische Obstruktion schon gegen den Namen »Makedonien« hinzu sowie die Tatsache, daß in Bulgarien, Griechenland und Albanien mindestens 700 000 Makedonen leben, dann folgt daraus, daß sich die Rolle der MOK als spirituelles Band um alle Makedonen, als Hüterin der Nationalkultur in der Vergangenheit und als Verteidigerin nationaler Identität in der Gegenwart noch steigern wird.

Andererseits leben in Makedonien nicht nur Makedonen, sondern auch Katholiken und zahlreiche Muslime. Bislang leben sie entspannt zusammen in einem Land, das im bisherigen Bürgerkrieg eine »Oase des Friedens« war und künftig bleiben soll – versicherten noch im März 1992 die drei Leiter der verschiedenen Denominationen Gavril (»Oberhaupt« der MOK), Joakim Herbut (Bischof der Katholiken) und Sulejman Redjepi (Muslime).

LITERATUR: Mathias Bernath u. a. (Hg.): Biographisches Lexikon zur Geschichte Südosteuropas. Band I – IV, München 1974 – 1981. – Klaus-Detlev Grothusen (Hg.): Jugoslawien. Südosteuropa-Handbuch. Band 1. Göttigen 1975. – Ders.: Rumänien. Südosteuropa Handbuch. Band 2. Göttingen 1977. – Slavko Dimevski: Istorija na Makedonskata Pravoslavna Crkva (Geschichte der Makedonischen Orthodoxen Kirche). Skopje 1989. – Miroslav Spirovski: Borba za avtokefalnost (Kampf um die Autokephalie). Skopje 1990. – Wolfgang Grycz (Hg.): Osteuropa im Umbruch: Wird die Kirche gebraucht? In: 41. Internationaler Kongreß »Kirche in Not«. Königstein/Ts. 1991. – Peter Rehder: Bulgarien. Südosteuropa-Handbuch Band 6. Göttingen 1990. – Ders. (Hg.): Das neue Osteuropa von A – Z. München 1992.

Hans-Martin Oschlies

Griechenland

Statistische Angaben

Orthodoxe 97,6 Prozent; Katholiken 0,4 Prozent; Protestanten 0,1 Prozent; Muslime 1,5 Prozent; Nichtgläubige und Atheisten 0,3 Prozent.

1923 hatten sich die »Altkalendrianer« von der Kirche von Griechenland getrennt. Obwohl sie untereinander zerstritten sind, haben sie einen gewissen Rückhalt bei konservativen Bevölkerungsteilen. Diese Gruppe, die sich bei der Einführung des gregorianischen Kalenders abspaltete, hat ungefähr 1,5 Millionen Gläubige und bemüht sich auch um Anhänger im Ausland.

Zur katholischen Kirche gehören ungefähr 41000 Gläubige des lateinischen Ritus (exemtes Erzbistum Athen seit 1875, Kirchenprovinz Korfu und Naxos, Bistum Candia und Apostolisches Vikariat Thessaloniki seit 1926). Ferner gibt es in Athen einen Apostolischen Exarchen für die unierten Griechen, die ungefähr 2000 Anhänger und zwei Gemeinden in Athen und Jannina haben. Außerdem gibt es rund 600 unierte Armenier und ca. 20000 evangelische Christen. Schließlich kommt noch eine Gruppe von aktiven Zeugen Jehovas hinzu.

Geschichte

Das Christentum kam bereits durch den Apostel Paulus auf seiner 2. und 3. Missionsreise in die griechischen Städte Philippi, Thessaloniki, Athen und Korinth und breitete sich in der Folgezeit aus. Kirchenrechtlich gehörte die Kirche von Griechenland als Teilgebiet der Präfektur des östlichen Illyricum, obwohl es sich um einen Teil der östlichen Reichshäfte handelte, zum weströmischen Patriarchat. Erst 732/33 unterstellte Leo III. sie zusammen mit dem byzantinisch griechisch bewohnten Süditalien dem Patriarchat von Konstantinopel. Die Slawen, die vom 8. bis zum 10. Jahrhundert in den griechischen Kulturraum eindrangen, wurden ebenso wie später die albanischen und walachischen Einwanderer hellenisiert. Die fränkischen Kreuzfahrerstaaten, welche die griechischen Christen von 1204 an einer katholischen lateinischen Oberhoheit unterstellen wollten, schafften es ebensowenig wie die ihnen 1503 nachfolgenden Osmanen, die Bindung der Gläubigen an die Orthodoxie zu beeinträchtigen.

Erst im griechischen Unabhängigkeitskrieg wurde 1833 die Selbständigkeit der Kirche von Griechenland erklärt, die das Ökumenische Patriarchat erst 1850 anerkannte. Die Verfassung der damaligen Kirche Griechenlands ähnelte der russischen. Bis 1881 wurden die für Griechenland erworbenen Gebiete (die Ionischen Inseln und Thessalien, 37 Diözesen) vom Ökumenischen Patriarchat gelöst und eingegliedert, während die später angegliederten »neuen Länder« (Makedonien, Epiros, Kreta, und die Dodekanes-Inseln, 33 Diözesen) ihm weiter formell unterstehen, aber den anderen griechischen Diözesen gleichgestellt sind.

Zur gegenwärtigen Situation

1923 wurde unter Erzbischof Chrysostomos I. eine freiere Kirchenverfassung durchgesetzt, die 1939 leicht verändert wurde und bis heute gilt. Die oberste Kirchenleitung liegt bei der alljährlichen Synode der Hierarchie. Sonst versieht die ständige Synode von sechs Metropoliten (Titel der Diözesanbischöfe) und dem Erzbischof von Athen und ganz Griechenland die Verwaltungsgeschäfte. Es gibt heutzutage 82 Diözesen (Metropolien). In Athen und Thessaloniki befinden sich theologische Fakultäten. Es gibt sieben Priesterseminare und zahlreiche diakonische Einrichtungen. Das früher bedeutende Mönchtum ist beträchtlich zurückgegangen. In der heutigen griechischen Theologie wird vor allem die Tradition der Patristik wiederbelebt. Die kirchliche Hilfsorganisation »Apostolike Diakonia« und die teilweise umstrittene Erweckungsbewegungen »Zoe« und »Soter« bemühen sich durch Zeitschriften, Religionskurse und Sonntagsschulen um eine Förderung des geistigen Lebens.

Die griechischen Auslandsgemeinden – so auch die ca. 300000 Gläubige umfassende Metropolie von Deutschland – unterstehen zwar dem Ökumenischen Patriarchat, haben aber dennoch eine starke Bindung an Griechenland. Die Zugehörigkeit zur Orthodoxen Kirche ist bis heute ein nationales Identifikationsmerkmal der griechischen Gesellschaft. Andererseits hat die Orthodoxie in mancher Hinsicht den Charakter einer Staatskirche verloren. Beispielsweise wurde unter der sozialistischen Regierung des Ministerpräsidenten Papandreou die Zivilehe eingeführt. Als einen Kompromiß zwischen laizistischen und kirchlichen Kräften erwies sich 1988 die Lösung, daß nur die Liegenschaften der Klöster, nicht aber der Pfarr- und Wohlfahrtskirchen sozialisiert wurden.

LITERATUR: Nikolaus Thon: Griechenland. In: Wörterbuch des Christentums. Gütersloh 1988, S. 441 ff. *Red.*

Gemeinschaft Unabhängiger Staaten

Die Kirchen in der »Gemeinschaft Unabhängiger Staaten« (GUS) haben allesamt durch eine sieben Jahrzehnte lang erduldete Religionsbedrückung von äußerster Härte eine nachhaltige Prägung erfahren.

Zur Gesamtlage

Grundlage der sowjetischen Religionspolitik bildete bis zum 1. Oktober 1990 Lenins berüchtigtes Dekret vom 23. Januar 1918 »Über die Trennung der Kirche vom Staat und der Schule von der Kirche«. Hierdurch verloren die Kirchen nicht nur ihren gesamten Besitz, sondern auch die Rechte einer juristischen Person und jegliche Betätigungsmöglichkeiten außerhalb der Mauern der ihnen überlassenen Gotteshäuser. Weitere Einschnürungen brachte die unter Stalin erlassene Verordnung vom 8. April 1929 »Über religiöse Vereinigungen«. Lastete auf dem gottesdienstlichen Leben ohnehin schon ein ungeheurer Steuerdruck, so empfahlen sich zu seiner Sicherung außerdem noch ansehnliche Spenden für rein politische Zwecke. Andererseits zeitigte diese Einengung des kirchlichen Lebens als Nötigung zur Konzentration auf das Wesentliche auch eine heilsame Wirkung. Ebenso förderte die Abhängigkeit der Registrierung einer Gemeinde wie der Überlassung eines Gottesdienstraums durch die staatlichen Behörden von der Bildung eines »Zwanzigerausschusses« (Dvadcatka) als alleiniger Vertragspartner das Verantwortlichkeitsbewußtsein der kirchlichen Basis. Eine ernsthafte Bedrohung des Fortbestands der Kirchen ging indessen von der Machtfülle der Kommunistischen Partei aus, deren militant-atheistische Funktionäre nach Belieben Registrierungen verweigern oder entziehen, Kirchengebäude vorenthalten oder wegnehmen sowie Ausbildungsplätze für den geistlichen Nachwuchs unter die Bedarfsgrenze drücken konnten.

Die von Michail Sergejewitsch Gorbatschow durchgesetzte Wende in der sowjetischen Religionspolitik hat seit 1987 eine Welle der Neuregistrierungen von Gemeinden und der Wiedereröffnungen von Kirchen ausgelöst, ebenso der Neu- oder Wiederbegründung von geistlichen Lehranstalten und Klöstern. Es ist allein der mit dem Zerfall der Sowjetmacht verbundene wirtschaftliche Niedergang, der eine noch raschere Wiederherstellung des kirchlichen Lebens im vorrevolutionären Umfang verhindert. Nur selten hat man die dem Gottesdienst entzogenen Kirchen als Museen behandelt, so daß sie ohne weiteres ihrer ursprünglichen Bestimmung zurückgegeben werden können. Waren sie zu anderweitiger Verwendung bestimmt, dann bereitet zunächst die Durchsetzung des Übergabebescheids angesichts des Mangels an Ausweichmöglichkeiten für die bisherigen Benutzer oft große Schwierigkeiten, bevor man an die meist sehr aufwendigen Wiederinstandsetzungsarbeiten herangehen kann. Nicht selten sind es aber auch nur noch Ruinen, deren Wiederherstellung einem Neubau gleichkommt, oder aber es läßt sich den Gemeinden lediglich ein Bauplatz zur Verfügung stellen. Bei der Einrichtung zusätzlicher Ausbildungsstätten treten zu den Schwierigkeiten der Raumbeschaffung noch die nicht geringeren der Bildung geeigneter Lehrkörper nach sieben Jahrzehnten verminderter theologischer Arbeitsmöglichkeiten. So darf es auch nicht verwundern, wenn man heute in den Kirchen in der GUS noch vielfach Auffassungen begegnet, die man anderswo inzwischen längst aufgegeben hat, so etwa hinsichtlich der Einschätzung des Verhältnisses von Kirche und Nation oder in der Einstellung zum Judentum. Obwohl Statistiken über die Religionszugehörigkeit, unter der Sowjetherrschaft verboten, bislang noch nicht vorliegen, steht bereits fest, daß sich die Kirchen in der GUS trotz der langen und schweren Bedrückung durch einen totalitären Staatsapparat in der Bevölkerung nicht schwächer behauptet haben als die Kirchen in den von kommunistischer Herrschaft verschont gebliebenen Ländern Europas.

Zu den einzelnen Kirchen

Die Russisch-Orthodoxe Kirche hat als die bei weitem größte aller Glaubensgemeinschaften in der GUS unter der Sowjetherrschaft die Hauptstoßkraft des antireligiösen Kampfes aushalten müssen und dabei ihr Beharrungsvermögen am auffälligsten unter Beweis gestellt. Waren ihr von den 55173 Kirchen des Jahres 1917 am Vorabend des Zweiten Weltkriegs nicht mehr als wenige Hundert geblieben, so war die Zahl ihrer Gemeinden dank der von Stalin bei Kriegsausbruch verfügten Änderung der Religionspolitik 1949 wieder auf 14477 angestiegen, bis infolge der von Nikita Sergejewitsch Chruschtschow seit 1959 betriebenen Kirchenschließungskampagne, die unter seinen Nachfolgern lediglich gemildert wurde, ein abermaliger Niedergang einsetzte, der erst 1986 bei nur noch 6745 Gemeinden zum Stillstand kam, als Gorbatschow bereits an der Macht war. Die von ihm herbeigeführte Wende ermöglichte bis 1991 einen Wiederanstieg der Anzahl der Gemeinden auf 10267. Von den vier Geistlichen Akademien aus der Zeit vor 1918 konnte die Russisch-Orthodoxe Kirche seit dem Ende des Zweiten Weltkriegs zwei ohne Unterbrechung weiterführen, wohingegen sie statt der ursprünglich 58 Geistlichen Seminare nur acht wiederbegründen durfte, von denen ihr jedoch unter Chruschtschow fünf abermals verlorengingen, während sie 1991 wieder über sieben verfügte. Ließen sich von den 1250 Klöstern des Jahres 1917 nach dem Zweiten Weltkrieg schließlich wieder 67 belegen, so wurde diese Zahl seit 1959 auf kaum mehr als 15 herabgedrückt; doch die 1980 genannte Zahl von 18 Klöstern hatte sich Anfang 1990 bereits mehr als verdoppelt und steigt seitdem weiter an. Die Zahl der Bischofssitze war dagegen, sieht man davon ab, daß sich 1939 schließlich nicht mehr als nur noch sieben Hierarchen im Amt befanden, vergleichsweise geringen Schwankungen unterworfen. Wie 1917 innerhalb des Kaiserreichs Rußland, so betrug 1988 innerhalb der Sowjetunion die Zahl der Eparchien 67; die vor 1959 erreichte Höchstzahl von 73 Eparchien wurde nach der religionspolitischen Wende indessen nicht nur wiedererreicht, sondern bereits im April 1990 mit 78 Eparchien übertroffen.

Patriarch Alexij II. (Ridiger) von Moskau und ganz Rußland konnte vom Landeskonzil der Russisch-Orthodoxen Kirche im Juni 1990, anders als seine Vorgänger seit 1943, ohne Einmischung staatlicher Stellen frei gewählt werden. Als ständiges Mitglied des Heiligen Synods seit 1964 im Besitz reicher Erfahrungen, ist er gleichwohl im Unterschied zu anderen Hierarchen niemals durch übertriebene Unterwürfigkeit gegenüber der Sowjetmacht ins Zwielicht geraten. Die Anteilnahme an der Kirchenpolitik ist unter den russisch-orthodoxen Christen jedoch vergleichsweise gering, sofern ihnen nur ihre Gottesdienste erhalten bleiben, die sie als Offenbarung himmlischer Schönheit empfinden, in deren Glanz auch das eigene Leben erst seinen vollen Sinn bekommt.

In der Ukraine sind 1989/90 zwei von der Sowjetmacht einst durch Zwangsauflösung beseitigte Kirchen wiedererstanden, deren Gemeinden nur in der Emigration überdauern konnten, in der Heimat aber in den Untergrund abgedrängt oder zum Anschluß an die russische Orthodoxie genötigt waren: die Ukrainisch-Katholische Kirche, die auf die Brester Union von 1595/96 zurückgeht und deren »Ruthenischer Ritus« sich schließlich zu einer byzantinisch-lateinischen Mischform entwickelt hat, sowie die Ukrainische Autokephale Orthodoxe Kirche, die 1921 in Kiew von einem Konzil aus Anhängern der ukrainischen Nationalbewegung ins Leben gerufen wurde und auch bei der Liturgie statt des Kirchenslawischen ausschließlich das Ukrainische verwendet. Beide Kirchen sind vor allem in der bis 1939 zu Polen gehörenden Westukraine vertreten. Die Unierten mit ihrem geistlichen Mittelpunkt in Lemberg zählten 1991 wieder 1912 Gemeinden, die Autokephalisten unter ihrem – in der Orthodoxie sonst noch nicht anerkannten – Patriarchen von Kiew und der ganzen Ukraine 811. Wie groß die Anziehungskraft beider Kirchen auf nationalbewußte Ukrainer auch sein mag, so wenig braucht das Moskauer Patriarchat doch für die Mehrheit seiner inzwischen zur Ukrainisch-Orthodoxen Kirche erklärten Anhängerschaft zu fürchten, schon weil verwandtschaftliche Bande zwischen Ukrainern und Russen zumal in den Städten sehr häufig sind. Infolge der Absage Litauens, Lettlands und Estlands an die Gemeinschaft Unabhängiger Staaten sind in dieser sowohl die Römisch-Katholische als auch die Evangelisch-Lutherische Kirche nicht mehr so stark vertreten wie einst in der UdSSR. Ein erheblicher Teil ihrer Glieder befindet sich unter den Rußlanddeutschen, die gegenwärtig von einer Wanderbewegung erfaßt werden, deren Auswirkungen auf das kirchliche Leben noch nicht abzusehen sind. Der Bund der Evangeliumschristen-Baptisten mit seinen 2 249 Gemeinden, wo sich neuprotestantische Einflüsse aus dem Westen mit religiösen Unterströmungen bei den Ostslawen verbunden haben, vermag freilich nur zu Vereinfachungen neigende Gemüter anzusprechen. Das gilt erst recht von den kleineren Gemeinschaften ähnlichen Gepräges.

Eine weit über ihre zahlenmäßige Stärke hinausgehende Bedeutung kommt dagegen den russischen Altgläubigen zu. Seit der Mitte des 17. Jahrhunderts infolge ihres Widerstandes gegen die Kultusreformen des Patriarchen Nikon von der Großkirche geschieden, haben sie in Frömmigkeit und Lebensstil soviel aus altrussischer Zeit bewahrt, daß ihnen nicht nur Historiker und Philologen, sondern auch Vertreter der russischen Orthodoxie ihre Aufmerksamkeit zuwenden. Sie vermochten ihre Einheit allerdings nicht zu finden, sondern leben in drei voneinander geschiedenen Gemeinschaften: in der Altritualistischen Metropolie von Moskau, im Altorthodoxen Erzbistum von Novosybkow und in der Altorthodox-Altritualistischen Kirche vom Pomorje, die sich im »Nastavnik« (Leiter, Lehrer) einen Amtsträger eigener Prägung geschaffen hat, mit Kirchenleitungen in Wilna, Riga und Moskau. 1991 verfügten diese drei altgläubigen Gemeinschaften über insgesamt 379 Gemeinden. Von den beiden ältesten christlichen Volkskirchen, der Armenisch-Apostolischen Kirche mit 62 und der Georgisch-Orthodoxen mit 297 Gemeinden (nach dem Stand von 1991), ist nach dem Zerfall der Sowjetunion die letztere mit der Republik Georgien, deren Grenzen auch die ihren gegenüber der russisch-orthodoxen Schwesterkirche sind, außerhalb der GUS geblieben, während von der ersteren, die zur monophysitischen Konfessionsfamilie gehört, ebenso viele Glieder in anderen Staaten der Gemeinschaft leben wie in der Republik Armenien selbst. Ihrem Oberhaupt mit Sitz in Edschmiacin bei Erewan gebührt als dem Obersten Patriarchen und Katholikos aller Armenier auch ein Ehrenprimat vor den armenischen Patriarchen von Jerusalem und Konstantinopel sowie dem Katholikos des Hohen Hauses von Kilikien, die gemeinsam eine weltweite Diaspora zu betreuen haben.

LITERATUR: Peter Hauptmann (Hg.): Kirche im Osten. Studien zur osteuropäischen Kirchengeschichte und Kirchenkunde. Bde. 23–34, Göttingen 1980–1991 (mit der alljährlich von verschiedenen Autoren besorgten ausführlichen Berichterstattung »Aus dem kirchlichen Zeitgeschehen in Osteuropa« mit Quellennachweisen und weiteren Literaturangaben). – (Neueste statistische Angaben nach: Nauka i religija [Wissenschaft und Religion], Moskau, 1/1992, S. 6–7).

Peter Hauptmann

Türkei

Statistische Angaben

Statistische Angaben lassen sich schwer machen, da bei den letzten Volkszählungen die Religionszugehörigkeit nicht ausgewertet worden ist. Gegenwärtig gehören zum Ökumenischen (griechischen) Patriarchat unter Patriarch Bartholomäos I. (seit 2. November 1991) wohl weniger als 5 000 Gläubige. Es werden von ihnen 58 Kirchen, 19 Schulen, mehrere Kinderheime und ein Krankenhaus (alle in Istanbul) unterhalten. Die arabisch-orthodoxen Christen im Grenzgebiet zu Syrien (ca. 3 000) sind jurisdiktionell dem Patriarchen in Damaskus zugeordnet.

Nach den Armenierverfolgungen von 1895 bis 1915 hat die Armenische Kirche in der Türkei jetzt unter Patriarch Karekin II. Kazanciyan (seit 1990) mit 2 Bischöfen und 26 Pfarrern nur noch etwa 70 000 Mitglieder, großenteils in Istanbul. Dort gibt es 33 Kirchen, 21 Schulen, 2 Waisenhäuser und ein Krankenhaus.

Die Syrisch-orthodoxe Kirche hat eine Metropolie in Südostanatolien (seit 1985 Metropolit Timoteos) und neuerdings ein Patriarchal-Vikariat in Istanbul (seit 1987 Metropolit Filüksinos). In Istanbul gibt es bei etwa 10 000 Gemeindegliedern nur eine eigene Kirche, andere werden gastweise benutzt; im Tur Abdin werden noch vier Klöster bewohnt (eines mit Seminar). Bei der starken Flucht ist selbst die Angabe von 25 Gemeinden mit weniger als 4 000 Gläubigen nicht gesichert.

Die katholischen Traditionen werden repräsentiert durch die Armenisch-katholische Kirche unter Erzbischof Tscholakiyan mit etwa 3500 Gläubigen vor allem in Istanbul, die Chaldäische Kirche unter Erzbischof Paul Karatas mit gut 2000 Mitgliedern, 1991 duch Irak-Flüchtlinge verstärkt, die Syrisch-katholische Kirche mit 1500 Gläubigen und die Römisch-katholische Kirche (über 6 000 Mitglieder), deren Hierarchie aus dem Erzbischof von Izmir, dem Apostolischen Vikar von Istanbul und dem Nuntius in Ankara besteht.

Die evangelischen Kirchen stellen den kleinsten Anteil der Christen in der Türkei, wenn man nur die einheimischen Gemeinden (armenisch-protestantisch und syrisch-protestantisch) berücksichtigt. Nicht erfaßbar ist die Zahl der freikirchlichen Hausgemeinden.

Geschichte

In Antiochien (heute türkisch: Antakya) wurden die Anhänger Jesu erstmals »Christen« genannt. Die Missionsreisen des Paulus führten größtenteils durch das Gebiet der heutigen Türkei. Auch die sieben ökumenischen Konzile fanden dort statt. Aber schon 451 in Chalcedon nahmen die Regionen nicht teil, die dann eigene, altorientalische Kirchen wurden, darunter die armenische und die syrisch-orthodoxe Kirche. Nach der Kirchengeschichte von Eusebius soll schon zu Beginn des 3. Jahrhunderts das Fürstentum Edessa (heute Sanliurfa) christlich geworden sein. Belegbar ist dagegen seit 301/304 der erste christliche Staat der Armenier, zum Teil auf dem Boden der heutigen Türkei. Auch große Kirchenväter stammen aus Kleinasien. Der Kaiser in Byzanz/Konstantinopel als dem Neuen Rom festigte die Macht der (byzantinischen) Reichskirche. Dadurch gerieten die vorchalcedonensischen Kirchen im byzantinischen Grenzgebiet unter Druck. So konnte es geschehen, daß die Ausbreitung des islamischen Reiches etwa von syrisch-orthodoxen Klöstern im Tur Abdin/Südostanatolien als Befreiung verstanden wurde. Dann führte 1054 die Trennung von Ost- und Westkirche noch deutlicher zu einer eigenständigen Gestaltung der orthodoxen Reichskirche. Daß das auch eine politische Gegnerschaft bedeutete, erwies sich 1204 beim 4. Kreuzzug, als Konstantinopel von Kreuzfahrerheeren erobert und dort ein Lateinisches Kaiserreich errichtet wurde.

Nach der Eroberung Konstantinopels durch die Osmanen im Jahre 1453 brauchte die osmanische Staatsführung für ihr *millet*-System das Patriarchat als Funktion: das *millet* als ethnisch-religiöse Einheit bedeutete eine gewisse Eigenständigkeit mit eigener Rechtshoheit, wobei der Patriarch aber der Hohen Pforte gegenüber für das Wohlverhalten des griechischen *millet* verantwortlich war. Auch für die Armenier sollte dieses System gelten. Daher wurde auf Geheiß des Sultans 1461 in Konstantinopel ein armenisches Patriarchat eingerichtet.

Daß heutigentags in der Türkei (vor allem in Istanbul) eine breite Palette von christlichen Kirchen anzutreffen ist, hängt mit der Tatsache zusammen, daß es nach den Trennungen auch Unionen der alten Kirchen mit Rom gab (1552 führte die Union eines Teils der Nestorianer zur Chaldäischen Kirche; seit 1724 gibt es die Melkitische (= Griechisch-katholische) Kirche und weiter im 18. Jahrhundert die Armenisch-katholische und die Syrisch-katholische Kirche. Protestantische Missionsaktivitäten im Nahen Osten führten schließlich im 19. Jahrhundert zu evangelischen Kirchen (1833 Syrisch-protestantisch und 1846 Armenisch-protestantisch).

In der politischen Entwicklung des Osmanischen Reiches ergab sich 1839 durch die *tanzimat*-Reform mit ihrer Religionsfreiheit auch für die Kirchen zeitweilig ein größerer Bewegungsspielraum. Mit dem Zerbrechen des Osmanischen Reiches und dem Entstehen der Türkischen Republik kam es 1923 schließlich noch einmal zu einer neuen Kirche, der nationalen Türkisch-orthodoxen Kirche, die aber unbedeutend geblieben ist.

LITERATUR: Heinz Klautke: Christen in der Türkei – ihre gegenwärtigen Existenzbedingungen. In: Johannes Lähnemann (Hg.): Weltreligionen und Friedenserziehung. Hamburg 1989, S. 260 – 267. – Ders.: Die Lage der Christen in der Türkei. Frankfurt 1990 (Epd-Dokumentation Nr. 2/90). – Monika Tworuschka: Das Bild des Christentums in türkischen Religionsschulbüchern mit Ausblick auf einige iranische Schulbücher. In: Udo Tworuschka (Hg.): Gottes ist der Orient – Gottes ist der Okzident. Köln/Wien 1991, S. 563 – 574.

Heinz Klautke

Arabische Länder

Geschichte

Der Nahe Osten und Nordafrika waren einst das Zentrum der christlichen Kirchen, nicht nur zahlenmäßig, sondern auch theologisch. In einigen Gegenden ist unter der islamischen Herrschaft das Christentum ausgelöscht worden, in den anderen Gegenden ist die Existenz der Kirchen durch Auswanderung bedroht. Die Auswanderung der Christen der lokalen Kirchen hat auch die Folge, daß ehemals lokal begrenzte Kirchen zu Weltkirchen mit einer weltweiten Hierarchie und neuen theologischen Zentren werden. Innerhalb der arabischen Welt sind heute drei Länder für die Christen von großer Bedeutung: Ägypten mit der bei weitem größten Kirche erlebt zur Zeit eine pastorale und spirituelle Erneuerung. Der Libanon ist der einzige Staat, in dem die Christen noch etwa die Hälfte der Bevölkerung ausmachen. Hier muß nach dem Bürgerkrieg eine neue Form des Gemeinwesens gefunden werden, in dem Christen und Muslime zusammenleben können. In Israel/Palästina ist der Konflikt zwischen Arabern und Israelis auch für die Situation der Christen bestimmend.

Von Palästina/Israel aus verbreitete sich das Christentum schnell im Nahen Osten und in Nordafrika. Im 3.–7. Jahrhundert kam es zu christologischen Auseinandersetzungen, aus denen die verschiedenen Kirchen – die koptische (orthodoxe), die griechische (orthodoxe), die maronitische, die armenische, die nestorianische (heute assyrische Kirche genannt) und die syrisch-orthodoxe – hervorgingen. Als die Muslime weite Teile des byzantinischen Reiches, Persiens und Nordafrikas eroberten, fanden sie eine Vielzahl sich bekämpfender Kirchen vor. Den Christen wie den Juden wurde der *dhimmi*-Status gegeben, der die Spaltungen der Kirche festigte. Mit der Zeit wurde die Zahl der Christen aufgrund von Übertritten zum Islam immer geringer; westlich von Ägypten verschwand das Christentum. Die heutigen Christen sind im Zuge der Kolonialzeit eingewandert. Die Zeit der Kreuzzüge brachte die Christen in den schweren Verdacht, Kollaborateure der europäischen Mächte zu sein. Im Osmanischen Reich galt für die Christen das *millet*-System. Sie wurden wie eine Nation behandelt und hatten weitgehende innere Autonomie. Aufgrund von Kapitulationen griffen die europäischen Mächte immer mehr zugunsten der Christen in die Innenpolitik ein. Dies führte zu einer größeren Macht und Sonderstellung der Christen. Auf osmanischer Seite reagierte man auf die Fragmentierung des Staates einerseits mit einer schrittweisen staatsbürgerlichen Gleichstellung aller Religionsgemeinschaften, um so Integrationsanreize zu bieten, andererseits deportierte oder massakrierte man unzuverlässige Minderheiten oder führte Zwangsumsiedlungen durch (zum Beispiel der Armenier). Innerhalb der Kirchen verlangte eine aufsteigende Mittelschicht mehr demokratische Rechte. Mit dem Beginn der Auflösung des osmanischen Reiches stellte sich dann auch die Frage, wie arabische Christen und Muslime in einem gemeinsamen zukünftigen Staat zusammenleben sollten. In dem Aufbegehren gegen die osmanische Staatsgewalt hatte der arabische Nationalismus eine große Bedeutung. Wenn Christen und Muslime in einem zukünftigen Nationalstaat als gleichberechtigte Bürger gelten sollten, mußten die religiösen Differenzen, vor allem das islamische religiöse Gesetz, überwunden werden. Die Religion wurde zu einer privaten Angelegenheit erklärt, und die arabische Kultur galt als die ideologische Basis der arabischen Nation.

Ägypten

Kyrillos VI. (1959 – 1971) leitete die Erneuerung der koptisch-orthodoxen Kirche in der Neuzeit ein. An erster Stelle stand die exemplarische Erneuerung des Mönchtums. Sie führte unter anderem dazu, daß alte Klosteranlagen im ganzen Land neu besiedelt und teilweise erweitert wurden. Die jungen Wüstenväter sind heutzutage fast ausnahmslos Akademiker aus dem gehobenen Mittelstand. Der Straßenbau verhalf dazu, daß die Wüstenklöster zu populären Wallfahrtsorten wurden. Viele Wunder und Erscheinungen belebten die Wallfahrten. Kyrillos führte auch die Jugendkatechese in den Sonntagsschulen ein. Aus der Sonntagsschulbewegung rekrutierten sich das heutige Mönchtum und der Klerus. Schenuda III. übernahm eine Kirche, die von Priestern gut versorgt und in spiritueller Hinsicht intensiv genährt war und zahlreiche Laienmitarbeiter hatte, die sich fest in der Hand des Klerus befanden. Er führte das Amt der Diakonissen erneut ein, die im Dienste der Diözesen stehen.

Im September 1977 dekretierte Schenuda III. ein außerordentliches fünftägiges Fasten, um die Gefahr einer Anwendung des islamischen Rechts abzuwenden. 1980 untersagte er die österlichen Feierlichkeiten im ganzen Lande, um gegen die Schwäche der Regierung bei der Unterdrückung von Attentaten zu protestieren. Nach den blutigen Unruhen im Juni 1981 enthob Präsident Sadat am 5. September 1981 Schenuda III. seiner Funktionen. Er wurde in das Kloster Dair Anba Bishoi im Wadi an-Natrun verbannt. Nach dem Regierungsantritt von Präsident Mubarak am 31. Dezember 1984 konnte Schenuda III. sein Amt wieder übernehmen.

Das Verhältnis zwischen Christen und Muslimen ist durch Extremisten auf beiden Seiten gespannt, und es ist immer wieder zu tätlichen Auseinandersetzungen gekommen. Andererseits gibt es das Gespräch zwischen den beiden Religionen. So werden seit 1941 in der »Association des Frères sincères« (*Ikhwan al-safa*), später unter dem Namen »fraternité religieuse« (*al-Ikha al-dini*), mit Unterbrechungen in Krisenzeiten, Gesprächskreise veranstaltet. 1965 eröffnete Kardinal König auf Einladung des Rektors der Universität al-Azhar den Dialog zwischen dem Vatikan und der al-Azhar.

Die ökumenische Zusammenarbeit wurde 1958 mit dem »Comité oecuménique des Eglises d'Alexandrie« begründet. Im Mai 1973 besuchte Schenuda III. Papst Paul VI. Zu einer Krise auf höchster Ebene kam es, als der koptisch-katholische Patriarch Stephanos II. gewählt wurde, ohne daß sein Vorgänger verstorben war. Hiergegen protestierte Schenuda III. heftig. Auch die Wiedertaufe von Konvertiten in der koptisch-orthodoxen Kirche ist eine schwere Belastung. Dennoch nehmen Gläubige an bestimmten Veranstaltungen anderer Kirchen teil.

Libanon

Libanon ist der einzige Staat der Region, in dem ein Christ (Maronit) an der Spitze des Staates steht. Die Staatsgewalt ist nach dem Proporzsystem aufgeteilt. Seit dem schwarzen September 1970 kamen Palästinenser in großer Zahl in den Libanon und operierten von hier aus gegen Israel. Dies führte unter anderem in den Bürgerkrieg. Christen, vor allem die Maroniten, befürchteten, daß mit den Palästinensern durch die Hintertür eine arabisch-islamische Macht den Libanon beherrsche. Sie leisteten den stärksten Widerstand gegen eine Umstrukturierung der Macht zugunsten der muslimischen Bevölkerung. Das Abkommen von Taif (1988) und die Kapitulation des General Aoun (1990) machten diesen Kämpfen ein Ende.

In den 60er und 70er Jahren zeigte die Kirche ein beachtliches Engagement auf sozialem und politischem Gebiet. Bewegungen wie »La Jeunesse Étudiante Chrétienne Universitaire«, »Jeunesse Ouvrière Chrétienne«, »Prado d'Orient« und »Mouvement Social« gingen mit Volkserziehung, Alphabetisierungskampagnen und medizinischer Vorsorge in soziale Brennpunkte. Die Bewegung »Église pour notre Temps«, eine Bewegung von intellektuellen Laien und Klerikern, forderte ein *aggiornamento* der Kirche.

Die zahlreichen kirchlichen wissenschaftlichen Einrichtungen und theologischen Ausbildungsstätten wie auch die Vielzahl der Publikationen sind weit über den Libanon für den gesamten Nahen Osten von großer Bedeutung. Die bekannte-

Die erste Blütezeit der koptischen Kunst, die sich in Auseinandersetzung mit der altägyptischen, persischen, syrischen und späthellenistischen Kultur entwickelt hatte, lag im 4. – 7. Jahrhundert. Das Kalksteinrelief aus dem 3. Jahrhundert stellt zwei Heilige mit einem Kreuz dar. Koptisches Museum, Kairo.

sten wissenschaftlichen Einrichtungen sind die »American University of Beirut«, die »Université Saint Joseph« und die »Université Saint-Esprit Kaslik«. Die American University of Beirut ist amerikanischen Ursprungs. Sie ist christlich orientiert, ohne sich einer einzelnen Konfession verpflichtet zu sehen. Aus ihr gingen sehr viele führende Köpfe der libanesischen und syrischen Politik und Kultur hervor. Ihr amerikanischer Ursprung wurde im Bürgerkrieg zu ihrem Verhängnis, da sie als Nest der C.I.A. angesehen wurde. Ihr französisches Gegenstück ist die Université Saint Joseph, die von Jesuiten geleitet wird. Ihr Geist ist vom französischen Katholizismus geprägt. Die Université Saint-Esprit Kaslik wird vom »Ordre Maronite Libanais« geführt und sehr vom Ordensgeist geprägt.

Figurale und ornamentale Malerei schmückt das Innere der Marienkirche, einer der Felsenkirchen von Lalibela im äthiopischen Amharenland.

Die heutige theologische Forschung hat verschiedene Schwerpunkte: die Erforschung der christlichen Identität, die Koexistenz zwischen Christen und Muslimen und die Ökumene. Seit Beginn der 70er Jahre wird gefragt, wie der Libanon gestaltet werden soll, welche Aufgabe die Kirche hat und welches die Identität der libanesischen Christen ist. Es kam dann zu biblischen, liturgischen, patristischen, historischen, pastoralen und vor allem zu spirituellen Bewegungen, und Institutionen der ökumenischen Zusammenarbeit wurden gegründet (1974 der »Conseil Œcuménenique des Églises du Moyen-Orient«/»Middle East Council of Churches«). Im christlich-islamischen Dialog nahm man weitgehend Abschied von der Apologetik und Polemik und versuchte eine neue Art der Auseinandersetzung zu finden, jedoch wurden im Bürgerkrieg auch wieder andere Töne laut. Schließlich gewannen die historische Erforschung und der Rückgriff auf die eigenen Traditionen eine große Bedeutung für das Finden der eigenen christlichen Identität. Vereinzelt gibt es auch Versuche einer politischen Theologie, die die konkreten Übel der libanesischen Politik und Gesellschaft benennt und vor allem zur Überwindung des Konfessionalismus beitragen will.

Nach der Durchsetzung der Pax Syriaca müssen sich die Kirchen verstärkt um die Neugestaltung des Libanons kümmern. In diesem Sinne hat der römische Papst die zur römischen Kirche gehörenden Patriarchen und Bischöfe zu einer Libanesischen Synode eingeladen, um die wichtigsten pastoralen Bedürfnisse und Notwendigkeiten angesichts der neuen Lage festzustellen und ein entsprechendes Programm auszuarbeiten. Seitens der nicht mit Rom unierten Kirchen wird bedauert, daß es sich hier um eine rein katholische Veranstaltung handelt und eine Chance für eine erneuerte Ökumene vertan wird. Aber auch unter den katholischen Kirchen scheint die Kooperation nicht im wünschenswerten Maße zu bestehen. Jede einzelne Kirche ist auch hier mit eigenen Problemen beschäftigt. Die Zukunft der Christen im Libanon wird davon abhängen, ob es den kirchlichen Hierarchien und den christlichen Politikern gelingen wird, den Libanon so mitzugestalten, daß die Christen eine langfristige Zukunftsperspektive haben und ihren pastoralen, materiellen und spirituellen Bedürfnissen entsprochen wird.

Jordanien

Obwohl das Königshaus von Jordanien den Christen immer wieder zusichert, daß sie gern gesehene Bürger sind, konnte dies die Auswanderung der Christen nicht aufhalten. Die ökumenische Zusammenarbeit unter den Christen ist kaum entwickelt, obwohl eine gute Zusammenarbeit angesichts der islamischen Umwelt von großer Bedeutung wäre. Seitens des Staates wurden durch die Königliche Akademie seit 1984 Treffen zwischen Muslimen und Christen organisiert, zuerst mit den Anglikanern, dann mit den Orthodoxen und schließlich auch mit den Katholiken, aber innerhalb des Landes ist kaum ein Dialog auf lokaler Ebene in Gang gekommen. Die Aktivitäten der Kirche beschränken sich auf die Pastoral und den Schuldienst.

Palästina/Israel

Die alten, einheimischen großen Pilgerstätten werden von einzelnen christlichen Gemeinden gehütet, die streng darauf achten, daß ihre Privilegien und Rechte erhalten bleiben. Hier ist der Argwohn der Christen untereinander am größten. Die Hierarchie steht nicht immer im besten Ansehen beim Kirchenvolk. Ihr wird vorgeworfen, daß sie sich mehr um ihre althergebrachten Privilegien und um Pilger kümmert, als um die aktuelle Not der Gläubigen. So wird in letzter Zeit der Ruf nach einer Arabisierung der Kirche immer lauter. Die Anglikaner haben damit begonnen, die Lateiner sind auf dem Weg, aber bei der größten Kir-

Der Ausschnitt aus einer koptischen Holzschnittarbeit zeigt den Einzug Jesu in Jerusalem. Koptisches Museum, Kairo.

Die Georgskirche von Lalibela/Äthiopien, die im 12. Jahrhundert zur Gänze aus dem Felsen herausgehauen wurde.

che, der griechisch-orthodoxen, ist eine Reform und Arabisierung noch kaum in Gang gekommen.

Seit wenigen Jahren entsteht eine neue palästinensische Theologie. Haben bis in die Zeit der Intifada die Palästinenser die Errichtung des Staates Israel und die Besetzung Palästinas als ein völkerrechtliches und weniger als ein religiöses Problem betrachtet, so hat sich dies mit der fortgesetzten religiösen Begründung des Rechts Israels auf dieses Land gewandelt. Eine palästinensische Befreiungstheologie, die noch in den Anfängen steckt, versucht die religiöse Argumentation Israels und einiger westlicher Christen zu entmythologisieren. Dabei steht das Alte Testament, die Heilige Schrift der Christen und der Juden, mit dem Versprechen Gottes, das Land seinem Volk Israel zu geben und die Philister, die Ahnen der Palästinenser, zu vertreiben, im Mittelpunkt. Dieser neuen Theologie geht es um das richtige Verständnis der alttestamentlichen Verheißungen im heutigen religiösen Kontext. Den Befreiungstheologen Lateinamerikas, Asiens und Afrikas wirft sie den gedankenlosen Umgang mit biblischen Themen wie »Exodus« und »verheißenes Land« vor. Dabei suchen diese palästinensischen Theologen, in den Dialog mit den westlichen Christen zu treten, und wünschen, an den Gesprächen zwischen Christen und Juden teilzunehmen. Sie rufen zu einer starken Ökumene der Kirchen im Kampf um das Recht der Christen auf. Mit den Muslimen sehen sie sich im Kampf um die gemeinsame Befreiung Palästinas verbunden. *Harald Suermann*

Syrien

In Syrien ist ein altes Christentum bodenständig, das sich auf die direkte Nachfolge der Apostel Petrus und Paulus zurückführt. Die Zahl der Christen beträgt etwa 1–2 Millionen. Davon sind 1–1,5 Millionen griechisch-orthodox, 200 000 – 300 000 syrisch-orthodox sowie 80 000 Anhänger griechisch-katholisch. (Zahlenangaben sind problematisch)

Patriarchatssitz der griechisch-orthodoxen Kirche von Antiochia ist Damaskus, die Kirchensprache arabisch mit einigen griechischen Teilen, der Ritus byzantinisch. Gemeinden bestehen außer in Syrien im Libanon, Jordanien, Israel, in den besetzten Gebieten, in der Türkei, im Irak, in Afrika, Amerika, Australien und Europa. Seit 1979 ist Ignatius Hazim Patriarch.

Die Kirche arrangierte sich schon früh mit der islamischen Staatsmacht, stand aber in Konkurrenz zur byzantinischen Reichskirche. Dagegen war die Zusammenarbeit mit den Muslimen meistens gut und blieb es bis heute. Michel Aflaq, einer der Gründer der Baath-Partei, gehörte der griechisch-orthodoxen Kirche an. Einige Mitglieder sind

Minister, Provinzgouverneure und in anderen Führungspositionen. Auch in der Wirtschaft spielen Griechisch-Orthodoxe eine bedeutende Rolle. Ihre Zentren liegen hauptsächlich in Damaskus (BabTuma), in Mittelsyrien bei Hama, im Raum Aleppo und in den Küstenstädten. Bis heute sind einige Wallfahrtsklöster erhalten. Patriarch Hazim bemüht sich um die Einheit der Kirchen im Orient, besonders im »Middle East Council of Churches«, und um gute Beziehungen zu anderen orthodoxen Kirchen. Eine wichtige Kraft der geistigen Erneuerung stellt die orthodoxe Jugendbewegung dar, aus der Theologen, Professoren, Schriftsteller und Publizisten hervorgingen.

Trotz ihrer relativ günstigen Situation in Syrien leidet auch die griechisch-orthodoxe Kirche hier an der Auswanderung ihrer Mitglieder vorwiegend aus wirtschaftlichen Gründen. Sie sehen auch in der engen Anbindung an das gegenwärtige Regime eine Gefahr. Doch ist die Kirche trotzdem, besonders durch ihren Rückhalt in Klerus und Kirchenvolk, ein wichtiger Faktor in der Gesellschaft Syriens.

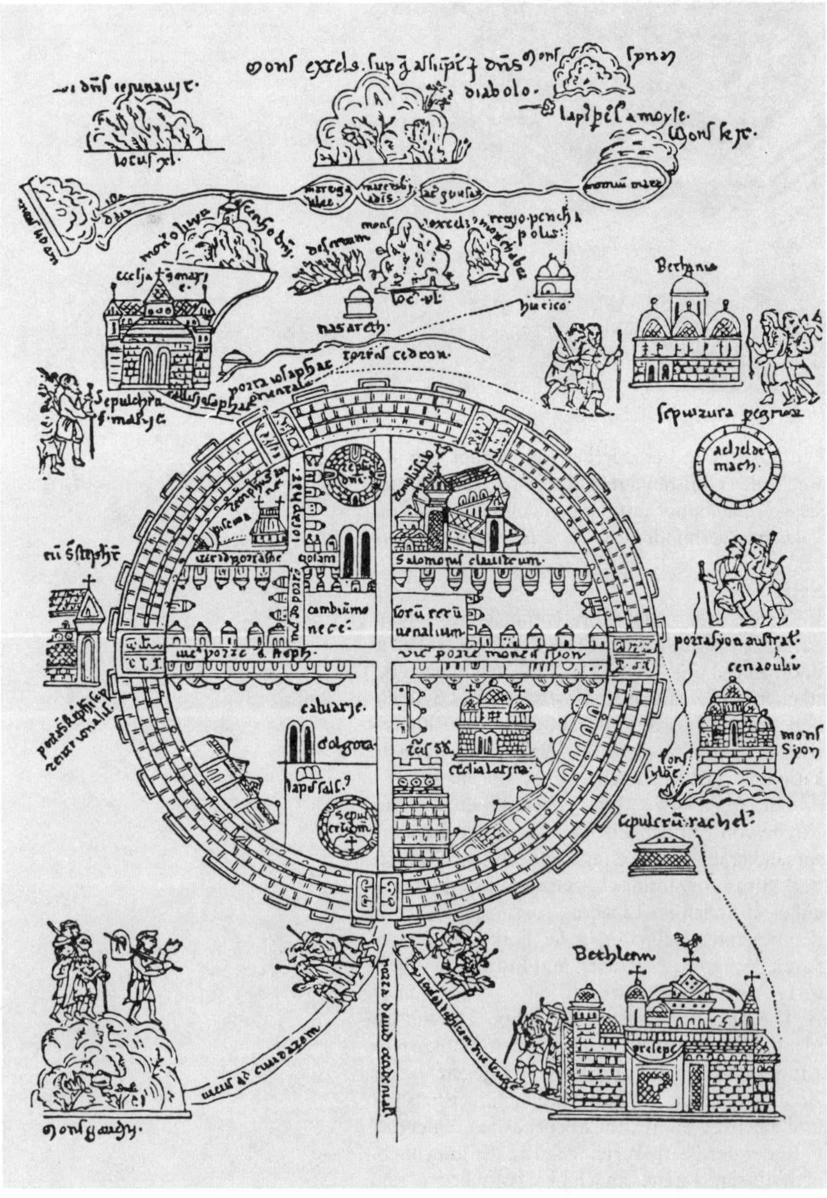

Der Plan der Stadt Jerusalem mit ihren Heiligtümern in einer Handschrift des 12. Jahrhunderts. Außerhalb der Stadtmauern sind andere in der Heiligen Schrift erwähnte Stätten wie Bethlehem (unten) und Pilger eingezeichnet. Zeichnung in einer zwischen 1250 und 1259 entstandenen Handschrift der Schule von Matthew Paris. British Library, London.

Auch die syrisch-orthodoxe Kirche von Antiochia ist in Syrien heimisch; sie hat apostolischen Ursprung. Sie hat Anhänger vor allem in Damaskus, um Homs herum, in Aleppo und in der Gezira bei Hassake und Kamischli. Kirchensprache ist syrisch-aramäisch. Seit 1980 ist Ignatius Sakka I. Iwas Patriarch. Gemeinden bestehen außerdem im Libanon, in Jordanien, im Irak, in der Türkei, in Europa, Amerika und Australien. Diese Kirche, im Abendland unter dem Namen »westsyrisch-monophysitisch/jakobitisch« bekannt, wurde wegen theologischer Unstimmigkeiten 451 im Konzil von Ephesus verurteilt und führte seitdem ein von der übrigen Christenheit getrenntes intensives Eigenleben mit hohen Kulturleistungen. Ihr Verhältnis zur gegenwärtigen Regierung ist sehr gut; einige hohe Beamte sind syrisch-orthodox. Zur übrigen Christenheit bestehen heute gute Beziehungen.

Die griechisch-katholische Kirche/Melkiten stammt aus einer Union mit Rom. Patriarch ist Naximos V. Hakim mit Sitz in Damaskus, Libanon und Alexandria. Melkiten leben außer in Syrien hauptsächlich im Libanon, in Jordanien, Palästina, Amerika und Australien. Ihre Kirche, vor allem durch Dialog-Bemühungen mit dem Islam bedeutend, hatte einen besonderen Anteil an den Reformen des Zweiten Vatikanischen Konzils.

Die syrischen Katholiken trennten sich im 18. Jahrhundert von der syrisch-orthodoxen Kirche und schlossen sich in einer Union an die römische Kirche an; sie behielten Kirchenordnung, Liturgie und Kirchensprache bei. Von insgesamt 100 000 in der Welt verstreuten Anhängern leben etwa 30 000 in Syrien. Der Patriarch, seit 1967 Ignatius II. Hajek, residiert in Beirut.

Die Heilige Apostolische Katholische Assyrische Kirche des Ostens gehört zum ostsyrischen Kulturkreis und führt sich auf den Apostel Thomas und die heiligen Thomas, Thaddäus, Mari und Aggai zurück. Von den etwa 150 000 Anhängern im Irak, Iran, Libanon, Nord-Amerika und Australien leben etwa 12 000 in Syrien, hauptsächlich im Nordosten bei Hassake und Kamischli, wohin sie im Ersten Weltkrieg und danach aus der Türkei und dem Irak flüchteten. Catholicos Patriarch Mar Dinkha IV., Führer der größeren Fraktion der geteilten Kirche, residiert in Chicago, zeitweise auch in Teheran, sein Gegenpart Patriarch Mar Addai in Bagdad.

Diese Kirche, unter den Namen Nestorianische, Ostsyrische, Apostolische Kirche des Ostens seit dem frühen Mittelalter bekannt, war einst die größte Missionskirche von Zypern bis nach Indien und China hin. In Syrien ist sie unbedeutend.

Die chaldäische Kirche entstand aus der nestorianischen im 19. Jahrhundert durch eine Union mit Rom. Mit ihrer Ursprungskirche teilt sie Verbreitung, Sprache und Liturgie. Von insgesamt einer Million Anhängern leben ca. 5 000 in Syrien, wo sie kaum Einfluß haben.

Zur Armenisch-Apostolischen Kirche (orthodoxe, gregorianische) bekennen sich etwa 200 000 Anhänger, hauptsächlich in Damaskus, Aleppo und in der Jezire (Kamischli, Hassake). Sie gehören zum Katholikat von Edschmiadzin. Ihr Ursprung liegt in der Süd-Türkei, von wo sie im Ersten Weltkrieg flüchteten. Ihre Lage in Syrien ist zufriedenstellend; besonders im Wirtschaftsleben sind sie erfolgreich.

Die armenisch-katholische Kirche zählt etwa 25000 Anhänger in den gleichen Regionen. Ihre Kirche schloß sich nach verschiedenen Versuchen im 19. Jahrhundert endgültig in einer Union an die katholische Kirche an. In ihrer Tradition führen sich die orthodoxen und katholischen Armenier auf den Apostel Thomals und die Heiligen Thaddäus und Boromäus zurück.

Als Gründer ihrer Kirche wird Gregor der Erleuchtete (um 300) verehrt. 301 führte König Tiridates III. das Christentum in Armenien als Staatsreligion ein. Im 5. Jahrhundert schuf der Mönch Mesrop das armenische Alphabet, das auch bei den Armeniern in Syrien neben dem arabischen verwendet wird. Seit dem 5. Jahrhundert, dem Zusammenbruch des vorläufig letzten armenischen Staates, gelten die armenischen Kirchen (Orthodoxe, Katholiken und Protestanten) heute als die einzigen Vertreter des armenischen Volkes.

Verschiedene abendländische Kirchen sandten ihre Missionare zu Beginn des 19. Jahrhunderts in den Orient: Anglikaner, Lutheraner, Baptisten, Presbyterianer, Reformierte und andere. In Syrien leben heute etwa 3000 Protestanten verschiedener Kirchenzugehörigkeit. Insgesamt gehören in Syrien und im Libanon 25000 Christen der Nationalen Synode von Syrien und dem Libanon an. Ihre Zentren liegen in Aleppo und Beirut.

Die herrschende Baath-Partei in Syrien verfolgt eine laizistische, areligiöse Politik, und es besteht Religionsfreiheit, jedoch werden alle Aktivitäten der Kirche wie auch der anderen Religionsgemeinschaften, streng überwacht. 1967 wurden alle privaten Schulen der Religionsgemeinschaften nationalisiert. Auf Protest der katholischen Kirche hin wurde 1974 der private Charakter aller von den verschiedenen Religionsgemeinschaften betriebenen Schulen erneut anerkannt. Nach der Schließung der Schulen allerdings haben sich die Kirchen zusammengeschlossen und einen gemeinsamen Katechismus erarbeitet. 1984 wurde zwischen dem Papst und dem syrisch-orthodoxen Patriarchen eine Übereinkunft über gegenseitige Hilfe in der Pastoral und gegenseitige Anerkennung der Sakramente unterzeichnet. Die ökumenische Arbeit soll nun noch einen Schritt weiter gehen. Man hat ein Grundstück gekauft, um ein alle Riten verbindendes, gemeinsames Priesterseminar zu bauen. Der interreligiöse Dialog ist noch sehr unterentwickelt. Zwar leben Christen und Muslime friedlich nebeneinander, und es gibt Orte, an denen Christen und Muslime beten, wie das griechisch-orthodoxe Kloster Saydnaya (Marienwallfahrtsort) und die Omaiyaden-Moschee in Damaskus, wo das Haupt Johannes des Täufers verehrt wird; aber ein offizieller theologischer Dialog zwischen den beiden Religionsgemeinschaften findet nicht statt.

Irak

(siehe auch Syrien: Syrische Orthodoxe, Syrische Katholiken, Chaldäer, Armenier)

Der Irak ist die Heimat des ostsyrisch/aramäischen/assyrischen Christentums. Heute leben im Irak etwa eine Million Christen, die hauptsächlich der chaldäischen (ca. 700000; Patriarchatssitz Bagdad), der apostolischen, katholischen assyrischen Kirche des Ostens (ca. 80000, Patriarchatssitze Chicago und Bagdad), syrisch-orthodoxen (ca. 60000), syrisch-katholischen (ca. 50000) und armenisch-orthodoxen (ca. 20000) Kirche angehören. Die ersten christlichen Gemeinden sind im ersten Jahrhundert in Nord-Mesopotamien bezeugt. In den ersten Jahrhunderten wuchs ihre Zahl rasch an, gleichzeitig erlitten sie schwere Verfolgungen unter persischer Herrschaft. Erst nach ihrer Trennung von der übrigen Christenheit im Konzil von Ephesus (431) nahm die Kirche einen großen Aufschwung, der auch in der islamischen Zeit anhielt. Der Tatarenstrum um 1400 verursachte ihren Niedergang, der sich auch in Spaltungen äußerte. Trotzdem hielt sich ein lebendiges Christentum mit ostaramäischer Kirchensprache, die aber in den Großstädten oft vom Arabischen abgelöst wird, bis heute im Nord-Irak (Mosul), in den Ölindustriestädten, in Bagdad und Basra. Nach dem Ersten Weltkrieg erlebten die Christen im Irak unter der englischen Mandatsherrschaft einen Aufschwung, der wegen ihrer Bedeutung als Fachkräfte in der Ölindustrie, in Handel, Verkehr, Kultur und Wissenschaft auch unter der Monarchie und der Herrschaft der Baath-Partei bis heu-

Ein Kreuzritter, der für den bevorstehenden Kreuzzug den Segen Gottes erbittet. Ein Engel (rechts oben) hält den schützenden Helm bereit. Federzeichnung in einer zwischen 1250 und 1259 entstandenen Handschrift der Schule von Matthew Paris. British Library, London.

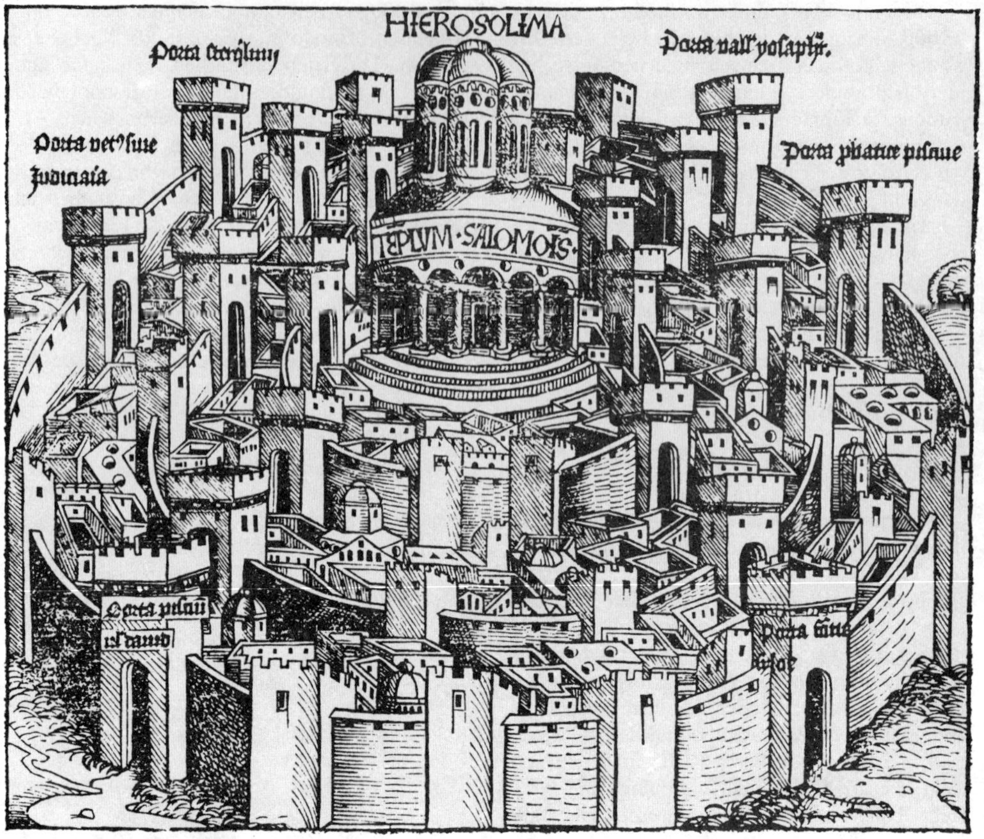

Die Darstellung Jerusalems mit dem Tempel Salomos im Zentrum wurde als Idealbild einer Stadt in die Weltchronik Hartmut Schedels, die 1493 in Nürnberg gedruckt wurde, aufgenommen.

te anhält. Der stellvertretende Ministerpräsident ist 1992 ein chaldäischer Christ. – Im Nord-Irak litten die Christen dagegen schon seit 1000 Jahren unter dem Druck kurdischer Stämme, die sie aus ihren Heimatgebieten weitgehend verdrängten. Als gleichberechtigte Staatsbürger leisteten die Christen im Irak in den beiden Golfkriegen einen hohen Blutzoll. Jahrzehntelange Auswanderung nach Amerika und Australien hat das Christentum im Irak geschwächt.

Etwa 40 000 – 60 000 Mandäer (nach eigenen Angaben) leben in den irakischen Städten Bagdad, Amara und Basra. Sie sind auch unter dem Namen »Sabäer« bekannt und führen sich auf Johannes den Täufer zurück. Ihre Religion ist synkretistisch und weist auch zoroastrische Elemente auf. Taufe und Buße sind von zentraler Bedeutung und werden im Leben eines Mandäers mehrfach zelebriert, zum Beispiel auch bei Hochzeiten. – Im Irak gehören viele Mandäer dem Mittelstand an, besonders als Gold- und Silberschmiede und Beamte. Zur jeweiligen Regierung stehen sie positiv.

Iran

Im Iran leben heute etwa 150 000 – 200 000 Christen; jedoch ist ihre Zahl schlecht abzuschätzen, weil eine starke Auswanderung nach der iranischen Revolution von 1979 stattfand.

Die größte Gruppe bilden die etwa 100 000 Armenier, die vorwiegend der orthodoxen/gregorianischen Kirche angehören. Ihre Heimat liegt im Nord-Iran an der türkischen und der ehemals sowjetischen Grenze. Im 16. Jahrhundert wurden mehrere 10 000 Armenier unter Schah Abbas dem Großen zwangsweise in den Raum Esfahan in Mitteliran umgesiedelt, wo heute noch größere Gruppen leben. Ihre Hauptwohngebiete liegen heute in Teheran und in den Ölindustriestädten Abadan und Ahwaz sowie im Raum Tabriz und Urmia im Norden. Die armenisch-orthodoxe Kirche des Iran erkennt die Jurisdiktion des Katholikats von Antelias/Libanon an.

Naturgetreuer als bei Schedel wirkt die Ansicht Jerusalems, die als Holzschnitt dem 1483 von Bernhard von Breydenbach verfaßten Reisebericht »Die Reise ins Heilige Land« beigegeben wurde. Der islamische Felsendom wird als Tempel Salomos bezeichnet.

Qalaat Seman, Kloster des heiligen Symeon Stylites d. Ä., Syrien, um 470.

Armenier sind im Wirtschafts- und Kulturleben des Iran noch von Bedeutung. Im Parlament werden sie durch einen Abgeordneten vertreten. Auch behielten sie – mit Einschränkung – ihre Schulen, Clubs und Krankenhäuser. Armenisch wird vom Staat zugunsten des Persischen in ihren Schulen zurückgedrängt. Sonst gelten sie als gleichberechtigte Staatsbürger mit Religionsfreiheit. Im 1. Golfkrieg leisteten viele Armenier Kriegsdienst und erlitten hohe Verluste.

Die Heilige Apostolische Katholische Assyrische Kirche des Ostens, bis um 1400 eine der bedeutendsten Kirchen der Welt, zählt heute im Iran kaum 50 000 Anhänger. Zusammen mit den noch etwa 15 000 katholischen Chaldäern und protestantischen Assyrern stellt sie einen Abgeordneten im Parlament. Die Anhänger der Kirche des Ostens bezeichnen sich im Iran meist als »Assyrer«. Sie leben hauptsächlich in Teheran, am Urmia-See und in den Ölindustriestädten Abadan und Ahwaz. Viele sind in der Ölindustrie und im Transportwesen beschäftigt. Sie haben eigene Schulen und Clubs. Als ältester christlicher Bevölkerungsgruppe im Iran, deren Tradition ins 1. Jahrhundert zurückgeht, wird ihr auch ihre eigene ostaramäische Sprache zugebilligt. Wegen der ungünstigen Lebensverhältnisse im Iran wandern die Assyrer weiterhin beständig nach Amerika und Australien aus.

Die iranischen Protestanten gehören einer Reihe von Kirchen an (assyrisch-presbyterianische, Adventisten, Baptisten), die unter den assyrischen Christen missionierten, heute aber kaum 5 000 Anhänger zählen. Mit der rivalisierenden anglikanischen Kirche schlossen die amerikanischen Missionskirchen nach dem Ersten Weltkrieg ein Abkommen, das den 34. Breitengrad als Grenze zwischen den Aktivitäten der Kirchen festlegt. Auf diese Weise entstand das anglikanische Bistum von Esfahan, dessen Anhänger aus Armeniern und muslimischen Konvertiten bestehen. Wegen ihrer Beziehungen zu den ausländischen Mutterkirchen und des im Islam verbotenen Proselytentums werden die Anhänger der »Persischen Kirche« seit der Revolution verfolgt und stehen deshalb vor der Auflösung. Auch die lateinische Kirche, die auf mehrere Ordensmissionen zurückgeht, ist wegen ihres ausländischen Ursprungs fast aufgelöst. So ist das einst bedeutende Christentum des persischen Reiches bis auf kleine Reste zusammengeschmolzen.

LITERATUR: Otto Frederick Meinardus: Christian Egypt, Ancient and Modern. 2. Aufl., Kairo 1977. – C. Detlef, G. Müller: Geschichte der orientalischen Nationalkirchen. Göttingen 1981 (= Die Kirche in ihrer Geschichte. Bd. 1, Lieferung D 2). – Les Chrétiens du Monde Arabe. Problématiques actuelles et enjeux. Paris 1989 (Actes du colloque des CMA à Paris, Septembre 1987). – Kenneth Cragg: The Arab Christian. A History in the Middle East. London 1992. – Naim S. Ateek, Marc H. Ellis, Rosemary Radford Ruether (Hg.): Faith and the Intifada. Palestinian Christian Voices. New York 1992. *Helga Anschütz*

Afrika südlich der Sahara

Allgemeines

In Nordafrika war das Christentum schon in den ersten Jahrhunderten seiner Geschichte stark unter den Berbern entlang der Küste des Mittelmeeres verbreitet und brachte so bedeutende Theologen hervor wie Tertullian (gest. nach 220), Cyprian (gest. 258) und Augustinus (gest. 430). Das Zentrum dieser Region, die eine Provinz des Römischen Reiches war, lag in Karthago (heute: Tunis). Unter dem Ansturm der muslimischen Araber im 7. Jahrhundert wurde das Christentum in Nordafrika völlig ausgelöscht. Der Islam wurde zur Volksreligion im Gebiet um die Sahara und die Nubische Wüste herum. Auch neuere Missionsversuche haben dort nur zur Bildung kleiner Gemeinden geführt.

Äthiopien pflegte schon lange intensive Kontakte zum Judentum. Nach der Überlieferung soll

Desmond Mpilo Tutu
Desmond Mpilo Tutu wurde am 7. Oktober 1931 in Klerksdorp geboren. Zunächst besuchte er Missionsschulen, bis er von 1945 bis 1950 Schüler an der Johannesburg Bantu High School wurde. 1953 erhielt er sein Lehrerdiplom am Pretoria Bantu Normal College und erwarb ein Jahr später seinen Bachelor of Arts (B. A.). Während seines Studiums kam er mit dem Politiker Robert Sobukwe, dem ersten Präsidenten des Panafrikanischen Kongresses, in Kontakt. Nach einer dreijährigen Lehrtätigkeit an der Munsieville High School in Krugersdorp trat er in das Theologische College St. Peter ein und wurde 1961 zum Geistlichen ordiniert.

Nach einem Studienaufenthalt in England, wo er 1966 seinen »Master« der Theologie erwarb, war er sechs Jahre lang Dozent, unter anderem an den Universitäten von Botswana, Lesotho und Swaziland.

Während er der schwarzen Bewußtseinsbewegung eher zurückhaltend gegenüberstand, empfand er dennoch Sympathie für deren Vertreter. Er beschäftigte sich intensiv mit dem Einfluß dieser Philosophie auf die Theologie und gehört damit zu den Vordenkern der südafrikanischen Befreiungstheologie.

Nach einem weiteren Aufenthalt in England wurde Tutu 1975 zum Bischof von Lesotho ernannt und drei Jahre später in das Amt des Generalsekretärs des Südafrikanischen Kirchenrats berufen (1978–1985). Vor allem setzte er sich dafür ein, die Weltöffentlichkeit auf die Ungerechtigkeiten hinzuweisen, denen die schwarze Bevölkerung infolge der Apartheidspolitik ausgesetzt war. An den Justizminister schrieb er folgenden Brief: »Herr Minister, wir müssen Sie daran erinnern, daß Sie nicht Gott sind. Sie sind nur ein Mensch. Eines Tages wird Ihr Name lediglich ein undeutliches Gekritzel auf den Seiten der Geschichte sein, während der Name Jesu Christi, des Herrn der Kirche, für immer leben wird.«

Während eines Aufenthalts in Amerika (1984) erfuhr er, daß ihm der Friedensnobelpreis verliehen worden war. Er nahm ihn stellvertretend für alle diejenigen an, die

der erste König von Aksum, Menelik I., ein Sohn des Königs Salomo und der Königin von Saba gewesen sein und bei seiner Flucht die Bundeslade aus dem Tempel von Jerusalem mitgenommen haben. In Äthiopien wirkten die christlichen Missionare Ädesius und Frumentius (der später der erste Bischof von Aksum wurde), und um 340 machte König Ezena das Christentum orthodoxer Prägung zur Staatsreligion. Bereits im 7. Jahrhundert gab es dort eine stark jüdisch geprägte christliche Literatur im Altäthiopischen (Ge'ez); auch der Kult weist bis heute jüdische Elemente auf. Durch die arabische Invasion Nordafrikas wurde das Christentum für Jahrhunderte von ökumenischen Verbindungen abgeschnitten und hat seitdem eine eigenständige Entwicklung durchgemacht. In neuerer Zeit arbeiten dort Missionen anderer Konfessionen, werden aber von der Äthiopischen Kirche als Eindringlinge angesehen.

In Schwarzafrika, das heißt Afrika südlich der Sahara, hat sich das Christentum erst in der Neuzeit verbreitet. In diesem Gebiet ist es heute von einem schnellen und kontinuierlichen Wachstum gekennzeichnet und hat einheimische Ausdrucksformen entwickelt. Zu ersten Begegnungen kam es schon vor 1500, als die Portugiesen auf der Suche nach dem Seeweg nach Indien Afrika umsegelten und entlang der Westküste Afrikas Handelsplätze anlegten; andere europäische Nationen folgten diesem Beispiel. Die sie begleitenden katholischen Missionare konnten einige Afrikaner taufen. Aber zu Kirchenbildungen kam es damals nicht; die christlichen Sendboten wurden von der Malaria dezimiert, und der einsetzende Sklavenhandel behinderte ihre Arbeit aufs schwerste.

Auch ersten protestantischen Vorstößen im 18. Jahrhundert erging es nicht besser: Die Herrenhuter Brüdergemeine sandte Georg Schmidt zu den Hottentotten am Kap der Guten Hoffnung, wo er 1737–1742 wirkte, dann aber von der Holländischen Ostindischen Kompanie ausgewiesen wurde. Zwei Herrenhuter Missionsversuche von Guinea (1737 und 1768) scheiterten, weil alle Missionare starben.

Missionsgeschichte im 19. Jahrhundert

Zu Beginn des 19. Jahrhunderts führten Erweckungsbewegungen in Europa und Nordamerika zur Gründung neuer Missionsgesellschaften und zur Bekämpfung des Sklavenhandels. Viele frei gewordene Sklaven wurden nach Westafrika zurückgebracht und in Sierra Leone und Liberia angesiedelt; dort wurden sie von den Missionaren weiter betreut. An der Goldküste (heute: Ghana) legten Sendboten der Basler Mission und der englischen Methodisten die Fundamente für die Kirchen in dieser Region. Auch unter diesen Missionspionieren fielen viele der Malaria und dem Gelbfieber zum Opfer.

Nur im klimatisch günstigeren Südafrika konnten die Missionare damals schon tiefer ins Land vordringen bis nach Basutoland (heute: Lesotho). In Ostafrika unternahmen einzelne Missionare um die Mitte des 19. Jahrhunderts Erkundungsreisen ins Landesinnere: J. Rebmann sah als erster Weißer den Kilimandscharo, J. L. Krapf den Mount Kenya und David Livingstone den Nyassasee. Henry Morton Stanley durchquerte als erster den Kontinent von Osten nach Westen. Ihren Spuren folgend, kam im Osten eine großräumige Missionsbewegung in Gang, während die Christianisierung im Westen nur in kleinen Schritten vorankommen konnte.

Eine neue Situation entstand, als um 1880 Afrika in Kolonien unter die europäischen Staaten aufgeteilt wurde; nur Äthiopien und Liberia blieben selbständig. Unter diesem Schutzschild konnten sich die Missionen schneller ausbreiten als zuvor; zwischen 1890 und 1914 dehnten sie ihre Tätigkeit breiter aus als in den 90 Jahren zuvor. Aber die westlichen Missionare, die oft mit der Kolonialmacht identifiziert wurden, kamen mit einer Gestalt des Christentums, wie sie in der europäischen Kirchengeschichte gewachsen war, und mit ihrer Zersplitterung in Konfessionen und Sekten. So waren die Kirchen, die damals entstanden, dunkelhäutige Ableger ihrer europäischen Mutterkirchen, von denen sie nicht nur finanziell abhängig waren; sie hatten auch unter den beiden Weltkriegen des 20. Jahrhunderts zu leiden. Eine eigene Identität konnten die Kirchen erst im Zuge der politischen Unabhängigkeit ihrer Staaten nach dem Zweiten Weltkrieg finden, nachdem die Bewegung der Afrikanischen Unabhängigen Kirchen bereits seit Beginn der kolonialen Epoche Ansätze zu einheimischen Formen des afrikanischen Christentums entwickelt hatte.

Trotz aller Unzulänglichkeiten erkennen die afrikanischen Christen aber die Leistungen und Verdienste der Missionspioniere dankbar an. Die Missionare haben die wichtigste Grundlage für ein einheimisches Christentum durch ihre Bibelübersetzungen gelegt. Um die Übersetzung in die zahlreichen Stammessprachen Afrikas zu ermöglichen, war es nicht nur notwendig, die Sprachen gründlich zu erlernen; in den meisten Fällen mußte dazu auch erst eine Schriftsprache entwickelt werden, weil die Völker Afrikas in einer schriftlosen Kultur lebten. Als schwierig erwies es sich dabei zum Beispiel, die häufigen Klix- und Schnalzlaute durch lateinische oder arabische Schriftzeichen wiederzugeben. Auch mußten die Metaphern der Hebräer und Griechen durch die Bildsprache der Afrikaner ersetzt werden; durch eine wörtliche Übersetzung wäre der Sinn der Botschaft verlorengegangen. So wurde die Übersetzung des Neuen Testaments oder der ganzen Bibel in mehr als 500 Sprachen Afrikas das Lebenswerk wissenschaftlich gebildeter Missionare, die dabei auf Zusammenarbeit mit einheimischen Gewährsleuten und mit anderen Missionen im gleichen Sprachraum angewiesen waren. In den meisten Fällen wurden diese Bibeln dann auch noch in oft nur primitiv ausgestatteten Druckereien im Lande gesetzt, gedruckt und gebunden. Dadurch wurde den Afrikanern ein direkter Zugang zu den Quellen des christlichen Glaubens eröffnet und das Fundament für das Christentum im afrikanischen Kontext gelegt.

Neben der Predigt legten die Missionare großes Gewicht auf die Ausbildung. In einfachen Buschschulen wurden Kinder im Lesen, Schreiben und Rechnen unterrichtet, um die Bibel lesen zu können und sich in den veränderten wirtschaftlichen Verhältnissen zurecht zu finden. Auf diese Grundlage wurden Handwerker- und Gewerbeschulen aufgebaut, und höhere Schulen öffneten den Zugang zur Evangelisten- und Pfarrerausbildung und bald auch zum Studium an Universitäten. Auch wenn das Erziehungssystem heute weithin von staatlichen Stellen übernommen worden ist, wissen die Afrikaner es zu schätzen, daß diese Pionierarbeit eine Elite herangebildet hat, durch die es ihnen möglich wurde, die Verantwortung bei der Verselbständigung ihrer Kirchen und Nationen zu übernehmen. Und die Breitenarbeit an der Basis hat den Übergang Afrikas in die neue Zeit erst möglich gemacht.

Nicht vergessen ist auch der diakonische und karitative Dienst an Kranken und Armen. Ohne die Nächstenliebe auch praktisch zu üben, wäre die christliche Predigt unglaubwürdig geblieben. So suchten die Missionare und ihre Frauen den Armen und Kranken zu helfen, zumal sie in den traditionellen »Medizinmännern« – heute sprechen wir lieber von »Arzt-Priestern« – die Wahrer der alten Stammesreligionen sahen. Später wurden ihnen Ärzte zur Seite gestellt, um den Dienst der Heilung fachkundiger tun zu können. Aber auch in der Medizin waren die Tropenkrankheiten damals noch nicht bekannt, und viele Ärzte starben wie die Missionare an Malaria und Tropenruhr.

Die Entsendung von R. Fisch durch die Basler Mission an die Goldküste (heute: Ghana) im Jahre 1885 bezeichnet den Beginn der ärztlichen Mission in Afrika. Am bekanntesten wurde der »Urwalddoktor« Albert Schweitzer, der 1913 in Lambarene im Französischen Kongo (heute: Gabun) ein schlichtes Krankenhaus eröffnete; dort ist er auch 1965 gestorben. Krankenhäuser und Kliniken wurden aber auch an vielen anderen Orten eingerichtet; Pfleger und Krankenschwestern wurden ausgebildet, und durch vorbeugende Maßnahmen in Hygiene und Ernährung, Trinkwasserversorgung und Impfungen wurde den Afrikanern ein gesünderes Leben ermöglicht. Die Missionsärzte leisteten auch wissenschaftliche Pionierarbeit in der Erforschung der Tropenkrankheiten und in der Bekämpfung von Lepra und Blindheit. Dabei verstanden sie auch diese Arbeit nicht als akademische Übung, sondern als Teil ihrer ganzheitlichen Missionsarbeit.

Einzelne Missionare bemühten sich auch intensiv um das Verstehen der afrikanischen Stammesreligionen und Sozialstrukturen, um daraus praktische Konsequenzen für den Gemeindeaufbau in Afrika zu ziehen; so zum Beispiel der Leipziger B. Gutmann unter den Wald-Dschagga in Ostafrika oder der Hermannsburger G. Asmus unter den Zulu in Südafrika. Zu ihrer Zeit wurden sie wegen ihrer Beschäftigung mit dem »Heidentum« kritisiert. Doch mit ihren Forschungen legten sie gute Fundamente für das Gespräch mit den betreffenden Religionen, das für die Einwurzelung des Christentums in Afrika wichtig wurde.

Geschichte nach der Unabhängigkeit

Mit der politischen Unabhängigkeit Afrikas änderte sich auch etwas im Verhältnis der afrikanischen Kirchen zu ihren Missionsorden und -gesellschaften: Man spricht heute nicht mehr von Mutter- und Tochterkirchen, sondern von Partnerkirchen in Nord und Süd. Die Zahl der weißen Missionare ist drastisch zurückgegangen, nachdem einheimische Geistliche die Leitung der Kirchen übernommen haben; die meisten kommen heute als brüderliche Mitarbeiter für Spezialaufgaben, zum Beispiel in der theologischen Ausbildung, der Rundfunkarbeit oder der Großstadtmission, wenn sie von den Kirchen dazu gerufen werden. Andererseits werden im Austausch Mitarbeiter aus den afrikanischen Kirchen nach Europa und Nordamerika eingeladen, weil die alten Kirchen gern von den Erfahrungen und Einsichten der Christen in Afrika für ihr eigenes Leben lernen wollen. In jüngster Zeit stellen die Afrikaner aber diesen Begriff einer »Partnerschaft im Gehorsam« in Frage: Sind wir nicht alle Glieder der einen, weltweiten Kirche, die die Verantwortung gemeinsam zu tragen haben?

Die Einheit des Volkes Gottes auf Erden ist für die Christenheit in Afrika ein wichtiges Anliegen, und sie ist bemüht, die von den Missionaren mitgebrachten Spaltungen zu überwinden. Auf der Ortsebene wird heute schon vieles gemeinsam getan; aber die konfessionellen Blöcke lassen sich organisatorisch nicht so schnell beseitigen. Ein wesentlicher Grund dafür ist die Armut dieser Kirchen; sie sind auf finanzielle Zuschüsse ihrer besser gestellten Brüder und Schwestern angewiesen und können deshalb traditionelle Beziehungen nicht leicht aufgeben.

Zur gegenwärtigen Situation

Es lassen sich fünf Blöcke im afrikanischen Christentum aufzeigen:

1. Die Koptische Kirche mit ihrem jüdisch eingefärbten Erbe der Orthodoxie pflegt ihre Beziehungen zur Ostkirche.
2. Die Römisch-katholische Kirche hat in Afrika regionale Bischofskonferenzen unter dem Schirm eines Symposiums für Afrika und Madagaskar eingerichtet. Die Oberleitung der gesamten Hierarchie liegt weiter beim Vatikan in Rom.
3. Die Protestantischen Kirchen arbeiten in nationalen Christenräten und in der Gesamtafrikanischen Kirchenkonferenz zusammen auf der gleichen Bekenntnisbasis wie der des Ökumenischen Rates der Kirchen. Sie halten daneben aber auch Verbindungen zu den konfessionellen Weltbünden.
4. Die Evangelikale Bewegung in den Protestantischen Kirchen, die ein konservatives Missionsverständnis vertritt, bildet eine eigene weltweite Arbeitsgemeinschaft. In Afrika liegt ihr Schwerpunkt in der Auseinandersetzung mit dem Islam.
5. Die Afrikanischen Unabhängigen Kirchen sind eine Bewegung, die eine große Vielfalt von Formen aufweist und sowohl in den ländlichen Gebieten wie in den Großstädten großen Zulauf hat. Sie ist finanziell nicht vom Ausland abhängig. Organisation spielt bei ihr aber nur eine untergeordnete Rolle, und so hat sie weder auf nationaler noch auf der gesamtafrikanischen Ebene Gremien, die eine Leitung dieser nach Tausenden von Gemeinschaften zählenden spontanen »Kirche des Volkes« ausüben könnten.

Offiziell werden die Theologien der Missionskirchen mehr oder weniger an afrikanische Verhältnisse angepaßt. An der Basis wächst aber eine Afrikanische Theologie im Kontext der Kultur Afrikas. Diese wird nicht in Büchern geschrieben, sondern gepredigt und gelebt, gesungen und getanzt. Dabei handelt es sich nicht um einen Synkretismus; vielmehr werden Saiten der biblischen Botschaft zum Schwingen gebracht, die in ande-

sich der Sache des Friedens und der Gerechtigkeit verpflichtet haben. Ebenso erhielt er 25 Ehrendoktorwürden aus der ganzen Welt. Im Februar 1985 wurde er zum Bischof von Johannesburg ernannt. Immer mehr setzte er sich für Wirtschaftsaktionen gegen Südafrika als eine gewaltfreie Form des Widerstands ein. Als sich die Lage während des Ausnahmezustands immer mehr zuspitzte, traf Tutu mit einer Delegation, der auch Allan Aubrey Boesak und C. F. Beyers Naude angehörten, mit dem damaligen Premierminister Botha zusammen, um gegen die Regierungspolitik Protest einzulegen. Im April 1986 wurde Tutu, der Bischof von Lesotho (1976–1978) und von Johannesburg (1985 bis 1986) war, zum ersten schwarzen Erzbischof von Kapstadt gewählt. 1987 wurde er Präsident der »All Africa Conference of Churches«.

LITERATUR: E. Adler: Desmond Tutu. Berlin 1983. – Shelagh Gastrow: Who's Who in South African Politics. Johannesburg 1987. – Andrea Kaiser, Thomas Müller: Das neue Südafrika. Politische Portraits. Bonn 1992.

ren Teilen der Ökumene überhört worden waren. Dadurch wird das weltweite Christentum nicht pervertiert, sondern bereichert.

Schon bei den Bibelübersetzungen hatten die Missionare auf die in den Stämmen geläufigen Gottesnamen zurückgegriffen und damit einen Anknüpfungspunkt an das Wissen um einen Schöpfergott geschaffen, der überall in Afrika als höchste Autorität anerkannt wird. Er ist die Quelle der Lebenskraft und leitet souverän die Geschicke der Menschheit und jedes einzelnen. Da die Stammesreligionen Afrikas als Wegbereiter des Evangeliums verstanden werden, wird dieser Schöpfergott mit dem Gott der Bibel gleich gesetzt. So können afrikanische Christen zum »Gott unserer Vorfahren« beten. Nach ihrem Verständnis sind die Ahnen auch nach ihrem Tod weiter aktiv in der Vermittlung zwischen Gott und den Menschen; John S. Mbiti nennt die Ahnen die »Lebend-Toten«. Afrikaner erleben ihre Wirksamkeit darin, daß sie sie im Traum sehen und von ihnen Weisungen empfangen für gerechte Beziehungen zwischen den noch Lebenden untereinander und zur Natur und zu Gott.

Eine ähnliche Funktion hatte früher der Königs-Priester. Als Träger der Lebenskraft war er so wichtig wie seine Botschaft. Diese bestätigte er durch sein Leben und Handeln. Von daher bekamen die Afrikaner einen Zugang zu Jesus Christus als Gottes Inkarnation; und sie erzählen gern von den Worten und Taten seines Lebens, wie sie sie in der Bibel finden. In ihrer Verehrung des menschgewordenen Gottes vermeiden sie den Begriff »Sohn Gottes«, weil im afrikanischen Denken der Sohn immer dem Vater untergeordnet ist. Aus dem Sakralkönigtum heraus versteht man auch ihre Ehrerbietung den Geistlichen gegenüber. Nicht nur vom Bischof, auch vom ordinierten Pfarrer erwarten sie durch sein kultisch-sakramentales Handeln eine unmittelbar wirkende Übertragung der Lebenskraft.

Die Taufe vollziehen sie nach biblischem Vorbild gern »wo viel Wasser ist« durch Untertauchen. Diese Symbolik macht die Vergebung der Sünden, die vorher bekannt werden, und die Zuwendung des Heils durch Einverleibung in Christus und die Gemeinde deutlich; sie versprechen sich davon einen ganzheitlichen Schutz für ihr tägliches Leben auf Erden. Das Abendmahl wird nach biblischem Vorbild gern in der Nacht, oft unter Verwendung einheimischer Elemente gefeiert. Darauf bereiten sie sich durch Fasten und Sündenbekenntnis vor. Die Feier ist eine symbolische Darstellung des Todes Christi, der den Seinen die Sünden, die Wurzeln alles Übels, vergibt und ihnen seine Gaben austeilt, zu denen auch die ganzheitliche Heilung zählt. Traditionelle Vorstellungen von einer Geisterwelt zwischen Himmel und Erde ermöglichen den Afrikanern auch einen neuen Zugang sowohl zum Wirken des Heiligen Geistes, dessen Gaben, wie Zungenreden, Offenbarungen und Heilungen, bei ihnen auch heute noch auftreten, als auch zur Realität der Dämonen, die in Europa als psychosomatische Krankheiten erklärt werden, in Afrika aber auch heute noch durch Exorzismus ausgetrieben werden. Der Heilige Geist wird als Gottes mächtige Kraft erlebt.

Afrikaner verstehen das Heil ganzheitlich. Hatten die Missionare ihnen ein begrenztes, geistliches Heil gepredigt, so entdeckten die Afrikaner beim Lesen der Bibel eine Botschaft von einem Heil, das viel besser in ihr Denken paßte, wo keine so scharfe Grenze zwischen Religion und Alltag gezogen wurde. Bei ihnen durchdrang ihe Religion das Familienleben und den Alltag, die Kultur und die Politik. Überall ging es um die Frage nach Gut und Böse: Was fördert oder hindert die Lebenskraft unserer Gemeinschaft, die dem Einzelnen Schutz und Geborgenheit bietet? Krankheit und Tod, für die manche Sprachen nur ein Wort haben, sind ihrem Wesen nach böse, weil sie das Leben zerstören. Von diesem Ganzheitsdenken her hat die Heilung einen hohen Stellenwert im afrikanischen Christentum. Dort ist der Pfarrer zugleich auch der Heiler; nicht als dilettantischer Quacksalber, sondern im Gehorsam gegen Jesu Auftrag zu heilen. Nach der Anweisung des Apostels Jakobus wird für die Kranken gebetet, und auch wo symbolische Mittel, wie Wasser oder Öl verwendet werden, ist der seelsorgerliche Dienst, den die Gemeinde durch fürsorgende Krankenpflege ergänzt, der Kern des christlichen Heilungshandelns.

Auch andere Leiden werden in der Gemeinde geheilt; so zum Beispiel Kinderlosigkeit – denn Kinder sorgen in Afrika für ihre Eltern im Alter – oder Dürre (auf dem Lande) beziehungsweise Arbeitslosigkeit (in der Stadt), die den Lebensunterhalt gefährden. Und vom vorbeugenden Heilen bei der Hausweihe erwartet man Schutz vor Blitz und Feuer, Frieden in der Familie und in der Nachbarschaft, und Gottes Geleit und Segen.

Schließlich ist noch der starke Gemeinschaftsbezug des Glaubens in Afrika zu nennen. Afrikanischer Gemeinschaftssinn ließ Gemeinden wachsen, die sich über Familie, Sippe und Stamm hinaus für andere verantwortlich wissen und mit ihnen solidarisch sind. Doch darf Gemeinschaft nicht mit Kollektivismus gleichgesetzt werden: Die Entscheidung zum Glauben und zur Taufe ist immer eine Sache des einzelnen, die er in seiner Umwelt zu verantworten hat und die dadurch eine starke missionarische Ausstrahlung bewirkt – ein Grund für das schnelle Wachstum der Gemeinden.

Neben den kulturellen Wurzeln wird das Christentum in Afrika auch durch den politischen, wirtschaftlichen und sozialen Kontext geprägt. Auch im nun unabhängigen Afrika sind die Wunden der kolonialen Vergangenheit noch nicht vernarbt; geplünderte Urwälder und die grünen Wüsten der Sisal- und Zuckerrohrplantagen erinnern an die Jahrzehnte kolonialer Ausbeutung. Aber noch schmerzlicher war es für die Afrikaner, daß ihnen damals das Menschsein abgesprochen wurde. Darum wurde der Ruf nach afrikanischer Identität ein wichtiges Anliegen, und in diesem Sinne wurde das Christentum als Befreiung angenommen. Deshalb sind die Christen auch für soziale und politische Ziele eingetreten in dem Bewußtsein, damit dem Ruf des Evangeliums zu folgen. Zwar griffen sie nicht zu den Waffen; aber sie bildeten ein Bewußtsein von der Würde des Menschen, der nach Gottes Ebenbild geschaffen ist. In der Auseinandersetzung mit weißem Rassismus, besonders in Südafrika, entstand eine Schwarze Theologie, die von verwandten Bewegungen in Nordamerika unterstützt wurde.

Allan Boesak

Allan Boesak wurde 1945 als Sohn des Lehrers Willem Boesak geboren und verbrachte seine Kindheit in Kakamas Cape. Als sein Vater 1953 starb, zog die Familie nach Somerset West, wo die Mutter gezwungen war, sich und ihre acht Kinder allein zu ernähren. Allen Boesak zeigte schon früh Intersse an der Kirche und diente im Alter von 14 Jahren als Küster in der Dutch Reformed Sendingkerk. Gleichzeitig war seine Jugend von den Ereignissen überschattet, welche für die Farbigen zunehmende Rassendiskrimination zur Folge hatten. Denn die Machtübernahme der burischen Nationalen Partei 1948 und die Einführung der Apartheid erschwerte die Integration der farbigen Minderheit Südafrikas.

Während seines Theologiestudiums an der Universität des westlichen Kaplandes entwickelte er sich durch den Einfluß der Schwarzen Bewußtseinsbewegung zu einem fortschrittlichen Theologen. Er wurde zum Pfarrer ordiniert und studierte am Union Theological Seminary in New York, an der Freien Universität Amsterdam und an der Theologischen Hochschule in Kampen. Im Juni 1976 promovierte er als erster Theologe der »farbigen« reformierten Kirche zum Doktor der Theologie. In seiner Dissertation, bei der es sich um eine Selbstdarstellung der schwarzen Befreiungstheologie Südafrikas handelt, analysiert er das Verhältnis von schwarzer Macht und schwarzer Theologie. Während einer Rede auf der Nationalkonferenz des Südafrikanischen Kirchenrats, zu dessen Vizepräsident er 1981 gewählt worden war, rief Boesak zu zivilem Ungehorsam auf. Nach dem Vorbild der Bekennenden Kirche im Nationalsozialismus wollte er eine schwarze bekennende Kirche gründen.

Boesak gehörte auch zu den elf südafrikanischen Delegierten, die auf der Vollversammlung des Reformierten Weltbundes in Ottawa 1982 eine Resolution vortrugen. Sie würden nicht am Abendmahl teilnehmen, weil ihnen dies in ihrer südafrikanischen Heimat auch nicht gestattet sei. Allan Boesak forderte die Versammlung auf, Apartheid als

Die Afrikaner mußten aber auch erfahren, daß der Rückzug der Kolonialmächte allein noch keine Befreiung brachte, besonders wenn an ihre Stelle Militärregierungen oder Einparteiensysteme traten. Darum hat sich der sozio-politische Protest der Kirchen furchtlos auch gegen diese neuen Machthaber gewandt. So wird ihr Glaube durch den Gegenwartsbezug überzeugend.

Auf wirtschaftlichem Gebiet ist eine Unterentwicklung aus der Kolonialzeit zurückgeblieben, und die mangelnde Erfahrung auf diesem Gebiet wie die fehlende Infrastruktur haben zu einem Anwachsen des Schuldenberges und zu ökonomischer Abhängigkeit vom Ausland geführt. Diese Probleme können nur auf internationaler Ebene gelöst werden. Die Kirchen vor Ort tragen dazu durch Entwicklung bei: In ökumenischer Zusammenarbeit bemühen sich die Kirchen, unter ihren Landsleuten den Geist der Selbsthilfe zu fördern. Das geschieht meist durch kleinere Projekte, die für die Beteiligten übersichtlich sind und sie zu einer verantwortlichen Mitarbeit motivieren.

Auch andere Probleme sind noch nicht gelöst. Die herkömmliche Vielehe hat schon den Missionaren immer viel Sorgen bereitet. Durch die soziale Sanktionierung dieser Ordnung gab es in der afrikanischen Gesellschaft keine unversorgten Frauen. Die Kirchen haben dafür bis heute noch keine überzeugende Lösung gefunden. Die Neuzeit hat auch die Arbeits- und Gesellschaftsstrukturen verändert und stellt die Kirchen vor ungewohnte Aufgaben. Es geht dabei besonders um die rasche Urbanisierung, die neue Formen des Gemeindelebens braucht, und die Säkularisierung, die – wenigstens verbal – das gewohnte Ganzheitsdenken in Frage stellt.

(Vergleiche auch die Artikel »Afrikanische Gebetsheilungskirchen« und »Unabhängige Großkirchen in Afrika« im Kapitel »Neue Religionen«!)

LITERATUR: John S. Pobee: Grundlinien einer afrikanischen Theologie. Theologie der Ökumene Bd. 18. Göttingen 1981. – John S. Mbiti: Bibel und Theologie im afrikanischen Christentum. Theologie der Ökumene. Bd. 22, Göttingen 1987.

Hans-Jürgen Becken

Pakistan und Bangladesh

Zur politischen Geschichte

Nach dem Zusammenbruch der britischen Kolonialherrschaft in Indien hatte sich am 15. August 1947, dem Tag der Unabhängigkeitserklärung Pakistans, die seit 1940 erhobene Hauptforderung der All India Muslim League erfüllt: die Schaffung eines souveränen Staates für die Muslime auf dem indischen Subkontinent. Ein besonderes Problem auf dem Weg zur innenpolitischen Einigung bestand in der kuriosen geographischen Lage des neuen Staates, der in Ostpakistan und Westpakistan zerstückelt war. Verbunden waren diese beiden Landesteile nur über den Luft- oder Seeweg, denn zwischen ihnen lagen rund 1700 Kilometer indisches Staatsgebiet. Sprachliche und wirtschaftliche Konflikte zwischen West- und Ostpakistan eskalierten 1971 zu Bürgerkriegsunruhen, die mit Hilfe indischer Truppen beendet wurden und zur Gründung der Volksrepublik Bangladesh führten.

Christentum in Pakistan

In der »Islamischen Republik Pakistan« bekennen sich 97,2 Prozent der rund 105,41 Millionen Einwohner zum Islam (80 Prozent Sunniten, 20 Prozent Schiiten). Nach den Hindus, die 1,5 Prozent der Gesamtbevölkerung ausmachen, bilden die Christen mit 1,4 Prozent die drittgrößte Religionsgruppe, gefolgt von den Mitgliedern der Ahmadiya-Religion (ca. 300000), den Parsen (ca. 10000), den Buddhisten (ca. 4000) und rund 200000 Anhängern anderer, meist Stammesreligionen.

Erste Missionierungsversuche soll der Apostel Thomas zwischen 39 und 45 am Hofe König Gondopharnes in Taxila in der Nähe des heutigen Rawalpindi unternommen haben. Im späten 16. Jahrhundert begannen portugiesische Missionare ihre Mission in Lahore (Punjab) und Thatta (Sind). Erst mit dem Beginn der britischen Kolonialisierung setzte eine systematische Missionierung aller Landesteile ein.

Die Mehrzahl der Christen ist heute im pakistanischen Teil des Punjab beheimatet. Sozial und ökonomisch zählen die meisten von ihnen zu den Unterprivilegierten (Straßenkehrer, Totengräber usw.) der pakistanischen Gesellschaft mit größtenteils geringer Schulbildung. Dies mag mit ein Grund dafür sein, daß der Einfluß der Laien im kirchlichen Bereich nach wie vor sehr gering ist, jedoch versucht man diese Misere durch gezielte Aus- und Fortbildungsmaßnahmen in den Pastoralinstituten, christlichen Studien- und Katechistenzentren zu verbessern.

Die protestantischen Kirchen (unter anderem die zahlenmäßig stärkste methodistische »Kirche von Pakistan« und die »Vereinigte Presbyterianische Kirche«) sind zusammengeschlossen im »Nationalen Kirchenrat Pakistans«. Die rund 830000 Katholiken verteilen sich auf die Erzdiözese Karachi und die Diözesen Hyderabad, Multan, Faisalabad, Lahore und Islamabad-Rawalpindi, die von einheimischen Bischöfen geleitet werden. Neben der pastoralen Tätigkeit liegt der Arbeitsschwerpunkt der ca. 140 Diözesan- und Ordenspriester und der rund 600 Ordensschwestern heute im sozial-karitativen und schulischen Sektor.

Infolge der anhaltenden staatlich geförderten Islamisierungsbestrebungen (u. a. wurde 1991 von muslimischen Fundamentalisten im Parlament die »Shariat Bill« eingebracht mit dem Ziel, alle Pakistani dem islamischen Recht – *sharia* – zu unterwerfen), die nicht nur die Christen, sondern auch andere nichtmuslimische Bevölkerungsteile in ihren freien Entfaltungsmöglichkeiten treffen, sind die Kirchen besonders zum Einsatz für die Wahrung und Verteidigung der Bürger- und Menschenrechte herausgefordert. Wertvolle Arbeit wird in diesem Bereich im kirchlichen »SALT«-Programm (Social Awareness and Leadership Training) geleistet sowie in der »National Justice and Peace Commission« und der »Pakistan Association of Christian Employees« (PACE). Darüber hinaus wurde zur Verbesserung der Beziehungen zwischen Christen und Muslimen 1985 die »National Commission for Christian-Muslim Relations« gegründet.

Ketzerei zu verurteilen. Es wurde eine Resolution verabschiedet, die so lange die Suspension der Rechte der Apartheidkirchen Südafrikas beschloß, bis diese zu voller Gottesdienst- und Abendmahlsgemeinschaft mit Menschen aller Hautfarben bereit seien. Boesak wurde für sieben Jahre zum Präsidenten des Weltbundes gewählt. Zwei Jahre später wurde auf Betreiben Boesaks die Oppositionsbewegung UDF gegründet, die aber 1988 von der südafrikanischen Regierung verboten wurde. Als die weißen Machthaber 1987 zu ihren Parlamentswahlen aufriefen, führte die Zeitung »Sowetan« eine alternative Wahl durch. Ihre Leserinnen und Leser wählten neben Nelson Mandela, Oliver Tambo, Desmond Tutu und Walter Sisulu auch Allan Boesak zu einem Kandidaten ihres Vertrauens. Boesak stand im ständigen Konflikt zur Regierung. Er wurde mehrfach inhaftiert. Nur sein Kirchenamt bewahrte ihn vor der Folter und Schikane durch die Gefängnisbeamten.

Boesak war ferner Vorsitzender der ABRESCA, der schwarzen Vereinigung reformierter Christen in Südafrika. Auch wählte ihn die Weltversammlung des Reformierten Weltbundes auf weitere sieben jahre zum Präsidenten. Im Juli 1990 trat Boesak wegen eines Liebesverhältnisses von allen kirchlichen Ämtern zurück.

LITERATUR: Shelagh Gastrow (Hg.): Who's Who in South African Politics. Johannesburg 1987. – Andrea Kaiser, Thomas Müller: Das neue Südafrika. Politische Portraits. Bonn 1992.

Frank Chikane
Frank Chikane wurde 1951 in Orlando, Johannesburg, geboren und wuchs in Soweto auf. Bereits in der Schule und später in der Universität war er ein aktives Mitglied der Christlichen Studentenbewegung, die sich – ausgehend von christlichen Prinzipien – gegen die Apartheidspolitik wandte. 1974 entschloß er sich, Pfarrer in seiner Kirche der »Apostolischen Glaubensmission« (Apostolic Faith Mission) zu werden. Nachdem er kurze Zeit in der Bewegung »Christus für alle Völker« mitgearbeitet hatte, begann er, als Evangelist zu wirken. Sein Theologiestudium schloß er 1979 ab, 1980 wurde er ordiniert. Im Township Kagiso war seine erste Gemeinde. Zusammen mit dem interkonfessionellen Jugendverband baute er gleichzeitig ein Sozialzentrum auf. Während seines Pfarramtes wurde Chikane mehrfach inhaftiert und gefoltert. Ein Jahr später wurde er von der Kirche wegen seiner politischen Aktivitäten suspendiert. 1983 ernannte man Chikane zum Generalsekretär des »Instituts für Kontextuale Theologie«. Zwei Jahre später wurde er aufgrund seines Engagements für die »United Democrative Front« des Verrats bezichtigt. Frank Chikane ist seit Juli 1987 Generalsekretär des »South African Council of Churches«. Im März 1990 war er einer der Hauptredner bei der »Weltversammlung für Frieden, Gerechtigkeit und Bewahrung der Schöpfung« in Seoul. Inzwischen wird seine Stimme in vielen Teilen der Welt aufmerksam gehört.

LITERATUR: Frank Chikane: Mein Leben gehört nicht mir. London 1991 (geschrieben zusammen mit seiner Frau Kagiso).

Christentum in Bangladesh
Das Christentum kam bereits in der ersten Hälfte des 16. Jahrhunderts durch portugiesische Missionare aus Goa in das heutige Gebiet von Bangladesh; die erste protestantische Missionierung erfolgte nach 1650, als die britische East India Company sich das Handelsmonopol mit Bengalen sicherte. Trotzdem bilden die Christen in der Religionsstatistik des Landes mit 0,3 Prozent der Gesamtbevölkerung auch heute noch eine verschwindend kleine Minderheit. Sie ist in verschiedene Denominationen gegliedert: Baptisten, Anglikaner, Lutheraner, Adventisten, evangelikale Gruppen und eine Vielzahl von kleinen Unabhängigen Kirchen; mehr als die Hälfte der Christen bekennt sich zum römisch-katholischen Glauben.

Die rund 181 000 Katholiken verteilen sich heute auf insgesamt fünf Diözesen, die als Folge der Unabhängigkeit Pakistans seit 1950 eine eigene (damals ostpakistanische) Kirchenprovinz bilden mit Dhaka als Erzbistum und Chittagong, Dinajpur, Khulna und Mymensingh als Suffraganbistümern. Alle fünf Bischöfe sind Bangladeshi, mehr als die Hälfte der ca. 240 Priester sind Einheimische, und von den etwa 700 Schwestern stammen 80 Prozent aus Bangladesh. Eine wichtige pastorale Rolle spielen auch die über 1 000 gut ausgebildeten haupt- und nebenamtlichen Katechisten.

Ein besonderer pastoraler Schwerpunkt ist das Bemühen um die Inkulturation des christlichen Glaubens, wobei man besonders im liturgischen Bereich auf gemeinsame bengalische Elemente der Hindu- und Muslimtradition zurückgreift. In dem Land, dessen Bevölkerungsmehrheit muslimischen Glaubens ist (84,5 Prozent, davon 96 Prozent Sunniten; 13,5 Prozent Hindus, 0,6 Prozent Buddhisten) und der Islam 1988 zur Staatsreligion erklärt worden ist, haben die katholischen Bischöfe in ihrem nationalen Pastoralplan von 1986 den interreligiösen Dialog zur vorrangigen Aufgabe der Kirche erklärt. Der Dialog vollzieht sich auf verschiedenen Ebenen, angefangen vom täglichen »Dialogue of the bazaar« bis hin zu gemeinsamen interreligiösen Theologentreffen in eigens errichteten Dialogzentren. Als eine besonders effektive Form des interreligiösen Dialogs im Entwicklungs- und Sozialbereich hat sich die Selbsthilfebewegung »Dip-Shikha« (Lichtfunke) bewährt, in der sich unterprivilegierte muslimische, hinduistische und christliche Dorfbewohner zusammengeschlossen haben, um ihre zwischenmenschlichen Beziehungen, ihre ökonomische Situation und die sie bedrückenden ungerechten Strukturen zu verbessern. Wirkungsvolle Arbeit leistet ferner das »Bangladesh Interreligious Council for Peace and Justice«, in dem Intellektuelle aus allen Religionen und gesellschaftlichen Bereichen sich monatlich treffen, um gemeinsam nach Lösungsmöglichkeiten zur Beseitigung der brennenden Probleme des Landes, besonders der Armut, zu suchen, denn »der Dienst an den Armen ist heute der Weg des Glaubens«, wie Papst Johannes Paul II. im November 1986 in Dakha vor Vertretern des Islam, des Hinduismus und Buddhismus sagte.

LITERATUR: Klaus Beurle: Zerrissene Segel. Die Herausforderung Bangladesh. Markgröningen 1985. – James Channan: Dialogue Experience in Pakistan. In: Bulletin (1989) 71, S. 164 – 172 (Hg.: Secretariatus pro non Christianis, Città del Vaticano). – Francesco Zannini: Muslim-Christian Dialogue in Bangladesh. In: Islamochristiana 17 (1991), S. 131 – 167 (Hg.: Pontificio Instituto di Arabi e d'Islamistica, Roma). *Hans-Peter Hecking*

Indien

Als drittstärkste Religion blickt das Christentum in Indien auf eine lange Geschichte zurück. Dennoch ist es auf eine kleine Minderheit beschränkt geblieben (1981: 2,4 Prozent), die von ihm trotz seiner zahlreichen indischen Züge das Image einer Fremdreligion nicht ganz abschütteln konnte.

Statistische Angaben
Von den 21 Millionen Christen Indiens (geschätzt nach Angaben der Volkszählungen von 1981 und 1991) gehören ungefähr 12 Millionen der katholischen Kirche, 7 Millionen den evangelischen und 2 Millionen den syrisch-orthodoxen Kirchen an. Ein sehr differenziertes Bild zeigt auch die zahlenmäßige Verteilung der Christen auf die einzelnen Bundesländer und Unionsterritorien. Während viele von ihnen im Nordwesten und Norden nach dem Zensus von 1981 weniger als 0,5 Prozent aufweisen, die anderen aber auch nicht mehr als 2 Prozent (Bihar, Madhya Pradesh, Mahaharashtra, Orissa, Punjab, Westbegalen, Chandigarh, Delhi), bewegen sich im Süden die Zahlen zwischen 2 Prozent und 30 Prozent (Andhra Pradesh 2,7 Prozent, Karnataka 2 Prozent, Kerala 20,6 Prozent, Tamil Nadu 5,8 Prozent, Adamanen und Nikobaren 25,6 Prozent, Goa 29,3 Prozent, Pondicherry 8,3 Prozent) und steigen sie in den nordöstlichen Gebirgsländern auf über 80 Prozent (Manipur 29,7 Prozent, Maghalaya 52,7 Prozent, Mizoram 83,8 Prozent, Nagaland 80,2 Prozent).

Denominationen
Die breite Palette der Kirchen und Denominationen spiegelt die ausländischen Impulse, die über viele Jahrhunderte hinweg die Christenheit Indiens ins Leben riefen und stärkten, noch heute deutlich wider. Die »Thomas-Christen« folgen in ihrem Stammland Kerala und in den Großstädten alten syrischen Traditionen. Ihre Anfänge führen sie auf den Apostel Thomas zurück. Sicher nachweisbar sind sie jedoch erst im 6. Jahrhundert. Die wechselhafte Geschichte ihrer Verbindungen zu Kirchen des Westens führte zur Aufgliederung, vor allem in Nestorianer (persische Kirche), Syrisch-Orthodoxe (monophysitische Kirche von Antiochien), Katholiken (mit ostsyrischem und westsyrischem Ritus) und die Mar-Thoma-Kirche (anglikanisch Reformierte). Der römisch-katholischen Kirche – mit heute über 100 Bischofssitzen – erwuchsen weitere Zentren (mit lateinischem Ritus) besonders in den kleinen portugiesischen und französischen Kolonialgebieten des 16. – 20. Jahrhunderts (Goa, Mylapore, Pondicherry und andere) und durch die kolonialfreie Jesuitenmission in Maharashtra und Tamil Nadu. Lutheraner und Baptisten begannen, im 18. Jahrhundert jeweils von den beiden dänischen Orten Tranquebar und Serampore aus zu missionieren, ehe die britische Herrschaft weite Teile Indiens vor allem dem Einfluß von Anglikanern, Presbyterianern, Methodi-

sten und Kongregationalisten öffnete. Der größere Teil der protestantischen Kirchen vereinigte sich zur Church of South India (CSI) und zur Church of North India (CNI) in den Jahren 1947 und 1972, beide mit einer Kombination bischöflicher, synodaler und gemeindeautonomer Strukturelemente. Wie die Baptisten Südindiens, sämtliche evangelische Kirchen Nordostindiens und die bischöflich methodistische Kirche blieben alle neun lutherischen Kirchen außerhalb dieser Zusammenschlüsse, jedoch ihrerseits verbunden in den United Evangelical Lutheran Churches of India (UELCI). Von Bedeutung sind auch die Mennoniten und die Heilsarmee sowie viele kleinere Gemeindeverbände oft pfingstlerischer Prägung. Als gesamtindische Instanzen sind die Katholische Bischofskonferenz Indiens (CCBI) und für die meisten Protestanten der Nationale Kirchenrat Indiens (NCCI) einflußreich.

Soziologische Zusammensetzung

Die starke Hinwendung zum Christentum seitens der stammesreligiösen Bergvölker (Adivasis) nicht nur im Nordosten muß als Komponente eines umfassenden sozialen und kulturellen Umbruchs verstanden werden, bei dem als religiöse Alternative der ebenfalls von außen eindringende »sanskritisierende« Hinduismus abgelehnt wird. In neuerer Zeit spielen dabei der Überlebenskampf angesichts des drohenden Verlustes der Lebensräume und die Offenheit für ökologische Fragen unter den Christen Indiens eine Rolle. Noch größer ist, gesamtindisch gesehen, der Anteil einer anderen »marginalisierten« Volksschicht unter den christlichen Indern: der aus den »Scheduled Castes«. Diese Gruppe, zu der ein Achtel der indischen Bevölkerung zählt, möchte heute »Dalits« (Zerbrochene) genannt werden und nicht mehr »Harijans«. An die 75 Prozent aller Christen gehören ihr an. Meist kamen ihre Vorfahren zur Kirche gegen Ende des 19. oder Anfang des 20. Jahrhundert, motiviert durch Aussicht auf Bildung, wirtschaftlichen Aufstieg, Menschenwürde und eine neue religiöse Sinngebung. Ihr Zusammenleben mit Gliedern aus »höheren« Kasten der indischen Geburtshierarchie in einer neuen, grundsätzlich egalitär verstandenen Gemeinschaft bildet eines der Grundprobleme aller Kirchen Indiens.

Das gut ausgebaute kirchliche Schulwesen hat nicht nur einen hohen Prozentsatz von Christen unter den Gebildeten geschaffen, sondern auch zusammen mit den sozialen und medizinischen Tätigkeiten der Kirchen – gefördert durch die staatliche Gesetzgebung zum Schutz religiöser Minderheiten – dazu beigetragen, daß das Christentum sich in vielen Landesteilen einer öffentlichen Beachtung erfreut, die seine numerische Stärke bei weitem übersteigt. Dies zeigt sich auch im Phänomen der sogenannten »unbaptized believers«, das heißt Sympathisanten Jesu, die aus kirchenkritischen Gründen oder aus Rücksicht auf Bindungen an Familie und Kaste einen offiziellen Religionswechsel ablehnen. In manchen Gegenden zählen dazu besonders Frauen – eine Gesellschaftsgruppe, die allgemein im sozialen Wandel von christlichen Impulsen stärker erfaßt wurde.

Verhältnis zu anderen Religionen

Der durchschnittliche indische Christ andererseits lebt seit alters im Bewußsein der Abgrenzung von den Vertretern anderer Religionen. Daß er von seiner meist hinduistischen Umgebung nicht unerheblich beeinflußt ist – etwa im Blick auf die gruppenbezogene Auffassung seiner Rolle in der Gesellschaft, auf das betont rituelle Verständnis des kirchlichen Amtes oder auf landesübliche Sitten und Gebräuche – wird ihm selten klar. Vermehrt kommt es jedoch in jüngster Zeit zur bewußten dialogischen Begegnung, nicht nur auf akademischer Ebene. Es bilden sich interreligiöse Gruppen und Zentren – vorwiegend aus Hindus, Muslimen und Christen – oft mit gemeinsamer sozialer Zielsetzung oder zur Versöhnung nach gewalttätigen Auseinandersetzungen. Eine belastende Irritation jedoch geht von der staatlichen Regulierung zur Förderung der »Scheduled Castes and Tribes« aus. Sie schreibt Quoten für Arbeits- und Studienplätze sowie für Abgeordnetensitze für diejenigen Dalits vor, die sich als Hindus oder Sikhs erklären. Von christlichen Dalits wird angenommen, daß sie in ihrer Kirche wirtschaftliche Vorrechte genießen. Dies trifft für die meisten von ihnen heute nicht zu, auch wenn die Kirchen einzelnen mit Jobs aushelfen können. An dieser Stelle möchte der politische Hinduismus den Religionswechsel erschweren oder sogar zum Hinduismus »rekonvertieren«. Demonstrationen und Petitionen christlicherseits für eine Gleichbehandlung im Sinne der offiziell geltenden säkularen Staatsidee bleiben ohne Erfolg. (Vergleiche auch das Regionalkapitel »Hinduismus in Indien«!)

Theologische Strömungen und künstlerisches Schaffen

Die indische Theologie hat sich zunächst am Gespräch mit dem brahmanischen Hinduismus orientiert. Den christlichen Glauben versuchte man, in den Denk- und Frömmigkeitskategorien der Philosophien des Vedanta (zum Beispiel Brahmabandhab Upadhyaya und Raymond/Raimon Panikkar) oder des Bhakti Marga, das heißt der Hingabe an einen persönlichen Gott (zum Beispiel V. Chakkarai und A. J. Appasamy) zu begreifen. Diese Richtungen haben weniger in den Ortsgemeinden prägend gewirkt als in christlichen ashrams, in klösterlichen Gemeinschaften und Einkehrstätten. Mehr in Forschungs- und Aktionszentren beheimatet waren bald die sozialtheologischen Ansätze derer, die den revolutionären Humanismus des geschichtlichen Jesus in den Vordergrund stellten und damit auf Anliegen des Neuhinduismus eingingen (zum Beispiel M. M. Thomas und S. Kappen). Sie stellten die Weiche zur gegenwärtigen indischen Befreiungstheologie, die im Unterschied zur lateinamerikanischen weniger marxistischer Sozialanalyse verpflichtet ist, weil sie sich auf den religiösen Pluralismus Indiens und das hinduistische Kastensystem beziehen muß. Sie will sich auf dem Boden einer gemeinsamen indischen Spiritualität entwickeln (zum Beispiel M. Amaladoss und Felix Wilfred), was unter anderem Indien den Vorwurf einträgt, »Epizentrum« religionstheologisch unorthodoxer Tendenzen zu sein. Dagegen wendet sich die Dalittheologie entschieden von den brahmanischen Traditionen ab. In ihr wird die Bibel radikal von den Unterdrückungserfahrungen der »Kastenlosen« her interpretiert, deren Parteigänger der Gott Abrahams und Jesu ist (Arvind Nirmal) –

Bede Griffiths

Bede Griffiths wurde am 17. Dezember 1906 geboren. Im Dezember 1932 trat er in die katholische Kirche und im Januar 1933 in den Benediktinerorden ein. Im März 1940 wurde er zum Priester geweiht. Zehn Jahre später siedelte er nach Indien über. Indien verhalf dem Pater dazu, seine eigene christliche Spiritualität zu vertiefen und stärker als bisher aus den mystischen Traditionen des Abendlands und Indiens zu schöpfen. Obwohl sein Denken in der katholischen Frömmigkeitstradition verankert blieb, war er als »interreligiöse Persönlichkeit« auch gegenüber hinduistischen Glaubenselementen aufgeschlossen. Ihm ging es um die Verbindung zwischen Ost und West: von Ratio und Intuition, von Männlichem und Weiblichem:

»Der Mann muß in der Frau seine Entsprechung finden und die Frau ihre männliche im Mann. Nur dann kommt die menschliche Natur zu ihrer Vollendung.« Bede Griffiths geht es um Harmonie und Ausgleich zwischen Menschen, Religionen und mit der Natur.

Er gehörte mit zu den Gründern des Kurisumala Ashrams (1958) und übernahm 1968 die Leitung des Shantinavam – (»Wald des Friedens«) Ashrams, wo er fortan lebte. Das Leben im ashram basierte auf den Ordensregeln des heiligen Benedikt. Gleichzeitig folgte man den Traditionen und Gebräuchen der Hindus. Zum Beispiel trugen die Gläubigen den kavi, das safranfarbene Gewand der hinduistischen sannyasins (»diejenigen, die der Welt entsagt haben«). Neben Psalmengebet und Schriftlesung wurden Sanskritgesänge gepflegt. Ebenfalls übte man sich im Yoga. Im Laufe der Jahre wurde der ashram zu einem Gebets- und Meditationszentrum, zu dem religiössuchende Menschen aus der ganzen Welt strömten. Bede Griffiths verfaßte verschiedene Schriften: »Rückkehr zur Mitte« (englisch 1976, deutsch 1987) und »Leben im christlichen Ashram« (1990). Darin schildert der Autor die Gründung seines ashrams, der zu den bekanntesten der mittlerweile um die 100 christlicher ashrams in Indien gehört und dessen erster 1921 gegründet wurde. Bede Griffiths' Texte handeln von der Selbsterkenntnis durch Intuition, Meditation und Handeln. Von christlichem Yoga ist ebenso die Rede wie von der tiefen Einsichtsfähigkeit der Künstler und Mystiker. Ein Hauptthema ist die »kosmische Inkarnation in der Begegnung der Religionen«. Jedes materielle Ding – ob Erde, Wasser, Pflanze, Tier – ist für Griffiths »eine Art Inkarnation«, wird zum Symbol der Begegnung mit dem Heiligen. Krishna, Buddha und Jesus werden als Offenbarungen Gottes verstanden, wobei Griffiths die »historische Offenbarung« in Jesus Christus höher einstuft als die »kosmische Offenbarung« Krishnas. Der Christ kann das Monopol der Wahrheit nicht für sich allein beanspruchen. Alle sind Pilger auf der Suche nach Wahrheit.

Literatur: Friso Melzer: Christliche Ashrams in Südindien. Begegnung mit Bruderschaften. Erlangen 1976, S. 95 – 112. – Martin Kämpchen (Hg.): Liebe auch den Gott deines Nächsten. Lebenserfahrungen beim Dialog der Religionen. Freiburg 1989.

eine Theologie, die durch Verschärfung von Kastenbewußtsein zu dessen endgültiger Überwindung beitragen könnte. Feministische Theologie leistet Unterstützung, weil sie besonders das Los der Dalit-Frauen beschäftigt.

Auch die christliche Kunst steht in der Spannung zwischen brahmanischer Inkulturation und dalitischer. Noch viel zu wenig sind die Geschichten und Lieder der Dalits aus den Landessprachen erschlossen. In der bildenden Kunst verkörpert Jyoti Sahi die Aufnahme von brahmanischer Symbolik, dazu die Hinwendung zur Kultur der Adivasis, während der Dalit Solomon Raj sich stärker als er sozialen Themen zuwendet. Selbst Hindus wie Kishen Khanna können biblische Motive bevorzugen, wenn sie Leid darstellen oder für eine »Gegenkultur« eintreten.

LITERATUR: Hugald Grafe (Hg.): Evangelische Kirche in Indien. Erlangen 1981. – Felix Wilfred (Hg.): Verlaß den Tempel. Antyodaya – indischer Weg zur Befreiung. Freiburg etc. 1988 – M. M. Thomas: Christen im neuen Indien. Reformhinduismus und Christentum. Göttingen 1989.

Hugald Grafe

Sri Lanka

Das Christentum in Sri Lanka kann auf eine ungewöhnlich lange Geschichte zurückblicken. Sporadisch seit dem 6. Jahrhundert und kontinuierlich seit dem frühen 16. Jahrhundert auf der Insel präsent, hat es dort in der Folgezeit eine Entwicklung durchlaufen, die den unterschiedlichen Etappen europäischer Kolonialherrschaft im Land parallel ging, teilweise aber auch einen ganz eigenständigen Verlauf nahm. Das früheste gesicherte Zeugnis für die Existenz christlicher Gemeinden in Sri Lanka ist eine Notiz in der »Christlichen Topographie« des nestorianischen Kaufmanns und Schriftstellers Kosmas Indikopleustes um das Jahr 550. Er weiß von christlichen Gemeinden auf der Insel »Taprobane«, dem heutigen Sri Lanka, sowie an der südindischen Malabarküste zu berichten, die mit der christlich-nestorianischen Kirche Mesopotamiens in Verbindung standen. Anders als ihre südindischen Glaubensgenossen haben freilich die damaligen christlichen Gemeinden in Sri Lanka keinen dauerhaften Bestand gehabt, obwohl archäologische Zeugnisse (Steinkreuze von Anuradhapura und Colombo) und sonstige Indizien ihre weitere Existenz belegen.

Mit der Ankunft der Portugiesen auf der Insel (1505) begann eine zweite Periode des Christentums in Sri Lanka, die weithin den unterschiedlichen Phasen kolonialer Präsenz auf der Insel entsprach. Mit den Portugiesen (1505–1658) kam der römische Katholizismus, mit den Holländern (1658–1796) das reformierte Christentum, mit den Briten (1796–1948) der angelsächsische Protestantismus in unterschiedlichen Varianten (Anglikaner, Methodisten, Baptisten, Kongregationalisten) ins Land. Daß die Kirchengeschichte des Landes zugleich einen der politischen Entwicklung entgegengesetzten Verlauf nehmen konnte, ist vor allem in der holländischen Periode zu beobachten; im Gegensatz zur »offiziellen« – calvinistischen – Kirche des kolonialkirchlichen Systems setzte sich die in den Untergrund verdrängte katholische Christenheit als stärkste Kraft im christlichen Lager durch.

Im 19. Jahrhundert bestand zeitweilig der Eindruck, als ob die Insel bald als ganze christianisiert sein werde. Der Buddhismus befand sich in scheinbar unaufhaltsamem Niedergang und erschien zu schwach, um auf Dauer dem überlegenen Druck westlicher Missionen und westlicher Bildung standhalten zu können. Daß es dazu nicht kam, ist unter anderem ein Ergebnis des buddhistischen Revivals, der um die Jahrhundertmitte einsetzte und seit 1880 sukzessiv unterschiedliche Schichten der singhalesischen Bevölkerungsmehrheit zu mobilisieren verstand. Freilich kann jener Buddhismus, der sich nun erfolgreich durchsetzte, seine innere Nähe zum bekämpften westlich-missionarischen Christentum nicht verleugnen. In Organisationsformen (Einrichtung buddhistischer »Sonntagsschulen«, Herausgabe eines buddhistischen »Katechismus«, Gründung der Young Men's Buddhist Association [anstelle des YMCA] etc.), Methoden und Argumenten erscheint er in vielem als dessen spiegelbildliche Entsprechung. In der Forschung (Obeyesekera u.a.) wird dieser Sachverhalt unter dem Stichwort »Protestantischer Buddhismus« verhandelt – als Protest gegen und zugleich Angleichung an das protestantische Christentum der Missionare. Parallel dazu setzte sich, wenngleich weniger augenfällig, auch der Aufschwung des insularen Hinduismus (unter der tamilischen Bevölkerung) fort. Die Verbindung von Buddhismus und singhalesischem Nationalbewußtsein, die sich in dieser Zeit vollzog, gehört zu den die künftige Entwicklung des Landes determinierenden Faktoren.

Auf christlicher Seite führte dieser Umschwung zu verstärkter Abwehr, zugleich aber auch zu einer Öffnung gegenüber der srilankanischen Gesellschaft. Ansätze zu verstärkter ökumenischer Kooperation, Zusammenarbeit auch mit außerchristlichen Gruppen sowie Bemühungen um eine der lokalen Kultur entsprechende Form des Christentums (»Indigenisierung«) sind seit Anfang dieses Jahrhunderts unübersehbar. Die aktive Rolle de srilankanischen Kirchen auch in der internationalen ökumenischen Bewegung illustriert eine Persönlichkeit wie der Methodist D. T. Niles (1908 – 1970), zeitweilig Präsident des Weltkirchenrates.

Nach der politischen Unabhängigkeit 1948 sah sich die christliche Gemeinschaft zunehmend mit der Aufgabe konfrontiert, ihre Rolle als Minderheit in einem buddhistischen Mehrheitssystem neu zu definieren (1981 knapp 8 Prozent der Bevölkerung, davon 85 Prozent Katholiken). Ein sich radikalisierender politischer Buddhismus, der Entzug traditioneller kirchlicher Betätigungsfelder (1960 Nationalisierung der christlichen Schulen) sowie schließlich die durch den Aufstand 1971 schlaglichtartig beleuchteten sozialen Spannungen des Landes beschleunigten diese Entwicklung. Zu den Exponenten einer Kirche, die Neuformulierung christlicher Identität, soziales Engagement und interreligiösen Dialog zu verbinden suchen, zählen auf katholischer Seite L. Nanayakkara, A. Pieris und P. Caspersz, auf protestantischer Lynn A. de Silva oder W. Ariarajah. Seit 1983 haben sich die seit langem schwelenden Spannungen zwischen Singhalesen und Tamilen in einem offenen Bürgerkrieg entladen. In diesem Konflikt spielt die christliche Gemeinschaft schon darum eine besondere Rolle, da sie – anders als Buddhisten und Hindus – Angehörige beider Volksgruppen umfaßt.

LITERATUR: J. E. Tennent: Christianity in Ceylon. London 1850. – G. P. V. Somaratna, Christianity in Sri Lanka. In: M. D. David (Hg.): Asia and Christianity. Delhi 1985. – U. Dornberg, Kontextuelle Theologie in Sri Lanka. Diss.theol. Münster 1987. – R. Gombrich/G. Obeyesekere: Buddhism Tranformed. Religious Change in Sri Lanka. Princetown 1988. *Klaus Koschorke*

Vietnam

Von der französischen Kolonialmacht protegiert und von den USA zur Rechtfertigung ihres antikommunistischen Feldzugs eingespannt, sind die christlichen Kirchen in der buddhistischen Gesellschaft Vietnams immer ein Fremdkörper geblieben. Im Sozialismus sind sie entweder in die innere Emigration gegangen oder haben sich an die Kommunistische Partei Vietnams (KPV) angelehnt und laufen Gefahr, mit ihr in den Strudel des Untergangs zu geraten.

Die katholische Kirche

Zur katholischen Kirche zählten Ende 1990 über fünf Millionen Christen oder 8 Prozent der 65 Millionen Vietnamesen, von denen zwei Drittel im Süden leben. 1985 besaß sie 2133 Priester. Von 25 Diözesen sind fünf wegen Spannungen mit der Regierung nicht besetzt, darunter in Hanoi und Hue.

Von über einer Million Flüchtlingen im Ausland sind ein Drittel katholisch, davon lebt die Hälfte in den USA (Frankreich: 50000, BRD: 7000).

Auf Seiten Frankreichs und der USA

Die Missionierung zu Beginn des 17. Jahrhunderts durch französische Jesuiten eröffnete Frankreich den Zugang zu den Ländern Indochinas. Die Christen standen ständig im Konflikt mit der konfuzianischen Staatsraison. Auf dem Höhepunkt der Christenverfolgung durch den Kaiser Tu Duc Mitte des 19. Jahrhunderts intervenierte die französische Kolonialmacht. Sie unterwarf alle Landesteile und deklarierte 1882 die Religionsfreiheit.

Nach der Niederlage Frankreichs von Dien Bien Phu und der Teilung des Landes im Jahre 1954 zogen 560000, das sind 45 Prozent aller Katholiken, in einem von Bischöfen und Priestern organisierten Exodus in den »freien« Süden, wo sie unter dem katholischen Diktator Ngo Dinh Diem goldene Zeiten mit allen erdenklichen Privilegien erlebten. Verhaftet in der Ideologie des Kalten Krieges, war die katholische Kirche des Südens eine zuverlässige Stütze des antikommunistischen Feldzugs der USA. Erst kurz vor dem Pariser Friedensabkommen im Jahre 1973 schwenkte die Bischofskonferenz auf die Linie des Vatikans für eine politische Verhandlungslösung ein.

Die katholische Kirche im Sozialismus

Beim Einmarsch nordvietnamesischer Truppen in den Süden 1975 blieb der erwartete Exodus aus, dank der Warnung des Saigoner Erzbischofs Nguyen van Binh und einer kleinen Gruppe von Priestern, Nonnen und Laien, die sich für konstruktive Beziehungen zur sozialistischen Führung einsetzten. Von den zwei Millionen Katholiken flohen nur 56000 unter Anführung von 400 Priestern in den Westen.

Religionsfreiheit ist prinzipiell verbürgt, aber das Religionsdekret von 1977 und die Verfassung von 1980 ordnen religiöse Aktivitäten den Zielen der Partei und des Staates unter.

Der Druck auf die Kirche nahm trotz des Erneuerungskurses von »doi moi« seit 1986 zu. Das geschah offensichtlich unter dem Eindruck der politischen Aktivität der polnischen Katholiken und der Protestanten in der ehemaligen DDR und manifestierte sich in einem verschärften Dekret vom März 1991.

Unter dem wirtschaftlichen Druck, Geschäftsbeziehungen mit dem Westen aufzunehmen, hat die Partei Ende 1990 die Reise von Vietnams Bischöfen zur Berichterstattung im Vatikan (»ad limina«) erlaubt und eine päpstliche Delegation im Lande empfangen.

Unter diesem Druck wurden Ende 1991 bis Anfang 1992 etliche prominente politische Gefangene freigelassen, darunter der Jesuitenpater Le Than Que, der 1983 mit sieben Geistlichen zu 12 Jahren Gefängnis verurteilt worden war. Auch dem 1987 mit 23 Katholiken wegen »Propaganda gegen das sozialistische System« zu lebenslanger Haft verurteilten alten Pfarrer Tran Dinh Thu wurde die Freilassung angeboten. Er will die Freiheit jedoch nur akzeptieren, wenn alle Mitgefangenen freigelassen werden und der konfiszierte Besitz seiner Gemeinde zurückgegeben wird.

Die Schwierigkeit mit dem »Prophetischen«

Theologie und Kirche tragen die Züge eines pietistischen Ghettos, kaum von den Reformen des Zweiten Vatikanischen Konzils beeinflußt. Rosenkranz, ewige Anbetung und Heiligenverehrung bestimmen das geistige Leben. Die Jungfrau von Fatima erfreut sich als Inbegriff des katholischen Anti-Kommunismus (»Rußland wird sich bekehren«) besonderer Beliebtheit.

Nur wenige Kirchenführer haben versucht, die Kirche von dem Makel der »Kollaboration mit den Feinden des Landes« zu befreien und sie am Aufbau des Sozialismus zu beteiligen. So rief der Arbeiterpriester Pham Khac Tu 1975 das »Unionskomitee Patriotischer Katholiken« ins Leben. Auf dem ersten Nationalkongreß von 1983 wurden Patriotismus und Mitwirken am Aufbau des vietnamesischen Sozialismus zur Aufgabe aller Katholiken erklärt. Es besteht kaum Gefahr, daß das Komitee sich zu einer »Parallelkirche« wie in China entwickelt, wie der Vatikan befürchtet, wohl aber, daß es sich durch die Mitarbeit in der »Vaterländische Front« ideologisch und organisatorisch zu sehr an die Kommunistische Partei Vietnams bindet und mit ihr in den Strudel des Untergangs gezogen wird.

Dagegen sind Kritiker im Komitee unter der Führung des Redemptoristenpaters Chan Tin und des Philosophieprofessors Nguyen Ngoc Lan für eine unabhängige und prophetische Rolle der Kirche im Sozialismus eingetreten. In Fastenpredigten Ostern 1990 sprach Pater Chan Tin der Kommunistischen Partei Vietnams das Vertrauen ab (»die Partei hat ihre orientierende Rolle verloren«) und forderte sie zur radikalen Umkehr auf. Er wurde daraufhin im Mai 1990 für drei Jahre in ein kleines Dorf im Mekong-Delta verbannt.

Die evangelischen Kirchen
Zu den evangelischen Kirchen der Hoi Thanh Tin Lanh (»Gemeinde der Frohen Botschaft«) zählten Ende 1990 im Norden 40000 und im Süden 200000 bis 300000 Christen. Zu einer Vereinigung ist es bisher nicht gekommen, weil die seit 1976 vorliegende Kirchenordnung alle Christen zum Patriotismus verpflichtet und ein »positives« staatsbürgerliches Verhalten fordert, was von den Christen im Süden unter dem Vorsitz von Pfarrer Ong van Huyen abgelehnt wird. Die evangelische Kirche des Nordens unter Leitung von Pfarrer Bui Hoanh Thu hat sich eng an die sozialistische Führung angelehnt und ist Mitglied in der »Vaterländischen Front«.

Die »amerikanischen« Kirchen
Anfang diesen Jahrhunderts von der Christian Missionary Alliance aus Kanada, Deutschland und Schweden gegründet, wurde die Hoi Thanh Tin Lanh 1927 selbstständig und nahm Mitte der dreißiger Jahre die Mission der Bergvölker im Zentralen Hochland (Montagnards) auf. Mit der amerikanischen Präsenz während des Krieges kamen viele Missionsgesellschaften ins Land. 1973 waren wenigstens 18 Gesellschaften mit 276 ausländischen Kräften tätig, unter ihnen auch Kritiker des Krieges wie das Mennonite Central Committee, das American Friends Service Committee u. a. Die Hälfte aller evangelischen Christen waren 1970 Ausländer, vor allem Amerikaner. Die Hoi Than Tin Lanh ließ sich zu keiner kritischen Position gegen den Krieg bewegen, obwohl der Weltrat der Kirchen in Genf und der Asiatische Kirchenrat die Kriegsführung der USA verurteilten. Die Abreise und die Flucht eines Großteils der evangelischen Christen 1975 bedeutet einen großen Aderlaß an Mitgliedern und finanziellen Ressourcen.

Wegen der Ökumene verfolgt
Die evangelischen Kirchen stehen unter ständigem Verdacht sowohl, weil man ihnen unterstellt, konspirative Beziehungen zum Ausland, vor allem zu den USA zu unterhalten, als auch wegen ihrer Mission unter ethnischen Minderheiten, die sich immer der Unterwerfung unter zentralistische Strukturen widersetzt haben. 1987 wurden zwei angesehene Pastoren mit zwei Mitarbeitern in Ho-Chi-Minh-Stadt wegen »antirevolutionärer Propaganda« zu vier bis acht Jahren Gefängnis verurteilt, 1990 auf internationalen Druck jedoch wieder freigelassen. Amnesty International und die Indochina Human Rights Group in den USA führten Mitte 1992 eine Liste mit 20 inhaftierten Pastoren, darunter drei Angehörigen ethnischer Minderheiten und drei Pastoren aus Ho-Chi-Minh-Stadt, die im Zuge der Erneuerung von »doi moi« die Sozialarbeit in ihren Gemeinden wieder aufgenommen hatten.

Der Zusammenbruch des Sozialismus scheint für viele fundamentalistisch orientierte Pastoren der Hoi Thanh Tin Lanh im Süden die Rechtfertigung eines platten Anti-Kommunismus zu bedeuten. Die Kirche im Norden pflegt ökumenische Kontakte im Westen, nutzt sie jedoch vor allem für die Beschaffung von Geldern der kirchlichen Entwicklungshilfe für staatliche Projekte. Einige kirchliche Hilfswerke suchen daher die Zusammenarbeit mit nichtkirchlich gebundenen Initiativen, die christliche Themen, wie Umwelt, Tourismus und Ausbeutung von Arbeitskräften u.a., aufgreifen.

Hoffnung auf Erneuerung der Kirchen und Impulse für einen Demokratisierungsprozeß im Lande kann sich wohl nur auf die wenigen Christen stützen, die furchtlos ihre kritische Stimme gegen das repressive Regime erheben, auch wenn sie dadurch der Verfolgung ausgesetzt sind.

LITERATUR: Bensberger Kreis (Hg.): Die Christen und der Krieg in Vietnam. Ein Memorandum katholischer Christen. Mainz 1968. – R. E. Reimer: The Protestant Movement in Vietnam. Diss. Fuller Theological Seminary, Passadena, Kalifornien, 1972. – Jean Mais: Church-State Relations in Vietnam. In: Pro Mundi Vita 4 (1985), Asia-Australasia Dossier 5, S. 2–85.
Heinz Kotte

China, Taiwan und Hongkong

Unter schweren politischen und gesellschaftlichen Erschütterungen, die bereits in der Mitte des 19. Jahrhunderts begannen, sucht China seinen Weg in die Neuzeit. Schließlich kommt es 1949 zur Gründung der Volksrepublik China. Sie verfolgt einen Sozialismus chinesischer Prägung. Unter ideologischen Schwankungen, in denen sich der Einfluß extrem linker Kräfte wiederholt durchsetzte, bleibt das Ziel der Modernisierung Chinas die überwiegende Konstante chinesischer Innen- und Außenpolitik.

Statistische Angaben
Entgegen weit überzogenen Schätzungen westlicher Beobachter rechnet der Chinesische Christenrat mit ca. 5 Millionen evangelischer Christen. Die Zahl der katholischen Christen wird in China auf 3,6 Millionen geschätzt. Somit beträgt der Anteil der Christen an der Gesamtbevölkerung Chinas weniger als ein Prozent.

China und das Christentum
Das Christentum trat in China in eine vielgestaltige religiöse Welt ein. Der Daoismus birgt Elemente ursprünglicher chinesischer Naturreligion. Im Konfuzianismus verbinden sich religiöse Elemente der Kosmologie und Ahnenverehrung mit einer humanistischen Anthropologie und Ethik. Aus Indien eingeführt, fand der Buddhismus in China eine eigene chinesische Gestalt. Synkretistische Verbindungen aus allen Traditionen bestimmen die bis heute lebendige chinesische Volksreligion. Die Begegnung mit diesem religiösen Kontext verlief weitgehend negativ.

Das Christentum war schon seit dem 7. Jahrhundert in China präsent. Doch erst mit der europäischen Expansion im 19. Jahrhundert, zum Teil unter dem Schutz westlicher Waffen und mit dem Anspruch kultureller Überlegenheit, gelingt es der christlichen Mission, in China Fuß zu fassen. Dies führt zu einer schweren Belastung von Mission und Kirche. Bis in die Neuzeit hinein stößt das Christentum auf Widerstände und wird als »fremd« abgelehnt.

Nach 1949 finden zuerst die protestantischen Kirchen im sogenannten »Christlichen Manifest« eine Basis für ihre Existenz im Neuen China. Grundbedingungen dafür sind die Absage an den westlichen Imperialismus und im Sinne der Politik der Einheitsfront die Bereitschaft zur Teilnahme am sozialistischen Aufbau. Die drei Grundsätze der Selbständigkeit (= Selbstverwaltung), (finanziellen) Selbsterhaltung und Selbstausbreitung bedingen eine Trennung von den ausländischen Missionen und Kirchen. Sie wird durch den Koreakrieg beschleunigt und verschärft. Die Kirche übergibt ihre Schulen, Hochschulen sowie die sozialen und medizinischen Einrichtungen an den Staat. Die Auswirkungen einer extremen linken Politik führen verschiedentlich zu Exzessen und in der Kulturrevolution zu einer mehr als 10jährigen totalen Unterdrückung. Erst ab 1979 wird wieder eine offenere Religionspolitik verwirklicht, die religiösem Glauben »in der ersten Phase des Sozialismus« Raum gibt.

Die Funktion der Kirchenleitung wird von der »Drei-Selbst-Bewegung« (1954) übernommen. Ihr fällt die Aufgabe zu, in der Kirche die »patriotischen« Kräfte und die chinesische Identität zu stärken. In der römisch-katholischen Kirche kommt es 1957 entsprechend zur Bildung der »Katholischen Patriotischen Vereinigung«. Sie setzt ohne Zustimmung des Papstes Bischöfe in zahlreichen vakanten Diözesen ein. Dadurch kommt es zu schweren Spannungen mit dem Vatikan. 1980 wird auf evangelischer Seite der »Chinesische Christenrat« gegründet, dessen Aufgabe nach der Kulturrevolution der kirchliche Wiederaufbau und die pastorale Leitung der Gemeinden ist. Mit ähnlicher Aufgabenstellung wird die »Katholische Nationale Administrativkommission« und die »Katholische Chinesische Bischofskonferenz« gegründet.

Die protestantischen Gemeinden verstehen sich als postdenominationell, doch die angestrebte Bildung einer Chinesischen Christlichen Kirche kann bislang noch nicht verwirklicht werden. In Canberra tritt der Chinesische Christenrat 1991 dem Ökumenischen Rat der Kirchen als Mitglied bei.

Während der radikalen Unterdrückung in der Kulturrevolution entstehen aus kleinen christlichen Zellen in Familien und Häusern lebendige Gemeinden. Ein erhebliches Wachstum setzt sich bis heute in beiden Konfessionen fort, besonders auf dem Lande. Die Leitung der Gemeindegruppen liegt weithin bei Laien, da großer Mangel an Pfarrern herrscht. Die Gottesdienste sind vielfach überfüllt. Außer in den wiedergeöffneten oder neu erbauten Kirchen versammeln sich die Christen in Wohnhäusern, vor allem an Orten, wo noch keine Kirchen offen stehen.

Die Pfarrerschaft in China ist überaltert. Theologische Ausbildung ist darum eine der vordringlichsten Aufgaben der Kirche. In 13 evangelischen Seminaren und Bibelschulen studieren ca. 700 junge Männer und Frauen und bereiten sich auf den Dienst in den Gemeinden vor. Bis 1992 können bereits 70 junge Pfarrer und Pfarrerinnen ordiniert werden. In der katholischen Kirche hat Ausbildung von Theologen ebenso Priorität. Es bestehen 11 Theologische Seminare. Beachtenswerte Ansätze zu einer chinesischen kontextuellen Theologie gibt es bereits seit den 20er Jahren. Heute finden diese Versuche einer Aufnahme konfuzianischer Elemente erneut Beachtung. Es geht um eine ethische Ausprägung christlicher Weltverantwortung. Ein inhaltlicher Dialog mit den chinesischen Religionen findet zur Zeit jedoch nicht statt. Aber die unmittelbare Erfahrung von Leiden und Auferstehen hat zu einer Vertiefung der Christologie sowie zu einem Bewußtsein der Solidarität mit den Mitmenschen geführt.

Seit 1985 ist im begrenzten Maße eine Gesellschaftsdiakonie möglich geworden. Sie wird durch die »Amity Foundation« wahrgenommen, die von chinesischen Christen gegründet worden ist. Kirchen außerhalb Chinas unterstützen die Entwicklungsprojekte der Amity Foundation.

Die chinesische Verfassung gewährt Freiheit religiösen Glaubens. Ihre Ausführung wird durch das staatliche Büro für Religiöse Angelegenheiten geregelt. Wie schon in früheren Dynastien wird in Zeiten politischer Unsicherheit oder bei (vermeintlicher) Bedrohung staatlicher Interessen die staatliche Kontrolle verschärft. Unter restriktiven Maßnahmen haben besonders solche evangelische Hausgemeinden zu leiden, die politisch als verdächtig gelten und mit subversiven ausländischen Kräften in Verbindung stehen. Eine Vielzahl von katholischen Pfarrern und Bischöfen, die Beziehungen zum Vatikan unterhalten und sogar im Untergrund eigene kirchliche Strukturen geschaffen haben, sind schweren Repressalien ausgesetzt. Doch sind die Grenzen zwischen der patriotischen und römisch-katholischen Kirche in China zum

Als Missionare in China übten die Jesuiten Matteo Ricci, Johann Adam Schall von Bell und Ferdinand Verbiest großen Einfluß aus. Kupferstich, 1749.

Teil fließend. Noch bahnt sich eine Lösung des Konfliktes nicht an, zumal der Vatikan offizielle diplomatische Beziehungen nur mit Taiwan unterhält.

Taiwan
In Taiwan leben ca. 488000 evangelische und 29000 katholische Christen. Die evangelischen Kirchen sind in 70 Denominationen zersplittert. Die größte und älteste unter ihnen ist die »Taiwanesische Presbyterianische Kirche«. Ihre Mitglieder sind überwiegend Angehörige der ursprünglich taiwanesischen Bevölkerung und der Ureinwohner Taiwans. Mit der Forderung nach Selbstbestimmung der Taiwanesen steht sie in Opposition zur national-chinesischen Regierung und ist staatlichen Übergriffen ausgeliefert. Die Mehrzahl der anderen protestantischen Kirchen kam erst mit dem Exodus aus China nach Taiwan. Die römisch-katholische Kirche unterhält bedeutende Schulen und Hochschulen in Taiwan. Der indirekte Einfluß der christlichen Kirchen in Taiwan durch soziale Einrichtungen und das christliche Bildungswesen ist erheblich.

Hongkong
Die britische Kronkolonie Hongkong fällt 1997 an die Volksrepublik China. Knapp zehn Prozent der Bevölkerung von 5,7 Millionen sind Christen, etwa zu gleichen Teilen evangelisch und römisch-katholisch. Die Kirche unterhält bedeutende diakonische Einrichtungen und ein ausgedehntes Schulwesen. Während viele Menschen Hongkong verlassen, ermutigen die Kirchen sie, auch nach dem Jahre 1997 in Hongkong zu bleiben. In der Zukunft fällt ihnen eine Brückenfunktion zwischen China und der Ökumene zu.

LITERATUR: Roman Malek und Manfred Plate: Chinas Katholiken suchen neue Wege. Freiburg 1987. – Unfinished Encounter, China and Christianity. London 1988. – Allan J. Swanson: The Church in Taiwan. A Review of the Past and Projection for the Future. Pasadena 1991. – Donald E. MacInnis: Religion im heutigen China, Politik und Praxis. St. Augustin-Nettetal, 1992. *Winfried Glüer*

Philippinen

Die tropische Inselwelt der Philippinen ist bislang noch die einzige mehrheitlich christliche Nation im östlichen Asien. Während unter spanischer Herrschaft nur die römisch-katholische Kirche zugelassen war, erleben die evangelischen Kirchen und verschiedene Sekten heute einen raschen Wachstumsprozess.

Statistische Angaben
95 Prozent aller Filipinos sind Christen. Die »World Christian Encyclopedia« (Oxford 1982) gibt den Anteil der christlichen Bevölkerung in den Philippinen noch mit 80 Prozent römisch-katholisch und 5 Prozent protestantisch an (die übrigen 10 Prozent fallen auf die unabhängigen Katholiken und verschiedene Sekten). Diese oder ähnliche Zahlen werden in zahlreichen Reiseführern und Abhandlungen über die Philippinen wiederholt. Sie sind inzwischen jedoch veraltet. Neuere (allerdings inoffizielle) Erhebungen rechnen nur noch etwas mehr als 70 Prozent der christlichen Bevölkerung zur römisch-katholischen Kirche und über 10 Prozent zu evangelischen Kirchen. Etwa 5 Prozent gehören zur unabhängigen katholischen Kirche (»Iglesia Independiente«), die 1902 von dem Priester G. Aglipay gegründet wurde. Ebenfalls über 10 Prozent gehören verschiedenen christlichen Sekten an, unter denen die Iglesia ni Cristo, die Mormonen, die Adventisten und die Zeugen Jehovas die erfolgreichsten sind. Etwa 5 Prozent der Gesamtbevölkerung bekennt sich zum Islam, während die Zahl der Anhänger ethnischer Religionen inzwischen bei unter einem Prozent liegt.

Die Entwicklung der katholischen Kirche
Die Geschichte des Christentums in den Philippinen begann mit der Landung Magellans im Jahre 1521. Obwohl die ersten Taufen im Zusammenhang dieses Unternehmens folgenlos blieben, begann mit der Ankunft Legaspis im Jahre 1565 in Begleitung von fünf Augustiner-Eremiten die eigentliche Missionstätigkeit. 1569 ergriffen die Spanier von den Philippinen förmlich als Kolonie Besitz, und dieser Annexion folgte die Gründung einer Augustiner-Eremiten-Provinz in den Philippinen. 1578 kamen die ersten spanischen Franziskaner in die Philippinen, und im darauffolgenden Jahr wurde das Bistum Manila errichtet (als Suffraganat von Mexiko). 1581 folgten die ersten spanischen Jesuiten, und Manila wurde zum Sitz eines Bischofs erhoben (erster Bischof Dominicus von Salazar OP). 1611 wurde die Universität S. Thomas in Manila gegründet. Der Unterweisung der neugewonnenen Gläubigen dienten zahlreiche Katechismen, deren Theologie eine stark gegenreformatorische Tendenz verrät, wie auch die in den Philippinen missionierenden Orden zu den Trägern der Gegenreformation in Europa gehörten. Große volkstümliche Bedeutung gewann das *Pasyong Mahal*, eine gereimte Zusammenfassung der biblischen Geschichte mit besonderer Hervorhebung des Leidens und Sterbens Christi, die in mehrere philippinische Sprachen übertragen wurde.

Nach der Machtübernahme durch die Amerikaner in den Philippinen im Jahre 1898 kam es 1902 zu einer Neuordnung der kirchlichen Verhältnisse durch Papst Leo XIII., der dort eine apostolische Delegatur errichtete. Doch erst nach dem Zweiten Vatikanischen Konzil kam es allmählich zu einem Aufbruch in der katholischen Kirche und Theologie der Philippinen. Seit den 70er Jahren mehren sich liberale Stimmen im katholischen Lager, die einen kritischeren und gesellschaftsbezogenen Denkansatz erkennen lassen.

Das höchste Repräsentationsorgan der römisch-katholischen Kirche in den Philippinen ist die Bischofskonferenz unter dem derzeitigen Vorsitz des Erzbischofs von Manila, Kardinal Sin, mit mehr als 100 Mitgliedern. Nach den Präsidentschaftswahlen im Februar 1986 prangerten die Bischöfe einen beispiellosen Wahlbetrug der Marcos-Regierung an und empfahlen der Bevölkerung gewaltlose Aktionen, die, unterstützt von einer Revolte eines Teils des Militärs, zum Sturz des Marcos-Regimes führten. Da die katholische Kirche in den Philippinen nur über gut fünftausend Priester verfügt, muß sich jeder einzelne im

Schnitt um annähernd neuntausend Gläubige kümmern.

Die kirchliche Unterversorgung der philippinischen Bevölkerung führte seit alters zur Heranbildung einer Volksreligion, in der sich traditionelle Elemente der philippinischen Kultur mit christlichen Gedanken und Praktiken vermischten. Diese Integration vorchristlicher Überlieferungen und Bräuche in das Christentum wird gewöhnlich als »Volkskatholizismus« bezeichnet.

Der Priestermangel führte Ende der 60er Jahre in Mindanao zur Gründung erster Basisgemeinden durch einige amerikanische Maryknoll-Missionare. Diese Entwicklung wurde von den katholischen Bischöfen offiziell gefördert, da der Einsatz von Laienführungskräften in den Basisgemeinden den Einsatz von Fachtheologen erübrigte. In den ausgehenden 70er Jahren traten in den Basisgemeinden gesellschaftspolitische Aspekte in den Vordergrund, da jetzt verstärkt marginalisierte Gruppen wie Fischer, Landarbeiter und Slumbewohner organisiert wurden. Diese Entwicklung brachte innerkirchliche Spannungen und staatliche Verfolgungen mit sich. In vielen (wenn auch keineswegs allen) Basisgemeinden wird ein von Lateinamerika inspirierter befreiungstheologischer Ansatz vertreten, der liturgisch-katechetische und gesellschaftlich-politische Elemente des christlichen Zeugnisses integriert (»integrale Evangelisation«). Landesweit waren 1989 rund 5000 Basisgemeinden mit ca. 250000 Familien zusammengeschlossen. Unter christlichen Intellektuellen wird seit Beginn der 70er Jahre eine »Theologie des Kampfes« entwickelt, die sich als spezifische Form einer philippinischen Befreiungstheologie versteht.

Die Geschichte der evangelischen Kirchen

Die Entwicklung der evangelischen Kirchen auf den Philippinen begann nach der Vertreibung der Spanier durch die Amerikaner im Jahre 1898. Die Methodisten und die Presbyterianer kamen 1899, die Baptisten 1900, die Episkopalen, die Brethren und die Disciples 1901 und der Amerikanische Board 1902. Jetzt begann die Übersetzung der Bibel in die Landessprachen mit Hilfe der britischen und amerikanischen Bibelgesellschaft und eine weite Verbreitung englischer Bibelversionen. Mit amerikanischer Hilfe entstanden überall im Land Schulen. Für die theologische Ausbildung gründeten die größeren evangelischen Missionen das Union Theological Seminary in Manila sowie die Presbyterianer die Silliman Universität in Dumaguete (Negros). Schon 1901 gründeten verschiedene Missionen die »Evangelische Union«, die 1929 in den »Philippinischen Nationalen Christenrat« umgewandelt wurde. Ebenfalls 1929 schlossen sich Presbyterianer, Kongregationalisten und Brethren zur United Evangelical Church of the Philippines zusammen, die 1948 mit den Disciples und Methodisten die United Church of Christ in the Philippines (UCCP) bildete, die heute größte evangelische Kirche des Inselstaates.

Insgesamt leiden die evangelischen Kirchen jedoch an einer Tendenz zur Zersplitterung. Bei der staatlichen Securities and Exchange Commission sind derzeit rund 1500 evangelische Denominationen registriert, wobei sich deren Zahl monatlich erhöht. 88 Prozent dieser Gruppen wurden in den 80er Jahren gegründet. Die Mehrzahl gehört fundamentalistischen oder charismatischen Richtungen an. Die letzteren haben die stärksten Wachstumsraten. 28 evangelistisch ausgerichtete Fernsehprogramme werden wöchentlich in den Philippinen ausgestrahlt, die zusammen mit zahlreichen Rundfunksendungen ein großes Publikum erreichen.

Im Nationalen Kirchenrat (NCCP) haben sich 1963 sechs evangelische Kirchen und die nationalkatholische Iglesia Independiente zusammengefunden, um sich vereint zu religiösen, moralischen und politischen Fragen der Nation äußern zu können. Der NCCP ist Mitglied in der East Asia Christian Conference und im Ökumenischen Weltkirchenrat.

Kirche und Staat

Unter der mehr als dreihundertjährigen spanischen Herrschaft war die katholische Kirche in den Philippinen als Staatskirche organisiert. 1898 verfügten die Amerikaner die organisatorische Trennung von Kirche und Staat. In den philippinischen Verfassungen von 1935 und 1972 sowie in der neuen Verfassung von 1986 (Art. III, 5) wurde die Trennung beider Bereiche festgeschrieben. In letztere haben zahlreiche Elemente der katholischen Soziallehre Eingang gefunden. Auch an öffentlichen Schulen wird Religionsunterricht erteilt. Vor Beginn vieler öffentlicher Veranstaltungen wird gebetet. Kirchliche Einrichtungen und Geistliche sind von der Steuer befreit.

LITERATUR: C. G. Arèvalo: Philippinische Theologie. In: Lexikon missionstheologischer Grundbegriffe. Hg. von K. Müller und Theo Sundermeier. Berlin 1987, S. 375–383. – H. Kunz: Zum Verhältnis von Kirche und Politik auf den Philippinen. In: Aus Politik und Zeitgeschichte, B 25 – 26 (1988), S. 19–29. – K. Piskaty: Die Kirche auf den Philippinen. In: Theologisch-Praktische Quartalsschrift 138(1990), H. 4, S. 366–371. – Rainer und M.-P. Neu: Südseetrauma. Neukirchen-Vluyn 1992, S. 119–149.

Rainer Neu

Indonesien

Statistische Angaben

Von den etwa 180 Millionen Einwohnern sind ca. 6,5–7 Prozent Protestanten und 3,5–4 Prozent Katholiken. Die Mitgliedszahl »charismatischer« Gruppen ist unbekannt.

Zur Geschichte

Wie die ersten Muslime so kamen auch die ersten Christen über die maritimen Handelswege nach Südost-Asien. Der ägyptische Historiker Abu Salih notierte um 1150 ältere nestorianische Kirchen in der Nähe von Baros (Westküste Sumatras).

Religiösen Einfluß auf die einheimische Bevölkerung übten erst die portugiesischen Missionare, Franziskaner und Dominikaner, besonders auf den Molukken im Osten aus (seit 1521). Der jesuitische Missionar Franz Xaver besuchte die östlichen Inseln 1546–1547. Die brutale Politik gegenüber den islamischen Sultanen, zum Beispiel die Ermordung des Sultans von Ternate (1570), führten zur weitgehenden Vertreibung der Portugiesen und zur ersten großen Christenverfolgung auf Halmahera.

Tahi Bonar Simatupang

Tahi Bonar Simatupang wurde am 28. Januar 1920 in einem christlichen Elternhaus in Sidikalang (Sumatra) geboren. Zusammen mit seinen Geschwistern besuchte er die niederländische Schule in Pematang Siantar. Von 1940 bis 1942 wurde er an der Königlich-Niederländischen Militärakademie in Bandung ausgebildet. Während der japanischen Invasion Indonesiens war er bereits Offizier und wurde 1942 Kriegsgefangener. Während dieser Zeit nahm Simatupang an den geheimen Vorbereitungen für den Unabhängigkeitskampf gegen die Niederländer teil. Nach der Autonomie der Republik Indonesien (17. August 1945) wurde er militärischer Berater der neuen Regierung. Auch war er Mitglied der indonesischen Delegation bei der »Konferenz am Runden Tisch« in Den Haag (1949), auf der staatspolitisch die Anerkennung der indonesischen Unabhängigkeit vorbereitet wurde. Vom stellvertretenden Chef des Generalstabes stieg er mit 29 Jahren zum Generalstabschef auf – ein Amt, das er von 1949 bis 1954 bekleidete. Mit der Anerkennung der Unabhängigkeit Indonesiens war für ihn die Phase offener Feindschaft mit der Kolonialmacht Niederlande vorüber. Er akzeptierte sogar Militärberater dieses Landes, sofern sie beim Staatsaufbau helfen konnten. Mit dieser Einstellung erregte er beim Präsidenten Soekarno und bei jüngeren Militärs Kritik. Simatupang zog sich mit 39 Jahren aus dem aktiven militärischen Leben zurück.

Sein neues Betätigungsfeld erlebte ihn vor allem als engagierten Christen, Nationalisten und Demokraten. Eine Aufgabe sah er darin, mit den Angehörigen anderer Religionen seines Landes zusammenzuarbeiten und so zur Verwirklichung von nationaler Einheit beizutragen. In dieser Hinsicht war das Militär für ihn ein Vorbild; denn während der Guerillazeit hatten die Unterschiede zwischen Batakern, Javanen sowie Christen, Muslimen und anderen keine Rolle gespielt. Besonders lag ihm das Schicksal der Indonesier chinesischer Abstammung am Herzen. Er selbst trat einer Kirche mit chinesischem Hintergrund bei.

Die Arbeit im »Rat der Kirchen von Indonesien« nahm Tahi Bonar Simatupang in den fünfziger Jahren auf. Er bekleidete verschiedene Ämter, bis er 1967 Präsident des »Indonesischen Rates der Kirchen« wurde. 1968 wurde er Mitglied des Zentral- und Exekutivausschusses des »Ökumenischen Rates der Kirchen« in Genf. In der »Ostasiatischen Christlichen Konferenz«, einem Zusammenschluß protestantischer, anglikanischer und orthodoxer Kirchen, amtierte er als Präsident. Er nahm an den Ökumenischen Konferenzen in Neu Delhi (1961), Uppsala (1968) und Nairobi (1975) sowie an der Genfer »Weltkonferenz für Kirche und Gesellschaft« (1966) teil. Ebenso verfaßte er die Studie »Kurzer Rückblick auf die Geschichte der christlichen Kirchen in Indonesien« (1975).

Simatupang vertrat die Ansicht, daß die Kirche im allgemeinen ihre sozialen Aufgaben noch zu sehr auf die eigene Gruppe bezogen und nicht im Hinblick auf das Wohl der gesamten Nation wahrnähme. In diesem Sinn wollte er die Christen Indonesiens aus ihrer Isolierung herausführen und erinnerte sie an ihre gesellschaftliche Verantwortung gegenüber der gesamten Nation. Wichtig war es für ihn, daß die Kirchen, die sich 1950 im »Rat der Kirchen Indonesiens« zusammengeschlossen hatten, auf die Gründung »der einen christlichen Kirche in Indonesien« hinarbeiten wollten. Im Mittelpunkt seines theologischen Denkens stand auch die Frage nach der Rolle der Kirche in ihrer konkreten Situation. Seine Betonung der kirchlichen Praxis in einer pluralistischen Gesellschaft, in der die Christen eine Minderheit bilden, führte dazu, daß seine Gedanken von Christen außerhalb Indonesiens in der weltweiten Ökumene aufgenommen und weiterentwickelt wurden. Tahi Bonar Simatupang starb am 1. Januar 1990 in Jakarta.

LITERATUR: Rolf Italiaander: Wer seinen Bruder nicht liebt. Erlangen 1978. S. 31–48. – Tahi Bonar Simatupang: Gelebte Theologie in Indonesien. Hg. von Olaf Schumann und Heinz-Joachim Fischer. Göttingen 1992.

Die seit 1605 auftauchenden Niederländer der »Vereenigde Oostindische Compagnie« (»Vereinigte Ostindische Kompanie«, VOC) verhielten sich eher repressiv gegenüber Missionsversuchen.

Nach Übernahme der Kolonie durch die niederländische Krone (ab 1815) begann auch hier »das Missionsjahrhundert«. Neben der Tätigkeit europäischer und später auch amerikanischer Missionare war das Wirken einheimischer (zum Beispiel Tosari, Kiyai Sadrach, I. Tunggul Wulung) und fremder eigenständiger Evangelisten (»Vater Emde«, C. L. Coolen, Gan Kwee unter Chinesen, u. a.) bedeutsam. Die Insel Bali blieb der Mission bis zur Unabhängigkeitserklärung Indonesiens 1945 nahezu vollständig verschlossen.

Die Protestanten

Da die Missionare in der Regel die Stammessprache in Verkündigung und Unterricht benutzten, blieb den Christen ein erheblicher Teil ihrer kulturellen Traditionen (*adat*) erhalten. Dies erleichterte die Einheimischwerdung, führte jedoch nicht nur zu erheblichen Spannungen zwischen »Evangelium und Adat«, sondern erschwerte auch die ökumenische Kommunikation zwischen den Stammeskirchen in viel stärkerem Maße als konfessionelle Unterschiede. Die ökumenische Bewegung gewann in Indonesien nach Gründung des Christlichen Studentenvereins 1926 in Batavia (Jakarta) rasch wachsendes Interesse. Gleichzeitig erklärten die ersten Kirchen ihre Selbständigkeit.

Hendrik Kraemer, seit 1921 in Indonesien, veranlaßte 1934 die Gründung der Theologischen Hochschule in Bogor, später Jakarta. Gegenwärtig gehören der Vereinigung Theologischer Hochschulen und Akademien in Indonesien 28 Institutionen an.

Im Jahre 1950 gründeten 28 selbständige Kirchen, darunter die Kirche der Toba-Batak auf Sumatra (HKBP), der Dayak auf Kalimantan (GKE), der Toraja auf Sulawesi sowie Kirchen mit chinesischem ethnischen Hintergrund, den Rat der Kirchen in Indonesien (DGI) mit dem Ziel, »die eine christliche Kirche in Indonesien« zu bilden. Dieses Ziel wurde bisher nicht erreicht. Auf der 10. Vollversammlung des DGI 1984 beschlossen jedoch die Delegierten die Umwandlung des Rates in eine Gemeinschaft (PGI). »Fünf Dokumente der Einheit« sollen durch gemeinsame Bekenntnisaussagen, Liturgieordnungen und dergleichen die inzwischen (1991) 65 Mitgliedskirchen dem ursprünglich festgesetzten Ziel näher bringen. Angeregt durch den DGI, in dessen Kommissionen auch im öffentlichen Leben bedeutende Persönlichkeiten mitarbeiteten (zum Beispiel Dr. S. T. Gunung Mulia, Dr. J. Leimena, General T. B. Simatupang) nahmen die Kirchen zunehmend ihre gesamtgesellschaftlichen Aufgaben wahr (»Beteiligung am Aufbau«) und öffneten sich der Zusammenarbeit mit den Katholiken und, wenn auch nur zögernd, mit den Muslimen und Hindus (auf Bali). Problematisch sind die Beziehungen zu den rasch erstarkenden, zahlenmäßig kaum zu fassenden charismatischen Bewegungen.

Die Römisch-Katholische Kirche

Der Aufbau der Katholischen Kirche ging zunächst recht schleppend voran. In der 1826 gegründeten Apostolischen Präfektur, die 1846 zum Apostolischen Vikariat erhoben wurde, kümmerte man sich vornehmlich um die aus portugiesischer Zeit übrig gebliebenen Gläubigen. Erst der Einsatz jesuitischer Priester nach 1859 führte zu schnellem Wachstum und Gründung neuer Gemeinden. Sie wurden von verschiedenen Orden unterstützt. Steyler Missionare begannen 1912 auf Flores und 1914 auf Timor eine intensive Arbeit. 1960 erlangte die Katholische Kirche in Indonesien den Status einer eigenen Kirchenprovinz (MAWI, seit 1986 KWI) mit 7 Erzbischöfen und 24 Bischöfen, unter ihnen der spätere Kardinal Justin Darmojuwono.

Die katholische Schularbeit gilt als die qualitativ beste im Lande, auch die Sozialarbeit ist vorbildlich. Besonders in Mitteljawa gibt es enge Zusammenarbeit mit muslimischen Gruppen.

Politisch vertreten waren die beiden Konfessionsfamilien durch die Ende 1945 neugegründete Partai Kristen Indonesia (Parkindo) und die Partai Katolik. Beide mußten 1973 mit der Partai Nasional Indonesia und zwei kleineren anderen Parteien zur Partai Demokrasi Indonesia (PDI) fusionieren. Die Staatsphilosophie der *pancasila* (Fünf Säulen) wurde von den Christen seit der Unabhängigkeitserklärung 1945 unterstützt.

LITERATUR: Theodor Müller-Krüger: Der Protestantismus in Indonesien. Stuttgart 1967. – M. P. M. Muskens: Een strijd om nationale identiteit. Nationalisten – islamieten – katholiken. Bussum 1970 (deutsche Übersetzung: Missio, Aachen). – W. Wawer: Muslime und Christen in der Republik Indonesia. Wiesbaden 1974. – Martin Muskens: Partner im nationalen Aufbau. Die Katholische Kirche in Indonesien. Aachen 1979. – Frank L. Cooley: The Growing Seed. Jakarta 1981. *Olaf Schumann*

Malaysia

Statistische Angaben

Von den ca. 18. Millionen Einwohnern sind ein Drittel Chinesen und 10 Prozent Tamilen; der Anteil der Christen beträgt ca. 10 Prozent (davon ca. 4,5 Prozent Katholiken).

Zur Geschichte

Mit der Eroberung des Sultanats Malakka durch die Portugiesen 1511 begann die katholische Mission. Noch vor dem Ende der niederländischen Herrschaft (1641–1824) über das spätere britische »Straits Setlement« Malakka hatte die London Missionary Society hier 1815 und später in Singapur und auf Penang eine Arbeit unter Chinesen begonnen. Als jedoch China im Rahmen der Ungleichen Verträge von Nanjing 1842 für die Mission geöffnet wurde, verließen die Missionare die malaiische Halbinsel.

Der 1842 vom Sultan von Brunai eingesetzte »weiße Raja« von Sarawak, James Brooke, bat 1847 die Borneo Church Mission um Aufnahme einer Arbeit vor allem unter den Dayak-Stämmen; Methodisten arbeiteten dort auch unter Chinesen. Auf der Halbinsel begannen erst in der Mitte des 19. Jahrhunderts amerikanische Missionare verschiedener Denominationen erneut mit der Missionsarbeit unter Chinesen und Tamilen, die von den Briten als Arbeitskräfte ins Land geholt wurden. In Nord-Borneo, jetzt Sabah, sammelten sich Chinesen, die nach der Taiping-Revolution aus China verbannt worden waren, seit 1882 in eigenen Gemeinden, desgleichen Mitglieder der Mar-Thoma-Kirche in Singapore und tamilische Lutheraner, die ab 1906 von der Leipziger Mission betreut wurden, auf der Halbinsel. Die Armenier verfügen in Singapore über das älteste erhaltene Kirchengebäude (von 1835).

Die Gegenwart
In den Kirchen in Malaysia bestehen seit der Missionszeit starke Spannungen zwischen »konservativ-evangelikalen« und »liberalen« Gruppen, letztere sind dabei zunehmend in der Minderheit. Besonders im Erziehungswesen sind die Kirchen aktiv. Allerdings behindert die religionspolitische Situation in Malaysia zunehmend öffentliches Auftreten der nicht-islamischen Gemeinschaften. Wichtige theologische Ausbildungsstätten Malaysias sind das Seminari Theoloji Malaysia in Kuala Lumpur (1974) und das Seminari Theoloji Sabah in Kota Kinabalu (1987).

Gemeinsame Erfahrungen von Christen während der japanischen Gefangenschaft hatten 1948 zur Gründung des Malayan Christian Council geführt. Nach dem Ausscheiden Singapurs aus der 1963 proklamierten Föderation Malaysia (1965) kam es 1974 zur Gründung des National Council of Churches in Singapur sowie zur Umstrukturierung des Council of Churches in Malaysia (CCM). In der 1986 entstandenen »Christian Federation of Malaysia« sind, neben dem CCM, auch die Katholische Kirche und die National Evangelical Christian Fellowship vertreten. Die besondere Situation in Sabah (Einwohner etwa 1,4 Millionen, davon etwa 35 Prozent Christen, knapp die Hälfte unter ihnen Katholiken) führte 1981 zur Errichtung eines eigenen regionalen Council of Churches in Sabah, ebenfalls mit Beteiligung der Katholischen Kirche.

Nach der Verfassung Malaysias ist der »Islam die Religion des Staates; aber jede andere Religion darf in Frieden und Harmonie in jedem Teil der Föderation ausgeübt werden«. Um die Anliegen der Nicht-Muslime besser vertreten zu können, wurde 1983 in Kuala Lumpur ein Malaysian Consultative Council of Buddhism, Christianity, Hinduism and Sikhism gebildet.

LITERATUR: Alan Craig Herron: A History of the Christian Churches in West-Malaysia and Singapore. Diss. University of Otago, New Zealand 1977. – Bobby E. K. Sing: In His Good Time. The Story of the Church in Singapore 1819–1978. Singapore. 1980. *Olaf Schumann*

Singapur

Als 1819 die britische Handelsniederlassung Singapur durch Sir Stamford Raffles gegründet wurde, gehörten Katholiken aus dem ehemals portugiesischen Malakka zu den ersten Zuwanderern. Die katholische Gemeinde, die dem Bischof von Malakka unterstellt war, wurde zunächst von portugiesischen, später von französischen und belgischen Ordenspriestern betreut. Bis zum zweiten Weltkrieg stellten Katholiken noch die Mehrheit der einheimischen Christen. Seit 1955 ist Singapur eine eigene Diözese und seit 1977 Sitz des Erzbischofs Gregory Yong. Trotz stetigen Wachstums, vieler Schulgründungen und ausgedehnter karitativer Tätigkeit kann die katholische Kirche gegenwärtig mit der zahlenmäßigen Entwicklung protestantischer Gemeinden nicht mithalten.

Bereits 1819 wurden die ersten protestantischen Missionare von der London Missionary Society ausgesandt, um unter den einheimischen Malaien und den Einwanderern aus China zu arbeiten, doch erst die Zuwanderung asiatischer Christen um die Jahrhundertwende führte zu dauerhaften Gemeindegründungen: Eisenbahnbau und Gummiplantagen brachten Arbeiter – darunter ca. 10 Prozent Christen – aus Südindien und Sri Lanka in die britische Kolonie. Sie gründeten anglikanische, methodistische und lutherische Gemeinden tamilischer Sprache, die bis heute weiterbestehen. Der »Boxer Aufstand« in China (1899 – 1900), trieb Christen aus Südchina nach Singapur, wo sie Dialektgemeinden (Hokkien, Kantonesisch, Teochew, Foochow) bildeten.

Die Sprachenvielfalt prägte nachhaltig die Struktur der Kirchen und stand der Ausbreitung des Christentums im Wege. Die methodistische Kirche, heute die größte Denomination, gründete darum ab 1900 englischsprachige Missionsschulen.

Während der japanischen Besetzung Singapurs (1942 – 1945) wurden ausländische Kirchenführer und Missionare interniert. Aus der gemeinsamen Hafterfahrung erwuchs die ökumenische Annäherung, die 1948 zur Gründung des »Trinity Theological College« und des »Malayan Christian Council« führte. Nach der kommunistischen Machtübernahme in China (1949) flüchteten sprachkundige Chinamissionare nach Singapur, wo sie unter den verschiedenen Dialektgruppen tätig wurden. Die »China-Inland-Mission«, jetzt »Überseeische Missionsgemeinschaft« (ÜMG), verlegte 1952 ihr Hauptquartier nach Singapur.

Neben den Anglikanern, Presbyterianern, Methodisten, Lutheranern gründeten ab 1950 auch amerikanische Denominationen (Southern Baptists, Bible-Presbyterian, Kongregationalisten, Pfingstler) und Sekten (Mormonen, Adventisten) neue Gemeinden. Zugleich begannen evangelikale Jugend- und Studentenorganisationen (Youth for Christ, Varsity Christian Fellowship u.a.) eine erfolgreiche Evangelisationsarbeit. 1952 wurde das »Singapore Bible College« als evangelikale Ausbildungsstätte für einheimische Pastoren gegründet, die in den Gemeinden die »liberalen« europäischen Missionare ablösten. Fundamentalistische Strömungen aus den USA und moralischer Rigorismus prägen nachhaltig Theologie und Leben der evangelischen Gemeinden.

Die Verfassung der 1965 unabhängig gewordenen Republik Singapur garantiert die ungehinderte Ausbreitung aller Religionen. Das spektakuläre Wachstum der christlichen Kirchen wurde durch die Sprachenpolitik der Regierung, die die chinesischen Dialekte durch die Amtssprache Mandarin ersetzte und Englisch an allen Schulen zur Hauptunterrichtssprache machte, begünstigt. Durch den Sprachenwechsel wird die Abkehr vom traditionellen Volksdaoismus gefördert. Die Kirchen gewinnen ihre Anhänger unter den Chinesen (ca. 75 Prozent der Bevölkerung) der höheren Ein-

Hugo Makibi Enomiya-Lassalle
Hugo Makibi Enomiya-Lassalle wurde 1898 geboren. Er wuchs in Externbroock bei Nieheim (Westfalen) auf. Nach dem Studium in Göttingen und Hildesheim sowie einer kurzen Militärzeit im Ersten Weltkrieg führte ihn sein Weg in den Jesuitenorden. Da er Missionar werden wollte, ging Lassalle nach Japan. Als Professor für deutsche Sprache an der Sophia-Universität der Jesuiten (seit 1929) konnte er 1931 das »Jochi-Settlement« im Armenviertel von Tokio gründen. Von 1935 – 1949 war Enomiya-Lassalle der Obere der Jesuitenmission. Dort erlebte er den Atombombenangriff am 6. August 1945 auf Hiroshima aus nächster Nähe.

Die »Weltfriedenskirche« in Hiroshima war seine Idee und sein Werk. Pater Enomiya-Lassalle gehört zu denjenigen, die dem Christentum in Japan Ansehen verschafften, wenn auch sein Wunsch nach einem missionarischen Durchbruch des Christentums nicht erfüllt wurde. Neben seinem Bestreben, den Armen zu helfen, war er von dem Wunsch beseelt, durch Zen-Erfahrungen die japanische Seele besser zu verstehen. Seit 1939 nahm er Kontakt zu Zen-Mönchen auf und nahm 1943 an den ersten »Zen-Exerzitien« teil. 1948 gründete er zusammen mit Bonzen eine Arbeitsgemeinschaft mit dem Ziel, zu einer Verständigung der Religionen angesichts des Materialismus und Kommunismus beitzutragen. 1980 erhielt er von Roshi Yamada die offizielle Erlaubnis, Zen zu lehren. In der Folgezeit setzte er sich dafür ein, Zen-Meditationen in das Christentum zu integrieren. Ab 1968 hielt Enomiya-Lassalle immer häufiger und mit wachsendem Einfluß »Zen-Exerzitien« in Deutschland und über Deutschland hinaus. Er war der Überzeugung, »daß Zen einem Christen helfen kann, zu einem tieferen christlichen Gebet zu kommen«. In einer Zeit, »wo das rationale begriffliche Denken im Bereich des Religiösen nicht mehr die Bedeutung hat, wie es am Anfang dieses Jahrhunderts bei gläubigen Christen noch der Fall war und wie ich es selbst noch erfahren habe«, brauche es andere als die sogenannte »gegenständliche« Meditation. »Der Weg des Menschen über die Geschöpfe schmeckt dem Menschen von heute nicht mehr. Sie suchen den Weg zu Gott über das Ich, über die meditierende Versenkung.« Den Weg dorthin sah er in der Zen-Meditation. Neu war auch sein Versuch, die Zen-Erfahrung als »natürliche« Mystik von der »übernatürlichen« zu unterscheiden. Nach seiner Auffassung könnten auch fromme Nichtchristen im Gebet und in der Meditation den Weg zum wahren Gott finden. Viele berufen sich auf Enomiya-Lassalle, wenn sie der Auffassung sind, es gehe nicht mehr um Missionierung, sondern darum, daß Christen bessere Christen und Buddhisten bessere Buddhisten werden. Hugo M. Enomiya-Lassalle starb 1990.

LITERATUR: Hugo M. Enomiya-Lassalle: Zen und die christliche Mystik. 3. Auflage, Freiburg 1986. – Ders.: Zen-Unterweisung. München 1987. – Günter Stachel (Hg.): Übung der Kontemplation. Mainz 1988.

Katsumi Takizawa

Katsumi Takizawa wurde am 8. März 1909 als Sohn eines Lackwarenhändlers in Utsonomiya/Japan geboren. Auf Wunsch seines Vaters studierte er Jura an der Kaiserlichen Universität Tokyo. Doch das Studium befriedigte ihn nicht. Er wechselte an die Universität Kyoto und studierte dort westliche Philosophie. Eine entscheidende Bedeutung gewann für ihn die Begegnung mit dem zen-buddhistischen Philosophen Kitaro Nishida (1870–1945), der zu seinen Lehrern zählte. Dessen These von der absolut widersprüchlichen Selbstidentität beschäftigte ihn fortan unablässig. Als er 1933 ein Humboldt-Stipendium erhielt, ließ er sich vor der Abreise von Nishida beraten. Dieser empfahl ihm, den Theologen Karl Barth zu hören. So reiste er über Berlin nach Bonn zu Barth. Dort hatte er seine erste Begegnung mit der Bibel. In Bonn erlebte Takizawa am 12. November 1933 die Reichstagswahl mit, die der NSDAP 92 Prozent der Stimmen bescherte.

kommensgruppe mit höherer Schulbildung. 1991 waren ca. 12 Prozent der Bevölkerung Protestanten, 7 Prozent Katholiken; unter Akademikern betrug der Anteil der Christen ca. 40 Prozent.

Seit 1972 gehen zahlreiche Gemeindegründungen auf die charismatische Erweckungsbewegung zurück. Die meisten evangelischen Kirchen haben sich der »Evangelical Fellowship of Singapore« angeschlossen. Sie unterhalten zum Ökumenischen Rat der Kirchen keine Kontakte.

Auf das schnelle Wachstum der Kirchen reagierte die Regierung seit 1987 mit repressiven Maßnahmen: Zur Abwehr »marxistischer Einflüsse« wurde 1987 das Büro der Christian Conference of Asia geschlossen und 1988 eine Gruppe katholischer Sozialarbeiter inhaftiert. Zur Eindämmung aggressiver Missionstätigkeit wurde 1990 das Gesetz zur »Erhaltung der Religiösen Harmonie« verabschiedet. Die Gefahr des islamischen Fundamentalismus und möglicher Rassenunruhen als Reaktion auf die provokative Missionstätigkeit christlicher Gruppen wurden zur Begründung angeführt. 1991 wurde der Religionsunterricht an den Schulen abgeschafft. Die Ausbreitung christlichen Gedankenguts wird für den wachsenden Individualismus unter der Jugend verantwortlich gemacht. Eine konfuzianische Restauration und die Propagierung einer »nationalen Ideologie« sollen – nach dem Programm der Regierungspartei – die Forderungen nach individuellen Grundrechten und Demokratisierung abwehren. Gemeinsinn und Konsensprinzip werden als »asiatische« Grundwerte dem westlichen Liberalismus entgegengesetzt.

Nach einer Phase tiefgreifender gesellschaftlicher Umgestaltung (Industrialisierung, Wohnungsbau, Modernisierung, Verwestlichung) seit der Unabhängigkeit sieht sich das Christentum in Singapur mit zwei neuen gesellschaftlichen Tendenzen konfrontiert: der zunehmenden Säkularisierung und dem Erstarken der asiatischen Identität.

LITERATUR: Alan Craig Herron: A History of the Christian Churches in West-Malaysia and Singapore. Diss. University of Otago, New Zealand 1977. – Bobby E. K. Sing: In His Good Time. The Story of the Church in Singapore 1819–1978. Singapore. 1980. *Paul Oppenheim*

Japan

Statistische Angaben

Die Gesamtzahl der Christen in Japan beträgt über eine Million und macht damit knapp ein Prozent der gesamten Bevölkerung aus. Etwa 650 000 Japaner gehören protestantischen Kirchen an; rund 440 000 sind römisch-katholisch.

Geschichte und Gegenwart der Kirche:

Nachdem der Jesuit Franz Xaver 1549 als erster christlicher Missionar Japan erreicht hatte und von einem Fürsten in Kyushu (Südjapan) die Erlaubnis zur Mission erhalten hatte, kamen außer Jesuiten Dominikaner, Franziskaner und andere nach Japan. Sie missionierten so erfolgreich, daß die Zahl der katholischen Christen nach einer Statistik von 1614 in ganz Japan 650 000 betrug; darunter waren etwa 60 Fürsten. Weil die Regierung aber glaubte, die Christen würden die militärische Eroberung Japans durch westliche Mächte unterstützen, wurde das Christentum seit Ende des 16. Jahrhunderts vielfach öffentlich verboten. Die Christen wurden brutal verfolgt und zur Apostasie gezwungen, so daß sie Ende des 17. Jahrhunderts aus Japan fast verschwunden waren, sieht man von den sogenannten »Verborgenen Christen« in einigen entlegenen Inseln von Kyushu ab.

Erst Mitte des 19. Jahrhunderts kamen einige evangelische Missionare nach Japan, und auch Katholiken versuchten, vereinzelt wieder zu missionieren. Nachdem Japan 1889 die Freiheit des religiösen Glaubens verfassungsmäßig garantiert hatte, wurde christliche Mission systematisch betrieben. Evangelische Missionare puritanischer Prägung kamen aus den USA und gründeten Missionsstationen in Großstädten wie Kumamoto, Kobe, Yokohama, Sendai und Sapporo. Hier liegt die Ursache dafür, daß die ersten evangelischen Christen Japans hauptsächlich dem großstädtischen Mittelstand entstammten; meist handelte es sich um Angehörige von Familien der bei der Meiji-Restauration 1868 untergegangenen Samurai (Krieger).

Die evangelischen Christen Japans waren zuerst noch nicht in Konfessionen geteilt, aber bald trat eine konfessionelle Zersplitterung ein, bis es unter dem Druck der Regierung, die die Religionen unter die Kontrolle des Staates stellen wollte, 1941 zu einer Vereinigung kam. So entstand die größte Union der evangelischen Christen in Japan (»The United Church of Christ in Japan«), die heute ca. 200 000 Mitglieder hat. Daneben bestehen Konfessionen, die sich der Union nicht anschlossen oder sie später wieder verließen, so Lutheraner, Anglikaner und Baptisten. Die evangelischen Christen Japans besitzen etwa 6 000 Kirchen, 11 000 Pastoren, zwei theologische Hochschulen, ca. 35 Universitäten mit 6 Fakultäten und Abteilungen für evangelische Theologie. Außerdem gibt es zahlreiche theologische Schulen und einige evangelische Verlage.

Nach 1889 begann auch eine intensive katholische Missionstätigkeit; verschiedene Missionsgebiete wurden Jesuiten, Dominikanern, Franziskanern usw. zugeteilt. Heute bestehen 16 Diözesen, darunter drei Großstadt-Erzbistümer (Tokyo, Osaka und Nagasaki). Bisher wurden drei aus Japan stammende Kardinäle ernannt. Die japanischen Katholiken besitzen ca. 1000 Kirchen, 10 000 Priester und 15 Universitäten, darunter drei theologische Fakultäten und Abteilungen, außerdem einige theologische Schulen und Verlage.

Beachtenswert ist die evangelische Erneuerungsbewegung Mukyokai-shugi (»Nicht-Kirche-Bewegung«). Ihr Gründer Kanzo Uchimura (1861–1930) wurde auch bekannt, weil er der kaiserlichen Unterschrift unter das Erziehungsedikt von 1891 die Ehrenbezeugung verweigerte. Er mußte darauf die berühmte höhere Schule verlassen, an der er als Lehrer tätig war. Uchimura wandte sich als Pazifist gegen den russisch-japanischen Krieg 1904–1905 und trat bereits 1901 gegen die durch ein Bergwerk verursachte Umweltzerstörung ein. Er vertrat den evangelischen Grundsatz: »Nur aus dem Glauben« so konsequent, daß er nicht nur Taufe und Teilnahme am Abendmahl, sondern auch die Zugehörigkeit zur Kirche als für das Christsein nicht unbedingt notwendig erklärte, obgleich er deren Bedeutung nicht verneinte. So betätigte er sich als selbständiger Evangelist und christlicher Schriftsteller. Er übte auch auf nichtchristliche Intellektuelle großen Einfluß aus. Seine Jünger – darunter einige höchst bedeutende Persönlichkeiten – bildeten eine eigene Gruppe, deren Mitglieder heute auf Tausende geschätzt wird (der Natur der Bewegung gemäß gibt es keine Statistik).

Während des zweiten Weltkrieges wurde das Christentum zwar nicht verboten, doch sah man es generell als traditionsfeindlich an, und in einzelnen Fällen kam es zu Christenverfolgungen: Einige Anhänger der »Holiness Church« wurden verhaftet, weil sie die baldige Parusie und Herrschaft Christi verkündet hatten, was als Verneinung des Kaisertums angesehen wurde. Nach dem Zweiten Weltkrieg wurde das Christentum begrüßt und zog viele Japaner an. Aber die Christen bleiben immer noch eine kleine Minderheit, obgleich sie kulturell und religiös eine bedeutende Rolle spielen.

Kulturelle Bedeutung

Wegen der lange bestehenden Pluralität der Religionen in Japan (Shintoismus, Buddhismus, Konfuzianismus, sofern dieser als Religion gilt, und neuere Religionen verschiedener Herkunft) stellte die christliche Mission als solche kein großes Problem dar: Zu religiösen Kämpfen kam es in Japan überhaupt nur sehr selten. Während des zweiten Weltkriegs, als die Christen mit dem Kaiserkult konfrontiert waren, erwiesen sie der Obrigkeit fast immer Gehorsam.

Die Christen galten als Träger westlicher Kultur und westlichen Lebensstils. Schon die Katholiken im 16. Jahrhundert brachten Latein, Musik, Logik usw. mit und gründeten Schulen und Krankenhäuser.

Zwischen der Mitte des letzten Jahrhunderts und dem zweiten Weltkrieg waren Aktivitäten von Christen von großer Bedeutung für die japanische Kultur und Gesellschaft. Die Christen gründeten Schulen für christliche Erziehung. Die ersten höheren Schulen und Hochschulen für Mädchen in Japan sind christlich. Die Christen der ersten Generation führten die Arbeiterbewegung an. Sie betrieben auch Armenmission und Armenpflege. In dieser Hinsicht ist die Gestalt von Toyohiko Kagawa (1888 – 1960) hervorragend. Christen lösten auch die Anti-Alkohol-Bewegung und die Anti-Prostitutions-Bewegung aus und trugen zum gesetzlichen Verbot des Bordellbetriebs 1956 bei. Christliche Japaner machten durch Übersetzungen Texte wie Dantes *Göttliche Komödie* und Miltons *Paradise Lost* zugänglich, und auch die Kirchenmusik vor allem Johann Sebastian Bachs, die heute in Japan allgemein hohes Ansehen genießt, wurde nach 1945 zunächst durch Christen bekannt gemacht. Nach dem Zweiten Weltkrieg zog die schriftstellerische Tätigkeit von Shusaku Endo (geb. 1923, katholisch) und Rinzo Shiina (1911 – 1973, evangelisch) die öffentliche Aufmerksamkeit auf sich.

Viele evangelische Christen Japans beschäftigt das »Yasukuni-Problem«. Yasukuni-Jinjya ist der den Kriegsgefallenen geweihte shintoistische Schrein, in dem diese als Götter verehrt werden. Trotz der nach dem Zweiten Weltkrieg vorgenommenen verfassungsmäßigen Trennung zwischen Staat und Religion bestehen viele Kriegshinterbliebene und mit ihnen auch einige Abgeordnete auf der staatlichen Finanzierung des Yasukuni-Jinjya. Die Christen lehnen sie ab, da sie eine Wiederherstellung des staatlichen Shintoismus befürchten.

Theologie

Die Theologie in Japan war zunächst nach Westen orientiert, und in den 1930er sowie 50er und 60er Jahren nahm vor allem die Theologie Karl Barths eine beherrschende Stellung ein. Doch nach dem zweiten Weltkrieg entwarfen Japaner originäre theologische Konzeptionen. Vor allem zu nennen sind die alttestamentlichen Studien von Masao Sekine (geb. 1912), die neutestamentlichen Studien von Sasagu Arai (geb. 1930), Akira Satake (geb. 1929) und Kenzo Tagawa (geb. 1935), die »Theologie des Schmerzes Gottes« (1946) von Kazoh Kitamori (geb. 1916), die von Sakae Akaiwa (1903 – 1966) entwickelte Idee des »Exodus aus dem Christentum« (1964), die Infragestellung der traditionellen Christologie durch Nobuo Odagiri (1909 – 1982) und die »Existenziale Theologie« (1964) von Yoshio Noro (geb. 1925). Mamasaya Odagaki (geb. 1929) will buddhistisch-mystisches Denken aufnehmen. Der interreligiöse Dialog zwischen Christen und Buddhisten, bei dem es sich um kritische Besinnung auf das Wesen der Religion handelt, wird vor allem von Katsumi Takizawa (1906 – 1984), Seiichi Yagi (geb. 1932) und Masaak Honda (geb. 1930) geführt.

LITERATUR: S. Yagi, U. Luz (Hg.): Gott in Japan. München 1973. – Y. Terazono, H. E. Hamer (Hg.): Brennpunkte in Kirche und Theologie Japans. Neukirchen-Vluyn 1988. – A. Dohi, T. Sato, S. Yagi, M. Odagaki: Theologiegeschichte der Dritten Welt, Japan. München 1991. *Seiichi Yagi*

Korea

Statistische Angaben

Nach der Unabhängigkeit Koreas im Jahre 1945 folgte die Teilung des Landes 1948 in die Republik Korea (Südkorea) und die Demokratische Volksrepublik Korea (DVRK) in Nordkorea. In der DVRK leben 21,4 Millionen Menschen (1986) in einem sozialistischen Staat, für den die Christen subversive Elemente darstellen. Durch Verfolgungen und Massenflucht – vor allem zur Zeit des »Bruderkrieges« (1950 – 1953) hat sich ihre Zahl von 120 000 auf ca. 10 000 verringert. Diese Christen haben sich auf protestantischer Seite 1946 im »Bund Koreanischer Christen« mit ca. 6 000 Mitgliedern und auf katholischer Seite 1988 in der »Vereinigung Koreanischer Katholiken« mit über 300 Mitgliedern zusammengeschlossen. Obwohl 1989 erstmals eine Delegation der Kirche Nordkoreas am Deutschen Evangelischen Kirchentag in Berlin teilnahm, fehlen doch für Nordkorea als eine der verschlossensten Gesellschaften der Welt zuverlässige statistische Angaben. Wir beschränken uns daher nachfolgend auf Südkorea.

Hier beginnt auf dem Boden der neuen Verfassung von 1948 mit ihren Garantien für ein Recht auf freie Religionsausübung eine Zeit des Wachstums der Christenheit, aber auch der inneren Spaltung. Begünstigt wurde diese Entwicklung durch

Doch ihn fesselte nicht das Problem »Kirche/Staat«, sondern das Problem »Mensch/Gott«. Über die Jungfrauengeburt hörte er bei Barth. Nirgendwo sonst, in keinem Hörsaal oder Seminar der Philosophen fühlte ich mich so frei wie hier. Trotz meiner Unwissenheit und meiner sprachlichen Schwierigkeiten war mir seine Erklärung des Glaubensbekenntnisses – empfangen durch den Heiligen Geist, geboren von der Jungfrau Maria – nicht ganz fremd, sondern klar und vertraut, als ob es unmittelbar mich und mein eigenes Selbst anginge.« Auch nach seiner Rückkehr nach Japan 1935, wo er bis zum Ende des Krieges eine akademische Tätigkeit in Yamaguchi und Fukuoka ausübte, kreiste sein Denken um die Verhältnisbestimmung von Gott und Mensch, ewigem Vater und ewigem Sohn. Bei seinem Lehrer Nishida hatte er gelernt, daß allem Sein ein Urfaktum zugrundeliegt. Als Christ nannte er dieses Urfaktum Immanuel (Gott mit uns) und beschrieb es in Beziehungsbegriffen, wie er dies bei Nishida gelernt hatte, zum Beispiel mit dem Wort des Staatslehrers Daito: »Für ewig geschieden, jedoch keinen Augenblick getrennt; den ganzen Tag zusammen, doch keinen Augenblick in eins. Dieser Logos wohnt in jedem Menschen.« Takizawa unterscheidet im Blick auf den Immanuel zwischen einem primären Kontakt Gottes mit dem Menschen (Immanuel I) und einem sekundären (Immanuel II). Beim primären Kontakt hat Gott ein Urverhältnis gestiftet, das die Grundsituation jeglichen Menschseins bestimmt und allem menschlichen Denken und Tun vorausgeht (Schöpfung). Diesem primären Kontakt folgt ein sekundärer Kontakt (Immanuel II). Damit ist die geschichtliche Verwirklichung des primären Kontaktes gemeint, wie sie uns im Leben Jesu vollkommen entgegentritt. Er brachte ans Licht, wie wir als Menschen von unserem Urfaktum her leben sollen. Er ist die maßgebende Antwort des Immanuel II auf das entscheidende Ereignis des Immanuel I.

Unter dem Eindruck der Auseinandersetzung mit der Theologie Barths ließ Takizawa sich nach dem

Kriege taufen. 1965 besuchte er erneut Deutschland und benutzte die Gelegenheit zu einer Begegnung mit Martin Heidegger. Noch wichtiger aber war für ihn die Gelegenheit, seine Immanuel-Theologie in Deutschland und der Schweiz zur Diskussion zu stellen (Gastprofessuren: 1965/66 Kirchliche Hochschule Berlin, 1974/75 Heidelberg, 1977/78 Mainz, 1979 Essen). Der Tod überraschte ihn bei der Vorbereitung einer Reise nach Heidelberg am 25. Juni 1992. Dort sollte ihm am 18. Juli 1992 die Würde eines theologischen Ehrendoktors verliehen werden.

Chung Hyun Kyung
Weltweites Aufsehen erregte diese südkoreanische Theologin durch ihr Referat vor der 7. Vollversammlung des Ökumenischen Rates der Kirchen im australischen Canberra (7.–20. Februar 1991). Thema der Versammlung war »Komm Heiliger Geist, erneuere die ganze Schöpfung«. Die Theologin verknüpfte in ihrer sowohl Begeisterung als auch scharfen Widerspruch hervorrufenden Ansprache jüdisch-christliche Vorstellungen mit denen der Ahnenverehrung.

Chung Hyun Kyung wurde am 15. Mai 1956 in Kwang-Ju/Korea geboren – nach koreanischer Tradition eine Stadt von Freiheitskämpfern. In ihrem autobiographischen Aufsatz »Auf den Spuren eines langen Traumes« (1988, deutsch 1990) erzählt sie von ihren beiden Müttern und von dem religiösen Erbe, das sie beiden verdankt. Ihre leibliche Mutter lernte sie erst drei Jahre nach dem Tod ihrer Mutter kennen. Sie war eine »ci-baji« (wörtlich »Samenempfängerin«), die sich ihr Vater als Mutter des Kindes nach zwanzigjähriger kinderloser Ehe ausgesucht hatte – in Korea eine normale Angelegenheit. Chung Hyun Kyung blieb genau ein Jahr im Hause ihrer leiblichen Mutter, wurde dann in das Haus ihres wirtschaftlich und politisch einflußreichen Vaters gebracht.

Die verstorbene Adoptivmutter der koreanischen Theologin war offiziell Christin und Mitglied einer großen Kirche in Seoul. Chung

die Annäherung zwischen den USA und der ehemaligen UdSSR, die Auswirkungen des »Wirtschaftswunders Korea«, das 1987 den 12. Rang unter den Welthandelsnationen einnahm, durch den Papstbesuch 1984, die Hundertjahrfeier des Bestehens der protestantischen Kirche 1985 und den Erfolg der Olympiade 1988. Der Anteil der Christen an der Gesamtbevölkerung (1988: 42,1 Mio) stieg von 10,3 Prozent (1970) auf ca. 25 Prozent (1988). Das christliche Leben pulsiert in einer Vielzahl von ca. 70 Denominationen und Konfessionen.

Koreanische Denominationen und Konfessionen mit über 300 000 Mitgliedern 1982

Presbyterianische Kirchen	32
Methodistische Kirchen	4
Holiness Churches	3
Baptistische Kirchen	4
Pfingstlerische Kirchen	7
Römisch-katholische Kirche	1

(Quelle: Südkorea – Texte und Fragen, hg. v. Europäischen Missionswerk Hamburg 1988, S. 73)

Innere Spannungen
Bezeichnend für die koreanische Gesellschaft ist ein religiöser Pluralismus. Buddhismus (19 Sekten), Konfuzianismus und Schamanismus haben das Leben und die Denkweise der Koreaner tief beeinflußt. Auch heute noch bildet der Schamanismus die religiöse Basis des koreanischen Volkes. Er prägt zusammen mit anderen Volksreligionen das geistige Klima des Landes.

In Korea lassen sich drei Typen von Theologie unterscheiden: eine Kultur- und Religionstheologie, eine fundamentalistische Theologie und eine politische Theologie. Der erste Typ geht zurück auf Choe Byung-Hun (1858–1927). Dieser unterscheidet zwischen dem Evangelium von Jesus als dem Absoluten und den Religionen, denen er einen relativen Wert zuerkennt. Diesen Ansatz greift Yun Sung-Bum auf. Er fordert im Rahmen der Indigenisierungsdebatte eine Wiederbelebung der einheimischen Traditionen. Das führt zur Aufnahme von Gesprächen mit dem Schamanismus (Yu Dong-Sik), dem Konfuzianismus (Yun Sung-Bum) und dem Buddhismus (Byun Son-Hwan). »Bekehrung« wird als Ausdruck eines theologischen Imperialismus empfunden. Bevorzugt wird der Begriff des interreligiösen Dialoges.

Vom Fundamentalismus werden 30 Prozent der koreanischen Kirchen bestimmt. Kennzeichnend für diesen sind nach Park Hyung-Ryong das Festhalten an der Verbalinspirationslehre, der religiösen Exklusivität, einer puritanischen Frömmigkeit und der Betonung der Erlösung der Einzelseele. Im Verhältnis zu den anderen Religionen steht nicht der Dialog, sondern der »Sieg im Kampf« im Vordergrund. Die politische Theologie geht auf Yum Chi-Ho (1864–1945) zurück, der in der Kirche die praktische Liebestätigkeit im politischen Engagement berücksichtigt wissen will. Im Gegensatz zu dem Diesseits-Jenseits-Dualismus der Fundamentalisten fordert Kim Jae-Jun im Geiste der alttestamentlichen Propheten die Christen auf, sich den geschichtlichen Aufgaben in Korea zuzuwenden und dadurch das Erlösungswerk Christi zur Geltung zu bringen.

Minjung-Theologie und Minjung-Kultur
Den ersten und zweiten Typ der koreanischen Theologie sieht Ahn Byung-Muin in der von ihm selber formulierten *Minjung*-Theologie aufgehoben. Hier wird versucht, Bibel, Geschichte und Lebenswirklichkeit »von unten«, das heißt vom Volke (*Minjung*) aus zu sehen. Die *Minjung*-Theologen gehen in das Volk und sprechen von einer »Kirche des Volkes«, »in der das bedrückte und passive Volk zum Subjekt seiner eigenen Geschichte mit Gott und seinem Messias Jesus wird«. Denn Gott handelt in den Ereignissen, die prinzipiell als das Grundlegende und Erste zu betrachten sind. Die theologische Reflexion ist dann der zweite Schritt. Sie führt zum Einsatz für die Leidenden, zur Überwindung der Grenzen von Konfession und Religion, zur Verwirklichung des Reiches Gottes hier auf Erden in einem neuen Lebensstil.

Jahrhundertelang standen sich in Korea *Yangban* (Adel, herrschende Elite) und *Minjung* (Volk, kleine Leute) gegenüber. Die *Yangban*-Kultur war am Studium der chinesischen Klassiker orientiert. Die *Minjung*-Kultur dagegen wurde geprägt durch die Feste und Rituale des Dorflebens. Als lebendiger Ausdruck dieser Kultur gilt bis heute der Maskentanz, der im alten Dorffest seinen Ursprung hat. Unter der Maske sagt der Narr (*malttugi*) die Wahrheit, gibt er dem Protest gegen Ungerechtigkeit und Unterdrückungsherrschaft von Staat, Polizei und Konzernen Ausdruck. Künstler und Intellektuelle suchen zusammen mit Studierenden, Arbeitern und Hausfrauen nach Antworten auf das Leiden des Volkes (*Minjung*) und verstehen die Geschichte Koreas neu.

Geschichte
Im Jahre 1777 stieß eine kleine Gruppe koreanischer Gelehrter aus dem niederen Adel auf katholische christliche Traktate, die von Peking-Reisenden mitgebracht worden waren. Einer von ihnen, Yi Seung-Hung, war tief beeindruckt. Er reiste 1783 nach Peking und ließ sich dort taufen. Nach seiner Rückkehr begann ab 1784 christliches Gemeindeleben in Seoul. Die neue Lehre fand schnell zahlreiche Anhänger (1785: 4000; 1865: 23000). Ihren Rückhalt fanden die oft und hart verfolgten Christen in einer entmachteten Adelsfraktion: »Namin« (Südpartei). Doch erwies sich diese Bindung an eine Yangban-Partei für die Ausbreitung nicht immer als positiv. Die Geschichte der Katholischen Kirche in den ersten 100 Jahren ist die Geschichte der Institution Kirche und der Ausbreitung ihrer Lehre.

Auf Initiative der Koreaner war die christliche Lehre durch chinesische Literatur ins Land gekommen. Der Beginn der protestantischen Kirchen verlief genau umgekehrt. Ab 1885 kamen aus den USA, Kanada, Australien und England zuerst presbyterianische, dann methodistische, baptistische und anglikanische Missionare. Sie förderten die koreanische Bibelübersetzung, besuchten die abgelegenen Dörfer und predigten dem einfachen Volk. Durch sie entstand ein System westlicher Missionsschulen und Krankenhäuser. 1924 wurde von Presbyterianern und Methodisten der Nationale Kirchenrat gegründet, in dem heute sechs Mitgliedskirchen zusammenarbeiten. Dieser erklärte in Erinnerung an die vor 50 Jahren erlebte Befreiung von japanischer Herrschaft öffentlich das Jahr 1995 zum biblischen »Jubeljahr«. Zugleich wurde der Sonntag vor dem 15. August zu einem Tag des Gebetes für Frieden und Wiedervereinigung bestimmt in der Hoffnung, daß aus dem »großen Marsch zum Jubeljahr« für die katholischen und protestantischen Kirchengemeinden eine innere und äußere Erneuerungsbewegung wird.

LITERATUR: Jürgen Moltmann (Hg.): Minjung – Theologie des Volkes Gottes in Südkorea. Neukirchen-Vluyn 1984. – Ahn Byung-Mu: Koreanische Theologie. In: Lexikon missionstheologischer Grundbegriffe. Hg. K. Müller und Th. Sundermeier. Berlin 1987, S. 230–235. – Ahn Byung-Mu: Draußen vor dem Tor. Kirche und Minjung in Korea. Göttingen 1986. – Lim Chung-Hi, Andreas Jung: Malttugi – Texte und Bilder aus der Minjung-Kulturbewegung in Südkorea. Heidelberg 1986. – W. Kröger in: Minjung-Theologie, ein Briefwechsel. Hg. v. EMW, Weltmission heute Nr. 5, Hamburg 1989, S. 34 – 39. – Evangelisches Missionswerk im Bereich der BRD und West-Berlin (Hg.): Geteiltes Land der Morgenstille. Weltmission heute Nr. 7, Hamburg 1989. – Chai Soo-Il: Die messianische Hoffnung im Kontext Koreas. Perspektiven der Weltmission Bd. 10, Hamburg 1990. – Rainer Hruska und Heinrich Gajsar (Hg.): Deutschsprachige Literatur zu Korea. Münster 1991. *Heyo E. Hamer*

Vereinigte Staaten

Statistische Angaben

Die meisten Amerikaner (etwa 89 Prozent) sind Christen. Umfragen haben Anfang der 1990er Jahre ergeben, daß sich ungefähr 57 Prozent der Amerikaner als Protestanten, 28 Prozent als Katholiken, 2 Prozent als Russisch Orthodoxe und 2 Prozent als Mormonen betrachten. (2 Prozent der Befragten bekannten sich zum Judentum, 1 Prozent zu einer anderen Glaubensrichtung). Einige Spielarten des Christentums überschreiten die Grenzen bestimmter Denominationen. So nennen sich etwa 31 Prozent aller Amerikaner evangelikale Christen (was bedeutet, daß sie ein »Wiedergeburtserlebnis« oder eine andere wichtige Bekehrungserfahrung hatten, die ihr Leben verändert hat), und ungefähr 8 Prozent bezeichnen sich als Pfingstler, Neo-Pfingstler oder charismatische Christen (was bedeutet, daß sie vom Heiligen Geist getauft wurden, und/oder in verschiedenen Zungen sprachen). Lediglich 8 Prozent der Bevölkerung fühlen sich keiner Religionsgemeinschaft zugehörig, was seit den 60er Jahren einen Zuwachs von 4 Prozent bedeutet.

Die Umfragen weisen auch auf feste religiöse Überzeugungen hin. Ende der 80er Jahre gaben 90 Prozent der Befragten an, sie hätten die Existenz Gottes niemals angezweifelt, 84 Prozent glaubten an Jesus Christus als Gott oder Sohn Gottes, 70 Prozent an ein Leben nach dem Tode und an eine wie auch immer geartete Vergeltung Gottes im Jenseits. 56 Prozent der Amerikaner sagten außerdem aus, daß die Religion eine »sehr wichtige« Rolle in ihrem Leben spiele. Allerdings bedeutet dieser Prozentsatz einen starken Rückgang von den 75 Prozent im Jahre 1952.

Obwohl die Anzahl der praktizierenden Christen in den letzten dreißig Jahren leichten Schwankungen unterworfen war, ist sie auch in den 90er Jahren noch verhältnismäßig hoch. 40 Prozent der Befragten besuchen einmal wöchentlich den Gottesdienst (49 Prozent im Jahre 1955), 90 Prozent geben an, daß sie regelmäßig beten, und 33 Prozent behaupten, eine religiöse Erfahrung gemacht, also eine besonders eindrucksvolle religiöse Erkenntnis gewonnen zu haben.

Zwar bekennen sich die meisten verbal zu den grundlegenden christlichen Glaubensgrundsätzen; ob diese Glaubensgrundsätze und religiösen Praktiken allerdings tief reichen oder große Auswirkungen haben, ist äußerst fraglich. Das Christentum in den Vereinigen Staaten hat nicht den Einfluß auf den Alltag der Menschen, wie man es angesichts des Grades religiöser Identifikation annehmen möchte. Zudem hat es auch keinen sichtbaren Einfluß auf die amerikanische Gesellschaft oder deren Wertvorstellungen. Statt dessen ist das Christentum in den Vereinigten Staaten inzwischen von einem starken christlichen Individualismus geprägt, der das religiöse Leben zu einer privaten und rein persönlichen Angelegenheit macht. Außerdem mangelt es vielen amerikanischen Christen an grundlegendem Wissen über den Glauben, zu dem sie sich bekennen. Einer kürzlichen Umfrage zufolge wußten nur 42 Prozent der Befragten, daß Jesus die Bergpredigt gehalten hat, nur 46 Prozent konnten die vier Evangelisten benennen, nur 45 Prozent vier der Zehn Gebote zitieren (obwohl fast alle der Meinung waren, daß die Zehn Gebote die moralische Richtschnur für alle Christen darstellen sollten), und 30 Prozent wußten nicht, daß Jesus in Bethlehem geboren wurde.

Zur gegenwärtigen Situation

Wer amerikanische Filme oder Fernsehprogramme sieht, könnte den Eindruck gewinnen, daß die Religion wenig Einfluß auf den Alltag in den Vereinigten Staaten hat, deren Gesellschaft säkular und materialistisch geprägt ist. Obwohl diese Einschätzung bis zu einem gewissen Grade der Wahrheit entspricht, deckt sie sich nicht vollständig mit der historischen und gegenwärtigen Entwicklung in den USA. Inmitten von Materialismus und Säkularismus bestehen religiöse Glaubensgrundsätze und Praktiken fort, wie verschiedene Untersuchungen von den 30ern bis in die 90er Jahre unseres Jahrhunderts belegen.

Geschichte

Der momentane Stellenwert des Christentums in den Vereinigten Staaten spiegelt einen Teil der historischen Kräfte wieder, die es geformt haben. Von seinen Anfängen im 17. Jahrhundert an war das amerikanische Christentum vorwiegend protestantisch geprägt. Es gliederte sich in viele verschiedene Denominationen, war theologischen Reformprozessen unterworfen und auch nicht frei von internen Konflikten. Der englische Puritanismus hatte erheblichen Einfluß auf die diversen protestantischen Kirchen im Amerika des 17. Jahr-

Hyun Kyung beschreibt den Glauben ihrer Mutter als nicht-orthodox: vermischte sie doch Christliches mit konfuzianischer Ahnenverehrung. Spirituelle Kräfte zog sie darüber hinaus aus anderen traditionell koreanischen Geistesströmungen sowie aus dem Buddhismus. Chun Hyung Kyungs richtige Mutter, heute Diakonin in einer Pfingstgemeinde, war in jungen Jahren Buddhistin, glaubte an Ahnengeister und vertrat wie die Adoptivmutter »einen auf »Überleben und Befreiung gerichteten« Synkretismus«, der taoistische und schamanistische Elemente enthält.

Chun Hyung Kyung ist Mitglied der »Presbyterianischen Kirche von Korea«. Sie erwarb eine Reihe von akademischen Graden in Philosophie und Theologie und ist zur Zeit Assistenzprofessorin in Systematischer Theologie am »Christian Studies Department der EWHA Women's University« in Seoul.

Chun Hyung Kyung vertritt keine orthodoxe Theologie: »Meine Auffassung von Gott ist nicht in erster Linie bestimmt durch die Lehren und ritualistischen Handlungen christlicher Kirchen, buddhistischer Tempel oder irgendeiner anderen Religion.« Ihre die konfessionellen und religiösen Grenzen überschreitende Theologie enthält starke Impulse der »Minjung-Theologie«. Minjung bedeutet »Graswurzel-Volk«, und diese Theologie erwuchs aus der koreanischen Erfahrung von Leid und Befreiung, die Korea in den 1970er Jahren unter der politischen Diktatur und wirtschaftlichen Ausbeutung machte.

Chun Hyung Kyungs Bild des Heiligen Geistes, den sie in Canberra beschwor, »stammt nicht aus meinem Fachwissen in der Systematischen Theologie«, sondern aus dem Bild der buddhistischen Göttin Kwan Yin, von den ostasiatischen Frauen als »Göttin des Mitleidens und der Weisheit« verehrt.

LITERATUR: Chung Hyun Kyung: Auf den Spuren eines langen Traumes. In: Letty M. Russell (Hg.): In den Gärten unserer Mütter. Religiöse Erfahrungen von Frauen heute. Freiburg u. a. 1990, S. 52–70.

hunderts (zum Beispiel Kongregationalisten, Presbyterianer, Anglikaner, Baptisten, Quäker). Eine kleine Minderheit englischer Katholiken ließ sich um 1630 in Maryland nieder und trug zur Vielfalt der Denominationen bei.

Das »Great Awakening« (1740 – 1745), eine weitreichende Wiederbelebung des Protestantismus, die sowohl die Grenzen der einzelnen Kolonien als auch der Denominationen überschritt, resultierte im typisch amerikanischen evangelikalen Ansatz. Dieser erhob die persönliche Bekehrung zum Christentum (durch Bildung und Katechese) zur Grundvoraussetzung für die Zugehörigkeit zu Kirche und Priesteramt. Obwohl das emotionale Erweckungserlebnis denominationsübergreifend war, führte es doch zu einer Spaltung der protestantischen Christen in evangelikale und rationale, eine Teilung, die in gewissem Maße im amerikanischen Protestantismus fortdauert. Der amerikanische Unabhängigkeitskrieg (1776 – 1781) und die darauffolgende Verabschiedung der amerikanischen Verfassung und der Bill of Rights (1791) waren Anzeichen einer republikanischen Staatsauffassung, aus der die Religionsfreiheit und die verfassungsmäßige Trennung von Kirche und Staat hervorgingen. Im Zuge dieser republikanischen politischen Kultur wurde allen religiösen Richtungen zunehmend Freiheit und Gleichheit vor dem Gesetz garantiert. Mit dieser Entwicklung ging auch eine Demokratisierung der Strukturen innerhalb der Kirchen und auch ihrer Ausrichtung einher. Gleichzeitig entwickelten die verschiedenen Denominationen einen missionarischen, sendungsbewußten Ansatz und wetteiferten miteinander um Geldmittel und Mitglieder. Die Orientierung an der Tradition verlor hingegen an Bedeutung. Im nun folgenden Zeitalter der Freiheit entstand außerdem eine restaurative Denkweise, die ihrerseits zahlreiche neue Denominationen hervorbrachte (zum Beispiel die Disciples of Christ und die Mormonen). Gleichzeitig trat ein evangelikaler Ansatz besonders bei den Methodisten und Baptisten (die bald anstelle der Kongregationalisten und Presbyterianer die größte protestantische Glaubensgemeinschaft waren) zunehmend in den Vordergrund. Als weitere Folge bestanden inzwischen Bedingungen, unter denen sich der Katholizismus (dem 1790 weniger als 1 Prozent der Bevölkerung angehörten) bis zum Jahre 1850 zur größten einheitlichen Denomination entwickeln konnte.

Im späten neunzehnten Jahrhundert teilte sich das amerikanische Christentum im Zuge der Industrialisierung, Urbanisierung und des Aufkommens neuer Wissenschaftszweige in zwei Bewegungen, die die Grenzen der verschiedenen Denominationen überschritten. Eine Gruppe, bekannt als die liberal evangelicals, Modernisten oder Catholic Americanists, bemühte sich, die Botschaft des Christentums an die neuen wissenschaftlichen Erkenntnisse und die Anforderungen der neuen Wirtschaftsordnung anzupassen. Die andere Gruppe, die Fundamentalisten oder konservativen Katholiken, wehrten sich gegen diese Anpassung und forderten eine wörtlichere Auslegung der Heiligen Schrift und eindeutigere Demonstrationen kirchlicher Autorität. Die Fundamentalisten bekämpften entschlossen alles, was sie als Kapitulation des Christentums betrachteten, also die weltlichen Ansätze moderner Evolutionslehre und Wissenschaft.

Zur Zeit der Wirtschaftsdepression in den 1930er Jahren teilte sich das amerikanische Christentum in vier Ausrichtungen, die in verschiedener Ausprägung das gesamte 20. Jahrhundert hindurch fortbestanden: in den fundamentalistischen, den liberalen und den neo-orthodoxen Protestantismus und den Katholizismus. Allerdings hatte diese Entwicklung keinen Einfluß auf die Institutionen, die in der amerikanischen Gesellschaft Macht und Kontrolle ausüben. Das änderte sich erst Mitte der 70er Jahre, als gemäßigte evangelische Protestanten und Fundamentalisten politisch aktiv wurden. Die liberalen oder modernen Protestanten, obwohl ernüchtert von zwei Weltkriegen, der Depression und der Neo-Orthodoxie, hatten immer noch Einfluß an den wichtigsten Universitäten und religiösen Hochschulen und prägten auch die größten protestantischen Kirchen. Innerhalb des liberalen Protestantismus erhob sich eine Bewegung, die man allgemein neo-orthodox nennt. Diese kritisierte den Optimismus, Pelagianismus und Anpassungswillen, der der gesamten liberalen Bewegung eigen war. Statt dessen forderten die Anhänger der neoorthodoxen Bewegung eine Rückkehr zu orthodoxen protestantischen Grundsätzen und eine Abkehr von einem Protestantismus, der sich allzu bereitwillig von der amerikanischen Kultur hatte vereinnahmen lassen. Die Neo-Orthodoxen gewannen in den 30er Jahren viele Anhänger und bis in die 40er und 50er Jahre hatten viele von ihnen einflußreiche Posten, besonders in den wichtigsten Kirchen und den vorherrschenden theologischen Fakultäten (zum Beispiel Harvard, Yale, Princeton, University of Chicago, Union Theological Seminary in New York) inne. Die amerikanischen Katholiken stellten die vierte Gruppe dar, die sich allmählich aus der Isolation und dem Eingebundensein in eine ethnische Gruppe befreite und Zugang zur amerikanischen Politik, zum Rechtswesen und zur Wirtschaft fand. Dieser schrittweise Eintritt in die allgemeine Gesellschaft ging Mitte der 20er Jahre mit einer Wiederbelebung des Christentums einher, die darauf abzielte, die amerikanische Kultur zu christianisieren. Gleichzeitig trat die Denkrichtung des Neo-Thomismus in den Vordergrund, der an den zahlreichen (über 300) katholischen Colleges, Universitäten und Seminaren vor dem Zweiten Vatikanischen Konzil zur vorherrschenden philosophischen und theologischen Richtung wurde.

Zwischen 1960 und 1975 fand in den Vereinigten Staaten eine tatsächliche Kulturrevolution statt. Die schwarze Bürgerrechtsbewegung, die Frauenbewegung, die Revolutionierung der Sexualmoral und der Lebensformen, die Protestbewegung gegen den Vietnamkrieg: Sie alle stellten viele der politischen und kulturellen Institutionen und Werte in Frage, die in den 50er Jahren noch als selbstverständlich hingenommen worden waren. Diese Ereignisse fielen zeitgleich mit dem Zweiten Vatikanischen Konzil der katholischen Kirche und dem Aufkommen weltlich orientierter theologischer Ansätze im Protestantismus zusammen, die zum Teil sogar vom Tod Gottes ausgingen. Die Revolutionen der 60er Jahre beschleunigten den Rückgang der Mitgliederzahlen der

Tillich, Paul
Der Pfarrerssohn Paul Tillich wurde am 20. August 1886 in Starzeddel bei Guben geboren. Er studierte 1904 – 1909 in Berlin und Tübingen, dann in Halle. Nach Promotion (1910/11) und Habilitation (1915) in Halle war Tillich von 1919 bis 1924 Privatdozent in Berlin, seit 1925 Professor für Religionswissenschaft an der Technischen Hochschule Dresden. Als Nachfolger von Max Scheler übernahm er 1929 den Lehrstuhl für Philosophie und Soziologie in Frankfurt/Main. Hier vollendete er seine Schrift »Die sozialistische Entscheidung« (Potsdam. Neudruck Offenbach 1948), die im Jahre ihres Erscheinens (1933) eingestampft wurde.

Nachdem die Nationalsozialisten Tillich im selben Jahr die Lehrerlaubnis an der Technischen Hochschule Dresden entzogen hatten, emigrierte der Gelehrte in die USA. Hier wirkte er seit 1934 am Union Theological Seminary in New York. Vor und während des Zweiten Weltkriegs beteiligte sich Paul Tillich an der Hilfsorganisation für europäische Emigranten und versuchte, Pläne zur staats- und gesellschaftspolitischen Neugestaltung Nachkriegsdeutschlands zu beeinflussen. Die Ergebnisse seiner theologisch-philosophischen Lehrtätigkeit (bis 1955) präsentierte er in der dreibändigen »Systematic Theology« (Chicago 1951 – 63. Deutsch Stuttgart 1955 – 66). Die letzten Lebensjahren lehrte Tillich an der Harvard University, und bis zu seinem Tod (22. Oktober 1965) in Chicago. 1962 erhielt er den Friedenspreis des Deutschen Buchhandels.

Wie die dialektische Theologie nach dem Ersten Weltkrieg kritisierte auch Tillich die anthropologisch verengte Religions- und Individualitätskultur des von Schleiermacher ausgehenden Neuprotestantismus. Im Mittelpunkt von Tillichs Werk steht eine neue Formulierung der Antwort auf die theologische Frage nach dem Verhältnis von göttlicher Offenbarung und menschlicher Wirklichkeit. Gott ist für Tillich das, »was uns unbedingt angeht«. Zur Charakterisierung des Heiligen verwendet Tillich den Begriff des Heiligen im Sinne Rudolf Ottos. In

Kirchen und führten auch zu größeren Polarisierungstendenzen innerhalb der christlichen Denominationen. Nun schieden sich die Geister bei der Klärung von innerkirchlichen oder moralischen Fragen eher an den Kategorien »liberal« oder »konservativ« statt an der Zugehörigkeit zu einer bestimmten Denomination.

Ungefähr um 1975 setzte die Gegenreaktion auf die Revolution der 60er Jahre ein. Das zeigte sich deutlich am Wiederaufleben der protestantisch-evangelikalen Tradition in der Politik (zum Beispiel an der Präsidentschaft von Jimmy Carter 1976–1980 und besonders der Ronald Reagans 1980–1988). Gleichzeitig nahm die Zahl der Mitglieder in den konservativen evangelikal-protestantischen Kirchen wieder zu, während die katholische Kirche ebenfalls keine rückläufigen Mitgliederzahlen mehr zu verbuchen hatte. Die Situation der christlichen Kirchen im Amerika dieser Tage spiegelt einen Teil dieser religiösen Trends der jüngsten Zeit wider.

Obwohl es in den frühen 90er Jahren in den Vereinigten Staaten mehr als 200 verschiedene christliche Denominationen gab, fühlen sich die amerikanischen Bürger nur 10 von ihnen zugehörig. Seit 1850 ist der Katholizismus die größte einheitliche Kirche, und sie hat die Auswirkungen der Revolution in den 60er Jahren am stärksten zu spüren bekommen. Von den 67 Millionen Amerikanern, die sich augenblicklich als Katholiken bezeichnen, sind 20 Prozent keine aktiven Mitglieder ihrer Kirche. Ungefähr 50 Prozent besuchen wöchentlich den Gottesdienst (ein Rückgang um 25 Prozent seit 1958), weitere 30 Prozent gehen wenigstens einmal monatlich oder einmal halbjährlich zur Messe. Seit den späten 60er Jahren haben die Institutionen der katholischen Kirche starke Einbußen verbuchen müssen: Über 10 000 Männer haben das Priesteramt niedergelegt, katholische Frauenvereine haben mehr als 80 000 Mitglieder verloren, über 1500 Schulen der Primär- und Sekundarstufe (29 Prozent) mußten geschlossen werden, und die Neuanmeldungen in diesen Schulen gingen um mehr als drei Millionen (etwa 50 Prozent) zurück. Außerdem stimmen viele Katholiken inzwischen nicht mehr mit den Lehren der Kirche in vielen Bereichen überein, so in den Fragen der Ehescheidung und Wiederverheiratung (69 Prozent), Verhütung (73 Prozent), Sexualität vor der Ehe (58 Prozent), Ordination von Frauen (47 Prozent) und Abtreibung (44 Prozent). Trotz rückläufiger Mitgliederzahlen und den Konflikten, die seit den 60er Jahren in Kirche und Gesellschaft stattfinden, geben die meisten Katholiken (85 Prozent) allerdings an, daß ihre religiösen Erfahrungen mit dem Katholizismus in ihrem bisherigen Leben »allgemein positiv« verlaufen sind.

Die Baptisten (20 Prozent der amerikanischen Bevölkerung) sind die zweitgrößte Denomination in den Vereinigten Staaten. Sie unterscheiden sich in ihren theologischen und religiösen Ansätzen, sind kongregationalistisch organisiert und sowohl im Norden als auch im Süden der USA verbreitet. Zu ihren Anhängern gehören sowohl Afro-Amerikaner (ungefähr 63 Prozent aller Afro-Amerikaner verstehen sich als Baptisten) als auch Weiße, Bewohner der Innenstädte wie der Vorstädte und der ländlichen Gebiete. Baptisten sind vornehmlich evangelikal ausgerichtet und vertreten in Bezug auf Sexualität, Moral, Familie und Religion konservative Wertvorstellungen. Zur Zeit nimmt die Anzahl der Baptisten zu.

Die Methodisten (9 Prozent der Bevölkerung) stellen die drittgrößte Denomination. Ihre Organisationsform weist sowohl demokratische als auch hierarchische Elemente auf. Seit dem frühen 19. Jahrhundert beziehen sich die Methodisten besonders auf die Bekehrung des Individuums, die religiöse Erweckung und die Vermittlung religiöser Erfahrungen. Ungefähr 32 Prozent aller Methodisten bezeichnen sich als evangelikal. Auch die Methodisten haben sich seit dem Ende des 19. Jahrhunderts zunehmend an sozialen Reformbewegungen beteiligt. Allerdings mußten die methodistischen Kirchen trotz ihrer liberalen Grundeinstellung in den letzten 30 Jahren stark rückläufige Mitgliederzahlen verbuchen.

Die Lutheraner (5 Prozent der Bevölkerung) sind die viertgrößte Denomination. Wie auch im Fall der katholischen Kirche setzte sich ihre Mitgliederschaft vornehmlich aus Einwanderern zusammen, deren Anzahl gerade im 19. Jahrhundert stark zunahm. Während des 19. und bis ins 20. Jahrhundert hinein waren die Lutheraner in Synoden organisiert, die sich für gewöhnlich nach der deutschen oder skandinavischen Herkunft ihrer Mitglieder richteten. 1987 verbanden sich die größeren dieser Synoden (die American Lutheran Church, die Lutheran Church of America und die American Evangelical Lutheran Church) zur Evangelical Lutheran Church of America (ECLA), in der nun etwa 60 Prozent aller Lutheraner zusammengefaßt sind. Die zweitgrößte Organisation von Christen lutherischen Glaubens in den USA ist die Missouri Synod, die theologisch konservativere Wertvorstellungen vertritt als die ECLA.

Die Episkopalen, die Presbyterianer, die United Church of Christ, die Disciples of Christ, die Mormonen und die russisch-orthodoxe Kirche vertreten ungefähr 12 Prozent der amerikanischen Bevölkerung (etwa 2 Prozent pro Denomination). Etwa 15 Prozent der amerikanischen Bevölkerung geben an, Mitglied einer der anderen zahlreichen protestantischen Kirchen zu sein.

44 Prozent aller Amerikaner, einschließlich derjenigen, die sich einer christlichen Denomination zugehörig fühlen, sind nach einer Untersuchung aus dem Jahre 1988 keine praktizierenden Christen. Diese Bevölkerungsgruppe definiert sich als diejenigen, die nicht Mitglied einer Kirchengemeinde sind, und die in den letzten sechs Monaten keinen Gottesdienst besucht haben (abgesehen von Feiertagen, Hochzeiten, Beerdigungen, etc.). Daß die Anzahl dieser Nichtmitglieder (41 Prozent im Jahre 1978) wächst, weist auf Unzufriedenheit mit der etablierten Religion hin und zeigt, daß Glaube und Identifikation mit einer Glaubensgemeinschaft in den Vereinigten Staaten nicht notwendigerweise mit einer aktiven Beteiligung an der institutionalisierten Religion einhergehen. Aufgrund dieser Zunahme von Nichtmitgliedern in der jüngsten Zeit haben einige der christlichen Kirchen evangelikale Programme auf den Plan gerufen. Selbst die amerikanischen Katholiken, die die protestantischen Evangelisierungstaktiken normalerweise mit Unbehagen betrachten, haben Bemühungen in diese Richtung

ontologischer Begrifflichkeit kennzeichnet Tillich Gott als das »Sein-Selbst«, »Grund des Seins«, »Seinsmächtigkeit«. Alle Aussagen über Gott sind symbolisch. Symbole sind dadurch charakterisiert, daß sie an der Wirklichkeit dessen, was sie symbolisieren, teilhaben (partizipieren) – im Unterschied zu den willkürlichen Zeichen.

Tillich geht es in besonderer Weise um das Verhältnis von Offenbarung und menschlicher Wirklichkeit. Auch über das Verständnis der Rechtfertigung denkt er neu nach: Sie ist durch den Glauben ein ontologisch zu fassendes Protestantisches Prinzip: Auf der einen Seite die Gegenwart Gottes, als das, was uns unbedingt angeht, und zwar in alle Lebensbereich hinein, auf der anderen Seite die Abwehr aller neuorthodoxer Einseitigkeit. Allerdings wehrt er sich ebenso gegen ein rein liberal-humanistisches Denken. Beide Einseitigkeiten halten die Paradoxalität der Gegenwart Gottes nicht durch. Überwindung des so charakterisierten Denkens leistet die Methode der Korrelation als Offenbarung und Wirklichkeit, als ewige Botschaft und geschichtliche Situation. So bleiben auch Theologie und Philosophie aufeinander bezogen. Durch diese umfassende Beschreibung bezieht Tillich die gesamte Kultur in die theologische Arbeit ein, so daß neben der Philosophie im engeren Sinne Wirtschaft, Politik, Geschichte, die Künste, Literatur, Erziehung, Ethik und Psychologie gleichrangig in den inter-kulturellen Diskurs aufrücken. Den christologischen Bezug seiner Theologie hält Tillich dadurch fest, daß er sein Augenmerk nicht so stark auf den historischen Jesus legt, sondern auf Jesus als den Christus, das Symbol letztgültiger Offenbarung, welche die Einheit mit dem Grund des Seins eröffnet und als Geheimnis repräsentiert. Dieses Geheimnis lebt in der Kirche fort und erneuert beziehungsweise rechtfertigt sie und macht sie darum auch zur Chance einer umfassenden neuen Gemeinschaft.

LITERATUR: W. und M. Pauck: Paul Tillich. Sein Leben und Denken. Frankfurt/Main 1978.

Martin Luther King
Schon früh erfuhr der junge Martin Luther King, der am 15. Januar 1929 in Atlanta/Georgia geboren wurde, Rassendiskriminierung. 1954 kam er als junger Prediger an die Dexter Avenue Baptist Church. Das erste wichtige Ereignis seines Kampfes gegen die Unterdrückung der Farbigen war der Busstreik in Montgomery (1. Dezember 1955 – 21. Dezember 1956). Ausgelöst wurde er, als eine Farbige sich weigerte, in den hinteren Teil des Busses zu gehen, wie es für Farbige vorgeschrieben war. Ihr Beispiel fand so viele Nachahmer, daß die Stadt sich schließlich gezwungen sah, das System der Rassentrennung im Busverkehr abzuschaffen. Zwei Jahre später beschrieb Martin Luther King in seinem Buch »Stride towards freedom« (1958) seine Einstellung zum Prinzip der Gewaltlosigkeit, die ihr Vorbild in der Haltung Gandhis und Jesu hatte. Die sechs wichtigsten Punkte von Martin Luther Kings Lehre vom gewaltlosen Widerstand lauten sinngemäß: 1. Gewaltloser Widerstand ist körperlich passiv, aber geistig aktiv, keine Methode für Feiglinge. 2. Gewaltloser Widerstand will den Gegner nicht vernichten, sondern sein Verständnis gewinnen. 3. Gewaltloser Widerstand richtet sich gegen die Mächte des Bösen, nicht aber unbedingt gegen dessen Handlanger. 4. Gewaltloser Widerstand bedeutet, Demütigungen hinzunehmen, ohne zurückzuschlagen. 5. Im Mittelpunkt des gewaltlosen Widerstandes steht das Gebot der Liebe. 6. Gewaltloser Widerstand basiert auf der Überzeugung, daß das Universum auf der Seite der Gerechtigkeit steht.

Martin Luther King war ein begabter Redner. Tausende kamen zu Versammlungen und Demonstrationen. Besonders denkwürdig bleibt der Marsch am 28. August 1963 nach Washington. Damals marschierte Martin Luther King mit 250 000 Mitstreitern zum Lincoln Memorial Monument, wo er seine berühmte Rede hielt: »Ich habe

unternommen, um die vielen Katholiken zu erreichen, die nicht Mitglied einer Kirche sind.

Die Vielgestaltigkeit des religiösen Lebens in Amerika und der denominationalen Identifikation zeigt sich auch in den Hauptströmungen der modernen Theologie. In den Bildungseinrichtungen hat sich ein theologischer Pluralismus ausgebreitet, der es erschwert, über die derzeitige theologische Situation in den USA allgemeine Aussagen zu machen. Trotzdem kann man einige grundlegende Trends feststellen, die seit den 60er Jahren im amerikanischen Christentum auftreten.

Die protestantisch-evangelikale Theologie hat sich seit dem Zweiten Weltkrieg als wichtige Kraft unter den konservativen amerikanischen Protestanten erwiesen. Carl Henry, der führende evangelikale Theologe der Nachkriegszeit, differenziert zwischen der evangelikalen und der liberalen Theologie aufgrund ihrer Inhalte (zum Beispiel die Bestätigung der Göttlichkeit Christi, die jungfräuliche Geburt, die körperliche Auferstehung und die Wiederkunft Christi). Durch seine kritische Offenheit gegenüber der zeitgenössischen Philosophie und Wissenschaft und durch seine modernen Methoden der Bibelforschung setzt er sich auch von den Fundamentalisten ab. Obwohl die evangelikale Bewegung in der Theologie weit verbreitet und nicht an eine bestimmte Schule gebunden ist, hat sie eine Anzahl Anhänger am Fuller Theological Seminary (Los Angeles, Kalifornien), das traditionell eine Hochburg der konservativen Theologie ist. In den frühen 70er Jahren ist eine neo-evangelikale Bewegung aufgetreten, die mit der Zeitschrift »Sojourners« (ab 1971) und der »Declaration of Evangelical Social Concern« (1973) in Chicago verbunden ist. Sie betont den integralen Zusammenhang zwischen der persönlichen Bekehrung und dem christlichen Engagement für die Probleme dieser Welt.

Seit den 60er Jahren haben sich auch zahlreiche afro-amerikanische, feministische und hispano-amerikanische theologische Ansätze herausgebildet, die die sozialen, institutionellen, politischen und theologischen Strukuren kritisieren, in denen sie den Grund für die fortdauernde Unterdrückung sehen. Sie fordern eine Neuinterpretation christlicher Tradition aus der hermeneutischen Perspektive der Machtlosen in der Gesellschaft. James Cone, afro-amerikanischer protestantischer Theologe am Union Theological Seminary (NY) und Autor von *A Black Theology of Liberation* (1970) und einer großen Anzahl weiterer Publikationen, war der herausragendste Vertreter einer speziell afro-amerikanischen Hermeneutik, die die christliche Tradition kritisiert und gleichzeitig befreit. Feministische Theologinnen wie die frühere Katholikin Mary Daly (die sich heute als post-christliche Feministin beschreibt), die Katholikin Rosemary Radford Ruether und die Protestantinnen Letty Russell und Rebecca Chopp, die zwar im einzelnen verschiedene Ansätze vertreten und unterschiedlich drastische Reformen fordern, sind Vertreterinnen der feministisch-hermeneutischen Kritik. Sie kritisieren die sexistische Sprache, die Vorstellungen, das Bewußtsein und die kirchlichen Machtstrukturen und verlangen Reformen auf diesen Gebieten. Hispano-amerikanische Theologen (meist Einwanderer aus Lateinamerika oder der Karibik der ersten oder zweiten Generation) haben vor kurzem (1988) eine landesweite Organisation gegründet, um das theologische Denken und die Bedeutung überlieferter religiöser Erfahrungen und Praktiken der Hispano-Amerikaner zu fördern und die Perspektive der Armen und Randgruppen in Kirche und Gesellschaft einzubringen.

Seit den 60er Jahren konzentrieren sich die theologischen Hauptströmungen, die traditionell protestantisch sind, auf die theologische Methodik. Paul Tillichs Methode der Korrelation findet in gemäßigter Form immer noch Anhänger unter zeitgenössischen Theologen wie Langdon Gilkey von der University of Chicago, der Tillichs Ansatz weiterentwickelt hat und einer der wichtigsten Kulturtheologen ist. Andere Theologen wiederum stehen unter dem Einfluß der Yale-Schule, die

Martin Luther King vor Bürgerrechtlern in Washington, 1963.

post-liberal und post-modern orientiert ist. Die Theologen in Yale haben eine narrative Herangehensweise an die Theologie entwickelt, die George Lindbeck eine »kulturell-linguistische« Annäherung an die religiöse Wahrheit und christliche Doktrin nennt. Gordon Kaufmann von der Harvard Universität hat diese Tradition neu formuliert und fordert eine konstruktivistische Theologie, die die konstruktivistische Anforderung an den menschlichen Geist hervorhebt, Gott zu verstehen. Den Wahrheitsgehalt theologischer und doktrinärer Aussagen bemißt er danach, ob diese zum Wohle des Menschen beitragen. Auch die Prozeßtheologie hat noch einigen Einfluß und wird zur Zeit von John Cobb von der Claremont University vertreten. Carl E. Braaten und Robert W. Jenson, ehemals an der Lutheran School of Theology in Chicago, bezeichnen sich selbst als evangelikale Katholiken. Sie sind der Ansicht, daß die Reformation keine ernsthafte Spaltung mehr für die Christenheit bedeutet und fordern deswegen eine gründlichere Wiederbelebung katholischer Tradition, selbst einiger katholischer Strukturen.

In der Zeit nach dem Zweiten Vatikanischen Konzil erlebte die Theologie in der amerikanischen katholischen Kirche eine Blütezeit wie nie zuvor. Zwei Theologen repräsentieren besonders die Vielfalt, die im Augenblick in der amerikanischen katholischen Theologie herrscht. Avery Dulles, Jesuit und viele Jahre lang Theologe an der Catholic University of America, war vielleicht der einflußreichste Ekklesiologe und Fundamentaltheologe der englischsprachigen katholischen Welt nach dem Zweiten Vatikanischen Konzil. Er wendete eine an »Modellen« orientierte Herangehensweise auf die Ekklesiologie und Fundamentaltheologie an, die die Vielfalt sowohl wie die Einheit der verschiedenen theologischen Konstrukte hervorhebt, die sich auf die Kirche, die Verkündigung und den Glauben beziehen. David Tracy, Diözesanpriester und Fundamentaltheologe an der University of Chicago, ist Vertreter derjenigen katholischen Theologen in den USA, die davon überzeugt sind, daß die Theologie selbst zum Teil des öffentlichen Diskurses in den Vereinigten Staaten werden muß. Tracy ist eine zentrale Figur im Dialog zwischen dem »gegenwärtigen Pluralismus der Theologien« und den weltlichen Intellektuellen in den USA. Er beschreibt seine Theologie als »revisionistisch«, was einen Versuch bedeutet, sowohl das traditionell christliche als auch das traditionell moderne Selbstverständnis zu revidieren. Jüngere Theologen, die ihr Studium meist in den USA nach dem Zweiten Vatikanischen Konzil durchliefen, haben die neue theologische Methodik übernommen (zum Beispiel Befreiung, Hermeneutik, Korrelation, Revision), spalten sich allerdings ebenfalls in verschiedene Denkrichtungen. Manche von ihnen sind vorrangig daran interessiert, die katholische Tradition für das kirchliche Leben wiederzuentdecken und neu zu interpretieren; anderen wiederum liegt hauptsächlich daran, die Theologie in einen breitgefächerten öffentlichen Diskurs innerhalb der amerikanischen Kultur zu integrieren.

LITERATUR: Deane William Ferm: Contemporary American Theologies. A Critical Survey. Verbesserte Ausgabe. New York 1990. – Francis Schussler Fiorenza, John P. Galvin (Hg.): Systematic Theology. Roman Catholic Perspectives. 2 Bde., Minneapolis 1991. – George Gallup Jr., Jim Castelli: The People's Religion. American Faith in the 90's. New York 1989. – Georg Gallup Jr., George O'Connell: Who Do Americans Say That I Am? Philadelphia 1986. – Georg Gallup Jr., Sarah Jones: 100 Questions and Answers. Religion in America. Princeton, New Jersey 1989. – George M. Marsden: Religion and American Culture. New York 1990. *Patrick W. Carey*

Lateinamerika

Statistische Angaben

Aufgrund der 300jährigen Kolonialzeit und der erheblichen Missionsanstrengungen der iberischen Völker seit der europäischen Entdeckung des Kontinents durch Kolumbus (1492) ist Lateinamerika heute weitgehend vom Katholizismus geprägt. Von den 427 Millionen Einwohnern waren nach dem Statistischen Jahrbuch der katholischen Kirche im Jahr 1988 etwa 378 Millionen, also mehr als 88 Prozent, katholisch getauft. Damit stellt allein Lateinamerika etwa 44 Prozent der katholischen Weltkirche. Dem in eine Vielzahl von Kirchen und Denominationen aufgegliederten Protestantismus werden in Lateinamerika mehr als 5 Prozent der Bevölkerung zugerechnet, mit erheblichen regionalen Unterschieden und konfessionellen Überlappungen. Die größte Kirche europäischer Tradition ist die »Evangelische Kirche Lutherischen Bekenntnisses in Brasilien« (knapp eine Million Mitglieder), doch machen den weitaus größten Anteil am Protestantismus die Gruppierungen evangelikaler Orientierung und nordamerikanischer Herkunft aus. Die orthodoxen Kirchen bilden eine kleine christliche Minderheit (etwa 500 000) mit Schwerpunkten in Argentinien, Brasilien und Mexiko.

Vor allem in Brasilien haben sich synkretistische Neureligionen herausgebildet, deren Anhänger nicht selten zugleich Mitglieder der christlichen Kirchen sind. So geben in Brasilien mehr als 30 Prozent der Bevölkerung an, an Ritualen der afrobrasilianischen Religionen Umbanda oder Candomblé (vor allem in Bahia) teilzunehmen, die mythische und magische Elemente afrikanischen Ursprungs mit indianischen, spiritistischen, esoterischen und solchen des Volkskatholizismus (Heiligenverehrung, Passageriten) verbinden. In Haiti sollen 70 Prozent der Bevölkerung mit dem Voodoo-Kult in Verbindung stehen. Darüber hinaus spielt in einigen Ländern der Spiritismus eine nicht unerhebliche Rolle. Einige Indianervölker, die als Jäger und Sammler vor allem im Gebiet der Regenwälder leben, haben ihre traditionellen Religionen erhalten.

Außer den christlichen Kirchen, den evangelikalen Sekten, den indo- und afroamerikanischen Religionen sind in der Reihenfolge ihrer zahlenmäßigen Stärke folgende Religionen oder religiöse Gruppierungen zu nennen: knapp eine Million Juden, vor allem in Argentinien, Brasilien, Uruguay und Mexiko; und jeweils etwa eine halbe Million Baha'i, Muslime, Hindus und Buddhisten.

einen Traum ...«. Am 10. Oktober 1964 erhielt er den Friedensnobelpreis. Damit wurden sein Widerstand gegen die Rassentrennung und sein engagierter Einsatz für Frieden und Gleichheit weltweit bekannt und geehrt. In ähnlich überzeugender Weise bekämpfte er auch Armut und soziale Ungerechtigkeit. Besonders scharf kritisierte Martin Luther King den Vietnamkrieg. Diesen nannte er ein Symptom einer viel tiefer sitzenden Krankheit im Geist Amerikas. Diese Thematik beschäftigte den Bürgerrechtler bis zu seinem frühen gewaltsamen Tod. Er wurde am 4. April 1968 in Memphis/Tennessee ermordet.

Literatur: D. Garrow: Bearing the Cross. New York 1986. – Taylor Branch: Parting the Waters. New York 1988.

Dom Helder Camara

Dom Helder Camara wurde am 7. Februar 1909 in Fortaleza als zweitjüngstes Kind von 13 Geschwistern geboren. Der gute, nicht immer gehorsame Schüler besaß einen ausgeprägten Sinn für Gerechtigkeit. Im Alter von 22 Jahren sah er vorübergehend im Faschismus die Lösung der mannigfachen Probleme Brasiliens, kam jedoch zwei Jahre später zu der Erkenntnis, daß diese Politik unvereinbar mit dem christlichen Glauben sei. Mitte der dreißiger Jahre begann er die Priesterlaufbahn. Camara wurde Mitglied des Obersten Erziehungsrates und hatte Kontakt zum päpstlichen Nuntius, Kardinal Carlo Chiarlo, dem er die Idee einer brasilianischen Bischofskonferenz nahebrachte. Bald darauf wurde Dom Helder ihr erster Generalsekretär. Aus dieser Institution ging der »Rat der Bischöfe für ganz Lateinamerika« (CELAM) hervor. 1952 wurde er zum Weihbischof ernannt, drei Jahre später zum Erzbischof-Koadjutor. In dieser Funktion organisierte er den »Internationalen Eucharistischen Weltkongreß« in Rio de Janeiro, der einen Wendepunkt in seinem Leben bedeutete; denn der französische Kardinal Gerlier von Lyon forderte ihn auf, sein Organisationstalent in den

Dienst der Armen zu stellen. Von nun an kämpfte Dom Helder Camara verstärkt gegen Ungerechtigkeit und Armut. Für die Slumbewohner ließ er Wohnungen bauen und gründete Schulen. Die Wohlhabenden forderte er zur Hilfe auf. Mit seinem wachsenden Engagement begann sein Widerstand gegen die konservativen Kreise, die im Kommunismus die große soziale Gefahr sahen und nicht begriffen, daß soziale Ungerechtigkeit zwangsläufig zum Kommunismus führe.

Während des Zweiten Vatikanischen Konzil wurde Dom Helder von Papst Paul VI. zum Erzbischof von Olinda e Recife, einer Diözese mit einem berüchtigten Elendsgebiet, ernannt. Unermüdlich kämpfte der von den brasilianischen Machthabern als »roter Erzbischof« Bezeichnete gegen die Unterdrückung und Ausbeutung der Menschen. Im August 1970 erhielt er in den USA die Martin-Luther-King-Auszeichnung »für seinen mutigen Beitrag zur gewaltlosen Änderung der sozialen Strukturen«. In der Würdigung an den Erzbischof hieß es: »Ein Katholik, der sein Herz geöffnet hat für alle Religionen und selbst für nichtreligiöse Idealisten und Humanisten der verschiedensten Philosophien und Ideologien. Er war einer der führenden Persönlichkeiten im Ruf nach einer weiten, echten ökumenischen Bewegung aller Weltreligionen. Er hat darauf bestanden, daß die Kirche Jesu Christi sich mit den Armen, den Unterdrückten und den Ausgestoßenen identifizieren soll.«

LITERATUR: Gladys Weigner, Bernhard Moosbrugger: Stimme der stummen Welt. Dom Helder Camara. Zürich 1971. – Dom Helder Camara. Die Bekehrungen eines Bischofs. Aufgezeichnet von José de Broucker. Wuppertal 1978.

Bevölkerungszusammensetzung

Lateinamerika bezeichnet die Gesamtheit der amerikanischen Staaten, deren Bevölkerung aufgrund historischer Entwicklungen mehrheitlich Spanisch oder Portugiesisch (Brasilien), in geringem Ausmaß auch Französisch (Haiti) spricht, mithin eine der auf dem Latein beruhenden Sprachen. Aufgrund derselben historischen Entwicklungen dominiert in der Mehrzahl der Staaten der Katholizismus. Die Einheitlichkeit in Sprache und Religion läßt Lateinamerika als einen relativ homogenen, bisweilen »patria grande« genannten Kulturraum und als einen »katholischen Kontinent« erscheinen. Doch muß dieses auf den ersten Blick einheitliche Bild erheblich differenziert werden, wenn man auf die einzelnen Regionen und Staaten und auf die geschichtliche Entwicklung blickt.

Lateinamerika läßt sich nach geographisch-klimatischen und historisch-politischen Gesichtspunkten in fünf Großräume aufteilen, die ihrerseits wiederum vielfach gegliedert sind: Mittelamerika (Mexiko und zentralamerikanische Staaten), Karibik, Andenländer (Bolivien, Peru, Ekuador, Kolumbien und Venezuela), Brasilien und der »Südkegel« (Cono Sur) mit Argentinien, Chile, Paraguay und Uruguay. Die Gesamtbevölkerung hat sich im Zeitraum von 1960 bis 1990 auf etwa 430 Millionen verdoppelt und ist ungleichmäßig verteilt; allein in Brasilien und Mexiko lebt die Hälfte der Gesamtbevölkerung. Ungefähr 11 Prozent zählen zu den autochthonen indianischen Kulturen, die vor allem in Mexiko, Guatemala und den Andenländern Bolivien, Peru und Ekuador verbreitet sind und zum Teil ihre alten Sprachen (im Andenraum etwa Quechua und Aymara) und Elemente ihrer alten Religionen erhalten haben. Rund 19 Prozent der Bevölkerung werden dem afroamerikanischen Kulturbereich zugezählt, der aufgrund des jahrhundertelangen »Imports« von westafrikanischen Sklaven (1888 hob Brasilien als letztes Land Lateinamerikas die Sklaverei auf) vor allem in Brasilien und der Karibik beheimatet ist und dort seine Religionsformen zum Teil erhalten und mit christlichen und/oder mit indianischen Elementen verschmolzen hat. Rund 70 Prozent der Bevölkerung stammen von Europäern ab, die in der Kolonialzeit als Eroberer, Siedler oder Beamte, später als Einwanderer kamen. Sie bilden die Schicht der Weißen und der breiten Mischlingsbevölkerung, die durch Vermischung mit der einheimischen indianischen Bevölkerung (Mestizen) oder mit Schwarzafrikanern (Mulatten) entstanden ist. Daher rührt eine sehr unterschiedliche ethnisch-rassische Prägung der einzelnen Länder: Argentinien und Uruguay etwa sind aufgrund der weitgehenden Ausrottung der Urbevölkerung und starker Einwanderungswellen fast »weiße« Staaten. In den Andenstaaten Bolivien und Peru dagegen bilden die Indios die Bevölkerungsmehrheiten, auch wenn sie politisch, kulturell und religiös nach wie vor am Rande stehen. In Mexiko ist die überwiegende Mehrheit der Bevölkerung mestizisch. In Brasilien zählt, neben einem geringen indianischen und japanischen Bevölkerungsanteil, über die Hälfte der Bevölkerung zu den Weißen meist portugiesischer, aber auch italienischer und deutscher Abstammung (vornehmlich im Süden), während knapp 40 Prozent afrikanischer Abstammung oder Mulatten sind.

Koloniales Christentum

Das Christentum kam mit der Expansion der iberischen Völker Spanien und Portugal nach Amerika und hat sich während der Kolonialzeit vor allem in der Gestalt der römisch-katholischen Kirche etabliert, während der Protestantismus, von Ausnahmen abgesehen, erst nach der Unabhängigkeitsbewegung zu Beginn des 19. Jahrhunderts Fuß faßte.

Die Europäer stießen auf eine seit Jahrtausenden ansässige indianische Urbevölkerung, die in der Eiszeit über die Beringbrücke eingewandert war, durch Kultivierung von Pflanzen (Mais, Kartoffel) und Domestizierung von Tieren (Lama) teilweise seßhaft wurde und Hochkulturen ausbildete; zur Zeit der Eroberung lebten die indianischen Völker in den drei Kulturstufen der Jäger und Ackerbauern, religiös durch Schamanismus gekennzeichnet; einer Zwischenstufe, religiös durch Rituale und Kultbilder geprägt; der Hochkulturen mit Fruchtbarkeitsritualen und sakralem Königtum (Azteken, Maya, Inka). Durch die Zerstörung der Kulturen lebten die Religionen der Hochkulturen nur in Restbeständen weiter (zum Beispiel Kult der Erdmutter Pachamama im andinen Raum) oder in synkretistischer Verbindung mit dem Christentum; bis heute sind einige Elemente in Ausdrucksformen der Volksreligiosität anzutreffen.

Mit der systematischen Eroberung (*conquista*) und Kolonisierung des Subkontinents begann auch eine planmäßige Missionierung, die aufgrund weitgehender päpstlicher Konzessionen den portugiesischen und spanischen Königen unterstand (königliches Patronat) und ab 1500 vor allem von den religiösen Orden (vor allem Franziskaner, Dominikaner, Augustiner, Merzedarier und Jesuiten) durchgeführt wurde; in der Kolonialepoche gingen knapp 16000, meist iberische Ordensleute als Missionare in die »Neue Welt«. Die Ausbreitung des Christentums folgte zunächst den Zyklen der Eroberung und der Methode *tabula rasa*, das heißt der Zerstörung der indianischen Kultstätten und -bilder zur Vorbereitung der Mission. Während des Aufbaus der Kolonialherrschaft war die Christianisierung in Hispano-Amerika eng mit der religiös-sozialen Institution der »Encomienda« verbunden, in der den spanischen Siedlern eine bestimmte Anzahl von Indianern als Arbeitskräfte mit der Maßgabe »anvertraut« wurde, diese zu zivilisieren und zu christianisieren; in Luso-Amerika (Brasilien) förderte die Kolonisierung durch Landvergabe (*donatórias*) eher feudale Tendenzen.

Die Verquickung von Arbeitszwang und Missionierung, bei der in der Regel die ökonomischen Interessen obsiegten, führte neben den Infektionskrankheiten, dem Kulturschock und den militärischen Unternehmungen zu einer demographischen Katastrophe vor allem in dichtbesiedelten Gebieten, was wiederum zum Anlaß diente, Afrikaner als Sklaven einzuführen.

Gegen diese untauglichen und mit dem Christentum nicht vereinbaren Methoden erhob sich ab 1511 kirchlicher Protest (Antonio de Montesinos, Bartolomé de las Casas), der zu Indianerschutzgesetzgebungen führte (Gesetze von Burgos, 1512; Neue Gesetze, 1542) und eine breite juridisch-theologische Debatte über die Rechtstitel der Landnahme auslöste, in deren Verlauf ein Konsens über die für alle geltenden Menschen- und Völkerrechte erreicht wurde (Francisco de Vitoria, Paul III.: *Sublimis Deus*, 1537), der freilich praktisch wenig zum Tragen kam. Wohl aber kam es zu einer Neuorientierung der Mission, die nun auf eine räumliche Trennung von den Europäern setzte und ausschließlich mit friedlichen Mitteln voranging. In Missionstheorien grundgelegt (Bartolomé de las Casas, José de Acosta), fand dieses neue Modell seine Ausformung in eigenen Indianerdörfern oder -bezirken (*doctrina*, *aldeia*) und im intensiven Studium der einheimischen Sprachen und Kulturen (zum Beispiel Bernardino de Sahagún für die Náhua-Kultur). Die bekannteste Ausformung fand dieses Missionsmodell in den »Reduktionen« der Jesuiten im heutigen Grenzgebiet von Argentinien, Brasilien und Paraguay; dieser sog. »Jesuitenstaat«, der ab der Gründung 1606 etwa 160 Jahre bestand und in der Blütezeit 30 Städte mit etwa 140 000 Einwohnern umfaßte, zeichnete sich durch Anknüpfung an die indianische Kultur der Guaraní, durch strikte Anwendung der spanischen Gesetze und durch Vertrauen in die Kraft der christlichen Botschaft aus.

Parallel zu den Missionsbemühungen der Orden baute die spanische Krone neben der staatlichen Verwaltung auch die kirchliche Organisation auf, die mit der Gründung von fünf Kirchenprovinzen (Santo Domingo, Mexiko, Lima, Bogotá und Charcas [heute Sucre] und 35 Diözesen bis zum Jahr 1620 ihre kolonialzeitliche Struktur erhielt. Dazu kamen Gründungen von Universitäten, Hospitälern und Kollegien, Druckereien und karitativen Einrichtungen. Alle staatlichen und kirchlichen Aktivitäten wurden durch die Zentralbehörde des »Indienrats« in Sevilla verwaltet und kontrolliert.

Nach einem Jahrhundert missionarischer Begeisterung setzte sich eine weniger enthusiastische und auf Hispanisierung bedachte Auffassung von der Verbreitung des Christentums durch, die sich in reger kirchlicher Bautätigkeit (Kolonialbarock) ebenso niederschlug wie in einer paternalistischen Einstellung zum indianischen Menschen, in der Verbindung von Zivilisierung und Missionierung und in der restriktiv gehandhabten Zulassung von Indios, Mestizen und Mulatten zu den Orden oder kirchlichen Ämtern. Die wachsende Macht kirchlicher Institutionen, die Konflikte sowohl zwischen Welt- und Ordensklerus als auch zwischen Kreolen und Europäern um Einfluß und Positionen, aber auch die neuen Ideen der Aufklärung und die Reformprogramme des aufgeklärten Absolutismus der Bourbonen führten im 18. Jahrhundert zu einer Beschneidung der kirchlichen Machtstellung und 1767 zur Vertreibung der Jesuiten aus Amerika.

Damit wird jene Krise deutlich, die wenige Jahrzehnte später, nicht ohne Einfluß rationalistischer Ideen und im Gefolge der Französischen Revolution und des napoleonischen Einbruchs in Spanien, in die Unabhängigkeitsbewegungen einmünden sollten; diese brachten für die spanischen und portugiesischen Kolonien zu Beginn des 19. Jahrhunderts die politische Unabhängigkeit. Die Kirche büßte in diesem vom niederen Klerus in der Regel befürworteten (zum Beispiel Miguel Hidalgo in Mexiko), vom höheren Klerus dagegen meist abgelehnten Prozeß erheblich an Einfluß, Rechten und Gütern ein; die neuen Herren der kreolischen Oberschichten beanspruchten ihrerseits patronatsähnliche Rechte und beförderten Liberalismus, Freimaurerei und teilweise einen Antiklerikalismus, der jedoch der Verbundenheit von Volk und Kirche keinen Abbruch tat.

Protestantismus im 19. und 20. Jahrhundert

In dieser Zeit der politischen Emanzipation, des Wandels von der kolonialen zur liberalen Abhängigkeit von neuen Hegemonialmächten (Großbritannien, USA) und neuer ideologischer Orientierungen (Positivismus, Szientismus) begann auch der Protestantismus in Lateinamerika allmählich und im Lauf des 19. Jahrhunderts zunehmend Fuß zu fassen; sei es in der Gestalt der »historischen« protestantischen Kirchen (Lutheraner, Anglikaner), denen die europäischen Einwanderer angehörten, die in großer Zahl vor allem nach Brasilien und in die Staaten des »Südkegels« einströmten und dort Ausländerkirchen bildeten; sei es in der Gestalt von Missionsbemühungen der traditionellen protestantischen Denominationen nordamerikanischer Herkunft (Episkopale, Presbyterianer, Methodisten) oder sei es in Form freikirchlicher Bewegungen (Baptisten, Quäker, Heilsarmee, Adventisten). Dazu kamen vor allem seit Beginn des 20. Jahrhunderts evangelikale Bewegungen nordamerikanischen Ursprungs, wie etwa überkonfessionelle Missionsgesellschaften (*faith missions*) oder die charismatisch orientierten Pfingstkirchen, die in freien Organisationsformen vornehmlich in unteren sozialen Schichten Anklang fanden.

So wurde Lateinamerika zwar mit anderen als den überkommenen Formen des Christentums bekannt, aber die oft anzutreffende antikatholische Einstellung und die politische Verbindung mit den liberalen Eliten, die die neuen Religiositätsformen zwar als politisch zweckmäßig ansahen, ohne sie indes innerlich zu akzeptieren, führte zu einer Identitätskrise des Protestantismus in Lateinamerika, die sich in seiner Aufspaltung in einen ökumenisch ausgerichteten Protestantismus und einen »fundamentalistisch« orientierten Protestantismus ausdrückt.

Ernesto Cardenal

Ernesto Cardenal wurde am 20. Januar 1925 in Granada/Nicaragua geboren. Sein Literaturstudium begann er in Managua und setzte es von 1942 bis 1946 in Mexiko fort. Schon seine frühen literarischen Arbeiten waren geprägt von der politischen Geschichte Zentralamerikas (»Die Stunde Null« in der Sammlung: »Gebet für Marilyn Monroe«). Von 1947 bis 1949 studierte er in New York und verbrachte anschließend zwei Jahre in Europa. Im Sommer 1950 kehrte er nach Nicaragua zurück. Vier Jahre später beteiligte er sich aktiv an der »April-Revolution« gegen den Diktator Somoza. Sie wurde verraten und endete mit dem Tod vieler seiner Freunde. Für viele unerwartet, trat Cardenal 1957 in das Kloster Gethsemani in Kentucky ein und studierte nach einem Noviziat bei dem Dichtermönch Thomas Merton Theologie. 1961 siedelte er nach Kolumbien über, um als Lehrer in einem Priesterseminar zu arbeiten. Dort schrieb er die »Psalmen«, die zu den wichtigsten Werken lateinamerikanischer Poesie des 20. Jahrhunderts zählen. Am 15. August 1963 wurde er zum Priester geweiht. Im Jahr darauf gelangte er mit William Agudelo und Carlos Alberto nach Solentiname, um dort eine christliche Kommune zu gründen. Durch diese Gemeinschaft wurde Solentiname als Ort der Poesie und Solidarität mit den Ärmsten der Armen weltberühmt. Abgesehen von Cardenals literarischen Arbeiten (»Orakel über Managua«, »In Kuba«) ist aus dem Zusammenleben mit den Bauern und Fischern das wichtige zweibändige Dokument »Das Evangelium der Bauern von Solentiname« (1976/1978) entstanden. Über das Ende dieser Gemeinschaft hat Cardenal in seinem »Brief an das Volk von Nicaragua« selber geschrieben. Seit 1977 lebte er im Exil und arbeitete mit der Sandinistischen Befreiungsfront gegen das Somoza-Regime

Die Indianerin am Webstuhl wird unter christlichem Vorwand zur Zwangsarbeit angehalten. Peru, 17. Jahrhundert. Zeichnung von Poma de Ayala.

zusammen. Am 19. Juli 1979 zog die Sandinistische Befreiungsfront in Managua ein. Cardenal wurde Kulturminister. 1980 wurde ihm der Friedenspreis des Deutschen Buchhandels zuerkannt. Cardenal trat auch aus politischen Gründen als Minister zurück, um wieder als Priester und Dichter auf den Solentiname-Inseln zu leben und zu arbeiten.

Ein zentraler Begriff Cardenals ist die Liebe (»Das Buch von der Liebe«, Wuppertal 1991): »Liebe ist. Alles andere ist nicht, denn insoweit, als Dinge teilnehmen am Sein, haben sie teil an der Liebe selbst. Was nicht Liebe ist, existiert nicht. Was immer auch ist, es begründet sein Sein und Handeln in der Liebe.« Den Widerspruch zwischen dieser Liebe und der revolutionären Gewalt sieht er durchaus. Es bleibt für ihn ein christliches Dilemma, sich mit der Ohnmacht und Unterdrückung anderer nicht abfinden zu können: »Meine Waffe ist das Wort, meine Dichtung die Verkündigung des Evangeliums.«

LITERATUR: Peter Helbich (Hg.): Die Freude der Armen. Ernesto Cardenal. Gütersloh 1985. – Dietrich Steinwede: Ernesto Cardenal. Revolution ist Liebe. In: Ders., Renate Schupp (Hg.): Unbeirrbar. Lebensbilder von Frauen und Männern des 20. Jahrhunderts. Lahr/Kevelaer 1991, S. 35–42.

Seit Beginn des 20. Jahrhunderts gab es zahlreiche Bemühungen, Lateinamerika als »Missionsland« zu deklarieren und innerprotestantisch zu kooperieren; sie begannen mit dem »Komitee für Zusammenarbeit in Lateinamerika« (CCLA) 1913 und einer panamerikanischen Konferenz in Panamá (1916) und wurden in der Nachkriegszeit in mehreren innerprotestantischen Konferenzen (CELA) fortgesetzt; dazu kamen weitere Bemühungen auf nationaler und internationaler Ebene um Kooperation in den Bereichen der Erziehung, der Jugend, der Sozialproblematik. Nach dem Scheitern mehrerer Einigungsversuche kam es 1982 aufgrund der Beschlüsse der Konferenz von Oaxtepec, Mexiko (1978) zur Gründung eines »Lateinamerikanischen Rates der Kirchen« (CLAI) mit Sitz in Quito, der eine protestantische Kooperation auf dem Subkontinent gewährleisten soll und gegenüber der katholischen Kirche ökumenisch offen ist.

Aus dem evangelikalen Protestantismus Nordamerikas haben sich die beiden Strömungen des Fundamentalismus und des Pentekostalismus (Pfingstkirchen) herausgebildet, die ab den 1960er Jahren in Lateinamerika eindringen, sei es als kleine Sekten oder strategisch geplante Großunternehmen. Diese evangelikal-fundamentalistisch orientierten freien religiösen Bewegungen, die sich 1982 in der »Evangelisch Lateinamerikanischen Bruderschaft« (CONELA) eine eigene kontinentale Organisation geschaffen haben, stehen in Konkurrenz zum ökumenischen Protestantismus, den sie quantitativ überholt haben, und in Distanz oder Frontstellung zur katholischen Kirche, der gegenüber eine proselytische Haltung überwiegt (neuere Hochrechnungen sprechen von bald 30 Millionen Anhängern oder Sympathisanten). Als Faktoren, die eine zunehmende Verbreitung militanter Sekten begünstigen, werden die Verschlechterung der ohnehin miserablen Lebensbedingungen der Bevölkerungsmehrheiten genannt, aber auch Personalmangel und Mängel der Pastoral der katholischen Kirche sowie massive finanzielle und politische Unterstützung aus Nordamerika.

Katholische Kirche im 20. Jahrhundert

Nachdem sich die katholische Kirche Lateinamerikas im römischen Plenarkonzil von 1899 erstmals als eigene Größe dargestellt und durch Aktivitäten im sozialen Bereich, aber auch durch Verfolgung (zum Beispiel Mexiko) größere Freiheit und neues Profil gewonnen hatte, erlebte sie 1955 den organisatorischen Zusammenschluß der nationalen Bischofskonferenzen im »Lateinamerikanischen Bischofsrat« (CELAM) mit Sitz in Bogotá; 1958 schlossen sich die religiösen Orden in einem eigenen »Verband der lateinamerikanischen Ordensleute« (CLAR) zusammen, der Papst begründete eine »Kommission für Lateinamerika« (CAL). 1988 ist die Kirche in 712 Jurisdiktionsbezirke und über 100 000 Pfarreien und pastorale Zentren unterteilt, in denen über 27 000 Diözesanpriester und etwa 160 000 Ordensleute, davon 126 000 Ordensfrauen arbeiten.

Die zugespitzte Sozialproblematik Lateinamerikas, die sich etwa in ökonomischen Krisen, Landflucht, Verstädterung, Elendsvierteln, aber auch in Korruption, Traditionen der Gewalt (Guerrilla), epidemischen Krankheiten und einer sich vertiefenden Kluft zwischen Reich und Arm manifestiert, wurde von der katholischen Kirche als »Einbruch der Armen« in Kirche und Gesellschaft verstanden. Er führte vor allem durch das Zweite Vatikanische Konzil (1963–1965) und die päpstliche Sozialverkündigung (*Populorum progressio*, 1968) zu einem Aufbruch, in dem sozialreligiöse Mobilisierung (zum Beispiel Kirchliche Basisgemeinden), kirchenamtliche Programmatik (Bischofskonferenzen) und theologische Reflexion (Theologie der Befreiung) dramatisch zusammenspielen.

In enger Verbindung mit sozialen Volksbewegungen entstanden kirchliche Basisgemeinden, in denen sich religiöse und soziale Motive christlicher Vergemeinschaftung verbinden. Es sind Zusammenschlüsse kleiner Gruppen von Christen aus dem Volk (*pueblo*, *povo*), die sich unterhalb der Pfarrebene selbst organisieren und in enger Verbindung von Glauben und Leben aktiv eine größere Gerechtigkeit anstreben; Brasilien spielt dabei eine Vorreiterrolle.

Der »Lateinamerikanische Bischofsrat« hat den kirchlichen Aufbruch vor allem durch die Beschlüsse seiner Versammlungen in Medellín (Kolumbien) im Jahr 1968 und in Puebla (Mexiko) im Jahr 1979 gefördert. Programmatisch machten sich die Bischöfe die Bestrebungen der Völker nach »integraler Befreiung« zu eigen, geißelten die unmenschliche Armut, bezeichneten die Basisgemeinden als »Brennpunkte der Evangelisierung und Motoren der Befreiung und Entwicklung« und formulierten eine »vorrangige Option für die Armen«, die auch gesamtkirchlich aufgegriffen wurde. Prophetische Gestalten, wie der 1980 ermordete Erzbischof von San Salvador, Oscar Romero, wurden zu Symbolfiguren dieses Aufbruchs.

Theologie der Befreiung

Eingebettet in diesen Aufbruch entfaltete sich auch die wichtigste theologische Strömung Lateinamerikas in diesem Jahrhundert. Ende der 60er Jahre formulierte der peruanische Theologe Gustavo Gutiérrez Ansätze einer »Theologie der Befreiung«, deren Verständnis einer »integralen Befreiung« sich sowohl auf soziale und wirtschaftliche Realitäten (Abhängigkeit) als auch auf historische und politische Entwicklungen sowie auf theologische Sachverhalte (Sünde) bezog. Einige Grundideen wurden schon 1968 von der Bischofsversammlung in Medellín aufgegriffen und prägten auch die Beschlüsse von Puebla (1979) sowie ein maßgebliches päpstliches Dokument zur Evangelisierung (*Evangelii nuntiandi*, 1975). Im Lauf der Jahre ist die Befreiungstheologie von vielen Theologen, darunter Leonardo und Clodovis Boff, Jon Sobrino, Juan Luis Segundo u. a. weiterentwickelt worden und stellt inzwischen einen breiten Strom (mit vielen Nebenarmen) dar. Heftige Kritik erfuhr sie sowohl in Lateinamerika als auch in Europa, etwa durch zwei römische Instruktionen (1984 und 1986), die vor Reduktionismen warnten, Anleihen beim Marxismus verurteilten und das lateinamerikanische Befreiungsdenken mit dem europäischen Freiheitsdenken zu verbinden suchten.

Typisch für die Befreiungstheologie ist ihre Perspektive »von den Armen her«, ihr methodischer Dreischritt von »Sehen – Urteilen – Handeln«, der eine sozialanalytische, hermeneutische und praktisch-pastorale Vermittlung erfordert und ein »befreiendes« Handeln (Bekehrung, soziale Gerechtigkeit, Liebe) anzielt. Ihr spirituelles Herzstück liegt darin, daß sie die Begegnung mit den Armen als Begegnung mit Christus ansieht, der sich gemäß der Bibel (Mt 25, 31–46) mit den Hungernden, Dürstenden und Gefangenen identifiziert hat. Der Rang und die Fruchtbarkeit dieser neuen Theologie zeigen sich nicht nur an den vielfältigen Veröffentlichungen, sondern auch an der Überwindung konfessioneller Grenzen und an der Impulskraft für die Ausbildung von »Theologien der Dritten Welt«, deren zentrales Thema die Rede von einem liebenden Gott im Kontext unmenschlicher Armut ist.

LITERATUR: C. Pape: Katholizismus in Lateinamerika. St. Augustin 1963. – H.-J. Prien: Die Geschichte des Christentums in Lateinamerika. Göttingen 1978. – H.-J. Prien (Hg.): Lateinamerika. Gesellschaft – Theologie – Kirche. 2 Bde., Göttingen 1981. – Die Kirche Lateinamerikas. Dokumente der II. und III. Generalversammlung des Lateinamerikanischen Episkopates in Medellín und Puebla (Stimmen der Weltkirche 8). Hg. Sekretariat der Deutschen Bischofskonferenz. Bonn 1985. – E. Dussel: Die Geschichte der Kirche in Lateinamerika. Mainz 1988. – D. Keogh (Hg.): Church and Politics in Latin America. Houndmills/London 1990. – G. Gutiérrez: Theologie der Befreiung. Mainz 1992. *Michael Sievernich*

Pfingstbewegungen in Lateinamerika

Ein katholischer Kontinent wird protestantisch

Seit dem Ende des 16. Jahrhunderts gilt Lateinamerika als Bastion des römischen Katholizismus; gegenwärtig konzentrieren sich hier 42 Prozent der katholischen Weltbevölkerung. Der Protestantismus trat in dieser Region erst zu Beginn des 19. Jahrhunderts, zur Zeit der Befreiung von Spanien, auf und war zunächst die Religion europäischer Einwanderer. Durch missionarische Tätigkeit breitete er sich in den ersten hundert Jahren nur langsam aus, erlebte jedoch in den drei Jahrzehnten zwischen 1960 und 1990 einen so massiven Zuwachs, daß heute mehr Übertritte vom Katholizismus zum Protestantismus zu verzeichnen sind als zur Zeit der Reformation im 16. Jahrhundert. Der bedeutendste Anteil dieses Zuwachses fällt auf die Kirchen der Pfingstbewegung, einer volkstümlichen Form des Protestantismus. Den Voraussagen von Beobachtern zufolge werden sie zur Jahrtausendwende die vorherrschende religiöse Kraft Lateinamerikas darstellen. Die Pfingstbewegung hat indigenen Charakter und ist von einem ansteckenden proselytischen Geist geprägt; ihre verschiedenen Kirchen zeichnen sich durch ähnliche Merkmale aus wie die erste Pfingstbewegung in Nordamerika, die Hollenweger auch mit den nichtweißen Eingeborenenkirchen in anderen Teilen der Welt in Zusammenhang stellt. Diese Kennzeichen sind insbesondere: Zungenreden, Wortliturgie, der narrative Stil bei der Verbreitung ihrer Botschaft, die größtmögliche Beteiligung aller Gläubigen beim Gebet und bei der Beschlußfassung, die Einbeziehung von Träumen und Visionen bei Zusammenkünften und ein außergewöhnliches Wissen um die Beziehung zwischen Körper und Geist, das in Heilungen durch Gebet zur Anwendung kommt.

Geschichte

Die lateinamerikanischen Pfingstkirchen haben ihren Ursprung in verschiedenen Quellen, wie an verschiedenen Ländern sichtbar wird, in denen sie ein besonders augenfälliges Wachstum zu verzeichnen haben: Brasilien, Chile, Guatemala und Puerto Rico. Zum einen führte hier der - durch Literatur und Briefwechsel ausgeübte - Einfluß von europäischen und nordamerikanischen Erweckungs- und Pfingstbewegungen bei einzelnen Missionaren aus den traditionellen protestantischen Kirchen zu ekstatischen Glossolalie- und Wunderheilungserfahrungen. Ein Beispiel hierfür ist Willis C. Hoover in Chile. Er löste sich 1911 von der Methodistenkirche und gründete die methodistische Pfingstkirche, die inzwischen zu den größten Denominationen des Landes gehört. Ein ähnlicher Prozeß vollzog sich in Brasilien, wo sich die schwedischen Missionare Gunnar Vingren und Daniel Berg von den Baptisten abspalteten und die brasilianische Pfingstkirche ins Leben riefen. Zum zweiten waren Kirchen wie die Assemblies of God (Asamblea de Dios, Versammlung Gottes) das Ergebnis ausgedehnter Bemühungen nordamerikanischer Kirchen, die gezielt Missionare nach Lateinamerika entsandten, um hier ähnliche Pfingstgemeinden zu etablieren. Drittens sind die zahlreichen Kirchen zu nennen, die von Eingeborenen initiiert wurden, so zum Beispiel die Congregaçao Christà do Brasil, die Elim Church (Guatemala) oder die Iglesia Apostólica (Mexiko). All diese Pfingstkirchen älteren Ursprungs breiteten sich vor allem in städischen Gebieten und hier in den sozialen Schichten aus, die am stärksten marginalisiert waren. Blieb dies in den ersten Jahrzehnten zunächst unbemerkt, so erregte dieser Prozeß bisweilen durch bestimmte politische Umstände die Aufmerksamkeit der Öffentlichkeit, insbesondere dann, wenn die Regierung in ein Spannungsverhältnis zur römisch-katholischen Kirche geraten war und nach anderen Möglichkeiten der religiösen Legitimation suchte. Ein Beispiel hierfür ist der massive Feldzug Tomy Hicks' in Argentinien, der die Sympathien des Diktators Juan Domingo Perón (1954) auf seiner Seite hatte, oder die chilenische Pfingstbewegung, die 20 Jahre später durch das Regime General Augusto Pinochets gestützt wurde.

Innerhalb der traditionellen Kirchen hat sich seit Mitte der 60er Jahre eine neue charismatische Bewegung entwickelt. Vor allem in Ländern, in denen die römisch-katholische Kirche traditionell verankert ist, wie in Mexiko und Kolumbien, hat diese starken Zulauf erhalten, aber auch in anderen Ländern haben sich Anglikaner, Methodisten und Baptisten der charismatischen Bewegung zugewandt. Neuere unabhängige charismatische Kirchen und Bewegungen aus den Vereinigten Staaten haben sogar in der lateinamerikanischen Mittel- und Oberschicht Anhänger gewonnen. In

Leonardo Boff
Leonardo Boff wurde am 14. Dezember 1938 im brasilianischen Concordia (Santa Catarina) geboren. Er studierte Philosophie und Theologie in Curitiba, Petropolis und München. Zu seinen bedeutendsten Lehrern zählten unter anderem Karl Rahner und Heinrich Fries. An der Universität München erwarb er den Doktor der Theologie. 1964 wurde er zum Priester geweiht. Anschließend lehrte er an der Philosophisch-Theologischen Hochschule der Franziskaner in Petropolis bei Rio de Janeiro. Dort arbeitete er auch an verschiedenen theologischen Zeitschriften mit. Leonardo Boff ist einer der wichtigsten Vertreter der Theologie der Befreiung, die er so charakterisiert: »Erstens geht es um die gesellschaftliche Befreiung der Unterdrückten. Diese impliziert die geschichtliche Überwindung des kapitalistischen Systems, weil der Kapitalismus die Hauptursache für die Unterdrükkung ist (...). Das heißt, daß der Weg auf eine Gesellschaft sozialistischen Typs führen muß, eine Demokratie der Beteiligung und Mitbestimmung. Befreiung ist also keine Metapher, sondern ein geschichtlicher gesellschaftlicher Prozeß. Zweitens muß hervorgehoben werden, daß gesellschaftliche Befreiung (...) ein menschliches Phänomen voller humanistischer Bedeutung, Würde und Größe ist. Immer kommt es darauf an, für die Herstellung von mehr Menschlichkeit, Brüderlichkeit und Beteiligung einzutreten in dem Sinn, daß möglichst viele Menschen zu aktiven Trägern ihres Schicksals werden (...). Im Lichte des Glaubens betrachtet, zielt dieser geschichtlich-gesellschaftliche Prozeß drittens auf das Heil (oder Unheil) ab, antizipiert und konkretisiert Dimensionen dessen, was Jesus Christus in der ihm eigenen Utopie Reich Gottes nannte.« (L. Boff: Aus dem Tal der Tränen ins gelobte Land. Der Weg der Kirche mit den Unterdrückten. Düsseldorf 1982, S. 63 f.). Boff stellt die traditionellen theologischen Texte unter dem Gesichtspunkt der Fragen und Situationen, in denen die Menschen in Lateinamerika leben, in einen neuen

sozialgeschichtlichen Zusammenhang. Zentral ist für ihn die Frage: Welche Bedeutung hat die Befreiung Jesu für die Menschen in Lateinamerika, die unter einem Regime leben, das mehr oder weniger von Gewalt gekennzeichnet ist und die am Rande der Zentren wohnen, wo die großen politischen, kulturellen und wirtschaftlichen und religiösen Entscheidungen getroffen werden.

Die Kirche hat nach seiner Ansicht die Pflicht, sich mit den Armen und Unterprivilegierten zu identifizieren. Für Leonardo Boff wird die Kirche zu einem »Netzwerk von Diensten, das eine politische und prophetische Diakonie ausübt und dessen universaler Anspruch sich nicht vom dogmatisch formulierten Glauben oder vom modernen Menschen her bestimmt, sondern vielmehr vom Nicht-Menschen, und in der Verteidigung der Menschenrechte der Armen konkret wird (...) eine Kirche, die durch das Wirken des Geistes Gottes aus dem Volk entsteht; als eine alternative Struktur, die sich um das Charisma als Ordnungsprinzip aufbaut«. Boff hat sich intensiv mit C. G. Jung auseinandergesetzt und ist Herausgeber der brasilianischen Jung-Ausgabe. 1985 warf ihm der Vatikan Nähe zu marxistischen Theorien vor und legte ihm für ein Jahr Schweigegebot auf. Im Juni 1992 kündigte Boff an, aus Protest gegen die Beschneidung seiner Aktivitäten seine kirchlichen Ämter niederzulegen.

LITERATUR: Leonardo Boff, Bruno Kern, Andreas Müller (Hg.): Werkbuch Theologie der Befreiung. Düsseldorf 1988.

Guatemala sind zwei Politiker, die solchen charismatischen Kirchen angehörten, Staatspräsident geworden: Efraim Ríos Montt (im Jahre 1982) und Jorge Serrano Elías (im Jahre 1991).

Soziale und politische Bedeutung

Aufgrund des dramatischen Zuwachses der Pfingstbewegungen sind sie ein beliebtes Forschungsobjekt der Soziologen geworden und werden von diesen im Rahmen der evangelikalen Bewegung Lateinamerikas gedeutet. Liberale Historiker und jene, die eine positive Haltung gegenüber dem lateinamerikanischen Modernisierungsprozeß einnehmen, erklären ihre Sympathie für deren Vorgehen und betrachten dieses vor allem wegen der Aktivitäten im Bildungs- und Gesundheitsbereich als Faktor des Fortschritts. Auch das massive Anwachsen der Pfingstbewegungen wird vor diesem Hintergrund gesehen, insbesondere seitdem sich herausgestellt hat, daß diese in Hinblick auf den Missionierungsstil zu einer in der Eingeborenenkultur verankerten religiösen Kraft geworden sind. Emilio Willems legte die erste umfassende Untersuchung der Pfingstgemeinden in Brasilien und Chile vor und ordnete sie in ein historisches Kontinuum ein. Willems sieht in ihnen das Nebenprodukt eines Wandels innerhalb der sozialen Strukturen und Werte der brasilianischen bzw. chilenischen Gesellschaft. Der Wertewandel, den man als »protestantische Ethik« bezeichnen könnte, bewirke, daß die Konvertiten in der – durch Industrialisierung, Urbanisierung, innere Wanderungsbewegungen und die Erweiterung der Grenzen geschaffenen – neuen Situation besser funktionieren. Die Pfingstbewegung übe auf die unteren Klassen in diesen Gesellschaften deshalb so große Anziehungskraft aus, weil sie den Massen in den Städten – die sich im Zustand latenter oder offener Rebellion gegen den Zerfall sozialer Strukturen befinden – Ausdrucksmöglichkeiten gebe, die sonst kaum vorhanden seien. Dies um so mehr, als die katholische Kirche von diesen Massen als Symbol der traditionellen Ordnung und Bündnispartner ihres wichtigsten Repräsentanten, der Landaristokratie, betrachtet werde.

Andere Wissenschaftler wiederum, wie zum Beispiel Lalive d'Epinay in Chile, vertreten die Ansicht, daß die Pfingstkirchen für die armen Bevölkerungsschichten, die vom Land in die Städte abwandern, eine Zufluchtstätte bieten, weil hier die patriarchalen Strukturen der ländlichen »Hacienda« durch eine Vaterfigur in Person des Pastors, eines echten charismatischen Führers und Caudillos reproduziert werden. Bei seiner institutionellen Analyse der Pfingstkongregationen kommt Willems zu dem Schluß, daß die starke Beteiligung der Mitglieder an der Liturgie und am Leben der Gemeinschaft – die nicht von deren Bildung und Belesenheit abhängig ist, sondern von der Fähigkeit, sich von der Kraft des Heiligen Geistes beseelen zu lassen – einen Demokratisierungseffekt hat und die Massen durch diesen demokratischen Prozeß auf die Integration in das politische Leben vorbereitet. Willems hebt vor allem die Bedeutung des ekstatischen Erlebnisses hervor, das als *tomada de Espíritu* bezeichnet wird, eine Art »Ergriffensein«, das für die Menschen den offenkundigen Beweis eines göttlichen Zeichens dafür darstelle, daß jemand in ein kirchliches Amt gewählt oder eingesetzt werden soll. Das »Ergriffensein« spiele in den Pfingstkongregationen die Rolle einer Legitimierung, die durch eine energisch betriebene und erfolgreiche Proselytenmacherei bestätigt werde. Es habe eine integrative Wirkung, die es Tausenden Menschen aus den unteren Bevölkerungsschichten ermögliche, Mitglied einer organisierten Gruppe zu werden, in der sie die Gemeinschaft, Anerkennung und gegenseitige Hilfe durch ein Familiennetz, Annehmlichkeiten und ein Gefühl der Zugehörigkeit erfahren und zu dem sie selbst einen Beitrag liefern könnten.

In den 1970er Jahren brachte die Vorherrschaft der marxistischen Ideologie ein neues Element in die Interpretation der Pfingstbewegungen. Sie wurden als Teil des umfassenden Expansionsprozesses des nordamerikanischen Kapitalismus betrachtet und galten als Bewegung, die von den Vereinigten Staaten gefördert wurde, um die revolutionären Strömungen innerhalb des lateinamerikanischen Proletariats einzudämmen und unter Kontrolle zu bringen. Trotz ihrer konservativen Sicht der Gesellschaft griffen einige Beobachter der katholischen Kirche diese Erklärung auf und entwickelten sie zu einer Verschwörungstheorie, die die CIA und ausländische Interessenvertreter für die Ausdehnung der Pfingstbewegung verantwortlich macht. Doch eine Analyse der Fakten zeigt, daß die Pfingstbewegungen von sämtlichen protestantischen Kirchen die wenigsten Kontakte zum Ausland besitzen, ja daß die Gruppierungen, die das deutlichste Wachstum zu verzeichnen haben, keinerlei Verbindungen mit Kirchen in anderen Ländern haben. Neuere Studien, zum Beispiel von Still und Martin, legen den Schwerpunkt auf die soziale Bedeutung des Pfingsterlebnisses, welches eine Möglichkeit biete, die Menschen zu integrieren und sie für die Verteidigung ihrer Interessen und ihr soziales Fortkommen zu mobilisieren. Der volkstümliche Charakter der Botschaft und des Lebens der Pfingstgemeinschaften bewirke, daß sie erfolgreicher sind als die Befreiungstheologien, denen es trotz ihrer verbalen Sympathiebekundungen für die Armen nicht gelungen sei, die unteren Klassen genügend an sich zu ziehen.

Unter Protestanten und Pfingstlern selbst herrscht Besorgnis angesichts des politischen Potentials der Pfingstkirchen und der Möglichkeit einer Manipulation von außen. Die Vertreter der Fernseh-Kirchen aus der Neuen Rechten in den Vereinigten Staaten haben systematisch versucht, die Medien und ähnliche Einrichtungen zu benutzen, um die Unterstützung der Pfingstler und charismatischen Kirchen für eine Politik zu bekommen, die von konservativen Interessengruppen in Nordamerika vertreten wird, dies insbesondere in Zentralamerika. Die Untersuchungen von Lagos Schufeneger in Chile haben gezeigt, daß selbst die dualistische Jenseitstheologie der indigenen Pfingstbewegungen in eine religiöse Form des Antikommunismus im Dienst eines autoritären Militärregimes verkehrt werden kann.

Katholische Experten in Fragen der kirchlichen Missionstätigkeit sind zu der Erkenntnis gelangt, daß ein wichtiger Grund für das gegenwärtige Anwachsen der Pfingstbewegungen in Lateinamerika darin liegt, daß die Kirche nicht die Dienstleistungen und die Orientierung bietet, die den Befürfnissen einer zunehmenden städtischen

Bevölkerung und den drängenden Problemen einer Übergangsgesellschaft gerecht werden. Sie verweisen auf den Erfolg der Pfingstkirchen bei der Mobilisierung gewöhnlicher Mitglieder für Missionsaufgaben und bei der Verbreitung des Glaubens in einer Form, die den armen und ungebildeten Massen entgegenkommt, indem sie der Basis, zum Beispiel Mütter und Väter, Führungsaufgaben übertragen, ein Netzwerk zur gegenseitigen Hilfe schaffen und religiöse Erlebnisse ermöglichen, welche die Grundlage für eine Charakterveränderung unter Verzicht auf jegliche Form des Alkoholismus bilden. In all diesen Punkten könne die Katholische Kirche kaum mit der Pfingstbewegung konkurrieren. Insofern lateinamerikanische Christen daran denken, sich an der Ausbreitung ihrer Kirche auf andere Kontinente zu beteiligen, werden die Pfingstbewegungen hierbei eine Schlüsselrolle spielen, genauso bei der für die nächsten Jahrzehnte anstehenden Gestaltung der sozialen und politischen Strukturen in den Gesellschaften Lateinamerikas.

LITERATUR: Stanley M. Burgess, Gary B. McGee und Patrick H. Alexander (Hg.): Dictionary of Pentecostal and Charismatic Movements. Grand Rapids 1988. – David B. Barrett: Statistics, Global. In: Ebd. – Murray A. Dempster, Byron D. Klaus und Douglas Peterson (Hg.): Called and Empowered. Global Mission in Pentecostal Perspective. Peabody 1991. – Stephen D. Glazier (Hg.): Perspectives on Pentecostalism: Case Studies from the Caribbean and Latin America. Washington D. C. 1980 – Walter J. Hollenweger: Enthusiastisches Christentum: Die Pfingstbewegung in Geschichte und Gegenwart. Wuppertal/Zürich 1969. – Ders.: After Twenty Years' Research on Pentecostalism. In: International Review of Mission 75 (1986), H. 297, S. 3–12. – Humberto Lagos Schufeneger: Crisis de la esperanza. Religión y autoritarismo en Chile. Santiago 1988. – Christian Lalive d'Epinay: Haven of the Masses. London 1969. – David Martin: Tongues of Fire.Oxford 1990. – Juan Sepúlveda: Pentecostalism as Popular Religiosity. In: International Review of Mission 78 (1989), H. 309, S. 80–88. – David Stoll: Is Latin America Turning Protestant? Berkeley 1990. – Karl-Wilhelm Westmeier: Reconciling Heaven and Earth. The Transcendental Enthusiasm and Growth of an Urban Protestant Community, Bogotá, Colombia. Bern 1986. – Emilio Willems: Followers of the New Faith: Nashville 1967.

Samuel Escobar

Australien

Statistische Angaben

Christentum in Australien zeigt sich in einer erstaunlichen Vielfalt. An die 40 Konfessionen sind registriert. Darin spiegeln sich die hohen Einwanderungsquoten. Die statistischen Angaben sind nicht sehr genau. Alle fünf Jahre wird eine Volkszählung durchgeführt. Angaben zur Religionszugehörigkeit sind nicht obligatorisch.

Der Anteil der Christen an der Gesamtbevölkerung (ca. 156 Millionen) beträgt 73 Prozent. Aus der konfessionellen Vielzahl ragen drei Gruppierungen hervor: Katholiken (26,1 Prozent), Anglikaner (23,9 Prozent) und die Uniting Church (7,6 Prozent), ein 1977 entstandener Zusammenschluß von Methodisten, Presbyterianern und Kongregationalisten. Lutheraner zählen mit den Zeugen Jehovas, den Quäkern, Orthodoxen, Mormonen oder der Heilsarmee zu den Minderheitskirchen.

Die anglikanische Kirche von Australien besteht aus 24 Diözesen. Sie werden von einem Erzbischof beziehungsweise Bischof und einer Synode verwaltet. Der Sitz der Generalsynode ist in Sydney. Ihr Präsident ist zugleich der Primas. Die katholische Kirche in Australien besteht aus sieben Erzdiözesen und einundzwanzig Diözesen. Die Bischöfe bilden das Leitungsgremium der australischen katholischen Bischofskonferenz.

Das statistische Bild vervollständigt sich allerdings erst, wenn weitere Zahlen miteinbezogen werden. Anglikaner und Katholiken, die größten christlichen Kirchen, ergeben etwa 50 Prozent der Gesamtbevölkerung. 25 Prozent der Australier gehören entweder keiner Religionsgemeinschaft an oder verweigern die Angabe. Die protestantischen Denominationen belaufen sich auf insgesamt 23 Prozent. 2 Prozent der Australier gehören nichtchristlichen Religionsgemeinschaften an.

Die Anglikaner registrieren einen jahrzehntelang anhaltenden Schwund, der das herkömmliche konfessionelle Gleichgewicht nachhaltig verändert hat. 1940 betrug der anglikanische Anteil an der Gesamtbevölkerung noch 40 Prozent. In den 1980er Jahren fielen die Mitgliederzahlen hinter die katholischen zurück. Im gleichen Zeitraum sorgten Einwanderungswellen aus Asien und höhere Geburtsraten in der katholischen Kirche für stetiges Wachstum.

Fast alle Denominationen stagnieren oder schrumpfen. Einzige spektakuläre Ausnahme bilden die Pfingstler. Zwischen 1976 und 1986 erzielten sie einen Zuwachs von 179 Prozent. Ihr prozentualer Anteil an der Gesamtbevölkerung liegt jetzt bei 0,7 Prozent. Auch nichtchristliche Religionsgemeinschaften expandieren seit den 70er Jahren. Aber die höchsten Zuwachsraten sind bei jenen zu registrieren, die angeben, keiner Religionsgemeinschaft anzugehören. So zeigt die Statistik, daß bei gleichzeitigen Umschichtungen innerhalb der Konfessionen die ohnehin beträchtliche säkulare Strömung in Australien an Bedeutung zunimmt.

Unter den Denominationen zeichnen sich deutliche Unterschiede ab. Anglikaner und Uniting Church stützen sich auf ältere Mitglieder. Unter den Anglikanern bilden die 40- bis 59jährigen die zahlenmäßig stärkste Gruppe, gefolgt von den 25- bis 39jährigen. Auch die Uniting Church hat ihren zahlenmäßigen Schwerpunkt in diesen Altersgruppen, wenngleich die Gruppe der 25- bis 30jährigen etwas stärker vertreten ist als die der 40- bis 59jährigen. Anders die Katholiken: Unter ihnen ist die Altersgruppe 0–14 am stärksten, gefolgt von den 25- bis 39jährigen. Noch ausgeprägter zeigt sich der Trend zur Verjüngung bei Mormonen und Pfingstlern. 32 Prozent der Mormonen und 31 Prozent der Pfingstler sind unter 15. Auch die nichtchristlichen Religionsgemeinschaften ziehen mehr jüngere Menschen an. Das gilt vor allem für den Islam. Überwiegend in der Altersgruppe 0–14 und 25–29 sind auch diejenigen vertreten, die angeben, keiner Religionsgemeinschaft anzugehören.

Ein wichtiger Faktor, der die Wachstums- und Schrumpfungsprozesse verschiedener Gruppierungen erklärt, ist – von kulturellen Einwirkungen wie Massenmedien oder dem Zerfall herkömmlicher Gemeinschaften abgesehen – in den intensiven Einwanderungsbewegungen zu sehen. In den vergangenen Jahrzehnten kamen weniger Einwanderer aus Gebieten mit anglikanischem, presbyterianischem oder methodistischem Hintergrund nach Australien. Viele neue Einwanderer sind junge Erwachsene aus Ländern mit katholischen, buddhistischen oder islamischen Bevölkerungsgruppen.

Christentum und Gesellschaft

Lange Zeit haben die Australier die Tatsache verdrängt, daß sie von britischen Sträflingen abstammen. Am 26. November 1788 landete die erste britische Flotte mit knapp 1000 Passagieren in Sydney Cove. An Bord war der anglikanische Kaplan Richard Johnson. Seine Aufgabe bestand im wesentlichen darin, als Beamter der britischen Regierung für die gute Moral der Häftlinge zu sorgen – wenn nötig mit der Peitsche. Das hat das Profil der australischen Kirchen bis heute geprägt und von Beginn an viele Menschen für immer der Kirche entfremdet. Vor allem im 19. Jahrhundert waren die Kirchen einflußreiche Repräsentanten staatlich-bürgerlicher Moral.

Um 1836 waren alle Konfessionen des britischen Mutterlandes etabliert. Im gleichen Jahr dekretierte der *Bourke Church Act* die formale Gleichheit aller christlichen Kirchen. Damit war jeder Versuch gescheitert, die Kirche von England zur Staatskirche zu erheben.

1901 schlossen sich die Staaten zum »Commonwealth of Australia« zusammen. Nach der Verfassung des Commonwealth sind Kirche und Staat getrennt. Mit einer Ausnahme: Pfarrer sind unbezahlte Standesbeamte.

Zwischen den beiden Weltkriegen verloren vor allem die protestantischen Kirchen an Einfluß. Hilflos und in sich selbst zerstritten standen sie vor den Problemen der Arbeitslosigkeit und der wirtschaftlichen Stagnation.

Die Katastrophen des Zweiten Weltkrieges stärkten das Bewußtsein für die Friedensmission der Kirchen. Eine breite ökumenische Bewegung entstand. Der »Australian Council of Churches« wurde ins Leben gerufen.

Der gesellschaftliche Umbruch der 1970er Jahre, die Auswirkungen des Zweiten Vatikanischen Konzils, die australische Beteiligung am Vietnamkrieg und die Frauenbewegung stellten die Kirchen vor neue Herausforderungen. Die Frage der Frauenordination hat die anglikanische Kirche in eine Zerreißprobe geführt, die sich bis heute mehr und mehr zuspitzt. Zu den größten Problemen zählen derzeit die Spannungen, die das Ergebnis der hohen Einwanderungsrate der vergangenen fünfundzwanzig Jahre sind. Innerhalb von zwei Generationen ist aus dem weißen Australien eine multikulturelle Gesellschaft geworden. Manche Soziologen sagen voraus, daß Australien sich in Zukunft mehr an Asien und weniger an Europa orientieren werde. Vor allem Einwanderer aus asiatischen Ländern, allen voran Vietnamesen, stellen das anglokeltische Selbstgefühl der Australier in Frage. Im Gegensatz zu den meisten chinesischen Einwanderern, die oft wohlhabend waren und in intakten Familienverbänden ankamen, bringen viele Vietnamesen zerrissene Familien, Armut und mangelnde Ausbildung mit. Auch die Kirchen haben sich bislang immer als angelsächsisch oder europäisch verstanden und nach Canterbury, Rom oder Genf geblickt. Auch sie ringen mit der Frage nach einer »australischen Identität«.

Zu den ungelösten und tragischen Fragen Australiens gehört das Problem der Ureinwohner. Von den englischen Kolonialherren enteignet und zur Seite geschoben, von den Kirchen bis weit in dieses Jahrhundert als primitive, religionslose Wesen betrachtet, blieb den Aboriginals kaum mehr als Arbeitslosigkeit, Entwurzelung und die Flucht in den Alkoholismus. Erst langsam und in jüngster Zeit bahnt sich ein Umschwung an. Australiens Kirchen versuchen, die religiöse Kultur der Aboriginals zu verstehen und sich von ihrer spirituellen Verbundenheit mit dem Land und der Natur inspirieren zu lassen.

LITERATUR: Michael Hogan: The Sectarian Strand, Religion in Australian History. 1987. – William Lawton: Being Christian, Being Australian. 1988. – Ian Breward: Australia – The most Godless Place Under Heaven? 1988. – Peter Bentley (Hg.): A Yearbook for Australian Churches. 1991.

Ezzelino von Wedel

ISLAM

Islam und der Westen

Zum Islam bekennt sich ungefähr eine Milliarde Gläubige. Gegenüber kaum einer anderen Religion haben wir so viele geschichtlich gewachsene Vorurteile. Bis in unser Jahrhundert betrachteten viele den Islam als unoriginelle Mischung aus jüdischen, christlichen und »heidnischen« Elementen. Muhammad gilt als Sklave ungezügelter Sinnlichkeit, dessen Lehre fanatisch mit »Feuer und Schwert« verbreitet wurde und bis heute eine Bedrohung darstellt. Allah wird von vielen als tyrannischer Gott betrachtet, der dem Menschen keine Willensfreiheit läßt. Islamische Lebensweise bedeutet für viele einen »Rückschritt in das Mittelalter«, in der die übermächtige Religion totalitär das Leben bestimmt und die Frau keine Rechte besitzt...

Das seit den Anfängen bestehende negative christliche Islambild setzte sich über das Mittelalter hinaus fort. Zu den positiven Ausnahmen gehören der Theologe Petrus Venerabilis (1092/1094–1156), der die Koranübersetzung durch Robert of Ketton (1143) veranlaßte. Martin Luthers entscheidend durch die Türkenkriege geprägtes negatives Bild von Muhammad (= personifizierter Antichrist) und dem Islam (= Werkgerechtigkeit, Gesetzesreligion) hatte in der protestantischen Theologie eine lange Wirkungsgeschichte. In der anregenden Atmosphäre der Aufklärung wurde der Orient neu entdeckt, wobei insbesondere Lessings »Nathan der Weise« (1779), die Muhammad-Biographie von Henri de Boulainvilliers (1730) und die Koranübersetzungen von George Sale (1734) und Nicolas Savary (1783) zu erwähnen sind. Während Voltaire die alten Klischees über den Islam tradierte, waren einige Romantiker vom Islam fasziniert. In seinem »Mahomet«, später im »Westöstlichen Diwan«, wandte sich Goethe der für viele bis dahin verschlossenen Welt des Orients zu.

Eine positive Würdigung Muhammads findet sich in den Vorlesungen »On Heroes and Heroe-Worship and the Heroic in History« (1841) des englischen Schriftstellers Thomas Carlyle, der den islamischen Propheten als bedeutenden Helden schildert. In der zweiten Hälfte des 19. Jahrhunderts entwickelte sich die Islamkunde zunehmend zu einem eigenen Fach (Noeldeke, Wüstenfeld, Weil, Sprenger, Goldziher, Hirschfeld, Grimme, Fück). In neuerer Zeit bemüht man sich auch in den großen Kirchen um einen Dialog mit dem Islam: Für das Gespräch des Katholizismus mit dem Islam stellt das Zweite Vaticanum (1961 – 1965) die entscheidende Wende dar. Auf protestantischer Seite sind die Bemühungen des »Ökumenischen Rates der Kirchen« und – in Deutschland – der EKD zu nennen. Ebenfalls ist es zu einer Annäherung zwischen der griechischen Orthodoxie und den iranischen Schiiten gekommen (Konferenzen in Thessaloniki, 1991 und 1992). Dennoch: Die Präsenz islamischer Gastarbeiter und Asylsuchender sowie politische Ereignisse (so Islamische Revolution im Iran, Rushdieaffaire, Golfkrieg) haben den negativen Einstellungen gegenüber dem Islam Kräftig Nahrung gegeben.

»Im Namen Gottes, des Barmherzigen, des Erbarmers!
Lob sei Gott,
dem Herrn der Welten,
dem Barmherzigen, dem Erbarmer,
dem Herrn des Gerichtstages.
Dir dienen wir, und Dich bitten wir um Hilfe:
Führe uns den geraden Weg,
den Weg derer, denen Du Gnade erwiesen hast,
nicht derer, die dem Zorn verfallen sind,
noch derer, die in die Irre gehen.«
(Sure 1: »al-Fatiha«, die »Eröffnende«)

»Im Namen Gottes, des Barmherzigen, des Erbarmers!
Sag: Er ist der eine Gott,
der ewige Gott.
Er zeugt nicht und wurde nicht gezeugt,
und kein Wesen ist ihm gleich.«
(Sure 114)

Zum Begriff Islam

Das Wort Islam leitet sich vom vierten Stamm der Wurzel »s-l-m« ab, welche »heil sein«, »unversehrt sein« bedeutet. Das zugrunde liegende arabische Verb aslama heißt »sich Gott hingeben«, »den Islam annehmen«. Das arabische Wort »Muslim« (persisch: »Moslem«) ist die Partizipialform: »derjenige, der sich Gott hingibt«. Es gibt unterschiedliche Bedeutungsebenen des Wortes »Islam«. Islam ist wie Buddhismus, Christentum usw. die Bezeichnung für eine konkrete Religionsgemeinschaft. Darüber hinaus bedeutet Islam das von Herzen kommende Praktizieren der religiösen Pflichten. Schließlich meint Islam die eine und wahre, ewige, von der Schöpfung

»Und damals als dein Herr aus der Lende der Kinder Adams deren Nachkommenschaft nahm und sie gegen sich selber zeugen ließ!« Er sagte: »Bin ich nicht euer Herr?« Sie sagten: »Jawohl, wir bezeugen es.«
(Sure 7, 172)

an existierende Menschheitsreligion. Ihr Inhalt ist der reine Monotheismus, der als »natürliche Religion« allen Menschen eingepflanzt ist, gleich welcher Rasse, Hautfarbe, Sprache und Religion sie angehören. Gott hat einen »großen Bund« mit allen Menschen geschlossen. Viele Muslime bringen Islam mit einem anderen Wort desselben Wortstammes in Verbindung: *salam* (»Frieden«).

Das Leben Muhammads

»Beim Morgen und bei der Nacht, wenn alles still ist! Dein Herr hat dir nicht den Abschied gegeben und verabscheut dich nicht. Und das Jenseits ist besser für dich als das Diesseits. Dein Herr wird dir dereinst so reichlich geben, daß du zufrieden sein wirst. Doch auch schon im diesseitigen Leben hat er dir Gnade erwiesen. Hat er dich nicht als Waise gefunden und dir Aufnahme gewährt, dich auf dem Irrweg gefunden und rechtgeleitet, und dich bedürftig gefunden und reich gemacht? Gegen die Waise sollst du deshalb nicht gewalttätig sein, und den Bettler sollst du nicht anfahren. Aber erzähle deinen Landsleuten wieder und wieder von der Gnade deines Herrn.« (Sure 93)

Muhammad wurde um 570 n. Chr. in Mekka geboren und gehörte der angesehenen Sippe der Hashemiten vom Stamm der Quraish an. Sein Vater Abdallah starb noch vor der Geburt seines Sohnes, die Mutter Amina, als Muhammad sechs Jahre alt war. Er wurde kurze Zeit von seinem Großvater Abd al-Muttalib erzogen, dann von seinem Onkel Abu Talib. Im Alter von 25 Jahren lernte der Kaufmann Muhammad die wohlhabende Kaufmannswitwe Khadija kenen, deren Handelsgeschäfte er zuverlässig wahrnahm. Die wesentlich ältere Khadija heiratete Muhammad, der ihr stets tiefe Zuneigung bewahrte und keine andere Frau nahm, solange sie lebte. Der Wendepunkt in Muhammads Leben trat ein, als er ungefähr 40 Jahre alt war. Muhammad fing an, intensiver nach dem Sinn des Lebens zu fragen, nahm an dem oberflächlichen Treiben und unsozialen Verhalten der mekkanischen Gesellschaft Anstoß. Periodisch zog sich Muhammad zu einsamen Andachtsübungen am Berge Hira zurück. Dort erhielt er von einem himmlischen Boten die ersten Offenbarungen. Bald darauf fing er an, seine mekkanischen Mitbürger zu ermahnen. Hauptinhalte seiner Predigt in dieser Zeit waren der Glaube an den barmherzigen Schöpfergott sowie der Aufruf zu einem besseren Lebenswandel angesichts des nahe bevorstehenden Gerichts. Zunächst fand die Botschaft wenig Anklang. Muhammads erste Anhänger waren Khadija und sein junger Vetter Ali. Anschließend folgten jüngere Leute aus vornehmen Familien, teils auch Angehörige der unteren sozialen Schichten, zum Beispiel freigelassene Sklaven. In den Folgejahren nahm der Widerstand in Mekka derart zu, daß Muhammad mit über 100 Anhängern in Abessinien Schutz suchte (um 615). Der Hauptgrund für die Ablehnung des Propheten lag in der wichtigen Rolle der Stadt Mekka, die Handelsmetropole und religiöses Zentrum zugleich war. Muhammads Predigt bedrohte den Götterkult und die Wallfahrtsfeste, die sich um das mekkanische Heiligtum, die Kaaba, konzentrierten und den führenden Familien wirtschaftliche Vorteile brachten.

Nach der Rückkehr aus Abessinien (einige Gruppen vor 622, andere bis 628) nahmen die Verfolgungen in Mekka noch größere Ausmaße an. Als die Lage unerträglich wurde, siedelte der Prophet auf die Aufforderung einiger Stämme hin, die einen Friedensrichter suchten, im Jahre 622 n. Chr. nach Yathrib über, das später *madinat an-nabi* (Stadt des Propheten), kurz: Medina genannt wurde. Das Jahr 622, das Jahr der *hijra* (Auswanderung, nicht: »Flucht«) wurde zum Beginn der islamischen Zeitrechnung. Nachdem Muhammad zwei sich befehdende Stämme geeint hatte, bekannte sich ein großer Teil der Bevölkerung zur neuen Lehre. Einige zögerten allerdings noch und bezweifelten die Echtheit seiner Sendung. Vor allem die Juden, die teilweise durch wirtschaftliche Abkommen an die Mekkaner gebunden waren, ließen sich nicht von der von Muhammad behaupteten Übereinstimmung der beiden Religionen überzeugen. Zwei jüdische Stämme wurden zur Auswanderung gezwungen, ein anderer vernichtet und die Frauen und Kinder versklavt. Nach der Auseinandersetzung mit den Juden änderte Muhammad die Gebetsrichtung von Jerusalem nach Mekka, wo entsprechend der Überlieferung der Stammvater aller Gläubigen, Abraham, mit seinem Sohn Ismail die Kaaba erbaut hatte.

Monolithische Pfeiler des »Haram Bilqis«, des dem Mondgott 'ilumquh geweihten Tempels – eine der wenigen sichtbaren Spuren der Religion des vorislamischen Arabien.

In der medinensischen Phase zeigte sich Muhammad weniger als religiös inspirierter Gerichtsprediger, vielmehr als Staatsmann und Politiker, denn er mußte für seine »Mitauswanderer« und die neuen »Verbündeten« ein gemeinsames Leben in gutem Einvernehmen sichern. Das Ausscheiden der jungen muslimischen Gemeinde aus dem mekkanischen Stammesverband war für die damalige Zeit ein folgenschwerer Schritt. Daher erließ er 623 die Gemeindeordnung von Medina.

Die Mekkaner blieben weiterhin erbitterte Gegner. Nach zehnjährigen Kämpfen mit wechselseitigem Erfolg kehrte Muhammad nach Mekka zurück. Bis auf einige Ausnahmen wurden die Mekkaner mit unerwarteter Milde behandelt, so daß sie sich zu einem großen Teil zum Islam bekehrten. Muhammad zerstörte die Götterbilder in der Kaaba, behielt diese aber als Heiligtum bei. 632 starb er als Führer fast der gesamten arabischen Halbinsel.

Muhammad – wie ihn die Muslime sehen

Muhammad betonte stets, daß er nichts sein wollte als ein normaler Mensch und Diener, dem die Schrift geoffenbart wurde. Muslime sollten daher nicht »Mohammedaner« genannt werden. Denn Muhammads Stellung im Islam ist nicht der Jesu Christi im Christentum vergleichbar. Dennoch gibt es im Koran Stellen, die auf Muhammads überdurchschnittliche Bedeutung hinweisen: Er ist als »Barmherzigkeit« für die Welten gesandt (21,107); Gott und die Engel »segnen ihn« (33,56); und »er ist wahrlich von edler Natur« (68,4). Wie das Leben der anderen großen Religionsstifter wurde auch Muhammads Biographie von Legenden umrankt: Seine Geburt wird von Wunderzeichen begleitet. Muhammad unternimmt zu Lebzeiten eine Himmelsreise. Die Muslime ehren und verehren ihn. Man nennt oder schreibt seinen Namen nie, ohne hinzuzufügen: »Gott spreche Heil und Segen über ihn.« Man schwört bei seinem Namen und benennt mit Vorliebe die eigenen Kinder nach ihm. Auch der Geburtstag des Propheten wird feierlich begangen.

Sehr bald nach dem Tode Muhammads wurden seine Lebensweise und Aussprüche *(sunna)* zur Richtschnur für die Gläubigen. In vielen Bereichen wird er als Vorbild und Lehrer empfunden, weil er die islamische Botschaft praktisch vorgelebt hatte. Die Bedeutung Muhammads ist in der islamischen Mystik, im Sufismus, besonders groß. Seine Himmelfahrt wird als Vorbild für den inneren Aufstieg der menschlichen Seele zu Gott gedeutet. Auch im politischen Bereich besitzt der Prophet Vorbildcharakter. Er ist das Ideal des gerechten charismatischen Führers. Eine Reihe heutiger islamischer Denker betrachten ihn als Sozialreformer, manche sogar als Sozialisten (zum Beispiel Abd ar-Rahman ash-Sharqawi in seiner Schrift »Muhammad, der Prophet der Freiheit«, 1962; Mahmud Shalabi in: »Der Sozialismus Muhammads«, 1966 und Khalid Muhyi ad-Din in: »Muhammad und die soziale Gerechtigkeit«, 1972).

»Gott – Es gibt keinen Gott außer ihm, dem Lebendigen, dem Beständigen. Schlummer und Schlaf ergreifen ihn nicht. Ihm gehört alles, was sich in den Himmeln und auf der Erde befindet.(...) Sein Thron überragt die Himmel und die Erde. Es fällt ihm nicht schwer, beide zu erhalten. Er ist der Höchste und Erhabenste.«
(Sure 2, 255)

»Gott ist das Licht der Himmel und der Erde.«
(Sure 24,35)

Der islamische Glaube

Das islamische Glaubensbekenntnis enthält fünf (beziehungsweise sechs) Artikel – den Glauben an: 1. den einen und einzigen Gott; 2. Gottes Engel; 3. die Bücher Gottes; 4. die Gesandten Gottes; 5. den Jüngsten Tag. Die Sunniten fügen noch den Glauben an die Vorherbestimmung hinzu.

Gott

Der eine und einzige, personale Gott (Allah = der Gott) wird als lebendiger Gott gesehen, der die Welt geschaffen hat, sie einem Ziel zuführt, in und an ihr handelt, und mit dem der Mensch in einen Dialog treten kann. Dieser Gott meint es gut mit seinen Geschöpfen. Auch arabische Christen nennen ihren Schöpfer Allah. Einerseits ist Gott der Erhabene und Mächtige, anderseits ist er »dem Menschen näher als dessen eigene Halsschlagader«. Der Islam versteht Gott nicht als Vater. Gott ist im Koran der *rabb* (Herr, Lehrer), der Mensch sein *abd* (Diener). Doch: Dieser Herr ist trotz seiner Macht »milder und barmherziger als hundert Väter und Mütter«. Der Ausdruck Vater wird im Islam meist im physischen Sinne verstanden. Wenn Gott Vater sein soll, muß er eine Frau haben. Angesichts des altarabischen Polytheismus erscheint die Verweigerung der Vater-Anrede konsequent. Überwältigend oft ist im Koran ist von Gottes *rahma* (Barmherzigkeit) die Rede, zu der er sich »verpflichtet« hat (6,54). Wichtige Hinweise auf die göttliche Barmherzigkeit sind

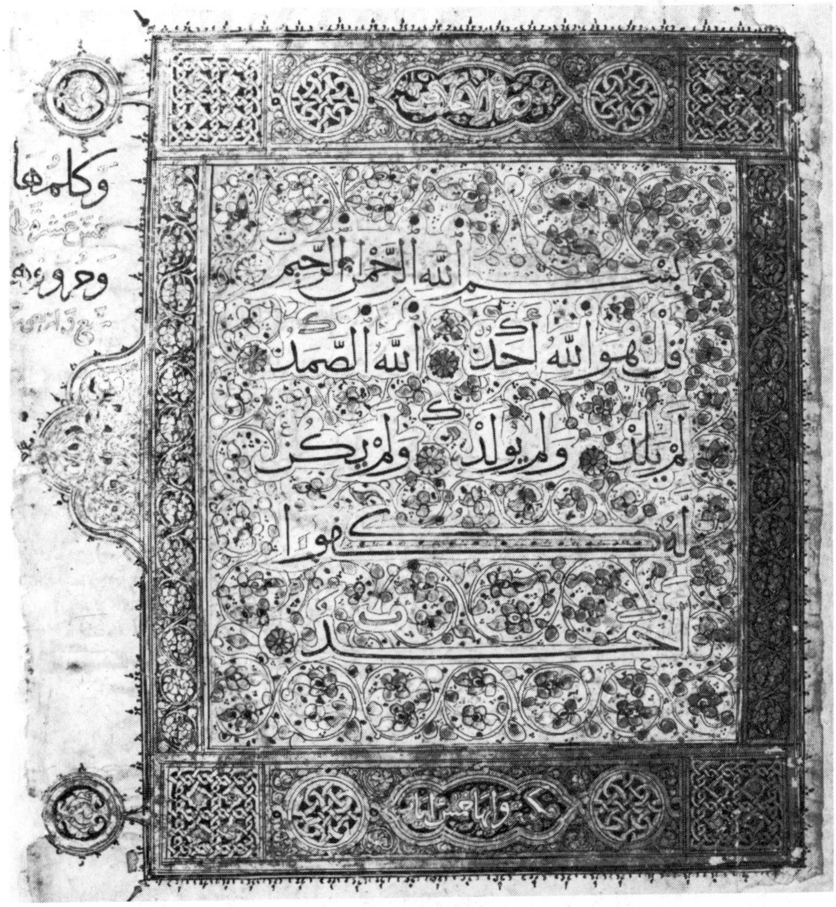

Die 112. Sure des Korans. Handschrift des 14. Jahrhunderts. British Library, London.

Rechts: Moscheeampel aus Aleppo, Glas mit Emailmalerei, 13. Jahrhundert. Museum für islamische Kunst, Berlin.

Unten: Sure 30, Verse 22/23 des Korans. Iranische Koranhandschrift, Victoria and Albert Museum, London.

die Schöpfung und die wohltätige Ordnung der Natur, die vielerlei »Zeichen«, die von verständigen Menschen in ihrer symbolischen Beziehung zu Gott entschlüsselt werden. Die Sendung der Propheten gilt als weiterer Erweis der grundlosen Barmherzigkeit Gottes. Das größte Ereignis des göttlichen Angebotes an die Menschen ist der Koran: kein Gesetzbuch, sondern »ein gewaltiger Hymnus zu Ehren der göttlichen Schöpfung« (Toshihiko Izutsu).

Der von Gott gut geschaffene Mensch nimmt innerhalb der Schöpfung den höchsten Rang ein. Gott setzte Adam als *khalifa* (Stellvertreter; Nachfolger) auf Erden ein, lehrte ihn die Namen aller Dinge. Gott beauftragte ihn, seine Mitwelt nicht auszubeuten, sondern verantwortlich mit ihr umzugehen. Der Mensch wird nicht als göttliches Ebenbild

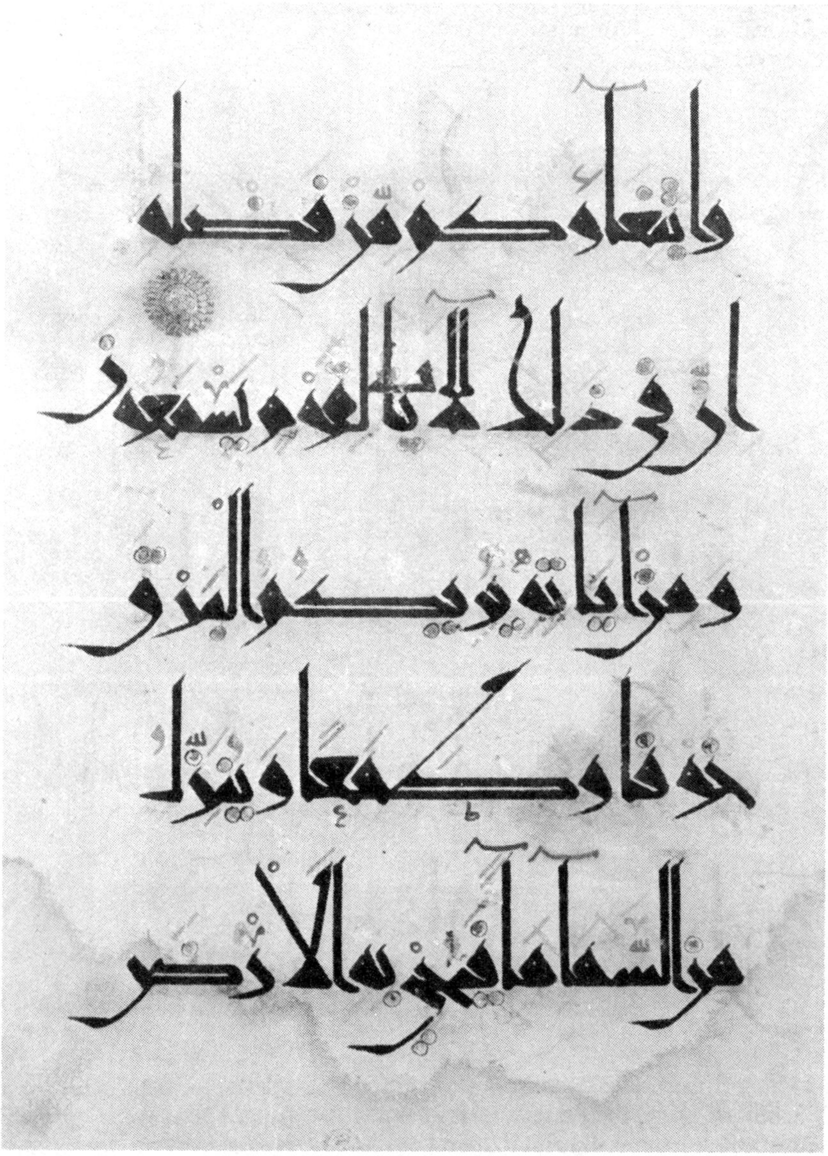

verstanden, weil dies eine Vermischung der göttlichen und menschlichen Ebene bedeuten würde, die im Islam klar getrennt sind. Trotz seiner verantwortlichen Stellung hält der Koran den Menschen für schwach, unbeständig und unzuverlässig. Seine Seele »verlangt gebieterisch nach dem Bösen« (12,53). Der Mensch ist von Natur aus in der Lage, nach Gottes Geboten zu leben, doch neigt er zur Vergeßlichkeit, muß durch die göttliche Rechtleitung »erinnert« werden.

Engel

Neben den namentlich erwähnten Engeln Jibril (Gabriel), der Muhammad den Koran überbrachte, Harut und Marut sowie dem gefallenen Engel Iblis kennt der Koran zwei Engel-Gruppen: die »Wächter der Hölle« (74,31) und die »Nahegebrachten« (4,172).

Engel sind geistige und makellose Wesen, die Gott preisen. In dessen Auftrag erhalten sie die Ordnung im Weltall, bewachen und schützen die Menschen, verzeichnen deren Taten und nehmen die Seelen der Toten in Empfang. Gabriel und Michael sind Offenbarungsmittler. Israfil taucht nur in eschatologischen Legenden des Islam auf. Iblis wurde aus dem Paradies »garten« vertrieben, weil er sich weigerte, vor dem Menschen niederzufallen.

Gottes Bücher

Der Glaube an Gottes Bücher umfaßt neben Psalter, Tora sowie dem als ein Buch aufgefaßten Evangelium an erster Stelle den Koran. Der Koran (*Quran* =

Vortrag, Rezitation) ist das von Muhammad empfangene »Wort Gottes«. Für Muslime ist der Koran das Abbild eines präexistenten Urbuches (»Mutter des Buches«, »wohlverwahrte Tafel«), mit dem er bis in die Orthographie übereinstimmt. Beginn der Offenbarungen war die *lailat al-qadr* (Nacht der Macht) im Monat Ramadan. Der ganze Koran wurde nicht auf einmal geoffenbart, sondern einzelne Stücke hintereinander. Das Buch ist in 114 Suren eingeteilt. Jede Sure, mit Ausnahme der neunten, beginnt mit der Formel: »Im Namen des barmherzigen Erbarmers«. Die Verse jeder Sure heißen *aya* (Zeichen). Nach dem Ort der Offenbarung unterscheidet man mekkanische (drei Phasen) und medinensische Suren. Über 90 Prozent der Koranverse befassen sich mit ethischen Werten, mit Gott und seinen Eigenschaften, den Propheten und Gesandten sowie der gesamten Schöpfung. Nur etwa 6 Prozent des Korans handeln von konkreten Vorschriften.

»Siehe, wir ließen ihn niedersteigen zur herrlichen Nacht. Kannst du dir ausdenken, was diese herrliche Nacht ist? Diese herrliche Nacht ist besser als tausend Monde. Da stiegen die Engel herab und der Geist auf ihres Herrn Geheiß mit der Ganzheit des Wortes. Heilbringend war sie bis zum Aufstieg des Morgenrots.« (Sure 97)

Propheten und Gesandte

Muhammad gilt als das »Siegel der Propheten« (33,40). Es ist koranische Lehre, daß schon vor ihm »Propheten und Gesandte« die Botschaft vom einen und einzigen Gott zu verschiedenen Völkern brachten. Wegen ihrer »Schwäche« und »Vergeßlichkeit« war es nötig, die Menschen wieder an diese Tatsache zu »erinnern«. Dies ist die Aufgabe des *nabi* (Propheten) und *rasul* (Gesandten). Ihre Botschaft ist überall und zu jeder Zeit im Kern die gleiche: »Es gibt keinen Gott außer mir. Dienet mir!« (21,25) Die Botschaft wurde nicht akzeptiert, und die Propheten wurden angefeindet und verfolgt. Doch stets errettete sie Gott und bestrafte die Ungläubigen. Neben altarabischen erzählt der Koran von biblischen Propheten, insbesondere von Adam, der als erster Prophet gilt, Noah, Ibrahim, (Abraham), Musa (Mose) und Isa (Jesus). Der Gesandte unterscheidet sich nach dem Koran vom Propheten dadurch, daß er eine »Schrift« bringt.

»Die Menschheit bildete eine einzige Gemeinschaft. Dann entsandte Gott Propheten, die als Verkünder einer frohen Botschaft und als Mahner auftraten. Er sandte durch sie auch das Buch mit der Wahrheit herab, damit sie als Richtschnur für das diene, worüber die Menschen verschiedener Meinung sind. Es waren nur die Menschen, denen die Schrift überbracht worden war und die aus Eifersucht uneins wurden, obwohl sie eindeutige Lehren erhalten hatten.« (Sure 2,213)

Der Jüngste Tag

Gott ist auch der Richter am Jüngsten Tag. Den Gläubigen wird das Paradies verheißen, den Ungläubigen die Hölle. Eindrucksvolle Schilderungen des Jüngsten Tages finden sich in den frühen Suren (78, 81, 82, 99, 101). Die Passagen, in denen von Gärten der Wonne, hübschen Paradiesjungfrauen und Wein, der keine Kopfschmerzen verursacht, die Rede ist, erwecken den Eindruck eines sinnenfrohen Schlaraffenlandes. Man darf diese Freuden nicht nur als »Verbesserung« irdischer Zustände verstehen, denn sie besitzen unverkennbar spirituelle Aspekte, zielen auf die Vertiefung menschlicher Beziehungen. Von großer Bedeutung ist die Auslegung von Sure 10,27: »Denen, die Gutes taten, wird Gutes und noch mehr.« Einige Überlieferer kommentieren diesen Text dahingehend, daß Gott seinen Gläubigen damit die »Schau Gottes« selbst verheißen habe.

Vorherbestimmung

Muslime gelten fälschlicherweise oft als Fatalisten. Angesichts eines vermeintlich willkürlich handelnden Gottes würden sie sich passiv verhalten und alle persönlichen und gesellschaftlichen Gegebenheiten als gottgewollt hinnehmen. Im Koran halten sich Freiheits- und Prädestinationsaussagen in etwa die Waage. Frühe Texte vertreten die Ansicht, daß der Mensch frei verantwortlich handeln könne. In späteren Phasen ist davon die Rede, daß Gott das Herz des Menschen »verstockt«, ihn »in die Irre führt«. Im allgemeinen geschieht dies jedoch als

Koranschrank mit Silbereinlegearbeiten, 14. Jahrhundert. Kairo, Musée de l'art islamique.

Strafe für vorhergegangene Taten. Das Thema des freien Willens war ein zentrales Motiv der islamischen Theologie. Es gab einerseits Schulrichtungen (so die Jabariten), die dem Menschen jegliche Freiheit absprachen, und andererseits solche, die ihm größere Freiheit zugestanden (so die Qadariten, mit Einschränkung die Mutaziliten). Heute wird Gott eher als der Vorherwissende verstanden. Islamische Theologen sprechen von *al-qada wa'l-qadar*, daß heißt vom ständigen Anwesendsein Gottes, das die Menschen begleitet.

Kismet (Los, Anteil, Geschick) ist kein theologischer Begriff und spielt lediglich im Volksglauben eine gewisse Rolle. Die angebliche Inaktivität des Orientalen im privaten, politischen oder wirtschaftlichen Bereich darf man nicht einseitig dem Islam anlasten. Meist spielen klimatische, kulturelle, politische Ursachen eine entscheidendere Rolle.

»Das Buch ist ohne Zweifel eine Rechtleitung für die Gottesfürchtigen, für die, welche an das Verborgene glauben, das Gebet verrichten und von dem spenden, womit wir sie versorgten.«
(Sure 31,2–5)

»Wehe den Betrügern, die, wenn sie sich von den Leuten etwas zumessen lassen, volles Maß verlangen, wenn sie aber von sich aus ihnen etwas zumessen oder abwägen, sie in Schaden bringen! Rechnen diese Leute denn nicht damit, daß sie dereinst auferweckt werden zu einem gewaltigen Tag, dann, wenn die Menschen sich in Erwartung des gerichts vor dem Herrn über alle Welt aufstellen?«
(Sure 83,1–6)

Die Glaubenspraxis: Die fünf Säulen

Der islamische Glaube unterscheidet zwischen den Pflichten, die der Mensch Gott schuldet, und seinen Pflichten gegenüber Mitmenschen und Gemeinschaft. Bei den fünf religiösen Grundpflichten, welche als die *arkan* (Säulen) des Islam bezeichnet werden, sind beide Pflichtbereiche betroffen. Zu den fünf Grundpflichten, die persönliche und gesellschaftliche Handlungen zugleich sind, gehören: 1. das Glaubenszeugnis; 2. das rituelle Pflichtgebet; 3. das Fasten; 4. die Pflichtabgabe; 5. die Pilgerfahrt nach Mekka.

Die shahada – das »Glaubenszeugnis«

Die *shahada* lautet: »Ich bezeuge, daß es keine Gottheit gibt außer dem Gott. Ich bezeuge, daß Muhammad der Gesandte des Gottes ist.« Der Islam kennt keine dem Christentum vergleichbare Taufe zur Mitgliedschaft in der Gemeinde. Jeder darf sich als Muslim betrachten, der das Glaubenszeugnis bewußt und aufrichtig vor Zeugen (ihre Anzahl unterscheidet sich bei den Rechtsschulen) ausspricht. Ein Muslim, der diese zentrale Aussage nicht mehr für verpflichtend hält, gilt als Abtrünniger – ein Vergehen, das früher (und nach Ansicht einiger Kreise auch heute noch) mit dem Tode bestraft wurde beziehungsweise wird.

Die salat – das »rituelle Pflichtgebet«

Fünfmal am Tag (zwischen Morgendämmerung und Sonnenaufgang, am Mittag nach dem Höchststand der Sonne, nachmittags, am Abend unmittelbar nach Sonnenuntergang, nach Einbruch der Nacht) schreibt der Islam seinen Gläubigen die *salat* vor. Mit seinen genau angegebenen Positionen erfüllt das Gebet mehrere Aufgaben: Es bringt eine innere Einstellung zum Ausdruck, demütige Ergebenheit, Vertrauen in die göttliche Barmherzigkeit. Außerdem versinnbildlicht das rituelle Pflichtgebet, zu dem sich alle Gläubigen zusammenfinden sollen, den Gedanken der Brüderlichkeit und Solidarität. Zu den Vorbedingungen eines gültigen Gebets gehören die rituelle Reinigung des Körpers, der Kleidung und des Gebetsorts. Beim Gebet orientiert sich, wie an der Gebetsnische jeder Moschee erkennbar ist, der Gläubige immer in Richtung auf Mekka . Vor dem Gebet ist die *niyya* (Absichtserklärung) erforderlich. Entweder mündlich oder in Gedanken faßt der Betende den Vorsatz, ein bestimmtes Gebet auszuführen. Der Gebetsverlauf besteht aus verschiedenen *rakaas* (Gebetsabschnitten).

Mihrab (Gebetsnische) und rechts davon minbar (Kanzel) der ibn-Tulun-Moschee in Kairo.

Nur am Freitag soll das Pflichtgebet in der Moschee stattfinden. Hinter dem vorbetenden Imam versammeln sich die Betenden in Reihen, wobei – wie in orthodoxen Synagogen oder früher in Kirchen – Geschlechtertrennung herrscht.

Die Frauen beten entweder zu Hause, getrennt in einem besonderen Raum der Moschee oder im selben Hauptraum von den Männern abgesondert.

Das saum – das »Fasten« im Monat Ramadan

Der Ramadan ist der neunte Monat des islamischen (Mond-)Kalenders. Er dauert 29 beziehungsweise 30 Tage. Jedes Jahr fängt dieser Fastenmonat im europäischen Kalender etwa elf Tage früher an als im Vorjahr. Er beginnt und endet, sobald das »Neulicht« sichtbar wird, meist zwei bis drei Tage nach Neumond.

Während des Zeitraums der Helle enthalten sich alle erwachsenen, ihrer Sinne mächtigen und gesunden Muslime der Nahrung, Getränke, Genußmittel (zum Beispiel Rauchen) und des Geschlechtsverkehrs. Fasten ist Ausdruck der *taqwa* (Gottesfurcht) vor Gottes barmherziger Gegenwart. Gott will es »den Gläubigen leicht machen« (2,185): Altersschwache, schwer und unheilbare Kranke und Kinder sind vom Fasten befreit. Reisende, schwangere und stillende Frauen, Kranke und Alte können ihr Fasten verschieben. Menstruierende Frauen dürfen nicht fasten. Liberale muslimische Theologen neigen dazu, Schwerstarbeitern eine Unterbrechung des Fastens zu gestatten. Vertreter bestimmter Berufe – zum Beispiel Piloten – sind aufgrund besonderer Rechtsgutachten vom Fasten befreit. Als Ersatzleistung müssen sie einen Armen einen Monat lang so mit Grundnahrungsmitteln versorgen wie sich selber oder Geld in entsprechender Höhe spenden. Das Fasten wäre ungültig, wenn der Muslim lügen und betrügen würde, anderen Menschen übel nachredete, grobe und verletzende Worte gebrauchte.

Manche Muslime deuten ihr Fasten auch im Sinne einer Kritik an der modernen Konsumgesellschaft. Einige islamische Theoretiker sehen das Problem von der strukturellen Seite her, plädieren für eine gerechtere Weltwirtschaftsordnung.

Jeden Abend findet das »Fastenbrechen« statt: ein kommunikatives Ereignis im Kreise von Verwandten, Nachbarn und Freunden. Guter Brauch ist es, sich um die Mittellosen zu kümmern. Der Ramadan ist eine Zeit der Buße und Versöhnung. Man soll die Abendstunden nutzen, um wieder Frieden zu stiften. Üblicherweise am 27. Ramadan wird die *lailat al-qadr* (Nacht der Macht) gefeiert. In dieser »heiligen Nacht« ließ der barmherzige Gott sein Buch herab, um die Menschen »rechtzuleiten«.

»Ihr Gläubigen! Euch ist vorgeschrieben zu fasten, so wie es den Menschen, die vor euch lebten, vorgeschrieben war. Vielleicht werdet ihr gottesfürchtig sein.«
(Sure 2,183)

»Wahre Frömmigkeit besteht nicht darin, daß ihr eure Gesichter beim Gebet nach Osten oder Westen wendet. Fromm sind vielmehr die, welche an Gott, den Jüngsten Tag, die Engel, das Buch und die Propheten glauben und ihr Geld aus Liebe zu ihm den Verwandten, den Waisen, den Armen, dem Reisenden und den Bettlern zukommen lassen und es für den Loskauf von Gefangenen und Sklaven ausgeben. Fromm sind auch die, welche das Gebet verrichten und die soziale Pflichtabgabe entrichten und angesichts von Not, Leid und Unglück standhaft sind. Dies sind die wahrhaft Frommen und Gottesfürchtigen.«
(Sure 2,177)

Die zakat – die »Pflichtabgabe«

Neben der *sadaqa* (freiwillige Almosen) gibt es die *zakat* (Pflichtabgabe). Das Wort *zakat* leitet sich von dem arabischen *zaka* (reinigen) ab. Muslime interpretieren die Pflichtabgabe als einen Akt der Reinigung von Habgier. *Zakat* ist Ausdruck der Dankbarkeit gegenüber Gott, der den Menschen die Möglichkeit eröffnet hat, im Wohlstand zu leben. Die Begüterten haben die Pflicht, die ärmeren Mitmuslime an ihrem Besitz teilhaben zu lassen. Die Armen haben ein Recht auf einen Teil des Besitzes der Bessergestellten. Der Koran klassifiziert die Zakatempfänger folgendermaßen: »Die *zakat* sind nur für die Armen und Bedürftigen bestimmt, ferner für diejenigen, die damit zu tun haben, für diejenigen, die für die Sache des Islam gewonnen werden sollen, für den Loskauf von Sklaven, für die, welche verschuldet sind, für den *jihad* und für den, der unterwegs ist.« (9,60)

Während die *zakat* im Laufe der Geschichte von anderen Steuern verdrängt wurde, ist sie dennoch bis heute ein wichtiger Bestandteil des Sozialsystems. In der Regel erfolgt ihre Einsammlung und Verteilung ohne staatliche Kontrolle. Neuerdings bemüht man sich in manchen Ländern (zum Beispiel Pakistan), die *zakat* wieder zu einer umfassenden Steuer auszubauen, die alle Ausgaben für Armenfürsorge, sozialen Wohnungsbau, Gesundheitsfürsorge, Erziehung usw. deckt.

Der hajj – die »Pilgerfahrt« nach Mekka

Mekka, die »Mutter der Städte« (42,7), vor allem aber die Kaaba selbst, bilden das religiöse Zentrum der islamischen Welt. Alle Pflichtgebete werden in Richtung dieser heiligen Stadt gesprochen, Tote in Richtung Mekka begraben. Mekka ist für den Muslim Mittelpunkt der ganzen Welt. Die Pilgerfahrt führt den Gläubigen zu der Stelle, wo nach islamischem Glauben Abraham zusammen mit seinem Sohn Ismail die Kaaba erbaute (3,94 f.). Mit Mekka ist auch die Erinnerung an Muhammad verknüpft, der kurz vor seinem Tod hierhin die »Abschiedswallfahrt« unternahm.

Für alle erwachsenen Muslime und Musliminnen ist der *hajj* eine religiöse Pflicht. Die Teilnehmer müssen »verantwortlich« sein sowie geistig und körperlich gesund. Außerdem müssen sie finanziell dazu in der Lage und nicht durch Hindernisgründe, etwa Krieg, daran gehindert sein. Man unterscheidet die *umra* (kleine Fahrt), die nicht an bestimmte Zeiten gebundene individuelle Aktion, vom eigentlichen *hajj* (große Gemeinschaftsfahrt).

Der *hajj* beginnt am ersten Tag des Monats Shawwal, der auf den Monat Ramadan folgt, und besteht aus mehreren Riten: Waschungen, Nägelschneiden, Anlegen der Bußgewänder, siebenmalige Umschreitung der Kaaba, dreimaliges Hin- und Herlaufen zwischen den Hügeln Safa und Marwa, Pilgern zum Berg Arafat, symbolische Steinigung des Teufels, Schlachtopfer zur Erinnerung an das Abraham-Opfer. Auch bei der Pilgerfahrt stehen Gleichheit und Zusammengehörigkeit der Muslime im Mittelpunkt. Von jeher bot die Wallfahrt den Muslimen die Möglichkeit, Gedanken auszutauschen und Kontakte zu pflegen. Sie konnte und kann daher auch politisches Potential entwickeln.

Islamische Feste

Es gibt im Islam zwei Hauptfeste: 1. Das dreitägige *id al-fitr* (Fest des Fastenbrechens) beziehungsweise türkisch *sheker bayramu* (Zuckerfest). Das Fest beendet den Fastenmonat und ist eine Zeit der Danksagung an Gott dafür, daß er den Muslimen das Einhalten des Fastens ermöglichte. 2. Aus Anlaß des ebenfalls dreitägigen *id al-adha* (Opferfest) beziehungsweise türkisch *qurban bayramu* am Ende der Pilgerfahrt wird ein Tier geschlachtet, dessen Fleisch mit Verwandten, Freunden und Armen geteilt wird. Damit wollen Muslime zeigen, daß sie wie Abraham zu einem großen Opfer bereit sind.

Luftbild von Mekka mit der Kaaba

Daneben gibt es weitere Feiertage: 3. *ashura* (10. Muharram), der höchste schiitische Feiertag, ist ein Tag, an dem des Märtyrertodes Husains gedacht wird. 4. Geburtstag des Propheten. 5. Himmelsreise des Propheten. 6. »Nacht der Macht« (Erinnerung an die ersten Offenbarungen des Korans) 7. Nacht der Sichtung (Beginn des Monats Ramadan, wenn der Neumond zum erstenmal gesichtet wird).

Riten des Lebenszyklus

Wird ein Kind geboren, so wird ihm der *adhan* (Gebetsruf) in das rechte Ohr und die Ankündigung des Gottesdienstes in das linke Ohr geflüstert. Zwischen dem 7. und 40. Tag erhält das Kind durch den Vater oder Gemeindeältesten seinen Namen.

Die im familiären und Verwandtenkreis begangene, nicht auf koranische Bestimmungen zurückgehende Beschneidungsfeier ist ein wichtiges Ereignis im Leben eines muslimischen Jungen. Eine frühe Einführung in die islamische Tradition, die mit der Rezitation der ersten fünf Verse der 96. Sure beginnt, erhalten Jungen und Mädchen vom fünften Lebensjahr an.

Die Eheschließung ist kein sakramentaler, aber dennoch feierlicher Akt. Sie wird in Form eines Vertrages geschlossen. In traditionellen Kreisen werden Ehen von den elterlichen Familien in die Wege geleitet. Der *kadi* verkündet die Höhe der Morgengabe der Braut, die der Bräutigam zu zahlen hat, und wünscht dem Paar Gottes Segen. Dem Mann obliegt die finanzielle Fürsorge für die Familie. Ehen sind prinzipiell scheidbar, obgleich die Scheidung als die »vor Gott verpönteste Erlaubnis« gilt. Das Scheidungsrecht, das – wenn vorher keine anderen vertraglichen Vereinbarungen getroffen wurden – dem Mann meistens das Sorgerecht für die Kinder zuspricht, steht bis heute im Kreuzfeuer der Kritik.

Die islamische Einstellung zum Tod ist eher nüchtern und würdevoll: »Wir gehören zu Gott und zu ihm kehren wir zurück.« (2,155 ff.) Der Leichnam wird in einfache Laken gehüllt und auf einer Bahre zum Friedhof getragen. Der Verstorbene wird mit dem Gesicht nach rechts in Richtung Mekka geneigt. Auch die Richtung der Gräber weist nach Mekka.

Die Stellung der Frau

Der Koran verbesserte im Vergleich zum vorislamischen Arabien die Stellung der Frau in vielerlei Hinsicht. Zu den Reformen gehören: Verbot des Aussetzens weiblicher Neugeborener (81,8); religiöse Gleichstellung von Mann und Frau (3,195; 9,71); Recht der Frau auf Besitz (4,7 und 32); Festlegung bestimmter Bedingungen für Mehrehe und Scheidung (4,3). In Koran und Sunna gilt die Ehe als eine empfohlene, selbstverständliche Einrichtung, in der beide Partner in Liebe und Verständnis einander zugetan sein und sexuelle Erfüllung finden sollen. Im islamischen Recht (so Erbrecht, Scheidungsrecht) genießt der Mann insgesamt eine Vormachtstellung. Während die Frau im Frühislam bisweilen aktiv am politischen Leben teilnahm, wurde seit der Abbasidenzeit zunehmend das Tragen des Schleiers, die Einrichtung von Harems und die Verbannung der Frau aus der Öffentlichkeit üblich. Dies wurde später von den islamischen Rechtsgelehrten sanktioniert, obgleich solche Vorstellungen ursprünglich nicht im Koran legitimiert werden. Vom 19. Jahrhundert an setzten sich Reformer für eine Verbesserung der Stellung der Frau ein. Diese Reformversuche hatten in den einzelnen Ländern unterschiedliche Erfolge. Trotz vieler Reformen im gesellschaftlichen Bereich sind die sexuellen Normen in den meisten islamischen Ländern stark von patriarchalischen Vorstellungen geprägt. Eine nicht ausschließlich im Islam begründete übertriebene Ehrauffassung, verdrängte Ängste des Mannes vor einer gleichberechtigten Partnerin sowie das Verschweigen liberalerer Traditionen in der islamischen Sexualethik haben heute in großen Teilen der islamischen Welt zu einer eher negativen Entwicklung geführt.

»Im Namen Gottes, des Barmherzigen, des Erbarmers. Ihr Menschen, fürchtet euren Herrn, der euch aus einem einzigen Wesen erschaffen hat und aus ihm seine Frau erschuf und aus ihnen viele Männer und Frauen entstehen ließ. Achtet Gott, in dessen Namen ihr einander bittet, und die Blutsverwandtschaft. Gott wacht über euch. Gebt den Waisen ihr Vermögen und tauscht dabei nichts Gutes gegen etwas Schlechtes aus; schlagt nicht ihr Vermögen zu eurem Vermögen. Das ist ein großes Verbrechen.
Wenn ihr fürchtet, gegenüber den Waisen nicht gerecht zu sein, heiratet, was euch an Frauen beliebt: zwei, drei oder vier. Wenn ihr aber fürchtet, sie nicht gerecht behandeln zu können, dann nur eine (...). Auf diese Weise könnt ihr am ehesten vermeiden, Unrecht zu tun.«
(Sure 4, 1–3)

Die Einstellung des Islam zu Krieg und Frieden

Der Islam kennt keine »heiligen« Kriege, vergleichbar den alttestamentlichen »Kriegen Jahwes«. Wohl aber propagiert er den religiös verdienstvollen Kampf des einzelnen: den schon im Koran erwähnten *jihad*, der als tatkräftiger »Einsatz des Gläubigen für die Sache Gottes« sowohl mit der Waffe geführt werden als auch ein gewaltfreies Engagement für Gottes Sache sein kann. Das vom 8. Jahrhundert an ausformulierte islamische Völkerrecht zerteilt die Welt in ein »Gebiet des Islam« und ein »Gebiet des Krieges«. Bezeichnenderweise wird hier ein weltliches Wort für Krieg: *harb* verwendet. Von den Eroberungskriegen waren vor allem die weltlichen Interessen des islamischen Staates betroffen. Der persönliche *jihad* einzelner Glaubenskämpfer kann im Rahmen eines weltlichen Krieges stattfinden, ist jedoch nicht mit ihm identisch.

Islamische Handbücher unterscheiden mehrere *jihad*-Formen, gegen: den äußeren Feind; das Böse; die egoistischen Triebe. Einige Autoren stellen an den *jihad* – im Gegensatz zum profanen Krieg – folgende Forderungen: Er darf nicht von persönlichen Interessen geleitet sein; er muß dem Schutz der Religion und der Allgemeinheit sowie der Verhinderung von Bürgerkrieg dienen. Vor allem seit der Kolonialzeit, die das islamische Selbstverständnis zutiefst erschütterte, ist der mit Leidenschaften aufgeladene Begriff *jihad* für verschiedene Arten von »gerechten« Kämpfen verwendet worden: Der Befreiungskampf gegen die Kolonialmächte in Algerien galt ebenso als *jihad* wie manche Kämpfe gegen Israel. Es gibt einen *jihad* gegen ungerechte eigene Herrscher, zur Bekämpfung sozialer Mißstände und zur Bezeichnung wirtschaftlicher Aufbauprogramme. Vornehmlich dann wird zum *jihad* aufgerufen, wenn sich die islamische Welt durch nicht-islamische Einflüsse oder Kollaborateure in den eigenen Reihen gefährdet sieht oder wenn Fremdmächte islamisches Gebiet besetzen.

Es gibt im Islam sowohl aggressionsfördernde als auch aggressionshemmende Elemente. Es ist unsachlich, den Islam als grundsätzlich kriegerisch einzustufen, denn Religionen sind Teil einer Gesamtkultur und müssen daher differenziert betrachtet werden.

Eher aggressionsfördernd sind folgende islamische Vorstellungen:
Zu den aggressionsfördernden Motiven zählt zum einen die Idee des *jihad* in der Bedeutung von Kampf. Da es im Islam von der Theorie her keine Trennung zwischen

»Die Männer sorgen für die Frauen, weil Gott den einen gegenüber den anderen einen Vorrang eingeräumt hat und weil sie von ihrem Vermögen für die Frauen ausgegeben haben.«
(Sure 4, 34)

»Und der Herr sprach: Ich lasse bestimmt keine Tat von euch unbelohnt verlorengehen, sei es, daß ein Mann oder eine Frau sie begangen hat. Der eine von euch ist doch ein Teil des anderen.«
(Sure 3, 195)

weltlichem und geistlichem Bereich gibt, mußten von der Religion Belange gewahrt werden, die nach unserem Verständnis in den Aufgabenbereich des Staates fallen. Jedoch muß man in diesem Zusammenhang begrifflich differenzieren.

Der Begriff *jihad* findet sich bereits in den ersten Offenbarungen aus mekkanischer Zeit, in der noch keine Rede von Kriegen war. »Gehorche nun nicht den Ungläubigen, sondern setze dich damit (d. h. mit dem Koran) mit großem Einsatz (= großem *jihad)* auseinander.« (25,52) Der Wortstamm j-h-d verweist in seiner nominalen und verbalen Form auf einen geistigen, gesellschaftlichen Einsatz. Das Wort *jihad* bezeichnet in erster Linie eine entschlossene geistige Haltung. Ausgehend von dieser Grundbedeutung bezeichnete *jihad* in medinensischer Zeit (vermutlich ab dem zweiten Jahr der *hijra*) das Bemühen für den Islam schlechthin, mit der Betonung auf den Einsatz von Vermögen und Leben (vgl. auch 8,72).

Wesentlich ist, daß *jihad* von seinem Wortstamm her weder »Krieg führen« noch »töten«, also in diesem Sinne nicht »Aggression« beinhaltet, wie dies dagegen beim Wortstamm q-t-l (Kriegführen, töten, *qital* = Schlacht) der Fall ist. Die Zuordnung der Begriffe »eigenes Leben« und »Vermögen« in die Inhaltsbestimmung des Wortes läßt keinen Zweifel daran, daß *jihad* Selbstaufopferung und die Aufgabe des eigenen Vermögens für Gott meint, was gleichzeitig seine religiöse Komponente ausmacht. Entsprechend wird dieser Begriff im Koran nicht auf konkrete Schlachten bezogen, wie dies bei *qital* der Fall ist. Obwohl *qital* keinesfalls als allgemeine Regel galt, sondern nur auf die Schutzverpflichtung der islamischen Gemeinschaft *(umma)* beschränkt war, galten für ihn stark einschränkende Regeln:

– Der Krieg darf nur gegen Angreifer geführt werden, also ausschließlich zu Verteidigung und Schutz;

– dabei darf nicht übertrieben, also nicht aus Rache getötet werden;

– er darf nur für die Sache Gottes geführt werden, also nicht aus materiellen Gründen;

– er muß sofort beendet werden, wenn sich der Angreifer zurückzieht (2,190–193).

Im Gegensatz zur koranischen Intention erhielt der *jihad* in der Zeit nach Muhammad einen anderen Stellenwert. Weltliche Kämpfe und Kriege um wirtschaftliche und politische Macht erhielten eine »religiöse Weihe«, wurden zu einem *jihad* hochstilisiert, vergleichbar den christlichen »Kreuzzügen«.

Ein weiteres aggressionsförderndes Motiv ist der Glaube an die Verbesserbarkeit der Welt. Die Vorstellung, daß die bestehende Welt an sich nicht schlecht ist und unter der Herrschaft der rechten Religion verbessert werden kann, stellt unter Umständen einen Antrieb zur religiösen Eroberung dar. Der Muslim betrachtet es als seinen Schöpfungsauftrag, eine gottgewollte Ordnung auf Erden zu verwirklichen. Daraus leitet er die Verpflichtung ab, bestehende Verhältnisse, die diesem Ziel im Wege stehen, zu bekämpfen. Nach dieser Auffassung bleibt Gewalt solange ein notwendiges Übel, wie es in dieser Welt feindliche Kräfte gibt.

Die enge Verbindung von Religion und Politik hat häufig bewirkt, daß der Gläubige politische Niederlagen und wirtschaftliche Mißerfolge einem religiösen Fehlschlag gleichsetzt. Die islamische Geschichte hat den Muslim gelehrt, daß die religiöse Entwicklung des Islam immer von politischen Erfolgen begleitet war. Er blickt daher mit Stolz auf die Zeit des Frühislam zurück und sieht in ihr eine Verpflichtung für die Gegenwart.

Da die Pathosformel von einer »gerechten islamischen Gesellschaft« zur Chiffre aller Hoffnungen auf eine bessere Zukunft geworden ist, sind viele Muslime bereit, zur Erreichung dieses Ziels auch negative Begleiterscheinungen in Kauf zu nehmen – auch wenn man sie als gewaltsam und inhuman ablehnt. Die fehlende Unterscheidung zwischen Religion und staatlicher Autorität bewirkt auch, daß der Islam keine Wehrdienstverweigerung in unserem Sinn kennt. Die Frage für viele Muslime lautet daher nicht: »Ist die Vernichtung von Leben selbst in einem gerechten Krieg verwerflich?« Sondern: »Ist der Staat, in dem ich lebe, ein guter Repräsentant meiner Religion, so daß es gerechtfertigt ist, ihn zuverteidigen?«

Eher aggressionshemmend sind folgene islamische Vorstellungen: Friede gilt als Normalzustand, für den Islam ist der Frieden der erstrebenswerte Normalzustand; Krieg hingegen nur in bestimmten Fällen eine notwendige Ausnahme. Dahinter steht die Auffassung, daß der Kriegszustand vorläufig ist und hinfällig wird, sobald eine gottgewollte Gesellschaft auf Erden verwirklicht ist. Viele Muslime argumentieren: der »Friede« *(salam)* sei dem Islam angeboren. Das Wort *salam* gehört zunehmend zu den wichtigsten Beinamen Gottes. Die Überzeugung, daß der Friedensgedanke in der Natur des Islam verwurzelt ist, kommt auch im Gruß der Muslime »Friede sei mit dir« zum Ausdruck.

Die Idee des *jihad* hat in manchen Kreisen eine Verinnerlichung erfahren. Muhammad hat im Sinne des Korans einer Überlieferung zufolge zwischen einem »kleinen« und einem »großen« *jihad* unterschieden: Während die Opferung von Vermögen und Leben für die Verteidigung als »kleiner *jihad*« bezeichnet wird, gilt der »große *jihad*« dem Kampf gegen die eigenen Fehler und schlechten Eigenschaften.

Der Koran kennt beide Formen der von Gustav Mensching unterschiedenen »inhaltlichen« und »formalen Toleranz«. Inhaltliche Toleranz bedeutet die »positive Anerkennung fremder Religion als echter und berechtigter religiöser Möglichkeit der Begegnung mit dem Heiligen«. Sie kommt vor allem in der Mystik vor. Formale Toleranz wird im Koran bevorzugten Fremdgruppen zuteil: den »Schriftbesitzern«. Hierzu gehören Juden, Christen und die Täufergemeinschaft der Sabier. Zu diesen Gemeinschaften kamen Propheten und Gesandte und brachten die im Kern gleiche Botschaft vom einen und einzigen Gott.

Der Islam geht von einem ganzheitlichen Menschenbild aus. Er versucht, die Totalität des menschlichen Lebens zu erfassen und die ganze Natur des Menschen mit allen Schwächen und Mängeln mitzuberücksichtigen. Dadurch wird die Aggression nicht in den außerreligiösen Bereich verdrängt, wo sie ohne ethische Kontrolle eskalieren kann. Manche Muslime werfen dem Christentum vor, daß das Ideal der Nächstenliebe nicht verhindert habe, daß Kriege im Namen der Religion geführt und Waffen gesegnet wurden. Der iranische Gelehrte Hossein Nasr hat in diesem Zusammenhang einmal pointiert formuliert: »Das Christentum schafft entweder Heilige oder Gewalttäter«. Dem gegenüber habe der Islam ein realistischeres Menschenbild, das auch das Kriegführen in bestimmten Fällen mit einschließt. Allerdings wird der Gläubige durch die Gebote seiner Religion dazu angehalten, Fairness walten zu lassen. Der Islam verurteilt Brutalität und die Ermordung Wehrloser streng. Die Tatsache, daß sich der einzelne Muslim bei Entscheidungen an seine Religion gebunden fühlt, kann daher nicht nur fanatisierende, sondern auch friedenstiftende Auswirkungen haben.

Der Gedanke der Gleichheit und Brüderlichkeit ist ein weiteres aggressionshemmendes Motiv. Eine Gesellschaftsordnung gilt dann als ideal, wenn in ihr Gerechtigkeit und Gleichheit herrschen und die Gläubigen in Solidarität und dem Glauben an Gott vereint sind. Eine gern zitierte, dem Propheten zugeschriebene Überlieferung lautet: »Ihr seid alle Brüder und gleich. Niemand soll ein Privileg oder Überlegenheit gegenüber dem anderen beanspruchen. Ein Araber ist keinem Nichtaraber vorzuziehen und kein Nichtaraber einem Araber, noch ist ein Weißer einem Farbigen vorzuziehen – es sei denn aufgrund seiner Frömmigkeit.«

Darüber hinaus gibt es auch nichtislamische aggressionsfördernde Elemente. In vielen Ländern des Nahen Ostens bestehen wirtschaftliche Entwicklungsprobleme und soziale Spannungen. Wenn einzelne Führerpersönlichkeiten auftreten und die »westliche Überfremdung« oder den»drohenden Zionismus« als einzige Ursachen für diese Probleme angeben, werden solche Parolen bereitwillig als Erklärung für das eigene Versagen aufgenommen. So wird die Frustration über die eigenen Mißstände auf auswärtige Ziele gelenkt, was Aggressionen gegenüber Fremdgruppen zur Folge hat.

Die Tatsache, daß ein Teil der Bevölkerung islamischer Länder Analphabeten sind oder nur wenige Jahre die Schule besucht hat, erleichtert die Propagandaaktionen bestimmter Kreise. Die fehlende Bildung trägt zumindest dazu bei, daß Informationen und Propaganda nicht genügend gefiltert werden.

Viele Staaten des Nahen Ostens haben nach ihrer Unabhängigkeit als Gegenreaktion auf die Bevormundung und Überfremdung in der Kolonialzeit ein starkes Nationalgefühl entwickelt. Eng damit verbunden ist der Stolz auf die vorkoloniale Geschichte und nationale Kultur. Diese Überzeugung von der überragenden Bedeutsamkeit der eigenen Nation ist vor allem für junge Nationalstaaten ein typisches Phänomen und dient dazu, den Zusammenhalt der Bevölkerung zu festigen. Anderseits kann diese Überzeugung in ein Bewußtsein der übersteigerten kollektiven Selbstsicherheit und Selbstgerechtigkeit (Gruppennarzißmus) umschlagen, das den Mangel an wirklicher Befriedigung im Leben kompensiert. Gerade die ärmeren Schichten, deren Anteil an der Gesamtbevölkerung aller Entwicklungsländern ziemlich groß ist, lassen sich verhältnismäßig leicht fanatisieren, wenn es um die Verteidigung dieser glorifizierten Gruppennormen geht. Die feste Überzeugung, ein zwar unbedeutendes Mitglied einer umso bedeutenderen Nation zu sein, läßt den eigenen niedrigen Status vergessen, solange man am Ruhm des Gesamtgefüges teil hat. Stellt ein Außenstehender diese Größe der Nation in Frage, entsteht häufig Bereitschaft zur Verteidigung oder sogar zum Angriff, damit der Gegenstand des gemeinsamen Stolzes unversehrt bleibt.

In vielen islamischen Ländern besteht immer noch eine Tendenz zur autoritären Erziehung, die wenig Raum für Kritik und freie Entfaltung läßt. Auch die militärische Ausbildung ist von der widerspruchslosen Ausführung von Befehlen gekennzeichnet. Eine strenge Rangordnung und Abschirmung von anderen kann zu übertriebenem Gruppenbewußtsein und zur Ablehnung Fremder (Xenophobie) führen. In der islamischen Welt ist diese uneingeschränkte Autorität militärischer Institutionen bisher kaum hinterfragt worden. Vielmehr hat das Militär für weite Bevölkerungsschichten große Anziehungskraft, weil die soldatische Karriere oft die einzige Möglichkeit zu sozialem Aufstieg darstellt.

Das Verhältnis zu Juden und Christen/Völkerrecht

Zu Beginn seiner mekkanischen Phase (610) trat Muhammad als Vertreter des Eingottglaubens der Juden, Christen und Abrahams auf. Der Koran richtet an Juden und Christen ein Einigungsangebot: »Sag: Ihr Leute der Schrift! Kommt her zu einem Wort, das zwischen uns und euch gleich ist. Daß wir Gott allein dienen und ihm niemanden beigesellen und daß wir Menschen uns nicht untereinander an Gottes statt zu Herren nehmen.« (3,64) Typisch für Muhammads frühe Einstellung ist die Aussage: »Ihr habt eure Religion, und ich habe meine Religion.« (109,6)

In den Muslimen sieht der Koran die »in der Mitte stehende Gemeinschaft« (2,143). Sie soll die Andersgläubigen zum Islam »aufrufen«. Dabei gilt: »Jeder hat seine Richtung, auf die er eingestellt ist. Wetteifert nun nach den guten Dingen« (2,148) beziehungsweise »Ruf (die Menschen) mit Weisheit und einer guten Ermahnung auf den Weg deines Herrn und streite mit ihnen auf eine möglichst gute Art« (16,125). Letztlich bleibt die Entscheidung Gott überlassen, und es gilt der koranische Grundsatz: »In der Religion gibt es keinen Zwang.« (2,256)

Muhammads Einstellung gegenüber den Schriftbesitzern änderte sich, nachdem er 622 von Mekka nach Medina ausgewandert war. Aufgrund der deprimierenden Erfahrungen, daß sich vor allem die Juden, aber auch die Christen, seiner Botschaft verschlossen, vertritt der Koran die Ansicht, daß die Schriftbesitzer ihre ursprünglich mit dem Koran übereinstimmenden Schriften in wesentlichen Teilen, welche die Klarheit des Eingottglaubens betrafen, gefälscht hätten.

Die Einstellung gegenüber Juden und Christen entwickelte sich im islamischen Völkerrecht nicht unabhängig von der jeweiligen politischen Situation. Die *ahl al-kitab* (Schriftbesitzer) bildeten eine besondere Gruppe innerhalb des islamischen Staates. »Was ihre Stellung betrifft, so waren hier weniger die Prophetenzeit als die 30er bis 70er Jahre des 7. Jahrhunderts wichtig. Denn damals wurden die Grundlagen für alle diejenigen Regelungen und Institutionen gelegt, die jahrhundertelang die soziale Stellung der Nicht-Muslime richtungweisend bestimmt haben.« (Albrecht Noth)

Die Muslime schlossen mit den Schriftbesitzern in den eroberten Gebieten zweiseitige Verträge, die diesen folgendes garantierten: Leben, Eigentum, Wahl des Aufenthaltsortes, Regelung von Heirat, Erbschaft, Eigentum, Handel sowie das Recht, die Gerichte anzurufen. Jüdische und christliche Kultorte waren geschützt, doch durften ihre Rituale keinen demonstrativen Charakter haben. Für die Gewährung dieser »formalen Toleranz« mußten die Schutzbefohlenen Abgaben – später Steuern – entrichten. Der islamische Staat war weniger an der Gewinnung von Proselyten als an den Steuern seiner Schutzbefohlenen interessiert. Indirekt wurde dadurch die Toleranz gefördert. In der Regel waren die Schutzbefohlenen dem islamischen Staat loyal gegenüber eingestellt. Nur selten hört man von Aufständen. Aufgrund der Unerfahrenheit der Muslime in Verwaltungsfragen übernahmen Juden und Christen zum Teil hohe und höchste Ämter in der islamischen Administration.

Nach Albrecht Noth ist der Einfluß der Religion auf die Toleranz eher gering zu veranschlagen. Auffällig sei die »pragmatische Komponente« im Erscheinungsbild islamischer Toleranz. Je nach politischer Lage fand man Anlaß genug, die Verletzung der einschränkenden Klauseln als gegeben zu betrachten und zu bestrafen beziehungsweise auch Sondersteuern zu erheben. So kam es manchmal zu Übertritten, bisweilen auch zu Aufständen und entsprechenden Strafaktionen. Andererseits gab es auch lange Phasen friedlichen Zusammenlebens ohne größere Konflikte.

»Im Namen des Barmherzigen, des Erbarmers. Gott: Es gibt keine Gottheit außer Gott, dem Lebendigen, dem Beständigen. Er sandte dir das Buch der Wahrheit herab als Bestätigung dessen, was vorher war. Und er sandte früher die Tora und das Evangelium herab, als Rechtleitung für die Menschen. Immer sandte er die entscheidende Botschaft herab (...) Er hat dir das Buch geoffenbart, in dem klare und eindeutige Verse enthalten sind – also die Grundlage des Buches – und andere, die Gleichnischarakter besitzen.« (Sure 3, 1–4.7)

Die Entstehung des Staates Israel bewirkte in manchen islamischen Kreisen eine Neuorientierung gegenüber den jüdischen »Schriftbesitzern«. Zwar bemüht man sich, zwischen Juden und Zionisten zu unterscheiden. De facto geht es den wenigen Juden, die noch in den arabischen Ländern leben, nach der Gründung Israels zunehmend schlechter. In einigen Fällen (so Syrien) kam es zu grausamen Verfolgungen. Eine Verbesserung ist in Ägypten nach den Friedensverhandlungen Sadats bemerkbar. Die Beziehungen der Muslime zu den westlichen Christen wurden durch die Erfahrung des Kolonialismus wesentlich getrübt. Auch die Re-Islamisierung hat in einigen Fällen zu einer Einschränkung der Toleranz geführt.

Islam und Menschenrechte

In den meisten Verfassungen islamischer Länder sind die Menschen- und Grundrechte theoretisch verankert. In der Praxis aber wird oft gegen sie verstoßen, weil die Demokratisierung nicht genügend weit fortgeschritten ist.

Der Koran führt den Ursprung aller Rechte auf Gott zurück und formuliert nicht weniger als 20 grundlegende Menschenrechte: Das Recht auf Leben, Würde und Freiheit des Menschen, auf Schutz gegen Übergriffe und Mißhandlung, das Recht auf Asyl, Minderheitenschutz, Hausfrieden, soziale Sicherheit und Arbeitsschutz sowie (mit Einschränkungen) Glaubensfreiheit. Oft sind die einschlägigen Koranverse und Überlieferungen aus ihren literarischen und geschichtlichen Zusammenhängen herausgelöst worden, so daß es sich weniger um die Formulierung universaler Menschenrechte als um situative ethische Aufforderungen handelt. Ins Kreuzfeuer westlicher Kritik sind die Themen Glaubensfreiheit und Todesstrafe geraten, nicht zuletzt unter dem Eindruck der Rushdie-Affäre. Das islamische Toleranzprinzip (2,256) wurde hauptsächlich auf den Bekehrungsverzicht von Juden und Christen, später auch anderer Religionsgemeinschaften angewandt. Das islamische Recht hat wesentlich dazu beigetragen, die Religion des Propheten zu einer der tolerantesten Religionen der vorindustriellen Ära werden zu lassen – vor allem gegenüber Minderheiten.

Nachdem der »Islamrat für Europa« schon 1981 eine »Allgemeine Islamische Menschenrechtserklärung« vorgelegt hatte, entwarf die »Organisation der Islamischen Konferenz« 1990 die sogenannte Kairoer Erklärung. Beiden Erklärungen ist gemeinsam, daß sie die Menschenrechte im Koran und in der *sunna* begründen. Als Garant der Menschen gilt die *umma,* die islamische Weltgemeinschaft. Gegenüber einem Staat, der die *sharia* achtet, hat der Bürger kein Widerstandsrecht. Das Recht auf Glaubensfreiheit ist kein innerislamisches Recht. Wenn es auch nicht im Koran verankert ist, so wird ein vom Islam abgefallener Mann mit dem Tode, seine Frau mit Gefängnis bestraft. Diese Strenge ist aus der Konfrontation des frühen Islam mit einer feindlichen Umwelt verständlich (Glaubensabfall = Fahnenflucht). Heute sollte diese strafrechtliche Strenge ihre Bedeutung eigentlich verloren haben. Durch die Re-Islamisierung ist jedoch eine Verschärfung eingetreten.

Der Grundgedanke, die islamische Gemeinschaft durch das Verbot des Glaubensabfalls zu schützen, führte dazu, es einer muslimischen Frau zu untersagen, mit einem nicht-muslimischen Partner eine Ehe einzugehen. Weil dieser den göttlichen Auftrag Muhammads negiere, könne die Entfremdung der Ehepartner zu Streit und Familienzerfall führen. Umgekehrt ist es einem Muslim aber gestattet, eine Jüdin oder Christin zu heiraten.

Der Islam unterscheidet prinzipiell zwischen einer Verletzung des menschlichen und des göttlichen Rechtes. In die Sphäre des menschlichen Rechtes gehören Verbrechen gegen Leib und Leben, zum Beispiel Verleumdung, Körperverletzung und Totschlag. Geschah die Tat nicht vorsätzlich, darf der Schuldige nicht mit dem Tod bestraft werden. Zur Verletzung des göttlichen Rechtes gehören Straftaten, wie Glaubensabfall, Straßenraub, widerrechtlicher Geschlechtsverkehr und Alkoholgenuß. Aufgabe der islamischen Justiz ist es, diese Delikte im Namen Gottes zu bestrafen. Zu einer dritten Gruppe gehören gemeinschaftszerstörende Delikte, die das göttliche und menschliche Recht zugleich betreffen: Raubüberfall, Unruhestiftung und die Bedrohung Wehrloser. Das islamische Recht straft unter Berücksichtigung von Geständnissen, Zeugenaussagen, Strafmündigkeit und Zurechnungsfähigkeit. Wichtige Prinzipien: »Jede Art von Zweifel verbietet den Strafvollzug.« – »Ausgenommen sind diejenigen, die ihre Tat ernsthaft bereuen.« (5,34)

Die Sharia – »das islamische Recht«

Sharia bedeutet »Weg«: zur Verwirklichung der Einheit von Glaube und Handeln, wie sie die islamische Glaubens- und Pflichtenlehre darstellt. In diesem Sinne regelt die *sharia* alle Lebensbereiche: rituelle Handlungen, Familien-, Erb-, Handels-, Wirtschafts-, Zivil- und Strafrecht sowie die Wiedergutmachung von Schäden. Insgesamt umfaßt sie mehr als 50 Sachgebiete.

Rechtsquellen

Die Hauptquelle des islamischen Rechts ist der Koran. Als nach dem Tode Muhammads neuartige Probleme aufkamen, hielt sich die Gemeinde an die mündlichen Überlieferungen über Aussprüche und Handlungen des Propheten. Diese den Koran deutenden Aussagen und Verhaltensweisen Muhammads heißen *sunna* (von arabisch *sanna* = gelten, im Gebrauch sein). Fand man in Koran und *sunna* keine eindeutigen Regelungen, wurde als dritte Rechtsquelle der *ijma* (Konsens der Rechtsgelehrten einer Generation) zu Rate gezogen. Befugt zur Ausübung dieses Konsenses waren bestimmte Fachleute und Juristen. Ein Konsens lag dann vor, wenn eine Generation lang nach Bekanntwerden einer Lehre bei Meinungsfreiheit kein Widerspruch bekannt wurde. Nach Ansicht der Schiiten muß beim Konsens ein Imam beteiligt sein. Manche heutigen Muslime verstehen unter dem Konsens auch Mehrheiten islamischer Weltkongresse oder Parlamente. Als vierte Quelle gilt schließlich der *qiyas* (Analogieschluß). Man führte dabei ein aktuelles Problem auf eine Regel zurück, die für einen ähnlich gelagerten Fall geschaffen worden war. Ursprünglich war auch die Rechtsauslegung einzelner Gelehrter, das heißt der von einem *mujtahid* ausgeübte *ijtihad* erlaubt.

Islamische Rechtsschulen

1. Die älteste Rechtsschule ist die von Abu Hanifa (699–767) und seinen Schülern Abu Yusuf (731 – 798) und ash-Shaibani (749 – 804) gegründete »hanafitische« Rechtsschule. Verbreitung: Balkan, Afghanistan, Pakistan, Zentralasien, Indien, China, Südamerika, Österreich.

2. Malik ibn Anas (715–795) ist der Gründer der »malikitischen« Rechtsschule. Verbreitung: Nordafrika (Marokko, Algerien, Tunesien, Libyen), Nordwestafrika, Oberägypten, Mauretanien, Nigeria, Sudan, Golfstaaten.

3. Ash-Shafii (767–820), das Oberhaupt der dritten und wichtigsten, der »shafiitischen« Rechtsschule, gilt als der eigentliche Begründer der islamischen Jurisprudenz. Er systematisierte das Recht und begrenzte die Rechtsquellen auf vier. Verbreitung: Unterägypten, Jordanien, Libanon, Bahrain, Indonesien, Malaysia, Sri Lanka, Philippinen, Tanzania, Zentralasien und als Minderheiten in Saudi-Arabien, Indien und Iran.

4. Die Lehre des Gründers der vierten sunnitischen, der »hanbalitischen« Rechtsschule, Ahmad ibn Hanbal (780–855), stellt in mancherlei Hinsicht eine Reaktion gegen rationalistische Strömungen dar. Diese Schule ist in vielen dogmatischen und kulturellen Fragen eher konservativ und gilt nur im Vertragsrecht als relativ fortschrittlich. Verbreitung: Saudi-Arabien, wo das aus ihr hervorgegangene Wahhabitentum Staatsreligion ist, Syrien, Irak, Teile Ägyptens, Indiens, Afghanistans und Algeriens.

5. Die bedeutendste Rechtsschule der Schiiten, die »jaafaritische« Rechtsschule, wird oft als fünfte Rechtsschule betrachtet und auf den sechsten Imam, Jaafar as-Sadiq, zurückgeführt. Verbreitung: hauptsächlich Iran, Teile Pakistans, Indiens, Iraks, Libanons und Syriens.

»›Es war einmal eine Frau, die von der Frucht des Himmels gehört hatte. Sie begehrte sie und fragte einen bestimmten Derwisch, den wir Sabar nennen wollen: »Wie kann ich zu dieser Frucht kommen, so daß ich unmittelbare Erkenntnis erlange?‹
›Das beste wäre, bei mir zu lernen‹, sagte der Derwisch. ›Aber wenn Ihr das nicht wollt, müßt Ihr wohl die Welt durchwandern, zielbewußt und ruhelos.‹
Sie verließ ihn und suchte einen anderen Gelehrten auf, Arif, und später Hakim, den Weisen, und danach Majzub, den Narren, und schließlich Alim, den Naturwissenschaftler, und noch viele mehr. Dreißig Jahre vergingen bei dieser Suche. Schließlich kam sie zu einem Garten. Da stand der Baum des Himmels und in seinen Zweigen die leuchtende Frucht des Himmels. Neben dem Baum stand Sabar, der erste Derwisch.
›Warum habt Ihr mir nicht gesagt, als wir uns zum ersten Mal trafen, daß Ihr der Hüter der Frucht des Himmels seid?‹ fragte sie. ›Weil Ihr mir damals nicht geglaubt hättet. Außerdem trägt der Baum nur einmal in dreißig Jahren und dreißig Tagen Frucht.‹«

Die islamische Mystik – der Sufismus

Aus christlichen, neuplatonischen und indischen Einflüssen sowie mystischen Anklängen im Koran ist die islamische Mystik entstanden. Am Anfang stand eine asketische Richtung, die von den christlichen Anachoreten (Einsiedlern) beeinflußt war. Das traditionelle Wollgewand *(suf)* der Mystiker hat der Bewegung ihren Namen gegeben. Das Ziel der Sufis besteht darin, die *tariqa* (rechter Weg) zur Vereinigung mit Gott zu finden. Später entwickelten sich Ordensgemeinschaften, deren Anhänger oft *darwish* (Arme) genannt wurden und die einem geistlichen Führer *(shaikh, pir)* unterstanden. Um ekstatische Zustände zu erreichen, bediente man sich auch der Musik und des Tanzes. Während Mystiker, wie Qushairi (gest. 1072) und al-Ghazali (1058 – 1111) einen eher gemäßigten Zweig vertraten, gab es eine zweite

Richtung unter neuplatonischem Einfluß. Einer ihrer frühen Verteter ist al-Hallaj, der 922 als Ketzer hingerichtet wurde, weil er seiner mystischen Gotteserfahrung mit dem Satz »Ich bin Gott« Ausdruck verlieh. Ebenso zum Tode verurteilt wurde der Philosoph Suhrawardi (gest. 1191), der eine »Erleuchtungsphilosophie« vertrat, die neben dem Neuplatonismus auf zoroastrische Elemente zurückgriff. Der bedeutendste Verteter der neuplatonischen Richtung war Ibn Arabi (gest. 1240). In seinem umfangreichen Schrifttum lehrte er, daß alle Dinge eine Manifestation der göttlichen Substanz seien. Einer seiner zentralen Begriffe ist *al-insan al-kamil* (der vollkommene Mensch), der die Emanation des göttlichen Seins und seine Rückkehr zu sich selber verkörpert. Die höchste Verkörperung des vollkommenen Menschen war für die Sufis Muhammad.

Die Mystik hatte großen Einfluß auf die Entwicklung der islamischen Kultur und Literatur. Die Weingedichte Umar ibn al-Farids, die Liebesgedichte Ibn Arabis, die Epen von Sanai (gest. 1131), Farid ad Din al-Attar (gest. 1220), Jalal ad Din Rumi (gest. 1273) die mystischen Choräle von Yunus Emre (gest. 1320) und andere Werke gehören zu den schönsten Beispielen islamischer Dichtkunst. Die islamischen Sufi-Orden haben bis in unser Jahrhundert große Bedeutung und sind auch im Westen vertreten.

Islamische Geschichte

Die Zeit der sogenannten »Rechtgeleiteten Kalifen«

Nach dem Tod Muhammads (632) war die Nachfolge des Propheten nicht eindeutig geklärt. Die Mehrzahl der Muslime einigte sich darauf, den Schwiegervater und Gefährten des Propheten, Abu Bakr (632 – 634), zum ersten Kalifen zu wählen. Während der Regierungszeit des zweiten Kalifen, Umar (634 – 644), gelang es den Muslimen, Syrien, Palästina, Unterägypten, den Irak und Teile Persiens zu besetzen. Dabei kam ihnen die Tatsache zugute, daß die von Byzanz unterdrückten orientalischen Christen die Muslime als Befreier empfanden und das byzantinische und das persische Reich geschwächt waren.

Der dritte Kalif, Uthman (644 – 656), dem die in großen Teilen bis heute gültige Koranausgabe zu verdanken ist, zog sich unter anderem aufgrund des von ihm praktizierten Nepotismus die Gegnerschaft der Prophetenwitwe Aisha, des Schwiegersohns Muhammads, Ali, und des von ihm abgesetzten ägyptischen Statthalters zu. Uthman wurde ermordet, und Ali ging aus den Kämpfen als siegreicher vierter Kalif hervor. Er mußte sich bald gegen die Anhänger Uthmans unter Muawiya und seine ehemalige Verbündete Aisha zur Wehr setzen. Es kam zur Schlacht von Siffin (657), bei der die Partei Muawiyas Koranblätter aus Abscheu gegen den Bruderkampf an ihre Lanzen hefteten. Aus den Gegnern dieser Auseinandersetzungen entwickelten sich später die wichtigsten islamischen Gruppierungen: Die Anhänger Muawiyas kann man als Vorläufer der Sunniten bezeichnen, während aus den Anhängern Alis die späteren Schiiten hervorgingen. Obwohl diese Spaltung ihre ersten Schatten auf die islamische Einheit warf, gilt die Zeit der vier sogenannten »Rechtgeleiteten Kalifen« als eine ideale Epoche.

Muhammad während der Belagerung einer Burg. Nach einer Miniatur aus der Weltgeschichte des Rashid Tabid (um 1314/15).

Die Schiiten

Schia heißt Abspaltung, Partei; gemeint ist die Partei Alis. Die Schiiten trennten sich von der Mehrheit der Muslime, den später sogenannten Sunniten. Sunniten und Schiiten unterscheiden sich in ihren Forderungen bezüglich des religiösen und politischen Gemeindeoberhauptes (Sunna: Kalif; Schia: Imam).

Der Kalif muß zum Stamm des Propheten gehören, politische Eignung besitzen und sich in den religiösen Quellen auskennen. Der Imam muß ein Nachkomme Alis und der Prophetentochter Fatima sein. Die Imame besitzen in der

Schia absolute Autorität für das wahre Verständnis des Islam. Darüber hinaus variieren die Ansichten der einzelnen schiitischen Gruppen:

– Die Ismailiten oder Siebenerschiiten glauben, daß der schon vor seinem Vater verstorbene Sohn des sechsten Imams, Ismail, der rechtmäßige siebente Imam ist. Er lebt in der Verborgenheit weiter und kehrt als *mahdi* (eine Art Messias) auf die Welt zurück, um Gerechtigkeit zu stiften. Die Ismailiten, deren Untergruppe der Qarmaten im 7. Jahrhundert für Gleichberechtigung und Gütergemeinschaft eintrat, sind heute in Jemen, Iran, Indien, Syrien und Afrika verbreitet.

– Die Jaafariten oder Zwölferschiiten benennen sich nach dem 12. Imam, Muhammad ibn Hasan al-Mahdi, an den sie ähnliche Erwartungen knüpfen. Während der Wartezeit auf den »verborgenen Imam« entscheiden qualifizierte Theologen über die Rechtmäßigkeit der Regierung. Die Zwölferschiiten sind hauptsächlich im Iran vertreten.

– Die Zaiditen oder Fünferschiiten halten den Sohn des vierten Imams und dessen Nachkommen für die rechtmäßigen Nachfolger. Sie verlangen, daß der Imam geistige Fähigkeit besitzen und um sein Amt kämpfen muß. Den Mahdiglauben und die Vererbbarkeit der Imamatswürde lehnen sie ab.

– Die Splittergruppe der syrischen »Extremen Schiiten« glaubt an das Einwohnen Gottes in Ali und vielen seiner Nachkommen. Hauptsächlich sind sie im Jemen vertreten.

Im Gesamtislam stellen die Schiiten eine Minderheit dar, etwa 10–15 Prozent. Sie haben ein besonderes Verhältnis zu Leiden und Märtyrertum, das durch die Umstände beim Tode von Alis Sohn, Husain, der vergeblich um seine Imamatswürde kämpfte, bedingt ist. Unter dem Einfluß neuplatonischer Philosophie entwickelten die Schiiten die an sich unislamische Lehre von der Gottebenbildlichkeit des Menschen. In der Schia besteht generell eine größere Aufgeschlossenheit gegenüber philosophischen und mystischen Vorstellungen.

Eine wichtige Führungspersönlichkeit im schiitischen Islam ist der *ayatollah*. Gelegentlich genießen manche wissenschaftlich hervorragenden, ethisch-vorbildlichen und frommen *mujtahids* einen solchen Ruf, daß sie *marja i-taqlid* (oberste theologische Autorität) werden. Das Volk trägt solchen theologischen Berühmtheiten den Ehrentitel *ayatollah* gewissermaßen an. Es gibt keine Institution, die den *ayatollah*-Titel formal verleihen könnten. Es ist notwendig, daß die übrigen *mujtahids* den Aspiranten »anerkennen«. Heute tragen den Titel auch vielfach Personen, die nach klassischem Verständnis kein Anrecht darauf haben.

Muhammad ernennt Ali zu seinem Nachfolger. Ali trägt das Schwert des Propheten. Miniatur, 1307.

Die Zeit der Omaiyaden

661 begann die Herrschaft der Omaiyaden (661–750). Sie ersetzten das Wahlprinzip der ersten Kalifen durch eine dynastische Erbfolge. Während der Omaiyaden-Dynastie fanden die wichtigsten Eroberungen und eine Ausdehnung des islamischen Reiches von Spanien im Westen bis zum Industal im Osten statt. Aufgrund der schnellen Ausbreitung wurde zunächst der vorgefundene Verwaltungsapparat übernommen. Abd al-Malik (685–705) ordnete das Steuerwesen neu und führte das Arabische als Amtssprache ein. Wichtige Gründe für den Niedergang dieser Dynastie lagen in der Kritik der sich benachteiligt fühlenden nichtarabischen Neumuslime und schiitischer Kreise sowie in dem Unabhängigkeitsstreben einzelner Gouverneure. Auch wurde Kritik am weltlichen Lebenswandel der Herrscher geübt.

Die Zeit der Abbasiden

Während der Zeit der Abbasiden (750–1258), die als Nachfahren eines Onkels von Muhammad, Abbas ibn Abd al-Muttalib ibn Hashim, für die Übernahme des Kalifats durch einen Verwandten des Propheten eintraten, wurde aus einem ursprünglich arabischen Reich ein islamisches Großreich, in dem verschiedene Volksgruppen, vor allem auch Perser und Turkvölker, Einfluß besaßen. Während dieser Zeit erlebte die islamische Kultur eine Hochblüte. Die Einheit des Vielvölkerstaates ging jedoch vom 9. Jahrhundert an verloren. Schon vorher war die Herrschaft über Syrien und Ägypten an die Tuluniden (868 – 905) sowie die über Nordafrika an die unabhängige Dynastie der Aghlabiden (800 – 909) verloren worden. Dort regierten vom 11. Jahrhundert an die teilweise bis Spanien vordringenden Almorawiden, Almohaden (1130 – 1269) und Abdalwadiden (1056 – 1147). Der General des Kalifen Mamun, Sohn des Harun ar-Rashid (786 – 809), gründete in Khorasan die Tahiridendynastie (823 – 873). Vom 10. Jahrhundert an regierten im Iran und in Mesopotamien die schiitischen Bujiden, die 1055 von den sunnitischen Seldschuken (vom 11. Jahrhundert bis Anfang des 14. Jahrhunderts) verdrängt wurden. Schon lange gab es nun schon kein geschlossenes islamisches Reich mehr, sondern eine islamische Welt, in der das Kalifat vornehmlich geistliche Autorität genoß und die Lokalherrscher sich offiziell vom abbasidischen

Oben:
Bagdad, Medrese (Lehrhaus) al-Mustansariya. Ein spätes Zeugnis hochabbasidischer Architektur.

Links:
Der Abbasidenkalif Harun al-Rashid. Handschrift, Bibliothèque Nationale, Paris.

Schattenkalifen in ihrem Amt bestätigen, seinen Namen noch in der Freitagspredigt erwähnten und in seinem Namen Münzen prägen ließen. Lediglich das Omaiyadenkalifat von Cordoba (seit 938), das von einem vor den Abbasiden geflohenen Mitglied der Omaiyadenfamilie zunächst als Emirat gegründet worden war, und das schiitische Gegenkalifat der Fatimiden (909 – 1171) erkannten die abbasidische Oberhoheit nicht an.

Die Kreuzzüge und der Kulturaustausch

Auch die Kreuzfahrer hatten mit den verschiedenen Lokaldynastien des Abbasidenreiches, dem der Mongolensturm 1258 sein offizielles Ende bereitete, zu tun. Abgesehen von zahlreichen innereuropäischen Ursachen sind als wichtige Anlässe für die Kreuzzüge die Christenverfolgungen unter dem Fatimidenherrscher al-Hakim sowie das Vordringen der Seldschuken infolge der Niederlage der Byzantiner bei Malazgirt (1071) zu nennen. Da die Position der Seldschuken, unter deren Kontrolle das damalige abbasidische Kalifat stand, durch die Gegnerschaft zu turkmenischen Gruppen und zu den Fatimiden bereits geschwächt war, gelang den Kreuzfahrern die Gründung der Kreuzfahrerstaaten Edessa, Antiochia, Jerusalem und Tripolis. Die Wende zugunsten der Muslime trat durch die Rückeroberung Edessas ein. 1171 stürzte Salah ad-Din (Saladin) das Fatimidenkalifat, wehrte die Franken in Ägypten ab und zerstörte schließlich durch den Sieg von Hittin das Königreich Jerusalem (1187). Der Kreuzzug Friedrichs II. (1229) führte zwar zur Rückgabe Jerusalems ohne die Heiligen Stätten des Islam. Das christliche Königreich hatte jedoch nur bis zur islamischen Wiedergewinnung (1244) Bestand. Bemerkenswert ist die unterschiedliche Beurteilung der Kreuzzüge aus christlicher und westlicher Sicht: Während die Kreuzzüge auf christlicher Seite als Feldzüge betrachtet wurden, die in einem religiös-ideologischen Gesamtzusammenhang standen, besaßen sie für die islamische Welt nicht die glei-

Oben:
Samarra, Rest eines abbasidischen Kalifenpalasts.

Links:
Abbasidische Buchmalerei (13. Jahrhundert) zu einer der Makamen des al-Hariri (Die Makamen des al-Hariri erzählen die Streiche des gewitzten Literaten Abu Said).

che zentrale Bedeutung. Sie wurden in der zeitgenössischen islamischen Geschichtsschreibung weniger als europäischer Großangriff gesehen, sondern eher mit früheren Grenzzwischenfällen verglichen. Man sah auch keinen Gesamtzusammenhang, waren sie doch gegen verschiedene Gebiete der islamischen Welt gerichtet. Erst unter Saladin wurde die Abwehr der Kreuzfahrer als *jihad* bezeichnet. Die heutige nachkoloniale Geschichtsschreibung bewertet die Kreuzzüge nachträglich als imperialistische Aggression.

Grabmal Salah ad-Dins (Saladins) in der Großen Moschee von Damaskus.

Die Kreuzzüge führten zu einem fruchtbaren Kulturaustausch mit Europa. Eine besondere Rolle kommt dabei dem maurischen Spanien zu. Das Abendland übernahm vom islamischen Orient auf vielen Gebieten wichtige Erkenntnisse. Die Muslime sammelten den umfangreichen Wissensschatz der alten Welt (Inder, Babylonier, Ägypter, Perser und Griechen), übersetzten die wichtigsten Werke und gaben das gewonnene Wissen weiter. Gleichzeitig waren sie Begründer der wissenschaftlichen Forschung auf Gebieten wie Algebra, Arithmetik, Chemie, Physik und Geologie. Die Verwendung der arabischen Ziffern (Dezimalsystem) schuf die Voraussetzung für die moderne Mathematik. Die von den Babyloniern und Griechen übernommenen astronomischen Kenntnisse ergänzten sie durch eigene Himmelsbeobachtungen. Islamische Ärzte wiesen als erste den Blutkreislauf nach, besaßen Kenntnisse über Infektion und Asepsis, wußten um die Funktion der Gebärmutter und praktizierten bereits Vollnarkose und fortschrittliche Operationsmethoden. Die Arzneimittelkunde war ebenfalls hoch entwickelt, und die Versorgung in den Krankenhäusern war selbst für die ärmeren Bevölkerungsschichten vorbildlich. Die islamischen Schmiedeerzeugnisse blieben lange Zeit unübertroffen (Damaszener Klinge). Von den Chinesen lernten die Muslime die Papierherstellung, übernahmen und verbesserten ihre Drucktechnik. Auch importierten die Europäer wertvolle Stoffe aus dem Orient.

Muslime erfanden den Kompaß, der bereits im 11. Jahrhundert von arabischen Seeleuten benutzt wurde. Arabische Vorbilder besaßen auch die Bündelpfeiler der Gotik, und die Glockentürme jener Zeit orientierten sich teilweise am Minarett. Insbesondere in England und Frankreich läßt sich ein bedeutender Einfluß der orientalischen Burgenbautechnik beobachten (Ringburg, Zinnen, Mauertürme, Wehrerker).

Die kunstvoll entwickelte Reim- und Gesangeskunst der arabischen Beduinen beeinflußte die Liebeslyrik der mittelalterlichen Minnesänger. Die islamischen Musikformen fanden hauptsächlich über das maurische Spanien Eingang nach Europa. Viele Musikinstrumente sind orientalischen Ursprungs: Gitarre, Horn, Laute, Querflöte, Schalmei, Zimbel.

Der Islam hatte auch erheblichen Einfluß auf die christliche Theologie und Philosophie und führte beispielsweise zur neuen Diskussion der Bilderverehrung. Arabische Aristoteleskommentatoren (so Avicenna) beeinflußten unter anderem Thomas von Aquin und Meister Eckhart.

Das Osmanische Reich

Im 14. Jahrhundert verdrängten die Osmanen die Seldschuken aus Kleinasien. Die Osmanen – ursprünglich vor den Mongolen geflohene türkische Nomaden – bildeten bis 1918 das letzte islamische Großreich. Dank der dauerhaften militärischen und verwaltungstechnischen Organisation und Kontinuität in der Führung gelang es ihnen, ein großes Gebiet jahrhundertelang zu verwalten. Unter Süleyman kam es zu prächtigen Bauten von Moscheen, Schulen, Bibliotheken, Krankenhäusern und Armenküchen. Im sogenannten *millet*-System, das den nichtmuslimischen Minoritäten Selbstverwaltung in religiösen und rechtlichen Angelegenheiten zubilligte, fanden die besiegten Völker eine Möglichkeit, ihre religiöse und kulturelle Identität zu bewahren.

Aufbruch in die Moderne

Als Auftakt der modernen islamischen Geschichte gilt im allgemeinen Napoleons Ägyptenfeldzug (1798), durch den die Muslime zum erstenmal in der Neuzeit mit der militärischen Macht europäischer Länder und westlichem Gedankengut in Kontakt kamen. Infolge dieser Auseinandersetzung mit der westlichen Kultur, innerislamischer Differenzen sowie Kritik an der osmanischen Politik und Regierung bemühten sich viele islamische Denker um Reformen und Neuansätze. Dazu gehört auch die Epoche der Tanzimatreformen (1839 – 1876), während der Armee, Verwaltung, Schul- und Rechtswesen neu geordnet wurden. Auch wurden erste Versuche unternommen, eine Verfassung nach westlichem Vorbild zu schaffen und eine Volksvertretung ins Leben zu rufen. Berühmte Reformer, wie Rifai at-Tahtawi (1801 – 1873), der einen sechsjährigen Studienaufenthalt in Frankreich verbrachte, Jamal ad-Din al-Afghani (1839 – 1897), Muhammad Abduh (1849 – 1905) und Rashid Rida (1896 – 1935), bemühten sich um politische Reformen und Neuinterpretationen des Islam. Es ging ihnen sowohl um eine Auseinandersetzung mit dem Westen als auch um Wahrung der eigenen religiösen und kulturellen Identität. Wichtige, bis heute bedeutende Strömungen entstanden in jener Zeit: Panislamismus, Panarabismus und Panturanismus. Während die orientalischen Christen einerseits Mitträger vor allem des Panarabismus waren, erwies sich andererseits das Interesse der westlichen Großmächte an den christlichen Minderheiten als verhängnisvoll, weil diese aufgrund ihrer westlichen Ausbildung und Führungspositionen den Neid ihrer muslimischen Nachbarn hervorriefen (zum Beispiel Libanon). Der Panarabismus ging davon aus, daß eine gemeinsame Geschichte, Sprache und Nation ein Volk entscheidender prägen als die Religion. Diese Vorstellung von einem arabischen Großreich findet sich später auch in der Ideologie der Baathpartei wieder. Daneben entwickelten sich danach auch einzelstaatliche Nationalismen, welche die besondere Geschichte ihres speziellen Landes hervorhoben. Dabei griff man zum Teil auf die vorislamischen Wurzeln der Kultur zurück: auf die Pharaonen in Ägypten, die Assyrer im Irak, die Phönizier im Libanon, die Sabäer im Jemen usw. Parallel dazu entstanden nationale Bewegungen, wie zum Beispiel die der Armenier und anderer Minderheiten des Osmanischen Reiches, die in Konflikt zu den arabischen und türkischen Bestrebungen gerieten, was wiederum zu Aufständen und Verfolgungen führte.

Lehrstunde in einer Medrese, einem islamischen Lehrhaus. Buchmalerei, Topkapi Saray Museum, Istanbul.

Fast alle islamischen Länder – abgesehen von Teilen der arabischen Halbinsel – standen zeitweilig unter europäischer Kolonialherrschaft. Obgleich England in der

Befolgung der sogenannten »indirect rule« den abhängigen Völkern mehr Freiheit ließ als die französische Konzeption der »mission civilisatrice«, die den religiösen, kulturellen und sozialen Bindungen zugunsten der eigenen europäischen Werte wenig Achtung zollte, wirkt das Kolonialismus-Trauma bis heute.

Im arabischen Befreiungskrieg von 1916 unter der Führung des Sherifs von Mekka, Husain ibn Ali, dem die Engländer für seine Unterstützung gegen das Osmanische Reich einen unabhängigen Staat, bestehend aus dem Hijaz, Palästina und Syrien versprochen hatten, erhofften sich die Araber die Loslösung von den Kolonialmächten. Aber die zwischen England, Frankreich, Rußland und Italien längst vorgenommene Aufteilung des Osmanischen Reiches in künstliche Staatengebilde unter englischem und französischem Mandat, die Reduzierung des Osmanischen Reiches auf die heutige Türkei sowie die Balfour-Erklärung zur Errichtung einer jüdischen Heimstätte in Palästina machten diese Hoffnungen zunichte. Daher kam es in der Zeit zwischen den beiden Weltkriegen zu zahlreichen Aufständen. Der Zweite Weltkrieg schwächte die europäischen Staaten so, daß sie fast allen arabischen Staaten Unabhängigkeit zugestehen mußten.

Das Verhältnis von Religion und Staat entwickelte sich in der Folgezeit nicht einheitlich. Zum einen, weil unterschiedliche Parteiungen und Richtungen die Regierungsgewalt ausübten, zum andern, weil die geschichtliche Erfahrung mit Europa zu jeweils unterschiedlichen Staatsformen führte.

Der ägyptische Gelehrte Ali Abdar-Raziq stellte 1925 die in der islamischen Welt viel umstrittene These auf, daß Muslime das Recht besitzen, frei die für sie geeignete Regierungsform zu wählen und daß diese, wenn sie dem Allgemeinwohl dient, auch das Gefallen Gottes finden würde. Dennoch gibt es bis heute Gruppierungen, die an der ursprünglichen Einheit von Religion und Politik festhalten (so zum Beispiel Muslimbrüder, *salafiya*).

Parallel zu der Übernahme von Regierungsmodellen westlicher Prägung unternahmen einige Muslime den Versuch, die Rolle des Islam der des Christentums in Europa anzugleichen, zum Beispiel in der Türkei unter Kemal Atatürk. Anderseits hat es Staaten gegeben, die zumindest von der Theorie her an der ursprünglichen islamischen Konzeption festhielten und den Koran als eigentliche Verfassung eines wahren islamischen Gemeinwesens darstellten (Saudi-Arabien). Andere Verfassungen forderten, daß nur ein guter Muslim Staatsoberhaupt werden soll (Pakistan).

In vielen islamischen Ländern hat man sich um einen Kompromiß zwischen europäischen Staatsvorstellungen und Ideen aus der eigenen Tradition bemüht. In zahlreichen Ländern wurde der Islam zur »Staatsreligion« erklärt. Das bedeutete in

Prunksarkophag des Osmanensultans Mehmed I., 1420/21. Yesil Türbe (Mausoleum), Bursa.

den 50er und 60er Jahren das Mindestmaß an Religiosität, auf das sie sich trotz der Verschiedenheit ihrer Konzeptionen einigen konnten. Ein ähnliches Zugeständnis stellte es dar, wenn in den Verfassungen einiger Länder die *sharia* als »eine« Quelle der Legislative bezeichnet wurde. Diese Formulierung verhinderte nämlich keineswegs die Verabschiedung säkularer Gesetze, so lange die *sharia* nicht die einzige Quelle darstellte.

Daneben gab es Bestrebungen, durch die Neuinterpretation islamischer Werte eigene, von Europa emanzipierte Staatsformen zu entwickeln. Unter Berufung auf die Koranverse: »Frage sie in wichtigen Angelegenheiten um Rat« (3,159) und »Es ist ihre Pflicht, sich untereinander zu beraten« (42,38) versuchten zum Beispiel manche Denker zu beweisen, daß es im Islam eine Art Ur-Parlamentarismus gegeben habe (Arabische Republik Jemen, Kuwait).

Ferner war es für die 50er und 60er Jahre typisch, daß einige Länder – zum Beispiel Algerien, Syrien, Ägypten und Libyen – einen eigenen islamischen Sozialismus schufen, der seine sozialen Impulse teilweise aus der Religion schöpfte und Atheismus, Klassenkampf und Internationalismus weitgehend ablehnte.

Zu Beginn der 1970er Jahre setzte – zunächst vereinzelt und später verstärkt – eine stärkere Rückbesinnung auf die islamische Religion ein. Bis zum Ende der 60er Jahre hatte es den Anschein, daß – von einigen Sonderströmungen (wie zum Beispiel den »Muslimbrüdern« und der »Jamaat i-islami« abgesehen) – islamische Bestimmungen in vielen Ländern fast ausschließlich im Bereich der Erziehung und des Familienrechts angewandt wurden. Danach aber nahmen verstärkt solche Kräfte an Einfluß zu, die für eine umfassendere Einbeziehung des Islam in weitere gesellschaftliche Bereiche eintraten. Begünstigt wurde diese Entwicklung auch durch die äußeren politischen Umstände: Saudi-Arabien übernahm nach Nassers Tod wieder stärker die Führerrolle und regte zur Zusammenarbeit der Staaten unter mehr religiösen Gesichtspunkten an. In wirtschaftlicher Hinsicht trug auch die Möglichkeit, durch die Erdölpolitik Druck auf den Westen auszuüben, zur Steigerung des Selbstwertgefühls islamischer Länder bei. Im Iran spielte neben wirtschaftlichen und sozialen Motiven die Vorstellung von der Machtbefugnis der Theologen bis zur Wiederkehr des *mahdi* eine Rolle.

Die einseitige pro-westliche Politik der Schah-Regierung war ein weiterer Grund dafür, daß die religiösen Kräfte mehr Einfluß gewannen. Darüber hinaus gab es tiefgreifende überregionale Ursachen und Motive, die latent trotz scheinbarer Säkularisierung in manchen Bereichen immer vorhanden waren.

Die Re-Islamisierung war ein Weg zur nachkolonialen Selbstfindung. Denn Europa hatte in Zusammenhang mit der politischen und wirtschaftlichen Expansion im Orient seine technische und wissenschaftliche Überlegenheit oft als Mittel zur Herrschaft und wirtschaftlichen Ausbeutung benutzt. Islamische Kultur und Geschichte wurden in dieser Zeit gering geachtet, so daß diese Erfahrungen bis heute nachhaltig wirken. Hinzu kommt: Viele der an Europa orientierten Regierungen haben es nicht geschafft, die wirtschaftlichen Probleme der jeweiligen Länder zu lösen und die innenpolitischen Mißstände zu beseitigen. Daher ist für viele die Vorstellung von einer gerechten islamischen Gesellschaft – oft genug propagandistisch und ideologisch mißbraucht – zum Symbol aller Zukunftshoffnungen geworden.

Die durch den Westkontakt ausgelösten raschen wirtschaftlichen Veränderungen hatten sich im Grunde nur für kleinere Gruppen aus der Ober- und Mittelschicht als nützlich erwiesen. Bei großen Teilen der Bevölkerung bewirkten jedoch zum Beispiel die Proletarisierung von Teilen der Bauernschaft, die Auflösung der Dorfgemeinschaften und der Großfamilien ein Gefühl der Entwurzelung. Der Wunsch nach einer wohlgeordneten, überschaubaren Gemeinschaft war daher bei vielen Menschen vorhanden.

Das Christentum gilt für manche Muslime als »Rückzugsreligion« ohne Einflußmöglichkeit auf die Gesellschaft. Die den islamischen Staaten oft als nachahmenswert angepriesene Säkularisierung hat für viele Muslime negative Aspekte. Denn die Religion verliert nach ihrem Verständnis ihr ursprüngliches Wesen, wenn sie sich in einen privaten Sektor des Menschenlebens abdrängen läßt und Probleme der Wirtschaft und Staatsführung in den außerreligiösen Bereich verweist. Kritik geübt wird auch an den verwestlichten Bevölkerungsschichten, deren freizügige, an Europa und den USA orientierten Moralvorstellungen Empörung hervorriefen.

Man spricht im Zusammenhang mit der Re-Islamisierung häufig von Fundamentalismus. Der christliche Fundamentalismus geht von absoluten Wahrheiten aus, die gegenüber wissenschaftlicher Kritik, insbesondere der historischen Relativierung des eigenen Glaubens, immun sind. Typisch für Fundamentalismus ist der Glaube an die Unfehlbarkeit der Heiligen Schrift, die Ablehnung der Ergebnisse der modernen Wissenschaft, die Dialogunfähigkeit, gepaart mit Intoleranz gegenüber Andersgläubigen selbst der eigenen Religion, schließlich die Überzeugung, daß die Politik christlich sein müsse.

Der islamische Fundamentalismus – wenn man diesen aus dem US-Protestantismus des frühen 20. Jahrhunderts übernommenen Begriff überhaupt verwenden will – zeichnet sich dagegen durch folgende Merkmale aus – unabhängig davon, ob er sich in sunnitischer oder schiitischer Gestalt zeigt:

- Rückkehr zum Koran als unverfälschte Glaubensquelle.
- Orientierung am Frühislam, als die Einheit der islamischen Gemeinschaft, der *umma* noch Realität war.
- Die Errichtung einer islamischen Gemeinschaft, in welcher die *sharia* alle Bereiche des menschlichen Lebens regelt.
- Betonung der Gleichheit aller Gläubigen, Ablehnung von Hierarchie.

Noch stärker als andere Muslime fordern die islamischen Fundamentalisten die Einheit Gottes und die daraus resultierende Einheit der islamischen Gesellschaft.

Im Nahen Osten sind fundamentalistische Denker immer dann aufgetreten, wenn sich die islamische Welt in einer Krise befand. Zum Beispiel forderte der Theologe Ibn Taimiya (gest. 1328) eine Rückkehr zur Urgemeinde von Medina, nachdem er den Islam durch den Tatareneinfall von außen und spekulative Philosophie von innen gefährdet sah. Immer wieder gab es fundamentalistische Bewegungen in der islamischen Welt. Auch der Wahhabismus, die bis heute offizielle Religionsauffassung Saudi-Arabiens, war eine solche »pietistische« Reformbewegung gegen religiöse Neuerungen.

Der islamische Fundamentalismus unserer Tage ist im Unterschied zum christlichen vor allem eine späte Reaktion auf die Kolonialzeit. Anders als im christlichen Fundamentalismus werden technologische und ökonomische Neuerungen nicht kritisiert oder abgelehnt. Man wehrt sich lediglich gegen die sozialen Modernisierungen, die vermeintliche westliche »Unmoral« und »Unkultur«, die als Widerspruch zum Islam begriffen wird.

LITERATUR: Koranausgaben: Tilman Nagel: Der Koran. Einführung, Texte, Erläuterungen. München 1983. – Adel-Theodor Khoury: Der Koran. Gütersloh 1987. – Der Koran. Übersetzung von Rudi Paret. Überarbeitete Taschenbuchausgabe. 5. Aufl., Stuttgart u. a. 1989. – Kommentar und Konkordanz von Rudi Paret. 4. Aufl., Stuttgart 1989. Handwörterbuch des Islam. Leiden 1942. Neudruck 1979. – The Encyclopaedia of Islam. Neue Ausgabe. Leiden/London 1960 ff. – Monika Tworuschka: Die Rolle des Islam in den arabischen Staatsverfassungen. Walldorf/Hessen 1976. – Der Islam. Stuttgart u. a. 1980 – 90 (= Die Religionen der Menschheit, Bde. 25,1–3). – Tilman Nagel: Staat und Glaubensgemeinschaft im Islam. 2 Bde., Zürich 1981. – Peter Antes: Ethik und Politik im Islam. Stuttgart u. a. 1982. – Annemarie Schimmel: Und Mohammed ist sein Prophet. Köln 1982. – Michael Klöcker, Udo Tworuschka (Hg.): Ethik der Religionen. Lehre und Leben. Bde. 1–5, Göttingen/München 1984 – 86 (alle Islam-Artikel über: Sexualität, Arbeit, Gesundheit, Besitz und Armut, Umwelt von Monika Tworuschka). – Monika Tworuschka: Islam. Göttingen 1982 (= Religionen. Bd. 1). – Annemarie Schimmel: Mystische Dimensionen des Islam. Köln 1985. – Klaus Hock: Der Islam im Spiegel westlicher Theologie. Köln/Wien 1986. – Abdoldjavad Falaturi (Hg.): Der Islam in den Schulbüchern der Bundesrepublik Deutschland. 6 Bde., Braunschweig 1986–88. – Adel-Theodor Khoury (Hg.): Lexikon religiöser Grundbegriffe. Judentum, Christentum, Islam. Graz u. a. 1987. – Albrecht Noth: Früher Islam. In: Ulrich Haarmann (Hg.): Geschichte der arabischen Welt. München 1987, S. 11 – 100. – Abdoldjavad Falaturi: Der Islam – Religion der Rahma, der Barmherzigkeit. In: Ders., Jakob J. Petuchowski, Walter Strolz (Hg.): Universale Vaterschaft Gottes. Freiburg 1987, S. 67– 87. – Bayerische Landeszentrale für Politische Bildungsarbeit (Hg.): Weltmacht Islam. München 1988. – Heribert Busse: Die theologischen Beziehungen des Islams zu Judentum und Christentum. Darmstadt 1988. – Heinz Halm: Die Schia. Darmstadt 1988. – Olaf H. Schumann: Der Christus der Muslime. 2., durchgesehene und erweiterte Auflage, Köln/Wien 1988. – Dietrich Thyen: Bibel und Koran. Eine Synopse gemeinsamer Überlieferungen. Köln/Wien 2. Aufl. 1992. – Hans Zirker: Christentum und Islam. Theologische Verwandtschaft und Konkurrenz. Düsseldorf 1989. – Werner Ende, Udo Steinbach

(Hg.): Der Islam in der Gegenwart. 2. überarb. Aufl. 1989. – Eckart Ehlers u. a.: Der Islamische Orient. Grundlagen zur Länderkunde eines Kulturraumes. Köln 1990 (= Islam: Raum – Geschichte – Religion. Bd. 1). – Paul Schwarzenau: Korankunde für Christen. 2., erweiterte Aufl., Hamburg 1990. – Abdoldjavad Falaturi, Udo Tworuschka: Der Islam im Unterricht. 2.Aufl., Braunschweig 1992. – Monika und Udo Tworuschka (Hg.): Vorlesebuch Fremde Religionen. Bd. 1: Judentum – Islam. 2. Aufl., Lahr/Düsseldorf 1992. – Dies.: Kleines Lexikon Islam. Christen begegnen Muslimen. Konstanz 1992.

Monika Tworuschka

Daten zur Geschichte des Islam

569/570	Geburt Muhammads
622	Auswanderung Muhammads nach Medina; Beginn der islamischen Zeitrechnung
632	Tod Muhammads
632–661	Zeit der vier »Rechtgeleiteten Kalifen«
653	Endredaktion des Koran
657	Schlacht von Siffin; danach Herausbildung von Sunna/Schia
661–750	Omaiyadendynastie
680	Tod des Hussain bei Kerbela
719	Cordoba wird Residenz der arabischen Gouverneure in Cordoba
732	Schlacht von Tours und Poitiers
750–1258	Islamisches Reich unter den Abbasiden
8.–9. Jh.	Entstehung der islamischen Rechtsschulen
ab 8. Jh.	Entstehung des Sufismus
9. Jh.	Entstehung der wichtigsten Traditionssammlungen
870	Tod des Hadithsammlers Bukhari
873	Verschwinden des 12. Imams der Schia in die Verborgenheit
10.–13. Jh.	Hochblüte des Sufismus
973–1071	Fatimidendynastie in Ägypten
1037	Tod des Avicenna
1099	Kreuzfahrer erobern Jerusalem
1111	Tod des al-Ghazali
1135	Entstehung von Sufi-Bruderschaften und Sufi-Orden
1143	Erste westliche Koranübersetzung (Robert von Ketton)
1187	Rückgewinnung Jerusalems durch Saladin
1204	Eroberung Konstantinopels durch die Kreuzfahrer
1250–1517	Mamluken in Ägypten
ab 1301	Aufstieg der Osmanen
1453	Mehmet II. erobert Konstantinopel
ab 1502	Safawidendynastie in Persien
1529	Scheitern der 1. Belagerung Wiens
ab 1556	Mogulreich in Indien (Akbar) bis ins 18. Jahrhundert
1683	Scheitern der 2. Belagerung Wiens
1798–1801	Napoleons Ägyptenexpedition
19. Jh.	Durchdringung und Aufteilung Nordafrikas, des Nahen und Mittleren Ostens durch die Kolonialmächte Frankreich und England; außerdem: Auftreten wichtiger islamischer Reformer
1803	Ägypten löst sich unter Muhammad Ali vom Osmanischen Reich
ab 1849	Herrschaft der Wahhabiten in Arabien
1850	Singapur wird Zentrum des Islam in Ostasien
1858	Indien wird britische Kronkolonie
1881–1883	Mahdi-Aufstand im Sudan
1914	Das Osmanische Reich wird Verbündeter der Mittelmächte im Ersten Weltkrieg
1924	Abschaffung des Kalifats
ab 1946	Unabhängigkeit der meisten Staaten des Nahen und Mittleren Ostens
1962	Gründung der Liga der islamischen Welt
1972	Entstehung der Organisation der Islamischen Konferenz (OIC)
1979	Islamische Revolution im Iran

Türkei

Statistische Angaben
Von den 57 Millionen Einwohnern sind knapp 99 Prozent Muslime; ca. 80 Prozent sind Sunniten vorwiegend hanafitischer Rechtsschule (türkisch: *mezhep*), vor allem in der Südosttürkei aber auch schafiitischer Rechtsschule; 15 bis 20 Prozent sind Alewiten (esoterisch ausgerichtete Glaubensgemeinschaft, die sich zur Zwölfer-Schia bekennt). Die Türkei belegt Rang fünf der Staaaten mit hohem muslimischen Bevölkerungsanteil.

Historische Grundlagen
Der Islam beginnt Ende des 11. Jahrhunderts in Kleinasien dauerhaft Fuß zu fassen. 1071 schlagen die Truppen des Groß-Seldschuken Alp-Arslan (1063–1072) bei Manzikert (Vansee) die byzantinischen Streitkräfe und öffnen Anatolien turkmenischen Nomadenstämmen. Der Mongolensturm (1242–1243) zerschlägt die Macht der Seldschuken. Aus dem zusammenbrechenden Reich bilden sich Kleinfürstentümer, darunter das osmanische Emirat in Westanatolien unter Führung von Osman I. (1281–1326), dem Ahnherren der osmanischen Dynastie.

Um 1354 dringen osmanische Truppen erstmals weit auf europäisches Gebiet vor: 1389 besiegen die Osmanen auf dem Amselfeld (Kosovo) das serbische Heer; 1453 erobert Mehmed II. (1451–1481) Konstantinopel und benennt die Stadt in Istanbul um; 1460–1574 erringt das Osmanische Reich umfangreiche Gebietsgewinne auf dem Balkan, in Vorderasien sowie in Nordafrika und wird zur europäischen und nahöstlichen Großmacht.

1571 verliert das Osmanische Reich in der Seeschlacht bei Lepanto die Vorherrschaft im Mittelmeer; 1683 endet die zweite Belagerung Wiens (erste Belagerung 1529) mit der Niederlage am Kahlenberg; 1699 ist der Friede von Karlowitz der erste Vertrag in einer Reihe von Abkommen, bei denen das Osmanische Reich europäischen Boden preisgeben muß; 1839 setzt die Hohe Pforte Reformen zur Stärkung des Reiches ins Werk (türkisch: *tanzimat-i hayyrye*); bis 1913 gehen beinahe alle europäischen Besitzungen verloren; 1914 tritt das Osmanische Reich an der Seite der Mittelmächte in den Ersten Weltkrieg ein, im Oktober 1918 ist es besiegt, das Reich zerfällt.

England, Frankreich, Griechenland, Italien, aber auch Armenier schicken sich an, die anatolische Restmasse des Osmanischen Reichs unter sich aufzuteilen. Die Siegermächte diktieren den Osmanen im Vertrag von Sèvres (August 1929) einen Frieden, der den Türken nur noch ein Rumpfgebilde ohne eigene Souveränität als Staat zuerkennt. Unter Führung Mustafa Kemals (1881–1938) beginnen die Türken den nationalen Befreiungskampf (1919–1922), sie bringen ganz Anatolien sowie Ostthrazien mit Edirne unter ihre Kontrolle. Im Frieden von Lausanne (24. Juli 1923) erkennen die Alliierten die neuen Grenzen an. Am 29. Oktober 1923 wird die Republik ausgerufen und damit gleichzeitig offiziell das Sultanat abgeschafft.

Die Säkularisierung der türkischen Gesellschaft
Das Osmanische Reich war das letzte islamische Vielvölkerreich, in dem die Gemeinschaft der Gläubigen (arabisch: *umma*) über dem Konzept des Nationalstaates stand: Der Islam allein galt als das die Völker einigende Band, und das Kalifat war die Institution, die über alle Grenzen hinweg die Muslime zusammenfaßte. Die osmanische Dynastie hatte sich darauf berufen, den Kalifen-Titel 1517 bei der Eroberung Ägyptens von dem letzten abbasidischen »Schattenkalifen« übertragen bekommen zu haben. Im Prinzip mußten Politik und Gesetzgebung im Osmanischen Reich mit der *sharia*, dem islamischen Recht, übereinstimmen. Oberste Aufsicht führte der *Scheich-ül-Islam*.

Für den Republikgründer Mustafa Kemal, der 1934 mit dem Ehrentitel »Atatürk« (Vater der Türken) versehen wurde, trug der Islam die Hauptschuld am Verfall des Osmanischen Reichs. Im Islam sah Atatürk auch das größte Hindernis für seine ehrgeizigen Pläne, die Türkei politisch, sozial, wirtschaftlich und kulturell an Europa heranzuführen. An die Stelle des Islam trat als Staatsideologie ein des Islam entledigter türkischer Nationalismus. Atatürk verordnete eine konsequente Säkularisierung der Türkei:Im März 1924 wird das Kalifat abgeschafft; der letzte Kalif, Abdülmecid II., wird des Landes verwiesen. Die Ministerien für *sharia*-Angelegenheiten und religiöse Stiftungen sowie das Amt des obersten Geistlichen, des *Scheich ül-Islam* (türkisch *seyh ül-islam)* werden abgeschafft. Im April 1924 werden die Scheriatgerichte abgeschafft. Sämtliche Schulen des Landes werden dem Unterrichtsminister unterstellt. Dieser schließt als erstes die 479 höhe-

Gegenüberliegende Seite oben: Stammkloster des Mevleviya-Ordens in Konya.

Gegenüberliegende Seite unten: Hagia Sophia (Aya Sofya), Außenansicht.

Unten: Innenraum der Hagia Sophia (türkisch: Aya Sofya) in Istanbul. Nach der Eroberung Konstantinopels durch die Osmanen wurde die Kirche in eine Moschee umgewandelt.

ren Schulen für islamische Theologie (*medrese*). Zum Schulbeginn im Herbst 1924 wird der Religionsunterricht an den Gymnasien eingestellt; 1927 verschwindet er aus den Mittelschulen, 1930 aus den städtischen Schulen, 1938 aus den Dorfschulen. 1925 werden die Mausoleen (*türbe*) und Derwischkonvente (*tekke ve zaviye*) geschlossen, die mystischen Bruderschaften (*tarikat*) verboten. Damit soll der »Volksislam« ausgeschaltet werden. Islamische Mystiker (Sufis und Derwische) hatten im Osmanischen Reich eine bedeutende Rolle im religiösen Leben der Bevölkerung gespielt und verfügten auch bei Hofe über beträchtlichen Einfluß. Für Atatürk stellten die Derwisch-Orden all das dar, was er im traditionellen Volksislam verachtete: Reaktion, Aberglaube, Fanatismus. Die herausragenden Orden waren: *Mevleviya*, *Naqshbandiya* und der *Bektaschi*-Orden. Von den Derwischorden ging zum Teil erbitterter Widerstand gegen Atatürks Säkularisierung aus.

In Artikel 2 der Verfassung von 1924 steht: »Die Religion des türkischen Staates ist der Is-

Hayrettin Karaman
Hayrettin Karaman wurde 1934 im türkischen Corum geboren. Er besuchte die Volksschule in Erzurum. Einige Jahre später nahm er an Korankursen teil. 1944 begann er in Ahiska bei Server Efendi mit dem Studium der »Medrese-Wissenschaften«. Nach 1950 setzte er dieses Studium bei verschiedenen anderen Gelehrten fort und schloß es in Konya ab. Anschließend besuchte er die Imam-Hatip Schule in Konya, die er 1958 abschloß. 1958 ging er an die Islamische Hochschule in Istanbul (Yüksek Islam Enstitüsü), wo er auch die persische und arabische Sprache erlernte. 1963 schloß er seine Hochschulstudien ab und wurde an der Imam-Hatip Schule in Istanbul zum Berufsschullehrer ernannt. Im Jahr

1965 kehrte er an die islamische Hochschule in Istanbul als Assistent für *fiqh* (islamische Rechtswissenschaft) zurück. Bis 1982 lehrte er an den islamischen Hochschulen in Izmir und in Istanbul die Fächer »Islamische Rechtswissenschaft« (*fiqh*) und Quellen des Rechts (*usul al-fiqh*). Nachdem 1982 die islamischen Hochschulen zu theologischen Fakultäten umgewandelt worden waren, wurde er an der Theologischen Fakultät der Marmara-Universität in Istanbul Lehrbeauftragter für Islamische Rechtswissenschaft.

Im Januar 1984 promovierte er mit einer Dissertation »Erneuerung im islamischen Recht«. 1986 wurde er Dozent für die Fächer *kalam* (Theologie) und Islamische Rechtswissenschaft. Ende 1991 wurde er zum Professor ernannt. Hayrettin Karamans Schrifttum umfaßt rund 30 Bände. Zu seinen wichtigsten Büchern gehören: »Vergleichende islamische Rechtswissenschaft (5. Auflage 1990); »Grundzüge islamischer Rechtswissenschaft« (4. Auflage 1991); »Erneuerung in der islamischen Rechtswissenschaft« (4. Auflage 1986); »Die gegenwärtigen Probleme im Lichte des Islams« (1990–92). Einige Bücher sind auch in deutscher Übersetzung erschienen: »Versicherungs- und Bankwesen im Islam« (5. Auflage 1992); »Islam am Scheideweg« (6. Auflage 1989); »Imam-Rabbani und islamische Mystik« (4. Auflage 1992).

lam«. Dessenungeachtet wurden 1926 die auf der *sharia* fußenden Gesetzbücher durch europäische Gesetzgebungen ersetzt: durch das Schweizer Bürgerliche Gesetzbuch im Zivilrecht, das italienische Strafrecht und das deutsche Handelsrecht. 1928 wird Artikel 2 aus der Verfassung gestrichen.

Atatürks Reformen erstreckten sich auch auf die äußeren Anzeichen eines islamischen Staatswesens: 1925 muß der islamische Mondkalender dem Gregorianischen Kalender weichen; 1926 – 1928 wird die arabische Schrift durch das lateinische Alphabet ersetzt, das Tragen des Fes verboten; von 1932 an ist der Gebetsruf (*ezan*) anstatt auf Arabisch nur noch auf Türkisch erlaubt (Anfang der 50er Jahre rückgängig gemacht); 1934 wird der Sonntag anstelle des Freitags zum wöchentlichen Feiertag. 1937 werden die sechs Prinzipien des »Kemalismus« in die Verfassung aufgenommen: a) Republikanismus, Gründung eines republikanischen Regimes, b) Populismus, Gleichheit der Bürger; c) Nationalismus, Errichtung eines türkischen Nationalstaats; d) Etatismus, bestimmende Rolle des Staates in der Wirtschaft; e) Reformismus, permanente dynamische Umformung von Staat und Gesellschaft; f) Laizismus, Trennung von Staat und Religion. Mitte der 40er Jahre scheint das Konzept der säkularisierten Türkei verwirklicht. Der Islam ist weitgehend aus dem öffentlichen Leben verdrängt, jeglicher offene Widerstand gegen den Laizismus gebrochen.

Die Wiederbelebung des Islam

Ende der 40er Jahre setzt eine erkennbare Wiederbelebung des Islam ein. Verantwortlich dafür ist vor allem die im Mai 1945 angekündigte und bei den ersten freien Parlamentswahlen im Mai 1950 vollzogene Abkehr vom Einparteienstaat und die Etablierung eines Mehrparteiensystems.

Das Bildungssystem wird reislamisiert. Die ersten Revisionen des kemalistischen Säkularisierungskonzepts fallen noch in die Regierungszeit der auf Atatürk zurückgehenden Republikanischen Volkspartei (*Cumhuriyet Halk Partisi*/CHP). 1948 wird an den Grundschulen der freiwillige Religionsunterricht eingeführt, in den Jahren darauf folgen die städtischen Schulen, die Mittelschulen und die Gymnasien. (Nach Artikel 24 der Verfassung von 1982 ist der Religionsunterricht für alle muslimischen Schüler in den Primar- und Sekundarstufen verbindlich.) 1949 wird die seit dem Lehrjahr 1932/33 unterbrochene Ausbildung islamischer Geistlicher und Gelehrter wieder aufgenommen. In Ankara wird per Gesetz die erste Theologische Fakultät eingerichtet; gegenwärtig gibt es acht: an der Marmara-Universität in Istanbul, in Samsun, Izmir, Erzurum, Kayseri, Konya, Ankara und Bursa mit zusammen mehr als 8 200 Studenten. Die Theologischen Fakultäten unterstehen dem Amt für Höhere Bildung (*Yüksek Ögretim Kurumu*), das die Kontrolle über den gesamten Lehrkörper in der Türkei ausübt. Unter der Regierung des 1961 hingerichteten Adnan Menderes (Demokratische Partei/DP) werden 1951 die Imam-Hatip-Schulen neu eröffnet. Diese Schulen sind als zweistufige, weiterführende Bildungseinrichtungen konzipiert. Nach vier Jahren Grundstudium können die Schüler mit Mittelschulabschluß ausscheiden und als Imam, Prediger und Koranlehrer arbeiten, oder sie können eines der gegenwärtig 383 Imam-Hatip-Gymnasien besuchen. Im Schuljahr 1990/91 besuchten 100 687 Schüler diese seit 1983 als höhere Berufsschule anerkannten Gymnasien, deren Abschluß zum Universitätsstudium aller Fächer berechtigt.

Seit 1971 gibt es Korankurse, die unter der Aufsicht des Präsidiums für Religiöse Angelegenheiten (*Diyanet Isleri Baskanligi*/DIB, vormals *Diyanet Isleri Reisligi*/DIR) stehen. Mit den jährlich etwa 5 000 offiziellen Kursen konkurrieren in zunehmendem Maße zahlreiche inoffizielle Kurse

Istanbul, Blaue Moschee (Sultan Ahmet Camii).

antikemalistischer Orden und Gruppen (*Nurculuk*, *Süleymancilik* und *Naqshbandi*), die in der gesamten Türkei ca. 400 illegale Koranschulen und Internate mit weit über 100 000 Schülern betreiben.

Artikel 68 der Verfassung von 1982 verbietet die Gründung religiöser Parteien, die im Widerspruch zu den säkularen Prinzipien der Republik stehen. Darüber hinaus stellen die Artikel 163, 241 und 242 des türkischen Strafrechts die Anwendung der Religion zu politischem und privatem Vorteil unter Strafe. Insgesamt fünf Parteien wurden seit Errichtung der Republik wegen Verletzung dieser Gesetze verboten, darunter die Volkspartei/MP und die Nationale Heilspartei/MSP.

Bei drei der gegenwärtig in der türkischen Nationalversammlung vertretenen Parteien (Wahl vom 20. Oktober 1991) spielten religiöse Themen und Parolen während des Wahlkampfs eine wichtige Rolle: DYP/Partei des rechten Weges (Süleyman Demirel), ANAP/Mutterlandspartei (Mesut Yilmaz) und RP/Wohlfahrtspartei (Necmettin Erbakan).

Staatsislam und gegenwärtige Lage

Im Gegensatz zu den westlichen säkularen Staaten besitzen die religiösen Organisationen in der Türkei keine interne Autonomie. Die kemalistische Variante des Säkularismus (*laiklik*) bedeutet eine umfassende staatliche Kontrolle aller offiziellen religiösen Institutionen und Bewegungen. Als oberste Aufsichtsbehörde fungiert das Präsidium für Religiöse Angelegenheiten (DIB), das 1924 neben dem Generaldirektorium für Religiöse Stiftungen (*Vakiflar Genel Müdürlügü*) als Ersatz für das Amt des *Scheich ül-Islam* gegründet wurde. Sein Vorsitzender, der vom Ministerpräsidenten vorgeschlagen und vom Staatspräsidenten ernannt wird, ist die höchste islamische Autorität in der Türkei. 1989 unterstanden ihm 50 814 Imame, die gemäß eines 1970 verabschiedeten Gesetzes Beamte sind.

Vier Gruppen entziehen sich weitgehend dem Einfluß des offiziellen Islam:

a) Die schiitischen Alewiten, die mit 15–20 Prozent Bevölkerungsanteil eine beachtliche Minderheit stellen, fühlen sich vom staatlich-religiösen Regelwerk kaum angesprochen, da dieses weitgehend am sunnitisch-orthodoxen Islam ausgerichtet ist. Ob der jahrhundertelangen Spannungen mit den Sunniten hatten viele Alewiten in den vergangenen Jahrzehnten das kemalistische Säkularisierungskonzept unterstützt.

b) Die *Naqshbandi*, ein auf Baha ud-Din Naqshb and (gest. 1390 im mittelasiatischen Buchara) zurückgehender Derwischorden sunnitisch-orthodoxer Prägung. Die Bruderschaft ist im gesamten Land weit verbreitet, unterhält eigene Moscheen und Koranschulen und praktiziert nach wie vor ihre seit 1925 verbotenen rituellen Zusammenkünfte (*zikir*). Dem Orden wird ein großer politischer Einfluß nachgesagt.

c) Die *Nurculuk* (wörtlich: Schüler des Lichts) gehen auf den kurdischen Naqshbandi-Scheich Said-i Nursi (gest. 1960) zurück. Sie treten für eine stärkere Rückbesinnung auf Koran und Sunna unter Berücksichtigung naturwissenschaftlicher Erkenntnisse ein.

d) Die *Süleymancilik* leiten sich ebenfalls von einem Naqshbandi-Scheich ab, Süleyman Hilmi Tunahan (gest. 1959), sie gelten als religiös-konservative Vereinigung.

Seit 1960 hat das Militär in der Türkei dreimal die Macht übernommen (27. Mai 1960, 12. März 1971, 12. September 1980). Als einer der Hauptgründe wurde jedesmal die Wahrung des kemalistischen Erbes genannt, zu dem vor allem der Säkularismus Atatürkscher Prägung gehört. Der Islam hat aber trotz aller Restriktionen mehr und mehr an Bedeutung gewonnen. 1976 wurde die laizistische Türkei Vollmitglied der Islamischen Konferenz; 1983 erließ Ministerpräsident Turgut Özal ein Gesetz, das die Gründung islamischer Banken erlaubt, 1987 hob er die Beschränkung auf, wonach jeder Türke nur einmal nach Mekka pilgern darf. Özal war auch der erste Regierungschef der modernen Türkei, der selber zur *hajj* nach Mekka aufbrach. Während seiner Regierungszeit (1983–1989) erfuhr der Islam eine deutliche Aufwertung. Özal setzte damit gewissermaßen eine Tradition türkisch-konservativer Regierungschefs der Nachkriegszeit fort: Je weniger es der Regierung gelingt, die wirtschaftlichen Schwierigkeiten zu meistern und die Hoffnung auf Wohlstand zu erfüllen, desto mehr versucht sie, ihre Klientel mit immateriellen Zugeständnissen zufrieden zu stellen. Das heißt: das kemalistische Laizismuskonzept wird immer mehr aufgeweicht. In der Türkei herrschen teilweise die gleichen sozialen und wirtschaftlichen Bedingungen, die in anderen Staaten des Nahen Ostens den islamistischen Gruppen Enttäuschte und Hoffnungslose zutreiben. Sollte sich die wirtschaftliche Lage des Landes verschlechtern, ist eine Zunahme islamistischer Gruppen nicht auszuschließen.

LITERATUR: Jacob Landau: Radical Politics in modern Turky. Leiden 1974. – Binnaz Topark: Islam and political development in Turkey. Leiden 1981. – Jochen Blaschke, Martin Van Bruinessen (Hg.): Islam und Politik in der Türkei. Berlin 1989.

Reinhard Baumgarten

Iran

Statistische Angaben

Nach offiziellen Angaben sind 92 Prozent der iranischen Bevölkerung Zwölfer-Schiiten oder *Jaafariten* (nach dem sechsten Imam Jafar as-Sadiq), doch ist diese Zahl vielleicht etwas zu hoch gegriffen. Schiiten sind das iranisch (persisch) sprechende Gros der Bevölkerung sowie die aserbeidschanischen Türken im Nordwesten und die Araber im Südwesten, Sunniten sind dagegen die Minderheiten der Balutschen im Südosten, der Kurden im Westen und der Turkmenen im Nordosten des Landes. Unter den Kurden ist zudem die extremschiitische Sekte der *Ahl-i haqq* (»Anhänger der Wahrheit«) verbreitet.

Nach Artikel 1 der Verfassung von 1979 ist »der iranische Staat eine Islamische Republik«. »Die offizielle Religion des Iran ist der Islam und die jaafaritische Rechtsschule, die Schule der Zwölfer-Schia« (Artikel 12). Die vier sunnitischen Rechtsschulen und die Schule der zaiditischen Schiiten

Ruhollah al-Musawi Khumaini

Ruhollah (arabisch/persisch »Geist Gottes«) Khumaini wurde 1902 geboren. Er erhielt eine traditionell schiitisch-religiöse Erziehung und galt als Experte in religiösen Fragen. Khumaini erwarb den Titel eines *mujtahids* und erhielt den Würdetitel *ayatollah*. Seine Opposition gegen das Schahregime, die bereits in die Regierungszeit vom Vater des letzten Schahs zurückreichte, galt später insbesondere der Weißen Revolution (1963), die er als prowestlich und anti-iranisch begriff. Energisch kritisierte er die Beziehungen des Irans zum westlichen Ausland. Zu einem endgültigen Bruch mit der Regierung des Schahs kam es bei der Unterzeichnung jenes Abkommens, das US-Bürgern Immunität vor iranischen Gerichten garantierte. Khumaini mußte den Iran verlassen, lebte mehrere Jahre im Ausland, bis er 1979 als Führer der Islamischen Revolution den Schah stürzte. Dabei kam ihm die Tatsache zugute, daß die Geistlichkeit sich an die Spitze der Opposition stellte und ihre Möglichkeiten zur Mobilisierung der Massen nutzte.

In seinen Schriften beschäftigte sich Khumaini vor allem mit der Frage nach der geeigneten Regierungsform bis zur Ankunft des *mahdi*: Die Kontrolle über die Rechtmäßigkeit einer vorläufigen Regierung, deren Oberhaupt sich in religiösen Fragen auskennen und Gerechtigkeit walten lassen soll, liegt bei den Theologen. Die Regierung eines islamischen Staates muß in dieser Zeit durch anerkannte Rechtsgelehrte oder einen Rat solcher Gelehrten kontrolliert werden. Diese haben die Regierungsgewalt inne und sind Herren der Rechtsprechung. Das Prinzip des *welayat-i faqih* (Regierungsgewalt durch Theologen) wurde auch in der Verfassung der Islamischen Republik verankert, die von einer zu großen Teilen aus Geistlichen bestehenden »Expertenversammlung« entworfen worden war (1979). Darüber hinaus sah die Verfassung einen aus 12 Geistlichen bestehenden Wächterrat vor.

Viele der in der Khumaini-Ära erlassenen Bestimmungen riefen nicht nur im Ausland, sondern auch bei Muslimen Kritik hervor. Dazu gehören: die unbarmherzige Unterdrückung jeglicher Opposition; Menschenrechtsverletzungen; einseitige Einführung des islamischen Strafrechts; Wiederverschleierung der Frauen. Khumaini selbst rief im Westen durch sein im Februar 1989 verkündetes Todesurteil gegen den Autor der »Satanischen Verse«, Salman Rushdie, große Empörung hervor. Der greise *ayatollah*, der in der letzten Zeit eher im Hintergrund des politischen Geschehens stand, starb am 3. Juni 1989.

LITERATUR: Heinz Nußbaumer: Khomeini. München 1979. – Nikki R. Keddie, E. Hooglund (Hg.): The Iranian Revolution and the Islamic Republic. Syracuse 1986.

werden ohne Einschränkung anerkannt (Artikel 12); Zoroastrier, Juden und Christen »können völlig frei ihre religiösen Pflichten im Rahmen des Gesetzes ausüben. Die Personenstandsangelegenheiten und die religiöse Erziehung erfolgen nach der entsprechenden eigenen Religion« (Artikel 13). Die Ende des 19. Jahrhunderts aus der Zwölfer-Schia hervorgegangene Religionsgemeinschaft der Bahais genießt den Minderheitenschutz der Verfassung nicht; da die Bahais eine Offenbarung Gottes nach der Sendung Muhammads annehmen, gelten sie als islamische Renegaten und werden verfolgt.

Geschichte

Iran ist erst in der Neuzeit schiitisiert worden. Seit der arabisch-islamischen Eroberung in der Mitte des 7. Jahrhunderts war das Land überwiegend sunnitisch. Eines der ältesten Zentren der im Irak entstandenen Schia war jedoch die Stadt Qom, eine Neugründung schiitischer Araber aus dem irakischen Kufa. Im 11. und 12. Jahrhundert lagen die Zentren der Schia in den nordwestiranischen Städten Rey (südlich von Teheran), Qazvin, Abeh, Varamin, Qom und Kashan, im Osten in Sabzavar, Nishapur und Tus (beim heutigen Mashhad). Erst die aus Aserbeidschan stammende Schah-Dynastie der Safawiden (1501–1732) hat mit ihrem Übertritt zur Zwölfer-Schia den religiösen Wandel eingeleitet. Mit Hilfe von ins Land gerufenen arabischen Religionsgelehrten aus dem Libanon, dem Irak und von der arabischen Golfküste wurde die Schiitisierung der Städte planmäßig vorangetrieben, bis sich Ende des 17. Jahrhunderts in etwa die noch heute herrschenden Verhältnisse konsolidierten.

Unter den Safawiden begann auch die Herausbildung jener klerusähnlichen Hierarchie der »Religionsgelehrten« (*ulama*, Singular: *alim*), die heute das geistige wie das politische Leben Irans dominiert. Als einzige legitime Erben des Propheten Muhammad und damit als die wahren Oberhäupter (*imam*) der islamischen Gesamtgemeinde (*umma*) erkennen die Schiiten nur die direkten leiblichen Nachkommen Muhammads aus der Linie seines Enkels Husain an. Der elfte Imam war im Dezember 873 oder Januar 871 anscheinend kinderlos gestorben, doch glauben die Schiiten an die Existenz eines Sohnes des zwölften Imams namens Ahammad, der damals in kindlichem Alter verborgen worden sei, um ihn dem Zugriff der feindlichen Obrigkeit (des Bagdader Kalifen) zu entziehen. Seitdem ist der zwölfte Imam »abwesend« (*ghaib*), er weilt heimlich auf der Erde, um dereinst siegreich als der »Rechtgeleitete« (*mahdi*) wieder hervorzutreten und die ihm allein zustehende Leitung der *umma* zu übernehmen. Während seiner »Abwesenheit« (*ghaiba*) vertritt das Kollektiv der schiitischen Religionsgelehrten den verborgenen zwölften Imam und nimmt stellvertretend dessen Vorrechte wahr: Leitung des Gebets, Freitagspredigt, Auslegung und Anwendung des islamischen Gesetzes (*sharia*), Führung des *jihad*, Erhebung und treuhänderische Verwaltung des vom Koran (Sure 8, 41) als eine Art Einkommensteuer vorgeschriebenen Fünft (*khums*), seit der Revolution von 1979 auch die direkte Regierung des Landes. Artikel 5 der Verfassung Irans hebt die Vorläufigkeit der Islamischen Republik »während der Abwesenheit des entrückten zwölften Imams« ausdrücklich hervor.

Die außergewöhnliche Stellung des Gelehrtenstandes in Iran beruht auf der Theorie des *ijtihad* (Sich-Anstrengen), des gelehrten Raisonnierens auch in Fragen der Religion. Die schiitische Tradition bewahrt rationalistische Züge aus der Frühzeit des Islam, die bei den Sunniten weitgehend zurückgedrängt worden sind: dem menschlichen »Verstand« (*aql*) werden in allen Fragen des reli-

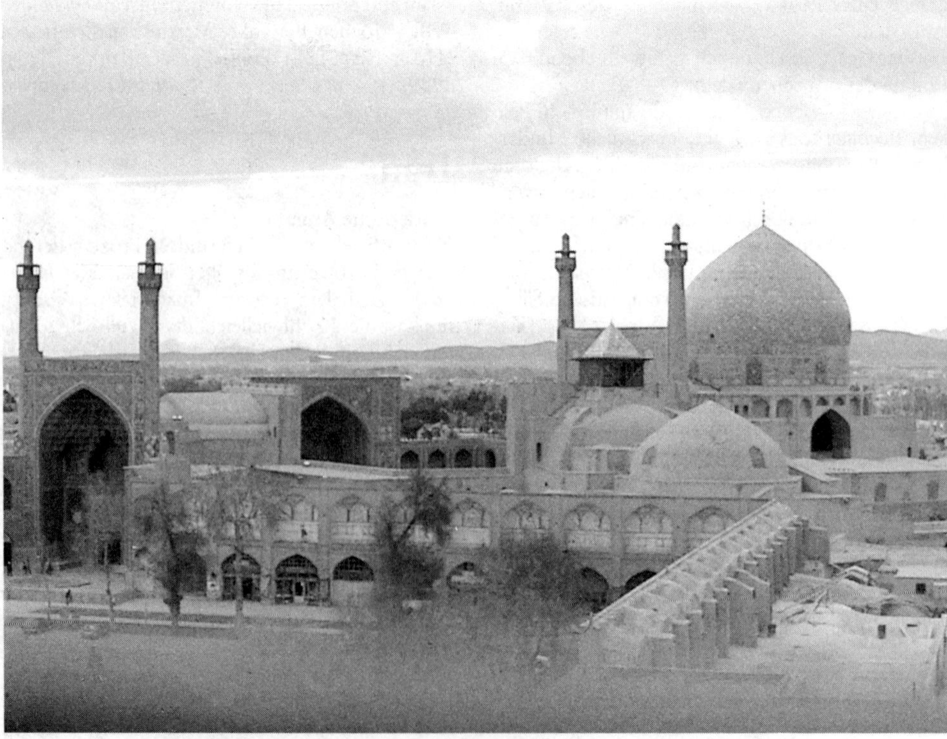

Isfahan, Mejid-i-Shah-Moschee (Königsmoschee oder Blaue Moschee, errichtet 1612/13).

giösen und gesellschaftlichen Lebens weite Spielräume der freien Entscheidung eingeräumt, soweit nicht direkte Vorschriften der Offenbarung (des Koran) und der Aussprüche des Propheten und der Imame dem entgegenstehen. Befugt sind zu diesem Raisonnieren allerdings nur wenige, durch Studium qualifizierte Spezialisten, an deren Entscheidungen sich die Masse der einfachen Gläubigen wie auch das Gros des »niederen Klerus« orientiert. Der Spezialist, der für die Ausübung des *ijtihad* qualifiziert ist, der *mujtahid*, trägt also die Verantwortung für die Gläubigen, die sich seiner geistigen Leitung in nachahmendem Gehorsam (*taqlid*) anvertrauen. Die Entscheidungen des *mujtahid* sind fehlbar, da sie auf den menschlichen Intellekt gegründet sind; Entscheidungen zweier *mujtahids* können also einander widersprechen; sie sind zudem jederzeit revidierbar. Unfehlbar (*masum*) – »gefeit«, und zwar »gegen Irrtum und Sünde« – sind nur der Prophet, seine Tochter Fatima und die zwölf Imame. Die Zahl der *mujtahids* ist seit Beginn des 19. Jahrhunderts stark angestiegen; waren es zu Beginn des Jahrhunderts nur etwa ein Dutzend und in der zweiten Jahrhunderthälfte rund 175, so sind es heute mehrere hundert (gegenüber etwa 100 000 einfachen *ulama*).

Die Bezeichnung für den Religionsgelehrten ist *akhund* oder *molla* (von arabisch *maula*, »Herr«; etwa: Hochwürden), neuerdings auch *ruhani* (Geistlicher). Unter den höchsten Klassen, den *mujtahids*, hat sich erst in den letzten Jahren eine Hierarchie ausgebildet, die durch besondere Titel ausgezeichnet wird; man steigt vom *hujjat ol-islam* (Beweis des Islam) auf zum *ayatollah* (Wunderreichen Gottes) oder gar zum *ayatollah ol-ozma* (höchsten Wunderzeichen Gottes). Eine institutionalisierte Spitze der Hierarchie gibt es nicht, wenn auch von Zeit zu Zeit sich spontan eine allgemein – auch außerhalb des Iran – anerkannte höchste Autorität (*marjat-i taqlid*) durchsetzt, die aber mit dem Tod des Betreffenden endet. In diesem Jahrhundert waren solche höchsten Autoritäten der 1962 gestorbenen Borujerdi und der Revolutionsführer Khumaini.

Die Zugehörigkeit der einfachen Gläubigen zu einem *mujtahid* ist in der Regel eine Frage des Wohnsitzes; die *ayatollahs* sind lokale oder regionale Autoritäten. In die Verfassung der Islamischen Republik sind sie eingebunden durch die Regelung, daß die »Führungsbefugnis« (*welayat-i amr*) in Abwesenheit des zwölften Imams dem jeweils hervorragendsten Rechtsgelehrten als dem »Führer« (*rahbar*) zusteht (Artikel 5); dieses Prinzip der »Amtsbefugnis des (höchsten) Rechtsgelehrten« (*welayat-i faqih*) ist eine Neuerung der von Khumaini geschaffenen revolutionären Ideologie. Der *rahbar* kann auch durch einen kollektiven »Führungsrat« (*shura-yi rahbari*) ersetzt werden. Ein aus *mujtahids* und weltlichen Juristen zusammengesetzter »Wächterrat« (*shura-yi negahban*) überwacht die Vereinbarkeit aller Gesetze mit der *sharia* (Artikel 91).

Die von den Gelehrten (*ulama*) tradierte und weiterentwickelte Ordnung ist stark rationalistisch und juristisch geprägt. Daneben hat die Schia im Iran eine gefühlsbetonte Komponente, die sich vor allem in den volkstümlichen Riten und Festen manifestiert. Nach schiitischer Auffassung sind die elf ersten Imame alle Opfer staatlicher Verfolgung gewesen und gelten deshalb als Märtyrer (*shahid*), besonders der 680 bei Kerbela am Euphrat getötete Prophetenenkel Husain. Die schiitische Religiosität ist geprägt durch eine starke Passionsstimmung, die sich im Weinen um die Imame, aber auch in der Selbstanklage wegen der kollektiven Mitschuld der Schiiten an deren unverschuldetem Leiden äußert. Das Hauptfest der Schiiten ist *ashura* (der Zehner), der zehnte Tag des Monats *muharram*, der Tag von Husains Martyrium, des-

Imame der Schia

(angegeben ist jeweils das Todesdatum)

1. Ali ibn Abi Talib (661)

2. Hasan (669) — 3. Husain (680)

4. Zain al-Abidan (712/13)

Zaid (739) — 5. Muhammad al-Baqir (731)
(Fünferschiiten)

(Zaiditen) — 6. Jafar as-Sadiq (765)

Ismail (760) — 7. Musa al-Kazim (799)
(Siebenerschiiten)

(Ismailiten) — 8. Ali ar-Rida (818)

9. Muhammad at-Taqi (830)

10. Ali an-Naqi (868)

11. Hasan al-Askari (873/74)

12. Muhammad al-Mahdi
(874, entrückt)
(Zwölferschiiten/Imamiten/Jaafariten)

Unten:
Grabmoschee des Imam Reza in Mashhad.

Ali Shariati

Ali Shariati wurde 1933 als Sohn eines Theologen in der iranischen Stadt Mazinan geboren. Bei seinem Vater, einem bekannten Gelehrten und Mitbegründer des »Zentrums für die Verbreitung der islamischen Botschaft« in Mashhad, erwarb Shariati früh Kenntnisse in islamischer Religion und arabischer Sprache.

Nach dem Ende der Gymnasialzeit absolvierte Shariati einen zweijährigen pädagogischen Grundkurs, der es ihm ermöglichte, in den Ferien als Dorflehrer zu unterrichten. Neben seiner Arbeit und seinem Studium entwickelte Shariati bald erstaunliche Fähigkeiten als Redner. Auch begann er, politisch tätig zu werden. Eines seiner ersten religiösen Vorbilder war der Prophetengefährte Abu Dharr, dessen Biographie er übersetzte. Für Shariati ist Abu Dharr, in dem manche heutigen Muslime einen frühen islamischen Sozialisten sehen, der Inbegriff eines sozial engagierten Wahrheitssuchers. Nach dem Sturz der Mossadeq-Regierung trat Shariati in die nationale Widerstandsbewegung ein, wurde 1958 verhaftet und saß acht Monate im Gefängnis. Nach seiner Entlassung beendete er sein Studium an der Universität Mashhad und erhielt als Bester seines Semesters ein Auslandsstipendium. 1959 ermöglichte ihm dieses die Fortsetzung seiner Studien in Frankreich. Während seiner Zeit an der Pariser Sorbonne, in der er auch Kontakte zu Führern des algerischen Widerstands pflegte und Frantz Fanons berühmtes Buch »Die Verdammten der Erde« in das Persische übersetzte, hatte er Kontakt zu Widerstandsgruppen gegen das Schah-Regime. Nach seiner Rückkehr in den Iran (1965) wurde er verhaftet, jedoch unter dem Druck seiner ausländischen Freunde wieder freigelassen. Das Kultusministerium verschaffte ihm eine Stelle als Landschullehrer, um ihn von den Zentren des Widerstandes fernzuhalten. Schließlich fand Shariati – zeitweise – eine Anstellung an der Universität. Von 1970 bis 1973 hielt er Seminare an der religiösen Begegnungsstätte »Husseinije Ershad« über die gesellschaftlichen Lehren des Islam. Abermals wurde er für

sen die Schiiten mit Passionsspielen (*taziyeh*) und Prozessionen gedenken, bei denen Geißler auftreten, die sich mit Peitschen oder Schwertern Wunden beibringen. Die Zulässigkeit solcher Bußübungen ist unter den *ulama* umstritten; in der Islamischen Republik sind sie eigentlich verboten, werden aber geduldet.

Neben dem allgemein islamischen mekkanischen Wallfahrtsritual (*hajj*) pflegen die Schiiten den »Besuch« (*ziyara*) der Gräber des Propheten Muhammad in Medina, der ersten elf Imame und zahlreicher »Imam-Abkömmlinge« (*imam-zadeh*), die als lokale Heiligengräber mit besonderem, wundertätigem Charisma (*baraka*) das ganze Land überziehen. Von den Imam-Gräbern liegt allerdings nur eines auf iranischem Territorium: das des 818 gestorbenen achten Imams Ali ar-Rida (persisch: Reza) in Mashad; dessen Schwester Fatima-ye-Masumeh (nicht zu verwechseln mit der gleichnamigen Tochter des Propheten) liegt im Qom begraben. Die meisten anderen Imam-Gräber liegen im Irak, dem Ursprungsland der Schia: an-Najaf und Kerbela am Euphrat, al-Kazimiya bei Bagdad und Samarra am Tigris (die Imam-Gräber in Medina sind von den saudischen Wahhabiten zerstört worden).

Iran ist nicht erst seit der Islamischen Revolution der geistige und politische Orientierungspunkt für die ihm benachbarten Länder mit schiitischen Bevölkerungsmehr- oder -minderheiten: Südirak, die Republik Aserbeidschan, Afghanistan, Pakistan sowie die schiitischen Bevölkerungsinseln im Südlibanon und in Nord- und Südindien.

LITERATUR: Yann Richard: Die Geschichte der Schia im Iran. Grundlagen einer Religion. Berlin 1983. – Moojan Momen: In Introduction to Shi'i Islam. New Haven/London 1985. – Roy Mottahedeh: Der Mantel des Propheten oder Das Leben eines persischen Mullah zwischen Religion und Politik. München 1985. – Heinz Halm: Die Schia. Darmstadt 1988.

Heinz Halm

Afghanistan

Afghanistan ist bis auf einige tausend Hindus, Sikhs und wenige hundert Juden ein rein islamisches Land. Die ersten Kontakte mit dem Islam stammen aus dem Jahre 652, als die arabischen Truppen Herat und Sistan eroberten. Laut Sage der Paschtunen bestand dieser Kontakt bereits zu Lebzeiten Muhammads, den ihr Stammvater aufgesucht haben soll. Auch wird behauptet, daß die Paschtunen arabischer Abstammung sind. Sicher ist lediglich die Anwesenheit einer arabischen Minderheit in Afghanistan. Daß der vierte Kalif Ali ibn Abi Talib in Mazar-i Sharif begraben liegt, gehört ebenfalls zur Legende. Der dortige Schrein gilt als wichtigstes Heiligtum des Landes, von dem die Gläubigen Heilung bei Krankheiten und Hilfe in seelischer und materieller Not erhoffen.

Die Muslime dürften in den Gebieten des heutigen Afghanistan auf Buddhisten und Hindus gestoßen sein, woraus sich gewisse Parallelen in der Entwicklung des Islam in Afghanistan und im heutigen Pakistan erklären lassen. Eigentlich bildete diese Region seit jeher eine kulturelle Einheit. Zudem kam ab 1001 die zweite islamische Invasionswelle nach Indien über Afghanistan, die, anders als die erste, nicht von den Arabern, sondern von den islamisierten Völkern aus Zentralasien getragen wurde.

Die Afghanen sind vorwiegend Sunniten und gehören der hanafitischen Rechtsschule an. Die Schiiten, in erster Linie Angehörige der Zwölfer-Schia, stellen mit ihren 15–20 Prozent der Bevölkerung eine Minderheit dar. Eine kleine Gruppe von Ismailiten lebt in der Pamir-Region. Die letzte »heidnische« Enklave, der man den Namen Kafiristan (Land des Unglaubens) gegeben hatte, wurde um 1890 islamisiert und wird seither Nuristan (Land des Lichtes) genannt. Der Islam gilt als die nationale Religion. Die Verfassung von 1964 hob ihn zur Staatsreligion und machte die hanafitische Rechtsschule zum Maßstab. Dies wurde nach dem Staatsstreich von 1973 in der republikanischen Verfassung (1977) dahingehend abgeschwächt, daß lediglich ein Bekenntnis zu den »Grundprinzipien der heiligen Religion Islam« übrigblieb. Die sozialistischen Machthaber erwähnten in ihren »Grundlegenden Prinzipien der Demokratischen Republik Afghanistan« (1980) den Islam lediglich als eine heilige Religion, die beachtet werden sollte. Unter dem Druck von *Mujahidin*, die gegen das Regime in Kabul einen erbitterten Krieg führten, wurde der Islam in der Verfassung von 1987 als Staatsreligion aufgenommen. Nach der Machtübernahme durch die *Mujahidin* im Mai 1992 wird erwartet, daß in Afghanistan der »Islamische Staat« ausgerufen wird, der wohl kaum nach dem iranischen oder dem pakistanischen Muster ausfallen dürfte. Er wird vielmehr der afghanischen tribalen Gesellschaft Rechnung tragen müssen.

Die Macht der Stammesoberhäupter (*malik*, *khan*) ist ungebrochen und rangiert über den Befugnissen der religiösen Autoritäten (*mulla*, *maulawi*). Obwohl seit längerem im Lande die islamische Gerichtsbarkeit besteht, spielt das Gewohnheitsrecht (*riwaj*, *adat*) weiterhin eine maßgebliche Rolle. Bei den Paschtunstämmen herrscht überdies das *pashtunwali*, womit die Summe aller Werte und daraus entwickelten Normen gemeint ist, die die paschtunische Lebensart ausmachen. Es steht häufig im Gegensatz zum islamischen Recht und wird deshalb von den Klerikalen verworfen. Diese werden wohl ihre gewachsene Macht dafür einsetzen, daß die *sharia* nicht nur zum Staatsrecht proklamiert, sondern auch tatsächlich nach ihr Recht gesprochen wird. Die Kollision zwischen den Stammesoberen und der Geistlichkeit ist damit vorprogrammiert.

Das afghanische Volk ist fromm, und im allgemeinen werden die islamischen Ge- und Verbote streng beachtet. Der Gebetsverrichtung wird höchste Priorität eingeräumt, ebenso ist das Fasten im Ramadan eine Selbstverständlichkeit. Der Befolgung des Alkoholverbots ist es zuzuschreiben, daß trotz vorzüglicher Rebenproduktion im Lande kein Wein hergestellt wird. Beim Opium ist es anders, weil dafür im Islam kein Verbot existiert. Außerdem spielt da der Einfluß von Pseudo-Mystikern (*malanj*) eine Rolle, die Haschisch und andere Drogen nehmen.

Der afghanische Islam ist vom Sufismus stark beeinflußt, und die Mystikerorden (*tariqa*) genießen bei der Bevölkerung hohes Ansehen. Auf dem Lande hat fast jede Familie einen persönlichen spirituellen Lehrer (*pir*, *murshid*). Die Mystikergräber stehen im Mittelpunkt der Volksfrömmigkeit. Ebenso wie in Indien hat die Orthodoxie in Afghanistan auf dem »Volksislam« reagiert. Viele der afghanischen Schriftgelehrten wurden in Indien und Pakistan ausgebildet, wo sie mit den Lehren von Shah Wali Allah in Verbindung kamen. In neuerer Zeit absolvierten einige von ihnen ihr Studium in Mekka, weshalb man sie als *wahhabi* bezeichnet, oder in Kairo (al-Azhar-Universität). Zu ihnen gehörten einige der *Mujahidin*-Führer, die sicherlich ihren Einfluß zugunsten der Orthodoxie einsetzen werden.

Bis auf eine Vereinigung der Schriftgelehrten (*Jamiyat al-ulama*), die 1931 auf Regierungsinitiative gegründet wurde, gab es vor dem Sturz des Königs (1973) keine religiösen Gruppierungen in Afghanistan. Im Widerstand zum sozialistischen Regime entstanden gleich mehrere religiöse *Mujahidin*-Parteien, die wohl in der nachrevolutionären Ära Bestand haben dürften. Es sind: a) *Hizb-i islami*, die in zwei Fraktionen gespalten ist und von der pakistanischen *Jamaat-i islami* unterstützt wird; b) *Jamiyat-i islami* und c) *Harakat-i inqilab-i islami* und d) die Partei der Schiiten: *Hizb-i wahdat.*

LITERATUR: Harald Einzmann: Religiöses Volksbrauchtum in Afghanistan. Wiesbaden 1977. – Willi Steul: Paschtunwali: Ein Ehrenkodex und seine rechtliche Relevanz. Wiesbaden 1981. – Audrey Shalinsky: Islam and ethnicity: The northern Afghanistan perspective. In: Central Asian Survey 1 (1982), Nr. 2/3. – Oliver Roy: Islam and resistance in Afghanistan. Cambridge 1986.

Munir D. Ahmed

Pakistan

Statistische Angaben

Die pakistanische Bevölkerung besteht aus zahlreichen Denkschulen, Bewegungen, Richtungen, Sekten und Gemeinschaften sowie sufischen Ordensbruderschaften. Daher ist es schwer, von einer religiösen Mehrheit zu sprechen. Ungefähr 75 Prozent der Bevölkerung sind Sunniten und gehören zumindest nominell der hanafitischen Rechtsschule an. Die Angaben über die Zahl der Schiiten reichen von 6,5 Prozent (sunnitische Schätzungen) bis 20 Prozent (eigene Angaben). Bei den Schiiten handelt es sich um Zwölfer-Schiiten und drei Gruppen von Ismailiten, unter denen diejenige des Agha Khan die stärkste ist. Dann kommen die Bohra unter der Führung des Imam Burhannuddin. Der Staatsgründer Jinah gehörte einer Untergruppe der Bohra-Ismailiten an. Diese drei Gruppen stehen einerseits brauchtumsmäßig den Hindutrationen nahe, entwickeln aber auch eine arabische beziehungsweise persische Identität. Ferner ist die islamische Sekte der *Memons* zu nennen. In Karachi leben außerdem die sonst nur in Belutschistan anzutreffenden Dhikris, die gewisse Parallelen zu den Yezidis aufweist.

Volksbewußtsein und islamischer Nationalismus

Muslimische Denker entwickelten Ende der 30er Jahre dieses Jahrhunderts die »Zwei Nationen-Theorie«. Dieser zufolge unterscheiden sich Hindus und Muslime in ihrer Lebensweise so stark voneinander, daß man sie nicht als ein gemeinsames Volk betrachten könne. Mit diesem Anspruch, der schließlich 1947 zur Gründung Pakistans führte, wollte man auch dem panindischen Nationalismus entgegenwirken, wie er unter Gandhi und Nehru von der Kongreßpartei vertreten wurde. Dennoch befanden sich große Teile der pakistanischen Bevölkerung, vor allem in den Provinzen Punjab und Sindh, in einer ständigen Orientierungskrise. Die Menschen gehören nämlich den gleichen Sippen, Klans und Stämmen wie die Andersgläubigen jenseits der Grenze an. In bezug auf Tradition, Sprache und Sozialgefüge haben die Punjabis und Sindhis mehr mit ihren hinduistischen Verwandten gemein als mit Arabern oder Türken. Dennoch hat der pakistanische Dichter und Nationalphilosoph Muhammad Iqbal den Pakistaner als einen »Araber in der Diaspora« beschrieben. Dies verdeutlicht den Identitätskonflikt des pakistanischen Islam, denn auf der einen Seite verherrlichte Iqbal in seinen Gedichten Mekka und Córdoba; auf der anderen Seite zeigte er wie auch andere pakistanische Muslime Stolz auf deren besondere Rolle innerhalb der islamischen Weltgemeinschaft.

Unter den Pakistanern, die sich eher an Indien orientierten, befand sich auch die Gruppe der Absolventen der Universität von Aligarh. Aus dieser Lehrstätte stammten die Gründer der Partei des Staatsgründers Jinah, der *Muslim Liga*. Dieser Partei gehörte eine Bildungsschicht an, die in Fragen der religiösen Praxis eine eher liberale Haltung einnahm. In späteren Zeiten war bisweilen davon die Rede, daß man den Geist von Aligarh wiederbeleben wolle.

Sunniten und Schiiten

Bei der sunnitischen Mehrheit gibt es starke Vorurteile gegenüber den Schiiten. Ihre Gewissenhaftigkeit in religiösen Fragen und Solidarität untereinander rufen bei den Sunniten sowohl Argwohn als auch Bewunderung hervor. Die Beziehungen zwischen Sunniten und Schiiten schwanken zwischen Zugeständnissen (zum Beispiel stärkere Huldigung der auch von den Sunniten verehrten Prophetenfamilie und Beachtung des Trauermonats Muharram) und Konfrontation (zum Beispiel die Einführung eines Tages zu Ehren des zweiten Kalifen Umar, der bei den Schiiten als Usurpator verflucht wird). Bis in die Namengebung kann man erkennen, ob die Eltern der sunnitischen oder schiitischen Richtung angehören. So sind Umar und Faruq (Sohn Maududis) typische sunnitische Namen, während Zulfiqar (Bhutto) und Murtada eindeutig in das schiitische Lager verweisen. Von dem Bemühen um ein panislamisches Einvernehmen zeugen hingegen Bestimmungen aus den 70er Jahren, denen zufolge bis zur achten Klasse gemeinsamer Religionsunterricht erteilt werden sollte. Die Auswirkungen der iranischen Revolution stellten diese Vereinbarungen jedoch wieder in Frage.

Volksglauben und Bruderschaften

Eine große Bedeutung kommt in Pakistan dem Volksglauben zu. Im Mittelpunkt steht dabei die Heiligenverehrung. Dabei handelt es sich oft um

zwei Jahre inhaftiert. 1977 gelang ihm die Flucht ins Ausland, wo er unter mysteriösen Umständen starb.

Ali Shariati gilt als einer der bedeutendsten islamischen Denker. Bis heute kennt das iranische Volk keinen anderen Schriftsteller mit einer solch großen, immer noch anhaltenden Wirkungskraft. Shariatis besondere Fähigkeit lag darin, aus fast banalen religiösen Erzählungen Argumente für seinen Kampf gegen die Front des Kommunismus und Säkularismus zu entwickeln. In seiner Antipathie gegen den Schah und das Königtum griff er auch alle früheren Theologen an, die jemals mit irgendeinem König in Verbindung gestanden hatten. Das Ergebnis war ein Übereinkommen mit dem Kommunismus in Hinblick auf die soziale Gerechtigkeit und die Bekämpfung des Kolonialismus. Dem Säkularismus gegenüber versuchte er, den Islam als eine Fortschritt und Wissenschaft fordernde Religion herauszustellen. Zentrale Begriffe sind für ihn *tauhid* (»Einheit«) und *shirk* (»Beigesellung«: Polytheismus, Götzendienst). *Shirk* ist für Shariati jegliche Entfremdung des Menschen von Gott und dem wahren Islam: diesen durch die gesamte Geschichte der Menschheit fließenden Strom, der immer wieder reine Menschen – Propheten – hervorbrachte. Bei ihrem Kampf für die Einheit Gottes und der Gemeinschaft stellten sich diese auf die Seiten der Schwachen, kämpften gegen die, welche die Einheit durch die Vergötzung falscher unislamischer Werte beeinträchtigen. Von diesem Einheitsgedanken ausgehend, kann es keine Trennung von Religion, Wissenschaft und Politik geben. Auch für die Rechte der Frau trat Ali Shariati ein. In seiner Konzeption von der »neuen Fatima« forderte er Gleichberechtigung der Geschlechter im Rahmen der islamischen Ethik.

LITERATUR: Hamid Algar: On the Sociology of Islam. Lectures by Ali Shariati. Berkeley 1979.

Muhammad Iqbal
Muhammad Iqbal wurde am 9. November 1877 in Sialkot (Westpakistan) geboren. Für seine Jugend bestimmend waren einerseits die von ihm als erniedrigend empfundene Abhängigkeit Indiens von Großbritannien, anderseits die Überlegenheitsansprüche der europäischen Zivilisation. Iqbal studierte in Lahore (M. A.) und war bis 1905 Dozent. Anschließend studierte er Philosophie in Heidelberg, München und Cambridge sowie Jura in London. Mit einer Arbeit über »The Development of Metaphysics in Persia« wurde er 1908 an der Philosophischen Fakultät der Universität München promoviert. 1908 ließ er sich als Rechtsanwalt in Lahore nieder, erhielt 1922 den Titel Sir. Seit 1930 setzte er sich für einen unabhängigen islamischen Staat im Nordwesten Indiens ein. Iqbal erstrebte eine Verbindung des islamischen Erbes mit modernem europäischem Denken und gilt als geistiger Vater Pakistans. Er propagierte die Rückkehr zu einem demokratischen und sozialen Urislam, war jedoch gegenüber liberalen Ideen aufgeschlossen. Den Niedergang der islamischen Kultur führte er auf ein falsches Menschenbild und ein in der islamischen Mystik verbreitetes Mißverständnis zurück: Nicht »Entwerden« sei das oberste Ziel irdischen Daseins, sondern Selbstwerdung im Dienst an der Sache Gottes. Angeregt durch Friedrich Nietzsche war sein Ideal eine Art »Übermensch«, der am Aufbau einer neuen Gesellschaft mitwirken sollte. Dabei vertrat Iqbal die »Zwei-Nationen-Theorie«, derzufolge sich Hindus und Muslime so fundamental in ihrer Lebensweise unterscheiden, daß man sie nicht als ein Volk betrachten könne. Ein islamischer Staat solle nicht eng mit nationalen oder rassischen Ideen verbunden sein. Bei gleichzeitiger Achtung islamischer Gebote solle er – ausgehend vom Prinzip der Humanität und Demokratie – auch Toleranz gegenüber Nichtmuslimen wahren. Iqbal war Politiker, Philosoph und Dichter: geschult in der islamischen wie in der abendländischen Philosophie. Iqbal strebte als Dichter und

Mystiker und Prediger, die in bestimmten Landesteilen gewirkt hatten und dabei den Märtyrertod fanden. Viele Gläubige begehen den Tag des Schutzpatrons (*urs*). Anläßlich des *urs* bringen die Gläubigen Blumen, breiten eine Prunkdecke über das Grab, entzünden Kerzen und Weihrauch, beten, singen und tanzen. Auch werden die Heiligen, an deren Grab viele um Kindersegen und die Erfüllung von Liebeswünschen bitten, mit großzügigen Spenden bedacht, die zur baulichen Verschönerung der Grabstätte verwandt werden.

Was die Orden betrifft, so ist am weitesten die *Qadiriya* vertreten. Von großer Bedeutung ist ferner die *Naqshbandiya*, die sich um einen Ausgleich zwischen Gesetzesislam und Volksfrömmigkeit bemüht. Stärker mystisch ausgerichtet ist die weit verbreitete *Chistiya*. Einige Bruderschaften haben sich in der *Jamiyat al-mashayikh* (Vereinigung der Ordensmeister) zusammengeschlossen, die auch politische Interessen vertritt. Sie umfaßt jedoch nicht die Tausende von Sufimeistern, die in Pakistan *pir* genannt werden. Schließlich ist die *Jamiyat al-ulama Pakistan* (JUP) zu nennen, die dem Volksglauben verständnisvoller als die *Jamiyat al-ulama islam* (JUI) gegenübersteht. Die JUP ist der politische Arm der *Brailvis*. Bei ihnen geht Volksglaube und Gesetzesislam ineinander über. In der Bildungsschicht gewann in den 70er Jahren die neosufische Bruderschaft der *Shadhiliya* Einfluß.

Die Politik der Jamaat-i islami
Die Fundamentalisten der *Jamaat-i islami* stehen den verschiedenen Aktivitäten der Sufis zum Beispiel auf seelsorgerischem Gebiet kritisch gegenüber. Die gesellschaftspolitischen Vorstellungen dieser Partei, die als offizielle Regierungspolitik seit 1977 in Pakistan von Zia ul-Haq vertreten wurden, entstammen im wesentlichen den Schriften des pakistanischen Denkers Abu l-Ala al-Maududi. Die von ihm gegründete *Jamaat-i islami*, die eine Gleichsetzung von Religion und Politik forderte, wurde gegen Ende der 60er Jahre von Saudi-Arabien finanziert. Seit der Machtübernahme Khumainis im Iran hat sich die Partei in einen zu Saudi-Arabien und einen zum Iran tendierenden Flügel gespalten. Die Islamisierungsmaßnahmen dieser Partei wurden weitgehend von den Massen abgelehnt, unter anderem auch wegen der drakonischen Strafmaßnahmen im Namen des Islam. Im Februar 1979 proklamierte Zia ul-Haq die »Einführung des islamischen Systems«. Das bedeutete: Anwendung der in der *sharia* vorgesehenen Strafen für Alkoholgenuß, Ehebruch, Diebstahl und Verleumdung. Auch wurde ein »Bundessharia-Gericht« gebildet, das die Gesetze auf ihre Übereinstimmung mit dem Islam überprüfen sollte. Zia ul-Haq ergänzte die den Islam betreffenden Bestimmungen der Verfassung von 1973. Diese hatte nur bestimmt, daß Präsident und Ministerpräsident Muslime sein müssen und daß Druckfehler in Koranausgaben strafbar sind. Nun wurden die islamische Pflichtabgabe (*zakat*) und der »Zehnte« (*ushr*) auf landwirtschaftliche Produkte als Steuern eingeführt und die Errichtung eines zinsfreien Bankwesens angekündigt. Bei den Bemühungen in Sachen *zakat* und *ushr* zeigten sich verschiedene Probleme, so daß die Vorhaben aufgegeben wurden. Bei dem Versuch mit dem zinslosen Bankwesen zeigte sich, daß bis 1982 nur 35 Prozent der Deposite auf islamische Banken eingezahlt wurden und dieses Vorhaben scheitern muß, solange zwei Banksysteme nebeneinander bestehen bleiben.

Auf dem Erziehungssektor war die Islamisierung erfolgreicher. Islamische Religion ist bis zum B. A. (Bachelor of Arts) Pflichtfach. 1980 wurde die Scheriat-Fakultät der Universität von Islamabad in die »Islamische Universität Islamabad« umgewandelt.

LITERATUR: L. Binder: Religion and Politics in Pakistan. Berkeley 1963. – S. R. Ahmad: Maududi and the Islamic State. Lahore 1976. – Jürgen Frembgen: Alltagsverhalten in Pakistan. Berlin 1987. – Duran Khalid: Pakistan und Bangladesh. In: Werner Ende, Udo Steinbach: Der Islam in der Gegenwart, 2. überarbeitete Auflage München 1989, S. 274 – 307. *Monika Tworuschka*

Gemeinschaft Unabhängiger Staaten/China

Statistische Angaben
Der Islam bildet nach der russisch-orthodoxen Kirche die zweitgrößte Religionsgemeinschaft in der Gemeinschaft Unabhängiger Staaten (GUS). Den muslimischen Völkern Mittelasiens (Westturkestan) im Kaukasus, im Wolga-Ural-Gebiet und in Teilen Sibiriens gehören rund 55 Millionen Menschen an. Sie sind mehrheitlich türkischer Ethnie (Aserbeidschaner, Karakalpaken, Kasachen, Kirgisen, Tataren, Turkmenen, Usbeken und andere), persischer Volkszugehörigkeit (Tadschiken) oder Ibero-Kaukasier (Abchasen, Tscherkessen und andere). Etwa 90 Prozent sind Sunniten meist hanafitischer oder shafiitischer Rechtsschule (arabisch: *madhhab*), ca. 10 Prozent Anhänger der Zwölfer-Schia (Aserbeidschaner).

Der Islam in der GUS stellt keine einmütig handelnde Gemeinschaft dar. Die muslimischen Völker unterscheiden sich sowohl in Zeitpunkt, Ausformung und Tiefegrad der Islamisierung als auch darin, wann und wie sie in den Machtbereich Moskaus eingegliedert worden sind.

In China gibt es zwischen 20 und 25 Millionen Muslime: zumeist sunnitische Uiguren, Kasachen, Kirgisen, Usbeken und Angehörige anderer Turkvölker sowie Tadschiken. Sie leben vorwiegend in der westchinesischen Provinz Xinjiang (Sinkiang = »Neues Territorium«), dem historischen Ostturkestan, sowie in Ningxia, Gansu und Qinghai. Eine große Gruppe der Muslime in China stellen die Hui, zum sunnitischen Islam konvertierte Han-Chinesen.

Historische Grundlagen
Die muslimischen Gebiete Chinas und der GUS gehören nicht zum Kerngebiet, sondern zum Missionsbereich des Islam. Bereits in der ersten Hälfte des 8. Jahrhunderts stoßen muslimische Truppen in den kaukasischen Raum, in das Gebiet der mittleren Wolga und nach Mittelasien vor. 712 erobert Qutaiba ibn Muslim Chawarasam und Transoxanien. Buchara und Samarkand entwickeln sich zu geistigen Zentren der Gemeinschaft der Gläubigen (*umma*). Im Laufe der Ge-

schichte gehen aus ihnen neben einigen der angesehensten Gelehrten der islamischen Welt wie Ibn Sina (Avicenna), al-Taftazani und al-Bukhari auch einflußreiche Sufi-Bruderschaften hervor (*Naqshbandiya*, *Kubrawiya* und andere). Die mystischen Orden spielen etwa vom 12. Jahrhundert an eine große Rolle bei der Verbreitung des Islam in Mittelasien und im Kaukasus.

751 besiegen die Araber in der Schlacht am Talas eine chinesische Armee; der Islam dringt nach Ostturkestan vor. Um das Jahr 800 treffen muslimische Kaufleute erstmals in Kanton ein; es entspinnt sich ein reger Handel zwischen China und der muslimischen Welt.

1219–1220 erobern die Mongolen Mittelasien, beherrschen China (1219–1367) sowie weite Teile des Moskauer Reiches. Der den zum Islam konvertierten Mongolen eigene Kosmopolitismus mit weitreichender religiöser Toleranz fördert die Entstehung muslimischer Gemeinschaften; der Islam setzt sich im Kaukasus und in Mittelasien endgültig als beherrschende Religion durch.

Im 16. und 18. Jahrhundert werden die Nachfolgestaaten des Reiches der Goldenen Horde in das Moskauer Reich eingegliedert: die Khanate Kazan (1552), Astrachan (1554) und Krim (1783). Erstmals geraten muslimische Reiche unter russische Herrschaft. Der Widerstand der Tataren wird gewaltsam gebrochen.

In der ersten Hälfte des 19. Jahrhunderts dringen russische Truppen in den kaukasischen Raum vor und gliedern ihn in das Zarenreich ein; in der zweiten Hälfte unterwerfen sie die zentralasiatischen Khanate Buchara, Kokand (Fergana) und Chiwa und zwingen Westturkestan unter die Herrschaft Moskaus. Zur gleichen Zeit dringen mandschurische Truppen nach Ostturkestan vor. Turkestan wird zum Spannungsfeld der konkurrierenden Interessen Chinas und Rußlands.

Anti-Islam-Politik und muslimischer Widerstand

Nach den Eroberungen im 16. Jahrhundert setzt zeitweise eine Zwangschristianisierung der Tataren ein, die aber nach Festigung der Macht von einer pragmatischen und flexiblen Politik gegenüber den Muslimen abgelöst wird. In der ersten Hälfte des 18. Jahrhunderts beginnt ein neuer Angriff auf den Islam. 1755 rufen die Tataren als Reaktion darauf den *jihad* aus. Die aggressive Islampolitik erweist sich als Mißerfolg und wird unter Zarin Katharina II. (1762–1796) revidiert. Die diskriminierenden Erlasse werden aufgehoben. Die Zarin setzt auf Kooperation mit den Tataren. Unter Zar Alexander II. (1855 - 1881) werden neue Zwangsmaßnahmen ins Werk gesetzt. Sie werden in der Folge aufgrund der massiven wirtschaftlichen Interessen Moskaus im Kaukasus (Erdöl) und in Mittelasien (Baumwollanbau) verstärkt. Zunehmende Christianisierung sowie wirtschaftlicher Niedergang der ihrer Sonderrechte beraubten Tataren lösen einerseits militärischen Widerstand aus, bei dem viele Muslime getötet werden oder ins Ausland fliehen, andererseits werden Reformbestrebungen gefördert.

Religiöse Denker wie Kursavi, Mardschani, Fahraddin und insbesondere der Krim-Tatar Ismail Bey Gasprinski (1851 - 1914) versuchen, die Religion zu reformieren und das Kultur- und Erziehungssystem zu erneuern, um den Islam mit dem vordringenden westlichen Fortschritt in Einklang zu bringen. Gasprinski gilt als einflußreichster Vertreter des Jadidismus (arabisch *jadid*: neu), der folgende Ziele hatte:

1. Neubestimmung der Geschichte; 2. Dezentralisierung des Islam, um den Menschen in einem gleichermaßen logischen wie auch heiligen Schema zu verankern; 3. Neues Bildungsverständnis, das an den naturwissenschaftlichen Erkenntnissen und am Moralkodex des Islam ausgerichtet ist; 4. Stärkung der Frauen innerhalb der Gesellschaft; 5. Modernisierung der Wirtschaft und Steigerung der Produktivität.

Neben dem überwiegend von Tataren verbreiteten Jadidismus gewinnen um die Jahrhundertwende vor allem in Mittelasien Traditionalisten immer mehr an Einfluß. Sie wollen dem wirtschaftlichen Druck Rußlands und der kulturellen Herausforderung durch eine Rückkehr zum »Urislam« entgegentreten, wie er zu Zeiten des Propheten Muhammad gelebt wurde. Eine Anpassung des Islam an die modernen, letztlich christlich geprägten Geistesströmungen lehnen sie, ebenso wie die Wahhabiten der Arabischen Halbinsel, entschieden ab.

Der Islam in der Sowjetunion

In keiner vorangegangenen Epoche ist derart massiv und brutal versucht worden, islamischen Völkern ihren Glauben, ihre Tradition und ihre Identität zu nehmen. Zwar wird am 3. Dezember 1917 die von Lenin und Stalin unterschriebene »Botschaft an alle werktätigen Muslime in Rußland und des Orients« veröffentlicht. Darin heißt es: »Fortan werden Euer Glaube und Eure Bräuche, Eure nationalen und kulturellen Institutionen als frei und nicht verletzlich erklärt. (...) Baut Euer nationales Leben frei und ungehindert auf.« Doch

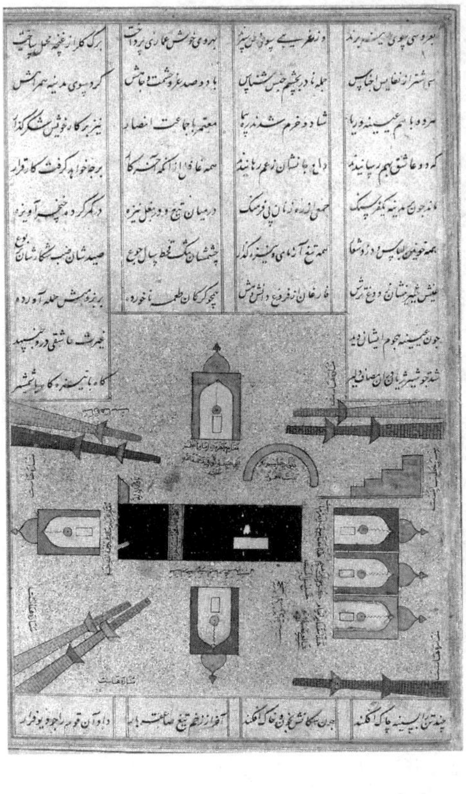

Usbekische Miniatur mit einer Darstellung von Buchara in Aufsicht. Bodleian Library, Oxford.

Philosoph danach, den Idealtyp des muslimischen Gläubigen aus der Vergangenheit abzuleiten und ihn als Voraussetzung zukünftiger islamischer Größe zu betrachten. Iqbal interpretierte Texte aus der islamischen Tradition im Geiste islamischer Mystik und westlicher Philosophie. Dabei verwendete er einen aus dem Neuplatonismus stammenden Liebesbegriff: Liebe (*ishq*) entzündet sich an schönen Dingen. Das Schöne ist Erscheinen des Göttlichen in der Geschichte. Iqbal glaubte, daß die islamischen Heere, welche die Welt eroberten, von Liebe getrieben wurden. Denn Liebe ist Tatendrang aus Glauben. Sein reifstes und tiefstes poetisches Werk ist das *Javidnameh* (»Das Buch der Ewigkeit«, 1932; deutsch 1957), das in Anlehnung an mittelalterliche Beschreibungen von Muhammads Himmelfahrt eine visionäre Reise durch die Himmelswelten beschreibt. Muhammad Iqbal starb am 21. April 1938 in Lahore.

LITERATUR: Annemarie Schimmel: Gabriel's Wing. A Study Into the Religious Ideas of Sir Muhammad Iqbal. Leiden 1963. – Johann Christoph Bürgel: Der Islam im Spiegel zeitgenössischer Literatur islamischer Völker. In: Werner Ende, Udo Steinbach (Hg.): Der Islam in der Gegenwart. 2., überarbeitete Aufl., München 1989, S. 590–618.

erweist sich die Erklärung als reine Taktik mit dem Ziel, den Unabhängigkeitsbestrebungen der muslimischen Völker zu begegnen. Außerdem soll die Sowjetherrschaft gefestigt werden, die in Teilen Mittelasiens durch die sogenannte Basmatschen-Bewegung (türkisch *basmak*: überfallen, russisch *bastmatschestvo* für Räuber) bekämpft wird. Es handelt sich dabei um eine in der Mehrzahl von verelendeten Baumwollbauern getragene antisowjetische Erhebung (1917 – 1922), die aufgrund der aggressiven Islam-Politik der Sowjets zeitweise enormen Zulauf bekommt und bedrohliche Ausmaße annimmt. Letztlich scheitern die Basmatschen an der eigenen inneren Uneinigkeit und der militärischen Übermacht der Roten Armee.

Die Muslime in der Sowjetunion waren drei Wellen aktiver Religionsbekämpfung ausgesetzt: 1918 – 1920, 1926 – 1941, 1954 – 1964. Nach einer kurzen Phase der Koexistenz mit dem Islam zu Beginn der 20er Jahre setzt die kommunistische Staatsmacht zum Frontalangriff gegen den Islam an: Religiöses Schrifttum, Religionsunterricht für Kinder und die *sharia*-Gerichte werden verboten; Abertausende Moscheen werden abgerissen, geschlossen oder zweckentfremdet; religiöses Land und Besitztümer (*waqf*) werden verstaatlicht; religiöse Hochzeiten, Beschneidung (*sünnet*), Bestattungen sowie die Wallfahrt nach Mekka (*hajj*), das Fasten im Ramadan und öffentliche Gottesdienste werden untersagt; zwischen 1926 und 1938 wird praktisch die gesamte muslimische Intelligenz verhaftet, hingerichtet oder verbannt; eine Ausbildung der Geistlichen ist nicht mehr möglich, da beinah alle Lehrstätten (Medresen) geschlossen worden sind. Die Sowjetmacht verordnet eine Zwangskollektivierung der Landwirtschaft, sowie die Zwangsansiedlung der Nomaden und geht mit ungeheurer Brutalität daran, jahrhundertealte soziale Strukturen, religiöse und kulturelle Wertesysteme zu zerschlagen.

Samarkand, Grabstätte des mongolischen Herrschers Timur.

Vor der Oktoberrevolution (1917) gab es in den Muslimregionen des Zarenreiches über 30 000 Moscheen mit über 45 000 Mullahs; 1942 war ihre Zahl auf ca. 1300 »arbeitende« Moscheen gesunken; 1966 gab es in der Sowjetunion rund 400 »arbeitende« Moscheen, 1976 ca. 300; 1979 »arbeiteten« im Gebiet Chorasam drei Moscheen für rund 840 000 Menschen, in Aserbeidschan waren es 1980 für mehr als fünf Millionen Muslime ganze 16; Buchara, jahrhundertelang ein Zentrum islamischer Gelehrsamkeit, verfügte in vorsowjetischer Zeit über 360 Moscheen und 113 Medresen, 1988 gab es noch drei Hauptmoscheen und lediglich die Mir-i-Arab-Medrese. 1941/42 richtet die sowjetische Staatsmacht vier »Geistliche Verwaltungen der Muslime« ein (1990 ist eigenmächtig eine fünfte in Alma Ata gegründet worden). Die Muftiate in Taschkent, Baku, Machatschkala und Ufa geben den Muslimen zwar ein Minimum an Organisation zurück, dienen aber in erster Linie als staatliche und parteiadministrative Kontrollinstanzen. Bis 1987 galt jegliche religiöse Aktivität in der Öffentlichkeit außerhalb des offiziellen Rahmens als illegal und konnte geahndet werden. Noch im Frühjahr 1987 wurden 53 Funktionäre aus der Kommunistischen Partei Usbekistans ausgeschlossen, weil sie an religiösen Zeremonien teilgenommen hatten.

Revitalisierung des Islam

Zwischen 1989 und 1991 sind in der Sowjetunion rund 5 000 Moscheen neu eröffnet oder gebaut worden; zu den beiden Medresen in Buchara und Taschkent (Imam Ismail al-Buchari-Medrese) sind sieben weitere hinzugekommen (zum Beispiel in Baku, Duschanbe und Alma Ata). Seit 1991 erscheinen zahlreiche neue muslimische Zeitungen, darunter *Islam Nuri* (Licht des Islam) auf Usbekisch und *Islam Schapagaty* (Gnade des Islam) auf Kasachisch. Der Islam in der GUS erlebt gegenwärtig trotz der jahrzehntelangen Ausrottungsversuche durch die Kommunisten eine bemerkenswerte Renaissance. Dafür gibt es drei wesentliche Gründe:

1. Die sowjetischen Behörden waren überzeugt davon, mit der Zerschlagung der geistigen Institu-

tionen den Islam zu beseitigen und aus dem Bewußtsein der Menschen zu löschen. Der Trugschluß liegt aber darin, daß sich der Islam als Gemeinschaft der Gläubigen (*umma*) und nicht als hierarchische Amtskirche ausbildet: Die Muslime sind bei der Erfüllung ihrer religiösen Pflichten nicht auf eine ordinierte Geistlichkeit angewiesen. Was bei der Bekämpfung der russisch-orthodoxen Kirche gelang, mußte folglich beim Islam scheitern.

2. Neben dem staatlich kontrollierten offiziellen Islam konnte sich ein einflußreicher »Parallel-« oder »Schattenislam« behaupten, der in Organisationen wurzelt, mit denen bereits die Zaren konfrontiert worden waren. Es handelt sich dabei im wesentlichen um vier hierarchisch geordnete, nach außen abgeschlossene Sufi-Bruderschaften (*tariqa*): *Naqshbandiya*, *Qadiriya*, *Aysawiya* und *Kubrawiya*. Diese Sufi-Orden leisteten sowohl im Kaukasus (1825 – 1859, Muridismus von arabisch *murid* = Wollender) als auch in Mittelasien zum Teil jahrzehntelang erbitterten Widerstand gegen die russischen Kolonialisatoren.

3. Die sowjetischen Religionsbekämpfer haben nicht nur lange Zeit übersehen, daß sich viele Muslime in den Hochburgen der muslimischen Gelehrsamkeit (Buchara, Samarkand usw.) nach wie vor als Teil der *umma* begriffen haben. Es ist ihnen auch lange entgangen, wie unentwirrbar Islam und nationale Identität in Mittelasien und im Kaukasus miteinander verflochten sind.

Auffallend am Islam in der GUS ist sein ständig wachsender politischer Charakter: Im Juni 1990 wird in Astrachan die »Islamische Partei der Wiedergeburt« gegründet, im gleichen Jahr folgen die »Islamische Demokratische Partei« in Usbekistan, »Islam und Demokratie« in Alma Ata, die »Liga der muslimischen Frauen« in Alma Ata und die *Jamaat-ul islami* (Muslimische Gesellschaft) in Dagestan (Kaukasus). In den muslimischen Gebieten der GUS tritt der Islam mehr und mehr als Symbol der nationalen Wiederbelebung auf. Entscheidend für die Zukunft der muslimischen Völker in der GUS wird sein, ob und wie stark der Islam politisiert und die Politik islamisiert wird. Von einem islamischen »Fundamentalismus«, wie er in weiten Teilen der islamischen Welt anzutreffen ist, kann nur sehr bedingt gesprochen werden, da die Muslime der ehemaligen Sowjetunion weitgehend von der Entwicklung der muslimischen Staaten abgeschnitten waren. Aufgrund der enormen wirtschaftlichen, sozialen und ökologischen Probleme – vor allem in weiten Teilen Mittelasiens – entstehen vielerorts ähnliche soziokulturelle und materielle Bedingungen, die das Aufleben eines radikalen Islam in zahlreichen muslimischen Staaten begünstigt haben: Überbevölkerung, Landverknappung, Arbeitslosigkeit, Massenarmut. Trotz ihres potentiellen Reichtums an Bodenschätzen sinken die muslimischen Republiken mehr und mehr auf das Niveau von »Dritte-Welt«-Staaten.

Situation des Islam in China

Die Muslime in China sind seit der Machtübernahme Mao Tse-Tungs 1949 mit ähnlichen Problemen konfrontiert, wie sie ihre Glaubensbrüder in der vergangenen Sowjetunion durchlebt haben. Die kommunistischen Herrscher in Peking verfolgten zunächst eine systematische Assimilierungspolitik der muslimischen Völker in Ostturkestan: Sie verboten die seit mehr als 1000 Jahren gebräuchliche arabische Schrift und ersetzten sie durch lateinische Buchstaben (1979 rückgängig gemacht); die Sprachen der Uiguren, Kasachen, Kirgisen, Tadschiken wurden systematisch sinisiert, Zehntausende religiöser Bücher in arabischer Schrift wurden verbrannt – darunter Korane und *hadith*-Sammlungen. Wie in der Sowjetunion wurden auch in China die religiösen Institutionen zerschlagen, um dem Islam die Existenzgrundlage zu entziehen: das *waqf*-Land wurde konfisziert, Medresen und Moscheen wurden geschlossen (rund 29000 in Ostturkestan), zerstört und zweckentfremdet. Zwischen 1949 und 1968 kommt es in Ostturkestan zu 58 größeren Aufständen gegen die chinesische Zentralmacht. Während der Kulturrevolution (1966 – 1969) wurden nahezu alle Moscheen zerstört oder geschändet, viele Geistliche gerieten in Haft und wurden hingerichtet.

Die religiöse Situation der Muslime Chinas verbessert sich erst nach dem Tod Mao Tse-Tungs

Oben:
Samarkand, Shir-Dor-Medrese (erbaut 1609 – 1613).

Unten:
Samarkand, Shah-i-Sinda- (der »lebende König«) Nekropole (erbaut etwa 1380 – 1435).

(1976) und dem Sturz der »Viererbande«: Moscheen werden wiedereröffnet (in Ostturkestan bis zu 15 000, in ganz China rund 40 000), die Ausbildung von Geistlichen wird – unter staatlicher Aufsicht – wieder aufgenommen: 1989 wird in Xian die erste islamische Universität Chinas eröffnet; Im gleichen Jahr wird in Yinchuan (Ningxia) ein Ausbildungszentrum für Imane eingerichtet; 1989 waren insgesamt acht islamische Akademien zugelassen; seit 1982 dürfen jährlich ungefähr 40 islamische Studenten zur Ausbildung nach Ägypten, Libyen und Pakistan. Seit 1979 ist die Wallfahrt nach Mekka wieder erlaubt – rund 2 000 Gläubige dürfen die Reise jedes Jahr antreten.

Bereits zu Beginn der 1950er Jahre werden zwei islamische Organisationen gegründet, die landesweite Bedeutung erlangen; der »Hui-Kulturverein« und die »Chinesische Islamische Gesellschaft«. Immer wieder hat der Staat versucht, mittels dieser Organisationen mehr Einfluß auf die Muslime auszuüben. Die Herrschenden in Peking beschreiten heute einen streng laizistischen Weg, der den Spielraum der Muslime wie auch anderer Religionsgemeinschaften beträchlich einschränkt. Offiziell gewähren sie die Freiheit des Glaubens wie des Unglaubens, stellen aber sämtliche religiösen Aktivitäten in den Dienst der »Vier Grundprinzipien«: sozialistischer Weg, demokratische Diktatur des Volkes, Führung durch die Kommunistische Partei und Festhalten an der Idee des Marxismus-Leninismus und den Ideen Maos.

Die Muslime Chinas sehen sich heute zahlreichen Verboten und Einschränkungen gegenüber, die eine freie Religionsausübung unmöglich machen. Dem Islam wird vorwiegend eine folkloristische Rolle zugestanden.

LITERATUR: Alexandre Benningsen, S. Endres Wimbusch: Muslims of the Soviet Empire, A Guide. London 1985. – Andreas Kappeler, Gerhard Simon, Georg Brunner (Hg.): Die Muslime in der Sowjetunion und in Jugoslawien. Köln 1989. – Karl Grobe-Hagel: Rußlands Dritte Welt. Frankfurt/Main 1992. – C. Gladney: Muslim Chinese ethnic nationalism in the People's Republic. Harvard 1991.

Reinhard Baumgarten

Indien

Auf dem indischen Subkontinent leben mehr als 300 Millionen Muslime. In zwei von drei Staaten des Subkontinents – Pakistan und Bangladesh – stellen sie die Mehrheit der Bevölkerung. In Indien sind sie trotz ihrer 100 Millionen eine Minderheit. Dies bedeutet, daß wir es hier mit einem Islam zu tun haben, der sich in den ersten beiden Staaten wegen seines Mehrheitsstatus ungehindert entfalten kann, dagegen in Indien als Minderheitsreligion sich täglich neu bewähren und behaupten muß. Folglich hat er sich in den drei genannten Staaten seit der Unabhängigkeit des indischen Subkontinents im August 1947 unterschiedlich entfaltet.

Geschichtliche Voraussetzungen

Der Einzug des Islam in Indien begann 712 mit der Eroberung des heutigen südwestlichen Teils Pakistans durch die arabischen Truppen. Die Anhänger der einheimischen Religionen Hinduismus und Buddhismus wurden zu den »Schriftbesitzern« *(ahl al-kitab)* gezählt und als Schutzbefohlene (*dhimmi*) behandelt. Man ließ ihnen die Freiheit der Religionsausübung. Dadurch blieb die Zahl der Konvertiten zum Islam für lange Zeit begrenzt. Diejenigen, die zum Islam übertraten, behielten vielfach die tradierten devotionalen Praktiken bei, die sich in mannigfaltiger Weise bis heute erhalten haben. Dies wurde von den Missionaren der Ismailiten, bei denen die Verheimlichung der Lehre zur Methode gehörte, bewußt gefördert. Sie begnügten sich mit einem oberflächlichen Übertritt, der außerdem mit allerlei Zugeständnissen an die alten religiösen Überzeugungen und unter Beibehaltung vorislamischer Riten und Bräuche erleichtert wurde. Damit begann eine synkretistische Tradition, die dem indischen Islam eine eigene Prägung geben sollte.

Die zweite islamische Invasionswelle ab 1001 nahm ihren Ausgang vom Gebiet des heutigen Afghanistan und schaffte Voraussetzungen für die Muslimreiche, darunter die glorreiche Moguldynastie, die bis zur Übernahme der Macht durch Großbritannien im 18./19. Jahrhundert Indien beherrschen sollten.

Grabstätte Humayans in Delhi, ein charakteristisches Beispiel der Mogul-Architektur.

In dieser Zeit gelangte der Islam in die entlegensten Winkel des Landes, worauf die Hindubevölkerung mit sozialer Ausgrenzung reagierte und die Muslime als »unrein« *(mlich)* abstempelte und sie aus dem Kastensystem ausschloß. Die egalitäre Grundhaltung der islamischen Gesellschaft, die soziale Mobilität gestattet, wobei anders als im Hinduismus die Herkunftsunterschiede überwunden werden können, wirkte auf Angehörige niederer Kasten anziehend, die im beträchtlichen Umfang zum Islam konvertierten.

Die Zahl der eingewanderten Muslime blieb ebenso begrenzt wie die der Mitglieder höherer Kasten, die den Islam annahmen. Numerisch blieben die Muslime gegenüber der Hindubevölkerung eine Minderheit. Daher präsentierten sich die meisten Muslimherrscher betont als die weltliche Autorität, die keinesweg als die Beschützerin der islamischen Religion anzusehen war. Der Mogulkönig Akbar (1556 – 1605) betätigte sich erfolglos als Stifter von *Din-i ilahi* (Weg Gottes), der Elemente verschiedener Religionen enthielt und ihre Verschmelzung in einer nationalen Religion Indiens beabsichtigte.

Die Orthodoxie, geführt von Ahmad Sirhindi (geb. 1564), reagierte auf diese und andere synkretistische Tendenzen überaus scharf. Es galt fortan, alle hinduistischen Überbleibsel auszutreiben. Die Sufi-Mystik geriet trotz der Tatsache, daß sie dem Islam in Indien eigentlich die Akzeptanz verschafft hatte, wegen ihrer Huldigung der monistischen Lehre ebenfalls in die Schußlinie der Kritik.

Sirhindi und später Shah Wali Allah (1703–1781) warben für eine reine Lehre, allerdings traten sie anders als die Wahhabiten in Arabien für eine gereinigte *Sunna* in Verbindung mit dem gereinigten Sufismus ein. Die Ablehnung der Verehrung vermeintlicher lebender oder toter Heiliger und der Praxis von Opferdarbietungen an den Mystikergräbern, die ein Wesensmerkmal des Volksislam geworden war, brachte den Anhängern von Shah Wali Allah fälschlicherweise den Beinamen *wahhabi* ein. Seine Bewegung, die später in die *Tariqa-yi muhammadi* mündete, war vielmehr fortschrittlich und konservativ zugleich und hat die spätere Entwicklung des indischen Islam maßgeblich in beiden Richtungen beeinflußt. Theologisch bedeutsam war sein Eintreten für die Zulässigkeit des *ijtihad*, des gelehrten Räsonnierens in Fragen der Religion. Die Kanonisierung von Rechtsschulen stellte er in Frage und gab damit den Anstoß zur Entstehung der Bewegung von *ahl-i hadith*. Sein Sohn Shah Abd al-Aziz (1746–1824) erklärt Indien zur *dar al-harb* (Zone des Krieges), weil die Muslimherrschaft in Delhi durch die englische Kolonialmacht und im Punjab durch die Sikhs abgelöst worden war. Dies war nicht weniger als eine Aufforderung zum Krieg gegen die Fremdherrschaft. Es kam zu einem erfolglosen Feldzug unter Sayyid Ahmad Brailawi (1782–1831) gegen die Sikhs. Bei der Meuterei von 1857 gegen die Engländer sollen seine Anhänger beteiligt gewesen sein, weshalb sie mit Verbannung und Konfiszierung ihrer Besitzungen bestraft wurden.

Der moderne indische Islam

Die Folge war Mißtrauen der Kolonialmacht gegenüber den Muslimen, die man als rebellisch und unloyal abstempelte. Die christliche Missionierung, geduldet und gefördert durch die Behörden, feierte Erfolge gerade unter den Muslimen. Die Muslimgemeinschaft fühlte sich herausgefordert und versuchte sich zu verteidigen, woraus eine Apologetik hervorging, die zum Wesensmerkmal des liberalen Islam in Indien werden sollte. Sir Sayyid Ahmad Khan (1817 – 1898) führte diese Richtung an, die bestrebt war, die islamische Lehre dem Zeitgeist anzupassen und nachzuweisen, daß zwischen ihr und den Erkenntnissen der Wissenschaft kein Gegensatz bestand. Damit wurde einer Neuinterpretation des Islam der Weg geebnet. Bemerkenswert war dabei die Tatsache, daß der Koran auf Kosten der Traditionensammlungen (*hadith*) des Propheten Muhammad in den Mittelpunkt der Lehre gerückt wurde. Nur seine Authentizität war über alle Zweifel erhaben, und er enthielt das unabänderliche Wort Gottes.

Als nächstes entstand die *Ahmadiya*, die sich als eine Reformbewegung präsentierte, aber im Kern eher konservativ-puritanisch ausgerichtet war. Sie war zudem eine messianische Bewegung, deren Begünder Mirza Ghulam Ahmad (1835–1907) sich als die Verkörperung des wiedergekehrten Jesus Christus (*Isa*) und des erwarteten *mahdi* vorstellte. Nach ihm wurde Jesus vom Kreuzestod gerettet, er wanderte aus und verstarb im hohen Alter in Kaschmir, wo sein Grab sich in Srinagar befindet. Ahmad begriff seine Sendung als innerhalb des islamischen Gesetzes stehend, bezeichnete sich aber als »Prophet« *(nabi)*, womit er seinen Widersachern, die Muhammad als den letzten Propheten betrachten, nach dem es keinen Propheten mehr geben darf, eine Handhabe gegen sich lieferte. Sie betrieben den Ausschluß der *Ahmadiya* aus dem Islam, was ihnen schließlich 1974 mit einem Beschluß des pakistanischen Parlaments gelang. Seither hat sich die Lage der Ahmadis durch Diskriminierung und Verfolgung derart verschlechtert, daß viele ins Exil gehen mußten, darunter auch ihr Oberhaupt Mirza Tahir Ahmad (geb. 1928), der sich seit 1984 in London aufhält.

Die bereits erwähnte Gruppe *ahl-i hadith*, in Pakistan als politische Partei zugelassen, stammt aus der Schule von Shah Wali Allah. Sie hat sich den Wahhabiten in Saudi-Arabien angenähert, ohne sich allerdings von der hanafitischen Rechtsschule loszusagen. Sie stellt die Prophetentraditionen *(hadith)* in den Mittelpunkt ihrer Lehre, die zwar nicht über den Koran rangieren, aber über die allein er interpretiert werden kann. Besuche an Mystikergräbern, Koranrezitationen für Verstorbene, Feierlichkeiten zum Prophetengeburtstag und zu vielen anderen Anlässen betrachtet sie als unislamisch. Darin stimmt mit ihr auch die zweite Gruppe überein, die ebenfalls aus der Schule von Shah Wali Allah hervorgegangen ist. Es ist die *Deoband*-Schule, die tatsächlich eine Ausbildungsstätte für Schriftgelehrte in Deoband in der Nähe von Delhi betreibt. Sie ist in ihrer Ablehnung der Sufi-Mystik nicht allzu streng, noch will sie sich dem nachahmenden Gehorsam (*taqlid*) von Rechtsschulen lossagen. Sie bejaht den *ijtihad*, will aber nicht, daß man alles Vorhandene über Bord wirft. Die Tradition des Widerstandes gegen die englische Kolonialherrschaft wurde von ihr hochgehalten, wodurch sie Zugang zu den indischen Nationalisten fand. Sie verbündete sich mit dem *Indian National Con-*

Ahmad Khan

Ahmad Khan wurde 1817 in Delhi geboren, trat im Alter von 20 Jahren in den Dienst der East India Company. Einige Zeit lang war er als Angestellter, später als Richter an einem islamischen Gerichtshof tätig. Er schrieb Abhandlungen über islamische Religion und Geschichte.
Die drakonischen Strafmaßnahmen, mit denen die Engländer den Aufstand von 1857, bei dem sich muslimische und hinduistische Mitglieder der Streitkräfte gegen die Briten erhoben hatten, niederschlugen, machten tiefen Eindruck auf Ahmad Khan. Er bemühte sich, die Beziehungen zwischen Briten und indischen Muslimen zu verbessern.
Khan verfaßte mehrere Schriften, um die Engländer davon zu überzeugen, daß der Aufruhr nicht nur Schuld der Muslime war. Ferner wollte er seinen Glaubensbrüdern klar machen, daß der Islam keinen Krieg gegen die britischen Nichtmuslime zur Pflicht mache. Deshalb interpretierte er den Begriff *jihad* neu: Die Gläubigen sind nicht automatisch zum *jihad* verpflichtet, wenn Nichtmuslime islamisches Gebiet besetzen, sondern nur, wenn sie an der Ausübung ihrer religiösen Pflichten gehindert werden. Indirekt vertrat er damit eine Trennung von Religion und Politik. Ahmad Khan widmete sich auch der Sklavenfrage. Er legte den Koran dahingehend aus, daß der Kauf von Sklaven bereits zu Lebzeiten des Propheten verboten gewesen sei.
Was das koranische Zinsverbot betrifft, so beziehe sich dieses nur auf arme Schuldner. Vor allem wollte er den Islam gegen die Angriffe der Orientalisten verteidigen und andererseits zu einer akzeptablen Religion für Muslime mit europäischer Bildung machen. Der Islam war für ihn eine natürliche rationale Religion.

In Anlehnung an frühere rationalistische Strömungen im Islam, wie zum Beispiel die *mutazila*, schloß er jeden Widerspruch zwischen Koran und Naturgesetzen aus. Den Koran wollte er als Gottes Wort nicht textkritisch analysieren, hinterfragte aber durchaus mehrere Prophetenüberlieferungen aufgrund ihres Inhalts.

1869/70 lebte er in England, wo er ein unkritischer Bewunderer der indischen Kolonialherren wurde. Wegen seiner Verdienste für das Empire wurde er in den Adelsstand erhoben. Wieder nach Indien zurückgekehrt, gab er die Zeitschrift »tahdhib al-akhlaq« heraus und gründete 1878 nach dem Vorbild der Universitäten Oxford und Cambridge das Mohammedan Anglo-Oriental College in Aligarh. Ahmad Khan, der trotz seiner reformerischen Ideen wegen seiner britenfreundlichen Haltung häufig von islamischer Seite kritisch gesehen wurde, starb 1898.

LITERATUR: Christian W. Troll: Sayyid Ahmad Khan: A Reinterpretation of Muslim Theology. New Delhi 1978.

gress und stellte sich schließlich gegen die Mehrheit der indischen Muslime, die ab 1940 einen unabhängigen Muslimstaat »Pakistan« begehrten.

Als Reaktion auf die Orthodoxie von Sirhindi und Shah Wali Allah entstand eine Gruppe, die sich *Hizb al-ahnaf* (Gruppe von Gottgläubigen) oder *Sawad-i azam* (Die überwiegende Mehrheit) bezeichnet, aber im Volksmund *Barailawi* (*Brailvis*) genannt wird, da ihr Begründer Ahmad Rida Khan aus der Stadt mit diesem Namen stammte. Sie repräsentiert den indischen Volksislam mit all seinen Riten und Glaubensvorstellungen. Im wahrsten Sinne des Wortes ist sie die Erbin des synkretistischen Islam, wie er sich in Indien entwickelt hat. Die Überhöhung der Person von Muhammad ist so weit fortgeschritten, daß er nicht mehr als Mensch aus Fleisch und Blut betrachtet wird, sondern als jemand, der aus Licht bestand, keinen Schatten geworfen hat und allwissend war. Diese Gruppe setzte sich für Pakistan ein und bildete die erste religiöse Partei (*Jamiyat ul-ulama-i Pakistan*) nach der Staatsgründung. Als Gegenstück zu ihr wurde die *Jamiyat al-ulama islam* gegründet die sich gewissermaßen von der *Jamiyat ul-ulama-i Hind* der *Deoband*-Schule in Indien abspaltete.

Die *Jamaat-i islami (*JI*)* die es in allen drei Staaten des Subkontinents gibt, wurde 1941 von Abu l-Ala al-Maududi als eine Kaderpartei gegründet. Maududi kam aus der Schule von Shah Wali Allah und fühlte sich der hanafitischen Rechtsschule verpflichtet. Er bejahte den *ijtihad*, wollte aber nicht, daß »jede Generation die Meinung der früheren Generationen für ungültig erklären sollte«. Die JI initiierte die Kampagne zur Islamisierung Pakistans und machte dies zu einem der wichtigsten Themen der Politik in diesem Land. Maududis Bücher gehören zur Pflichtlektüre für den Islamisten, und man zählt die JI zu den »Fundamentalisten«, wobei sie in dieser Hinsicht von der *Tablighi jamaat* (TJ) überflügelt worden ist. Die TJ wurde in den 30er Jahren in Delhi von Maulawi Muhammad Ilyas, der aus der *Deoband*-Schule stammte, gegründet. Sie lehnt viele Riten und Bräuche des Volksislam ab, will aber keine Partei, schon gar keine Sekte sein. Die Zahl ihrer Anhänger geht in die Millionen, und ihr Aktionsradius hat sich über den Subkontinent hinaus bis nach Europa und in die USA ausgedehnt. Sie schickt Freiwillige aus, um Muslime zur Einhaltung der religiösen Pflichten zu ermahnen.

Die gegenwärtige Situation

Die Muslime des Subkontinents gehören mehrheitlich der sunnitischen Richtung an und sind überwiegend Hanafiten. Der Anteil von Schiiten wird auf 15 – 20 Prozent geschätzt, von denen die Zwölfer-Schiiten die Mehrheit stellen. Die Ismailiten, die *Hoas* oder *Agha Hanis* genannt werden, sind eine kleine, aber wirtschaftlich potente Minderheit. Die Bewohner von Hunza und Chitral im Norden Pakistans sind überwiegend Ismailiten. Der Antagonismus zwischen Sunniten und Schiiten ist auf dem Subkontinent sehr stark, und insbesondere in Pakistan kommt es häufig zu tätlichen Auseinandersetzungen zwischen ihnen. Die Schiiten bemühen sich dort um verfassungsrechtliche Garantien und verlangen, daß ihr religiöses Recht *(fiqh jaafariya)* für sie gelten soll. Eine dafür werbende Gruppe *Tahrik-i nifaz-i fiqh jaafariya* (Bewegung zur Einsetzung des *fiqh jaafariya)* verwandelte sich 1986 in eine politische Partei. Sie steht seither in einem mörderischen Kampf mit der sunnitischen Gruppe *Sipah-i sahaba* (Kämpfer von Muhammads Jüngern), die die hanafitische Rechtsschule zum Staatsrecht erklärt haben will.

In Pakistan wurde bald nach der Staatsgründung die Frage gestellt, ob und wie das Land in einen islamischen Staat verwandelt werden sollte. Mittlerweile wurde der Islam zur Staatsreligion erklärt und festgelegt, daß keine Gesetze erlassen werden dürfen, die im Gegensatz zur islamischen Lehre stehen. Die *sharia* wurde zum Landesrecht erklärt und die Regierung per Gerichtsurteil zur Einstellung von Zinsgeschäften verpflichtet. Bangladeshs Lostrennung von Pakistan 1971 war zum Teil auch mit dieser Frage verknüpft. Anders als in Westpakistan, wo religiöse Minderheiten weniger als drei Prozent ausmachten, waren Hindus und Buddhisten in Ostpakistan mit über zehn Prozent stärker vertreten. Dort war die Frage nach dem islamischen Staat viel weniger populär. Wie es sich später zeigte, zog Bangladesh es vor, eine säkulare Verfassung zu verabschieden. Der Islam ist dort mit den lokalen religiösen Traditionen noch stärker verbunden als im übrigen Subkontinent. Reformversuche hat es aber auch dort gegeben, darunter die *Faraidi*-Bewegung von Haijiji Shariat Allah (1781 – 1840), der von den Wahhabiten beeinflußt wurde. Seine Bewegung kann ebenfalls als ein Versuch der Orthodoxie angesehen werden, sich durchzusetzen. Auch sie erklärte Indien zur *dar al-harb*, wo die Gemeinschaftsgebete an den Frei- und Festtagen nicht abgehalten werden dürfen. Sie führte aber keinen tätigen *jihad* gegen die Kolonialmacht.

Die Muslime in Indien leben in einem Staat mit Säkularverfassung und einer Garantie der Gleichbehandlung. Die religiöse Zugehörigkeit dürfte demnach keine Nachteile verursachen. Trotzdem fühlt sich die Muslimgemeinde im Alltag vernachlässigt und übervorteilt. Die religiös motivierten Übergriffe auf sie sind zahlreich, obwohl das Mißtrauen der früheren Jahre gegenüber ihrer Loyalität zum indischen Staat sich weitgehend gelegt hat. Die *Deoband*-Schule und die von ihr dominierte *Jamiyat ul-ulama-i Hind* nehmen weiterhin die Führungsrolle der Muslime in Indien wahr. Die *Jamaat-i islami* und die *Tablighi jamaat* sind ebenfalls aktiv. Aber eine ausgesprochen islamische Partei gibt es aus verständlichen Gründen nicht.

Bemerkenswert liberal und offen werden unter den indischen Muslimen die Fragen der Zeit diskutiert, was in Pakistan, wo die Islamisten Schlüsselpositionen in der Verwaltung und bei den Institutionen besetzt haben und eine freie Diskussion über religiöse Themen nicht mehr zulassen, immer schwieriger wird. Was die Führungsstruktur im Volksislam anbetrifft, ist sie in allen drei Staaten ähnlich. Der Einfluß von Sufi-Orden ist außerordentlich groß. Man pilgert zu den Mystikergrabmälern, um an den *urs*-Feierlichkeiten teilzunehmen. Die Macht der Lokalheiligen, *pir* genannt, ist ungebrochen. Die Nachfahren von Mystikern, häufig Verwalter ihrer Grabmäler (*sajadanasin*), beanspruchen auf dem religiösen Sektor ebenso wie in der Politik die Führungsrolle. In Pakistan sind sie in den Provinz- und Nationalparlamenten überproportional repräsentiert. In den Moscheen als Imam (Vorbeter) und Hatib (Prediger) beschäftigte Klerikale (*maulawi* und *maulana* genannt) organisieren sich eher in religiösen Parteien. Sie leiten die täglichen Gebete, leisten Erbauungsarbeit, organisieren den religiösen Unterricht für die Kinder und vollziehen die rituellen Zeremonien. In Indien genießt der Imam der großen Moschee in Delhi großen Respekt unter den Muslimen, in deren Namen er häufig sich zu Wort meldet. Eine ebenso wichtige Stellung bekleidet in Kaschmir der Chefprediger (*mir waiz*) der Freitagsmoschee von Srinagar.

LITERATUR: Wilfred Cantwell Smith: Modern Islam in India. A social analysis. Lahore 1946. – Ishtiq Hussain Qureshi: The Muslim community of the Indo-Pakistan Subcontinent (710 – 1947). A brief historical analysis. Gravenhage 1962. – Aziz Ahmad: An intellectual history of Islam in India. Edinburgh 1969. – Annemarie Schimmel: Der Islam im indischen Subkontinent. Darmstadt 1983 (unveränderte Neuaufl. 1992). *Munir D. Ahmed*

Südindien und Bengalen

Der Islam auf dem indischen Subkontinent ist keinesfalls homogen: zwei Randregionen verdeutlichen dies besonders. Die traditionellen maritimen Handelsverbindungen zwischen Arabien und Südindien bewirkten, daß schon sehr früh nach, vielleicht sogar zeitgleich mit der Islamisierung der arabischen Halbinsel die ersten muslimischen Händler in Südindien auftauchten: Bald gab es in vielen Handelsstützpunkten entlang der Küste Südindiens Muslime. Konversionen ließen ihre Zahl stetig wachsen, doch wurden sie nie mehr als eine relativ kleine Minderheit, außer in Teilen Nordkeralas. Dieser Minderheitenstatus, größtenteils unter Hindu-Herrschaft, hat den Islam dieser Region nachhaltig geprägt.

Der südindische Islam

Der nordindische Islam hatte auf den Islam des äußersten Südens kaum Einfluß. Erst gegen Anfang des 14. Jahrhunderts drangen Heere des Delhi-Sultanats auf Raubzügen mehrmals bis in den äußersten Süden vor; fast die ganze Region war kurzzeitig sogar dem Herrscher von Delhi unterstellt. Doch um 1350 etablierte sich im nördlichen Dekkan das neue muslimische Bahmaniden-Reich, dem sich im Süden das neue Hindu-Reich von Vijayanagara anschloß, die Muslime weiter im Süden wieder nicht nur von Delhi, sondern vom nordindischen Islam überhaupt trennend. Nur das Sultanat von Mabar mit seinem Zentrum um Madurai hielt sich noch für einige Zeit, wurde aber 1378 von Vijayanagara geschluckt, womit jegliche muslimische Herrschaft im äußersten Süden erlosch.

Es nimmt nicht wunder, daß die meisten Muslime dieser Region weitgehend Teil der sie umgebenden Kulturen sind, die jeweilige drawidische Landessprache (meistens Tamil) im Westen, Malayalam im Osten) und viele Riten und Bräuche der sie umgebenden Hindus verwendend; so folgen zum Beispiel viele Muslime in Kerala einem mutterrechtlichen System. Auch ihre Literatur in der jeweiligen Landessprache legt von dieser Assimilation Zeugnis ab; was die Schrift betrifft, so gibt es zwar eine Tradition des Gebrauchs der arabischen Schrift, doch im Laufe der Zeit haben die einheimischen Schriften diese immer mehr verdrängt, im Tamil-Gebiet fast vollständig. Im Bereich des islamischen Kulturerbes richteten die Muslime Südindiens sich fast ausschließlich nach Arabien; die persisch geprägte Kultur Nordindiens berührte sie kaum. So pflegen sie bis heute das Arabische, kaum aber das Persische; der größte Teil folgt nach wie vor der shafiitischen Rechtsschule und nicht der hanafitischen. Sogar im Lehnwortschatz und in der Lautung der Lehnwörter ist die Verbindung mit der arabischen Halbinsel erkennbar, speziell mit deren Süden.

Ein Großteil der Tamil-Muslime treibt in städtischen Gebieten Handel. Dies traf auch für die *Mappi(l)lai*, wie in Kerala (vor allem im Norden) die Muslime (früher auch Christen und Juden) meistens genannt werden, zu, doch im Laufe der Zeit hat sich unter diesen eine große Schicht armer Bauern entwickelt, wohl aus einheimischen Konvertiten; diese probten im 19. und 20. Jahrhundert mehrmals den Aufstand gegen die hinduistischen Grundbesitzer und die Briten, zuletzt in der blutig unterdrückten großen Erhebung von 1921. Ansonsten waren die Beziehungen zwischen Muslimen und Hindus (in Kerala kommen viele Christen dazu) harmonisch; muslimische Kaufleute wurden von den Herrschern sogar oft besonders gefördert und mit wichtigen Aufgaben versehen. Als seefahrende Händler pflegten sie den Kontakt mit vielen Ländern Asiens. Vor allem tamilische Muslime ließen sich auch mancherorts nieder. Die meisten Muslime in Sri Lanka (Ceylon) sprechen Tamil, und auch viele Tamilen in Südostasien, besonders Malaysia und Singapur, sind Muslime.

1565 fiel die Hauptstadt Vijayanagaras unter dem Ansturm der vereinten Heere der muslimischen Staaten, die um 1500 die Nachfolge des Bahmaniden-Reichs angetreten hatten und zum Teil schiitisch waren. Das Gebiet der Hindu-Herrschaft wurde danach allmählich immer weiter nach Süden gedrängt, erst durch diese Reiche, dann durch das Mogul-Reich, das die anderen muslimischen Reiche nacheinander schluckte und sich am Ende des 17. Jahrhunderts bis tief in den Süden erstreckte, bevor es rapide zerfiel. Aus den Trümmern des Mogul-Reichs errichteten nordindische Muslime selbständige Reiche, die sie bis an die Südspitze Indiens ausdehnten; fast der gesamte äußerste Süden war so unter muslimischer Herrschaft – allerdings nur für äußerst kurze Zeit, da vor allem die Briten diesen Reichen bald ein Ende bereiteten. Doch die nordindische islamische Kultur hatte schon Einzug in den äußersten Süden gehalten, und so finden sich heute viele ihrer Einflüsse (unter anderem auch ein sporadischer Gebrauch des Urdu) vor allem in den nördlicheren Regionen. Allerdings ist dieser Einfluß im großen und ganzen gering. Aber auch die vom Norden ausgehenden Reformkampagnen haben ihren Einfluß geltend gemacht, vor allem in Nord-Kerala, was zum Teil zu einer Akzentuierung der islamischen Eigenarten geführt hat, ohne zu einem Bruch mit der Hindu-Mehrheit zu führen. Ande-

Jamal ad-Din al-Afghani

Jamal ad-Din al-Afghani wurde 1838/39 geboren. Der Beiname al-Afghani sollte andeuten, daß er aus Afghanistan stammte. Inzwischen konnte jedoch nachgewiesen werden, daß er in der Nähe der iranischen Stadt Asadabad geboren wurde. Er hatte seinen Geburtsort wohl deshalb selber verheimlicht, weil dieser auf seine schiitische Herkunft hingewiesen und seinen Einfluß in sunnitischen Ländern beeinträchtigt hätte. Während der ersten drei Jahrzehnte seines Lebens besuchte er Indien, den Hijaz, Irak und Afghanistan. Dort war er Berater des dortigen Emir, bei dem er gegen die Briten Stimmung machte. 1871 reiste er nach Kairo, wo er seinen späteren Schüler Muhammad Abduh traf. Der zunehmende britische Einfluß während der Regierungszeit des Khediven Taufiq (1879 – 1892) verstärkte al-Afghanis antikolonialistische Einstellung. Diese Haltung, die auch in seinen öffentlichen Reden und Diskussionen zum Ausdruck kam, führte 1879 zu seiner Ausweisung. Während der nächsten drei Jahre, die er in Indien verbrachte, setzte er sich unter anderem mit dem Gedankengut des Reformers Ahmad Khan auseinander. Anschließend begab er sich nach Europa, besuchte London, St. Petersburg und Paris, wo er zusammen mit Muhammad Abduh die Zeitschrift al-urwa al-wuthqa (»Das feste Band«) herausgab, die in Ägypten wegen ihrer panislamischen und antibritischen Tendenzen verboten war. 1889 reiste er auf Einladung von Schah Nasir ad-Din in den Iran, wo er – ähnlich wie zuvor in Ägypten – junge Intellektuelle um sich sammelte. Mit diesen tauschte er nicht nur reformerische Ideen aus, sondern plante sogar den Sturz der Regierung. Um abermaliger Verbannung zu entgehen, suchte er in dem Heiligtum Shahzadah Abd al-Azim (südlich von Teheran) Zuflucht, bis er 1891 verhaftet und in den Irak deportiert wurde. Von dort und später von London aus setzte er seine oppositionellen Aktivitäten fort. Die vom Schah einem britischen Unternehmen gewährte Tabakkonzession war zum Symbol ausländischer Einmischung geworden und hatte zu Protesten geführt, an denen auch al-Afghani beteiligt war. Als al-Afghani von Abd ül-Hamid II. nach Istanbul eingeladen wurde, hoffte der vielgereiste politische Taktiker, den Sultan zu einer panislamischen Außenpolitik bewegen zu können. Er erhielt jedoch kein wichtiges Amt. Die letzten Jahre seines Lebens verbrachte er – zu politischer Untätigkeit verdammt – in Istanbul. Er starb am 9. März 1897 an Unterkieferkrebs. Seine sterblichen Überreste wurden 1944 nach Kabul überführt.

Al-Afghanis Hauptanliegen war eine starke geeinte islamische Welt, die dem europäischen Kolonialismus dauerhaft Widerstand leisten konnte. Als Ursachen der Stärke Europas betrachtete er Unternehmergeist, Rationalismus und Aktivität. Der von ihm vorgefundene Islam war von Aberglaube und mittelalterlicher Kasuistik entstellt. Der wahre Islam hingegen sei eine vernunftbetonte Religion, die der Wissenschaft und technischen Entwicklung gegenüber aufgeschlossen sei. Der dem Islam oft vorgeworfene Fatalismus habe nichts mit seinem wirklichen Wesen zu tun. Dabei bemühte al-Afghani den auch von späteren Reformern zitierten Koranvers »Wahrlich Gott ändert nichts an einem Volk, solange die Angehörigen dieses Volkes sich nicht selber ändern« (Sure 13,11). Al-Afghanis Hauptbedeutung liegt in dem großen Einfluß, den er auf die islamischen Reformer der Folgezeit hatte. Ihnen öffnete er die Augen für die Entwicklungsfähigkeit des Islam und die Gefahren des europäischen Kolonialismus.

LITERATUR: A. Kudsi-Zadeh: Jamal ad-Din al-Afghani. An Annotated Bibliography, Leiden 1970. – Nikki Keddie: Sayyid Jamal ad Din ›al-Afghani‹: A Political Biography. Berkeley 1972. – Z. Badawi: The reformers of Egypt. A critique of Al-Afghani, Abduh and Rida. Slough Berks 1976.

rerseits wirken mehrere Faktoren gegen eine zu starke »Reislamisierung«, zum Beispiel der Kommunismus in Kerala oder die drawidischen Bewegungen in Tamil Nadu. Seit einiger Zeit ist vor allem in Tamil Nadu eine Zunahme des Übertritts von Unberührbaren zum Islam zu registrieren.

Die Einwohner der Lakkadiven sind fast alle Malayalam sprechende Muslime und unterscheiden sich wenig von denjenigen des Festlandes. Die Tamil sprechenden Muslime Sri Lankas dagegen haben, im Verein mit den anderen kleinen muslimischen Gruppen der Insel, einen eigenen Status als Muslime erlangt, so daß sie im ethnischen Konflikt zwischen Singhalesen und Tamilen nicht als Tamilen gelten und oft sogar gegen die letzteren agieren.

Der bengalische Islam

Der Islam in Bengalen im Osten des Subkontinents durchlief zwar keine ähnlich getrennte Entwicklung, weicht aber dennoch in mehrfacher Hinsicht vom nordindischen Islam ab. Trotz früherer Kontakte erfolgte die massive Durchdringung Bengalens durch den Islam wohl erst um etwa das 13. Jahrhundert, zur Zeit der ersten muslimischen Eroberungen von Nordindien aus. Er traf hier auf einen wiedererstarkten Hinduismus, der die Reste des lange vorherrschenden Buddhismus zurückdrängte. Doch entsprachen Hinduismus und Buddhismus in Bengalen wohl größtenteils nicht unserem gängigen Bild von ihnen; in der breiten Masse der Bevölkerung herrschten anscheinend Vorstellungen vor, die nicht nur anderswo in Südasien, sondern auch in anderen Teilen des asiatischen Raumes bekannt waren oder sind und denen auch der größte Teil dessen, was heute Tantrismus genannt wird, zuzuordnen ist. Sie haben den Buddhismus wie den Hinduismus Bengalens massiv beeinflußt und sind auch heute noch lebendig. In der Gesellschaft früherer Zeiten muß ihr Einfluß sehr viel größer gewesen sein, so daß man, je mehr man die soziale Leiter jener Zeiten hinabsteigt, wohl von einem immer oberflächlicheren buddhistischen oder hinduistischen Überbau über andersartigen religiösen Vorstellungen sprechen muß, für die unter anderem die Einheit von Mikro- und Makrokosmos, die zwei Teilaspekte (männlich und weiblich) des höchsten Prinzips und die Verbindung des im Kopfe vorhandenen Samens mit dem männlichen Aspekt bezeichnend sind. Obwohl nicht auf das östliche Südasien und speziell Bengalen beschränkt, scheinen solche Vorstellungen hier besonders stark verbreitet oder verankert gewesen zu sein; auch ihre zwar nicht ausschließliche, doch sehr häufige Verbindung mit geheimen sexuellen Praktiken war anderswo nicht unbekannt, aber für diese Region anscheinend geradezu charakteristisch.

Der Islam geriet hier also in eine stark synkretistische Umgebung; er war aber selbst schon in hohem Maße synkretistisch geprägt, waren seine Hauptverbreiter in Bengalen doch höchstwahrscheinlich Mystiker, Sufis. Die schon immer im Spannungsverhältnis stehenden Pole Orthodoxie und Sufismus haben sich in Indien noch weiter auseinanderentwickelt. Aus den vorhandenen Quellen in verschiedenen indischen Sprachen wird die Durchdringung des Sufismus mit tantrischen und yogischen Elementen deutlich; diese Tendenz verstärkte sich auf dem Weg nach Osten sehr. Mittelalterliche bengalische Texte belegen reichlich diesen Synkretismus, bei dem auch hinduistische Gottheiten und Gottesvorstellungen übernommen wurden.

Eher intellektuelle Übertritte zum Islam im vollen Bewußtsein der Annahme des Andersartigen und des Ablegens des Bisherigen, wie auch Konversionen um materieller oder sozialer Vorteile willen oder unter Gewaltandrohung (erwähnt sei, daß auch einzelne Sufis durchaus kriegerisch waren), wird es in Bengalen wohl gegeben haben; ob solche aber für die große Masse der einfachen Bevölkerung voraussetzbar sind, ob wir in diesem Zusammenhang überhaupt immer von Bekehrung reden können, ist fraglich. Die neuen »Heiligen« haben höchstwahrscheinlich den diffusen vorhandenen Glaubensvorstellungen oder Riten zuerst nur einige neue hinzugefügt (zum Beispiel neue Götter wie Allah oder seinen Propheten), und solange sie oder andere, die sich der Differenzen wohl bewußt waren, diese nicht hervorhoben oder durchsetzten, waren Begriffe wie »Hindu«, »Buddhist« oder »Muslim« für Angehörige der einfachen Bevölkerung wohl von untergeordneter oder geringer Bedeutung. Hinzu kommt, daß in den größtenteils ländlichen und oft schwer zugänglichen Gegenden Bengalens der städtische Einfluß, mit dem der »orthodoxe« Islam in Südasien wie auch anderswo eng verbunden ist, oft minimal oder gar nicht vorhanden war, so daß der religiöse Synkretismus sich relativ ungehindert entfalten konnte – viel stärker als in den meisten anderen Teilen Südasiens. Man kann allerdings nichtsdestoweniger von einer Islamisierung sprechen, insofern auf diese Weise allmählich immer mehr Islamisches in das religiöse und kulturelle Leben integriert wurde. Auch ein Prozeß der Nachahmung der religiösen Praxis der Oberschichten wird eine Rolle gespielt haben.

Die islamischen Reformbewegungen von der Zeit des Verfalls des Mogulreiches an leiteten auch in Bengalen eine neue Entwicklung ein. Größtenteils von der Annahme (die sich auch in den Werken vieler muslimischer Gelehrter unserer Zeit findet) ausgehend, daß ein Abfall vom einst vorhandenen wahren Islam stattgefunden habe, den es rückgängig zu machen gelte, setzte eine massive Islamisierung – oder besser: Reislamisierung – ein, unter anderem zur Ausmerzung unislamischen Gedankenguts und Brauchtums. Sie trug viel zur Entwicklung eines muslimischen Bewußtseins und einer bewußten Abgrenzung von anderen bei. Andererseits gab es auch, vor allem aus (teilweise nationalistischen) Mystikerkreisen, Widerstand; diese Auseinandersetzung dauert bis heute an. Trotz aller Islamisierungstendenzen ist zudem selbst ein Großteil des sich strenggläubig nennenden Islam Bengalens nach wie vor synkretistisch, auch wenn die vor allem bei der einfachen ländlichen Bevölkerung vorhandene innige Verflechtung zwischen Hindus und Muslimen nach der Teilung Bengalens (1947) und dem anschließenden Bevölkerungsaustausch nicht mehr im früheren Ausmaße vorhanden ist.

Ein Element der orthodoxen Kampagnen war auch eine Abwendung vom Bengalentum, unter anderem besonders die Verächtlichmachung der bengalischen Sprache, obwohl gerade diese der Verbreitung ihres Gedankenguts dienen mußte.

Nun ist das historische Verhältnis bengalischer Muslime zu ihrer Sprache und ihrer Volkszugehörigkeit nicht zufriedenstellend erforscht; zudem geht der heutige Nationalismus in Südasien wohl auf westlichen Einfluß zurück – »Bengalen« sind in älteren Quellen in der Regel Hindus, während Muslime als solche bezeichnet werden. Dennoch haben die mittelalterlichen Mystiker wie selbstverständlich die Volkssprache verwendet, und auch die auf ihre ausländische Herkunft stolze Oberschicht scheint sie bisweilen gefördert zu haben; das einfache Volk sprach ohnehin nur Bengalisch. Andererseits haben noch in diesem Jahrhundert weite Teile der Oberschicht das Bengalische demonstrativ mißachtet. Ob dies eine spätere Entwicklung darstellt, ist unklar, doch es fällt auf, daß, während im Mittelalter Hindus und Muslime im Grunde die gleiche Sprachform pflegten, es später den Versuch sprachlicher Abgrenzung vor allem muslimischer Gruppen gab: Erst fand, seit der frühen Neuzeit und vielleicht zum Teil als Reaktion auf die starke Sanskritisierung der Sprache der Hindus, eine Mischsprache aus Persisch-Urdu und Bengalisch (*dobhasi*-Bengalisch), immer mehr Verwendung; danach wurde in Ostpakistan versucht, eine stark mit perso-arabischen Elementen durchsetzte, auf ostbengalischen Regionalsprachen basierende Hochsprache zu propagieren.

Solche Tendenzen konnten sich aber nicht durchsetzen, denn wohl nichts definiert Bengalentum so stark wie die bengalische Sprache. Innig damit verbunden ist der Faktor der Schrift: Sporadische Versuche zur Einführung der perso-arabischen Schrift scheiterten stets; auch Muslime haben in der Regel die bengalische Schrift verwendet, eine nicht zu unterschätzende Abgrenzung von den Muslimen Nordindiens. Die Abwendung der muslimischen Oberschicht vom Bengalischen während der Kolonialzeit führte dazu, daß die moderne Literatursprache und literarische Vorbilder anfangs so gut wie ausschließlich das Werk der bengalischen Hindu-Oberschicht waren, die damals im gesamten Südasien tonangebend und modernisierend wirkte und intensiv die bengalischen Sprachen verwandte, dabei auch ein ausgeprägtes bengalisches Nationalbewußtsein schaffend.

Diese Tendenzen beeinflußten dann die sich allmählich modernem Gedankengut öffnenden bengalischen Muslime, einen Konflikt schaffend, der bis heute andauert, und in dem sich Panislamismus, bengalischer Nationalismus und Sprachenstreit unentwirrbar verflechten. Hinzu kommt noch der Säkularismus westlicher Prägung, verbunden vor allem mit sozialistischem Gedankengut, das besonders die Hindu-Intellektuellenschicht stark beeinflußte und auch unter muslimischen Intellektuellen Anhänger fand.

Pakistan ist auch an der Auseinandersetzung zwischen Panislamismus und bengalischem Nationalismus zerbrochen, insbesondere am Streit um die Stellung der bengalischen Sprache. Bengalentum und bengalische Sprache sind tragende Säulen des Staates Bangladesh, auch von radikalen Fundamentalisten unangetastet. Die aktuelle Auseinandersetzung unter den Muslimen Bangladeshs scheint zwischen drei Gruppierungen stattzufinden: Fundamentalisten stehen die eine strenge Trennung zwischen Staat und Religion Fordernden gegenüber, während die breite Masse einen sehr diffusen Mittelweg zu bevorzugen scheint, wobei hier der »Volksislam« in unterschiedlichem Maße zur Geltung kommt. Ein Großteil der Auseinandersetzung dieser Gruppierungen findet im Kreise der herrschenden Oberschicht statt, wobei oft andere Probleme im Vordergrund stehen als bei der kaum wahrgenommenen, eher »traditionelleren« Auseinandersetzung zwischen Islamisten und Anhängern des Volksislam im einfachen Volk, vor allem auf dörflicher Ebene; beide Arten der Auseinandersetzung sind in mannigfacher und oft undurchsichtiger Weise verbunden.

Seit der Gründung Bangladeshs hat die eigentliche Auseinandersetzung um die politische Macht stattgefunden, vornehmlich zwischen Anhängern eines eher westlichen Säkularismus und Anhängern einer Hervorhebung des Islamischen bei gleichzeitiger Ablehnung der Verquickung von Religion und Staat; obwohl fundamentalistische Gruppierungen ab und an die Auseinandersetzung beeinflußt haben, scheinen sie keinen nennenswerten Erfolg gehabt zu haben. Dagegen hat seit der Gründung Bangladeshs eine sehr schnelle Wiederangleichung der Hochsprache an das indische Bengalische stattgefunden, und auch die Literatur orientiert sich wieder stärker am Vorbild der indischen bengalischen Literatur, was den Weg für mannigfache Beeinflussung ebnet.

Im politischen und Verwaltungsbereich findet man eine starke Angleichung an sprachliche Vorbilder jenseits der Grenze; auch wenn nicht notwendigerweise identisch, folgt die einschlägige Terminologie heute größtenteils dem gleichen Muster von Entlehnungen aus dem Sanskrit, was manchen Orthodoxen schon als Hinduisierung des gesamten Staatswesens gilt, wie sie ja auch vieles an der Symbolik des Staates, einschließlich der Begehung des wichtigen Tages der Märtyrer am 21. Februar, als unislamisch ablehnen. Auch im gesellschaftlichen Bereich gleichen insbesondere die gebildeten städtischen Schichten, nicht notwendigerweise einander beeinflussend, sich in ihren Säkularisierungstendenzen immer mehr an, wie verschiedene Umgangformen, vor allem aber die weibliche Kleidung belegen; zu beachten ist in Bangladesh jedoch auch eine rapide Zunahme der Mitgiftpraxis bei Hochzeiten. Der Gedanken- und Personenaustausch im universitären Bereich, in pakistanischer Zeit so gut wie nicht vorhanden, ist rege; da meinungsbildende Medien größtenteils der relativ kleinen gebildeten Intellektuellenschicht unterstehen, ist dieser Umstand von nicht zu unterschätzender Bedeutung.

Hinzu kommt eine das gesamte Bengalen umfassende bewußte Rückwendung zum »ursprünglichen« Bengalentum, vor allem im akademischen Bereich. Besonders Linguisten und Völkerkundler betonen immer stärker das »Einheimische«, was zu einer intensiveren Beschäftigung mit der alle drei Hochreligionen dieser Region beeinflussenden »wahren Volksreligion« geführt hat und auch deren aktive Hege mitbeinhaltet. Viele öffentliche Einrichtungen arbeiten an dieser Aufwertung mit, unter diesen auch die einflußreiche *Bangla Academy* in Dhaka. Man darf in diesem Zusammenhang auch nicht übersehen, daß die Nationalhymne Bangladeshs (wie Indiens) von dem Hindu Rabindranath Thakur (Tagore) stammt und die Melodie eines Baul-Liedes verwendet; die Bauls (*baul*) sind eine jener zahlreichen synkretistischen bengalischen Gruppierungen, deren Glaube auf geheimen sexuellen Riten basiert, die aber dennoch, trotz zum Teil heftigster Angriffe der Orthodoxie, sogar auf höchster Ebene gefördert werden und vielen als der Inbegriff des Bengalentums gelten. In einem solchen Umfeld nimmt es kaum wunder, daß auch Publikationen der unter anderem aus dem Nahen Osten finanzierten *Islamic Foundation* teilweise geradezu den »Volksislam« zu propagieren scheinen.

LITERATUR: Roland E. Miller: Mappilla Muslims of Kerala. A Study in Islamic Trends. Bombay u. a. 1976. – Richard V. Weekes (Hg.): Muslim Peoples. Westport/London 1978. – Mohammed Mahroof: Muslims in Sri Lanka: Historical, Demographic and Political Aspects. In: Journal, Institute of Muslim Minority Affairs 1 (1979) und 2 (1980), S. 183–193. – Mattison Mines: Islamization and Muslim Ethnicity in South India. In: Imtiaz Ahmad (Hg.): Ritual and Religion among Muslims in India. New Delhi 1981, S. 65–89. – Asim Roy: The Islamic Syncretistic Tradition in Bengal. Princeton 1983. – Vasundhara Mohan: Muslims in Sri Lanka. Jaipur 1985. – S. R. Chakravarty, Virendra Narain (Hg.): Bangladesh. New Delhi 1986 (2 Bde.). – Richard M. Eaton: Islamisierung im spätmittelalterlichen Bengalen. In: Wolfgang Schluchter (Hg.): Max Webers Sicht des Islams. Frankfurt/M. 1987, S. 156–179. – Mohammed A. Kalm: Religious Conversions in Tamil Nadu (India). In: Journal, Institute of Muslim Minority Affairs 10 (1989) S. 343–350. – Jakob Rösel, Christian Wagner: Die Muslime Sri Lankas. In: Internationales Asienforum 20 (1989), S. 43–72. – M. Mahroof: Muslims in Sri Lanka: The Long Road to Accommodation. In: Journal, Institute of Muslim Minority Affairs 11 (1990), S. 88–99. – J. B. P. More: The Marakkayar Muslims of Karikal, South India. In: Journal of Islamic Studies 2 (1991), S. 25–44. – Rahul Peter Das: Problematic Aspects of the Sexual Rituals of the Bauls of Bengal. In: Journal of the American Oriental Society 112 (1992). *Rahul Peter Das*

Java, Indonesien, Malaysia, Philippinen

Geschichte

Muslime aus Indien, Persien und Arabien kamen seit dem 7. Jahrhundert auf den maritimen Handelswegen nach Südost-Asien. Religiösen Einfluß auf die einheimische Bevölkerung übten sie erst seit etwa dem 13. Jahrhundert durch Einheirat in Fürstenfamilien aus. Der Begründer der ältesten Dynastie in Pasai (1202), Nord-Sumatra, war ein persischer Anhänger der Schia. Im Rechtsbereich wurde die hanafitische Richtung befolgt. Marco Polo berichtet 1292, daß es zwischen islamischen und »heidnischen« Quartieren oft zu kriegerischen Auseinandersetzungen komme, während das Hinterland vom Islam nahezu unberührt war. Ibn Battuta stellt um 1350 fest, daß ein Wandel zum sunnitischen Islam und der shafiitischen Rechtsschule stattgefunden hatte und damit indischer Einfluß stärker geworden war. Das shafiitische Recht gewährt auch vorislamischen Rechtsbräuchen und kulturellen Traditionen, in Südost-Asien meist *adat* (arabisch: *ada*) genannt, weiten Lebensraum.

Die Lehren des Islam wurden vor allem durch »heilige Männer« (*wali*, *shaikh*, *maulana*) verbreitet, die mystischen Orden angehörten. Besonders die *Adiriya*, *Naqshbandiya* und *Hattariya* erlangten großen und anhaltenden Einfluß, vorübergehend um 1600 auch die *Wujudiya* (Hamza Fansuri). Arabische Worte drangen in ihrer persischen Form ins Malaiische ein, der Stil insbesondere der Moscheebauten lehnte sich an indische Vorbilder an.

Politisches Gewicht erhielt der Islam durch den Niedergang des buddhistischen Reiches Shri Vijaya (Zentrum in Süd-Sumatra) und die Gründung Malakkas (1403) durch einen von dort geflüchteten Adeligen, der später zum Islam konvertierte. Die Eroberung Malakkas durch die Portugiesen (1511) führte zur Stärkung anderer Sultanate entlang der Seerouten nach China, insbesondere der von Aceh Darussalam, Johor, Brunai und auf den Sulu-Inseln (Jolo).

Die Sultane regierten absolut, auf sie bezogene mystische Vorstellungen des »vollkommenen Menschen« (*insan kamil*) vermischten sich mit buddhistischen über den Herrscher als *bodhisattva*. Das islamische Verständnis von der Gleichheit der Gläubigen geriet mit dem von den *adat*-Häuptern vertretenen Verständnis einer elitären Rolle der Adligen in ständigen Konflikt.

Von Aceh aus wurde seit der Mitte des 16. Jahrhunderts die Islamisierung West-Sumatras betrieben. Besonders das Volk der Minangkabau wandte sich ihm zu. Auch hier kam es zwischen Anhängern der alten, zum Teil mutterrechtlich ausgerichteten Traditionen und stärker aus dem Orient beeinflußten *ulama* wiederholt zu heftigen Auseinandersetzungen und Kriegen (Padri-Krieg 1821–1837), in deren Verlauf die Vertreter der *adat* und des Adels die europäischen Kolonialmächte zu Hilfe riefen.

Java

Noch in der Blütezeit des letzten hinduistischen Großreiches Majapahit im 14. Jahrhundert scheinen die ersten Muslime am Hof verkehrt zu haben. Islamischer Einfluß in den nordjavanischen Küstenstädten kam von China, wo die Ming-Dynastie ihre Südflotte vorwiegend mit chinesischen Muslimen bemannte (seit Ende des 14. Jahrhunderts), und aus den malaiischen Handelszentren. Von Demak aus wurde Ende des 15. Jahrhunderts Majapahit zerstört.

Spannungen zwischen den Küstengebieten und dem Inland, in dem die legendären »neun Walis« (*wali songo*) an hinduistische Traditionen in ihrer islamischen Verkündigung anknüpften (Schattenspiel *wayang*), bestimmten die Geschichte des Islam auf Java. Konservativ blieb lange der Moscheebau mit seinem dreistufigen und von einer stilisierten Lotosblüte gekrönten Dach. Die drei Stufen sollen *islam* (Hingabe), *iman* (Glaube) und *ihsan* (religiöse Ethik) versinnbildlichen. Die Vermischung islamischer mit altjavanischer Weltanschauung führte zur Entstehung des *Kejawen* oder *Kebatinan*. In traditionellen islamischen Schulen (*pesantren*) unter der Leitung eines *kiyai* (*alim*: Gelehrter) ausgebildete Muslime mit einem stärker islamischen Identitätsgefühl werden als *santri* bezeichnet.

Westjava, von den Sundanesen bewohnt, wurde in seinem nördlichen Teil auch von Demak aus erobert (ab 1525). Ebenfalls von Java beeinflußt, entwickelten sich die Sultanate im Süden und Osten Borneos (Kalimantans), auf den Inseln Ternate und Tidore (Ende des 15. Jahrhunderts), von wo aus zeitweilig die Molukken, Küstengebiete Irians und der Süd-Philippinen bis Nord-Borneo beherrscht wurden, und unter den Makassaren und Buginesen in Süd-Sulawesi (seit 1607), die ein bis in dieses Jahrhundert befolgtes »islamisches« Seerecht schufen unter dem Namen des Amanna Gappa.

Indonesien

Indonesien, das »Land zwischen den Inseln« (*Nusantara*), besteht aus mehr als 13 000 Insel (etwa 900 von ihnen dauerhaft bewohnt), 300 Volksgruppen und derzeit etwa 180 Millionen Einwohnern; davon sind nach verschiedenen Schätzungen 73 – 85 Prozent Muslime. Damit sind die Indonesier die größte islamische Nation. Für die Ende des 19. Jahrhunderts einsetzende Reformbewegung in Indonesien galt der »zerstörerische« Einfluß der *adat* auf alle Lebensbereiche der Muslime als das zu beseitigende Grundübel. Ihr egalitäres Gesellschaftsverständnis öffnete sie für sozialistische, ihr Antikolonialismus für kommunistische Gedanken.

Parallel zu Gedankengängen der von Rashid Rida in Ägypten geleiteten *Salafiya*-Bewegung gründete 1912 Kiyai Hajji Ahmad Dahlan in Yogjakarta die *Muhammadiyah* als soziale Organisation, während die 1926 entstandene *Nahdyatul Ulama* (NU) ähnliche Ziele auf der Grundlage der im sunnitischen Islam anerkannten theologischen und rechtlichen Traditionen und einer größeren Offenheit gegenüber der *adat* verfolgt.

Die Leitung der 1911 gegründeten *Sherikat Islam* (SI), zunächst ein Sammelpunkt verschiedener Ideologien und seit 1929 *Partai Sherikat Islam Indonesia* (PSII), unter H. O. S. Tjokroaminoto (gestorben 1934) verfolgte in der Regel eine Politik strikter Ablehnung jeder Zusammenarbeit mit den Niederländern (*hijra*-Politik).

Nach der Unabhängigkeit Indonesiens reformierte sich die 1943 von den Japanern geschaffene *Majelis Syuro Muslimin Indonesia* (*Masyumi*) und beanspruchte, die Rolle der politischen Vertretung der gesamten islamischen Gemeinschaft Indonesiens zu übernehmen. Als jedoch nach der PSII 1947 auch die NU 1952 ihren Austritt erklärte, verlor sie diese Rolle.

Radikale islamische Gruppen im Militär hatten nach 1948 in West-Java, Süd-Sulawesi und Aceh einen bis 1967 dauernden Guerillakrieg gegen die Zentralregierung begonnen (*Darul-Islam*-Bewegungen) und die politische Führung der *Masyumi* abgelehnt. Deren mit den anderen islamischen Parteien gemeinsam verfolgtes Ziel, die Staatsdoktrin der *Pancasila* durch die *sharia* zu ersetzen und einen »Islam-Staat« zu gründen, wurde bei den Wahlen 1955 nur von 43,5 Prozent der Gesamtbevölkerung unterstützt.

Heftige Auseinandersetzungen (Moh. Nafsir) mit dem Staatspräsidenten Soekarno führten 1960 zum Verbot der *Masyumi*. Unter der Regierung Soeharto (seit 1967) mußten sich die verbliebenen islamischen Parteien – neben NU und PSII noch zwei kleinere – 1973 in der »Partei der Einheit und des Aufbaus« (PPP) zusammenschließen. Ein 1978 erlassenes Gesetz zwang sie, wie alle anderen Parteien auch, als einzige ideologische Grundlage die *Pancasila* zu akzeptieren. Insbesondere in Kreisen der *Muhammadiyah* wird nun versucht, eine »islamische Gesellschaft« mit einer rechtlichen Sonderstellung der Muslime und einer stärkeren öffentlichen Erscheinung von als »islamisch« betrachteten Lebensformen mit Hilfe der Regierung zu verwirklichen.

Im Spätherbst 1990 wurde ein Verband islamischer Intellektueller unter der Leitung des Forschungsministers Dr. Habibie gegründet. Andere Gruppen zum Beispiel in der NU (Abdurrachman Wahid) und vor allem jüngere Intellektuelle (Ahmad Wahib, gest. 1972) haben die Pluralität in der indonesischen Gesellschaft akzeptiert und bemühen sich um einen »indonesischen Islam«, in dem jene kulturellen und ethischen Elemente, die Muslime, Christen, Hindus und Buddhisten gemeinsam pflegen und die als Grundlage einer modernen Gesellschaft entwickelbar sind, einen Platz finden.

Malaysia (Föderation, seit August 1963)

Auf der malaiischen Halbinsel konnte die islamische Reformbewegung weit weniger Rückhalt in der Bevölkerung auf sich ziehen als in Indonesien. Den Muslimen, und das waren im wesentlichen die Malaien, ging es vorwiegend um die Wahrung ihrer kulturell-religiösen Identität, in der *adat* und Islam verschmelzen.

Um die Interessen der Malaien, als *bumiputra* (Söhne des Landes) etwa 55 Prozent der Gesamtbevölkerung, im Prozeß der politischen Selbständigwerdung gegenüber zugewanderten Indern und Chinesen zu vertreten, wurde 1946 die *United Malay National Organisation* (UMNO) gegründet.

Aus ihr spaltete sich 1955 die *Parti Angkatan Islam* oder *Parti Islam sa-Malaya* (PAS) ab, die die Verquickung von Islam und Malaientum als *asabiya*, Stammeschauvinismus, verurteilt und die *sharia* als Verfassungsgrundlage einführen will. In der »Verfassung der Unabhängigkeit« (*Merdeka Constitution*) von 1957 für die Malaiische Föderation, die auch Grundlage der Verfassung Malaysias 1963 blieb, wurde der Islam als »offizielle Religion im Staat« festgesetzt. Die neun Sultane, in ihrem jeweiligen Sultanat auch »Haupt der Religion des Islam«, bilden eine eigene Kammer, und einer von ihnen wird für jeweils fünf Jahre zum Staatsoberhaupt gewählt.

Die Regierung unter Dr. Mahathir Mohammad (seit 1981) bemüht sich um die Schaffung einer einheitlichen, im Malaientum wurzelnden »nationalen Kultur«. Dagegen wenden sich neben Nicht-Muslimen auch Muslime, die unter anderem in der Bürgerrechtsbewegung *Aliran Kesadaran Negara*« (Aliran, 1977) unter Chandra Muzaffar zusammengeschlossen sind.

Die Jugendorganisation *Angkatan Belia Islam Malaysia* (ABIM, 1972) steht gleichermaßen dem Säkularismus und dem malaiischen »Bumiputraism« kritisch gegenüber, trat jedoch vor allem unter Anwar Ibrahims Leitung (1974 – 1984) für Toleranz und Wahrung der Bürgerrechte ein.

Muslimische Inder und Chinesen haben ihre eigenen Organisationen.

Fatima Mernissi

Fatima Mernissi wurde 1940 in Fez/Marokko geboren. Ihre Mutter konnte weder lesen noch schreiben, und ihre Großmutter war nach Fez an ein Mitglied des städtischen Bürgertums verkauft worden. Fatima Mernissi profitierte von der Zulassung der Frauen zu den allgemeinen Schulen während der nationalen Freiheitsbewegung gegen die Kolonialmacht Frankreich. Sie studierte Politikwissenschaft in Rabat, später Soziologie in den USA. Heute ist sie Professorin für Soziologie an der Universität von Rabat.

In ihren Schriften – so »Geschlecht, Ideologie, Islam« (1987, Originalausgabe 1975, »Der Harem ist nicht die Welt«, Darmstadt 1988) – analysiert sie das Verhältnis von Mann und Frau in der islamischen und vor-islamischen Gesellschaft. Dabei soll die muslimische Frau nicht nur von ihrem Glauben her, sondern auch unter Berücksichtigung der regionalen Kulturtraditionen und ihrer sozio-ökonomischen Herkunft betrachtet werden. Fatima Mernissi untersucht die klassischen islamischen Texte und legt dar, daß im Islam Sexualität als eine positive Kraft gilt. Ihre Befriedigung bei Mann und Frau sei Voraussetzung für eine gute soziale Ordnung und das Wohlgefallen Gottes. Anderseits wird im Islam die Sexualität der Frau als gefährlich, unwiderstehlich und zerstörerisch betrachtet. Frauen müssen nach Auffassung vieler Männer daher streng kontrolliert werden, damit sie durch ihre Verführungskünste die vom Mann bestimmte islamische Ordnung nicht zerstören. Die Folge in der islamischen Geschichte war: Ausschluß der Frauen vom öffentlichen, politischen Leben; Polygamie; Verstoßung und Gesetze, welche den Rechtsanspruch der Männer unterstützen. Fatima Mernissi beschäftigt sich auch engagiert mit der Situation heutiger islamischer Frauen. Sie beschreibt die Folgen der wirtschaftlichen Umwälzungen, welche die traditionellen religiösen Gesetze unangemessen erscheinen

Philippinen

Etwa 5 Prozent der Gesamtbevölkerung bekennen sich zum Islam. Im Unterschied zu den beiden großen Nachbarstaaten sind die Muslime in den Philippinen eine auf den südlichen Inseln seßhafte Minderheit, von den spanischen Herrschern (seit 1570) als *Moro* ebenso unterdrückt und diskriminiert wie, etwas gemäßigter, unter der US-Regierung (1898–1946) und seit der philippinischen Unabhängigkeit (1946). Sie empfinden sich als Volk (*bangsa*) mit eigener geschichtlicher und religiös-kultureller Identität und widersetzten sich, allerdings erfolglos, einer Eingliederung Mindanaos und der Sulu-Inseln in die Republik der Philippinen. Verstärkte Kontakte mit der islamischen Welt seit Anfang der 50er Jahre belebten das islamische Schul- und Vereinswesen. Durch massiven Zuzug christlicher Siedler aus dem Norden sank ihr Bevölkerungsanteil im Süden von 76 Prozent (1903) auf 23 Prozent (1980). Der Widerstand gegen diese neuerliche Kolonisierung und verschiedene Massaker des Militärs unter *Moros* führten ab 1968 zur Gründung des *Muslim Independance Movement* und anderer Organisationen, von denen die *Moro National Liberation Front* (MNLF) unter Nur Misuari die bedeutendste wurde. Nach Erklärung des Ausnahmezustandes durch Präsident F. Marcos 1972 brach offener Krieg aus, um dessen Beilegung sich auch internationale islamische Organisationen bemühten. Uneins sind sich die Führer der *Moros*, ob sie nach wie vor eine – kaum zu verwirklichende – vollständige Unabhängigkeit erreichen wollen oder ein möglichst großes Maß an innerer Autonomie, das ihnen eine Integration als »muslimische Filipinos« in eine dann allerdings sich zum Pluralismus bekennende philippinische Gesellschaft ermöglicht.

LITERATUR: G. J. Drewes: New Light on the Coming of Islam to Indonesia. In: Bijdragen tot de Taal, Landen Volkenkunde 124 (1968), S. 433–459. – B. J. Boland: The Struggle of Islam in Modern Indonesia. The Hague 1971. – Cesar A. Majul: Muslims in the Philippines. Quezon City 1973. – Hans Kähler (Hg.): Handbuch der Orientalistik. 3. Abt.: Indonesien, Malaysia und die Philippinen unter Einschluß der Kap-Malaien in Südafrika. Bd. 2, Abschnitt 1: Religionen; Abschnitt 2: Die altindonesischen Religionen. Leiden-Köln 1975/1976. – Chandra Muzaffar: Islamic Resurgence in Malaysia. Petaling Jaya 1987. *Olaf Schumann*

Maghrib

Die Völker der vier Länder des Maghrib – Libyen, Tunesien, Algerien und Marokko – sind heute fast ausschließlich Muslime. Das Gebiet war in vorislamischer Zeit eine Hochburg des Christentums und brachte einen der größten Kirchenväter, den Heiligen Augustinus (gest. 430), hervor. Dennoch gab es seit dem 13. Jahrhundert in diesem Gebiet keine einheimischen Christen mehr. Juden lebten weiter dort, und ihre Zahl wuchs seit dem 17. Jahrhundert durch die Einwanderung europäischer Juden, die in den Handelsbeziehungen des Maghrib mit europäischen Ländern eine lukrative Beschäftigung fanden. Trotzdem blieb die Zahl der im Maghrib lebenden Juden im Vergleich zu den Muslimen sehr bescheiden, und sie verkleinerte sich nach 1948 durch Auswanderung nach Israel oder Frankreich, insbesondere nachdem die Maghrib-Länder zwischen 1952 und 1962 ihre Unabhängigkeit erlangten. Die weitgehende Islamisierung des Maghrib nach dessen Eroberung durch die Araber in den letzten drei Jahrzehnten des 7. Jahrhunderts war die Folge eines historischen Prozesses, der auch zur Herausbildung einer eigenständigen islamischen Kultur dort geführt hat. Die sektiererische Lehre der Kharijiten

Fès (Marokko), al-Qarawiyin-Moschee.

wurde ab 740 zu einer religiös-politischen Ideologie, in deren Namen die Berber, die Ureinwohner des Maghrib, gegen die Autorität der Kalifen rebellierten. Dies führte in diesem Gebiet zur Gründung von Staaten, deren Herrscher den Islam als Staatsreligion betonten, ohne jedoch die Autorität der Kalifen anzuerkennen, und trug dabei zur Islamisierung der Berber sowie zur Herausbildung einer eigenständigen islamischen Kultur im Maghrib bei.

Einfluß der malikitischen Rechtsschule

Zwei andere Faktoren hatten noch größere Bedeutung für die Herausbildung dieser Kultur. Der erste war die Entwicklung der malikitischen Schule des islamischen Rechts zur wichtigsten Grundlage des religiös-politischen Lebens des Maghrib. Die malikitische Schule hatte in diesem Gebiet seit dem 9. Jahrhundert prominente gelehrte Vertreter, die einen großen Beitrag zur Konsolidierung und Ausbreitung ihrer Lehre leisteten. Die *Mudawanna* des Rechtsgelehrten und Qadi Sahnun (gest. 854) aus Qayrawan gilt als die erste zuverlässige Gesamtdarstellung der malikitischen Rechtslehre. Während der Herrschaft der Almorawiden (ca. 1060 – 1147) im Maghrib und Spanien wurde die malikitische Lehre zur Grundlage einer strengen, das islamische Recht betonenden Ideologie. Obwohl die Almohaden, die die Almorawiden als Herrscher des Maghrib und Spaniens ablösten, der malikitischen Rechtsschule die offizielle Anerkennung verweigerten, behielt sie ihren Einfluß in der maghribinischen Gesellschaft. Nach dem Sturz der Almohaden im Jahre 1269 wurde sie von den drei bis zum Ende des 15. Jahrhunderts im Maghrib herrschenden Dynastien der Mariniden, Zayyaniden und Hafsiden offiziell anerkannt, und ihre Bestimmungen galten in der Rechtssprechung des gesamten Maghrib.

Die hanafitische Schule des islamischen Rechts galt im östlichen Teil des Maghrib im 9. Jahrhundert als Rechtsschule der herrschenden Schicht im aghlabidischen Staat. Unter der Herrschaft der schiitischen Fatimiden ab 910 verschwand sie. Auch die Lehre der Schiiten verlor ihre Anhänger im Maghrib, nachdem die Autorität der Fatimiden, die ihren Sitz seit 970 in Kairo hatten, von den Ziriden, ihren Vertretern im Maghrib, im Jahre 1048 zurückgewiesen wurde.

Die Osmanischen Türken, die Algerien ab 1520, Tripolitanien ab 1551 und Tunesien ab 1574 regierten, führten die hanafitische Rechtsschule im Maghrib wieder ein. Sie blieb jedoch die Rechtsschule der fremden herrschenden Schichten, während für die einheimischen Muslime das malikitische Recht weiter galt. Die Dominanz der malikitischen Rechtsschule hatte eine besondere Bedeutung für die religiös-kulturelle Eigenständigkeit des Maghrib, weil sie im öffentlichen Leben des islamischen Ostens kurz nach dem Tod ihres Gründers Malik ibn Anas im Jahre 785 kaum einen Einfluß mehr hatte.

Außer im Maghrib hatte die malikitische Rechtsschule eine dominante Stellung in Spanien, einem Gebiet, zu dem bis zum Ende der islamischen Herrschaft dort im Jahre 1492 der Maghrib enge kulturelle Beziehungen hatte. Auch die Muslime in Westafrika, die im religiösen Leben unter dem Einfluß des Maghrib standen, sind Malikiten.

Heiligenverehrung und Frömmigkeit

Der zweite Faktor, der zur Herausbildung einer eigenständigen islamischen Kultur im Maghrib beigetragen hat, besteht aus der besonderen Rolle, die die Heiligen (*marabouts*, arabisch: *murabitun*) im gesellschaftlichen Leben dieses Gebiets spielten. Eine schon vorhandene Tradition der Heiligenverehrung wurde islamisiert und weiterentwickelt, nachdem der Sufismus, die islamische Mystik, seit dem 12. Jahrhundert prominente gelehrte Verfechter im Maghrib hatte. Der aus Constantine in Algerien stammende Gelehrte Ibn Qunfud schrieb im Jahre 1385 über Marokko, daß seine Erde Heilige mit dem gleichen Überfluß wie Gras wachsen lasse. Die Autorität der herrschenden Dynastien im Maghrib war eng mit den städtischen Rechtsgelehrten verbunden. Deshalb war die Wirkung der *marabouts* als Vertreter der mystischen Variante der islamischen Frömmigkeit in den ländlichen Gebieten viel größer als in den Städten.

Zwar hatte der Sufismus als Lehre und »Weg« (*tariq*) zum Erlangen des göttlichen Segens in den Städten gelehrte Vertreter und zahlreiche Anhänger. Die mit dem Sufismus in Zusammenhang stehende Heiligenverehrung spielte jedoch vor allem innerhalb der tribalen Strukturen der ländlichen Gebiete eine entscheidende politische Rolle. Die Autorität der *marabouts* innerhalb dieser Strukturen erwuchs vor allem aus dem Glauben an ihre heilige Kraft (*baraka*), die zum Wohl der Gemeinde und gegen Übeltäter eingesetzt werden kann. Sufi-Bruderschaften gab es seit dem 13. Jahrhundert, und sie hatten auch Anhänger im Maghrib. Seit dem 18. Jahrhundert entstanden mehrere Sufi-Bruderschaften im Maghrib, die allmählich die einzelnen *marabouts* als Träger der Tradition der Heiligenverehrung verdrängten. Diese Bruderschaften entwickelten hierarchisch gegliederte Strukturen, die es ihren führenden Persönlichkeiten ermöglichten, ihre religiöse Autorität zur Grundlage der politischen Kontrolle über ganze Gebiete des Maghrib zu machen. Der Nordwesten Marokkos stand seit Beginn des 18. Jahrhunderts unter dem Einfluß der *Tayibiya*-Bruderschaft, Ostmarokko und Westalgerien standen insbesondere in der zweiten Hälfte des 18. Jahrhunderts unter dem Einfluß der *Darqawiya*, Nordostalgerien war seit der zweiten Hälfte des 18. Jahrhunderts unter dem Einfluß der *Rahmaniya*, und Ostlibyen befand sich seit Mitte des 19. Jahrhunderts unter dem Einfluß der *Sanusiya*. Die in Südalgerien im Jahre 1784 gegründete *Tijaniya*-Bruderschaft war dort sowie in verschiedenen anderen Gebieten des Maghrib und in Westafrika einflußreich. Der Einfluß dieser Bruderschaften in den ländlichen Gebieten stellte eine Gefahr für die Autorität der Herrscher dar, auf die sie entweder mit Repressionen oder mit Konzessionen antworteten. Die Geschichte des Maghrib von der Mitte des 18. Jahrhunderts bis zur Etablierung kolonialer Herrschaft liefert mehrere Beispiele für beide Formen der Reaktion der Herrscher auf die Macht der Bruderschaften.

Folgen der Kolonialherrschaft für den Islam

Die Kolonialherrschaft führte zu einer großen Umwälzung im religiösen Leben des Maghrib, weil sie die gesellschaftliche Stellung der wichtig-

lassen und bei den Gläubigen Konflikte auslösen. Die Bemühungen um die Auflösung der Geschlechtertrennung lösen Angst und Unsicherheit bei den Betroffenen aus. Daher liegt die Scheidungsrate bei den Bevölkerungsgruppen, die sich im Übergang von der traditionellen zur modernen Gesellschaft befinden, besonders hoch.

Fatima Mernissis Thesen verblieben nicht nur im theoretischen Raum. Sie half ihrer Mutter, die um die Witwenrente betrogen worden war, ihr Erbe zurückzugewinnen. Sie brachte ihr Lesen und Rechnen bei, damit sie für ihre eigenen Rechte kämpfen konnte. So wurde Fatima Mernissi zur Fürsprecherin vieler älterer geschiedener Frauen im Nahen und Mittleren Osten. Seit 1973 ist Fatima Mernissi, die von westlichen Feministinnen als eine der wichtigsten Theoretikerinnen Nordafrikas gilt, als Beraterin der UNESCO für Frauen und Islam tätig.

LITERATUR: Naila Minai: Schwestern unterm Halbmond. München 1989.

sten Vertreter des Islam geändert und gleichzeitig geschwächt hat. Der Einfluß der Rechtsgelehrten ging zurück, weil die Gültigkeit des islamischen Rechts innerhalb der kolonialen Rechtssysteme stark eingeschränkt wurde. Die islamische Bildung verlor dadurch an Bedeutung, daß deren Absolventen bei der Besetzung öffentlicher Ämter kaum noch gefragt waren. Die von den Kolonialbehörden ausgeübte Kontrolle über das islamische kultische Leben schwächte das Ansehen der Träger religiöser Ämter. In Algerien wirkte sich diese Kontrolle besonders belastend aus, nachdem die rechtliche Institution der frommen Stiftungen (*habus*) im Jahre 1844 abgeschafft wurde, um die in deren Besitz stehenden Ländereien den Siedlern zur Verfügung stellen zu können. Damit verschwanden auch die aus den Einkünften der frommen Stiftungen fließenden Mittel, die die Instandhaltung von Moscheen und anderen Kultstätten und die Bezahlung von deren Personal sichergestellt hatten. Durch die Übernahme der Kosten der islamischen Kultstätten konnte die Kolonialverwaltung die Träger religiöser Ämter von sich abhängig machen.

Auch der Einfluß der Sufi-Bruderschaften erlitt einen Rückschlag. Die Kolonialbehörden konnten die ländlichen Gebiete soweit unter ihre Kontrolle bringen, daß in diesen Gebieten kein politisches Vakuum blieb, das von den maraboutischen Führern hätte gefüllt werden können. Maraboutische Führer unterstützten den Kampf des Amir Abd al-Kadir gegen die französische Herrschaft zwischen 1832 und 1847 und beteiligten sich in der Zeit danach an mehreren Aufständen gegen die Franzosen. Die *Rahmaniya*-Bruderschaft spielte beim Aufstand des Jahres 1871, in den der größte Teil von Westalgerien verwickelt war, eine entscheidende Rolle. Die Niederschlagung dieses Aufstandes und die anschließende fiskalische Repression machten den maraboutischen Führern klar, daß sie in ihren jeweiligen Gebieten nur innerhalb der von der Kolonialverwaltung gesetzten Grenzen Einfluß üben konnten. Bei der Etablierung ihrer Herrschaft in Marokko nach 1912 bekamen die Franzosen Unterstützung von mehreren maraboutischen Familien, insbesondere von denen der *Tijaniya*-Bruderschaft, die seit 1841 gute Beziehungen zu den französischen Behörden in Algerien unterhalten hatten. Die maraboutischen Führer waren auch deshalb bereit, sich der Kolonialpolitik zu fügen, weil seit den 20er Jahren das religiös-politische Bewußtsein der Muslime im Maghrib stark durch eine reformistische islamische Richtung geprägt wurde, die den Maraboutismus aus religiösen sowie sozial-politischen Gründen als Verrat am Islam betrachtete.

Fès, einer der Höfe der al-Qarawiyin-Moschee.

Die Rolle der Sanusiya in Libyen

Die einzige Sufi-Bruderschaft, die nach der Unabhängigkeit der Maghrib-Länder eine entscheidende politische Rolle spielen konnte, war die *Sanusiya* in Libyen. Nach ihrer Gründung im Jahre 1843 entwickelte sich die *Sanusiya* zur wichtigsten religiös-politischen Integrationskraft in der tribalen Gesellschaft von Zyrenaika, der östlichen Provinz von Libyen. Die osmanischen Behörden in Libyen waren bereit, die Macht der *Sanusiya* und sogar ihre Weigerung, den osmanischen Sultan als den Kalifen anzuerkennen, zu dulden, weil die Bruderschaft ihnen bei der Aufrechterhaltung der Ordnung und beim Einziehen der Steuern behilflich war.

Die italienische Invasion von Libyen im Jahre 1911 führte die osmanischen Türken und die *Sanusiya* noch enger zusammen. Und als im Jahre 1912 die osmanische Regierung Frieden mit Italien schloß, blieb die *Sanusiya*-Bruderschaft die einzige islamische politische Instanz in Ostlibyen. Im Jahre 1920 traf das Oberhaupt der *Sanusiya* Saiyid Idris eine Vereinbarung mit den italienischen Behörden, die seine Stellung im Kolonialsystem festlegte. Neben seiner Stellung als religiöses Oberhaupt der *Sanusiya* wurde er als Amir anerkannt, der für die Verwaltung der Oasen von Zyrenaika zuständig war. Diese Vereinbarung wurde getroffen, als sich in der westlichen Provinz Tripolitanien eine nationalistische Opposition zur italienischen Herrschaft zu formieren begann. Einige der nationalistischen Führer Tripolitaniens befürworteten die Anerkennung von Saiyid Idris als politischer Führer ganz Libyens. Dieser Vorschlag fand jedoch wenig Unterstützung in einem Gebiet, dessen religiöses Leben kaum durch die *Sanusiya* beeinflußt war. Auch in Zyrenaika wurde Saiyid Idris unter Druck gesetzt, die Interessen und Strukturen der tribalen Gesellschaft gegen die Zugriffe der Kolonialverwaltung zu verteidigen. Da er die in ihn gesetzten politischen Erwartungen nicht erfüllen konnte, ging er im Jahre 1921 ins Exil nach Ägypten. In seiner Abwesenheit kam es ab 1923 zu einem regelrechten Krieg zwischen der italienischen Armee und der tribalen Gesellschaft von Zyrenaika.

Umar al-Mukhtar, ein loyaler Anhänger der *Sanusiya*, organisierte und führte einen Guerillakrieg gegen die Italiener, bis er im September 1931 verhaftet und hingerichtet wurde. Erst nachdem er etwa 20 Jahre im Exil verbracht hatte, konnte Saiyid Idris wieder eine aktive Rolle im politischen Leben Libyens spielen. Während des Zweiten Weltkriegs stellte er sich auf die Seite der Briten gegen die Italiener und ihre deutschen Verbündeten und stimmte der Gründung einer *Sanusi*-Kampfeinheit in der britischen Armee zu.

Nach der Eroberung von Libyen durch die Briten im Jahre 1942 begann eine lange Auseinandersetzung unter den verschiedenen politischen Kräften in Libyen über die politische Zukunft des Landes. Dies wurde durch ein von der UNO beaufsichtigtes Verfahren bestimmt. Als Besatzungsmacht aber und mit Hilfe von Verbündeten in der UNO konnte die britische Regierung sicherstellen, daß im Jahre 1952 ihr Verbündeter aus der Zeit des Krieges zum König des gesamten unabhängigen Landes proklamiert wurde.

Reformistischer Islam im Maghrib

Der politische Erfolg der *Sanusiya* in Libyen war deshalb kurzlebig, weil die reformistische islamische Richtung das religiös-politische Bewußtsein im gesamten Maghrib seit den 20er Jahren stark prägte. Die ursprünglichen religiösen Impulse für diese Richtung lieferte die *Salafiya*-Reformbewegung in Ägypten. Diese Richtung betonte die Vereinbarkeit des Islam mit dem wissenschaftlichen Fortschritt und erweckte dadurch bei den Muslimen die Hoffnung, daß die unabhängigen islamischen Staaten sowohl fortschrittlich als auch islamisch sein würden. In den Maghrib-Ländern entwickelte sich in der *Salafiya*-Bewegung eine besonders starke Ablehnung der Heiligenverehrung. Dafür wurden dogmatische Gründe angeführt, die der algerische Gelehrte Mubarak al-Mili in seinem im Jahre 1937 verfaßten Buch »Abhandlung über den Polytheismus und seine Erscheinungsformen« darlegte. Wichtigster Grund für diese Haltung war jedoch die Zusammenarbeit der maraboutischen Führer mit den Kolonialbehörden. In ihrer Kampagne im Namen des Islam gegen das Kolonialsystem griffen die Reformer auch die Kontrolle der Kolonialbehörden in Algerien über das kultische Leben der Muslime an und ebenso die Anerkennung des Gewohnheitsrechts der Berber in Marokko im Jahre 1930 als geltendes Recht. Seit den 20er Jahren traten solche Reformer wie al-Arabi al-Alawi und Allal al-Fasi in Marokko, Abd al-Hamid ibn Badis und Basir al-Ibrahimi in Algerien und Abd al-Aziz at-Taalibi in Tunesien als Verfechter einer progressiven Richtung auf, die den Islam als Grundlage der politischen Identität ihrer Länder betonte. Sie trugen dadurch viel dazu bei, daß das nationalistische Bewußtsein im Maghrib eng an die Hoffnung geknüpft wurde, daß die Unabhängigkeit das Gedeihen des modernistischen Islamverständnisses sowie den materiellen Fortschritt mit sich bringen werde.

Diese Hoffnung ließ sich im Rahmen der Machtstrukturen, die nach der Unabhängigkeit in den Maghrib-Ländern entstanden, nicht realisieren. Das Scheitern dieser Hoffnung bekräftigte in Libyen die Opposition zum königlichen Regime, dem durch die rapide Umwandlung der Gesellschaft, die die Einkünfte aus dem Mineralöl nach 1961 mit sich brachten, der Boden entzogen wurde. Muammar al-Qaddafi, der durch die Revolution vom September 1969 an die Macht kam, versuchte, ein progressives, wenn auch ungewöhnliches Islamverständnis durch Strukturen verwirklichen zu lassen, die als Gegenpol zu den feudalen, mit der *Sanusiya*-Bruderschaft in Verbindung gebrachten Strukturen des königlichen Regimes konzipiert wurden.

Im Regime von Muammar al Qaddafi in Libyen zeichnet sich eine Komponente des reformistischen Islam ab, die auch in anderen islamischen Ländern feststellbar ist. Der reformistische Islam betont nämlich die Einheit der islamischen Nation als einer unteilbaren religiös-politischen Gemeinde und bahnt damit einem Herrschaftssystem den Weg, das politische Opposition nicht toleriert. Im Rahmen dieser ideologischen Ausrichtung wird eine Person zur Verkörperung des einheitlichen Willens der Nation erhoben und deren Anspruch auf absolute Macht anerkannt. Weil aber der Islam als Grundlage der nationalen Identität gilt, muß sich der Staat ein eigenes Islamverständnis zurechtlegen. Das staatliche Islamverständnis, das sich in den verschiedenen Ländern des Maghrib nach der Unabhängigkeit herauskristallisierte, spiegelte die sozialen Strukturen dieser Länder sowie die Erfahrungen der Kolonialzeit wider. Allen vier Ländern des Maghrib ist diesbezüglich gemeinsam, daß die politischen Führer selbst bei der Festlegung des staatlichen Islamverständnisses den Ton angaben.

Nach der Unabhängigkeit Tunesiens im Jahre 1956 bestimmten die modernistischen Vorstellungen des Präsidenten Bourguiba die religiöse Richtung seines Regimes. Im Jahre 1956 wurde ein Familienrechtsgesetz erlassen, das mehrere der islamischen Normen, einschließlich der Polygamie, außer Kraft setzte. Im Jahre 1960 versuchte Bourguiba, allerdings ohne Erfolg, der arbeitenden Bevölkerung im Ramadan das Fasten zu untersagen. Nach der Unabhängigkeit Algeriens im Jahre 1962 wurde der Versuch gemacht, das Land zu einem marxistischen Staat zu machen. Eine Korrektur des politischen Systems durch das Regime von Boumedienne (1965–1978) im Sinne des Islam erfolgte nur insoweit, als der reformistische Islam ein Element der Staatsideologie wurde. Der Staat bezeichnete sich weiterhin als sozialistisch, und die religiösen Amtsträger wurden Staatsbedienstete, die die von Technokraten entworfenen Entwicklungspläne rechtfertigten.

In Marokko entstand im Kampf gegen die Kolonialherrschaft aus einer Verbindung zwischen den *Salafiya*-Reformern und französisch gebildeten modernistischen Führern die *Istiqlal*-Partei. König Muhammad V. konnte aber dadurch, daß er die religiös-nationalistischen Forderungen dieser Partei unterstützte, schon vor der Unabhängigkeit Marokkos im Jahre 1956 seinen Anspruch bekräftigen, die alleinige Verkörperung des nationalen Willens zu sein. Nach seinem Tod im Jahre 1960 machte sein Sohn und Nachfolger Hassan I. diesen Anspruch zur Grundlage des neuen politischen Systems von Marokko. Dieser Anspruch wird zusätzlich durch die Abstammung der königlichen Familie vom Propheten Muhammad sowie durch die religiös-politische Tradition Marokkos untermauert.

Das Auftreten der Islamisten seit den 70er Jahren als ernstzunehmende politische Kräfte in den

Kairouan (Tunesien), Große Moschee.

Ländern des Maghrib steht damit in Zusammenhang, daß der reformistische Islam zur Stütze von Regimen gemacht wird, welche die durch die Reformer seit den 20er Jahren erweckten Hoffnungen nicht verwirklichen konnten. Die Islamisten artikulieren die Beschwerden der einfachen Leute gegen politische Systeme, deren Verpflichtung zum Islam selektiv ist und die darüber hinaus ihren Mitbürgern nicht zum erhofften Wohlergehen haben verhelfen können. Die Islamisten rufen zur Schaffung einer islamischen Ordnung für ihre Gesellschaften auf, ohne konkrete Programme für die Zukunft entworfen zu haben. Ihr Erfolg ist Ausdruck der Orientierungs- und Hoffnungslosigkeit der Bewohner eines Gebietes, in dem seit dem 13. Jahrhundert der Islam als wichtigster Träger der politischen Identität galt.

LITERATUR: Jamil M. Abun-Nasr: The Tijaniyya, a Sufi order in the modern World. Oxford 1965. – Ders.: A History of the Maghrib. Cambridge 1971 (u.ö.). *Jamil M. Abun-Nasr*

Afrika südlich der Sahara

Im Windschatten des islamischen Aufbruchs seit den 1970er Jahren hat auch der Islam in Afrika eine dynamische Entwicklung durchlaufen: Die muslimische Gemeinschaft südlich der Sahara umfaßt zur Zeit ca. 100 Millionen Gläubige und gewinnt ständig an Zulauf. Zugleich ist der Islam dort in die politische Offensive gegangen und hat damit die weitgehend passive Haltung aufgegeben, die er unmittelbar nach der Unabhängigkeit der schwarzafrikanischen Länder eingenommen hatte. In dynamischem Kontakt und fruchtbarer Konkurrenz mit Christentum, afrikanischen traditionellen Religionen sowie säkularen Ideologien hat der Islam in Afrika eine komplexe Kultur ausgebildet. Im Vergleich zu den islamischen Kernlanden weist er dabei in seinen lokalen Ausprägungen eine größere Variationsbreite auf.

Der nach Nordafrika sich ausbreitende Islam faßte bereits im 7. Jahrhundert in Teilen Nordostafrikas Fuß, während er erst im 10. Jahrhundert nach Ost- und Westafrika vordrang. Die Islamisierung folgte dabei den großen transsaharischen Karawanenwegen beziehungsweise den Schiffsrouten entlang der Hafenstädte des Indischen Ozeans. In Westafrika waren vor allem durchreisende oder nur vorübergehend ansässige Händler die Agenten der Islamisierung. Wohl auch deshalb entwickelte die Islamisierung dort schon recht früh eine zentrifugale Dynamik und vollzog sich entlang afrikanischer Strukturen. In Ostafrika hingegen hatten sich die Händler auf Dauer niedergelassen und islamische Enklaven gegründet, in die nach und nach aus dem Hinterland zugewanderte Afrikaner integriert wurden. Bis weit ins 19. Jahrhundert hinein war der Islam deshalb auf die Küstenregion beschränkt geblieben, wo er zur Grundlage der Swahili-Kultur wurde, die im 19. Jahrhundert im Sultanat von Sansibar ihr bedeutsamstes politisches Zentrum hatte.

Der Islam als Religion der Eliten: Herrscher, Händler und Heilige

Wenngleich den Händlern bei der Ausbreitung des Islam eine entscheidende Rolle zukam, so waren es doch vornehmlich »Heilige Männer« – religiöse Experten in Begleitung der Händler zu deren seelsorgerischer und theologischer Betreuung –, die auf die Einheimischen aufgrund ihrer Gelehrsamkeit, ihrer esoterischen Religiosität sowie ihrer übernatürlichen Fähigkeiten eine besondere Anziehungskraft ausübten. Auch viele afrikanische Herrscher erhofften sich von ihnen eine Stärkung der eigenen Position: Sie etablierten den Islam als Staatsreligion und nahmen die Dienste

Mahmud Taha

Mahmud Taha wurde 1909 in der Nähe von Rufea im Sudan geboren. 1936 erwarb er am Gordon College den Grad eines Bauingenieurs. 1945 gründete er zusammen mit einigen Intellektuellen die »Republikanische Partei« (*al-hizb al-jumhuri*), zu dessen Oberhaupt er gewählt wurde. Wegen der Aktivitäten zur Erlangung der Unabhängigkeit seines Landes wurde er von der britischen Kolonialverwaltung für zwei Jahre inhaftiert. Schon während der Haft beschäftigte er sich mit Gebetsübungen und mystischen Techniken. Nachdem er 1951 nach Khartoum zurückgekehrt war,veröffentlichte er mehrere Schriften über seine neue Sicht des Islam. Gleichzeitig widmete er sich politischen Aufgaben.

1965 erhob die Republikanische Partei gegen die Bestrebungen Einspruch, eine islamische Verfassung einzuführen. Kritik wurde unter anderem daran geäußert, daß der Verfassungsentwurf Nichtmuslimen und Frauen nicht die gleichen Rechte einräumte. Taha wurde daraufhin 1968 vom Hohen *sharia*-Gericht des Sudans angeklagt und des Abfalls vom Islam beschuldigt. Die Verurteilung hatte jedoch keine Konsequenzen, da die damalige sudanesische Verfassung keine Verurteilung wegen Apostasie vorsah. Als nach der Machtergreifung Numeiris am 25. Mai 1969 alle Parteien verboten wurden, nannten sich Taha und seine Anhänger »Republikanische Brüder«. Sie übten weiter an der Regierung Kritik, setzten sich aber auch für die »nationale Versöhnung« zwischen Regierung und Opposition ein (1977). Nachdem Numeiri jedoch 1983 in den sogenannten »Septembergesetzen« die *sharia* als Staatsgesetz einführte, bezeichnete Taha diese Maßnahme als »Schande und Erniedrigung für den Islam und das sudanesische Volk«. Taha wurde verhaftet. Als er im Dezember 1984 freigelassen wurde, organisierte er Protestkundgebungen und wurde

Djenné (Mali), Große Moschee – eine der für Westafrika typischen, in Lehmbauweise errichteten Moscheen.

jener heiligen Männer für verschiedene Aufgaben im Rahmen der staatlichen Administration in Anspruch. Die Toleranz der damaligen Vertreter des Islam gegenüber traditionell-afrikanischen Lehren und Bräuchen mag zum positiven Image des Islam weiter beigetragen haben. Schon im alten Ghana-Reich genossen die Muslime seit dem 11. Jahrhundert eine Sonderstellung, und mit der Islamisierung der Herrscher von Mali konnte das erste islamische Reich in Westafrika unter Mansa Musa (1307–1332) zur Blüte gelangen. Derselbe Typus islamischer Staatsordnung findet sich auch bei den anderen islamischen Reichen Westafrikas, den sogenannten »Sudan-Staaten« wie Songhai, Kanem-Bornu und den Hausa-Stadtstaaten: Während sich die herrschenden Dynastien, die administrative Elite sowie die Händler zum Islam bekannten, blieb der Großteil der indigenen Bevölkerung von der neuen Religion weitgehend unberührt. Die *ulama* fungierten in den Sudan-Staaten als Hofbeamte, konnten jedoch zunächst die Einhaltung der *sharia* nicht durchsetzen und hatten mit den »heidnischen« Sitten Kompromisse einzugehen.

Jihad-Bewegungen, Mahdismus und antikolonialer Kampf

Das änderte sich, als der Islam von einer Religion der Eliten zur Religion der Mehrheit wurde und der Antagonismus zwischen islamischen und traditionell-afrikanischen Normen und Praktiken sich zuspitzte: Die sogenannten *jihad*-Bewegungen des 18. und 19. Jahrhunderts unter der Führung religiöser Gelehrter bereiteten den Sudan-Staaten ein gewaltsames Ende und vermochten zumindest vorübergehend eine striktere Observanz der *sharia* durchzusetzen. Höhepunkt und Vorbild war dabei der sogenannte Fulani-*jihad* unter Führung von Uthman Dan Fodio (1754–1817), der unter seinem Sohn Muhammad Bello zur Gründung des Kalifats von Sokoto führte. Die Tradition der *jihad*-Bewegungen fand in gewisser Weise in den islamischen Aufständen gegen die europäischen Kolonialmächte ihre Fortsetzung, gipfelnd im ostsudanesischen *mahdi*-Aufstand des Muhammad Ahmad (1843–1885), der seinerseits unter anderem den antikolonialen *jihad* von Muhammad Abdallah Hasan (1864–1920) in Somalia beeinflußte. Insbesondere in Westafrika war die Tradition des Mahdismus weit verbreitet, und sie ist bis heute lebendig geblieben. So hatten etwa die sogenannten Maitatsine-Aufstände in Nordnigeria unter Führung des aus Nordkamerun stammenden Muhammadu Marwa alias »Maitatsine« während der 80er Jahre dieses Jahrhunderts vor allem sozioökonomische Ursachen, waren jedoch auch von mahdistischem Gedankengut inspiriert.

abermals inhaftiert, vor Gericht gestellt und verurteilt.

Taha ging es um eine »Weiterentwicklung« (*tatwir*) der *sharia*. Während andere Reformer die Zeit des Propheten und der ersten vier Kalifen als eine ideale Urzeit betrachten, sind für Taha nur die Bestimmungen der mekkanischen Periode unvergängliche Wahrheiten. Bereits in Medina jedoch habe Muhammad Verordnungen erlassen, die durch die damaligen Verhältnisse bedingt waren und daher keine unbegrenzte Gültigkeit besäßen. Die heutigen Muslime sollen zur ursprünglichen mekkanischen Botschaft zurückkehren und die im Koran verborgene »zweite Sendung« herausfinden. Diese Ansicht wird von der Mehrheit der Muslime abgelehnt. Für sie ist der gesamte Koran geoffenbartes Wort Gottes. Die Bevorzugung der mekkanischen gegenüber den medinensischen Suren widerspricht darüber hinaus dem islamischen Prinzip der Abrogation, wonach bei Widersprüchen die später geoffenbarte Sure verbindlich ist. Als Taha am 18. Januar 1985 gehängt wurde, war die Empörung in der westlichen Welt einmütig. Aber auch viele Muslime betrachteten Taha als Märtyrer und erklärten den 18. Januar zum Tag der Menschenrechte. Während die einen ihn »Afrikas Gandhi« nannten, mit Thomas Morus verglichen und die Gerichtsverhandlung als Inquisition bezeichneten, beglückwünschten andere Numeiri zur Hinrichtung des »Feindes Gottes und Ketzers«.

LITERATUR: Johann Christoph Bürgel: Allmacht und Mächtigkeit. Religion und Welt im Islam. München 1991.

Oben:
Sansibar, Ruinen der großen Moschee von Kilwa.

Links:
Südnigerianische Darstellung der Leibwache eines der islamischen nordnigerianischen Emire (Benin, ca. 17. Jahrhundert). British Museum, London.

Muhammad Abduh

Muhammad Abduh wurde 1849 in einem ägyptischen Dorf im Nildelta geboren. Mit 13 Jahren wurde er zu Studien an die Ahmadi-Moschee in Tanta geschickt. Kurze Zeit darauf kehrte er nach Hause zurück, weil er von den dortigen traditionellen Lehrmethoden enttäuscht war. Ein Onkel mütterlicherseits, Sheich Darwish, erweckte durch Einführung in den Shadhiliya-Orden sein erneutes Interesse an der Religion und überredete ihn, seine Studien wiederaufzunehmen. Von 1869–1877 studierte Abduh an der al-Azhar-Universität. Nach Abschluß seiner Studien lehrte Abduh selbst an der al-Azhar und der Dar al-Ulum, einer Lehrerausbildungsstätte. Im Zusammenhang mit der Urabi-Erhebung – einer Bewegung gegen die Politik der ägyptischen Oberschicht und ausländische Einmischung, die schließlich zur britischen Besetzung des Landes führte – wurde Abduh des Landes verwiesen. 1884 schloß er sich Jamal ad-Din al-Afghani in Paris an, wo er mit ihm die panislamische Zeitung *al-urwa al-wuthqa* (»Das feste Band«) herausgab. Als er 1888 nach Ägypten zurückkehren konnte, wurde ihm die Lehrerlaubnis nicht zurückgegeben. Man hatte Angst, er könnte die Studenten mit seinen freigeistigen Vorstellungen beeinflussen. Statt dessen wurde er Richter. 1899 erhielt er das höchste religiöse Amt in Ägypten, das des *mufti*. Er widmete sich der geistigen Erneuerung des Islam der Reform des Bildungssystems und der *sharia*-Gerichtshöfe. Seine wichtigsten Anliegen waren, die wahren Vorschriften des Islam wiederzuentdecken und sie von den Mißverständnissen späterer Fehlinterpretationen zu reinigen. Dieser wahre Islam sollte die Muslime einigen und zur Auseinandersetzung mit europäischem Gedankengut und der westlichen Zivilisation stärken. Dabei bemühte er sich um einen Mittelweg zwischen der unkritischen Übernahme alles Europäischen und dem vorbehaltlosen Glauben an die eigenen Überlieferungen. Er bemühte sich um eine Form von Religion, die für die Mehrheit akzeptabel war und um

Sufi-Orden in Afrika: zwischen afrikanischer Tradition, islamischer Reform und westlichem Säkularismus

Vornehmlich im 18. und 19. Jahrhundert verbreiteten sich auch die großen mystischen Sufi-Orden (*tariqas*) in Schwarzafrika, die zum Teil mit den erwähnten *jihad*-Bewegungen in Verbindung standen: so etwa die *Qadiriya* und *Tijaniya* in Westafrika, die *Mahdiya* im Sudan, oder die *Shadhiliya* und die *Uwaisiya* (ein Zweig der *Qadiriya*) in Ostafrika. Bald richteten sich die meisten Orden jedoch auf eine Koexistenz mit dem Kolonialismus ein, allen voran die von Ahmadu Bamba (1850–1927) gegründete *Muridiya* im Gebiet des heutigen Senegal. Überhaupt konnte sich der Islam während der Kolonialzeit erfolgreich über seine bisherigen Gebiete hinaus ausbreiten: in Ostafrika entlang der neuen Handelsrouten, in Westafrika insbesondere unter dem Schutz der Kolonialpolitik des *indirect rule* (der Verwaltung der Kolonien mit Hilfe der traditionellen Herrschaftsstrukturen), die in den als islamisiert geltenden Gebieten christliche Missionsarbeit weitgehend einschränkte und die Autorität der islamischen Herrscher stärkte.

Nach der Unabhängigkeit bemühten sich einige politische Führer – wie etwa Ahmadu Bello, der Premier der Nordregion Nigerias –, den Islam als Integrationsfaktor beim Aufbau der jungen Nationalstaaten zu nutzen, wobei sie sich zumeist auf den etablierten Islam und die Bruderschaften stützten. Andererseits ist seit etwa zwei Jahrzehnten ein Anwachsen von Strömungen zu beobachten, die für einen purifizierten Islam eintreten und dabei den Kampf gegen die *tariqas* und deren synkretistische Praktiken sowie gegen den säkularen Nationalismus auf ihre Fahnen geschrieben haben. Unterstützung erhalten sie dabei seitens reformistischer Bewegungen in den Ländern Nordafrikas und des Nahen Ostens, die mittels internationaler islamischer Organisationen wie etwa der »Organisation der Islamischen Konferenz« (OIC), der »Islamischen Weltliga« oder der libyschen »Islamischen Missionsgesellschaft« seit einigen Jahren verstärkt in Schwarzafrika aktiv werden. Die damit verbundene Politisierung des afrikanischen Islam hat in den letzten Jahren verstärkt zu Auseinandersetzungen zwischen traditionalistischen und reformistisch orientierten Gruppen innerhalb des Islam geführt, aber auch zu Konflikten mit den Angehörigen anderer Religionen oder zur Konfrontation mit säkularen Machthabern, wie etwa die gewalttätigen Ausschreitungen in Nordnigeria während der letzten Jahre gezeigt haben.

Trotz aller internen Kritik sind die Bruderschaften unter Führung der sogenannten *marabouts* nach wie vor der bedeutendste religiöse Faktor im afrikanischen Islam, allen voran der sogenannte Niass-Zweig der *Tijaniya*, benannt nach Ibrahim Niass (1900–1975) aus Kaolak im Senegal. Da die Orden Raum für die Adaption traditionell-afrikanischer Vorstellungen lassen, ist in ihrem Umfeld ein volkstümlicher Islam entstanden, für den Heiligenverehrung, magisch-religiöse Techniken sowie Geister- und Besessenheitskulte – wie etwa der *pepo*-Kult an der Swahili-Küste, der *zar*-Kult im nordöstlichen Afrika oder der *bori*-Kult im Hausaland charakteristisch sind. Der Swahili-Islam in Ostafrika und der Hausa-Islam in Westafrika sind typische Beispiele für eine weitgehende Synthese afrikanischer und islamischer Elemente. Eine Arabisierung als Begleiterscheinung der Islamisierung hat dabei - abgesehen vom Norsudan - nicht stattgefunden. Allerdings drängen in jüngster Zeit radikale Reformgruppen wie etwa die von Abubakar Gumi (geb. 1922), dem Übersetzer des Korans ins Hausa, gegründete *Izala* in Nigeria auf eine verstärkte Betonung des arabischen Elements.

Kulturelle Prägekraft und politisches Selbstbewußtsein

In vielen Teilen Afrikas ist nicht nur die materielle Kultur – insbesondere Architektur und Kleidung – stark vom Islam beeinflußt; auch im Bereich des rituellen Lebens und der geistigen Kultur hat er weiten Regionen sein Gepräge verliehen. So wird etwa trotz lokaler Varianten überall der islamische Festkalender befolgt, was ebenso eine alle Ethnien und Kulturen übergreifende Einheit herstellt wie einst das traditionelle islamische Erziehungswesen: Während des Mittelalters hatten insbesondere die Universitäten von Jenne und Timbuktu das islamische Geistesleben geprägt und weit über die Region hinausgewirkt. In jüngster Zeit haben reformistisch orientierte Gruppen mit einem verstärkten Erziehungsangebot den Führungsanspruch des Islam in diesem Bereich erneut angemeldet.

Entsprechend der unterschiedlichen Herkunft des islamischen Einflusses finden sich in Westafrika vornehmlich die malikitische, im Sudan die hanafitische, und in Ostafrika die shafiitische Rechtsschule. Daneben gehören Minderheitengruppen anderen Rechtstraditionen an, so zum Beispiel nicht-sunnitische Gemeinschaften im Swahili-Islam wie etwa die Ibaditen oder die auch in Westafrika verbreitete *Ahmadiya*. Die Auswirkung des islamischen Rechts konzentriert sich heute vornehmlich auf den Bereich des Personenstands-, Familien- und Erbrechts, wo quer durch alle afrikanischen Regionen eine große Einheitlichkeit feststellbar ist, wenngleich auch hier traditionell-afrikanische Elemente adaptiert worden sind. In jüngster Zeit hat sich das wachsende politische Selbstbewußtsein des afrikanischen Islam auch im Bereich des Rechts Gehör zu schaffen versucht. Inzwischen fordert eine wachsende Anzahl von Muslimen, der *sharia* verfassungsmäßigen Rang einzuräumen, wie etwa die seit mehreren Jahren in Nigeria geführte »*sharia*-Debatte« zeigt. Der seit dem Ende der Kolonialzeit bestehende Konsens über den säkularen Nationalstaat wird damit von islamischer Seite heute mehr und mehr in Frage gestellt.

LITERATUR: I. M. Lewis (Hg.): Islam in tropical Africa. London 1980. – John Spencer Trimingham: The influence of Islam upon Africa. London 1980. – Jamil M. Abun-Nasr: Afrika: ein Überblick. In: Werner Ende, Udo Steinbach (Hg.): Der Islam in der Gegenwart. 2., überarbeitete Auflage München 1989, S. 384–399.

Klaus Hock

Ägypten

Das neuzeitliche Ägypten

Mit (1992) rund 56 Millionen Menschen ist Ägypten noch immer das mit Abstand bevölkerungsreichste Land der Arabischen Welt. Rund 90 Prozent seiner Bevölkerung sind sunnitische Muslime, die zum großen Teil der shafiitischen Rechtsschule angehören, wobei im Rechtswesen (*sharia* beziehungsweise *fiqh*) jedoch die hanafitische Rechtsschule dominiert. Nach der Verfassung von 1971 ist der Islam Staatsreligion. Der sunnitischen Mehrheit stehen etwa 10 Prozent koptische Christen unterschiedlicher (mehrheitlich koptisch-orthodoxer) Denomination gegenüber, die sich mit Recht als Nachkommen der alten Ägypter verstehen. Ungeachtet gewisser Ambivalenzen und Spannungen, die sich gerade im Zug der Rückbesinnung aller Religionsgemeinschaften auf ihre je eigene kulturelle Tradition verschärft haben, ist Ägypten bislang von ethnisch-religiösen Auseinandersetzungen der Art verschont geblieben, die benachbarte Staaten wie Libanon und Sudan zu zerreißen drohen. Die »nationale Einheit« von Muslimen und Kopten, von »Kreuz und Halbmond«, stellt eines der Leitmotive moderner ägyptischer Politik dar.

Ägypten mag in den vergangenen Jahrzehnten seinen Rang als Führungsmacht der arabischen Welt eingebüßt haben. Als Sitz der im 10. Jahrhundert gegründeten al-Azhar-Universität bildet es nach wie vor eines der wichtigsten Zentren der islamischen Welt. In Ägypten wird die Auseinandersetzung um Identität und Authentizität, um Wesen und Anwendbarkeit der *sharia*, Charakter und Form einer islamischen Gesellschaft, Zielrichtung und Strategien islamischer Reform besonders differenziert, aber auch besonders heftig geführt. Ägyptische Rechtsgelehrte, Intellektuelle, Lehrer und Aktivisten nehmen Einfluß auf das religiös-intellektuelle Leben anderer islamischer Länder; innerägyptische Entwicklungen, Debatten und Positionen strahlen auf die gesamte islamische Welt aus.

Die überwältigende Mehrheit der Ägypter wird sich als gläubig bezeichnen, ohne damit die religiösen Pflichten immer vorschriftsmäßig einzuhalten, und auch ohne damit einen im engeren Sinn politischen Anspruch zu verbinden. Religiöse Praktiken wie der Heiligenkult – besonders bekannt der »Geburtstag« (*maulid*) des Scheichs Ahmad al-Badawi in Tanta –, die Verehrung des Propheten Muhammad namentlich im Zusammenhang mit seinem »Geburtsfest« (*maulid-an-nabi*), Aberglaube und Magie – Manifestationen des sogenannten Volksislam also, die orthodoxe Rechtsgelehrte, muslimische Reformer und radikale Puristen gleichermaßen als Verfälschung des »wahren«, reinen Islam der Frühzeit anprangern – sind weitverbreitet. Die Sufi-Bruderschaften, die diesen emotional vertieften, gelegentlich »unorthodoxen« Islam pflegen, sind nach wie vor sehr aktiv und mit einer An-

einen Ausgleich zwischen Wissenschaft und Religion. Der Koran fordere den Menschen zum Gebrauch der Vernunft auf. Dieser könne durch den Gebrauch des Verstandes die Existenz Gottes und die Notwendigkeit von Propheten nachweisen. Dies befähige ihn auch, solche Inhalte anzuerkennen, die über die Vernunft hinausgehen. Abduh erkannte den Begriff der Naturgesetze an, auch wenn er Gott als ersten Urheber betrachtete. Muhammad Abduh starb 1905.

LITERATUR: Abdelhamid M. Ahmad: Die Auseinandersetzung zwischen al-Azhar und der modernistischen Bewegung in Ägypten von Muhammad Abduh bis zur Gegenwart. Hamburg 1963. – E. Kedourie: Afghani and Abduh: An Essay on Religious Unbelief and Political Activism in Modern Islam. London 1966. – M. Kerr: Islamic Reform: The Political and Legal Theories of Muhammad Abduh and Rashid Rida. Berkeley 1966. – Rotraud Wielandt: Offenbarung und Geschichte im Denken moderner Muslime. Wiesbaden 1971, S. 49–72.

Oben: Kairo, Mittelhof der al-Azhar-Moschee und Universität.

Kairo, Ahmad ibn-Tulun-Moschee (errichtet 876–879).

hängerschaft von schätzungsweise drei Millionen Männern und Frauen zahlenmäßig weit bedeutsamer als die stärker beachteten politischen islamischen Bewegungen. Offen bekannter Atheismus ist selbst in Intellektuellen- und Künstlerkreisen ausgesprochen selten, und auch einem säkularistischen Staats- und Gesellschaftsmodell reden seit den 70er Jahren nur noch wenige, wenngleich weithin beachtete Persönlichkeiten wie Fuad Zakariya oder Faraj Fauda das Wort.

Der Islam in Ägypten ist also vielschichtig, facettenreich und nicht auf den mehr oder minder militanten »Fundamentalismus« zu reduzieren. Dennoch hat das Phänomen des politischen bzw. politisierten Islam verständlicherweise am meisten Aufmerksamkeit gefunden. Seine geistigen Wurzeln liegen in der Reformbewegung der Jahrhundertwende (*Salafiya* und *Nahda*), die von Persönlichkeiten wie Jamal ad-Din al-Afghani (1839 – 1897), Muhammad Abduh (1849 – 1905) und Rashid Rida (1865 – 1935) geprägt wurde. Nach dem Ersten Weltkrieg leitete die von der *Wafd*- (Delegation) Partei geführte sogenannte Revolution von 1919 eine »liberale«, nationalstaatlich ausgerichtete, tendenziell laizistische Ära ein, in der der Islam zwar keineswegs seine soziale und kulturelle Bedeutung für Individuen und Gesellschaft verlor, das politische Geschehen aber kaum bestimmte.

Die Abschaffung des Kalifats löste 1924 auch in dem noch immer von Großbritannien kontrollierten Ägypten ein heftiges Echo aus. In den 30er Jahren traten erstmals islamische politische Bewegungen hervor, die bis Ende der 40er Jahre eine breite Massenbasis gewannen und sich rasch über Ägypten hinaus ausweiteten. Die führende Rolle spielte hierbei die 1928 in Ismailia gegründete Gemeinschaft der Muslimbrüder (*Jamaat al-ikhwan al-muslimin*) unter ihrem »Obersten Führer« (*al-murshid al-amm*, ein aus dem Sufitum übernommener Begriff) Hasan al-Banna (1906 – 1949). Ihr Ziel war eine Reform der ägyptischen Gesellschaft an Haupt und Gliedern, die sie in eine auf die *sharia* gegründete, wahrhaft islamische, geeinte und starke Gesellschaft umwandeln sollte. Die Muslimbruderschaft verfocht eine legalistische Reformstrategie, die das bestehende politische System prinzipiell anerkannte und primär auf Mission (*daawa*) und Erziehung setzte, Gewaltanwendung jedoch nicht grundsätzlich ablehnte. Die Aktivitäten ihres »Geheimapparates« (*al-jihaz al-khass* oder *as-sirri*) führten im Dezember 1948 zur ersten Auflösung der Muslimbruderschaft, doch galt sie auch nach al-Bannas Ermordung im Februar 1949 als stärkste Massenbewegung des Landes. Obwohl sie im Juli 1952 den Putsch der »Freien Offiziere« unter Jamal Abd al-Nasir (Nasser) unterstützte, kam es rasch zum Kampf um die Macht, den die Freien Offiziere gewannen.

Die Zeit der großen Verfolgung

Im Oktober 1954 wurde die Muslimbruderschaft erneut aufgelöst, und in zwei großen Verhaftungswellen 1954 und 1965 faktisch zerschlagen. Eine Reihe ihrer führenden Köpfe wurde hingerichtet, Hunderte flüchteten ins Exil, vor allem auf die Arabische Halbinsel.

Die Erinnerung an die »große Verfolgung« (*al-mihna*) der Nasser-Zeit ist in der islamischen Bewegung nach wie vor lebendig. Unterdrückung, Folter und Gefängnis radikalisierten weite Teile der Bewegung. Saiyid Qutb (1906–1966), ehemals Literat und Sympathisant eines islamischen Sozialismus, verlieh den Erfahrungen in seiner 1964 vom Gefängnis aus verbreiteten Schrift »Wegmarkierungen« (*maalim fi t-ta-riq*) Ausdruck. Im Rückgriff auf den streitbaren Gelehrten Ibn Taimiya (gest. 1328) und in Anlehnung an die Terminologie des indo-pakistanischen Aktivisten Abu l-Ala

Huda Sharawi

Huda Sharawi (1879 – 1947) stammte aus einer wohlhabenden Familie Kairos. Ihr Vater Sultan Pascha war der erste Präsident des ägyptischen Parlaments. Seine Tochter erhielt die in vornehmen Gesellschaftskreisen damals übliche Ausbildung: Koranstudium, Sprachen, Wissenschaften, Kunst, Musik. Sie heiratete bereits mit 13 Jahren ihren Vetter. Ihr ganzes Leben widmete die Ägypterin der Verbesserung der sozialen Stellung der Frau. So gründete sie ein Haus für arme Kinder in Kairo und organisierte Vorträge über Frauenprobleme. Außerdem bemühte sie sich um die Zulassung von Frauen zum Studium und Möglichkeiten zu Auslandsaufenthalten. Ihr Hauptverdienst liegt in der Gründung der »Ägyptischen Frauenunion« – Vorbild für ähnliche Organisationen in der gesamten islamischen Welt. Ziele: 1. Vollkommene Gleichheit für Männer und Frauen in Ausbildung und Arbeit. 2. Vergrößerung der Anzahl von Mädchensekundarschulen, vermehrte Einstellung von Lehrerinnen. 3. Heiratsverbot für Mädchen unter 16 Jahren. 4. Verlängerung des Erziehungsrechtes der Frau im Scheidungsfall. 5. Das Recht der Frau, die Scheidung unter bestimmten Umständen selber einreichen zu können. 6. Abschaffung der Prostitution. 7. Geregelte Arbeitszeit und angemessene Bezahlung für arbeitende Frauen. 8. Gesetz zur Begrenzung der Vielehe auf besonders schwierige Fälle (Ehebruch, Kinderlosigkeit und anderes). 9. Aktives und passives Wahlrecht für begüterte und gebildete Frauen.

LITERATUR: Siham Badr: Frauenbildung und Frauenbewegung in Ägypten. Wuppertal 1968.

Kairo, Sultan-Hasan-Moschee.

Gegenüberliegende Seite oben: Brunnen im Hof der Sultan-Hasan-Moschee.

Gegenüberliegende Seite unten: Minbar (Kanzel) der Sultan-Hasan-Moschee.

l-Maududi (1903 – 1979) wandte Qutb sich von Bannas legalistischem Kurs ab und propagierte den kompromißlosen Kampf einer revolutionären Avantgarde gegen das Regime, das sich die allein Gott zustehende rechtsetzende Gewalt (*hakimiya*) angeeignet, die *sharia* außer Kraft gesetzt und die Gesellschaft damit in die vorislamische Epoche der *jahiliya* zurückgeführt hatte. Aus Qutbs flammender Verdammung sollten militante Gruppen wie *al-jihad* (Heiliger Kampf) und *at-takfir wa-l-hijra* (»Exkommunikation und Rückzug« aus der Gesellschaft) später die »religiöse Pflicht« (*farida*) ableiten, den »Herrscher« oder gar die Gesellschaft insgesamt als Apostaten und Ungläubige zu bekämpfen und zu töten.

Nach dem Junikrieg

Die arabische Niederlage im Junikrieg von 1967 beschleunigte den Niedergang des nasseristischen Modells des sozialistischen Panarabismus. Nach Nassers Tod im September 1970 suchte dessen Nachfolger, Anwar as-Sadat, seine Macht stärker islamisch zu legitimieren. Die 1961 verstaatlichte, prinzipiell regimetreue, jedoch über Ägypten hinaus angesehene al-Azhar-Universität wurde ebenso gefördert wie die unpolitischen Sufi-Bruderschaften.

In Radio und Fernsehen erhielten religiöse Programme breiten Raum, der populäre Prediger Scheich Mutawalli ash-Sharawi stieg zum Medienstar auf. Islamische Aktivisten wurden aus den Gefängnissen entlassen und durften aus dem Exil zurückkehren. Mit Hilfe der Behörden konnten sich »Islamische Gemeinschaften« (*Jamaat-i islamiya*) in Fabriken und Universitäten entfalten. Der Muslimbruderschaft wurde erlaubt, sich neu zu organisieren, Zeitschriften und Bücher herauszugeben und einen internationalen Apparat aufzubauen, ohne allerdings als soziale Vereinigung oder politische Partei legalisiert zu werden. In dieser ambivalenten Situation gelang es ihr sogar, Abgeordnete ins neu belebte Parlament zu entsenden, wenn auch nur als unabhängige Kandidaten oder im Bündnis mit zugelassenen Parteien. Ihr Ruf nach Anwendung der *sharia* fand weithin Unterstützung.

Während sich die Muslimbruderschaft auf die legalistische Strategie der 30er und 40er Jahre besann, weigerten sich jüngere, radikalere Kräfte, der staatlichen Integrationspolitik zu folgen und den Marsch durch die Institutionen mitzumachen. Zwar hatte Sadat 1980 die Verfassung von 1971 dahingehend abändern lassen, daß die (allerdings nicht definierten) Prinzipien der *sharia* zur »Hauptquelle« (*al-masdar ar-raisi*) der ägyptischen Gesetzgebung erhoben wurden, doch folgte dem keine systematische Islamisierung des ägyptischen Rechts.

Zugleich weckte Sadats Wirtschafts- und Außenpolitik der ökonomischen Liberalisierung (*infitah*), Zusammenarbeit mit den USA und Friedenslinie gegenüber Israel Proteste in der Bevölkerung, die der islamischen Opposition eine breitere Basis verschafften. Regimekritische Prediger wie Scheich Abd al-Hamid Kishk erhielten breiten Zulauf. Repression, Gewalt und Gegengewalt kulminierten am 6. Oktober 1981 in der Ermordung Sadats durch die islamische *jihad*-Gruppe. Sein Nachfolger Husni Mubarak griff auf die

Qasim Amin
Der aus Ägypten stammende Denker Qasim Amin (1865 – 1908) gehörte zu den Schülern des berühmten ägyptischen Reformers Muhammad Abduh (1849 – 1905). 1899 verfaßte Amin das für die damalige Zeit revolutionäre Buch »Die Befreiung der Frau«, das in den traditionell-islamischen Kreisen große Kritik auslöste. Wie auch andere Denker seiner Zeit beklagte Qasim Amin die Mißstände in der islamischen Gesellschaft, deren Ursache er in dem Schwinden sozialer Tugenden und moralischer Stärke sah. Die ursprüngliche islamische Regierungsform sei ebenso korrumpiert worden wie die im Islam vorgesehene Gleichheit von Mann und Frau. In der bestehenden orientalischen Gesellschaft erfahre

Stilisierte Darstellung der Kaaba in Mekka (Wandkachel der gelben Moschee in Istanbul).

Strategie der frühen Sadat-Jahre zurück und erweiterte erneut den Freiraum der »gemäßigten« islamischen Opposition, um militante Kräfte umso wirksamer auszugrenzen, die nach wie vor mit aller Macht verfolgt werden.

Im Ägypten der 1990er Jahre bildet die islamische Bewegung in all ihrer Vielfalt die stärkste politisch-intellektuelle Kraft.

Sie kann als Ausdruck einer breiten Strömung gelten, die angesichts kaum zu bewältigender wirtschaftlich-gesellschaftlicher Probleme und kultureller Orientierungslosigkeit nach sozialer Gerechtigkeit, Stärke, Einheit und Authentizität strebt. Mit ihrem Schlagwort »Der Islam ist die Lösung« finden islamische Aktivisten Gehör bei all denjenigen, die an den Schwierigkeiten ihres Alltags zu verzweifeln drohen.

Wie die »islamische Lösung« aussehen, wie die von allen erstrebte Authentizität im einzelnen beschaffen sein, welches Islamverständnis vorherrschen soll, ist in Ägypten jedoch auch nach jahrzehntelangen Debatten und Erfahrungen weiterhin umstritten.

LITERATUR: Richard P. Mitchell: The Society of the Muslim Brothers. London 1969. – Gilles Kepel: Le Prophète et pharaon. Les mouvements islamistes dans l'Égypte contemporaine. Paris 1984. – Emmanuel Sivan: Radical Islam. Medieval Theology and Modern Politics. New Haven/London 1985. – Barry Rubin: Islamic Fundamentalism in Egyptian Politics. Basingstoke/London 1990. – Nazih N. Ayyubi: Political Islam. Religion and Politics in the Arab World. London/New York 1991.

Gudrun Krämer

Saudi-Arabien

Saudi-Arabien gilt als eines der reichsten Länder und gleichzeitig als Mittelpunkt islamischer sunnitischer Orthodoxie. Der saudische Staat kontrolliert seit 1924/25 auch die zwei heiligen Stätten Mekka und Medina und gründet seine Legitimation auf der »pietistischen« (es ist nicht unumstritten, diesen Begriff auf den islamischen Kontext zu übertragen) Richtung der *Wahhabiya*.

Die Wahhabiya als islamische pietistische Bewegung
Die Gründung des Staates Saudi-Arabien ist unmittelbar mit der Geschichte der islamischen theologischen Richtung der *Wahhabiya* verknüpft. Diese gehört zu einer der zahlreichen pietistischen Bewegungen, die in der arabischen Welt im 18. Jahrhundert entstanden sind und die sowohl in der sunnitischen wie in der schiitischen Theologie verbreitet waren. Die pietistische Orientierung definierte den Islam als ethische und gesellschaftliche Norm, die das gesellschaftliche Handeln im Diesseits als Erfüllung des religiösen Heils selbst beschrieb und moraltheologisch dogmatisierte. Merkmale der *Wahhabiya* als pietistischer Gemeinschaft sind a) der Protest gegen die Verderbtheit der Sitten, also ein Protest gegen die Kluft zwischen Glauben und Welt; b) die individuelle Aneignung der Botschaft Gottes durch den Offenbarungstext bei Ausschaltung jeglicher sakraler oder mystischer Beziehungen zwischen Mensch und Gott; c) die Neubekehrung zum Glauben, durch die sich die Gnade Gottes manifestiert, und folglich die Kennzeichnung »nichtbekehrter« Muslime als »Ungläubige«, und d) die Aufgabe der Gelehrten, zur Bekehrung und zur Neugestaltung der Sitten (auf der Grundlage der »gereinigten« Tradition des Propheten Muhammad) aufzurufen. Das Nichteinhalten dieser Grundsätze wurde durchweg als Unglauben (*kufr*) und als »Beigesellung« (*shirk*) bezeichnet.

Saudi-Arabien und die Wahhabiya
Wie alle pietistischen Bewegungen suchte auch die *Wahhabiya* Recht und Ethik zusammenzuführen und einen für jeden Muslim verbindlichen moralischen Normenkodex zu begründen. Hierin folgt *Wahhabiya* vielfach den Vorgaben der hanbalitischen Tradition aus dem 9. Jahrhundert. Die Zusammenführung von Recht und Moral wurde symbolisch in dem legendären Vertrag von 1745 zwischen dem Begründer der *Wahhabiya*, Muhammad ibn Abd al-Wahhab (1703 – 1792) und dem Fürsten Muhammad ibn Saud (herrschte 1742 – 1765) von Diriya, einem zentralarabischen Emirat, vollzogen. Das Fürstenhaus der al-Saud hatten für den politischen und militärischen Schutz der Gemeinde des »Einheitsbekenner« (*al-muwahhidun*), wie die Wahhabiten sich selbst bezeichneten, zu sorgen; die islamischen Gelehrten hingegen, die eng mit der Familie des Theologen ibn Abd al-Wahhab verbunden waren, sollten für die sozialen und kulturellen Belange der Gemeinde Sorge tragen. Der neue saudische Staat (1744/45 – 1818) gründete auf a) der Aufhebung der Trennung zwischen jenseitsorientierter Ethik und diesseitlichem Recht; b) der Zuordnung des Rechts zum Staat als politischem Recht;

c) der Aufhebung jeglicher Beziehungen zwischen Diesseits und Jenseits durch die Zerschlagung mystischer Kulte; d) der Rationalisierung der staatlichen Herrschaft durch die Aufhebung jeglicher metaphysischer Legitimation; e) einer innerweltlichen asketischen Normierung des alltäglichen Lebens; f) der Ablehnung jeglicher äußeren, nicht im Land sozial begründeten Herrschaft.

Von 1744/45 bis 1818 konnte der »erste saudische Staat« die pietistischen Ideale wahren. Im 19. Jahrhundert gelang es den saudischen Fürsten nur für kurze Zeit, einen brüchigen »zweiten saudischen Staat« (1824 – 1891) zu begründen. Nach der legendenumwobenen Eroberung von Riyad 1902 durch Abdalaziz ibn Abdarahman, einen direkten Nachfahren von Muhammad ibn Saud, nahm der »dritte«, bis heute existierende saudische Staat allmählich Konturen an. Nach der Eroberung der Heiligen Staätten Mekka und Medina 1924 – 25 und weiteren Gebietsgewinnen wurde 1932 das saudi-arabische Königreich ausgerufen, das nach dem Beginn der Erdölförderung 1939 zum mächtigsten Staat auf der arabischen Halbinsel wurde. Die *Wahhabiya* wurde nun zur Staatsdoktrin, auch wenn einige wesentliche dogmatische Aussagen – wie etwa die Behauptung, allein als Muslime zu gelten – nach und nach zurückgenommen wurde.

Die Wahhabiya als Staatsdoktrin

Die vielleicht 12 Millionen Einwohner (mit Ausländern) verteilen sich auf fünf größere Regionen, die jeweils politisch einem Mitglied der Königsfamilie unterstehen. Für die *Wahhabiya* von Bedeutung ist dabei vor allem die Region Najd in Zentralarabien mit den Zentren Qasim und Riyad, heute gleichzeitig Hauptstadt des Königreiches. In Najd wurde der pietistische Charakter der *Wahhabiya* und ihre enge Anlehnung an die zentralarabischen Stämme am stärksten bewahrt. Hier stellt die *Wahhabiya* auch gleichzeitig das kulturelle und soziale Identifikationsmerkmal derjenigen Stämme dar, die seit dem 18. Jahrhundert die *Wahhabiya* gestützt haben. In den 1920 eroberten Gebieten hingegen ist die *Wahhabiya* sozial nicht im gleichen Umfang verankert. So hat sich im Hijaz, der Region mit den heiligen Stätten Mekka und Medina, eine liberale und weniger pietistisch ausgerichtete Form der *Wahhabiya* entwickeln können, die als Bezugspunkt vor allem der großen Kaufmannsfamilien angesehen werden kann. In der ostarabischen Region al-Asha sowie in der Umgebung der Stadt Medina spielen schiitische Gruppen eine gewisse Rolle. Politisch ohne jeden Einfluß, konnten sie in einem gewissen Umfang eine eigenständige Kultur bewahren, auch wenn sie innerhalb des saudischen Gesellschaftssystems oft als »Parias« angesehen werden. Andere sunnitische islamische Richtungen werden in Saudi-Arabien nur während der Pilgerfahrt offiziell geduldet, auch wenn traditionell nur der Hijaz der shafiitischen Rechtsschule folgt; in gewissen Oberschichtsfamilien, die noch während der osmanischen Herrschaft (bis 1936) Einfluß erlangt hatten, wird bisweilen auch der hanafitische Ritus gepflegt. Einen Sonderfall stellt die Stadt Medina dar. In der ersten Hälfte des 20. Jahrhunderts kamen zahlreiche maghribinische Gelehrte in diese Stadt und brachten den malikitischen Ritus mit; überlagert wurde er seit 1962 durch den Ausbau der Stadt zum wahhabitischen Lehrzentrum. Heute gilt Medina als Hochburg der radikalen *Wahhabiya*, die bei der Besetzung des Heiligtums in Mekka am 21. November 1979 von sich reden gemacht hat. Offiziell geduldet wird in Saudi-Arabien noch die Reformtheologie der jemenitischen Zaiditen (vor allem in Anschluß an den Reformer Muhammad ibn Ali ash-Shaukani, 1750 – 1873), die in der Region der Asir einen gewissen Einfluß besitzt.

Neuere Tendenzen

Durch den pietistischen Rigorismus der *Wahhabiya* wurde die Bedeutung der Heiligen Stätten als Pilgerfahrtsorte relativiert.

Die lange üblichen mystischen Praktiken am Grab des Propheten Muhammad in Medina wie den Gräbern der Prophetengenossen und der Mitglieder der Familie Muhammads in Mekka wurden nach 1924 streng untersagt. Bis heute fordern immer wieder Gelehrte aus dem Hijaz, die Feierlichkeiten zum Prophetengeburtstag erneut zelebrieren zu dürfen. Solche Forderungen spiegeln die kulturelle Kluft zwischen den beiden wichtigsten Landesteilen Hijaz und Najd wider. In Mekka und der Hafenstadt Jiddah versuchen islamische Gelehrte und Intellektuelle, eine Lockerung des wahhabitischen Rigorismus zu erreichen; in Najd hingegen, wo sich vor allem nach 1982, als Riyad auch städtebaulich zur Hauptstadt ausgebaut wurde, die königliche Macht konzentriert, bleibt die *Wahhabiya* ihrer Tradition verhaftet. Dies bedeutete einerseits Treue zu den dogmatischen Grundsätzen der *Wahhabiya* und andererseits Loyalität zum Fürstenhaus der al-Saud. Die Reichtumskultur, die nach 1945 mit dem Ausbau der Erdölförderung Einzug hielt, führte zu einer Angleichung der Wertvorstellungen der *Wahhabiya* an die neuen Gegebenheiten, förderte aber gleichzeitig die Opposition. Vor allem von Medina aus (Islamische Universität von Medina) formierte sich nach 1962 eine anti-saudische wahhabitische Opposition, die gegen die Integration der Reichtumskultur in die wahhabitische Lehre Front machte.

Der saudische Staat hat nach 1932 mehr und mehr das alte duale Herrschaftssystem aufgegeben und die wahhabitische Gelehrsamkeit in die Staatskultur integriert. Durch eine Zentralisierung des Rechts und des Rechtsauskunftswesens (*ifta*) wurden die ehemals autonomen Instanzen wahhabitischer Theologie zum Bestandteil des saudischen Staatsapparates. Die *Wahhabiya* hat damit zwar nicht an Einfluß verloren, wohl aber an Unabhängigkeit. Sie mußte die Aufweichung theologischer Dogmen hinnehmen, wenn es die Staatsraison verlangte. So galt noch bis 1992 die Annahme, daß der Koran eine Art Verfassungsgrundlage darstelle, so daß der Staat kein gesondertes politisches Statut benötigte. Dies wurde aber vor allem von hijazischen Politikern gefordert. Mit der Einführung eines solchen Statuts 1992 versuchte das Herrscherhaus, den Konflikt zwischen der islamischen Reformtheologie des Hijaz und den Traditionalisten von Najd auszubalancieren.

LITERATUR: Werner Ende: Religion, Politik und Literatur in Saudi Arabien. In: Orient 22 (1981),

der Mann vorwiegend politische Despotie, behandle daher seine Frau mit der gleichen Willkür. Eine Durchsetzung demokratischen Gedankengutes würde jedoch zwangsläufig dazu führen, der Frau allgemein mehr Rechte als bisher einzuräumen.

Qasim Amin setzte sich darüber hinaus für eine bessere Ausbildung der Frau ein, da sie als Erzieherin der Kinder große Verantwortung trüge. Daher sollte die Frau nicht nur lesen und schreiben lernen, sondern auch Kenntnisse in Naturwissenschaften, Geschichte, Geographie, Religion und Hygiene besitzen, ja sogar Sport treiben. Diese Ausbildung käme nicht nur der Rolle der Frau als Hausfrau und Mutter zugute, sondern würde sie auch befähigen, einem selbständigen Erwerb nachzugehen. Die Verbannung der Frauen aus dem öffentlichen Leben ist für Amin darauf zurückzuführen, daß die Männer sie nicht als vollwertige Menschen betrachten. Polygamie betrachtete Amin als Ausdruck einer ähnlichen Frauenverachtung. In diesem Sinn legte er Sure 4,3, in der als Voraussetzung für eine Mehrehe die Gleichbehandlung aller vier Frauen postuliert wird, als indirekte Aufforderung zur Einehe aus. Dem Schleier räumte er zwar eine gewisse Schutzfunktion ein. Gleichzeitig betonte er aber, daß dieser, statt die Moral aufrecht zu erhalten, im Einzelfall die sexuelle Begierde sogar vergrößern könne.

Zu wirklicher Anerkennung gelangten die Schriften Amins, der heute als Begründer der islamischen Frauenrechtsbewegung gilt, erst nach seinem Tod.

LITERATUR: Siham Badr: Frauenbildung und Frauenbewegung in Ägypten. Wuppertal 1968. – Rudi Paret: Zur Frauenfrage in der arabisch-islamischen Welt. Hg. von Josef van Ess. Stuttgart 1981, S. 135 – 205.

S. 377–390; 23 (1982), S. 21–35, 378–393, 524–539. – Tim Niblock (Hg.): State, Society and Economy in Saudi Arabia. London 1982. – Ayman Al-Yassani: Religion and State in the Kingdom of Saudi Arabia. London 1985. – Reinhard Schulze: Islamischer Internationalismus im 20. Jahrhundert. Leiden 1990. *Reinhard Schulze*

Syrien

Statistische Angaben

Unter den 86 Prozent der Muslime stellen die Sunniten (der shafiitischen und hanafitischen Schule) mit rund 70 Prozent die größte Richtung dar. Die übrigen Muslime (16 Prozent) gehören alle dem Schiiten-Zweig der Ismailiten (bzw. Siebener-Schiiten, weil sieben Imame anerkannt werden) oder einer ihrer Untergruppen und Abspaltungen an. Die reinen Ismailiten zählen allerdings nur ein Prozent, während der überwiegende Teil (12 Prozent) zu der extremen Richtung der Nusairier bzw. Alewiten (Ali-Verehrer) gehört, die dem Imam Ali (ibn Abi Talib) fast gottähnliche Verehrung zukommen lassen und die vorwiegend in der Gegend um Latakia anzutreffen sind. Etwa 3 Prozent macht schließlich die Religion der Drusen aus, die den mysteriös entschwundenen Fatimiden-Kalifen al-Hakim (996 – 1021) als letzte Inkarnation Gottes ansehen und die hauptsächlich das Hauran- und Golan-Gebiet im Süd-Westen (auch Jabal Drus = Drusen-Gebirge genannt) bewohnen. Die insgesamt 13 Prozent Christen setzen sich zusammen aus 7 Prozent griechisch-, 4 Prozent armenisch- und 2 Prozent syrisch-orthodoxen Christen neben 15 000 Protestanten. Zu den Nicht-Muslimen zählen außerdem noch 4 000 Juden.

Damaskus, Brunnen (ursprünglich Schatzkammer) im Hof der Omaiyadenmoschee.

Geschichte

Die Bedeutung Syriens für den Islam liegt darin, daß nach der Periode der von Medina aus regierenden sogenannten »Rechtgeleiteten Kalifen« (632–661) das Kalifat im Jahre 661 auf den bisherigen Gouverneur der syrischen Provinz Muawiya (ibn Abi Sufyan), aus der Sippe der Banu Umaiya (Omaiyaden) überging. Von dieser Zeit an wurde das 25 Jahre zuvor (635/36) für den Islam aus byzantinischer Hand eroberte Damaskus für etwa 90 Jahre (bis 750) zum Zentrum des expandierenden islamischen Weltreiches unter der ersten noch rein arabischen Kalifen-Dynastie der Omaiyaden.

Natürlich hat die bisherige Vormacht Byzanz (mit ihrem christlichen Vasallenstaat der Ghassaniden), aber auch das Intermezzo der Kreuzfahrer-Staaten (zwischen 1100 und 1270) in Syrien Spuren hinterlassen, die noch heute an dem relativ hohen Anteil von Christen in der Bevölkerung zu erkennen sind.

Politische Entwicklung der jüngeren Zeit

Wie alle arabischen Staaten des »Fruchtbaren Halbmondes« ist auch Syrien aus der Konkursmasse des Osmanischen Reiches nach dem Ersten Weltkrieg hervorgegangen. Anfang 1920 hatte Hashemiten-Prinz Faisal (Sohn des Sherifen Husain von Mekka) zunächst in Damaskus versucht, ein arabisches Königreich zu gründen, mußte sich aber auf Druck der Franzosen, die das Völkerbundsmandat über Syrien und Libanon erhielten, in den britisch beherrschten Irak zurückziehen. Frankreich teilte sein Mandatsgebiet in vier Distrikte auf (Libanon, Syrien, Jabel Drus und Latakia), nicht zuletzt, um die einzelnen Religionsgemeinschaften besser unter Kontrolle zu halten. So wird im Distrikt Latakia zeitweilig ein autonomer Alawiten-Staat eingerichtet. Nachdem Libanon 1943 die Unabhängigkeit erhalten hatte, wurden die übrigen drei Distrikte zusammen als »Republik Syrien« 1946 in die Unabhängigkeit entlassen. Nach mehreren Staatsstreichen und der Union mit Ägypten (1958–1961) kam 1963 durch Militär-Putsch die seither herrschende *Baath*-Partei an die Macht (mit der Losung »Einheit–Freiheit–Sozialismus«). Diese von dem syrischen Christen Michel Aflaq ins Leben gerufene säkularistische Bewegung verfolgt das Ziel, die politische Einheit der arabischen Länder, nicht aber die islamische *umma*, wiederherzustellen. Der Islam wird zwar als ein prägender, aber nicht als ausschließlicher Bestandteil der arabischen Kultur gewürdigt.

Der Islam in Staat, Politik und Gesellschaft
Den orthodox-muslimischen Kreisen bzw. den Muslimbrüdern war es 1950 zunächst gelungen, den Islam als Staatsreligion in der Verfassung zu verankern. Angesichts der starken religiösen Minderheiten in Syrien wurde dieser Passus jedoch später ersetzt durch den Satz: »Die Religion des Staatspräsidenten ist der Islam«. Nach der Machtübernahme der *Baath*-Partei wurde auch dieser Satz vorerst gestrichen, so daß von Artikel 3 nur der Passus übrig blieb, daß das islamische »Recht« (*fiqh*) eine Hauptquelle der Gesetzgebung ist. Die Wiederaufnahme der Bestimmung über die Religion des Präsidenten in die ständige Verfassung von 1973 reiht sich ein in die Versuche des seit Ende 1970 regierenden Präsidenten Hafiz al-Asad, mit Moscheebesuchen und anderen spektakulären Auftritten die Vorbehalte der mehrheitlich orthodoxen Muslime gegenüber der Staatsmacht abzubauen.

Dennoch ließen sie sich von ihrer prinzipiellen Abneigung gegenüber dem *Baath*-Regime nicht abbringen; denn neben der auf Zurückdrängung religiöser Einflüsse ausgerichteten Ideologie kommt bei der syrischen Führung noch hinzu, daß sie von der alewitischen Minderheit dominiert wird: Alle Schaltstellen der Macht (in Staat, Partei und Armee) sind in den Händen der Alewiten konzentriert, während die sunnitische Bevölkerungsmehrheit unterrepräsentiert ist. Daher ist es vor allem in den orthodox-muslimischen Zentren (Homs, Hama) unter Führung der Muslimbrüder schon wiederholt zu Unruhen und Aufständen gekommen, die (wie 1982) von der Staatsmacht blutig niedergeschlagen wurden. Da die Alewiten im weitesten Sinne der Schia entstammen, ergibt sich eine gewisse Affinität der syrischen Führung zum Iran, was den Gegensatz zum irakischen *Baath*-Regime noch herausstreicht. Demgegenüber ergriffen die orthodoxen Muslime im Golf-Krieg von 1991 offen Partei für den Irak.

LITERATUR: Johannes Reissner: Ideologie und Politik der Muslimbrüder. Freiburg 1980. – Thomas Koszinowski: Syrien, Jordanien und Irak. In: Werner Ende, Udo Steinbach (Hg.): Der Islam in der Gegenwart. 2., überarbeitete Auflage, München 1989.
Günther Kassian

Irak

Statistische Angaben
Die Tatsache, daß der Irak für den sunnitischen wie für den schiitischen Islam eine gleichermaßen große Bedeutung hat, kommt in etwa auch in dem zahlenmäßigen Verhältnis dieser beiden Richtungen zum Ausdruck. Wie in keinem anderen arabischen Land haben im Irak die Schiiten mit 55 Prozent den größten Anteil an der Bevölkerung. Und wenn man bedenkt, daß die im Norden lebenden Kurden, die ein Fünftel der Bevölkerung ausmachen, fast ausschließlich Sunniten sind, so beträgt der Anteil der Schiiten unter den arabischen Irakern sogar über 70 Prozent; sie sind vorwiegend im Süden des Landes (in der Gegend um Basra) anzutreffen. Knapp 40 Prozent der Gesamtbevölkerung sind Sunniten (hanafitischer und shafiitischer Richtung); und etwa 5 Prozent zählen zu den verschiedenen Konfessionen der Christen. Daneben gibt es noch kleinere Gruppen: etwa 55 000 Yeziden sowie 12 000 Mandäer und 2 500 Juden.

Geschichte
Die Bedeutung des Irak für den Islam liegt einerseits darin, daß die beiden Urväter der Schia, Ali ibn Abi Talib (gestorben 661) und sein Sohn Husain (gestorben 680), auf dem Boden des heutigen Irak begraben sind. Ihre Grabstätten in Najaf und Kerbela werden von den Schiiten als Heiligtümer verehrt, und die beiden Städte zählen zu den Zentren der schiitischen Bevölkerung. Zum anderen war Bagdad der Sitz der zweiten großen (sunnitischen) Kalifen-Dynastie der Abbasiden (750 – 1258), die zumindest in der Anfangsphase ihres Kalifats die Zentralgewalt über fast das gesamte islamische Weltreich innehatten.

Damaskus, Hoffassade der Großen Moschee.

Abgesehen von der Zeit zwischen 945 und 1055, als die schiitischen Buyiden als oberste Militär-Befehlshaber (*amir al-umara*, »Heerführer der Heerführer«) neben dem zur Marionette gewordenen sunnitischen Kalifen die faktische Macht in Irak, Iran und Nordsyrien ausübten, haben die irakischen Schiiten immer unter einer sunnitischen Obrigkeit gelebt. Aber wie in allen Ländern des islamischen Orients haben die Herrscher nie ihre Glaubensrichtung der anders ausgerichteten Bevölkerung aufgedrängt; der Grundsatz »cuius regio eius religio« war dort unbekannt. Andererseits haben aber auch die Herrscher kaum die anders geartete Glaubensrichtung der Mehrheit des Volkes in ihrem Handeln berücksichtigt. Schon in der Zeit der Osmanen-Herrschaft über die damaligen Provinzen Bagdad und Basra (1535 – 1918) war die schiitische Mehrheit in den Behörden des Staates und der Verwaltung stark unterrepräsentiert, da höhere Verwaltungsposten bevorzugt mit Sunniten besetzt wurden. Und daran hat sich auch mit der Herausbildung des modernen irakischen Staates nach dem Zusammenbruch des Osmanischen Reiches – ob unter der zunächst von den Briten kontrollierten Haschemiten-Monarchie (1921 – 1958) oder unter den verschiedenen Regimen der Republik nach 1958

Damaskus, Minarett der Großen Moschee.

(Militär, *Baath*-Partei) – bis zum heutigen Tag im Grunde nichts geändert.

Der Islam in Politik und Gesellschaft der Gegenwart

Im Irak kam 1968 – wie schon 1963 in Syrien – die bis heute herrschende *Baath*-Partei (Wiedererweckung) an die Macht. Diese Partei, die unter der Losung »Einheit – Freiheit – Sozialismus« agiert, versteht sich als eine säkulare Nationalbewegung, die die Einheit der arabischen Welt zum Ziel hat. Der Islam spielt dabei nur insofern eine Rolle, als er ein prägendes Element der arabischen Kultur darstellt. Zwar ist nach der Verfassung des Irak (Artikel 4) der Islam Staatsreligion, doch strebt der Staat danach, den Einfluß der religiösen Kreise zurückzudrängen, da er nur eine säkulare Gesellschaft für fähig hält, den Anschluß an das Industriezeitalter zu schaffen. Für moderne Einrichtungen sind allerdings die sunnitischen Iraker eher aufgeschlossen als die Schiiten, die an alten Traditionen festhalten. So kommt es zwangsläufig zur Fortsetzung der lange praktizierten Benachteiligung der Schiiten. Obwohl die Staatsmacht von ihrer Grundintention her lieber über den Religionsdifferenzen stehen möchte, fürchtet sie doch bei einer Parteinahme für eine bestimmte Richtung, daß im Konfliktfall neo-kolonialistische Kräfte sich der anderen Glaubensrichtung annehmen könnten. Natürlich ist die vorwiegend aus Sunniten bestehende Staatsführung unter Saddam Husain gegenüber den Schiiten, die sich nicht mit der *Baath*-Ideologie identifizieren können, mißtrauisch geworden und hat insbesondere nach dem Sieg Khumainis in Iran alles darangesetzt, um ein Übergreifen der Islamischen Revolution auf den Irak zu unterbinden. Dies war auch einer der Gründe für den Ausbruch des ersten Golfkriegs (1980 – 1988) zwischen Irak und Iran. Propagandistisch war dieser begleitet von Polemiken, die auf Ereignisse des Frühislam verweisen: Während der Iran den irakischen Herrscher mit dem Kalifen Yazid (680 – 683) verglich, der für das Martyrium des (schiitischen) Imam Husain verantwortlich war, gab der Irak siegesgewiß den einzelnen Schlachten die Bezeichnung *qadisiya*, in Erinnerung an den Sieg des arabisch-islamischen Heeres über die Perser (Sassaniden) bei al-Qadisiya im Jahre 636/37. Mit dem zweiten Golfkrieg (1991) formierte sich zeitweilig der Widerstand der Schiiten, die ihre Kämpfer meist aus Soldaten rekrutierten, die im ersten Golfkrieg in iranische Gefangenschaft geraten waren. Die irakischen Schiiten streben jedoch nach Angaben ihres Führers, Ayatollah Muhammad Bakr al-Hakim, keine Kopie der Verhältnisse in Iran an. Vielmehr solle das Volk über seine Regierung bestimmen; auch dürfe nicht eine einzige Religionsgemeinschaft über die anderen dominieren.

Kazimiya bei Bagdad, Moschee. Die Grabstätte des siebten und des neunten Imams ist ein wichtiger schiitischer Wallfahrtsort.

LITERATUR: A. Alkazaz: Irak. In: Udo Steinbach u. a. (Hg.): Politisches Lexikon Nahost. München 1979. – Thomas Koszinowski: Syrien, Jordanien und Irak. In: Werner Ende, Udo Steinbach (Hg.): Der Islam in der Gegenwart. 2., überarbeitete Aufl., München 1989. – Sluglett, Farouk-Sluglett: Der Irak seit 1958. Frankfurt/M. 1991.

Günther Kassian

Libanon

Die libanesische Bevölkerung setzt sich aus zwei Hauptreligionsgemeinschaften zusammen, den Muslimen und den Christen. Jede dieser beiden Hauptgruppen zerfällt in verschiedene Glaubensrichtungen. Zu der muslimischen Religionsgemeinschaft gehören drei eigenständige anerkannte Glaubensgruppen: die Sunniten, die Schiiten und die Drusen. Die Alewiten (*nusairi*) und die Ismailiten sind zahlenmäßig unbedeutend und daher staatlich nicht anerkannt.

Die Sunniten

Die Sunniten bilden mit etwa 740 000 Mitgliedern 21,5 Prozent der Gesamtbevölkerung von ca. 3 Millionen. Im Gegensatz zu den anderen Gemeinschaften betrachteten die Sunniten zu keinem Zeitpunkt ihrer Geschichte den Libanon als einen Zufluchtsort. Sie waren vielmehr durch ihre Zugehörigkeit zu der regierenden Schicht des Kalifats früher die privilegierteste Gruppe. Nach dessen Zerfall wurden sie durch die Franzosen von Syrien, dessen Bevölkerung mehrheitlich sunnitisch ist, losgelöst und in den Libanon eingegliedert. Sie verloren somit ihre traditionelle Sonderstellung und gerieten in den Zustand der Desidentität. Um diesen Zustand zu überwinden, suchten sie ihre Ersatzidentität im arabischen Nationalismus und optierten für einen arabischen Kulturcharakter des Libanon. 1943 schlossen sie mit den dem Westen zugeneigten Maroniten den Nationalpakt ab. Sowohl das »arabische Gesicht« des Libanon als auch seine kulturelle Bindung zum Westen wurden hier bestätigt. Nach den Regelungen dieses ungeschriebenen Abkommens ist der Staatspräsident ein Maronit, der Ministerpräsident ein Sunnit, und der Parlamentpräsident ein Schiit. Die Verteilung der Spitzenpositionen in Regierung und Verwaltung sowie der Parlamentssitze erfolgte nach dem Verhältnis 6:5 von Christen gegenüber Muslimen. Dieser Konfessionsproporz war die Hauptursache des Bürgerkrieges und soll nun durch das Taifabkommen beendet werden. Dieses Abkommen erfüllte die meisten Ansprüche der Muslime.

Der höchsten religiösen Autorität der Sunniten, dem *mufti* der Republik (*mufti al-jumhuriya*), kommt grundsätzlich eine juristische Funktion zu. Seine Weisungen, besonders die politischen, sind nicht allgemein verbindlich. Fragen des Personenstandsrechts bleiben nach der libanesischen Verfassung im Zuständigkeitsbereich der religiösen Gerichte. Dies gilt auch für alle drei muslimischen Gemeinschaften.

Der sunnitische Fundamentalismus wird von der »Muslimgemeinschaft« (*al-jamaat al-islamiyah*) vertreten. Diese Gemeinschaft, an deren Spitze Fathi Yakin steht, arbeitet eng mit der internationalen Muslimbruderschaft zusammen.

Die Schiiten

Die Schiiten sind mit über einer Million Gläubigen die größte, aber gleichzeitig auch die am stärksten benachteiligte Gemeinschaft. Die meisten Schiiten im Libanon sind Zwölfer-Schiiten (Imamiten) und berufen sich auf den Prophetengefährten Abu Dharr als ihren Gründervater, der das südlibanesische Gebiet Jabal Amil besucht und dort gepredigt haben soll. Sie nennen sich selbst *al-mahrumin* (die Entrechteten). Ihr traditioneller Streit mit den Sunniten um die Leitung der islamischen Gemeinschaft (*umma*) bestimmt bis in die Gegenwart ihr entsprechend konfliktreiches Verhältnis zu den Sunniten. Dies drückt sich in ihrem Versuch aus, die Sunniten zu entmachten. Die Ausschaltung der sunnitischen Miliz (*al-murabitun*) durch die Schiiten 1984 sollte den politischen Einfluß der Sunniten im Libanon einschränken.

Die schiitische Revolution im Iran vom 1979 verstärkte das Selbstbewußtsein der Schiiten im Libanon und führte zugleich dazu, daß sie sich in die laizistisch orientierte *Amal*-(»Aktion«) Bewegung und in die fundamentalistische Kampfgruppe der »Partei Gottes«, die im Libanon eine islamische Republik nach Teheraner Vorbild errichten will, teilten.

Der offizielle religiöse Repräsentant der Schiiten ist das Oberhaupt des »islamisch-schiitischen Höheren Rates«, der 1969 von dem legendären Imam Musa al-Sadr gegründet wurde. Die schiitischen geistlichen Autoritäten nehmen in ihrer Gemeinde eine sehr mächtige Position ein.

Die Drusen

Der Anteil der Drusen an der Gesamtbevölkerung wird auf rund 11 Prozent geschätzt. Die religiös extreme Ausrichtung der drusischen Geheimlehre, die von der Hauptströmung des Islam weit entfernt ist, setzte die Drusen ständigen Verfolgungen aus und zwang sie, in den Bergen des Libanon Zuflucht zu suchen. Wie die Maroniten betrachten die Drusen daher die Unzugänglichkeit des Libanongebirges als wesentliche Rahmenbedingung ihrer Geschichte. Über Jahrhunderte hinweg zogen sie einen eigenständigen Libanon vor. Mit dem Aufstieg des arabischen Nationalismus tendierten sie zu panarabischen Vorstellungen. Während sich heute die israelischen Drusen dem jüdischen Staat gegenüber loyal verhalten, sind die libanesischen mit den Syrern verbündet. Die politischen Repräsentanten der drusischen Gemeinschaft stammen aus den beiden wichtigsten Familien Junblatt und Arsalan.

Die Geheimnisse des Glaubens sind nur einer elitären Minderheit eingeweihter Gelehrter, den

Samarra, das an die babylonischen Zikkurats erinnernde Minarett der Großen Moschee (Mitte des 9. Jahrhunderts).

Ismail al-Faruqi
Ismail al-Faruqi wurde 1921 als Sohn palästinensischer Eltern in Jaffa geboren und vollendete nach einer Schul- und Studienzeit in Palästina und Beirut seine Ausbildung in den USA, wo er 1952 seinen Dr. phil. erwarb. Nach islamischen Studien an der berühmten al-Azhar-Universität in Kairo, studierte er – nach Amerika zurückgekehrt – Christentum und Judentum an der Mc-Gill-Universität. Von 1961 bis 1963 war er als Professor für islamische Studien an der Universität von Karachi tätig. Nach einer Gastprofessur in Chicago wurde er 1968 Professor an der Temple-University. Für Ismail al-Faruqi bildeten Arabertum und Islam eine unlösbare Einheit. In seiner ersten Schaffensphase stand jedoch das Arabertum im Mittelpunkt, während sich der Schwerpunkt später zum Islam hin verlagerte. Arabertum bedeutet: arabische Sprache, Religion, Gesellschaft und Kunst, das gesamte menschliche Bewußtsein. Arabertum ist für al-Faruqi nicht auf die islamische *Umma* beschränkt, sondern bezieht sich auch auf die orientalischen Christen, die im Gegensatz zu den westlichen Christen ihre ursprüngliche semitische Reinheit bewahrt haben. Der Unterschied zwischen einem Muslim und einem christlichen Araber liegt in ihrer Persönlichkeit, nicht in ihrer Religion, Kultur oder Ethik begründet. Arabertum ist der Geist und die beste Ausdrucksform islamischer Werte. Nichtislamische Muslime oder nichtislamische Araber begreift der Gelehrte als unbewußten Ausdruck des Arabertums. Sein Begriff des Arabertums wird jedoch deutlich von Nationalismus und Ethnozentrismus abgehoben. Während der westliche Nationalismus zu Parteigeist führe, bezeichne sein Begriff des Arabertums die universale Botschaft des Korans, sei somit gemeinsames Erbe aller Muslime.

Ebenso bemühte sich Ismail al-Faruqi intensiv um den islamisch-christlichen Dialog. Er wollte beiden Traditionen dazu verhelfen, sich auf einer tieferen Ebene besser zu verstehen. Sein Aufruf an die Christen, eine zweite Reformation

»Weisenden« (*uqqal*), zugänglich. Die religiöse Leitung liegt bei dem »Scheich der Weisheit«. Die Drusen sind stets gehorsame Gefolgsleute ihrer Führer.

LITERATUR: Wilhelm Kewenig: Die Koexistenz der Religionsgemeinschaften im Libanon. Berlin 1965. – Monika Tworuschka: Die Rolle des Islam in den arabischen Staatsverfassungen. Walldorf-Hessen 1976. – Dorothea Vorländer (Hg.): Libanon. Land der Gegensätze. Erlangen 1980. – Marcel Pott: Beirut zwischen Kreuz und Koran. Braunschweig 1985. – Abdul-Fattah Ammar: Die Araber und die westliche Kultur. Köln-Wien 1991.

Abdul-Fattah Ammar

Jordanien

Statistische Angaben
96 Prozent der Bevölkerung sind Muslime. Die überwiegende Mehrheit unter ihnen (93 Prozent) sind Sunniten (hauptsächlich der shafiitischen Richtung). Daneben gibt es etwa drei Prozent Schiiten, die sich größtenteils aus der Gruppe der im 19. Jahrhundert eingewanderten Tscherkessen rekrutieren. Die übrigen vier Prozent sind Christen der verschiedensten Bekenntnisse.

Geschichte
Sieht man einmal davon ab, daß der entscheidende Sieg des islamischen Eroberungsheeres über die Byzantiner in der Schlacht am Jordan-Nebenfluß Yarmuk (656), mit dem zugleich der Prozeß einer intensiven Arabisierung eingeleitet wurde, auf dem Boden des heutigen Jordanien errungen wurde, so gab es ansonsten dort nichts, was für die weitere Entwicklung des Islam von Bedeutung gewesen wäre. Ein gewisses islamisches Attribut erhält Jordanien erst in unserem Jahrhundert mit der bis heute andauernden Herrschaft der hashemitischen Königsfamilie, die ihre Abstammung auf die Sippe des Propheten Muhammad, der Banu Hashim, zurückführen kann.

Bis dahin war Jordanien immer ein Durchgangsland von Pilgerkarawanen oder Kriegszügen gewesen, dessen Geschick bis in unser Jahrhundert hinein mit dem des benachbarten Syrien und Palästina verknüpft war. Schon bei der Ausbreitung des Islam war dieses karge und kaum abwechslungsreiche Steppen- und Wüstengebiet vom islamischen Eroberungsheer rasch und zumeist kampflos (*anwatan*, ohne Friedensvertrag) durchmessen worden, da es dort kaum christliche Ansiedlungen gab, mit denen Friedensverträge (*sulh*) hätten ausgehandelt werden müssen. Dies ist wohl der Grund dafür, daß der Anteil der muslimischen Bevölkerung auch im heutigen Jordanien sehr hoch ist.

Politische Entwicklung der jüngeren Zeit
Mit dem Zusammenbruch des Osmanen-Reiches am Ende des Ersten Weltkrieges (1918) begannen sich die Konturen eines eigenständigen Jordanien herauszuschälen. Zusammen mit Palästina geriet das Land unter die Herrschaft der Briten, die 1920 das Mandat des Völkerbundes über diese Gebiete erhielten. Kurz danach (1921) wurde Transjordanien verwaltungsmäßig von Palästina abgetrennt und 1923 zu einem eigenständigen Emirat unter der britischen Mandatsherrschaft erhoben. Als Emir setzten die Briten Abdallah, einen Sohn des hashemitischen Sherifen Husain von Mekka ein, der nach der vollständigen Unabhängigkeit (1946) den Königstitel annahm. Nach der im ersten arabisch-israelischen Krieg (1948/49) erfolgten Einverleibung Ost-Palästinas (beziehungsweise des Westjordanlands, das 1967 von Israel besetzt wird) nennt sich der Staat 1950 »Hashemitisches Königreich Jordanien«.
Ein Jahr nach der Ermordung Abdallahs (Juli 1951) bestieg dessen Enkel Husain 1952 den Thron, der seither die Geschicke des Landes lenkt. Die ersten Jahre seiner Herrschaft waren geprägt von dem Bestreben, die in der arabischen Welt aufkommenden antimonarchischen Tendenzen einzudämmen. Als Reaktion auf die ägyptisch-syrische Einheit (Februar 1958) kam im Mai 1958 die kurzlebige »Arabische Föderation« mit dem Irak zustande, wo Husains hashemitischer Vetter, König Faisal II., regierte. Diese Föderation zerfiel aber mit dem Sturz der Monarchie im Irak im Juli 1958. Eine ähnliche Bedrohung seines Thrones konnte Husain abwenden, ebenso wie es ihm gelang, dem Aufstand der Palästinenser (1970) eine Niederlage zu bereiten.

Die Rolle des Islam in Staat und Gesellschaft
Nach der Verfassung (Artikel 2) ist Jordanien eine konstitutionelle Monarchie mit dem Islam als Staatsreligion. Dessenungeachtet haben aber schon seit der Mandatszeit und verstärkt seit der Regentschaft König Husains westlich-säkulare Denk- und Lebensweisen in Jordanien Eingang gefunden und die betont islamischen Lebensformen mehr oder weniger zurückgedrängt. Dementsprechend ist auch der König ein aufgeklärter Monarch, der keine Einmischung der Geistlichen (*ulama*) in seine Politik duldet. Gleichwohl kommt er nicht umhin, zur Legitimierung seiner Macht sich des Islam zu bedienen und auf seine hashemitische Abstammung zu verweisen. Damit sichert er sich im eigenen Land die Loyalität der gläubigen Untertanen und tritt im innerarabischen Machtkampf als Wahrer des religiösen Erbes auf. Daraus ergeben sich bisweilen Rivalitäten mit der saudischen Dynastie, durch die der Sherif Husain von Mekka, König Husains Urgroßvater, in den 1920er Jahren aus dem Hijaz vertrieben und des »Patronats über die heiligen Städte« Mekka und Medina beraubt wurde.

Die islamische Revolution in Iran unter Khumaini bedeutete auch für Jordanien einen Wendepunkt in Richtung auf die Rückbesinnung auf den Islam, vor allem im Alltag: Frauen trugen wieder häufiger den Schleier, das Fernsehen sendete Lesungen aus dem Koran und dergleichen mehr. Die zunehmende Kritik orthodox-muslimischer Kreise an Säkularisierung und Verwestlichung hat schließlich den Boden dafür bereitet, daß die Muslimbrüder im November 1989 bei den Wahlen 22 der 80 Parlamentssitze erringen konnten. Ein Jahr später (November 1990) übernahm Abdal-Lataif Arabiyat, ein Mitglied der Muslimbrüder, das Amt des Parlamentspräsidenten; und seit Anfang 1991 sind sieben den Muslimbrüdern nahestehende Minister (unter anderem die für Erziehung und Justiz) im jordanischen Kabinett. Für König Husain bedeutet das Erstarken der

Muslimbrüder jedoch noch keine Gefahr, solange er die Armee auf seiner Seite weiß, deren Offizierskorps zu 90 Prozent aus königstreuen Beduinen besteht.

LITERATUR: Arabien-Plötz: Die Arabische Welt. Freiburg/Würzburg 1978.–Thomas Koszinowski: Syrien, Jordanien und Irak. In: Werner Ende, Udo Steinbach: Der Islam in der Gegenwart. 2., überarbeitete Auflage München 1989. – Arnold Hottinger: Die Araber vor ihrer Zukunft. Paderborn 1989. *Günther Kassian*

Palästina

Statistische Angaben

Durch den ständigen Zustrom jüdischer Einwanderer (vor allem aus Rußland) und die fortgesetzte Errichtung jüdischer Siedlungen in den 1967 besetzten Gebieten (Westbank, Ghaza-Streifen) lassen sich zur Zeit keine verläßlichen und dauerhaften Angaben über den Anteil der einzelnen Religionsgemeinschaften machen. Nach der neuesten Statistik, die vermutlich alle von Israel kontrollierten Gebiete umfaßt, leben dort etwa 81,7 Prozent Juden und 2,3 Prozent Christen. Die übrigen 16 Prozent teilen sich auf in 14,2 Prozent Muslime (überwiegend Sunniten der shafiitischen Richtung) sowie 1,8 Prozent Drusen.

Geschichte

Für den Islam ist Palästina in zweifacher Hinsicht von Bedeutung: auf religiös-theologischem und historisch-politischem Gebiet. Nach Mekka und Medina gilt Jerusalem (arabisch *al-Quds*: das Heilige) als die dritte heilige Stätte des Islam, weil von dort aus nach islamischer Vorstellung der Prophet Muhammad (zur Legitimierung seines Prophetentums) die legendäre Himmelsreise auf dem Reittier Buraq unternommen hat. Außerdem soll dort am Ende der Zeiten das Jüngste Gericht stattfinden. (Das arabische Wort für Hölle, *jahannam*, weist auf das Tal »Ge-Hinnom« südlich der Jerusalemer Altstadt hin). Auch wurden anfangs die Gebete der Muslime in Richtung Jerusalem verrichtet. Im Mittelalter erlebte Palästina die Invasion der Kreuzfahrer, die 1099 das christliche Königreich Jerusalem errichteten, das 1187 durch Salah ad-Din (Saladin) für den Islam zurückerobert wurde.

Eine ähnliche Katastrophe wie die Kreuzfahrer-Invasion hat sich in den Augen der Araber in unserem Jahrhundert mit der Gründung des Staates Israel auf dem Boden Palästinas wiederholt. Die damit einhergehende Vertreibung der arabischen Bevölkerung hat nicht nur die arabische, sondern die gesamte islamische Welt sensibilisiert.

Die Entwicklung des Palästina-Konflikts

Nach dem Zusammenbruch des Osmanen-Reiches am Ende des Ersten Weltkrieges geriet Palästina 1920 unter die Herrschaft der Briten, die das Land zunächst gemeinsam mit Transjordanien als Mandats-Gebiet des Völkerbundes verwalteten. (1921 erfolgte die verwaltungsmäßige Trennung beider Gebiete.) Ermutigt durch die Erklärung des britischen Außenministers Balfour (1917), in der die »Errichtung einer nationalen Heimstätte für das jüdische Volk« angeregt wurde, setzten schon zwischen den beiden Weltkriegen erste jüdische Einwanderungs-Wellen nach Palästina ein, die sich nach den Juden-Verfolgungen durch Hitler-Deutschland noch verstärkten, so daß zum Ende der britischen Mandatszeit von der UNO 1947 der Plan zur Teilung Palästinas in einen arabischen und einen jüdischen Staat beschlossen wurde. Tatsächlich kam es aber – aufgrund geheimer Absprachen zwischen der jüdischen Seite und dem Emir Abdallah von Transjordanien – nur zur Gründung des jüdischen Staates, obwohl der Anteil der Juden damals gerade nur ein Viertel der Gesamtbevölkerung Palästinas betrug. Damit begann die Tragödie der arabischen Palästinenser, die mit der Vertreibung im ersten arabisch-jüdischen Krieg (1948/49) und der Besetzung der restlichen Gebiete Palästinas durch Israel im Juni 1967 ihren Lauf nahm.

Die Rolle des Islam in der Befreiungs-Bewegung

Gegen die jüdische Einwanderung und die sie schützende britische Mandatsmacht hatte sich auf arabischer Seite schon in der Zeit zwischen den beiden Weltkriegen Widerstand geregt, der sich oft in religiös-islamischer Weise artikulierte, was nicht zuletzt darin zum Ausruck kam, daß der *mufti* von Jerusalem, Hajj Amin al-Husaini, eine führende Stellung in der Nationalbewegung einnahm. Diese Nationalbewegung scheiterte jedoch aufgrund der divergierenden Interessen ihrer aus Grundbesitzer-Familien stammenden Führer und konnte die Tragödie von 1948 nicht verhindern. Danach wandte man sich von einer islamischen Argumentation ab und griff verstärkt säkularistisch-nationale und – nach der Gründung der Palästinensischen Befreiungs-Organisation (PLO) 1964 – sogar marxistische Gedanken auf, zumal ein großer Teil der in der PLO führenden Persönlichkeiten aus christlichen Familien stammte, wie Habasch, Hawatmeh und andere. Gleichwohl kam aber auch die PLO nicht ohne eine gewisse islamische Symbolik aus: So nannten sich die in Guerrilla-Aktionen gegen Israel auftretenden Kämpfer *fidaiyun* (Sich Aufopfernde), genau wie die Anhänger jener extrem-schiitischen Sekte der Assassinen, die zur Zeit der Kreuzfahrer-Staaten unter Aufopferung des eigenen Lebens blindlings Morde an Glaubensfeinden und Abtrünnigen ausführten. Und sicherlich gab sich der PLO-Vorsitzende Yasir Arafat den Beinamen Abu Ammar (Vater des Ammar) in Erinnerung an Ammar ibn Yasir (Ammar, Sohn des Yasir), einen der engsten Gefährten des Propheten Muhammad. Mit dem Volksaufstand, der *intifada* (Abschüttelung), Ende 1987 wuchs der Einfluß der durch ihre Kompromißlosigkeit gegenüber Israel bekannten Muslimbrüder und ihres militärischen Armes, der *Hamas*- (Eifer) Bewegung, in den 1967 besetzten Gebieten. 1967 hatten sie es nämlich vorgezogen, nicht sofort den Kampf gegen Israel aufzunehmen, sondern stattdessen in beharrlicher Basisarbeit den Kontakt mit der dort verbliebenen arabischen Bevölkerung zu pflegen und ein soziales Netz (mit Moscheen, Kindergärten und Krankenhäusern) aufzubauen. Daher ist heute die *Hamas*-Bewegung für Israel gefährlicher als die PLO.

zu veranlassen und ihre Religion von den Fehlinterpretationen von Paulus bis Karl Barth und Paul Tillich zu befreien, ging den meisten zu weit. Auch für die eigene Tradition strebte al-Faruqi eine Reformation an. Dabei war er von so unterschiedlichen Denkern wie Muhammad Abd al-Wahhab und Muhammad Abduh beeinflußt. Mit dem ersten teilte er seine Kritik an der Mystik und außerislamischen kulturellen Einflüssen. Ähnlich wie der berühmte ägyptische Reformer betonte er die Einheit von Glaube und Vernunft und die Möglichkeit, den göttlichen Willen durch Vernunft und Offenbarung zu begreifen. Ferner bildeten Glauben und Handeln für ihn eine unlösbare Einheit.

LITERATUR: Ismail al-Faruqi (Hg.): Trialogue of the Abrahamitic Faiths. 1982.–John L. Esposito: Ismail R. al-Faruqi, Muslim Scholar-Activist. In: Yvonne Yazbeck Haddad (Hg.): The Muslims of America. New York/Oxford 1991, S. 65–79.

LITERATUR: W. Hollstein: Kein Frieden um Israel. Frankfurt/M. 1972. – N. Weinstock: Das Ende Israels? Berlin 1975. – H. Baumgarten: Palästina – Befreiung in den Staat. Frankfurt/M. 1991.

Günther Kassian

Abdolgasem al-Khoy
Abdolgasem al-Khoy wurde 1899 im Iran zu einem Zeitpunkt geboren, als der europäische Kolonialismus seinen Höhepunkt erlebte. Er wuchs in seinem Heimatland auf, kam jedoch bereits in jungen Jahren als Stipendiat in den Südirak, wo er nach seinen Studien den Grad eines mujtahids erhielt. Obwohl Khoy schon vor Khumaini den Schah kritisiert hatte, trennten sich die Wege der beiden schiitischen Gelehrten. Khoy lehnte nämlich Khumainis Konzept vom *velayat-i faqih* ab, dem zufolge die politische Macht im Staat bei den islamischen Juristen liegen soll. Dieses Konzept, das Khumaini bereits Anfang der siebziger Jahre im südirakischen Najaf vertreten hatte, wurde nach der Revolution in der Verfassung verankert. Nach Khoys Überzeugung soll ein schiitischer Rechtsgelehrter sich jedoch keinesfalls in politische Machtkämpfe verstricken lassen, weil er sonst seine Integrität und Glaubwürdigkeit verliert. Ebenso kritisierte Khoy die Tatsache, daß viele Gelehrte nach der Revolution den Ayatollah-Titel für sich beanspruchten, die nach klassischem Verständnis kein Anrecht darauf gehabt hätten. Daher redete Khoy in seinem berühmt gewordenen Telegramm Khumaini nach dessen Machtübernahme mit Hujjat al-Islam an – einem Titel, der rangmäßig unter dem Ayatollah liegt. Ayatollah Khoy, der unpolitische mujtahid aus Najaf, wollte damit dokumentieren, daß er den iranischen Revolutionsführer in Sachen Gelehrsamkeit nicht als ebenbürtig empfand. Abdolgasem al-Khoy widerstand weiterhin erfolgreich allen Versuchen sowohl des irakischen Baath-Regimes als auch der iranischen Regierung, sich für tagespolitische Fragen zu engagieren. So bewahrte er auch im ersten Golfkrieg zwischen Irak und Iran strenge Neutralität. Stattdessen gründete der Gelehrte, dessen einige Millionen starke Anhängerschaft in Indien, dem Irak, Libanon und sogar Iran leben, eine umfangreiche Stiftung, die Schulen, Gebäude und karitative Institutionen umfaßt und sich religiösen und sozialen Fragen widmet. Khoy, der über 40 Bücher

Jemen

Geschichte

Im Jemen begann die islamische Ära noch zu Lebzeiten des Propheten Muhammad. Im späten 6. Jahrhundert war Südarabien eine Provinz des Sassanidenreiches geworden, und nach dem Tode des Herrschers Chosrau II. im Jahre 628 nahm der damalige Statthalter in Südarabien, Badhan, den Islam an. Die erste Moschee wurde in der Residenzstadt al-Janad von einem der im Jemen verweilenden Gefolgsleute des Propheten gebaut, und auch die große Moschee von Sanaa soll auf Anweisung des Propheten errichtet worden sein. Die Islamisierung des Jemen war zu jener Zeit allerdings noch nicht weit fortgeschritten, und das Land wurde erst unter der Herrschaft des ersten Kalifen Abu Bakr (632 – 634) der islamischen Macht im Norden unterworfen. Bis auf einige christliche und jüdische Gemeinden konvertierte die jemenitische Bevölkerung zum Islam.

Die folgende politische Geschichte des Jemen wurde vor allem durch die Ankunft der Zaiditen geprägt. Yahya ibn al-Husain, ein aus dem Hijaz stammender Gelehrter, der den Titel *al-hadi ila-l haqq*, »Führer zur Wahrheit«, annahm, errichtete im späten 19. Jahrhundert ein zaiditisches Imamat. Die von al-Qasim ibn Ibrahim, dem Großvater Yahya ibn al-Husains, systematisierte zaiditische Lehre (*zaidiya*), auf der das Imamat basierte, blieb für die folgenden Jahrhunderte richtungweisend. Das Imamat konsolidierte sich erst im 12. Jahrhundert. Es mußte sich immer wieder gegen andere Dynastien, darunter die fatimidischen Sulaihiden (1047 – 1138), die sunnitischen Aiyubiden (1173 – 1228) und die Rasuliden (1228 – 1454) behaupten. Die Osmanen besetzten das Land von 1539 – 1635. In der Folgezeit konnten die Zaiditen, vor allem unter der Herrschaft al-Mutawakkil ala Allah Ismails, ihre Macht bis zum Hadramaut ausweiten. Die zweite osmanische Invasion fiel mit der Ankunft der Briten im Jemen im Jahre 1839 zusammen, die im Süden ein Protektorat errichteten. Das Land wurde folglich in Nord- und Südjemen aufgeteilt. Nach dem ersten Weltkrieg, dem Ende der Türkenherrschaft, erstarkte das Imamat erneut unter der Herrschaft der Hamid al-Din Dynastie. Nach der Revolution von 1962, die im wesentlichen von Offizieren initiiert wurde, die sich aus den nördlichen Stämmen rekrutierten, wurde eine Republik ausgerufen.

Am 22. Mai 1990 fand die Wiedervereinigung der Arabischen Republik Jemen (ARJ) und der Demokratischen Volksrepublik Jemen (VJ) statt. Seither nimmt Ali Abdallah Salih, ehemaliger Präsident der ARJ, den Vorsitz des »Führungsrats« ein. Die Regierung hat sich die Eliminierung der mit der früheren Teilung des Landes verbundenen sozialen und ideologischen Unterschiede, die Entwicklung demokratischer Institutionen, den Ausbau der Landwirtschaft und die Ausbeutung der Naturschätze (vor allem des Öles) zum Ziel gesetzt.

Religiöse Strömungen seit 1962

Der Sturz des zaiditischen Imamats hat ein religiöses Vakuum hinterlassen. Noch während der Anwesenheit der Ägypter im Jemen, die der republikanischen Regierung in dem der Revolution folgenden Bürgerkrieg (1962 – 1970) militärische und logistische Hilfe leisteten, wurde die erste Muslimbruderschaft unter dem Namen *at-Talia* (Vorhut) von Abduh Muhammad al-Makhlafi gegründet. *At-Talia* orientierte sich am Modell der ägyptischen Muslimbruderschaft und berief sich vor allem auf die Schriften Saiyid Qutbs, eines ihrer führenden Ideologen.

Die jemenitischen Muslimbrüder gaben sich als Opponenten von Sozialisten, Nasseristen und Baathisten zu erkennen. Nach dem Abzug Nassers aus dem Jemen (1967) und dem tödlichen Unfall al-Makhlafis scheint sich die Gruppe aufgelöst zu haben. Nach der nationalen Aussöhnung zwischen Republikanern und Royalisten (1970) gewann die religiöse Reformbewegung jedoch an Bedeutung. Die in den südlichen Landesteilen und der Küstenregion, der Tihama, vertretenen Sunniten der shafiitischen Schule bilden heute die überwiegende Mehrheit der Bevölkerung. Die vor allem in den nördlichen Regionen lebenden Zaiditen der hadawitischen Schule machen ungefähr 35 Prozent der 14 Millionen zählenden Bevölkerung aus. Daneben gibt es kleine ismailitische, hanafitische und jüdische Minderheiten.

Die Reformbewegung

Die Reformbewegung bietet bislang ein eher diffuses Bild. Diese Bewegung wird von nicht legalisierten, zumeist im Untergrund tätigen Gruppen getragen. Sie sind schwerlich als klar voneinander abgegrenzte Organisationen identifizierbar.

In den frühen 70er Jahren wurde die Bewegung vor allem mit einem Prediger und ehemaligen Gymnasiallehrer namens Abd al-Majid al-Zindani assoziiert. Nach der Revolution in Nordjemen kehrte er in sein Heimatland zurück und schloß sich Muhammad al-Zubairi, Mitbegründer der *hizb al-ahrar al-yamaniyin* (Partei der jemenitischen Liberalen), an, die sich bereits seit den 40er Jahren gegen die Politik der Hamid al-Din und den Kolonialismus aussprach. Nachdem die ARJ von Saudi-Arabien 1970 anerkannt wurde, nahm al-Zindani Verbindung mit dem Nachbarland im Norden auf. Seither soll wahhabitisches Gedankengut in die Bewegung eingeflossen sein.

Der Bewegung werden Verbindungen sowohl zu den ägyptischen Muslimbrüdern (*al-ikhwan al-muslimun*) und der militanten *Jamaat al-takfir wa-l-hijra* (Gemeinschaft der Exkommunikation und des Rückzuges) als auch zu den Wahhabiten zugeschrieben. Die Gruppen – abgesehen von der dem Iran nahestehenden – werden von den Jemeniten, die nicht direkt mit ihnen in Verbindung stehen, als *salafiyun* bzw. *salafiya* (die sich nach dem Vorbild der ehrwürdigen Vorväter ausrichten), *taqlidiyun* (»Traditionalisten«, die sich der zur Zeit des Propheten und der Kalifen etablierten Tradition verpflichtet fühlen und deren Herrschaft verherrlichen), oder allgemein als *ikhwan* bezeichnet. Die jemenitischen *salafiyun*, wie Gruppen ähnlicher Provenienz in Ägypten und Syrien, propagieren eine einzig am Wortlaut des Koran und der *sunna* (Aussprüche und Handlungen des Propheten) festhaltenden Lehre. Mit Bezug auf das Wort der *hadith* (Überlieferung): »Wenn Uneinigkeit (Aufruhr) entsteht, verlaßt euch auf den Jemen« – wird zur Remissionierung der islamischen Welt aufgerufen, die vom Jemen aus vereinigt werden soll.

Die *salafiyun* haben vor allem über das Erziehungssystem und die Moscheen Eingang in die jemenitische Gesellschaft gefunden. Sie stehen in der Tradition Muhammad Rashid Ridas (1865–1935), der an den Schiiten Kritik übte und der der Politik der Familie al-Saud nach der Gründung Saudi Arabiens große Sympathien entgegenbrachte. Die *salafiyun* bezeichnen einige Praktiken der Zaiditen, wie den Besuch von Familiengräbern am Freitag, als *bida* (von der Lehre des Propheten abweichende Handlungsweisen). In den sunnitisch orientierten religiösen Institutionen, auf die ich unten zu sprechen komme, wird Kindern zaiditischer Herkunft erklärt, ihre Eltern und Vorfahren seien »Ungläubige« (*kuffar*) gewesen. 1963 unterzeichnete die ARJ ein Programm der Arabischen Liga, welches ein einheitliches Lehrsystem an öffentlichen Schulen vorsieht. In den der Revolution folgenden Jahren richtete sich das jemenitische Erziehungssystem vor allem nach dem Ägyptens. An den Schulen umfaßte der Religionsunterricht damals nur eine Wochenstunde. Nach der Aussöhnung von Republikanern und Royalisten wurde die mangelnde religiöse Erziehung an den Schulen von den traditionellen Rechtsgelehrten (*ulama*) und anderen konservativen Kräften kritisiert.

In der Spätphase der Regierungszeit Abd al-Rahman al-Iryanis (1967–1974) wurden religiöse Institute (*al-maahid al-ilmiya*) errichtet, die ihre Curricula bis heute weitgehend unabhängig vom Erziehungsministerium aufstellen. An den *maahid* lehren neben Jemeniten auch der Muslimbruderschaft nahestehende Sudanesen, Ägypter und Syrer, von denen einige nach der Verfolgung der Brüder in den jeweiligen Ländern im Jemen ein neues Tätigkeitsfeld gefunden haben. Im Jahre 1986 gab es 400 solcher Institute in allen Landesteilen der ARJ, einschließlich der ehemaligen zaiditischen Hochburg Sada.

Auf dem Lande haben die Institute größeren Zulauf als in den Städten. Besonders ärmeren Landbewohnern bietet sich hier die Möglichkeit, ihren Kindern eine religiöse Ausbildung zu gewähren, die in vorrepublikanischer Zeit der Elite vorbehalten war. Eltern sollen von den Instituten finanzielle Zuwendungen erhalten. In einigen traditionellen Zentren religiöser Gelehrsamkeit wie Kawkaban haben die *maahid* den Moscheeunterricht weitgehend verdrängt. Einige Organisationsformen des früheren Lehrsystems wurden von den *maahid* übernommen; sie stellen Unterkünfte für die aus entfernteren Gegenden stammenden Schüler zur Verfügung, die dort für einige Jahre unentgeltlich unterrichtet und beköstigt werden. Seit der Wiedervereinigung wird die Beibehaltung der *maahid* im Parlament debattiert.

Das Beispiel der *maahid* deutet darauf hin, daß die *salafiyun* inzwischen einen nicht geringen Einfluß auf das soziale und politische Leben des Landes ausüben. Ihre Anhänger entstammen der unteren, aber auch der aufsteigenden Mittelschicht (darunter sind viele Studenten und niederrangige Regierungsbeamte). Der Anteil dieser Anhänger ist im Erziehungsministerium und im Ministerium für religiöse Stiftungen besonders hoch. In der ehemaligen VJ hat die Bewegung sehr wenige Sympathisanten.

Die *salafiyun* nehmen hohe Ämter in Regierung und Armee ein. Obwohl sie die Politik der Regierung oftmals angriffen, wurden sie als Vorhut gegen zaiditische Kräfte und vor allem den marxistisch beherrschten Süden nicht nur geduldet, sondern sogar willkommen geheißen.

Während des nationalen Referendums zum Verfassungsentwurf am 16. Mai 1990 riefen die *salafiyun* zum Boykott der Wahlen auf, da die Verfassung die *sharia* nicht als einzige, sondern hauptsächliche Quelle der Gesetzgebung vorsieht. Die *salafiyun* forderten, daß die Wiedervereinigung von der Erneuerung des Bekenntnisses zum Islam seitens der Bevölkerung der VJ abhängig gemacht werden solle.

Das Sprachrohr der *salafiyun* ist die Zeitung *»As-sahwa«* (Erwachen). Die Duldung anderer Rechtsquellen neben der *sharia* gilt als *shirk* (Götzendienst), und man setzt sich für die unbedingte Anwendung der *sharia* auch gegen Mehrheitsbeschlüsse – zum Beispiel des Parlaments – ein. Es widerspreche dem Geist der *sharia*, daß gemäß der Verfassung beim Volk die Macht läge und von ihm ausginge, da nur Gott allein Herrscher sein könne. Die Gleichheit aller Jemeniten vor dem Gesetz sei in Frage zu stellen, weil damit auch Frauen, Juden und Kommunisten das Anrecht auf das höchste Staatsamt zugesprochen werden müsse.

Religiöse Parteien

Seit Oktober 1991 sind politische Parteien unter bestimmten Einschränkungen zugelassen. Den Parteien ist die Bindung an ausländische Schwesterparteien oder Regierungen untersagt; sie dürfen weder gegen die Religion oder die Prinzipien der Revolution von 1962 gerichtet sein noch auf regionalen, konfessionellen, tribalen, professionellen oder geburtsständischen Loyalitäten basieren. Außer den zwei Regierungsparteien, dem *Mutamar al-shaabi* (Nationalkongreß) unter dem Vorsitz Ali Abdallah Salihs und der bereits genannten, von Ali Salim al-Baid (Stellvertreter des Vorsitzenden des Führungsrats) geführten *Hizb al-ishtiraki*, wurden verschiedene andere Parteien legalisiert. Neben einigen nationalistisch und panarabisch ausgerichteten Parteien sind drei religiöse Parteien entstanden:

1. Die *al-Tajammu al-yamani li-l-islah* (Vereinigte Reformpartei) wurde 1990 von Abdallah ibn Husain al-Ahmar, Oberhaupt des Stammes der *Hashid* und Mitglied des *majlis al-istishari* (Konsultativrat) ins Leben gerufen. Die Forderung der Partei nach Reformen auf der Basis der *sharia* schließt die Verpflichtung der Staatsführung zur Konsultation (*shura*) ein. Das Parteiprogramm sieht insbesondere die Bekämpfung der Rückständigkeit und Korruption sowie die Stärkung der Einheit des Jemen und der arabischen Welt vor.

2. Die *Hizb al-haqq* (Partei der Wahrheit) wurde 1991 von Ahmad ibn Muhammad (ibn Ali) al-Shami, einem ehemaligen Richter am Appellationsgericht in Taiz, gegründet. Die Ziele der Partei sind die Anwendung der *sharia* und die Wiederbelebung des für alle Muslime verbindlichen

über juristische Fragen verfaßte, gehörte zu den berühmtesten Lehrern aus Najaf und bildete Hunderte von mujtahids aus, die schiitisches Gedankengut in der ganzen Welt verbreiteten.
Khoys Tragödie begann im März 1991 während des zweiten Golfkriegs. Zum ersten Mal handelte er gegen seinen Grundsatz des politischen Quietismus und ernannte ein Komitee aus mehreren mujtahids, um »die öffentlichen Interessen in Najaf zu wahren«, als die Stadt vorübergehend nicht mehr unter Kontrolle des Baath-Regimes stand. Gleichzeitig nahm Khoys Sohn Majid Kontakt zum amerikanischen und französischen Hauptquartier auf. Die Alliierten hielten sich jedoch bedeckt, nachdem die Iraker in Begriff waren, Najaf zurückzuerobern. Der Aufstand wurde niedergeschlagen. Viele von Khoys Weggefährten kamen um. Khoy selber stand bis zu seinem Tod im August 1992 unter Hausarrest. Das Beispiel von Ayatollah Abdolqasem Khoy, dem bedeutendsten Ayatollah seiner Zeit, verdeutlicht die Unmöglichkeit, im heutigen Nahen Osten den politischen Wirren fernzubleiben. Khoys Tod hinterläßt eine große Lücke. Der Streit um seine Nachfolge begann unmittelbar nach der Beisetzung, die unter großen Sicherheitsvorkehrungen stattfand.

Mustafa as-Sibai

Mustafa as-Sibai wurde 1910 in Homs (Syrien) geboren. Er gehörte zu den bekanntesten Führern und Publizisten der 1928 von dem Ägypter Hasan al-Banna gegründeten Muslimbruderschaft. As-Sibai bekleidete wichtige Ämter in dieser Organisation, deren syrischem Zweig er vorstand. Schon 1946 hatte er in der bekannten Zeitschrift *al-manar* (»Der Leuchtturm«) Artikel verfaßt und später die Zeitschrift *al-muslimun* (»Der Muslim«) herausgegeben. 1949 war er Oberhaupt der »Muslimischen Sozialistischen Front«, welche die Position der Muslimbruderschaft gegen die Baathpartei vertrat. Auch Nasser fühlte sich durch die von as-Sibai und seinen Freunden vertretene Sozialismuskonzeption angegriffen.

As-Sibais Hauptwerk trägt den Titel *ishtirakiyya al-islam* (»Islamischer Sozialismus«). Bereits 1929 hatte der Syrer Muhsin al-Barazi sein in französischer Sprache verfaßtes Werk »Islamisme et Socialisme« veröffentlicht. Ebenso wie die 1970er und 1980er Jahre im Zeichen der Re-Islamisierung standen, spielte in den 1950er und 1960er Jahren vor allem die Nationalismus- und Sozialismusdebatte eine wichtige Rolle. Trotz konzeptioneller Unterschiede gilt für den islamischen Sozialismus, daß er sich häufig als »dritten Weg« zwischen Kapitalismus und Kommunismus verstand, eher religiös als materialistisch, eher national als international eingestellt war. Nicht die Klassengesellschaft an sich, sondern die Widersprüche zwischen den Klassen sollten abgeschafft werden. Ein zentraler Begriff der islamischen Soziallehre war *taawun* (»Kooperation, Genossenschaft«), wobei an die Zusammenarbeit aller Mitglieder der Gesellschaft zum Wohl des Ganzen gedacht war.

Die Muslimbrüder besaßen genossenschaftlich geführte Betriebe. Sie betonten auch deshalb den islamischen Charakter ihres Sozialismus, weil die nicht-islamische sozialistische Bewegung der Baathpartei immer mehr an Einfluß gewann und die nasseristische Sozialismusversion sich erst nach-

moralischen Imperativs, stets für das Richtige einzutreten und das Verwerfliche zu bekämpfen. Unterdrückung, Irreführung und Willkür sollen nicht geduldet werden. Die Partei strebt islamische Einheit und Zusammenarbeit der muslimischen Gemeinde (*umma*) in der Konfrontation mit den Feinden des Islam an.

3. Der *Ittihad al-quwwa al-shabiya al-yamaniya* (Vereinigte jemenitische Volkspartei) steht Ibrahim ibn Ali al-Wazir, Sohn einer der Führer der konstitutionellen Oppostitionsbewegung gegen Imam Yahya (1948), vor. Der *Ittihad* ist aus der 1959 entstandenen *Hizb al-shura* (Partei der Konsultation) hervorgegangen. Die Partei strebt eine auf islamischen Prinzipien basierende parlamentarische Demokratie nach westlichem Muster an.

Unter den religiösen Parteien ist vor allem die *Hizb al-islah* zum Sammelbecken der Muslimbrüder geworden. Als die Gründung der Partei im Jahre 1990 bekanntgegeben wurde, zogen ungefähr 40 000 Menschen, darunter viele Stammesangehörige aus dem Norden, durch die Straßen. Die Partei hat auch eine große Anhängerschaft in der vornehmlich shafiitischen Region südlich der Hauptstadt, die offensichtlich sunnitischen Strömungen zugänglich ist. Besonders die Shafiiten streben einen Bruch mit der Vergangenheit an. Nach der Revolution haben sie auf eine deutliche Verbesserung ihres Lebensstandards und ihres sozialen und politischen Einflusses in der Gesellschaft gehofft. Angesichts der fortschreitenden Verschlechterung der wirtschaftlichen Lage können die hohen Erwartungen schwerlich erfüllt werden. Anders als die im Ausland (und zuvor in Aden) ausgebildeten shafiitischen Technokraten und Kaufleute, die es nach 1962 zu einem bedeutenden sozialen Aufstieg brachten und den religiösen Parteien fernstehen, setzen die unteren Mittelschichten Hoffungen auf sie.

Die *Hizb al-haqq* ist zaiditisch inspiriert und hat dementsprechend stärkeren Zulauf aus zaiditischen Kreisen, darunter von Angehörigen der gehobenen Berufe und der alten Gelehrtenfamilien. Die Partei wird von einigen *ulama* unterstützt, denen daran gelegen ist, den Einfluß der Muslimbrüder und Wahhabiten zurückzudrängen.

Reformansätze innerhalb der Zaidiya

In den letzten Jahren haben sich einige Zaiditen bemüht, die Imamatslehre mit der Konstitution der Republik in Einklang zu bringen. Mit Berufung auf frühe zaiditische Strömungen wie die *Salihiya* und die Schriften des Begründers der *Zaidiya* distanzieren sie sich von der während des Imamats dominierenden hadawitischen Schule, indem sie alewitische Abstammung als Legitimationsbasis der Herrschaft verwerfen. Dieser Haltung haben sich inzwischen viele Hashemiten, aus deren Mitte der Imam hervorging, angeschlossen.

Unter den *ulama* und Intellektuellen, die sich die Lehre Zaid ibn Alis zu eigen machen, befinden sich der Großmufti Ahmad ibn Muhammad Zabarah, der Führer der *Ittihad al-quwwa al-shabiya al-yamaniya* und der Literat Ahmad ibn Muhammad (ibn Muhammad) al-Shami. In einem 1987 veröffentlichten Werk führt al-Shami zwei Gründe an, die gegen die Machtausübung der *ahl al-bait* (Nachkommen des Propheten durch Ali und Fatima) sprechen: Erstens bezeuge die jemenitische Imamatsgeschichte fortwährende Machtkämpfe unter den Prophetennachfahren; zweitens sollten diejenigen, denen nach dem Willen Gottes die *zakat* (Pflichtabgabe) verboten ist, nicht mit politischer Autorität betraut werden. Das Gebot der Auflehnung gegen ungerechte Herrschaft (*khuruj*), welches eine zentrale Rolle in zaiditischem Denken spielt, wird allerdings nicht verworfen.

In seinem jüngsten Werk »Versuch, den Weg zu korrigieren« verweist der Historiker Zaid ibn Ali al-Wazir auf Parallelen zwischen der zaiditischen Staatslehre und den Grundlagen der Republik. Er lehnt die Auffassung der orthodoxen Schia ab, daß der Nachfolger des Propheten durch Gott bestimmt worden sei. Dieses Recht sei allein der islamischen Gemeinde vorbehalten. Sowohl die *Zaidiya* als auch die Verfassung der Republik sehe die Wahl des Herrschers durch die Gemeinde vor. Dessen Macht unterstehe der Kontrolle eines Rates (*shura*) beziehungsweise des Parlaments. Der dem Gläubigen von der zaiditischen Lehre auferlegte Gehorsam gegenüber dem Imam dürfe ihm dann aufgekündigt werden, wenn der Imam sich der Übertretung des Gesetzes schuldig mache. Der Autor schlägt vor, die Lehre dahingehend zu reformieren, daß die Regierungszeit eines Imams – wie die eines republikanischen Staatsoberhaupts – befristet werde. Somit brauche der sich als unrechtmäßig erweisende Imam nicht mehr – wie oftmals in der Vergangenheit geschehen – mit Gewalt aus seinem Amt entfernt zu werden. Al-Wazir folgert, daß eine so verstandene Imamatstheorie den Prinzipien der Republik nicht widerspreche, vielmehr sei die Republik eine Fortentwicklung des Imamats.

Diese Revisionen im Rahmen schiitischer Orthodoxie mögen als Versuche reformorientierter Hashemiten zu deuten sein, sich an die neuen Machtverhältnisse anzupassen und den endgültigen Niedergang der *Zaidiya*, die nach der Revolution ihren institutionellen Charakter verloren hat, zu verhindern.

LITERATUR: Monika Tworuschka: Die Rolle des Islam in den arabischen Staatsverfassungen. Walldorf/Hessen 1976. – J. Peterson: Jemen. The Search for a Modern State, London 1982. – W. Madelung: Der Islam im Jemen. In: W. Daum: Jemen. 3000 Jahre Kunst und Kultur des glücklichen Arabien. Innsbruck/Frankfurt 1987. – Hans Kruse: Nordjemen. In: Werner Ende, Udo Steinbach (Hg.): Der Islam in der Gegenwart. 2., überarbeitete Auflage, München 1989, S. 372–384.

Gabriele vom Bruck

Amerika

Statistische Angaben

Auf dem amerikanischen Kontinent befinden sich die dichtesten Ballungszentren der Muslime in Surinam (ca. 20 Prozent der Bevölkerung) sowie in Guayana und auf Trinidad. Dabei handelt es sich um die Nachkommen der als Kolonialarbeiter eingewanderten Inder. In Surinam lebt darüber hinaus eine beträchtliche Anzahl Indonesier. Obwohl die meisten der nach Lateinamerika ausgewanderten Araber dem christlichen Glauben angehören, gibt es in Argentinien, Venezuela und

Mexiko islamische Gemeinden mit zum Teil eigenen Moscheen. Die meisten Muslime leben in Brasilien.

In den USA liegt die Zahl der Muslime nach jüngsten Schätzungen zwischen 2 und 8 Millionen, wobei die zuverlässigste Schätzung von annähernd 4,7 Millionen (1986) ausgeht. Einer Schätzung von 1980 zufolge kommen ca. 880000 Muslime aus Osteuropa (unter anderem Albanien, Bulgarien, Rumänien, Slowakei, ehemaliges Jugoslawien, Ukraine, Rußland usw.) und 940000 aus dem Mittleren Osten und Nordafrika (Saudi-Arabien, Syrien, Israel, Ägypten, Irak, Jordanien, Marokko, Türkei und andere). Ungefähr 380000 stammen aus Asien (Indien, Kambodscha, China, Philippinen, Indonesien, Japan, Korea, Pakistan, Laos, Taiwan, Thailand, Vietnam und andere) und ca. 94000 aus der sogenannten Sub-Sahara (Äthiopien, Ghana, Nigeria, Südafrika, Cape Verde usw.). Eine weitere Gruppe von ca. 13000 stammt aus der Karibik (Bahamas, Barbados, Bermuda, Brasilien, Dominikanische Republik, Guayana, Haiti, Jamaica, Trinidad usw.). Hinzu kommen die Amerikaner afrikanischer Abstammung (ca. eine Million). Infolge des Umbruchs im Iran stieg die Zahl der Iraner 1987 auf fast eine Million.

Die muslimischen Hauptballungszentren befinden sich in New York, Kalifornien und Illinois. In Kalifornien leben hauptsächlich Muslime aus Osteuropa, Nordafrika und dem Mittleren Osten, wobei der Anteil der Iraner sehr hoch ist. New York wird insbesondere neben den Muslimen aus Nordafrika und dem Mittleren Osten von Muslimen aus Osteuropa bevölkert sowie von asiatischen, karibischen und afro-amerikanischen Muslimen. In Illinois kommen die meisten Muslime aus Osteuropa, gefolgt von Muslimen afro-amerikanischen Ursprungs und solchen aus dem Mittleren Osten und Nordafrika. Kleinere Gruppen stammen aus der Sub-Sahara und der Karibik.

Geschichte

Die erste muslimische Einwanderung erfolgte zu Beginn des 20. Jahrhunderts. Die meisten Muslime kamen aus wirtschaftlichen Gründen und planten nicht, Amerika auf Dauer zu ihrer Heimat zu machen. In dieser Anfangszeit gründete Noble Drew Ali den *Moorish Science Temple*. Ungefähr ein Jahrzehnt später änderte sich die Situation: Einige Muslime entschlossen sich, doch dauerhaft in den USA zu bleiben und ihre Familien folgen zu lassen. So entstanden Gemeinden dadurch, daß sich mehrere Familien aus dem gleichen Dorf zusammenfanden und in der gleichen Stadt siedelten. Zu den bekanntesten Familien gehörten die Ajrams, die nach Cedar Rapids in Iowa zogen und dort die erste Moschee gründeten, die Barakats und Alwans, die am Aufbau der Toledo-Moschee beteiligt waren, die Khalids, welche die Detroiter Moschee gründeten und die Jizainis, auf die eine Moschee in Michigan City zurückgeht. Ebenso sind die Khan-Familie in Kalifornien, die Diabs in Chicago und die Tartars in Brooklyn zu erwähnen. Die Muslime bauten ihre Gemeinden entsprechend ihren sozialen Bedürfnissen weiter aus: Todesfälle führten zur Einrichtung islamischer Friedhöfe, die zunehmende Entfremdung der Kinder von ihrer Kultur zur Einrichtung von Jugendgruppen und Religionsunterricht. Die ständige Konfrontation mit dem christlichen Weihnachtsfest hatte die Aufwertung und das festliche Begehen des Geburtstags des Propheten zur Folge.

Um 1950 führte der Wunsch zur Bildung einer islamischen Dachorganisation zur ersten *Muslim Conference* in Cedar Rapids, an der 400 Muslime teilnahmen. Eine zweite Konferenz fand 1953 in Toledo statt, die dritte in Chicago (Juli 1954). Dort wurde die Dachorganisation *Federation of Islamic Associations of the United States and Canada* (FIA) mit Abdullah Ajram (Igram) als erstem Präsidenten ins Leben gerufen.

Die Föderation betonte in ihrem Manifest den Gedanken einer muslimischen Gemeinschaft in Amerika, die sich im Einklang mit dem Koran befindet und sich für geistige, soziale und kulturelle Entwicklung im Rahmen islamischer Prinzipien einsetzt. Die Jahreskonferenz 1955 fand in London (Ontario) statt, die des Folgejahres in New York. Auf der sechsten Konferenz in Detroit wurde Kassem Alwan zum Präsidenten gewählt. Obgleich die Aktivitäten der FIA sich weitgehend auf die Organisation ihrer Konferenzen beschränkte, stärkte sie das Gemeinschaftsgefühl und das Selbstbewußtsein der in Amerika lebenden Muslime beträchtlich.

In den 1960er Jahren begann insofern eine neue Phase der Geschichte der Muslime in Amerika, als muslimische Studentenorganisationen anfingen, sich außerhalb der FIA zu organisieren. Die *Muslim Student Association* (MSA) wurde zu einer Zeit des Umbruchs in der islamischen Welt gegründet: Khumaini war gerade aus dem Iran ausgewiesen worden; die *Jamaat-i islami* in Pakistan verboten und Maulana Maududi zum Tode verurteilt worden. In Ägypten wurden die Muslimbrüder inhaftiert und in Indonesien die islamische *Masumi*-Partei verboten. Die algerische Revolution errang ihre ersten Siege. Die MSA gewann parallel zu dieser Entwicklung an Einfluß und Ansehen und machte die al-Amin-Moschee in Gary (Indiana) zu ihrem Hauptquartier. Ebenfalls wurden damals Organisationen wie das *North American Islamic Trust* (NAIT) sowie die *American Muslim Scientists and Engineers* (AMSE), die *American Muslim Social Scientists* (AMSS) und die *Islamic Medical Association* (IMA) ins Leben gerufen. Schließlich entstand 1981 die Dachorganisation *Islamic Society of North America* (ISNA), welche die *Muslim Community Association* (MCA), die MSA, AMSS, AMSE, IMA, NAIT, die *Foundation of International Development* (FID) und das *Canadian Islamic Trust* (CIT) umfaßt. ISNA gilt als die nationale muslimische Organisation. Obwohl viele in Amerika geborene Muslime sich ihr angeschlossen haben, wird sie von manchen immer noch als eine Immigrantenorganisation betrachtet.

An Zahl und Dynamik besonders bedeutend sind die afroamerikanischen Konvertiten und unter ihnen die Anhänger Elijah Muhammads. Diese Bewegung des schwarzafrikanischen Nationalismus, die bereits mit der *International Negro Improvement Movement* des Marcus Garvey (Timothy Drew), der die aus Afrika stammenden Amerikaner als *moorish* im Gegensatz zu den christlichen Weißen bezeichnete, begonnen hatte, fand einen Höhepunkt in den Bewegungen *Nation of Islam* und *Ansarullah*.

träglich um eine islamische Rechtfertigung bemüht hatte.

Mustafa as-Sibai stellte des Begriff *takaful* (»gegenseitige Verantwortung«) in den Mittelpunkt seines Ansatzes. Er zählte fast 30 *takaful*-Gesetze auf, zum Beispiel: die Aufforderung zu Verantwortung auf religiösem, sozialem, kulturellem und politischem Gebiet, Nächstenliebe und politische Toleranz, Gastfreundschaft und die Verpflichtung, andere an seinem Besitz teilhaben zu lassen. As-Sibai faßte den Armutsbegriff weiter als das Entbehren vom materiellem Besitz. Armut ist für ihn die Beraubung der angeborenen Rechte auf Leben und Erhaltung der Gesundheit, politische, religiöse, soziale und moralische Freiheit, Erziehung, Bildung und Besitz.

LITERATUR: Kemal H. Karpat: Political and Social Thought in the Contemporary Middle East. London 1968.

Fazlur Rahman
Fazlur Rahman wurde 1919 in Indien (Panjab) geboren, wo er seine Schulzeit verbrachte. Er studierte an der Universität Oxford, promovierte 1949 über den mittelalterlichen Philosophen Ibn Sina. Rahman lehrte in England (Durham), anschließend in Montreal (McGill University). Dort schrieb er sein wichtiges Werk »Prophecy in Islam«. In den frühen 1960er Jahren wurde Rahman Leiter des Instituts für Islamische Studien in Karachi/ Pakistan. Der Gründer und zeitweilige Herausgeber der »Islamic Studies« engagierte sich im religiösen und politischen Leben Pakistans. Nach dem Regierungswechsel Ende der 60er Jahre wurde er wegen seiner modernistischen Einstellungen von islamischen Fanatikern bedroht und verließ das Land (Ruf an die Universität von Kalifornien, 1968). 1969 wurde er Professor für Islamkunde (Universität Chicago), wo er bis zu seinem Tod (1988) blieb. Rahman war der erste Muslim, der in die Theologische Fakultät dieser Universität berufen wurde; ebenso der einzige Muslim, der die »Giorgio Levi Della Vida Medal for the Study of Islamic Civilization« vom »Gustave E. Grunebaum Center for Near Eastern Studies« erhielt.

Rahman beschäftigte sich mit klassisch-islamischer Theologie und Philosophie. In Pakistan entwickelte er ein Curriculum islamischer Studien für die religiösen Führer. Historisch-kritisch untersuchte er in »Islamic Methodology in History« die Prophetentraditionen. In »Islam« diskutierte er normativ-gesetzliche und theologische Fragen. Sein Heimatland schenkte ihm erst in dem Augenblick größere Aufmerksamkeit, als Rahman in den USA als islamischer Denker prominent geworden war. Man lud ihn nach Pakistan ein, ehrte ihn offiziell. Rahman kritisierte weiterhin Präsident Zias Politik.

In Chicago veröffentlichte der Gelehrte vier Hauptwerke: »The Philosophy of Mulla Sadra« (1975), »Major Themes of the Quran« (1980), »Islam and Modernity« (1982), »Health and Medicine in the Islamic Tradition« (1987).

Zur gegenwärtigen Situation
Der Konflikt zwischen Israelis und Palästinensern, die Ölkrise, das Auftreten Khumainis, der Golfkrieg und andere Ereignisse führten dazu, daß die amerikanische Öffentlichkeit sich intensiver mit dem Islam auseinandersetzt.

Was die gesellschaftlichen und politischen Aktivitäten der in Amerika lebenden Muslime betrifft, so kann man zwischen einer eher defensiv-pazifistischen und einer aktivistisch-missionarischen Gruppe unterscheiden. Die erste bemüht sich lediglich um ein sinnvolles islamisches Leben in einer nichtislamischen Umwelt. Diese Muslime sind direkt oder indirekt die geistigen Erben jener Emigranten, die den chaotischen Verhältnissen im Nahen Osten und in Osteuropa entfliehen wollten und sich bewußt auf ein mehr oder weniger angepaßtes Leben im *dar al-kufr* (Gebiet des Unglaubens) eingestellt hatten. Einer anderen kleineren Gruppe von ebenfalls eingewanderten Muslimen geht es nicht darum, sich einer nichtislamischen Umwelt anzupassen, sondern ihre Glaubensüberzeugung nicht nur zu wahren, sondern auch auf den nichtislamischen Bereich durch *daawa* (Einladung, Mission) auszuweiten. Dieser missionarische Aktivismus, der in Amerika noch jung ist, wurde hauptsächlich von den Gedanken der Muslimbrüder und der pakistanischen *Jamaat-i islami* des Abul Ala Maududi (1903–1979) beeinflußt. Abgesehen von der Verbreitung dieser Ideen durch ägyptische und pakistanische Einwanderer fand das islamische Missionskonzept durch die Reden des Maududi-Schülers Khurram Murad Eingang nach Amerika. Für ihn ist die islamische Bewegung ein »organisierter Kampf, die bestehende Gesellschaft in eine islamische Gesellschaft zu verwandeln, die auf Koran und Sunna basiert und den Islam zu einem überlegenen dominanten Faktor, vor allem im soziopolitischen Bereich zu machen.« Eine wichtige Organisation in diesem Zusammenhang ist das von dem Geographieprofessor Musa Qutub gegründete *Islamic Information Center of America*, das »die islamische Botschaft in ihrer Ganzheit und Reinheit dem amerikanischen Volk übermitteln, Nichtmuslime über den Islam informieren und den Amerikanern, die den Islam angenommen haben, helfen soll, die Botschaft zu verbreiten«. Auch die *Muslim Student Association* (MSA) hat *daawa* zu einem ihrer wichtigen Ziele erklärt. Die MSA hat einige Aufgaben an Unterorganisationen weitergegeben: Das *North American Islamic Trust* ist für die Verbreitung islamischer Literatur in den USA und Kanada zuständig. Das *Islamic Teaching Center* widmet sich vornehmlich der Ausbildung junger Muslime.

Die *Muslim World League* ist demgegenüber eine internationale Organisation, die – von Saudi-Arabien gegründet – islamische Gemeinschaften in der ganzen Welt zu unterstützt. Die Schiiten in Nordamerika werden von den Islamischen Gesellschaften in Georgia und Virginia vertreten. Das *International Institute of Islamic Thought* wurde 1981 in Nordvirginia ins Leben gerufen, um »islamische Forschung in der ganzen Welt zu fördern und den Muslimen bei der Lösung von aktuellen Problemen zu helfen«. Vertreter der kanadischen Organisationen ist der »Islamic Circle of North America« mit Sitz in Montreal, der »Muslime und Nichtmuslime gleichermaßen auf den Pfad Allahs rufen will«. Die *Ahmadiya*-Mission besitzt ein Zentrum in Chicago.

Die *Islamic Society of North America* (ISNA) bemühte sich, auf ihrer Konferenz 1986 ein politisches Programm für die Zukunft zu entwickeln. Die Führung der ISNA war zu der Zeit stark von den Muslimbrüdern und der *Jamaat-i islami* beeinflußt, die teilweise die politischen Probleme ihrer Herkunftsländer auf die amerikanischen Verhältnisse übertrugen, so daß ein neues Konzept notwendig wurde. Dieses Vorhaben löste nicht nur Kritik bei den afroamerikanischen Gruppen, sondern auch bei der *Tablighi Jamaat* aus, die ähnlich wie die traditionalistische *Salafiya*-Bewegung jegliches Engagement eines Muslims in einer nichtislamischen ungläubigen Regierungsform auf das schärfste ablehnte.

Jedoch haben einige Muslime sich immer um eine Teilnahme am politischen Leben Amerikas bemüht, wobei sie jedoch nicht in die Interessenpolitik der christlichen Araber und Amerikaner involviert werden wollten. Bereits 1983 war die *Muslim League of Voters* gegründet worden, welche die muslimischen Bürger ermutigen wollte, am politischen und zivilen Leben dieser großen Nation teilzunehmen. Seit 1985 wurden mehrere *Muslim Political Action Comitees* (PACS) gebildet. Im November 1987 gründete auch ISNA ihr eigenes PAC. Abgesehen von den PACS gibt es islamische Gesellschaften, deren politische Aktivität nur eine von vielen ist: so das *National Council of Islamic Affairs* (NCIA), das sich erfolgreich der Völkerverständigung zwischen Arabern, Indern und Pakistanern widmete. Das NCIA unterstützte ebenfalls islamische Politiker bei ihrer Kandidatur für den amerikanischen Kongreß.

Die Einstellung der Kirchen zum Islam
Was die Auseinandersetzungen der Kirchen mit dem Islam betrifft, so bemühen sich die einen, die religiösen Glaubenssätze und Werte des Islam zu respektieren und die islamische Gemeinschaft ähnlich wie andere Glaubensgemeinschaften zu akzeptieren. Eine der deutlichsten Stellungnahmen stammt von der *Presbyterianischen Kirche* (1987). Diese Erklärung richtet die Aufmerksamkeit der *Presbyterianischen Kirche* auf die Präsenz der Muslime in den USA und fordert zu einem besseren Verstehen des Islam als Religion und der Muslime als Menschen auf, die – wie die Christen – Zeugen von Gottes Herrschaft über diese Welt sind. Die Christen werden nicht nur aufgefordert, mit Muslimen zusammenzuarbeiten, um akute soziale Probleme zu lösen, sondern auch, um ihr traditionelles Missionskonzept zu überdenken. Bereits 1977 hatte das *National Council of the Churches in Christ* ein Büro für christlich-muslimische Beziehungen ins Leben gerufen, das eine bessere Einbeziehung muslimischer Bürger in verschiedene gesellschaftliche Bereiche gewährleisten sollte.

Im römisch-katholischen Bereich stellte das Zweite Vatikanische Konzil neue Weichen für die Beziehungen der Katholiken zu den muslimischen Nachbarn. Die »Nationale Katholische Bischofskonferenz von Amerika« richtete 1987 ein »Sekretariat für Interreligiöse Angelegenheiten« ein, das sich insbesondere mit den Muslimen beschäftigte.

Die *United Methodist Church* setzte sich mit dem religiösen Pluralismus auseinander und forderte die Christen dazu auf, »Nachbarn« der Angehörigen anderer Religionen: Buddhisten, Juden, Muslimen, Hindus usw. zu sein.

Andere christliche Organisationen und Gruppierungen sehen in der Präsenz der Muslime in ihrer Heimat in erster Linie eine Möglichkeit, Konvertiten zu gewinnen. Zu nennen sind hier die Veröffentlichungen des *Zwemer Institute of Islamic Studies.* Ähnliche Ziele - in gemäßigter Form - verfolgt das *Department of Interfaith Witness of the Southern Baptist Convention.*

Andere Kirchen und kirchliche Organisationen bemühen sich um einen Mittelweg. Ein gutes Beispiel hierfür bietet die *Reformed Church of America.* Sie gibt den Missionsgedanken zwar nicht völlig auf, bedauert aber die Entfremdung, Konfrontation und Gewalt, die in der Vergangenheit stattgefunden haben und spricht von der Pflicht, sich um Versöhnung zu bemühen.

Ein bedeutendes Dokument ist eine Verlautbarung der Abteilung für Theologische Studien des *Lutheran Council in the United States.* Hier wird sogar von der Möglichkeit gesprochen, daß Christen und Angehörige anderer Glaubensrichtungen gemeinsame Gottesdienste feiern können.

Viele Muslime in Amerika haben heutzutage das Empfinden, in einem Land zu leben, das ihnen feindlich gegenübersteht. Sie werden zunehmend sensibler für den Einfluß einer »israelischen Lobby« auf die amerikanische Politik. Der Golfkrieg hat viele Probleme verschärft.

LITERATUR: Duran Khalid: Amerika. In: Werner Ende, Udo Steinbach (Hg.): Der Islam in der Gegenwart. München 1989, S. 467 ff. – Yvonne Yazbeck Haddad (Hg.): The Muslims of America. Oxford 1991. *Monika Tworuschka*

Deutschland

Statistische Angaben

Der Islam ist nach den beiden christlichen Konfessionen die drittgrößte Religionsgemeinschaft in Deutschland. Genaue Zahlenangaben liegen nicht vor. 1987 wurden 1,65 Millionen Muslime gezählt, nach anderen, neueren Schätzungen leben bis zu 2 Millionen Muslime in der Bundesrepublik, ca. 2,5 Prozent der Bevölkerung im vereinigten Deutschland. Etwa 90 Prozent der ausländischen Muslime kommen aus der Türkei, die anderen aus den arabischen Ländern (vorwiegend Marokko), Iran, Pakistan, Afghanistan und aus den südlichen Teilrepubliken des ehemaligen Jugoslawien. Nach der letzten Volkszählung (1987) beträgt die Zahl der deutschen Muslime 48 000, von denen – nach Eheschließungen und Einbürgerungen – wahrscheinlich nur ein kleinerer Teil aus religiösen Gründen konvertiert ist. Bei Ausländern wie bei Deutschen überwiegt die Zahl der Muslime männlichen Geschlechts (Verhältnis 9 : 7). Eine besondere Beachtung verdient die Altersstruktur der muslimischen Bevölkerungsgruppe: Etwa 660 000 Muslime (40 Prozent) sind im Kinder- und Jugendalter bis 18 Jahre (Gesamtbevölkerung: 20 Prozent), davon 18 000 unter 6 Jahren und 330 000 im schulpflichtigen Alter (6 – 15 Jahre). Lediglich 125 000 Muslime (7,5 Prozent) sind älter als 50 Jahre (Gesamtbevölkerung: 34 Prozent). Ein verhältnismäßig hoher Anteil der Muslime lebt in Regionen mit großen Verdichtungsräumen (3,5 Prozent der Bevölkerung), aber immerhin ist auch in ländlich geprägten Regionen 1,2 Prozent der Bevölkerung muslimisch (Bundesdurchschnitt nach Volkszählung: 2,7 Prozent Muslime).

Aus den neuen Bundesländern sind keine gesicherten Zahlen bekannt. Die noch im Februar 1990 gegründete (im Januar 1992 aufgelöste) »Islamische Religionsgemeinschaft der DDR« sprach von 40 000 Muslimen in Ostdeutschland, davon viele in akademischer Ausbildung. Inzwischen dürfte die Zahl der Muslime dort erheblich niedriger liegen.

Geschichte

Der Islam ist als Religionsgemeinschaft nicht erst seit den 60er und 70er Jahren in Deutschland vertreten, als Türken und Marokkaner in großer Zahl zur Arbeit in die Bundesrepublik kamen. Auch Flüchtlinge aus Ländern mit vorwiegend islamischer Bevölkerung gibt es nicht erst seit den politischen Umbrüchen in Afghanistan und Iran; schon nach dem Zweiten Weltkrieg flohen muslimische Minderheitengruppen aus den damaligen Sowjetrepubliken (Aserbeidschan, Turkmenistan und andere) und dem ehemaligen Jugoslawien nach Deutschland, von denen noch heute einige tausend in den südlichen Bundesländern leben.

Die Geschichte islamischer Gemeinschaften in Deutschland beginnt schon 1731, als ein Herzog aus dem heutigen Lettland dem Preußenkönig Friedrich Wilhelm I. 20 türkische Gardesoldaten schenkte, woraufhin dieser neben der Garnisonskirche für sie einen Saal als Moschee herrichten ließ. Preußisch-deutsche Muslime nahmen an den Feldzügen Friedrichs des Großen teil und waren als Kaufleute, Diplomaten, Forscher und Schriftsteller tätig. Kaiser Wilhelm II. setzte sich für muslimische Gefangene ein und baute für sie 1914 die »Wünsdorfer Moschee« bei Zossen /Berlin. 1922 wurde die islamische Gemeinde in Berlin gegründet, der Muslime aus 41 Ländern angehörten. Die wenige Jahre später errichtete »Wilmersdorfer Moschee« ist bis heute (renovierungsbedürftig) erhalten. Nach dem Zweiten Weltkrieg entstanden noch vor der Migrationswelle repräsentative Moscheebauten in Aachen und München, Ausgangspunkt von Aktivitäten vornehmlich arabischer Studenten, und in Hamburg, dem Zentrum des schiitischen Islam in Deutschland.

Islamisch-türkische Organisationen

Gegenwärtig sind in der Bundesrepublik drei große islamische Dachverbände vertreten, die alle ihren Sitz in Köln haben. Bereits Ende der 60er Jahre gründeten Schüler des türkischen Theologen Süleyman Hilmi Tunahan (1888 – 1959) eine muslimische Vereinigung, die später nach deutschem Recht als eingetragener Verein in »Verband islamischer Kulturzentren« (VIKZ/*Islam Kültür Merkezleri Birligi*) umbenannt wurde. Heute betreut der Verband nach eigenen Angaben etwa 250 Gemeinden. Es kann als sicher gelten, daß Süleyman dem *Naqshbandi*-Orden angehörte. In Selbstdarstellungen der Kulturzentren wird jedoch der Bezug zu Süleyman und vor allem zum

In »Major Themes« untersuchte Rahman die Frage, wie Gottes Gebote im Koran in jedem Zeitalter zu verstehen sind: Der Koran ist die Hauptquelle des islamischen Gesetzes, aber kein islamisches Gesetzbuch. Eine solche Ansicht verhindere die Entwicklung und Flexibilität der islamischen Gesellschaft. In »Islam and Modernity« kritisierte er die starre und einseitige Koranauslegung der mittelalterlichen islamischen Gelehrten: Er meinte, der Koran müsse zunächst in seinem ursprünglichen Sinn verstanden werden, um ohne den Ballast früherer Auslegungen auf die heutige Situation angewandt werden zu können.

LITERATUR: Frederick Mathewson Denny: The Legacy of Fazlur Rahman. In: Yvonne Yazbeck Haddad (Hg.): The Muslims of America. New York/Oxford 1991.

Abdoljavad Falaturi

Abdoljavad Falaturi, national wie international zu den führenden Vermittlern zwischen Islam und Abendland gehörend, wurde am 19. Januar 1926 in Isfahan geboren. Sein Abitur legte er an einer deutsch-persischen Schule ab. Anschließend durchlief er zwei völlig verschiedenartige Studiengänge: Einerseits studierte er über viele Jahre nach traditionell-islamischer Weise in mehreren theologischen Hochschulen (Medresen) »islamische Wissenschaften«. Dieses Studium schloß er in Maschad mit dem höchsten Grad, dem Ijtihad-Grad ab, der zur Ausübung des islamischen Richteramts befähigt. Seine philosophischen und theologischen Studien beendete er mit der Lehrerlaubnis für verschiedene islamische Philosophierichtungen.

Seit 1954 lebt Falaturi in Deutschland, wo er neben Philosophie Vergleichende Religionswissenschaft und Psychologie in Bonn und Mainz studierte. 1962 promovierte er bei dem Kantianer Gottfried Martin (Thema: »Zur Interpretation der Kantischen Ethik im Lichte der Achtung«). Professor Falaturi lehrt seit 1974 als Islamwissenschaftler an der Universität zu Köln. Als herausragender Kenner der schiitischen Geisteswissenschaften hat Falaturi die Kölner Schia-Bibliothek zu einer weltweit renommierten Institution ausgebaut. Ziel: die Streitigkeiten zwischen Sunniten und Schiiten beizulegen und die mehr als 80 Prozent ausmachenden Gemeinsamkeiten beider Richtungen wissenschaftlich zu dokumentieren. Falaturis Verdienste um den Gesamtislam kommen auch dadurch zum Ausdruck, daß ihn die bedeutende (sunnitische) al-Azhar-Universität in Kairo zum Mitglied des »Obersten Rates für die Angelegenheiten der Islamischen Welt« ernannte. Als Kenner auch abendländischer-wissenschaftlicher Methoden hat er durch seine rechts-, wirtschafts-, und politikwissenschaftlichen, philosophischen und religionsdialogischen Arbeiten auch den Dialog des Islams mit der übrigen Welt gefördert. Besondere Verdienste hat sich Falaturi im christlich-islamischen Dialog und im Sufismus in der Regel nicht erwähnt, die ansonsten verbreitete Bezeichnung *Süleymanli*-Bewegung betont vermieden. Man kann aber davon ausgehen, daß zumindest ein innerer Kreis von Mitgliedern in der rituellen Praxis und auch in der Lehrtätigkeit mystische Elemente bis heute beibehalten hat.

1982 startete erstmals die oberste Religionsbehörde der Türkei eine Initiative, um unter den Koranlehrern in Deutschland ein gewisses qualitatives Niveau zu gewährleisten. Damit sollte offensichtlich die religiöse Betreuung ihrer Landsleute im Ausland nicht allein Organisationen überlassen werden, die nicht konform zur türkisch-laizistischen Staatsidee stehen. 1985 eröffnete die »Türkisch-islamische Union der Anstalt für Religion« (*Diyanet Isleri Türk-Islam Birligi*/DITIB) ihre Zentrale in Köln, und somit in der Bundesrepublik den größten islamischen Gebäudekomplex, der jedoch keine auffällige Moschee vorzuweisen hat. *Diyanet* betreut etwa 600 Gemeinden mit insgesamt 110 000 Mitgliedern.

Größter nichtstaatlicher islamischer Dachverband in der Bundesrepublik mit 300 Gemeinden (bis zu 70 000 Mitglieder) ist *Avrupa Milli Görüs Teskilatlari* (AMGT): »Vereinigung der neuen Weltsicht in Europa«. *Milli Görüs* besteht in seiner jetzigen Form seit 1985, war in der Bundesrepublik jedoch schon seit Mitte der 70er Jahre als eine Union national-religiöser Gruppierungen präsent. *Milli Görüs* versteht sich heute nicht nur als ein Dachverband türkischer Moscheegemeinden, wiewohl sein Erscheinungsbild weiterhin vorwiegend türkisch ausgerichtet ist. Sein Wirkungsfeld liegt zwar in erster Linie in der Bundesrepublik, reicht aber noch über Europa hinaus bis in die Staaten der ehemaligen UdSSR oder gar nach Australien. Sein Einfluß scheint auch in Deutschland zu wachsen, wobei eine Rolle spielen mag, daß sich *Milli Görüs* aus der selbstgewählten Isolation herausbegeben und sich offiziell für einen Dialog mit allen gesellschaftlichen Institutionen ausgesprochen hat. In der Betonung eines eigenen islamischen Weges innerhalb der multikulturellen Gesellschaft bietet *Milli Görüs* augenscheinlich vielen jungen Muslimen Möglichkeiten zur religiösen Identifikation und Mitwirkung.

Gegen die meisten islamischen Verbände sind eine Reihe von Vorwürfen lautgeworden, die eine Abhängigkeit von auswärtigen Mutterorganisationen sowie politische Ambitionen im Sinne einer Interessenkoalition mit nichtreligiösen Gruppierungen herausstellen. Die muslimischen Verbände waren aufgrund ihrer Defensivsituation bisher nur selten in der Lage, in einer überzeugenden Klarstellung konkret auf die geäußerten Vorwürfe zu reagieren. So werden medienwirksame Pauschalurteile weiterhin sogar in Literatur zu finden sein, die sich wissenschaftlich-seriös gibt. An diesem Punkt wird die desolate Situation der Forschung über die Präsenz des Islam in Deutschland besonders deutlich, die eine derartige unkritische Übernahme unzulänglicher journalistischer Recherchen möglich macht. Geradezu absurd erscheinen Äußerungen, die suggerieren, daß von einigen Verbänden eine Gefährdung der inneren Sicherheit oder gar eine Bedrohung des demokratischen Rechtsstaats ausginge. *Milli Görüs* ist im Verfassungsschutzbericht des Landes Nordrhein-Westfalen für das Jahr 1990 nicht mehr aufgeführt. Als bedeutungslos kann heute die Gruppe um Cemaleddin Hocaoglu (Kaplan) gelten, der noch um 1988 als »Khomeini von Köln« Schlagzeilen machte.

Andere religiöse Strömungen

Weniger im Lichte der Öffentlichkeit stand bisher eine kleine, aber recht rege Gemeinschaft namens *Nurculuk*-Bewegung (*Jamaat un-Nur*), die eine Reihe kleiner Medresen (Lehrhäuser) in der Bundesrepublik unterhält. Sie beruft sich auf den türkischen Theologen Said Nursi (1873 – 1960), dessen Schriften sie zu einem Teil auch in deutscher Sprache verbreitet. Die *Nurculuk*-Bewegung wird gerne als ordensähnliche Vereinigung bezeichnet, obwohl gerade die Organisationsstruktur von denen der Sufi-Orden erheblich abweicht. Meditative Andachtsformen und die Benutzung eines *evrad*- (Gebets) Büchleins zur täglichen Wiederholung bestimmter Schutzformeln sprechen für eine Nähe zur islamischen Mystik.

Eine weitere, zahlenmäßig gewichtigere türkische (teilweise kurdische) Minderheit bilden die Alewiten. Sie gehören keiner sunnitischen Rechtsschule an. Viele von ihnen verehren den großen Mystiker Haci Bektas Veli (13. Jahrhundert). Seit wenigen Jahren treten sie in der europäischen Diaspora und in der Folge allmählich auch in ihrem Heimatland stärker in Erscheinung und haben Vereine gegründet. Vielfach haben sie sich den eigenen Landsleuten gegenüber erst in jüngster Zeit zu ihrer Glaubensrichtung offen bekannt. Aufgrund dieser Tatsache sind bereits Schätzungen geäußert worden, nach denen 30 000 – 500 000 Alewiten (20 – 30 Prozent der türkischen Migranten) in der Bundesrepublik leben würden. Allerdings sind insbesondere unter der jüngeren und mittleren Generation nur wenige von ihnen mit den Inhalten der alewitischen Glaubensrichtung vertraut. Zur Bewahrung des eigenen religiös-kulturellen Erbes wurden erstmalig alewitische Kulturtage in Hamburg, Berlin und Köln veranstaltet, die sich teilweise auch an die deutsche Öffentlichkeit wandten. Zum gegenseitigen Abbau von Vorurteilen wurde kürzlich sogar der Dialog mit der türkisch-sunnitischen Seite, zunächst mit *Milli Görüs* aufgenommen.

Der Übergang zwischen Alewiten und Bektashi-Orden ist fließend, und wissenschaftlich noch nicht hinreichend erschöpft ist gleichermaßen das weite Feld der mystischen Ordensgemeinschaften in Deutschland. Die *Naqshbandiya* steht wiederum *Milli Görüs* sehr nahe. Dieser sunnitische Orden ist unter den ausländischen Muslimen am stärksten verbreitet. Daneben gibt es noch verschiedene persische Sufi-Orden, deren im Westen bekanntester Zweig in Köln-Porz ein »Sufi-Haus« unterhält. In der interreligiösen Begegnung spielt die Gruppe der *Alawiya*, der vor allem Marokkaner angehören, eine wichtige Rolle.

Deutscher Islam

Etwas bekannter ist die deutschstämmige Sufi-Szene. Zwar gab es schon in den 1920er Jahren deutsche Sufis, jedoch vertrat der indische Meister Pir Hazrat Inayat Khan (1882 – 1927) – wie noch heute sein Sohn Pir Vilayat – eher eine Art universellen Sufismus. Erst in den 1970er Jahren entstand in Berlin eine Gruppe von deutschen Sufis, die ausdrücklich zum Islam konvertiert waren. Die Bewegung erreichte ihren vorläufigen Höhepunkt im damaligen Sufi-Zentrum »Haus Schnede« in der Lüneburger Heide (1981 – 1984). Ihre zahlenmäßige Stärke – wenige tausend – dürfte sich kaum verändert haben. Die meisten deutschen Sufis sind Schüler von Scheich Ibrahim Muhammad Uthman (*Burhani*-Orden, Khartoum), der das wichtigste Fest seines Ordens gerne in Hamburg veranstaltet, oder von Scheich Nazim al-Haqqani (*Naqshbandi*-Orden, türkisches Zypern), der ebenfalls mehrfach die Bundesrepublik bereist hat. Darüber hinaus gibt es einige deutsche Lehrer, unter ihnen Scheich Abdullah Halis Dornbrach, dessen »Institut für Islam-Studien« (mit »Sufi-Archiv Deutschland«, Jünkerath/Eifel) für 1992 seinen Umzug nach Trebbus/Brandenburg vorbereitet.

Während die Sufis – ein verhältnismäßig großer Teil der deutschen Muslime – meist zu privaten Treffen zusammenkommen, fühlt sich die Mehrheit aller deutschen Muslime in den türkischen und arabischen Moscheen nicht zu Hause. Wichtige Foren für ihre Belange sind die jeweils jährlich abgehaltenen »Treffen deutschsprachiger Muslime« in Aachen, Hamburg und München sowie die Kursangebote des »Haus des Islam« in Lützelbach/Odenwald.

Ausblick

Einen wesentlichen Schritt, um den Islam in Deutschland heimisch werden zu lassen, sieht der »Islamrat«, insbesondere dessen Hauptinitiator Mohammed Salim Abdullah, in seiner Forderung nach Anerkennung des Islam als Körperschaft des öffentlichen Rechts – ein bisher staatsrechtlich ungelöstes Problem und selbst unter den muslimischen Verbänden umstritten. Immerhin hat die nordrhein-westfälische Landesregierung ein Pilotprojekt für islamischen Religionsunterricht an ihren Schulen gestartet (seit 1981). Viele muslimische Vereinigungen reagieren aber auch auf solche Initiativen reserviert. Es bleibt abzuwarten, welche Bedeutung der 1991 in Köln gegründete »Arbeitskreis islamischer Gemeinden« erlangen wird, dem nahezu alle Dachverbände und größeren Gemeinden angehören, sogar die staatliche Organisation *Diyanet*.

LITERATUR: Abdulkadir W. Haas: Türkische Volksfrömmigkeit. Frankfurt/M. 1986. – Mohammed Salim Abdullah: ...und gab ihnen sein Königswort. Berlin – Preußen – Bundesrepublik. Ein Abriß der Geschichte der islamischen Minderheit in Deutschland, Altenberge 1987. – Ursula Mihçiyazgan: Moscheen türkischer Muslime in Hamburg. Hamburg 1990.

Ludwig Schleßmann

Skandinavien

In Dänemark, Norwegen und Schweden zusammen leben mehr als 210 000 Muslime, im weitesten Sinn des Wortes. Die Mehrheit bilden die Sunniten, doch auch Schiiten und Anhänger der *Ahmadiya* gibt es. Der Islam in Skandinavien ist vornehmlich das Ergebnis der muslimischen Einwanderung, hauptsächlich in der zweiten Hälfte dieses Jahrhunderts. Die frühe Phase der Einwanderung wurde von Gastarbeitern bestimmt; in den letzten zwei Jahrzehnten dieses Jahrhunderts sind es meist Flüchtlinge und Asylsuchende, die zum Wachstum der muslimischen Gemeinschaft beitrugen.

Die Situation in den einzelnen Ländern

Der größte Teil der Muslime kommt aus der Türkei, Pakistan, Iran, dem ehemaligen Jugoslawien und Marokko. Da die Religionszugehörigkeit nicht registriert wird, sind alle nun folgende Zahlen geschätzt oder gerundet.

In Dänemark leben ungefähr 70 000 Muslime, 30 000 stammen aus der Türkei, hinzu kommen 9 000 Iraner, 6 500 Pakistani und einige tausend Palästinenser, »Jugoslawen« und Marokkaner. Norwegen hat ungefähr 40 000 Muslime, darunter ungefähr 15 000 Pakistani, 6 500 Türken und 5 600 Iraner. Marokkaner und Muslime aus dem früheren Jugoslawien folgen mit 3 000 und 1 500. In Schweden liegt die Zahl der Muslime über 100 000. Von 24 000 Türken sind 14 000 – 15 000 Muslime, und etwa 40 000 Iraner bekennen sich zum Islam. Die irakischen Muslime zählen ungefähr 6 000, und es gibt einige tausend muslimische Jugoslawen. In allen drei Ländern kommen zur muslimische Bevölkerung noch Gruppen aus mehreren afrikanischen und asiatischen Ländern. Der Einwandererstatus und die skandinavischen Einwanderungsbestimmungen für Bürger von »Dritt-Welt«-Ländern sind wahrscheinlich das bezeichnendste Indiz für die Lebensbedingungen der Muslime in Skandinavien. Gegenüber dem Islam und den Muslimen bestehende Vorurteile werden regelmäßig durch eine Präsentation von Ereignissen der muslimischen Welt in den Massenmedien verstärkt, die dazu beiträgt, das Leben für Muslime zu erschweren.

In allen drei Ländern sind christliche Missionen unter den Einwanderern tätig, aber nur wenige Muslime sind zum christlichen Glauben übergetreten. Von muslimischer Seite gibt es wenig Bestrebungen, Skandinavier zu bekehren; die Zahl der Übertritte zum Islam ist unbekannt, liegt aber wahrscheinlich nur bei 2 000 – 3 000. Die *Ahmadiya*-Bewegung ist in allen drei Ländern vertreten, und die frühesten schwedischen Konvertiten zum Islam (1930) waren Anhänger der *Ahmadiya*.

Um den religiösen Ansprüchen der Gemeinschaft zu genügen, haben sich die Muslime in Skandinavien in religiösen Vereinigungen organisiert. Viele der Vereinigungen sind auf dem Prinzip der Staatsangehörigkeit (etwa bei Marokkanern und Türken) oder ethnischer Zugehörigkeit (etwa bei Kurden) aufgebaut. Einige Vereinigungen spiegeln religiös–ideologische Verschiedenheiten. Ein deutliches Beispiel dafür ist die pakistanische Gemeinschaft in Norwegen, besonders in Oslo. Hier gibt es die *Brailwi* und die *Ahl-i Sunnat*-Bewegung, von Ahmad Rida Khan (1856 – 1921) gegründet, die *Tablighi Jamaat*, gegründet von Muhammad Ilyas (1885 – 1944), und Vertreter der Ideologie von Maududi (1903 – 1979). Daneben bestehen Gruppen der *Tulu al-Islam*- (Ghulam Ahmad Parwiz) und der *Minhajal-Quran*- (Muhammad Tahir ul-Qadir) Bewegung. Obgleich viel kleiner, stellt sich Dänemarks pakistanische Geneinschaft mit einer vergleichba-

Trialog zwischen Juden, Christen und Muslimen erworben. Von Anfang an war er an der Dialogarbeit der Stiftung Oratio Dominica beteiligt. Seit 1978 ist er Direktor der von ihm mitbegründeten Islamischen Wissenschaftlichen Akademie in Köln, die einerseits den Dialog mit der christlichen Welt sucht, andererseits eine Neuordnung und neue Sinngebung des Islams anstrebt. Um der Überforderung und Entfremdung der Muslime entgegenzuwirken und gegenseitige Vorurteile und Mißverständnisse abzubauen, wurde das Kölner Schulbuchanalyseprojekt begründet, das seit 1981 alle in der BRD zugelassenen Schulbücher aller Fächer auf ihr Islambild hin untersuchte (seit 1988 erweitert zum internationalen Forschungsprojekt »Islam in Schoolbooks«). Falaturis Hauptziel besteht darin, den Islam in einer zeitgemäßen Form darzustellen und die Hindernisse dazu wissenschaftlich zu begründen. Von den Modernisten unterscheidet sich Falaturi dadurch, daß er diese Korrekturen nicht in Form einer Ausklammerung der Probleme verfolgt, sondern gerade mit Hilfe der Fachsprache und des Fachdenkens der Rechtsgelehrten versucht, neue Prinzipien und eine neue Hermeneutik zu entwickeln.

LITERATUR: Udo Tworuschka (Hg.): Gottes ist der Orient. Gottes ist der Okzident. Festschrift für Abdoljavad Falaturi. Köln 1991.

ren Vielfalt von Sekten dar, die viele der Bewegungen im Heimatland repräsentieren.

In Schweden bestehen drei nationale muslimische Organisationen, die für sich beanspruchen, alle Muslime willkommen zu heißen. Einige der Moscheen stehen in Verbindung mit bestimmten Ursprungsländern oder Gebieten. Eine der nationalen Organisationen, die *Islamic Culture Centre Union*, ist in Wirklichkeit türkisch und repräsentiert die *Süleymanli*-Bewegung in Schweden. Auf der anderen Seite hat der türkische Staat die Kontrolle über einige türkische Vereinigungen in Schweden durch das Direktorium für religiöse Angelegenheiten inne (*Diyanet Isleri Baskanligi*), indem er ihnen Imame zuteilt. In Dänemark gibt es einige türkische Gruppen, die sich selbst von der *Diyanet* distanzieren, doch die meisten türkischen Vereinigungen arbeiten mit dieser Einrichtung zusammen. Man weiß zu wenig über die inneren Verschiedenheiten der Türken in Norwegen, aber es gibt Anzeichen für die Einflußnahme sowohl der *Süleymanli*-Bewegung als auch des türkischen Staates.

Einige muslimische Regierungen unterstützen muslimische Vereinigungen, die im Prinzip panislamisch, aber im Einzelfall auch indirektes Sprachrohr der Politik dieser Regierungen oder einer bestimmten Ideologie sind. Die Initiative zur Gründung des *Islamic Cultural Centre* (ICC) wurde von Repräsentanten der marokkanischen, saudi-arabischen, ägyptischen und syrischen Botschaft 1970 ergriffen; die pakistanische Botschaft kam später hinzu. Die norwegische Schwesterorganisation des ICC in Oslo erhält wirtschaftliche Unterstützung durch Kuwait, Libyen und Saudi-Arabien. Beide haben eine internationale Mitgliedschaft, doch der türkische Einfluß ist sehr gering. Die saudi-arabische Muslimische Weltliga und die libysche *Islamic Call Society* haben jeweils ein Büro in Kopenhagen und in Stockholm, und beide unterstützen bestimmte Vereinigungen – andere als das ICC – wie es auch das kuwaitische Ministerium für religiöse Angelegenheiten tut.

Zusammenfassend sollen zwei Tatsachen festgestellt werden. Die erste ist die religiöse Orientierung der meisten skandinavischen Muslime in Richtung dessen, was man volkstümlichen Islam nennt; die theologische und politische Botschaft vieler der islamischen Vereinigungen ist für sie von untergeordneter Bedeutung. Zum zweiten ist der Islam in Skandinavien ein Zusammenschluß lokaler islamischer Richtungen, herübergebracht aus der Türkei, Bangladesh, Marokko usw. – ganz unabhängig davon, ob es sich um volkstümlichen Islam oder ideologische Bewegungen handelt. Erst allmählich beginnen einige Muslime ihren Glauben mit dem Ziel zu überdenken, zu einem Islamverständnis zu gelangen, das in Skandinavien lebbar ist.

LITERATUR: Åke Sander, Prosjektet: Invandrade muslimers Möte met det svenska samhället. Göteborg 1988. – Nora Ahlberg: New Challenges – old Strategies. Themes of Variation and Conflict among Pakistani Muslims in Norway. Helsinki 1990. – Jørgen Baek Simonsen: Islam i Danmark; Muslimske institutioner i Danmark 1970 – 1983. Århus 1990. – Les musulmans en Europe. Hg. Bassem El-Jisr für HARIRI (im Druck).

Richard Natvig

Großbritannien

Statistische Angaben

Die Anzahl der Muslime in Großbritannien ist schwer zu bestimmen, weil seit 1851 keine Volkszählung unter religiösem Gesichtspunkt stattgefunden hat. Die Zahl der Muslime im heutigen Großbritannien wird auf 1 bis 1,5 Millionen geschätzt. Davon gehören über 80 Prozent dem sunnitischen Islam an. Die überwiegende Mehrheit der Muslime kommt vom indischen Subkontinent, weitere Gruppen stammen aus den arabischen Ländern, dem Iran, Malaysia, Ostafrika, Nigeria und der Türkei. Besonders hinzuweisen ist auf eine größere Anzahl von Muslimen aus dem türkischen Teil Zyperns. Die meisten Muslime kamen aus wirtschaftlichen Gründen, um Handel zu treiben sowie als Stipendiaten.

Fast die Hälfte der Muslime lebt in London oder in der näheren Umgebung der Hauptstadt. Die übrigen haben sich zum großen Teil in den westlichen Midlands, Yorkshire sowie in der Gegend um Manchester niedergelassen. Innerhalb der westlichen Midlands leben ungefähr drei Viertel der Muslime aus Pakistan und Bangladesh in Birmingham, wo sie 8 Prozent der Gesamtbevölkerung ausmachen. In Yorkshire hat vor allem die Stadt Bradford einen sehr hohen Anteil an muslimischer Bevölkerung aus Pakistan und Bangladesh. Die türkischen Zyprioten, Iraner und Araber leben größtenteils in London, mit Ausnahme der Jemeniten, die sich als gute Seeleute – von den Engländern in Aden angeheuert – in Hafenstädten wie Liverpool und Cardiff niederließen.

Eine kleine Gruppe von gebürtigen Engländern, Schotten und Walisern hat den Islam angenommen, wobei sie hauptsächlich von dem geistigen Reichtum der Sufi-Traditionen angezogen wurden. Aus ähnlichen Motiven sind auch Menschen afro-karibischen Ursprungs zum Islam übergetreten.

Geschichte

Einer der ersten britischen Muslime war Abdullah Quilliam. Dieser stammte von der Isle of Man, war in Liverpool aufgewachsen und unterhielt eine Anwaltspraxis in Nordengland. Auf ärztlichen Rat verbrachte er 1882 einen Erholungsurlaub in Südfrankreich, reiste von dort nach Marokko, wo er sich mit dem Islam und vor allem den Sufi-Traditionen beschäftigte. Nach England zurückgekehrt, trat er 1887 zum Islam über und gründete die erste Moschee und das erste islamische Zentrum in Liverpool. Der osmanische Sultan ernannte ihn zum »Shaikh al-Islam of the United Kingdom«, und der persische Schah machte ihn zum Konsul von Liverpool. Seine Kritik an der britischen Expedition gegen den *mahdi*-Aufstand im Sudan ließ ihn in den Augen der Öffentlichkeit ebenso wie seine ungebrochene Loyalität zum osmanischen Sultan zum Verräter werden.

Die Anzahl der Muslime in Großbritannien nahm zu, als 1869 der Suez-Kanal als Seeweg zwischen England und Indien gebaut wurde. Auf diese Weise kamen Seeleute aus dem südjemenitischen Aden als erste größere Gruppe von Muslimen nach Britannien. Von 1920 an waren es vor allem Muslime aus dem indischen Assam, die von der East India Company angeworben worden waren und per Schiff in den Londoner Docks ankamen. Nach der Teilung Indiens wurden die Muslime von Assam nach Sylhet, dem späteren Bangladesh, umgesiedelt. Unter diesen eingewanderten Muslimen gab es viele Schiffsköche. Auf sie geht die Tradition zurück, daß bis heute viele Inhaber indischer Restaurants in Britannien aus Sylhet stammen.

Bereits 1889 wurde in Woking (Surrey), etwa 50 km westlich von London, eine Moschee errichtet. Sie wurde nach Begum Shahjahan, der damaligen Regentin von Bhopal (Indien) benannt, die Geld für den Bau einer Moschee in London gestiftet hatte. Die Initiative zum Moscheebau ging von dem ungarischen Orientalisten Dr. Leitner aus, Direktor des Instituts für Arabisch in Lahore (Pakistan). Er sammelte Geld bei indischen Muslimen, um ein *Centre of Faiths* in London zu stiften, das eine Moschee und einen Hindu-Tempel umfassen sollte. Nach seiner Rückkehr nach England kaufte er das Land in Woking. Nach Leitners Tod (1899) verlor die Moschee an Bedeutung. Sie wurde 1913 wieder in Betrieb genommen, als sie der englische Konvertit Lord Hedley erwarb und zu einem Missionszentrum der *Ahmadiya* machte
Heute gibt es über 2 500 eingetragene Moscheen, von denen die meisten ein Minarett oder einen Turm besitzen. Allein in London stehen fünf Moscheen – abgesehen von zahlreichen Andachtshäusern und islamischen Schulen.

Zur gegenwärtigen Situation
London hat eine größere muslimische Gemeinde als alle anderen westlichen Hauptstädte. Ungefähr 150 000 Muslime leben in der Hauptstadt und ihrer Umgebung. Die meisten gehören der zweiten und dritten Generation an. Mehr als 100 000 muslimische Schüler besuchen britische Schulen, ungefähr 60 Prozent in der Primarstufe, die übrigen auf weiterführenden Schulen. Studenten aus den verschiedendsten islamischen Ländern studieren an englischen Universitäten und Hochschulen. Eine Möglichkeit, als Körperschaft des öffentlichen Rechts anerkannt zu werden, wie sie in Belgien, Österreich und Deutschland besteht, ist für islamische Minderheiten, in Großbritannien nicht gegeben.

Unter den islamischen Bewegungen sind die aus dem indischen Subkontinent stammenden *Deobandi* und *Brailvi* (*Barailawi*) am weitesten verbreitet. Viele Moscheen stehen unter dem Einfluß einer dieser Gruppen. Die *Tabligh-i jamaat* sorgt für eine Verbreitung der *Deobandi*-Ideen auf populärer Ebene. Ebenso kontrolliert die *Ahl-i-hadith*-Bewegung, deren Zentrum in Birmingham liegt, einige Dutzend Moscheen. Abgesehen von der Organisation der Gottesdienste und Koranschulen verteilt sie vor allem Literatur sowie Audio- und Video-Kasetten, die eine Politik der Abkapselung von der nichtmuslimischen Gesellschaft propagieren. Die *Jammaat-i islami* besitzt in Großbritannien vier Organisationen: Die *Islamic Foundation* außerhalb der Stadt Leicester ist in erster Linie ein Studienzentrum, das Materialien für Kinder veröffentlicht, Werke von Maududi übersetzt und auch wirtschaftliche Interessen hat. Der *Muslim Educational Trust* widmet sich vorwiegend der Organisation des islamischen Religionsunterrichts außerhalb des regulären Stundenplans. Die *United Kingdom Islamic Mission* arbeitet hauptsächlich durch ein Netzwerk von Moscheen in Birmingham und organisiert Unterricht in Koranschulen. Darüber hinaus arbeitet sie intensiv mit den lokalen Behörden zusammen und empfängt die verschiedensten Besuchergruppen, die sich mit dem Islam beschäftigen oder einer islamischen Feier als Gäste beiwohnen wollen. 1976 wurde nach internen Spannungen zwischen Pakistanern und Bangladeshis parallel dazu die *Dawat ul-Islam* gegründet.Ferner ist die den Muslimbrüdern nahestehende *Federation of Students' Islamic Societies* (FOSIS) zu nennen, in der viele islamische Studenten aus dem Ausland organisiert sind. Als nationale Dachorganisation besteht seit 1970 die *Union of Muslim Organisations of UK and EIRE* (UMO). Ihr Einfluß ist jedoch eher gering, weil viele die Muslime betreffende Entscheidungen auf lokaler Ebene getroffen werden. Das Londoner Büro der *Muslim World League* mit Sitz in Mekka rief den *Council of Mosques in the United Kingdom and Ireland* ins Leben und organisierte Kurse für Moscheefunktionäre. Ungefähr zur gleichen Zeit wurde das Council of Imams and Mosques auf die Initiative des früheren Direktors des Libyen nahestehenden »Islamischen Kulturzentrums« in London gegründet.

Schließlich besitzen auch einige mystische Orden (*tariqas*) Einfluß in Großbritannien. Zu den wichtigsten gehören die *Naqshbandi* und die *Chisti*. Ihnen geht es mehr um die Entwicklung individueller Frömmigkeit als um gesellschaftliche Organisation.

Im Gegensatz zu anderen europäischen Ländern besitzen Immigranten und ethnische Minoritäten in Britannien aktives und passives Wahlrecht. Bis zum *Nationality Act* (1983) konnten Commonwealth-Bürger die britische Staatsangehörigkeit sogar ohne den danach vorgeschriebenen längeren Prozeß der Naturalisation einfach durch Registrierung erhalten. Zunächst wählten viele Muslime die Labour-Partei, weil sie dort ihre Interessen besser vertreten sahen. In den 80er Jahren schwand jedoch die Labour-Sympathie unter anderem deshalb, weil den Muslimen die Machtkämpfe in der Partei und die allzu freien Ansichten in Fragen der Sexualethik mißfielen. Die Betonung von Familienwerten bei den Konservativen fand eher die Zustimmung der Muslime, jedoch nicht die Gesamtpolitik dieser Partei in Fragen der Einwanderung und der Minoritäten. 1982 wurde in der Nähe von Grentch die erste rein islamische Siedlung in Westeuropa gegründet *Moslem Village*. 1989 entstand eine *Islamic Party of Britain*, die für hohe Moral und eine Wirtschaft ohne Zinsen eintritt. Sie akzeptiert das britische politische System, will jedoch die Grundsätze des Korans in Britannien verwirklichen.

Das *British Council of Churches* (BCC) gründete 1976 eine Arbeitsgemeinschaft, die sich der Problematik Islam und Muslime in Großbritannien widmen sollte. Einige Jahre später entstand daraus das *Committee for Relations with People* of *Other Faiths*. Die *United Reform Churc*h hatte bereits vorher innerhalb ihres *Committee on Mission and Unity* eine Arbeitsgemeinschaft über andere Glaubensrichtungen eingerichtet. 1987 entstand das *Interfaith Network for Great Britain*, das die Hauptorganisationen aller größeren religiösen

Mohammed Arkoun
Mohammed Arkoun wurde 1928 in Taourirt-Mimoun in der algerischen Großen Kabylei geboren. Von 1950 bis 1954 studierte er an der Universität von Algier und anschließend an der Pariser Sorbonne, wo er von 1961 bis 1969 Oberassistent war und 1969 den Doktortitel erwarb. Von 1970 bis 1972 lehrte Arkoun an der Universität von Lyon, anschließend in Paris, wo er zur Zeit an der Sorbonne Nouvelle als »Professeur d'Histoire de la pensée islamique« lehrt. Von 1977 bis 1988 war Mohammed Arkoun außerdem Direktor des »Institut d'Etudes islamiques« in Paris. Als Gastprofessor hielt er 1969 an der Universität Ucla (Los Angeles), am »Institut Pontifical d'etudes des arabes« in Rom, 1977–1979 in Leuven und 1988–1990 in Princeton Vorlesungen. Seine rege Vortragstätigkeit führte ihn in die meisten Universitäten Europas, der USA und des Nahen und Mittleren Ostens. Mohammed Arkoun ist Ritter der Ehrenlegion und Träger zahlreicher akademischer Auszeichnungen.

Sein umfangreiches Schriftenverzeichnis reicht von Koranstudien und anderen klassischen Themen bis zur Auseinandersetzung des Islam mit der Moderne. Hier liegt sein inhaltlicher Schwerpunkt.

Die wahre Wissenschaft ist für Arkoun diejenige, welche die lebendige Tradition vertieft, anwendet und verbreitet. Viele zeitgenössische Muslime betrachten eine Konfrontation zwischen der lebendigen Tradition und der Modernität mit Mißtrauen und Ablehnung. Eine wesentliche Ursache für diese Entwicklung liegt nach Arkouns These in der Kolonialzeit; denn der Imperialismus habe das arabische Denken dazu gezwungen, auf eine Ideologie des Kampfes zurückzugreifen, die ihre Erklärungsschemata aus der Klassik schöpfen muß und keine Auswirkungen der seit dem 19. Jahrhundert einsetzenden Säkularisierung zeigt. Eine Spätfolge des Kolonialismus ist auch, daß die Menschen in die Moscheen flüchten und sich mit einer Form von ideologisierter Religion Gehör verschaffen, die nicht mit den wirklichen Lehren übereinstimmt.

Gemeinschaften in Großbritannien, auch die muslimischen, umfaßt.

Das große Problem der Muslime nicht nur in Großbritannien besteht darin, sich einer völlig fremden Umgebung anpassen zu müssen. Es kommt zwangsläufig zu Konflikten, bedingt durch unterschiedliche Gewohnheiten, die teilweise gesellschaftlich und teilweise religiös bedingt sind. Manchmal überschneiden sich beide Bereiche wie zum Beispiel in der Frage der Bekleidung.

Weitere Konflikte im Erziehungsbereich entstehen zum Beispiel dadurch, daß viele Schulen den muslimischen Schülern kein *halal*-Essen und keine Gebetsräume bereitstellen und zum Freitagsgebet und zu Festtagen nicht freigeben. Ebenso stoßen die unterschiedlichen religiösen und kulturellen Vorstellungen in den Fragen des Sexualkundeunterrichts oder der Teilnahme am gemischten Schwimmunterricht aufeinander.

Wenn auch im Curriculum Weltreligionen mehr Bedeutung beigemessen und Interesse entgegengebracht wird, so gibt es auch Bemühungen, exklusiv nur christlichen Unterricht unter Ausschluß der Weltreligionen zu erteilen.

Die muslimische Gemeinschaft in Europa und insbesondere in Großbritannien, könnte, wenn sie sich besser organisiert, zu einem Vermittler zwischen der islamischen Welt und dem christlichen Europa werden. Sie könnte auch dazu beitragen, das Ansehen der Muslime und der islamischen Welt in Europa zu fördern und zu einer besseren Verständigung zwischen den westlichen und islamischen Ländern in politischer, wirtschaftlicher und kultureller Hinsicht beitragen.

LITERATUR: Riadh el-Droubie: Muslim's Guide to Britain. London 1963. – Zaki Badawi: Islam in Britain. London 1981. – Iqbal Wahhab: Muslims in Britain. London 1989. – Mohammad S. Raza: Islam in Britain. Leicester 1991. – Jørgen Nielsen: Muslims in Western Europe. Edinburgh 1992.

Riadh el-Droubie / Monika Tworuschka

Frankreich

Statistische Angaben
Es gibt keine zuverlässigen statistischen Angaben über die Anzahl der Muslime in Frankreich. Die Zahlen schwanken zwischen 2,5 und 6 Millionen. Wenn man aber auf der Basis der Volkszählung von 1982 die Ausländer, die Asylsuchenden, die Eingebürgerten und die französischen Staatsangehörigen islamischer Abstammung zusammenzählt, ergibt sich eine der Wahrheit wahrscheinlich nahe kommende Anzahl von ca. 2,75 Millionen Personen muslimischer Herkunft (4,6 Prozent der Gesamtbevölkerung, höchster Prozentsatz in der EG).

Von den 1,7 Millionen ausländischen Muslimen sind 796 000 Algerier, 431 000 Marokkaner, 189 000 Tunesier, 123 000 Türken, und 161 000 stammen aus Afrika, dem Nahen Osten und Asien. Hinzu kommen mindestens 40 000 Konvertiten französischer Abstammung.

Die Regionen, die den höchsten Prozentsatz muslimischer Bevölkerung aufweisen, sind Südostfrankreich (Provence-Alpes, Côte d'Azur), Rhône-Alpes, Elsaß, Lothringen, Nordfrankreich (Nord-Pas-de-Calais) und die Pariser Gegend. Türken haben eine besondere Vorliebe für das Elsaß.

Geschichte
Muslime gibt es in Frankreich von alters her. Schon im 8. Jahrhundert siedelten sich die Mauren im Languedoc-Roussillon an. Im 9. Jahrhundert existierten islamische Enklaven im sogenannten Massif des Maures östlich von Marseille. Im Zeitalter von Rabelais (16. Jahrhundert) war Montpellier noch eine arabisierte Stadt. Unter der Herrschaft Heinrichs IV. (um 1600) bewohnten 150 000 von der spanischen Inquisition gebannte Morisken die Ariège (östlicher Nordrand der Pyrenäen), eine Gegend, die damals fast ausschließlich muslimisch war. Diese Bevölkerung verschwand aber im Laufe der Zeit unter dem Assimilationsdruck der andersgläubigen Umwelt.

Als Folge der Eroberung Algeriens durch Frankreich (ab 1830) ließen sich schon 1850 mehr als 10 000 Muslime algerischer Abstammung im französischen Mutterland nieder. Gleichzeitig gerieten 15 Millionen Muslime durch die Ausdehnung des Kolonialreiches unter französische Herrschaft.

Während des Ersten Weltkrieges wurden 130 000 Maghribiner in den Arbeitsdienst nach Frankreich geschickt: 78 000 Algerier, 35 000 Marokkaner, 8 000 Tunesier. Dazu kamen noch 173 000 Kriegfreiwillige und -einberufene. Zeitweise weilten 480 000 Maghrebiner in Frankreich. Es fielen zwischen 44 000 und 110 000 muslimische Soldaten an der Westfront in französischer Uniform. Eine neue Einwanderungswelle setzte mit dem Ende der Kolonialzeit (1960) ein: aus ungebildeten, aus der Kabylei, dem Sus und Südtunesien stammenden Bauern wurden unqualifizierte Großstadtarbeiter. Außerdem kamen ebensowenig ausgebildete Türken aus Anatolien.

All diese Hilfskräfte wanderten (1945 – 1974) aus wirtschaftlichen Gründen ein. Danach folgen die sogenannten Harkis, algerische Aussiedler, die als Hilfskräfte im französischen Kolonialheer dienten, und deshalb das unabhängige Algerien (1962) verlassen mußten. Zuletzt kamen noch politische Flüchtlinge.

Die gegenwärtige Lage
Die erste Moschee Frankreichs, die sogenannte Große Moschee von Paris, wurde 1922 am Place du Puits-L'Ermite gegründet. In den 1980er Jahren stieg die Zahl der Moscheen und Gebetssäle massiv an: 1983 gab es 500 und 1988 1000 (vier, die mehr als 1 000 Plätze aufweisen, 75 bieten 40 bis 1000 Plätze an, 900 sind kleinere Gebetssäle).

Seit 1985 entwickelten sich islamische Kulturzentren, die vielerlei Tätigkeiten anbieten: Buchhandlungen, Buch- und Zeitschriftenverlage, Hör- und Videokassetten, Schlachthäuser, Reiseagenturen für die Pilgerfahrt nach Mekka, Kinder- und Erwachsenenbildungsstätten.

Aufgrund der Herkunft der in Frankreich angesiedelten Muslime gehören die meisten der sunnitischen Richtung und dem malikitischen Ritus an. Sie verteilen sich auf drei größere Strömungen:

1) Eine modern und westlich eingestellte Intelligenzia, welche die islamische Tradition und die islamischen Quellen aus kritischer Sicht neu aufarbeiten will. Zu ihren Sprechern gehört der an der Sorbonne lehrende Mohammed Arkoun.

2) Die »Islamische Tendenz« empfiehlt die strikte Anwendung des islamischen Gesetzes, behauptet, die islamische Tradition enthalte auf alle Probleme der modernen Welt eine vernünftige Antwort und verwirft Materialismus, Säkularisierung, Marxismus sowie sittliche Freizügigkeit. Sie ist eine mittelständische, hauptsächlich von Studenten getragene Bewegung.

3) Die *tabligh-* (Verkündigung) Bewegung setzt sich für einen toleranten, jede Gewalt zurückweisenden Islam ein. Sie wendet sich sowohl an Muslime wie an Nichtmuslime.

Die Strukturen

Zur Zeit zählt man mehr als 1000 islamische Vereine, die ca. 20 Prozent der muslimischen Bevölkerung um sich sammeln. Mehrere Verbände haben versucht, diese mannigfaltigen Vereine zusammenzuschließen: die Große Moschee von Paris, die F.N.M.F. (*Féderation Nationale des Muselmans de France*), die U.O.I.F. (*Union des Organisations Islamiques de France*), die A.E.I.F. (*Association des Étudiants Islamiques de France*) und die A.I.F. (*Association Islamique en France).*

Die F.N.M.F. (gegr. 1985, Vorsitzender: Mustapha Dogan) umfaßt 40 Prozent der islamischen Vereine. Sie wird von Muslimen französischer Abstammung geleitet, setzt sich für einen rein französischen, die französische Gesetzgebung respektierenden Islam ein und verwirft jegliche fremden, besonders maghrebinische Einflüsse. Sie ist sehr streng dogmatisch ausgerichtet und lehnt jede Teilnahme am CORIF (siehe unten) ab.

Die U.O.I.F. (Vorsitzender: Abdallah Ben Mansour) ist besonders in Süd- und Ostfrankreich und in der Gegend von Lyon im sozialen Bereich (Ferienlager, Sommerkurse und ähnliches) aktiv. Sie wird manchmal zu den fundamentalistischen Bewegungen gerechnet.

Die A.E.I.F. (gegr. 1965) ist die älteste islamische Organisation Frankreichs. Um sie herum versammeln sich strenggläubige, aber der modernen Welt und westlichen Kultur offene Studenten und Professoren (wie Professor Hamidullah).

Die A.I.F. (gegr. 1984) ist der Treffpunkt türkischer Muslime, die sich dem Laizisierungsprozeß in ihrer Heimat widersetzen.

Am 6. Januar 1992 öffnete – auf Veranlassung der U.O.I.F. – eine islamische Hochschule, das *Institut Européen des Sciences Humaines*, ihre Pforten im Schloß von Bouteloin in Saint-Léger-de-Fougeret bei Chateau-Chinon (in der Nièvre, Zentralfrankreich). Sie hat vor, fachkundige Theologen in einem europäischen Rahmen auszubilden und wird von einem Doktor der Nuklearphysik (irakischer Herkunft) der Universität Straßburg, Dr. Zuhayr Mahmud, geleitet.

Zudem gibt es ein Projekt zur Gründung einer Fakultät für islamische Theologie in Straßburg. Dies hätte den Vorteil, die islamisch-theologische Ausbildung in einem Universitätsrahmen durchführen zu können, da die Universität Straßburg – ein Sonderfall in Frankreich – schon zwei theologische Staatsfakultäten (eine evangelische und eine katholische) besitzt.

Die Behörden

Durch die Gründung des CORIF (*Conseil de Reflexion sur l'Islam en France*/»Beirat für Islamische Fragen in Frankreich«, gegenwärtig 15 Mitglieder) hat die Regierung nach sich immer weiter verschlimmernden Krisensituationen (Höhepunkt war die Affäre des *hijabs* in den öffentlichen Schulen) versucht, »repräsentative« Gesprächspartner zu finden. Dieser Beirat wurde am 19. März 1990 von Innenminister Pierre Joxe eingesetzt. Hauptaufgabe und Ziel des CORIF ist nach Ansicht des Ministers, »der Regierung durch Ratschläge und Empfehlungen zu helfen, so gut wie möglich die konkrete Situation zu verwalten, die durch die Ausübung des muslimischen Kultus in Frankreich entsteht«. Aber wo wird die oft kritische soziale, kulturelle und seelische Lage vieler Schichten der muslimischen Gemeinschaft in Frankreich »verwaltet«? Ist man sich ihrer überhaupt bewußt?

LITERATUR: F. Thépaut (Hg.): L'Islam en France. Paris 1978. – S. Andezian: Pratiques féminines de L'Islam en France. In: Archives des sciences sociales des religion Bd. 55 (1983), S. 53–66. – J. Wisniewski: Étrangers en France: Des chiffres et des hommes. Paris 1986. – J.-F. Legrain: Aspects de la présence musulmane en France. In: Dossiers du S.R.I. Paris, 2/1986. – B. Étienne: L'Islamisme radical. Paris 1987 – S. Sellam: L'Islam et les musulmans en France. Paris 1987. – Jorgen Nielsen: Muslims in Western Europe, Edinburgh 1992, S. 8–22. – Roger Foehrlé: L'Islam pour les profs. Paris 1992 (Teilband des internationalen Schulbuchanalyseprojekts »Islam in Textbooks«. Hg.: Islamische Wissenschaftliche Akademie, Köln) *Ralph Stehly*

Niederlande und Belgien

Statistische Angaben

1990 wurde die Zahl der Muslime in den Niederlanden auf etwa 450000 und in Belgien auf 250000 geschätzt. Diese Zahlen enthalten weder die nationalisierten Muslime noch diejenigen, die sich illegal in diesen Ländern aufhalten. In beiden Ländern kommt ungefähr 90 Prozent der islamischen Bevölkerung aus der Türkei oder Marokko. In den Niederlanden gibt es daneben auch Gruppen von indonesischer, surinamischer und tunesischer, in Belgien von tunesischer und algerischer Herkunft.

Neben den Katholiken bilden die Muslime in Belgien die größte religiöse Gemeinschaft und sind somit stärker vertreten als Juden und Protestanten. Obwohl in beiden Ländern intensiv versucht wird, die Einwanderungszahlen zu begrenzen, wächst die islamische Bevölkerung aus mehreren Gründen weiterhin an: Die Zusammenführung von Familien, die höheren Geburtenzahlen und das Durchschnittsalter (mehr als die Hälfte ist 15–29 Jahre alt). Die große Mehrheit der Muslime wohnt sehr konzentriert in den großen Städten wie Amsterdam, Rotterdam, Den Haag, Utrecht, Antwerpen und Brüssel.

Geschichtliche Entwicklung und derzeitige Situation

In den Niederlanden stellte 1947 die erste islamische Aktivität die Gründung einer Abteilung der pakistanischen *Ahmadiya*-Mission in Den Haag dar. 1955 baute die *Ahmadiya* die ersten Moscheen. Seither hat sich die Zahl der Moscheen

Dennoch gibt es für Arkoun keine metaphysische Substanz im Inneren des Islam, die eine Modernisierung verhindere. Die Tatsache, daß sich politische Gruppen in der islamischen Welt der Religion als Instrument zur Legitimierung ihrer Herrschaft bedienen, habe nichts mit dem Wahrheitsgehalt dieser Religion zu tun. Das Ziel sollte darin bestehen, mehr Religionsfreiheit zu verwirklichen, nicht aber die Religion zu privatisieren. Der islamische Staat, wie ihn viele heutige islamische Fundamentalisten begreifen, kann keine dauerhafte Alternative zu den pluralistischen Staaten unseres Zeitalters werden. Die rücksichtslose Einbeziehung des Islam in die Politik beraubt diesen seiner inneren Unabhängigkeit. Dennoch haben die großen Religionen einen gemeinsamen Auftrag: Sie müssen verhindern, daß Machtstreben und Profitdenken allein die Welt beherrschen. Zu diesem Zweck muß der Westen die humanistische Tradition des Islam kennenlernen und ernst nehmen. Dies gilt auch umgekehrt für den Islam. Nur so kann es zu einer Erneuerung des religiösen Denkens kommen. Mohammed Arkoun betrachtet es ferner als seine Aufgabe, die Stellung der Muslime in Europa wissenschaftlich zu erforschen. Denn ihre Anwesenheit sei nicht nur wirtschaftlich von Nutzen, sondern auch ein kultureller und intellektueller Beitrag. Mohammed Arkouns Ruf an den neu gegründeten Lehrstuhl für Islamwissenschaft an der Universität Amsterdam (1992) führte zu heftigen Auseinandersetzungen unter den Fundamentalisten.

LITERATUR: R. Haleber, P. S. Koningsveld: Islam et Humanisme. De Wereld van Mohammed Arkoun. 1992.

rasch vergrößert. Schon 1983 wurden etwa 200 offizielle Moscheen gezählt. Anfangs ergriff meist die islamische Gemeinschaft selbst die Initiative zur Gründung einer Moschee. Seit 1975 hat die niederländische Regierung die Stiftung vieler Moscheen beträchtlich mitfinanziert, obwohl seit 1983 diese finanzielle Unterstützung wegen der konstitutionell verankerten Trennung von Staat und Kirche ausgesetzt worden ist. In Belgien entstanden 1966 die ersten Moscheen. 1991 zählte man 209 Moscheen. Mehr als die Hälfte befindet sich in Flandern, fast ein Drittel in Brüssel, ein Fünftel in Wallonien. Anfangs sind die islamischen Gemeinden selbst für sie aufgekommen, wobei sie die lokalen Diözesen, die Caritas und die Geschäftswelt unterstützten. Die örtliche islamische Gemeinde finanzierte auch die Gehälter der Imame. 1974 wurde der Islam von der belgischen Regierung offiziell anerkannt, aber das Gesetz zur Finanzierung der Moscheen und Besoldung der Angestellten ist bisher noch nicht endgültig verabschiedet. (In Belgien werden die Priester vom Staat besoldet.)

In den Niederlanden sind die islamischen Feiertage nicht gesetzlich anerkannt. Der Gesetzgeber hat jedoch einige Hürden, die den Muslimen bei der Erfüllung ihrer zeremoniellen Pflichten im Wege standen, beseitigt. Das Schlachten nach islamischer Vorschrift ist in den kommunalen Schlachthäusern gesetzlich gestattet. Das Gesetz über die Leichenbestattung ist geändert worden, um die Beisetzung nach islamischem Brauch zu ermöglichen. In den Niederlanden gibt es jetzt mehrere islamische Friedhöfe. Die belgische Regierung hat im Februar 1988 das rituelle Schlachten in einem öffentlichen oder privaten Schlachthaus gesetzlich erlaubt, wobei die lokalen Behörden auch eine Sondergenehmigung für das rituelle Schlachten zu Hause erteilen.

In den Niederlanden erhalten islamische Kinder Religionsunterricht in den örtlichen Moscheen. Gleichzeitig haben staatliche Grundschulen den islamischen Religionsunterricht oft in ihren Lehrplänen berücksichtigt, meist außerhalb der offiziellen Fächer. Katholische oder evangelische Privatschulen geben manchmal konfessionell ausgerichteten Religionsunterricht mit grundsätzlich dialogischem Anspruch. Wegen der konstitutionellen Trennung von Staat und Kirche in den Niederlanden hat das staatlich finanzierte Sozialwesen dort säkularen Charakter. Jedoch ist der Aufbau des öffentlichen Lebens – die Presse, das Parteiwesen, der Rundfunk, der Schulunterricht – stark nach konfessionellen und weltanschaulichen Gesichtspunkten gegliedert. Diese konfessionelle Gliederung wird von Muslimen übernommen, um eigene islamische Organisationen zu gründen, denen die Regierung die erforderlichen finanziellen Mittel zur Verfügung stellen soll. Inzwischen wurden etwa 15 islamische Grundschulen und ein islamischer Radiosender gegründet. Im Jahre 1992 wurde ein Lehrstuhl für Islamwissenschaften an der Universität von Amsterdam eingerichtet, den gegenwärtig Mohammed Arkoun innehat. Dieser Lehrstuhl geht auf eine Initiative der jüngeren marokkanischen Generation zurück.

Wegen der konstitutionellen Anerkennung des Islam in Belgien ist jede Schule im Prinzip verpflichtet, der konfessionellen Pluralität der Schüler gemäß Religionsunterricht anzubieten. In Belgien hat das Familienoberhaupt das gesetzliche Recht, zwischen Religionsunterricht katholischer, evangelischer oder jüdischer Konfession zu wählen. Doch nicht jede Schule bietet diese Möglichkeiten. Oft sind islamische Schüler auf katholischen oder konfessionslosen Religionsunterricht angewiesen. 1990 hat der »Allgemeine Rat für die katholische Bildung« den Vorschlag zurückgewiesen, islamischen Religionsunterricht auch an katholischen Schulen zu erteilen. 1989 wurde im Islamischen Kulturzentrum die erste islamische Grundschule gegründet. Wahrscheinlich werden in Kürze auch andernorts in Belgien islamische Primarschulen entstehen. In Antwerpen kann Islamwissenschaft auf akademischem Niveau und aus islamischer Sichtweise an der Fakultät für Vergleichende Religionswissenschaft studiert werden.

Die türkische Gemeinschaft in den Niederlanden besitzt vier Organisationen, von denen die Türkisch-Islamitische Kulturelle Föderation (TIFK) die größte ist; sie verwaltet 89 örtliche Moscheen. Die TIFK ist mit dem Präsidium für Religiöse Angelegenheiten in Ankara verbunden. Die Imame, die in diesen TIFK-Moscheen tätig sind, sind Beamte. Die zweite türkische Organisation ist das Islamitische Zentrum der Niederlande (IZN), das ungefähr 20 lokale Abteilungen koordiniert und unabhängig vom türkischen Staat arbeiten kann. Die Mitglieder des IZN werden wegen ihrer Affinität zu der sufistischen *Naqshbandiya* oft *Süleymancis* genannt. Die *Süleymancis* sind in Deutschland zahlreicher als hier. Die dritte, mehr fundamentalistisch orientierte türkische Gruppe ist die Organisation der »Nationalen Vision« *Avrupa Milli Görüs Teskilatlai*/»Vereinigung der neuen Weltsicht in Europa« (AMGT). Die AMGT vertritt etwa 15 Abteilungen und sympathisiert mit der Partei der Nationalen Rettung, die während des Staatsstreiches von 1990 in der Türkei verboten worden ist. Die AMGT ist gegenüber der niederländischen nicht-islamischen Umgebung ziemlich defensiv eingestellt. Die vierte türkische Organisation ist die »Union der Islamischen Vereinigungen und Gemeinschaften« (*Islam Cemiyet ve Cemaatler Birligi*/ICCB). Diese in Deutschland entstandene Gruppe vertritt etwa sieben Gruppierungen und ist als ultrafundamentalistisch einzustufen. Daneben gibt es auch einige kleinere Gruppen türkischer Herkunft wie die schiitischen Alewiten. Die marokkanischen Muslime in den Niederlanden haben zahlreiche örtliche Moscheeorganisationen. Die Union der Marokkanischen Muslim-Organisationen (UMMON), die 1983 gegründet wurde, ist auf nationaler Ebene noch nicht vertreten. Die surinamischen Muslime sind hauptsächlich lokal organisiert. Unter ihnen befinden sich Hanafiten, Schiiten und Ahmadis. In den Niederlanden ist die ethnische Herkunft der Muslime – Indonesien, Marokko, Türkei, Pakistan, Surinam – ausschlaggebend für die Moscheeorganisation, obwohl Initiativen zur Beseitigung der Grenzen ergriffen worden sind. Im Januar 1992 ist in den Niederlanden ein Dachverband gegründet worden, der die verschiedenen ethnischen Organisationen vereinigt. Dieser »Islamische Rat der Niederlande« (IRN) behauptet, 90 Prozent der niederländischen Muslime zu vertreten. Besonders zwei islamische Frauenorganisationen – *Al Nisa* und die Internationale Muslim Organisation – kritisieren, daß der IRN 50 Prozent der Muslime ausschließt, solange er nur Männer zur Wahl stellt.

Auch in Belgien haben die Moscheeorganisationen einen ethnischen Charakter. In Belgien wurde die Anwesenheit des Islam offiziell vom Staat institutionalisiert, als 1968 das »Islamitische Kulturelle Zentrum« (IKZ) in Brüssel anerkannt wurde. Die Verwaltung des IKZ wurde zu Beginn von der saudiarabischen Regierung finanziell unterstützt. Seit 1980 hat die Islamische Weltliga die Mehrheit in der Verwaltung des IKZ. Da das IKZ leider nicht die Verschiedenheit der belgischen Muslime widerspiegelt, haben viele Muslime gegen diese Verwaltung protestiert. Die belgische Behörde setzt voraus, daß der Islam – analog zur Verwaltungsform der Katholiken und Protestanten in Belgien – von einer religiösen Hierarchie repräsentiert wird. Als kein allgemein anerkannter Vertreter gefunden wurde, hat die belgische Obrigkeit diese Funktion selbst mit der Figur eines »Groß-Imam« geschaffen. Nach diesem Fehler versucht die belgische Regierung, mit der Gründung eines »Oberrates der Muslime in Belgien« (OMB) ein repräsentativeres Organ zu errichten. Der OMB vertritt die islamischen Gemeinschaften in den verschiedenen Provinzen und ist der wichtigste Ansprechpartner für die belgische Regierung. Die Mitglieder des OMB werden demokratisch von den islamischen Gemeinschaften gewählt und haben das Initiativrecht auf verschiedenen Gebieten des islamischen Lebens.

In den Niederlanden spielen die katholische und die reformierten Kirchen eine wichtige Rolle in der christlich-islamischen Begegnung. Auch in Flandern gibt es mehrere entsprechende Initiativen seitens der katholischen und reformierten Kirchen.

LITERATUR: K. Wagtendonk: Islam in Nederland. Islam op school. Muiderberg 1987. – T. Gerholm, Y. G. Lithman (Hg.): The New Islamic Presence in Western Europe. London u. a. 1988. – W. A. R. Shadid/Koningsveld: Moslims in Nederland. Minderheden en religie in een multiculturele samenleving. Alphen ad Rijn 1990. – W. A. R. Shadid/Koningsveld: Integration of Islam and Hinduism in Western Europe. Kampen 1991. – P. Reesink (Red.): Islam. Een nieuw geloof in Nederland. Baarn 1991. – N. Landman: Van mat tot minaret. De institutionalisering van de islam in Nederland. Utrecht 1992. *M. van den Boom/B. van Oers*

Spanien

Der Islam herrschte neun Jahrhunderte auf der Iberischen Halbinsel. Ab 711 eroberten vom Süden her arabische und Berber-Soldaten unter dem Befehl eines *wali* (eines Statthalters) des Kalifates Damaskus die Halbinsel und brachten ihre Religion mit. In knapp 50 Jahren breiteten sich die arabischen Muslime fast über das gesamte Land aus; zu kriegerischen Auseinandersetzungen kam es selten. Sie setzten eine politisch unabhängige Muslim-Regierung – Al-Andalus – ein; Córdoba wurde Hauptstadt. In nur 100 Jahren waren die meisten Spanier zum Islam konvertiert; sie wurden als *muladis* bezeichnet. Im 10. Jahrhundert, als die Omaiyaden-Dynastie herrschte, wurde Al-Andalus zum Kalifat, das politisch und in religiösen Angelegenheiten unabhängig von Bagdad war. Vor allem Córdoba, aber auch die übrigen Regionen des Kalifats wurden durch die hispano-muslimischen Philosophen, Mathematiker, Astronomen und Mystiker zu berühmten Zentren islamischer Kultur. Die wissenschaftlichen Erkenntnisse dieser Denker wurden ins Lateinische übersetzt und fanden so in ganz Europa Verbreitung. Auch auf dem Gebiet der Kunst schufen die Muslime Außergewöhnliches: Die ehemalige Moschee in Córdoba – die Omaiyaden-Moschee –, der Giralda in Sevilla und die Alhambra in Granada sind Kunstdenkmäler von einmaligem Rang.

Die hispano-christlichen Zentren gründeten nach und nach ihre Königreiche, die dann in den Kriegszügen der Reconquista den Islam attackierten. Als 1492 die katholischen Monarchen Granada eroberten, war die muslimische Herrschaft in Spanien beendet. Die Muslime des Landes, die nach dem Fall Granadas unter den Christen blieben, standen bald vor der Entscheidung, zum Christentum zu konvertieren (die Neubekehrten wurden abfällig als *moros* bezeichnet) oder in den Maghrib vertrieben zu werden. Wer im geheimen seinen islamischen Glauben praktizierte, wurde durch die Inquisition verfolgt oder mußte ab 1610 gewärtig sein, vertrieben zu werden.

Der Islam im modernen Spanien

Diese historischen Begebenheiten belegen, wie tief der Islam in Spanien verwurzelt war. Die spanische Regierung erkannte am 14. Juli 1989 diese Tatsache an und erklärte, daß die muslimische Religion gleichberechtigt etabliert sei. Mißtrauen gegenüber muslimischen Bürgern ist bei einen Großteil der Spaniern noch immer in seit dem 16. Jahrhundert genährten Klischees begründet; deutlich wird diese Haltung in der prinzipiellen Verdrängung jeglicher Nachrichten über den Islam.

Mit dem Dekret von 1980 über religiöse Koexistenz wurde der Islam in Spanien gesetzlich anerkannt. Die Muslim-Gemeinde des Landes ist nicht sehr groß: Sie zählt 19 000 Mitglieder, davon sind 2 500 spanische Konvertiten, 7 000 sind Spanier in Ceuta und Melilla und 5 000 sind Ausländer oder naturalisierte spanische Muslime; der Rest rekrutiert sich aus Maghribinern, Gläubigen aus dem Mittleren Osten, Zentralafrika oder Südostasien.

Das psychologische Erbe von Al-Andalus lastet schwer auf dieser kleinen Gemeinde. Betroffen sind davon vor allem die spanischen Konvertiten, als Mahner und als Symbol eines heute vergangenen Ruhmes.

Die meisten spanischen Muslime sind Sunniten; es gibt auch eine kleine Minderheit der schiitischen Glaubensrichtung (Iraner, Afghanen und Pakistani). Sie trachten eher traditionell-religiöse Praktiken zu wahren, als sich persönlich durch eine von Vernunft und Kritik bestimmte Glaubensrichtung leiten zu lassen. Die Erfüllung der religiös-rituellen Pflichten ist in mancherlei Hinsicht behindert: Arbeitsbedingungen, Unterrichtszeiten und öffentliche Feiertage berücksichtigen in keiner Weise die islamischen Festtage.

Sozial entstammen die konvertierten spanischen Muslime vor allem kleinen universitären Gruppierungen, die mit dem Islam über Studien, durch Lesungen oder aus persönlichen Beweggründen – wie aufgegebenen ideologischen Engagements – Kontakt aufnehmen (Spanien ist für viele Muslime Einwanderungsland). In Spanien fehlen islamische Zentren oder Universitäten, Lehrer, die mit dem wahren Islam wirklich vertraut sind und nicht von einem wie auch immer gearteten politischen Interesse geleitet werden. Kennzeichnete den Islam in seiner Geschichte das intellektuelle Niveau, so gilt heute für einen Großteil der Muslime in Spanien, daß Unwissenheit über die kulturellen Wurzeln ihrer Religion vorherrscht. Wegen dieser rudimentären kulturellen Bildung ist die islamische Gemeinde in Spanien in ihrem Wirken beeinträchtigt. Es bedarf immenser Anstrengungen, wenn sie im Dialog mit den anderen Glaubensbekenntnissen in Spanien eigene Standpunkte wirkungsvoll vertreten will. Die 41 Muslim-Gemeinden in Spanien, die alle im Religionsregister des Innenministeriums verzeichnet sind, verteilen sich wie folgt: Madrid hat acht Gemeinden, von den 17 Gemeinden in Andalusien befinden sich sieben in Granada, in Ceuta und Melilla befinden sich acht Gemeinden, für Valencia und die Kanarischen Inseln sind je zwei Gemeinden registriert.

Eine Zielsetzung ist allen Gemeinden gemeinsam: Eine geistliche Ausbildung soll das religiöse Leben vertiefen und die Prinzipien des Islam verbreiten. Für die Gemeindearbeit bedeutet dies aber, daß sie kaum erfolgreich sein kann.

Der spanische Gesetzgeber verlangte einen autorisierten Gesprächspartner, um die Bedingungen für die Wiederanerkennung des Islam aushandeln zu können. Für diese Verhandlungen wurde 1989 die »spanische Föderation der Islamischen Glaubensbekenntnisse« (FEERI) gebildet, in die alle 12 Assoziationen der Gemeinde eingegliedert sind. 1991 wurde die Union der Spanisch-Islamischen Gemeinden (UCIEI) gegründet, zugleich wurde die Anzahl der Gesprächspartner mit dem Justiz-Ministerium verdoppelt. Bis jetzt wurde nur ein Bruchteil des riesigen Muslim-Projektes realisiert: Befreiung von der Vermögenssteuer für Moscheen, ein zehnprozentiger Steuernachlaß auf Schenkungen, Anerkennung der Muslim-Hochzeiten im spanischen Zivilrecht bei gleichzeitigem Polygamie-Verbot. *Cherif Jah Abderrahman*

Italien

Statistische Angaben
Die Statistiken, die nach der vom Gesetz über den Status der Einwanderer in Italien verlangten Umfragedie Anzahl der eingewanderten Muslime mit 25 000 angeben, müssen um weitere 100 000 »Illegale« erweitert werden. Diese Daten werden

Córdoba, »La Mezquita«, die ehemalige Große Moschee.

durch eine neue Untersuchung der MIGRANTES (Stiftung der italienischen Bischofskonferenz) bestätigt, nach der 32,2 Prozent der Einwanderer in Europa Muslime sind, 34,2 Prozent Katholiken, 23,4 Prozent Protestanten und 10,2 Prozent anderen Glaubensgemeinschaften angehören. Wenn wir diesen Prozentsatz auf Italien anwenden und einen Mittelwert zwischen einer vorsichtigen (800 000) und einer großzügigen (1 200 000) Schätzung der Zahl der Einwanderer in Italien annehmen, können wir von ca. 320 000 Muslimen ausgehen. Aber auch diese Zahl muß revidiert werden, wenn wir andere Statistiken beachten, aus denen hervorgeht, daß nicht die Katholiken die zahlenmäßig stärkste Komponente unter den Einwanderern darstellen, sondern die Muslime.

Diese Zahlen betreffen aber ausschließlich den Bereich der Immigration, hinzukommen das Personal der Botschaften und Konsulate, Studenten, politische Flüchtlinge, Repräsentanten von Institutionen, Funktionäre und Vetreter verschiedenster Art (der Industrie, des Handels, der internationalen Organisationen wie FAO, UNICEF usw.), Techniker der multinationalen Unternehmen und auch die Italiener, die zum Islam konvertiert sind (vermutlich mindestens 2 000 in den letzten Jahren), so daß wir bei einer vorsichtigen Schätzung auf weitere 300 000 bis 350 000 Muslime kommen.

Organisation

Eines der charakteristischen Merkmale der in Italien lebenden Muslimgemeinschaft, das bei den muslimischen Einwanderern in andere europäische Ländern wiederkehrt, ist die beeindruckende Zerrissenheit ihrer organisatorischen, gemeindlichen, kulturellen und gottesdienstlichen Struktur, wenigstens in der ersten Phase ihres Aufenthaltes in Italien, die seit dem Ende der sechziger Jahre von gesellschaftlicher Bedeutung ist. Wenn auch das Konzept der *umma* (die weltliche Gemeinschaft aller Muslime) innerhalb der Staatsgrenzen des Herkunftslandes Gestalt und Plastizität gewinnt, im Rahmen einer gleichzeitig theologischen und ideologischen Vision der weltweiten Einheit der Muslime, beobachtet man in Italien eine inter-muslimische Intoleranz mit nationalistischem Hintergrund.

Bezeichnend für diese Zerissenheit ist die Schwierigkeit der italienischen Regierung, einen autorisierten Partner zu finden, um die Beziehung zwischen den Institutionen der Republik und den religiösen und gottesdienstlichen Bedürfnissen der Muslime zu regeln, die auf dem nationalem Territorium leben, wie es Artikel 8 der Verfassung vorsieht. Wer kann für sich in Anspruch nehmen, die Muslime in Italien zu vertreten? Augenblicklich niemand, wenn auch einige der wichtigsten islamischen Zentren diesen Anspruch für sich erheben. Dabei steht den offensichtlichen Unterschieden und der Zerrissenheit innerhalb der muslimischen Welt, bestätigt durch das Fehlen von Beziehungen untereinander und die wechselseitige Nichtanerkennung der islamischen Zentren, die in diesen Jahren entstanden sind, die Weigerung derselben Muslime gegenüber, anzuerkennen, daß der Islam der Einwanderer anders ist als der in ihren Heimatländern, und daß er zudem einen eher »fragmentarischen« Charakter hat.

In Italien ist es mittlerweile üblich, alle Einwanderer aus Nordafrika und dem Mittleren Osten »Marokkaner« zu nennen, ein Beweis der falschen Idee von einem sozial einheitlichen islamischen Universum. Die Oberflächlichkeit der Umgangssprache unterdrückt und versteckt jede Besonderheit, indem sie alles unter dem Ausdruck »islamische Welt« zusammenfaßt.

Palermo, der von islamischer Architektur beeinflußte Dom erinnert an die Zeit desKalifats von Palermo.

Dieser Begriff verdeckt wie die nicht weniger ideologische Kategorie des »christlichen Abendlandes« oder der »christlichen Welt« die beachtlichen theologischen, ethnisch-kulturellen, sozialökonomischen und politisch-institutionellen Unterschiede innerhalb des theologisch-dogmatischen islamischen »Corpus« wie des praktizierten Islam, der sich den verschiedenen Kulturen angepaßt hat, denen er im Lauf seiner Verbreitung begegnet ist, und mit denen er nach und nach eine untrennbare Einheit gebildet hat.

Eine weitere Unterscheidung muß zwischen dem Islam, der in seinen traditionellen historisch-geographischen Grenzen lebt, und dem sogenannten »übergesiedelten« Islam gemacht werden, wie er in Europa gelebt wird, vor allem von den Generationen, die bereits hier geboren oder ausgebildet wurden. Eine dritte Komponente stellen die »Konvertiten« dar. Es ist daher nicht zu verhindern, daß eine oder wenige Strukturen nicht die Erwartungen aller Muslime befriedigen, die in Italien leben und sich durch ihre politischen Ideen, theologischen Tendenzen und kulturellen Besonderheiten unterscheiden. So kommt es dazu, daß in einigen Großstädten die Nordafrikaner und Ägypter eine Moschee besuchen, Palästinenser, Jordanier und Syrer eine andere, Iraner und libanesische Schiiten eine weitere. Dies bedeutet nicht, daß es keine Kontakte unter den Muslimen verschiederen Nationalitäten oder geographischer Bereiche gibt.

Heute gibt es in vielen italienischen Regionen islamische Zentren, aber bisher nur wenige Moscheen. Den Eindruck, den man von außen über die Organisation der Muslime in Italien erhält, ist, daß sie sich vor allem um zwei Hauptpole dreht, die durch das Islamische Zentrum von Mailand und das Islamische Zentrum in Rom dargestellt werden, die sich das »Erstgeburtsrecht« unter den islamischen Zentren in Italien teilen und die auch (wenn auch nicht ausdrücklich) verschiedenen politischen Linien, theologischen Besonderheiten und Kulturen Ausdruck verleihen. Zu den am weitesten verbreiteten Organisationen gehört seit 1971 die *Unione degli studenti musulmani in Italia* (Union der muslimischen Studenten in Italien, U.S.M.I.) und seit 1990 die *Unione delle comunità e organisazzioni islamiche* (Union der islamischen Gemeinden und Organisationen, U.C.O.I.). Dieser letztgenannten Organisation scheinen sich nach und nach verschiedene islamische Zentren anzuschließen, die sich auf italienischem Boden befinden, und dies scheint die erste gemeinsame Initiative darzustellen, um offizielle Abkommen mit dem italienischen Staat zu treffen.

Das *Centro Islamico di Milano* (Islamisches Zentrum in Mailand) hat für viele Jahre den Hauptbezugspunkt für viele Muslime in Italien dargestellt. Wie man dem »Messagero dell' Islam« (dem Monatsblatt dieses Zentrums) entnehmen kann, vertritt es Positionen des radikalen Islams, der von der Unmöglichkeit des islamisch-christlichen Dialoges überzeugt ist, aber dennoch zur Zusammenarbeit bereit ist, um den Materialismus in seinen verschiedenen Ausdrucksformen zu bekämpfen. Das *Centro Islamico Culturale d'Italia* (Islamisches Kulturelles Zentrum Italiens) in Rom, das kurz vor der Einweihung steht, mit einer großen Moschee und verschiedenen Räumlichkeiten wie einem Museum und Tagungsräumen sowie einer Koranschule, ist bisher das einzige islamische Zentrum, das von der italienischen Regierung anerkannt und rechtlich nach den geltenden Gesetzen über Religionsgemeinschaften verfaßt ist.

Abgesehen davon, wieviele Muslime sich in diesem islamischen Zentrum wiedererkennen oder sich von ihm vertreten wissen, wird es stark von muslimischen Diplomaten unterstützt und beeindruckt wegen seiner Organisation, der kulturellen und interreligiösen Kontakte sowie seinen großangelegten Projekten. Alles läßt darauf schließen, angefangen beim Namen, daß dieses islamische Zentrum das Ziel hat, den Islam in Italien zu repräsentieren. Dieses Zentrum gibt ein Monatsblatt in italienisch und englisch heraus.

Eine Welt für sich scheint der Islam der Anhänger des *Murid*-Ordens des Senegal zu sein, der größten Sufi-Bruderschaft des senegalesischen Islam. Die *dahira* ist ihr urbaner Zweig, und sie existiert in allen größeren Städten Italiens, obwohl nur wenige Gruppen von der Mutterorganisation im Senegal anerkannt sind. In Italien gehen sie aus den spontanen Initiativen der Gläubigen hervor, zunächst ohne die Leitung eines Führers, des *marabout.* Augenblicklich weiß man von einigen *marabouts,* die nach Italien gekommen sind, um neue *dahiras* zu gründen oder bereits bestehende zu leiten.

Auf rein kulturellem Gebiet bestehen weitere muslimische Organisationen wie die *Academia di cultura islamica* (Akademie der Islamischen Kultur) in Rom, die seit 1982 (unter der Schirmherrschaft der islamischen Missionsgesellschaft von Tripoli) eine Zeitschrift von beachtlichem kulturellen Niveau herausgibt (»Islam - Geschichte und Zivilisation«), die sich auch der Mitarbeit bekannter italienischer Orientalisten bedient. Diese Akademie ist Teil der *Unione Islamica in Occidente* (Islamische Union im Occident), einer der ältesten muslimischen Organisationen , die in Italien bestehen. 1947 als Vereinigung für die Aufnahme und Unterstützung der muslimischen Flüchtlinge aus den kommunistischen Ländern gegründet, ist sie nun dazu übergegangen, arabische Sprachkurse für Italiener, Italienischkurse für muslimische Immigranten und kulturelle Begegnungen, die sich mit islamischer Geschichte und Zivilisation und dem islamischen Glauben beschäftigen, zu organisieren.

LITERATUR: F. Dasetto, A. Bastenier: Europa: nuova frontiera dell'Islam. Rom 1988. – IRES (Hg.): Uguali e Diversi. Il mondo culturale, le reti di rapporti, i lavori degli immigrati non europei a Torino. Turin 1991. *Giuseppe La Torre*

Österreich

Das Königreich Ungarn, mit dem Österreich vielfach ein gemeinsames Schicksal zu teilen hatte, beherbergte fast während des ganzen Mittelalters Gruppen muslimischer Bevölkerung. Turksprachige Reiter islamischen Glaubens standen im Solde seiner Herrscher; Münzpräger und Finanzberater mit muslimischen und jüdischen Namen wirkten am Hofe; im Süden des Staates, vor allem in Sirmien, hatten sich ganze muslimische Siedlungen gebildet. Nach dem englischen Historiker Thomas W. Arnold verlieren sich die Spuren dieser exotischen Krieger und Wirtschaftsleute im Ungarnland um das Jahr 1341. Ihre gelegentlichen Kontakte mit dem benachbarten Österreich sind mehr als wahrscheinlich.

Vom Anfang der osmanischen Eroberungen in Europa an bis zum Erlaß des Toleranzedikts vom 31. Januar 1782 durch Kaiser Joseph II. (1780–1790) war das Verhältnis Österreichs zum Islam verständlicherweise äußerst belastet. Doch schon kurz nach dem Erscheinen dieses Erlasses trug man sich in Wien mit dem Plan zur Errichtung einer Moschee in der Donaustadt. Zur Verwirklichung kam es nicht, aber bereits zwei Jahre vorher war der muslimischen Kolonie in Wien eine eigene Begräbnisstätte zur Verfügung gestellt worden.

Im Jahre 1878 wurden die beiden osmanischen Westprovinzen Bosnien und Herzegowina zu ihrer Befriedung auf Grund eines Beschlusses des im selben Jahr tagenden Berliner Kongresses von Österreich-Ungarn besetzt. Nach anfänglichem erbitterten Widerstand lernten die dort lebenden Muslime – damals die zweitstärkste Volksgruppe – Österreich wegen seines Ordnungspotentials und wegen der dort herrschenden Gerechtigkeit schätzen und lieben. Im Ersten Weltkrieg kämpften sie daher mit anerkannter Treue und Bravour für die Sache der Monarchie. Kaiser Franz Joseph I. (1848–1916) ließ für seine muslimischen Bosniaken nacheinander zwei Gebetsräume auf Wiener Kasernengeländen errichten und beauftragte einen bosnischen Militär-mufti mit ihrer religiösen Betreuung. Zum Bau einer Großmoschee, für die er 25 000 Goldkronen gespendet hatte, kam es wegen des inzwischen ausgebrochenen Weltkrieges nicht. Das größte Zeichen der Gunst des greisen Kaisers und seiner Regierung war indessen das 1912 verabschiedete Islamgesetz, nach dem die hanafitische Interpretationsschule des Islam als Körperschaft des öffentlichen Rechts anerkannt wird. Dieser verhältnismäßig liberalen Interpretationenschule gehören die Bosniaken an. Mit diesem Gesetz wurde der Islam in das staatliche System integriert. Da es aber nicht zur Konstituierung wenigstens einer Kultusgemeinde im engeren österreichischen Staatsgebiet kam, hatte das Gesetz bis zum Jahre 1979 den Charakter eines rein juristischen und deklarativen Aktes.

Nach dem Zusammenbruch der Monarchie schrumpfte der Islam in Österreich zu einer Randerscheinung zusammen. Die Zahl der meist vorübergehend im Land lebenden Muslime war gering. Die Vereinsregister der Stadt Wien weisen lediglich die Namen einiger kurzlebiger muslimischer Vereine auf, die sich um religiöse Belange kümmerten. Von ernsteren Organisationsformen konnte erst in der Zweiten Republik wieder gesprochen werden. Nach dem Zweiten Weltkrieg fanden sich im Land zahlreiche muslimische Flüchtlinge und – ab den 1960er Jahren – Gastarbeiter ein. So wirkte von 1958 bis 1962 in Wien eine Zweigstelle der internationalen humanitären Organisation *Dschamiyyat (Jamiat) al-Islam*, die sich der Flüchtlinge annahm. Diese Organisation – von emigrierten Turkestanern gegründet – hatte ihren Hauptsitz in San Francisco. Im Jahre 1963 trat an ihre Stelle der von einheimischen Muslimen gegründete »Muslimische Sozialdienst«, der bald danach auch den ersten einigermaßen repräsentativen Gebetsraum in der Nähe der Wiener Universität errichtete und sich mit viel Energie für die volle (de facto-) Anerkennung des Islam einsetzte. Das Ziel wurde am 2. Mai 1979 erreicht, als das Bundesministerium für Unterricht und Kunst die geplante Errichtung einer islamischen Religionsgemeinde und deren Statuten genehmigte. So wurde der Grundstein der islamischen Glaubensgemeinschaft in Österreich gelegt, die später eine eigene Verfassung erhielt.

Die Gemeinschaft, deren Hauptsitz Wien ist, erfaßt vier Sprengel in Wien, Graz, Linz und Bregenz. Die leitenden Zentralorgane sind: der *shura*-Rat (Ratsversammlung), der Oberste Rat und der *mufti* als geistliches Oberhaupt. Die Sprengel haben als ihre Organe: die Gemeindeversammlung, den Gemeindeausschuß und den Imam als den Ortsgeistlichen.

Von den rund 100 000 Muslimen, die zur Zeit (April 1992) in Österreich leben, sind nur etwa ein Fünftel österreichische Staatsbürger. Zahlenmäßig bildet der Islam die drittstärkste Glaubensgemeinschaft im Land.

Etwa 90 Gebetsräume stehen landesweit zu Kultzwecken zur Verfügung. Es handelt sich um sogenannte »Hinterhof-Moscheen«, die von Gastarbeitern unterhalten werden. Die einzige mit einem Steinminarett versehene Kuppelmoschee steht in Wien. Sie wird von einer Stiftung namens *Vienna Islamic Centre* getragen. Im Verwaltungsrat der Stiftung sitzen diplomatische Vertreter islamischer Länder in Wien. Der Betrieb dieser Moschee, die auch über einen Konferenzraum, eine Bibliothek und kleinere Nebenräume verfügt, wird von Saudi Arabien von der »Islamischen Weltliga« finanziert.

Am Religionsunterricht nehmen ca. 15 000 Schüler und Schülerinnen teil. Der Religionsunterricht wird für ganz Österreich von 60 Lehrern und 10 Lehrerinnen erteilt. Die Unterrichtssprache ist Deutsch. Die Lehrkräfte werden vom Staat besoldet. Die Unterrichtsbücher werden vom Staat gratis zur Verfügung gestellt. Vom Religionsunterricht werden hauptsächlich die Volks- und Hauptschüler erfaßt; der Gymnasialunterricht ist so gut wie ganz auf Wien beschränkt. Die Lehrer beklagen die Mangelhaftigkeit der zur Verfügung stehenden Unterrichtsbücher, von denen manche noch einen starken Einschlag der heimatlichen Eingebundenheit ihrer – in der Regel arabischen und türkischen Verfasser – verraten. Noch immer befindet sich dieser Unterricht in einem Experimentalstadium.

Aus Österreich stammen die beiden muslimischen Schriftsteller Umar von Ehrenfels (gest. 1980), und Muhammad Asad (Leopold Weiß), Verfasser des vielbeachteten Buches »Der Weg nach Mekka«.

LITERATUR: Smail Balić: Österreich und das islamische Kulturerbe. In: Österreichische Osthefte 15/1953, S. 275–282. – Ders.: Der Islam im mittelalterlichen Ungarn. In: Südostforschungen (München) 23/1964, S. 19–35. – Die Muslims im Donauraum, Österreich und der Islam. Wien 1971. – Islamic Centre in Vienna/Wiener Islamisches Zentrum. (Wien 1979). – Sachartikel »Avusturya/Ülkede islamiyet« in: Islam Ansiklopedisi, Bd. 4, Istanbul 1991, S. 178/179.

Smail Balić

Balkanstaaten

Auf direkte oder indirekte Weise beeinflußt der Islam vom Ende des 7. Jahrhunderts an bis heute die Balkangeschichte. Dem Säbelrasseln, das die omaiyadischen Kalifen (661 – 750) an den Südgrenzen des Byzantinischen Reiches ausgelöst hatten, verdanken die Südslawen eine verhältnismäßig friedliche Ansiedlung in ihrer neuen, balkanischen Heimat. Die Araber belagerten damals wiederholt wichtigere ägäische und adriatische Häfen. Einige davon, wie Saloniki und Athen, befanden sich sogar zeitweise in ihrer Hand. Andererseits durchstreiften Gruppen verschiedener zentralasiatischer Nomadenstämme den nördlichen und mittleren Teil der Balkanhalbinsel. Manche ihrer Angehörigen bekannten sich zum Islam. Alte ungarische, byzantinische und arabische Chroniken und Reisebeschreibungen berichten von der Existenz der Buszurmanen (Musulmanen, *böszörmenyek*), Ismailiten, islamischen Chalisen, Patschengen und anderen, die am Balkan ihre Siedlungen hatten. Nur spärliche Reste dieser »Vortrupps«, die inzwischen zum Großteil im Christentum aufgegangen waren, konnten die Landung der Osmanen bei Gallipoli 1354, wenn nicht physisch, so doch durch das Hörensagen, wahrnehmen.

Auf eine Dauerexistenz am Balkan konnte sich der Islam erst nach der Ankunft der Osmanen einrichten. Den osmanischen Eroberungen folgten massenhafte Übertritte zum Islam. Die Islamisierung war dennoch ein völlig anderer Prozeß als die Expansion des Osmanischen Reiches. Im großen und ganzen verlief sie auf freiwilliger Grundlage. Bis zur Regierungszeit des Sultan Bayezid II. (1481 – 1512) verfolgten die Osmanen eine ausgesprochen liberale Religionspolitik im Südosten Europas.

Die ersten größeren muslimischen Siedlungen entstanden Anfang des 15. Jahrhunderts in Thrakien und Bulgarien. Damals strömten Massen anatolischer Türken nach Südosteuropa ein, nachdem der Mongolenherrscher Timur der Lahme 1402 bei Ankara den Osmanen eine schwere Niederlage zugefügt hatte. Verdichtete Übertritte der einheimischen Bevölkerung zum Islam erfolgten in drei verschiedenen Teilen der Halbinsel und in drei Wellen: kurz nach dem Fall des bosnischen Königreichs 1463 in Bosnien, in der Zeit vom 15. bis zum 17. Jahrhundert im Rhodopengebiet von Bulgarien und im 17. Jahrhundert im albanischen Volkstumsraum. So wurden drei balkanische Volksgruppen zu europäischen Trägern des Islam: die Bosniaken, die Pomaken – vielfach als muslimische Bulgaren bezeichnet – und die Albaner oder Arnauten.

Statistische Angaben

Die zahlenmäßige Stärke des Islam zu Anfang der achtziger Jahre dieses Jahrhunderts präsentierte sich wie folgt:

Albanien	ca. 1750000
Bulgarien	ca. 1000000
Griechenland	140000
Jugoslawien	3951748
Rumänien	35000
Europäische Türkei	ca. 1500000

Den islamisierten Bosniaken, deren nationales Empfinden während der 70jährigen jugoslawischen Zeit systematisch verdrängt wurde, verlieh man 1971 offiziell die Bezeichnung Muslime im Sinne einer nationalen Zugehörigkeit. Diese Bezeichnung ist bis heute – selbst nach der Erklärung Bosniens zum souveränen und selbständigen Staat am 28. Februar 1992 – in Gebrauch geblieben. Nach der Volkszählung von 1981 betrug die Zahl der Muslime im Sinne einer Nationalität 2000034, die seit dem Sommer 1992 erheblichem Druck durch die Serben ausgestzt sind.

Neben den Bosniaken, Pomaken und Albanern bekennen sich zum Islam in den Balkanstaaten (die Türkei ausgenommen) noch etwa 200000 Türken und mehrere Zehntausend Sinti und Roma. Lediglich vereinzelte Muslime wollen sich als Serben, Bulgaren, Jugoslawen oder Kroaten verstanden wissen.

Zwei Staatspräsidenten, jene von Bosnien und Abanien, gehören dem Islam an. Der gegenwärtige »Präsident des Republikpräsidiums« von Bosnien, Alija Izetbegovic, ein glaubensbewußter Muslim, gilt ob seiner unermüdlichen Bemühungen um Wahrung beziehungsweise Wiederherstellung des Friedens als »jugoslawischer Gandhi«.

Während in Bosnien seit Jahren ein erstarktes religiöses Leben feststellbar ist, befand sich noch bis vor kurzem der Islam in fast allen anderen Balkangebieten scheinbar in einer Agonie. Die Demokratisierung seit 1990 hat eine Wende zum Besseren eingeleitet. Albanien, bis dahin »der erste atheistische Staat« in der Welt, ist ein Sorgenkind der islamischen Weltgemeinschaft. Im Sommer 1991 wurde in Wien ein Koordinationsrat der islamischen Gemeinschaften von Ost- und Südosteuropa gebildet, bei dem zum ersten Male nach 1945 auch ein albanischer Mufti international auftreten durfte. Zum Vorsitzenden dieses Rates wurde das Oberhaupt der Islamischen Gemeinschaft des damaligen Jugoslawien, Reis ul-ulema Jakub Efendi Selimoski, gewählt.

In Jugoslawien wirkt die einzige islamische theologische Fakultät in Europa. Ab Mitte 1990 nennt sie sich: »Fakultät der islamischen Wissenschaften«. In Sarajevo, wo sie ihren Sitz hat, stehen noch zwei Medresen in Betrieb (höhere theologische Schulen): eine für Knaben, die andere für Mädchen. Ähnliche Schulen bestehen, allerdings nur für Knaben, noch in Prischtina und Skopje.

Seit 1991 wirkt in Sofia ein Islam-Institut als höhere theologische Bildungsanstalt. Reaktiviert wurde auch die Jahrzehnte hindurch geschlossen gebliebene Medrese von Sumen (Kolarovgrad) in Bulgarien. Für die Heranbildung des Geistlichen-Nachwuchses in Griechenland sorgen zwei Medresen alten Typus in Komotini und Xanthi.

Bosnien verfügt über eine hochentwickelte islamische Presse: die beiden Jahresalmanache »Anali Gazi Husrevbegove biblioteke« und »Takvim«, die drei Monatsschriften »Glasnik«, »Islamska miasao« und »Zemzem«, eine Halbmonatsschrift »Preporod« und eine Wochenschrift »Muslimanski glas«. 1990/91 erschien noch eine zweite Wochenschrift liberaler Richtung: »Bosanski pogledi«.

Islamische Blätter erscheinen auch in Kosowo, in Makedonien, Bulgarien und Griechenland. Albanien ist immer noch jeglicher religiöser Stimme in den Massenmedien beraubt, eine Situation, die sich wohl in allernächster Zeit ändern wird. Am sterbenden Islam von Rumänien sind nur schwache Wiederbelebungszeichen bemerkbar.

Die Muslime in den Balkanstaaten stehen unter einer dauernden Beweislast. Praktisch lebten sie seit dem Abzug der Osmanen nach dem Balkankrieg 1912/13 bis zur demokratischen Wende 1990 in einer Minderheitensituation. Von der orthodoxen Mehrheit werden sie des angeblichen nationalen Verrats beschuldigt. Wirtschaftlich übervorteilt, politisch diskriminiert, in der eigenen kulturellen und nationalen Identität eingeschränkt und vielfach grundlegender Menschenrechte beraubt, wanderten Hunderttausende von ihnen in die Türkei aus. Lediglich im Westen der Balkanhalbinsel – in Bosnien und der Herzegowina und im kroatischen Hoheitsgebiet – erfreuen sie sich der Toleranz und freier Entfaltungsmöglichkeiten. Das Zagreber Moschee-Zentrum, eröffnet 1989, ist zu einem wichtigen Punkt der islamischen religiösen, humanitären und kulturellen Tätigkeit mit gesamtbalkanischer Reichweite geworden.

Der wiedererwachte extreme serbische Nationalismus, schon unter dem Kommunismus versteckt virulent, macht heute nicht nur – wie vorher – den Kosowo-Albanern, sondern auch den Bosniaken zu schaffen. Übergriffe auf Leben und Sicherheit sind auf der Tagesordnung. Die genozidartigen Übergriffe auf die Balkan-Muslime wurden von der Weltöffentlichkeit lange viel zu wenig beachtet.

Allen Unbilden der Zeit zum Trotz nehmen die Balkan-Muslime am Kulturleben ihrer Heimatländer lebhaften Anteil. Manche von ihnen haben sich als Forscher, Literaten oder Künstler – wie der Gynäkologe Asim Kurjak, der Romanschriftsteller Mesa Selimovic und der Filmregisseur Emir Kusturica – international profiliert.

Der Islam in den Balkanstaaten hat zum Teil eine lange Erfahrung im Umgang mit den europäischen Wertvorstellungen. Seine Anhänger sind weitgehend säkularisiert. So bestehen gute Voraussetzungen dafür, daß er sich als Brücke zwischen dem demokratisch gesinnten Europa und der islamischen Welt beweist, wie es die Absicht vieler südosteuropäischer Muslime ist.

LITERATUR: Thomas W. Arnold: The Preaching of Islam. 3. Aufl., London 1935. – Halil Incalik: Balkan. In: Encyclopaedia of Islam. Bd. 1, 2. Aufl., Leiden 1960, S. 998 – 1000. – Alexandre Popovic: L'Islam balkanique. Les musulmans du sud-est européen dans la période post-ottomane. Berlin 1986. – Smail Balić: Das unbekannte Bosnien. Europas Brücke zur islamischen Welt. Köln/Wien 1992.

Smail Balić

Griechenland

Statistische Angaben

Von den 10 Millionen Griechen sind heute 98 Prozent griechisch-orthodox, 1 Prozent gehören anderen christlichen Konfessionen an. Die Zahl der Muslime beträgt ca. 110 000. Gemischt mit Christen leben sie hauptsächlich in den Städten Xanthi und Komotini und in der Umgebung von Westthrakien. Nur zur Hälfte sind sie turkophon, ca. 35 000 von ihnen sind islamisierte Pomaken (ein uralter graeco-thrakischer Stamm) und ca. 20 000 islamisierte Sinti und Roma. Die freundliche und friedliche Koexistenz zwischen Christen und Muslimen wird von häufigen Versuchen des türkischen Staates, Einfluß auf die genannten Muslime zu gewinnen, bedroht.

Geschichte

Griechenland kennt den Islam seit alters her. Schon vom 7. bis zum 15. Jahrhundert hat es zwischen dem christlichen Griechentum und dem Islam Begegnungen und Auseinandersetzungen nicht nur militärischer, sondern auch wissenschaftlicher Art gegeben. Damals wurden von byzantinischen Schriftstellern auf griechisch viele Abhandlungen über den Islam geschrieben, die meist einen apologetischen und polemischen Charakter trugen.

Während der Besatzung durch die Osmanen (1453 – 1821) hat das griechische Volk bittere Erfahrungen mit dem Islam gemacht, wie er ausschließlich von den osmanischen Türken vertreten und interpretiert wurde. In dieser Zeit hat sich auch eine apokalyptische Literatur gegen den Islam entwickelt, die zur Stärkung des Glaubens und Bewußtseins des unterworfenen Volkes diente. Nordgriechenland wurde als letztes Gebiet erst 1912–1913 befreit. Durch den Lausanner Pakt vom 10. April 1923 mußten ca. 2 Millionen Griechen aus ihren Urheimaten, nämlich Kleinasien und Ostthrakien, in das heutige Griechenland und ca. 300 000 Muslime in die Türkei auswandern. In Istanbul und auf den Inseln Imbros und Tenedos durften ca. 110 000 Griechen und in Westtrakien ca. 86 000 Muslime bleiben. Letztere gelten seitdem als griechische Staatsbürger islamischer Religion. Aufgrund von Repressalien leben heute in der Türkei nur ca. 5 000 griechisch-orthodoxe Christen.

Die gegenwärtige Situation

Glaube, Brauchtum und Rechte dieser griechischen Muslime werden von der griechischen Staatsverfassung und durch spezielle Gesetze geschützt. Der griechische Staat sorgt für die Bildung und die religiöse Unterweisung der Muslime. So gibt es zwei Seminare für die geistlichen Ämter (*medrese*), eine Pädagogische Akademie in Thessaloniki für muslimische Lehrer, 250 muslimische Volksschulen, zwei Gymnasien und zwei Lyzeen, die alle staatlich sind. Für ihre religiösen Bedürfnisse haben die Muslime 250 Moscheen mit 420 geistlichen Ämtern (*imam, khatib, muezzin*). Die oberste religiöse Verantwortung tragen drei *muftis*, das heißt islamische Rechtsgelehrte, die Gutachten über schwebende Rechtsfragen abgeben. Sie sind öffentliche Staatsbeamte mit dem Amtsgrad des Generaldirektors und bekommen ihr Gehalt von der griechischen Staatskasse. Ein spezielles Gesetz des griechischen Staates respektiert das in islamischen Ländern geltende Wahlrecht (gemäß der *sharia*) für einen neuen *mufti*. Er als Glaubensrichter (*qadi*) entscheidet über Heirat, Ehescheidung, Erbschaft, Adoption und über alle Streitsachen auf zivil- und strafrechtlichem Gebiet. Seine Entscheidungen werden durch die staatlichen Gerichtsbehörden einfach bestätigt und ausgeführt.

Bildungsniveau und religiöses Wissen, besonders der Älteren, ist niedrig. Ihre Kinder können ohne weiteres an griechischen Hochschulen und Universitäten die Fächer studieren, welche sie möchten. Einige studieren, meist Theologie, in anderen islamischen Ländern. Die Zahl der Akademiker ist noch nicht groß. In letzter Zeit gibt es, besonders in Athen und Piräus, eine steigende Anzahl von islamischen Emigranten, Gastarbeitern, See- und Kaufleuten sowie Studenten aus verschiedenen islamischen Ländern. Für ihre kultischen Bedürfnisse gibt es zu Moscheen eingerichtete Räume in zwei großen Hotels und in einigen Privathäusern. Anfang Februar 1992 stimmte die griechische Regierung der Errichtung einer richtigen Moschee in Athen zu.

Die Literatur in Griechenland über den Islam wie auch die Islamwissenschaft an den Theologischen Fakultäten in Athen und Thessaloniki sind beachtenswert. In Thessaloniki gibt es seit 1980 eine »Gesellschaft für Graeco-Arabische Studien« (bisher drei internationale Kongresse, drei Bände der Jahresschrift »Graeco-Arabica«). Die Athener Bewegung »Orthodoxie und Islam« will folgende Ziele erreichen: neue Begegnung und gegenseitige Bekanntschaft, besseres Verständnis, gegenseitigen Respekt, mögliche Zusammenarbeit zum Wohle der Menschen und der Völker. Sie erlebte vom 15. bis 17. Dezember 1990 ihren ersten internationalen Kongress und veranstaltete ihren zweiten, wieder in Athen, Anfang Mai 1992.

Grigorios D. Ziakas

Islamische Sondergemeinschaften

Ahamadiya

Dem Umkreis islamisch-messianischer Bewegungen entstammt diese aus dem indisch-sunnitischen Islam hervorgegangene Reformbewegung, die sich an den islamischen Ursprüngen orientiert und den Islam von Fehlentwicklungen reinigen will. Der *mahdi* (unter göttlicher Leitung Stehender) ist eine dem Messias vergleichbare Gestalt, die sowohl von Sunniten wie auch von Schiiten erwartet wir.

Begründet wurde die islamische Sonderrichtung von dem aus Qadian (Punjab) gebürtigen Hazrat Mirza Ghulam Ahmad (1835 – 1908), der zunächst in der britischen Kolonialverwaltung beschäftigt war. Sein Buch *Barahin i Ahmadiya* (1880/83) enthält eine islamische Apologetik und attackiert Hinduismus und Christentum. Ghulam Ahmads Sendungsbewußtsein gewann Gestalt, als er sich *muhdid* und *mujadid* (Erneuerer) nannte. Seit 1989 berief er sich auf subjektive Offenbarungen. Er trat von 1891 mit dem Anspruch auf, der *mahdi* und *masih* (Messias/Christus) zu sein und Wunder tun zu können. Später hielt sich Ahmad sowohl für den herabgestiegenen *Krishna*, den wiedergekommenen *Jesus*, den *Mesio Darbahmi* der Zoroastier sowie für das »Ebenbild Muhammads«. 1901 ließ Ghulam Ahmad die *Ahmadiya* als eigenständige Religionsgemeinschaft registrieren.

Aufgrund von Nachfolgestreitigkeiten spaltete sich die Bewegung schon bald in zwei Zweige: Die kleinere, in ihrem Weiterbestand heute nicht ungefährdete Lahore-Gruppe betrachtet Ghulam Ahmad lediglich als einen *mujadid* (Reformer), während ihm die Mehrheit, die *Qadiani*-Gruppe (seit 1947 Hauptsitz in der selbst gegründeten Stadt Rabwah/Pakistan), den Status eines »Propheten« zubilligt. Seit 1982 wird die *Qadiani*-Gruppe von ihrem im britischen Exil lebenden 4. Kalifen Hazrat Mirza Tahir Ahmad (Titel: Khalifatul Mashih IV/Kalif Messias IV) geleitet.

Das Zentrum der *Ahmadiya*-Bewegung ist Pakistan. 1974 stempelte das pakistanische Parlament diese Religionsgemeinschaft zur nichtislamischen Minorität, obwohl diese in praktisch-religiöser Hinsicht mit dem Mehrheitsislam weitgehend konform geht. Eine in Mekka einberufene Konferenz aller islamischen Organisationen und Rechtsschulen, die unter dem Vorsitz des saudiarabischen Justizministers stand, schloß am 10. Mai 1974 die *Ahmadiya*-Bewegung offiziell aus der Gemeinschaft des Weltislam aus. Die *Ahmadis*, welche mit den Zeugen Jehovas zu den antiislamischen Mächten gerechnet werden, dürfen in der islamischen Welt keine öffentlichen Ämter bekleiden, Schriften publizieren und mit Muslimen Ehen schließen. Die Verwendung islamisch-religiöser Begriffe ist ihnen untersagt; außerdem dürfen sie nicht zum Gebet rufen und öffentlich das Glaubenszeugnis aussprechen.

Zu den Sonderlehren der *Ahmadiya* gehört die Behauptung, Jesus sei nicht am Kreuz gestorben, sondern nur ohnmächtig gewesen. Seine Jünger hätten ihn gerettet. Auf der Suche nach den »verlorenen Schafen Israels« sei Jesus bis nach Kaschmir ausgewandert, dort im Alter von 120 Jahren gestorben. Das Grab Yus Asafs (Jesus des Versammlers) wird heute noch in Srinagar gezeigt. In den letzten Jahren hat die *Ahmadiya*, die Liebe und Frieden propagiert, große internationale Tagungen veranstaltet. Die Ahmadis haben die fünf »Säulen« um das Gebot der Welteroberung und der Verbreitung des Korans mit friedlichen Mitteln erweitert. Im Mittelpunkt ihrer Frömmigkeit steht der unfehlbare, unveränderbare, durch keine weitere heilige Schrift ersetzbare Koran, der mit den Erkenntnissen der modernen Naturwissenschaft übereinstimme. Die *Ahmadis* betonen besonders die geistigen Aspekte gegenüber den legalistischen. Die *Ahmadiya*-Bewegung betreibt – als Antwort auf die christliche Mission – die planmäßigste Missionsarbeit im Islam: nicht nur unter Muslimen, auch unter Hindus, Christen, Sikhs. Heute ist die Religionsgemeinschaft in über 100 Ländern (hauptsächlich: Indien, Pakistan, Westafrika, Südostasien, islamischer Bereich) vertreten. Ein Schwerpunkt ihrer Missionsarbeit liegt in Westafrika (Nigeria, Ghana), wo die Religionsgemeinschaft sozial aktiv ist (Krankenhäuser, Schulen). Auch in den USA und in Europa bemüht sich die Gemeinschaft, neue Anhänger zu gewinnen. Weltweit zählt die *Qadiani*-Gemeinschaft etwa eine Million Anhänger (etwa 500 in Deutschland)

LITERATUR: Wilfred Cantwell Smith: Ahmadiyya. In: The Encyclopaedia of Islam. Bd. I, Leiden/London 1960, S. 301 – 303. – Werner Schmucker: Sekten und Sondergruppen. In: Werner Ende, Udo Steinbach (Hg.): Der Islam in der Gegenwart. 2. Aufl., München 1989, S. 524 – 526.

Udo Tworuschka

Alewiten

Diese insbesondere in der Osttürkei vertretene Richtung benennt sich nach Muhammads Schwiegersohn Ali (gest. 661 n. Chr.). Ihn und seine Familie verehren die Alewiten sehr, obwohl sie sich nicht der Schia zurechnen. Die arabischen *Alewis* leben hauptsächlich in der Südtürkei, während die kurdischen im Dreieck von Sivas – Erzurum – Adana siedeln. In der Türkei werden sie argwöhnisch betrachtet. Man hält sie für Häretiker, da sie die üblichen muslimischen Pflichten nicht anerkennen: Von den *arkan*, den fünf »Säulen«, nehmen sie vor allem die erste, das Glaubenszeugnis, ernst. Die anderen Pflichten praktizieren sie wenig oder in abgewandelter Form. Die Fastenzeit beträgt bei den Alewiten nur einen halben Monat. Rituelle Waschungen führen sie nicht durch, und den Moscheebesuch betrachten die Alewiten als unwesentlich. Viele alewitische Dörfer in der Türkei haben nicht einmal Moscheen. Religiöse Versammlungen halten sie in Gemeinschaftshäusern nachts ab. Dabei gibt es keine strenge Geschlechtertrennung, und es finden sogar gemeinsame Tänze statt. Alewiten essen auch das Fleisch nicht-rituell geschlachteter Tiere. Das Trinken von Alkohol sowie das Spielen von Musikinstrumenten ist ihnen erlaubt. Alewiten-Frauen kleiden sich weniger streng als ihre türkisch-sunnitischen Geschlechtsgenossinen, tragen zum Beispiel keine Kopftücher. Sunnitische Religionstraditionen wurden durch Riten des mystischen *Bektashi*-Ordens ersetzt. Auch Einflüsse aus dem *Mevlevi*-Orden sind erkennbar. Die Schriften zweier großer islamischer Mystiker genießen bei den Alewiten große Verehrung: Hajji Bektash-i Veli (14. Jahrhundert) und Jalal al-Din Rumis.

Die Spannungen in der Türkei zwischen Sunniten und Alewiten bestehen auch in Deutschland. Oft werden die Alewiten als »Kommunisten« diffamiert. Sie sind Befürworter des Laizismus und wählen überwiegend die kemalistisch-sozialdemokratische CHP. Viele Alewiten sollen sozialdemokratischen Ideen gegenüber besonders aufgeschlossen sein. Zuverlässige Zahlenangaben über ihre Größe gibt es nicht. In ihren Selbstdarstellungen ist von 6 Millionen Gläubigen die Rede. Ein erheblicher Teil der Alewiten sind Kurden.

LITERATUR: Abdülkadir Haas: Die Bektasi. Riten und Mysterien eines islamischen Ordens. Berlin 1987. – Werner Schmucker: Sekten und Sondergruppen. In: Werner Ende, Udo Steinbach (Hg.): Der Islam in der Gegenwart. 2. Aufl., München 1989, S. 509 – 517.

Udo Tworuschka

Drusen

Die Drusen sind eine religiös-ethnische Gemeinschaft, die sich von den schiitischen Ismailiten abgespalten hat. Der Name geht zurück auf Darazi, der 1017, dem Beginn der drusischen Zeitrechnung, den Fatimidenkalifen al-Hakim – er regierte 996 – 1021 – zur letzten göttlichen Inkarnation erklärte. Vier Jahre später verschwand dieser Kalif jedoch in die »Verborgenheit«, aus der er am Ende der Zeiten zurückkehren wird. Weil die Drusen den Gedanken der göttlichen Einheit so hervorheben, bezeichnen sie sich selbst lieber als *al-muwahidun* (Bekenner der Einheit). Drusen glauben an die Seelenwanderung, wobei sie der Ansicht sind, daß Menschen nur als Menschen – und zwar jeweils nur innerhalb desselben Geschlechts – wiedergeboren werden können. In der Seelenwanderung sehen sie die Möglichkeit, sich schrittweise zu vervollkommnen. Evangelium und Koran erkennen die Drusen an, ordnen ihnen aber ihre eigenen Schriften über. Zwischen der Religion der Drusen und dem Neuplatonismus, Buddhismus, Hinduismus bestehen Querverbindungen. Die Drusen praktizieren die Arkandisziplin: Nur ein kleiner, eingeweihter »innerer« Kreis – die durch besondere Kleidung erkennbaren »Weisen« – kennt die tieferen Geheimnisse des Glaubens. Allerdings kann jeder »Unwissende« durch einen Aufnahmeritus zum »Wissenden« werden. Gelingt ihm dies nicht in diesem Leben, so gibt ihm die Seelenwanderung die Chance, dies im nächsten Leben zu tun. Besonders gelehrte und fromme Männer tragen den Titel *shaikh*, dem der weibliche Titel *shaikha* entspricht. Die im Mittelpunkt des freitagabendlichen *majlis* stehende Lektüre der geheimen heiligen Schriften der Drusen ist nur den Eingeweihten erlaubt.

Bei heutigen Drusen ist die Arkandisziplin jedoch umstritten. Vor allem in den USA lebende Diasporadrusen und die gesellschaftspolitisch engagierten Vertreter in den nahöstlichen Kerngebieten kritisieren die Geheimhaltungspraxis und richten sich gegen die Zweiteilung der drusischen Gesellschaft. Die Orthodoxen bestehen dagegen auf ihrer Beibehaltung. Erkennbar werden Wandlungen der Arkandisziplin unter anderem daran, daß es inzwischen an Schulen drusischen Religionsunterricht für Schüler beiderlei Geschlechts gibt. Man kann sogar von einer modernen drusischen Theologie sprechen, die sich bemüht, die alten Glaubenssätze für die Gegenwart nachvollziehbar zu machen. Während die sunnitischen Muslime früher die Drusen meist argwöhnisch betrachteten, betonen viele heutige Drusen ihre Zugehörigkeit zum Islam beziehungsweise zur arabischen Welt. Hauptverbreitungsgebiet der rund 200 000 Drusen: Libanon, Syrien, Jordanien, Israel (zum großen Teil diesem Staat gegenüber loyal); eine größere Diaspora befindet sich in den USA.

LITERATUR: Werner Schmucker: Krise und Erneuerung im libanesischen Drusentum. Bonn 1979. – G. Ben-Dor: The Druses of Israel. Jerusalem 1979. – A. Layish: Marriage, Divorce and Succession in the Druze Family. Leiden 1982. – Peter Heine: Drusen. In: Islam-Lexikon, Bd. 1, S. 183 – 187.

Udo Tworuschka

Black Muslims

Die *Black Muslim*-Organisation oder *Nation of Islam* wurde 1931 in Detroit durch Walace D. Fard (1877? – 1934?), den Sohn eines Baptisten-Predigers aus North Carolina gegründet. Die Organisation spaltete sich im Laufe der Zeit in eine Anzahl unterschiedlichster Richtungen. Seit ihrer Gründung waren die *Black Muslims* eine quasireligiöse Gruppe, für deren Auftreten schwarzer Nationalismus und der Bezug auf die Rasse charakteristisch waren. Sie wollte die wirtschaftliche, soziale und politische Lage der Afroamerikaner verbessern.

Nazira Zainaddin

Nazira Zainaddin wurde 1908 im Libanon geboren. Kaum zwanzigjährig verfaßte sie das Buch »Schleier und Entschleierung. Diskussionen und Ansichten mit dem Ziel der Befreiung der Frauen und der Erneuerung der islamischen Welt« (1928).

Der Vater dieser jungen Drusin hatte die Tochter unverschleiert aufwachsen lassen, was in der damaligen Zeit selten üblich war. Auch hatte er dafür gesorgt, daß sie sich eine höhere Schulbildung aneignen konnte. Anlaß für Nazira Zainaddins Schrift war der 1927 gescheiterte Versuch einiger Frauen in Damaskus, ihren Schleier abzulegen.

Verdienstvoll war ihre Veröffentlichung vor allem deshalb, weil sie versuchte, die Forderungen der damaligen Frauenbewegung mit den Grundnormen der islamischen Religion und des islamischen Gesetzes in Einklang zu bringen. Trotz ihrer drusischen Herkunft setzte sich Nazira Zainaddin mit islamischem Gedankengut auseinander und verwandte die islamische Begrifflichkeit. Nazira ließ die *sharia* nur soweit gelten, als sie sich durch ein immer neues Bezugnehmen auf Koran und Sunna ausweisen und rechtfertigen kann. Entschieden setzte sich die engagierte Frau für die Wiedereinführung des *ijtihad* ein: der selbstständigen Auslegung von Koran und Sunna, welche die blinde Nachahmung früherer Autoritäten ersetzen sollte.

Eine von Nazira Zainaddins entschiedensten Forderungen bestand darin, ihre Geschlechtsgenossinnen von dem »menschenunwürdigen Verschleierungszwang« zu befreien. Da Koran und Überlieferung die Verschleierung nicht eindeutig vorschrieben, dürfe sie auch nicht zur Pflicht gemacht werden. Bei widersprüchlicher Textlage sollte man solchen Aussagen den Vorzug geben, die gegen die Verschleierung sprechen. Hinzu kämen auch moralische und soziologische Gründe: Die Verschleierung sei erniedrigend, da dem Mann nicht vergleichbare Kleiderzwänge auferlegt würden. Außerdem hätten Völker, in denen die Frauen nicht verschleiert sind, ein höheres kulturelles Niveau. Verschleierung sei weniger eine weise Vorrichtung zum Schutz der Frauenwelt als ein Zeichen für männliche Gewaltherrschaft, die wie jede Despotie auf Mißtrauen aufgebaut sei.

Auch zur Polygamie nahm die mutige Frau engagiert Stellung: So sei die Mehrehe im Islam nur deshalb erlaubt gewesen, weil man die aus der *jahiliyya* stammenden Vorrechte des Mannes nicht auf einmal abschaffen konnte und wollte. Es entspräche jedoch dem Geist der islamischen Gesetzgebung, diese Ungerechtigkeit im Laufe der Geschichte abzubauen. Auch das Verstoßungsrecht, das dem Mann bei der Scheidung zuerkannt wird, sei nur eine Konzession an die damalige Zeit gewesen.

Das Buch rief in traditionellen Kreisen große Entrüstung hervor.

Nazira Zainaddin wurde vorgeworfen, sie könne aufgrund ihrer Jugend das Buch nicht verfaßt haben und sei nur Sprachrohr der Kolonialmächte oder gar der christlichen Mission gewesen.

LITERATUR: Rudi Paret: Zur Frauenfrage in der arabisch-islamischen Welt (1934). In: Ders.: Schriften zum Islam. Hg. von Josef van Ess. Stuttgart 1981.

Die *Black Muslim*-Bewegung nahm bald ein aggressiv-militantes Image an, insbesondere nach der Gründung des elitär-militärischen Flügels *Fruit of Islam* durch Fard. *Fruit of Islam* sollte die Disziplin stärken und als Sicherheitsgarant über Moscheen und andere Besitztümer, die ziemlich zahlreich anwuchsen, verfügbar sein. Auf Fards mysteriöses Verschwinden 1934 folgt eine Periode innerer Konflikte bei den *Black Muslims*. Aus dem Streit ging ein anderer Baptisten-Prediger-Sohn siegreich hervor: Elijah Muhammad (1897–1975), vormals E. Poole; er war der Führer der stärksten Fraktion. Hauptquartier war Chicago.

Unter Elijah Muhammad wuchs die Bewegung an und verstärkte ihren Einfluß. Als es während der 50er Jahre in der islamischen Welt zu Veränderungen kam wie zur Gründung des Staates Pakistan, der Ägyptischen Revolution von 1952 und 1956 der Nationalisierung des Suez-Kanals, bedeutete dies für Elijah Muhammad und seine *Black Muslims*, daß sie sich radikalisierten: Sie forderten für sich einen eigenen Staat innerhalb der Vereinigten Staaten.

Zu diesem Zeitpunkt schloß sich ein weiterer Baptisten-Prediger-Sohn der Bewegung an. Es war Malcolm Little (1925–1965). Bekannter wurde er als Malcolm X; der neue Familienname sollte daran erinnern, daß er ein Ex-Raucher, ein Ex-Trinker und ein Ex-Christ war. Malcolm X wurde der Verfechter einer separaten Schwarzen Nation in den USA. Er kritisierte öffentlich die rassistische Ungerechtigkeit in den Vereinigten Staaten und verteidigte den Einsatz von Gewalt, um Gleichheit mit den Weißen zu erlangen. Vehement bekämpfte er die Position des gewaltlosen Kampfes um die Bürgerrechte, die Martin Luther King in den 60er Jahren verfocht.

1964 konvertierte Malcolm X zum orthodoxen Islam und nannte sich nun El-Hajj Malik El-Shabazz. Er brach mit Elijah Muhammads *Nation of Islam*; der Hauptgrund dafür war wohl unmoralisches Verhalten. Kurz bevor er Opfer eines Attentats (1965) wurde, gründete er in New York eine eher noch orthodoxere Muslim-Organisation: die *Muslim Mosque Inc.* Er publizierte die Zeitschrift *Muhammad Speaks*, die später in *Bilalian News* umbenannt wurde.

Während der zweiten Hälfte der 1960er Jahre näherte sich auch Elijah Muhammads *Nation of Islam* dem orthodoxen oder sunnitischen Islam an. Warithuddin Muhammad, Elijahs Sohn und Nachfolger, setzte diesen Kurs fort. Er unternahm 1967 die Pilgerfahrt nach Mekka.

Als er 1975 auf seinen Vater als Führer der *Nation of Islam* folgte, begann Warithuddin Muhammad überdies, deren separatistischen und rassistisch exklusiven Charakter aufzubrechen. Die Mitglieder wurden ermuntert, aus der selbstgewählten Isolation auszubrechen und sich sozial, politisch und bürgerlich zu engagieren; selbst weiße Amerikaner wurden aufgefordert, sich der Bewegung anzuschließen.

Gleichzeitig baute Warithuddin Muhammad die Beziehungen zur übrigen Islamischen Welt aus. Es war nur logisch, daß er 1976 seine Bewegung in *World Community of Islam in the West* (WCIW) umbenannte. Der Name sollte später nochmals geändert werden, als aus der WCIC *The American Muslims Mission* wurde.

Es gab Widerstand gegen Warithuddin Muhammads Weg, die Öffnung für die Weißen und die Orientierung am orthodoxen Islam. Louis Farrakhan stand nicht mehr loyal zu den Lehren Elijah Muhammads. Er sagte sich von ihnen los und gründete seine eigene Sektion der *Black Muslims*; sie wurde 1977 bekannter als *American Muslim Mission*. Farrakhan brachte wieder »The Final Call« heraus, ein Magazin, das 1934 von Elijah Muhammad gegründet worden war. Er sprach sich auch öffentlich gegen das Streben nach Integration in die weiße Gesellschaft und gegen rassische Diskriminierung von Schwarzen aus.

Von Beginn an herrschte bei den *Black Muslims* oder der *Nation of Islam* die Auffassung, daß sie mit dem sunnitischen oder orthodoxen Islam inkompatibel sei. Fard wurde als die Inkarnation Allahs oder als sichtbar gewordener Gott betrachtet, sicherlich auch, um den Schwarzen die eigenen nationalistischen und ehrgeizigen Pläne verständlich zu machen. Diese Blickrichtung ist dem orthodoxen islamischen Glaubensverständnis diametral entgegengesetzt.

Die Bewegung erklärte auch noch Elijah Muhammad zu einem der letzten Boten Gottes, eine Rolle die der orthodoxe Islam dem Propheten Muhammad zuschreibt. Nicht nur der abschließende Charakter von Muhammads Prophetentum wurde diskutiert; auch der Offenbarungscharakter des Korans wurde von einigen *Black Muslims* in Frage gestellt. Auch in Fragen des Jüngsten Gerichts und des Lebens nach dem Tode vertrat die Bewegung unterschiedliche Standpunkte. Irgendwann im ausgehenden 20. Jahrhundert werde sich auf Erden, in Mekka oder anderswo in der islamischen Welt, das Paradies verwirklichen. Im Gegenzug solle sich in Amerika die Hölle offenbaren, und die lodernden Flammen würden es verzehren: 6000 Jahre weißer Herrschaft, die auf bewußter Täuschung beruhten, würden zu Ende gehen. Das Zeitalter der schwarzen Herrschaft wurde eingeleitet vom Kampf gegen Folter und die Benachteiligung, die seit dem Sklavenhandel andauert.

LITERATUR: E. U. Essian Udom: Black Nationalism: A search for an Identity in America. Chicago 1962. – G. Brightman (Hg.): Malcolm X speaks. New York 1965. – C. E. Lincoln: Black Muslims in America. Boston 1973. – Z. O. Anzari: Aspects of Black Muslim Theology. In: Studia Islamica 53 (1981), S. 137–176. – L. H. Mamiya: From Black Muslim to Bilalian. In: Journal for the Scientific Study of Religion 21 (1988), S. 138–158.

Peter B. Clarke

ZOROASTRISMUS

Die Zoroastrier sind die Nachfahren der Anhänger von Zarathustra, dem Propheten des antiken Iran, der auch unter der gräzisierten Namensform Zoroaster bekannt ist. Die moderne Forschung datiert seine Lebenszeit auf um 1500 v. Chr. Wahrscheinlich lebte er in der Nähe des Aralsees. Zarathustra selbst war ausgebildeter Priester, ein »Zaotar«. Nach der Überlieferung verließ er das Vaterhaus als Zwanzigjähriger, um sich in der Welt umzutun und reflektierend Erfahrungen zu sammeln. Zehn Jahre Wanderschaft und Abgeschiedenheit trugen dazu bei, das Wesentliche seiner Botschaft an die Mitmenschen zu formen. Aus einem Gefühl der Furcht vor den zornigen heidnischen Göttern und Göttinnen des indo-iranischen Pantheons und der Gesetzlosigkeit marodierender Stämme betonte Zarathustras Lehre den grundsätzlichen Unterschied zwischen Gut und Böse sowie die angeborene Gerechtigkeit Gottes.

»Der ich mir vorgesetzt habe, die Seele zu erwecken im Einverständnis mit Vohu mano und als einer, der die Belohnungen des Weisen Herrn für die Werke kennt. Solange ich vermag und die Kraft haben werde, solang will ich predigen, daß man nach dem asha (Gesetz) strebe. Und ich will reden, nun lauschet, nun höret, ihr, die ihr von Nah und die ihr von Fern verlangend kommt. Nun merket euch alle ihn, denn er ist entlarvt! Nicht soll der Irrlehrer ein zweites Mal das Leben zerstören, die lügnerische Zunge, die sich zum bösen Glauben bekennt.« (Yasna 28,4)

Die Lehre des Avesta

Die zoroastrischen Schriften sind unter dem Sammelnamen *Avesta* bekannt. Die authentischen Äußerungen Zarathustras sind in den *gathas* aufbewahrt, die einen integralen Bestandteil der *Avesta* bilden. Es handelt sich um fünf Hymnen, die Zarathustra selbst komponierte. Ihr Inhalt ist der Kernbestand der Glaubenslehre. *Ahura Mazda* (Weiser Herr) erscheint als der Eine, ungeschaffene Gott. Also fragt Zarathustra (Yasna 44): »O Ahura Mazda, wer ist der Schöpfer der Wahrheit? Wer wies den Bahnen der Sonne und der Sterne den Weg? Wer läßt den Mond zu- und abnehmen? Wer hielt Erde und Himmel im Gleichgewicht? Wer ist der Schöpfer des Wassers und der Vegetation? Wer gab den Winden ihre Behendigkeit? Wer war Urquell des wohltuenden Lichts sowohl wie seiner Abwesenheit? Wer schuf die Erscheinungen des Schlafs und des Wachseins? Wer die Morgendämmerung, den Mittag und die Nacht, die den Menschen an seine Pflichten erinnern? Wer ist der Schöpfer des Engels der Andacht und der Liebe, Spenta Armaiti? Wer pflanzte das Gefühl der Sohnesliebe in das Vaterherz?« Zarathustra gibt als Antwort: »O Ahura Mazda, Deine göttliche Weisheit hat mir zu der vollkommenen Einsicht verholfen, daß Du der Schöpfer von Allem bist!«

Alles Gute ist demnach eine Emanation von *Ahura Mazda*. Zwei Urprinzipien, die seit allem Anfang zusammen bestehen, bilden ein (feindliches) Geschwisterpaar in Gestalt der zwei *mainyus* – Triebkräfte, mit denen sich die Menschheit auf Erden konfrontiert sieht. Die eine ist *spenta* (heilig, tugendhaft) und *Ahura Mazda* zugeordnet; die andere ist böse, bekannt unter dem Namen *angra* (feindselig und abträglich). Sie stehen sich diametral gegenüber in Gedanke, Wort und Tat, der zentralen Dreiheit in Zarathustras Ethik: *humata, hukhta* und *huvareshta* (gute Gedanken, gute Worte, gute Taten). Der Prophet arbeitet aufs sorgfältigste die vollständige Antithese von *spenta mainyu* und *angra mainyu* heraus. Er belehrt uns durch eine Allegorie, die die beiden folgendermaßen im Gespräch zeigt: »Weder unsere Gedanken, unsere Lehren, noch unsere Absichten; weder unsere Neigungen noch unsere Worte, ja nicht einmal unsere Taten oder Pläne noch unsere Seelen befinden sich in Übereinstimmung«. *Spenta mainyu* ist der Urheber von Leben und Fortschritt; *angra mainyu* von Nicht-Leben und Rückschritt. Alles Schlechte in der Welt ist dem Bösen zugeordnet, das vorübergehend zum Guten in Opposition steht. Es ist die ethische Botschaft Zarathustras, daß die ganze gute Schöpfung sich verbinden solle, um das Böse zu vernichten.

Deshalb darf es laut zoroastrischer Überlieferung keinen Kompromiß mit *angra mainyu* geben. *Angra mainyu* jedoch, obgleich das absolut Böse, ist in der zeitlichen Ausdehnung begrenzt. *Ahura Mazda* wird bei seiner Aufgabe, das Böse zu überwinden, unterstützt von den sieben *amesha spentas* (gütige Unsterbliche) und *yazatas*

(Verehrungswürdige). Der Mensch und die anderen Schöpfungen *Ahura Mazdas*, nämlich die weiteren physischen Manifestationen der *amesha spentas*: Himmel, Wasser, Erde, Tiere, Pflanzen, Feuer, sollen in Harmonie leben und so die materielle und die geistige Welt miteinander verbinden. Die Rolle des Menschen in dieser Ordnung der Dinge ist von entscheidender Bedeutung. Ihm ist die Wahlmöglichkeit und der freie Wille verliehen. In Yasna 30,2 erfahren wir: »Mit den Ohren höre auf die besten Dinge. Mit klarem Sinn denke nach – jeder für sich – über die zwei Möglichkeiten der Entscheidung, im Bewußtsein der Rechenschaftspflicht gegenüber Ihm vor der großen Vergeltung.«

Dies, so lehrte Zarathustra, ist das gottverliehene Menschenrecht, das auf einer ethischen Ordnung basiert, welche den Respekt für die Schöpfung, Mitleid und Fürsorge für die Mitmenschen umfaßt. Durch die ständige Anspannung der Wahl zwischen Gut und Böse wurde der Mensch, vielleicht zum ersten Mal in seiner Geschichte, verantwortlich für sein eigenes Schicksal. Himmel oder Hölle – wohin er nach diesem Leben gelangt, gelten als direktes Ergebnis seiner Gedanken, Worte und Taten. Die zukünftige Wiederauferstehung des Fleisches und das Jüngste Gericht, auf das ewiges Leben für Leib und Seele, dann wiedervereinigt, folgen würden, sind in zoroastrischen Begriffen das endgültige »gut machen« (*frasho-kereti*) von *Ahura Mazdas* guter Schöpfung.

»Welchen anderen Schützer könnte, o Weiser, jemand meiner Person geben, wenn der Falschgläubige mir Gewalt anzutun wagt, außer deinem Feuer und dem Vohu mano, durch deren Wirken das Gesetz sich erfüllen wird, o Herr. Dieses Meisterstück versprich meinem Gewissen.«
(Yasna 46,7)

Diese bemerkenswert visionäre Botschaft erlangte königlichen Schutz, als Königin Hutaosa und König Vishtaspa »sich erhoben als Arm und Hilfe dieser Religion, der Ahurischen, Zoroastrischen« (Yasht 13,100). Wenn erst einmal Zarathustras Lehren in Vishtaspas Königreich etabliert waren, konnte sich der Prophet daran machen, die Gemeinschaft nach seinen Vorstellungen zu organisieren.

Anscheinend war es ein indo-iranischer Brauch für den Mann, bei der Initiation ein gewebtes Band als Zeichen seiner Mitgliedschaft in der religiösen Gemeinschaft umzulegen. Männliche Brahmanen in Indien tragen das Band über eine Schulter. Zarathustra übernahm diesen Brauch und gab seinen Anhängern – Männern und Frauen gleichermaßen – dieses charakteristische Abzeichen. Denn alle Zoroastrier tragen von ihrer Initiation an das Band aus reiner Wolle (*kusti*), dreimal um die Hüfte gelegt und vorne wie hinten verknotet. Die Initiationszeremonie heißt bei den Zoroastriern des Irans *sudre-pooshi*, bei denen, die sich Jahrhunderte später in Indien niederließen, *navjote*.

Wie Zarathustra das *kusti* bewahrte und adaptierte, so bewahrte und vergrößerte er in seiner Offenbarung auch die Rolle des Feuers. Er nahm damit eine frühere iranische Tradition auf, in der Feuer mit Wahrheit und Ordnung assoziiert wurde. In den *gathas* ist das entsprechende Epitheton *athro asha aojanho* (wahrheits-kräftiges Feuer). Das Feuer wurde von Zarathustra als die Ikone beibehalten, mittels derer seine Anhänger sich der Kontemplation hingeben konnten. In jedem Heim brannte ein Herdfeuer, das einem doppelten Zweck diente: Die Familienmahlzeiten wurden darauf gekocht, und es wurde sorgsam reinerhalten, damit die Familiengebete in seinem Beisein gesprochen werden konnten. Es ist undenkbar, daß Zoroastrier das Feuer durch Abfallverbrennen verunreinigen. Nur sauberes, trockenes Holz und reine Opfergaben werden darauf gelegt. Diese Praxis erhielt sich von den Zeiten des Propheten bis ins 20. Jahrhundert. Als die Perser Tempel zu errichten begannen – erst im 4. Jahrhundert v. Chr. –, war die einzig erlaubte Ikone dort ein geweihtes Feuer.

Verschiedene Entwicklungen konnten sich bereits in der Frühzeit dieser Religion in Praxis und Lehre herausbilden. Die Ausbreitung der Reinheitsgebote könnte damals bereits erfolgt sein. Sie sind charakteristisch für den Zoroastrismus und haben ihren Ursprung in den Lehren des Propheten. Da das Materielle und das Spirituelle miteinander verbunden sind und der Dienst an *Ahura Mazda* und den *amesha spentas* die spirituelle Erlösung fördert, hilft auch die Sorge um die sieben Schöpfungen dabei, die Erneuerung der Welt zu erreichen. Da die Schöpfungen anfangs ohne Makel waren, ist alles, was sie verunstaltet – Schmutz, Krankheit, Rost, Verfall usw. –, das Werk von *angra mainyu*. Diesen Verunreinigungen Einhalt zu gebieten, hilft bei der Verteidigung der guten Schöpfung und schwächt die Kräfte der Angreifer.

Als größte Verunreinigung gilt der Tod. Vom Augenblick des Todes an wird der Körper als hochgradig infektiös behandelt. Nur berufsmäßige »Leichenträger« (*nasa-salars*), die rituelle Reinheitsvorkehrungen treffen, befassen sich mit ihm. Wo möglich, hält man die Totenmesse am selben Tage ab und bringt den Leichnam an eine Aussetzungsstätte zur Luftbestattung. Seit dem Mittelalter handelte es sich dabei um einen Begräbnisturm (*dakhma*). Wenn Rückschlüsse aus dem *Avesta* erlaubt sind, so scheint man in der Urzeit einfach einen entblößten Berghang oder einen Abschnitt der Steinwüste dafür benutzt zu haben. Die verunreinigende Leiche lag entblößt Vögeln und wilden Tieren zum Fraß, da sie nicht die anderen guten Schöpfungen der Erde, des Wassers oder der Pflanzen beschmutzen sollte. Waren einmal die Gebeine von Sonne und Wind gebleicht, wurden sie eingesammelt und begraben, um den Tag des Gerichts zu erwarten.

Geschichte des Zoroastrismus

Der Status und das Bewußtsein einer über die geographischen Grenzen der zoroastrischen Religion hinaus mächtigen Nation wurde stufenweise erreicht. Am Anfang stand die Etablierung des ersten medischen Reiches (614–550 v. Chr.). Sein Nachfolger, das von den achämenidischen Persern gegründete erste Weltreich, herrschte über alle seßhaften iranischen Völker und schuf den Iran als Nationalstaat. Unter seinem Einflußbereich standen die Babylonier, Assyrer, Ägypter, Ionier, Juden, Araber und Hindus; es dauerte von 550–330 v. Chr. Die Kapitulation Babylons im Jahre 538 v. Chr. war wohl der größte militärische Erfolg Kyros des Großen. Hier begegnete er dem »Volk Israel« in seiner langen Gefangenschaft unter babylonischer Gewaltherrschaft. Eine enge Beziehung zwischen Persern und Juden wurde eröffnet (und fortgeführt während des ein Jahrtausend währenden Persischen Reiches), als Kyros sie aus ihrer Gefangenschaft befreite; er erlaubte ihnen, nach Jerusalem zurückzukehren und aus Geldern des persischen Staatsschatzes ihren Tempel wieder aufzurichten. So ist es nicht weiter überraschend, daß der einzige Heide, der im Alten Testament den Titel eines »Gottgesalbten« erhielt, der Perser Kyros ist (Jesaja 45,1). Kyros hatte in der Tat den Maßstab vorgegeben, an dem alle nachfolgenden zoroastrischen Monarchen gemessen wurden. Sein »Kyros-Zylinder«, in Babylon ausgegraben, betont deutlich seine Sorge um die Rechte der eroberten Völker: »Meine zahlreichen Truppen marschierten durch Babylon in Frieden, ich erlaubte niemand, irgendeinen Ort zu terrorisieren.«

Das Achämenidenreich jedoch wurde in dem Eroberungsfeldzug des Mazedoniers Alexander der Große 333 v. Chr. überrannt. Das ausländische Zwischenspiel endete 141 v. Chr., als sich die Dynastie der Parther im nordöstlichen Iran etablierte, die sich mit dem römischen Imperium konfrontiert sah. Dem Zusammenbruch der Parther 224 n. Chr. folgte im selben Jahr der Aufstieg der großen Dynastie der Sassaniden. Sie regierten das Land bis 641, als der arabische Eroberungszug einsetzte und der Iran sich allmählich in eine islamische Nation verwandelte. Durch die viele Jahrhunderte dauernde Geschichte der Beziehungen zu fremden Völkern – Griechen, Ägyptern, Babyloniern, Römern, Hindus und Chinesen – hindurch bewahrte sich das wesensmäßig Zoroastrische der Nation. Die arabische Eroberung unterschied sich davon radikal, in der Ausdehnung wie in der Größenordnung. Bis zum 8. Jahrhundert hatte eine beträchtliche Anzahl von Iranern Zarathustra durch Muhammad und *Ahura Mazda* durch Allah ersetzt.

Als sich die Bedingungen für die zoroastrische Minderheit im Iran verschlechterten, verließ eine kleine Gruppe die Provinz Parsa (heute: Khurasan), da sie die Hoffnung aufgegeben hatte, jemals Gerechtigkeit und Friede unter muslimischer Herrschaft zu finden. Sie segelte vom Persischen Golf aus und landete im Jahre 936 an der Westküste Indiens, im Staat Gujarat, wo man sie »Parsen« oder Perser nannte. Für diejenigen Zoroastrier, die im Iran verblieben, hielten die Leiden unvermindert an. In der südlichen Provinz Fars, gelegen um die Oasenstadt Yezd, und der entfernteren Provinz Kerman kamen die Zoroastrier zusammen, um eine endgültige Zuflucht zu finden; hier sollten sie bis zum 20. Jahrhundert bleiben, in Armut und Vergessenheit. Es gibt also zwei überlebende Zweige der zoroastrischen Gemeinschaft: die Zoroastrier des Iran und die Parsen Indiens.

Ein charakteristischer Zug der zoroastrischen Geschichte der letzten tausend Jahre ist das hartnäckige Festhalten an Doktrin und Tradition sowohl bei den indischen wie den iranischen Zoroastriern. Die vom Iran nach Indien geschickten »Persischen Rivayats« oder »Abhandlungen« über Fragen des Ritus, der Observanz sowie technische Einzelheiten der Doktrin, zu denen die Parsen Unterweisung von den iranischen *dasturs* (Hohe Priester) erbeten hatten, belegen die Verbindungen, die zwischen den beiden Gruppen bestanden. Die *rivayats* bieten einen informativen Einblick in liturgische und soziale Fragen, die die zoroastrischen Gemeinschaften des Mittelalters angingen.

»(Dem Zarathustra), der zuerst das Gute dachte, der zuerst das Gute redete, der zuerst das Gute tat, dem ersten Priester, dem ersten Krieger, dem ersten Viehzüchter, dem ersten Offenbarer, dem Ersten, der die Offenbarung empfing, dem Ersten, der als Lohn empfing und austeilte die Kuh und (den Lohn des Asha) und das Wort und die Erhörung des Wortes und das Reich (Gottes) und alle mazdaerschaffenen Güter, deren Ursprung der rechte Glaube ist; der der erste Priester, der erste Krieger, der erste Viehzüchter war, der zuerst das Gesicht abwandte von der teuflischen und menschlichen Brut, der als Erster in der körperlichen Welt das Gesetz gelobte, und abschwor ein Devanbeter zu sein und sich als Mazdaanbeter bekannte, als Zoroastrier, als Gegner der Devs, als Anhänger der Ahuralehre. Der als Erster in der körperlichen Welt das Wort wider die Devs, das die Lehre des Ahura enthält, verkündigte; der als Erster in der körperlichen Welt das ganze Devtum als unwürdig der Opfer und Gebete bezeichnete; welcher der starke Spender alles Lebensglückes, der erste Prophet der (iranischen) Länder wurde. Von dem man zuerst das die ganze Offenbarung enthaltende Gesetzeswort allenthalben vernahm, er der Herr und Meister der lebenden Wesen, der Gelober des rechten Glaubens, des größten und besten und schönsten; er der Erfrager der Religion, die unter allen die beste ist.«
(Yasht 13,88–92)

Die Parsen in Indien

Als sie sich im Jahr 936 unter den Schutz des Hindu-Königs Jadav Rana stellten, akzeptierten die Parsen fünf Bedingungen, unter denen sie dann als religiöse Flüchtlinge anerkannt wurden: Erläuterung ihrer religiösen Glaubenssätze; Aufgabe ihrer Muttersprache; Annahme der Gujarati-Kleidung durch die parsischen Frauen; Niederlegung aller Waffen; Abhaltung ihrer Hochzeitsfeierlichkeiten nach Sonnenuntergang. Allmählich wurden sie in einem gewissen Maß indisiert. Trotz ihrer tausendjährigen Anwesenheit auf dem Subkontinent: Zu völlig assimilierten Indern wurden die Parsen nie. Das ist zum Teil auf die spezifische und hochkomplexe Natur der indischen Gesellschaft als ganzer zurückzuführen. So äußerliche Manifestationen des indischen Einflusses wie die Annahme der Gujarati-Sprache, des Tragens des Sari (im Gujarati-Stil) usw. sind Ausdruck der inneren Anpassungsfähigkeit dieser iranischen Immigranten. Die Konzessionen, die diese Minderheit machte, ursprünglich um die Vorurteile ihrer Hindu-Gastgeber zu entschärfen, allmählich aber als Ergebnis der Akklimatisation in ihrer Wahlheimat, verwässerten nicht im Sinne des Nationalstaatsgedankens den ureigenen Kern des Zoroastrismus.

Daher konnte es schnell zu engen Beziehungen der Parsen zu den Engländern kommen, als die Briten Indien regierten. Viele Parsen übernahmen die englische Sprache und englische Gewohnheiten und nutzten vor allem die Bildungschancen, die sich ihnen boten, um dann Laufbahnen in Wissenschaft, Rechtswesen, Regierung und anderswo einzuschlagen. Sie lernten, das britische Regierungssystem zu respektieren und fühlten sich ihm oft tief verbunden. Wie die Parsen von ihren hinduistischen Landsleuten borgten, ohne deshalb Hindus zu werden, so nahmen sie sich Züge der Engländer zum Vorbild, ohne Engländer werden zu wollen.

Die Lage der Zoroastrier im Iran war davon völlig verschieden. Im großen und ganzen sahen sie sich von einer Mehrheit umgeben, die sie verachtete, ja in ihrer Existenz bedrohte. Von der Unterdrückung der iranischen Zoroastrier erfuhren die Parsen Indiens, als Manekji Limji Hataria Mitte des 19. Jahrhunderts in den Iran reiste, um für die Interessen der Zoroastrier einzutreten. Dabei unterstützte ihn die »Gesellschaft für die Verbesserung der Lage der Zoroastrier in Persien«, die in Bombay von wohlhabenden Parsen gegründet wurde. Manekjis größter Erfolg war die Befreiung von der *jizya* 1882. Diese von allen Nicht-Muslimen zu entrichtende Kopfsteuer war angesichts der kärglichen Mittel der Zoroastrier eine erdrückende Belastung. Ihre Rücknahme bedeutete, daß sie wie ihre parsischen Glaubensbrüder an der Wohlstandsentwicklung ihres Landes partizipieren konnten. Im Iran waren Änderungen im Gange. Im frühen 20. Jahrhundert bot sich den Zoroastriern zum ersten Mal seit 1300 Jahren die Chance, freier am nationalen Leben teilzuhaben. Trotzdem blieben Rechtsbeschränkungen bestehen. So ist es etwa ausgeschlossen, daß ein Nicht-Muslim Richter oder gar Premierminister im Iran wird.

Die zoroastrische Diaspora im Westen

Der veränderte politische Status quo in Indien und im Iran – die indische Unabhängigkeit von der britischen Herrschaft 1947 und die iranische Revolution von 1979 –, erklärt zum Teil die Bildung einer zoroastrischen Diaspora in der westlichen Welt. Das 20. Jahrhundert ist Zeuge einer neuerlichen zoroastrischen Zerstreuung nach Europa, Nordamerika und Australien, wo dynamische zoroastrische Gemeinschaften anzutreffen sind. Diese Zoroastrier haben sich dafür entschieden, sich in den wohlhabenden Nationen des Westens anzusiedeln, da er Möglichkeiten zu Wohlstand, Bildung und Laufbahn bietet und als sichere Zuflucht gesehen wird. Die Zoroastrier, die jetzt im Westen leben, gehören zu verschiedenen Nationalitäten. Es gibt dort iranische Zoroastrier, indische Parsen, pakistanische Parsen, Parsen aus Ostafrika und dem fenen Osten. Die Anzahl der Zoroastrier in Großbritannien schätzt man auf 5000–7000, in den USA und Kanada auf 10000; wenig zahlreich und verstreut sind sie in Kontinentaleuropa (schätzungsweise 2000); etwa gleich groß sind die zoroastrischen Minderheiten in Australien und Neuseeland. Die Zoroastrier gehören wohl in der Tat zu den kleinsten religiös-ethnischen Minoritäten der Welt; ihre Gesamtzahl dürfte sich auf rund 150000 belaufen. Ihre Diaspora im Westen ist ein sehr junges Phänomen. Die Migration sowohl der parsischen wie der iranischen Zoroastrier in eine fremdartige Umgebung wird wohl ein neues Kapitel in der langen Geschichte dieses alten Volkes eröffnen.

Die Zoroastrier in Großbritannien

1861 wurde in London die *Religious Society of Zoroastrians* gegründet. 1909 änderte sich der Name in *Incorporated Parsee Association of Europe*. Als diese Vereinigung sich vergrößerte und die Zahl der Zoroastrier im Lande zunahm, wurden größere Versammlungsstätten erworben; der Name lautete nun seit 1978 *Zoroastrian Trust Funds of Europe*, womit auch der Mitgliedschaft der iranischen Zoroastrier (neben den parsischen) in der Namensgebung Genüge getan war.

Die Erfahrungen der Parsen in Großbritannien unterscheiden sich von denjenigen der iranischen Zoroastrier. Denn sie fallen unter die Kategorie »Asiaten«, eine britische Bezeichnung für Personen, die aus Indien, Pakistan und Bangladesh abstammen – damit aber auch eine einseitige Stereotypisierung sehr zum Mißfallen der Parsen. Da die britische Bevölkerung in ihrer Gesamtheit unter der sehr unterschiedlichen Vielfalt des Subkontinents nicht differenzieren kann und so ihre Zuflucht zu einem abwertenden Etikett nimmt, fühlt sich eine beträchtliche Zahl von Parsen ausgegrenzt. Tatsächlich zögern die Parsen in Großbritannien, sich als »Inder« oder »Pakistani« zu betrachten, und betonen in ihren Lebensläufen ihre persische Abstammung, die sie in ihren Augen von den Menschenmassen aus dem indischen Subkontinent abhebt. Genauso ungern lassen sich die iranischen Zoroastrier als »Araber« bezeichnen; sie betonen entschieden ihre persische Herkunft. So sind beide Gruppen immer noch stolz auf die Altehrwürdigkeit ihres Erbes, was sogar auf Menschen ohne religiöse Überzeugungen zutrifft. In diesem Sinne erscheinen die Zoroastrier als mehr denn eine bloß religiöse Gruppe und bringen deutlich zum Ausdruck, daß sie sich als nationale Gruppe verstehen.

Im allgemeinen ist man sich im britischen Gastgeberland (wie in anderen westlichen Nationen) der Tatsache, daß die Zoroastrier ein Volk sind, nicht bewußt. Somit besteht ein höchst grundlegendes Definitionsproblem für die Gemeinschaft: Sie muß sich fortwährend darum bemühen zu definieren, wer eigentlich ein Zoroastrier ist. Die beständige Notwendigkeit, den Ausweis der religiös-ethnischen Eigenständigkeit zu erbringen, ist ein zentraler Bestandteil des Alltagslebens für die britischen, die amerikanischen, die europäischen wie die australischen Zoroastrier.

Die Zoroastrier in den USA

Während die britischen Zoroastrier eine fest etablierte Gemeinschaft sind, kann man bei den Zoroastriern in den USA und in Kanada von einer vergleichsweise jungen Ansiedlung sprechen, die auf die Mittsechziger Jahre des 20. Jahrhunderts zurückgeht und in der Regel die höheren Berufsstände umfaßt. In Nordamerika leben sie weit verstreut (im Gegensatz zur britischen Gemeinschaft, die sich hauptsächlich in der Region Groß-Londons aufhält). Die stärkste Konzentration dürfte sich in Toronto und Los Angeles finden, mit jeweils etwa 2000 Seelen. Zoroastrische Vereinigungen gibt es in fast allen Städten mit 50 und mehr Gemeinschaftsmitgliedern. So bestehen örtliche Vereinigungen in San Francisco, Houston, New York, Washington DC, Chicago, Boston, Pittsburgh, Montreal, Vancouver, Winnipeg; einige darunter haben sogar ein *dar-i-mehr*, wo bestimmte religiöse Riten von Zoroastriern abgehalten werden, die im Iran oder in Indien zum Priester ausgebildet wurden.

Unter den nordamerikanischen Zoroastriern entwickelte sich ein eigenes Spektrum: Es gibt einen traditionellen und einen liberalen Flügel der Gemeinschaft. Eine umfassende Debatte soll sicherstellen, daß in der Herausbildung einer neuen Identität das Schibboleth der sozio-religiösen Fragen, nämlich die Konversion, in nordamerikanische Perspektiven gebracht wird. Die Interpretation des »authentischen« Wortes von Zarathustras *gathas* wird so von zwei stark unterschiedlichen Gruppen innerhalb der Gemeinschaft getragen. Die Debatte, die man um die Konversion Andersgläubiger zum zoroastrischen Glauben führt, verbindet sich mit der deutlichen Zunahme von exogamen Heiraten unter Zoroastriern - traditionell wurde beides zu unterbinden versucht. Die erkennbar steigende Tendenz zu Mischehen und die – fälschlicherweise vorgenommene – Verbindung der beiden Themen werden unzweifelhaft ein Hauptfaktor bei der Entwicklung einer westlichen zoroastrischen Identität sein. Eine reale Steigerung ihrer Anzahl wird ganz natürlich eine Änderung der ethnischen Zusammensetzung und der Bedeutung des ethnischen Faktors für die Gruppe zur Folge haben.

Zoroastrier in einer neuen Umgebung

Auch wenn sich die Bürger in den Gastländern der Zoroastrier in ihrer Mitte nicht bewußt werden, scheinen sich die Immigranten schnell auf ihre neuen Umgebungen einzustellen. Wegen dieser Abstimmung ihrer altehrwürdigen Traditionen auf ihre westliche Umwelt wird auf längere Frist ein Wandel unausbleiblich sein. Es sind bereits einschneidende Änderungen in den religiösen Praktiken wahrnehmbar. Bisher gibt es keine geweihten Feuertempel in westlichen Ländern. Einige fromme

Zoroastrier sprechen jedoch davon, in Großbritannien oder den USA einen Tempel errichten zu wollen. Mangels entsprechender Räumlichkeiten und angesichts der Unmöglichkeit, so die Myriade von unterschiedlichen Tempelritualen traditionsgerecht auszuführen, ist man als Ersatz auf die *jashn*-Zeremonie gekommen. *Jashn* entspricht dem Erntedankfest oder Thanksgiving. Das Ritual soll schon aus der Zeit vor Zarathustra stammen; es wurde auf seine Lehre hin umgeformt, so daß es jetzt von einem oder mehreren Priestern beziehungsweise Repräsentanten vollzogen wird: Der Zelebrierende sitzt betend vor einem Feuer und ist umgeben von Fruchtschalen, Blumen, einem Glas Milch, Wein und Wasser (diese repräsentieren die *amesha spentas*). Das Ritual ist somit nicht ortsgebunden, und in größeren Ballungsräumen wie London, Los Angeles oder Toronto ist es nicht ungewöhnlich, daß ansässige Zoroastrier bei sich zuhause einen *jashn* von einem oder mehreren qualifizierten Priestern abhalten lassen.

Das Ereignis des menschlichen Lebens, bei dem die zoroastrische Auffassung markant und verbindlich herausgehoben ist, ist der Tod. Da der tote Körper als in hohem Maße verunreinigt gilt, ist es nachgerade eine religiöse Pflicht, die Leiche so bald wie möglich zu entfernen. Im Westen jedoch, wo die Leiche einbalsamiert wird und der Tote in einer Leichenhalle aufgebahrt ist, bevor die Formalitäten erledigt sind, ist die Einhaltung der sehr strikten zoroastrischen Regularien ausgeschlossen. Da der Tod nicht als preiswürdig gilt, kennt die zoroastrische Tradition keine »Verschönerung« der Leiche. Beerdigung oder Verbrennung als Wahlmöglichkeiten, die der Gemeinschaft in der Diaspora zu Gebote stehen, laufen nach der strengen Dogmatik auf eine Verunreinigung zweier *amesha spentas* hinaus. Ebenso wichtig ist die Unterbrechung der Gebete für die Seele. Nach dem Trauergottesdienst halten der zoroastrische Priester und die betroffene Familie eine Totenwache von vier Tagen. Besondere Gebete sollen die Seele auf ihrem Weg in das neue Leben begleiten sowie den Hinterbliebenen Trost spenden. Die *charom*-Zeremonie (des vierten Tages) wird dabei von manchen als die wichtigste erachtet, da dann die Seele die *chinvat paeru* (Trennungsbrücke) überschreitet, an der sie gerichtet wird. Wenn jedoch der Leichnam eines Zoroastriers mehrere Tage in einer Leichenhalle liegt, ist eine Störung des Ablaufs der Zeremonien die natürliche Folge. Wie diese beiden Beispiele belegen, wird es fraglos in diesen Gastländern zu einem Reduktionismus und eventuell zu gradweisen Modifikationen an jahrtausendealten Praktiken kommen.

Die zoroastrischen Gemeinschaften werden in ihrer neuen westlichen Umgebung für sich festlegen müssen, in welchem Maße sie Grundzüge einer genuinen kulturellen Eigenständigkeit bewahren und das ablegen, was sich davon über nationale Grenzen hinweg nicht unverzollt transferieren läßt. Die längerfristige Zukunft der Zoroastrier wird davon abhängen, welcher Natur die notwendigen Anpassungsschritte sind. Wie weit können die Anhänger einer altertümlichen östlichen Religion mit der dazugehörigen Kultur sich mit der westlichen Gesellschaft arrangieren, ohne ihre Einzigartigkeit zu verwässern? Eine Formel für das Überdauern der Zoroastrier wird sicherlich sein: Integration in die neue Gesellschaft, ohne sich zu assimilieren; mit ganzem Herzen einen Beitrag für das neue Land zu leisten, aber auf spezifisch zoroastrische Weise; ihre wohldefinierte Identität zu bewahren, und doch die säkulare Nationalität ihrer Gastländer anzunehmen. Kurzum: Vermischung unter Wahrung der Besonderheiten. Dies stellt vielleicht die größte Herausforderung dar, welche dieses uralte Volk je zu bestehen hatte.

LITERATUR: D. F. Karaka: History of the Parsis. 2 Bände, London 1884. – S.H. Hodivala: Studies in Parsi History. Bombay 1920. – Richard Frye: The Heritage of Persia. London 1965. – Cambridge History of Iran. Bände 1–4, Cambridge 1968 ff. – S. Insler: The Gathas of Zarathustra. Leiden 1975 (Acta Iranica 8). – Mary Boyce: Zoroastrians: Their Religious Beliefs and Practices. London 1979. – Rashna Writer: Contemporary Zoroastrians: An Unstructured Nation? (in Vorb.). *Rashna Writer*

HINDUISMUS

In der Reihe der Weltreligionen wird der Hinduismus gern mit dem Christentum oder dem Islam verglichen. Dadurch entsteht jedoch ein Verständnis- und Einordnungsproblem: Nicht nur die geläufige Assoziation von Religion mit »Kirche«, auch die Vorstellung einer in ihrem Sozialsystem geordneten und in ihrem Lehrsystem einheitlichen Religion führt angesichts der Länge der historischen Entwicklung und der überwältigenden Fülle und Verschiedenheit der Erscheinungen, auf die sich der Begriff »Hinduismus« bezieht, zu Schwierigkeiten. Es ist daher ratsam, bei dem unvermeidlichen Gebrauch dieses Begriffs zu bedenken, daß er ein Konglomerat von Religionen oder religiösen Traditionen meint.

Hinduistische Religiosität

Die übergroße Mehrheit der Hindus glaubt auf die eine oder andere Weise an Gott: an einen Gott, oder aber an viele Götter als Gestalten oder Manifestationen des einen Gottes oder des Einen und Absoluten. Die Zahl der Gottesvorstellungen ist unüberschaubar, auch wenn sich in der Geschichte einige Hauptströme herausgebildet haben. Viele Hindus beten Shiva als den einen Gott an, andere verehren Vishnu oder eine seiner Inkarnationen. Wiederum andere bevorzugen eine weiblich-mütterliche Gottesgestalt. Schließlich gibt es viele Hindus, die das Absolute nicht in personaler Gestalt betrachten wollen. Und auch wer meint, über Gott oder das Absolute nichts wissen und aussagen zu können, der Agnostiker, stellt sich damit nicht gleich außerhalb der als hinduistisch betrachteten Lebensart.

Alle Hindus erkennen – zumindest formal – die religiöse Bedeutung der als Offenbarung betrachteten vedischen Texte an, soweit sie diese kennen. Es ist erwünscht, diese Schriften nach den zeitlichen und örtlichen Umständen und nach der Lebenssituation der Ausleger und Hörer zu interpretieren. Daneben gibt es eine Reihe nichtgeoffenbarter Schriften, die sich einer unvergleichlich größeren Popularität erfreuen.

Als Konglomerat von Religionen kennt der Hinduismus keine kirchenähnliche Organisationsstruktur oder allgemein verbindliche Lehre. Er bietet ein reiches Spektrum religiösen Handelns und Glaubens. Er kennt weniger eine Orthodoxie (Rechtgläubigkeit) als eine Orthopraxis (rechte Handlungsweise), die Übertragung des gelebten Vorbildes. So gut wie alle Hindus erkennen die religiöse Bedeutung der Gesellschaftsordnung – des Kastensystems – an. Das schließt jedoch eine glaubensinspirierte Reformation dieses Systems nicht aus, wie die Geschichte beweist.

Abgesehen von einigen neuhinduistischen Bewegungen herrscht die kaum hinterfragte Meinung, daß nur Hindu ist, wer in Indien geboren wurde oder aber – seit der rasch wachsenden Emigration vieler Inder in der späten Kolonialzeit – indischer Ethnizität ist.

Für Hindus ist alles Bestehende oder sogar Denkbare veränderlich und dem »Kreislauf« des Entstehens und Vergehens unterworfen (*samsara*). Welchen Wert man dem Leben hier und jetzt, dem »Diesseits«, auch zuerkennt, reines Glück ist nur außerhalb dieses Kreislaufes zu finden.

Auch der Mensch ist mit seinem ganzen physischen, sozialen und psychischen Leben diesem Kreislauf unterworfen. Ihm wohnt aber ein absolutes Prinzip (*atman*, *purusha*) inne, das sich diesem Gesetz entziehen kann, dafür aber durch viele Wiederverkörperungen »hindurchleben« muß. Dieser Prozeß entwickelt sich nach einem erfahrungsmäßig erkannten Gesetz, wonach jede »Tat« (*karma*), jeder Gedanke und jede Intention oder Gefühlsregung ihre Früchte trägt .

Der ganze Lauf der Welt ist getragen von einer Ordnung und Harmonie (*dharma*, von *dhr*: »tragen, unterstützen«). Es ist Aufgabe des Menschen, wie auch jedes anderen Lebewesens, sich nach diesem *dharma* zu richten.

Die problematische Bezeichnung »Hinduismus«

»Hinduismus« ist ein Sammelbegriff für sehr verschiedene Strömungen, die alle in den erwähnten Merkmalen übereinstimmen. Wie unterscheiden sich dann Hindus, die unter diesen allgemeinen Sammelbegriff fallen, von Nicht-Hindus? Sogar religiöse Bewegungen wie der Buddhismus, Jainismus und Sikhismus, die man heute als selbständige Religionen betrachtet, wurden im Laufe der Geschichte dieses breiten hinduistischen Traditionsstromes immer wieder als unorthodoxe Bewegungen innerhalb des Hinduismus betrachtet. Erst der Islam und später das Christentum entzogen sich diesem »Inklusivismus«. Aber auch heutzutage kann der indische Gesetzgeber sich beim Feststellen der Glaubenszugehörigheit nur retten, indem er als Hindu denjenigen betrachtet, der nicht Muslim, Christ oder Jude ist!

»Dharma und adharma (das heißt der Gegensatz des Dharmas) gehen nicht umher und sagen: Das sind wir. Auch Götter und Gandharven und Manen erklären nicht, was dharma und was adharma ist. Sondern was die Arya loben, wenn es getan wird, das ist dharma; was sie tadeln, das ist adharma. Man soll sich in seinem Verhalten richten nach dem Verhalten, das von wohlgesitteten, betagten, sich selbst in Zucht haltenden, von Besitzgier und Verstellung freien Arya in allen Ländern einmütig anerkannt ist.«

Der Begriff »Hinduismus« wurde erst in der Kolonialzeit von englisch gebildeten Indern aus dem europäischen Sprachgebrauch übernommen. Etymologisch vom Namen des Flusses Indus abgeleitet, bedeutet er die Lebensart und Vorstellungswelt der Bewohner des Indus-Gebietes. Als sich infolge des Feldzuges Alexanders des Großen (326 v. Chr.) Griechen im Nordwesten des Subkontinents niederließen, wurden die Einheimischen nach dem Fluß »Inder« genannt. Über das Griechische, Persische und Lateinische ist diese Bezeichnung in den europäischen Sprachen heimisch geworden und auf diesem Umweg nach Indien zurückgekehrt.

Heute nur als Bezeichnung für den sogenannten religiösen Aspekt gebraucht, ist »Hinduismus« somit seiner ursprünglichen Bedeutung nach identisch mit »Indertum«. Der ungenaue Andeutungswert des Begriffes wird in der gegenwärtigen indischen Politik gelegentlich auf faschistoïde Weise ausgenutzt, um sogenannte nichteinheimische Elemente aus der indischen Gesellschaft und Religiosität auszugrenzen.

Der Hinduismus kannte lange Zeit keine Selbstbezeichnung; ihre Lebensart war den Bewohnern des Indus-Gebietes selbstverständlich. Ethnisch nannte eine bestimmte Volksgruppe sich *arya* (die Edlen oder Adligen) und das von ihnen eroberte Gebiet *aryavarta* oder *aryabhumi* (Land der Arya). Im ersten Jahrtausend vor Christus fand eine Legendenbildung um den Herrscher-Clan der *bharatas* (vergleiche das *Mahabharata*) statt, nach denen das moderne Indien sich *Bharat* nennt. In Anknüpfung an die vermeintliche Einheit der alten Inder wurde 1902 zum Beispiel der *Bharata-Dharma-Mahamandala* (Gesellschaft zur Förderung des indischen Dharmas) gegründet. Alle Bezeichnungen täuschen trotz ihrer augenscheinlichen Einheit nicht darüber weg, daß die gesamte indisch/hinduistische Kultur seit jeher aus einem Strom der sogenannten »Großen Tradition« und vielen Unter- aber auch Querströmen der »Kleinen Traditionen« besteht. Mit dem ersten Begriff ist der umfassende Traditionsstrom arisch-brahmanischer Herkunft gemeint, der sich als Sprache des Sanskrit bedient; es handelt sich hier um eine Art Überbau-Tradition, die überall im Subkontinent und den angrenzenden Gebieten anwesend ist. Bis vor wenigen Jahrzehnten beschränkten sich viele europäische Gelehrte beim Studium des Hinduismus auf diese Schrift- und Ritualtradition. Ihr gegenüber steht aber eine Fülle regionaler oder lokaler Traditionen. Sie haben oft eine nur lose Verbindung mit der Gesamtheit. Häufig sind sie durch die arisch-brahmanische Tradition formal »von oben« sanktioniert oder sogar in ihr System einbezogen. Jedenfalls spielen sie im religiös-kulturellen Leben der Mehrzahl der Glaubenden, das heißt »unten«, eine wichtige Rolle. Würde man durch die indische/hinduistische Geschichte mehrere Schnitte hintereinander machen, sähen die Verhältnisse in jedem Durchschnittsbild anders aus; sie würden einen wachsenden Einfluß von »unten« zeigen.

»Hinduismus« ist somit ein Begriff, der sich trotz seiner modernen, »nur-religiösen« Interpretation ungenau von der Gesamtheit der indischen Kultur, Lebensart und Traditionen unterscheiden läßt. Die Bindung an das Land wurde bis in das 20. Jahrhundert durch die Auffassung konservativer Hindus dokumentiert, ein Auslandsbesuch mache einen Kastenhindu unrein. In den alten Schriften ist die Rede von *sanatana dharma* (Ewig währende Ordnung/Harmonie). Dieser Terminus ist eine heute geläufige Selbstbezeichnung der Hindus für ihre Religionen.

»Sanatana Dharma« und »Religion«

Da die Hindu-Tradition nicht oder nur ungenau nach den im säkularisierten Europa geläufigen Bereichen Religion (man denke an »Sonntags-« oder »Privatreligion«), Kultur, Soziales oder gar Politik trennt, berührt unser Begriff »Religion« nur einen Aspekt der gesamten Lebenswelt der meisten Hindus. Das alte Sanskrit und die auf ihm aufbauenden modernen nordindischen Sprachen kennen keinen Begriff, der dem aus dem Latein stammenden Begriff »Religion« entspricht. Trennung von Staat und Kirche ist erst im indischen Unabhängkeitskampf gegen die Engländer ins Gespräch gekommen. Der Kampf war aber trotz der Liberalität einiger seiner Führer derart mit traditionell-hinduistischen Idealen und Symbolen durchsetzt, daß die indischen Muslime kurz vor der Unabhängigkeit 1947 meinten, ihre Position nur durch eine Scheidung des britisch-indischen Kolonialreiches in zwei unabhängige Staaten retten zu können, von denen einer das islamische Pakistan (Land der Reinen) war. Auch die neuhinduistischen Bewegungen richten sich vorzugsweise auf den ganzen Menschen und wollen alle Lebensbereiche ansprechen.

Um den traditionellen umfassenden Charakter des Hinduismus zu erfassen, sind drei Sanskritbegriffe in ihrem Zusammenhang am besten geeignet: *dharma*, *darshana* und *sadhana*. *Dharma* hat wiederum eine Reihe Bedeutungen: Norm, Ordnung, Recht, traditionsgeladene Gepflogenheit, Pflicht. Der Hinduismus sieht in und hinter allen Erscheinungen eine ewig währende göttliche Ordnung oder Harmonie. Für weise Menschen in der Urzeit ist sie intuitiv schaubar und erfahrbar gewesen und wurde in ihrem Lebensstil vorbildhaft vorgelebt. Dadurch entstand eine verbindliche Gesellschaftsordnung und eine Lebensart, an die jede Gruppe, jede Familie und jedes Individuum sich halten sollte, um nicht die ewige Ordnung und ihre sichtbare Entsprechung zu stören. Das brächte Unheil über die ganze Gemeinschaft. Somit ist *dharma* sowohl die ewige Ordnung als auch der Auftrag, sich ihr entsprechend zu verhalten. Alles im Universum hat seit jeher seine spezifische Aufgabe in Einklang mit der Urharmonie. Fließen, reinigen, aber auch mitreissend zu vernichten ist *dharma* des Wassers und der Flüsse; gut, gerecht, aber wenn nötig auch streng zu regieren, ist *dharma* des Herrschers; Handel zu treiben, ist nicht nur Recht, sondern auch Pflicht des Händlers, und zu dienen ist Aufgabe des Dieners. So greifen aus europäischer Sicht die natürliche und die übernatürliche Ordnung bruchlos ineinander. Für den Hindu ist die Pflichterfüllung aufgrund des individuellen *dharmas* und das Verhalten in Übereinstimmung mit dem Gruppen-*dharma* wichtiger als die lehrmäßig rechte Glaubensüberzeugung: Orthopraxis ist wichtiger als Orthodoxie. Gerade weil der Begriff *dharma* die Totalität alles Bestehenden umfaßt: Götter, Menschen, Tiere, Pflanzen und leblose Natur, und im Bereich des Menschen die Gesamtheit aller Lebensaspekte, ist er umfassender als »Religion«.

Aber der umfassende Charakter birgt auch Gefahr in sich: Eine *dharma*-Gesellschaft kann in Traditionalismus erstarren, und Elitegruppen können konkretes Verhalten vorschreiben. Aus einer nach Pflichten und Aufgaben definierten Gesellschaft kann eine werden, die eher die Privilegien und Rechte betont. Wenn die Idealvorstellung zu stark die gelebte Religiosität verdeckt, fehlt leicht der Impuls zum kritischen Betrachten eben dieser Religionspraxis. Die Geschichte des Hinduismus ist von diesem Problem geprägt, besonders hinsichtlich der Position der oberen, reinen Kasten mit ihrem Wissensprivileg und auch hinsichtlich der Stellung der Frau. Aber seit jeher haben kritisch inspirierte Denker auch die historisch gewachsene Gesellschaftsordnung ihrer Zeit hinterfragt und am Ideal gemessen (Buddha, Basava, Kabir, Gandhi). Versuche einer inhaltlich-theoretischen Ausarbeitung eines Lehrsystems hat es aber immer wieder gegeben.

Darshana heißt wörtlich »Ansicht, Sichtweise, Perspektive«. Gemeint ist die zum Heil leitende Sicht auf Wahrheit. Hindus gebrauchen diesen Terminus als Oberbegriff für ihre verschiedenen theologisch-philosophischen Systeme. *Darshana* hat am ehesten mit dem lehrhaft-dogmatischen Aspekt von Religion zu tun. Die Tatsache, daß sich sechs solcher Systeme herauskristallisiert haben, zeigt einerseits, daß die jeweiligen Anhänger eines Systems von der Richtigkeit ihrer »Sichtweise« überzeugt waren, andererseits, daß die Hindu-Tradition ihre uralte Überzeugung, das Göttliche oder Absolute sei eins, die Weisen würden es aber mit vielen Namen benennen, lebendig gehalten hat. Auch hier ist also das rechte Verhalten (*dharma*) wichtiger als der rechte Glaube im Sinne des geglaubten

Zweistöckiger Tempel mit dem Rad der Lehre. Relief aus Bharhut im nördlichen Madhya Pradesh, Indien, um 100 v. Chr.

Inhalts (*darshana*). Daher wird *darshana* als Sichtweise oder Perspektive heutzutage eher auf charismatische Personen als auf Inhalte angewandt: Man glaubt, daß *gurus*, geistliche Leiter, durch ihre Lebensart und Erscheinung eine »Durchschau« auf das Göttliche und Heilvolle geben können, weil sie sich *sadhana* unterworfen haben.

Sadhana ist »Verwirklichung, Durchführung« und schließt das Handeln zum Erreichen eines gewünschten Zieles mit ein. Es geht um den Weg oder Prozeß zur Verwirklichung oder Befreiung. Die dafür brauchbaren Mittel oder Methoden reichen vom Vollziehen der Opferriten über inbrünstige Devotion bis hin zur meditativ-asketischen Übung. Hier zeigt sich eine pragmatische Einstellung. Mag auch die Autorität des *dharmas* in der natürlich-göttlichen Ordnung und der brahmanisch privilegierten Verfügungsgewalt liegen und die Autorität einer Ansicht oder Heilsperspektive (*darshana*) in der Übereinstimmung mit einer breit akzeptierten Tradition, so »beweist« sich *sadhana* vor allem durch Wirkung und Ergebnis. Die Verehrung eines Götterbildnisses kann die Zuwendung zu Gott bewirken. Askese, Gelübde, Wallfahrt oder Versenkungspraktiken haben körperliche wie seelische Reinheit und geistige Erfahrungen zum Ziel. Wer sich auf einen solchen Weg begibt, wird seinen Weg der Verwirklichung so gut wie immer durch einen *guru* gewiesen und geleitet sehen, denn dieser ist den an Irrgängen und tückischen Verlockungen reichen Weg bereits erfolgreich gegangen und kann aus eigener Erfahrung anleiten, so daß ihm der Schüler vertrauensvoll gehorchen kann.

»Gesegnet ist der Ganges. Wer ihn denkt, befreit sich von Sünden, wer ihn sieht, steigt auf zu Vishnus Paradies, und wer ihn trinkt, wird eins mit Gott.« (Narada Purana)

»Könnte ich an deinen Ufern sterben, deine Wasser trinkend, von deinen Fluten gewiegt, über deinen Namen meditierend und meine Augen dir zugewandt.« (Valmiki)

Tradition, Veränderung, Geschichte

Die hinduistische Tradition nach ihrer idealen Selbstvorstellung darzustellen ist leichter, als zu beschreiben, wie sie im Laufe der Zeit funktioniert hat. Der Hinduismus ist nach der Vorstellung vieler Hindus wie der »Fluß des Lebens«, die *Mutter Ganga* (der Ganges): mal durchsichtig und klar, mal trüb, mal wild-reißend und mal milde, mal schmal und mal breit, mal seicht und mal unüberquerbar, Abbild der dauerhaften Vergänglichkeit alles Seienden. So zeigt er das Bild einer trägen Strömung, die durch Konservatismus, aber auch durch unaufhörliche große und kleine Erneuerungen gekennzeichnet ist. Veränderung ist kein Wert an sich; sie ist gut, soweit sie auf das Wesentliche gerichtet ist. Dieses findet der Hindu weniger in der Lehre oder den Schriften als im Leben der Seher und vorbildlichen Menschen. Und wenn der Hinduismus auch Buchstabengetreue und Ritualisten kennt, so ist es doch vor allem der inspirierte, charismatische Mensch, der in konkreten Situationen ausmacht, was um des Fortbestehens des Wesentlichen willen an Veränderung notwendig ist. Das schafft Raum für Inspiration, aber auch für das Spiel der Macht. So kennen Charisma, Macht und Konservatismus stets wechselnde Kombinationen, mal einander stützend und bestätigend, mal einander bekämpfend.

Vishnu-Tempel mit einer Reihe prächtiger Reiterpfeiler in Srirangam, Tamilnadu, Indien. Vijayanagar-Kunst, Ende 16. Jahrhundert.

Das Interesse am Wesentlichen und am Fortbestehen der Ewigen Ordnung führt dazu, daß die Aufmerksamkeit für das tragisch Menschliche wie auch für die oberflächliche, alltägliche Wirklichkeit im indischen Denken kaum einen Platz einnimmt. Der Historie im Sinne eines sorgfältigen Verfolgens und Beschreibens der Geschehnisse, oder der Geschichte als der Suche nach einem tieferen Sinn, der dem Geschehen zugrunde liegen könnte, wurde wenig Aufmerksamkeit zuteil: die Ewige Ordnung oder Harmonie macht sie gewissermaßen zunichte. Die Tragik des menschlichen Lebens verebbt in der scheinbar uferlosen Unüberschaubarkeit der vielen Wiedergeburten. In den traditionellen indischen Epen ist der Held nie derjenige, der trotz aller Verzweiflung seinen Auftrag erfüllt oder heroisch zugrunde geht, sondern derjenige, der – mit ritterlichem Mut und göttlichen Gaben gesegnet – den Kampf besteht oder als Asket in stetiger Selbstanalyse Schicht für Schicht der veränderlichen Wirklichkeit um und in sich abstreift, um so zum unsichtbaren Kern durchzustoßen. Das Hauptgewicht des Hinduismus liegt auf der Meditation. Wer selber noch nicht zur Meditation als Besinnung auf Leben und Tod imstande ist, für den liegt das vorläufige Heil in der Einhaltung der Riten und traditionellen Gepflogenheiten. Für die Weisen aber werden das Leben und das Weltgeschehen zu einem Spiel (*lila*), das Gott mit und in seiner Welt spielt. *Shiva*-Anhänger erkennen es im Bild des *Shiva Nataraja*: In einem Kreis feuriger Zungen tanzt der Gott mit wirbelnden Haaren und Armen, bringt dabei seine Welt energisch zum Erscheinen und durchglüht sie, aber reinigt und verzehrt sie auch im Feuer. *Vishnu*-Anhänger bevorzugen besonders in der *Krishna*-Devotion das Bild des erotischen Liebesspiels zwischen der Gottheit in männlicher Gestalt (*Krishna*) und dem Menschen in der Gestalt des Weiblichen (*Radha* mit ihren Gesellinnen).

Gerade in der erotisch geladenen Devotion und Mystik der liebevollen Heimkehr zum Geliebten durchbricht eine Strömung der hinduistischen Geschichte eine andere, pessimistische Tendenz. Der Glaube an die Ewigwährende Ordnung (*sanatana dharma*) als Untergrund des Laufes der Dinge und des Lebens führte in der Hindu-Gesellschaft besonders bei Angehörigen der oberen Stände zu der kulturpessimistischen Auffassung, die Zeiten entwickelten sich zum immer Schlechteren hin. In einer undifferenzierten Frühzeit sei es harmonischer und moralischer zugegangen als in der jeweiligen Gegenwart. So entwickelten brahmanische Denker als Sonderform der allgemeinen *samsara*-Auffassung die Vorstellung von vielen aufeinanderfolgenden Welten, die jeweils für Gott »wie ein Tag« seien. Jeder Tag ist wiederum eingeteilt in vier Zeitalter (*yuga*) von abnehmender Länge und Glaubensintensität und von geringerem ethischen Niveau. Gegenwärtig befinde sich die Menschheit im unteren, dunklen Zeitalter, das von der Göttin *Kali* (die Dunkle, die Zeit) beherrscht werde. Hier sei bemerkt, wie sehr besonders brahmanische Gelehrte versucht haben, die historische Entwicklung und zunehmende Vielfalt der Hindu-Gesellschaft mit ihren einander manchmal widerstrebenden Tendenzen zu einer systematischen und beherrschbaren Ordnung zu bringen. Wir werden die Zahl vier, oft näher aufgeteilt in eine herausragende Qualität und drei geringere Glieder, öfter antreffen: in der Zahl der vedischen Textsammlungen, der Stände, der Lebensabschnitte, der Lebensziele und Lebenswege. Das deutet weniger hin auf die historische Wirklichkeit als auf die Schwierigkeiten besonders der Brahmanen, die ihnen manchmal entgleitende sozial-religiöse Wirklichkeit durch nachträgliche Ordnungsmaßnahmen in den Griff zu bekommen.

Im ursprünglichen vierten, »wahren«, »gelungenen« Zeitalter sollen alle Menschen gesund, langlebig, glücklich und rechtschaffen gewesen sein. Es habe nur eine *Veda*-Sammlung gegeben, und nur der eine höchste Gott sei verehrt worden. Im dritten und zweiten Zeitalter habe das alles jeweils um ein Viertel abgenommen, bis im bereits erwähnten *Kali-yuga* die Verdorbenheit zugenommen habe, die Sitten sich gelockert und

Brahma-Tiandi-Tempel in Prambanan, Zentraljava. Die um 915 entstandene Tempelanlage wurde Ende des 16. Jahrhunderts durch ein Erdbeben zerstört.

das Streben nach Besitz und Macht zu Krieg und Verwüstung geführt hätten. Später werden wir sehen, daß die Angehörigen der drei oberen, »arischen« Stände dem – mit übrigens genügend Ausnahmen – nur abzuhelfen wußten, indem sie auf der göttlichen Ordnung beharrten oder durch Anpassung an die neuen Umstände die Oberhand zu behalten versuchten. So sahen sie nach dem heruntergekommenen letzten Zeitalter eine in der Gottesnacht schlummernde Welt voraus, nach welcher der Zyklus aufs neue mit dem Wahrhaftigen und Goldenen Zeitalter anfangen würde. In einer anderen mythischen Erzählung wird Gott *Vishnu* sich auf dem Tiefpunkt der kosmischen wie sozialen und ethischen Entwicklung zum Heil seiner Anhänger in Gestalt eines Brahmanensohnes inkarnieren und auf einem Roß durch die Welt ziehen. Dann werden Ordnung und Recht herrschen und die Menschen tugendhaft sein. Vielen einfachen Gläubigen ist diese Erwartung dennoch zu sehr spekulativer Natur. Für sie gilt trotz der pessimistischen Sicht des gegenwärtigen Zeitalters, daß der Mensch durch bedingungslose Hingabe (*bhakti*) an Gott über die Beschränkungen von Zeit und Raum hinausgelangen könne; in liebevoller Hingabe an Gott verliere die Welt ihren widersprüchlichen Charakter. In der Geschichte des Hinduismus kann *bhakti* sowohl zu passiver Duldung der gegebenen Umstände als auch zum reformerischen Impuls führen.

»Wenn du, Parjanya, brüllend, donnernd die Bösewichter erschlägst, so jubelt (dir) alles, was auf Erden ist, zu.
Du hast regnen lassen, hör auch fein auf ! Du hast die Pflanzen zur Speisung hervorgebracht und fandest für die Geschöpfe ein Dankgebet.«
(Rigveda V,84)

»Zweierlei Arten Götter gibt es: die (eigentlichen) Götter und die eifrig studierenden, gelehrten Brahmanen; diese sind die menschlichen Götter. Mit Opfergaben erfreut man die Götter, mit Opferlohn die Menschengötter, die eifrig studierenden, gelehrten Brahmanen. Beide (Arten von) Göttern, wenn zufriedengestellt, verleihen ihm (dem Auftraggeber zum Opfer) Wohlbefinden.«
(Shatapatha-Brahmana II,2,2,6)

Historische Entwicklung

Um 1700 v. Chr. fand im Nordwesten des Subkontinents die sogenannte Indus-Kultur ein bis heute nicht geklärtes Ende. Eine Zivilisation, die durch Bewässerungstechnik, Landwirtschaft und Städtebau sowie durch eine Religion gekennzeichnet war, zu der eine männliche wie weibliche Fruchtbarkeitssymbolik und Meditationstechniken gehörten, verschwand aus der Geschichte. Etwa zu gleicher Zeit erschienen nomadisierende Stämme, die sich *arya* nannten. Auf ihren Eroberungszügen durch Nordwestindien stießen sie auf bereits ansässige Völker, die in der späteren Sanskritliteratur als »stumpfnasig und dunkelhäutig« beschrieben wurden. Hier hat das später bekannte Sanskrit-Wort *dasa/dasyu* (Sklave/Diener) seinen Ursprung, das in Personennamen wie *Ram-das* (Diener des Gottes *Rama*) oder *Krishna-das* auftaucht. Der Gegensatz zwischen den hellhäutigen Ariern und den dunkelhäutigen und als niedriger stehend betrachteten Ureinwohnern gehört bis heute zum sozialhistorischen Hintergrund der Höherwertung der hellen Hautfarbe in Indien.

Die vedische Religion (etwa 1500 – 500 v. Chr.)
Die Bezeichnung stammt von der *veda* genannten, umfangreichen alten Tradition besonders der Brahmanen, weshalb die spätere Entwicklung dieser religiösen Tradition auch Brahmanismus genannt wird. *Veda* heißt »Wissen«: die Kenntnis der übermenschlichen Mächte und der Methode, sie zu beeinflussen. Dieses immer auf Anwendung bezogene Wissen ist nach indischer Überlieferung ewig, es ist von der Gottheit also nur formuliert und in der Urzeit von inspirierten Weisen (*rishis*) »geschaut« oder »gehört« worden und wird deshalb als *shruti* (auf dem Hören beruhend), das heißt als Offenbarung betrachtet. Entstanden in den Kreisen der Sänger und Dichter einiger nomadisierender Gruppen, wurde das Hören und Rezitieren im Laufe der Zeit als gottgegebenes Wortprivileg eines sich immer mehr abschottenden Brahmanenstandes betrachtet. So entstanden von Generation auf Generation mündlich überlieferte Texte, die nur von Brahmanen rezitiert wurden, wobei die begleitenden Riten nur von diesen vollzogen werden durften. Die Texte bilden vier *samhitas* (Sammlungen), von denen der *Rigveda* am bekanntesten ist. Um 1000 v. Chr. wurden sie kodifiziert. Sie umfassen Hymnen, Gebete und Sprüche für den Götterkult und das Opferritual, deren Grundsatz das »do ut des« ist: »Ich lobe Dich, Gottheit, und spende Dir stärkende Opfer, damit Du mir von Deinem himmlischen Reichtum zurückgibst«. Die Texte erwähnen viele Götter, wobei der jeweils Angebetete als momentaner Hauptgott gilt.

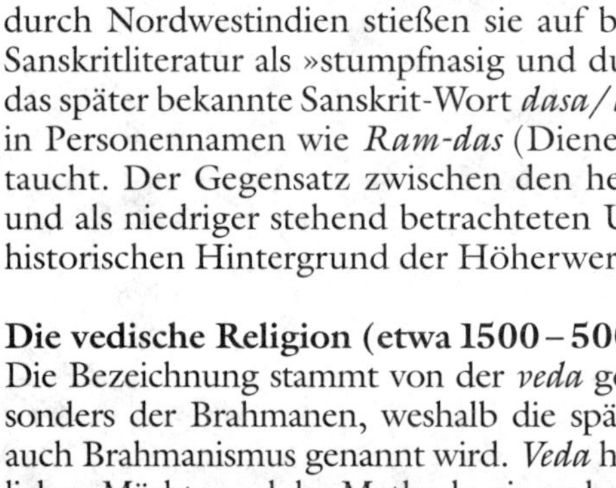

Die Gottheit Ganesha, Sohn des Shiva und der Parvati, wird mit Elefantenkopf (häufig ohne Stoßzähne) auf einem menschlichen Körper dargestellt.

Auf diese Sammlungen folgend und ihnen wegen des Offenbarungscharakters in typisch brahmanischer Ordnungsliebe zugeordnet, gibt es die Gruppe der *brahmanas*: Abhandlungen über die Opfertheologie und Opferritualistik. Diese können so weit gehen, daß die dazu durch Geburt und Ausbildung befähigten Priester sich selber wegen ihres unerläßlichen Wissens zum Mittelpunkt der kosmischen und gesellschaftlichen Ordnung erklären. Diese Spezialisierung setzt sich fort in den anschließenden *aranyakas* (Waldbücher), Traktaten zur Opfermystik, die wegen der ihnen innewohnenden Wirkungsmacht nur in der Einsamkeit einer Waldeinsiedelei studiert werden und so unbefugten Ohren verborgen bleiben sollen. So verlagerte sich das »Wissen« um das Ritual des Opferns zum »Wissen« als Erkenntnis und innerer Weisheit.

Dies zeigt sich besonders in den zwischen 800 und 500 v. Chr. entstandenen älteren *Upanishaden*, Texten, die man nur im unmittelbaren persönlichen und vertrauensvollen Kontakt zum Meister hören darf. Es handelt sich um eine früh entwickelte esoterische Philosophie, zum Beispiel als ein Nachdenken über den einen, absoluten Gott (oft in der Gestalt des unpersönlichen *brahmans*) und seine Entsprechung in der menschlichen Seele (*atman*). Diese Texte schließen sich den ersten vier »Sammlungen« an und bilden mit ihnen zusammen das *veda* in breiterer Bedeutung; ihnen wird Offenbarungsqualität zugeschrieben.

Skanda oder Karttikeya, der vielköpfige Kriegsgott, reitet auf einem Pfau. Muragan-Tempel in Tiruchendur, Südindien.

Anschließend folgen Schriften menschlichen Urspungs, die als autoritative Überlieferung (*smriti:* Tradition) gelten. Es sind Gesetzestexte und Lehrbücher, die das öffentliche und häusliche Leben – zum Beispiel auch die Stellung der Frau – regeln.

Die historische Datierung besonders der »eigentlichen« *Veden* ist umstritten. Während der nationalen und kulturellen Bewußtwerdung um 1900 n. Chr. wollten Hindu-Gelehrte die Entstehung der *Veden* in die graue Vorzeit zurückverlegen, um ihnen so den besonderen Wert zeitloser Weisheit zu verleihen. Auch wenn europäische Wissenschaftler dem aus historisch-kritischer Sicht nicht zustimmen, gilt es, die Glaubensabsicht vieler Hindus zu respektieren: Was als heilig betrachtet wird, hat immer etwas mit den Grundlagen des Lebens zu tun und steht somit außerhalb des üblichen Zeitverlaufs.

Götterwelt und Riten

Die vielen Götter des *Rigveda* sind am besten als göttliche Mächte in der Gestalt von Naturphänomenen zu begreifen. Ihre Hauptgestalt ist *Indra*, als Gewitter- und Regengott der große Held und Schirmherr der vedischen Arier. Er kämpft eine kosmische Schlacht gegen das Drachenmonster *Vritra*, das als Verschluß oder Widerstand »den ganzen Raum zwischen Himmel und Erde versperrte«. Wichtig ist auch *Agni*, die Lebenskraft oder Energie des Universums und zugleich Gott des Opferfeuers, durch das die Priester den Segenskreislauf zwischen Göttern und Menschen aufrechterhielten. Aus einer heute unbekannten Pflanze wurde als göttliches Rauschmittel Saft gepreßt, als »Milch vom Himmel« ein Lebenselixier für Götter wie Menschen.

Religion war für die vedischen Inder eine pragmatische Sache der Aufmerksamkeit für das Heil und das Wohlbefinden im weitesten Sinne, vor allem im »Diesseits«. Zum Erreichen eines langen Lebens in Wohlstand und mit ausreichender Nachkommenschaft fanden im Freien – es gab keine Abbildungen der Götter und keine Tempel – Opferriten statt, wobei unter Rezitation von Hymnen Tiere oder Naturprodukte geopfert wurden. Von der vedischen Zeit bis heute ist dabei der Gebrauch von reinem Butteröl (*ghi*) unabdingbar. Für die Opfer waren die Priester als Kenner der Hymnen und des Rituals, aber auch die Aristokratie als Spender der Opfergaben gleichermaßen notwendig.

»Indras Heldentaten will ich nun verkünden,
die der Donnerkeilbewehrte als erste vollbracht hat.
Er tötete den Drachen, brach die Wasser auf,
er spaltete die Leiber der Berge.
Er tötete den Drachen, der sich auf dem Berg niedergelassen hatte.«
(Rigveda I,32)

Die Gesellschaftsstruktur der vedischen Zeit

Als die Hymnen des *Rigveda* entstanden, wohnten die Arier bereits einige Zeit in Nordwestindien, im Punjab. Es gab einen Gegensatz zwischen ihnen und der unterworfenen oder bekriegten Urbevölkerung, in dem der uralte Konflikt zwischen Nomaden und Bauern eine Rolle spielte, auch wenn die Arier mit der Zeit seßhaft wurden. Die arischen Stämme wurden von einem Häuptling (*raja*) und einem Stammesrat regiert. Viehbesitz war ein wirtschaftlicher Machtfaktor, das Pferd war vor allem von militärischem Gewicht. Die Arier kannten eine für indo-europäische Kulturen kennzeichnende gesellschaftliche Dreigliederung aus Priestern, Adligen und dem »gemeinen« Volk (vergleichbar unserem Mittelalter). Durch Konfrontation, aber auch durch Beziehungen und Vermischung mit der nicht-arischen Bevölkerung, entstanden vier Stände (*varnas*). Den ersten und höchsten Stand bildeten die Dichter, Priester und späteren Gelehrten (Brahmanen). In ihren Schriften stellen sie sich als »Mund« oder »Wort« des Gottes *Brahma* an oberste Stelle, weil nur sie die komplexen Opferriten zum Erhalt der Weltordnung vollziehen könnten. Ihre Aufgabe war die religiöse und weltanschauliche Bildung der Angehörigen der drei oberen *varnas*. Der zweite Stand bestand aus den Kriegern, der Aristokratie, der weltlichen Macht (*kshatriyas*). Zwischen beiden Ständen gab es eine dauerhafte Rivalität. Als dritter Stand treten in den Schriften die *vaishyas*, die Ackerbauern, Händler und Handwerker in Erscheinung. Soweit sie nach der biologischen Geburt noch eine zweite »Geburt« oder Initiation durchgemacht hatten, betrachteten die Angehörigen der drei oberen Stände sich als »Zweimalgeborene«. Während dieser Initiation wurde ihnen eine aus drei Strängen gewundene heilige Schnur umgehängt, die sie immer zu tragen hatten. So unterschieden sie sich von den Angehörigen des vierten Standes, den *shudras*. Als Knechte und Diener durften diese weder die geoffenbarten vedischen Worte hören noch den Ritualen beiwohnen.

Diese in den Schriften vorfindbare und wohl idealisierte Einteilung entwickelte sich von einer beruflichen immer mehr zu einer auf Geburt beruhenden Ordnung. Vor allem die *Brahmanen* versuchten, durch immer genauere Vorschriften zu Riten, Reinheit, Recht und Ehe ihre Position zu festigen, was allerdings eher auf eine ständige Gefährdung hinweist. Das Ordnungsprinzip der vier Stände ist eher ein Ideal geblieben. Die historische Wirklichkeit zeigt eine immer größere Zahl und Verschiedenheit von Gruppen, was auf vielerlei Ursachen zurückzuführen ist. So konnte die Auslegung der Standesvorschriften nach Zeit und Ort verschieden sein. Es gab Mischehen, und es wurden durch Wanderung von Völkern und Kultureinflüsse immer neue Gruppen und Stämme in die sich ausdehnende Einflußsphäre der *Brahmanen* und *kshatriyas* aufgenommen. So entstand aus den vier *varnas* (Ständen) ein Geflecht unüberschaubar vieler Kasten.

In der von *Brahmanen* beherrschten *smriti*-Literatur wurde die Reglementierung des Lebens immer präziser, was wiederum eher auf eine umgekehrte Entwicklung deutet. Bereits um 700–500 v. Chr. treffen wir Leute an, die als *nastikas* (Verneiner) der Autorität der *Veden* und der Existenz von Gott oder Seele bezeichnet wurden. Einige von ihnen bestritten das Leben nach dem Tode ebenso wie die Vergeltung der Taten nach dem *karma*-Gesetz. Auch gab es schon früh Asketen, die aus der Gesellschaft zogen und das Stände- und Kastensystem als menschliche Konvention verachteten (die *shramanas*), was das Ansehen des Brahmanenstandes beeinträchtigte. Nun versuchte man nicht nur die Gesellschaft, sondern auch den Lebenslauf des Mitgliedes der »zweimalgeborenen« Stände vorbildlich zu ordnen. So entstand die Ideallehre der vier Lebensstadien (*ashramas*), die in der Praxis vor allem den *Brahmanen* galt: das Stadium des *veda*-Studiums im Haushalt eines Lehrers, geprägt von sexueller Enthaltsamkeit (*brahmacarya*), die Zeit der hausväterlichen und gesellschaftlichen Aktivität und Verantwortung (*grihashtya*), als Drittes das Zusammenleben von Gleichgesinnten in einer Einsiedelei (*vanaprasthya*) und schließlich die vollständige »Hauslosigkeit« als herumziehender Asket, der angesichts des nahen Todes alles Veränderliche, Weltliche und Triebhafte »von sich ablegt« (*samnyasa*). Obwohl nie allgemein verwirklicht, ist das Ideal der Lebensabschnitte bis heute lebendig.

Die mystische Philosophie der Upanishaden

Bereits in der Opfertheorie der *brahmana*-Literatur war die Idee des *brahmans*, des allem Sein zugrunde liegenden Absoluten, an die Stelle der vielen Götter getreten. In der späteren vedischen Zeit entwickelte sich in Zusammenhang mit der *karma*-Lehre auch die Idee der Wiederverkörperung. Wenn alles immer in anderer Gestalt wiederkehrt, warum nicht auch der Mensch? So entwickelte sich der Gedanke, daß alle Taten eines Menschen und aus priesterlicher Sicht besonders die Bereitschaft zu Opferspenden Frucht tragen würden, nicht nur im weiteren Lebensverlauf (wie nach der »diesseitigen« vedischen Überzeugung), sondern auch im »jenseitigen« Totenreich und in einer

»Wir glauben nicht an Himmel und Erlösung, nicht an die Seele in der anderen Welt, auch nicht, daß die von Kasten und von Orden geübten Werke ihre Früchte bringen.
...
Nichts anderes sind die Spenden an die Ahnen, als ein Erwerbsquell unserer Brahmanen.
Die die drei Vedas ausgesonnen haben, Nachtschleicher sind es, Schurken, Possenreiter...«
(Sarva-Darsana-Samgraha des Madhva)

»Diese ewige Größe des Brahmanen wächst nicht durch eine Tat und wird auch nicht geringer. Ihrer Spur sei man kundig! Wenn man sie erkannt hat, wird man durch böse Tat nicht (mehr) befleckt. Darum hat, wer solches weiß, Frieden; er ist bezähmt, beruhigt, geduldig, gesammelten Sinnes geworden. Nur in sich selber sieht er den atman. Alles sieht er als den atman an. Nicht überwältigt ihn das Böse; er überwältigt das Böse... Frei von Bösem, frei von Leidenschaft, frei von Zweifel wird er ein Brahmane, er, dessen Welt das Brahman ist.«
(Brihadaranyaka-Upanishad IV,4,23)

anderen, neuen Existenz. Es kam die Idee auf, daß die Lebensführung und besonders die Geisteshaltung beim Sterben für die kommenden Existenzen bestimmend seien. Damit kamen neben der äußerlichen Tat auch die Intention und Mentalität des »Täters« ins Blickfeld. Es entstand die klassisch gewordene *karma*-Lehre, wonach der Mensch nicht für seine Taten, sondern durch sie belohnt oder gestraft wird. Die Auslegung des Ausdrucks »Tat« griff immer tiefer: Auch was man spricht und denkt und sogar die sekundenschnellen, kaum bewußten Gedankenassoziationen würden irgendwann, irgendwo und irgendwie ihre positiv oder negativ ausgereifte »Frucht« tragen.

Gibt es aus diesem Kreislauf (*samsara*) kein Entrinnen? Ist der Mensch dem allmächtigen Todesgott als Beherrscher alles Vergänglichen ohne Möglichkeit der Unsterblichkeit unterworfen? In den älteren *Upanishaden* entstand die Überzeugung, daß jede individuelle Seele (*atman*, oft übersetzt mit »Selbst«) mit der Weltseele, dem absoluten *brahman*, identisch sei. Unwissend über ihren absoluten Ursprung, habe die individuelle Seele sich an die veränderliche Materie gebunden. Indem sie sich von allen Begierden und jeglicher Absicht frei mache, werde sie wissend/weise. Befreiung von allen gesellschaftlichen wie psychischen Bindungen führe die Seele zum einen *brahman* zurück. Seitdem ist *moksha* (Befreiung) die Leitidee der Hindu-Religiosität. *Brahman* ist das absolute Sein (*sat*), aus ihm ist alles entstanden. Es ist auch das absolute Bewußtsein (*cit*), denn Bewußtsein ist die Bedingung zum Erkennen, Wollen und Schöpfen. Schließlich ist es auch absolute Glückseligkeit oder Wonne (*ananda*). Darum hat alles, was existiert, Anteil am absoluten *brahman* . Der »wissende« Mensch kann es durch meditative Übung überall im Universum »schauen«: iti, iti: »das ist es, das ist es«. Aber seinem Wesen nach entzieht es sich jedem menschlichen Sprachausdruck: neti, neti: »es ist nicht so, nicht so«. Es ist weder aktiv noch passiv, weder Gott noch Göttin, ohne Name oder Gestalt, weder Person noch Nicht-Person. Um zu entdecken, daß »du das *brahman* bist« (*tat tvam asi*), muß der Mensch sich von allen Äußerlichkeiten und Konventionen freimachen und im Innern dem Ende aller Begierden nachforschen. Nur der äußerlich wie innerlich freie Mensch wird Erlösung aus dem *samsara* erfahren!

Diese Gedanken waren vor allem in den Kreisen brahmanischer und anderer »hausloser« Asketen lebendig. Hier findet man die historische Spur des frühen *Yogas* aus der präarischen Indus-Zivilisation wieder; Atem- und Konzentrationsübungen mit dem Ziel, alle körperlichen und psychischen Funktionen zu beherrschen, um sich immer intensiver auf den innewohnenden *atman*, der dem *brahman* gleich ist, zu richten. Dieses Sich-freimachen von allen materiellen wie psychischen Beschränkungen betrachtete man immer mehr als ein inneres, geistiges Opfer, das die äußere Opferhandlung durch einen inneren, psycho-physischen Verbrennungsprozeß ersetzen konnte, in dem der Mensch sich durch das Feuer der Askese von allen materiellen wie psychischen Unreinheiten löst. Wer dies erreicht, wird nach dem Tode nicht, wie üblich, auf einem Scheiterhaufen verbrannt werden müssen. In Embryo-Haltung bestattet, kehrt er in derselben Haltung, in der er gekommen ist, zurück; sein toter Körper wirkt nicht befleckend.

Trotz allem existiert das alte vedische Opferritual bis heute, wenn auch ausnahmsweise, weiter. Es ist aber überwiegend durch Opferrituale zu Hause und in den Tempeln ersetzt. Besonders im Tempelritual »hinduisierte« sich die arisch-brahmanische Religiosität. Ihre Tradition dehnte sich immer mehr über den indischen Subkontinent aus und nahm zugleich fortwährend nicht- und präarische Elemente auf.

Der alte, klassische Hinduismus (500 v. – 1000 n. Chr.)

Etwa 500 v. Chr. treten die sogenannten heterodoxen Lehrsysteme in Erscheinung. Von den *nastikas* (Verneinern), die den historischen Beleg dafür bilden, daß die indische Religionsgeschichte seit altersher ihre Andersdenkenden, Zweifler, Nichtwisser oder gar Atheisten kennt, sind bis heute vor allem der Buddhismus und Jainismus bekannt geblieben. Sie betonen so sehr den Wert des inneren Opferns und der Askese, daß sie die Opferrituale und die dazugehörenden vedischen Schriften nicht mehr anerkennen. Die Tradition der Brahmanen wollte sehr wohl auf den alten Schriften weiterbauen, zeigte sich aber zugleich sehr »elastisch«. Durch Vermischung und Aufnahme entstand allmählich eine breite Volksreligion mit einem derart absorbierenden Charakter, daß der Buddhismus und Jainismus nach langer Zeit zu verschwinden drohten. Kennzeichnend für die indische Kultur und Religion ist, daß Kontroversen relativ selten mit unmittelbarer Gewalt gelöst werden: Stattdessen ignoriert die religiös-kulturell und oft auch sozial-wirtschaftlich herrschende Gruppe eine kontroverse Meinung, einen Protest oder eine Gruppe; droht dies nicht zu gelingen, nimmt man

»Mein ganzes Wesen ist mit der Schwäche meines Mitleids geschlagen. In meinem Geiste um die Pflicht verwirrt, frage ich dich: Sage mir sicher, was das Bessere ist. Ich bin dein Schüler, lehre mich, der ich mich darum an dich wende.«
…
Krishna:
»Ein Ende haben die Körper, unzerstörbar und unfaßbar aber ist das Ewige, welches in diese Körper eingegangen ist. Darum kämpfe, o Bharata!
Wer denkt, er tötet, wer glaubt, er werde getötet, sind beide im Irrtum. Nicht tötet dieser eine, noch wird er getötet. Nicht wird er geboren, noch stirbt er jemals … Er ist ungeboren, ewig, dauerhaft und uralt. Er wird nicht getötet, wenn der Körper getötet wird.«
(Bhagavadgita)

Arjuna schaut Krishna in seiner offenbarten Herrlichkeit:
»Du bist der Unvergänglichen das zu erfassende Höchste, du bist die letzte Ruhestätte des Alls; du bist der unsterbliche Hüter des ewigen Gesetzes, du bist, so meine ich, der immerwährende Purusha.«
…
Krishna antwortet:
»Man kann mich, o Arjuna, durch wankellose Hingabe an mich in dieser Welt erkennen, mich in Wahrheit schauen und in mich eingehen. Wer für mich wirkt, wer mich als sein Ziel betrachtet, wer mich verehrt, frei von Anhänglichkeit und ohne Feindschaft gegen alle Geschöpfe ist, dieser gelangt zu mir.«
(Bhagavadgita)

»…kehret' er wieder zu seiner
Herrschaft Sitz, bedacht,
sein erbliches Reich zu regieren.
All sein Volk, voll Jubel, begrüßte des Königs Einzug,
lebte getrost, friedselig,
beschwerlos, gütergesegnet.«
(Ramayana)

sie zur Kenntnis, überläßt aber die andere Gruppe sich selber; später übernimmt man Aspekte der anderen Gedanken oder Lebensart und interpretiert sie um. Schließlich betrachtet man das andere als einen Teil des eigenen Erbes und entkräftet somit jeden Protest-Impuls. Auf diese Weise entstand im Hinduismus ein Geflecht von Überzeugungen und Lebensarten, das nach Vorliebe, Gewohnheit, Gegend, Entwicklung, Berufsgruppe oder Status variieren kann. Abgesehen von den am Anfang genannten allgemeinen Kennzeichen, wird dieser Komplex durch die Sanskrit-Literatur und die Kultur der höheren Stände zusammengehalten, insbesondere durch die Brahmanen, die nach dem Prinzip der integrativen oder »repressiven« Toleranz statt der Konfrontation ihren Einfluß allmählich über den gesamten Subkontinent ausdehnen. Man nennt diesen Prozess »Sanskritisierung« oder »Brahminisation«; Lebensart und Auffassungen der »zweimalgeborenen« Stände dienen als Leitmodell für den sozialen Aufstieg und die Integration der »unteren« Bevölkerungsgruppen.

»Sita mit den großen Augen würde liebend zu mir kommen, hätte sie der wilde Räuber mir nicht mit Gewalt genommen. Lebt' sie noch in weiter Ferne jetzt im Glanz der Frühlingstage, würde die gefang'ne Liebste klagen, wie ich selber klage. Ja, ich weiß, in meinem Herze steht es fest geschrieben eben, meine heißgeliebte Sita, ohne mich kann sie nicht leben.« (Ramayana)

»Wenn der Herr Hari, der Gott ohne Anfang… das unwandelbare Wesen, im Herzen dieser Menschen wohnt, wie wäre dort Raum für die Sünde, die den, der sie begehrt, vernichtet? Wie sollte es finster sein, wenn die Sonne scheint?« (Vishnu-Purana)

Die großen Epen und die Puranas

Zwischen 300 v. und 300 n. Chr entstand das riesige Epos *Mahabharata*, eine legendarische Erzählung mit vielen Einschüben, die aus europäischer Sicht keine Einheit bildet, in Indien aber auf gläubige Weise so verstanden wird. Sie behandelt den Kampf zwischen zwei Zweigen der Nachkommenschaft des legendären Königs Bharata. Teile des Epos stammen wahrscheinlich aus älterer Zeit und wurden lange Zeit außerhalb der brahmanischen Tradition in Bardenschulen, die der Aristokratie verbunden waren, überliefert. Der wichtigste und bekannteste Einschub ist die *Bhagavadgita* (Lehrgedicht/Dichtsang des Erhabenen Herrn), die immer noch aktuell ist und bei der Erneuerung des Hinduismus eine unschätzbare Rolle spielt. Kurz vor der Schlacht um die Herrschaft über ihr Gebiet stehen sich zwei verwandte Klans gegenüber, um ihre Rechte geltend zu machen. Der Prinz *Arjuna* betrachtet von seinem Streitwagen aus die vielen Verwandten im gegnerischen Heer und gerät in Verzweiflung über die Richtigkeit seines Unternehmens. Von seinem Wagenlenker *Krishna*, der sich im Laufe des sich entspinnenden Zwiegesprächs als der Allgott offenbart, wird er zum Kampf aufgefordert: Das sei seine durch Geburt gegebene Lebensaufgabe (sein *dharma*). Als rechtmäßiger Thronnachfolger müsse man Usurpatoren bekämpfen, auch wenn sie Verwandte seien, die man eigentlich schützen müsse. Er solle einsehen, daß nicht die ewige Seele, das göttliche Prinzip im Menschen, sondern nur die vergängliche Körpergestalt töte oder getötet werde. Dann entfaltet *Krishna* die ethisch-philosophische Hauptlehre der *gita*, die in der vorbehaltlosen Hingabe an Gott (*bhakti*) gipfelt, aber zugleich die gewissenhafte Erfüllung der Lebensaufgabe fordert, wie unterschiedlich und unverständlich sie auch aus dem menschlichen, durch Zwie- oder Vielspältigkeit beeinträchtigten Blickwinkel aussehen mögen. Der Mensch erreiche Erlösung, wenn er sich von Motiven der Selbstbestätigung freimache und seine Neigung, die Früchte seiner Taten pflücken zu wollen, dem Herrn opfere. Hier liegen die Wurzeln der später ausgearbeiteten Lehre des *karma-yogas*: Die Vereinigung mit Gott, die Befreiung aus dem Kreislauf der Existenzen, finde nur statt, wenn der Mensch genauestens seine Lebensaufgabe erfülle und mit aller Verantwortlichkeit an der Gesellschaft teilnehme, ohne sich in diese Aktivitäten zu verstricken, das heißt ohne *karma*-Material anzusammeln. Er solle »handeln, ohne zu handeln«. Weiterhin erklärt Gott *Krishna*, daß alle, die auf andere, mehr traditionsgebundene Weise Gott oder Götter verehren, in Wirklichkeit doch ihm, dem Allgott, dienen. Diese Lehre, die anfangs der Kriegeraristokratie in ihrer Rivalität zu den Brahmanen diente, wird von modernen und liberalen *gita*-Auslegern gerne auf alle nicht-hinduistischen Glaubenstraditionen angewandt, als seien sie doch verschiedene Wege zum einen, den Hindus zum Beispiel als *Krishna* bekannten Gott.

Ein zweites klassisches Epos ist das *Ramayana*, die Erzählung der Wider-

Szenen aus dem Epos »Ramayana« auf einem der 42 Reliefs, die sich an den Innenwänden der Galerie des Shiva-Tempels Lara-Jonggrang, des Haupttempels in Prambanan, befinden. Aus der Zeit des Übergangs vom mitteljavanischen zum ostjavanischen Stil, 9./10. Jahrhundert.

fährnisse des Helden Rama, der im ritterlichen Wettkampf die Hand der Jungfrau Sita gewinnt. Durch eine einflußreiche Hofclique gezwungen, muß er mit Sita eine Zeit im Wald verbringen. Dort raubt der Dämonenkönig Ravana Sita. In einem gewaltigen Kampf besiegt der gerechte Rama, unterstützt vom Dämonenkönig Hanuman, den Bösen. In seine königlichen Rechte wiedereingesetzt, herrscht er gerecht. Diese gerechte Herrschaft (*rama-rajya*) kommt in der indischen Geschichte bis zu Mahatma Gandhi immer wieder als Motiv der Hoffnung auf eine ideale Gesellschaft vor. Im Volk kamen dennoch Gerüchte über Sita auf; sie habe immerhin, wenn auch unter Zwang, bei einem anderen Mann, dem Dämonenkönig, gewohnt. Um des Ideals willen meint Rama, seine Frau verbannen zu müssen. Als er sie nach Jahren zurückholt und es wiederum Gerüchte gibt, beschwört Sita bei ihrer Mutter, der Erdgöttin, ihre Unschuld und Treue und kehrt, von der Erde verschlungen, zu ihrem Ursprung zurück. Sita gilt den Hindus als Musterbeispiel der Keuschheit und ehelichen Treue; in jeder auf sich achtenden Familie wird die Mutter bei der Eheschließung der Tochter sagen: »Sei du wie Sita!«.

Bronzengruppe mit dem vierarmigen Shiva als Bräutigam, Parvati als Braut und Lakshmi als Begleiterin. Chola-Dynastie, 11. Jahrhundert.

Dem Sprachgebrauch der Epen verwandt sind die *puranas* (Uralten). Die wichtigsten von ihnen beinhalten Weltschöpfungsmythen und andere »zeitlose« und somit immer geltende mythische Erzählungen, in deren Mittelpunkt der jeweils im betreffenden Text gefeierte Gott steht, der als der eine große Gott betrachtet wird. Damit stehen wir vor dem Übergang von den vedischen Göttern und der sich in den *Upanishaden* bereits andeutenden Besinnung auf das eine *brahman*, das den breiteren Schichten des sich immer mehr ausbreitenden Hinduismus wohl zu abstrakt war, zu den drei populären und als personale Wesen gedachten Göttern: *Brahma* als Schöpfer, *Vishnu* als Erhalter und Behüter und *Shiva* als Vernichter. Alsbald betrachtet man aber einen dieser drei als Hauptgott, die beiden anderen jeweils als Aspekte dieses einen, der dann sowohl Schöpfer, Behüter oder Erhalter als auch Vernichter ist. Wenn dann *Brahmas* Gestalt verblaßt, entwickeln sich allmählich die zwei großen religiösen *sampradayas* (Schulbildungen, Traditionen) des Hinduismus: die der *shaivas* oder Shivaiten und die der *vaishnavas* oder Vishnuiten. *Shiva* wird häufig durch den *linga*, ein phallisches Symbol der Kraft und Fruchtbarkeit eindeutig nichtarischer Herkunft, vorgestellt. Auch wird er als der energisch wirbelnde, aber zugleich feurigversengende und verzehrende König des Tanzes (*Nataraja*) abgebildet. Hier trifft man das urindische Symbol des Feuers oder der Energie als Schöpfungskraft und als Läuterung. Typisch hinduistisch ist *Shiva* sowohl potenzstrotzender Fruchtbarkeitsgott und Herr des Tanzes als auch Herr der *Yogins*, der Asketen, die sich von der Welt abgewandt haben und in sexueller Enthaltsamkeit der Befreiung aus allen Begierden nachstreben. Es wird ihm eine Gattin beigesellt, die verschiedene Gestalten annehmen kann: manchmal als die kriegerische Göttin *Durga*, manchmal als die fürsorgliche aber gelegentlich auch schreckliche Mutter *Kali*. Eine solche göttliche Gattin gilt als *shakti*, als die gestaltende Schöpfungsenergie des Gottes.

Vishnu gilt seinen Anhängern als der Herr des Universums, der unzählige Welten erschaffen und wieder zu sich genommen hat. Im Gegensatz zum meist martialischen *Shiva* wird er mit dem Herzen des glaubenden Menschen in Verbindung gebracht; er schafft aus Wohlwollen und Zuneigung. Für seine Anhänger ist die Welt nicht so sehr eine hinzunehmende Notwendigkeit, aus der man sich alsbald befreien soll, oder das Gebiet, auf dem das im Leben angesammelte *karma* wieder ausgezahlt wird, als eher ein Produkt der göttlichen Liebe, ein Raum oder eine Zeit, in der der Mensch sich Gottes Gnade und Liebe erhoffen darf und sich üben soll, Gottes Freund und Diener zu werden. Dem milden und gnädigen Charakter *Vishnus* entspricht die Lehre, nach der er in den Zeiten tiefster menschlicher Not in der Welt erscheint (*avatara*: Herabkunft), um den Guten beizustehen, die Bösen zu strafen und die gerechte Ordnung wiederherzustellen. Er soll bereits viele Male in seine Welt »herabgekommen« sein, öfter in Tiergestalt, später vor allem als Mensch. Die Hauptgestalten der großen Epen, *Krishna* und *Rama*, sind als solche *avataras* äußerst beliebt geworden. Ihre Geschichten werden jährlich in einer Mischung aus religiöser Begeisterung und Folklore auf vielen Volksbühnen gespielt.

Uma-Maheshvara. Shiva als Maheshvara (großer Gott) mit seiner Gattin Uma. Teil einer Stele aus Orissa, 10. Jahrhundert.

Die theologisch-philosophischen Heilssysteme (darshanas)

Die in den *brahmana*-Schriften und den *Upanishaden* sich bereits andeutende Vielfalt verschiedener Lehrtraditionen entwickelte sich mit der Zeit zu den erwähnten systematisierten »Weisen, die Wahrheit anzuschauen«. Der Hinduismus kennt deren sechs und betrachtet sie als orthodox, weil sie – oft nur formal – die Autorität der *Veden*, die Existenz Gottes und der ewigen Seele anerkennen. Die priesterliche

»Wenn der von allen Begierden erlöste, gebändigte Geist einzig im Selbst fest gegründet ist, wird er (durch Yoga) ausgeglichen genannt.
Eine Lampe an einem windstillen Ort flackert nicht. Mit ihr wird der Yogi verglichen, der sein Denken bezähmt hält und die Vereinigung mit dem höchsten Selbst übt.
Dieses, worin das Denken ruht, das durch Versenkungsübung zurückgedrängt ist, worin er das Selbst mit dem Selbst schaut und sich am Selbst erfreut; worin er dieses höchste Entzücken findet, das durch den Verstand wahrnehmbare, jenseits aller Sinnesbereiche liegende, worin gegründet er nicht mehr von der Wahrheit abweicht…dieses möge man unter dem Namen Yoga erkennen, die Loslösung aus der Verbundenheit mit dem Leiden. Mit Entschlossenheit und unverdrossenem Gemüte übe man diesen Yoga.«
(Bhagavadgita)

Opferspekulation wird zur Grundlage der Schule »zur Erörterung des rituellen Werkes«, für die die präzise Durchführung des Opferrituals automatisch zum Heil führt. Zwei andere gewöhnlich miteinander kombinierte Schulen beschäftigen sich mit Naturphilosophie und Logik. Von größerem Gewicht ist die *samkhya*-Schule des »Genauen Abwägens«. Sie ist durch einen starken Dualismus von Urmaterie oder Urnatur (*prakriti*) und Seele (*purusha*, dem *atman* vergleichbar) gekennzeichnet. Aus der einen Urnatur habe sich die heutige Welt entwickelt. Sie bestehe aus einer Mischung dreier Grundeigenschaften: *sattva* (Güte, Licht), *rajas* (Leidenschaft) und *tamas* (finstere Trägheit). Alles Bestehende sei eine jeweils individuelle Mischung dieser drei Bestandteile. Aus Unwissenheit habe die Seele, die es unzählbar oft gebe, sich mit der Urmaterie eingelassen, wodurch sie besudelt sei; sich zu befreien, sei ihre Aufgabe. Anfangs gab es in dieser Lehre für einen Gott keinen Platz; sie ist also ein Beispiel für die Elastizität des Hinduismus. Denn dieses System wurde klassisch, weil es zur theoretischen Unterbauung der seit präarischer Zeit bestehenden *Yoga*-Tradition herangezogen wurde. So entstand die *Yoga*-Schule (*yoga* = Anspannung, Joch, Zügelung), ein Weg für die Praxis der Meditation, wie sie vor allem in den *Yoga*-Sutras von Patanjali (etwa 100–400 n.Chr.) festgelegt ist. Diese beschreiben eine Methode, um mittels körperlichen und geistigen Absterbens und starker Konzentration den *purusha* oder *atman* aus der Besudelung der Materie oder Natur loszulösen. Dafür kann der *Yogin* sich zu Gott richten. Das hat aber nichts mit Anbetung oder Devotion zu tun, denn es handelt sich um ein Sich-eindenken in die Idee »Gott« zum Zweck des Fortschreitens in der Meditation. Der *samkhya-Yogin* glaubt weniger an Gott, als daß er ihn übt. In späteren Jahrhunderten wird dieser Zweck-Theismus sich zu einem wirklichen Gottglauben, zum Beispiel an *Shiva* oder *Vishnu*, entwickeln.

Die *Yoga*-Sutren zeigen einen achtfachen *Yoga*-Weg: 1. äußerliche Disziplin im Sinne einer Grundethik: niemandem Schaden zufügen, allem Leben mit Ehrfurcht begegnen, größtmögliche Keuschheit üben und nicht stehlen; 2. innerliche Übung: Ruhe, Reinheit, Askese, *veda*-Studium; 3. Einüben von Körperhaltungen zwecks Beherrschung der Körperfunktionen; 4. Atemregulierung und -verlangsamung als Mittel zur Konzentration; 5. das Zurückziehen der Sinneswahrnehmungen, wodurch die allmähliche Isolierung des Bewußtseins von der Außenwelt entsteht; 6. Konzentration des Denkens auf einen Punkt, auf den Nabel, die Stirn, äußere Gegenstände oder einen wirkungsvollen Spruch (*mantra*); 7. Meditation als tiefe Versenkung in den Meditationsgegenstand; 8. Versenkung als endgültige Einheitserfahrung. *Yoga* ist: »Stillegung der Regungen des Bewußtseins«.

Die sechste und mit dem *Yoga* einflußreichste Schule schließlich will die *brahman-atman*-Lehre der *Upanishaden* zu Ende führen und heißt daher *vedanta* (Ende der Veden). Sie betrachtet jede Einzelseele als einen Teil des allumfassenden *brahman*, aus dem alles zur Erscheinung kommt. Befreiung bedeutet, sich aus dem Kreislauf der Wiedergeburten zu lösen und das Eine zu erreichen, das *brahman*, von dem nur geschwiegen werden kann. Die *vedanta*-Schule kennt somit eine Art intellektueller Mystik. Ihren Höhepunkt ereichte sie in der Lehre des »Kirchenvaters« Shankara (um 800 n. Chr.). Dieser nahm nach typisch indischer Art buddhistische Sichtweisen auf und errichtete eine Reihe von Klöstern. So trug er dazu bei, daß der Buddhismus durch die Konkurrenz mit einem verwandelten Hinduismus aus Indien verschwand. Der buddhistischen Lehre der »absoluten Leerheit an Bedeutungen« (*shunyata*) aller Erscheinung vergleichbar, ging Shankara von einer reinen »Nicht-Zweiheit« (*a-dvaita*) aus und betonte die Einheit alles Bestehenden derart, daß auch nur der geringste Anflug von Zweiheit oder Vielheit, also von Unterscheidung, als Schein oder Illusion betrachtet werden muß. Alles sei absolut eins, und der weise Mensch könne dies durch Studium und Meditation einsehen und erfahren.

Die vier Lebensziele und drei Heilswege

Durch die bereits erwähnte Ordnungsliebe und Leitbildfunktion besonders des Brahmanenstandes wurden viele Einflüsse nicht brahmanisch-arischer Herkunft, aber auch den Traditionalisten nicht angenehme Weiterentwicklungen aufgenommen und unter der Obhut der »Großen Tradition« legalisiert. So konnte neben der Ideallehre der vier Lebensstadien auch ein gewisses Nebeneinander von drei verschiedenen Heilswegen entstehen. Seit den *Upanishaden* bleibt das Ideal der meisten Hindus die Erlösung aus dem Kreislauf der Existenzen. Es bleibt aber auch eine sehr realistische Palette menschlicher und »innerweltlicher« Entfaltungsmöglichkeiten bestehen. Wußte man doch genau, daß sowohl der Opferpriester als auch der »hauslose« Asket von der wirtschaftlichen Tätigkeit des freigebigen Hausvaters abhängig war. So entstand die Überzeugung, daß Erlösung auch zu erreichen war durch die harmonische Verbindung des übergeordneten Erlösungsideals (*moksha*) mit den drei »weltlichen« Lebenszielen : 1. das traditionsbewußte und korrekte Verhalten nach den sittlichen Normen der Ewigen Ordnung, wie sie sich in der Kastenordnung und den Kastenpflichten ausdrückt und von älteren und weisen Menschen vorgelebt wird (*dharma*); 2. Die Sorge für den Lebensunterhalt, die materiellen Bedürfnisse und den Wohlstand (*artha*); 3. die legitime Befriedigung der sinnlichen Begierden (*kama*: Eros). So läßt die innere Verschiedenheit der Hindu-Kultur das Aufkommen einer Lehre der raffinierten Erotik zu, die aber gewöhnlich nur der Aristokratie zugestanden wurde. Die Spannung zwischen den Lebenszielen wird deutlich in der Gestalt des Autors des *Kamasutra* (Erotiklehrbuch), der nach der Legende sein Leben lang Asket und zölibatär gewesen ist.

Aus einer Mischung von religiös-philosophischer Einsicht in die Vielfalt der Wege zum einen Göttlichen und einer durch die gesellschaftlichen Fakten erzwungenen Toleranz erkennt der Hinduismus auch die Möglichkeit dreier verschiedener Wege oder Methoden zum Heil an: 1. Der »Weg der Einsicht oder Erkenntnis« (*jnana-marga*) zur Überwindung der Unwissenheit, die den Menschen im Gewebe der vielen und veränderlichen Erscheinungen, in das er sich durch seine Begierde hat verstricken lassen, festhält. Durch konzentrierte Meditation und philosophische Schulung kann der Mensch sich der Täuschung entziehen und in dem einen Bewußtsein aufgehen. 2. Der »Weg der Werke« (*karma-marga*). Dieser anfangs stark brahmanisch orientierte Weg des Opfers und der rituellen Reinheit wurde in der *Bhagavadgita* auf alles gesellschaftliche und religiöse Handeln ausgedehnt. Als *karma-yoga* entwickelte er sich zur Möglichkeit, sich durch unselbstsüchtige Durchführung der Pflichten des Lebensabschnittes, der Kaste und Familie mit dem höchsten Wesen zu vereinen. 3. Der »Weg der Hingabe« (*bhakti-marga*). Durch bedingungslose Hingabe an Gott wird der Mensch der Gnade Gottes teilhaftig. Wer sich vor Gott entäußert, dem kommt dessen Gnade zu. Im Laufe der Entwicklung des Hinduismus wurde das Thema der liebevollen Hingabe beim Volk sehr populär, weil dieser Weg sich ansatzweise über alle gesellschaftlichen Schranken und trennenden Reinheitsvorschriften hinwegsetzt; auch der unreine Kastenlose kann durch Gottesliebe dem Kreislauf der Existenzen entrinnen. Der *bhakti*-Weg birgt ein großes Potential an religiös-gesellschaftlicher Veränderung in sich.

»... es ist bei den Menschen von Geburt an üblich, das Subjekt und das Objekt und ihre Qualitäten miteinander fälschlich zu vermischen und zu sagen: ›Ich (Subjekt) bin dies (Objekt)‹ und ›dieses (Objekt) gehört zu mir (Subjekt)‹. Diese Übertragung ist als das Erscheinen der Eigenschaft eines Dinges an einem anderen zu definieren. Als Beispiele aus dem täglichen Leben lassen sich dafür anführen: die Perlmutter wird fälschlich für ein Silberstück gehalten... Eine solche falsche Übertragung liegt vor, wenn jemand die Eigenschaften des Leibes auf sein Selbst (d.h. auf sein wahres geistiges Ich) überträgt und sagt: ›Ich bin dick, ich stehe, ich springe‹. Denn das wahre Ich steht dem Leib und allen seinen Handlungen lediglich als Zuschauer gegenüber... Diese anfangslose und endlose Übertragung ist es, die alles Tun und Erfahren (Leiden) in Gang hält und alle Sinneswahrnehmungen des Menschen umfaßt... Ihre Beseitigung und die Darlegung des Wissens um die All-Einheit des geistigen Selbst ist der Zweck aller Vedantatexte.
(Shankara, Brahma-Sutra)

Die Gesellschaftsordnung

Das relativ einfache und idealisierte vedische Vierständesystem behielt auch in späterer Zeit seine Funktion als Zuordnungsprinzip für die unüberschaubare Vielfalt der indischen Gesellschaft. Die historische Wirklichkeit läßt bereits früh eine differenzierte, später sogar recht fragmentarisierte Gesellschaft mit vielen lokalen Gruppen vermuten, die allerdings bis zur Kolonialzeit in einem wirksamen Geflecht von gegenseitiger religiöser, kultureller und wirtschaftlicher Abhängigkeit standen, geprägt durch ein System gegenseitiger Dienstbarkeit. Drei Hauptregeln kennzeichnen das Kastensystem: Man heiratet nur innerhalb der eigenen Kaste (Endogamie), man darf nur gemeinsam mit Mitgliedern der eigenen oder einer höheren Kaste essen beziehungsweise Essen von ihnen annehmen (Kommensalität, weil nur so die rituelle Reinheit gewährleistet ist), und man hat sich an den angestammten Beruf seiner Kaste zu halten. Weil diese Regeln nicht immer eingehalten wurden, entstanden und entstehen bis heute immer neue Kasten, so daß heute die Rede von mehr als dreitausend Kasten und Unterkasten ist. Das Wort »Kaste« ist portugiesischer Herkunft (*casta*: rein). Der Sanskritausdruck ist *jati* (Geburt) und zielt auf die durch das Gesetz der (Wieder-)Geburt bestimmte Daseinsform, den Rang und die Gruppenzugehörigkeit. So gilt: *karma* bestimmt *jati* (Geburt), *jati* bestimmt *dharma*. Die Lehre der Wiedergeburt soll übrigens nicht nur fatalistisch interpretiert werden, denn sie macht die zukünftige Wiedergeburt auch von der aktiven und *dharma*-getreuen Gestaltung der Gegenwart abhängig.

Durch das Kastensystem ist die Kultur des Hinduismus zu beschreiben als ein – manchmal träge – bewegliches Ganzes von Schichten, Gruppen, Stämmen und Lokalkulturen, das dem Einheit bringenden Prozeß der Brahmanisierung unterworfen ist. Die Isolation der Kasten ermöglicht aber auch die Erhaltung mancher uralter Werte und Gebräuche vieler »eingeordneter« Lokalgruppen, die sogar, insofern sie sinnvoll in ihr Ordnungssystem und ihren Lebensvollzug paßten oder zu einer Gruppe mit genügend Einfluß gehörten, von den als arisch betrachteten Gruppen übernommen wurden. Man nennt dieses zweiseitige Geschehen »Hinduisierung«: die Vermischung von unzählig vielen Einflüssen zu einem manchmal schwammartigen

›Du bist die höchste Kraftsubstanz des höchsten Geistes; aus dir ist die ganze Welt entstanden, du Mutter der Welt...‹ Am Anfang warst du erhaben über Rede und Denken als ›Finsternis‹ vorhanden, und aus dir entstand durch den Schaffensdrang des höchsten Brahma die Welt. Du bist die Urkraft und die Kraft der Kräfte und nur durch deine Kraft sind wir (die Götter) fähig zu schaffen, zu erhalten und zu zerstören.«
(Mahanirvana-Tantra)

Geflecht mit vielen Facetten und gelegentlich gegensätzlichen Tendenzen, die manchmal einträchtig, manchmal spannungsvoll nebeneinander bestehen. Diese Hinduisierung ist besonders deutlich in Südindien, wo dravidische Sprachen gesprochen werden, die zu einer anderen Sprachfamilie als das Sanskrit gehören. Nordindische Brahmanen wurden Hofpriester an südindischen Höfen. Lokalgötter wurden mit den bereits bekannten Hauptgöttern des Hindu-Pantheons identifiziert. Die Verehrung *Shivas* wie auch *Vishnus* setzte sich durch, obwohl viele Lokalkulte samt ihren besonderen Göttergestalten erhalten blieben.

Der Vorzugsgott

Auf der Grundüberzeugung, das Absolute sei eins, könne aber durch weise Menschen doch nur mit vielen Namen und Gestalten ausgedrückt werden, entstand die typisch indische Möglichkeit, sich nach der eigenen Affektlage und geistigen Entwicklung einen »Vorzugsgott« (*ishtadevata*) zu wählen, ohne sich damit endgültig auf diese Gottesgestalt festzulegen. In der Meditation kann eine solche Gottesvorstellung als Hilfe zur Konzentration und zur Verinnerlichung einiger dem Gott zugeschriebener Eigenschaften dienen. Warum sollte man sich auf dem Weg zur endgültigen Befreiung nicht der ganzen Schöpfungsvielfalt bedienen, wenn man nur darauf achtet, den Weg nicht mit dem Ziel zu verwechseln? Wer sich nicht auf einen Gott festlegt, steht in der Tradition der *smartas*, der Anhänger der heiligen Überlieferung. Im klassischen Hinduismus treten neben ihnen immer deutlicher die bereits erwähnten Vishnuiten und Shivaiten auf. *Shiva* wird von einigen seiner Bevorzuger unter dem Titel *Pasupati* (Herr der Herde) verehrt. Gemeint ist die Herde der Seelen, die von der Fürsorge des Hirten abhängig sind. Wie bereits erwähnt, kennen die Vishnuiten eine Reihe von *avataras* (Herabkünfte) des Weltenherrn zur irdischen Existenz.

Um 500 n. Chr. treten zwei einander eng verwandte Strömungen in Erscheinung: Tantrismus und Shaktismus. Die Bezeichnung *tantra* (Gewebe, System) gilt sowohl den Schriften dieser Strömung, wie auch der Strömung selbst. Sie ist durch eine sakrale Magie gekennzeichnet und beruht auf der Überzeugung, daß es zwischen dem Universum (Makrokosmos) und den kleinsten Aspekten des menschlichen und innerpsychischen Mikrokosmos eine Entsprechung gebe. Aus der Idee, das Eine und Absolute sei in den kleinsten Aspekten des Universums anwesend, kam der Tantrist zu der Überzeugung, daß an sich bescheidene, aber genau durchgeführte Ritualhandlungen den Menschen über das Kleine zum Großen und zur höchsten Einsicht, zur höchsten Herrschaft über transzendentale Mächte und zur Einswerdung mit

Shiva-Tempel Kailasanath in Ellora im indischen Bundesstaat Maharashtra. Die riesige freistehende Tempelanlage mit reichem Figurenschmuck wurde vollständig aus dem Felsen geschlagen. Rashtrakuta-Dynastie, 8. Jahrhundert.

dem höchsten Prinzip bringen können. Wegen ihrer besonderen Kräfte sind die dafür notwendigen Riten geheim. Wie die Riten, so besäßen auch gewisse kurze Sanskrit-Sprüche eine zusammengeballte Kraft, die ihrem Anwender auf dem Weg zur Erlösung helfe. Solche Sprüche (*mantras*) seien gewissermaßen konzentrierte Formen transzendenter Wahrheit und hätten somit Anteil an der Schöpfungskraft des göttlichen Seins; eine Vorstellung, die wir bereits in der vedischen Opferliteratur antrafen. Der Tantrismus zielt auf eine magisch-mystische Aktivierung von Körper, Sprache und Denken. Sie findet nur unter Führung eines *gurus* statt, könnte die göttliche Kraft der Riten und Sprüche durch uneingeweihte und unreine Personen doch falsch eingeschätzt werden und dann ihrer Umgebung und ihnen selbst schaden. Hindus glauben auch an die okkulten Fähigkeiten fortgeschrittener *Yogins;* weil diese in beinahe übermenschliche Erfahrungsbereiche vorgestoßen seien, verfügten sie über eine gewaltige Macht, die sie allerdings nur zum Guten und ohne Eigennutz anwenden sollen. Mit dem Tantrismus entwickelte sich auch der Shaktismus (*shakti*, Energie, Kraft), der die göttliche Kraft besonders in weiblichen Göttergestalten personifiziert sah. Die Göttin symbolisiert das der Welt zugewandte Gesicht oder die Schöpfungsmacht des Absoluten. In dieser Tradition will man die Vereinigung der individuellen Seele (*atman*) mit dem Absoluten durch eine besondere Verbindung von Ritual und Askese erreichen. »Animalische« Lebensäußerungen sollen vom Niveau der Leidenschaft in den religiösen Bereich gehoben werden. Gerade die Vereinigung der Geschlechter (*maithuna*) kann in ihrer erhabensten Form als ein Hinaussteigen über alle (geschlechtliche) Polarität und als ein Aufgehen in der Einheit schaffenden Ekstase betrachtet werden. In der Verzückung des Sexualaktes kann etwas von der alles überragenden Glückseligkeit des Absoluten erfahren und durch asketische Vorbereitung in wachsendem Maße genossen werden. In verinnerlichter Form zeigt sich dies im *kundalini-Yoga*: Durch Übung und Beherrschung soll es dem *Yogin* gelingen, die als eine am unteren Ende der Wirbelsäule schlafende Schlange vorgestellte Schöpfungsenergie (*shakti*) des Gottes *Shiva* (König der *Yogis*) zu wecken und in seinem Körper aufsteigen zu lassen, so daß sie sich über dem Scheitelpunkt mit ihrem Herrn vereinen kann. Dann wird der *Yogin* der höchsten Glückseligkeit teilhaftig. In einigen Hindu-Kreisen hat die Verehrung der *shakti* als Mutter alles Geschaffenen ihren männlichen Partner in den Hintergrund gedrängt.

Tempelkult und Hausriten

Die vedische Religion kannte keine Tempel. Durch die allmähliche Integration nichtarischer Volkskulte kommen Tempelkult und Tempelbau seit dem 3. Jahrhundert v. Chr. auf. Nun wird nicht nur der Opferritus, sondern auch der Bau eines Tempels nach mythischem Vorbild vorgenommen. Die Bauspende wird eine verdienstvolle Tat. Die Architektur des Tempels und die angebrachten Abbildungen dienen der Meditation als ein Mittel, um über die sichtbare Gestalt zum unsichtbaren Wesen des Göttlichen durchzudringen. Der Grundplan des Tempels ist ein symbolgeladenes religiös-meditatives Diagramm (*yantra*).

Mit der Zeit wurden die Tempelanlagen immer komplexer. Im späteren Hinduismus umfassen sie neben dem eigentlichen Tempel mit einer Anzahl von Kapellen oft Schulgebäude für die Priesterlehrlinge und Hospitäler und Rasthäuser für die vielen Pilger. Der Hinduismus ist eine Religion, in der Wallfahrten als verdienstvolle, karmisch-positive Mittel zum Heil sich einer breiten Popularität erfreuen. Die Verehrer kommen zum Tempel, um die segensreiche Manifestation des Heiligen anschauen zu dürfen und in den ausgedehnten Zeremonien zu Ehren des Gottes oder der Göttin dem profanen Alltag entrückt zu werden. Im jüngeren Hinduismus ist der Gottesdienst oft mit einem gemeinsamen, gelegentlich zur Ekstase führenden Gesang und mit Rezitationen (*kirtana*) angereichert.

Der Tempelkult besteht aus *puja* (Verehrung). Die Priester verehren dabei die Götter als hohe Würdenträger; es werden Speisen angeboten, die Statuen werden zeremoniell gewaschen und gesalbt, und es wird durch *devadasis* (Dienerinnen Gottes) wie am Köngshof getanzt. Die Institution der *devadasis* war gemeint als Mittel zur sakralen und symbolischen Teilhabe an der göttlichen Wonne, ist aber in den letzten Jahrhunderten zur quasi-sakralen Prostitution heruntergekommen und deshalb im heutigen Indien verboten, aber nicht verschwunden. Die oft stattfindenden kleinen und großen Prozessionen stellen das Verweilen Gottes in seiner Welt dar; sie symbolisieren den Zeitzyklus der Welt, ordnen das Jahr, machen die Zeit faßbar und bewirken so die Verbindung des Menschen mit dem Universum.

Die Priester der großen Tempel sind Brahmanen. Aber nicht alle Brahmanen sind

»Verwandte brauche ich nicht,
ich brauche keinen Wohnort,
keinen Namen, keinen Lehrer,
was ich lernte, Herr, ist genug!
O Tänzer der goldenen Halle,
der du wohnst in Kurralam,
ich habe nur den einen Wunsch,
daß, wie eine Mutterkuh
nach ihrem Kalbe verlanget,
mein Herz zerschmelzen
möchte wie Wachs vor lauter
Verlangen, Herr nach deinem
glänzenden Fuß.«
(Manikkavashaga)

»Hierauf heißt er (der Ehegatte) sie sieben Schritte nach Nordosten gehen, indem er spricht: ›Mache den ersten Schritt für die Nahrung, den zweiten für die Kraft, den dritten für die Mehrung des Reichtums, den vierten für glückliche Umstände, den fünften für Kinder, den sechsten für die Jahreszeiten, und mit dem siebten sei meine Freundin! Sei mir treu und schenke mir viele Söhne, die ein hohes Alter erreichen mögen!‹ Dann legt er seinen Kopf an den ihren und besprengt beider Häupter mit dem Wasserkrug.«
(Grihya-Sutren)

»Der Mann, dessen Heirat mit den üblichen Gebeten gefeiert worden ist, sorgt zu gelegener Zeit und überhaupt in dieser und in der anderen Welt für das Glück seiner Frau.
Selbst einen unwürdigen, ausschweifenden, wertlosen Mann soll eine tugendsame Frau stets wie einen Gott ehren.
...
Eine tugendhafte Frau, die mit ihrem Mann in einer anderen Welt vereint zu sein wünscht, darf nichts tun, was ihm zu Lebzeiten oder nach seinem Tod mißfällt.
...
Diejenige, die keusch in Gedanken, Worten und Taten, ihren Gemahl nie verrät, erlangt mit ihm in der anderen Welt vereint zu sein, und die rechtschaffenen Leute nennen sie eine tugendhafte Frau.«
(aus dem Gesetzbuch des Manu)

Priester. Auf die Priester wird von vielen gelehrten Brahmanen herabgesehen, weil sie Religion als Lebensunterhalt betreiben und die *Veden* keinen Bilderkult kennen. In vielen lokalen Heiligtümern mit ihren Göttern aus einer »kleinen Tradition« fungieren nichtbrahmanische Priester aus den niederen Kasten. Die unreinen Kasten haben ihre eigenen Religionen, die nur formal dem brahmanischen Hinduismus zugehören. Der Hinduismus kennt keine Verpflichtung zum Tempelbesuch. Anbetung und Meditation können überall stattfinden. Das bindende Element der religiösen Gesellschaft liegt eher in den Hausriten; sie halten die Familie und die Generationen zusammen. Jedes Haus hat einen Raum oder eine Nische, wo die Familiengötter, mit denen man sich seit Generationen vertraut fühlt, verehrt werden. Auch im Hausritual tritt der Hindu – sowohl der Mann als auch die Ehefrau – als Gastgeber der Götter auf, indem er sie begrüßt, badet, kleidet, ihnen Erfrischungen anbietet, Weihrauch verbrennt und eine Lampe mit *ghi* (Butteröl) rundkreisen läßt. Wem dies zu mühsam oder zu teuer ist, der kann sich auf das Opfern von Sandelholz, Blumen und Licht beschränken. Es geht vor allem um die innere Haltung.

Krishnas Sehnsucht nach der abwesenden Radha:
»Wälder wählt er zum Aufenthalt, glänzende Schlösser verlassend, wälzt am Boden sich stumm bald, bald bei dem Namen dich ruft er erblassend: Freundin! wie schmachtet der Hainbekränzte, getrennt von dir!«

Einmal vereint im Liebesrausch:
»Unter Armverschränkung, unter Küssen, unter Nägelkampf, unter Wonneerweckung, unter Liebeshast und Lustbeginn, Zwei Entzweite, wieder eins gewordene, traulich Kosende, welche Lust, o welche labt sie, schamgewürzt, nicht in der Nacht!«
(Gitagovinda V, 5 und 18)

Der jüngere Hinduismus

Die »Hinduisierung« hatte eine derartige Fähigkeit zum Aufsaugen anderer Traditionen entwickelt, daß die buddhistische Religion um 1200 n. Chr. aus Indien verschwunden war. Zur selben Zeit erschien mit dem Islam eine prophetische Religion mit einem deutlichen Absolutheitsanspruch und einem egalitären Menschheitsideal in Indien. Letzteres war für viele unreine, kastenlose Hindus attraktiv. Wegen der sich verändernden sozialen und politischen Machtverhältnisse geriet die Hindu-Gesellschaft in eine Verteidigungshaltung, durch die das Kastensystem und die Position der Frau sich besonders bei den oberen Kasten noch mehr verfestigten. Zugleich nahmen die bereits erwähnten Konfessionen der Shaivas und Vaishnavas an Einfluß zu. Charismatische Führer traten auf, und es entstand eine praktische Frömmigkeit, die vom brahmanischen Leitbild abwich. Diese populäre Orientierung zeigt sich deutlich im Aufkommen der neu-indischen Sprachen, die nun auch als literarisch galten. Dadurch wurde die religiöse Dichtung und Frömmigkeit noch vielgestaltiger als vorher. Der intellektuelle *advaita vedanta* von Shankara bekam Konkurrenz von Ramanujas (1100 n. Chr.) Lehre der »Gemäßigten Nicht-Zweiheit«. Gott und die Seele bilden eine Einheit und unterscheiden sich dennoch, weil die Seele nicht in Gott eingeht wie ein Tropfen in den Ozean, sondern Gott als Person lieben und verehren kann. Gott trägt und erhält nicht nur das Universum und darin den Menschen, sondern ist auch Grundlage des Erkennens und der Liebe. Der Mensch hat im Herzen eine Quelle der Liebe, die alles Leiden übersteigt. Gottes Gnade kann alle karmische Verblendung der veränderlichen Welt tilgen.

Einer der neun 60 Meter hohen Tortürme (Gopuram) des großen Minakshi-Sundareshvara-Tempels von Madurai/Tamilnadu aus der Endphase dravidischer Baukunst unter der Nayakkar-Dynastie, 17. Jahrhundert.

Andere Denker lehrten sogar die Zweiheit von Gott und Seele. Die Seele könne Erlösung erreichen, indem sie ihre vollkommene Abhängigkeit von Gott anerkenne und sich der Führung Gottes überlasse. Diese Lehre ist auf dichterische Weise im *bhagavata-purana* (Überlieferung über die Teilhabe an Gottes Liebesverzückung, 1100 n. Chr.) ausgedrückt. Hier wird die Liebe zwischen Gott und Seele zu einer inbrünstigen Brautmystik. Die *bhakti*-Lehre wird erotisch gefärbt und bietet wichtige Themen für die Skulptur, Malerei und Tanzkunst.

Das um 1200 entstandene *gitagovinda* besingt die Liebe Krishnas in der Gestalt eines Kuhhirten und der jungen Radha, die Sehnsucht des Gottes nach dem aus Eifersucht fortgelaufenen Mädchen, die Leiden Radhas und die Wiedervereinigung der beiden.

Auch *Shiva* tritt, vor allem in Südindien, noch stärker in der Vordergrund. Bereits um 700 wurde von ihm gedichtet: »Du bist meine Familie, mein Freundeskreis, mein Zuhause, mein Leben, meine Freude«. Nach der Lehre des *shaiva-siddhanta* (endgültig bewiesenes Lehrsystem der Shaivas) werde die Seele durch die Gnade *Shivas* zur Gemeinschaft mit ihm geführt. Er sei der große *guru* des Universums.

Der südindische Brahmane Basava gründete um 1150 n. Chr. die Bewegung *Virashaiva* (Helden der Shiva-Verehrung), deren Opposition gegen die brahmanische Orthodoxie, das Kastensystem und die Unterjochung der Frau aber alsbald in der Zähigkeit dieses Systems versandete.

Heilige Zeit und heiliger Raum: Feste, Orte und Sakramente

Der Hinduismus kennt viele religiöse Feste. Ihnen liegt die Idee der heiligen Zeit zugrunde. Durch sie wird die Ewigkeit und anwesende Gegenwart des Göttlichen dem Menschen immer wieder als Tiefendimension seines Lebens eingeprägt. Einige allgemein verbreitete Feste: In den Oktober/November – man verwendet den Mondkalender – fällt *divali/dipavali*, auch *mahalakshmipuja* genannt. Es ist *Lakshmi*, der Gattin *Vishnus* und Göttin des Glücks, gewidmet. Mit vielen Lichtern feiert man den Sieg des Guten und Reinen über das Böse und die Finsternis. Im Frühling findet *holi* statt, ein Neujahrs- und zugleich Fruchtbarkeitsfest, bei dem man sich zum Zeichen der Gleichheit gegenseitig mit rotfarbigem Wasser, als Symbol des Lebensprinzips Blut, bespritzt. Am Ende der Monsunzeit – der Regen ist lebenswichtig – feiert man *nawratri* oder *durgapuja*, die Huldigung der *shakti* oder Muttergöttin. In dieser Zeit wird besonders in Nordindien das *ramlila*, das »Spiel Ramas«, aufgeführt. In diesem Schauspiel erleben viele Hindus die Ideale von Pflicht, Gerechtigkeit und Treue im Kampf gegen das Böse.

Wallfahrten zu den vielen heiligen Orten, die oft durch eine geologische Besonderheit auffallen, sind beliebt. So wie Feste die heilige Zeit bewußt machen, beziehen sich die besonderen Orte auf den heiligen Raum. Die Quelle des Ganges (»Mutter Ganga«) im Himalaya, die Stelle, wo der Fluß aus dem Gebirge bricht (Hardwar) oder wo er bei Allahabad mit dem Yamuna und dem nach der Mythologie »unterirdisch« laufenden Fluß Sarasvati zusammenkommt und wo nach einem astrologisch berechneten Zeitrhythmus Milionen Pilger zum verdienstvollen Bad zusammentreffen; der Chamundi Hügel in Südindien, wo *Shivas* Reittier, der Bulle *Nandi*, besonders von jungen Frauen der Fruchtbarkeit wegen angefleht wird; der Berg Arunachala mit der riesigen Tempelanlage von Tiruvannamalai zu ihren Füßen; und Kanya Kumari, der südlichste Punkt des Subkontinents: Es sind alles Orte, wo nach Hindu-Glaube Heilvolles gedeiht.

Tierskulpturen am Eingang zum Tempel des Sonnesgottes Surya in Konarak, Orissa. 13. Jahrhundert.

Die Betonung heiliger Zeiten kehrt auch im Lebenslauf des Individuums wieder. Er ist von verschiedenen Riten, insbesondere Übergangsriten (*samskaras*, »Sakramenten«) geprägt. Bereits vor der Geburt und kurz danach können Riten stattfinden. Wichtig ist die Namensgebung, wobei in religiös auf sich haltenden Kreisen zwei Namen gegeben werden: ein öffentlicher Name und ein astrologisch berechneter, als Ausdruck des intimen und gefährdeten Wesens nur dem Kreis der Eingeweihten bekannter Name. Im 1.–3. Lebensjahr wird das Kopfhaar geschoren, wonach das (männliche) Kind als Hindu gilt. Für einen Jungen aus den drei höchsten Ständen und vor allem für einen Brahmanenjungen ist die Initiation (*upanayana*), das Umhängen der heiligen Schnur zwischen dem 8. und 12. Lebensjahr, von größtem Gewicht, will er als »Zweimal-

Ein Rad des Sonnenwagens des Surya-Tempel in Konarak, Orissa, 13. Jahrhundert.

geborener« gelten. Dann ist er erst wirklich Hindu, dann soll er auch jeden Morgen bei Sonnenaufgang den *gayatri-mantra* rezitieren: »Mögen wir das vortreffliche Licht der göttlichen Sonne erlangen, das unseren Geist inspirieren soll«.

Die Ehe ist von absolutem Gewicht, wenn man – als Mann – nicht Mönch oder Wanderasket wird. Der Lauf der Generationen darf nicht unterbrochen werden, und ein Mann braucht zum Fortsetzen seines *dharmas* Söhne. Man heiratet in der eigenen Kaste. Die ausgedehnte Hochzeitsfeier besteht aus einem Opferritual, dem Rezitieren besonderer Texte und einer Reihe Gewohnheiten, die sich alle auf das Verlassen des elterlichen Hauses und den Eintritt in die neue, umfangreiche Familie des Gatten beziehen. Der Vater der Braut hat der Tochter einen großen Brautschatz mitzugeben, was von der späten Kolonialzeit bis heute ungeheuere Belastungen mit sich bringt und dazu beiträgt, daß die Geburt einer Tochter desto mehr als Unglück angesehen wird. Von der Hochzeit an hat die Frau den häuslichen Herd zu hüten. Abgesehen von Standes- und Wohlstandsüberlegungen wird die Ehe, wie eigentlich jeder wichtige Lebensschritt, nur nach astrologischer Beratung eingegangen.

»Dies ist mein neues Leben,
umschlossen durch Mauern aus Lehm…
Wenn mein Baby schläft, scheuere ich die Pfannen mit Asche und zittere vor dem Laut der Fußstapfen, die Ermahnung ankündigen.
Schwiegermutter steht in der Türöffnung:
Ihr Hohn ist schärfer als was ein Mann je zu hören bekommt.«
(Lieder aus der indischen Provinz des Dichters Devendra Satyarthi, 1951)

Die Riten um Tod und Kremation sind von unschätzbarem Gewicht. Der Sterbende wird auf die (Mutter) Erde gelegt. Durch Sprüche wird sein Geist auf reine Gedanken gerichtet. Die Kremation bedeutet die letzte körperliche wie geistige Reinigung. Das Vollziehen der Bestattungsriten durch den ältesten Sohn verhindert das rastlose Herumirren des Geistes im Totenreich, was zum Schaden der lebenden Verwandtschaft führen würde. Die Lebenden sollen durch Totenopfer in der Familie über drei Generationen mit den Ahnen verbunden bleiben. Als Symbol der dahinfließenden Veränderlichkeit aller Kreatur wird die Asche des Toten über strömendem Wasser ausgestreut.

Mann und Frau, Ehe und Sexualität

Die traditionelle, sich heute aber rasch ändernde Struktur der indischen Familie ist die der Großfamilie, im Gegensatz zu der sogenannten Kernfamilie der industriellen Gesellschaft. Immer noch leben drei Viertel aller Inder auf dem Lande. In der Großfamilie leben der älteste Mann, seine Frau und ihre erwachsenen Söhne mit deren eingeheirateten Frauen und ihren Kindern zusammen. Der Mann soll seine Frau voller Fürsorge und Respekt behandeln, sie soll sich ihm und seiner Familie mit Selbstaufopferung und Hingabe unterordnen. Durch das symbolische Zusammenbinden ihrer beiden Pulsgelenke während der Eheschließung sind beider Schicksale untrennbar miteinander verbunden. Nach dem Beispiel der idealen Beziehung von *Rama* und *Sita* ist es ihr *dharma*, die Verwirklichung seines *dharmas* zu unterstützen. Die Ehe ist streng monogam. Stirbt die Frau oder bleibt die Ehe kinderlos, darf der Mann neu heiraten, muß er doch sein *dharma* erfüllen. Weil die Frau sich aber ganz dem Mann widmen soll, darf sie nach seinem Tod nicht wieder heiraten. Ihr Leben verläuft dann im Schatten. Es wurde in den oberen Ständen als religiös verdienstvoll betrachtet, wenn eine Witwe sich freiwillig und aus der Zusammengehörigkeit mit dem Ehemann heraus auf seinem Scheiterhaufen mitverbrennen ließ. Dieses Phänomen, *sati* (die Wahre) genannt, ist jedoch Ausnahme geblieben, verdeutlicht aber das Idealbild der Beziehung Mann-Frau.

Nachkommen, vor allem Söhne, bilden den Sinn der Ehe. Einen Sohn zu gebären, bedeutet für die Frau, ihr Existenzrecht verwirklicht zu haben; es bedeutet obendrein, daß die für das Seelenheil der Eltern notwendigen Bestattungsriten vollzogen werden können. Obwohl eine Frau nach den alten brahmanischen Gesetzbüchern immer unter der Aufsicht des Vaters, Ehemannes oder Sohnes steht, kann sie über ihren Sohn im Alter recht einflußreich sein. Der Konflikt zwischen Mutter und Schwiegertochter ist damit oft vorprogrammiert. Die Verfestigung der Hindu-Gesellschaft in den letzten Jahrhunderten wird am Beispiel der Position der Frau besonders klar. Gerade im Bereich der Ehe und der Sexualität hat sich der asketische Zug der brahmanischen Großen Tradition sehr bemerkbar gemacht. Aber die brahmanischen Texte spiegeln nur einen Teil der komplexen historischen Wirklichkeit. Sie beschreiben ein »Leitbild«. In den unteren Kasten und Bevölkerungsgruppen hat die Frau oft am Arbeitsleben teilzunehmen. Unter dem Schirm der Großen Tradition befinden sich viele kleine Traditionen, die oft uralte Sitten und Gepflogenheiten bewahrt haben, auch bezüglich der Auffassungen zur Position der Frau und zum Wert der Sexualität. Spuren hiervon finden wir in der Symbolik und der Verehrung der Großen Mutter, zum Beispiel im Tantrismus und Shaktismus. Und gerade die indischen Dorfgesellschaften kannten orgiastische Fruchtbarkeitskulte, während derer die brahmanische Ordnungsliebe des Tages dem nivellierenden schwarzen Schleier der Nacht ausnahmsweise zum Opfer fiel.

Das Ideal des Hinduismus war und ist die brahmanisch-asketisch geprägte Befreiung aus dem Kreislauf der ewig veränderlichen Welt, weil diese besonders durch Begierde gekennzeichnet ist. In der indischen Kultur wurde und wird sexuelle Begierde und Verlockung eher der Frau zugeschrieben als dem Mann, daher dürfe sie zum Beispiel niemals selbständig sein. Freiwillige Askese wird demnach eher dem Mann zugemutet. Innerhalb der Ehe diente die Sexualität ausschließlich zur Fortpflanzung. Nur in den Kreisen der Aristokratie und des Handels konnten sich eine verfeinerte Erotik und Sexualität entwickeln. Aber auch das raffinierte Sexualspiel erfordert Selbstbeherrschung. Es ist demnach vor allem die gewöhnliche, egozentrische und lustvolle Sexualität, die als unheilvoll betrachtet wird, die aber zugleich aus Realitätssinn dem leidenschaftlichen Menschen erlaubt wird. Eine solche Sexualität mache den Menschen unrein. Von der Reinheitsidee ist der Hinduismus aber durchdrungen. Sexualität soll also sublimiert werden. Von aller Begierde gereinigt, könne sie in besonderen Situationen an der Glückseligkeit des Absoluten teilhaben.

Ethische Grundhaltungen

Der heutige Hinduismus kennt einen abgestuften Vegetarismus. Dem traditionellen Ideal der Ehrfurcht vor allem Leben entspricht das Absehen von jeglichem Fleischgenuß. Kann man dies nicht einhalten, vermeidet man jedenfalls den Verzehr von Rindfleisch; denn in der Zuneigung der Kuh zu ihrem Kalb sieht die Hindu-Tradition Gottes Fürsorge für den Menschen versinnbildlicht. Eine *dharma*-gemäße Haltung zeigt sich auch in der Selbstbeschränkung auf allen Lebensgebieten und vor allem in der Freigebigkeit gegenüber den Armen und Wanderasketen.

Zahlen und Verbreitung

Die Gesamtzahl aller Hindus liegt bei etwa 650 Millionen, von denen der übergroße Teil in Indien lebt. Einige Millionen leben in Nepal und auch in Sri Lanka (die Tamilen). Durch die Migration in der Kolonialzeit gibt es heute Hindus in Süd- und Ostafrika, Mittelamerika (Guyana, Surinam, Trinidad), Kanada, in Südostasien und auf den Fiji-Inseln. In Europa ist der Hinduismus als etablierte Religion in England und den Niederlanden vertreten. Diese Zahlen müssen die neuhinduistische Mission unberücksichtigt lassen, weil der Kreis der an ihr interessierten Personen schwer schätzbar ist.

LITERATUR: Bhakti Datta: Sexualität im Hinduismus. In: Michael Klöcker/Udo Tworuschka(Hg.): Ethik der Religionen. Lehre und Leben, Göttingen/München 1984, S. 170–192. – Jan Gonda: Die Religionen Indiens. Bd.I: Veda und älterer Hinduismus. Stuttgart 1960. Bd.II: Der jüngere Hinduismus, 1963. – A.u.P. Keilhauer: Die Bildsprache des Hinduismus. Die indische Götterwelt und ihre Symbolik. Köln 1983. – Hans-Joachim Klimkeit: Der politische Hinduismus. Indische Denker zwischen Reform und politischem Erwachen. Wiesbaden 1981. – Klaus Klostermaier: Der Hinduismus. Köln 1965. – M.Mies: Indische Frauen zwischen Patriarchat und Chancengleichheit. Meisenheim a. Glan 1973. – Alphons van Dijk: Arbeit im Hinduismus. In: Michael Klöcker/Udo Tworuschka(Hg.): Ethik der Religionen–Lehre und Leben. Bd. 2, Göttingen/München 1985, S. 85–99. – Ders. : Umwelt im Hinduismus. In: Ebd., Bd.5, S. 106–122.

Alphons van Dijk

Indien

Da der Hinduismus ein Konglomerat von Religionen ist, ohne Stifter und mit einer Vielzahl von je nach Gruppe und Tradition bevorzugten Schriften, Gepflogenheiten und sozial-religiösen Ansichten, ist schwer einzusehen, wie er allen »Hindus« als das erhoffte Bindemittel oder Fundament religiös-politischer Selbstbesinnung und -bestimmung dienen kann. Das heutige Indien ist nie in der Geschichte eine politische Einheit gewesen, erst recht nicht als hinduistisches Königreich. Nach dem Erscheinen der islamischen Invasoren haben Hindus gar als Hof- oder Regierungsbeamte und Soldaten muslimischen Herrschern gedient.

Im britischen Kolonialreich des 19. Jahrhunderts ergriffen die Hindu-Oberklassen eher ihre Bildungs- und Aufstiegschancen als die Muslime. Aufgrund ihrer Bekanntschaft mit der europäisch-christlichen Geistesgeschichte entwarfen neuhinduistische Denker wie Vivekananda einen »gereinigten« Hinduismus, der bei aller prinzipiell betonten Gleichheit der verschiedenen Religionen sich selber zugleich apologetisch als Inbegriff aller wahrhaften Spiritualität verteidigte. Von diesem augenscheinlich universalen, faktisch aber durch die Faszination der uralten eigenen, indischen Kultur- und Religionsgeschichte geprägten Neo-Vedantismus (Indien als Mutterboden aller Religionen) bis zum Verteidigen *Bharats* oder des *Hindu Rashtra* (Hindu-Nation) gegen Überfremdung ist der Weg weniger weit, als es scheinen mag. Wenn alle Religionen der Welt gleich sind, der, allerdings willkürlich und eklektisch definierte, Hinduismus aber gleicher, ist der Übergang vom passiven Dulden einer Bekehrung zum Beispiel zum Buddhismus oder Islam (wie bei Tausenden Kastenloser wegen erhoffter Statusverbesserung) oder gar Christentum – einer Bekehrung, die dann leider nur ein Schritt zurück in der Entwicklung sein kann – bis zum Entgegenwirken (*Arya Samaj*) oder gar Verbieten-Wollen desselben durch Gesetzesinitiative (im nationalen Unterhaus, *Lok Sabha*, in den siebziger Jahren, wie unter anderem in den Bundesstaaten Orissa, Madhya Pradesh) nur gradueller Art.

Die unweigerliche Gefährdung der emotionale und soziale Sicherheit bietenden traditionellen Identität (oder des für sie Gehaltenen) durch Flüchtlingsströme wie durch die moderne, industrielle Zivilisation, wie sie heute in Indien stattfindet, führt leicht zu einem Beschwören der Einheit aller Hindus als Abwehr gegen eine falschverstandene »Säkularisation« (wie Advani, der Leiter der *Bharatiya Janata Partei*, BJP, es ausdrückt). Gegen jeglichen Modernismus, für den Religion am Ende nur private Glaubensüberzeugung und -gestaltung sein kann, wird in Indien ein »Kommunalismus« geschürt, das heißt die ideologisch gefärbte Auffassung propagiert, daß eine gemeinsame Religion auch zu gemeinsamen politischen, sozialen und ökonomischen Interessen führe.

Der Hindu-Kommunalismus als ideologisch angestrebte Einheit aller Hindus ist vor allem ein Mittelklassenphänomen. Er geht vorbei an den starken sozialen, kulturellen und politischen Interessenunterschieden, die vor allem im Zuge der Modernisierung noch zunehmen (so zwischen den Klassen, den Kasten und besonders in Hinblick auf die Position der Frau). Der äußerst schwer und weitgehend nur ungenau definierbare Begriff »Hinduismus« – eigentlich ein von aussen her eingebrachter Fremdbegriff – wird vor allem in den Kreisen der *Vishva Hindu Parishad* (Weltweiter Hindu Rat) und der mit ihr lose verbundenen BJP mit Indertum (*Hindutva*) identifiziert, worauf dann nur noch die Befreiung Indiens von allen unindischen beziehungsweise unhinduistischen Makeln gefordert werden kann. Für Hindu Minderheiten im Ausland dient die VHS als ein Verein zum Erhalt und zur Stärkung einer bis zur politischen Ideologie hin konstruierten Identität. Auch die bereits 1907 gegründete *Hindu Mahasabha* (Große Hindu-Gemeinschaft) beschwört die Idee eines gemeinsamen Hinduismus.

Sogar Mahatma Gandhis Traum einer auf friedlichem Wege erreichten *ram-rajya*, der aus der Befolgung ethischer Gebote, vor allem des Gebotes des *ahimsa* (Nicht-Töten: Ehrfurcht vor allen Lebewesen) hervorgehenden gerechten und wahrheitsliebenden Herrschaft des Gottes Rama, konnte nicht verhindern, daß der Name dieser Idealgestalt der Indischen Unabhängigkeitsbewegung für eine andere Auffassung von *ram-rajya* mißbraucht wird, der zufolge das Blut eines jeden Hindus, das nicht in den Venen koche, nur Wasser sei und Jugend, die nicht *Ramajanmabhumi* (dem Land, wo Rama geboren sei) diene, vergebens gelebt habe. Um Indien wieder zu einem *Hindu Rashtra* (Hindu Reich) zu machen, gibt es kampfbundartige Organisationen, wie zum Beispiel den *Rashtriya Svayamsevak Sangha* (Nationale Freiwilligen Organisation) oder *Shiv Sena* im Bundesstaat Maharashtra, die den *Trisul* (Dreizack als Attribut des Gottes *Shiva*), das Symbol des militanten Hinduismus, heben. Viele Hindu-Fundamentalisten träumen von einem »Hindustan«, nachdem die benachbarten Staten Pakistan (Islam), Bangladesch (Islam) und Sri Lanka (Buddhismus) inzwischen alle eine Staatsreligion kennen.

Die Ideologie des *Hindutva*-Kommunalismus berührt seit Jahrzehnten auch die Sprachenfrage. In der Kolonialzeit wurde das Englische als verbindende Sprache eingeführt, worauf sich in Nordindien eine Rivalität zwischen dem arabisch geschriebenen und mit persischem Vokabular durchsetzten Urdu der Muslime und dem in der einheimischen (Deva-) Nagari Schrift geschriebenen und auf dem Sanskrit aufbauenden Hindi der Hindus entwickelte.

Nach der Unabhängigkeit sollte das Hindi, von den Hindus des Nordens favorisiert, zur verbindenden Nationalsprache werden, wie das Urdu es im islamischen Pakistan wurde. Seitdem entwickelte sich eine Auseinandersetzung zwischen den Hindi oder mit ihm verwandte Sprachen sprechenden Hindus im Norden und den drawidische Sprachen (Tamil, Telugu, Malayalam, Kanara) sprechenden Hindus im Süden, in der auch alte Probleme der Sanskritisierung oder Brahminisierung der sogenannten »Kleinen Traditionen« aufgerissen wurden; das sanskritisierte Hindi wurde zu einem Symbol der politischen und sozialen Überheblichkeit des Nordens, wogegen Organisationen wie *Telugu Desam* oder die anti-arische und anti-brahmanische *Dravida Kazhagam* (Progressive Dravidische Federation) sich wehren.

Auch die Problematik der Position der Frau beeinträchtigte die idealisierte Einheit des Hindu-Kommunalismus. Emanzipatorische Frauengruppen in den Großstädten sehen sich Sanatanisten (Anhänger des *sanatana dharma*) gegenüber, welche die Frau aus der Öffentlichkeit drängen und als Dienerin des (göttlichen) Ehemannes in den Haushalt einbinden wollen. Einige wenige neuere Fälle von *sati* (Witwenverbrennung) dienen als Beispiel der Tugendhaftigkeit bis zum Tode. Obwohl *sati* in der weiteren Vergangenheit nur selten und dann noch schichtgebunden vorkam, wird sie heute zur Festigung einer vermeintlich allgemeinen Hindu-Identität idealisiert. Weiter verbreitet ist das Phänomen der als Unfälle getarnten Verbrennungen junger Ehefrauen am häuslichen Herd, weil angeblich die hohe Mitgift für sie nicht eingelöst wurde. Die erst seit etwa einem Jahrhundert allgemein um sich greifende Sitte der inzwischen zu astronomischen Summen anwachsenden Mitgift für heiratende Töchter belastet die indischen Familien und die Position wie das Ansehen der Frau stark. Überschuldung oder Ruin sind häufige Folgen.

Indien steht zunehmend vor der Entscheidung, den liberalen Säkularismus einer westlich orientierten Bildungsschicht in der Tradition der Nehrus (Jawaharlal Nehru, Indira und Rajiv Gandhi) und damit seine staatliche Einheit zu bewahren, oder in eine Vielzahl von sprachlichen, ethnischen und religiösen Gemeinschaften auseinanderzufallen. Beide Wege lösen nicht das Problem der enormen sozial-ökonomischen und sozialpsychologischen Ungleichheiten, durch die der Hindu-Fundamentalismus aufkommen konnte, die er aber mit seinem kommunalistischen Einheitsideal übertüncht.

LITERATUR: Wanda Teays: The Burning Bride. The Dowry Problem in India. In: Journal of Feminist Studies in Religion, Bd. 7, Nr. 2, 1991, 29–52. – H. Bakker, Ayodhya: A Hindu Jerusalem. An Investigation of 'Holy War' as a Religious Idea in the Light of Communal Unrest in India. In: Numen, Bd. 28 (1991), Nr. 1, 80–109. – H. J. Klimkeit, Der politische Hinduismus. Wiesbaden 1981. – M. Mies, Indische Frauen zwischen Patriarchat und Chancengleichheit. Meisenheim am Glan 1973. *Alphons van Dijk*

Bali

Statistische Angaben

Ungefähr 90 Prozent der 2,5 Millionen Balinesen sind Hindus; dazu kommen noch die etwa 80000 Balinesen, die auf der Nachbarinsel Lombok leben, und die kleinen balinesischen Gemeinden, die über Indonesien verstreut sind. Letztere haben einen gewissen Einfluß auf die nichtbalinesischen Hindus in Indonesien gehabt.

Geschichte

Der erste bekannte Hinweis auf die Existenz des Hinduismus auf Bali stammt aus dem späten 9. Jahrhundert. Im späten 10. Jahrhundert, ebenso wie dem späten 13. Jahrhundert und auch in der Mitte des 14. Jahrhunderts geriet der balinesische Hinduismus unter den Einfluß des Hinduismus auf Java, der wichtige tantrische Elemente einbrachte. Trotzdem spielten traditionelle Aspekte der Kultur, deren Ursprünge vor der Hindu-Zeit liegen und die viele Gemeinsamkeiten zu Indonesien aufwiesen, auch weiterhin eine wichtige Rolle und bestimmten, wie der Hinduismus in die alten Bräuche integriert wurde.

Nach der Unabhängigkeit Indonesiens (1949) waren große Anstrengungen notwendig, bis der (balinesische) Hinduismus 1965 als eine der offiziellen Religionen anerkannt wurde. Bereits in den 20er Jahren setzten Modernisierungstendenzen ein, aber erst die Gründung der *Parisada Dharma Hindu Bali* (später *Parisada Hindu Dharma Indonesia*) im Jahre 1959 stellte den ersten wirklichen Schritt in diese Richtung dar. Die *Parisada*, die wichtigste Hindu-Organisation Indonesiens, führte Elemente des indischen Hinduismus ein, die bis dahin in Bali nicht präsent gewesen waren; dazu gehören die Werke der Vedischen Literatur (*Catur Veda*, *Upanishaden*, usw.). Die Entwicklungen der jüngsten Zeit und die immer weitere Verbreitung religiöser Erziehung haben zu einer Standardisierung der Glaubensgrundsätze und Praktiken geführt. Besondere theologische Schlüsselelemente (zum Beispiel *panca sraddha*) ähneln inzwischen dem Hinduismus in anderen Ländern. Andererseits weisen die religiösen Praktiken deutlich balinesische Züge auf; vor allem sind in diesem Zusammenhang die Priesterschaft, die Tempel, die Rituale, die Opfergaben, Magie und Trance und die Zeitrechnung zu erwähnen.

Besonderheiten

Die Tempel (*pura*) sind eingezäunte oder von Mauern umgebene Grundstücke, die aus einem oder mehreren Höfen bestehen und eine Anzahl Schreine oder Pavillons enthalten. Man betritt sie durch reich verzierte Tore. Der Grundriß ist am traditionellen *kaja-kelod* (stromaufwärts/bergauf-stromabwärts/bergab)-System orientiert. Es gibt verschiedene Arten von Tempeln, die meist einem Ort (besonders einem Dorf), einem Familienclan oder einer Wassergemeinschaft zugeordnet sind. Ein kompliziertes System der Tempelhierarchie beginnt bei den größeren Tempeln am Ort (*sadkahyangan*) und endet beim wichtigsten Tempel der Insel, Pura Besakih, der hoch am Hang des heiligen Vulkans Mount Agung liegt. Die meisten Tempel feiern ihren Jahrestag (*odalan* oder *usaba* nach der unten erläuterten Zeitrechnung).

Unter den verschiedenen Kategorien von Priestern, die es auf Bali gibt, sind die *pemangku* und die *pedanda* die wichtigsten. Ein *pemangku* ist ein Priester, der für gewöhnlich zu einem bestimmten Tempel gehört. Diese Stellung wird üblicherweise in der Familie vererbt. *Pemangkus* kommen aus Familien, die Verbindungen zu allen vier Hindu-Kasten (*catur varna*) haben. Ein kleiner Teil ihres sonst in Kawi (im weitesten Sinne altjavanesisch) verfaßten Rituals ist in Sanskrit geschrieben. *Pedanda* ist der Titel eines Brahmanen oder brahmanischen Priesters, der Rituale für mehrere Tempelgemeinden oder Familienclans durchführt, mit denen er bereits eine lange *guru-sisaya*-Beziehung hat. Einige Dörfer, Tempel oder Familienclans rufen nie einen *pedanda* hinzu, sondern verlassen sich stattdessen auf ihre eigenen Priester. Ein beträchtlicher Teil des *pedanda*-Rituals ist in Sanskrit

Shri Anadamayi Ma
Ma wurde 1896 in Kheora, im heutigen Bangladesch geboren. Sie erhielt den Namen Nirmala Sundari Devi. Nirmala heißt »die Reine«, Sundari »die Schöne«. Devi schließlich bedeutet »Göttin« und wird häufig hinter den Namen brahmanischer Mädchen gesetzt. Ihre Eltern stammten aus der Brahmanenkaste. Aus der Familie der Mutter sollen viele Gelehrte hervorgegangen sein. Bereits im Alter von zwölf Jahren wurde Ma verheiratet, zeigte aber schon von früher Jugend an nur Interesse für das geistliches Leben. Ihr Mann, ein bengalischer Brahmane, war wesentlich älter als sie. Er starb 1938 an Pocken, nachdem Ma ihn lange gepflegt hatte. Schon während ihrer Ehejahre hatte sie auf viele Menschen eine große spirituelle Ausstrahlung. Auch erlebte die religiös erregbare Frau Zustände religiöser Ergriffenheit und Ekstase. Sie studierte weder die heiligen Schriften, noch vertraute sie sich der Führung eines Gurus an. Es wird berichtet, daß sie aufgrund ihrer spirituellen Fähigkeiten von gelehrten pandits (»Priester«) regelrecht »verhört« wurde. Man stellte ihr Fragen, die normalerweise nur nach einem langjährigen Studium der heiligen Hindu-Schriften hätten beantwortet werden können. Dennoch war Ma in der Lage, Auskünfte zu erteilen. Ma erlangte Zustände tiefer Erleuchtung und beherrschte zahlreiche komplizierte Yogastellungen. Jahrelang übte sie sich in *samadhi* (»Versenkung«). Um Erleuchtung zu erlangen, übte sie strenge Askese: redete lange Zeit nicht und nahm kaum Nahrung zu sich.

Erst von ihren Anhängern wurde sie verehrungsvoll Shri Anandamayi Ma (»die von Glückseligkeit durchdrungene Mutter«) genannt. Obwohl sie nie Vorträge gehalten oder Bücher geschrieben hat, wurde sie zu einer der bedeutendsten indischen Heiligen und einer der wenigen weiblichen Gurus. Religiöse Feste und Veranstaltungen erhielten durch ihre Gegenwart besondere Bedeutung. Ihr Geburtstag wurde oft einen Monat lang gefeiert und verwandelte den Ort, an dem er begangen wurde, in ein Wallfahrtsverfaßt. Die pedandas selbst teilen sich wiederum in zwei Gruppen: *pedanda siwa* und die weniger zahlreichen *pedanda buda*.

Die Rituale lassen sich in fünf Gruppen gliedern (*panca yadnya*), was davon abhängt ob sie sich an Gottheiten, Dämonen, Menschen, Totengeister oder heilige Männer richten. Die Durchführung der Rituale richtet sich nach komplizierten kalendarischen und religiösen Systemen, die sowohl auf dem (Sonnen-)Mondkalender als auch dem 210 Tage pawukon-Kalender basieren; letztere^n gibt es nur auf Java und Bali. Die meisten Zeremonien kann man innerhalb einer Hierarchie ritueller Vollkommenheit auf verschiedenen Stufen ausführen.

Im Mittelpunkt aller Rituale, ganz gleich ob sie von einem *pemangku* oder von einem *pedanda* ausgeführt werden, steht die Darbietung von Opfergaben *(banten)* und die Herstellung von heiligem Wasser *(tirtha)*. Unter den verschiedenen Sorten heiligen Wassers sind das Wasser der Reinigung (*tirtha pabresihan*) und das Wasser der Austreibung von Dämonen (*panglukatan*) besonders zu erwähnen. Die reichhaltigen Opfergaben, die in Ritualen dargeboten werden, sind in Bali besonders prunkvoll und stellen ein unverwechselbares Charakteristikum des Landes dar. Sie weisen darauf hin, auf welcher Stufe der Vollkommenheit sich das Ritual bewegt, und sind oft von unvorstellbarer Schönheit.

Die wichtigsten Begräbnisrituale (oft, nachdem die Leiche zunächst beerdigt wurde) sind die Verbrennung (*ngaben/palebon*) und eine Zeremonie, die nach der Verbrennung stattfindet (*nyekah/mukur*). Heutzutage werden diese Zeremonien häufig für mehrere Verstorbene gemeinsam durchgeführt; handelt es sich aber um die Familie eines Priesters, um Adelige oder wohlhabende Bürger, sind diese Rituale stets sehr prunkvoll und aufsehenerregend. Der Brauch eines aus zwei Teilen bestehenden Begräbnisrituals ist in ganz Indonesien verbreitet.

LITERATUR: Bali: studies (and further studies) in life, thought, and ritual (The Hague, 1960/1969) Hooykaas, C.: Agama tirtha: five studies in Hindu-Balinese religion (Amsterdam, 1964) (and other works by C. Hooykaas) – Ramseyer, Urs: – Kultur und Volkskunst in Bali (Zürich, 1977) – Stuart-Fox, David J.: Bibliography of Bali:Publications from 1920 to 1990 (Leiden, 1922) (lists over 1 000 titles on Balinese Hinduism)

David J. Stuart Fox

Südafrika

Statistische Angaben
Seit dem Jahre 1860 wanderten Hindus, die als Arbeiter für die Zuckerindustrie angeworben worden waren, aus Indien in Natal (Südafrika) ein. Die erste Gruppe Einwanderer traf am 16. November 1860 ein, die letzte im Jahre 1911. Der Großteil dieser Arbeitskräfte, weit über 1 Million, hatte freie Überfahrt; nur ein kleiner Prozentsatz (meist Muslime) mußte sie aus eigener Tasche bezahlen. 80 Prozent der in Natal lebenden Inder waren Hindus. Zur Zeit leben knapp über eine Million Inder in Südafrika, von denen 62 Prozent Hindus sind. Nahezu alle südafrikanischen Hindus sind indischer Herkunft. Die angeworbenen indischen Arbeiter teilten sich in die Sprachgruppen Tamil, Hindi, Telugu und Gujarati (eine kleine Minderheit), während diejenigen, die ihre Überfahrt selbst bezahlt hatten, ausschließlich Gujarati sprachen. Daß die Mehrheit der indischstämmigen Bevölkerung Südafrikas hinduistischen Glaubens ist, kann als Ergebnis dieser selektiven Anwerbungspraxis betrachtet werden.

Religiöse Hauptmerkmale
Die Hindus hatten es in Südafrika nicht leicht. Obwohl sie die zweitgrößte hinduistische Glaubensgemeinschaft außerhalb Indiens darstellten, wurden sie in Südafrika Opfer eines heftigen Säkularisierungsprozesses und der damit einhergehenden Diskriminierung. Dies hatte ebenso wie das Christentum schwerwiegende Auswirkungen auf den Verbund der Großfamilie (*kutumbum*). Deswegen wurden verschiedenste kulturelle Aktivitäten ins Leben gerufen, um das Erbe der Vergangenheit aufrechtzuerhalten. Der Zerfall der sozialen Strukturen führte zu Spannungen, sogar zu Verbitterung. Während seines Aufenthalts in Südafrika (1893 – 1914) schuf Mahatma Gandhi bei seinen Landsleuten ein neues Bewußtsein ihres Wertes und ihrer Rechte. 1912 wurde die *South African Hindu Maha Sabha* gegründet, eine Art Dachverband für verschiedene religiöse und kulturelle Organisationen, der alle Hauptströmungen des südafrikanischen Hinduismus vereinigte.

In Südafrika weist der Hinduismus wenigstens vier Hauptströmungen auf: sanatanistischer (traditioneller) Hinduismus, *Arya Samaj*, *Neo-Vedanta* und *Hare Krishna*. (Letztere Strömung stellt in den Augen mancher einen reformierten Hinduismus dar, wird von anderen wiederum abgelehnt, kann also eigentlich als eigene Kategorie betrachtet werden). Bis zum Anfang des 20. Jahrhunderts gehörten die meisten Hindus in Südafrika der sanatanistischen Strömung an. *Arya Samaj, Neo Vedanta*, die *Ramakrishna Mission*, und die *Divine Life Society*, die von manchen als reformierter Hinduismus bezeichnet wird, entstanden in Südafrika erst in diesem Jahrhundert. In letzter Zeit hat auch die *Sai Baba*-Bewegung einigen Einfluß gewonnen.

Obwohl jede dieser vier Hauptströmungen ihre Besonderheiten aufweist, sind ihnen doch gewisse Glaubensgrundsätze gemeinsam: die eine, letztendliche Wirklichkeit, das göttliche Absolute, der *dharma*, und die Anerkennung der vier *Vedas*, der *Upanishaden*, des *Ramayana*-Epos und der *Bhagavadgita*. Allerdings sind die Sanatanisten nicht so sehr an der Schrift orientiert wie andere Strömungen des Hinduismus. Alle Hindus in Südafrika begehen mehr oder weniger die gleiche Anzahl überlieferter religiöser Feiertage: *diwali/deepavali*, die Geburtstage von *Rama*, *Hanuman*, *Krishna*, der Göttlichen Mutter in ihren verschiedenen Erscheinungsweisen und viele andere mehr. Außerdem haben die Hindus aus dem Norden und die aus dem Süden Indiens noch ihre besonderen Feiertage, die ihren Ursprung beispielsweise in der Kultur der Hindi/Gujarati oder der der Tamil/Telugu haben.

Der Begriff »sanatanistisch« bezieht sich entweder auf traditionelle (dem Ritual verhaftete)

Hindus aus der Hindi-Sprachgruppe oder auf traditionell eingestellte Hindus im allgemeinen und dient dazu, diese Strömung vom philosophischen Hinduismus zu differenzieren. Die ziemlich umfangreiche Sanatanistische Tradition in Südafrika umfaßt brahmanische Bräuche ebenso wie volkstümliches Brauchtum aus Indien. Die Unterteilung der Hindus in *Vishnu-*, *Shiva-* und *Shakti-*Anhänger spielt heute nahezu keine Rolle mehr.

Der Tradition folgend, hielten die Hindus in Südafrika wie auch überall sonst auf der Welt am Verband der Großfamilie und am Kastenwesen fest. Die Umsiedlung der Inder (*Group Areas Act* 1952) in nur für sie bestimmte Gebiete, deren Behausungen ausschließlich auf die Kernfamilie zugeschnitten waren, hatte schwerwiegende Folgen für die Großfamilien. Das gleiche kann von den Folgen der Säkularisierung für das Kastenwesen gesagt werden. Allerdings gibt es immer noch Überreste des Kastenwesens wie die *hindi brahmins*, die *kshatriya* und die *telugu naidu*. Zu bestimmten *samskaras* (Riten, »Sakramente«) und Feiertagen versammeln sich die Kernfamilien wieder zum *kutum*. In jedem Hindu-Haushalt gibt es einen heiligen Schrein – entweder steht er in einem besonderen Raum, im Elternschlafzimmer oder in einem kleinen Tempel vor dem Haus.

Es gibt auch architektonisch interessante Hindu-Tempel, von denen einige zu nationalen Denkmälern erklärt worden sind. Man unterscheidet einen nordindischen und einen südindischen Baustil. Ersterer (vishnuitisch) weist für gewöhnlich quadratische Formen und eine Kuppel auf, letzterer (shivaitisch) ist meist rechteckig gehalten. Oft findet man einen Austausch zwischen vishnuitischen und shivaitischen Gottheiten; ärmere Gemeinden teilten sich in vielen Fällen einen Tempel. Viele dieser Tempel sind der Göttlichen Mutter, *Mariamman*, geweiht.

Auch das hinduistische Ritual läßt sich in zwei Kategorien unterteilen: privat und öffentlich. Einzelpersonen oder Gruppen suchen den Tempel auf, um dort mit der Hilfe eines Priesters oder allein die *puja* auszuführen, um einen Segen, eine Heilung oder Glück zu erbitten oder ein Gelübde einzulösen. In Südafrika gibt es fünf verschiedene hinduistische Rituale: 1) *sandynopasaha* (Gebete), die täglich bei Sonnenaufgang und -untergang gesprochen werden, wobei man *mantras* spricht. 2) *pujas*, die sich an *Vishnu*, *Shiva* und *Shakti* in Bildern wenden. Die häusliche Verehrung der Gottheiten geschieht, indem man eine Lampe anzündet und an Freitagen und auch an anderen Tagen der Woche zu Ehren einer bestimmten Gottheit fastet. 3) Bei den Hindi spielen die *katha-* und die *jahanda-*Zeremonie eine besondere Rolle. Bei dieser Gelegenheit wird eine Fahne mit dem AUM-Symbol auf einem Bambuspfahl gehißt und im Hof oder im Garten aufgestellt und ein Schwur geleistet. 4) Hochzeitsrituale, die in Südafrika streng eingehalten werden. 5) Begräbniszeremonien, die im Leben aller Hindus jedweder Glaubensströmung einen wichtigen Platz einnehmen.

Kavadi, das *Mariamman-*Fest und das Feuerlaufen sind die bekanntesten Hindu-Festtage, die meist nur bei den Sanatanisten begangen werden. Bei diesen Feierlichkeiten spielt die Trance eine bedeutende Rolle, und sie sind auch immer mit Schwüren verbunden. Die ersten beiden Festtage werden begangen, um Heilung zu erbitten; beim letzteren ist es ein Zeichen großer Tugend, wenn es gelingt, unverletzt die Feuerstelle zu durchqueren.

Seit der Mitte dieses Jahrhunderts sind reformierte und neo-hinduistische Bewegungen in Südafrika sehr aktiv. Sie verbreiten Literatur und helfen den Armen, indem sie Bildungsmöglichkeiten und medizinische Versorgung anbieten und Lebensmittel und Kleidung an notleidende Schwarze verteilen. Unter diesen Reformbewegungen sind besonders der *Arya Samaj*, die *Ramakrishna Mission* und die *Divine Life Society* zu erwähnen. Letztere hat an verschiedenen Orten *gurus* eingesetzt und *ashrams* gegründet, wo die Menschen in praktischen Lebensfragen Hilfe finden. Sie hat eine Schule gegründet, an der afrikanische Kinder in technischen Berufen ausgebildet werden. Zu den *Neo-Vedanta-*Gesellschaften in Südafrika zählen auch die *Vedanta Mission*, die 1965 ins Leben gerufen wurde und die *Chinmaya Mission*, die 1979 entstand. Die *Saiva Sithantha Sungam* ist in der Nähe des Sanatanismus und des reformierten Hinduismus anzusiedeln. Die *Hare Krishna* Bewegung hat in den frühen 70er Jahren einen Ableger der *International Society for Krishna Consciousness* (ISCON) gegründet, und im Oktober 1985 wurde der große und bekannte *Temple of Understanding* eröffnet.

Obwohl der Anteil der Hindus an der indischstämmigen Bevölkerung von 75% im Jahre 1950 auf 62% gesunken ist, lebt der Hinduismus wieder auf, was eine Reaktion auf die zunehmende Verweltlichung darstellt, die auch vor dieser Gruppe nicht haltmacht. Außerdem hat Mahatma Gandhi durch sein beispielhaftes soziales und politisches Engagement die Hindus dazu ermutigt, sich gegen die rassistische Ideologie aufzulehnen. Einige prominente Persönlichkeiten, die sich an den Beratungen über eine neue südafrikanische Verfassung beteiligen, sind Hindus.

LITERATUR: M. Kuper: Indian People in Natal. Pietermaritzburg 1960. – D. Meer: Portrait of Indian South Africans. Durban 1969. – B. Pachai: South Africa's Indians: The evolution of a minority. Washington 1979. – Gerhardus C. Oosthuizen/J.J. Hofmeyer: A socio-religious survey of Chatsworth. Durban 1979. – G. Sivananda: Hindu fasts and festivals. Durban 1986.

Gerhardus C. Oosthuizen

Nordamerika

Statistische Angaben

Schätzungsweise leben zur Zeit etwa 300000 Hindus in den USA und ungefähr 60000 in Kanada.

Die gegenwärtige Situation

Der frühe Hinduismus in Nordamerika steht in engem Zusammenhang mit Swami Vivekananda, dem großen indischen Philosophen, der 1893 vor dem *World Parliament of Religions* in Chicago als Vertreter der alten Hindu-Religion sprach. Zwar ist es Vivekananda zu verdanken, daß hinduistische Vorstellungen einem westlichen Publikum nahegebracht wurden, die wirkliche Verbreitung dieser Religion in den USA und Kanada aber konnte erst stattfinden, nachdem eine große An-

zentrum. Vom einfachen Volk verehrt, reiste sie jahrzehntelang durch den indischen Subkontinent, um Menschen aller Schichten und Kasten Trost und Hilfe zu spenden. Auf die Fragen der Hilfesuchenden antwortete sie, indem sie zurückgriff auf die Lehren verschiedener Glaubensrichtungen, Philosophien und Yoga-Wege. Dabei vertrat sie die Überzeugung von der »Nichtzweiheit« (*advaita*). Zu ihr reisten Schüler und Verehrer der ganzen Welt. Selbst Persönlichkeiten wie Mahatma Gandhi, Carl Friedrich von Weizsäcker, Pater Enomiya-Lassalle und Karlfried Graf Dürckheim waren von ihrer Erleuchtung und Weisheit beeindruckt.

Während ihrer Reisen in Indien entstanden ungefähr 30 *ashrams* (Klöster) um sie herum.

Am 27. August 1982 starb sie in ihrem *Asharam* in Dehradun am Fuße des Himalaya.

LITERATUR: Melita Maschmann: Eine ganz gewöhnliche Heilige. Die große Seele Anandamayi Ma. Neuausgabe Bern u. a. 1990.

zahl Inder dort eingewandert war. Obwohl im Laufe des 20. Jahrhunderts einige Inder in die Vereinigten Staaten kamen, erhöhte sich die Zahl der Hindus erst 1965, als die USA ihre Einwanderungsgesetze drastisch änderten. In den späten 60er und frühen 70er Jahren ließen sich viele Einwanderer und Flüchtlinge hinduistischen Glaubens aus Ostafrika in Kanada nieder; besonders nachdem Idi Amin 1972 alle Asiaten gewaltsam aus Uganda vertreiben ließ.

Die ostafrikanischen Hindus, die in Kanada Einlaß fanden, waren meist gebildet und wohlhabend, eine Elite also. Auch in den Vereinigten Staaten ließen die Einwanderungsgesetze nur hochgebildetete Inder – Akademiker, Ingenieure oder Ärzte – ins Land, die bereits den Abschluß einer renommierten indischen Universität nachweisen konnten. Deswegen ist die Mehrheit aller Hindus in Nordamerika hochqualifiziert und wohlhabend. Aus diesem Grund hat sich wahrscheinlich eine ganz spezielle Spielart hinduistischer Tradition entwickelt.

Die kanadischen Hindus stammen zumeist aus dem Punjab (im Norden Indiens) und aus Gujarat (an der Westküste, nördlich von Bombay), gehören also zu den regionalen Gruppen, die in Ostafrika am stärksten vertreten waren. Die Hindus in den USA allerdings kommen aus ganz verschiedenen Teilen Indiens, weswegen sich auch keine der regionalen Gruppen durchsetzen konnte. Da die Formen des Hinduismus in Indien von Region zu Region variieren, führte dies dazu, daß es auch innerhalb der US-amerikanischen Bevölkerung eine verwirrende Vielzahl religiöser Richtungen gibt, von denen keine normativen Charakter hat.

Auch die geographische Verteilung der Hindus über das gesamte Gebiet der Vereinigten Staaten hat zu diesem Phänomen beigetragen – es gibt keine Tendenzen zur Konzentration der indischen Bevölkerung in einem bestimmten Gebiet. Gewiß wohnen in New York und in anderen Teilen der Ostküste ziemlich viele Inder, aber der Rest lebt gleichmäßig verteilt im ganzen Land. In Kanada findet man die größte Konzentration in Städten wie Toronto, Ontario und Vancouver. Allerdings sind es immer nur kleine Bevölkerungsgruppen, deren Mitglieder aus verschiedenen Teilen Indiens stammen. Da die Gruppen ähnlicher Ausrichtung also weit von einander entfernt wohnen, sind sie dazu übergegangen, auch mit Gruppen unterschiedlicher religiöser Ausrichtung zusammenzuarbeiten, um ein Gemeindeleben aufzubauen. Als Ergebnis gibt es in den USA mittlerweile über 40 Tempel, und noch mehr befinden sich in Planung. Viele religiöse Projekte von Hindus in den USA sind Versuche gewesen, regionale Verschiedenheiten zu überbrücken und die unterschiedlichen Traditionen zu gemeinsamen Formen zusammenzuschließen.

Allerdings gibt es auch Ausnahmen, besonders in Gebieten, wo die Menschen aus der gleichen Region stammen, und so ein bestimmtes Projekt auf ihre eigene Weise durchführen können. Der berühmte Tempel Shri Venkateshwara, der 1976 in Pittburgh, Pennsylvania, erbaut wurde, ist ein gutes Beispiel für eine derartige Entwicklung. Er ist die Rekonstruktion eines indischen Tempels gleichen Namens, der in Tirupati (Andhra Pradesh) in Südindien steht. Das Gebäude stellt eine genaue Wiedergabe des indischen Vorbilds dar; Statuen des Gottes Venkateshwara wurden eigens in Indien angefertigt und nach Pittsburgh in den neuen Tempel transportiert. Man ließ sogar einen Priester des Tempels in Tirupati nach Pittsburgh kommen, weil er durch Erbfolge mit dem Tempel verbunden war. All das war nur möglich, weil die vornehmlich südindische Bevölkerung der Umgebung willens war, das Projekt zu finanzieren. Die Inder aus dem Norden sind von diesem Tempel weniger angetan und haben ihre eigene kleinere Gemeinde gegründet. Inzwischen betrachten alle Südinder in ganz Nordamerika den Tempel in Pittsburgh als ihr religiöses Zentrum.

Die viel zahlreicheren Gemeinschaftsprojekte, die mit kleinerem Budget geplant waren und darauf abzielten, die verschiedenen Hindugruppen zusammenzubringen, unterschieden sich selbst sehr stark. Wie in Großbritanien gibt es einige Dachverbände – beispielsweise den *Vishva Hindu Parishad* (VHP) mit Hauptsitz in Indien - die versuchen, ein wenig Ordnung in dieses verwirrende Durcheinander zu bringen. Allerdings ist es keiner dieser Gruppen gelungen, mehr als eine Handvoll Tempelprojekte in den USA zu koordinieren. Trotzdem entwickeln die meisten der nordamerikanischen Hindugruppen allmählich eine Gemeinsamkeit, nämlich den Wunsch, eine Vereinheitlichung zu erreichen, indem man zusammenarbeitet und sich gemeinsame Traditionen zunutze macht. Dieser Prozeß der Vereinheitlichung wird inzwischen als »ökumenischer Hinduismus« bezeichnet und weist offensichtliche Parallelen mit dem nordamerikanischen Christentum auf. Gleichzeitig werden durch diese Entwicklung bestimmte Elemente des hinduistischen Gedankenguts und der religiösen Praktiken hervorgehoben - besonders diejenigen, die von Denkern der jüngeren Zeit wie Vivekananda und Radhakrishnan stammen.

Im Tempel beruft man sich auf Gemeinsamkeiten wie *puja* (Gebet) zu wichtigen Göttern, die in ganz Indien Bedeutung haben, und Formen der Andacht (*bhakti*). Regional geprägte Spielarten des Hinduismus, die weniger ökumenisch orientiert sind, werden oft von diesen Tempeln ferngehalten und nur noch unter Gläubigen der gleichen Herkunftsregion, im Freundeskreis oder in der Familie praktiziert. So kann es vorkommen, daß jemand in seinem Zuhause andere Götter verehrt; für gewöhnlich solche, die in seiner Herkunftsregion oder in seiner Familie Bedeutung haben, und die er durch Befolgung regionaler Traditionen würdigt. Auf ähnlicher Ebene unterhalten Einzelpersonen oder Familien möglicherweise Verbindungen mit religiösen Autoritäten (*gurus* und *swamis*), die von Zeit zu Zeit aus Indien in die Vereinigten Staaten reisen. Diese Männer, von denen jeder ganz verschiedene religiöse Ideen und Wertvorstellungen verkörpert, sind häufig die Alternative zum Gemeindeleben. In einigen Fällen veranstalten diese *swamis* besondere Tagungen und Workshops für ihre Anhänger und bringen oft Hindus aus ganz Nordamerika zusammen, um zu meditieren und sich auf spiritueller Ebene zu entfalten.

Eine weitere Entwicklung, die offensichtlich auf nordamerikanischer Tradition basiert, sind die immer weiter zunehmenden *Hindu Summer Camps.* Inzwischen werden sie jedes Jahr für die in den USA geborenen Hindu-Kinder veranstaltet, damit sie etwas über ihr kulturelles und religiöses Erbe erfahren. Diese Zeltlager haben mittlerweilen einen wichtigen Einfluß darauf, daß die hinduistische Tradition in der jüngeren Generation nicht ausstirbt, und stellen somit die Zukunft des Hinduismus in Nordamerika sicher. Trotzdem werden sie, ebenso wie die ökumenischen Tempel, zur Herausbildung typisch amerikanischer Traditionen führen und Veränderung und Vereinheitlichung zur Folge haben. Das ist unvermeidbar, wenn man religiöse Traditionen verpflanzt – ein Prozeß, der in der Vergangenheit auf verschiedene Weise in vielen Bevölkerungsgruppen Nordamerikas stattgefunden hat.

LITERATUR: M. Israel: The South Asian Diaspora in Canada: Six Essays. Toronto 1987. – R. Williams: Religions of Immigrants from India and Pakistan: New threads in the American tapestry. Cambridge 1988. – J.Y. Fenton: Transplanting Religious Traditions: Asian Indians in America. 1988.

Malory Nye

Surinam und Niederlande

Als 1863 in der damaligen niederländischen Kolonie Surinam die Sklaverei abgeschafft wurde, fürchteten die Plantagenbesitzer um ihre Arbeitskräfte. Nach Verhandlungen zwischen den Niederlanden und dem Britisch-Indischen Kolonialreich gelangten 1873 die ersten Kontraktarbeiter aus Nordindien nach Surinam. Bis 1916 kamen insgesamt 33000 Kontraktanten, zwei Drittel von ihnen Männer. Besonders für die Hindus unter ihnen muß die Reise in das Ausland eine Notlösung gewesen sein. Viele unter ihnen stammten aus den unteren Kasten. Aber auch Brahmanen waren unter ihnen. Die Zusammenpferchung der Arbeitskräfte auf dem Schiff, der Mangel an heiratsfähigen Frauen und die Tatsache, daß alle auf den Plantagen dieselbe körperliche Arbeit zu verrichten hatten, machten dem auf ritueller Reinheit und Endogamie (Heirat nur innerhalb einer Kaste) aufgebauten Kastensystem alsbald ein Ende. Den als Priester fungierenden Brahmanen gelang es nur dadurch, die um ihre Identität bangende Gruppe der Hindus um sich zu scharen, daß sie sich zu sozialen, kulturellen und religiösen Führern (*pandit*) aufwarfen, was in Indien nur in geringem Maß ihre Rolle gewesen war.

Es entstand eine vor allem auf die Verehrung von Vishnu und seinen *avataras Krishna* und *Rama* gerichtete, devotionelle Form des Hinduismus. Sie beinhaltet: Durchführung der wichtigsten »Sakramente« (*samskaras*, insbesondere Namensgebung, Initiation, Eheschließung und Einäscherung), regelmäßges Abhalten eines *katha* (Lesung aus besonders geschätzten heiligen Schriften), begleitet von einer *puja* (Verehrungsritual) und einem *havan/homa* (Trankopfer). Gelegentlich findet eine mehrere Tage dauernde Opfer- und Rezitationszeremenie (*jagya*) statt.

In der Minderheitssituation der Hindus in Surinam hatten diese Aktivitäten einen starken gruppenbindenden und identitätsstärkenden Charakter; sie waren immer wieder Begegnungen und boten die Möglichkeit zum vertrauensvollen und viele Lebensbereiche umfassenden Gespräch mit dem bekannten *pandit*, der die Familie in der schwierigen Aufbausituation begleitete. So entstand eine starke Bindung zwischen einem *pandit* und einer lokalen Gruppe von Familien. Die Zeremonien fanden gewöhnlich auf dem Hof eines Dorfbauern statt; Tempel wurden erst spät errichtet und sind bis heute sowohl in Surinam als auch in den Niederlanden zweitrangig. Der surinamische und demnach auch der niederländische Hinduismus ist vor allem eine Familienreligion.

Die 1875 in Nordindien gestiftete Hindu Reformbewegung *Arya Samaj* (Gemeinschaft der Arier/Edlen), die das Kastensystem in Indien abschaffen und zur, wie man meinte, reinen vedischen Religion zurückkehren wollte, fand unter surinamischen Hindus relativ viele Anhänger. Weil sie aber die besondere Position der brahmanischen, das heißt erblichen Panditschaft nicht anerkannte, vereinten sich 1929 die traditionalistischen Kräfte im *Sanatana Dharma* (Religion der Ewigen Ordnung). Das Verhältnis beider Gruppen in Surinam wie in den Niederlanden ist etwa 1 zu 5.

Um 1975, als Surinam von den Niederlanden unabhängig wurde, zogen viele surinamische Hindus aus Angst vor politischer Gängelei mit einer etwa gleichgroßen Gruppe von Nachkommen ehemaliger schwarzer Plantagensklaven nach den Niederlanden. Seitdem gibt es dort etwa 80000–100000 über Surinam aus Indien stammende Hindus. Sie haben ihre Lebensgewohnheiten und Auffassungen weitgehend beibehalten. Sie verfügen über einige Tempel und besitzen seit einigen Jahren eine kleine Zahl von Grundschulen auf hinduistischer Grundlage, wie es die konfessionelle Säulenstruktur der niederländischen Gesellschaft erlaubt. Die zweite Generation stellt allerdings die traditionellen Rolle und das Ansehen der *pandits* immer mehr in Frage. Die traditionelle Weitergabe des Wissens der *pandits* vom Vater an den Sohn genügt gewöhnlich kaum den Ansprüchen einer modernen, städtischen und individualisierten Industriegesellschaft. Die Trennung von Staat und Kirche und die Notwendigkeit, sich nach einheimischen Vorschriften und demokratischen Auffassungen zu organisieren, zwingen den niederländischen Hinduismus immer mehr zu einer kirchenähnlichen Organisationsstruktur und damit zu einer funktionsgerichteten Amtsauffassung der *pandits*, die den in Indien und Surinam gewachsenen, auf familiären Vertrauensbindungen und eher auf charismatischer Führung aufgebauten Strukturen des sozialreligiösen Zusammenlebens entgegensteht.

Eine weltanschauliche oder religiöse Gemeinschaft nach europäischem Muster braucht eine reflektierte und ausgearbeitete Lehre, wie sie der Hinduismus bisher nicht kennt. Diesen Problemen hat sich der niederländische *Arya Samaj* bisher relativ am besten angepaßt; er anerkennt zum Beispiel die weibliche Panditschaft. Doch auch die niederländischen Anhänger des *Sanatana Dharma* betrachten sich als fortschrittlicher als die indischen Hindus.

LITERATUR: C. van der Burg, Th. Damsteeg, Kr. Autar (Hg.): Hindustanen in Nederland. Apeldoorn 1990.

Alphons van Dijk

Großbritannien

Zwar fand hinduistisches Gedankengut schon früh seinen Weg nach Großbritannien, doch wurde es dort bis in die jüngste Vergangenheit fast ausschließlich durch Europäer, nicht durch Hindus verbreitet. Erst in den letzten vierzig Jahren wanderten Hindus in großem Umfang nach Großbritannien ein. Schätzungen gehen von mindestens 400000 in Großbritannien lebenden Hindus aus; möglicherweise liegt die Zahl weit höher. Diese Bevölkerungsgruppe ist keineswegs homogen; ihre Mitglieder stammen aus fast allen Teilen Indiens, zum größten Teil allerdings aus Gujarat (an der Westküste Indiens; etwa 250000) und dem Punjab (im Nordwesten; etwa 125000). Ein nicht unbeträchtlicher Teil von Hindus gelangte aus Afrika (Kenia, Uganda und Tansania) nach Großbritannien, oft ohne je in Indien selbst gewesen zu sein.

Obwohl der erste Hindu-Tempel in Großbritannien erst in den späten 60er Jahren gebaut wurde, wuchs die Zahl der Tempel bis 1992 auf mehr als 200. In den meisten wichtigen britischen Städten – auch in Schottland und Nordirland – finden sich heute Tempel. Den Schwerpunkt bildet aber der Süden, in dem die meisten Hindus leben (insbesondere Leicester und London, hier vor allem im Westen und Nordwesten). Hier errichteten die unterschiedlichen Gruppen jeweils verschiedene und sorgfältig ausgestattete Tempel, die von den in anderen Regionen lebenden Hindus als die wichtigsten des Landes angesehen werden.

Der Hinduismus ist eine theologisch wie ethnisch schwer greifbare und eine regional unterschiedliche Religion. Das spiegelt sich in der Organisation der britischen Hindus wieder: Es besteht keine Organisation, die alle Gruppen vereinigt, und keine der Hindu-Organisationen repräsentiert den Hinduismus im Vereinigten Königreich. Der *National Council of Hindu Temples* versucht, zahlreiche religiöse Institutionen zu koordinieren, ist aber lediglich eine Dachorganisation; jeder Tempel ist autonom. In zahlreichen Hindu-Gruppen aktiv ist die *Vishva Hindu Parishad* (*World Hindu Council*) mit Hauptsitz in Indien; sie will sowohl die verschiedenen Gruppen vereinigen als auch ihre eigene Version des Hinduismus propagieren. Sie finanzierte im Sommer 1989 eine große *mela* in Milton Keynes, die Tausende von Hindus unterschiedlichster Richtung aus allen Teilen Großbritanniens zusammenführte.

Die wichtigsten einheitsstiftenden Momente unter den britischen Hindus bleiben die Ursprungsregionen, Kasten und Sekten. Die Punjabis wahren Distanz zu den Gujaratis, und beide Gruppen sondern sich von den übrigen Indern, insbesondere den Südindern ab. Dies gilt ganz besonders für Gebiete wie London und die Midlands, in denen sich die indische Bevölkerung konzentriert. Auch die verschiedenen Kasten halten Abstand voneinander – unter den Gujaratis sind die beiden Hauptkasten die *lohanas* und die *patidars*; beide verfügen über eigene Netzwerke und Vereinigungen. Obwohl einige dieser Gruppen sich untereinander vermischen, heiraten die meisten britischen Hindus nur innerhalb ihrer Kaste.

Auch Sektenunterschiede können wichtig sein – eine große Zahl von Gujaratis sind Anhänger des *Swaminaryan*, und zwar des *Aksar Purusottam Sanstha* genannten Zweiges, dessen Führer Pramukh Swami genannt wird; diese Gruppe errichtete in jüngster Zeit einen großen Tempel in Wembley im Norden von London. Viele Punjabis haben sich dem *Arya Samaj* angeschlossen oder sympathisieren mit ihm; für diese Gruppe ist die Betonung der Gottesverehrung ohne Bilderanbetung und das sanskritische Feueropfer des *hawan* charakteristisch. Dieses auf vedische Elemente zurückgehende Ritual wird in Großbritannien in jeder Woche in zahlreichen Tempeln und Privathäusern von Punjabis begangen. Auch andere Formen des Hinduismus (etwa *Sai Baba*, Neo-Vedanta-Gruppen und sogar die International Society for Krishna Consciousness besitzen eine ansehnliche Anhängerschaft. Obwohl es sich hier um unterschiedliche Gruppen handelt, verschwimmen die Grenzen zwischen ihnen mitunter, zumal an Orten mit einem niedrigen Bevölkerungsanteil an Hindus (wie Leeds, Bristol, Edinburgh). Hier bestehen gemischte religiöse Gruppen, in denen sich Punjabis, Gujaratis sowie Mitglieder verschiedener Sekten und Kasten zusammengefunden haben.

Der Kult im Tempel wird zu einem immer wichtigeren Element im Leben der britischen Hindus, und in vielen Fällen gewinnen Tempel für Hindugemeinschaften große Bedeutung. Meist ist die Verehrung in diesen Tempeln eher informell; ihren Kern bilden »Zusammenkünfte« (*satsangs*), bei denen »Devotionslieder« (*bajans*) gesungen werden; außerdem werden *puja* (der einfache Akt der »Spende eines Gebets«) und *arti* (ein Ritual, bei dem Lampen geschwungen werden) vollzogen. Auch das bereits erwänte *hawan*-Ritual wird zu einer populären Form des Tempelkults, an der sogar Hindus teilnehmen, die nicht Anhänger des *Arya Samaj* sind. Die meisten Tempel haben ihre eigenen »Priester« (*pandits*), die speziellere Rituale durchführen, um die Tempelgottheiten zu ehren, oder Zeremonien zu den Lebensstadien (Heirat, Bestattung) vornehmen.

Doch vollzieht sich weiterhin ein großer Teil des religiösen Lebens zu Hause. Es ist üblich, daß Hindus sich in Privatwohnungen zu *satsangs* treffen oder dort *bajans* singen. Viele Familien richten sogar einen besonderen Gebetsraum (oder *puja*-Raum) in ihren Wohnungen ein, in dem auch Zusammenkünfte abgehalten werden können. Zu solchen *satsangs* können sich größere Gruppen treffen, für besondere Formen der Verehrung können bis zu 100 Hindus zusammenkommen. Auch die Zeiten der Feste sind wichtig – besonders das Herbstfest *diwali* (im Oktober/November), mit dem das neue Jahr der Hindus beginnt. Die Gujaratis begehen das neuntägige Fest *nawrati* (im September/Oktober) zu Ehren der Muttergottheit. In diesen Tagen großer Farbigkeit und Begeisterung werden besondere Gujarati-Tänze – wie *garba* und *dandya* – von zahlreichen Gläubigen in Tempeln und Hallen aufgeführt

LITERATUR: D. Bowen (Hg.): Hinduism in England. Bradford 1981. – R. Burghart: Hinduism in Great Britain. The Perpetuation of Religion in an alien cultural milieu. London 1987. – C. Clarke, C. Peach und S. Vertovec (Hg.): South Asians Overseas: Migration and Ethnicity. Cambridge 1990. – S. Vertovec: Aspects of the South-Asian Diaspora. New Delhi 1992.

Malory Nye

SIKHISMUS

Sikh heißt »Schüler«. Die heute als militant geltenden Sikhs gehören einer der vielen Guru-Bewegungen Indiens an, wie es sie auch heute noch gibt. Ihren geistigen Ursprung hatte diese Bewegung in der Auseinandersetzung zwischen dem Hinduismus und dem herrschenden Mogulreich, beziehungsweise dem Islam. Der Sufismus hatte starken Einfluß auf das Geistesleben Nordindiens. Es entstanden esoterische Strömungen, die aus beiden Religionen Einflüsse erkennen lassen. Einer der namhaften Vertreter war Kabir (1440–1518), der einen reinen Monotheismus und die liebevolle Verehrung Gottes lehrte. Der Ursprung dieser Religion liegt im Punjab im Nordwesten von Indien, dem heutigen Nordosten Pakistans.

Entstehung

1469 wurde Nanak im Dorf Talwandi geboren, das jetzt »Nankana Sahib« genannt wird. Es liegt in der Nähe von Lahore, Pakistan. Nanak führte die Lehren Kabirs weiter. Obwohl er als Gründer des Sikhismus gilt, war er nur einer von vielen wandernden Gurus, spirituellen Meistern, die eine mehr oder weniger große Schar von Schülern (*Sikh*) um sich sammelten. Nanak wurde in einer höherkastigen Hindufamilie geboren. Er lehnte den Ritualismus und den Bilderkult des Hinduismus ab. Wie Muslime lehrte er die bildlose Verehrung des einen Gottes, empfand aber die Regeln des Islam als zu starr und leblos. Nach geistigen Erlebnissen zog Nanak als wandernder Wahrheitssucher durch das Land. Begleitet von dem muslimischen Musiker Mardana sang und lehrte er die reine Gottesliebe. Einer der Grundsätze seiner Lehre lautete: »Es gibt keine Hindus, es gibt keine Muslime.« Für Nanak waren alle Menschen gleichermaßen Geschöpfe Gottes. Deshalb lehnte er auch die Kastenunterschiede ab. Er dachte nicht daran, eine neue Religion zu begründen, sondern wollte alle Menschen zur reinen Gottesverehrung zurückbringen. Dabei hielt er sowohl Hindus als auch Muslimen einen Spiegel vor, um ihnen die Vergeblichkeit des starren Befolgens von leeren Ritualen zu zeigen. »Bete zu Gott. Arbeite hart für deinen Lebensunterhalt. Teile mit dem Andern.« Diese drei Grundsätze bestimmten sein Leben und das seiner Schüler. Sie gelten heute noch. Von Nanak sind etliche Hymnen überliefert. Sie werden von den Sikhs gesungen und gebetet. Als Nanak im Jahre 1539 starb, wurde von Hindus der Tod eines *gurus* und von den Muslimen eines *pirs* betrauert.

Nach seinem Tod wurde die Bewegung von seinem engen Schüler Angad (1504–1552) weitergeführt. Ihm folgte Amardas (1479–1574), der durch die *guru ka langar* (öffentlichen Küchen) die Einheit unter Menschen verschiedenster Herkunft und Religion förderte. Der vierte Guru, Ramdas (1534–1581), begann die heilige Stadt Amritsar mit dem »Goldenen Tempel« zu bauen. Sein Nachfolger, Guru Arjan (1563–1606), führte den Bau weiter. Sein wichtigstes Vermächtnis war die Zusammenstellung des *Adi Granth,* des ersten heiligen Buches der Sikhs, mit Beiträgen von Sikh-*gurus* und verschiedenen Heiligen wie Kabir und Bhagat Ravidas. Arjans Beitrag ist das *Sukhmani Sahib.* Hargobind (1595–1644), der sechste Guru, ließ es nicht nur zu, daß seine Schüler sich bewaffneten, sondern er trug selber zwei Schwerter: *Mîri* symbolisierte die temporäre, weltliche Macht, *Pîri* die spirituelle Autorität. Er war der erste Märtyrer-*guru,* der der Auseinandersetzung mit den Mogulherrschern zum Opfer fiel. Nachfolger wurde sein Enkel Har Rai (1630–1661). Der jüngste *guru* war der achte, Hari Krishan (1656–1664). Er war der jüngere Sohn von Har Rai. In Delhi wurde der jugendliche *guru* ein Opfer der Pockenepidemie. Noch vor seinem Tod bestimmte er seinen Großonkel Tegh Bahadur (1621–1675) zum Nachfolger. Seinen Einsatz für die Religionsfreiheit beim Mogulherrrscher Aurangzeb mußte er mit seinem Leben bezahlen. Tegh Bahadurs Sohn Gobind Rai wurde der zehnte und letzte menschliche *guru.* Am 13. April 1699 begründete er *Khâlsâ Panth,* die

»Gemeinschaft der Reinen«. Damit wurde aus der Reformbewegung eine eigenständige Religionsgemeinschaft mit festen Regeln und einem Aufnahmeritus, einer »Taufe«. Die ersten fünf vom *guru* Getauften werden *panj piaras*, die »fünf Geliebten«, genannt. Auf seinen ausdrücklichen Wunsch wurde auch der *guru* getauft und nahm den ab sofort für alle männlichen Sikhs geltenden Zunamen *Singh* (Löwe) an. So hieß er fortan Guru Gobind Singh. Alle Frauen erhielten den Zunamen *Kaur* (Prinz). Außerdem erklärte sich Gobind Singh als den letzten lebenden *guru*. Nach seinem Tod sollte das von ihm überarbeitete heilige Buch der spirituelle Meister sein, der *Guru Granth Sahib*. Obwohl Gobind Singh ein begnadeter Schriftsteller war, verzichtete er darauf, seine eigenen Hymnen in das heilige Buch aufzunehmen. Sie wurden später unter dem Namen *Dasam Granth* (Buch des Zehnten) veröffentlicht. Nach Gobind Singhs Tod setzten schwere Verfolgungen durch die damaligen Machthaber ein. Als Folge davon entwickelte sich die Sikh-Gemeinschaft von einer rein spirituellen Bewegung immer mehr zu einer militanten, schlagkräftigen Kampfbruderschaft; ein Erfordernis, um die eigene Identität und Religion zu erhalten und oft genug nur das eigene Leben zu retten. Als die Mogul-Herrschaft nahe an der Auflösung war, und die Afghanen unter Ahmad Shah Abdali angefangen hatten, ins Land einzufallen, nutzten die Sikhs die Gunst der Stunde, um ihr eigenes Königreich unter Maharaja Ranjit Singh (1780–1839) zu errichten. Das Sikh-Reich vermochte sich bis zur Annektierung durch die Engländer 1849 zu halten. In diesem Jahrhundert beteiligten sich die Sikhs im Befreiungskampf gegen die Engländer in vorderster Linie. Durch ihre hohe Arbeitsmoral gelang es ihnen, sich einen Ruf als zuverlässige Arbeitskräfte zu erwerben und bis in die höchsten politischen Ämter aufzusteigen. Im Gegensatz zu den Muslimen entschieden sich die Sikhs, beim Aufbau eines geeinten Indiens mitzuhelfen und auf einen eigenen Staat zu verzichten. Leider wurden die von Nehru gegebenen Versprechen sehr schnell wieder vergessen. Deshalb erhielten die nie ganz verstummten Stimmen, die einen eigenen Staat forderten, leicht Gehör, obwohl die Mehrheit nur innerhalb der indischen Union mehr Rechte und Autonomie forderte. *Khalistan* (Land der Reinen) sollte dieses neue politische Gebilde heißen. Durch eine ungeschickte Politik Indira Gandhis erhielten Extremisten um Bhindranwale Auftrieb. Der Höhepunkt in der Auseinandersetzung zwischen Extremisten und der Unionsregierung war die Erstürmung des Goldenen Tempels in Amritsar, die »Blue Star Operation«. Daß dafür ausgerechnet die Zeit der Feier zur Erinnerung an das Martyrium von Guru Arjan gewählt wurde, wenn Tausende von Gläubigen den heiligsten Ort ihrer Religion besuchen, ist sicher kein Zufall. Seither hat sich die Lage im Punjab nie mehr ganz beruhigt. Von Seiten der Extremisten und der Polizeikräfte werden fast täglich Gewaltakte verübt. Deshalb ziehen es manche Sikhs vor, ins Ausland zu fliehen.

Japji Sahib
»Nur ein Gott.
Wahrheit ist sein Name.
Der Schöpfer.
Ohne Furcht.
Ohne Haß.
Unsterblich.
Er steht über Geburt und Tod.
Er ist selbsterleuchtet.
Offenbart durch den wahren Guru.

Die Lehre

Jeder der zehn Gurus trug einen Teil zur Weiterentwicklung des Sikhismus bei. Obwohl alle als gleich hoch gelten, hatten der erste und der letzte den nachhaltigsten Einfluß auf das, was der heutige Sikhismus ist. Von Nanak stammt der Hauptteil der Theologie, von Gobind Singh sind die Regeln, die das Leben jedes Einzelnen und das Zusammenleben der Gemeinschaft bestimmen.

Nanak lehrte den reinen Monotheismus. Gott ist der Schöpfer und der Erhalter: »Es gibt nur Einen Geber von allem; ihn darf ich nie vergessen«, heißt es im Japji Sahib, dem Morgengebet, das den Anfang des *Guru Granth Sahib* bildet und einen wichtigen Teil der Theologie enthält. Das heilige Buch beginnt mit dem *Mul Mantra* (Wurzel Mantra), dem Glaubensbekenntnis:

Gott ist der transzendente Schöpfer. Über hundert seiner Eigenschaften werden im von Guru Gobind Singh verfaßten *Jaap Sahib* beschrieben. Sowohl Christen wie Muslime finden vertraute Anklänge. Die wichtigsten Aussagen sind die, daß Gott letztendlich unbeschreiblich ist, über allem steht und keine irdische Gestalt annimmt. Das bedeutet, daß im Gegensatz zum Hinduismus jede *avatara*-Lehre abgelehnt wird; ein »Herabstieg Gottes« ist undenkbar. Für Gott gibt es keinen einheitlichen Namen. Es finden auch Namen der Hindus Verwendung (Ram, Govind, Hari), aber der meistgebrauchte ist *Wahegure* (Wunderbarer Lehrer). Wie im Islam kann Gott nicht bildlich dargestellt werden.

Sikhs akzeptieren die Lehre der Wiedergeburt. Im Gegensatz zu den Hindus lehnen sie den Glauben an eine sich wiederholende Reihe von Geburten als Mensch ab.

Von der niedersten bis zur höchsten Form der menschlichen Gestalt steigt ein Wesen in Tausenden von Leben auf. Nur ein Mensch kann die Vereinigung mit Gott erreichen. Deshalb darf diese Chance nicht vertan werden, um die lange Stufenleiter nicht wieder von vorne beginnen zu müssen. Fatalismus wird abgelehnt. Es gibt keine prädestinierte Zukunft. Jeder Mensch kann, soll und muß aus seinen Fähigkeiten das Beste machen. Nicht der Rückzug aus dem Leben und Askese werden empfohlen, sondern die Handlung, das aktive Sich-Einsetzen.

Das wichtigste der Lehre ist im *Guru Granth Sahib* festgehalten. Dies ist weit mehr als ein Heiliges Buch; es ist für Sikhs der *guru*. Jedes Buch, das existiert, hat den absolut identischen Inhalt, der auf 1430 Seiten gedruckt ist. Obwohl jedem *Guru Granth Sahib* die höchste Verehrung zuteil wird, ist sie nicht mit der Anbetung der Idole der Hindus zu vergleichen. Das Buch ist eine umfassende Sammlung der Weisheit verschiedener Heiliger.

Im Gegensatz zu den Hindus kennen Sikhs keinen heiligen Fluß oder heiligen Ort. Und doch haben mehrere *gurdwaras* gegenüber anderen eine spezielle Bedeutung. Der heiligste Ort ist der *Hari Mandir* (Goldener Tempel) in Amritsar. Weitere wichtige Orte stehen mit der Sikhgeschichte in Zusammenhang: Anandpur Sahib (Begründung des Khalsa Panth), Nankana Sahib (Geburtsort von Guru Nanak), der Gurudwara Sis Ganj Sahib in New Delhi wurde zur Erinnerung an Guru Tegh Bahadurs Martyrium errichtet. Fünf Gurdwaras gelten als *Thakat (*Thron oder Sitz der Autorität): Patna Sahib in Bihar, Kesgarh Sahib in Anandpur Sahib, Damdama Sahib in Talwandi Sabo in Punjab, Hazur Sahib in Nanded in Maharashtra und Akal Thakat Sahib in Amritsar, welches auch der höchste Sitz ist.

Der Gottesdienst

Das Gotteshaus der Sikhs ist der *gurdwara* (Türe des *guru*). Vom größten Prachtgebäude bis zum kleinen unscheinbaren *gurdwara* sind alle schon von weitem am *nishan sahib* erkenntlich, einer dreieckigen orangefarbigen Flagge mit dem *Khanda*-Zeichen. Im *gurdwara* steht anstelle eines Altars ein *palki*, wo der *Guru Granth Sahib* auf Kissen und kostbaren Tüchern liegt. Das ganze ist mit einem Baldachin überdacht. Das heilige Buch steht im Zentrum. Seit Guru Gobind Singh ist der *Adi Granth* , der *Guru Granth*, also der *guru*: der spirituelle Meister. Ihm gebührt die Andacht. Alle Besucher erweisen ihm ihre Ehrerbietung, indem sie sich vor ihm verneigen und mit der Stirne den Boden berühren. Alle Menschen sind gleich, deshalb müssen alle am Boden sitzen. Weder darf ihm der Rücken zugedreht noch die Füße gegen ihn gerichtet werden. Vor dem *gurdwara* müssen die Schuhe ausgezogen und der Kopf bedeckt werden. Wer Alkohol getrunken hat oder Rauchwaren bei sich trägt, darf den *gurdwara* nicht betreten.

Jeden Tag wird frühmorgens das heilige Buch feierlich hineingetragen, geöffnet und vom *granthi* daraus gelesen. Auf die Lesungen (*path*) folgt das von *ragis* gesungene Gotteslob (*shabad kirtan*) und das Segensgebet *ardas*. Anschließend wird die Gott geweihte Süßspeise *karah parshad* verteilt. Bei speziellen Gelegenheiten wird ununterbrochen während etwa 48 Stunden der ganze *Guru Granth Sahib* gelesen (*akhand path*). Jeder Sikh-Mann und jede Sikh-Frau kann in einem *gurudwara* eine Funktion übernehmen als *granthi* oder *ragi*.

Zu jedem grösseren *gurdwara* gehört ein *langar* (eine öffentliche Küche). Hier sind alle Menschen unabhängig von der Religion zum Essen eingeladen. Finanzierung und die Arbeit gelten als *seva* (Dienst für Gott). Das Essen ist rein vegetarisch und besteht in indischen *gurdwaras* meist aus Dal und Chapattis (Linsen und Fladenbrot).

Kein Wochentag wird als heiliger Tag betrachtet. Am ersten Tag des indischen Mondkalenders (*sangrand*) besuchen viele Sikhs einen *gurdwara*, sofern sie dies nicht sowieso täglich tun. Spezielle Feste sind die Geburtstage der *gurus*, der Geburtstag von *khalsa: Vaisakhi (*Mitte April) und das Martyrium von Guru Arjan und Guru Tegh Bahadur. Weitere Feste sind Diwali, Lohrri, Holi und eher lokale Feste wie Hola Mahalla in Anandpur Sahib.

Der Mensch

Alles, was den Menschen und das Zusammenleben der Menschen betrifft, ist nachzulesen im *Rehat Maryada*, das vom »Shiromani Gurdwara Parbandhak Committee«

Meditiere.
Er war Wahrheit am Anfang.
Er war Wahrheit, als die Zeiten begannen.
Er ist auch heute Wahrheit,
Nanak, er wird immer Wahrheit sein.
Ein Sterblicher kann ihn nicht umfassen, selbst wenn er hunderttausend Male über ihn nachdenken würde.
Ein Sterblicher kann noch so lange in Stille verharren, er wird die Stille des Geistes nicht erreichen. Den Hungrigen wird der Hunger nicht vergehen, selbst wenn sie sich Ladungen von Gütern aufladen würden.
Ein Sterblicher könnte tausende und hunderttausende von klugen Gedanken haben, aber nicht einer ginge mit ihm in die nächste Welt.
Wie können wir wahr werden?
Wie kann der Wall von Unwahrheit durchbrochen werden?
O Nanak! Du mußt dem vorgegebenen Willen Gottes folgen.
(…)
Er, der Reine Eine, ist durch sich selbst.
Er ist weder eingesetzt noch geschaffen.
Jene, welche ihm dienen, empfangen Ehre.
O Nanak! Sing das Lob Gottes, den Schatz der Herrlichkeit.
Sing das Lob Gottes und habe Liebe für ihn in deinem Herzen.
Dann wirst du Glück empfangen in deinem Inneren und das Leid von dir werfen.
Des Gurus Worte sind Gottes Worte, des Gurus Worte sind göttliches Wissen, in des Gurus Worte geht man ein.
Der Guru ist Shiva, der Guru ist Vishnu und Brahma, der Guru ist Shivas Gefährtin Parvati, Vishnus Gefährtin Lakshmi und Brahmas Gefährtin Sarasvati.
Selbst wenn ich Gott kennte, ich könnte ihn nicht nennen. Er kann nicht mit Worten beschrieben werden.
Der Guru hat mir eines klar gemacht: »Es gibt nur einen Schöpfer von allem; ihn darf ich nie vergessen.«
(»Guru Granth Sahib«)

in Amritsar herausgegeben wird. In dieser Schrift sind die Regeln, wie sie von den Gurus gegeben worden sind, zusammengefaßt und erklärt.

Sikhs – Mann und Frau – tragen die *panj kake* (die Fünf K-Symbole), die mit einem »K« beginnen. *Kesh:* ungeschnittene Haare. Männer dürfen auch den Bart nicht schneiden und tragen zusätzlich einen Turban. *Kangha*: ein hölzerner Kamm als Zeichen der Sauberkeit. Er wird in den Haaren getragen. *Kacha*: Besondere Baumwollunterhosen zur Erinnerung an sexuelle Mäßigung. *Kara*: ein Stahlarmreif, der zum Ausdruck bringt, daß man der Wahrheit verpflichtet ist. *Kirpan*: ein Schwert oder Dolch als Symbol dafür, daß es für die *Khalsa* Ehrensache ist, die Armen, Schwachen und Unschuldigen zu verteidigen. Wer die Haare schneidet, gilt als *patit* (Abtrünniger).

Wer sich reif genug fühlt, die Glaubensprinzipien und Verhaltensregeln einzuhalten, nimmt *amrit* (Nektar). *Amritchakna* ist die Sikhtaufe; mit ihr werden Sikhs in die Gemeinschaft (*khalsa panth*) aufgenommen. Es braucht keine Voraussetzungen von Abstammung, Rasse, Geschlecht oder Nationalität, es gibt kein Mindest- oder Höchstalter. *Amritdharis* verpflichten sich, täglich dreimal zu beten: morgens, abends und vor dem Schlafen. Sie enthalten sich jeglicher Drogen und konsumieren weder Alkohol noch Tabak. Die meisten *Amritdharis* leben strikt vegetarisch und verzichten auf Fleisch, Fisch und Ei. Sikhs kennen keine Priesterklasse. Jeder und jede kann eine Funktion bekleiden. Als Voraussetzung gelten die »Taufe« und die nötigen Kenntnisse. Vor allem die Rezitation des *Guru Granth Sahib* ist nicht einfach.

Japji Sahib
»Verehrung sei Gott, der alles genießt.
…, der allgegenwärtig ist.
…, der keine Farbe hat.
…, der nicht zerstört werden kann (…).
…, der unbegreiflich ist.
…, der der Schönste ist.
…, der Ozeane durchdringt.
…, der keine Hilfe benötigt (…).
Gott hat keine Form. Gott hat keine Parallele. Gott ist unveränderlich. Gott nimmt nicht Geburt (…).
Gott kann nicht beschrieben werden. Gott hat keine Kleidung. Gott hat keinen Namen. Gott hat keine Wünsche.«
(»Dasam Granth«)

Die Ehe wird hochgehalten, Ehelosigkeit nicht verstanden. Auch die hauptamtlichen Granthi in den großen *gurdwaras* sollen verheiratet sein. Die Sexualität wird bejaht, aber nur innerhalb der Ehe. Vor- und außerehelicher Geschlechtsverkehr wird abgelehnt. Das Verhältnis von Männern zu anderen Frauen als der eigenen Ehefrau soll sein wie zu der Mutter, einer Schwester oder Tochter. Wie in Indien allgemein üblich, wird die Ehe vermittelt. Um Inzest zu vermeiden, gibt es für die Auswahl der Ehepartner strenge Regeln. Für die Heirat gilt kein besonderer Termin oder Tag, ebenso wird kein Horoskop befragt.

Mann und Frau gelten als gleichwertig. Allerdings leben die Sikhs nicht im luftleeren Raum, so daß die landesübliche Kultur auch auf das Sikh-Familienleben abfärbt, das heißt, bei Sikhs ist die gleiche Rollenverteilung wie bei andern Religionen anzutreffen. Der Frau ist es zwar erlaubt, eine beliebige Funktion in der Sikh-Gemeinde zu übernehmen, aber in der Realität sind es doch meistens Männer, die *granthi*, *ragi* oder Präsident sind. Und doch genießen die Sikh-Frauen eine viel höhere Stellung als in den andern indischen Religionen. *Sati*, die zwar verbotene aber immer noch da und dort geübte Witwenverbrennung der Hindus, ist bei Sikhs absolut undenkbar. Witwe und Witwer dürfen wieder heiraten.

Sikhismus ist eine soziale Religion. Gottesverehrung und Mißachtung des Mitmenschen lassen sich nicht vereinbaren. So verlangte schon Guru Nanak, daß ein Mensch Gott verehren, für seinen Lebensunterhalt arbeiten und mit dem Nächsten teilen soll. Ein Leben von den Zinsen oder den Dividenden läßt sich für Sikhs nicht mit ihrer Religion vereinbaren. Das Teilen mit dem Nächsten wird praktiziert. So ersetzen die öffentlichen Küchen *(langar)* in manchen Orten die fehlende staatliche Sozialhilfe. Geld- und Naturalienspenden sind zusammen mit der praktischen Arbeit *sewa* (Dienst für Gott). Daneben gibt es von Sikhs finanzierte und unterhaltene Kinderheime, Schulen, Ambulanzen und andere der Volksgesundheit dienende Einrichtungen.

Abspaltungen

Ist mit Guru Gobind Singh die Reihe der lebenden Meister abgeschlossen? Dies ist die wichtigste Frage, die viele Menschen beschäftigte. Die Namdharis verneinen sie. Baba Balak Singh (1799 – 1861) begründete diese Bewegung, für welche die Kette der Gurus nicht abgerissen ist. Die Zahl der Namdharis ist klein. Weitere Abspaltungen sind die *Radhasoami Satsang* in Beas (Punjab) und die *Ruhani Satsang* in Delhi. Allen gemeinsam ist der Glaube, daß der lebende Meister unerläßlich ist. Einer der bekanntesten Meister war Sant Kirpal Singh, der sich aktiv für Toleranz und ein besseres Verständnis der Religionen untereinander einsetzte. Seine Arbeit wird von verschiedenen Menschen und Gruppierungen fortgesetzt, so von Soami Divyanand in Deutschland, von der »Unity of Man« im Punjab und Europa und von Sant Rajinder Singh, der die Nachfolge seines Vaters Darshan Singh antrat. Ein wichtiges Element ist der *Surat Shabd Yoga*, mittels dessen der »Licht- und Tonstrom« zum Fließen gebracht werden soll.

Sikhs und andere Religionen

Traditionell ist der Sikhismus offen und tolerant. Die heute zu beobachtende Abschließung ist historisch bedingt. Gegenüber Muslimen entwickelten sich durch die Verfolgungen am Ende des 18. und zu Anfang des 19. Jahrhunderts Vorbehalte, wenn nicht sogar Feindschaft. Nochmals lebte diese 1947 in den Trennungswirren von Indien und Pakistan auf. Aus der Religionslehre läßt sie sich nicht begründen. Die Offenheit gegenüber andern Religionen zeigt augenfällig der Goldene Tempel in Amritsar: Er hat vier Türen, um Menschen aus allen Himmelsrichtungen und Religionen den Zutritt zu ermöglichen. Zwischen Hindus und Sikhs herrschte ein Gefühl der Verbundenheit. Es gab sogar Heiraten zwischen Angehörigen beider Religionen. Wenn heute von Terrorakten zwischen Hindus und Sikhs berichtet wird, zeigt dies die Auswirkungen einer verfehlten Politik, aber nicht Feindschaft zwischen den Religionen.

Sikhs außerhalb Indiens

Durch ihren sprichwörtlichen Fleiß sind Sikhs schon längere Zeit in vielen Ländern beliebte Arbeitskräfte. Deshalb treffen wir heute außerhalb von Indien viele Sikhs rund um den Globus. Es gibt nicht mehr viele Länder, in denen keine Sikhs sind. Als 1947 Pakistan (mit dem heutigen Bangladesh) von Indien abgetrennt wurde, mußten viele Sikhs aus dem nun islamischen Land flüchten. Heute lebt wieder eine beachtliche Zahl von Sikhs in Pakistan und beginnt mit der Restauration der historischen *gurdwaras.*

Auch in anderen asiatischen Ländern etablierten sich Sikhs. Vor den Kriegswirren lebte eine große Gemeinde in Afghanistan und es gab in Kabul mehrere *gurdwaras.* Ebenso war in Teheran (Iran) ein großer *gurdwara.* Ob der *gurdwara* in Bagdad (Irak) den Golfkrieg unbeschadet überstanden hat, ist unbekannt. In allen drei genannten Ländern ist die Situation sehr schwierig. In mehreren südasiatischen Ländern ist die Situation bekannt. In Thailand sind Sikhs nachweislich seit 1890 ansässig. Schon 1912/13 wurde der erste *gurdwara* gebaut. Seither folgten verschiedene *gurdwaras,* Organisationen und Schulen. 1901, also noch früher als in Thailand, wurde in Malaysia der »Sikh Temple Penong« errichtet. Schon 1978 wurden 18 *gurdwaras* gezählt. Auch 1901 wurde der Grundstein für den »Sikh Temple Hong Kong« gelegt. Kurze Zeit später – im Jahre 1921 – folgte in Singapur der »Central Sikh Temple Singapur« als der erste von neun größeren oder kleineren *gurdwaras.* 1930 wurde Manila, die Hauptstadt der Philippinen, durch die Errichtung des »Khalsa Diwan Indian Sikh Temple Manila Philippines« bereichert. Einem Großteil der in Südostasien lebenden Sikhs ist es gelungen, dort eine sichere Existenz aufzubauen. Obwohl nur ein kleiner Teil von ihnen je ihr Herkunftsland Indien besucht hat, halten sie an ihrer Religion und zu einem großen Teil an ihrer Kultur fest. Gefördert wird diese Bemühung durch verschiedene Organisationen wie »Sikh Missionary Society« und Sikh-Schulen.

Teilweise noch im 19. Jahrhundert wählten viele Inder Länder in Afrika als ihre neue Heimat. Darunter auch Sikhs. Tausende von Sikhs mußten unter Idi Amin Uganda verlassen, die meisten von ihnen in Richtung England. Kanada und England sind nach Indien die Länder mit dem größten Sikhanteil. Von Kanada gehen viele politische Aktivitäten aus. So ist dort der Sitz der Khalistan-Exil-Regierung. In den USA zeigt sich eine neue Erscheinung. Durch *Yogi Bhajan* (Harbhajan Singh Khalsa) wird der Sikhismus westlichen Menschen nahegebracht. Die »3HO Foundation« bietet *kundalini*-Yogakurse und Einführung in die Sikhreligion und -philosphie an. Auch in Europa gibt es Gruppen und Zentren dieser Bewegung, so zum Beispiel in Hamburg und Amsterdam. »3HO« steht für »Happy, Holy, Healthy«. Die Mitglieder leben strikt vegetarisch und meiden den Genuß von allen Drogen, Aufputschmitteln und ähnlichem, so auch Schokolade, Schwarztee und Kaffee. Im Gegensatz zu indischen Sikhs tragen hier auch die Frauen einen Turban. Die bevorzugte Farbe der Kleidung ist weiß. Zum Teil leben die Mitglieder in einer Wohngemeinschaft, in einem *ashram.* Im Unterschied zu indischen Sikhs wird am Morgen außer den üblichen Gebeten Yoga praktiziert. Viele Mitglieder – speziell in den USA – haben *amrit* genommen, das heißt, sie leben nach den strengen Regeln der getauften Sikhs. Die Beziehung zwischen 3HO-Sikhs und indischen Sikhs ist unterschiedlich. In Deutschland haben sie sich meist abgesetzt und halten ihre eigenen Gottesdienste in ihren Zentren. Die Ursachen sind die Sprache – die wenigsten westlichen Sikhs sprechen Punjabi – und Spannungen zwischen den verschiedenen rivalisierenden Gruppen der

Inder. In den USA und zum Teil auch in England herrscht meist ein gutes Einvernehmen. Jedes Jahr findet in Frankreich unter Leitung von Yogi Bhajan ein Sommercamp statt.

In Deutschland, den Niederlanden und der Schweiz ist die Zahl der Sikhs großen Schwankungen unterworfen. Die meisten sind Asylbewerber. Zeitweise kommen größere Gruppen. Abgewiesene Asylbewerber wiederum werden wieder nach Indien zurückgeschickt, wenn sie es nicht vorziehen, vorher nach Kanada oder die USA weiterzuziehen. Einzelne Gruppen konnten sich emanzipieren und errichteten *gurdwaras,* so zum Beispiel in Frankfurt, Hamburg und Amsterdam. Ähnliche Versuche in der Schweiz zeigten keine dauerhaften Resultate. Das Hauptproblem ist die interne Gespaltenheit. Im Gegensatz zu England oder Kanada, wo die Sikhs zahlreich sind, hat nicht jede Gruppe die Möglichkeit, sich zu konsolidieren.

LITERATUR: Owen Cole: Can the Sikh Scriptures be Translated? In: Angela Wood (Hg.): Religion and Education (Shap Working Party 1969 – 1989). Isleworth 1989, S. 73. – W.-H. Mc Leod: The Evolution of the Sikh Community. 1976. – Sacred Nit-Nem: Divine Hymns of the Daily Prayers by the Sikhs. In: Gurmukhi and Roman Scripts with English translation and Summaries of the Teachings and some Fundamentals of the Sikh Religion by H. S. Doabia. Amritsar 1976, Reprint 1990. – T. Thomas: The Voice of the Guru. 1978. – Harban Singh: Berkeley Lectures in Sikhism. New Dehli 1983. – Gupta Hari Ram: History of the Sikhs. Bd. 4, Delhi 1984. – Sri Guru Granth Sahib. In English translation. Translated by Gurbachan Singh Talib, in consultation with Bhai Jodh Singh. 4 Bde., Patiala 1985 – 90. – Die Sikhs. Text: Khushwant Singh, Fotos: Raghu Rai. Stuttgart/Bonn 1986. – Leben aus der Wahrheit. Texte aus der Heiligen Schrift der Sikhs. Ausgewählt, eingeleitet und aus dem Original übersetzt von Monika Tiel-Horstmann. Zürich 1988. – Singha H. S.: Mini Enzyclopaedia of Sikhism. Delhi 1989.

Christoph Peter Baumann

Sikhs in Großbritannien

Statistische Angaben

Der Zensus des Vereinigten Königreiches erfaßt die Religionszugehörigkeit nicht, und so sind Schulleiter und Gemeindevorsteher auf vage Mutmaßungen über die wirkliche Anzahl von Sikhs in Britannien angewiesen. Um die 300000 Sikhs sollen hier leben, von denen wiederum etwa 40 Prozent der Altersgruppe der unter 20jährigen zugezählt wird. Auf dem Staatsgebiet des heutigen Indien, das die größte Sikh-Population aufweist, machen die Sikhs nur 1,9 Prozent der Gesamtbevölkerung aus (etwa 80 Prozent sind Hindus), während sie in Britannien gleichstark wie die Hindus sind oder diese gar überflügeln. In Britannien lebt nach Indien die größte Bevölkerungsgruppe der Sikhs. Und anders als in den USA stammen die hier lebenden Sikhs von den Punjabis ab, die Nicht-Punjabis bekennen sich nicht zum Sikh-Glauben.

Ausbreitung

Die meisten britischen Sikhs leben in den Städten um die großen Seehäfen wie Bristol und Southampton, aber auch in den großflächig zusammengewachsenen Industriestädten Nordenglands (Leeds und Bradford in Yorkshire), den Midlands (Birmingham, Coventry, Leicester und Nottingham) und im Großraum London (Southall, Middlesex) leben Sikhs. Die wenigen Sikh-Gemeinden Schottlands befinden sich in Dundee, Edinburgh und Glasgow. Cardiff in Wales weist eine ansehnliche Sikh-Bevölkerung auf, während in Nordirland sehr wenige Sikhs leben.

Politische Geschichte und gegenwärtige Situation

Warum Sikhs sich im Vereinigten Königreich niederlassen, erklärt sich zum einen aus den Beziehungen zum British Empire und zum anderen aus dem Arbeitskräftebedarf der britischen Industrie nach dem Zweiten Weltkrieg. Die soziale Organisation der Sikhs in Britannien kann nicht unabhängig von der sozialen Schichtung der Punjab-Gesellschaft betrachtet werden, die sich aus strukturell unterschiedlichen Mitgliedern zusammensetzt, eine endogame Heiratsordnung praktiziert und nach »Kasten«-Zugehörigkeit (*zats*) lebt.

Die Britische Regierung annektierte 1849 den Punjab; das Heimatland der Sikhs bildet heute die Grenze zwischen Pakistan und Indien. Fünf Jahre später ließ sich

Duleep Singh, der Sohn des besiegten Maharaja, in Britannien nieder. 1911 besuchte der Maharaja von Patiala London und stiftete Geld, damit in Britannien im Zentrum Londons die erste *gurdwara* (Andachsstätte) errichtet würde.

Bis zum Zweiten Weltkrieg rekrutierte sich die Sikh-Gemeinde im Britischen Königreich sowohl aus Studenten, Kindern wohlhabender Familien, als auch aus wandernden Händlern der *Bhatra*-Kaste. Die Bhatra-Sikhs kamen aus Sialkot (heute in Pakistan gelegen) und siedelten hauptsächlich um die britischen Seehäfen. Während der beiden Weltkriege waren 20Prozent der British Indian Army Sikhs aus dem Punjab. Indien wurde 1947 unabhängig: Der Punjab wurde zwischen Indien und Pakistan aufgeteilt. Tausende Sikhs flohen nach Osten in den neuen Staat Indien. Vor diesem historischen Hintergrund ist es nicht verwunderlich, daß es für die Sikhs keiner großen Ermunterungen bedurfte, um zu emigrieren und sich nach besseren finanziellen Perspektiven umzuschauen. Die größte Kaste der Sikhs, die *jat*, waren ländliche Farmer, deren Landbesitz durch das Erbrecht zerstückelt wurde. In den 1950er und 1960er Jahren wanderten Tausende der *jats*, vor allem aus der Gegend um Jalandhar, nach Großbritannien aus, sie profitierten vom Arbeitskräftemangel in Fabriken, Gießereien und im öffentlichen Personentransportwesen. Nach einigen Jahren folgten diesen Migranten deren Frauen und Kinder aus Indien. Die Aussicht, wieder nach Indien zurückzukehren, verblaßte, je mehr die Familien Wurzeln schlugen und sich eigene Traditionen ausbildeten.

In den späten 60er und den frühen 70er Jahren dieses Jahrhunderts wanderten viele Sikh-Familien aus den unabhängig gewordenen Staaten Ost-Afrikas (vor allem Kenia, Uganda und Tansania) nach Großbritannien aus: Die bevorstehende Afrikanisierung verwehrte Nicht-Afrikanern höhere Schulbildung und Arbeitserlaubnis. Das Vereinigte Königreich bot sich als Einwanderungsland an; viele Sikhs besaßen einen britischen Paß und waren englisch erzogen worden. Diese Familien waren meist Mitglieder der *Ramgarhia*-Gemeinde, seit Generationen arbeiteten die Männer als Maurer, Zimmermänner und Stahlarbeiter. Arbeiter aus diesen Familien waren 1897 - 1901 im Punjab dienstverpflichtet worden, um die East African Railway zu bauen. Die *Ramgarhia*-Sikhs, die aus Ost-Afrika nach Großbritannien kamen, brachten über Generationen gesammelte Erfahrungen aus dem Handels- und Berufsleben mit, was soziale und kulturelle Vorteile schaffte und den Start in einer fremden Umwelt erleichterte.

Sikh-Organisationen

Die Sikhs in Großbritannien verfügen auffälligerweise nicht über eine nationale Körperschaft, obwohl einige ihrer Organisationen national (landesweit) operieren. So wurde zum Beispiel 1969 in Southall die Sikh Missionary Society gegründet, sie sollte vor allem auf Englisch Informationen über den Sikhismus verbreiten. Örtliche *gurdwaras* sind die wichtigsten Sikh-Institutionen, von denen es an die 200 gibt. Sie stehen allen offen, doch sind etliche wiederum mit diversen Kasten verknüpft, wie es die Attribute Bharta und Ramgarhia einzelner *gurdwaras* belegen. Die *gurdwaras* sind kultureller Mittelpunkt; hier lernen in Großbritannien geborene Sikhs Punjabi, hier bestehen Frauen-Zirkel und Sport-Vereine.

Eine wichtige Rolle kommt den spirituellen Führern zu, den *sant*. Sie ermuntern die Einzelnen zu kräftigen Spenden; ihre Gefolgsmänner bauten und bauen die *gurdwaras*, die nicht von einem gewählten Komittee geleitet werden, sondern von dem zuständigen *sant*.

Von den 50er bis in die 70er Jahre waren Sikhs äußerst aktiv auf dem linken Flügel der Indian Workers Associations engagiert. Sie arbeiteten in Organisationen mit, die die Autonomie des Punjab betrieben (*Akali Dal* und *Indian Overseas Congress*) und unterstützten das *Akhand Kirtani Jatha*, eine spirititische Bewegung, die Bhai Randhir Singh gründete.

Die Unruhen im Punjab während der 80er Jahre blieben nicht ohne tiefgreifende Folgen für die Sikh-Diaspora. Als 1984 die indische Armee den Goldenen Tempel in Amritsar, das geistige Zentrum der Sikhs, stürmte, reagierten die britischen Sikhs mit Kummer und Empörung. In ihren politischen Reaktionen wurden nachdrücklich die bestehenden Kasten betont, während nur die *jats* mit aller Vehemenz die Schaffung eines unabhängigen Staates Khalistan forderten. Im September 1984 wurde in Britannien die International Sikh Youth Federation gegründet. Ebenso wie Babbar Khalsa, ein Sprößling der Akhand Kirtani Jatha, unterstützen sie die Separationsforderungen.

Die Punjab-Unruhen stärkten das Identitätsbewußtsein der britischen Sikhs. Gleichzeitig wurde der ersten Generation von Sikh-Eltern, die in Britannien aufgewachsen und unterichtet war, bewußt, daß sie ihren Kindern ihr Sikh-Erbe nicht ausklammern konnten und daß es auch für sie notwendig war, sich ihrer Herkunft erneut zu erinnern.

Nicht nur Schulklassen, die in Punjabi und traditioneller Musik unterrichtet wurden, sondern auch die Zahl der Jugendlager für Sikhs – das erste wurde 1978 abgehalten – wuchsen an. Das Ziel der Organisatoren ist, die jungen Sikhs über ihren Glauben zu informieren und sie zu diesem zu ermutigen.

Einfluß der Sikhs-Schriften auf die kulturellen Aktivitäten im Vereinigten Königreich

In Gegenden mit einem hohen Sikh-Bevölkerungsanteil organisierten lokale Schulbehörden Punjabi Klassen und ließen in öffentlichen Bibliotheken Bücher in Punjabi auslegen. In den Schulen wird mittlerweile im Religionsunterricht der Sikhismus unterrichtet. Auch dies sind Anzeichen, daß die Institutionen auf ortsansässige Sikhs zugehen. Werden Turban-Träger vereinzelt diskriminiert, so beschäftigt dies dann sporadisch die Medien. In den späten 60er Jahren kam es zu lokalen Auseinandersetzungen wegen der Sikh-Busfahrer, obwohl ihnen gestattet war, den Turban zu tragen. Die Angelegenheit wurde zum Vorteil der Sikhs gelöst. Selbst von der gesetzlichen Bestimmung, einen Motorradhelm zu tragen, wurden die Sikhs 1976 aufgrund ihrer Religion befreit.

Das House of Lords sorgte 1983 für einige Aufregung. Ein Schulleiter verweigerte einem Sikh-Jungen den Zugang zu seiner unabhängigen Schule, weil dieser einen Turban trug. Das Hohe Haus sah darin einen Verstoß gegen den Race Relation Act, denn die Sikhs seien mehr als nur eine religiöse Sekte. Sie seien vor allem eine Rasse und eine Nation.

Sikh-verwandte Religionen

Die Angehörigen der Kaste der Mazhabi Sikhs in Britannien beten in Valmiki-Tempeln und verehren Rishi Valmiki, eine Gottheit aus der Gemeinschaft der Hindu-Tradition. Die Ravidas beten in ihren eigenen *gurdwaras* zu dem mittelalterlichen Heiligen Ravidas. Diese Sikhs werden auch von ihren Glaubensgenossen als Nicht-Sikhs denunziert, da sie sich der hinduistischen Praxis anschlossen und einen lebenden Guru anerkennen. Für Britannien bedeutet dies: Eine große Anzahl Sikhs hört auf den Radhasoami Guru aus Beas im Punjab und den Namdhari Guru. Beide Richtungen sind streng vegetarisch ausgerichtet.

Zukunfttrends

Die britische Gesellschaft übt einen nonverbalen Druck auf die religiöse Funktion der *gurdwaras* als Kirche aus, zumal in vielen feierliche Hochzeiten stattfinden.

In Britannien wird dies im allgemeinen während des Wochenendes getätigt, und die Sonntags-Vereinigungen sind prinzipiell stärker besucht. Der *granthî* erinnert hierbei an den englischen Priester, während das *amrit pahul* auf die Taufe verweist. Auch alte Traditionen werden wieder aufgegriffen: Aus den riesigen Hallen sind Stühle und Tische entfernt, alle sitzen auf dem Fußboden.

Individuell folgen die Sikhs zwei gegensätzlichen Trends: Die einen haben demonstrativ mit Sikh-Praktiken gebrochen, sie schneiden sich die Haare, während andere stolz auf ihre Identität sind; selbst immer mehr Frauen tragen den Turban. Die jungen Sikhs hingegen versuchen, ihr Erbe zum einen aus der Punjab-Konvention zu lösen (Heirat ohne Zat, die Männer trinken Alkohol), zum anderen suchen sie Rat in den Botschaften eines *gurus* (die Belanglosigkeit des Zat, die Gefährlichkeit des Alkohols).

Eleanor Nesbitt

BUDDHISMUS

»Daß Jesus aufrecht am Kreuz starb, während Buddha liegend verschied – symbolisiert das nicht den fundamentalen Unterschied in mehr als einer Hinsicht zwischen Buddhismus und Christentum? ›Aufrecht‹ bedeutet Aktion, Streitbarkeit, Ausschließlichkeit, indes ›waagrecht‹ Frieden, Duldsamkeit und Weitherzigkeit meint«. Dieses Urteil stammt von dem japanischen buddhistischen Gelehrten Daisetz Teitaro Suzuki (1870–1966) und vergleicht zwei große Meistergestalten der Religionsgeschichte. Für den deutschen Philosophen Karl Jaspers (1883 – 1969) war Buddha einer der »maßgebenden Menschen«. Und der katholische Theologe Romano Guardini (1885 – 1968) schrieb beinahe prophetisch in seinem Jesusbuch »Der Herr« (1938): »Einen einzigen gibt es, der den Gedanken eingeben könnte, ihn in die Nähe Jesu zu rücken: Buddha. Dieser Mann bildet ein großes Geheimnis. Er steht in einer erschreckenden, fast übermenschlichen Freiheit; zugleich hat er dabei eine Güte, mächtig wie eine Weltkraft. Vielleicht wird Buddha der letzte sein, mit dem das Christentum sich auseinanderzusetzen hat.«
Während der vergleichende Religionswissenschaftler Gustav Mensching (1901 – 1978) Buddha als »Meister« und »Stifter einer mystischen Universalreligion« deutet, meint der Indologe Ulrich Schneider, man könne sich den Weg zu Buddhas Lehre »kaum gründlicher verbauen als dadurch, daß man den Buddha mit Christus oder Mohammed auf eine Ebene stellt; er war vielmehr ein Wanderprediger und Lehrer vom Schlage eines Sokrates oder Konfuzius, ein Rationalist, für den nicht metaphysische, also auch nicht ›religiöse‹ Fragen im Vordergrund standen, sondern ›ethische‹.
In der wissenschaftlichen Literatur der beiden letzten Jahrzehnte sind zehn unterschiedliche Auffassungen über das Wesen des Buddhismus vorgetragen worden. Beim Buddhismus handele es sich um: »1. eine Religion, 2. eine Philosophie, 3. eine Religion oder Philosophie, 4. eine Religion und eine Philosophie, 5. weder eine Religion noch eine Philosophie, sondern um ein System von Morallehren, 6. eine Erlösungswissenschaft in einem von Religion und Philosophie zu unterscheidenden und zu diesen im Gegensatz stehenden Sinn, 7. ein System von Magie, Wunder und Hypnose, 8. einen »way of life«, 9. eine (totale) Zivilisation oder 10. ein System der »Psychologie« (Zusammenfassung nach Dieter Schlingloff).

Siddharta Gautama, genannt »Buddha«: Leben und Legende

Der Buddhismus ist eine »gestiftete« Religion, an deren Anfang eine historische Persönlichkeit steht: der Sohn des wohlhabenden, aus der Kriegerkaste stammenden Provinzgouverneurs beziehungsweise Landadligen Shuddhodana. Erst später wird er Buddha genannt: »der Erwachte« oder »der Erleuchtete« – ein dem »Christus«-Titel vergleichbarer Ehrenname. Von Hause aus hieß dieser indische Adlige Siddharta (erfüllter Wunsch); er stammte aus dem Geschlecht der Shakyas, aus der Gautama-(»größter Stier«, »Füh-

Amida (japanisch für Amitabha) in Kamakura, Japan.
Die kolossale Buddhafigur wurde 1252 von Ono Goroemon aus 103 Tonnen Bronze gegossen.

rer der Herde«) Familie. Wann er lebte, ist umstritten. Datierte ihn die Forschung früher von 560 bis 480 v. Chr., so findet heute eine spätere Datierung immer mehr Zustimmung: Danach wäre Buddhas Tod – sein »Eingang in das Nirvana« – zwischen 450 und 350 v. Chr. anzusetzen. Geboren wurde er in Kapilavastu im heutigen nepalesischen Terai. Die moderne Buddhismus-Forschung unterscheidet für die Buddhabiographie drei Quellenbereiche: das *Mahaparinirvana-sutra* (Großer Lehrtext vom vollständigen Erlöschen), die Buddhalegende und die *sutras* (Lehrreden). Schon im ersten Quellenbereich zeigt sich die Tendenz, den historischen Buddha in eine übermenschliche Sphäre hinauszuheben. Die Buddhalegende will keine historischen Angaben machen und illustriert die Lehre. Auch die Lehrreden enthalten wenig Historisches, geben aber zum Teil echte Reden des Buddha wieder. Die Buddhismusforschung steht vor erheblichen Schwierigkeiten, eine relative Chronologie herzustellen, also das Früher oder Später einzelner Texte zu bestimmen.

Siddharta Gautamas Wirkungsbereich war das »mittlere Land«, in dem die beiden gegnerischen Königreiche Koshala und Maghada lagen. In Buddhas Heimat sprach man Ardhamagadhi (nicht Pali), einen Dialekt des Maghada. Das »mittlere Land« war ein fruchtbares Gebiet, in dem man intensiv Reis anbaute und in zunehmender Zahl die Wälder rodete. Zur Zeit Buddhas nahmen Bevölkerungszahl und -dichte zu. Das Leben konzentrierte sich auf die sechs großen Städte: Shravasti, Rajagriha, Varanasi/Benares, Saketa, Kaushambi, Champa. Außer der Opferreligion der Brahmanen praktizierten Buddhas Zeitgenossen eine magisch ausgerichtete Volksfrömmigkeit. Daneben blühte eine auf kleine Zirkel beschränkte esoterische Philosophie. Die Buddhabewegung ist Teil einer antibrahmanischen Alternativbewegung von *shramanas* beziehungsweise *parivrajakas* (Asketen, Mönche, Wanderlehrer). Sie umfaßte unterschiedliche Richtungen, wie zum Beispiel: die als »drop-outs« (Trevor Ling) charakterisierten heimatlos wandernden, in mehrere Untergruppen zerfallenden *ajivakas* (Menschen des alternativen Lebens), die Jainas, die *lokayatas* (Materialisten), schließlich die »Skeptiker«.

Für Buddhisten beginnt das Leben des Buddha Shakyamuni (des »Weisen aus dem Shakya-Geschlecht«) nicht erst mit seiner Geburt, sondern in dem Augenblick, als der zukünftige Buddha, der *bodhisattva* (Erleuchtungswesen), vom *tushita*-Himmel auf die Erde herabstieg. Im *tushita*-Himmel überragte er die anderen Gottheiten an Lebenskraft, Schönheit, Ruhm und Selbstzucht. Seine »fünf prüfenden Blicke« (rechter Zeitpunkt für seine Geburt; rechter Kontinent; rechtes Land; rechte Familie; rechte Mutter) führten ihn zur Erkenntnis, daß er in der Stadt Kapilavastu als Sohn des Provinzgouverneurs (die Legende spricht von einem großen König) Shuddhodana und seiner 40jährigen Ehefrau, der Prinzessin Maya, wiedergeboren werden

»Selten findet sich das Erscheinen eines Vollendeten, Heiligen, Vollkommen-Erwachten in der Welt.
Klar sichtbar ist diese Lehre:
Jedem Verständigen verständlich.
Sie heißt: ›Komm und sieh!‹
So wie ich bin, so sind jene,
Wie jene sind, so bin ich.
Wer sich selbst zum Gleichnis macht,
Tötet nicht mehr und läßt nicht mehr töten.«

»Da ließ sich der Herr der drei Welten, der von allen Wesen verehrte bodhisattva, nach genauer Prüfung, zur richtigen Zeit aus dem Tushitahimmel herab. Klar und bei vollem Bewußtsein ging er, als ein junger weißer Elefant mit sechs Stoßzähnen, zur rechten Seite in den Leib seiner Mutter ein, als diese gerade Fasttage hielt. Sein Kopf war purpurfarben, die Reihe der Zähne blitzte wie Gold, und er war mit allen Körperteilen wie Gliedern wohlversehen und von vollkommenen Organen. Im Mutterleibe lag er immer auf der rechten und nie auf der linken Seite.«
(Lalitavistara)

»›Herr, wie sollen wir uns gegen das Frauenvolk verhalten?‹
›Nicht ansehen, Ananda!‹
›Wenn wir sie aber doch angeblickt haben, Erhabener, wie sollen wir uns dann verhalten?‹
›Nicht anreden, Ananda!‹
›Wer aber doch ins Gespräch gerät, wie soll er sich dann verhalten, Herr?‹
›Der möge sich mit ernster Besonnenheit rüsten!‹«

Der große Aufbruch des Siddharta Gautama. Torrelief am Stupa Nr. 1, Sanchi, Indien.

will. Maya, die in den buddhistischen Legenden als eine besonders tugendhafte Frau verklärt wird, träumte davon, daß der *bodhisattva* als kleiner weißer Elefant in ihren Schoß eingeht. Ihre Schwangerschaft soll ohne die geringsten Beschwerden verlaufen sein. Die ältesten Texte wissen im Unterschied zu jüngeren nichts von einer jungfräulichen Empfängnis, denn vor ihrem Keuschheitsgelübde führte Maya ein normales eheliches Leben. Im Mutterleib blieb der *bodhisattva* von allem körperlich-weltlichen Schmutz unberührt. Die nach der zehnmonatigen Schwangerschaft einsetzende Geburt ging völlig schmerzlos vonstatten. Auch in der Natur geschahen Zeichen und Wunder, denn die Geburt des zukünftigen Buddha kündigte den Beginn einer heilvollen Zeit an. Die *jatakas* (Lebensläufe) des Buddha erzählen von früheren Daseinsformen des *bodhisattva*. Sie enthalten zum Teil Volksmärchen aus vorbuddhistischer Zeit. Unmittelbar nach der Geburt machte der *bodhisattva* »sieben Schritte«, die sein ausgeprägtes Selbstbewußtsein demonstrieren und in kosmische Dimensionen verweisen: »Sowie er geboren wird, setzt der *bodhisattva* seine Füße flach auf den Erdboden und schreitet, gen Norden gewandt, unter dem Schutz eines weißen Sonnenschirmes siebenmal weit aus. Er betrachtet alle ihn umgebenden Bereiche und spricht mit der Stimme eines Stiers: ›Ich bin der Höchste der Welt, ich bin der Beste der Welt, ich bin der Älteste der Welt; dies ist meine letzte Geburt; von nun an werde ich in kein neues Dasein mehr treten‹.

Sieben Tage nach der Geburt starb Siddhartas Mutter Maya. Mit der im christlichen Lukasevangelium überlieferten Simeon-Geschichte (Lukas 2,25 f.) ist des öfteren die Prophezeiung des Sehers Asita (*a-sita* = nicht weiß, also: dunkel) beziehungsweise nach anderer Tradition Kaladevala verglichen worden. Asita war ein Asket, dem ekstatische Fähigkeiten nachgesagt wurden. Als er von der Geburt Siddharta Gautamas erfuhr, nahm er seine paranormalen Kräfte zu Hilfe und suchte den Neugeborenen auf. Dank dieser *siddhi* (vollkommene Fähigkeit)-Kräfte flog er zum Hof des Provinzgouverneurs, um sich den Erlöser anzusehen. Ergriffen nahm Asita das Buddhakind in den Arm, sah die 32 »Zeichen der Vollkommenheit« (*dvatrimshadvara-lakshana*), die ein »Welten«- bzw. »Radherrscher« (*chakravartin*), insbesondere ein Buddha, hat. Im Unterschied zum getrösteten Simeon vergoß Asita jedoch Tränen, weil er bereits vor der Heilsverkündigung des Buddha sterben und damit nicht mehr des Heils teilhaftig sein würde.

So wie in außerbiblischen Texten Legenden über die Kindheit Jesu erzählt werden, überliefert auch die spätere buddhistische Literatur Geschichten aus Kindheit und Jugend des Buddha.

Siddharta lebte in gutsituierten Verhältnissen. Mit 16 Jahren heiratete er Yashodara, mit 29 bekam er einen Sohn: Rahula. Rahu war der Name des indischen Dämons der Verfinsterung, den der Volksglaube für die Sonnen- und Mondfinsternisse verantwortlich mach-

Oben: Relief eines bodhi-Baumes vom Osttor, Stupa Nr. 2, in Sanchi. Unter einem bodhi-Baum wurde Siddharta zum Erleuchteten. Museum für Indische Kunst, Berlin.

Unten: Angriff des Teufels Mara auf den meditierenden Gautama Siddharta. Schieferrelief, 3. Jahrhundert. Museum für Indische Kunst, Berlin.

te. Rahula ist eine Verkleinerungsform dieses Dämonennamens und mag entweder darauf hinweisen, daß Buddhas Sohn unter einer bestimmten Gestirnkonstellation geboren wurde, oder daß Siddharta sein Leben durch dieses Kind »gefesselt« sah.

In Siddhartas Leben vollzog sich bald darauf die entscheidende Wende: Eine Woche nach der Geburt Rahulas zog der *bodhisattva* »aus der Heimat in die Heimatlosigkeit« (*pravrajya*). Erst die spätere legendarische Überlieferung enthält die berühmt gewordene »Geschichte von den vier Ausfahrten«. Frühere Texte und Bilder wissen dagegen von mehreren Anstößen, die schließlich zur Weltflucht Siddhartas führten. Nach verschiedenen Legenden begegneten Siddharta ein abgezehrter Greis und ein Kranker. Schließlich sah er einen Leichnam. Auf die Frage Siddhartas, ob nur diese Personen alt und krank sein oder sterben können, antwortete der Wagenlenker, daß es daraus für niemanden einen Ausweg gebe. Auf der letzten Ausfahrt trafen sie einen Bettelmönch. Und dieser auf der Suche nach *amrita* (Unsterblichkeit) Befindliche verkörperte das Ideal, dem Siddharta fortan nachstrebte. Nach altindischer Asketentradition rasierte Siddharta Gautama Bart und Haupthaar ab. Er legte die gelben Asketengewänder an, verließ seine Familie und begann mit einem Wanderdasein – entsprechend der Lebensform der *shramanas*. Siddharta ging in die Schule mehrerer Lehrer, die ihm jedoch auf seinem spirituellen Weg letztlich nicht weiterhalfen. Deshalb verließ er diese Gurus und übte sich sechs Jahre lang in härtester Askese. Die buddhistische Kunst stellt ihn in jener Lebensphase als einen bis zum Skelett abgemagerten Einsiedler dar. Während dieser Zeit schlossen sich ihm fünf Mitasketen an. Als Siddharta nach sieben Jahren merkte, daß ihn der entsagungsvolle Weg nicht zum Heil führte, beschritt er fortan den »mittleren Weg« (*madhyama-pratipad*), der alle Extreme vermeidet. So nahm er zur Mißbilligung seiner Asketengefährten wieder Nahrung zu sich. Im Monat Vesak (Mai) gelangte der 35jährige Siddharta nach tiefer Meditation unter einem Feigenbaum – später *bodhi*-Baum bzw. kurz *Bo*-Baum (*ficus religiosa*) genannt – zur wahren Einsicht in das Wesen aller Dinge: Er erlangte *bodhi* (Erwachung, Erleuchtung), wurde dadurch zum Buddha (Erwachten, Erleuchteten).

Dem sterbenden, endgültig ins nirvana eingehenden Buddha wird das Lager bereitet. Schieferrelief, 2./3. Jahrhundert.

Im Zusammenhang mit dem *bodhi*-Erlebnis siedeln buddhistische Erzähler die Versuchung des Buddha durch den Teufel *Mara* (derjenige, der tötet) an. *Mara* ist Repräsentant der »Welt«, symbolisiert die den Menschen überwältigenden Leidenschaften, die der Buddha gerade überwinden will. Mara bedroht Buddha – insgesamt erfolglos – durch eine Vielzahl schrecklicher Teufel, nämlich durch seine verführerischen Töchter.

Seine erste öffentliche Predigt hielt Buddha in Sarnath (heute Isipatana), im Gazellenhain von Varanasi (heute: Benares). Dort wurde zum ersten Mal das »Rad der Lehre« (*chakra*) in Bewegung gesetzt. Die fünf Asketengefährten wurden nach anfänglichem Zögern schließlich so sehr von der neuen Heilslehre in Bann geschlagen, daß sie Buddhas erste Jünger wurden. Mehr als 45 Jahre widmete Buddha sein Leben der Mission. Seine Lehre verkündigend, zog er durch Nordindien, gründete einen Orden von Mönchen (*bhikshus*) und später – zunächst widerwillig – von Nonnen (*bhikshunis*). Nur während der jährlichen Regenperiode von Ende Juni bis Ende September zog sich der Buddha zurück und gönnte sich Ruhe. Er wurde von Königen und reichen Gönnern beherbergt, die Parks und Baulichkeiten für den *sangha* (Menge, Schar), wie sich die junge buddhistische Gemeinde nannte, stifteten.

Buddha beeindruckte durch seinen untadeligen Charakter: Der Meister strahlte Zuversicht und Erlösungsgewißheit aus. Sein kontemplatives Wesen wirkte bei Auseinandersetzungen ausgleichend. Spekulativen Lehrstreitigkeiten entzog er sich, weil diese nicht zum Heil führten. Außerdem imponierte seine antibrahmanische Einstellung zum Kultwesen. Wundern gegenüber war Buddha kritisch eingestellt. Wie seine Mönche, so verfügte er aber über die magischen *siddhi*-Kräfte, die nach Auffas-

»Wenn aber ein bodhisattva zum letzten Dasein geboren wird und wenn er zur allerhöchsten Erleuchtung erwacht, dann geschehen durch ihn Wunderzeichen übernatürlicher Macht, wie sie jetzt erschienen. (…) Kaum war der bodhisattva geboren, da fühlten sich alle Wesen vollkommen wohl. Verschwunden war alle Leidenschaft, Haß, Verblendung, Stolz, Unbehagen, Verzagtheit, Furcht, Habsucht, Eifersucht und Neid. Alle schlechten Handlungen hörten auf. Die Krankheiten aller Leidenden erreichten ein Ende. Der Hungrigen und Durstenden Verlangen wurde gestillt. Die von Branntwein Berauschten wurden nüchtern. Die Irren erhielten ihr Gedächtnis zurück, die Blinden ihre Augen, die Tauben ihr Gehör. (…) Das gegenseitige Sichauffressen und die sonstigen Leiden der Tierwelt fanden Ruhe, ebenso wie Hunger, Durst und alle anderen Qualen des Totenreiches.« (Lalitavistara)

sung des Indologen Dieter Schlingloff »das Wesen des ältesten Buddhismus« ausmachen sollen. Dabei handelt es sich um psychische Eigenschaften, die sich auf der vierten Stufe der meditativen Versenkung einstellen. Einfacheren Gemütern predigte Buddha den Weg zu einer besseren Weiterverkörperung. Den Anspruchsvollen verkündete er dagegen das *nirvana* (Verlöschen).

Der Kreis der Buddha-Jünger setzte sich zusammen aus einigen Familienmitgliedern, zum Beispiel seinem Sohn Rahula, dem Halbbruder Nanda, seinem Neffen und Lieblingsjünger Ananda sowie entfernteren Verwandten. Neben Ananda zählten Sariputta und Mahamoggalana zum engsten Jüngerkreis. Außerdem lesen wir noch von einem weiteren Kreis der 500.

Buddhas Leben verlief zum allergrößten Teil friedlich. Ein einziges dramatisches Ereignis wird berichtet: Buddhas Vetter Devadatta verübte einen Mordanschlag auf das greise Oberhaupt der Gemeinde, der allerdings mißlang. Buddha starb im Alter von 80 Jahren während einer tiefen Meditation, ging nach buddhistischem Glauben in das *nirvana* ein. Einen Nachfolger hinterließ er nicht, stattdessen verwies er auf den *dharma* und den *sangha*. »Alle Erscheinungen sind vergänglich; kämpfet unermüdlich!« - so sollen seine letzten Worte gelautet haben. Eine Woche nach Buddhas Tod wurde sein Leichnam verbrannt und die Asche verteilt. Die Empfänger jener letzten Überreste setzten diese in *stupas* (Verehrungshügeln) bei.

Buddhas Lehre – der dharma

Die Lehre vom duhkha

Im Zentrum der Verkündigung Buddhas steht der *dharma* (Pali: *dhamma*), die »Lehre«, nicht aber seine Person selbst. Bald nach seinem Tode verschob sich das Glaubenszentrum jedoch von der »Lehre« zum »Erwachten« hin. Der historische Buddha sagte einmal folgende Worte, welche auf die große Bedeutung der »Lehre« hinweisen: »Wenn jemand, den Saum meines Mantels haltend, Schritt für Schritt hinter mir herginge, nicht aber meine Lehre befolgte, so wäre er meilenweit von mir entfernt; denn ein solcher sieht die Lehre nicht, und wer die Lehre nicht sieht, der sieht mich nicht. Wenn aber jemand meilenweit von mir entfernt wäre und meine Lehre befolgte, ein solcher sieht die Lehre, und wer die Lehre sieht, der sieht mich.«

Mittelpunkt der Lehre Buddhas ist die Feststellung, daß das Leben aus *duhkha* (Pali: *dukkha*, Leiden) besteht. Trotzdem ist der Buddhismus keine düstere Leidenslehre. Das Gegenteil ist vielmehr wahr: Buddha will die Leidenden aus ihrer »generellen und existentiellen Unheilssituation« (Gustav Mensching) befreien. *Duhkha* ist weit mehr als körperlich-seelisches Unwohlsein; denn »was auch immer empfunden wird, das gehört zum Leiden«: also auch freudige, positive Gefühle. Selbstverständlich macht ein Buddhist auch glückliche Erfahrungen. Sie sind jedoch nicht von Dauer, tragen schon den Keim des nachfolgenden Leidens in sich. *Duhkha* geht auch nicht in den normalen sinnlichen Erfahrungen auf: »Das Leiden nicht zu erkennen (...) wird Nichtwissen genannt«. *Duhkha* ist also ein religiöser Begriff, der seinen Ausgang zwar beim körperlich-seelischen Unwohlsein nimmt, darin aber nicht aufgeht. *Duhkha* ist Inbegriff der menschlichen Unheilssituation: sich im *samsara* (Wanderung , also: Geburtenkreislauf) zu befinden und weiterverkörpern zu müssen. Buddhas »Erwachung« (*bodhi*) bestand darin, daß ihm in der »Nacht der Erwachung« ein »dreifaches Wissen« zuteil wurde. Siddharta Gautama erinnerte sich nämlich an seine früheren Geburten, das *karma*-Gesetz und erkannte die »vier edlen Wahrheiten« (*arya-satya*): Diese enthalten eine genaue Existenzanalyse und weisen einen Weg aus dem alle Menschen betreffenden Leiden. Die erste ›Wahrheit‹ lautet:

»Dies, Mönche, ist die Edle Wahrheit vom Leiden: Geburt ist Leiden, Alter ist Leiden, Krankheit ist Leiden, Tod ist Leiden; Trauer, Jammer, Schmerz, Gram und Verzweiflung sind Leiden; mit Unliebem vereint, von Lieben getrennt sein ist Leiden; Begehrtes nicht erlangen ist Leiden; kurz: Die fünf Gruppen sind Leiden.«

Der Kerngedanke der ersten Wahrheit findet sich im Schlußsatz. Die dort erwähnten fünf *skandhas* (Gruppen, Anhäufungen) sind eine Zusammenfassung dessen, was wir allgemein als »Persönlichkeit« bezeichnen: 1. Körperlichkeit (*rupa*) ; 2. Empfindungen, Gefühle (*vedana*); 3. Wahrnehmungen, Vorstellungen (*samjna*); 4. Psychische Trieb- oder Willenskräfte (*samskara*); 5. Sechs Bewußtseinsarten (*vijnana*). Mit diesen fünf *skandhas* »ergreift« der Mensch die ihn umgebende Welt. »Gruppen« heißen sie, weil sie selbst wieder aus unterschiedlichen Einzelelementen zusammen-

»Der Allüberwinder, der Allweise bin ich;
Von allen Erscheinungen bin ich unbefleckt,
Alles aufgebend, durch die Vernichtung des Dranges, erlöst;
Durch mich selbst zur Erkenntnis gelangt, – wen könnte ich als meinen Lehrer bezeichnen?
Ich habe keinen Lehrer, ein gleicher, wie ich, wird nicht gefunden;
In der Welt mit ihren devas ist kein mir Ebenbürtiger.
Ich bin der Welt ein Heiliger, ich bin der höchste Meister.
Ich bin der eine völlig Erwachte, kalt geworden, bin ich erlöst.
Um das Rad der Lehre rollen zu lassen, gehe ich zur Stadt Benares.
In der dunkel gewordenen Welt will ich die todlose Trommel rühren.«
(Majjhima-Nikaya 26)

»Gleichwie, ihr Mönche, das große Meer nur einen Geschmack hat, den Geschmack des Salzes, ebenso auch, ihr Mönche, hat diese Lehre und Disziplin nur einen Geschmack, den Geschmack der Erlösung.«
(Udana V,5)

»Ganz recht, daß ihr zweifelt; in einem solchen Falle muß man zweifeln. Richtet euch nicht nach Hörensagen, nicht nach einer Überlieferung, nicht nach einer bloßen Behauptung, nicht nach der Mitteilung heiliger Schriften, nicht nach bloßen Vernunftgründen und logischen Deduktionen, nicht nach äußeren Erwägungen, nicht nach der Übereinstimmung mit euren Ansichten und Grübeleien, nicht nach dem Scheine der Wirklichkeit, denket nicht: ›Der Shramana ist unser Lehrer (darum wollen wir ihm glauben)‹; sondern wenn ihr selbst erkennt, daß diese oder jene Dinge schlecht und verwerflich sind, von Verständigen getadelt und, ausgeführt oder begonnen, zum Unheil und Leiden führen, so sollt ihr sie verwerfen.«
(Anguttara-Nikaya III,65)

»Gleichwie da, o Mönch, ein gewaltiger Felsen-Berg wäre: eine Meile lang, eine Meile breit, eine Meile hoch, ohne Lücke, ohne Spalte, ohne Hohlraum, und es käme alle hundert Jahre ein Mann und streifte mit seinem seidenen Gewande je einmal den Berg, so würde, o Mönch, dieser gewaltige Felsen-Berg eher verschwinden und vergehen als ein Weltalter.
So lang, o Mönch, ist ein Weltalter. Und viele eben so lange Weltalter, o Mönche, sind abgelaufen, viele hundert eben so lange Weltalter, viele tausend eben so lange Weltalter, viele hunderttausend eben so lange Weltalter sind abgelaufen.
Und was ist die Ursache? Nicht zu ermessen, o Mönch, ist der samsara, nicht zu erkennen ist der Ausgangspunkt der durch Nichtwissen gehemmten, durch den Durst gefesselten Wesen, die den Lauf der Geburten eilend durchwandern. Und während so langer Zeit, o Mönch, hat das Leid bestanden, hat das Weh bestanden, hat das Elend bestanden, haben die Leichenstätten sich angefüllt.
Dies also, o Mönch, genügt vollauf, um aller Gebilde satt zu werden, es genügt, um die Lust daran zu verlieren, es genügt, um sich davon zu erlösen.«
(Digha-Nikaya XXIII, 1,10)

gesetzt sind. So gibt es zum Beispiel leidvolle, freudige, indifferente Gefühle. Die fünf »Gruppen« sind deshalb *duhkha*, weil sie durch »drei Merkmale« (*trilakshana*) bestimmt sind, die unser Dasein ausmachen: *anitya* (Vergänglichkeit), *duhkha* (Leiden) und *anatta* (Nichtselbsthaftigkeit/Ich-Losigkeit). Die einzige Realität, die nicht durch andere Realitäten bedingt, also unbedingt ist, wird *nirvana* (Pali: *nibbana*) genannt: »Verlöschen«, das Ende von *duhkha*. In dem Pali-Begriff *anatta* erkennt man noch das Sanskritwort *atman*, das im Hinduismus das »Selbst« des Menschen bezeichnet, welches mit dem großen göttlichen Selbst, dem *brahman*, identisch ist. Nach der hinduistischen Seelenwanderungslehre wandert dieser *atman* von Körper zu Körper. Buddha lehrte dagegen, daß es in den fünf »Gruppen«, also in der empirischen menschlichen Persönlichkeit, keinen *atman* gebe, demnach auch keine Seelenwanderung stattfinde.

Die zweite Wahrheit lautet: »Dies, Mönche, ist die Edle Wahrheit von der Leidensentstehung: Es ist die Wiedergeburt bewirkende, wohlgefällige, mit Leidenschaft verbundene Gier, die Gier nach Werden, die Gier nach Vernichtung.«

Tanha, die »Gier«, gilt als eine sehr wichtige Ursache von *duhkha*. *Tanha* ist die Hauptwurzel des »Leidens«, meint die menschliche Begehrlichkeit, die Sexualität (*kama*), aber auch das Streben nach Leistung und Macht, im Sinne des Psychoanalytikers Erich Fromm: »Haben-« statt »Seins-« Orientierung. Die dritte Wahrheit hat das Heilsziel *nirvana* zum Thema:

»Dies, Mönche, ist die Edle Wahrheit von der Aufhebung des Leidens: die restlose Aufhebung, Vernichtung, Aufgabe, Verwerfung, das Freigeben und Ablegen eben dieser Gier.«

Die vierte Wahrheit schließlich beschreibt den Weg, der aus *duhkha* herausführt. Wer diesen »edlen achtfachen Weg« (*asthangika-marga*) beschreitet – der *sotapanna* (der in den Strom Eingetretene) – geht schließlich nach seinem Tode in das *nirvana* ein:

»Dies, Mönche, ist die Edle Wahrheit von dem zur Leidensaufhebung führenden Wege, nämlich: 1. rechte (vollkommene) Erkenntnis (Pali: *samma-ditthi*); 2. rechter Entschluß (*samma-sankappa*); 3. rechtes Reden (*samma-vacha*); 4. rechtes Handeln (*samma-kammanta*); 5. rechtes Leben (*samma-ajiva*); 6. rechte Anstrengung (*samma-vayama*); 7. rechte Achtsamkeit (*samma-sati*); 8. rechte Sammlung (*samma-samadhi*). Der Pfad gliedert sich in drei Stufen: 1. *shila* (Gebote), Verpflichtungen des rechten sittlichen Verhaltens; 2. *samadhi* (Festmachen, Festzusammengefügtsein): Konzentration, Meditation, Geistessammlung; 3. *prajna*: Erkenntnis, Wissen, Einsicht. Der dem *nirvana* entgegengehende Wanderer beschreitet diesen Pfad jedoch nicht in aufsteigender Weise, sondern beginnt mit der Verwirklichung der *shila*-Gebote, den Stufen 3 – 5: »Rechtes Reden« bedeutet: nicht lügen, andere nicht verleumden und nicht haltlos schwätzen. »Rechtes Handeln« besteht darin, Taten zu vermeiden, die gegen die »Sittlichkeit« verstoßen. Neben den fünf grundsätzlichen Geboten für die Laienanhänger (*upasaka*; weiblich *upasika*, der/die Dabeisitzende) gibt es die 10 Gebote für Mönche, Nonnen und Novizen. »Rechtes Leben« bezieht sich auf den Lebenserwerb: Berufe, die anderen Wesen schaden, zum Beispiel Schlachter, Jäger, Waffen- und Drogenhändler, sind den Buddhajüngern und -jüngerinnen untersagt. Im Anschluß daran werden die Glieder 6–8 ausgeübt, die den *samadhi*-Zustand des schrittweise beruhigten Geistes durch meditative Übungen anstreben. Den Abschluß des »achtfachen Pfades« bilden die Glieder 1 und 2: »Rechte Ansicht« bzw. »Erkenntnis« bedeutet das Wissen um die »vier edlen Wahrheiten« und die *anatta*-Lehre. Was der Buddhajünger zu Anfang seines Weges im Vertrauen auf den Buddha zunächst gläubig angenommen hat, »erkennt« er nun am Ende selbst. »Rechter Entschluß« ist die Absicht zu entsagen, sowie alle Wesen wohlwollend zu behandeln.

Meditation

Friedrich Heiler verglich in seiner Schrift (»Die buddhistische Versenkung«, 1918) Jesus, den »Meister des Gebets«, mit Siddharta Gautama Buddha, dem »Meister der Versenkung«. Die Meditation ist das Herzstück des Buddhismus. Erst durch sie wurde aus dem indischen Gouverneurssohn der »Erwachte«. Nur durch die Meditation ist nach buddhistischer Lehre die Befreiung aus dem endlosen »Kreislauf der Weiterverkörperungen« (*samsara*) möglich. Ohne vorbereitende sittliche Zucht und genaue Kenntnisse des Weges soll kein Buddhist mit dem Meditieren beginnen. Derjenige, der dies trotzdem tut, wird mit einer unbändigen Gebirgskuh verglichen, die weder ihr Ziel noch den Ausgangspunkt erreicht. Empfehlenswert ist es, sich einen »edlen Freund« (*kalyana-mitra*) zu suchen, einen meditationserfahrenen Lehrer.

Notwendige Voraussetzungen für die Meditation sind geeignete Orte (zum Beispiel: Wald, Fuß eines Baumes, Berg, bergige Landschaft, Felsenhöhle, Friedhof, Dschungeldickicht, freies Feld, Strohhütte), Zeiten (Morgendämmerung, Mittag und Sonnenuntergang) und Körperhaltungen. Für bestimmte Meditationen werden der klassische Lotos-Sitz beziehungsweise für westliche Zeitgenossen abgewandelte Varianten empfohlen. Der Meditierende soll sich von den »fünf Hindernissen« (*nivarana*), die seine Konzentration behindern, freimachen: Gier, Übelwollen, Faulheit und Trägheit, Ruhelosigkeit und Gewissensunruhe, Zweifel.

Grundlegend wichtig zum Verständnis der Meditation im *Theravada*-Buddhismus, der dem Urbuddhismus von allen Schulen am nächsten steht, ist die Unterscheidung zwischen *samadhi*- (geistige Konzentration) und *vipashyana*-Meditation. Die erste Methode kann bis zu höchsten Versunkenheitsstufen (*dhyana*) führen. Daraus können eine günstige Weiterverkörperung im nächsten Leben, ein gegenwärtig glückliches Dasein und Geistesreinheit resultieren, jedoch keine »Einsicht« in die letzte Realität, kein befreiender Ausstieg aus dem unheilvollen Kreislauf der Weiterverkörperungen. Auch Siddharta Gautama praktizierte solche Trancemethoden, bevor er *bodhi* erlangte. Die erste Meditationsmethode hat also nur eine vorbereitende Funktion. Die meditative »Einsicht in das wahre Wesen aller Dinge« (*vipashyana*) dagegen ist der direkte Pfad zur vollen »intuitiven Erkenntnis«, zum *nirvana*.

In Kapitel 3–11 des *Visuddhi-Magga* (Weg der Reinheit) des Mönchs Buddhaghosa (5. Jahrhundert nach Chr.), dem bedeutendsten nachkanonischen Werk des *Theravada*-Buddhismus, werden 40 verschiedene Meditationsübungen und -objekte unterschieden. Durch sie kann der Meditierende bis zu neun *dhyana*-Stufen erreichen. Zu den 40 Meditationsobjekten gehören zum Beispiel: die 10 *kasinas* (Ganzheiten, Gesamtbereiche): Erde, Wasser, Feuer, Wind, Blau, Gelb, Rot, Weiß, Raum, Bewußtsein. Während die *kasina*-Übungen allen Meditierenden empfohlen werden, ordnet man die übrigen Konzentrationsübungen fünf unterschiedlichen Menschentypen zu: Den »Sinnlichen« wird die Konzentration auf die 10 »Unreinheiten« (*ashubha*) nahegelegt, womit die zehn Stadien der Verwesung eines Leichnams gemeint sind. Für die »Frommen« eignen sich die 10 »Erinnerungen« (*anussati*): Meditationen über Buddha, seine »Lehre« (*dharma*), die »Gemeinde« (*sangha*), Moral, Freigebigkeit, Himmelswesen *(deva)*, Tod, Körper, Ein- und Ausatmung, Frieden. Den »Trägen« empfiehlt man, über die »vier Unermeßlichen« (*apramana, brahmavihara*) zu meditieren: *maitri* (Pali: *metta*, Freundlichkeit, Güte, Liebe); *karuna* (Mitleid), *mudita* (Mitfreude) und *upeksha* (Gleichmut).

Die berühmte *metta*-Übung beginnt beim Meditierenden selbst: »Möge ich selbst glücklich und frei von Leiden sein«. Schrittweise wird dieser Wunsch auf die eigene Familie, Verwandte, Freunde bis hin zu Feinden ausgeweitet. *Metta* hat eine universale Reichweite, umfaßt sie doch nicht nur Menschen, sondern alles, was lebt. Kernzeile der bekannten *metta-sutta*, der »Predigt von der Güte«, ist Vers 7:

»Gleich einer Mutter, die den eignen Sohn,
den einzigen, beschützt mit ihrem Leben,
soll gegenüber allen Wesen er
den Geist von Schranken frei zu machen streben«.

Darüber hinaus gibt es spezielle Atem-Übungen für die »Choleriker« sowie Übungen der Konzentration auf den Ekel vor Nahrung für die »Intellektuellen«.

Durch diese Übungen können jeweils unterschiedlich tiefe *dhyana*-Ebenen erreicht werden. Entscheidend für das Erreichen des *nirvana* jedoch ist *vipashyana*, der Hellblick beziehungsweise die Einsicht in die »drei Merkmale« (*trilakshana*) aller irdischen Erscheinungen: Vergänglichkeit, Leiden, Ich-Losigkeit. Der buddhistische Mönchsgelehrte Nyanatiloka (1878–1957) definiert *vipashyana* als »das aufblitzende intuitive Erkennen der Vergänglichkeit, des Elendes und der Unpersönlichkeit aller körperlichen und geistigen Daseinserscheinungen«. Von den genannten 40 Meditationsobjekten eignen sich einige besonders zur Erreichung von *vipashyana*: so die Meditation über die Ekelhaftigkeit der Nahrung, Leichenmeditationen oder die *satipatthana*-Meditation, die »vier Erweckungen der Achtsamkeit«, die auf Körper, Empfindungen, Geist und Daseinsobjekte gerichtet werden. Auch im Westen ist diese in buddhistischen Ländern überaus beliebte Meditation recht verbreitet. Der Text wird nicht nur regelmäßig in buddhistischen Klöstern rezitiert, sondern auch in der häuslichen Frömmigkeit spielt er eine große Rolle. Häufig rezitieren ihn buddhistische Mönche am Bett Sterbender, um dadurch deren letzte Gedanken zu reinigen.

Die wohl auf vorbuddhistische Ursprünge zurückgehende Übung hat innerhalb der buddhistischen Religionsgeschichte beträchtliche Wandlungen erfahren. Ursprünglich war sie wohl eine reine Körperbeobachtung mit dem Ziel, »Gedankenlo-

»Dann richtete der Erhabene an den ehrwürdigen Ananda die Worte: ›Ananda, es könnte euch vielleicht der Gedanke kommen: Der Lehrer, der uns das Wort verkündete, ist dahingegangen. Wir könne uns nun auf keinen Lehrer mehr berufen. Aber so dürft ihr die Sache nicht ansehen, Ananda. Die Lehre und die Regel, die euch gepredigt und vorgezeichnet habe, die sind euer Lehrer nach meinem Ende.‹« (Digha-Nikaya XVI,6,1)

»Und der Erhabene hob ein klein wenig Erde mit dem Nagel seines Fingers auf und fragte die Mönche: ›Was ist wohl größer, Mönche, dies klein Wenig Erde, das ich auf dem Nagel meines Fingers habe, oder die große Erde?‹ – ›Viel mehr, als dies klein Wenig Erde, ist die weite Erde. Gegenüber der weiten Erde kann dies winzig Wenig Erde, das der Erhabene auf dem Nagel seines Fingers hat, nicht gezählt, nicht gerechnet, in gar keinen Vergleich gesetzt werden.‹ – Mönche, ebenso winzig ist, gegenüber der Anzahl der Lebewesen überhaupt, die Anzahl der Wesen, die nach ihrem Tode als Menschen oder gar als Götter wiedergeboren werden, im Vergleich zu der unermeßlichen Zahl von Wesen, die nach dem Tode als Tiere, als Gespenster oder Teufel wiedererscheinen.« (Samyutta-Nikaya LVI, 102–131)

Mantrabild, das für Meditationszwecke bestimmt war. Den in der Mitte thronenden Dainichi Nyorai (Vairochana) umgeben vier weitere Buddhas sowie vier bodhisattvas. Tusche auf Leinen.

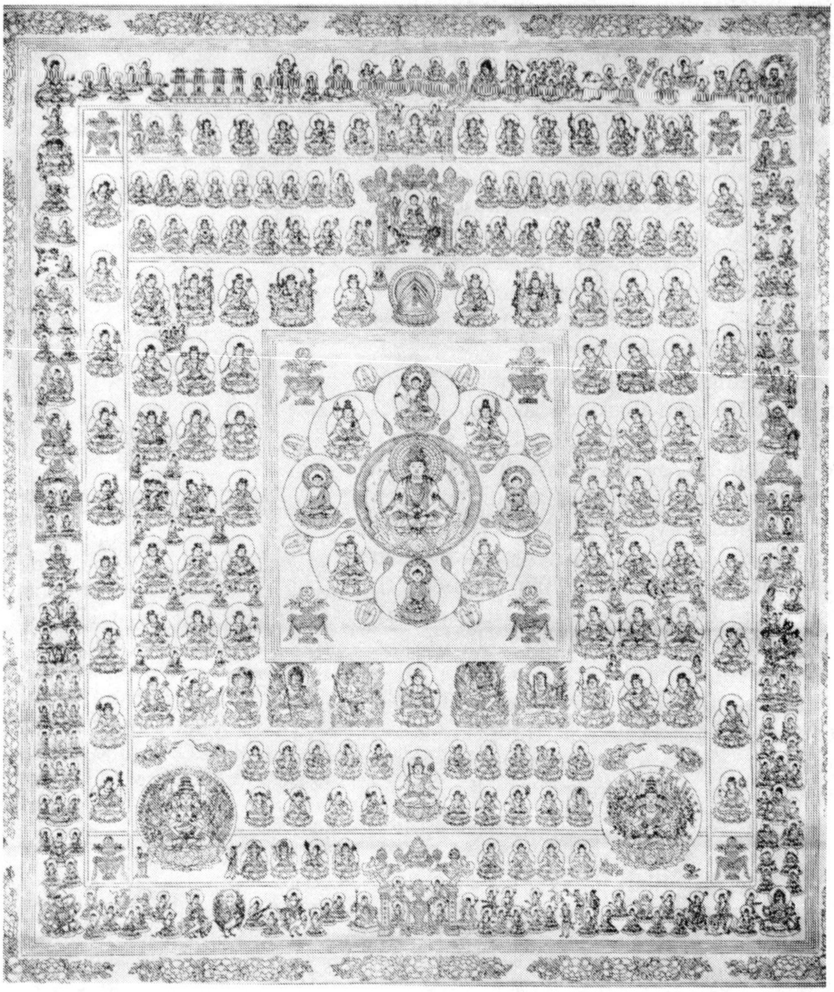

»Angenommen, ein Mann fände im Dschungel einen alten Weg. Er folgte ihm und entdeckte eine alte Stadt, die früher von Menschen bewohnt war. Er teilte dies dem König mit, und dieser ließe sie wieder aufbauen, so daß sie wieder bevölkert würde und zu neuer Blüte erstände. Gerade so habe ich einen alten Weg wiederentdeckt: den von den Buddhas der vergangenen Zeiten beschrittenen Weg zum Nirvana.«

»Kein Ding ist wert, daß man daran haftet.«
(Anguttara-Nikaya VII,58)

sigkeit und Unachtsamkeit« zu bekämpfen sowie die »Fähigkeit zum bewußten Beobachten« zu schulen. Im *Theravada* wurden die eigentlich »buddhistischen« Elemente eingebaut, die zur »Einsicht« in die genannten »drei Merkmale« führen.

Die *satipatthana*-Meditation wurde nach dem Zweiten Weltkrieg von birmanischen Meditationsmeistern variiert (»neue birmanische Meditationsmethode«). In Rangun besteht das »Satipathana Vipassana Meditation Centre Thathana Yeikta«, geleitet von Mahasi Sayadaw (*sayadaw* = birmanisch: Gelehrter); in Mandalay das »Maha Bodhi Meditation Centre« des Ledi Sayadaw.

Der Pali-Kanon

Von den heiligen Schriften des Buddhismus zu sprechen, heißt, eine ganze Bibliothek aufzuzahlen. Es gibt keine einzige Schrift, die für alle Buddhisten gleichermaßen verbindlich wäre. Die *Theravadins*, die sich am Pali-Kanon orientieren, lehnen das *Mahayana*-Schrifttum ab, nehmen es oft nicht einmal zur Kenntnis. Umgekehrt ist es anders: Die Sanskrit-Version des Pali-Kanons ist in das Tibetische, Mongolische und Chinesische übersetzt worden und bildet einen Teil des anerkannten Schrifttums. Verständlicherweise genießen diese Texte nicht denselben Rang wie die *Mahayana*-Literatur. So dienen in Tibet zum Beispiel *Theravada*-Texte allenfalls als Materialien für religiöse Grundkurse, an die sich dann die eigentliche und tiefgründige Lehre anschließt. Der Pali-Kanon oder das *Tripitaka* ist die Heilige Schrift des *Theravada*-Buddhismus. Ihren Namen hat sie daher, daß die auf Palmblätter geschriebenen Texte in »drei« (*tri*) »Körben« (*pitaka*) gesammelt wurden: 1. *Vinaya-Pitaka* (Korb der Ordensregeln); 2. *Sutta-Pitaka* (Korb der Lehrreden); 3. *Abhidhamma-Pitaka* (Korb der philosophischen Behandlung des *dhamma*, der Lehre). Das *Vinaya-Pitaka* enthält Ordensregeln für Mönche und Nonnen. Die Sammlung zerfällt in drei Unterabteilungen: *Suttavibhanga* (Erklärung der *suttas*): Enthält Mönchs- beziehungsweise Nonnen-Regeln; Ausführungen über Sühne- und Bußleistungen; Regelung juristischer Verfahren. *Khandaka* (Abschnitte): Zerfällt in *Mahavagga* (Große Abteilung), das Aufnahmebestimmungen, Feiertagsregelungen, Kleider- und Nahrungsvorschriften usw. enthält. *Cullavagga* (Kleinere Abteilung), das unter anderem Berichte von den beiden ersten buddhistischen »Konzilien« mitteilt. 3. *Parivara*, eine späte Zufügung, faßt anhangsartig den gesamten ersten Korb zusammen und dient als eine Art Katechismus.

Der wichtigste »Korb« des Pali-Kanons ist das *Sutta-Pitaka*, welches in fünf *nikayas* (Sammlungen) zerfällt: 1. *Digha-Nikaya* (Sammlung der langen Lehrreden) teilt sich ihrerseits in drei Unterabschnitte, die 34 Lehrreden des Buddha enthalten. Von diesen gilt das *Maha-parinibbana-Sutta* (Lehrrede vom großen Hinscheiden [des Buddha]) als die bedeutendste. Sie enthält Informationen über die letzten drei Monate von Buddhas Leben und einige seiner berühmtesten Aussprüche. 2. Das *Majjhima-Nikaya* (Sammlung der zu Gruppen geordneten oder verbundenen Lehrreden) umfaßt 56 *samyuttas,* die wiederum in fünf Unterkapitel eingeteilt wurden. Diese Sammlung enthält unter anderem die berühmte Rede vom »In-Bewegung-setzen des Rades der Lehre«. 4. Das *Anguttara-Nikaya* (Sammlung der nach aufsteigender Zahlenfolge geordneten Lehrreden oder angereihte Sammlung) übertrifft an Umfang alle anderen Textsammlungen. Der Name ergibt sich daraus, daß mit jedem folgenden Buch die in den einzelnen Lehrreden erklärten Gegenstände (»Glieder«) um einen weiteren Gegenstand anwachsen. 5. Das *Khuddaka-Nikaya* (Sammlung der kleinen Texte) entstand nach dem Abschluß der vorherigen *nikayas* und wurde später dem Kanon zugefügt. Diese zweitlängste Sammlung enthält einige sehr bedeutsame Texte, von denen die wichtigsten sind: a) *Khuddakapatha* (Text der kleinen Abschnitte). Es enthält eine Art Leitfaden für das buddhistische Leben. Besonders wichtig ist sein letzter Abschnitt, unter anderem das berühmte *metta-sutta.* b) *Dhammapada* (Wort der Lehre): Vielen Buddhisten kennen Verse dieser ältesten buddhistischen Spruchsammlung auswendig. c) *Udana* (Feierliche Aussprüche des Buddha). d) *Itivuttaka* (So ist gesagt worden). e) *Sutta-Nipata* (Sammlung von Lehrreden) f) *Theragata/Therigata* (Mönchs- und Nonnengedichte von poetischer Schönheit). g) *Jataka* (Lebenslauf): Legenden aus den früheren Leben Buddhas, als dieser noch ein *bodhisattva* war.

Das *Abhidhamma-Pitaka* enthält eine philosophische Behandlung des *dharma,* wie er im *sutta-pitaka* dargestellt ist. Dieser letzte Korb gliedert sich in sieben Bücher, die eine psychologische Analyse des Daseins enthalten.

Das *Tripitaka* gilt nicht wie Koran oder Bibel als »Wort Gottes«. Es ist heilig, weil es »Wort Buddhas« ist, oder – wie weniger orthodoxe Buddhisten sagen – das Wort Buddhas enthält. Spätere Handbücher enthalten Prinzipien des Verstehens und Interpretationsregeln der kanonischen Texte. Alle Passagen in Buddhas Lehre – das ist dabei das wichtigste Prinzip – enthalten die Quintessenz des *dharma.* Ein Text muß so interpretiert werden, daß die buddhistischen Kernaussagen implizit daraus erkennbar werden: die »vier edlen Wahrheiten«, die »zwölffache Ursachenkette« (sogenannter Konditionalnexus), die Überwindung von »Gier, Haß und Wahn«, die Lehre vom Nicht-Ich. Für die Mehrzahl heutiger, in den *theravada*-buddhistischen Kernländern lebender Buddhisten ist diese Kommentarliteratur ebenso autoritativ wie die ältesten kanonischen Texte selbst. Das hermeneutische Problem besteht für den gläubigen Buddhisten nicht darin, die historische und soziokulturelle Distanz zum Text zu überbrücken. Stattdessen geht es darum, die ewigen Wahrheiten »normalen« Zeitgenossen verständlich zu machen. Die Interpretationen der großen orthodoxen Lehrer des *Theravada* zum Beispiel auf Sri Lanka dienen auch heute noch als Grundlage für die Predigten in den Lehrhallen der Tempel. Vertreter des »buddhistischen Modernismus« sind aber durchaus anderer Auffassung: Für den Religionsphilosophen Jayatilleke ist der Kanon nicht in allen seinen Teilen gleich maßgebend. Der ceylonesische Philosoph unterscheidet mehrere Traditionsschichten und weist auf Spannungen und Widersprüche innerhalb der Überlieferung hin. Manche abendländischen Buddhisten – zum Beispiel Georg Grimm – lehnen generell die Traditionsliteratur ab.

Die Gemeinde – der sangha

Die buddhistische Gemeinde heißt *sangha* (Menge, Schar). Sie besteht aus Mönchen *(bhikshu),* Nonnen (*bhikshuni*) und Novizen (*shramanera*) sowie aus männlichen und weiblichen Laien *(upasaka/upasika).* Diese stehen noch mitten im weltlichen Leben und sollen heiraten, Familien gründen, weltlichen Berufen nachgehen. Indem sie Lebensmittel, Kleider, Musik, Prozessionen und andere fromme Werke darbringen, sind diese Laien Träger des buddhistischen Kultus. Außerdem sorgen sie für das materielle Wohl der Ordensangehörigen, die ihren Unterhalt erbetteln. Laien können durch verdienstvolle Taten (heilvolles *karma*) in einer zukünftigen Weiterverkörperung als Mönch oder Nonne wiedergeboren werden und dann den Weg zum *nirvana* konsequent beschreiten.

Buddha vertrat die Ansicht, daß seine Lehre unvollkommen wäre, wenn sie nicht auch die Gruppe der Laien berücksichtigte. In seinen Lehrreden entfaltet er deshalb auch eine buddhistische Laienethik.

Das Noviziat beginnt für einen buddhistischen Jungen nicht selten schon als Kind. Durch Astrologie wird der günstigste Zeitpunkt der Aufnahme in den Orden bestimmt. Der Kopf des Kandidaten wird kahlgeschoren, und der Novize meditiert über sein in der Hand gehaltenes Haarbüschel. Mehrere Wochen oder sogar Jahre kann der klösterliche Aufenthalt dauern. Mit 20 Jahren kann man zum *bhikshu* beziehungsweise zur *bhikshuni* ordiniert werden. Die gelbe Robe des Mönchs zu nehmen – und sei es auch nur für die kurze Zeit der dreimonatigen Regenperiode – wird von vielen Buddhisten als ein besonders verdienstvoller Schritt betrachtet. Zu den typischen acht Mönchsrequisiten, die der zukünftige *bhikshu* erhält, gehören: Almo-

»Nun will ich euch eine Lehre geben mit dem Gleichnis vom Floß, das zum Hinüberkommen, aber nicht zum Aufbewahren da ist. Höret zu und merkt es euch gut.
Ein Wanderer sieht auf seinem Wege vor sich eine große Wasserflut, das diesseitige Ufer unsicher und gefährlich, das jenseitige Ufer sicher und gefahrlos. Es ist aber kein Schiff zum Übersetzen da und keine Brücke zum anderen Ufer. Da denkt er: Vielleicht könnte ich mir Schilfrohr und Holzstämme, Zweige und Blätter sammeln, mir daraus ein Floß bauen und auf diesem Floß, mit Händen und Füßen arbeitend, heil an das andere Ufer gelangen. Diesen Plan führt er aus und kommt heil an das andere Ufer. Dort angelangt, denkt er: Dieses Floß ist mir von großem Nutzen gewesen, ich will es mir auf den Kopf und auf die Schultern laden und mitnehmen, wohin ich gehen will. Meint ihr, meine bhikshus, daß dieser Mann mit dem Floß richtig handelt? – Nein, Herr! – Wie aber würde er richtig handeln? Er würde denken: Dieses Floß ist mir zwar von großem Nutzen gewesen, jetzt aber will ich es auf trockenen Boden setzen oder ins Wasser versenken und unbelastet gehen, wohin ich will. So würde er mit dem Floß richtig handeln.
So habe ich euch mit dem Gleichnis vom Floß, das zum Hinüberkommen, aber nicht zum Aufbewahren da ist, eine Lehre gegeben.«
(Majjhima-Nikaya 22)

senschale, drei Roben, Gürtel, Rasiermesser, Nadel und Wasserfilter. Den Schritt, *bhikshu* zu werden, kann man im Buddhismus auch wieder rückgängig machen. Jederzeit dürfen die Mönche und Nonnen auf eigenen Wunsch den Orden verlassen. Verstoßen sie jedoch gegen die vier großen Verbote (Geschlechtsverkehr, Diebstahl, Mord, Anmaßung von Vollkommenheit), so erfolgt die Exkommunikation. Der Tagesablauf der Mönche entspricht weithin dem des Buddha: Zwischen vier oder fünf Uhr morgens stehen sie auf, legen die gelbe Robe an. Nachdem sie eine Schale Tee getrunken haben, sprechen sie die »dreifache Zufluchtsformel« (*trisharana*):

»Ich nehme meine Zuflucht zum *Buddha*
Ich nehme meine Zuflucht zum *dharma*.
ich nehme meine Zuflucht zum *sangha*.«

Anschließend meditieren sie für eine Stunde. Danach werden notwendige Arbeiten im Kloster verrichtet. Während des Vormittags erbetteln die Mönche ihre Nahrung und andere Almosen bei den Laienanhängern. Den Rest des Tages verbringen sie mit dem Studium der heiligen Schriften. Mönch und Laienanhänger stehen in einer engen Wechselbeziehung: Die Laien versorgen die *bhikshus* mit dem Lebensnotwendigen, und die *bhikshus* unterweisen sie im *dharma* und im heiligen Wandel.

»Über 100 Billionen Buddhaländer westlich von hier existiert eine Welt, die Sukhavati, Land der Glückseligkeit, genannt wird. Dort lebt ein Buddha mit dem Namen Amitayus. Man nennt es ›Land der Glückseligkeit‹, weil die Wesen in diesem Lande keinerlei Leiden erfahren, sondern nur zahlreiche verschiedene Freuden genießen. In diesem Land gibt es siebenfache Terrassen, siebenfache Glöckchenvorhänge und siebenfache Baumspaliere, die allesamt mit vier Arten von Edelsteinen geschmückt sind. In dem Land Sukhavati gibt es Seen, die aus sieben Arten von Edelsteinen bestehen und mit dem Wasser der ›Acht Guten Eigenschaften‹ angefüllt sind. Der Grund dieser Seen ist mit goldenem Sand bedeckt, und die Treppen an ihren vier Seiten bestehen aus Gold, Silber, Beryll und Kristall. (...) Wenn ein tugendhafter Mann oder eine tugendhafte Frau den Namen des Buddha Amitayus hört und sich immer mit ungestörten Gedanken an diesen Namen erinnert – einen Tag, zwei, drei, vier, fünf, sechs oder sieben Tage lang –, dann wird in ihrer Todesstunde der Buddha Amitayus erscheinen, begleitet von Seiner tugendhaften Gemeinde.«

Religiöse Praxis

Mittelpunkt der buddhistischen Glaubenspraxis ist die *puja* (Verehrung, Zeremonie), die kultische Verehrung des Buddha, wozu Blumen, Kerzen, Weihrauch und Wasser gehören. Die zentralen buddhistischen Kultformeln (Verehrungsformel, Zufluchtsformel, fünf Verhaltensregeln, vier edle Wahrheiten, *anatta*-Lehre, zwölffache Ursachenkette, achtfacher edler Pfad, *metta*-Meditation) spielen bei der *puja* eine große Rolle.

Vielen abendländischen Gelehrten und auch Buddhisten galt und gilt der *Theravada*-Buddhismus als eine ausschließlich auf Verinnerlichung gerichtete, nichtkultische Religion. Trotzdem kennen auch *Theravada*-Buddhisten einen ausgeprägten Kultus. Theoretisch wird zwischen der (illegitimen) »Anbetung« und der (erlaubten) »Verehrung« des Buddha unterschieden. Nach orthodox-buddhistischer Anschauung kann Buddha überhaupt nicht angebetet werden, weil er gestorben ist und sich im *nirvana* befindet. Seine heilsame Lehre jedoch lebt fort. Eigentliches Objekt der Verehrung ist deshalb die »große Weisheit (*bodhi*), die zuletzt im Meister geoffenbart wurde« (Francis Story). Zwischen Theorie und Alltag besteht jedoch, wie Melford E. Spiro am birmanischen *Theravada*-Buddhismus aufgezeigt hat, ein erheblicher Unterschied. Die meisten Buddhisten betrachten das Opfer und die Verehrung des Buddha nämlich durchaus als instrumentellen Akt: Sie gedenken nicht einfach der »Erwachung« ihres Meisters, sondern erwarten konkrete Auswirkungen für sich selbst im Sinne einer besseren Weiterverkörperung. Der fromme Beter hofft, vom Buddha mit Gnade überschüttet zu werden. Indem man den Buddha »anbetet«, sammelt man Verdienste, die eine gesunde, glückliche Zukunft garantieren.

Richtungen des Buddhismus

Geschichtliche Entwicklungen

Man unterscheidet *Hinayana*- und *Mahayana*-Buddhismus. Beide Begriffe gehen auf die Polemik der später entstandenen *Mahayana*-Buddhisten zurück, die ihre Lehre für vollkommener als die der frühen Richtung hielten. *Hinayana* ist also eine Spottbezeichnung, sie bedeutet »kleines Fahrzeug«, wobei »klein« für »minderwertig«, »unbedeutend« steht. Die *Mahayanins* dagegen betrachten ihre Religion als das »große Fahrzeug«. Sie wollen damit ausdrücken, daß in dem Rettungsbot viele Menschen Platz finden, also gerettet werden können. Im *Hinayana* stand mehr das Heil des einzelnen im Mittelpunkt. Statt von *Hinayana* spricht man auch vom *Shravakayana* (»Fahrzeug der Hörer« des Buddha).

Vier große »Konzilien« (*samgiti*) – tatsächlich dürfte es sich um örtliche Versammlungen einzelner Mönchsgemeinden handeln – kennt der Buddhismus, deren Geschichte noch kräftiger Erhellung bedarf. Unmittelbar nach dem Hinscheiden des Buddha fand in Rajagriha das erste »Konzil« statt. Die Spaltung in die beiden großen Richtungen war das Ergebnis langer Ordensstreitigkeiten. Auf dem zweiten Konzil in Vaishali/Vesali (383 v. Chr.) gab es Diskussionen über Ordensangelegenheiten. 700 Mönche berieten über neue Speisebestimmungen sowie über die Erlaubnis, Geld annehmen zu dürfen, eine Decke zu besitzen usw. Möglicher Grund für die Spaltung könnte auch die Ansicht einer freiheitlicher ausgerichteten Mönchsgruppe gewesen sein, daß der *arhat*, der kurz vor dem Eingang in das *nirvana* befindliche Mönch, noch nicht jenseits von Gut und Böse stünde, sondern weiterhin an die Bedingungen des Lebens gebunden sei. Dem *arhat*-Ideal stellte diese Gruppe ihr »Laien-Ideal« gegenüber. Diese *bodhisattvas* (Erleuchtungswesen), die sich durch Erbarmen und vollkommene Selbstlosigkeit gegenüber anderen Menschen auszeichnen, können das Heil erlangen.

Auf dem dritten Konzil (2. Jahrhundert nach Buddhas Tod) in Pataliputra, dem heutigen Patna, spaltete sich die *mahasanghika* (große Gemeinde) von den Konservativen, den *sthaviravadins* (Anhänger der Lehre des Alten), zu denen die *Theravadins* gehörten, ab. Der *mahasanghika* lagen die Probleme der Laienanhänger am Herzen. Aus der »großen Gemeinde« gingen insgesamt sechs buddhistische Richtungen hervor, von denen nur die *Theravadins* übrigblieben.

Der im 1. Jahrhundert v. Chr. aufkommende *Mahayana*-Buddhismus verdankt sich den beiden hinayanistischen Schulen *mahasanghika* und *sarvastivada*. Der heutige *Theravada*-Buddhismus ist nicht einfach identisch mit dem Urbuddhismus, sondern eine sehr alte und konservative Ausprägung des Frühbuddhismus. Die *Mahayanins*, die Vertreter des Mahayana-Buddhismus, hielten und halten ihre Religion für bedeutender als das kleinere »Fahrzeug der Hörer«, weil sie für viele Erlösung anbieten. Darüber hinaus wähnen sie sich im Besitz hochbedeutsamer Schriften, die auf den Buddha selbst zurückgehen sollen, bisher aber verborgen geblieben sind. Diese Texte geben sich als »Reden Buddhas« aus, in denen dieser bereits *Mahayana*-Gedanken äußert. Weil die Menschen noch nicht zu ihrem tiefen Verständnis reif waren, wurden diese Schriften angeblich solange verborgen gehalten.

»Ein bodhisattva nimmt sich vor: Ich nehme die Last allen Leidens auf mich, dazu bin ich entschlossen, und ich will es alles ertragen. Ich kehre nicht um, noch laufe ich davon, ich zittere nicht, schrecke nicht zurück, noch fürchte ich mich, wende mich nicht ab, noch verzweifle ich. Und warum? Um jeden Preis muß ich die Lasten aller Wesen tragen. Darin folge ich nicht meinen eigenen Neigungen. Ich habe doch ein Gelübde getan, alle Wesen zu erlösen. Alle Wesen muß ich befreien. Die ganze Welt der Lebewesen muß ich erretten, von den Schrecken der Geburt, des Alterns, der Krankheit, des Todes und der Wiedergeburt.«
(Shikshasamuccaya)

Mahayana-Schriften

1. Der *Lalitavistara* (Die ausführlichen Erzählungen vom Spiel [des Buddha]) ist eine legendarische Buddha-Biographie, die das historische Leben des Buddha in überirdische Zusammenhänge stellt.

2. Das *Lotos-sutra* (auch *Saddharmapundarika-Sutra* genannt: Sutra des Lotos des guten Gesetzes), aufgeschrieben etwa 200 n. Chr., ist einer der wichtigsten Texte des *Mahayana*. In China und Japan ist diese Schrift besonders beliebt. Sie dient als Lehrgrundlage der Schulen des *Tiantai* (T'ien-t'ai, japanisch *Tendai*) und des fanatischen Schulgründers Nichiren (1222–1282). Darüber hinaus wird sie auch von anderen Richtungen anerkannt.

3. Der (zwölfmal ins Chinesische übersetzte) *Sukhavati-vyuha* (Sutra des Landes der Glückseligkeit), einer der drei Kerntexte des »Reinen-Land-Buddhismus«, beschreibt nicht nur den Werdegang des Buddha, sondern auch das im Westen gelegene »reine Land« des Buddha Amithaba.

4. Die in Indien in der Zeit von 100 v. Chr. bis 600 n. Chr. entstandenen 38 *Prajnaparamita-sutras* (Sutren der das andere Ufer erreichenden Weisheit) beschäftigen sich mit der philosophischen Idee der »Leerheit«. Als ihre heiligsten Texte gelten das »Diamant-Sutra« und »Herz-Sutra«. Ihr prominentester Interpret war der zu den bedeutendsten buddhistischen Philosophen zählende Nagarjuna (2./3.Jh).

5. Der um das 7. Jahrhundert n. Chr. entstandene *Shikshamuccaya* (Summe der Lehre) enthält einprägsame Memorialverse und ist für die buddhistische Ethik besonders wichtig.

Gemeinsamkeiten und Unterschiede zwischen Theravada und Mahayana

Alle buddhistischen Lehrrichtungen halten das individuelle Dasein für leidhaft und daher erlösungsbedürftig. Eine wesentliche Rolle spielt bei ihnen die Idee der Weiterverkörperung in vorherigen und weiteren Leben sowie der dahinter stehende *karma*-Gedanke. Gemeinsam wird auch angenommen, daß unsere Welt eine von vielen Millionen Welten ist, an deren Anfängen kein mächtiger Schöpfergott steht. Die Welt der Erscheinungen gilt als substanzlos, »ohne Selbst« (*anatta*), und verändert sich fortlaufend. Alle buddhistischen Schulrichtungen lehren als Heilsziel das *nirvana*. Sie teilen die Ansicht, daß eine Befreiung aus der *duhkha*-Welt des »Leidens« nur möglich ist, wenn sich der Mensch von den drei Grundübeln Gier, Haß und Wahn befreit hat. Schließlich eint alle Schulen der Glaube an Buddha: verstanden als der historische Meister, der für das gegenwärtige Weltzeitalter einen »alten Pfad« wiederentdeckt hat, oder als Übermensch beziehungsweise transzendentes Himmelswesen.

Zwischen *Theravada* und *Mahayana* gibt es eine Reihe von Unterschieden. So lehrt der *Mahayana* die Möglichkeit, *karma* auf andere Personen zu übertragen. Nicht mehr das Eingehen in das *nirvana* steht im Mittelpunkt, sondern der *bodhi-*

Borobudur in Zentraljava. Gesamtansicht des steinernen Abbildes des mahayana-buddhistischen Weltbildes, aus der Shailendra-Dynastie, 8./9. Jahrhundert.

sattva. Dieser »Buddha-Kandidat« (G. Mensching) verzichtet so lange auf das eigene Eintauchen in das *nirvana*, bis er alle Wesen durch sein eigenes *karma* gerettet hat. Die *Mahayana*-Schulen lehren ein ewiges Absolutes. Alle Wesen haben »ewige Buddhanatur«. Deshalb besteht die Verwirklichung des *nirvana* darin, sich der eigenen Buddhanatur bewußt zu werden. Weil das Leiden für den *Mahayana*-Buddhismus letztlich unwirklich, nur Schein ist, kann man diese Form des Buddhismus als einen Idealismus bezeichnen.

Buddhologie

So wie christliche Theologen in ihrem Bemühen, Jesus Christus und seine Beziehungen zu Gott zu verstehen, eine (keineswegs einheitliche) Christologie schufen, verdankt sich dem dogmatischen Interesse der Buddhisten an Buddha eine nicht minder komplizierte Buddhologie: eine Lehre von Buddha. Sie ließ den historischen Buddha zu einer übermenschlichen Gestalt aufsteigen, machte aus ihm sogar eine gnadenspendende Gottheit. Ursprünglich konnte jeder erfolgreiche Beschreiter des »edlen achtfachen Pfades« *bodhi* erlangen, also ein Buddha werden. Von Anfang an bemühten sich daher die buddhistischen Gelehrten, die Buddhaschaft auf den historischen Buddha zu begrenzen. Um seine Besonderheit sicherzustellen, wurde er allmählich über die gewöhnlichen Sterblichen hinausgerückt. Man lehrte, daß Buddha den Menschen auf magische Weise beistehen und Wunder wirken könne. Auch unterschied man drei *yanas* (Laufbahnen): Der *arhat* (Heiliger) verdankt sein Heil nicht sich selbst, sondern der Belehrung durch andere. Schon vor seinem Tode erreicht er das *nirvana (sopadhishesha-nirvana)*. Auch wenn alle wesentlichen Ursachen für eine neue Weiterverkörperung bei dem *arhat* nicht mehr existieren, so verbleibt er dennoch in seiner individuellen Gestalt. Erst nach dem Tode erreicht er das völlige Erlöschen im *nirvana*. Der *pacceka-buddha*, der »Einzelerwachte«, steht auf einer höheren Stufe. Zwar verdankt er die befreiende Wahrheit sich selber, doch wendet er sie – egoistisch – nur für sich selbst an. Der historische Siddharta Gautama Buddha dagegen war ein *samma-sam-buddha*, ein »Vollkommen Erwachter«, der sein Heilswissen anderen Menschen mitteilt. Vor ihm – so lehren die *Theravadins* – gab es schon sechs »Vollkommen Erwachte«. Neben dieser Siebener-Reihe kennt der *Hinayana* die Auffassung von 25, ja letztlich Millionen von Buddhas. Sie haben alle ganz bestimmte Eigenschaften: Man kann sie zum Beispiel nicht töten; sie besitzen die 32 unverlierbaren körperlichen »Merkmale der Vollkommenheit«; sie erscheinen nicht eher in der Welt, als die Lehre der vorherigen Buddhas so weit verschwunden ist, daß sie keine Heilskraft mehr besitzt. Nur in Indien und nur als Männer kommen Buddhas zur Welt. Schon im *Hinayana* wird der zukünftige Buddha *Maitreya* (der Liebende) erwartet. Man rechnet mit diesem »Messias« in etwa 30000 Jahren. Kultisch verehrt wird dieser »Weltenlehrer« insbesondere im tibetischen Buddhismus. Ihm zugeordnet ist der *tushita*-Himmel, der Himmel der »Stillzufriedenen«.

Die »Dreikörper-Lehre«
Die *trikaya*-Lehre ist schon im *Hinayana* entwickelt. Zur vollen Ausprägung gelangt sie aber erst im *Mahayana*. Drei »Körper« oder »Leiber« des Buddha werden unterschieden: 1. *dharmakaya* (Körper der Großen Ordnung) ist »das unzerstörbare, zeitlose Absolute« (Hans-Wolfgang Schumann). 2. *sambogakaya* (Körper des Genusses/Entzückens) bezeichnet den mit menschlichen Sinnen nicht erfaßbaren, transzendenten Buddha als ein überirdisches, Gnade spendendes Wesen. Der bereits erwähnte Buddha *Amithaba* (japanisch: *Amida)*, der Buddha des »grenzenlosen Lichtes«, ist ein solcher Genußleib-Buddha. 3. *nirmanakaya* (Körper der Verwandlung) ist der leibliche Körper des Buddha.

Heilswege im Mahayana

Der »Weg der Weisheit«
Die Weisheitsschule lehrt die »Leerheit« bzw. »Leere« (*shunyata*) aller Dinge. »Leerheit« bedeutet nicht, daß die Dinge dieser Welt überhaupt nicht existieren. Sie sind aber bloße »Erscheinungen« ohne dauerhafte Substanz. In der »mittleren Schule« (*madhyamika*) wird der irrealen Außenwelt das höchste Absolute und Ungewordene gegenübergestellt. Während man auf der Ebene der niederen »Wahrheit der Erscheinung« die Dinge der Außenwelt noch für real hält, erkennt die »höchste Wahrheit« die Falschheit dieser Auffassung und begreift, warum *samsara* und *nirvana* letztlich zusammenfallen, »leer« sind. Der »Weisheitsweg« wird hauptsächlich in der *prajnaparamita*-Literatur gelehrt und durch Nagarjuna und seinen Schüler Aryadeva (Anfang des 3. Jahrhunderts) systematisch entfaltet.
Weitere bedeutende Vertreter dieser Philosophierichtung sind: Buddhapalita (5. Jahrhundert), Bhavaviveka (6. Jahrhundert) und Chandrakirti (7. Jahrhundert). Eine Weiterentwicklung stellt die *Yogachara*-Schule (Ausüben des Yoga) dar, die alles Wahrnehmbare als Produkt von Geistestätigkeiten begreift.

Daher wird diese Schule auch *vijnanavada* (Schule, die das Erkennen lehrt) genannt. Die Hauptlehren dieser Schule sind in dem Werk *yogacarabhumi* (Stufen des Yoga-Wandels) zusammengefaßt, wohl einem Sammelwerk verschiedener Autoren. Maitreyanatha (um 300), Asdanga (ca. 315 – 390) und Vasubandhu der Ältere (ca. 320–380) sind die Hauptvertreter dieser Denkrichtung. Nach Heinz Bechert wurde von Dignaga (um 480–540) »die logisch-erkenntnistheoretische Schule der buddhistischen Philosophie gegründet, deren Arbeiten zu den bedeutendsten Leistungen der gesamten Philosophiegeschichte der Menschheit gehören«.

Oben:
Kwannon (Guan Yin), der Bodhisattva der Barmherzigkeit. Holzfigur im Korryo-Tempel von Kyoto, 7. Jahrhundert.

Links:
Guan Yin auf der Insel Puto. Chinesisches Rollbild, 16. Jahrhundert.

In der *Tiantai-(T'ien-t'ai)*-Schule (im frühen 9. Jahrhundert durch den Priester Saicho nach Japan gelangt, dort als *Tendai*-Schule bekannt), deren Kernaussagen sich der Beschäftigung mit dem indischen *Saddharmapundarika-sutra* (sutra des Lotos des guten Gesetzes), dem »Lotos-sutra«, verdanken, wurden vier meditative Wege zur Erlangung von *samadhi* unterschieden. Der dritte Patriarch und eigentliche Begründer dieser Schule, *Zhiyi* (Chih-i) (538–597), lehrte die Meditationsmethode des »stillen Schauens« (chinesisch *zhi guan* [*chih-kuan*]; japanisch *shikan*, Sanskrit *samatha-vipashyana*). Zhi (*Chih*); »Beruhigung« erlangt der Meditierende dadurch, daß er seine gesamte Aufmerksamkeit auf die Nasenspitze richtet, den »Bewußtseinsstrom« zähmt sowie die Lehre von der »bedingten Entstehung« erkennt. Das auf fünf verschiedene Arten praktizierte guan (*kuan*) (Betrachtung, Schauen) zielt auf die Einsicht der buddhistischen Grundwahrheiten. Durch die Meditation des als »unwirklich« erkannten Daseins kann die jedem Lebewesen innewohnende »Buddha-Natur« realisiert werden.

Der »Weg der bodhisattvas«

Weitaus populärer als der Weisheits-Buddhismus ist der *bodhisattva*-Weg. Ein *bodhisattva* (Erleuchtungswesen) ist im *Mahayana* ein »Wesen« (*sattva*), das sich systematisch um »Erwachung« *(bodhi)* bemüht bzw. diese bereits erreicht hat. Ein *bodhisattva* verzichtet allerdings so lange auf das Eingehen in das *nirvana*, bis er alle anderen Wesen aus dem Kreislauf der Weiterverkörperungen befreit hat. Es gibt transzendente und menschliche *bodhisattvas*. Die himmlischen *bodhisattvas* sind Heilandgottheiten vergleichbar, die von den Menschen in konkreten Notlagen um Hilfe angerufen werden. Der ostasiatische Buddhismus kennt einige berühmte Himmels-*bodhisattvas*, zum Beispiel *Avalokiteshvara* (im Stande der höchsten Erkenntnis zu erreichen), Inbegriff des barmherzigen Heilands. *Kwannon* heißt er in Japan, *Tschenresi* bei den Tibetern. Die menschlichen *bodhisattvas* legen zunächst das *bodhisattva*-Gelübde (*pranidhana*) ab. Ordensangehörige und Laien können den *bodhisattva*-Weg auf sich nehmen, der aus zehn Stufen besteht, deren höchste die Bodhisattvaschaft ist: Er ist allwissend geworden, sein Körper leuchtet über das ganze Universum hin, bereits nach einer weiteren Verkörperung hat er *bodhi* erreicht.

Bodhidharma überschreitet den Fluß. Der indische buddhistische Mönch kam um 520 nach China.

Der »Weg des Glaubens«

Als die ersten jesuitischen Missionare im 16. Jahrhundert in Japan dem *Amida*-Buddhismus begegneten, sollen sie ausgerufen haben, daß die »verfluchte protestantische Ketzerei« schon bis hierher gelangt sei. Zwischen dem lutherischen Glauben und dem Glauben an »Amida Buddha unsere Zuflucht« (Hans Haas) bestehen offensichtlich Gemeinsamkeiten. Entstanden im Nordwesten Indiens, brachten Missionare den Kult des Buddha *Amithaba* beziehungsweise *Amitayus* (unendliches Leben) um die Mitte des 2. Jahrhundert n. Chr. nach China. Dort entstand Mitte des 4. Jahrhunderts die »Schule des Reinen Landes«. Nach Japan gelangte der Buddhismus über Korea nach einer japanischen Chronik im Jahre 552. Die großen chinesischen beziehungsweise indischen Schulen wurden im Laufe der nächsten beiden Jahrhunderte in japanischem Geist neugegründet und grenzten sich deutlicher voneinander ab. Orakelwesen, »gute Werke«, Einhaltung von Zeremonien, Traumdeutungen, Wahrsagerei: Gegen den heruntergekommenen Zustand des Buddhismus im 12. und 13. Jahrhundert, der mit dem vorreformatorischen Zustand der christlichen Kirche verglichen worden ist, regten sich verschiedene Volksbewegungen, die man als »Krisenkulte« bezeichnet hat, da sie als Reaktion auf eine korrupte Zeit der Bürgerkriege, Pest und Hungersnot zu verstehen sind. Charismatische Führergestalten standen an der Spitze solcher Bewegungen. Honen Shonen gründete die *Jodo-Shu*-Religion, die von seinem Schüler Shinran Shonin radikalisiert wurde. Das Heil wird als Frucht des Glaubens begriffen. Fromme Werke führen nicht zum Heil. Einzig und allein die Gnade *Amida*-Buddhas ist ausschlaggebend. Meditativen Charakter haben die in den Schulen des »Reinen Landes« gepflegten Anrufungen des Namens von *Amida*-Buddha: *Namu Amida Butsu* (Verehrung dem Amida Buddha), in seiner Kurzform *nembutsu* (chinesisch *nian-fo*). In den Nichiren-Schulen vollzieht man am 12. Oktober jedes Jahres, dem Gedächtnistag von Nichirens Eingang in das *nirvana*, rhythmisch die Ausrufung der »Titel« (japanisch *daimoku*) des für den chinesischen und japanischen *Mahayana*-Buddhismus hochbedeutsamen »Lotos-Sutras«: *namu myoho-rengekyo* (Wunderbares Gesetz Lotosblume-Sutra). Dabei kommt es auf die richtige innere Haltung, die von Herzen kommende Art der Anrufung des »Titels« an.

Löwenkapitell einer Ediktsäule des Kaisers Ashoka, 240 v. Chr. Sarnath, Indien, Archaeological Museum.

Zen-Buddhismus

Zen ist die bedeutendste Meditationsschule des *Mahayana*. *Zen* (Sanskrit *dhyana*, in verkürzter Form in das chinesische Wortzeichen *chan* übersetzt, auf japanisch *Zen* gelesen) bedeutet Meditation. Aus der Begegnung und gegenseitigen Befruchtung des *Dhyana*-Buddhismus (Oberbegriff für alle Schulen des Buddhismus, die auf Meditation besonderen Wert legen) und Taoismus entstand der Zen-Buddhismus. Sein legendärer Begründer war der indische Mönch Bodhidharma (470–543 n. Chr.). In Japan gibt es heute drei hauptsächliche Zenrichtungen: die *Soto*-Schule (zurückgehend auf den Mönch Dogen, 1200–1253), die *Rinzai*-Schule (gegründet von dem Mönch Eisai, 1141 – 1215), und die von Harada Sogaku (1871 – 1961) ins Leben gerufene, die beiden anderen Schulen verbindende Richtung.

Die *Soto*-Schule pflegt das *zazen* (reines Sitzen: im Lotos- , Halblotos-, Diamant- oder Fersensitz), um zum Erlebnis des *satori* (Erwachung) zu führen, jener Erfahrung der eigenen Buddhanatur und der Einheit mit dem ganzen Universum. Das »Sitzen in Versunkenheit« versetzt den Meditierenden in einen »Zustand vollkommener inhaltloser Wachheit, aus dem heraus er in einem plötzlichen Durchbruch zur Erleuchtung seines eigenen wahren Wesens oder Buddha-Wesens, das mit dem Wesen des gesamten Weltalls identisch ist, gelangen kann«.

Die *Rinzai*-Schule empfiehlt besonders die *koan*-Übungen, die in der *Soto*-Schule eine geringere Bedeutung haben. *Koan* (öffentliche Bekanntmachung) meint Worte des *roshi* (japanisch: alter Meister), welche dieser seinen Schülern zur Übung und Erleuchtung präsentiert. Nach weitverbreiteter Auffassung handelt es sich bei dem *koan* um ein »Rätselwort«: eine gedankliche, mit menschlicher Logik nicht zu lösende Übung. Ruth Fuller-Sasaki versteht *koan* dagegen als »eine einfache und klare Aussage, von dem Bewußtseinszustand aus gemacht, zu dessen Erweckung es geholfen hat«.

Man kennt beinahe 2000 solcher Denkaufgaben, die in einigen bedeutenden *koan*-Sammlungen (*Mumon-Kan*; *Hegikan-roku*) aufbewahrt sind. Es gibt persönliche, auf den jeweiligen Schüler zugeschnittene *koans*, aber auch klassische. Der *roshi* schlägt zum Beispiel beide Hände zusammen und fordert den Schüler auf: »Wenn beide Hände zusammengeschlagen werden, so entsteht ein Ton: Höre auf den Ton der einen Hand!« Oder: »Wie war dein Angesicht, bevor du gezeugt wurdest?« Der Schüler versucht, die Aufgabe denkerisch zu lösen, stößt aber immer wieder an Gren-

Seisetsu Shucho: Ensô.
Der Kreis, der Vollkommenheit und Unbegrenztheit des Geistes symbolisiert, ist mit einem einzigen fließenden Pinselstrich ausgeführt.

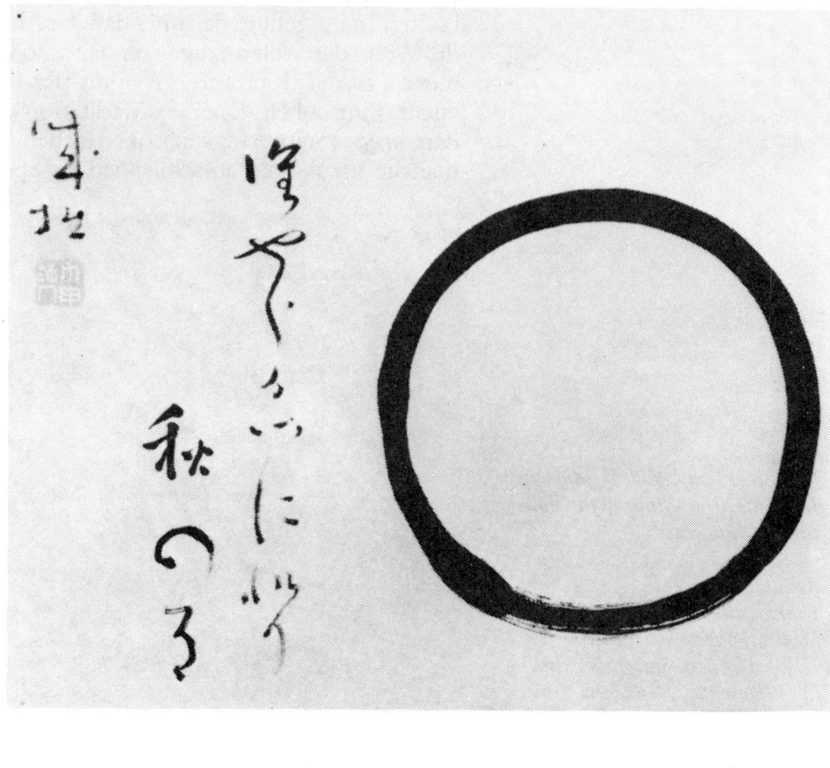

Meditationsbild (Yantra), 19. Jahrhundert. Darstellung des mythologischen Gräberfeldes mit Symbolen, reitenden Geistern, Dharmapalas und Herden wilder Opfertiere, die Boten der Schutzgötter sind. Staatliches Museum für Völkerkunde, München.

zen. »Wenn er dann nach hartem Ringen aus der Sackgasse des Intellekts nicht mehr herausfindet, mag es dann geschehen, daß ihm die Lösung plötzlich, unvermutet, einfällt. Oder aber: ein Anruf, ein starkes Geräusch, in hartnäckigen Fällen – das hat man früher nicht gescheut – schmerzhafte Berührung bringt die Spannung zum Platzen. Wie erregend ist dieser Augenblick. Zittern, Schweißausbruch bekunden dies. Aber auch beglückend: Er sieht jetzt klar, wo bisher alles verworren war, den Wald gleichsam trotz aller Bäume.« Der *koan*-Meditierende geht zum *roshi*, der ihm bestätigt, daß »echtes Erlebnis, wirkliches Erfahren vorliegt: Satori, Erleuchtung« (Eugen Herrigel).

Jeder kann *Zen* morgens oder abends allein oder in einer Gruppe üben. Japanische *Zen*-Mönche »sitzen« morgens durchschnittlich eineinhalb Stunden und abends zwei bis drei Stunden. In *Zen*-Klöstern werden fünf- bis siebentägige *sesshins* (Meditationsexerzitien) abgehalten. Gerta Ital vermittelt einen sehr anschaulichen Erfahrungsbericht vom Leben und Meditieren in einem japanischen *Zen*-Kloster. Die Autorin war die erste Frau, die mit japanischen *Zen*-Mönchen in einem Kloster zusammenlebte.

Beim auch in abendländischen Meditationskursen verwendeten *kinhin*, verstanden als »Zazen in Bewegung«, wechseln meditative Sitz- und Gehphasen einander ab. In der *Rinzai*-Schule bevorzugt man das lebhaft-energische Gehen (oftmals Laufschritt), in der *Soto*-Schule dagegen ein *kinhin* im »Zeitlupentempo«. Harada Roshi empfiehlt ein Tempo zwischen dem der beiden klassischen Schulen.

Die *Zen*-Meditation übte und übt einen großen Einfluß auf die japanische Kultur aus. So gibt es eine Vielzahl von »Wegen« (japanisch: *do*), die man ohne ihre meditative Grundlage nicht verstehen kann. Bei den Samurai-Kriegern war die *bushido*-Lehre verbreitet. In ihr geht es darum, »daß der Mensch sich durch die Überwindung des Ego an die Weise der Welt anzupassen habe, so daß all sein Tun den Begleitumständen angemessen ist« (J. Kitayama). *Ken-do*, der »Weg des Schwertes«, forderte Askese, Selbstzucht, Einfachheit. Die Zen-Meditation diente dem Ziel, das eigene Selbst zu überwinden, *muga* (Selbstlosigkeit) zu erreichen. Ohne ihre meditative Grundlage bleiben auch manche im Westen ausschließlich als Sportarten (miß-)verstandenen »Wege« unver-

Links:
Tibetisches Tempelbild, 17. Jahrhundert. Staatliches Museum für Völkerkunde, München.

Rechts:
Thanka, tibetisches Rollenbild, das Meditationszwecken diente. 17. Jahrhundert. Staatliches Museum für Völkerkunde, München.

ständlich: Bogenschießen, Karate, Judo, Aikido. Ein klassisches Dokument ist das in zahlreiche Sprachen übersetzte Buch des Philosophen Eugen Herrigel (gest. 1955) »Zen in der Kunst des Bogenschießens«. Herrigel beschreibt hierin die »große Lehre« des Bogenschießens, wobei es letztlich um die Erkenntnis geht, daß man nicht selbst etwas vollbringen soll, sondern die meditative Erfahrung des »es geschieht in mir« gemacht wird.

Karate, die Kunst der »leeren« (*ka*) »Hand« (*te*), ist ebenfalls nicht nur eine Sportart, sondern zugleich eine religiöse Übung. Bei ihr geht es darum, daß der Körper vom Geist regiert wird. Der von der Illusion, ein unabhängiges Selbst zu sein, befreite Mensch befindet sich in einem neuen Verhältnis zu allem, was um ihn herum ist. »Er schlägt wie in einen Zwischenraum, ja er erlebt dasselbe wie der Bogenschütze: Er erfährt die Leere und damit durch seine ›leere Hand‹ den Geist, und das Zusammentreffen mit dem, was alles durchdringt« (Werner Kohler).

Selbstfindung und Lebensführung aus der Kraft der Meditation heraus stehen auch im Hintergrund von *Judo*, dem »Weg des Ringens« und *Aikido*, dem »Weg der harmonischen Kraft«. Die japanischen Gartenanlagen mit ihrer Natürlichkeit und Einfachheit verraten ebenso meditativen *Zen*-Geist wie das bis in europäische Abend-Kurse praktizierte *Ikebana*, die »geistige Schulung des Blumenstellens«. Zur Meditation wird darüber hinaus die japanische *Sumi*- oder Tuschemalerei geschätzt. Meditativen Geist atmen schließlich auch die *Haikus*, die typischen Dreizeiler der japanischen Dichtung. In allen diesen vom Geist des *Zen* beeinflußten Künsten geht es letztlich um die Erfahrung der »Leere«.

Die Rezeptionsgeschichte der *Zen*-Meditation in Deutschland hat fünf Phasen: Gemeinsam mit Hans Haas, Wilhelm Gundert und Karl Heim gehört Rudolf Otto zur ersten Pioniergeneration deutscher Zenforscher. Sein bedeutender Aufsatz »Über Zazen als Extrem des numinosen Irrationalen« (1923) hat Maßstäbe insbesondere im Blick auf die Deutung des *satori* als einer mystisch-meditativen Erleuchtungserfahrung gesetzt. Die zweite Phase ist gekennzeichnet durch die Arbeiten *Zen*-erfahrener Gelehrter (so Eugen Herrigel; A. Faust/Ohasama Schuei). Den Dialog zwischen *Zen* und westlicher Spiritualität führten Daisetz Teitaro Suzuki und Carl Gustav Jung. Der Versuch insbesondere katholischer Theologen, christliche Meditation und *Zen* zu vereinigen, ist umstritten (herausragende Vertreter: William Johnston; Heinrich Dumoulin; Hugo Makibi Enomiya-Lassalle; Graf von Dürckheim).

Oben: Jataka-Szene auf einem Relief des Borobudur. Das Schiff des Hiru auf hoher See. Rijksmuseum voor Volkerkunde. Leiden.

Unten: Reliefskulpturen der Terrassen der Tempelanlage Borobudur in Zentraljava, Shailendra-Dynastie 8./9. Jahrhundert. Die unteren der neun Terrassen des Bauwerks sind als Prozessionsgalerien gedacht und mit Reliefs bedeckt, die das Leben Buddhas darstellen.

Der tibetische Vajrayana-Buddhismus

Für die ältere Religionsforschung lag Tibet oft am Rande des Interesses. Der tibetische Buddhismus galt als »entartete« Form des Buddhismus, als magische Glaubensweise, bei der es vor allem um Reliquien-Verehrung, Drehen von Gebetsmühlen und Hissen von Gebetsflaggen gehe. Seit einiger Zeit hat das Interesse am religiösen Erbe Tibets jedoch beträchtlich zugenommen. Durch den vorangestellten psychologischen Kommentar C.G. Jungs wurde im Abendland das geheimnisumwitterte »Bardo Thödol«, das »Totenbuch der Tibeter«, einer großen Zahl spirituell Suchender bekannt. Die Schriften des Völkerkundlers und Tibet-Reisenden Heinrich Harrer und die große Tibetausstellung in Mün-

chen fanden ein großes Publikum. Die Flucht (1959) und das sich daran anschließende Exil des XIV. Dalai Lama im nordindischen Dharamsala lenkten die Aufmerksamkeit der Welt auf die politische Tragödie Tibets.

Der tibetische *Vajrayana*-Buddhismus ist eine Sonderform des *Mahayana*. *Vajrayana* bedeutet »Donnerkeil« und meint ursprünglich den Blitzstrahl des frühindischen Gottes Indra, der den Chaosdrachen mit dieser Waffe erschlug. *Vajrayana*-Buddhisten beziehen das Wort, das bei ihnen Diamant bedeutet und als Symbol des Unzerstörbaren gilt, auf die »Erleuchtung« und die absolute »göttliche« Wirklichkeit, die »Leerheit«.

Man bezeichnet den tibetischen Buddhismus auch als Lamaismus. Ein *lama* (Höherstehender) ist ein religiöser, dem indischen *guru* oder *zen*-buddhistischen *roshi* vergleichbarer »Meister des Weges«, der Schüler in der buddhistischen Lehre unterweist, die er selbst verkörpert. Herausragende *lamas* tragen den Ehrentitel *rimpoche* (außerordentlich Kostbarer). Der *lama* sucht seine Schüler und überträgt auf sie in einer Initiation seine geistige Kraft. *Mantras* (Sprüche mit magischer Bedeutung), zum Beispiel das berühmte *Om Mani Padme hum* (Om, Juwel im Lotus), und *Mandalas* (symbolische Bilder), die geistig-kosmische Zusammenhänge visualisieren, spielen eine bedeutsame Rolle. Letztlich geht es dabei um die Erfahrung der Nicht-Ichhaftigkeit allen Seins, der absoluten »Leerheit«.

Geschichte

Ashoka

Aus der Frühgeschichte des Buddhismus ragt König Ashoka (273–233 v. Chr.) hervor, der die gewaltigen Eroberungen seines Vaters und Großvaters fortsetzte.

Residenz- und Tempelstadt der Khmer-Könige von Kambodscha. Tempelbezirk von Angkor Wat. Der Sockel des Zentralbaus mißt 215 mal 187 Meter. Der Mitteltrum ist 65 Meter hoch.

Schließlich unterstand ihm der ganze indische Subkontinent. Seine Geschichtlichkeit wurde teilweise noch bis in unser Jahrhundert angezweifelt, gilt aber heute als erwiesen. Bemerkenswert ist Ashokas radikaler Gesinnungswandel: Aus einem kriegerischen und tyrannischen Herrscher wurde unter dem Einfluß des Buddhismus einer der entschiedensten Pazifisten der Weltgeschichte. Ashoka vertrat die absolute Friedfertigkeit nicht nur theoretisch, vielmehr setzte er sie praktisch durch. Eine Zeitlang war er buddhistischer Laiengläubiger. Der Anblick von Leid und Tod erschütterte ihn so heftig, daß er gelobte, nie wieder in den Krieg zu ziehen. Bevor er Buddhist wurde, vertrat Ashoka als hinduistischer Monarch die Idee eines *chakravartin*. Von diesem »Radherrscher« heißt es, daß die Räder seines Wagens überall hin rollen, ohne behindert zu werden.

Berühmt sind Ashokas, auf Säulen und Felsen eingravierte Felsenedikte, die – obschon bereits im 18. Jahrhundert entdeckt – erst in der zweiten Hälfte des 19. Jahrhunderts übersetzt wurden. Nachdem Ashoka seine volle Erleuchtung erlangt hatte, nahm er die zeitweilig von einem Vertreter übernommenen Regierungsgeschäfte wieder auf. Seine Regentschaft stellte er unter den *dharma*, die Lehre Buddhas. In seinen 14 Edikten tritt Ashoka für ein absolutes Tötungsverbot ein und untersagt Tieropfer. Fortschrittlich war sein Einsatz auf dem Gebiet der medizinischen Versorgung, förderte er doch den Bau von Krankenhäusern (auch solchen für Tiere). Ökologischen Weitblick zeigte sein Eintreten für den Anbau von Kräutern, das Pflanzen von Bäumen entlang der Straßen und das Graben von Brunnen. *Dharma*-Beamte sollten die Ausführung der neuen Politik überwachen. Vor allem aber geht der Ruhm König Ashokas auf sein Eintreten für die »Toleranz« unter den Religionen zurück. Ashoka, der den Buddhismus auf friedliche Weise in verschiedenen Ländern ausbreitete (Afghanistan, Griechenland, Ägypten, wenn auch zum Teil ohne durchschlagenden Erfolg), ging es ganz besonders um ein »Wachsen des Wesentlichen« – und zwar in allen Religionsgemeinschaften. In allen Religionen sieht der König eine tiefe Einheit und Gemeinsamkeit, die zur »inhaltlichen Toleranz« (Gustav Mensching) führt, also zur Anerkennung der Möglichkeit einer Begegnung mit »Gott«.

Die Ausbreitung des Buddhismus

Ashokas jüngster Bruder brachte die buddhistische Religion nach Sri Lanka, wo der Theravada-Buddhismus bis heute eine solide Basis besitzt. In den Klosterhöhlen von Matale wurde der Kanon zum ersten Mal aufgezeichnet, und es entstand auch eine reiche Kommentarliteratur. Zu den bedeutendsten nachkanonischen Werken gehört das im 5. Jahrhundert von Buddhagosa (Stimme des Buddha) in Pali geschriebene *Visuddhi-Magga* (Weg der Reinheit). Der unweit des indischen Bodh-Gaya geborene einstige Brahmane Buddhagosa (geboren gegen Ende des 4. Jahrhunderts) konvertierte zum Buddhismus und ging nach Sri Lanka. Sein genanntes Hauptwerk, eine vollständige Darstellung der *Theravada*-Lehre, entstand im Kloster Mahavihara (in Anuradhapura). Der *Mahayana*-Buddhismus konnte sich in den großen buddhistischen Zentren im Norden Sri Lankas – im Gegensatz zum Süden – nie richtig durchsetzen. Im 13. und 16. Jahrhundert bemühten sich zwei Könige erfolglos, den Buddhismus zugunsten des Hinduismus zu verdrängen. Die heiligen Stätten des Buddhismus waren zugleich Nationalheiligtümer: so der heilige Baum von Anuradhapura – bis in das 10. Jahrhundert hinein Hauptstadt Sri Lankas. Dieser Baum entstammt einem Zweig des berühmten *Bo*-Baumes, unter dem Siddharta Gautama zum »Buddha« geworden war.

Nach dem Tode Ashokas setzte bald der Zerfall seines Großreiches auf indischem Boden ein. 60 Jahre später kam die hinduistische Shunga-Dynastie an die Macht. Nachdem der Buddhismus in seinem Heimatland Indien immer weiter zurückgedrängt worden war, wurde der Buddhismus in Sri Lanka zum letzten Hort der »reinen Lehre«. Dieser *Theravada*-Buddhismus breitete sich vor dort ausgehend in Südostasien aus.

Parallel zu diesem »südlichen Buddhismus« entwickelte sich ein »nördlicher« Zweig, der zahlenmäßig ungleich bedeutender ist. Diese Spaltung des Buddhismus war bereits auf dem ersten »Konzil« von Rajagriha hervorgetreten. Die Konfrontation dieser nördlichen Buddhisten – der sogenannten *mahasanghikas* (große Gemeinde) mit dem wieder erstarkenden Hinduismus führte zur teilweisen Übernahme brahmanisch-mythologischer Elemente.

Unter dem Druck der aus Sinkiang südwärts drängenden Skythen (Sanskrit: Shakas) wurde die griechische Herrschaft immer mehr zurückgedrängt. Als über ein Jahrhundert später die Mongolenstämme der Kushanas in das Gebiet eindrangen, endete auch die Herrschaft dieser Shakas. Charakteristisch für diese Epoche ist die Tatsache, daß die Eroberer viel von den einheimischen Kulturen übernahmen. Zur Zeit des griechisch-baktrischen Vizekönigs Menander (Milinda/Milindo), der im 1. Jahrhundert v. Chr. das nördliche Indien von Peschawar bis Patna erobert hatte, entstand nach dessen Bekehrung durch den gelehrten buddhistischen Mönch Nagasena die berühmte Schrift *Milindhapanna* (Fragen des Milinda). Milindas Konversion zum Buddhismus hatte auch die Entstehung der berühmten Gandhara-Kunstrichtung – benannt nach einer Region im äußersten Nordwesten Indiens – zur Folge, die zur Zeit der Kushanas ihre Hochblüte erreichte. In ihren Plastiken und in ihrer Ikonographie zeigt sich die gelungene Symbiose hellenistischer und indischer Stilmerkmale. Der berühmteste Kushana-König Kanishka (78 – 123 n. Chr.), der ursprünglich dem Brahmanismus oder Zoroastrismus angehört hatte, wurde nach seiner Bekehrung zu einem Schutzherrn für den Orden. Er kümmerte sich um die Berichtigung der kanonischen Texte. Zu diesem Zweck wurde ca. 100 n. Chr. das 4. »Konzil« in Jalandara im östlichen Punjab oder in Kundalavanna (Kaschmir) abgehalten. Kanishkas Eroberungspolitik führte dazu, daß die Landwege zum römischen Imperium wieder geöffnet wurden. Auch die nördlichen Karawanenwege durch Turkestan hielt man für den indisch-chinesischen Handel offen. Solche infrastrukturellen Gegebenheiten waren Voraussetzung dafür, daß sich der Buddhismus von Zentralasien nach China, schließlich auch nach Korea und Japan ausbreiten konnte. Von 355 n. Chr. an wurde es Chinesen erlaubt, in buddhistische Klöster einzutreten, obgleich der Konfuzianismus den Buddhismus immer noch als fremde Importketzerei betrachtete. Reine Buddhisten waren zu jener Zeit nur die Mönche und Nonnen in den Klöstern, während sich dagegen die Mehrzahl der Bevölkerung nicht zum Buddhismus bekannte. Aus diesem Grund waren Inder lange Zeit die wesentlichen Repräsentanten des chinesischen Buddhismus. Später traten allerdings auch prominente chinesische Buddhisten auf: Faxian (3./4. Jahrhundert), Xuanzang (7. Jahrhundert) oder Yijing (7./8. Jahrhundert) besuchten als Pilger Indien. Innerhalb des chinesischen Buddhismus bildeten sich zehn besondere Lehrrichtungen heraus. Eine davon ist die bereits erwähnte »Schule des reinen Landes«. Bei ihr spielt die Verehrung des Buddha Amithaba und der Wunsch, im reinen Land des Westens wiedergeboren zu werden, eine große Rolle.

Über Zentralasien kam der Buddhismus nach Tibet, als der dort regierende König zwei buddhistische Prinzessinnen heiratete (7. Jahrhundert). Erst als der legendäre tantrische Meister Padmasambhava (Der aus dem Lotos Geborene) im 8. Jahrhundert nach Tibet kam und die hier herrschende Bon-Religion mit der buddhistischen Lehre verband, fand der Buddhismus in Tibet größere Verbreitung.

Die Missionsbewegung nach Südostasien (Birma, Thailand, Laos, Kambodscha) ist geschichtlich schwer nachzuzeichnen. Zu ersten Kontakten kam es in Folge des Überseehandels, der Indien schon in den ersten Jahrhunderten nach Christus mit Hinterindien und den malaiischen Inseln verband. Texte und Baudenkmäler – insbesondere der um 850 gebaute Stupa-Berg Borobudur – belegen, daß es vom 7. bis 11. Jahrhundert auf Sumatra und Java nicht nur *Mahayana*-Buddhismus, sondern auch Hinduismus gab. Dies zeigt zum Beispiel der im 9. Jahrhundert in der Nähe des Borobudur errichtete hinduistische Prambanan-Tempel. Das Vordringen des Islam nach Indonesien (13. Jahrhundert) drängte Buddhismus und Hinduismus zurück.

Auch der hinterindische Subkontinent war schon früh das Reiseziel indischer Kaufleute, geriet somit unter indischen Kultureinfluß. Ende des 7. Jahrhunderts wurde das Khmer-Reich, das heutige Kambodscha, gegründet, wo Brahmanismus und Mahayana-Buddhismus friedlich nebeneinander lebten, obwohl der Hinduismus die beherrschende Religion war. Höhepunkt der klassischen Khmer-Kunst waren die zunächst dem hinduistischen Großgott Vishnu geweihten Tempelanlagen von Angkor Wat in Zentralkambodscha, die später als buddhistisches Heiligtum benutzt wurden. Erst im 19. Jahrhundert wurden die gewaltigen, vom Urwald überwucherten Tempelanlagen wiederentdeckt und restauriert. Dieser vom *Brahmanismus* und *Mahayana*-Buddhismus begründete »Geist von Angkor« bildete die geistige Grundlage des Khmer-Reiches. Seit Mitte des 12. Jahrhunderts gewann der *Mahayana*-Buddhismus immer mehr an Einfluß, wurde vom 13. Jahrhundert an die dominierende Religion. Eine der führenden Gestalten jener Epoche war König Jayavarman VII. (1181 – 1220), der zahlreiche Pilgerheime, Tempel und Hospitäler bauen ließ. Das Khmer-Reich war zu Beginn des 11. Jahrhunderts zur bedeutendsten Macht des hinterindischen Subkontinents geworden, nachdem auch das Dvaravati-Reich annektiert worden war. Dieses Reich hatte sich etwa vom heutigen Bangkok bis an den Golf von Bengalen ausgedehnt und war Mitglied einer größeren Konföderation von Mon-Völkern. Abgesehen vom Irawadi-Delta umfaßte dieser Bund auch das Fürstentum

Haripunjaya im nördlichen Thailand. Die Konfrontation der Khmer mit den Mon war insofern von Bedeutung, als das Mon-Reich enge Verbindung nach Sri Lanka hatte und sich als Wahrer des reinen *Theravada*-Buddhismus auf dem asiatischen Kontinent verstand. Thaton, östlich vom heutigen Rangun gelegen, bewahrte ein Exemplar des *tripitaka*, das von Mon-Mönchen dorthin gebracht worden war. Diese Stadt hatte große geistige und politische Bedeutung. Die im 8. oder 9. Jahrhundert aus Osttibet und Zentralbirma eingewanderten Birmanen waren Buddhisten und Anhänger des *Mahayana*- bzw. des *Vajrayana*-Buddhismus. Der erste König des birmanischen Reiches mit Pagan als Zentrum, Anavratta (11. Jahrhundert), gewann durch das Beispiel der Mon-Konföderation die Überzeugung, daß eine Ausweitung seiner Macht nur auf der Grundlage der reinen Lehre möglich sei. Da der in Thaton regierende Mon-König Manuha der Überführung des *tripitaka* nach Pagan nicht zustimmte, zerstörte Anavratta die Mon-Hauptstadt und ließ sämtliche heiligen Schriften nach Pagan bringen. Ebenso nahm er die königliche Familie sowie alle buddhistischen Mönche und Gelehrte gefangen. Dadurch wurde Pagan das neue Zentrum der reinen Lehre und der *Theravada*-Buddhismus die Religion Birmas.

Zu einer weiteren Konfrontation mit den *Mahayana*-Buddhisten des Khmer-Reiches kam es, als sich die Thais unter dem Druck der Mongolen in Laos, Nordvietnam und Nordthailand festsetzten. Sie gründeten Fürstentümer in Sukodhaya und Chiengmai. Nun wurde die Voraussetzung für die Einigung aller Thaifürstentümer zu dem großen Reich von Ayodhya in der Nähe des heutigen Bangkok geschaffen. Bevor der Fürst von U-Thong 1350 als König Ramatibodhi I. den Thron bestieg, machte er Sukhothaya zu einem Vasallenstaat. Kurz nach der Gründung Ayodhyas wurde das Khmer-Reich bekriegt und 1351 Angkor eingenommen. Viele Buddha-Statuen wurden nach Ayodhya überführt. Mit dem Niedergang des Khmer-Reiches ging der Einfluß des *Mahayana*-Buddhismus zurück. Das Sanskrit verschwand in den Tempel-Inschriften, und Pali setzte sich an seiner Stelle durch. Schon während des 14. Jahrhunderts war der *Theravada*-Buddhismus zur beherrschenden Religion geworden und blieb es bis heute.

Der buddhistische Modernismus

In den letzten 100 Jahren entstand zunächst in Sri Lanka und Birma die »buddhistische Erneuerungsbewegung«. Vorstufen einer Modernisierung des Buddhismus sind die Ordens-Reformen (*sasana*-Reformen). Ausgelöst wurden sie durch die Auseinandersetzungen mit dem europäischen Kultureinfluß. Bedeutend waren die Reformen des ceylonesischen *sangha* (1750), die Reformmaßnahmen des birmanischen Königs Mindon Min (1853–1878), des siamesischen Königs Mongkut (1851–1868) sowie die Gründung von Reform-*nikayas* (Korpus) in Sri Lanka (19. Jahrhundert) und die Reform des ostbengalischen *sangha* (1856).

Zu den bedeutendsten Denkern des Neubuddhismus gehören David Hewavitarne (1864–1933), der unter seinem Ordensnamen Anagarika Dharmapala bekannt wurde, und K. N. Jayatilleke (1920–1970), der wichtigste religionsphilosophische Vertreter. In Indien wurde der Neubuddhismus durch die 1891 gegründete *Mahabodhi Society* vertreten. Die bengalischen Buddhisten, die 1887 in Chittagong die erste moderne buddhistische Vereinigung Indiens gründeten, förderten vor allem das Buddhismus-Interesse der indischen Intellektuellen. Der Übertritt von Bhimrao Ramji Ambedkar (1891 - 1956) zum Buddhismus führte zu einer Massenbewegung unter den sozial Benachteiligten. In Birma und Sri Lanka kam es zu einer Politisierung des Buddhismus und zu Versuchen, Buddhismus und Marxismus in Einklang zu bringen.

Während das 19. Jahrhundert vorwiegend von der Kolonialpolitik der europäischen Mächte bestimmt war, setzte zu Beginn des 20. Jahrhunderts die politische Selbstbesinnung der buddhistischen Länder ein, die eine Entglorifizierung des Westens und die buddhistische Emanzipation zur Folge hatten.

Begegnungen von Abendland und Buddhismus

Die ersten Kontakte zwischen Indien und dem Abendland gehen auf das 6./5. Jahrhundert vor Chr. zurück, als sich das persische Großreich von Griechenland bis nach Nordwestindien erstreckte. In hellenistischer Zeit fand zwischen Indien und dem Westen ein reger Kulturaustausch statt. Die, auf Pali verfaßten »Fragen des Milinda«, in denen der buddhistische Mönch Nagasena den baktrischen König Menander (Milinda) von der Wahrheit des Buddhismus überzeugt, sind – unabhängig von ihrer historischen Echtheit – ein lebendiges Beispiel für den buddhistisch-griechischen Dialog. Der griechisch-indische Gandhara-Stil (benannt nach einem Landstrich in Nordwestindien) ist ein großartiges Zeugnis dieser Kultursymbiose.

Unter den altkirchlichen Schriftstellern ist Klemens von Alexandrien (gest. vor 215) wohl der erste, der in seinem an ein breites Publikum philosophisch interessierter »Heiden« gerichteten Werk »Teppiche« *Boutta* (Buddha) namentlich erwähnt. Seine Anhänger hätten ihn »um seiner übermäßigen Heiligkeit willen der Ehre eines Gottes gewürdigt«. Hieronymus (um 347 – 419/20) überliefert den Glauben der Buddhisten an die Jungfrauengeburt ihres Stifters. Durch das vermutlich auf den arabischen Christen Johannes von Damaskus (um 650 – vor 754) zurückgehende mündliche Berichte christlicher Indienpilger verarbeitende »Leben von Barlaam und Joasaph« wurde Buddha zu einem christlichen Heiligen, der im Mittelalter sehr verehrt wurde. Der volkstümliche Erbauungsroman erzählt, wie der christliche Einsiedler Barlaam dem indischen Königssohn Joasaph begegnet. Der von seinem Vater von allem Leid ferngehaltene Jüngling verzichtet auf weltlichen Ruhm und läßt sich zu einem Leben der Weltverachtung bekehren. Nachdem er sogar den eigenen Vater von seinen asketischen Idealen überzeugt hat, stirbt er am Ende als christlicher Einsiedler und Wundertäter.

Hinter dem Namen Joasaph verbirgt sich der buddhistische Titel *bodhisattva*. Erst vor einigen Jahren wurde der katholische Heilige St. Joasaph, also Buddha, aufgrund historisch-kritischer Studien der jesuitischen Bollandisten stillschweigend aus dem revidierten Heiligenkalender herausgenommen.

Die Erforschung der wechselseitigen Begegnung von Buddhismus und Christentum im zentralasiatischen Raum, im nördlich der Hochebene Tibets gelegenen Land der Seidenstraßen, steht wissenschaftlich immer noch weitgehend in den Anfängen. Die beiden Weltreligionen Christentum und Buddhismus trafen dort entweder direkt oder durch die Weltreligion des Manichäismus vermittelt - aufeinander. Dieser Prozeß hatte auf beiden Seiten eine Neuinterpretation sowohl von Glaubensvorstellungen als auch von künstlerischen Symbolen zur Folge (Hans-Joachim Klimkeit).

Im Mittelalter war es der italienische Franziskaner Plano Carpini (ca. 1182 – 1248/52), der den Buddhismus in seinem Reisebericht erwähnt. Großen Publikumserfolg hatte das Tagebuch des venetianischen Kaufmanns Marco Polo (1254 – 1324), das die Buddhalegende erwähnt und vom hohen Ethos der buddhistischen Einsiedler zu erzählen weiß. Auch der englische Franziskaner Roger Bacon (ca. 1214 – ca. 1292) erwähnt den Buddhismus. Zu Beginn der Neuzeit wurden Kenntnisse über den Buddhismus von römisch-katholischen Missionaren verbreitet, die im 16. und 17. Jahrhundert nach Fernost vordrangen. Zu erwähnen ist insbesondere Franz Xaver (1506 – 1552), der wohl als erster Europäer Japan betrat und auf dem Weg nach China starb.

Der Buddhismus hielt vor allem durch drei »Kanäle« Einzug in das Abendland: durch Künstler, Philosophen und Wissenschaftler. Herder, Schelling, Hegel, hauptsächlich aber Schopenhauer und Nietzsche erwähnen den Buddhismus, und einige Philosophen (so Bergson, Wittgenstein, der Kreis um Rickert, Heidegger) hatten zu ihm Beziehungen. Ernst Blochs (1885 – 1977) Buddhismus-Bild in seinem Werk »Das Prinzip Hoffnung« (1954 – 1959) ist nicht frei von Entstellungen. Der Philosoph mißdeutet das »Wunschbild Nirvana« als das »absolute Nichts« bzw. »die Kühle selbst«. Der Psychoanalytiker Erich Fromm (1900 – 1980) hat in seinem Werk zwei unterschiedliche Seinsorientierungen unterschieden: »Haben und Sein« (1976). Vor allem der Buddhismus und Marxismus – beide Protagonisten einer humanistischen, nichtautoritären, nichttheistischen Weltanschauung – sind Vertreter der von Fromm für ethisch wertvoller gehaltenen Seins-Orientierung.

Die jugendlichen Protestbewegungen der 1960er Jahre zeigen eine verstärkte Hinwendung zum Buddhismus. Die von Theodor Roszak als »Gegenkultur« beschriebene Bewegung öffnete sich bereitwillig asiatischen Einflüssen. Schriftsteller-»Gurus« wie Alan Ginsberg, Jack Kerouac, Alan Watts – Prophet der »Sanften Befreiung« und des »New Age« – verkündeten einen »anarchischen Buddhismus«, der verschiedene gedankliche Strömungen zu einer Melange verschmolz. Große Bedeutung für die abendländische Buddhismus-Rezeption hat das Werk Hermann Hesses (1872 – 1962). Der Titelheld seines Romans »Siddharta. Eine indische Dichtung« (1922) ist nicht etwa der Buddha, sondern ein Brahmanensohn, dessen Entwicklung zum weltverzichtenden Heiligen gezeichnet wird. Der späte Hesse beschäftigte sich stark mit dem Zen-Buddhismus. Buddhistische Einflüsse sind auch in der Popkultur spürbar: So setzten die »Beatles« ihr Interesse an der durch Buddha inspirierten Lebensweise in ihrem Lied »Tomorrow never knows« ebenso musikalisch um, wie der inzwischen zum Islam konvertierte Cat Stevens.

Christliche Theologen konnten sich früher einer Beschäftigung mit Buddha und seiner Lehre mit dem Argument entziehen, daß der Buddhismus überhaupt keine Religion sei, sondern eine areligiöse, atheistische Morallehre, eine nihilistische Philosophie. Nachdem jedoch einige Religionswissenschaftler auf den religiösen Charakter des Buddhismus aufmerksam gemacht hatten, kam es in Theologenkreisen zu einem verstärkten Interesse an dem indischen Religionsstifter. So wies beispielsweise der schwedische Erzbischof und Religionswissenschaftler Nathan Söderblom (1866 – 1931) auf den nach seiner Meinung für jede Religion konstitutiven Wesenszug des »Heiligen« in der Buddhalehre hin. Und Rudolf Otto (1869 – 1937) erkannte im *nirvana* »das ganz Irrationale«, das »mysterium fascinans«. In die Reihe aufgeschlossener evangelischer Theologen, die sich mit dem Buddha beschäftigten, gehört auch Albert Schweitzer (1875 – 1965). In seiner Schrift »Die Weltanschauung der indischen Denker. Mystik und Ethik« (1934) vergleicht er Buddha mit Luther, die er beide als »Freigeister« und »Revolutionäre« deutet. Verglichen mit der Ethik Jesu sei die des Buddha aber »unvollständig«, weil es sich – und hier liegt ein großes Mißverständnis vor – um keine Ethik der Tat, sondern um bloße »Gedanken-Ethik« handele. Angeblich fehle ihr die soziale Komponente, und sie kreise um pure Selbsterlösung.

Anregend für den protestantisch-buddhistischen Dialog war die späte Schrift Paul Tillichs (1886 – 1965) »Das Christentum und die Begegnung der Weltreligionen«. In dieser Studie vergleicht Tillich unter anderem die Zielvorstellungen beider Religionen miteinander: Reich Gottes und *nirvana*. Das steigende Interesse evangelischer Theologen am Buddhismus demonstriert auch Wolfhart Pannenberg, der in seiner Schrift »Christliche Spiritualität« Parallelen und tiefgehende Differenzen zwischen dem Menschenbild buddhistischer und lutherischer Prägung aufzeigt. Weitere wichtige Beiträge zum christlich-buddhistischen Dialog stammen von dem protestantischen Autor Winston L. King (»Buddhism and Christianity«, London 1963) und von dem auf Sri Lanka tätig gewesenen methodistischen Theologen Lynn A. de Silva. De Silva gehörte zu denjenigen protestantischen Theologen, die sich wohl am weitesten dem buddhistischen Denken geöffnet haben. Unter dem Eindruck der buddhistischen Theorie der Reinkarnation revidierte de Silva seine eschatologischen Auffassungen. Die *anatta*-Lehre versuchte er, mit der biblischen Geistvorstellung zu vermitteln.

Unter den katholischen Gelehrten, die sich mit dem Studium des Buddhismus und dem christlich-buddhistischen Dialog befassen, sind neben dem Dominikaner Étienne Cornelis, der von dem »außerordentlichen Genie« Buddhas sprach, vor allem die Jesuiten Heinrich Dumoulin, Hugo Makibi Enomiya-Lassalle und Aloysius Pieris sowie der Scheuter Missionar Joseph J. Spae und andere zu nennen. Ein »Grenzgänger zwischen Christentum und Buddhismus« war der Trappistenmönch Thomas Merton (1915 – 1968), dessen Werke in den USA sehr verbreitet sind. Grundlagen für einen christlich-buddhistischen Dialog in der Bundesrepublik Deutschland legte der Bonner Fundamentaltheologe Hans Waldenfels, dessen Untersuchung »Absolutes Nichts« (1976) besonders zu erwähnen ist.

LITERATUR: Gustav Mensching: Buddhistische Geisteswelt. Darmstadt 1955. Nachdruck Wiesbaden 1975. – Dieter Schlingloff: Die Religion des Buddhismus. 2 Bände, Berlin 1962/63. – Heinrich Dumoulin (Hg.), Buddhismus der Gegenwart. Freiburg 1970. – Trevor Ling: The Buddha. Buddhist Civilization in India and Ceylon. Harmondsworth 1973. – Nyanatiloka. Buddhistisches Wörterbuch, 2. rev. Aufl. Konstanz 1976. – Gustav Mensching: Buddha und Christus – ein Vergleich. Stuttgart 1978. – Hans Bräker: Der Weg nach Asien. Olten 1978. – Hans-Jürgen Greschat: Die Religion der Buddhisten. München 1980. – Dieter Seckel: Kunst des Buddhismus. Nachdruck Baden-Baden 1980. – Heinrich Dumoulin (Hg.): Begegnungen mit dem Buddhismus. Freiburg 1982. – Hans Waldenfels: Faszination des Buddhismus. Zum christlich-buddhistischen Dialog. Mainz 1982. – Hans-Jürgen Greschat/Martin Kraatz: Buddhismus (Religionen Bd.II). Göttingen 1985. – Hans-Joachim Klimkeit: Die Begegnung von Christentum, Gnosis und Buddhismus an der Seidenstraße. Opladen 1986. – Edward Conze: Der Buddhismus. Wesen und Entwicklung. Stuttgart 8. Aufl. 1986. – Ulrich Schneider: Einführung in den Buddhismus. Darmstadt 1987. – Hans-Wolfgang Schumann: Buddhismus. Stifter, Schulen und Systeme. Olten-Freiburg 5. Aufl. 1988. – Monika und Udo Tworuschka (Hg.):Vorlesebuch Fremde Religionen, Bd. 2: Buddhismus-Hinduismus. Lahr/Düsseldorf 1988. – Heinz Bechert/Richard Gombrich (Hg.): Der Buddhismus. Geschichte und Gegenwart. Neuausgabe München 1989. – Hans-Joachim Klimkeit: Der Buddha – Leben und Lehre. Stuttgart u. a. 1990. – Das Lexikon des Buddhismus: Bern u. a. 1992 – Das Lexikon des Zen. Bern u. a. 1992. – Robert Allen Mitchell: Buddha. München 1992.

Udo Tworuschka

Daten zur Geschichte des Buddhismus

560–480 vor Chr.	Siddharta Gautama, genannt »Buddha« (Datierung der älteren Forschung)
450/350 vor Chr.	Eingang des Buddha in das Nirvana (Datierung der neueren Forschung)
um 89–77 vor Chr.	König Vattagamani Abhaya von Ceylon. Schriftliche Aufzeichnung des Pali-Kanon bei einer Mönchsversammlung
274–237 vor Chr.	König Ashoka
um 200 nach Chr.	Nagarjuna, indischer Philosoph der »Lehre von der Leerheit«
ca. 400–480	Vasubandhu der Jüngere. Von ihm stammt das bedeutende Werk Abhidharmamoksha (»Schatzkammer der Dogmatik«), die grundlegende Zusammenfassung des indischen Hinayana-Buddhismus
522	Einführung des Buddhismus in Japan von Korea her
593–621	Buddhismus ist offizielle Religion Japans
um 9. Jh.	Der Borobudur wird auf Java erbaut
ca. Mitte 10. Jh.	Amida-Buddhismus breitet sich in Japan aus
972	erste Drucklegung eines chinesischen tripitaka
1191	Zen-Buddhismus kommt nach Japan
1222–1282	Nichiren
1290–1364	Bu-ston (tibetischer Mönchsgelehrter). Ihm ist die abschließende Kodifizierung des tibetischen Kanons (bKa'-'gyur/ bsTan-'gyur) zu verdanken
1803–1868	König Mongkut (Rama IV). Der in Pali und Latein studierte Mönch besaß Kenntnisse von Bibel und Christentum und initiierte eine Reformbewegung gegen mangelnde Ordenszucht: die dhammayut-Bewegung
Ende 19. Jh.	Die thailändische dhammayut-Reformbewegung gelangt nach Kombodscha
1868–1910	Regierungszeit des thailändischen Königs Chulaloangkorn, der eine der wichtigsten Ausgaben des Pali-Kanon veröffentlichen ließ
1871	Fünftes Konzil unter König Mindon Min (1853–1878) in Mandalay (Birma) Die revidierten Texte des Pali-Kanons wurden auf Marmortafeln gemeißelt
1881	T.W. Rhys Davids (britischer Kolonialbeamter) gründet die berühmte Pali-Text-Gesellschaft. Der Theosoph Henry Steel Olcott (1832–1907) publiziert auf Sri Lanka seinen »Buddhist Catechism« (deutsch: Leipzig 1887)
1891	Anagarika Dharmapala (1865–1953) gründet die Mahabodi Society, Trägerin der buddhistischen Erneuerungsbewegung
1898	Gründung der Young Men's Buddhist Association (YMBA)
1912	Lakshmi Narasu, eine der Führerinnen der buddhistischen Erneuerungsbewegung in Indien, veröffentlicht »The Essence of Buddhism«
25. Mai 1950	Erste »World Buddhist Conference« mit Buddhisten aus 29 Ländern. Gründung der »World Fellowship of Buddhists« im Zahntempel von Kandy (Sri Lanka)
1953	Der ceylonesische Gutsbesitzer D.C. Vijayavardhana veröffentlicht in Colombo die reformbuddhistische Kampfschrift »Dharma-Vijaya (Triumph of Righteousness) or The Revolt in the Temple«
1954–1956	Sechstes Konzil in Rangoon (unter der Schirmherrschaft von U Nu), bei dem die bedeutendsten Vertreter aller Theravada-Richtungen vertreten waren
1966	Gründung des »World Buddhist Sangha Council« in Colombo als internationale Organisation von Mönchen und Nonnen, die Theravada und Mahayana-Richtungen umschließt. Ziele u. a.: Einsatz für Weltfrieden
1970	Gründung der »Asian Conference for Peace«, deren Ziel darin besteht, »alle Buddhisten Asiens zu vereinigen, die grundlegenden Lehren des Buddha zu Frieden, Gerechtigkeit und Menschenwürde zu verbreiten«
1989	Friedensnobelpreis für den XIV. Dalai Lama
1991	Friedensnobelpreis für die Führerin der birmanischen Oppositionsbewegung Aung San Suu Kyi. – Buddhismus wieder Staatsreligion in Kambodscha

Indien

In Indien, vorwiegend in Maharashtra, leben etwa 4,5 Millionen Buddhisten.

In seinem Entstehungsland ist der Buddhismus aufgrund innerer Entwicklungen und der Invasion des Islam seit dem 12. Jahrhundert weitgehend zurückgedrängt worden. Erneut ins Leben gerufen wurde er, als sich indische Intellektuelle im Zuge der buddhistischen Erneuerungsbewegungen in Südostasien zum Ausgang des 19. Jahrhunderts dem Buddhismus zuwandten. Neben akademischen Interessen wollten sie mit Hilfe der 1891 von Anagarika Dharmapala gegründeten »Mahabodhi-Gesellschaft« die buddhistischen Stätten im Norden Indiens restaurieren. Der Übertritt Dr. Bhimrao Ramji Ambedkars (1891–1956) 1956 zum Buddhismus markiert den Beginn einer umfangreichen Bekehrungsbewegung unter den Unberührbaren und damit die Wiederkehr des Buddhismus in Indien auf breiter Basis.

Dr. Bhimrao Ramji Ambedkar

1891 in der Kaste der Mahar in Maharashtra geboren, erringt Ambedkar als erster Unberührbarer Indiens Schul- und Studienabschluß. Als Anwalt und Politiker engagiert er sich dafür, für die Unberührbaren soziale und politische Rechte zu erstreiten. 1947 wird Ambedkar Justizminister im Kabinett Nehrus und wirkt federführend an der Ausarbeitung der Verfassung des unabhängigen Indien mit. Eine Verbesserung der Lage der Unberührbaren innerhalb des Kastensystems, das nach Ambedkar durch den Hinduismus gerechtfertigt wird, betrachtet er trotz der konstitutionellen Abschaffung der Unberührbarkeit als unmöglich. Ambedkar ruft die Unberührbaren auf, die hinduistische Religion zu verlassen und sich dem Buddhismus zuzuwenden. Einzig im Buddhismus sieht Ambedkar die Prinzipien von Gleichheit und sozialer Verantwortung, von Dogmenfreiheit und Vernunfterkenntnis verwirklicht. In einer großen Zeremonie tritt Ambedkar 1956 zum Buddhismus über. Ihm folgen am selben Tag 400 000 Unberührbare; in den folgenden Monaten schwillt die neo-buddhistische Bewegung auf über 4 Millionen Gefolgsleute an. Jedoch nur zwei Monate später stirbt Ambedkar nach langer Krankheit.

Die neobuddhistische Bewegung Indiens

Ambedkar interpretiert die buddhistische Lehre aus sozialer und politischer Perspektive. Den historischen Buddha sieht er als radikalen Gegner des Kastensystems und als Fürsprecher von sozialer Gerechtigkeit und Gleichheit. Der traditionelle Mönchsorden (*sangha*) müsse reformiert werden, als Prediger und Sozialarbeiter habe der Mönch den Unterdrückten lehrend und helfend

Osttor des Stupa Nr. 1 von Sanchi, Indien.
Die Stupa, ursprünglich ein Grabtumulus, wurde im Lauf der Entwicklung zum Symbol für das nirvana.

Figürlicher Kragstein an einem Tor eines Stupa in Sanchi, Indien. 1. Jahrhundert v. Chr. oder 1. Jahrhundert n. Chr.

Relief vom Steinzaun des Stupa von Bharhut, Indien. 2. Jahrhundert v. Chr.

zur Seite zu stehen. Den buddhistischen Laien stellt Ambedkar gleichberechtigt neben den Ordensangehörigen und betont dessen Verantwortung für die soziale und ökonomische Demokratisierung der Gesellschaft.

Die neuen Buddhisten empfinden die Abkehr vom Hinduismus als innere Befreiung. Die Annahme des Buddhismus erlaubt den ehemaligen Unberührbaren Selbstbewußtsein und Selbstachtung. In Ambedkar sehen sie neben Buddha die zweite zentrale Figur des Buddhismus: Als *bodhisattva* verehren sie ihn in ihren kleinen Tempeln. Da die von Ambedkar erfochtenen staatlichen Sonderstellungen jedoch nur für Unberührbare galten, haben sich viele Neu-Buddhisten in den offiziellen Statistiken weiterhin als Unberührbare und damit als Hindus führen lassen.

In den ersten Jahrzehnten fand die neobuddhistische Bewegung ihre Anhänger fast ausschließlich unter den Mahar in West-Indien. Eine Ausweitung der Konversionsbewegung auch in andere Subkasten von Unberührbaren ist nicht gelungen. Religiös betreut wurden sie von wenigen Mönchen aus Sri Lanka und Thailand. Der Unterschied zwischen diesen gebildeten Mönchen, die in der traditionellen Rolleneinteilung verharrten, und den meist schreibunkundigen, ungeschulten Neu-Buddhisten konnte nicht überbrückt werden. Auch daher stockte die Bewegung.

Seit Ende der siebziger Jahre engagieren sich europäische Buddhisten in der 1967 von dem Engländer Sangharakshita gegründeten Organisation »Freunde des Westlichen Buddhistischen Ordens« in West-Indien. Sie unterweisen die Neu-Buddhisten religiös und bilden Ordensmitglieder im Sinne von Ambedkars »Dharma-Revolution« aus. Durch Arbeits- und Sozialprojekte versuchen sie, die gesundheitliche und ökonomische Situationen der Ex-Unberührbaren zu verbessern. Auch dadurch hat eine allmähliche Ausbreitung des Neo-Buddhismus in den späten achtziger Jahren über die Kaste der Mahar hinaus und in andere indische Regionalstaaten hinein stattgefunden. Die Gesetzesänderung von 1990, die nunmehr auch Buddhisten die Vorteile der staatlichen Sonderregelungen – wie die Reservierung von Ausbildungsplätzen und Beamtenposten – zukommen läßt, dürfte ebenfalls zu einer weiteren Ausbreitung des Buddhismus in Indien beitragen.

LITERATUR: B. R. Ambedkar: The Buddha and His Dhamma. Bombay 1957. – D. Keer: Dr. Ambedkar. Life and Mission. Bombay 1962. – J. B. Gokhale: The Sociopolitical Effects of Ideological Change: The Buddhist Conversion of Maharashtrian Untouchables. In: The Journal of Asian Studies. 45, 2, 1986, S. 269–292.

Martin Baumann

Sri Lanka

Statistische Angaben

Die überwiegende Mehrheit der Singhalesen, der ethnischen Hauptgruppe Sri Lankas, praktiziert den *Theravada*-Buddhismus, jene auch in Thailand, Myanmar (Birma), Laos und Kambodscha dominante Religion. Zwar sind *Theravada* und singhalesischer Bevölkerungsanteil nicht identisch – eine erhebliche Minderheit der Singhalesen bekennt sich zum Christentum – eine enge Symbiose beider Größen ist jedoch offenkundig. Ein statistischer Überblick mag dies belegen.

Wichtigste ethnische Gruppen; Stand 1981

Gesamtbevölkerung:		14 850 000
Singhalesen	ca.	74,0 %
Tamilen		18,2 %
Moors		7,1 %

Anteil der Religionen an der Gesamtbevölkerung

		1981	(1891)
Buddhisten	ca.	67,3 %	(62,7 %)
Hindus		17,6%	(20,5 %)
Christen		7,9 %	(10,0 %)
Muslime		7,1 %	(7,0 %)

Diese Engführung von ethnischer und religiöser Komponente verleiht dem Buddhismus Sri Lankas spezifische Züge und erlebt gegenwärtig eine bestimmte Virulenz.

Der Buddhismus selbst präsentiert sich durchaus facettenreich. Dabei kann ein großer Block als »volksbuddhistische« Variante bezeichnet werden. Vor allem aus Südindien stammende religiöse Einflüsse machen sich hier geltend, was sich etwa im Pantheon oder den Ritualen niederschlägt. Beobachter meinen, eine Tendenz zur Vereinheitlichung und Vereinfachung der komplizierten Systeme feststellen zu können. Neben der massiven »Hinduisierung« des Volksbuddhismus wurde unter bestimmten historischen Bedingungen eine völlig andere Ausprägung des Buddhismus entwickelt. Bemerkenswerterweise spielten Laien in diesem Zusammenhang die entscheidende Rolle.

Der Buddhismus »religiöser Virtuosen«, der Mönche, bildet einen weiteren großen Block. Obwohl in die verschiedenen Ordensabteilungen in je verschiedener Stärke volksbuddhistische Elemente hineinragen können, ist er anders zentriert und in erheblicher Weise auf den theravadabuddhistischen Kanon (*Tipitaka*), die Kommentare und das quasi kanonische Geschichtswerk *Mahavamsa* (Große Chronik) ausgerichtet. Indes wirken aktuelle Problemlagen auf die Mönchsorden (*sangha*) mitunter stark differenzierend.

Zur älteren Geschichte

Nach singhalesischer Tradition beginnen die Beziehungen Lankas zum Buddhismus noch zu Lebzeiten Gautamas, des Buddhas. Es wird überliefert, daß der Buddha Lanka dreimal besucht habe; ein für das singhalesisch-buddhistische Selbstverständnis wesentlicher Faktor. Die historische Missionierung Lankas beginnt 250 v. Chr. durch den Sohn Ashokas, Ahinda. Sie soll schnell von Erfolg gekrönt gewesen sein.

An der Person des Königs Dutthagamani (161–137 v. Chr.) und dessen Kämpfen mit den »Tamilen«, die eine spätere Tradition vor allem als Verteidigung des Buddhismus interpretiert, werden bis heute wirkende ideologische Konzepte fixiert. Ein wichtiges Moment dieser Ideologie besteht in der staatlichen Einheit Lankas unter singhalesisch-buddhistischer Dominanz. Im 1. Jahrhundert v. Chr. wird der bis dahin mündlich überlieferte Kanon schriftlich niedergelegt. Der überragende Kommentator des *Theravada*, Buddhaghosa, wirkt im

5. Jahrhundet auf Lanka. Wichtigstes Zeugnis seines Schaffens wurde der *Visuddhimagga*, die umfangreichste und bedeutendste Darstellung der *Theravada*-Lehre (deutsche Übersetzung von Nyanatiloka: »Der Weg zur Reinheit«). Wirkungsort dieses Gelehrten war der Mahavihara (Großes Kloster) in der alten Residenz Anuradhapura. Dieses Kloster sollte die Traditionsbildung der *Theravada*-Orthodoxie maßgeblich bestimmen und sich letztendlich gegen rivalisierende Richtungen durchsetzen. Einflußreicher Widerstand gegen diese später »orthodoxe « Tradition leisteten die Mönche des Abhayagiriklosters, das zeitweilig, von Königen gefördert, den lankesischen Buddhismus dominierte. Erst durch die Reformbestrebungen des Königs Parakramabahu I. (1153–1186 n. Chr.) wird deren Einfluß überwunden.

In jener »augusteischen« Zeit gilt Lanka als Zentrum des *Theravada* mit enormer Ausstrahlung auf andere Länder, besonders Pagan (Birma).

Schübe aus Südindien, vor allem seit dem 6./7. Jahrhundert, verstärken eine kulturelle und religiöse »Überfremdung«. Singhalesische Quellen kennzeichnen etwa die Colas als eingefleischte Feinde des Buddhismus. Wenn auch deren Herrschaft über die Insel relativ kurz währte (993 – 1070 n. Chr.), beförderten derartige Erfahrungen die bereits im *Mahavamsa* ausgearbeitete Ideologielinie weiter und verliehen so dem singhalesischen *Theravada* einen spezifischen Zug.

Mit dem Beginn des 16. Jahrhundert prägen europäische Kolonialmächte immer stärker die Geschichte Lankas. Portugiesen (1505), Holländer (1656) und Briten (1796) lösen einander ab. Deren Eingriffe werden auch den Buddhismus tangieren.

Zur neueren Geschichte

Die Reorganisation des *sangha* von 1753 durch die Einführung einer thailändischen Ordinationslinie *(Syama-Nikaya)* legte den Grundstein für die heute anzutreffende Ausgestaltung. Jener Beginn wurde durch die Übernahme zweier birmanischer Linien, *Amarapura-Nikaya* (1802) beziehungsweise *Ramanna-Nikaya* (1864), abgerundet. Inzwischen erfolgte eine Auffächerung dieser Grundstruktur.

Obwohl durch die Konvention von Kandy (1815) der Buddhismus seitens der britischen Krone zu schützen war, lockerten sich die Bindungen zwischen Staat und *sangha* mehr und mehr. Für den traditionell verfaßten Buddhismus bildete dies eine schwere Belastung, da die Privatisierung des *sangha* ein unbekanntes Phänomen war.

Zudem tritt die Auseinandersetzung mit der christlichen Mission in eine neue Phase. Eines der seit 1865 stattfindenden Streitgespräche (1873) wird als Ausgangspunkt der buddhistischen Erneuerungsbewegung angesehen. Überragende Gestalt des Modernismus wird der Anagarika Dharmapala (1864–1933). An seiner Person werden die Veränderungen, die sich vollzogen haben, deutlich. Eine »westlich« gebildete Laienschaft wird Sprecher buddhistischer Interessen. Das Erscheinungsbild des Modernismus differiert von der traditionell bleibenden Orthodoxie. Er versteht sich bewußt als aufklärerisch und verzichtet auf Ansichten und Praktiken, die ihm nicht »urbuddhistisch« scheinen, sondern als spätes mönchisches Beiwerk. Naturwissenschaftliche Erkenntnisse erfahren Hochschätzung und gelten als dem Buddhismus inhärent. Starke sozialreformerische Impulse (Bildungswesen, Jugendvereine, Antialkoholismus) und politische Anstöße gehen von ihm aus.

Handelt es sich dabei zunächst um nationale und demokratische Inhalte, so kommen im ersten Drittel des 20. Jahrhunderts dezidiert antiimperialistische und sozialistische Ideen hinzu. Wenn auch der Modernismus in Ceylon keine Massenbewegung wird, so erhält er sein besonderes Gewicht durch den Einfluß, den er auf die intellektuelle und politische Elite vor und nach der Unabhängigkeit (1948) ausübt. An S. Bandaranaike (Premier 1956–59) wird diese Entwicklung exemplarisch faßbar.

Die Entwicklung im *sangha* verläuft differenziert. Ein großer Teil bleibt traditionell geprägt. Andererseits kommt es zumindest phasenweise (zum Beispiel 1950er/60er Jahre) zur erheblichen Politisierung der Mönche.

Gegenwärtig spielen in weiten Kreisen, wohl verstärkt seit 1983, buddhistisch-singhalesische Ideologeme eine nicht zu unterschätzende Rolle.

LITERATUR: Heinz Bechert: Buddhismus. Staat u. Gesellschaft in den Ländern des Theravadabuddhismus. 3 Bde., Frankfurt 1966-73. – Ders.: Mythologie der singhalesischen Volksreligion. In: Wörterbuch der Mythologie. Hg. H.W. Haussig. 1. Abt., Lfg. 15., S. 509–656. – Walpola Rahula: History of Buddhism in Ceylon. The Anurad-

Fresken in Dambulla, der buddhistischen Felstempelanlage in Zentrum Sri Lankas aus der singhalischen Anuradhapura-Königsperiode, 9./10. Jahrhundert.

Kalatissa Nanda Jayatilleke

Jayatilleke (geb. 1920) gehört zu den wichtigsten Vertretern des modernen Theravada-Buddhismus in Sri Lanka (Ceylon). Jayatilleke studierte am Royal College in Colombo, am University College und an der University of Ceylon. Einer seiner wichtigen Lehrer war der weltbekannte Dr. G. P. Malalasekera, langjähriger Führer des »All Ceylon Buddhist Congress«, Mitbegründer und erster Präsident der »World Fellowship of Buddhists«. Als Jayatilleke 1946 ein Stipendium für die Universität Cambridge erhielt, beschäftigte er sich mit der abendländischen Philosophie. Dies hatte unmittelbare Auswirkung auf seine Sicht des Buddhismus. 1951 wurde Jayatilleke Lektor und 1963 Professor an der Universität von Ceylon. Außerdem fungierte er als

hapura Period, 3rd Century B. C. – 10th Century A. C. Colombo 1968. – François Houtart: Religion and Ideology in Sri Lanka, Colombo 1974. – Richard Gombrich: Precept and Practice. Traditional Buddhism in the Rural Highlands of Ceylon. Oxford 1979.

Heinz Mürmel

Birma

80 Prozent der Gesamtbevölkerung bekennen sich zum Buddhismus.

Einführung des Buddhismus in Birma

Birmanische Überlieferungen deuten darauf hin, daß der *Theravada*-Buddhismus bereits vor der Ankunft der Birmanen (8.–9. Jahrhundert n. Chr.) in Zentralbirma bekannt war. Danach soll der indische König Ashoka Vardhana um 250 v. Chr. die beiden Mönche Sonas und Uttaras nach Suvannabhumi, dem heutigen Thaton im Südosten von Birma, entsandt haben. Historisch verläßlich werden die Quellen jedoch erst im 5. Jahrhundert n. Chr. Im Jahre 403 brachte der ceylonesische Mönch Ashin Buddhagosa den theravadabuddhistischen Kanon *(Tipitaka)* nach Thaton, in die Hauptstadt des Mon-Reiches.

Auf seiner nordwestlichen Wanderung breitete sich der *Theravada*-Buddhismus nach Pyu aus und begegnete hier dem *Mahayana*-Buddhismus, der – wie Ausgrabungen bei Prome belegen – bereits in früheren Jahrhunderten in Birma Fuß gefaßt haben muß.

Die buddhistische Tradition des heutigen Birma wurde jedoch erst von der Pagan-Dynastie begründet. Die Bekehrung des Pagan-Königs Anawratha (Anniruddha) (1044–1077) wird dem Mon-Mönch Dhannadassi, dem späteren Shin Arahan, zugeschrieben. Der Sohn eines Brahmanen am Hof des Mon-Königs Manahu brachte um 1056 die ersten Pali-Schriften nach Pagan. Als Manahu dem Pagan-König eine Kopie des *Tipitaka* verweigerte, führte Anawratha einen Feldzug gegen Thaton, Manahu wurde gefangengenommen und mit den *Tipitaka*-Texten nach Pagan entführt.

Anawratha verbreitete den *Theravada*-Buddhismus nicht nur in Birma. Er sah sich als neuer Ashoka, als Beschützer der »reinen Lehre«, weit über die Grenzen des Landes hinaus. Mit seiner Hilfe verteidigte sich Sri Lanka gegen Eroberungsversuche durch das hinduistische Chola-Reich in Südindien.

Birmanischer Buddhismus in der Moderne

1871 lud der birmanische König Mindon (1814–1878) zum »Fünften Buddhistischen Konzil« nach Mandalay ein. Obwohl dieses Konzil im wesentlichen eine inner-birmanische Angelegenheit

Leiter des »Buddhist Symposium«, einer englischen Sendereihe der Ceylon Broadcasting Corporation. Dieses Amt nutzte er, um Öffentlichkeitsarbeit im Sinne eines modernen Buddhismus zu leisten. Er war Mitglied der »Royal Asiatic Society of Great Britain and Ireland« und der »World Academy of Art and Science«.

Jayatilleke will die Gültigkeit der buddhistischen Lehre für die Gegenwart erweisen. Ein zentrales Thema ist die Lehre von der Wiedergeburt, bei der er den Buddhismus als Empirismus darstellt. Jayatilleke räumt ein, daß der Begriff Wiedergeburt Probleme bereitet, weil er die Identität mehrerer, zu verschiedenen Zeiten lebender Personen voraussetzt. Der Gelehrte faßte den Identitätsbegriff nicht leiblich, sondern »mental«, das heißt durch »Erinnerung« gegeben. Diese geistige Kontinuität eines Individuums von einem Erdenleben zum anderen ist nur vorstellbar, wenn der Mensch sich an Erfahrungen erinnern kann, die ein anderer, früherer Mensch gemacht hat. Einen Beweis für dieses Wiedergeborenwerden sieht Jayatilleke in »spontanen« Berichten von Menschen über ihre frühere Existenz. Auch geht es ihm um die Lehre vom rechten Handeln, die einerseits am individuellen und sozialen Wohl, andererseits am Heilsziel ***nirvana*** orientiert ist. Jayatilleke hat sich intensiv mit den christlichen Lehren auseinandergesetzt. Nicht zuletzt leistete er einen Beitrag als Historiker und Philologe zur Analyse der buddhistischen Geschichte. Der hochgeachtete Kalatissa Nanda Jayatilleke starb 1970.

LITERATUR: Gottfried Rothermund: Buddhismus für die moderne Welt. Die Religionsphilosophie K. N. Jayatillekes. Stuttgart 1979.

Der Ananda-Tempel in Pagan, Birma. Im Inneren des unter König Kyanzittha erbauten Tempels befinden sich vier Kolossalfiguren Buddhas. Um 1105.

war, kommt ihm das Verdienst zu, die *Theravada*-Tradition Birmas von fremden Einflüssen befreit und dem *Tipitaka* eine einheitliche Version gegeben zu haben. Die Texte wurden in 729 Marmortafeln gemeißelt. König Mindon gründete auch die *Shwegyin*, eine orthodoxe *Theravada*-Bewegung, die sich bis zum heutigen Tag auf die Tradition des Fünften Konzils stützt.

Auch das »Sechste Buddhistische Konzil«, von Mai 1954 bis Mai 1956, fand in Birma statt, in der Hauptstadt Rangun. Zwar waren alle buddhistischen Schulen eingeladen, der Schwerpunkt des Konzils, die Diskussion um die Pali-Texte, sprach jedoch in erster Linie die *Theravadins* an. Unter anderem wurde eine allgemeingültige Fassung der buddhistischen Unterweisung erarbeitet. Erstmals nach 2000 Jahren introvertierter Selbstbetrachtung erinnerte sich der Rat der Buddhistischen Unterweisung, der *Buddha Sasana Council*, wieder an den missionarischen Auftrag des *Theravada*-Buddhismus, wie er anläßlich des »Dritten Buddhistischen Konzils« unter der Schirmherrschaft Ashokas formuliert worden war. Seit 1961 ist der Buddhismus in Birma offizielle Staatsreligion.

Birmanischer Buddhismus und Volksglaube

Birma wird gerne als »buddhistisches Land« beschrieben, und sicher gibt es kein anderes Land im buddhistischen Kulturkreis, in dem sich der Buddhismus so allgegenwärtig zeigt wie in Birma. Sei es in der überaus großen Zahl von Tempeln und Klöstern, im Ablauf des Alltags und selbst in der Politik. In jedem Jahr lassen sich Hunderttausende als Mönche auf Zeit in den Mönchsorden aufnehmen. Die Zahl der regulär ordinierten Mönche, der *pongyis* beträgt etwa 100000.

Dennoch wäre es falsch, den birmanischen Buddhismus, wie er sich im Alltag darstellt, als die reine Form der *Theravada*-Schule zu bezeichnen. Vielmehr erweist sich der birmanische Buddhismus als Schmelztiegel vieler religiöser Strömungen, die über diese Wegscheide der Völkerwanderungen hinweggezogen sind. Im Nordosten begegnet man starken Einflüssen aus dem *Mahayana*-Buddhismus. Tantrische Magie und Überreste des mongolischen Schamanismus, der historischen Wurzel der Birmanen, sind heute noch ebenso lebendig wie vorbuddhistische Hindu-Traditionen der alten *Vishnu*-Stadt Beikthano. In der religiösen Alltagspraxis der Birmanen spielen die 37 *nats* – Geister und Dämonen aus der vorbuddhistischen Zeit – oft eine größere Rolle als Buddha und die buddhistischen Institutionen. Sie sind heute fest in den birmanischen Volksbuddhismus integriert, ebenso wie Astrologie und Alchemie.

Buddhismus in Politik und Gesellschaft

Bereits in seiner frühen Geschichte neigte der birmanische Buddhismus zu militantem Eifer, etwa in der unbeugsamen Härte, mit der König Anawratha den Buddhismus seinem Volk aufzwang. Auch mit der Toleranz hat sich der birmanische Buddhismus schwer getan: Religiösen Minderheiten spricht er noch immer die Gleichberechtigung ab. So darf an den Schulen keine nicht-buddhistische religiöse Unterweisung stattfinden. Der Versuch, dieses Ungleichgewicht zu korrigieren, führte 1954 unter militanten Protesten des *sangha* beinahe zum Rücktritt des damaligen Ministerpräsidenten U Nu.

Im Unabhängigkeitskampf Birmas gegen die britische Kolonialherrschaft standen buddhistische Mönche an der vordersten Front der nationalistischen Bewegung. Erwähnt seien U Ottama (gest. 1939) und U Wisara (gest. 1929), zwei revolutionäre Mönche, die den birmanischen Buddhisten das Nirvana auf Erden versprachen, wenn sie die Briten vertrieben.

»Buddhistisch« wurde mit »Birmanisch« gleichgesetzt, *wunthana*-Nationalismus. Diese Gleichung erklärt die introvertierte Selbstbetrachtung des birmanischen Buddhismus und letztlich auch die Neigung der Birmanen, sich gegenüber der Außenwelt abzuschirmen.

Der erste Ministerpräsident des freien Birma wurde U Nu. Dieser versuchte, eine nationale Einigung auf der Grundlage einer links orientierten Politik zu erreichen, die im Einklang mit den buddhistischen Lehren stand. Das Parlament erließ auf seine Initiative Gesetze zur Regelung der geistlichen Gerichtsbarkeit im *sangha* (1949), über das klösterliche Bildungswesen (1950) und zur Schaffung eines Rates zur Koordinierung buddhistischer Aktivitäten (1950).

Als problematisch erwies sich der »Birmanische Weg zum Sozialismus«: soziale Gleichheit durch Verzicht. Mit derselben Gleichung legitimieren die Militärs ihren Machtanspruch, erheben sie sich zu Testamentsvollstreckern des Pagan-Königs Anawratha. Der Zweck, den »Burmese way of life« vor der – wie sie meinen – antibuddhistischen Überfremdung zu bewahren, rechtfertige die Mittel. Die Machtübernahme durch die Militärs war durch die unrealistische Politik U Nus begünstigt worden.

In dem Maße, wie sich die Macht zum Selbstzweck verselbständigt, sind es heute wiederum die Mönche, die diese Abweichung vom wahren »Burmese way of life« offenlegen. So wie sich nationalistische Widerstandsbewegungen wie die *Young Men's Buddhist Association* (gegründet 1906) seinerzeit gegen die englische Kolonialmacht wandten, ist es heute neben der »Nationalen Liga für Demokratie«, der Aung San Sun Kyi angehört, die *All Burma Young Monks' Union*, (ABYMU), die den militärischen Machthabern gegenübertritt, Untergrundklöster gründet und die Bevölkerung auf den passiven Widerstand gegen das Militärregime vorbereitet, den »Ghandhian way of non-violence«.

Mittelpunkt des politisierten Mönchsordens ist seit jeher Mandalay, die Stadt, die König Mindon 1857 nach dem kosmischen Weltbild des Buddhismus, dem Berg Meru, errichten ließ. Hier, im Schutz der Klöster, sammelte sich 1988 die Demokratiebewegung, hier rief die Mönchsgemeinschaft den spirituellen Boykott gegenüber den Militärs und ihren Angehörigen aus, hier wurden Tausende von Mönchen zu Märtyrern.

LITERATUR: Maung Maung: Burma and General Ne Win, Rangun 1969. – Maung Htin Aung: Folk Elements in Burmese Buddhism, Rangun 1981. – Ni Ni Myint: Burmas Struggle Against British Imperialism (1885–1895), Rangun 1983. – Heinz Bechert: »Das Lieblingsvolk Buddhas«: Buddhisten in Birma. In: Heinz Bechert/Richard Gombrich (Hg.), Der Buddhismus. Geschichte und Gegenwart, München 1989 (Neuausgabe), S. 169–189.

Jürgen Dauth

U Nu

U Nu (geb. 1906) gehört zu den bedeutendsten religiösen und politischen Erneuerern des birmanischen Buddhismus und gilt als der eigentliche Begründer des birmanischen Staates. Dieser gläubige Buddhist ging aus der Thakin-Gruppe hervor, die sich 1930/31 nach dem Vorbild der britischen »Fabian-Society« gebildet hatte und sozialistisch, teilweise auch marxistisch orientiert war. Nach der Anerkennung der politischen Selbstverwaltung Burmas 1946 wurde U Nu Vorsitzender der Nationalversammlung und Vizepräsident der antifaschistischen Freiheitsliga des Volkes. Noch vor dem Tod von Aung Sans übernahm er das Amt des Ministerpräsidenten. In dieser Position bemühte sich U Nu um eine Wiederbelebung der sozialethischen Werte des Buddhismus. So brachte er das Gesetz über die Verstaatlichung des Ackerbodens mit der buddhistischen Einstellung zum Eigentum in Verbindung: »Eigentum ist nicht zum Behalten da, soll keinen Gewinn bringen. Es soll den Bedürfnissen der Menschen auf ihrem Weg zum *nirvana* dienen (...) Käme man zu einer richtigen Bewertung des Eigentums, so nähme nicht nur der Klassenkampf mit seinem Blutvergießen ein Ende, sondern es finge auch das *nirvana* auf Erden an, und es gäbe keinen Klassenunterschied mehr zwischen Herren und Knechten.«

Der Höhepunkt von U Nus Bemühungen um eine Erneuerung des Buddhismus war die Einberufung eines buddhistischen Konzils nach Rangoon anläßlich des 2500jährigen Jubiläums des Eingangs Buddhas in das nirvana. Obwohl es sich eigentlich um ein »Konzil« des Theravada-Buddhismus handelte, war das »Konzil« mit einer Tagung der Buddhistischen Weltkonferenz verbunden: eine die Buddhisten aller Schulrichtungen umfassende Organisation. Das »Konzil« von Rangoon ging als sechstes »Konzil« in die Geschichte ein und knüpfte damit bewußt an die Tradition an. Das erste »Konzil« fand drei Monate nach Buddhas Tod in Rajagriha statt, das zweite 100 Jahre später in Vaishali, das dritte zur Zeit des großen Kaisers

Ashoka (272 – 231 v. Chr.), das vierte 29. v. Chr in der Aloka-Höhle, das fünfte 1871 in Mandalay im oberen Birma.

Dieses sechste »Konzil« sollte vor allem der Reinigung und Prüfung der Lehrtexte sowie der Begründung einer buddhistischen Weltmission dienen. Die Versammlung, die vom Frühjahrsvollmond (Mai) 1954 bis zum Mai 1956 dauerte und für das auf die Initiative U Nus eine große Friedenspagode errichtet worden war, hatte große Auswirkung auf die geistige Erneuerung des Buddhismus.

1960 setzte sich U Nu erfolgreich für die Einführung des Buddhismus als Staatsreligion bei gleichzeitiger Anerkennung der Rechte anderer Religionen ein. U Nu wurde 1962 durch einen Staatsstreich entmachtet, lebte elf Jahre lang im Exil und schloß sich nach seiner Rückkehr der Demokratiebewegung an. Seit Dezember 1989 steht er unter Hausarrest.

LITERATUR: Emanuel Sarkisyanz: Buddhist Backgrounds of the Burmese Revolution. The Hague 1965. – Heinz Bechert: Buddhismus, Staat und Gesellschaft in den Ländern des Theravada-Buddhismus. 3 Bde., Frankfurt/Wiesbaden 1966 – 73. – Melford E. Spiro: Buddhism and Society. A Great Tradition and Its Burmese Vicissitudes. New York 1970.

Thailand

85 Prozent der Bevölkerung (58 Millionen) bekennen sich zum Buddhismus.

Geschichte

Thailand gehört neben Sri Lanka, Kambodscha, Laos und Birma zu den fünf Ländern des *Theravada*-Buddhismus. Die Ankunft des Buddhismus in Thailand läßt sich nicht exakt bestimmen. Archäologische Zeugnisse und schriftliche Überlieferungen aus dem 13. Jahrhundert, der Sukhothai-Periode (13. – 15. Jahrhundert), erwähnen jedoch bereits die Anwesenheit buddhistischer Mönche der *Theravada*-Schule am königlichen Hof sowie Tempel in den Provinzen. Der heutige Süden Thailands kam allerdings bereits im 8. Jahrhundert mit der *Mahayana*-Tradition in Berührung, ausgehend von dem maritimen Großreich Shri Vijaya (Palembang, Sumatra, 7. – 11. Jahrhundert). Die ersten Jahrhunderte der buddhistischen Geschichte Thailands sind in zwei bedeutenden Pali-Chroniken festgehalten, im *Camadevivamsa* von Bodhiramsa aus dem zu Ende gehenden 15. Jahrhundert und dem *Jinakalamalipakarana* von Ratanapanna (Abt von Ratanamahavihara, den heutigen Kloster Wat Jet Yod in Chiang Mai) aus dem Jahre 1516.

Ein starker Einfluß auf die Entwicklung des Buddhismus in Thailand ging vom Reich der Khmer aus. Angkor (802 – 1432) dehnte seine Herrschaft zeitweise auf Siam aus. Da am Hof von Angkor der *Mahayana*-Buddhismus neben dem Hinduismus gepflegt wurden, existierten beide Strömungen auch nebeneinander am königlichen Hof von Sukhothai. Die *Mahayana*-Schule dominierte lange Zeit über die *Theravada*-Tradition. 1361 wurde der ceylonesische Mönch Sumana an den Hof von Sukhothai entsandt, wo er den *Theravada*-Buddhismus lehrte, der schließlich unter König Rama Khamheng (1280) im ganzen Königreich übernommen wurde.

Der Buddhismus kam nicht als reine Philosophie nach Thailand. Er hat sich kulturspezifisch angepaßt. Hinduistische Traditionen wurden ebenso übernommen wie vor allem die animistische Tradition der frühen Thai-Völker. Der animistische Einfluß, in Verbindung mit einer esoterischen Form des Buddhismus, war besonders stark in der Zeit von König Taksin (Ayuthaya, 1768 – 1781), der sich selbst zum Buddha ernannte. Erst die 1782 begründete Chakri-Dynastie kehrte wieder zum orthodoxen *Theravada*-Buddhismus zurück.

Die Könige von Thailand, von Sukhothai über Ayuthaya bis Bangkok, verstanden sich als *dhamma raja*, die gerechten Führer, ein Konzept, das auf den zehn Regeln für Könige beruhte, wie sie von Buddha gelehrt wurden. Unter dem hinduistischen Einfluß von Angkor entwickelte sich daraus das Konzept des *deva raja*, des Gott-Königs, ein Rollenverständnis, das 1932 mit der Abschaffung der absoluten Monarchie neu definiert wurde. Dennoch ist der König auch heute noch der Patron des *sangha*, und damit bleibt die Beziehung zwischen Thron und *sangha*, Politik und Buddhismus, unverändert eng.

Die Strukturen des Thailändischen Buddhismus

Der König ernennt nach wie vor auf Vorschlag des *sangha* die klerikale Hierarchie der Mönchsgemeinschaft. An der Spitze des *sangha* steht als oberste klerikale Autorität der *sangharaja*, der Patriarch der Mönchsgemeinschaft und Vorsitzende der *mahatherasamakhom*, des »Ältesten-Rats«. Dessen Mitglieder, im ganzen sechs, tragen den Titel *Somdet Phra Ratchakhana*. Der *sangharaja* ist zugleich der Vorsitzende der *sakalamahasangkhaparinayok*, der Verwaltung des *sangha*. Dem Ältesten-Rat untergeordnet sind zwölf *Phra Ratchakhana* mit dem Titel *Rorng Somdet* (Stellvertreter).

1990 waren etwa 300 000 Mönche registriert. Diese Zahl ist nicht konstant, da in Thailand immer noch die Tradition der Ordination auf Zeit gepflegt wird, die zwischen mehreren Tagen, Wochen, Monaten oder Jahre dauern kann. An den beiden buddhistischen Universitäten Thailands studieren derzeit 2 000 Mönche. Das Studium ist seit 1983 mit den Abschlüssen der übrigen staatlichen Universitäten gleichgestellt. Das Studium an den buddhistischen Universitäten geht über den Erwerb der Kenntnisse in der buddhistischen Lehre hinaus und umfaßt auch Disziplinen wie Philosophie und Soziologie.

Zwei große Orden bestimmen die buddhistische Lehre in Thailand, der *Thammayut*-Orden, der einen klassischen orthodoxen Buddhismus vertritt, und seinen Ursprung im konservativen, streng autoritären *deva raja* hat und nach wie vor eng mit der politischen Hierarchie liiert ist, sowie der *Mahanikay*-Orden, der eher die Interessen des Volkes vertritt und in dem starke reformerische Elemente zum Tragen kommen, die nicht immer im Einklang mit den offiziellen staatlichen Zielen stehen. Darüber hinaus gibt es weiterhin respektierte buddhistische Bewegungen, die außerhalb des *sangha* stehen wie das *Samnak Santi Asok* des Phra Phothirak Bhikku.

Darüber hinaus gibt es aber auch etwa 3 500 *samnaks* oder buddhistische Zentren, deren mystische und esoterische Lehrinhalte oft kaum noch mit Buddhismus in Einklang zu bringen sind. Um diese, teilweise auch politisch agitierenden Bewegungen zu kontrollieren, wurde die Aufsicht über die religiösen Zentren aus dem Zuständigkeitsbereich der Religionsbehörde im Ministerium für Erziehung herausgenommen und dem Innenministerium zugeordnet.

Etwa 32 000 ordentliche Klöster sind registriert, davon knapp 29 000 unter der Aufsicht des *Mahanikay*-Ordens. In der hierarchischen Spitze des *sangha* sind *Thammayut* und *Mahanikay* jedoch paritätisch vertreten, und erst in den unteren Rängen gewinnt der *Mahanikay* eine klare Mehrheit. So bestimmt der zentralistische autoritäre Stil der *Thammayut* denn auch nach wie vor den *sangha*. ein vom *Mahanikay*-Orden nach der Revolution von 1932 inspirierter Versuch, den *sangha* zu demokratisieren und der modernen Staatsgliederung von Legislative, Exekutive und Judikative anzupassen, scheiterte wieder. 1962, unter der Militärdiktatur von Sarit Thanarat, wurde die staatliche Kontrolle über den *sangha* wiederhergestellt und damit die Rückkehr zum zentralistischen autoritären Führungsstil der Mönchsgemeinschaft.

Reformbewegungen

Man würde dem *sangha* Unrecht tun, wenn man ihn pauschal als unbeweglich bezeichnete. Allerdings hat die Abhängigkeit des *sangha* vom staatlichen Wohlwollen und den – von der urbanen Bürokratie zu vergebenden – materiellen Pfründen zu einer komfortablen Beharrlichkeit geführt. Die große Mehrheit der Thai, vor allem die ländliche Bevölkerung, die am wirtschaftlichen Aufschwung Thailands nicht im gleichen Maße partizipiert wie die urbane Elite und Mittelklasse, fühlt sich vom *sangha* nicht ausreichend angesprochen. Die buddhistische Hierarchie – und leider auch viele Klöster – sind im Ritual erstarrt. Sie sind blind gegenüber den sozialen Nöten der Massen und den Konflikten, welche die Modernisierung in die thailändische Gesellschaft trägt.

Doch mehr und mehr Mönche, vor allem in den Provinzen, werden sich bewußt, daß sie zu einem neuen Rollenverständnis gegenüber den Laien finden müssen, wenn der Buddhismus mehr zu sein beansprucht als eine kulturelle Kulisse. Seit dem Zweiten Weltkrieg gab es eine ganze Reihe von Reformversuchen, die im wesentlichen von dem *Mahanikay*-Orden angeregt wurden. Dazu gehört vor allem die Bemühung, die buddhistische Hierarchie zu demokratisieren und die Definition eines zeitgemäßen Buddhismus aus der Basis heraus wachsen zu lassen. Diesen Bestrebungen haben sich auch einzelne Mönche des *Thammayut*-Ordens angeschlossen.

Es sind denn auch im wesentlichen einzelne Mönche – und nicht der *sangha* generell – die den Reformbuddhismus prägen und tragen. Unter den herausragenden Persönlichkeiten sind vor allem Phra Phutthathat (Buddhadasa) Bhikkhu zu erwähnen, Phra Panyanantha Bhikkhu und Phra Thepvethi Bhikkhu.

Daß die urbane buddhistische Elite durch Lehren wie die des Buddhadasa Bhikkhu und Gleichgesinnter ihre Privilegien herausgefordert sieht, darf nicht verwundern, ebensowenig der Versuch, diesen Lehren konservative Strömungen entgegenzusetzen. Sollten sich diese durchsetzen können, wird der Buddhismus in Thailand zu einer Fassade erstarren und Thailand aufhören, im wahren Sinne eine buddhistische Nation zu sein.

LITERATUR: Heinz Bechert: Buddhismus, Staat und Gesellschaft in den Ländern des Theravada-Buddhismus, Bd. 1, S. 37 – 108: »Thailand«. Frankfurt, 1966. – Phra Phutthathat Bhikkhu: Handbook for Mankind. Bangkok 1980. – Ders.: Buddhadasa – A Buddhist Thinker for the Modern World. Bangkok 1988. – Seri Phongphit: Religion in a Changing Society. Hongkong 1988. – Peter A. Jackson: Buddhism, Legitimation and Conflict – The Political Functions of Urban Thai Buddhism. Singapur 1989.

Jürgen Dauth

Kambodscha

Statistische Angaben

In Kambodscha leben zur Jahresmitte 1991 8,44 Millionen Einwohner (letzte Volkszählung 1. Mai 1981). Nach Angaben des Statistischen Bundesamtes betrug der Anteil der (vor allem *Theravada*) Buddhisten verschiedener Richtungen, die zu 70 Prozent Khmer sind, zur Jahresmitte 1980 5658 Millionen, das sind 88,4 Prozent. Die Nachkommen der Cham sind Muslime (überwiegend Sunniten). Die meisten Vietnamesen und Chinesen Kambodschas bekennen sich zum chinesischen Buddhismus und zum konfuzianischen Ahnenkult. Die 55 000 Vietnamesen und Europäer sind (überwiegend römisch-katholische) Christen (0,2 Prozent). Unter den Chinesen gibt es auch Cao-Dai-Anhänger. Im Nordosten des Landes verbreitete ethnische Religionen sind animistisch geprägt. Einige Familien königlicher Hofbrahmanen praktizieren den Hinduismus.

Geschichte

Seit 900 Jahren ist der *Theravada*-Buddhismus die Religion des Khmer-Volkes. Inschriften beweisen, daß bereits 1230 diese Form des Buddhismus bei den Khmer vorhanden war. Während am Hof weiterhin Hindu-Vorstellungen herrschten, hatte sich der *Theravada* zu dieser Zeit beim Volk bereits durchgesetzt. Ob es König Indravarman II. (ca. 1295 – 1307) oder erst Jayavarman Parameshvara (1327 – nach 1353) war, der den *Theravada*-Buddhismus zur offiziellen Religion machte, ist in der Forschung umstritten. Vorher spielte in Kambodscha sowie in Birma und Thailand – den sogenannten »hinduisierten Staaten« – die indische Kultur eine herausragende Rolle: Könige trugen Sanskrit-Namen, ihre Politik folgte hindu-politischen Ordnungsvorstellungen, und die Rechtssprechung war brahmanistisch orientiert.

Der aus Siam eingeführte *Thommayut*-Orden (auch *Dhammayuttika-Nikaya* genannt), dem einige Zeit auch Prinz Sihanouk angehörte, unterscheidet sich von der einheimischen Mönchstradition des *Mahanikaya* unter anderem durch ihre strengere Einhaltung der Mönchsvorschriften, sowie durch ihre andere Aussprache des Pali. Auch im *Mahanikaya*-Orden bildete sich eine strengere Richtung heraus: die *Thommakay* (beziehungsweise *Dhammakaya*), die an die Ausbildung der Mönche strengere Maßstäbe anlegte.

Zwischen 1957 – 1961 hatte sich die Zahl der Mönche und Nonnen um fast ein Drittel verringert, die Zahl der staatlich geförderten Klöster dagegen vermehrt. Auch die vietnamesischen und chinesischen Buddhisten besaßen – vor allem in Phnom Penh – ihre eigenen Tempel. In Kambodscha gab es eine Reihe vom Staat geförderter buddhistischer Vereinigungen. Die »Buddhistische Assoziation von Kambodscha« (gegründet 1952) vertritt die Buddhisten ihres Landes in der *World Fellowship of Buddhists*, deren 6. Weltkongreß 1961 in Phnom Penh veranstaltet wurde.

Auch unter den Mönchen Kambodschas kam es, wie in anderen buddhistisch geprägten Ländern Ostasiens, zu einer Spaltung in Traditionalisten und Modernisten, die an den höheren Pali-Schulen ausgebildet worden waren. Nicht zuletzt auch durch ihren Kontakt mit westlichen Gelehrten wurden sie zur Kritik an der herkömmlichen wörtlichen Auslegung der Pali-Texte veranlaßt.

Von der Machtübernahme durch die »Khmer rouge« bis heute

Die Machtübernahme durch die Khmer Rouge (1975) bedeutete den Niedergang des Buddhismus in Kambodscha. Noch 1979 berichtete ein jugoslawisches Filmteam, daß »in nur drei Jahren die Kambodschaner alle Atheisten« geworden seien. Pagoden und Tempel wurden in Reisspeicher und Werkstätten umgewandelt, die Mönche in

Buddhadasa Indapanno

Buddhadasa Indapanno ist ein Gelehrter, weit über Thailand hinaus bekannter buddhistischer Mönch (*bhikhu*), der zu den großen Reformern seiner Religion gehört. Im Mittelpunkt seiner Lehre steht die Forderung, das *nirvana*, die Erlösung im Diesseits zu verwirklichen. Für Buddhadasa ist Erlösung eine Erfahrung, in deren Mittelpunkt die Erkenntnis von der in sich geschlossenen Einheit der Schöpfung stehe. Der Mensch, der die Einheit zwischen ihm und der Natur zerstört habe, soll sich aktiv bemühen, diese Einheit wiederherzustellen. Nach Buddhadasas Auffassung soll sich der wahre Asket nicht wie früher in die Berge zurückziehen, sondern in der Stadt bleiben. Seine Aufgabe erschöpft sich nicht in der Interpretation buddhistischer Texte. Darüber hinaus soll der wahre Asket Lehrer in weltlichen Dingen sein und zum Beispiel als Bauer, Handwerker und Politiker tätig werden. Buddhadasa setzte sich auch intensiv mit dem Christentum auseinander. Im Februar 1967 hielt er im »Thailand Theological Seminary« drei Vorlesungen zum Thema »Buddhismus und Christentum«. Er räumte nicht nur ein, daß Christentum und Buddhismus ein Stück des Weges zum Heil gleichberechtigt nebeneinander herlaufen. Darüber hinaus erklärte er, beide Religionen seien im Kern ein und dasselbe: »Die Stifter aller Religionen dieser Welt fühlen sich berufen, den Menschen die Vollendung, die sie entbehren, erlangen zu helfen.« *Dhamma* ist für ihn nicht nur Lehre, sondern Bezeichnung für das höchste unpersönliche Wesen, das noch über Buddha steht. Vordergründig betrachtet, enthalten die Heiligen Schriften aller Religionen Texte, die sie in Widerspruch zueinander bringen. Liest man sie jedoch in der »*dhamma*-Sprache«, so zeigt sich eine letzte übergeordnete Einheit. Buddhadasa verlangte nicht, daß die Christen den Gottesbegriff aufgeben oder die Buddhisten zu Gottgläubigen werden. Es genüge schon, wenn beide Seiten davon überzeugt sind, daß Gott und *Dhamma* nur andere Worte für ein und dieselbe Sache sind. Die Ablehnung der persönlichen Merkmale im Gottesbegriff gestattet es Buddhadasa, die Vorstellung vom Menschen als Krone der Schöpfung neu zu definieren. Da Gott und Naturgesetz eine Einheit bilden, unterliegen die Menschen keinem geoffenbarten Herrscherwillen. Gottes Willen zu tun, bedeutet in diesem Sinne, sich dem Natur- oder Seinsgesetz zu unterwerfen. Sich dem Auftrag Gottes zu verweigern, heißt diese Seinsordnung und Harmonie zu stören.

LITERATUR: Donald K. Swearer: Neueste Entwicklungen im thailändischen Buddhismus. In: Heinrich Dumoulin (Hg.): Buddhismus der Gegenwart. Freiburg 1970, S. 66–71.

Tamonten (Vaishravana), einer der »Vier Himmelskönige«. In der linken Hand hält er eine schirmähnlich zusammengerollte Siegesfahne des Buddhistischen dharma, in der rechten eine Pagode. Aus einem Stück gearbeitete Holzplastik, um 650.

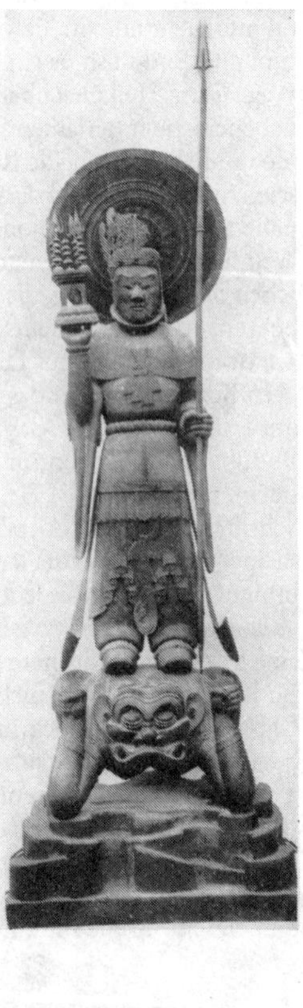

landwirtschaftlichen Produktionsgenossenschaften eingesetzt. Die religiösen Feierlichkeiten, einschließlich der Bestattungsriten, wurden untersagt. Unter dem grausamen Regime Pol Pots waren eine Million Menschen auf häufig grausame Weise ermordet worden. Von 80000 buddhistischen Mönchen kamen 50000 ums Lebens. Von 2400 Tempeln wurden 95 Prozent zerstört. Seit dem Sturz des Pol-Pot-Regimes am 7. Januar 1979 und der vietnamesischen Invasion kam es zu einer Wiederbelebung der religiösen Aktivitäten: So wurden zum Beispiel einige Klöster wieder neu eröffnet. Seit 1979 wurden auch viele Pagodenschulen wiedererrichtet, die Grundschulunterricht erteilen. Ihre Bedeutung ist allerdings nicht mit der von früher zu vergleichen, und sie sind in das Nationale Erziehungssystem integriert. Im Zuge der Liberalisierung ist der Buddhismus wieder zur Staatsreligion erklärt worden. Die Symbole Hammer und Sichel im Staatswappen wurden gegen die berühmten Tempeltürme von Angkor Wat ausgetauscht.

Norodim Sihanouk kehrte am 14. November 1991 nach Phnom Penh zurück, um den Vorsitz des Obersten Nationalrates zu übernehmen, der für 1993 freie und allgemeine Wahlen vorbereiten soll.

LITERATUR: Heinz Bechert, Buddhismus, Staat und Gesellschaft in den Ländern des Theravada-Buddhismus, Bd. 2: Birma, Kambodscha, Laos, Thailand, Wiesbaden 1967. – Jane Bunnag, »Der Weg der Mönche und der Weg der Welt«. Der Buddhismus in Thailand, Laos und Kambodscha. In: Heinz Bechert/Richard Gombrich (Hg.), Der Buddhismus. Geschichte und Gegenwart, München 1984, S. 190–211. *Udo Tworuschka*

China

China ist für den Buddhismus von herausragender Bedeutung; denn dort entstanden viele wichtige »Schulen« dieser Religion.

Wann genau der Buddhismus nach China gelangte, läßt sich nicht exakt bestimmen. Auf den großen »Seidenstraßen«, welche die chinesischen Kaufleute benutzten, um ihre Waren westwärts zu exportieren, gelangte auch der Buddhismus in das »Reich der Mitte«.

Erstmalig – historisch zuverlässig – erwähnt wird der Buddhismus in einem Bericht aus dem Jahre 65 n. Chr., der ein Festmahl schildert, das ein kaiserlicher Prinz für buddhistische Mönche und fromme Laien gab. Texte aus der späten Han-Zeit deuten auf einen Synkretismus zwischen dem religiösen Daoismus und dem Buddhismus hin. Zunächst wurde der Buddhismus als eine Variante des Daoismus betrachtet.

Die Geschichte der wohl ersten buddhistischen Gemeinde in Luoyang kann bis auf das Jahr 148 n. Chr. zurückgeführt werden. Bis in das 3. Jahrhundert hinein scheint sich die buddhistische Gemeinde überwiegend aus nicht-chinesischen Ausländern rekrutiert zu haben. Buddhistische Missionare brachten sowohl *Theravada-* als auch *Mahayana*-Schriften nach China. In den neu entstehenden Klöstern blühte seit der Mitte des 2. Jahrhunderts eine außerordentlich emsige Übersetzertätigkeit. Bedeutende Übersetzer des 2. Jahrhunderts waren der parthische Mönch An Shigao, der um 148 nach China gelangte und als der erste Übersetzer buddhistisch-hinayanistischer Schriften in das Chinese gilt. Mahayana-Texte übersetzte Zhi-lou Jia-zhan.

Eine entscheidende Förderung erfuhr der Buddhismus dadurch, daß 355 offiziell den Chinesen erlaubt wurde, dem buddhistischen Orden beizutreten. Weite Verbreitung und das Wohlwollen des Herrscherhauses erreichte der Buddhismus während des 5. und 6. Jahrhunderts. Es kam aber auch zu Verfolgungen, zum Beispiel 446 unter Kaiser Wu. Aus dieser Zeit (460–540) stammt der berühmte »Wolkenhügel« (yun-gang), eine Grottenanlage nahe der in Nordchina gelegenen Stadt Datong (Provinz Shanxi). In den 53 Höhlen befinden sich Zehntausende von Buddha- und *bodhisattva*-Abbildungen. Die Höhlenanlagen wurden als Wiedergutmachung für die grausame Buddhistenverfolgung verstanden, die sich 574–577 wiederholte. Ein bedeutender Übersetzer buddhistischer Sanskrittexte war der aus einer Adelsfamilie stammende Kumarajiva (344 – 413) aus Kuche, dem heutigen Sinkiang. Mit Hilfe Tausender von Mönchen ging dieser Gelehrte seiner Übersetzungstätigkeit nach, so daß man ihm sogar den Ehrentitel »Lehrer der Nation« (*guo-shi*) verlieh. Der Inder Paramartha (499 – 569) kam 546 nach China und hinterließ ein gewaltiges Übersetzungswerk (64 Werke in 278 Bänden). Im 6. Jahrhundert lagen die meisten bedeutenden Hinayana- und Mahayana-Texte in chinesischen Übersetzungen vor.

Die Hochblüte des Buddhismus in China war der Zeitraum vom Ende des 6. bis zum Anfang des 10. Jahrhunderts. Die großen »Schulen« wurden gegründet, Klöster wurden mächtig und stellten sogar eine Bedrohung des Herrscherhauses dar.

Der Ursprung der Schulen liegt darin begründet, daß ihre Schulgründer aus dem gewaltigen Textbestand des Buddhismus die für sie jeweils wichtigsten Texte »auswählten« und in den Mittelpunkt ihres Denkens stellten. Den übrigen Rest des Kanons verstanden sie mehr im Sinne einer Einleitung.

Unter den Schulrichtungen (*zong*) des chinesischen Buddhismus erlangten die folgenden die größte Bedeutung: *Tiantai* (japanisch: *Tendai*); *Huayan* (japanisch: *Kegon*); *Zhenyan* (*Shingon*); *Chan* (*Zen*); *Jingtun* (*Jodo-shu*).

Tiantai

Die T'ien-t'ai Schule wurde im 6. Jahrhundert von Zhiyi (538–597) begründet. Er war ein hervorragender Interpret der *sutras* und Lehren, die aus Indien überliefert und übersetzt wurden. Zhiyis Verdienst besteht darin, zum ersten Mal in der Geschichte des chinesischen Buddhismus eine systematische Klassifizierung der buddhistischen Lehre vorgenommen zu haben. Das Leben des historischen Buddha teilte er in fünf Phasen ein und ordnete diesen die verschiedenen heiligen Schriften zu.

Zhiyi hielt aufgrund seiner philosophischen Interpretation das *(Buddh)avatamsaka-sutra* (chinesisch: *Huayanjing*) für das erste, danach kommen weitere Sutren, und dann schließlich vor allem das *Hokke* (Lotos)-*sutra*. Das *Avatamsaka-sutra* enthält, wie das Lotos-Sutra, die *mahayana*-buddhistische Lehre, die für die einzige und absolute Wahrheit gehalten wird. Die Lehre kommt aus der Erkenntnis, daß sich alles, was existiert, in der Relation mit anderen Sachen verändert, und keine von den anderen unabhängig bleibende Substanz besitzt, – so wie der Mensch geboren wird, alt und krank wird und schließlich stirbt. Die Wahrheit der Existenz ist die Leere. Aber alles ist nicht deswegen leer, weil es verdirbt und ins Nichts geht. Soches Nichts ist ein Bleibendes. Die Leere transzendiert über die Gegenseitigkeit von Sein und Nichts. Das vernichtet »Ewig-sein«, und vernichtet auch »Nicht-sein«.

Wenn man die Leere »Eins« (im Sinne des Absoluten) nennt, kann »Sein oder Nichts« oder »Werden oder Sterben« »Viel« genannt werden, und »Eins« ist nicht »Viel«, aber »Eins« ist zugleich nicht »nicht Viel«. Oder »Eins« ist »Viel«, und »Viel« ist »Eins«.

Das *Avatamsaka-sutra* unterscheidet sich vom Lotos-Sutra darin, daß man im ersten das »Viel« von der Seite des »Eins, des Absoluten, der Leere« sieht, und im zweiten das »Eins« von der Seite des »Viel, des Relativen, des Seienden« betrachtet. Mit anderen Worten: Schaut man im *Avatamsaka* die wirkliche Welt aus dem Gesichtspunkt der reinen Wahrheit oder der Erleuchtung, die der Buddha erreicht hat – also der Buddhaheit – so steigt man im Lotos-Sutra von der Wirklichkeit über die Gegensätze oder die Widersprüche in ihr hinaus zum absoluten »Eins«, zum Zustand der Erleuchtung als Buddha.

Zhiyi hat auf das Lotos-Sutra hin alle anderen Sutras systematisiert. Für ihn war das Lotos-Sutra das einzige, das dem Wesen des Mahayana-Buddhismus am meisten gemäß ist, das Menschen retten will. Er behauptet, daß das Avatamsaka-Sutra die Lehre der reinen Wahrheit sei, die der Buddha bei seinem Erwachen erfahren und den Menschen gezeigt hat. Aber die Lehre wäre so schwierig gewesen, daß die Leute sie nicht verstanden hätten, und daß er sie auf noch leichtere Weise zeigen mußte.

Dies habe der Buddha durch die Verkündung der *Hinayana*-Lehre zwölf Jahre lang getan. Als der Meister jedoch bemerkte, daß seine Jünger diese Lehre für die ganze Wahrheit hielten – obgleich sie doch nur eine Art Einführung sei – verkündete er in den folgenden acht Jahren anstelle des *arhat*-Ideals das des *bodhisattvas.* Weil diese Lehre sehr schwer verständlich war, belehrte Buddha seine Jünger angeblich 22 Jahre lang, daß *Hinayana* nur eine Vorstufe des *Mahayana* sei. Dessen bedeutendste Schriften sei die *Prajna-paramita*-Literatur. Im Alter von 72 Jahren predigte Buddha schließlich die höchste Erkenntnis: im *Lotos*-Sutra.

Die im Lotos-Sutra gezeigte Übungsweise, durch die man zur Erleuchtung kommt, ist nach Zhiyi die »stillhaltende Schau« (*zhiguan*). Wenn man die Welt still anschaut, ist sie eine wahre Welt. Sowohl in den Naturdingen, wie Blüten, Bäume, Berge und Täler, als auch in unserem wirklichen Leben, das voll von Freude, Zorn, Trauer und Behagen ist, kann man die Buddha-Welt sehen. Unabhängig von unserer Welt gibt es keine Buddha-Welt. In unserem wirklichen Lebensleiden selbst ist das Leben des ewigen Buddha. Unser geborenes und sterbendes Leben ist das Leben der Buddhaheit.

Kaiser Wen (581 – 604) schätzte den Buddhismus als das leitende Prinzip der Vereinigung des Staates, und er ließ viele gelehrte Priester in der Hauptstadt Chang'an forschen. Zhiyi blieb aber auf dem Tiantai-Berg und übte. Seine Gedanken wurden von der *Hùayan*-Schule übernommen.

Die Hùayan-Schule

Die Hùayan-Schule wurde von Tu-ja-shun (643) begründet, der bestehende Gedanken weiterentwickelte und vervollkommnete. Tu-ja-shun hielt das Kegon-Sutra für das höchste und umfassendste Sutra. Während Zhiyi den Buddha mitten im Widerstand oder im Geborenwerden und Sterben in der wirklichen Welt findet, reicht dieser Gemütszustand nach Tu-ja-shun nicht aus. Wie Zhiyi bejaht er absolut die Wirklichkeit. Aber für ihn ist die Welt, die von dem Gesichtspunkt der nicht-erwachten Menschen und von Buddha aus gesehen wird, ein und dieselbe. Alles in der Welt wird von Buddha angestrahlt. Wie in dem klaren großen Spiegel wird alles, das Gute und das Böse, das Schöne und das Häßliche, das Große und das Kleine, das Lange und das Kurze, in dem Geist des Buddhas genau so gespiegelt, wie es ist. Alles Seiende harmonisiert sich. *Hùayan* heißt: mit den Blüten schmücken (Blumengirlandenschule). Die Welt, die aus dem Gemütszustand gesehen wird, besitzt eine Harmonie der Schönheit. Dieser Zustand ist nicht transzendent, sondern von jedem Menschen erreichbar, weil unsere Seele eigentlich Buddha und das Leben des Universum ist. Welt und Mensch sind Erscheinungen der Buddhanatur. Die menschliche, von Leidenschaft erfüllte Seele ist nichts anderes als die Erscheinung der Buddhaheit. Erwachen ist, sich dessen bewußt zu werden.

Zhenyan-Buddhismus

Er wird auch esoterischer Buddhismus genannt. Die Erleuchtung des Buddha ist ein unmittelbares

Aung San Suu Kyi

Aung San Suu Kyi wurde am 19. Juni 1945 als Tochter des birmanischen Nationalhelden Aung San geboren. Als sie zwei Jahre alt war, fiel ihr Vater einem politischen Attentat zum Opfer. Trotz seines frühen Todes gilt Aung San als der Mann, der Birma zusammen mit U Nu in die Unabhängigkeit geleitet hat. Seine Tochter war von 1969 bis 1971 für die Vereinten Nationen in New York tätig, nachdem sie Politische Wissenschaft in Delhi und Ökonomie in Oxford studiert hatte. 1972 heiratete sie den englischen Tibetologen Michael Aris, mit dem sie zunächst einige Jahre in Bhutan verbrachte. Im April 1988 kehrte Suu Kyi in ihre Heimat zurück, um ihre kranke Mutter zu pflegen. Schon wenige Monate später schlug sie in einem offenen Brief an die Regierung vor, ein Konsultativkomitee aus unabhängigen Persönlichkeiten einzusetzen, das Birma auf freie Wahlen vorbereiten sollte. Anläßlich eines Generalstreiks formulierte Aung Suu Kyi im August 1988 die Grundprinzipien ihrer Politik: Gewaltfreiheit sowie Wiederherstellung der Menschenrechte in Birma auf der Grundlage einer Mehrparteiendemokratie. Zusammen mit Tin U und Aung Gyi gründete sie die »Nationale Liga für Demokratie«, zu deren Generalsekretärin sie gewählt wurde. Da sie weiterhin Kritik an der Regierung äußerte, wurde sie im Juli 1989 unter Hausarrest gestellt. Aus Protest trat sie in den Hungerstreik. Im Juli 1991 wurde sie vom Europäischen Parlament mit dem Sacharow-Preis ausgezeichnet. Am 14. Oktober 1991 wurde ihr der Friedensnobelpreis verliehen. Das Komitee wollte damit die »unermüdlichen Bemühungen dieser Frau anerkennen und seine Unterstützung für die vielen Völker in der Welt zeigen,

Buddhistische Weihegabe. Votivstelen wie diese spielen eine bedeutende Rolle in der buddhistischen Kunst Chinas. Das teilweise beschädigte Werk stellt einen von einem Nimbus umgebenen Buddha, flankiert von zwei Jüngern und zwei Bodhisattvas, dar. Um 543.

die mit friedlichen Mitteln nach Demokratie, Menschenrechten und ethnischer Versöhnung streben«. Seit April 1992 darf Suu Kyi, die unter Hausarrest stand, wieder Besuch empfangen.

Aung San Suu Kyi, die dem totalitären Sozialismus vorwirft, Birma in ein wirtschaftliches Chaos gestürzt zu haben, knüpft an die klassische buddhistische Staatslehre an. Der buddhistische Herrscher, der nach moralischem und sozialem Chaos wieder Frieden und Gerechtigkeit herstellen sollte, trug drei Titel: *mahasammata*, weil er mit der Zustimmung des Volkes regierte, *khattiya*, weil er die Herrschaft über das Ackerland besaß und *raja*, weil er die Zuneigung des Volkes durch die Befolgung des *dhamma* (»Lehre«) gewann. Wenn heutzutage ein solcher *mahasammata* durch den Willen des Volkes gewählt würde und an die bestehenden Gesetze gebunden wäre, so widerspräche eine gewählte Regierung nicht den geistigen Traditionen Birmas. Von einem solchen Staatsoberhaupt erwartet man die Beachtung der »zehn königlichen Pflichten«, der »sieben Vorkehrungen gegen den Niedergang«, des »vierfachen Beistandes für sein Volk« sowie die Befolgung zahlreicher anderer Anweisungen, wie die »zwölf Übungen der Herrscher« und der »vier Wege zur Überwindung von Gefahr«. Die »zehn Pflichten der Könige« sind eine Richtschnur, an der sich alle modernen Regierungen orientieren könnten. Zu ihnen gehören »Großmut«, das heißt auch Gewährleistung der ökonomischen Sicherheit des Staates, »Sittlichkeit«, das heißt Befolgung des *dhamma* und das Fehlen jeglicher Korruption. Die zehnte Pflicht: »nicht gegen den Willen des Volkes zu handeln«, erscheint wie ein buddhistisches Bekenntnis zur Demokratie. Die Berufung auf die »zehn Pflichten der Könige« soll die Notwendigkeit politischer Reformen bekräftigen und den Herrscher oder die führende Klasse veranlassen, den Willen des Volkes zu respektieren.

LITERATUR: Michael Aris (Hg.): Aung San Suu Kyi. Ein Portrait. München 1991.

Erleben der Wahrheit, das über die Worte im täglichen Leben hinaustritt. Die täglichen Worte reichen nicht, um dieses Erleben mitzuteilen. Es müssen esoterische Worte sein, die tief und geheimnisvoll sind, und die nur wenigen besonderen Menschen überliefert werden. Dadurch, daß der Buddhismus von Indien das Zauberwesen und die Riten des Brahmanismus, Hinduismus und des Volksglaubens aufgenommen hat, um Mittel gegen Unheil und Unglück zu besitzen, entstand der esoterische Buddhismus. Im 7. bis 8. Jahrhundert hat man im Buddhismus allerlei zauberische Gegenstände des Glaubens, wie die hinduistischen Götter usw., dem absoluten Buddha untergeordnet. Er ist das Wesen des Universums. Die Worte, die der absolute Buddha geäußert hat, sind die wahren Worte. Gautama hat die geheimnisvollen Worte der absoluten Buddhaheit in sich erfahren.

Chan-Schule

Der *Chan*- beziehungsweise Zenbuddhismus wurde im 6. Jahrhundert von Bodhidharma nach China vermittelt und war im 9. Jahrhundert weit verbreitet. Der philosophische Gedanke der *Tiantai* oder *Hùayan* Schule war für das Militär schwer zu verstehen. Sie neigten zum Zenbuddhismus, dessen Lehre unmittelbar, offen, lebendig und frei war. Man schaut unmittelbar sich selbst, wie man wirklich existiert, und findet an sich selbst Buddhaheit, unabhängig von Begriffen und Lehren. Um ein Seiendes zu schauen, wie es ist, muß man auf alle Begriffe, die man bereits in sich trägt, verzichten; man muß sich selbst leer machen. Dann ist die Welt leer und in strengstem Sinne wahr.

Jingtu-Schule

Die unter ihrer japanischen Bezeichnung *Jodo-shu* bekannt gewordene buddhistische Lehrrichtung beginnt im 4. Jahrhundert mit dem bedeutenden chinesischen Mönch Huiyuan (334 – 416) (vgl. Buddhismus-Einführung). Er hat durch Meditation den Amida Buddha und *Jodo* (paradiesartiges Reines Land) erfahren.

LITERATUR: Zenryu Tsukamoto: Buddhism in China and Korea. In: Kenneth W. Morgan: The Path of the Buddha. Buddhism interpreted by Buddhists, New York 1956, S. 182 – 236. – Erik Zürcher: Buddhismus in China, Korea und Vietnam. In: Heinz Bechert/Richard Gombrich (Hg.): Der Buddhismus. Geschichte und Gegenwart. Neuausgabe 1989, S. 215 – 251.

Nobuhisa Hanada

Japan

Nach dem Tode Gautama Buddhas wurde seine Lehre verbreitet und der Orden ausgedehnt. Buddhas Schüler stellten seine Lehre, die sie im Gedächtnis behielten, als Sutras zusammen, um sie der Nachwelt genau zu überliefern. Im 3. Jahrhundert vor Christus zerfiel der Orden in verschiedene Sekten. Buddhas grundlegende Lehre ist: Sowohl das Ich als auch die Welt sind gänzlich voneinander abhängig, nicht bleibend und leer. Die späteren Buddhisten haben die der Nichtleere gegenübergestellte Leere gesucht. Diese suchten sie nicht in der Mitte der relativen mannigfaltigen Welt, sondern trachteten davon abstrahierend nur nach eigener Befreiung. Im 1. Jahrhundert v. Chr. wurde dieses Verhalten kritisiert. Man wollte das verfehlte Verständnis der Leere berichtigen und nicht nur sich selbst, sondern auch die anderen erlösen. Die Vertreter dieser Schulrichtung nannten sich selbst *Mahayana*-Buddhisten und bezeichneten die anderen als *Hinayana*-Buddhisten. Nachdem die Seidenstraße zwischen China und Mittelasien geöffnet worden war, wurde der Buddhismus um das 1. nachchristliche Jahrhundert von Indien nach China überliefert.

Bis in das 4. Jahrhundert hinein war der Daoismus in China verbreitet. Er strebte das übernatürliche Vermögen an, die ewige Jugend und die Unsterblichkeit zu erreichen. Der Buddhismus wurde nur deshalb empfangen, um diesen Wunsch zu verwirklichen. In dieser Situation fing man an, die indischen *sutras* ins Chinesische zu übersetzen. Aber bis zum 5. Jahrhundert bemerkte man keine Unterschiede zwischen den *Mahayana*- und den *Hinayana-Sutras,* noch wußte man, wann die *sutras* entstanden waren.

Im 5. Jahrhundert wurden viele Mahayana-Sutras und Abhandlungen von Kumarajiva im Auftrag der Regierung übersetzt. Dadurch wurden das bisherige daoistische Verständnis der Lehre aufgezeigt und die übersetzten *sutras* und Abhandlungen philosophisch systematisiert.

Obwohl diese in Indien über 500 Jahre nach dem Tod Buddhas nacheinander entstanden, hatten sie doch eine Form und erweckten den Eindruck, als wären sie eine unmittelbare Urkunde Buddhas. Weil man sie also in China dafür hielt, aber sie dem Inhalt nach nicht immer einheitlich waren, haben die Buddhisten um ihrer Vereinheitlichung willen diese Texte philosophisch interpretiert. Dadurch ist die Eigentümlichkeit des chinesischen Buddhismus entstanden.

Mitte des 6. Jahrhunderts kam der Buddhismus über Korea nach Japan. Zunächst wurde er von einzelnen aufgenommen, dann allerdings wurde er auch die Religion des Kaisers, weil man den Buddhismus für die Begründung eines vereinigten Staates benutzen wollte. In der ersten Hälfte des 8. Jahrhunderts hat der Staat ihn vollkommen beschützt und gesetzlich kontrolliert. Im 9. Jahrhundert fuhren Saicho und Kukai nach China, um die Gedanken der Tiantai-, Hùayan- und Zhenyan-Schulen zu studieren. Durch sie wurde der japanische Buddhismus erneuert. In China war die Huayan-Schule der Tiantai-Schule überlegen. Nachdem Saicho die drei genannten Richtungen studiert hatte, wurde die Tendai-Schule offiziell in Japan begründet.

Kukai, der zur selben Zeit die Chên-yen-Lehre aus China nach Japan brachte, systematisierte sie mit Hilfe der Hua-yen-Schule. Die Tendai-Schule nach Saicho hat die buddhistischen Gedanken bis zum höchsten Grad systematisiert, und der Berg Hieizan, wo Saicho seinen Tempel gründete, entwickelte sich zum Zentrum des japanischen Buddhismus. Dieser war unverändert ein Buddhismus für die Adligen geblieben.

Mitte des 12. Jahrhunderts wurden wiederholt Kämpfe zwischen zwei Familien, den adlig gewordenen Heishi und den Genji, im ganzen Land ausgetragen, und am Ende des Jahrhunderts ging die Familie Heishi zusammen mit der Aristokratie unter. Damals brachen oft große Feuer in der Stadt Kyoto aus, Erdbeben und Hungersnot plagten das Land. Die Straßen sollen voll von Leichen gewesen sein. Die Mönche entflohen diesen trostlosen Zuständen und widmeten sich ausschließlich dem Studium. Sie strebten danach, das Ideal zu erreichen: den absoluten Zustand. Der Tendaigedanke, für den es der absolute Zustand ist, in der relativen Welt das Leid der Hölle zu erfahren, war nicht mehr lebendig. Die Menschen suchten nach Erlösung. Der gleiche Wunsch entstand auch in der Tendai-Schule. Durch die Mönche dieser Lehrrichtung wurden neue japanische Schulen in der Kamakura-Zeit gegründet.

Garten eines japanischen Tempels aus der ersten Hälfte des 16. Jahrhunderts.

Der Buddhismus im Mittelalter: Kamakura-Zeit

Honen, Shinran, Nichiren, Bisai, Dogen u. a. begründeten den Kamakura-Buddhismus. Honen war der erste, der den Berg Hieizan (das Zentrum des alten Buddhismus) 1175 verließ. Er glaubte, daß der einzige Weg im Zeitalter des Verfalls derjenige ist, sich einzig und allein auf den Hauptwunsch Amidas zu verlassen. Shinran verließ 1201 den Hieizan und wählte den Weg der Anrufung Amidas (Namu Amidabutsu). Auch Nichiren wählte den leichten Weg, der darin bestand, ausschließlich die Gebetsformel »Namu Myohorengekyo« zu rezitieren (1253), Risai nahm 1191 und Dogen 1227 das chinesische Chan auf.

Die Begründer des japanischen Buddhismus haben gezeigt, daß jeder Mensch bloß durch Sitzen, Amida-Rufen oder durch das Rezitieren einer Formel leicht erlöst werden kann. Das ist das Charakteristische des Kamakura- bzw. auch des japanischen Buddhismus.

Shinran Shonin (Jodo Shinshu) (1173 – 1262): Der aus einer Adelsfamilie stammende Shinran trat mit 9 Jahren in das Hieizan-Kloster ein, um zu studieren. Wie viele andere wollte er nicht zur Erleuchtung gelangen, sondern Karriere in der buddhistischen Gesellschaft machen. Da er in späteren Jahren an tiefverwurzelten sündhaften Begierden litt, die er durch die Übung in der Tendai-Schule nicht überwinden konnte, und vom Nembutsu des Honen beeinflußt war, verließ er sich auf den Hauptwunsch Amidas und rief ihn intensiv an. Durch die Übung in der Tendai-Schule war sein *nembutsu* noch mit dem Bewußtsein verbunden, daß er etwas Gutes tue, nämlich Buddha zu suchen. Trotz fleißigen *nembutsu* konnte er aber seine sündhaften Begierden nicht überwinden. Er erfuhr nun, daß sie zum Wesen des Menschen gehören. Zuletzt nahm er an, daß er der sündhafte Shinran ist, der sich auf Amida verlassen muß, ohne selber etwas zu tun beziehungsweise tun zu können.

Wenn man an den Hauptwunsch Amidas glaubt und nur »Namu Amidabutsu« rezitiert, kann man den Unterschied zwischen Gut und Böse überwinden und den Weg Buddhas gehen, auch wenn man noch so sündhaft ist. Allerdings. hängt es von Amida ab, ob man das *nembutsu* rezitieren, und an ihn glauben kann: »Ein guter Mensch kann schon erlöst werden, um so mehr kann es ein sündhafter.«

Shinran hat als Schüler Honens damit angefangen, *tariki nembutsu* (Weg der leichten Praktik) in der Welt zu verkünden. Shinrans und Honens Lehre verbreiteten sich rasch unter dem Volk und bei den Adligen. Die alte Schule erhob Anklage beim kaiserlichen Hof gegen sie, um das *nembutsu* verbieten zu lassen. Als Folge davon wurden Shinran und Honen getrennt verbannt. Shinran lebte nach seiner Freilassung auf dem Land , wohin er verbannt worden war. Viele Bauern kamen zu ihm. Da der Landvogt und die alte Schule aus Angst um ihre Herrschaft über die Bevölkerung, die sie durch die Vereinigung der Bauern bedroht sahen, gegen Shinran eine Abneigung hegten, zog er zum Distrikt Kanto. Auch hier erschienen viele Nembutsu-Gläubige unter den Bauern. Weil sie diesmal nicht nur die Herrschaft des Landvogts bedrohten, sondern auch die andere Schule vernichtet hatten, wurde der Druck gegen Shinrans Tätigigkeit stärker. Nach 20 Jahre langer Missionstätigkeit kehrte er schließlich nach Kyoto zurück.

Zu Beginn des 14. Jahrhunderts wurde der Honganji-Tempel von Shinrans Familie gebaut. Seine Schüler organisierten ihre Gemeinden und legten die Mittel und Lehre der Mission fest. Nur die Honganji-Gemeinde hat treu nach der Lehre ihres Meisters behauptet, daß es einzig und allein Amida sei, der die Menschen erlöst, und daß der

Daisetz Suzuki

Daisetz Suzuki wurde 1870 als Sohn eines Arztes in Kanazawa geboren, wo er auch die Oberschule besuchte. Im Alter von 21 Jahren ging er nach Tokyo, wo er die zwei Jahre bis zu Beginn seines Philosophiestudiums mit Zen-Übungen in einem Tempel in Kamakura verbrachte und bei dem berühmten Meister Shaku Soen studierte. Von 1897 bis 1909 lebte er in den USA, teilweise auch in Europa. Nach seiner Rückkehr in sein Heimatland heiratete er die Amerikanerin Beatrice Lane, mit der von 1921 bis 1939 die Zeitschrift »The Eastern Buddhist« herausgab. Zunächst arbeitete er als Englischlehrer. Dann wurde er Professor an der Otani-Universität der Jodo-Shinshu in Kyoto. Die Jahre zwischen 1951 und 1958 verbrachte er abermals in Amerika. Er starb 1966 im hohen Alter von 96 Jahren in Tokyo.

Suzuki publizierte auf vier verschiedenen Interessengebieten: Zunächst veröffentlichte er Schriften, die Laien die Beziehung zwischen Zen und japanischer Kultur erklärten. Dazu gehören »Outline of Mahayana-Buddhism« (1907) und »Der japanische Geist« (1944). Zweitens legte er Studien über buddhistische Sutren vor. Drittens arbeitete er über die Geschichte des Zen: »Studien zur Geistesgeschichte des Zen« (1943–1951). Schließlich schrieb er Monographien über einzelne japanische Zen-Meister, insbesondere Suzuki Shosan (1579–1655) und Bankei Yotaku (1622–1693). Wichtig sind seine Schriften »Introduction to Zen Buddhism« (1934, deutsch »Die große Befreiung«) und« The Training of the Zen Buddhist Monk« (deutsch »Der asketische Mönchsweg im Zen-Buddhismus«). Viertens schrieb Suzuki eine Reihe von Abhandlungen über die Jodo-Shinshu-Schule, unter anderem »Das Denken der Jodo-Sekten« (1942).

Daisetz Suzuki übte einen großen Einfluß auf die Intellektuellen außerhalb Japans aus. Innerhalb seines Heimatlandes fand er durch seine Freunde Verbreitung, insbesondere durch den Philosophen Nishida Kitaro. Suzuki kommt ein überaus großer Verdienst bei der

Missionar als sein Vertreter nichts anderes tue, als diese Erlösung mitzuteilen. Die Bukkoji-Gemeinde behautet dagegen, daß sich Amida im Missionar inkarniert habe, um die Menschen zu erlösen.

Zen-Buddhismus (Rinzai-Schule)

Eisai (1142 – 1215) fuhr während der Song-Zeit nach China, um die Tiantai-Schule durch die Einführung des Zen wiederzubeleben. Doch damals war die Tiantai-Schule in China verfallen, und das Rinzai-Zen blühte. Nach dem Rinzai-Zen soll das eigentliche Selbst, das sich entwickelt, wenn man alle eigenen Bemühungen aufgibt, Buddha sein. Nachdem er das Rinzai-Zen drei Jahre lang während zweimaliger Aufenthalte studiert hatte, kam er 1191 nach Japan zurück. In Kyushu gründete er einige Tempel. Daraufhin erhob ein Tendai-Mönch gegen ihn Anklage, um das Zen verbieten zu lassen. Eigentlich hatte Eisai die Absicht, die Tendai-Schule zu beleben. Er rechtfertigte sich diesbezüglich in einem Buch. Doch die Tendai-Schule zwang ihn, sein Zen, das von der Tendai-Schule verschieden war, aufzugeben. Eisai ging nach Kamakura, wo die Feudalregierung der Samurais herrschte, und wurde von ihr unterstützt. Unter der Autorität der Regierung gründete er in Kyoto den Kenninji-Tempel. Dort mußte er jedoch das Zen und die Praxis der Tendai-Schule nebeneinander üben.

Kakushin (1207 – 1298) ging ebenfalls nach China, wo er bei Mumon Ekai, Verfasser des »Mumonkan (Die Schranke ohne Tor)«, Rinzai-Zen erlernte. Nach seiner Heimkehr wurde er vom Kaiser eingeladen. Er lehnte ab und blieb in einem kleinen Tempel auf dem Land. Eine Legende weiß zu berichten, daß er während seiner Übungszeit im Tempel einen chinesischen Shakuhachispieler kennenlernte, dessen Familie seit der Tang-Zeit das Shakuhachi-Zen geerbt habe. In der Tang-Zeit lebte auch ein hervorragender Zen-Mönch, genannt Fuke, der viel zur Förderung des Rinzai-Zen beitrug (Shakuhachi-Zen).

Ein weiterer bedeutsamer Vertreter dieser Zen-Richtung war Rankei Doryu (1213 – 1278) Der Regent ließ für ihn eine Zen-Halle bauen. Vom Kaiser wurde ihm der Titel Zenji (»Zen-Meister«) – erstmalig in Japan – verliehen.

Zen-Buddhismus (Soto Schule)

Dogen (1200 – 1253) fuhr nach China, um ein neues Zen zu lernen. Nachdem er verschiedene Tempel besucht hatte, um einen Lehrer zu finden, traf er Nyojo in der Soto-Schule, der in der damals vom Adel unterstützten Zen-Schule die strenge Übung des *zazen* (Sitzens) praktizierte. Dogen lernte bei ihm, daß es sinnlos ist, sich mit den Zen-Sprachen zu beschäftigen; denn beim Zen komme es einzig und allein darauf an, die Wahrheit durch *zazen* zu erleben. Indem er sich *zazen* mit Leib und Seele widmete, wurde sein Selbst von der Welt bestätigt. Als er 1227 nach Japan zurückkam, sagte er: «Weil ich mit leeren Händen zurückgekommen bin, gibt es kein Buddha-Dharma.« Es sind weder *sutras* noch Buddhastatuen, die er nach Japan brachte, sondern der wahre Weg, der von Buddha den Patriarchen nacheinander überliefert worden war. Er hat, wie Rankei Doryu, die Art und Weise des *zazen* mitgeteilt. Er hat sowohl den Mönchen als auch den Laien empfohlen, ausschließlich *zazen* zu praktizieren, weil es die beste Übung sei, die jeder leicht leisten kann. Beim *zazen* tritt die Natur Buddhas hervor, die den Menschen bereits von Anfang an inne ist. Je mehr Leute sich um ihn versammelten, und je lebendiger die Soto-Schule wurde, desto stärker wurde der Druck von seiten der Tendai-Schule. Dogen zog 1243 nach Echizen auf das Land, wo er den Eiheiji Tempel begründete. 1253 starb der bedeutende Zenmeister.

Nichiren Schule

Nachdem Nichren (1222 – 1282) 12 Jahre lang in verschiedenen Schulen des Buddhismus studiert hatte, verkündete er seinen Glauben an das Hokke-Sutra öffentlich, indem er die Gebetsformel »Namu Myohorengekyo« rezitierte. Er behauptete, daß das Hokke-Sutra die Hauptlehre darstellt, während die anderen dagegen nur Mittellehren seien. Daher solle man den Glauben an das *nembutsu* aufgeben, und den Glauben an die »Myohorengekyo« (Namu Myohorengekyo) rezitieren. Dies weckte die Abneigung der *nembutsu*-Gläubigen, so daß er nach Kamakura zog. Damals ereigneten sich dort zahlreiche Unglücke: Sturm, Überschwemmung, Epidemien, Erdbeben, Feuer, Hungersnot usw. Für Nichiren lag die Ursache solcher unglücklichen Naturereignisse darin, daß die Japaner in die Nembutsu-Schule geflohen seien und den Glauben an das Hokke-Sutra verloren hätten. Außerdem läge der Grund für die Bürgerkriege und die Einfälle vom Ausland darin, daß man nicht aufhören würde, den *nembutsu*-Gläubigen zu spenden. Weil er diese Auffassung wiederholt gegenüber der Regierung erklärte, und einige *nembutsu*-Gläubige Mitglieder der Regierung waren, wurde Nichiren eine Weile nach Sado verbannt.

Nichiren lehrte: Der sündhafte Mensch sei Buddha, so wie er ist. In jedem Ding, so klein es auch ist, sei das Wesen von jedem anderen (die »Natur Buddhas«) versteckt. Nichiren gründete seine Lehre darauf, daß das Buddha-Land in den fünf Worten »Myo Ho Ren Ge Kyo« steckt, und daß, wenn man an das *Hokke-Sutra* glaubt und *Namu Myohorengekyo* rezitiert, die Natur Buddhas im Menschen hervortritt. Man wird Buddha, ohne deshalb ein sündenfreier Mensch zu werden.

Buddhismus in der Gegenwart

Als der Zweite Weltkrieg begonnen hatte, stimmten die drei buddhistischen Schulen dem Krieg zu. Wie zur Meiji-Zeit haben die Mönche die Soldaten geistlich betreut oder zusammen mit den Gläubigen Arbeitsdienst geleistet, und sie haben oft für die Kosten des Krieges gespendet. Nach dem Krieg wurde die Freiheit des Glaubens garantiert. Viele Tempel in den Städten waren durch die Luftangriffe zerstört worden. Dabei waren auch die Häuser der Gönner verbrannt, und diese waren auf das Land gezogen. Das war für die Tempel ein schwerer Schlag. Die Tempel auf dem Land waren erhalten geblieben, aber weil ihnen untersagt war, Land zu besitzen, verloren sie ihre finanzielle Grundlage. Sie verarmten, und die Mönche arbeiteten als Lehrer oder Beamte. Sie betrieben Hochzeitshallen oder Hotels. Kindergärten und Kinderkrippen wurden überall als günstige Unternehmen eröffnet. Früher war es den Mönchen nicht erlaubt zu heiraten – mit Ausnahme der Jodo Shinshu Schule. Aber weil sie bei ihrer Tätigkeit außerhalb des Tempels auf die Hilfe einer Familie angewiesen waren, wurde das Zölibat abgeschafft. Da die ökonomische Kraft in Japan seit 1960 gestiegen ist, sind viele Menschen vom Land in die Stadt gezogen. Dies brachte den dortigen Tempeln finanziellen Aufschwung. Aber für die Tempel auf dem Land zog diese Entwicklung erhebliche finanzielle Nachteile nach sich, so daß sie ärmer wurden.

Nicht zuletzt aufgrund der Bevölkerungszunahme in den Städten sind neue Religionen entstanden, die beim Aufbau ihrer Gemeinden nicht die Gönnerfamilie wie früher, sondern das gläubige Individuum aufnehmen. Das hat die traditionell-buddhistischen Schulen veranlaßt, über ihre zukünftige Entwicklung nachzudenken.

Die Jodo Shinshu Schule (Otani Gemeinde)
Ihr Ziel ist es, sich von dem Familien-Buddhismus zu befreien und den eigentlichen Buddhismus verstärkt für das Individuum anzubieten. 1949 entstand die *Domeikai*-(Bund) *Bewegung* bei der fortschrittliche Gläubige ausgesucht und im Vereinsheim des Haupttempels ausgebildet werden.

Nichiren Schule
1963 entstand die *Goho* (die Lehre festhalten) *Bewegung*. Man erließ eine Glaubensordnung und setzte Inhalt und Ziel der Mission fest.

Rinzai Schule (Myoshinji Gemeinde)
1947 wurde die *Hanazono*(Blumengarten)*Gruppe* von den Gläubigen der Nebentempel im ganzen Land gegründet, und 1957 wurde das Vereinsheim im Myoshinji-Tempel gebaut, in welchem die Gemeindeglieder üben oder Arbeitsdienst verrichten. Der Ausbildung der Firmenangestellten entsprechend, lehren die Mönche im Haupttempel und auch in den großen Nebentempeln *zazen*. 1963 wurde das »Hanazomo Kultur Institut« gebaut, um die Lehre zu modernisieren. Auch in anderen Zen-Schulen stehen die *zazen*-hallen dem Publikum zur Verfügung.

Heutige Probleme
Gegenwärtig gibt es zwei Richtungen, den japanischen Buddhismus neu zu beleben: 1. entweder Rückkehr in die Kamakurazeit, d.h. der Buddhismus muß jenseits der aktuellen Probleme bleiben, auch wenn die Welt sich verändert, oder 2. Auseinandersetzung mit heutigen Problemen. In der Shin-Schule betet man nicht mehr Amida, sondern Shinran an.
Aus der einstigen Glaubensreligion wurde eine Kultreligion. Es gibt aber auch eine Gegenbewegung: Ihre Vertreter wollen zurück zum Glauben an Amida. Mönche und Laien gelten als gleich. Der Sprecher der Shin-Schule bezeichnet Vertreter dieser Richtung als Protestanten und lehnt die extreme Forderung ab, um das Wesen seiner Schule zu erhalten.

Die Nichiren-Schule ist sehr mit irdischen Problemen beschäftigt, und die meisten Mönche interessieren sich nicht für Probleme der Lehre. Aus der Welt des Erwachens muß man wieder in die irdische Welt zurückkehren, um die Probleme der Gesellschaft zu lösen.

Buddhistischer Dialog mit Christentum und Shintoismus
1893 in Chicago kam der Buddhismus zum ersten Mal in der Neuzeit mit anderen Religionen in Kontakt. Beeinflußt von diesem Treffen fand 1896 in Tokio ein Gespräch zwischen Buddhisten, wie Soen Shaku u. a. und japanischen Christen (Zenji Iwawoto u. a.), statt. Damals waren Buddhismus, Christentum und Shintoismus einander feindlich gesinnt. 1904 – kurz nach Beginn des Krieges gegen Rußland – wurde eine große Versammlung für Vertreter des Shintoismus, Buddhismus, Christentums und Konfuzianismus organisiert. 1906 wurde der »Verein der Geistlichen« zur gegenseitigen Hilfe gegründet.

Der Verein diente eher dem Tenno-System, als die Religionen zu einem besseren gegenseitigen Verständnis zu führen.

Um 1924, als der Taisho-Liberalismus in Japan lebendig war und unter dem Einfluß der ökumenischen Bewegung im Christentum, riefen einige Shintoisten eine »Konferenz der Geistlichen« ins Leben, um den Frieden in der Welt zu verwirklichen. Eine große Versammlung der japanischen Religionen wurde veranstaltet: 283 Shintoisten, 568 Buddhisten und 195 Christen nahmen daran teil. 1940 wurde ein Gesetz für religiöse Organisationen eingeführt, und alle religiösen Bewegungen gegen die Staatsverfassung wurden verboten.

Nach dem Zweiten Weltkrieg wurde der religiöse Bund in Japan vom Buddhismus, Christentum und Shintoismus gegründet (1946). Die neuen Religionen außer Soka Gakkai haben sich an diesem Bund beteiligt. Ein Jahr später versammelten sich Vertreter der o. g. Religionen, um den Frieden zu fördern. Veranstalter war der genannte Bund. Außer diesen Versammlungen gehört es zu den Leistungen des Bundes, 1963 eine Gesandtschaft nach Europa zu schicken, um mit dem Papst, dem Erzbischof von Canterbury und dem Direktor des World Council of Churches über den Weltfrieden zu sprechen.

Weiterhin besuchen Vertreter jeder japanisch-buddhistischen Schule den Papst, und nehmen oft an Gebetsversammlungen für den Frieden oder an der Messe zu Weihnachten usw. teil. Auch die Vertreter des Protestantismus und Katholizismus pflegen an der buddhistischen Messe anläßlich der Geburtstagsfeier des Buddha in Japan teilzunehmen.

Zwischen Mitgliedern der Zen-Schule und der Katholiken gibt es besondere Kontakte, deren Ziel es ist, die eigene religiöse Erfahrung dadurch zu vertiefen, daß sie das Beten, den Kult und die Übung in der anderen Releigion erfahren. Pater Enomiya-Lassalle und Heinrich Dumoulin sind bekannte Persönlichkeiten, die sich dafür eingesetzt haben. 1979 fuhren 50 Buddhisten der Rinzai- und Soto-Schule nach Europa, um die Zen-Kunst vorzustellen und in einem katholischen Kloster zu üben. 1983 haben die Klosterbrüder und -schwestern die japanischen Zen-Tempel besucht, um *zazen* zu üben. Auch 1987 wurde der Austausch beider Religionen in verschiedenen Klöstern Europas fortgeführt.

1960 besuchte der protestantische Theologe Paul Tillich Japan. Er hielt viele Vorträge und diskutierte mit Buddhisten und buddhistischen Forschern. Dies beeinflußte viele Buddhisten, die sich seither verstärkt bemühen, das Christentum zu verstehen.

Nobuhisa Hanada

Vermittlung des Zen im Westen zu, insbesondere in der angelsächsischen Welt. Die Besonderheiten und Ideen seines speziellen Zen-Verständnisses, das sich der Terminologie westlicher Psychoanalyse bedient, aber in der buddhistischen Metaphysik verankert ist, haben den von ihm beeinflußten westlichen Zen entscheidend geprägt. Eine Eigentümlichkeit seiner frühen Zen-Interpretationen ist das psychologische Interesse des Autors, wobei er stark von dem amerikanischen Religionsphilosophen William James beeinflußt war. Der Höhepunkt des Zen besteht für Suzuki in der Erleuchtung: dem *satori*-Erlebnis. Ferner ist die *koan*-Übung wesentlich, die in der Rinzai-Schule methodisch ausgebaut wurde. Später trat das philosophische und metaphysische Element stark hervor. In den letzten Jahren beschäftigte sich der greise Autor besonders mit dem Amida-Buddhismus.

Eine gewisse Einseitigkeit in Suzukis Zen-Auffassung ist nicht zu leugnen. Denn er beschränkte sich auf die Rinzai-Schule. Die Soto-Richtung erwähnte er dagegen kaum. Trotzdem gehört Suzuki zu den bedeutendsten Zen-Lehrern dieses Jahrhunderts.

LITERATUR: Shuichi Kato: Geschichte der japanischen Literatur: Bern u. a. 1990. – Heinrich Dumoulin: Der Erleuchtungsweg des Zen im Buddhismus. Frankfurt 1976. – Erich Fromm u. a. (Hg.): Zen-Buddhismus und Psychoanalyse. Frankfurt 1972.

Malaysia und Singapur

Statistische Angaben
Malaysia: 4,5 Millionen, Singapur: 765 000 Buddhisten. Nach dem Zensus von 1980 bekennen sich in Malaysia 4,5 der insgesamt 18 Millionen Einwohner zum Buddhismus. Aus der Statistik ist

Die Zeremonie der Teezubereitung in Japan (Chanoyu) hat sich unter dem Einfluß des Zen-Buddhismus entwickelt und diente ursprünglich der inneren Sammlung.

nicht ersichtlich, wieviele jeweils der *Theravada-* oder der *Mahayana*-Schule angehören. Eine, zwangsläufig ungenaue Übersicht, welche die Selbsteinordnung außer Acht läßt, vermittelt jedoch der Bevölkerungsschlüssel: Danach leben in Malaysia 5,76 Millionen Chinesen, die größtenteils der *Mahayana*-Schule zuzuordnen sind, und 800 000 Singhalesen, Thais und Birmanen, die größtenteils der *Theravada*-Schule folgen.

Geschichte
Die erste historisch verbürgte Begegnung der Malaiischen Halbinsel mit dem Buddhismus datiert in das 9. Jahrhundert n. Chr. In seinen Reiseberichten erwähnt der chinesische Pilger und buddhistische Gelehrte Yijing buddhistische Gemeinden im hindumalaiischen Königreich Kalah (heute Kedah). Es darf jedoch angenommen werden, daß die Malaiische Halbinsel bereits im 7. Jahrhundert mit dem Buddhismus in Berührung kam. Der buddhistische Einfluß in der Region ging seinerzeit von dem maritimen Großreich Shri Vijaya (Palembang auf Sumatra, 7.–11. Jahrhundert) aus, ein bedeutendes Zentrum des *Mahayana*-Buddhismus, das die Straße von Malacca (Melaka) beherrschte.

Dauerhaft Fuß faßte der Buddhismus auf der Malaiischen Halbinsel jedoch erst im 15. Jahrhundert mit der Ankunft chinesischer Siedler in der Folge des Botschafteraustauschs zwischen dem Reich der Mitte und dem Sultanat von Melaka (Malacca). Die Cheng Hoon Teng Association von Melaka gilt als die älteste buddhistische Gesellschaft der *Mahayana*-Schule Malaysias.

Ab dem 19. Jahrhundert – die Malaiische Halbinsel war inszwischen britische Kolonie und benötigte Arbeitskräfte – kamen in mehreren Einwanderungswellen chinesische Siedler nach Malaysia. Sie brachten ihre chinesische Volksreligion mit, einen chinesischen Buddhismus, der mit Elementen des Daoismus, konfuzianischem Gedankengut und der Morallehre des Laotse überfrachtet ist, heute jedoch großzügig unter *Mahayana-Buddhismus*, firmiert.

Ebenfalls im Gefolge der britischen Kolonialverwaltung wanderten Singhalesen und Birmanen nach Malaysia ein. Sie repräsentieren heute, gemeinsam mit einer kleinen Minderheit von Thais, die im Norden der Malaiischen Halbinsel siedelten, die *Theravada*-Schule.

Umfang und Verbreitung
Die buddhistischen Gemeinden konzentrieren sich – dem Siedlungsverhalten der Zuwanderer folgend – auf die malaysische Westküste, die größeren Städte und die Insel Penang. Insgesamt sind in Malaysia 3 500 buddhistische Tempel und Organisationen registriert, die – obwohl nach ihren Statuten autonom – seit 1950 in dem *Regional Centre of Malaysia for the World Fellowship of Buddhists* zusammengeschlossen sind.

Die *Theravada*-Schule, vertreten durch die *Sinhalese Buddhist Association* und die *Buddhist Missionary Society*, konzentriert sich auf die Hauptstadt Kuala Lumpur und die Insel Penang, wo die *Penang Buddhist Association* und die birmanische *Dhammika Rama* sowie die *Thai Buddhist Association* im Wat Chayamangkalaram Zentren des Theravada-Buddhismus unterhalten.

Wesentlich klarer ist das Bild im Stadtstaat Singapur. 765 000 (28,3 Prozent) der Einwohner bezeichen sich als Buddhisten. Davon sind 89,2 Prozent Chinesen und nominell der *Mahayana*-Schule zuzuordnen. Die kleine Minderheit der *Theravada*-Buddhisten setzt sich aus ethnischen Minderheiten zusammen, vor allem Indern, Singhalesen und Thai.

Im Klientel des *Mahayana-* und *Theravada*-Buddhismus zeichnen sich deutlich Unterschiede ab. Während der *Theravada*-Buddhismus alle sozialen Schichten der jeweiligen Bevölkerungsgruppen anspricht und damit ein Bekenntnis zur ethnisch-kulturellen Identität dieser Minderheiten ablegt, hat die *Mahayana*-Schule in der Mittel- und Oberschicht des chinesischen Bevölkerungsanteils erheblich an Überzeugungskraft verloren. Das Bekenntnis zum chinesischen Buddhismus ist klassenspezifisch und umfaßt vor allem die letzte Einwanderergeneration der 1920er Jahre sowie jene Chinesen, die ihren Bildungsgang an ethnischen Schulen absolviert haben. Im Gegensatz dazu bezeichnet sich die Mehrheit der vom modernen englisch-sprachigen Bildungssystem geprägten Chinesen als religionslos oder ist zum Christentum übergetreten.

Der chinesische Buddhismus – Religion oder chinesische Tradition?

Buddhismus in Asien ist keine konstante Größe. Nirgendwo wird dies deutlicher als in Malaysia und Singapur.

Der Buddhismus in Malaysia und Singapur begründet sich überwiegend auf die chinesische Tradition und ist so vielschichtig wie die chinesische Kultur. Man könnte darüber streiten, ob dieses synkretistische Allerlei überhaupt noch dem Buddhismus zuzuordnen ist oder nicht doch eine eigenständige Religion darstellt. Bestenfalls kann man, ja muß man von einem chinesischen Buddhismus reden.

Bereits bei der Zuordnung des Klientels zu den in Malaysia und Singapur vertretenen chinesischen Religionsgemeinschaften ergeben sich Schwierigkeiten. Zwar wird zur Entscheidungshilfe für die Selbsteinschätzung der Gläubigen im Zensus zwischen Daoismus und Buddhismus unterschieden. Ein Daoist ist danach jemand, der an die Lehren der chinesischen Weisen glaubt und selbst den Status eines Weisen anstrebt, während ein Buddhist dem *dhamma* folgt, der Kraft, die das Universum zusammenhält. Doch bereits diese Definition übersieht die Tatsache, daß es sich bei dem in Malaysia oder Singapur ausgeübten Daoismus bestenfalls um einen Volksglauben handelt, der vom Ahnenkult und animistischen Vorstellungen bestimmt wird und mit dem philosophischen Daoismus wenig gemein hat.

In der gelebten Praxis besteht zwischen den beiden chinesischen Mehrheitsreligionen eine deutliche Affinität, sind die Grenzen zwischen den Angehörigen beider Religionsgemeinschaften fließend. Beide verbindet, im singapurischen und malaysischen Kontext, ihre »Chineseness«, ihre chinesische Identität. Und es wäre nicht allzu falsch, die Daoisten als marginale Buddhisten zu bezeichnen oder umgekehrt.

Im Gegensatz zu der jüdisch-christlich-islamischen Doktrin erheben weder die Daoisten noch die chinesischen Buddhisten Absolutheitsansprüche auf einen alleinseligmachenden Weg. Es besteht zwischen beiden kein Konkurrenzverhalten. Der Zwang zur Abgrenzung entfällt. Im religiösen Alltag findet ständig Begegnung statt, in denselben Tempeln, umgeben vom buddhistischen und daoistischen Pantheon und in der Verschmelzung des Rituals.

Der chinesische Buddhismus in seinem sozialen und politischen Umfeld

In Malaysia ist der Islam die offizielle Religion. Das Missionieren unter der muslimischen Mehrheit ist verboten. Der Buddhismus kann sich somit nur aus den Bevölkerungsgruppen heraus erneuern, in denen er ohnehin bereits zur Tradition zählt. Dieses potentielle Reservoir wird jedoch durch die aggressive Missionstätigkeit der überwiegend fundamentalistisch-evangelikalen christlichen Gemeinden beansprucht. Der Erfolg der christlichen Mission unter den Buddhisten ist um so größer, als sich die chinesischen Religionen nicht darum bemühen, ihre theologischen Inhalte zu präzisieren, sondern sich im Ritual erschöpfen. Vor allem die jüngere Generation der chinesischen Minderheit, die durch das englischsprachige westlich beeinflußte Bildungssystem geprägt ist, verliert zusehends ihre Bindung an die Tradition und damit ihre »Chineseness«. Sie sieht ihre Sehnsucht nach spiritueller Erbauung und ihr Verlangen nach einer religiösen Führung durch die Turbulenzen des Alltags im Christentum beantwortet. Zudem wird der Anteil der chinesischen Minderheit an der malaysischen Gesamtbevölkerung – ein charakteristisches Merkmal urbaner Mittelklasse-Gesellschaften – von der Geburtenexplosion in der überwiegend noch ländlichen malaiisch-muslimischen Mehrheit zurückgedrängt. Es ist somit eine Frage der Zeit, bis der Buddhismus in Malaysia – derzeit die zweitstärkste Religionsgemeinschaft – nur noch eine marginale Rolle spielt. Die Entwicklung in Singapur weist einen anderen Trend auf: Singapur ist ein säkularer Staat. Die religiöse Freiheit ist verfassungsmäßig garantiert. Diese Toleranz hat dazu geführt, daß sich auch militante fundamentalistische religiöse Strömungen ungehindert entfalten konnten. Vor allem die Expansion evangelikaler christlicher Denominationen ging zu Lasten der traditionellen chinesischen Traditionen. Der Anteil der Taoisten ging zwischen 1980 und 1990 von 29,3 Prozent auf 13,4 Prozent an der Gesamtbevölkerung zurück. Im gleichen Zeitraum hat sich der Zulauf zu den christlichen Gemeinden auf 18,7 Prozent nahezu verdoppelt. Gleichzeitig aber ist auch die buddhistische Gemeinde geringfügig gewachsen.

Dieser Trend hält an. Nicht zuletzt durch die Intervention der Regierung, die in dem liberalen Gedankengut, das von der christlichen Lehre transportiert wird, ihr autoritäres Staatsbild bedroht sieht. Um sich nicht dem Vorwurf auszusetzen, eine bestimmte Religionsgemeinschaft zu favorisieren, propagiert sie die konfuzianische Gesellschaftsethik als Vehikel zur Stärkung der chinesischen Identität und fördert damit die Kohäsion unter der chinesischen Mehrheit. Unausgesprochen steht der Vorwurf im Raum, daß der Übertritt zum Christentum gleichzusetzen sei mit Verrat an der »Chineseness« und damit am Wesen der Nation.

Zwar erhebt der Konfuzianismus nicht den Anspruch, eine Religion zu sein. Aber gerade weil er allen religiösen Ideen und Kulten tolerant gegenübersteht, stülpt er sich als eine Art Ersatzreligion über die »Chineseness« und gibt dem chinesischen Buddhismus, als der respektierlichsten der chinesischen Traditionen, Auftrieb.

Literatur: Kenneth S. S. Chen: The Chinese Transformation of Buddhism. Princeton 1973. – Vivienne Wee: »Buddhism« in Singapore. In: »Society in Transition«, Hg. Riaz Hassan, O.U.P..

Kuala Lumpur, 1976. – Ching Hwang Yen: A Social History of the Chinese in Singapore and Malaya 1800 – 1911. Singapore 1986. – Trevor O. Ling: Buddhism, Confucianism and the Secular State in Singapore, Working Paper No. 79, Department of Sociology, National University of Singapore, 1987.

Jürgen Dauth

Vietnam

Statistische Angaben

Zwischen 50 und 60 Prozent der Gesamtbevölkerung von 68 Millionen sind Buddhisten.

Geschichte

Die buddhistische Tradition Vietnams beruft sich auf die Mission des indischen Kaisers Ashoka, die bereits um 300 v. Chr. Birma, Thailand und den heutigen Norden Vietnams bereiste. Historische Dokumente erwähnen Luy Lau, das Verwaltungszentrum der heutigen Provinz Giao Chau in Nordvietnam, als bedeutendes buddhistisches Zentrum mit 20 Klöstern und 500 Mönchen. Vietnamesische Mönche, vor allem der ehrwürdige K'ang Seng Hui, brachte von hier den Buddhismus nach China. Er gilt als der Erbauer der Chian So Pagode von Nangking.

Als erster buddhistischer Herrscher einer nur kurzlebigen unabhängigen vietnamesischen Dynastie ging Ly Nam De in die Geschichte ein, der 541 eine erfolglose Rebellion gegen die chinesische Bevormundung führte. Im Jahre 1009 – Vietnam hatte die tausendjährige chinesische Oberherrschaft abgeschüttelt – gründete der buddistische Mönch Ly Cong Uan (974 – 1028) die Ly-Dynastie (1009 – 1225). Unter seiner Ägide breitete sich im Norden Vietnams die aus dem chinesischen Buddhismus entsprungene, konfuzianisch-daoistisch geprägte *Thien-(Zen)* Sekte aus. Der Buddhismus wurde zum Symbol der königlichen Autorität. Sein Sohn und Thronfolger, Ly Path Ma (1000 – 1054), gilt als der Erbauer der Ein-Saeulen Pagode von Hanoi. Während seiner Regierungszeit wurde der Buddhismus jedoch stark mit animistischen Akzenten durchsetzt. Die buddhistische Tradition der Ly-Dynastie setzte sich in der nachfolgenden Tran-Dynastie (1225 – 1400) fort. Es war üblich, daß sich Herrscher dieser beiden Epochen zu Mönchen ordinieren ließen.

Diese Blütezeit des Buddhismus endete mit der erneuten Eroberung Vietnams (1407) durch die Ming-Dynastie. Die buddhistischen Schriften wurden konfisziert und eine große Zahl von Tempeln und Klöstern zerstört. 1428 konnte Vietnam den Vasallenstatus zwar wieder abschütteln. Doch die nachfolgende Le-Dynastie (1428 – 1527) favorisierte konfuzianisches Gedankengut und unterwarf die buddhistische Lehre einer rigiden staatlichen Kontrolle.

Während des Aufstands des Nguyen-Clans im Süden des vietnamesischen Reiches (Dai Viet) gegen die Herrscher in Thang Long (Hanoi) erlebte der Buddhismus eine wechselhafte Renaissance. Die Nguyen-Lords (1558 – 1777) förderten die buddhistische Lehre, um die Loyalität des Volkes zu gewinnen – eine Strategie, die das nördliche Reich zu imitieren versuchte. Der Buddhismus wurde so zum Spielball politischer Interessen, kraftlos, sich geistig zu erneuern. Den Nguyen-Lords folgte die Nguyen-Dynastie (1802 – 1945) und die Rückkehr zu einem orthodoxen Konfuzianismus. Mit der Ankunft der französischen Kolonialmacht in Indochina im 19. Jahrhundert verlor der vietnamesische Buddhismus seine letzten Domänen am Hof. Obwohl nationalistisch gesinnte buddhistische Mönche verfolgt wurden, begann für den Buddhismus eine Zeit der Erneuerung. Der Anstoß ging von der buddhistischen Restauration in China (1920) aus, setzte sich in Vietnam fort und führte 1931 zur Gründung der *Buddhist Association of Cochinchina* (Südvietnam) und entsprechender Schwesterorganisationen in Hue und Hanoi, die sich 1951 der *World Fellowship of Buddhists* anschlossen.

Nach der Teilung Vietnams (Genfer Abkommen von 1954) gingen die buddhistischen Organisationen im Norden und Süden getrennte Wege, beeinflußt von den jeweiligen politischen Strömungen. Die *United Buddhist Association* von Nordvietnam solidarisierte sich mit der kommunistischen Partei. Im Süden versuchte die *All Vietnam Buddhist Association* zunächst, ihre Neutralität zu wahren. Herausgefordert durch das antibuddhistische Diktat des katholischen Diem-Regimes, (1954 – 1963) unterstützten immer mehr Mönche den *Viet Minh*, darunter die militanten Sekten der *Bin Xuyen*, *Cao Dai* und *Hoa Hao*. Der freiwillige Verbrennungstod des *bodhisattva* Thich Quang Duc leitete eine Serie dramatischer Selbstverbrennungen von Mönchen ein.

Der Buddhismus im vereinten Vietnam

Nach der Wiedervereinigung von Vietnam (1975) schlossen sich die Mönchsorden von Nord- und Südvietnam sowie alle buddhistischen Sekten und Laienbewegungen zum Buddhistischen Zentrum von Vietnam zusammen. Generalsekretär des Buddhistischen Zentrums von Vietnam ist Thich Minh Chau, Rektor der buddhistischen Universität von Ho Chi Minh-Stadt (Saigon). Der erste buddhistische Kongreß Vietnams vom 4. November 1981 legte allgemeinverbindliche Regeln zur Ordination und Lehre fest. Drei Hauptströmungen des vietnamesischen Buddhismus sind offiziell anerkannt: der südliche Buddhismus, der sich auf die *Theravada*-Schule beruft; der nördliche Buddhismus, der vom chinesischen Buddhismus geprägt ist, und die Mendikanten, der Orden der Bettelmönche.

Der Dhamma-Exekutiv-Rat des *sangha* hat das Institut für buddhistische Forschung beauftragt, einen »spezifisch vietnamesischen Buddhismus« zu entwickeln, ohne sich zunächst darauf festzulegen, was darunter zu verstehen ist. Das Credo des buddhistischen Mönchsordens von Vietnam läßt jedoch vage Rückschlüsse zu: *dhamma* -Nation-Sozialismus.

Daß dieses Credo nicht dem eigenen Selbstverständnis der Mehrheit des Mönchsordens entspricht, darf man daraus schließen, daß die Partei eine rigide Kontrolle über das Buddhistische Zentrum ausübt, das seine Weisungen von der »Vaterlandsfront« entgegennimmt. Veröffentlichungen werden zensiert und die Lehrinhalte mitgestaltet. Die kommunistische Regierung in Hanoi hat aus der Geschichte des vietnamesischen Buddhismus, der sich über Jahrhunderte politisch engagierte, Konsequenzen gezogen. Der hohe Organisationsgrad der buddhistischen Institutionen, der es ihnen gegebenenfalls erlaubt hätte, in kürzester Zeit große Menschenmassen zu mobilisieren, sollte sich nicht gegen die staatliche Gewalt richten können. Der *sangha* hat den expliziten Auftrag, die nationale Integration unter dem sozialistischen Dogma zu fördern.

1988, im sogenannten »Buddhistenprozeß« wurden 23 buddhistische Persönlichkeiten abgeurteilt, die sich ihre Glaubensinhalte nicht vom Staat vorschreiben lassen wollten. Unter ihnen befanden sich zwei bedeutende buddhistische Intellektuelle, Thich Tri Sieu und Thich Tue Sy – beide Professoren an der Van Hanh Universität. Sie wurden als »Reaktionäre unter dem Deckmantel des Buddhismus« zum Tode verurteilt. Das Urteil wurde später in eine 20jährige Haftstrafe umgewandelt.

Die Zulassung zum buddhistischen Studium wird von den örtlichen Volkskomitees ebenso überwacht – und notfalls begrenzt – wie die Ordinierung von Mönchen. Die Bewerber müssen nachweisen, daß sie der Gesellschaft im Laienstand nicht gleichwertige Dienste leisten können. Während der Buddhismus in den ehemals sozialistischen Nachbarstaaten Laos und Kambodscha heute wieder an den Schulen gelehrt werden darf, bleibt dem vietnamesischen Buddhismus dieses verwehrt. Erst in jüngster Zeit zwingt die wachsende Wirtschaftskrise die Regierung zu Zugeständnissen. Vor allem in den großen Städten delegieren die Volkskomitees einen Teil ihrer sozialen und karitativen Verantwortung auf die Religionsgemeinschaften, die in begrenztem Umfang auch wieder Schulen betreiben dürfen.

Aus der staatlichen Einflußnahme ergeben sich jedoch auch bereits die Grundzüge, denen das Institut für buddhistische Forschung bei der Formulierung eines »spezifisch vietnamesischen Buddhismus« folgen muß. Konfuzianische und daoistische Inhalte werden das Übergewicht behalten, um den Allmachtsanspruch der Partei zu untermauern. Eine freie Entfaltung der buddhistischen Tradition im Sinne des reinen Dogmas der buddhistischen Lehre ist somit eingeengt.

Vor allem im ländlichen Raum haben die Jahrzehnte der kommunistischen Indoktrination an den Inhalten des Buddhismus genagt. Angesichts der unzureichenden Betreuung haben animistische Überlieferungen die buddhistische Lehre überwuchert. Ein großer Teil der vietnamesischen Bevölkerung, von Parteikadern eingeschüchtert, bezeichnet sich als religionslos. Die Zahl der praktizierenden Buddhisten ist denn auch nur eine Schätzung und liegt nach Ansicht des Buddhistischen Zentrums von Vietnam zwischen 50 und 60 Prozent der Gesamtbevölkerung von rund 68 Millionen.

LITERATUR: Nguyen Khac Vien: Vietnam, A Long History. Hanoi 1987. – Leopold Cadierre: Religious Beliefs and Practices of the Vietnamese (übersetzt von W. Mabbett). Monash University, Working Paper 60, Clayton 1989. – Vietnam Buddhist Research Institute: Vietnam buddhism and its Activities for Peace. Ho Chi Minh-Stadt 1990.

Jürgen Dauth

Korea

Geschichte

Der Buddhismus spielt seit dem 4. Jahrhundert n. Chr. eine Rolle auf der koreanischen Halbinsel. Sowohl im nördlichen Koguryo- als auch in den südlichen Paekche- und Silla-Reichen lassen sich zwischen 400 und 600 buddhistische Einflüsse, weitgehend über China vermittelt, nachweisen. Im Jahr 527 wird der Buddhismus in Alt-Silla offiziell anerkannt, was seine Glanzzeit im 7. und 8. Jahrhundert vorbereitet, als das Groß-Silla-Reich seine beiden Rivalen (Paekche und Koguryo) ausschalten konnte: der Buddhismus wurde zur Staatsreligion; in dieser Periode wurden die großen Staatstempel gegründet, turmhohe Pagoden und kostbare Reliquiare gestiftet.

Mit dem Zerfall des Groß-Silla-Reichs (vor der Jahrtausendwende) geriet auch der Buddhismus in die Krise, vor allem, als es zu Beginn der Yi-Herrschaft (nach 1392) zu regelrechter Buddhistenverfolgung durch die nun vom Neokonfuzianismus geprägten Yi-Herrscher kam. Die Zahl der Klöster wurde drastisch reduziert, der Landbesitz der Klöster konfisziert. An die Stelle des zölibatären Ideals trat die Hochschätzung der Familie mit dem Ahnenkult. Während der bis 1910 währenden Yi-Zeit gab es auch Phasen der freundlichen Duldung für die Buddhisten, insgesamt aber wurde ihr Einfluß spürbar zurückgedrängt, vor allem, indem ihnen die Arbeit in den Städten verboten wurde.

Erst unter der japanischen Kolonialherrschaft (1910 – 1945) wurde der Buddhismus wieder offiziell gefördert. Da jedoch japanische Sektenregeln und Ordensformen nach Korea importiert wurden, kam es nach 1945 zu scharfen Auseinandersetzungen im koreanischen Buddhismus, zum Beispiel über die Frage des Zölibats, da die japanischen Besatzungsbehörden die Mönchsheirat gefördert hatten. Etwa ein Viertel der südkoreanischen Bevölkerung bezeichnet sich heute als »buddhistisch«, was in erster Linie wohl meint, daß sie am Fest von Buddhas Geburtstag, also am 8. Tag des 4. Mondmonats, zu einem bestimmten Tempel gehen, um dort ihre Geldspenden zu entrichten und Lotuslaternen aufzuhängen. In den häufig tief in den Bergen verborgenen Tempeln Koreas, deren Zahl sich wohl auf mehrere Tausend beläuft, sind über 20 000 Nonnen und Mönche registriert. Der koreanische Buddhismus ist in erster Linie ein von strenger Meditation geprägter *Son-* (*Zen-*)Buddhismus; der zölibatäre *Chogye-*Orden hat die Führung innerhalb der buddhistischen Bewegung und leitet auch die buddhistische Dongguk-Universität in Seoul.

Dieser *Chogye-*Orden wurde im 12. Jahrhundert von Chinul gegründet. Der Mönch Chinul versuchte damals, den zur oberflächlichen Staatsreligion verkommenen Buddhismus gründlich zu reformieren, vor allem, indem er den Ernst der spirituellen Übungen und die Notwendigkeit der Selbstversorgung der Mönche betonte. Auch das Armutsideal wurde durch Chinul wieder als Basis des Mönchslebens bewußt gemacht.

Gegenwärtige Situation

Der koreanische Buddhismus ist weder in doktrinaler noch in organisatorischer Hinsicht ein einheitliches Gebilde. Verschiedenste Schulen und Organisationsformen existieren nebeneinander. Im Chogye-Orden wird *Son* (*Zen*) und *Kyo* (Studium der buddhistischen Texte) zu verknüpfen versucht. Häufig geht eine längere Studienperiode voraus, ehe sich ein Mönch dem schwierigen Weg der Sitzmeditation zuwendet. Der vom Mönch gewählte *Zen*-Meister gibt seinem Schüler ein *Hwadu* (*Koan*), also ein paradox und unlogisch erscheinendes Rätselwort, das vom Schüler ununterbrochen und über einen längeren Zeitraum hin meditiert werden muß. Während der Meditationsperioden wird im Lotussitz etwa acht Stunden am Tag meditiert, in Intensivwochen kann die Meditationszeit auf bis zu zwanzig Stunden am Tag (jeweils mit zehnminütigem Gehen am Ende der Stunde) ausgedehnt werden.

Der *Chogye*-Orden kennt zwei Stufen der Mönchsordination (*sami* und *bikhi*), die etwa vier Jahre auseinanderliegen. Nur etwa jeder zwölfte Novize wird die Verpflichtung auf die 250 Gebote eingehen, die zur *bikhu*-Ordination dazugehört. Der *bikhu*-Mönch verpflichtet sich dazu auf die vier *bodhisattva*-Gelübde, in denen er verspricht, das *nirvana* nicht zu betreten, ehe nicht die Pein und das Leiden jeglicher Kreatur zu Ende gegangen ist.

Dies deutet auf den besonderen Charakter des koreanischen Buddhismus, der viele Elemente der schamanistischen Volksfrömmigkeit in sich aufgenommen hat und der in vieler Hinsicht messianisch geprägt ist. Vor allem verweist die aus dem Paekche-Reich (Südwest-Korea, also den heutigen Cholla-Provinzen) stammende Verehrung des *Maitreya*-Buddha, aber auch die Verehrung der *Kwanseum* in diese Richtung. Die *Kwanseum* ist ein mit weiblichen Attributen gezeichneter *bodhisattva*, die als Göttin des Mitleidens verehrt wird und von der geglaubt wird, sie höre alle Schreie der Notleidenden. Als *Maitreya*-Buddha wird ein Schüler des Gautama Buddha verehrt, der zu Lebzeiten des Meisters verstorben ist und sich weigerte, in das *nirvana* einzugehen, weil noch nicht alle Kreaturen erlöst sind. Seine zur Erde hin weisende Hand soll die Aufmerksamkeit seiner Sympathie verdeutlichen. Dieser *Maitreya* ist der Buddha der kommenden Weltzeit, der Buddha der kosmischen Erlösung. In seinem sinokoreanischen Namen *Miruk* schwingt das koreanische Wort *miru* mit, das den kosmischen Drachen bezeichnet, und dieser Drache ist den Menschen wohlgesinnt; Erlösung wird als Beginn der »Drachenprachtwelt« erträumt. In diesen messianischen Elementen des koreanischen Buddhismus zeigt sich seine Nähe zur Volksreligiosität, möglicherweise aber auch eine Beeinflussung durch das nestorianische Christentum, das im Mittelalter im nordchinesischen und mongolischen Raum große Bedeutung hatte.

LITERATUR: Erik Zürcher: Buddhismus in China, Korea und Vietnam. In: H. Bechert, R. Gambrich (Hg.): Der Buddhismus. Geschichte und Gegenwart. 2. Aufl. München 1989.

Maitreya (Sanskrit: »der Liebende«), der als fünfter und letzter Buddha in der Zukunft erwartet wird. Spätes 6. oder frühes 7. Jahrhundert. Nationalmuseum, Seoul.

Islamische Länder

Größere buddhistische Minoritäten leben heute in den drei islamischen Staaten Bangladesh, Malaysia und Indonesien. Blühende buddhistische Reiche gab es aber schon in der Antike und im Frühmittelalter in den heute rein islamischen Ländern Afghanistan, Pakistan und Sinkiang (Chinesisch-Turkestan). Die in diesen Reichen geschaffene Hochkultur stellte eine glückliche Synthese graeco-hellenistischer Ästhetik und indo-buddhistischer Religiosität dar. Bedeutende Kunststätten dieser frühbuddhistischen Epoche sind das Tal von Bamyan (Afghanistan) und die Höhlentempel von Khotan, Kutscha, Turfan und Bäzäklik (Sinkiang).

Indischer Subkontinent

Das am Bengalischen Golf gelegene Bangladesh ist altes buddhistisches Siedlungsgebiet (Fund einer antiken Buddhastatue aus dem 7. Jahrhundert n. Chr.) Die etwa 750 000 Buddhisten (0, 6 Prozent der Gesamtbevölkerung) gehören im Tiefland dem eine indo-arische Sprache sprechenden Bengalenvolk, im Hochland von Chittagong (Chittagong Hill Tracts) der Mon-Khmer-Rasse, burmesischsprachigen Mogh-, Marma-, und Rakhaine-Stämmen (ca. 150 000 – 200 000) an. Neben städtischen Tempelgemeinden in Chittagong, Dacca und Comilla leben einige Hunderttausend Buddhisten in Gemeinschaften auf den vorgelagerten Inseln und im Hochland von Chittagong. Ihre Mitglieder werden durch eine Anzahl von Tempeln und *Viharas* (Mönchsklöster) religiös betreut, der sozialkaritativen Arbeit dienen unter anderem zwei Waisenhäuser in Dacca und Chittagong. In den letzten Jahren wurden die Inselbuddhisten durch Zyklone und Sturmfluten schwer heimgesucht, zahlreiche Tempel zerstört oder beschädigt. Seit den frühen 80er Jahren berichten Menschenrechtsorganisationen über Verfolgungen der Hochlandbuddhisten in den Chittagong Hill Tracts. Kleine Asylantengruppen buddhistischer Bangladeshis leben heute in Indien und den Niederlanden.

Shakyamuni-Pagode in Pulguk-sa bei Kyongju, Korea. Zweite Hälfte des 8. Jahrhunderts.

In der islamischen Republik Pakistan gibt es ca. 1 000 Buddhisten, doch wurde es ihnen bisher nicht gestattet einen Tempel zu errichten.

Südostasiatische Inseln
Der heute islamische Inselstaat Indonesien blickt auf eine glanzvolle buddhistische Vergangenheit zurück. Im 7. Jahrhundert n. Chr. wurde das Königreich von Shrividjaya gegründet, das sich über weite Teile des malaiischen Archipels und bis Thailand und Kambodscha erstreckte. Nach der späteren Vereinigung mit dem javanischen Reich der Shailandra-Dynastie (778 – 864) wurde es zu einem spirituellen, kulturellen und kommerziellen Mittelpunkt Südostasiens, die Stadt Palembang zu einem Zentrum buddhistischer Gelehrsamkeit. Unter der Herrschaft der Shailandra entstand eines der bedeutendsten buddhistischen Bauwerke der Welt: der Borobudur auf Java (2. Hälfte des 8.Jahrhundert n.Chr.). Im heutigen Indonesien lebt eine kleine buddhistische Minderheit: etwa 0,7 Prozent der 180 Millionen Indonesier sind Anhänger der Lehre Buddhas. Dem »Großen Sangha von Indonesien« (*Sangha Agung Indonesia*) sind mehr als 24 *Viharas* (Mönchsklöster) und einige chinesisch-buddhistische Tempel angeschlossen. Obwohl offiziell *Theravada*, vertritt er die Idee einer »überkonfessionellen« Lehre. Die Mehrheit der indonesischen Buddhisten in West-Java ist chinesischer Abstammung, während die Buddhisten Zentral- und Ostjavas Javaner sind. Etwa 5 000 buddhistische Balinesen leben im nördlichen Teil der hinduistisch geprägten Insel. *Vesakh* (Buddhas Geburt und Erleuchtung im Monat Mai) ist selbst im islamischen Indonesien Staatsfeiertag. Der Islam Indonesiens gilt als vergleichsweise moderat und ist in seinem volkstümlichen Bereich mit buddhistischen Religionsrelikten stark durchsetzt.

LITERATUR: Madeleine Hallade: Indien. Gandhara Begegnung zwischen Orient und Okzident. Herrsching 1975. – Anuruddha Dharmacarya: Aus der buddhistischen Welt. In: Der Kreis (Überlingen) (1980) 148/5, 29 – 30. – Voice of Buddhism, Jg. 1965 – 1982, Buddhist Missionary Society, Kuala Lumpur, Malaysia. – Friedrich Fenzl: Buddhistenverfolgung in Bangladesh in: Bodhibaum (Wien) (1981) 6/4, 201. – Friedrich Fenzl: Verfolgte Buddhisten. Der Chittagong Hill Konflikt. In: Rundbriefe (Salzburg) (1990) 1/3, 9 – 10. – Walter Karwath: Buddhismus in Indonesiens Kultur und Geschichte. In: Bodhibaum (Wien) (1990) 15/3, 4 – 25.

Friedrich Fenzl

Tibet

Unter den Ländern Asiens wurde kein anderes Land vom Buddhismus so geprägt wie Tibet. Sämtliche Bereiche des geistigen Lebens wie

Kunst, Architektur, Musik und Literatur sind vom Buddhismus durchdrungen. Heute wird diese einzigartige Kultur aufgrund der gewaltsamen Annexion des Landes durch China nur mehr im Exil bewahrt, das mehr als 100 000 Tibeter mit ihrem geistlichen Oberhaupt, dem 14. Dalai Lama, gewählt haben.

Die erste Verbreitung des Buddhismus in Tibet

Unter dem König Srong-btsan-sgam-po (ca. 620–649) stieg Tibet zu einer militärischen Großmacht in Zentralasien auf. Während seiner Herrschaft gelangte der Buddhismus nach Tibet. Die systematische Förderung des Buddhismus als Staatsreligion setzte erst im 8. Jahrhundert während der Regierung Khri-srong-lde-btsan (756–797) ein. Er ließ das erste Kloster, bSam-yas, 779 erbauen und die ersten tibetischen Mönche ordinieren. Berühmte indische Gelehrte wie Shantiraksita und Kamalashila wurden nach Tibet eingeladen. Von großer Bedeutung erwies sich die Tätigkeit des indischen Tantrikers Padmasambhava, der als Begründer der ersten Schulrichtung des tibetischen Buddhismus, der *rNying-ma-pa*, gilt. Unter Glang-dar-ma (836 – 842) kam es zum Zusammenbruch des tibetischen Großreichs und zur systematischen Verfolgung des Buddhismus. Mit seiner Ermordung durch einen buddhistischen Mönch endete die Epoche der ersten Verbreitung (*sna dar*) des Buddhismus.

Die zweite Verbreitung

Um 970 wurde der Buddhismus erneut von einzelnen Mönchen aus Osttibet in die Zentralprovinzen dBus und gTsan eingeführt. Mit der Ankunft des indischen Gelehrten Atisha (980 – 1045), der 1042 von dem westtibetischen König lHa bla ma ye shes 'od nach Tibet eingeladen wurde, begann die endgültige Missionierung Tibets. Es entstanden eine Reihe verschiedener Schulen wie die *bKa'-gdams-pa* und die *bKa'-rgyud-pa*. Die letztgenannte spaltete sich in zahlreiche Unterschulen, von denen die *'Bri-khung-pa* und die *Karma-pa* später politische Bedeutung erlangten.

Während der Zeit der Mongolenherrschaft wurde Tibet von den *Sa-skya-pa*, einer ebenfalls im 11. Jahrhundert entstandenen Schule, regiert. Die jeweiligen Oberhäupter der Schule wurden von den Mongolenherrschern als »Vizekönige« in Tibet eingesetzt. 1358 gelang es Byan-chub-rgyal -mtshan aus der Adelsfamilie der Phag-mo-grupa, die Herrschaft der *Sa-skya-pa* zu stürzten und sich selbst als Herrscher Tibets zu etablieren. Mitte des 15. Jahrhunderts verloren die *Phag-mo-gru-pa* die Macht an die Rin spuns-Fürsten, die von der *Karma-pa*-Schule unterstützt wurde.

Der Aufstieg der dGe-lugs-pa

Zu Beginn des 15. Jahrhunderts gründete Tsongkha-pa (1357–1419), der große Reformator des tibetischen Buddhismus, das Kloster Ri bo dga' ldan, wo er seine eigene Mönchsgemeinde in monastischer Disziplin unterwies. Wie so viele Reformer wollte er keine neue Schule begründen, sondern den Buddhismus seiner Zeit wie einst Atisha zu verstärkter monastischer Disziplin führen. Die Gründung der *dGe-lugs-pa*-Schule wurde von seinen Schülern, insbesondere von dGe-'dun-grub-pa (1391 – 1475), der posthum zum ersten Dalai Lama erklärt wurde, initiiert. Der Titel »Dalai Lama« wurde erst dem dritten Dalai Lama bSod nams rgya mtsho (1543 – 88) vom Altan qan der Tümed-Mongolen im Jahre 1578 verliehen. Der große fünfte Dalai Lama Nag dban blo bzan rgya mtsho (1617–1682) vereinigt das erste Mal weltliche und geistliche Macht in einer Person und legte so den Grundstein für das theokratische Regierungssystem Tibets, das bis zur chinesischen Okkupation im Jahre 1950 andauern sollte. Dieses System wurde durch die religiöse Autorität des Dalai Lama sanktioniert, dessen Position aufgrund des Reinkarnationskonzeptes absolut und unantastbar war.

Vom 17. Jahrhundert bis heute

Seit der Zeit des 5. Dalai Lama übte das China der Mandschu-Dynastie die de facto-Oberherrschaft über Tibet aus. Erst unter dem 13. Dalai Lama Thub bstan rgya mtsho (1876–1933) änderte sich dies. Ein Jahr nach dem Sturz der Mandschu-Dynastie proklamierte er 1912 die Unabhängigkeit Tibets. Im Jahr 1950 wurde Tibet gewaltsam von der Volksrepublik China annektiert. Nach der Flucht des 14. Dalai Lama im Jahre 1959 nach Indien begannen die Chinesen systematisch, die fast 6 300 Klöster des Landes zu plündern und zu zerstören.

Die nahezu 1,2 Millionen Mönche und Nonnen wurden verfolgt und zum Teil umgebracht. Ca. 14 Klöster blieben teilweise erhalten, lediglich der südliche Teil des Sa skya-Klosters blieb unversehrt. Nach dem Ende der Kulturrevolution und dem politischen Wandel in China 1979 wurde ein eingeschränktes religiöses Leben wieder erlaubt, und einige Klöster und Tempel wurden restauriert. Zur Zeit soll es chinesischen Statistiken zufolge wieder 1 000 Klöster in Land geben. Nach den Aufständen der Jahre 1987, 1988 und 1989 erfuhr das religiöse Leben wieder mehr Einschränkungen. Verfolgungen, Einkerkerungen, Folterungen und Hinrichtungen von Mönchen und Nonnen sind wieder an der Tagesordnung.

Religiöse Organisationsformen

Der tibetische Buddhismus vereinigt in sich eine Vielzahl von Schulen und Unterschulen, denen allen die Organisation als religiöse Gemeinschaftsform gemeinsam ist. Die Klöster dienten als Kult- und Ausbildungsstätten. Sie waren streng hierarchisch organisiert; an ihrer Spitze stand ein Abt, *mkhan po*.

Neben den monastischen Regeln unterworfenen Mönchen gab es Mönche, die in Meditationszellen, *sgrub khan*, wohnten. Ebenso wie die erste Gruppe der Geistlichen waren sie dem Zölibat unterworfen, jedoch nicht sämtlichen Ordensregeln. Die Gruppe der *Grub thob*, der *Siddhas*, fühlte sich nicht an Regeln gebunden. Sie lehnten orthodoxe und konventionelle Lebensforman ab und führten oft ein unstetes Wanderleben.

Die dogmatischen Unterschiede zwischen den einzelnen tibetisch-buddhistischen Schulen sind gering. Sie resultieren in der Hauptsache aus der Bevorzugung bestimmter Tantrazyklen und aus unterschiedlichen Methoden der religiösen Erfahrung. Diese Unterschiede haben jedoch nie dazu geführt, daß die Einheitlichkeit des tibetischen Buddhismus angezweifelt werden würde. Die

Chögyam Trungpa

Chögyam Trungpa wurde 1939 als elfte Wiedergeburt des Trungpa aus der Karma-Kagyü-Linie in Osttibet geboren. Er galt als *tulku*. Unter diesem tibetischen Begriff (»Körper der Verwandlung«) ist nach Ansicht der Tibeter und der westlichen Anhänger des Vajrayana-Buddhismus die Wiedergeburt eines besonders profilierten geistlichen Vertreters einer Schule des tibetischen Buddhismus zu verstehen. Der *tulku* wird nach bestimmten Prüfungen als Wiedergeburt einer vorher gestorbenen Persönlichkeit betrachtet. Durch ihn soll auch die geistliche und politische Kontinuität der Klosterinstitutionen garantiert werden. Neben den vier Oberhäuptern der Hauptschulen des tibetischen Buddhismus gab es eine große Zahl von *tulku*-Linien. Die große Wertschätzung der Tugend des Mitleids, die Mahayana – wie auch Vajrayana-Buddhismus kennen, hat zur *tulku*-Vorstellung beigetragen. *Tulkus* vermitteln den Menschen Methoden, die den Weg in das *nirvana*, das heißt die Befreiung aus dem Kreislauf der Wiedergeburten ermöglichen. Daher genoß Chögyam Trungpa eine besonders sorgfältige Ausbildung in den Traditionen der Kagyü-Schule, die auf Naropa, Marpa und Milarepa zurückgeführt wird, und der Nyingma-Schule, die älteste tibetisch-buddhistische Schule, die Padmasambhava, den ersten Verkünder des Buddhismus in Tibet (755–797), als ihren ersten Patriarchen betrachtet.

Als sich die Tibeter 1959 gegen die chinesische Besatzung erhoben, mußte Chögyam Trungpa ebenso wie der Dalai Lama seine Heimat verlassen. Er studierte Vergleichende Religionswissenschaft in Oxford und eröffnete dann ein Meditationszentrum in Schottland. In jener Zeit verzichtete er auf den Mönchstatus und ging eine Ehe ein. Seine Meditationskurse im schottischen Hochland bildeten den Anfang von *Vajradhatu* (diamantener Zustand), seiner Gründung einer westlichen Traditionslinie des Vajrayana-Buddhismus. Zur eigentlichen Entfaltung gelangte diese Gründung allerdings erst, nachdem Chögyam Trungpa in die USA übergesiedelt

Vielfalt der verschiedenen Schulen ist als gleichberechtigtes Nebeneinander aufzufassen, das jedem Gläubigen den ihm gemäßen Weg zum Heil ermöglicht.

Die bedeutenden buddhistischen Schulen
Die Schule der *ri ma pa*, der »Alten«, ist die einzige Schule, die auf die Zeit der ersten Verbreitung des Buddhismus zurückgeht. Der Tradition nach wurde sie von dem Tantriker Padmasambhava begründet. Die *ri ma pa* benutzen Tantras, die von den anderen Schulen nicht als autoritativ anerkannt werden, da sie nicht auf anerkannten Sanskritoriginalen basieren. Eine von den »Alten« bevorzugte Literaturgattung sind die *gter ma*, die »Schätze«. Padmasambhava hat der Überlieferung nach an verschiedenen Orten Tibets Texte verborgen, die spätere *gter ston* (Schatzentdecker) wieder auffanden. Das berühmte »Totenbuch der Tibeter« (*bar do thos grol*) ist ein solcher *gter ma*-Text. Eine weitere bedeutende Geistesströmung innerhalb der *ri ma*-Schule ist der *rDzogs chen*, dem auch im heutigen Geistesleben der Tibeter große Bedeutung zukommt.

Alle übrigen Schulen sind während der zweiten Verbreitung entstanden. Von ihnen können hier nur die wichtigsten genannt werden. Die *bKa' gdams pa* gehen auf Atisha und den Übersetzer Rin chen bzn po (958–1055) zurück. Sie wurden von 'Brom ston (1004 – 1064), einem Schüler Atishas, begründet, und übten wegen ihrer Betonung der monastischen Disziplin großen Einfluß auf die anderen Schulen aus. Sie fanden ihre Fortsetzung in den *dGe lugs pa*, die auf den Reformator Tson kha pa zurückgehen. Die *dGe lugs pa*, auch *bKa' gdams pa gsar ma*, »neue *bKa' gdams pa*«, genannt, sind die einflußreichste Schule der Neuzeit. Aus ihren Reihen gehen die höchsten buddhistischen Inkarnationen, der Dalai Lama und der Pan chen Lama, hervor.

Autorität und Gültigkeit der buddhistischen Lehre müssen durch die direkte mündliche Übertragung vom Meister auf den Schüler gewährleistet werden. Die Schule, die diesen Grundsatz als Programm schon in ihrem Namen trägt, sind die *bKa' brgyud pa*, die sich auf den indischen *siddha* Nropa zurückführen, dessen Schüler der *lotsva* (Übersetzer) Mar pa (1012–1096) war. Sein Schüler Mi la ras pa (1040–1123) ging als der bedeutendste Mystiker in die tibetische Religionsgeschichte ein.

Die *Sa skya pa*, so benannt nach ihrem Hauptkloster Sa skya, besaßen während der Zeit der Mongolenherrschaft die politische Autorität über Tibet. Sie brachten hervorragende Gelehrte wie Sa skya pandita Kun dga' rgyal mtshan (1182 – 1231) und 'Phags pa blo gros rgyal mtshan (1235–1280) hervor.

Zwei ehemals bekannte Schulen existieren heute nicht mehr: die *Jo na pa*, die sich besonders auf die *Klacakra*-Lehren, den zeitlich spätesten Tantrazyklus, stützten, und die *i byed pa*, die von dem indischen Siddha Pha dam pa sas rgyas, der um 1097 in Tibet wirkte, gegründet wurden. Die erstgenannte Schule wurde wegen ihrer als heterodox geltenden Lehren von den *dGe lugs pa* ausgelöscht, während die Lehren der zweiten in die anderen Schulen inkorporiert wurden. Auf Pha dam pa sas rgyas geht auch die *gCod*-Schule zurück, deren heute noch verbreitete Lehren und Rituale viele Verbindungen zu schamanistischen Praktiken aufweisen. Im 19. Jahrhundert wurde in osttibetischen *ri ma pa*-Kreisen die *Ris med* (unparteiisch)-Bewegung ins Leben gerufen, die versuchte, die verschiedenen religiösen Schulen auf einer gemeinsamen Basis zu vereinen. Diese Bewegung beeinflußt auch heute noch nicht nur die *ri ma*-Geistlichen, sondern auch die Vertreter anderer Schulen.

Avalokiteshvara, viel verehrter Bodhisattva des Mitleids im Mahayana-Buddhismus. In Tibet gilt der Dalei Lama als Inkarnation des Avalokiteshvara. Bronzefigur. Nepal, 16. Jahrhundert.

Die Bon-Religion
Die Bon-Religion ist die einheimische Religion Tibets, die schon zur Zeit der Königsdynastien bestand. Im Mittelpunkt ihres Interesses stand die Beschwörung ambivalenter oder feindseliger Mächte. Sie besaß ausgeprägte theogonische und kosmogonische Vorstellungen, die durch die buddhistische Überlagerung hindurch noch erkennbar sind. Unter buddhistischem Einfluß entwickelten die Bon-Anhänger ein kompliziertes Lehrsystem, als dessen Begründer Gen rab mi bo gilt, eine historisch nicht faßbare Gestalt, deren Biographie der des Buddha nachempfunden ist. Vor der Annexion Tibets durch China besaß die Bon-Religion im ganzen Land Klöster und Heiligtümer. Die Tibeter im Exil gründeten ein Bon-Kloster in Nordindien. Diese Religion ist auch im Exil noch lebendig und wird praktiziert.

LITERATUR: David Snellgrove/Hugh Richardson: A Cultural History of Tibet. – Giuseppe Tucci: Die Religion Tibets. Stuttgart 1970. (Die Religionen der Menschheit, 20). – Francesca Fremantle/ Chögyam Trungpa (Übersetzer): Das Totenbuch der Tibeter. Düsseldorf 1977. – W.Y. Evans-Wentz, Milarepa: Tibets großer Yogi. O.W. Barth Verlag 1978. *Karenina Kollmar-Paulenz*

Nepal

Statistische Angaben
Nepal bezeichnet sich selbst offiziell als das einzige hinduistische Königreich der Welt. Nach amtli-

war und dort das Naropa-Institut in Boulder/Colorado ins Leben gerufen hatte.

Mit *Vajradhatu*, einer Zweiglinie der Karma-Kagyü-Schule, wollte Chögyam Trungpa westliche Menschen mit der Sicht des Diamantfahrzeugs vertraut machen. Um den Nichtbuddhisten geistigen Zutritt zu seiner Lehre zu ermöglichen, suchte er nach Ansätzen im westlichen Denken, die er in der Psychologie, aber auch in allen Arten von Tänzen und darstellenden Spielen fand. Man betrieb diese Formen der Kreativität nicht um ihrer selbst willen. Vielmehr standen sie für die »Anwendung des geschickten Mittels« (*upayakaushalya*): eine Methode, mit welcher der Buddhismus auch in Asien die vorgefundenen kulturellen Möglichkeiten nutzte. Darunter werden alle möglichen Methoden der *tulkus* verstanden, durch Geschicklichkeit in der Methode andere Wesen zur Befreiung zu führen. *Vajradhatu* beginnt beim Studium des Therava-da-Buddhismus, um mit dem Mahayana fortzufahren und schließlich beim Vajrayana zu enden.

Am 4. April 1987 starb Chögyam Trungpa im kanadischen Halifax an Herzversagen. Sein Lebenswerk war die Universalisierung des tibetischen Buddhismus.

LITERATUR: Emma McCloy Layman: Buddhism in America. Chicago 1976. – R. Fields: How the Swans Came to the Lake. Boulder 1981.

Georg Grimm

Georg Grimm wurde am 25. Februar 1868 in Rollhofen bei Nürnberg geboren. Nach dem Wunsch seiner frommen katholischen Eltern sollte er Priester werden. Ernsthafte Gewissensnöte, Zweifel an der Existenz eines persönlichen Gottes und an den christlichen Dogmen veranlaßten ihn, sein Theologiestudium in Eichstätt kurz vor der letzten Weihe abzubrechen. Fortan studierte er – ohne Unterstützung seiner enttäuschten Eltern – Jura und wurde Rechtsanwalt. Der als »mildester Richter Bayerns« – so eine Widmung auf seinem Kranz am Grab – verehrte Grimm wurde Vormundschaftsrichter für Witwen und Waisen. 1908 lernte Georg Grimm die Buddha-Lehre kennen. Seine Frau schenkte ihm eine Ausgabe des *Majjhima Nikaya* (»Sammlung der mittellangen Lehrreden«), die zur heiligen Schrift des Theravada-Buddhismus gehört. Grimm beschäftigte sich mit der »Lehre des Erhabenen« (Buddha), jedoch nicht nur in ihrer Theravada-Ausprägung. In der *bodhisattva*-Idee, welche die Idee des Mitleidens konsequent in die Tat umsetzt, folgte er sogar der Mahayana-Tradition. Zusammen mit dem bedeutenden Indologen Karl Seidenstücker (1876–1936) gab Grimm die Zeitschrift »Der buddhistische Weltspiegel« (1919–1923) heraus, gründete mit ihm die »Buddhistische Gemeinde für Deutschland« (20. Juli 1921) mit Sitz in Leipzig. Seit 1924 wandelte sich die Gemeinde um in die Loge »Zu den drei Juwelen«, wurde 1934 wegen des nationalsozialistischen Freimaurerverbotes aufgelöst. Grimms Schrift »Der Samsaro. Die Weltenirrfahrt der Wesen« (2., verbesserte Auflage 1960) wurde von den Nazis als entartete Literatur verbrannt. Seit 1935 existiert die Gemeinde als »Altbuddhistische Gemeinde« mit Sitz in Utting am Ammersee.

Grimms Weg zum Buddhismus führte über Schopenhauer, dessen Bild über seinem Schreibtisch hing. Georg Grimms Pali- und Sanskritstudien ermöglichten ihm die Übersetzung ausgewählter Texte. Zu seinen Hauptwerken zählt: »Die Lehre des Buddho. Die Religion der

chen Angaben bekennen sich von den 18 Millionen Einwohnern 85,5 Prozent zum Hinduismus, 5,3 Prozent zum Buddhismus, der Rest zu anderen Religionen.

Geschichte

Lumbini, der Geburtsort Buddhas, liegt im heutigen Nepal. Der Buddhismus breitete sich zunächst im Kathmandu-Tal aus. Padmasambhava etablierte ihn im 8. Jahrhundert in Tibet und Bhutan und weissagte bereits den Khumbu (das Gebiet südlich des Mount Everest) als Zufluchtsstätte. Im Zuge der erbitterten Kämpfe zwischen Rotmützen und Geldmützen im 14. Jahrhundert wanderten viele Tibeter in dieses Gebiet ein. Man nannte sie *Sherpas* (Volk aus dem Osten); heute leben dort etwa 30 000. Ihre Sprache, Literatur, Geschichte und Philosophie orientiert sich an den alten tibetischen Religionsbüchern. Das Zentrum des *Sherpa*-Buddhismus bildet seit 1916 das Kloster von Tyangpoche unter dem geistigen Führer Abt Nawang Tenzen Jangpo Rinpoche.

Die *Sherpas* folgen der Buddhisten-Richtung der *Nyingmapa* (Rotmützen). Sie benutzt alle Wege des Buddhismus: *Hinayana*, um den eigenen Charakter zu verbessern; *Mayahana*, um über andere nachzudenken; *Vajrayana*, um einer Abkürzung zu spiritueller Befreiung zu folgen. Reste der uralten Bon-Religion finden sich noch in dem Glauben, daß Götter auf den Gipfeln des Himalaya residieren.

Die seit 1959 zahlreich vor den Chinesen nach Nepal geflüchteten Tibeter, die sich hauptsächlich im Khumbu und nahe der Städte Pokhara und Kathmandu angesiedelt haben, bekennen sich dagegen zur *Gelugpa*-Sekte (»Gelbmützen«).

Zur gegenwärtigen Situation

Die Religion ist in Nepal ein zentraler Bestandteil des täglichen Lebens. So befinden sich im Kathmandu-Tal unzählige Tempel, Stupas, Pagoden und Schreine mit Holzschitzereien, Metallarbeiten, Steinskulpturen und Terrakotten. Dazu gehören auch die weltberühmten Stupas von Swayambhunath und Bodnath. Letzterer bildet das Zentrum des nepalesischen Buddhismus mit mehreren Gelb- und Rotmützenklöstern. Im Khumbu dagegen und anderen von Buddhisten bewohnten Orten findet man zahlreiche Gebetsfahnen, Mani-Steine, Gebetsmühlen und Stupas. Sie helfen, den Geist eines jeden auf die buddhistische Lehre zu richten und dadurch einen guten Gefühlszustand zu erreichen. Innerhalb der Zeichenkunst nimmt vor allem die Herstellung von *mandalas* einen zentralen Platz ein.

Die bedeutendsten buddhistischen Feste in Nepal sind das *Mani-Rimdu*-Fest, *Baisakh Poornima* (Buddhas Geburt, Erleuchtung und Tod) und *Lossar* (tibetisches Neujahr).

Der Buddhismus ist in Nepal eng mit dem Hinduismus verbunden. König Birendra Shah wird als *bodhisattva* und als Inkarnation *Vishnus* verehrt. Die Volksgruppen der Newar und Thakali bezeichnen sich selbst halb als Hindus und halb als Buddhisten. Viele gehen Buddhas Weg der Erlösung und opfern gleichzeitig hinduistischen Göttern. In zahlreichen Tempeln werden sowohl hinduistische Gottheiten als auch buddhistische Heilige verehrt. Selbst die lebende Kindgöttin von Kathmandu, die Kumari, stammt wie Bhuddha aus der buddhistischen Newar-Familie der Shakya und wird von den Buddhisten als Vajradevi angebetet.

LITERATUR: G. Dambmann, H. Lange, M. Rohde, Mit Edmund Hillary durch den Himalaya, Freiburg/Basel/Wien 1987. *Harald Nolte*

Deutschland

Statistische Angaben

1991 leben etwa 40 000 asiatische Buddhisten in der Bundesrepublik, schätzungsweise 20 000 Deutsche sind praktizierende Buddhisten. Von der Jahrhundertwende bis in die frühen 1970er Jahre hinein war die Ausrichtung am *Theravada*-Buddhismus bzw. am Pali-Kanon dominant. Der kurzen Priorität des *Mahayana*-Buddhismus, vornehmlich des Zen, folgte ab 1980 das große Interesse am tibetischen Buddhismus. 1991 entfallen knapp die Hälfte aller buddhistischen Zentren und Organisationen auf tibetisch-buddhistische Gruppen, ca. ein Viertel der Gesamtmenge stellen *Mahayana*-Gruppen. 10 Prozent und weniger der bundesdeutschen Gruppen und Organisationen entfallen auf *Theravada*, auf traditionsungebundene und auf asiatisch-ethnisch gebundene Institutionen.

Die Gesamtzahl buddhistischer Zentren und Gruppen hat sich von knapp 40 (1975) auf etwa 180 (1991) mehr als vervierfacht. Es gibt neben einer Vielzahl von kleinen, etwa 20 bis 40 Personen umfassenden Gruppen, große Organisationen und Institutionen mit stattlichen Häusern. Sie können zwischen 200 und 2 000 Mitglieder aufweisen.

Verbreitung des Buddhismus

Schwerpunkte buddhistischer Aktivitäten sind eindeutig in Großstädten wie München, Hamburg, Berlin sowie in Ballungsgebieten wie dem Stuttgarter und dem Köln-Bonner Raum zu finden. Klientel und Adressat der Buddhismus-Rezeption bilden die Mittelschichten. Neben Personen aus akademischen und bildungsbürgerlichen Kreisen sind alternativkulturelle Interessenten die vorwiegenden Träger der buddhistischen Bewegung. Mit wenigen Ausnahmen sind deutsche Buddhisten Laien, die einem breiten Spektrum von Berufen und Erwerbstätigkeiten nachgehen.

Im Raum der ehemaligen DDR sind mit wenigen Ausnahmen keine buddhistischen Aktivitäten zu verzeichnen. Auch nach der Vereinigung der zwei deutschen Staaten 1989 ist das Interesse sehr gering.

Beginn der Rezeptionsgeschichte

Reiseberichte und erste Darstellungen des Buddhismus weckten im 18. und 19. Jahrhundert in Europa das Interesse an der buddhistischen Ideenwelt und Religion. Insbesondere durch die Philosophie Arthur Schopenhauers kamen viele Gelehrte, Künstler und Intellektuelle mit dem Buddhismus in Berührung. Auch die einsetzenden philologischen Studien der Indologie und erste Übersetzungen von buddhistischen Texten in das Deutsche hatten zur weiteren Kenntnisnahme des Buddhismus im deutschen Sprachraum beigetragen. Hervorzuheben sind die Arbeiten des Wiener Indologen Karl Eugen Neumann (1865–

1915) und des Leipziger Privatgelehrten Karl Seidenstücker (1876 – 1936), die Texte des Pali-Kanons erschlossen.

Das vornehmlich akademische und philosophisch-ethische Interesse am Buddhismus erfuhr 1903 durch den Buddhistischen Missionsverein in Deutschland seine erste Institutionalisierung. Gründer des Vereins war Karl Seidenstücker. Der Missionsverein bemühte sich, in Vorträgen, Büchern, Vereinsbroschüren und eigenen Zeitschriften die bürgerlichen, gebildeten Bevölkerungsschichten des deutschen Kaiserreiches für die buddhistische Lehre zu interessieren und zu gewinnen. Ein buddhistisches Leben zu führen, erschien jedoch nur in Asien möglich. Als erster Deutscher trat daher der Geigenvirtuose Anton W. F. Gueth (1878 – 1957), der unter seinem buddhistischen Ordinationsnamen bekannt gewordene Nyanatiloka, 1903 auf Ceylon in den Mönchsorden (*sangha*) ein. In Deutschland erfolgten nach dem Missionsverein weitere Gesellschafts- und Vereinsgründungen. Diese waren oft jedoch nur von kurzer Dauer und regional begrenzt.

In den 1920er Jahren wurde der Buddhismus, bis dahin rein intellektuell als Vernunfts- und Erkenntnisreligion gepriesen und aufgenommen, als Anweisung zur alltäglichen Lebensgestaltung herangezogen. Die Gründung von buddhistischen Gemeinden, nicht mehr wie zuvor von Vereinen oder Gesellschaften, drückte diese gesteigerte Verbindlichkeit aus. Um den Juristen Georg Grimm (1868 – 1945) und den Arzt Paul Dahlke (1865 – 1928) bildeten sich eigene Gruppen. Grimms »Altbuddhismus« und Dahlkes »Neubuddhismus« bestimmten durch ihre heftigen gegenseitigen Polemiken über das Verständnis der *anatta*-Lehre (Lehre des Nicht-Vorhandenseins eines Ichs) das Buddhismusbild während der Zeit der Weimarer Republik.

Die Herrschaft des Nationalsozialismus ab 1933 und der Zweite Weltkrieg erstickten diese anfänglichen Bestrebungen einer buddhistischen Bewegung in Deutschland. Kurz nach dem Zweiten Weltkrieg begannen jedoch der Wiederaufbau und die Konsolidierung buddhistischen Lebens. Waren in den buddhistischen Kreisen, Zirkeln und Gemeinden der ersten Hälfte des Jahrhunderts die eher rational-kühl und am Mönchsideal ausgerichteten Lehren des Pali-Kanons rezipiert worden (sog. südlicher Buddhismus, *Theravada*), kamen nun in den fünfziger Jahren neue Gruppen und weitere asiatische Traditionen hinzu. Eugen Herrigels Büchlein »Zen in der Kunst des Bogenschießens« (1948) weckte literarisch ein breites Interesse am Zen-Buddhismus. Der tibetische Buddhismus faßte durch die Gründung des europäischen Zweiges des Ordens *Arya Maitreya Mandala* (AMM) 1952 in Berlin zum ersten Mal öffentlichkeitswirksam Fuß in Europa. Der AMM geht auf den Deutschen Lama Anagarika Govinda (Ernst Lothar Hoffmann, 1898 – 1985) zurück und ist bestrebt, einen Buddhismus in Angemessenheit an westliche kulturelle Gegebenheiten zu lehren.

Wandel und Umbruch

Bis in die 1960er Jahre hinein war das Bild fast ausschließlich von buddhistischen Kreisen und Gemeinden bestimmt, die sich vornehmlich intellektuell-akademisch mit dem Buddhismus befaßten. Über das Denken wurde der Zugang zur buddhistischen Lehre gesucht; eine Orientierung an asiatischen Traditionen erfolgte nicht. Ab Mitte der sechziger Jahre kamen erstmals Meditationsübungen hinzu. Buddhismus wollte nun als neue Lebenspraxis körperlich-spirituell erfahren und gelebt werden. Antibürgerliche, alternativkulturelle Kreise, Künstler, Studierende, Indienreisende, entdeckten auf ihrer Suche nach »östlicher Weisheit« neue, andere asiatische Formen des Buddhismus. »Zen-Seminare«, sogenannte *Sesshins*, waren ebenso wie die Meditationskurse aus der *Theravada*-Tradition, die *Satipatthana*- und *Vipassana*-Meditation, oft schon frühzeitig ausgebucht. Hier wurde der Praxisbezug, die Meditationsübungen und der spirituell-religiöse Gehalt, ausschlaggebend für den Zugang zu buddhistischen Traditionen Asiens. Zu den etablierten, an den Lehren des Pali-Kanons ausgerichteten Gemeinden und Gesellschaften traten damit neue, an der Meditationspraxis orientierte Gruppen hinzu.

Während dieser Aufschwungphase des Zen-Buddhismus in der Bundesrepublik sind ab Mitte der 1970er Jahre erste Besuchsreisen von tibetischen Lamas und weiteren hohen religiösen Würdenträgern erfolgt. Die Inhalte und Ritualformen des tibetischen Buddhismus (*Vajrayana*) haben schnell großes Interesse gefunden; zahlreiche Gruppen und große Zentren sind entstanden. Die liturgisch und ritualprächtig ausgerichtete Überlieferungslinie der *Karma-Kagyüpa* kann den größten Zulauf, insbesondere unteren jungen (20- bis 30jährigen) Interessierten verzeichnen.

Zeitgleich mit diesem »Vajrayana-Boom« in den 1980er Jahren kamen Flüchtlinge aus Asien in die Bundesrepublik. Diese Flüchtlinge, zumeist aus Vietnam, Kambodscha, Laos, Birma und Thailand, sind in den meisten Fällen Buddhisten. Sie haben eigene Vereinigungen und Ortsgruppen gegründet, sind aber fast ausschließlich unter sich geblieben.

Durch das Eintreffen ost- und südostasiatischer sowie tibetischer Traditionen ist mit Beginn der 1990er Jahre ein breites Spektrum buddhistischer Schulen in der Bundesrepublik vertreten. Das heterogene Bild des Buddhismus wird zudem durch traditionsungebundene Gruppen, also solche, die sich an keiner asiatisch-buddhistischen Tradition ausrichten, vervollständigt.

Buddhistische Religionsgemeinschaft und Bekenntnis

Durch den Zustrom neuer buddhistischer Gruppen und Personenkreise erwuchs in den frühen achtziger Jahren der Wunsch, den Buddhismus aus seinem gesellschaftlichen Schattendasein mehr ins öffentliche Bewußsein und Licht zu rücken. Um den christlichen Großkirchen zumindest formalrechtlich gleichgestellt zu sein, beantragte man, den Buddhismus staatlich als eine Körperschaft des öffentlichen Rechts anerkennen zu lassen. Dazu bedurfte es neben der »Deutschen Buddhistischen Union«, die seit 1955/58 organisatorisch und administrativ als Dachverband die meisten buddhistischen Gruppen untereinander verbunden und nach außen hin vertreten hatte, der Gründung einer »Buddhistischen Religionsgemeinschaft«. Diese erfolgte 1985, hierbei einigten sich die verschie-

Vernunft und der Meditation« (ursprünglich 1915). Wesentliches Merkmal seiner Buddhismus-Deutung ist das transzendente Verständnis der *an-atta*-Lehre. Ausgehend von der Erkenntnis des Buddha (»Es gibt, ihr Mönche, ein Ungeborenes, Ungewordenes, Ungeschaffenes, Nichthervorgebrachtes…«) vertrat Grimm die Ansicht, daß der Pali-Kanon nicht in allem die wahre Lehre Buddhas wiedergebe. Grimm lehrte: Es gibt ein Ich jenseits der »fünf Gruppen« – ein transzendentales Ich. Im Bereich der Religionswissenschaft hat diese These vor allem Gustav Mensching (gegen Helmuth von Glasenapp) vertreten. Grimm starb am 26. August 1945.

LITERATUR: Max Hoppe: Georg Grimm. Sonderdruck aus YANA. Zeitschrift für Buddhismus und religiöse Kultur 26 (1973). – Hellmuth Hecker: Lebensbilder deutscher Buddhisten. 2 Bde., Konstanz 1990 und 1992.

Anagarika Govinda

Anagarika (»Hausloser«; jemand, »der in die Hauslosigkeit geht«, ohne formal dem Mönchsorden anzugehören) Govinda wurde ursprünglich als Ernst Lothar Hoffmann in Waldheim/Sachsen am 17. Mai 1898 geboren. Bereits als 18jähriger schrieb er einen Vergleich von Christentum und Buddhismus. Nach dem Studium von Philosophie, Kunstgeschichte und Archäologie lebte er einige Jahre in einer Künstlerkolonie auf Capri. Als Redakteur betreute er zwei buddhistische Zeitschriften.

Anagarika Govinda ist einer der bedeutendsten westlichen Interpreten des Buddhismus. Nach Noviziat und Studium in buddhistischen Klöstern Sri Lankas und Birmas wurde er ein *brahmacari* (Eheloser). Er arbeitete in der International Buddhist Union als Generalsekretär mit und schrieb Beiträge für »The Buddhist Annual of Ceylon«. Anläßlich einer Reise nach Birma trat er in den theravadischen Mönchsorden (*sangha*) ein. An indischen Universitäten lehrte Govinda Archäologie und buddhistische Philosophie. Wieder in Sri Lanka, erbaute er bei Candy die Variyagoda-Einsiedelei, die später die Klause der einzigen deutschen Nonne Uppalavanna wurde. Als er an der Internationalen Buddhistischen Konferenz in Darjeeling teilnahm, traf er Tomo Gesche Rinpoche, der sein Guru wurde und ihn mit dem Vajrayana-Buddhismus vertraut machte. Nach dem Tode des Lehrers wurde er Mitglied der Drugpa Kargyütpa-Schule, betrachtete sich später jedoch als Anhänger der im 19. Jahrhundert entstandenen Ris-med-Bewegung (die »Unparteiischen«, die »Nichtangeschlossenen«). 1947 heiratete er die parsische Künstlerin Li Gotami. Seinen Weg vom Theravada-Buddhismus Indiens zum tibetischen Vajrayana schilderte Govinda in dem berühmten Buch »Der Weg der weißen Wolken« (englisches Original 1966, deutsch 1973). Der Autor war Gründer und langjähriger Leiter des Ordens Arya Maitreya Mandala, welcher mit seinem »Zweig für Westeuropa« auch in der Bundesrepublik Deutschland vertreten ist. Dieser deutsche Zweig weihte im Juni 1982 sein neues Zentrum in Überlingen am Bodensee ein. Durch die Wirksamkeit des Arya Maitreya Mandala ist der tibetische Buddhismus zum ersten Mal in organisierter Form in das deutsche Bewußtsein getreten.Anagarika Govinda ist darüber hinaus durch Werke über die tibetische Mystik hervorgetreten (»Grundlagen tibetischer Mystik«, 6. Auflage 1985).

Die letzten Jahre seines Lebens verbrachte er im Weltzentrum seines Ordens: in Mill Vaalley in Kalifornien. Im Alter von 84 legte er das Amt des Leiters des Arya Maitreya Mandala in die Hände des Arztes Karl-Heinz Gottmann, der den Ordensnamen Ven. Advayavajra trägt. Lama Anagarika Govinda starb 1983.

LITERATUR: Hellmuth Hecker: Lebensbilder deutscher Buddhisten. 2 Bde., Konstanz 1990 und 1992.

denen Traditionen auf die Formulierung eines gemeinsamen Buddhistischen Bekenntnisses. Nach Aussage deutscher Buddhisten ist eine Einigung auf einer so breiten Basis unterschiedlicher Traditionen erstmalig in der 2500jährigen Geschichte des Buddhismus erfolgt.

Nachdem abzusehen war, daß in naher Zukunft die Körperschaftsrechte unter anderem aufgrund fehlender Mitglieder nicht zuerkannt würden, vereinigte man die zwei Organisationen zur »Deutschen Buddhistischen Union/Buddhistische Gemeinschaft«. Die Leitung und Geschäftsstelle befindet sich seit 1987 in München, ohnehin mit 18 verschiedenen buddhistischen Gruppen neben Hamburg die Hochburg der deutsch-buddhistischen Bewegung. Der Diskussions- und Einigungsprozeß hat zur verstärkten Zusammenarbeit unterschiedlicher Traditionen geführt, so daß, anders als in den zwanziger Jahren, heute die buddhistischen Gemeinsamkeiten und weniger die Unterschiede betont und hervorgehoben werden.

LITERATUR: Klaus-Josef Notz: Der Buddhismus in Deutschland in seinen Selbstdarstellungen. Frankfurt a. M., Bern, New York 1984. – Hellmuth Hecker: Chronik des Buddhismus in Deutschland. 3. erw. Aufl., Plochingen 1985. – Ders.: Lebensbilder deutscher Buddhisten. 2 Bände, Konstanz 1990 und 1992. – Martin Baumann: Entwicklung des Buddhismus in der Bundesrepublik Deutschland als Beispiel religiöser Akkulturation (Arbeitstitel, Dissertation). Marburg 1992.

Martin Baumann

Frankreich

Franzosen lieben es, die Vielfalt der Religionen in ihrem Land zu numerieren: Der Buddhismus in seinen unterschiedlichen Traditionen kann in Frankreich den 5. Rang einnehmen. Nach dem dominierenden Katholizismus folgen Islam, Protestantismus, schließlich das Judentum mit etwa 700000 Mitgliedern und der Buddhismus mit 600000 Anhängern, darunter bereits 150000 in Frankreich geborenen Mitgliedern! »Wähle die Religion, die Dir paßt«: Diesem Motto der Postmoderne folgen auch immer mehr Franzosen. Die religiöse Tradition, in die man zufällig hineingeboren wurde, zählt nicht mehr, der »eigene Weg« ist entscheidend!

Der Buddhismus ist in Frankreich schon so etwas wie eine neue Massenbewegung: Dabei haben sich erst in den letzten 30 Jahren 15000 Franzosen dem Buddhismus zugewandt. Die übrigen Buddhisten stammen aus Kambodscha, Laos, Vietnam und anderen südostasiatischen Ländern.

Inzwischen haben die Buddhisten trotz aller Unterschiedlichkeit ihrer Traditionen eine Art Dachverband gegründet: die 1986 gegründete *Union Bouddhiste de France* mit Sitz in Straßburg. Diese buddhistische Union ist vor allem der Ansprechpartner bei allen Anfragen von staatlicher oder gesellschaftlicher Seite und vertritt etwa 80 Prozent aller Pagoden, Zentren und Institute buddhistischer Religiosität. Einer tibetischen Mönchsgemeinschaft im Périgord (in Saint-León-sur-Vézère) gelang es bereits 1958, den gesetzlichen Status einer »religiösen Kongregation« zu erlangen: ein Rechtstitel, der bisher nur katholischen Ordensleuten vorbehalten war. Schon dieses Beispiel deutet den tiefgreifenden religiösen Umbruch an, der sich in Frankreich vollzieht.

Mahayana-Buddhismus

Der tibetische Buddhismus erfreut sich unter Franzosen wohl der meisten Aufmerksamkeit; tibetische Zentren sind in zahlreichen Départements vertreten. Bei Managern besonders beliebt ist das *Institut Kagyo Vajradhara Ling* in der Normandie. Das Haus ist eines von 62 tibetischen Zentren in Frankreich. Die meisten werden von Lamas geleitet, die über Indien oder Bhutan eingereist sind. In Burgund, in La Boulaye, befindet sich der größte buddhistische Tempel Europas: Auch er gehört zur tibetischen Tradition. In dem schon erwähnten buddhistischen Zentrum in Saint Léon, Dordogne, leben zur Zeit 12 Mönche; der Dalai Lama besuchte 1991 dieses Kloster. Auch in Frankreich zeigt sich der Buddhismus in seiner ganzen Vielfalt. Es gibt fast kein Département mehr, wo nicht ein Zen-Kloster oder ein vietnamesischer Tempel zu finden ist. Zahlenmäßig am stärksten sind die vietnamesischen Buddhisten: Sie haben ihre Tempel oft sehr bescheiden in alten Garagen auf den Hinterhöfen der Satellitenstädte errichtet, aber es gibt auch würdigere Zentren: Etwa die Pagode in Villebon-sur-Yvette, wo sich an Festtagen über 500 Fromme treffen. Seit fast 30 Jahren ist die Zen-Tradition in Frankreich lebendig, und die Anzahl der Mitglieder, Freunde und Anhänger ist kaum auszumachen.

Theravada-Buddhismus

Zu dieser ältesten buddhistischen Tradition gehören die Khmer, die Laoten und Singhalesen. Kleine Mönchsgemeinschaften gibt es in Créteil bei Paris oder in Bagneux in der Pariser Banlieue. Diese Mönche wollen keineswegs als »Exoten« angesehen werden; ihnen liegt daran, einen »französischen« Buddhismus zu entwickeln. Das gilt etwa für das laotische Kloster in Villiers-le-Bel bei Paris.

Die meisten buddhistischen Zentren stehen in regem Austausch mit katholischen Mönchsklöstern. Konkret wird der regelmäßige Dialog sowie die gemeinsame Meditation gelebt zwischen den laotischen Mönchen von Choisy-le-Roi in der Pariser Bannmeile und der katholischen Gemeinde. Sehr viel anspruchsvoller sind die regelmäßigen Begegnungen von tibetischen Mönchen und Benediktinern in der traditionsreichen Abtei Pierre-qui-Vire: Dort wurde eine eigene »Mönchsgruppe Asien« gegründet.

Die 12 Benediktiner dieser Studien-Gruppe wollen nicht nur ihren Ordensvater Benedikt genau kennen; ihnen ist Buddha zwar nicht genauso, aber doch »sehr wichtig«. Natürlich geht es bei den Gesprächen »nur« um tieferes Verstehen, um möglicherweise identische, sprachlich nur unterschiedlich formulierte religiöse Erfahrungen.

LITERATUR: Guide du bouddhisme tibétain en France. Edition Claire Lumière, 13116 Vernègues. – Buddhismes en occident. Lumière et vie, Nr. 193, August 1989. – Buddhistes en France. 1990. In: Migrations et Pastorale (Reihe), Paris.

Christian Modehn

JAINISMUS

Auf vielen Jaina-Tempeln ist der folgende Spruch eingemeißelt: ahimsa paramo dharma: »Nichttöten ist die höchste Religion«. Gewaltlosigkeit: Sie ist das wesentliche Merkmal dieser indischen Religion, die so alt ist wie der Buddhismus. Wenn sie auch nicht von so großer geschichtlicher Bedeutung wie dieser ist, so hat das Jaina-Ideal der Gewaltfreiheit bedeutende Persönlichkeiten der Weltgeschichte beeinflußt. Zum Beispiel Mahatma Gandhi: Neben Tolstoi, Ruskin und der Berpredigt ist dieser Hindu-Politiker durch den Jaina-Philosophen Raychandbhai (1868–1901) in seiner Auffassung von »ahimsa« als einer politischen Waffe tief beeinflußt worden.
So groß ist die Bedeutung von ahimsa, daß Jaina-Mönche Gazetücher als Mundschutz tragen, um keine Insekten zu töten. Daß sie mit einem Wedel Kleinlebenwesen auf ihrem Wege fortwischen und ihr Trinkwasser filtern.

Mahavira – Stifter und Reformer des Jainismus

Der Jainismus oder Jinismus ist eine gestiftete Religion. Sie geht auf Vardhamana (der Wachsende) zurück, der hauptsächlich unter seinem Würdetitel Mahavira (großer Held) beziehungsweise Jina (Sieger) bekannt wurde. Nach jainistischer Zählung lebte Mahavira von 599 bis 527 v. Chr.; mit seinem Todesjahr beginnen die Jainas ihre Zeitrechnung. Die westliche Forschung setzt Mahaviras Lebensdaten später an und datiert seinen Tod 467 oder 477/476 v. Chr. beziehungsweise noch später. Möglicherweise waren Mahavira und Buddha Zeitgenossen. Sie wirkten im selben geographischen Raum, trafen jedoch nie zusammen. Beide entstammten der aristokratischen Kriegerkaste und vertraten eine alternative, anti-brahmanistische Lebenseinstellung: Sie übten Kritik an den heiligen Veden, denen sie ihre eigenen, nicht auf Sanskrit verfaßten Schriften entgegenstellten. Wenn auch der Jainismus nicht ohne das Wirken Mahaviras denkbar ist, so kann der Jina nicht einfach als ihr Stifter betrachtet werden. Eher war er ein Reformator der längst vor ihm bestehenden Religionsgemeinschaft des Parshva (ca. 250 Jahre vor Mahavira). Mahaviras Familie gehörte zu Parshvas Religionsgemeinschaft, und aus den Anhängern Parshvas und Mahaviras entstand schließlich der Jainismus.

Die Angaben über Mahaviras Leben werden von den beiden großen Jaina-Schulen – den *Digambaras* (Luftbekleidete, also Nackte) und *Shvetambaras* (Weißgekleidete) – in manchen Einzelheiten unterschiedlich überliefert. Mahavira wurde in Kundagrama, unweit des heutigen Patna im nordindischen Bundesstaat Bihar, als Sohn Siddhartas und seiner Ehefrau Trishala geboren. Einer von den *Shvetambaras* überlieferten Legende zufolge soll Trishala vor der Geburt 14 Träume gehabt haben, die auf den künstlerischen Darstellungen der Jainas verewigt worden sind. Über Mahaviras Kindheit ist bis auf eine Geschichte, die ihn als friedlichen Schlangenbezwinger zeigt, nichts bekannt. Mahaviras Eltern starben, als der Sohn 30 Jahre alt war. Nach *Shvetambara*-Tradition war Mahavira verheiratet und hatte eine

Mahavira, der Begründer des Jainismus. Statue im Vimal-Vasahi-Tempel (11. Jahrhundert) auf dem Berg Abu im Nordwesten Indiens.

Tochter. Dagegen lehren die *Digambaras*, daß Mahavira bis zur Erreichung seiner Erlösung unverheiratet blieb. Wie der Buddha, so brach auch Mahavira radikal mit seinem gewohnten Leben. Er ging »aus dem Haus in die Hauslosigkeit« und wurde ein *shramana* (Wanderasket). Nach *Shvetambara*-Tradition legte er nach 13 Monaten alle Bekleidung ab und lebte zwei Jahre lang als Einsiedler. Dann zog er, um Nahrung und Unterkunft bettelnd, durch die östlichen Gegenden des Ganges-Flusses. Während dieser Phase seines Lebens praktizierte Mahavira häufig längeres Fasten. Er verzichtete – manchmal eine ganze Woche lang – auf Nahrung, ja sogar Wasser. Heutige Jainas, nicht nur Erwachsene, sondern auch Jugendliche und Kinder, nehmen dies zum Vorbild für ihr eigenes Fasten. Eine Schilderung aus Mahaviras asketischem Leben:

»Länger als vier Monate kam vielerlei Getier, bekroch seinen Leib und blieb dort, weidete daselbst und machte (ihn) wund. Ein Jahr und einen Monat lang (war es), daß der Herr das Kleid nicht von sich tat; dann (aber war er) kleiderlos, ein Dulder, nachdem er, hauslos, das Kleid abgelegt. Nun versenkt er sich, indem er das Auge auf eine Wand heftet, die von Manneshöhe ist und sich seitlich erstreckt, (innerhalb von ihr) in Tiefsinn; darauf, durch den Anblick erschreckt, schrien viele: ›Seht da! Wo die Geschlechter gemeinsam schlafen, will er von Weibern nichts wissen; Geschlechtsgenuß pflegt er nicht, (und) so versenkt er sich in Tiefsinn, wenn er das Lager aufgesucht hat.‹«

Mahavira suchte den Weg über den Fluß beziehungsweise den Ozean der Wiedergeburten. Während seiner zwölfeinhalbjährigen Wanderschaft schlossen sich elf Jünger an. In einer Sommernacht geschah es plötzlich: Der mittlerweile 42 jährige Mahavira ließ sich in der Nähe eines Sal-Baumes am Rjupalika-Fluß nieder. Dort erreichte er die Stufe der »Allwissenheit« (*kevalajnana*), wurde zum *kevalin*. Von Kindheit an waren ihm bereits drei niedere Stufen zuteil geworden. Mahavira war nicht nur ein *kevalin*, sondern der 24. *tirthankara* (Furt-Erbauer), der den erlösungsbedürftigen Menschen den Weg aus ihrem Unheil zeigt.

Die wesentlichen Differenzen zwischen *Digambaras* und *Shvetambaras* betreffen das Wesen des allwissenden *jina*, die religiöse Funktion der Nacktheit sowie die Stellung der Frau. Während die *Digambaras* den *jina* völlig außerhalb aller menschlich-sozialen Bezüge stellen, lehren die *Shvetambaras*: Der *jina* besitzt zwar Allwissenheit, steht aber noch innerhalb der menschlichen Gesellschaft. *Digambaras* halten die Nacktheit religiös für unverzichtbar; *Shvetambaras* sehen dies nicht so streng, lehnen jedoch das »Hängen« an der Kleidung ab. *Digambaras* glauben, daß Frauen erst dann erlösungsfähig sind, wenn sie als Mann wiedergeboren werden. *Shvetambaras* weisen dagegen darauf hin, daß der 19. *tirthankara* eine Frau war und glauben, daß auch Frauen als Frau das Heil erlangen können. Beide Schulen lehnen die Nacktheit von Nonnen ab.

Die Lehre

Jainas verehren keinen persönlichen allmächtigen Gott, der im Anfang die Welt und in deren Frühstunden die Menschheit schuf, sie einem bestimmten Ziel entgegenführt und am Ende der Tage Gericht halten wird. Die Welt gilt den Jainas als ungeschaffen und von ewiger Dauer. Nach ihrer Geschichtsphilosophie wird der Lauf der Welt dadurch bestimmt, daß sich zwei Weltperioden ewig ablösen. Von niederen Anfängen bis hinauf zu höchsten Höhen erstreckt sich die »aufsteigende« Weltperiode, während die »absteigende« einen umgekehrten Verlauf nimmt. Jede Weltperiode setzt sich aus sechs Zeitaltern zusammen. Zu den 63 auftretenden großen Männer gehören: 24 *tirthankaras* (Furtfinder), 12 Universalherrscher sowie verschiedene Heldengestalten. Wir leben nach jainistischer Anschauung derzeit in der absteigenden Weltperiode. Im Anfang herrschten paradiesische Zustände. Frieden und Eintracht bestimmten das Verhältnis der Menschen zueinander, die von riesiger Gestalt waren und sehr lange lebten. Mahavira gilt als letzter Heilbringer dieser Weltperiode, dessen Lehre im Laufe der Zeit immer mehr verfällt. Die Menschen werden nicht nur körperlich kleiner und auch ganz jung sterben. Doch eine neue Weltperiode hebt wieder an …

Es gibt neun *tattvas* (Prinzipien), an die der Jaina glaubt: 1. die »Seele« (*jiva*): Sie ist immateriell, ewig, bewußt und erkenntnisfähig. 2. Das Prinzip des Empfindungs- und Leblosen (*ajiva*). Jainas lehren eine unendliche Zahl solcher *jivas* und *ajivas*. 3. Karmischer Zufluß. 4. Unheilvolles *karma* . 5. Heilvolles *karma* . 6. Karmische Bindung und Unfreiheit. 7. Aufhören des karmischen Zuflusses. 8. Spaltung der karmischen Bindungen. 9. *Moksha* (Befreiung).

Stärker als andere indische Religionstraditionen haben sich die Jainas mit dem Mechanismus des Wiedergeburtenkreislaufes beschäftigt: Seit Uranfängen wird die Seele des Menschen kontinuierlich wiedergeboren, gelangt in immer neue Körper. So wie der Anfang dieses Prozesses nicht mehr erkennbar ist, so wenig ist ein Ende des unheilvollen Kreislaufes in Sicht. Immer wieder ist es das »Verlangen« des Menschen, seine Bindung an weltliche Werte und Gelüste, welche die Seele verunreinigt und sie zur weiteren Verkörperung führt. Der schier endlose Wiedergeburtenkreislauf, der von den niedrigsten Lebensformen bis hinauf zu himmlischen Wesen reicht, bringt fünf Existenzformen hervor, die nach der Zahl ihrer »Sinne« unterschieden werden: Sie reichen von solchen mit nur einem Sinn bis zu solchen mit fünf Sinnen. Einen Sinn haben: die vier Elemente sowie die Pflanzen, die nur fühlen können. Zwei Sinne haben: Würmer und Schalentiere, da sie hören und schmecken können. Über drei Sinne verfügen: Ameisen, Käfer und Motten, die außerdem noch riechen können. Vier Sinne können Wespen, Heuschrecken und Schmetterlinge ihr eigen nennen, die über die zusätzliche Fähigkeit des Sehens verfügen. Fünf Sinne schließlich haben: höhere Tiere, höllische Wesen, Menschen und himmlische Wesen. Die vier hauptsächlichen Existenzformen (Götter, Menschen, Höllenwesen, Tiere, Pflanzen) versinnbildlicht das *svastika*-Symbol der Jainas.

Jainas unterscheiden mehrere Formen des *karma* (Tat, Tun) und ihres Einflusses auf die Seele: Vier »zerstörerischen« (*ghatiya*) *karma*-Arten stehen vier »unzerstörbare« (*agathiya*) gegenüber. Die Jainas stellen sich *karma* – im Unterschied zu Hindus und Buddhisten – substantiell vor. Das *karma* klebt gewissermaßen an der Seele. Um die karmischen Einflüsse zu beseitigen, muß der Jaina bereits ein Stück weit auf dem vierzehnstufigen Reinigungsweg fortgeschritten sein. Erst auf der 13. Stufe werden die vier *ghatiyas* getilgt. Die *agathiyas* werden auf der letzten, der 14. Stufe beseitigt – wenn der Jaina stirbt.

Ethik

Wie die Buddhisten, so lehren auch die Jainas, daß man das Heil nur als Mensch – vor allem als Mann – anstreben kann, also weder als Tier noch als irgendeine andere Existenzform. Daher sollten die Menschen ihre Chancen nutzen und ein Leben führen, daß sich auf die Erlösung hin orientiert. Unterscheidet der Hinduismus vier Lebensziele, für die es sich zu leben lohnt, so richtet sich im Jainismus alles auf *moksha* (Erlösung/Befreiung) aus.

Einerseits gibt es Mönche und Nonnen, die ihr Leben völlig *moksha* widmen und die asketischen Gelübde auf sich genommen haben. Ihnen stehen die männlichen und weiblichen Laienanhänger gegenüber, die diesen Weg zum Heil nicht mit vollem Einsatz gehen können. Je weiter diese Personengruppe allerdings auf ihrem Wege fortschreitet, desto mehr verwischen sich die Grenzen zwischen Asketen und Laien.

»Drei Juwelen« (*ratnatraya*) haben für das Leben jedes Jaina große Bedeutung: »rechter Glaube« (*samyak-darshana*), worunter die richtige Sicht der Realität, der Glaube an die Lehren des *jina* gemeint ist; »rechtes Wissen« (*samyak-jnana*), das mit dem ersten Juwel eng zusammengehört; schließlich – aus beiden hervorgehend – »rechter Wandel« (*samyak-caritra*). Der letzte der drei Edelsteine des Jaina-Glaubens bezieht sich auf die Ethik und Moral. Hierbei ist zu unterscheiden zwischen den Forderungen, die an die Mönche/Nonnen gestellt werden und den gemäßigteren Ansprüchen, welch die weiblichen und männlichen Laien betreffen. Bei den Laien-Gelübden handelt es sich um modifizierte, abgeschwächte Varianten der strengen Mönchs- beziehungsweise Nonnen-Gelübde.

Jeder Jaina soll sich bemühen, die »acht wesentlichen Qualitäten« zu erreichen. Er verzehrt kein Fleisch (auch keinen Fisch, keine Eier beziehungsweise andere tierische Produkte). Alkoholische Getränke meidet er ebenso wie samenreiche Knollenfrüchte. Er genießt keinen Honig und ist bestrebt, keine der fünf Sünden zu begehen: andere Lebewesen zu verletzen, zu lügen, zu betrügen, illegitimen Geschlechtsverkehr zu begehen, materiellen Reichtum anzuhäufen. Die Verbote von Glückspielen, Prostitution, Ehebruch, Jagden auf Tiere und Vögel, des Verzehrs von Früchten bestimmter Bäume (zum Beispiel Feigen) werden manchmal zu den fünf genannten noch hinzugezählt. Das Leben der Jaina-Laien wird außerdem durch – von verschiedenen Schulrichtungen unterschiedlich systematisierte – Verhaltensregeln beeinflußt: Jainas dürfen ihren Lebensunterhalt ausschließlich mit gesetzlich erlaubten Tätigkeiten verdienen. Sie sollen keine Schulden machen und nur das tun, was sie auch wirklich können. Gesunde Nahrung sollen sie zu sich nehmen und auf die eigene Sauberkeit wie auch die der Umgebung achten usw. Bis zu 35 verschiedene Vorschriften greifen in das tägliche individuelle und soziale Leben der Jainas ein.

Der eigentliche »Weg« der Laien beginnt aber erst mit den fünf *anuvratas* (geringere Einschränkungen). Sie gelten deshalb als »geringer«, weil sie nicht an die Strenge der entsprechenden Asketen-Gelübde heranreichen: 1. *ahimsa-anuvrata* (nicht verletzen). Dieses Gelübde bezieht sich bei den Laien nur auf solche Wesen, die mehr als einen »Sinn« haben und bedeutet das Vermeiden absichtlicher Gewalt. *Ahimsa* ist jedoch mehr als bloßes »nicht verletzen«, meint die größtmögliche Güte gegenüber allen lebenden Wesen. Die *Sthanakavasi*-Mönche nehmen dieses Gebot so ernst, daß sie Gazetücher (*muh-pattis*) vor dem Mund tragen – um ja nur kein Insekt einzuatmen und zu töten. Aus demselben Grund wischen sie mit einem Wedel Insekten auf dem Wege fort und filtern ihr Trinkwassser. Die ersten Tierkrankenhäuser der Welt wurden von Jainas gegründet. Jainas kaufen sogar Tiere auf, um sie vor dem Schlachten zu bewahren. Im allgemeinen üben sie nur solche Berufe aus, bei denen sie kein Leben verletzen müssen. So werden sie nicht Bauer, weil sie dann Felder pflügen und dabei Pflanzen und Tiere in Mitleidenschaft ziehen müßten. Auch handwerkliche Berufe streben sie nicht an, weil sie dann Rohstoffe bearbeiten, also qualen müßten. Darum sind viele Jainas oft wohlhabende Kaufleute, einflußreiche Industrielle, Juristen oder Banker. Bemerkenswert ist ihr soziales, auch wissenschaftliches Engagement. 2. *satya-anuvrata* (wahrhaftig sein, also: nicht lügen, keine beleidigende Sprache verwenden, niemanden lächerlich machen, nicht die Gefühle anderer verletzen. 3. *acaurya-anuvrata* (nicht stehlen). 4. *shila-anuvrata* (kein illegitimer Geschlechtsverkehr). 5. *parigraha-pariman anuvrata* (eine Grenze ziehen, was die eigenen Bedürfnisse, materiellen Besitz usw. betrifft).

Zusätzlich zu diesen fünf Gelübden kommen viele Laien noch drei weiteren zusätzlichen Bestimmungen nach: Sie verpflichten sich für das ganze Leben, die eigenen weltlichen Aktivitäten auf einen bestimmten geographischen Raum zu beschränken, also nicht über dessen Grenzen hinaus Reisen zu unternehmen. Den Nachteilen steht ein für sie unschätzbarer Vortiel gegenüber: die Verkleinerung der Möglichkeit, sündhafte Taten zu begehen. Das zweite Gelübde betrifft den zeitlichen Rahmen: Der Jaina gelobt, weltliche Handlungen nur eine begrenzte Zeitspanne lang auszuführen. Schließlich verspricht der Jaina-Laie, bestimmte unmoralische Handlungen (übel reden, beleidigen usw.) zu vermeiden.

Die vier »Gelübde der geistigen Disziplin« (*shiksavratas*), die bereits eine sehr enge Verbindung zum Leben des Asketen herstellen, werden durch die elf »Stadien des Verzichts« ergänzt, die den Unterschied zwischen Laien und Asketen immer mehr verwischen.

Frömmigkeit

»Ich verbeuge mich vor den Erhabenen (arhat) – den *jinas*;
Ich verbeuge mich vor vor den Vollendeten Wesen (*siddha*): die *moksha* (Erlösung) erreicht haben;
Ich verbeuge mich vor den Führern des Jaina-Ordens (*sadhus*);
Ich verbeuge mich vor den Lehrern (*upadhyaya*);
Ich verbeuge mich vor allen Wandermönchen (*sadhu*) in der Welt;
Diese fünffältige Begrüßung, die alle Sünden tilgt, ragt über alles hinaus als die erfolgreichste aller erfolgreichen Dinge.« (»Glaubensbekenntnis der Jainas«)

Das Glaubensbekenntnis der Jainas – ist die heiligste aller ihrer heiligen Formeln. Nicht Mahavira, auch kein Gott, wird angebetet: Im Mittelpunkt jainistischer Frömmigkeit steht stattdessen das Erreichen von *kevalajnana* (Allwissenheit). Daher verehren Jainas in ihrem fünfteiligen Glaubensbekenntnis alle diejenigen Wesen – die »höchsten Gottheiten« –, die diesem Ideal entgegenstreben.

In den täglichen Gebeten spielen auch die »vier Zufluchtnahmen« (*catuh-sharana)* eine große Rolle, in denen die Frommen an die überragende Stellung der »Lehre« (*dharma*) erinnert werden, die vom *kevalin*, also demjenigen, der die »Allwissenheit erlangt hat«, gelehrt wird.

»Ich nehme Zuflucht bei den vieren:
Ich nehme Zuflucht bei den *arhats*;
Ich nehme Zuflucht bei den *siddhas* (»befreite Seele« des kevalin)
Ich nehme Zuflucht bei den *sadhus.*
Ich nehme Zuflucht bei dem *dharma*, das vom allwissenden *jina* (Sieger) verkündet wurde.«

Jaina-Kult

Mittelpunkt der Jaina-Frömmigkeit sind die allem Weltlichen entrückten 24 *tirthankaras*. Sie ziehen die Blicke in den Schreinen der Jaina-Tempeln auf sich. Die Jainas haben prächtige Tempel gebaut, zum Beispiel am Berg Abu in Rajputna oder in den Höhlen von Bijapur und Ellora. Vor den Tempeln der *Digambara*-Jainas stehen hohe Säulen, *manastambha* (das, was dem Stolz ein Ende setzt) genannt. Sie erinnern an ein Ereignis aus dem Leben Mahaviras: 66 Tage nach seiner Erleuchtung erschien ein stolzer Hindu-Brahmane bei Mahavira, der sich für besonders gelehrt hielt, jedoch die Jaina-Lehre nicht begreifen konnte. Auf dem Wege zu einer Audienz bei Mahavira sah er eine Säule. Und dies Ereignis soll ihn von Stolz und Eitelkeit befreit haben. Nun verstand er die Lehre sofort, wurde der erste der *ganadharas.* Auf der Spitze der weithin sichtbaren Säulen befindet sich ein viergesichtiger *jina.*

Jaina-Tempel haben eine große Ähnlichkeit mit den Kultgebäuden der Hindus. Auch die *jaina-pujas,* die Kultfeiern, verraten eine große Gemeinsamkeit zwischen diesen beiden indischen Religionen. Im Mittelpunkt steht derjenige *tirthankara*, dem der Tempel geweiht ist. Flankiert wird er von den übrigen *tirthankara*s.

Eine *jaina-puja* ist ihrem Wesen nach vor allem eine individuelle Angelegenheit. Keine fromme »Gemeinde« versammelt sich im Angesicht eines Gottes, sondern es sind die vielen Einzelnen, die ihre kultischen Verrichtungen im Tempel begehen. Wenn möglich, so suchen Jainas ihren Tempel nach dem morgendlichen Bad vor dem Frühstück auf. Oft nehmen sie dafür weite Entfernungen und große Strapazen auf sich. Wenn sie den Tempel betreten, rezitieren sie bestimmte Verse – unter anderem das fünfteilige Glaubensbekenntnis (*panca-namaskara-mantra).* Dabei stehen sie ehrerbietig vor den Bildern desjenigen *jina,* der in dem betreffenden Tempel hauptsächlich verehrt wird. Wie im Hindu-Kult, so spielt *darshana,* das fromme oder meditative »Anschauen« des Kultobjektes – unterstützt durch das Abbeten einer Art »Rosenkranzes« –, eine große Rolle. Zur vollständigen *puja,* die weit komplizierter als hier beschrieben ist, gehört unter anderem, daß die Frommen das *jina*-Bildnis dreimal rechtsläufig umwandeln. Dann setzen sich die Frommen zu Füßen des Kultgegenstandes nieder und gestalten aus mitgebrachten Reiskörnern ein *svastika* (Hakenkreuz) auf einem Teller oder einem hölzernen Schemel. Über dieses religionsgeschichtlich alte Symbol mit seinen vier, die verschiedenen Existenzformen symbolisierenden Ecken, bringen sie drei Punkte an: Symbole für die »drei Juwelen«, durch die man den Ausweg aus dem unendlichen Wiedergeburtenkreislauf erreichen kann. Über den drei Punkten bringen die Gläubigen eine nach oben geöffnete Mondsichel an, über der sich ein Punkt befindet: Symbol des obersten Universums mit der befreiten, darin ruhenden Seele.

Mit dieser Zeremonie will der Fromme andeuten, daß es in dem anschließenden Ritual nicht um die Verehrung von Göttern oder großen Persönlichkeiten geht, sondern um *moksha*: befreiende Erlösung.

Anschließend baden und salben sie die *jina*-Bildnisse, betupfen diese an 14 Stellen mit flüssigem Safran und sprechen die erforderlichen Gebete dazu. Blumen, gekochte Nahrungsmittel, enthülste Reiskörner und anderes werden als Opfergabe dargebracht. Während der Fromme zum Beispiel den *jina* mit Wasser verehrt, wünscht er sich, von Geburt, Alter und Tod befreit zu werden – so wie bereits der *jina.* Die *tirthankara*s zu verehren: Das bedeutet nicht, sie um Gnade oder Hilfe zu bitten, sondern sich an ihre Tugenden zu erinnern. Nur an besonderen Fasttagen ist die *jaina-puja* eine Gemeinschaftsveranstaltung.

Weitere Feste

Tempeleinweihungen, Segnungen von *jina*-Statuen, Initiationen von Laien und Mönchen sind weitere bedeutsame Jaina-Feierlichkeiten. Zu den großen Festen, die von den beiden Gruppen teils gemeinsam, teils unterschiedlich begangen werden, gehört ein Fest, das an die erste Almosengabe erinnert, die einem Wanderasketen in der gegenwärtigen Weltperiode gewährt wurde. Bedeutsame Feste sind: Mahaviras Geburtstag (April/Mai) und sein Eingang in das *nirvana* (Oktober/November). Ein herausragendes Ereignis – vor allem für die *Digambara*-Jainas – ist *mastakabhiseka*, die »Salbung des Kopfes« des mythischen Bahubali. Hinter der 47 Fuß hohen, aus Felsen gehauenen Statue dieses nackten Glaubenshelden befindet sich ein hohes Gerüst. Die Frommen besteigen es, um das Haupt dieser Gestalt verehrungsvoll mit verschiedenen heiligen Substanzen (reines Wasser, Sandelholzpaste) salben zu können. Die *Digambars* behaupten, daß Bahubali die erste Person ist, die in der gegenwärtigen Weltperiode die »Befreiung« erreicht hat. Das Fest kann sich über mehrere Wochen erstrecken. Wallfahrten, insbesondere zu solchen Stätten, an denen *tirthankara*s in das *nirvana* eingingen oder wo berühmte *arhats* wirkten, gehören zu den beliebten Veranstaltungen jainistischer Volksfrömmigkeit. Weil die Erlösung Mahaviras während des Hindu-Festes Divali stattfand, begehen auch die Jainas dieses Fest, geben ihm jedoch eine andere Bedeutung.

Übergangsriten

Von der Geburt bis zum Tode beziehungsweise zur »Erlösung« soll der fromme Jaina – nach den Anweisungen im *Adi Purana* – insgesamt 53 Zeremonien (*kriyas*) begehen.

Bevor sich Mann und Frau im Geschlechtsakt vereinigen, um ein Kind zu zeugen, sollen sie die »Empfängniszeremonie« begehen. Während der Schwangerschaftsphase werden vier weitere *samskaras* (Zeremonien) begangen: im dritten, fünften, siebten und neunten Monat. Ihre Absicht besteht darin, die werdende Mutter gesund und froh zu erhalten und ihr Bewußtsein mit religiösen Inhalten zu füllen. Auch erwarten die Gläubigen von diesen Zeremonien ein gesundes Heranwachsen des Embryos. Zur Geburt findet ebenso eine Zeremonie statt wie am 12. Tag danach, wenn die Eltern dem Neugeborenen seinen Namen geben. Wenn das Kind zum ersten Mal feste Nahrung zu sich nimmt, wenn es ein Jahr alt wird, wenn ihm zum ersten Mal die Haare geschnitten werden: Stets werden solche bedeutenden Lebensabschnitte rituell begleitet. Die Vollendung des fünften Lebensjahres (Schulbeginn) wird ebenso begangen wie die des achten. Dann nämlich wird das Kind religiös mündig, und es gelobt, die acht hauptsächlichen Tugenden eines Laienanhängers zu verwirklichen. Die Hochzeits- sowie Todeszeremonie sind weitere einschneidende Abschnitte im religiösen Leben eines Jaina.

Fasten und Todesfasten

Fasten hat für die Jainas eine sehr große Bedeutung; vor allem während des acht- beziehungsweise zehntägigen *paryushana-parva* (August/September). Während dieser Zeit erinnern Predigten die Gläubigen an Mahavira und seine Lehren. Am *samvatsari*-Tag, dem letzten Tag der Fastenperiode, findet eine Bußzeremonie statt. Die Gläubigen bitten ihre Verwandten und Freunde um Verzeihung für Verletzungen, die sie ihnen – auch unbeabsichtigt – zugefügt haben. Der ganzen Menschheit gegenüber beschließt man, im neuen Jahr wohlwollend zu sein. Während der Fastenperiode nehmen die Jainas das *ahimsa*-Gebot besonders ernst und versuchen, nach Kräften auf andere Menschen einzuwirken, die Tiere töten. Deren Verlust gleichen manche Jainas dadurch aus, daß sie eine Geldsumme in entsprechender Höhe als Ausgleich zahlen.

»Bitte, unterrichten Sie mich, Herr! Ich bin gekommen, um *sallekana* zu suchen, das Gelübde, das ich von nun an mein Leben lang einhalten werde. Ich fühle mich, was diese Angelegenheit betrifft, frei von allen Zweifeln und Ängsten. Ich verzichte von jetzt an bis zu dem Augenblick meines letzten Atemzuges auf Nahrungsmittel und Getränke jeglicher Art«.

Mit solchen Worten begibt sich der den freiwilligen Tod suchende Jaina – Mönch oder Laie – in die Obhut eines erfahrenen religiösen Meisters, um sich von ihm seinem Sterbeweg begleiten zu lassen.

Sallekhana – der »rituelle Tod durch Fasten«, der während der letzten Meditation erreichte Tod – ist ein religiöses Ziel, das nicht wenige Jaina-Männer und -Frauen angestrebt haben und auch heute erreichen wollen. Die Jaina-Gesetzbücher sehen vier mögliche Fälle vor, in denen der freiwillige Hunger- und Dursttod erlaubt ist: bei einer durch Feindbedrohung hervorgerufenen Notlage, wenn der Jaina seine Gelübde nicht einhalten kann; bei einer Hungersnot; im hohen Alter, wenn der Jaina entweder erblindet ist oder nicht mehr richtig gehen kann, also senil geworden ist; bei einer tödlichen Krankheit.

Heilige Schriften

Die ältesten Jaina-Texte sind in der Umgangssprache des Prakrit geschrieben, ein dem hochsprachlichen Sanskrit verwandter Dialekt. Mahavira sprach einen Prakrit-Dialekt, der nach der Provinz Magadha, gelegen im nordindischen Bihar, als Ardha-Magadhi (»Halb-Magadhi«) bezeichnet wird. Die von Jainas selbst *arsha* (»Sprache der Rishis«, der »alten Seher«) genannte Sprache wird von der Forschung »Jaina-Prakrit« genannt. Seinen endgültigen Abschluß erreichte der Kanon im 5. Jh. v. Chr. auf dem Konzil von Valabhi. Viele Kommentare zu dem Kanon wurden von bedeutenden Autoren auf Prakrit und Sanskrit verfaßt. Herausragend war der von beiden Jaina-Richtungen anerkannte Umasvati (3. Jh. n. Chr.?). Siddhasena Divakara (7. Jh. n. Chr.) machte sich um die Systematisierung der Logik verdient. Der in brahmanischem Geist erzogene Haribhadra (8. Jh. n. Chr.) machte sich als gelehrter Kommentator einen Namen wie Hemacandra (1088 – 1172). Mallisena Suri (13. Jh.) kommentierte ein kurzes Werk des Hemacandra, in welchem dieser den letzten *tirthankara* preist.

Nach Auffassung der *Shvetambara*-Jainas besteht die »kanonische Literatur« (*agama*) aus rund 60 Texten, die in die folgenden Kategorien eingeteilt sind: 1. Die 14 *purvas*, die auf die Zeit des Parshva zurückgeghen sollen, existieren heute nicht mehr. Nur noch kurze inhaltliche Zusammenfassungen sind in der späteren Literatur überliefert. 2. Die 12 *angas* (»Glieder« des Schriftenkörpers), von denen noch 11 vorhanden sind, behandeln Fragen des Ordensrechts, Prüfung falscher Lehrmeinungen, die Lehre, schließlich Erzählungen, die der Erbauung von Laienanhängern dienen. 3. Die 12 *upangas* (den *angas* untergeordnet) enthalten meist Erzählungen und wenden sich ebenfalls an die Laien. 4. Die sechs *chedasutras* (Ordensregelbuch) enthalten die Ordensregeln und ein Verzeichnis der Disziplinarstrafen für die männlichen und weiblichen Ordensmitglieder. 5. Die vier *mulasutras*, von denen es noch drei gibt, enthalten Vorträge über die Lehre, unter anderem die letzte Rede Mahaviras. 6. Die 10 *prakirnasutras* (gemischte Schriften) sind eine Sammlung von zehn kurzen Texten, die feierliche Hymnen enthalten sowie Ritualbeschreibungen zur Vorbereitung eines »heiligen Todes«. 7. Hinzukommen noch zwei *culikasutras* (Anhang), Zusammenfassungen der Inhalte anderer kanonischer Texte.

Geschichte

Nach Mahaviras Tod verbreitete sich der Jainismus von Maghada aus west- und südwärts. 79 n. Chr. soll es zur Spaltung des Jaina-Ordens in die beiden großen Denominationen der *Shvetambaras* und *Digambaras* gekommen sein. Diese waren die Abkömmlinge derjenigen Jainas, die unter der Führung Bhadrabahus wegen einer Hungersnot nach Mysore emigriert waren. Unterstützt wurden die Jainas durch verschiedene Könige, unter anderem von Bimbisara von Maghada. Candragupta Maurya, Kaiser der Maurya, der seinem Leben durch ein Sterbefasten ein Ende bereitete, gehört zu den großen Förderern der Jaina-Religion. Besonders einflußreich waren die *Digambaras* im mittelindischen Dekkan und im südindischen Mysore. Bei den *Digambaras* und *Shvetambaras* (Westindien) kam es im Laufe der Zeit zu verschiedenen Spaltungen und Sektenbildungen: Die *Digambaras* erkannten einige Patriarchen als verbindlich für ihre Gemeinschaft an, zum Beispiel Vattakera und Kundakunda (2. Jh. n. Chr.), Samantabhadra (5. Jh.) und Akalanka (9. Jh.). Die *Shvetambaras* schlossen ihren Kanon auf dem Konzil von Valabhi in Gujarat (980 oder 993 n. Chr.) ab. Die größte Bedeutung erreichte der Jainismus im 5. Jahrhundert n. Chr. Im 10. Jh. trugen allerdings die hinduistischen *Vaishnavas* und *Shaivas* dazu bei, den Einfluß der *Jainas* im tamilischen Bereich zurückzudrängen. Im 12. Jh. gelang ihnen auch die Unterdrückung der Jainas in Karnataka. Die *Shvetambara*s hatten unter ihrem Führer, dem Mönch Hermacandra (1089 – 1172), besonders großen Erfolg. Hermacandra war Minister des Calukya Königs Kumarapala (1144 – 1173), und unter seinem Einfluß kam es zur Errichtung eines modellhaften Jaina-Staates, in dem das *ahimsa*-Prinzip verwirklicht wurde. Der König legte sogar das Laiengelübde ab und untersagte alle Tiertötungen in seinem Reich. Außerdem förderte er den Bau prachtvoller Tempel. Die *Shvetambaras* waren im nordwestlichen Gujarat bis zum Eindringen des Islam im 12. Jh. erfolgreich. Doch auch später noch wurden großartige Heiligtümer errichtet, unter anderem auf dem Berg Abu im heutigen Rajasthan. Der Assimilationsdruck des Hinduismus ging im Laufe der Zeit wieder zurück. Einige jainistische Sondergemeinschaften existieren bis heute: die im 15. Jh. gegründeten und 1653 reformierten *Sthanakavasins* (Bewohner privater Häuser) – auch *Dhundhiyas* (Sucher der Wahrheit) genannt – sind dagegen eingestellt, daß sich die Mönche ihre Nahrung bei den Laien erbetteln und sich aus diesem Grund außerhalb der Klostermauern aufhalten. Die bis heute ziemlich einflußreichen, straff organisierten *Terapanthins* (gegründet 1761) sind eine Reaktionsbewegung auf diese Gruppe. Von ihrer Gründung an wurden sie ununterbrochen von neun Hohenpriestern geleitet. Seit 1980 ist der designierte Nachfolger des heute leitenden *acarya* (Lehrmeister) Tulsi der Muni Nathmal. Die *Terapanthins* sind bilderfeindlich eingestellt und lehnen den Tempelkult ab. Unterstützt werden sie durch die ethisch orientierte *Anuvrata*-Bewegung, die 1949 von dem Terapanthinmönch Acarya Sri Tulsi gegründet wurde. Der Hauptwirkungsbereich dieser Reformbewegung ist Ladnun in der Provinz Rajasthan. Zu erwähnen sind schließlich noch die *Samvegis* (die Erregten, die Aufgeregten), die statt einer weißen eine gelbe Robe tragen und zu deren Gründern der berühmte Philosoph Yashovijaya (17. Jh.) gehört.

Manche Jainas fördern in bemerkenswerter Weise die Wissenschaften, zum Beispiel durch die Gründung zweier »Institutes of Indology« in Ahmadabad und Patan. Der in Gujarati publizierende Dichter und Mystiker Rajchandra (1868 – 1901), auch

Raychandbhai Mehta genannt, hat den Jainismus reformiert und zum Beispiel Mahatma Gandhi tief beeinflußt. Der große Gelehrte Vijaya Dharma Suri (1868–1922) verfaßte gelehrte Kommentare zu den Jaina-Schriften. Er trat für die missionarische Verbreitung des Jainismus ein sowie für die Wiederbelebung der alten Institution der Wanderlehrer. Auch gründete er Erziehungseinrichtungen für die Jugend und die Ausbildung neuer Lehrer. Der bedeutende, dem Rationalismus nahestehende Philosoph und Pandit Sukhlalji (1880–1978), hat sich um die Förderung der Erziehung bemüht und manche veralteten Religionspraktiken reformiert. Die Erhaltung und Verbreitung der Jaina-Schriften setzten sich die beiden Munis Punyavijaya (1895–1971) und Jambuvijaya zum Ziel.

Erst in unserem Jahrhundert gibt es Versuche von Jaina-Missionaren, den universalen Anspruch des Jainismus zu demonstrieren. So wurde 1949 die *World Jain Mission* in Aliganj (Etah, Uttar Pradesh) gegründet, die eine monatliche Zeitschrift »The Voice of Ahimsa« (Die Stimme der Gewaltlosigkeit) herausgibt. Herbert Warren gründete 1913 die *Mahavira Brotherhood* in London, deren Erfolg eher bescheiden ist. Der *Digambara*-Gelehrte Champat Rai Jain schrieb in den 30er Jahren bedeutende Abhandlungen über den Jainismus in der modernen Gesellschaft. Nach der Volkszählung von 1981 gibt es in Indien 2604837 Jainas. *Udo Tworuschka*

Jainas außerhalb Indiens

Die ersten Jainas außerhalb Indiens waren wahrscheinlich Händler und Kaufleute aus Gujarat, die über den Seeweg an die ostafrikanische Küste reisten. Bis zum Ende des 18. Jahrhunderts errichteten diese Händler, wenn überhaupt, nur wenige Siedlungen, und erst zu Beginn des 20. Jahrhunderts kann man von einer Präsenz des Jainismus in Ostafrika sprechen. Mitte dieses Jahrhunderts gab es etwa 7000–8000 Jainas in Kenia, Uganda und Tansania, wobei Kenia an erster Stelle stand. Anfang der 20er Jahre wurde die *Mombasa Jain Shvetambara Derasar Sangh* (Tempelgesellschaft) gegründet, die in den folgenden sechzig Jahren – vor allem in Kenia – eine Reihe von Tempeln und Versammlungshäusern errichtete. Diese Gujarati Jainas (ausschließlich Laien – die *sadhus*, Mönche, und *sadhvis*, Nonnen – dürfen nur zu Fuß reisen und können das Land nicht verlassen) gehörten zum größten Teil der *Shvetambara*-Tradition an und waren meist *Deravasi* (die Idole in Tempeln anbeten) im Gegensatz zu den *Sthanakavasi* (die keine Gegenstände der Verehrung haben).

Die Wanderung der Jainas nach Ostafrika fiel zusammen mit einer jainistischen Wiederbelebungswelle in Indien, die – ähnlich wie das Wiederaufleben des Hinduismus – zumindest teilweise durch einen aufkeimenden indischen Nationalismus gefördert wurde. Hierdurch wuchsen neue jainistische Sekten heran, allen voran die *Neo-Digambara*-Bewegung, die Kanji Swami Anfang des 20. Jahrhunderts ins Leben rief. Ebenso wie die weniger gut organisierte Bewegung, die sich um den Gujarati-Laien Srimad Rajchandra (1868–1901) formierte, versuchte die Kanji Swami Bewegung oder *panth* (Pfad) die Bedeutung der *sadhus* und *sadhvis* zu mindern und anstelle der rituellen Formen den Sinngehalt der jainistischen Lehre für die einzelne Persönlichkeit in den Vordergrund zu stellen, wodurch sie für die ostafrikanischen Jainas besonders attraktiv wurde. Eine der beiden bedeutendsten Kasten der ostafrikanischen Jainas stand in besonders enger Verbindung zum Kanji *panth* und konnte aufgrund ihrer geschäftlichen Erfolge das Kapital für die Gründung eines Zentrums in Indien (Songhad in Gujarat) zur Verfügung stellen, um die Lehren Kanji Swamis zu verbreiten.

Als Kenia, Tansania und Uganda die Unabhängigkeit erlangten, wanderte ein Großteil der asiatischen Bevölkerung Ostafrikas und damit auch der Gujarati-Jainas, nach Großbritannien aus, wo sie sich in den Städten und Großstädten Mittelenglands und in den nördlichen und westlichen Vororten Londons niederließen. Im Land lebten bereits einige wenige Jainas (vornehmlich Studenten und Geschäftsleute), doch erst der Strom der ostafrikanischen Immigranten erhöhte die Zahl der Gujarati-Jainas in Großbritannien Ende der achtziger Jahre auf etwa 16000. Einige ostafrikanische Jainas - vor allem wohlhabendere und solche mit beruflicher Qualifikation - gingen von hier aus nach Nordamerika und siedelten sich an der Ostküste an. Dort schlossen sie sich anderen (häufig aus Rajasthan stammenden) Jainas an, die aus wirtschaftlichen Motiven direkt aus Indien eingewandert waren. In den USA wurde mindestens eine jainistische Organisation gegründet, das *Jain Meditation International Centre*, das aktiv die jainistischen Lehren unter Nichtjainas verbreitet. Auch in Belgien haben sich indische Jainas niedergelassen und sind dort im Edelsteinhandel tätig.

Die erste jainistische Organisation, die in Großbritannien gegründet wurde, begann ihre Tätigkeit 1973 in Leicester in Mittelengland. Kleinere Organisationen entstanden auch in Birmingham und in der Nähe von Potters Bar nördlich von London. Die in Leicester beheimatete Organisation nennt sich *The Jain Samaj (Europe)* und hat in den letzten fünfzehn Jahren erheblichen Zuwachs zu verzeichnen. Sie ist die einflußreichste jainistische Gruppe Europas, möglicherweise sogar der Welt (außerhalb Indiens natürlich). Der *samaj* erwarb 1973 eine leerstehende Kirche im Zentrum von Leicester, um daraus ein Jainaszentrum zu machen, stattete sie nach und nach neu aus, baute einen Tempel mit feinen Schnitzarbeiten und geweihten Idolen hinein und gab ihr eine Fassade aus glänzendem weißen Marmor. Der Tempel war ein Geschenk indischer Jainas (er wurde in Indien hergestellt und in Einzelteilen per Schiff nach England transportiert), während die übrigen Arbeiten von den Jainas aus Leicester selbst finanziert wurden. Der *samaj* hat inzwischen auch ein Büro in London, und das Zentrum hat in jüngster Zeit einen fachkundigen Laien aus Indien eingestellt, der die jainistische Religion und andere Fächer lehrt.

Die Ziele des *Jain Samaj* sind, den Jainismus durch Forschung und Praxis zu fördern und die Aktivitäten der Jainas in Europa zu koordiniern. Außerdem strebt sie an, einen Platz im Kontext anderer religiöser Traditionen zu erringen. Obwohl der *Jain Samaj* keine offizielle Verbindung zur Kanji-Swami-Bewegung oder anderen jainistischen Reformbewegungen hat, vertreten die meisten Mitglieder ein weniger ritualistisches und intellektuelleres Verständnis des Jainismus, wie es auch in bestimmten indischen Jainazentren verbreitet ist. Das Hauptziel der Jainas, *ahimsa* (der Wunsch, kein Leiden zu verursachen), wird von ihnen als Mittel zur Erreichung des Friedens in der modernen Welt betrachtet, während Vegetarismus und Meditation eher als Elemente eines gesunden Lebensstils gelten denn als Techniken zur Befreiung der Seele (*moksha*), obwohl auch dies natürlich nicht abgelehnt wird. Gleichzeitig jedoch bedeutet die Errichtung des Tempels und dessen Ausstattung mit Gegenständen der Anbetung, daß die Besucher des Jainazentrums in Leicester fast das gesamte Spektrum jainistischer Rituale und Zeremonien pflegen können. Im Tempel befinden sich nicht nur geweihte Idole für den Kult in der Tradition der *Shvetambara murti pujaka* (Verherrlichung von Idolen), sondern auch ein Idol für den *Digambara*-Kult (dem die Kanji panthis anhängen) und ein abgeschiedener Bereich für die medidativen *Sthanakavasi*-Riten. Der Verzicht auf *sadhus* und *sadhvis* hat das Selbstvertrauen des *Jain Samaj* gestärkt, und sie hat sich höchst erfolgreich bemüht, ein Gefühl der Einheit unter den Jainas in Großbritannien zu schaffen. Für die meisten jainistischen Ritusformen sind *sadhus* und *sadhvis* nicht erforderlich (*sadhus* und *sadhvis* der *murti pujaka* Tradition dürfen sogar keine jainistischen Idole berühren oder ihnen Opfer darbringen), und als Lehrer, die die Laien im richtigen Glauben und in der richtigen Haltung unterweisen, sind sie weitgehend durch Gastlaienprediger aus Indien und anderen Orten ersetzt worden. Beispielsweise hat Acharya Tulsi, der Leiter der *Terapanthins*, einer *Sthanakavasi*-Subsekte in Indien, bereits in den 40er Jahren begonnen, die jainistischen Werte in der Gesellschaft zu verbreiten und sendet seit kürzester Zeit auch Schüler ins Ausland, um seine Lehren bei Jainas und Nichtjainas gleichermaßen bekannt zu machen.

Die Jainas sind im allgemeinen zurückhaltend und anspruchslos. Der Jainismus außerhalb Indiens ist zwar kaum bekannt, dennoch handelt es sich keineswegs um eine geheimreligiöse Tradition. Der Jainismus ist auch keine missionierende Religion im eigentlichen Sinne und hat daher nicht den Bekanntheitsgrad – oder auch schlechten Ruf – wie andere von indischen Religionen beeinflußte Gruppen, zum Beispiel die Hare Krishnas oder die Anhänger des Bhagwan Rajneesh. Die Jainas heißen jedoch jeden willkommen, der sich für ihre Traditionen und ihren Glauben interessiert. Sie hegen die Hoffnung, daß sie beispielgebend wirken und einen positiven Einfluß auf die Nichtjainas in ihrer Umgebung ausüben.

Marcus Banks

LITERATUR: Zum Jainismus allgemein: Helmuth von Glasenapp: Der Jainismus. Berlin 1925. – Walther Schubring: Die Lehre der Jainas nach den alten Quellen dargestellt. Berlin 1935. – W. Kirfel: Symbolik des Hinduismus und des Jainismus. Stuttgart 1959. – Padmanabh S. Jaini: The Jaina Path of Purification. Berkeley 1979. – Balwant Nevaskar: Capitalists without Capitalism. The Jains of India and the Quakers of the West. Westport/Connecticut 1971. – Carlo della Casa: Jainism. In: Historia Religionum. Handbook for the History of Religions. Hg. von C. J. Bleeker, Geo Widengren. Bd. 2, Leiden 1971, S. 346 – 371. – Jyotiprasad Jain: Religion and Culture of the Jains. Neu Delhi 1975. – Colette Caillat: Mahavira. In: Mircea Eliade (Hg.), The Encyclopedia of Religion. Bd. 9, 1987, S. 128 – 131. – Dies.: Jainism. In: Ebd., Bd. 7, 1987, S. 507 – 514. – Nalini Balbir: Jainismus. In: TRE Bd. 16. Berlin 1987, S. 451 – 461.

Zum Jainismus außerhalb Indiens: Marcus Banks: Competing to give, competing to get: Gujarati Jains in Britain. In: Pnina Werbner, Muhamed Anwar (Hg.): Black and ethnic leaderships in Britain: the cultural dimensions of political action. London 1991, S. 226–250. – Ders.: Organizing Jainism in India and England. Oxford 1992. – Michael Carrithers, Caroline Humphrey (Hg.): The assembly of listeners: Jains in society. Cambridge 1991. – Paul Dundas: The Jains. London 1992. – Padmanabh S. Jaini: The Jaina path of purification. Belmont 1979 – Marie-Claude Mahias: Délivrance et convivialité: le système culinaire des Jaina. Paris 1985. – J. Zarwan: The social evolution of the Jains in Kenya. In: Hadith 6, (1974) S. 134–144 (Sonderausgabe: History and Social Change in East Africa. Hg. B. A. Ogot, 1974. S. 134–144.

KONFUZIANISMUS

Der Konfuzianismus ist eine geistige Strömung, die – vor zweieinhalb Jahrtausenden entstanden – Geschichte und Gesellschaft Chinas, politisches und soziales Verhalten, wesentlich prägen und nach einem mehrere Jahrhunderte währenden Vorbereitungsprozeß besonders vom 8./9. Jahrhundert an ihren Einfluß auf ganz Ostasien ausdehnen sollte. Ihr Begründer ist Kong Qiu (551–479 v. u. Z.), später Kongzi (Kung-tse) oder Kongfuzi (Meister Kong) genannt. Die von Jesuiten im 17. Jh. vorgenommene Latinisierung dieses Namens (Confucius) liegt der im Westen gebrauchten Bezeichnung für diese Strömung zugrunde. In China heißt sie »rujia« oder »ruxue« (Ru-Schule oder Ru-Lehre), wobei »ru« (weich, geschmeidig) Menschen mit besonderer kultisch-ritueller Bildung bezeichnet, ursprünglich priesterliche Funktion erfüllende Kult-Assistenten in vorkonfuzianischer Zeit.

Morallehre, Religion oder Philosophie?

Konfuzianismus ist eine vor allem ethisch-politische Lehre, die – gemäß unserer abendländischen Begrifflichkeit – philosophische und religiöse Substanz enthält, dies zu unterschiedlichen Zeiten in unterschiedlichem Maße. Sie ist geprägt vom traditionellen chinesischen Weltbild, welches ein als Ökumene verstandenes China als mit dem Himmel korrespondierend auffaßt, beide im Sinne einer allumfassenden Ordnung aufeinander bezieht und dabei eine Art Konsubstantialität von Natur und (chinesischer) Gesellschaft ausdrückt: China hat sich im Verhältnis zur Natur nicht als Seite eines Widerspruchs verstanden, sondern als kosmologische Gesellschaft.
Der Mensch ist danach Teil dieser allumfassenden Einheit, zu deren Gestaltung er durch harmoniegemäßes Verhalten beiträgt; er ist damit am Zustandekommen des Gesetzes der Welt beteiligt. Dies erklärt, warum chinesisches Denken vor allem um Fragen von Moral und menschlichem Verhalten kreist, wobei zwischen Moralgesetzen und Naturgesetzen nicht differenziert wird. Dieses Weltbild nimmt einen immanenten Kosmos an, aus dem nichts herausführt; es bietet damit keinen Platz für einen Schöpfergott. Auch für den Konfuzianismus ist es bestimmend.

Philosophische Substanz gewinnt der Konfuzianismus durch das intellektuelle Bemühen, den Blick auf das Weltganze (bei Suche nach einer Moral-Struktur der Welt) für die Begründung des rechten Verhaltens rational zu instrumentalisieren. Vielfältig sind seine religiösen Komponenten: Die wohl wichtigste besteht in der Verknüpfung mit überkommenem Ahnenkult, womit durch dessen Praktizierung in einer Atmosphäre des Respekts, der Verehrung, der Dankbarkeit, aber auch der Furcht allgemeine gesellschaftliche Normen der Einordnung in den Sozialverband eingeübt wurden.

Damit verbindet sich die religiöse Verehrung der Vergangenheit als Zeit des verwirklichten konfuzianischen Gesellschaftsideals und damit auch von zu Moral-Paradigmen hochstilisierten Vorbild-Personen aus der Vergangenheit, so der legendären Kaiser Yao und Shun (angeblich 3. Jahrtausend v. Chr.), des Yu (angeblich Gründer der Xia-Dynastie als wahrscheinlich erster Form von Staatlichkeit, um 2000 v. Chr.), der frühen Könige der im 11. Jahrhundert v. Chr. gegründeten Zhou-Dynastie (Wen und Wu), später auch des Konfuzius und anderer moralisch verklärter historischer Personen. Im Lauf der Geschichte findet eine von moralischen, sozialen und politischen Intentionen gesteuerte fortwährende Vergottung statt, wobei sich in Orientierung am Ahnenkult ein konfuzianisches Pandämonium entwickelt. Die vergotteten Weisen, vor allem die weisen Herrscher des Altertums, werden zur Quelle der Offenbarung rechter Moral. Während sich die Masse im eigenen Leben um die moralische Kultivierung zu bemühen hat, ist dem Weisen die rechte Moral angeboren, vom Himmel gegeben: Die Weisen sind konfuzianische Heilige.

»Wenn die Begriffe nicht richtig sind, so stimmen die Worte nicht; stimmen die Worte nicht, so kommen die Werke nicht zustande; kommen die Werke nicht zustande, gedeihen Moral und Kunst nicht; gedeihen Moral und Kunst nicht, so trifft die Justiz nicht; trifft die Justiz nicht, so weiß die Nation nicht, wohin Hand und Fuß setzen. Also dulde man nicht, daß in den Worten etwas in Unordnung sei. Das ist, worauf alles ankommt.«

Dabei knüpft der Konfuzianismus an die vorkonfuzianische Vorstellung vom Himmel als oberster Gottheit an: Dem Himmel werden in einem Prozeß teilweiser Rationalisierung die konfuzianischen Moralnormen eingepflanzt, wobei der Himmelskult in der Konsequenz konfuzianisiert wird. Der Himmelskult wird zum rituellen Ausdruck der Übereinstimmung himmlischer und irdischer Moral. Diese Übereinstimmung ist Quelle der Ordnung, womit sich nach konfuzianischer Vorstellung aus ihr die Legitimation für politische Macht ableitet. Konfuzianische Moral wird zum himmlischen Willen, dessen Verletzung der politischen Macht die Legitimation entzieht. Dem Ideal nach soll der Herrscher ein konfuzianischer Weiser sein, der sein Mandat zum Herrschen vom Himmel empfängt.

Eine entscheidende Rolle spielen Texte (die konfuzianischen Klassiker mit üppiger Exegese- und Kommentarliteratur) als Medien für die Offenbarung des rechten »Weges« (*dao*), als Wegweisung zum Guten. Der rechten Moral kommt eine magische Kraft zur Ordnung der Welt zu, und eben darum wird auch das Vorbild als Strahlkörper der Sittlichkeit Ausgangspunkt einer magischen Wirkung, welche die Mitmenschen in den Bann des Guten zieht – ein Umstand, der sich mit den pädagogistischen Intentionen des Konfuzianismus verbindet und zugleich der Hervorhebung der ordnungsstiftenden Funktion einer charismatischen Lehrerpersönlichkeit entspricht. Lernen wird dabei als Übermittlung von Tradition verstanden. In diesem Sinne hat der Konfuzianismus über viele Jahrhunderte das Bild vom Gelehrten und Gebildeten in China geprägt: Die Funktion von Wissen besteht im Gewinn moralischer Exzellenz zum Zwecke einer harmonischen Gesellschaft; die unmittelbare praktische Zweckbestimmung des Wissens ist dabei unübersehbar. Kognitives Wissen ist Normen-Kenntnis untergeordnet, eine intellektuelle Disposition, die der Ausbildung moderner Wissenschaften hinderlich werden sollte. Indem die Schicht der Gebildeten über Moral-Wissen verfügt, kommt ihr auch die magische Kraft der Moral zu, die sie zur Ausübung von Macht legitimiert. Diese wird damit nicht nur legitimiert, sondern zugleich auch mystifiziert.

Für den Konfuzianismus ist harmonische Ordnung der Gesellschaft nur als Hierarchie denkbar. Die moralische Qualität des einzelnen zeigt sich in der Erfüllung der ihm in dieser Hierarchie positionsgebunden zukommenden Pflichten; sie weist sich aus im Beitrag zum gesamtgesellschaftlichen Hierarchie-Konsens. Indem der Konfuzianismus Wissen an Ethos bindet und auf die moralisch-praktische Gestaltung der Gemeinschaft orientiert, ist die Übernahme eines öffentlichen Amtes und Erfüllung öffentlicher Pflichten entscheidendes Medium für moralische Entwicklung, Kultivierung und Reifung der Persönlichkeit. Er verkündet dabei die große Vision einer Einheit von Macht und Moral, einer bewußt der Moral verpflichteten und in ihrem Dienst agierenden Politik. Damit soll Politik an – konfuzianisches – Wissen gebunden sein, womit dem konfuzianischen Gelehrten eine exzellente Position in Staat und Gesellschaft zusteht.

Charakteristisch für diese Lehre ist die Überzeugung, daß jeder Mensch die Anlage zum Guten in sich trägt. Der Mensch hat die Verpflichtung, diese Anlage durch Lernen und praktisches Üben zu entwickeln. Dieses kann er in seinem Leben durch eigene Anstrengung, von seiner persönlichen Willenskraft, erreichen. Daraus leitet sich ein diesseitiger Optimismus ab, der ausdrückt, daß gerade darum auch die Welt prinzipiell gut werden kann; sie kann geheilt, zum moralischen Heil gebracht werden.

Die Intention einer Erlösung des Menschen von der Welt ist fremd, ebenso eine Jenseitsvorstellung im eigentlichen Sinne. Nach dem Tode bleibt der Mensch über den Ahnenkult in einer fortgesetzten Kommunikation mit der Welt der Nachfahren. Der moralischen Eigenaktivität des Individuums kommt entscheidende Bedeutung zu; ihre Zielprojektion aber ist Integration, und zwar geprägt durch vorgegebene Verhaltensnormierung, was Imitation verlangt, welche Innovation behindert und damit auch Individualität Norm und Grenze gibt. Dementsprechend wird die Geschichte des Konfuzianismus vom Aufruf zur Zügelung von Wünschen, Leidenschaften und Begierden durchdrungen, was sich mit der Aufforderung zu fortgesetzter moralischer Selbstprüfung verbindet. Ziel ist aber nicht Askese, sondern die Harmonisierung von Wünschen im Zeichen von Maß und Mitte.

Früher Konfuzianismus – die Grundlegung

In ihrer langen Geschichte hat die Lehre viele Gesichter angenommen; sie hat Kontinuität repräsentiert, aber auch große Wandlungen vollzogen, so daß man durchaus von »Konfuzianismen« sprechen kann. Konfuzianismus entstand im Prozeß des beginnenden Zerfalls der patriarchalisch-aristokratischen Gesellschaft des antiken China; sein Entstehen erklärt sich als eine Ordnung suchende Reaktion auf die Wirrnisse jener Zeit, wobei die den gesamten Konfuzianismus durchziehende Chaosangst hier ihren historischen Ursprung hat.

Konfuzius

Konfuzius (551–479 v. Chr.) selbst – der später als »Lehrer von zehntausend Generationen« verehrt werden sollte – entstammte einer verarmten Familie des niederen Adels. Der Überlieferung nach soll er einige bescheidene Verwaltungsämter bekleidet haben, ehe er sich der Ordnung alter Schriften und der Lehrtätigkeit gewidmet habe. 13 Jahre war er auf Wanderschaft durch die Teilstaaten des damaligen China, stets – erfolglos – auf der Suche nach einem Herrscher, der seine Gedanken verwirklichte. Konfuzius, der als erster in der chinesischen Geschichte eine Art Schule begründete, war der am unteren Ende der Aristokratie angesiedelten Schicht der *shi* verbunden, niederen Beamte, die meist bei Kulthandlungen assistierten. Von da her wird verständlich, wieso sich seine Aversion gegen Unordnung im Eintreten für den Erhalt von Hierarchie, gegen die heraufziehende Despotie des einen Herrschers über alle und gegen die Gefahr des Abstiegs in sozialen Bodensatz ausdrückte. Andererseits äußert sich im Denken des Konfuzius das Bestreben, angesichts des Strudels sozialer Umschichtungen ein Mehr an gesellschaftlichem Einfluß zu gewinnen, dies in Gestalt eines Ratgebers für Herrscher.

»Der Meister sprach: ›Mit fünfzehn hatte ich mich zum Lernen entschlossen, mit dreißig stand ich fest, mit vierzig war ich frei von Zweifeln, mit fünfzig erkannte ich den Willen des Himmels, mit sechzig war ich immer noch lernbegierig, mit siebzig konnte ich den Wünschen meines Herzens folgen, ohne gegen das Rechte zu verstoßen.‹« (Lunyu II,4)

Aus jener ambivalenten Reaktion erklärt sich der für diese Lehre charakteristische Widerspruch zwischen Hierarchie und Gleichheit: Die Positionierung des einzelnen auf den Stufen der Hierarchie soll nicht mehr wie bisher von den Umständen der Geburt abhängen, sondern vom Grad moralischer Vollkommenheit, wobei alle Menschen von Natur aus die gleiche Chance haben. (»Von Natur aus sind die Menschen einander ähnlich. Durch Erziehung und Bildung entfernen sie sich voneinander.« *Lunyu* XVII. II). Da sich nach konfuzianischer Vorstellung Moral im Dienst an der Öffentlichkeit beweist, soll an die Stelle der Aristokratie nunmehr eine Meritokratie, ein Verdienstadel, treten.

Nichtsdestoweniger werden grundsätzliche Zweifel an der Bildungsfähigkeit des Volkes geäußert. Mit der Vorstellung, wonach der *sheng ren* (Weise) seine moralische Exzellenz als angeborene Qualität vom Himmel empfangen habe, begründet Konfuzius das Auftreten eines idealen Herrschers, wie es ihn in der Vergangenheit gegeben habe, wie er aber zur Zeit – als Ausdruck der Unordnung der Ökumene – nicht vorhanden sei. Andererseits ist von den wirklich Dummen die Rede, die sich nicht ändern. Das Hauptaugenmerk gilt dem *junzi* – dem durch eigene Anstrengung edel Gewordenen. Dieser ist das Kontrastbild zu *xiao ren*, dem gemeinen, moralisch unkultivierten Menschen. Die Beziehungen *junzi* und *xiao ren*, die bisher als soziale Kategorien »Aristokrat« und »Einfacher Mann« meinten, gewinnen jetzt einen primär ethischen Sinn. Dabei ist der *junzi* zum Regieren, der *xiao ren* zum Dienen bestimmt. Auf diese Weise will der Konfuzianismus soziale Unterschiede auf moralische zurückgeführt wissen.

Kardinaltugenden

Konfuzius beginnt, die (konfuzianischen) Kardinaltugenden zu fixieren:

li = Ein- und Unterordnung, wobei die ursprüngliche Bedeutung »Opferritual« zur allgemeinen Moral hin gedehnt wird, der religiöse Bedeutungsursprung dabei in Zusammenhang mit der konfuzianischen Auffassung von der ma-

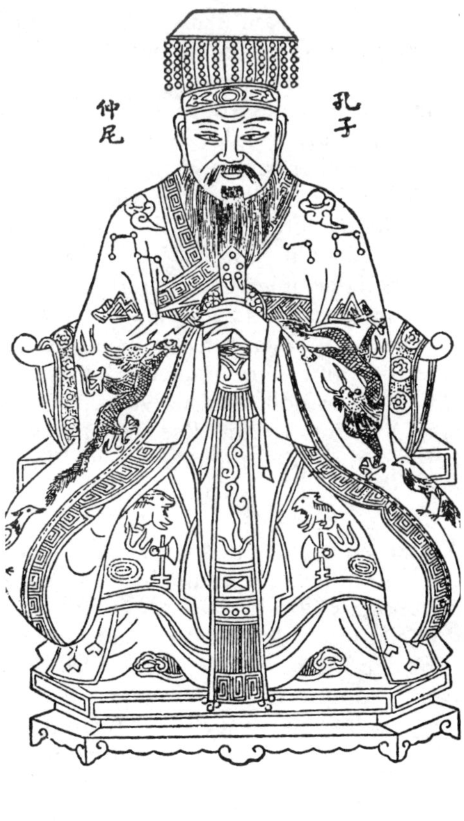

Konfuzius

gischen Kraft der Moral und durch die Assoziation mit dem Ahnenkult unterlegt bleibt;

ren = Mit-Menschlichkeit (durch *ren* soll das Rollenverhalten in der Hierarchie gemeinschaftsbezogen und konsensorientiert sein sowie vom Wir-Bewußtsein geprägt werden);

yi = Pflichterfüllung, was *ren*-Praxis in konkreten Lebenssituationen bedeutet;

zhi = Wissen um das Rechte.

Ren erscheint als eine Super-Tugend, andere Tugenden umfassend, wie *zhong* (Treue, Loyalität, ordnungsstiftend, mit dem Herzen auf die Mitte als Zustand gesellschaftlicher Balance ausgerichtet sein), *xin* (Aufrichtigkeit, Glaubwürdigkeit), *jing* (Achtsamkeit); es werden auch Höflichkeit, Selbstüberwindung, Standhaftigkeit und Mut zum Rechten gefordert.

Ren drückt sich in *shu* (gegenseitige Rücksichtnahme) aus: »Was du selbst nicht wünschst, das tue auch nicht anderen an« (*Lunyu* XII. II), bisweilen als »Goldene Regel« des Konfuzianismus bezeichnet, womit gemeint ist, daß man den anderen seinem Range gemäß behandelt, wie man dem eigenen Range gemäß behandelt zu werden wünscht.

Als Wurzel von *ren* gilt *xiao* (Erfüllung der Kindespflichten, Ehrfurcht, pietätvolle Fügsamkeit). Die Familie wird zum Vorbild für die gesamte Gesellschaft: Wie es in der Familie Unterordnung und zugleich Bindung aneinander, aber auch Verantwortung füreinander gibt, so soll es auch in der Gesellschaft sein. Familienmoral wird zur Gesamtgesellschaft hin ausgedehnt, Ehrfurcht wird zum gesellschaftlichen Ordnungsprinzip. So erfüllt nach konfuzianischem Verständnis der ideale Herrscher eine Vaterfunktion für die Gesellschaft. Die Forderung nach Unterordnung der Jüngeren unter die Älteren korrespondiert dabei mit der Bindung der Gegenwart an die normgebende Vergangenheit.

Der Meister sprach: »Ich schaffe nicht neu, ich überliefere, ich glaube an das Altertum und liebe es. Ach könnte ich mich mit unserem alten P'eng vergleichen.«
(Lunyu VII,1)

Der Meister sprach: »Ein Jüngling sei in seiner Familie voll Ehrfurcht und Liebe gegen seine Eltern, außer dem Haus brüderlich, lauter und aufrichtig, voll großzügiger Zuneigung gegen alle, aber innig verbunden dem sittlich Guten. Wer das alles betätigt und darüber hinaus noch überschüssige Kraft besitzt, der mag sich dann geistige Bildung aneignen.«
(Lunyu I,6)

Mengzi sprach: »Ihrem Triebe folgend haben die Menschen die Möglichkeit, Gutes zu tun. Das ist es, was ich unter ›gut‹ verstehe. Wenn jemand Nichtgutes tut, so ist es nicht die Schuld seiner Anlagen. Das Gefühl des Mitleids und Erbarmens ist allen Menschen eigen, und das Gefühl der Scham und des Abscheus ist allen Menschen eigen, das Gefühl der Achtung und Ehrerbietung ist allen Menschen eigen, das Gefühl der Billigung und Mißbilligung ist allen Menschen eigen. Das Gefühl des Mitleids und des Erbarmens ist Menschenliebe, das Gefühl der Scham und des Abscheus ist Gerechtigkeit, das Gefühl der Achtung und Ehrerbietung ist Anstand, das Gefühl der Billigung und Mißbilligung ist Weisheit. Menschenliebe, Gerechtigkeit, Anstand und Weisheit sind nicht von außen her in uns hineingegossen, sie sind vielmehr unser fester Besitz, – nur denken wir nicht daran.«
(Mengzi VI,1 ff.)

Die Frühphase des Konfuzianismus

Die »Gespräche« des Konfuzius

Die Gedanken des Konfuzius – er selbst hat nichts Schriftliches hinterlassen – spiegeln sich im *Lunyu* (»Gespräche« mit den Schülern und anderen Zeitgenossen); dieses Werk wurde von Konfuzianern mehrerer Generationen über einen längeren Zeitraum – wahrscheinlich zwischen 5. und 3. Jahrhundert v. Chr. – kompiliert.

Mengzi

Das konfuzianische Denken der frühen Phase (vor 221 v. Chr.) repräsentieren neben Konfuzius vor allem Mengzi (Mencius) und Xunzi. Mengzi, der später der »zweite Heilige« (nach Konfuzius) genannt wurde, lebte von etwa 327 bis 289 v. Chr. Indem er konfuzianische Moral noch deutlicher auf Politik bezieht, leitet er aus *ren* die Forderung nach *ren zheng* (Politik der Mit-Menschlichkeit) ab, dies als einziger Weg zum Gewinn von Ordnung unter dem Himmel. Nur so gewinnen die Herrschenden die Unterstützung des Volkes, in welchem sich wiederum der himmlische Auftrag zum Herrschenden äußert.

Die politisch-moralische Motivation führt so – im Vergleich zu Konfuzius – zu einem deutlicheren Rückgriff auf die vorkonfuzianische Himmelsvorstellung: Der Himmel als Gütekontrolleur der Macht, wobei als Konsequenz Übereinstimmung zwischen den angeborenen moralischen Fähigkeiten des Menschen (*liang neng* = Jeder Mensch trägt die Keime der vier Grundwerte *ren*, *yi*, *li* und *zhi* in sich) und dem moralischen Wesen des Himmels formuliert wird, die mit Panmoralismus einhergeht (die Idee eines moralischen Wesens der Welt, das dem Wesen des Menschen entspricht). Das Volk wird als wichtigstes Element im Staat bestimmt, aber als Funktion von Ordnung. Denn: »Die Geistesarbeiter regieren die Menschen, die körperlich Arbeitenden werden regiert. Die Regierten ernähren die Menschen, die Regierenden werden ernährt« (Mengzi V).

Xunzi

Im Unterschied zu Mengzi vertrat Xunzi (3. Jahrhundert v. Chr.) die Lehre von der angeborenen Bosheit der Menschen, wenngleich auch er einräumt, der Mensch habe von Natur aus den Wunsch, gut zu werden. Jetzt erfolgt eine prägnante Formulierung der ordnungsstiftenden Rolle des Edlen in kosmischer Dimension: Der Edle gebiert Ordnung als Schaffen und Einhalten hierarchischer Abstufung (*li*). Das Ordnen der Gesellschaft weist allen Dingen den rechten Platz zu – so wird der Edle »General aller Dinge«, er steht mit Himmel und Erde gleich. Zwar hat bei Xunzi der Himmel keine moralische Wächter-Funktion, aber mit dem Oben und Unten von Himmel und Erde gibt es zwischen kosmischer und menschlicher Ordnung die Übereinstimmung eines Echo-Verhältnisses.

Vision und Macht

Nachdem in der kurzlebigen, auf Repression und Strafen beruhenden Qin-Dynastie (221–206 v. Chr.) konfuzianische Schriften verboten waren, wurde der Konfuzianismus in der nachfolgenden Han-Dynastie (206 v. Chr. – 220 n. Chr.) zur Staatsorthodoxie. Er war die einzige geistige Strömung, die auf Hierarchie orientierte und zugleich Familie und Staat aneinander band und so den legitimatorischen Bedürfnissen wie auch dem Bedarf der neuen Dynastie nach Herrschaftswissen entsprach.

Kanonische Schriften

Der vollzogenen politischen Einheit gemäß wurde ein allgemeiner Standard für Staatsmoral und politisches Verhalten geschaffen – die *wu jing* (»5 kanonische Bücher« = Klassiker): *Shijing* (Buch der Lieder), *Shujing* (Buch der Urkunden), *Yijing* (Buch der Wandlungen), *Chunquiu* (Frühlings- und Herbst-Annalen, der Überlieferung nach von Konfuzius verfaßt) sowie *Liji* (Ritualaufzeichnungen, eine auf älteres Material zurückgehende Kompilation vom Anfang der Han-Zeit); die ersten drei Werke sind vorkonfuzianischen Ursprungs, angeblich von Konfuzius redigiert. Beim Streit um Festlegung und Exegese der Texte traten zwei Hauptrichtungen hervor: die Neutext- und die Alttext-Schule.

Die Klassiker wurden zur Grundlage der Beamtenexamina, die in der Han-Zeit eingeführt, als System vor allem ab der Song-Zeit (960 – 1279) entwickelt wurden und sich vom konfuzianischen Meritokratie-Ideal ableiteten. Diese Examina begründeten ganz wesentlich die geistige Homogenität der Oberschicht. So wurde der Staat entscheidendes Medium für die Verbreitung des Konfuzianismus, er band aber damit die Gelehrten auch an den Staat.

»Unter allen Mitteln, die nötig sind, um die Menschen zu regieren, ist die Einrichtung der Riten das Unentbehrlichste. Es gibt fünf Arten von Riten, aber keine ist so wichtig wie die der Opfer. Denn das Opfer ist nicht etwas von außen her Gekommenes, sondern ist von innen heraus hervorgegangen und aus dem Herzen geboren. Das Herz empfindet ein tiefes Gefühl der Betrübtheit bei der Erinnerung an die Verstorbenen, und man bringt ihnen dann den Riten gemäß Opfer dar. Daher ist nur der Weise imstande, den Sinn des Opfers zu erschöpfen.«
(Liji XXII,1–3)

Imperialer Konfuzianismus

Es entstand ein imperialer Konfuzianismus, bei dem der Kaiser mit dem Ideal des *sheng ren* verschmolz, gleichzeitig aber auch eine innerkonfuzianische Spannung zwischen Vision und Macht, Ideal und Wirklichkeit, die über zwei Jahrtausende die Tragik in vielen Lebensläufen konfuzianischer Gelehrter begründete. Konfuzianismus verband sich jetzt mit dem Staatskult, insbesondere dem Himmelskult, wobei – entsprechend der religiösen Struktur dieser Gesellschaft – die kultische Verehrung des Konfuzius beginnt, die mit wachsendem zeitlichen Abstand vom historischen Konfuzius immer üppigere Formen annahm. (Mit dem 7. Jahrhundert wurden in allen Distriktstädten des Reiches Konfuzius-Tempel errichtet; im Umkreis des Konfuzius-Kultes entwickelten sich Satellitenkulte, so die Verehrung des *wen chang*, des Patrons der Literatur.)

Der Konfuzianismus entwickelte seine Beziehungen zum polytheistischen Spektrum des chinesischen religiösen Denkens: Die konfuzianische Orthodoxie wurde zum Sponsor der überkommenen Religion, indem die Beamten der Administration auch herkömmlichen Göttern (Gott der Erde und der Feldfrüchte, Götter der Berge und Flüsse usw.) Opfer zu bringen hatten. Dabei wurden die unzähligen lokalen Götter stärker unter die Suprematie des Himmels gebracht, ein die politische Entwicklung spiegelnder unifizierender und systematisierender Aspekt. Da der Konfuzianismus seine Moralvision auf Familienmoral zurückführt, war eine Kommunikation zwischen dem Denken der Massen und der Kultur der Oberschicht gewährleistet. Die aus den Clan-Organisationen stammenden Beamten erschienen als mit höherer Weihe ausgestattete Moral-Vorbilder, denen eine moralische Führung zukam; die konfuzianische Ethik wurde zur Richtschnur der auf *li* orientierenden Clan-Regeln.

Der Himmel
»Habt vor des Himmels Zorne Scheu, Wagt nicht so eitle Spielerei!
Scheut auch des Himmels Wandelgang, Wagt dieses Treiben nicht zu lang!
Der hohe Himmel schaut darein, Er gehet mit euch aus und ein,
Der hohe Himmel sieht es klar, Er wandelt mit euch immerdar.

Der Himmel schafft das viele Volk, Gibt's etwas, gibt's Gesetz dafür,
Und was das Volk als Ew'ges hält, Dies lieben, das ist Tugendzier.

Erhaben ist der höchste Herr Und schaut herab in hehrer Macht. Er blicket forschend auf das Reich,
Ob Ruh den Völkern sei gebracht.«
(Shijing III,2 und X,8)

Die Lehren von yin und yang und den fünf wandelnden Potenzen

Damit der Konfuzianismus diese neue Rolle erfüllen konnte, mußte er inhaltlich erweitert werden. Dies geschah im Prozeß einer Metamorphose, wobei Ideen aus anderen Denkschulen übernommen werden, vor allem die Lehre von den beiden komplementären Prinzipien *yin* und *yang* und den im Wandel des Kreislaufs gedachten *wu xing* (fünf wandelnde Potenzen) Wasser, Feuer, Metall, Holz, Erde. Diese Metamorphose war vor allem das Werk des der Neutext-Schule verbundenen Dong

Zhongshu (179 – 104 v. Chr.). Er entwickelte die Idee der Interaktion von Mensch und Himmel. Im Idealfall sind Mensch und Himmel eine harmonische Einheit. Bei Fehlverhalten der Menschen reagiert der Himmel strafend durch Naturphänomene, die entsprechende gesellschaftliche Sanktionen verlangen. Dem Kaiser kommt dabei entscheidende Bedeutung zu. Es erfolgt – in Verbindung mit Prophezeiungen – eine Standardisierung von Omina als Ausdruck himmlischer Reaktion.

Die Tatsache des sich als Identität von Ökumene und Imperium verstehenden Einheitsstaates bringt ein Mehr an Metaphysik in den Konfuzianismus. Gleichzeitig entsteht ein Systematisierungseffekt in der Formulierung der Beziehung zwischen Staat und Individuum. So hebt Dong Zhongshu mit den im Sinne der Unterordnung gedachten Beziehungen von Herrscher und Untertan, von Ehemann und Ehefrau, Vater und Sohn als *san gang* drei Grundbezüge der Gesellschaft, den Schnüren eines Netzes vergleichbar, heraus. Gegen die mit dem Wirken des Himmels verbundenen religiösen Elemente erfolgt innerhalb des Konfuzianismus eine Gegenreaktion stärkerer Rationalität, besonders in Gestalt des in der Alttext-Tradition stehenden Wang Chong (27 – ca. 87).

Schall und Rauch
»Der Herzog Huan von Qi las ein Buch am oberen Ende der Halle; der Stellmacher verfertigte am unteren Ende ein Rad. Als dieser Schlegel und Meißel beiseite legte, fragte er den Herzog, was für ein Buch er lese: ›Ein Buch, das die Worte der Weisen überliefert‹, antwortete der Herzog. ›Leben diese Weisen noch?‹ fragte der Stellmacher. ›O nein‹, antwortete der Herzog, ›sie sind tot.‹ ›Wenn es sich so verhält‹, sagte darauf der Stellmacher, ›ist das, was du liest, nur Schall und Rauch längst vergangener Menschen.‹ ›Wie kannst du, ein Stellmacher, es wagen, das Buch zu tadeln, in dem ich lese? Wenn du dein Urteil beweisen kannst, so will ich es hingehen lassen. Wenn du es aber nicht beweisen kannst, so mußt du sterben.‹ ›Da ich als Stellmacher spreche‹, versetzte dieser, ›so sehe ich die Sache folgendermaßen an: Wenn ich ein Rad anfertige und mein Schlag zu langsam ist, so geht er tief, ist aber nicht gleichmäßig; wenn mein Schlag zu schnell ist, so gerät er gleichmäßig, ist aber nicht tief. Das rechte Maß, das weder zu langsam noch zu schnell ist, gelingt der Hand nicht, wenn es nicht vom Herzen kommt. Dies läßt sich nicht in Worte fassen und ist eine Kunst, die ich nicht einmal meinem Sohn erklären kann. Darum ist es mir auch nicht möglich, ihm meine Arbeit zu übergeben, und so sitze ich hier mit siebzig Jahren und mache immer noch Räder. Nach meiner Meinung muß es mit den Menschen von früher genauso gewesen sein. Was wert gewesen wäre, überliefert zu werden, sank mit ihnen ins Grab; der Rest geriet in ihre Bücher. Darum sagte ich, daß, was du liest, der Schall und Rauch längst vergangener Menschen ist.‹ «
(Zhuangzi)

Im Schatten von Daoismus und Buddhismus

Mit der neuerlichen Aufspaltung des Reiches am Ende der Han-Zeit (3. Jahrhundert) entwickelt sich die Realität gegen das konfuzianische Ideal, das den Menschen angesichts massenhaften Leidens und der Brüche des sozialen Gefüges keinen Halt zu geben vermochte. Es entstand eine neue Heilserwartung, auf deren Grundlage sich Buddhismus und Daoismus verbreiteten; der Konfuzianismus hingegen trat in den Schatten. Auf den geistigen Grundlagen des Buddhismus kam das Reich unter den Sui und Tang (Ende 6. bis Anfang 10. Jahrhundert) zu erneuter Einheit; die Tang-Zeit sollte die Blütezeit des chinesischen Buddhismus werden. Aus dem Bedürfnis heraus, die institutionellen Grundlagen des neuen Staates zu festigen, erfolgte jedoch bereits wieder ein selektiver Rückgriff auf den Konfuzianismus, so bei der Festsetzung des Hofzeremoniells und der Neuordnung der Beamtenprüfungen.

Antibuddhistische Reaktion und Neokonfuzianismus

Als in der 2. Hälfte der Tang-Zeit die Dynastie in Schwierigkeiten geriet und sich zentrifugale Kräfte verstärkten, wurde der Staat für die Macht des Buddhismus sensibilisiert und sah in den Klöstern die Gefahr eines Reiches im Reich, was schließlich zur antibuddhistischen Reaktion führte. In diesem historischen Kontext rief Han Yu (768 – 842) auf, zu den Wahrheiten der Weisen zurückzukehren, und damit zu einer Renaissance des Konfuzianismus. Vor dem Hintergrund gesellschaftlicher Wandlungen, des Endes der mittelalterlichen Adelsgesellschaft und einer stärkeren Zentrierung der Macht in der Song-Zeit formierte sich – zunächst geprägt durch das Wirken von Shao Yong (1011 – 1077), Zhou Dunyi (1017 – 1073), Zhang Zai (1020 – 1077), Cheng Yi (1033 – 1107)und Cheng Hao (1032 – 1085) – der Neo-Konfuzianismus. In historischer Parallele zur Han-Zeit erfolgt jetzt – nunmehr aber geprägt durch die geistige Herausforderung vor allem seitens des Buddhismus – eine erneute inhaltliche Erweiterung des Konfuzianismus.

Bei dem Versuch, auf die vom Buddhismus aufgeworfenen Fragen konfuzianische Antworten zu geben, wurden Elemente des Buddhismus aufgenommen. Die vom Buddhismus eingebrachte Erweiterung der räumlichen und zeitlichen Denkhorizonte wurde aufgegriffen, um auf konfuzianische Weise die Tatsache zunehmender gesellschaftlicher Integration weltanschaulich zu verarbeiten. So erscheint eine konfuzianische Onto-Ethik, die vor allem die Einordnung des einzelnen in das Weltganze problematisiert und in Korrespondenz dazu die innere Natur des Menschen stärker konfuzianisch durcharbeitet. Das führte zu einer Erweiterung spekulativer Gesichtspunkte im konfuzianischen Denken.

Zhu Xi

Den Höhepunkt dieser Entwicklung bildet Zhu Xi (1130 – 1200), der in Anknüpfung an ein buddhistisches Theorem zwischen *li* (Ordnungsprinzip) und *qi* (Äther, der sich zu Stoff verdichten kann) unterscheidet, dabei *li* an *qi* bindet und ihm zugleich das logische Primat gegenüber *qi* zuweist. *Li* erfüllt in unterschiedlichen Erscheinungen unterschiedliche Funktion, es ist aber stets nur das eine *li*, ein Umstand, der mit dem Begriff *taiji* (höchstes Äußeres) ausgedrückt wird; *taiji* ist in der Welt und kein Gott, seinen Inhalt bilden die konfuzianischen Moralnormen – darum sind alle Dinge in der Welt gut. *Li* ist auch im menschlichen Geist, so daß dieser die Prinzipien aller Dinge in sich trägt. Auf dem Umweg über die äußeren Dinge vermag der Mensch, die Reinheit von *li* zu erkennen, was festes moralisches Bewußtsein voraussetzt. Erkenntnisprozeß ist primär moralischer Kultivierungsprozeß.

Von Zhu Xi wurden die *si shu* (die »Vier Bücher«) zusammengestellt: *Lunyu, Mengzi, Daxue* und *Zhongyong;* die beiden letztgenannten Schriften waren ursprünglich zwei Kapitel des *Liji*. Die *si shu* wurden zu den wichtigsten Schriften im Jahrtausend des Neo-Konfuzianismus.

Einfluß des Chan-Buddhismus

Entsprechend dem zur Ming-Zeit (1368–1644) vorherrschenden Zeitgeist prägt sich jetzt eine andere Strömung innerhalb des Konfuzianismus aus: Wang Yangming (1472–1528) legt unter deutlichem Einfluß des Chan-Buddhismus Wert auf das intuitive Erfassen des moralischen Weltwesens in den Tiefen menschlicher Psychologie. In einem widersprüchlichen Verhältnis zu immer stärkeren absolutistischen Tendenzen der Machtausübung verbreitet sich in der Bildungsschicht eine meditative Haltung, der Hang zur Erforschung des Innenlebens sowie der Prüfung moralischer Selbstvervollkommnung und damit eine konfuzianische Beichthaltung. Diese Entwicklung entspricht einer zunehmenden Weltfremdheit des Konfuzianismus.

Anti-absolutistischer Konfuzianismus

Im 17. und 18. Jh. verdeutlicht sich eine anti-absolutistische Position mit Kritik an der Orthodoxie innerhalb des Konfuzianismus (Huang Zongxi, 1610–1695, Wang Fuzhi, 1619–1692); man diagnostizierte Gebrechen der Gesellschaft und sah in einer philologischen Textkritik bei Rückkehr zu den konfuzianischen Texten der Han-Zeit das entscheidende Mittel gesellschaftlicher Therapie (Gu Yanwu, 1613–1682, Dai Zhen, 1723–1777).

Der Konfuzianismus und Chinas Weg in die Moderne

Nach dem Einbruch des Westens in die chinesische Welt änderten sich die Existenzbedingungen des Konfuzianismus. So kam es Ende des 19. Jahrhunderts zu einer auf institutionelle Reformen (Parlament, konstitutionelle Monarchie) orientierten Bewegung, die sich von einem reinterpretierten Konfuzianismus her begründet: Die Reform erscheint als praktische Konsequenz der Freilegung eines authentischen Konfuzianismus des Altertums.

Kang Youwei (1858–1927), das Haupt dieser Reformbewegung, läßt Konfuzius als demokratischen Reformer erscheinen und verbindet den Konfuzianismus mit der Vorstellung einer Welt, die sich auf den Zustand von *da tong* (große Gemeinschaft) und *tai ping* (großer Harmonie-Frieden) hinbewegt. Mit dem Scheitern der Reform ging der chinesische Staat dem Untergang entgegen; er war schließlich selbst zu Reformen gezwungen, die als Katalysator endgültigen Niedergangs wirkten. Mit der Abschaffung des traditionellen Prüfungswesens (1905) begann der Absturz der alten Schicht der Gebildeten, welche die wesentliche soziale Stütze des Konfuzianismus war.

Mit dem Untergang des Kaisertums (1911), dem Zerfall der staatlichen Einheit – beides Fixpunkte des konfuzianischen Weltbildes – in Verbindung mit den großen sozialen Wandlungen und dem Weg Chinas in eine demütigende Fremdbestimmung war eine mit der Vergangenheit vergleichbare Wiederbelebung des Konfuzianismus nicht mehr möglich; so scheiterte eine konservative Reaktion (1916) mit dem Versuch, den Konfuzianismus zur Staatsreligion zu erheben. Vielmehr entwickelte sich in Zusammenhang mit dem Einströmen westlicher Ideen und zunehmender Pluralisierung des Geisteslebens ab 1916 ein antitraditioneller Radikalismus, der seinen Höhepunkt in der ikonoklastischen Bewegung des 4. Mai 1919 und der sich anschließenden Bewegung für neue Kultur hatte. Eine neue, junge Intelligenz wollte die Befreiung des Individuums, forderte den Bruch mit der Tradition und sah in »Wissenschaft« und »Demokratie« das neue Heil. Diese Entwicklung mündete Mitte der 20er Jahre in ein zwar traditionskritisches, aber wissenschaftlich-historisches Beschäftigen mit dem Konfuzianismus (Gu Jiegang, 1895 – 1980, Hu Shi, 1891 – 1962).

Gleichzeitig setzte im akademisch-philosophischen Bereich eine neue Verteidigung konfuzianischer Traditionen ein, diesmal lebensphilosophisch orientiert, mit dem Ziel einer Anpassung, Modernisierung und Universalisierung des Konfuzianismus. (Xiong Shiuli, 1894–1968, an den heute Mou Zongsan, geb. 1908, und Tang Junyi, 1909–1978, anknüpfen; auf andere Weise auch der kürzlich in Peking verstorbene Feng Youlan). Mit dem Fortschreiten zur neuerlichen Einheit Chinas gewann die 1927 in Nanking gegründete Guomin-dang-Macht Tschiang Kaisheks (1887–1975) ein konservierendes Interesse, wobei sie im Sinne einer »nationalen Essenz« und der Einheit der Chinesen konfuzianische Werte propagierte. 1931 wurde Konfuzius' Geburtstag wieder zum offiziellen Feiertag (28. September). Ausdruck dieser Bestrebungen war die 1934 initiierte Bewegung »Neues Leben« (Chen Lifu, geb. 1898). Jedoch konnte der Versuch einer Reinstallierung des Konfuzius vor dem Hintergrund von Massenelend und ungeheuren sozialen Verwerfungen den dringenden Heilsbedürfnissen großer Massen nicht entsprechen. Der Triumph des chinesischen Kommunismus bereitete sich vor.

Heute haben wir es in Ostasien mit nachkonfuzianischen Staaten zu tun, zu denen auf ihre Weise auch die Volksrepublik China zählt. Konfuzianismus – meist im Komplex der Tradition – wirkt in kulturellen Tiefendimensionen weiter, so in Gestalt von Verhaltens- und Reaktionsweisen, wobei dies in widersprüchlicher Beziehung steht zum historischen Prozeß der Versachlichung und Formalisierung gesellschaftlicher Beziehungen sowie der Wertverschiebung zugunsten des Individuums, ferner im politischen Bereich in Gestalt einer starken Exekutive oder in Kult und Kanon des Staatsmaoismus. Dabei darf nicht übersehen werden, daß sich der Maoismus, der als egalitäre Bewegung dem konfuzianischen Hierarchie-Ideal entgegengesetzt ist, in der Tiefendimension chinesischer Kultur mit dem Konfuzianismus trifft. In der Geschichte der Volksrepublik China wechseln Phasen einer klassenkämpferisch negativen Haltung zum Konfuzianismus (zum Beispiel »Kulturrevolution« oder Anti-Konfuzius-Kampagne 1973/74) mit Perioden eines differenzierten, selektiven Verhältnisses, wobei er – wie übrigens in Taiwan – als Quelle nationaler und kultureller Identität betont wird.

So erfolgte in den 80er Jahren wieder eine stärkere Rückbesinnung auf die ordnende Funktion konfuzianischer Moral (Gründung der Konfuzius-Stiftung 1984), als Reaktion auf Erscheinungen gesellschaftlicher Orientierungslosigkeit vor dem Hintergrund von Modernisierung, Öffnung und durchlebter »Kulturrevolution«.

LITERATUR: C. K. Yang: Religion in Chinese Society. Berkeley 1961. – Peter J. Opitz (Hg.): Chinesisches Altertum und konfuzianische Klassik. München 1968. – Hans Steininger: The Religions of China. In: Historia Religionum, Bd. 2: Religions of the Present, hg. von C. Jouco Bleeker/Geo Widengren. Leiden 1971, S. 465–515. – D. Howard Smith: Confucius. Bungay 1973. – Werner Eichhorn: Die Religionen Chinas (Die Religionen der Menschheit, Bd. 21). Stuttgart u. a. 1973. – R. Moritz (Übers.): Konfuzius. Gespräche. Leipzig 1983. – Monika Übelhör: Arbeit im Konfuzianismus. In: Ethik der Religionen – Lehre und Leben, Bd. 2. hg. von Michael Klöcker/Udo Tworuschka. Göttingen/München 1985, S. 119–133. – Hans Küng/Julia Ching: Christentum und chinesische Religion. München/Zürich 1988. – W. Bauer: Das Antlitz Chinas. München/Wien 1990. – S. Krieger/W. Trauzettel (Hg.): Konfuzianismus und die Modernisierung Chinas, Mainz 1990. – Helwig Schmidt-Glinzer: Geschichte der chinesischen Literatur. München 1990. *R. Moritz*

DAOISMUS

Mit »Daoismus« verbinden sich große Namen chinesischer Autoren, speziell Laozi (Lao tse, Lao-tzu) und Zhuangzi (Chuang-tse, Chuang-tzu). Zhuangzi (»Meister Chuang«, um 365–290 v. Chr.) und Laozi (»Der Alte Meister«, angeblich 6. Jahrhundert v. Chr.) gelten als grundlegende Exponenten der daoistischen Philosophie, die eine Harmonisierung der menschlichen Lebensverhältnisse anstrebt, gemäß einer unverfälschten, natürlichen Spontaneität. Dieser Ansatz hat in der Literatur, in Kunst und Kultur vielseitige Ausdrucksformen gefunden. Aus einer amorphen Fazette daoistisch geprägter Züge in der Literatenkultur des traditionellen China muß »Daoismus« als Religion herausgelöst werden. Der religiöse Daoismus sprach alle gesellschaftlichen Schichten, vom Kaiserhof bis zur Landbevölkerung, in unterschiedlicher Weise an. Diese allgemeine Zugänglichkeit macht ihn auch in der modernen Zeit zu einem wirkkräftigen Element in chinesischen Gemeinwesen.

»Es gab ein Wesen chaotisch und zugleich vollendet, ehe denn Himmel und Erde entstanden. Still war es und gestaltlos, selbständig besteht es und wandelt sich nicht, es kreiste rings umher und war doch von nichts gefährdet. Man kann es als die Mutter aller Welt bezeichnen. Seinen Namen kenne ich nicht, geschrieben heißt es Dao.« (Daodejing 25)

»Der Sinn, den man ersinnen kann, ist nicht der ewige Sinn (Dao).«
»Der Name, den man nennen kann, ist nicht der ewige Name. Jenseits des nennbaren liegt der Anfang der Welt. Diesseits des Nennbaren liegt die Geburt der Geschöpfe.« (Daodejing 11)

Philosophie und Religion

Der Gelehrtenstand fand Verwendung für die Lehren daoistischer Philosophen, deren Lebenshaltung und Philosophie einen Bezug zu Welten jenseits aller Profanität vermittelten und einen Rückzug aus der Gesellschaft als Lebensoption präsentierten. Mit der daoistischen Religion dagegen verbanden und verbinden sich andere Inhalte, andere Beziehungs- und Funktionsgefüge. Geschichte, Sinn und Funktion trennen die daoistische Philosophie von der Religion. Trotzdem, Philosophie und Religion stehen in einer spezifischen Beziehung, für die äußerlich der Name »Laozi« steht. Dieser Name bezeichnet die dem »Alten Meister« zugeschriebene Schrift *Daodejing* (*Dao-te ching* »Das Buch vom Weg und seiner Wirkkraft«) wie auch den vergöttlichten Ahnherren aller daoistisch-religiösen Formen und Organisationen. Laozi (auch Laojun: »Lord Lao«) nimmt in diesem Rahmen den Rang einer kosmischen Schöpfergottheit ein.

Trotz der Bande zwischen Laozi, dem Buch *Daodejing* und der Bedeutung dieser Schrift für Religion und Philosophie darf nicht gefolgert werden, daß der religiöse Daoismus mit Laozi im 6. Jahrhundert v. Chr. entstanden sei. Abgesehen vom legendären Charakter des Namens Laozi und der Unsicherheit seiner Datierung verbinden sich mit der Überlieferungsgeschichte des Buches *Daodejing* viele offene Fragen.

Es hat sich als vertretbar erwiesen, den Ursprung des religiösen Daoismus als organisierter Religion mit der Entstehung des »Himmelsmeister-Daoismus«, *Tianshidao*, (oder auch *Zhengyi*: »Orthodoxie und Einheit«) im 2. Jahrhundert nach Christus in der Provinz Sichuan zu identifizieren. Eine Großzahl der praktischen, intentionalen und auch funktionalen Aspekte des religiösen Daoismus sind in den Epochen der vorchristlichen Zeit unter der Zhou-Dynastie (11.–3. Jahrhundert) in ihrer Anlage entstanden, um im Himmelsmeister-Daoismus neu formiert zu werden. Ein wesentlicher Aspekt der Han-Kultur (206 v. Chr.–220 n. Chr.) war dann das Wirken von »Experten« (*fang-shi*), Spezialisten in religiösen, schamanistischen und exorzistischen Techniken.

Dieses Spezialistentum kennzeichnet, mit inhaltlichen Parallelen, auch den daoistischen Priester (»Meister des Dao« *dao-shi*) des Himmelsmeister-Daoismus. Er allein ist Praktikant des religiösen Daoismus, indem er als Ritual- und Liturgiespezialist agiert. »Daoismus« als Religion ist bis heute keine Bewegung, die von Gemeinden von Gläubigen, von Mönchs- und Laienbewegungen bestimmt wäre. Die exklusiv vollzogene daoistische Liturgie verlangt nicht nach Gesängen und Gebeten einer Gemeinde, nach Glauben und Dogmen für diejenigen, die sich der Dienste eines daoistischen Priesters bedienen wollten. Dies unterscheidet den Daoismus von christlichen und islamischen Religionen wie vom chinesischen Buddhismus, der auch von mächtigen Laienbewegungen begleitet war.

Laozi und der religiöse Daoismus

Laozi gilt als spiritueller Initiator der daoistischen Religion. Die Vergöttlichung dieses Namens ist bereits für die Han-Zeit (2. Jahrhundert v. Chr.) belegt. Unter dem Titel *Taishang Laojun* (Der Höchst Erhabene Lord Lao) bildete er mit den Gottheiten *Da-dao-jun* (Lord Großes Dao) und *Yuanshi Tianzun* (Der Himmelsehrwürdige des Uranfangs) eine Trinität an der Spitze des umfangreichen daoistischen Pantheons.

Dieses Pantheon besteht aus den göttlichen Repräsentanten der räumlichen, zeitlichen und energetischen Potenzen und Komponenten des Kosmos. Sie residieren in astralen Konstellationen. Sie sind meditativ erfahrbar, haben sie doch auch Residenzen im kleinen Kosmos des menschlichen Leibes. Ihre Präsenz, die mit Diät und Gebet zu pflegen ist, bedeutet eine der Voraussetzungen für die Effektivität ritueller Bemühungen daoistischer Priester.

Jedes Ritual, jeder Exorzismus wirkt nur, wenn der ausführende Daoist ein ungestörtes Verhältnis zu den Gottheiten (*shen-ming*) unterhält. Sie sind ihm durch »Register« namentlich bekannt. Daher ist es auch möglich, sie durch Amulette in Pflicht zu nehmen und sie in Rezitationen anzurufen. Selbstverständlich nehmen diese abstrakten Gottheiten die »Ehrenplätze« im Arrangement der jeweils eigens eingerichteten Ritualstätte (auch innerhalb eines Tempels) ein. In Lauf der Geschichte wurde dieses Pantheon durch die Namen lokaler Kultfiguren erweitert.

Die Geschichte des Daoismus, intensiv mit der lokalen und nationalen Geschichte verbunden, ist bestimmt von der Inkorporation lokaler Kulte in die Bahnen der Tradition. Dies verweist auf die Stärke der lokalen Kultur in China, wie auch auf ihre durch den Daoismus vollzogene Anbindung an allgemein anerkannte Formen und Riten. Bei alledem gab es jedoch keine zentrale Lenkung, sondern es handelte sich vielmehr um »zellulare«, regionale Entwicklungen. Die Festschreibung des göttlichen Rangs für Laozi ist ein wesentliches Moment. Es gibt spezifische Aussagen der offiziellen, nicht religiös bedingten Historiographie, die eine einzigartige Stellung für diesen Namen belegen.

»Gebt auf eure Gelehrsamkeit:
so werdet ihr frei von Sorgen!
Zwischen Ja und Jawohl:
was ist da für ein Unterschied?
Zwischen Gut und Böse:
was ist da für ein Unterschied?
Was aber alle verehren,
das darf man nicht ungestraft
bei Seite setzen.
O Einöde, habe ich noch nicht
deine Mitte erreicht?
Die Menschen der Menge sind
strahlend, wie bei der Feier
großer Feste, wie wenn man im
Frühling auf die Türme steigt:
Ich allein bin unschlüssig, noch
ohne Zeichen für mein Handeln.
Wie ein Kindlein,
das noch nicht lachen kann!
Ein müder Wanderer,
der keine Heimat hat!
Die Menschen der Menge
leben alle im Überfluß:
Ich allein bin wie verlassen!
Wahrlich, ich habe das Herz
eines Toren! Chaos, ach Chaos!
Die Menschen der Welt
sind so wißbegierig:
Ich allein bin so traurig, traurig!
Unruhig, ach, als das Meer!
Umhergetrieben, ach,
als einer, der nirgends weilt!
Die Menschen der Menge
haben alle etwas zu tun:
Ich allein bin anders als die
Menschen:
Denn ich halte wert die
spendende Mutter.«
(Daodejing 20)

»Wenn wir die äußerste Selbstenteignung erreicht, die Stille
unerschütterlich bewahren,
so mögen alle Wesen zugleich
sich regen: wir schauen zu,
wie sie wiederkehren.
Der Wesen zahllose Menge entwickelt sich, doch jedes wendet
sich zurück zu seiner Wurzel.
Zurückgewandt sein zur Wurzel:
das ist Stille.
Stille: das ist Rückkehr zur
Bestimmung. Rückkehr zur Bestimmung: das ist Ewigkeit.
Die Ewigkeit erkennen: das ist
Weisheit.«
(Daodejing 16)

Die Biographie des Laozi

Der »Großhistoriker« Sima Qian (etwa 145–90 v. Chr.) gibt in seinem »Bericht« *Shiji* (Kap. 63) eine Biographie Laozis. Demnach war Lao-tzu ein Zeitgenosse des Konfuzius (6. Jahrhundert v. Chr.). Der von Sima Qian präsentierten Historizität der Person Laozi entspricht, daß der »Alte Meister« weltliche Namen und Ämter innehatte. Er hieß Li Er, hatte den Großjährigkeitsnamen Eo-Yang und den Tabunamen Dan. Unter der Herrschaft der Zhou-Dynastie war er als »Archivar« am Hof tätig. Sima Qian berichtet, daß Laozi »*dao* und *de* kultivierte« und lehrte »sich und seine Verdienste verborgen zu halten und zu wirken ohne Ruhm zu erhalten«. Zweifelsohne war dies in unruhigen Zeiten eine Möglichkeit zu überdauern, bezogen auf den einzelnen Potentaten im Machtgefüge seiner Zeit. Es verwundert nicht, daß Sima Qian im selben Kapitel Shen Buhai und Han Fei mit Biographien bedenkt. Beide Gelehrte waren Exponenten jener Staatslehre, die »Legalismus« genannt wird.

Laozi hat »in Zhou lange gelebt, und als er sah, daß die Herrschaft verfiel, machte er sich auf den Weg nach Westen zum Paß«, berichtet Sima Qian. Dort traf er den Paßwächter Yin Xi, für den er zur Erlangung der Passage ein Buch verfaßte. Er schrieb »über 5000 Worte«, in denen er den Sinn von *Dao* und *De* darlegte. »Dann ging er fort, und niemand weiß wo er geendet hat«, resümiert der Großhistoriker.

Nach der Tradition legte Laozi sein Amt nieder, als seine Ratschläge auf taube Ohren stießen und die moralische und politische Ordnung der Zhou-Herrschaft verfiel. Die Vorstellung einer politischen Ratgeberschaft Laozi's verbindet diesen Namen und die späteren Protagonisten seiner Lehre, in Gestalt der daoistischen Priester, mit der Sphäre des Staates und des Herrschers. Die religiöse Legitimation politischer Herrschaft, zumal nach einem Wechsel des »himmlischen Mandats«, wurde vorzugsweise mittels ritueller Hilfestellungen daoistischer Priester erbracht. Ein Beispiel für die möglichen Verquickungen politischer und daoistischer Belange sei angeführt:

»Als Kaiser Ming (494–498) der Qi-Dynastie den Thron bestieg und fürchtete, daß die Erdgötter damit noch nicht einverstanden seien, da bat er den Eremiten (Dao Hongqing) all die berühmten Berge aufzusuchen und ihnen entsprechende Opfer darzubringen. Dao Hongqing hat dann die fünf Distrikte bereist und wurde nach drei Jahren wieder zurück am Hof empfangen…« (Aus der biographischen Sammlung *Dao-xue zhuan*).

Besonders erwähnt sei die Tang-Dynastie (618–907), deren Herrscher den Familiennamen Li trugen. Laozi wurde als »Ahnherr« des Herrscherhauses verehrt, was weitreichende Folgen für die materielle und ideelle Unterstützung der Daoisten zeitigte. Laojun soll häufig erschienen sein und so die positive Qualität der Tang-Herrschaft bestätigt haben. Bis in die Song-Zeit (12. Jahrhundert) hinein soll die Gottheit politische Legitimation durch wundersame Erscheinungen verliehen haben (aus: *Lao-jun ba-shi-yi hua tu-shuo*).

Das Daodejing und andere Schriftenoffenbarungen

Ein wichtiges Thema bleibt die Abfassung der Schrift *Daodejing*, durch die Laozi einem würdigen Empfänger seine Lehrmeinung enthüllt (Yin Xi). Spezifisch für die Entwicklung des Daoismus ist nämlich, in Weiterführung dieser Tradition, die Offenbarung von geheimen Schriften aus himmlischen Sphären. Die irdischen Empfänger werden durch sie zu Initiatoren neuer Bewegungen, Schulen oder Gruppierungen. Doch diente weder das *Daodejing* noch irgendeine andere, spätere Schrift als programmatische oder auch dogmatische Grundlage der daoistischen Religion. Vor dem Hintergrund gemeinsamer liturgisch-ritueller Aufgaben des »Himmelsmeister-Daoismus« handelte es sich stets um lokale Neugruppierungen und um Personen und ihre Affiliationen, die auf methodische Ausrichtungen (zum Beispiel »Donner-Methode«) mit eigenen Offenbarungen von Gebetsformeln, Amuletten, göttlichen Hierarchien und Altarordnungen spezialisiert waren. Die Initiation würdiger Personen mit Sakralobjekten (Siegel, Kultfiguren), Registern und Schriften steht am Anfang daoistischer Schul- und Gruppenbildungen. »Schriften« sind in besonderer Weise Sakralobjekte. Sie sind – nach daoistischer Auffassung – »weltliche Transkriptionen« kosmischer Energien, die ursprünglich nur von höchsten Gottheiten geschaut, archiviert und schließlich geoffenbart wurden. Dies impliziert, daß es nicht nur eine »heilige Schrift« gibt, sondern eine Vielzahl von Eröffnungen eben dieser Qualität, die ein gewaltiges Maß an Individualität und religiöser Imagination freisetzen.

Diese Individualität zeigt sich auch an den »Registern« neu formierter göttlicher

Die Welt erobern wollen
durch Handeln:
Ich habe erlebt, daß das
mißlingt.
Die Welt ist ein geistiges Ding,
daß man nicht behandeln darf.
Wer handelt, verdirbt sie.
Wer festhält, verliert sie.
Denn: die Geschöpfe gehen
voran oder folgen,
sie seufzen oder schnauben,
sie sind stark oder schwach,
sie siegen oder unterliegen.
Also auch der Berufene:
Er meidet das Heftige.
Er meidet das Üppige.
Er meidet das Großartige.«
(Daodejing 29)

»Gerät das große Dao in Verfall, so gibt es Menschenliebe und Gerechtigkeit. Treten Klugheit und Wissen auf, so gibt es die große Heuchelei. Wenn unter den sechs Blutsverwandten keine Harmonie besteht, so gibt es Kindespflicht und Liebe. Wenn das Staatswesen in Unordnung gerät, so gibt es treue Untertanen.« (Daodejing 18)

Links: Laozi und seine Schüler. British Museum, London.

Rechts: Laozi auf einem Büffel reitend. Daoistisches Andachtsbild.

Hierarchien, an den Ahnenlinien oder Stammbäumen der neu entstandenen Gruppierungen. Jede für sich vertritt dabei den Anspruch auf eine umfassende Repräsentanz des Daoismus. Historisch ältere Namen fungieren als Vorläufer oder Vorfahren der aktuellen Ahnenlinie. Derartige Ahnenlinien beginnen bei abstrakten Gottheiten manchmal auch bei »Lord Lao«. In diesem Sinne sei an die liturgische Qing-wei Schule (13. Jahrhundert, im Rahmen des Zhengyi Daoismus) erinnert und an die nicht-liturgische, monastische Quanzhen Schule (12. Jahrhundert).

Es wäre verfehlt, nach verbindlichen Lehrmeinungen oder Dogmen zu suchen. Die Gemeinsamkeiten liegen im Bereich der Liturgie und ihrer Funktion in Staat und Gesellschaft, sowie in jenen Traditionen, die sie bildeten. Formal tritt dabei das bürokratische, administrative Erbe Chinas in Erscheinung, mit seinen literarisch-formalisierten »Audienzen« und »Bittstellungen« bei höheren (göttlichen) Instanzen. Der Daoismus vermittelt zwischen den irdischen und himmlischen Administrationen, die mit der Verwaltung der Welten der Lebenden und Toten befaßt sind. Der religiöse Daoismus ist daher eine professionelle Angelegenheit, deren sich Kaiser, Volk und Gemeinwesen ad libitum bedienten, ohne daß all diese Menschen deswegen »Daoisten« würden. »Religionsgemeinschaft«, »Kirche« im Sinne des Christentums oder des Islam gibt es im Daoismus nicht. Die Gemeinwesen, nämlich »die Menschen unter dem Weihrauchbrenner«, sorgten nur für Führung und Erhalt lokaler Tempel, für die Abhaltung jahreszeitlicher Feste und Riten, nicht aber für den Bestand einer »Glaubensgemeinschaft«. Es gab folglich auch nie eine »Lehrinstanz«, die ein bestimmtes »Glaubensgut« vertreten hätte.

Laozis Weg nach Westen

Als letzte Aussage der Tradition zu Laozi sei sein »Überqueren des Passes nach Westen« erwähnt. Der Großhistoriker Sima Qian »wußte nicht«, wohin Laozi entschwunden war. Schon im 3. Jahrhundert unserer Zeit kursierte in China die Mär, Laozi sei zu den indischen Ländern gereist und habe dort »die Barbaren bekehrt«, indem er als »Buddha« auftrat.

Zu diesem Zeitpunkt hatte der Buddhismus bereits Eingang in China gefunden. Die Behauptung, Laozi und Buddha seien praktisch dieselbe Person, verband den Buddhismus mit einem anerkannten chinesischen Weisen. Diese für die Buddhisten zunächst positive Aussage wurde aber in der Folgezeit negativ umgestaltet. Der Buddhismus erschien als inferiorer Ableger des Daoismus. Propagandistische Bücher mit entsprechenden Illustrationen fanden Verbreitung.

Unter der Mongolenherrschaft im 13. Jahrhundert entfaltete sich der Streit zwischen Buddhisten und Daoisten offen am Mongolenhof. Einer der Streitgegenstände war die »Schrift von den 81 Wandlungen und Wirkungen Laojuns«. Gemäß dieser Schrift gründete Laozi nicht nur den Buddhismus, sondern auch den Manichäismus und rangierte zudem als kosmische Urkraft, als Schöpfergott und Initiator aller menschlicher Zivilisation. Es ist bedeutsam, daß diese Inhalte keineswegs nur auf dem Niveau populärer Propaganda tradiert wurden, sondern auch vielfach Eingang in die kanonische Schriftensammlung der Daoisten gefunden hatten.

Geschichte

Zu den Determinanten für Geschichte und Entwicklung des Daoismus gehören Vorstellungen, die das menschliche Sein beschreiben und die Möglichkeiten seiner Gestaltung bestimmen. Grundsätzlich wird angenommen, daß es möglich sei, den allgemeinen Erscheinungen des Verfalls (Altern, Krankheit, Tod) zu entrinnen. Sphären jenseits der bekannten Welt sollten die Welten der Unsterblichen beherbergen, wo Medizinen der »Unsterblichkeit« zu finden wären. Hatte der »Erste Kaiser von Qin« (221–210 v. Chr.) noch mit Flottenexpeditionen die »Inseln der Unsterblichen« zu erreichen gesucht, so richtete sich das Suchen späterer Zeit, wie bereits im 2. Jahrhundert unserer Zeit, zunehmend auf Sphären im Inneren des Menschenleibes. Dieser wird von jenen Gottheiten am Leben erhalten, die im Kosmos walten. Sie repräsentieren die energetischen und spirituellen Komponenten der menschlichen Existenz. Krankheit, Altern und Tod wurden als Ausdrucksformen des sich ständig verschlechternden energetischen Zustands im Menschenleib verstanden. Die Körpergottheiten verlassen ihn entsprechend dem Verfall energetischer Kräfte. Verfehlungen, zum Beispiel gegen diätetische Maßgaben, bedeuteten Vergeudungen von Lebensenergien und hatten religiös interpretierbare Folgen. Die Körpergötter würden schließlich nicht mehr »zurückkehren« und so zur Verkürzung der Lebensspanne beitragen.

Die energetischen Bedingungen der menschlichen Existenz wurden parallel durch Theorien und Techniken einer inneren Alchimie steuerbar, und zwar mittels Meditation, Atemtechnik, Gymnastik und Diät. Formalisierte Gebete und eine angemessene Lebensführung waren begleitende Bedingungen für den gewünschten Erfolg. Dieser Erfolg bestand aus einer neuen Qualität der Existenz, aus einem neuen Leib, der jene himmlische Lebensgabe restauriert hatte, die »Unsterblichkeit« bedeutete. So wurde die Ergebnislosigkeit der alten praktischen (»äußeren«) Alchimie, die auf »berühmten Bergen« nach Drogen und Essenzen einer Medizin der Unsterblichkeit gesucht hatte, sublimiert, ohne daß die »äußere« Alchimie verschwunden wäre. Diese Verhältnisse, werden im 2. Jahrhundert unserer Zeit in der Schrift *Taipingjing* greifbar. Hervorragende praktische Bedeutung hatte dabei die Heilung von Krankheit, die als religiöse interpretierter Ausdruck von Verfehlungen verstanden wurde.

Das Taipingjing

Die Schrift *Taipingjing* soll in direktem Zusammenhang mit Laozi (Laojun) stehen. Zur Zeit Kaiser Chengs (32–7 v. Chr.) habe sich Laojun in Lang-ye (Shandong) gezeigt und diese Schrift (170 Kapitel) enthüllt.

Das *Taipingjing* spricht von zyklischen Weltkatastrophen, die Gruppen Auserwählter, das »Saatvolk«, überleben. Sie würden in das »Reich des Großen Friedens« (*Taiping*) hinübergerettet. Die Hoffnung auf ein neues Reich der Auserwählten führte zur Zeit der politischen Schwäche der Han-Dynastie zum Aufstand der »Gelben Turbane« in Nordost-China (184 n. Chr.). Anführer war der schriftenkundige Heilkünstler Zhang Jiao. Sein Mittel der Krankenheilung waren unter anderem die Interpretation und Anwendung emblematischer Zeichen und Amulette aus der Schrift *Taipingjing* Zhang Jiao verstand sich als Inkarnation der Gottheit *Huangdi* (»Gelber Gottkaiser«). Zusammen mit seinen beiden Brüdern bildete er die Triade der »Generale« des Himmels, der Erde und der Menschen. Militärisch unterlag ihre Bewegung. Für den entstehenden religiösen Daoismus wirken aber signifikante Elemente weiter: 1) die Offenbarung von Schriften aus himmlischen Archiven, 2) die Wunderheilung durch exorzistische Rituale und Übungen der Reue, 3) die Hoffnung auf verbesserte Existenzbedingungen durch eine rituelle Verbindung mit der spirituellen Administration von Mensch und Umwelt.

Der Himmelsmeister-Daoismus

Eine ähnlich motivierte Bewegung gründete Zhang Daoling, ungefähr im selben Zeitraum, in der Provinz Sichuan. Zhang Daoling schuf mit dem Himmelsmeister-Daoismus, auch »Daoismus der Orthodoxie und Einheit« (*Zhengyi*), den Kern des bis heute bestehenden religiösen Daoismus. Der Himmelsmeister-Daoismus wird vom daoistischen Priester (»Meister des Dao«) getragen, der sein Amt professionell ausübt und seine Einweisung in den Beruf während einer langen Karriere (zumeist schon ab dem siebten Lebensjahr) erfährt. Der Beruf ist vom Vater auf den Sohn vererbbar. Folglich führen auch die Himmelsmeister namens Zhang bis heute ihren Stammbaum auf Zhang Daoling zurück. Die Familie Zhang tradiert seit

Yan Hui: Li Tie-guai, einer der acht daoistischen Unsterblichen, Schutzpatron der Magie, dargestellt mit den Attributen Eisenkrücke und Flaschenkürbis, wie er zusammen mit seinem Pneuma seine Seele zu einer Wanderung in himmlische Welten entläßt. 1. Hälfte des 14. Jahrhunderts. Chion-ji, Kyoto.

Generationen das von Laojun initiierte Patriarchenamt. Dennoch übt sie höchstens eine ideelle Führungsrolle aus, die in keiner Weise etwa dem Papsttum im Katholizismus vergleichbar wäre.

Nach der Tradition wurde der erste »Himmelsmeister« von »Lord Lao« bestallt. »...Zhang Daoling wohnte am Berg Heming in Sichuan. Zur Zeit des Kaisers Shun, im Sommer des Jahres 143 geschah es, daß zwei Boten herniederkamen und sagten: »Taishang Laojun ist da«. Taishang sagte zu Zhang Daoling: »Sie haben in Ihrem früheren Leben dem Dao der Unsterblichen entsprochen. Die Dämonen der sechs Himmel schaden den Menschen.

Ich übergebe Ihnen das Schwert, das üble Geister vernichtet, das wichtige Amt der Führung in den religiösen Diensten und die Methoden der erleuchtenden Einwirkung der Orthodoxie und Einheit (*Zhengyi*).« (aus: *Lao-jun ba-shi-yi hua tu-shuo*).

Die Schrift *Taipingjing* beschreibt die Dämonen als Unglück bringende Boten der »Mutter Erde«, die mit Krankheit jene Menschen straft, die durch Erdbewegungen und Grabungen »Haut, Knochen und Blut« der Mutter Erde »verletzt« hatten. Zhang Daoling der »in einem früheren Leben« dem Standard der Unsterblichen entsprach, erhält die Mittel und das Amt, solche Kräfte zu bannen und die »Menschen zu führen«. Dies beschreibt wesentliche Funktionen der daoistischen Priester, zumindest in ihrem proklamierten Selbstverständnis. Sie entsprachen den Bedürfnissen der Bevölkerung, sei es der Wunsch nach Heilung, nach Regen und guter Ernte oder nach sanktionierter Legitimation der politischen Herrschaft. Sie verfügten über »Register« und Schriften, die Gottheiten anzusprechen und sie nach Bedarf in »vertragliche« Pflicht zu nehmen.

Die Daoisten empfingen also im Verlauf ihres beruflichen Werdegangs zunächst »Register« mit den Namen göttlicher Potenzen, die sie anrufen und aktivieren konnten. Mit fortschreitendem Rang wurden Schriften (*jing*) übergeben. Diese Schriften dienten der Rezitation, der Meditation und dem Gebet, wodurch die Verbindung zu den Sphären der Göttlichkeit (*shen-ming*) erweitert wurde. Nur wer dies vollkommen praktizierte und über diese Mittel verfügte, war in der Lage, die Liturgien auszuführen. Hierzu kamen dann noch die entsprechenden »Altarordnungen« für die göttlichen Instanzen, die beim Ritual »präsidierten«, ferner die Instruktionen zu Ausführungsmodi. Dies alles waren und sind die Berufsgegenstände eines daoistischen Priesters, denen Exklusivität und Geheimhaltung zukamen. Besonders gilt dies für die geheimen Formeln (*mi-jue*), die bei Liturgien zu sprechen sind. Das gemeinsame Gebet aber, Lieder und Choräle mit einer Gemeinde von Gläubigen, das sind Phänomene, die im religiösen Daoismus keine Rolle spielen.

Lehrmeister und Priester

Dem Modell jener Traditionslinie folgend, die mit Zhang Daolings Initiation durch Laojun begann und von seinen Erbnachfolgern weitergeführt wurde, ist die Geschichte des Daoismus von individuellen Traditionslinien bestimmt. Das Lehrer-Schüler Verhältnis steht als Organisationsprinzip im Vordergrund. Der Lehrer eröffnet dem Schüler Wissen und Mittel, die spirituelle Macht bedeuten. Rituelle Mittel und Texte entwickelten sich nach Traditionslinie, nach Ort und Epoche verschiedentlich weiter. Namen wie *lei-fa* (Donner-Methode), *tianxin zhengfa* (Wahrhaftige Methode des Himmelszentrums), *qingwei* (Klares Mysterium) verweisen auf Entwicklungen ritueller und exorzistischer Methoden (bis zum 14. Jahrhundert), die sich mit eigenen Registern, Zeichen (Texte, Amulette) und Offenbarungen von Schriften auswiesen. Es sei nochmals betont, daß die Protagonisten solcher »Methoden« ihre Tradition in den kanonischen Schriften als absolute Gesamtheit des Daoismus darstellten. Der Ursprung der individuellen »Methode« erschien als von Laojun oder anderen Gottheiten begründet und sanktioniert.

Die behauptete Geschichtlichkeit der Traditionslinie wurde mit »Registern« zu den Namen der bei Ritualen präsidierenden Gottheiten belegt, die teils mit Namen vergöttlichter historischer Personen vermischt waren. Repräsentanten der *qingwei*-Gruppe etwa verstanden sich keineswegs als jüngere Abzweigung vom Himmelsmeister-Daoismus. Auch verstand man sich nicht als »Reformbewegung« oder »Gegenbewegung«. Der eigene Anfang wurde in Sphären und Zeiten jenseits aller menschlicher Geschichte gesehen. Genau besehen handelt es sich also um immer neue, gleichrangige Eröffnungen von »Daoismus«.

Ein daoistischer Priester konnte sich die genannten Methoden erwerben, sofern er einen entsprechenden Lehrmeister fand. Der voll ordinierte Priester (*gao-gong*) konnte die großen traditionellen Liturgien (Opferfeiern u. a.) führen. Er verwendete aber auch fakultativ historisch jüngere »Methoden« (*fa*), etwa zum Zwecke einer

Krankenheilung oder einer Feier um »Regen zu erbitten«. Bei alledem handelt es sich offenkundig nicht um »Glaubenslehren« oder um Dogmen und Gebote, die von einer zentralen exegetischen Autorität zu vertreten wären.

Der Kontakt mit der staatlichen Administration auf lokaler und nationaler Ebene erforderte es, formale Systematisierungen und legitimierende Selbstdarstellungen zu finden. Die Daoisten, vertreten durch die Patriarchen der Familie Zhang, mußten immer wieder dem Kaiserhof Loyalität, Funktionalität und Staatskonformität beweisen. Es erwies sich als nützlich, eine Unterscheidung zwischen den historischen Grundlagen, genannt »Lehre« (jiao), und den vielen fakultativen »Methoden« (fa), zu machen. Diese Unterscheidung wurde in der frühen Ming-Zeit vom 43. Patriarchen Zhang Yuchu (1361 – 1410) dokumentiert, als er vom Kaiserhof den Auftrag erhielt (1406), die daoistischen Schriften zu ordnen und neu zusammenzustellen.

Die genannten »Methoden« wurden von Zhang Yuchu der »Lehre« des Himmelsmeister-Daoismus (oder: *Zengyi*) als praktische Möglichkeiten beigeordnet. Zhang Yuchu betont, daß der Priester sich nur auf eine Methode, »vielleicht auch nur auf eine kleine«, konzentrieren solle. Ihre Effektivität beruhe nämlich ausschließlich auf der Seriösität der Ausführung und dem Verhältnis des Priesters zu den Gottheiten (*shen-ming*).

Zhang Yuchu nennt ein weiteres Element, das er gleichrangig mit *Zhengyi*, also mit seiner eigenen, familiären Tradition, als »Lehre« präsentiert. Dies ist die Gruppierung (oder Schule) *Quanzhen* (»Bewahrung der Vollkommenheit«). Mit dieser Schule entstand im 12. Jahrhundert zunächst in Nord-China (Shenxi, Shandong) ein wichtiges Element, das bis heute das Erscheinungsbild des gesamten religiösen Daoismus mit bestimmt.

Quanzhen Schule

Die *Quanzhen* Schule (»Bewahrung der Vollkommenheit«) wurde von Wang Chong-yang, einem Literaten aus Xian-yang in Shaanxi zur Zeit der Jurchen-Herrschaft (Jin, 1127 – 1234) gegründet. Seine Initiation in daoistische Geheimnisse, die zu »plötzlicher Erkenntnis« führte, erfolgte in einer Begegnung mit »zwei Unsterblichen«. Diese Begegnung bewirkte eine völlige Umkehr seiner Lebensgestaltung. Wang Chong-yang »verließ die Familie«, brach seine etablierten Bindungen ab, verstieß bewußt gegen die Etikette und führte ein asketisches, exzentrisches Eremitenleben. Er verließ seine Heimat, zog nach Osten bis Shandong und gewann das Interesse vieler teils wohlgestellter Menschen. Nur wenige aber konnten sich seiner entbehrungsreichen Lebensführung anschließen. Diese Lebensführung ist die praktische Grundlage für eine innere Kultivierung, die teilweise jene Intentionen und Theorien aufnimmt, die vor allem in der Song-Zeit (10./11. Jahrhundert) von der Inneren Alchimie (*neidan*) entwickelt wurden.

Ziel ist die Wiederherstellung der himmlischen Lebensgabe, die jedem Menschen in seiner pränatalen Lebensphase (Embryo) zueigen ist. Dieser Existenzgrund der »Unsterblichkeit« wird im postnatalen Leben vergeudet. Die inneren Sphären des Leibes, der Innenraum der Persönlichkeit, sind also von der Außenwelt abzuschotten, Emotionen sind zu unterbinden und alle gewöhnlichen Sinneswahrnehmungen zu reduzieren. Das nennt Wang Chongyang »echte Meditation«. Sie muß täglich 24 Stunden lang praktiziert werden und ist nicht an formale Meditationssitzungen gebunden. Die angestrebte »plötzliche Erkenntnis« der Prinzipien von Leben und Tod, die Umkehr in der Lebensgestaltung und die Praxis der empfohlenen Selbstkultivierung sind ohne Bücherwissen zu erreichen. Es geht um eine »Vermittlung des Geistes durch den Geist«.

Klösterlicher Daoismus

Wang Chongyang und seine Schüler, die Gründer- und Kerngruppe im *Quanzhen*-Daoismus (die »Sieben Volkommenen«) folgten wesentlich einem neuen Weg der Lebensgestaltung. Aus den Eremitagen, in denen sie anfangs einzeln oder in geringer Zahl lebten, entwickelten sich Klöster im Stil buddhistischer Meditationsklöster. Der *Quanzhen*-Daoismus gewann seit dem 13. Jahrhundert, auch durch die Führung solcher Tempelzentren, eine erhebliche gesellschaftliche Bedeutung. Viele seiner Repräsentanten waren literarisch gebildete Personen, die mit Gönnern und Potentaten auf entsprechendem Niveau verkehrten.

Motivation und Aussagen des *Quanzhen*-Daoismus beziehen sich auf innere, auf das Individuum selbst abzielende Verfahrensweisen. »Register«, Altarordnungen, Amulette und liturgische Handbücher wurden nicht verfaßt und für die Daoisten auch nicht benötigt. Sie stehen nicht im spezifischen Interesse des *Quanzhen*-Daoismus. Angestrebt wird vielmehr eine Überwindung der physischen, psychischen und allgemeinen Lebensbedingungen. Ein Erfolg hierin bedeutet, daß »sich der Prozeß der (inneren) Fünf-Phasen umkehrt«. Der Praktiker erhebt sich dann wie eine »Lotosblüte über den Morast«. In den didaktischen Lehrbildern, die Wang Chongyang anführt, finden sich zwar viele buddhistische Termini. Dennoch, die Zuordnung der *Quanzhen*-Schule zum Daoismus ist offenkundig.

Die Befähigung zum Amt eines daoistischen Priesters ist nicht erforderlich, um *Quanzhen*-Daoist zu werden. *Quanzhen*-Daoist kann werden, wer von einem Meister als Schüler in seine Gemeinschaft aufgenommen wird und einen entsprechenden Daoistennamen erhält. Diese Vorgänge bedeuten nicht nur die Erkenntisfähigkeit bezüglich der Bedingungen »von Leben und Tod« im Sinne der *Quanzhen*-Meister, sondern auch die Bereitschaft zu zölibatärem und asketischem Leben. Selbstverständlich haben sich Daoisten aus den Reihen der Himmelsmeister-Schule (*Zhengyi*) dem *Quanzhen*-Daoismus angeschlossen und damit ihre liturgische Tradition als berufliche und praktische Lebensgrundlage eingebracht. Für die meisten der »Sieben Vollkommenen« können rituelle Betätigungen nachgewiesen werden, die sie als daoistische Priester (*dao-shi*) ausweisen.

Quanzhen und Zhengyi: komplementäre Richtungen des Daoismus

Zur Zeit des Patriarchen Zhang Yuchu (14./15. Jahrhundert) war *Quanzhen* als Lebensbedingung vieler Daoisten ein etabliertes Element. Zhang Yuchu stellt fest, daß *Quanzhen* den Aspekt der Kultivierung des »Innen«, der spirituellen Sphäre der Person anspreche, während der Himmelsmeister-Daoismus mit Ritual und Gebet dem Gemeinwesen, dem »Außen«, diene. Daher sind *Zhengyi* und *Quanzhen* die grundlegenden und komplementären Teile des religiösen Daoismus. Bezugspunkt ist stets der daoistische Priester. Diese Konstellation bestimmt bis heute weitgehend das Erscheinungsbild des religiösen Daoismus.

Seit dem 12./13. Jahrhundert gibt es also neben dem verheirateten Daoisten den zölibatär lebenden, der vorwiegend in Klostergemeinschaften organisiert ist. Der zölibatäre Daoist hat wie der bei seiner Familie lebende die Möglichkeit, sich all der rituellen »Methoden« zu bedienen, die er auf seinem Berufs- und Lebensweg erlangen kann. Hieran wird deutlich, daß der daoistische Priester je nach Ort, Zeit und Möglichkeit seines Wirkens verschiedene Kapazitäten darstellt. Dies gilt für Priester beider Geschlechter, denn das daoistische Priesteramt stand Männern und Frauen gleichermaßen offen.

Gerade die Entscheidung, »die Familie zu verlassen«, bedeutete oftmals einen Ausweg aus ungeliebten Zwängen, wie zum Beispiel einer bevorstehenden Heirat. Das Zölibat für Mann und Frau hat im Daoismus lange vor dem Erscheinen der *Quanzhen* Schule für Mann und Frau einen idealen Status bedeutet, der die besten Voraussetzungen schuf mit »Reinheit und Ruhe« Methoden und Ziele der daoistischen Selbstkultivierung zu verwirklichen. Dies belegen die Überlieferungen (»Biographien«) zu den hervorragenden Daoisten und Eremiten des Altertums. Den *Quanzhen* Daoisten kam es zu, das Zölibat als Grundvoraussetzung für eine daoistische Karriere in ihren Reihen zu institutionalisieren.

Buddhismus und Daoismus

In den ersten Jahrhunderten nach der Zeitenwende gelangten buddhistische Mönche, Schriften und Kultgegenstände nach China. Einfallswege waren die Routen der Seidenstraße (Zentralasien) wie die Seewege von Indien und Indochina, die in südchinesischen Häfen endeten. Der Buddhismus wurde durch Schriften vermittelt, die in China übersetzt und gepredigt wurden. Hieraus entwickelte sich eine chinesisch-buddhistische Literatur, die zunächst daoistische Worte und Begriffe nutzte, um neue Inhalte zu vermitteln. Die Texte waren vielfach ambivalent und legten Assoziationen zum Daoismus nahe.

Zur Zeit der Sechs Dynastien (5.–6. Jahrhundert) entwickelte sich ein spezifisch chinesischer Buddhismus. Andererseits wurde der Daoismus durch neue Konzepte bereichert. Zu nennen ist etwa das Konzept der Wiedergeburt verbunden mit der »Vergeltung der Taten«, gegebenenfalls in tief gestaffelten »Höllen«. Es entstanden Serien von daoistischen Schriften, die terminologisch von buddhistischen Einflüssen geprägt waren.

Der wechselseitige terminologische und konzeptionelle Austausch zwischen Buddhismus und Daoismus vollzog sich weitgehend in den Jahrhunderten vor und während der Tang-Zeit (618 – 907). Wesentlich ist, daß der Buddhismus durch Schriften vermittelt wurde, die in einem Kanon zusammengefaßt und nach Kategorien geordnet waren. Die »Drei Körbe« der Buddhisten enthielten die »Schriften«, die »Regeln der Mönchsdisziplin« und die »Lehrdarlegungen«. Unter dem Eindruck dieser Kanonisierung schufen auch die Daoisten Kompilationen ihrer Schriften, die äußerlich dem buddhistischen Beispiel ähnelten. Die drei Grundabteilungen des daoistischen Kanons (»Drei Höhlen«) mit je zwölf Sektionen gruppierten sich aber um Kernschriften aus dem Bestand der religiösen Offenbarungen. Sie waren daher inhaltlich mit den »Drei Körben« der Buddhisten nicht vergleichbar. Das stets wachsende Schrifttum erforderte schließlich die Erweiterung des Kanons mit vier subsidiären Sektionen. Drei davon »unterstützen« die »Drei Höhlen«, wärend eine vierte (*Zhengyi*) als insgesamt unterstützender Textfundus verstanden wurde. Damit war der »Himmelsmeister-Daoismus« (*Zhengyi*) als Grundlage für das daoistische Priestertum an sich durch die Struktur des Kanons ausgewiesen.

Die verschiedenen historisch bedingten (Neu-)Kompilationen und Drucklegungen des buddhistischen beziehungsweise daoistischen Kanons waren kostspielige Unternehmungen, die offizielle Billigung und finanzielle Patronage durch die staatliche oder lokale Administration erforderten. Der Bestand, die Seriosität und Glaubwürdigkeit von Buddhismus und Daoismus wurden von den religiösen Aktivisten in Disputationen am Kaiserhof unter Bezugnahme auf den jeweiligen Kanon verteidigt. Die Drucklegung und Verbreitung religiöser Schriften bedeuteten »Verdienste« im religiösen Sinne, was bei der Finanzierung bedacht wurde. Zugleich dokumentierte der Staat durch Aufnahme und Kontrolle des als orthodox anerkannten Schriftenbestands seine Führung in religiösen Belangen.

Ein bezeichnendes Ereignis ist der »Religonsstreit« im 13. Jahrhundert zwischen Buddhisten und Daoisten, der vor dem Mongolenhof der Yuan-Dynastie ausgetragen wurde. Neben materiellen Streitpunkten ging es darum, daß die Schrift von der »Bekehrung der Barbaren durch Laozi«, die von den Buddhisten als unwahr und herabsetzend empfunden wurde, aus dem daoistischen Kanon entfernt und samt Druckstöcken vernichtet werden sollte.

Neben der Terminologie und religiösen Konzepten sind auch praktische Lebensformen der Daoisten von Einflüssen des Buddhismus geprägt. Die Anhänger Zhang Daolings trafen sich in eigenen Unterkünften, wo sie in reuiger Übung um Abbitte ihrer Verfehlungen nachsuchten. Dies waren die Anfänge der späteren »Herbergen«, die mit dem Begriff des daoistischen Tempels identifiziert wurden. Hier wohnten zumindest zeitweise Daoisten mit oder ohne Familie. Der Begriff »Herberge« wurde bereits vor der Zeit der Tang-Dynastie oftmals durch »Belvedere« ersetzt. Aus der Tang-Zeit liegen Beschreibungen vor, die diese »Belvedere« als höchst komplex organisierte Zentren religiösen Lebens ausweisen. Diese ausgefeilte monastische Kultur wurde mit dem Buddhismus eingeführt, weiter entwickelt und von den Daoisten übernommen.

Bereits im chinesischen Altertum gab es Eremitentum und individuell motivierte Weltflucht. Dieses Element wurde im monastischen Leben aufgefangen und neu gestaltet. Die Meditation in der Gemeinschaft, die speziell die *Chan*-(»Zen«)Buddhisten pflegten, wurde zusammen mit anderen Konzepten aus dem Buddhismus, wie etwa die »Plötzliche Erkenntnis«, vom *Quanzhen* Daoismus instrumentalisiert und übernommen. Die äußerliche Nähe des *Quanzhen* Daoismus zu buddhistischen Formen und Haltungen bleibt bis heute charakteristisch. Andere Bereiche der Einflußnahme des Buddhismus auf den Daoismus finden sich im weiten Bereich der sakralen darstellenden Kunst. Das Erscheinungsbild des Daoismus, wie wir ihn heute sehen, ist ohne den Jahrhunderte währenden Austausch mit der buddhistischen Kultur nicht denkbar.

Daoismus in der Gegenwart

Der religiöse Daoismus war in seiner Verbreitung an Gemeinwesen im sozialen und kulturellen Rahmen der chinesischen Kultur gebunden. Diese äußere Begrenzung für seine Verbreitung gilt bis heute, zumal diese Religion keine missionarischen Vorstellungen und Praktiken verfolgt. Ein weiterer Grund für die regionale Bezogenheit des religiösen Daoismus liegt in seinem professionellen Wesen.

Nur der daoistische Priester (*dao-shi*) ist Daoist. Es wird zwischen den verheirateten Daoisten (*Zhengyi*) und zölibatären (*Quanzhen*) unterschieden. Die *Quanzhen* Daoisten sind in Meditationsklöstern in überschaubaren Gruppen zusammengefaßt. Zahl und Verteilung der *Zhengyi* Daoisten ist wesentlich schwerer zu erfassen, da sie nur bei der Ausübung von Ritualen als solche erkennbar sind, sonst aber im Volk und mit dem Volk leben. Es ist möglich, daß diese Daoisten lange Zeit ihre Profession nicht ausüben. Es kann sein, daß sie ohne ein aufnahmefähiges gesellschaftliches Umfeld und mangels Bedarf, ihre Profession und religiöse Würde nicht weitergeben können. Dem gegenüber zeichnet sich der *Quanzhen* Daoismus durch Öffentlichkeit aus. Diese Grundbedingungen erklären Probleme der aktuellen Situation des religiösen Daoismus.

In den chinesischen Siedlungsräumen Taiwan, Hongkong und Südost-Asien konnten sich die traditionellen Formen des religiösen Daoismus gemäß den »Abstammungslinien« aus dem Mutterland weiterentwickeln. Taiwan war wesentlich von der Provinz Fujian aus chinesisch besiedelt worden. Die Siedler brachten angestammte Bräuche und Kulte mit. Soweit und solange möglich hat man die Verbindung zu den Ursprungstempeln der nach Taiwan transferierten Kulte bewahrt. In den letzten Jahren soll es wieder zunehmend möglich geworden sein, solche rituelle Bande zu erneuern, in Fujian und Guangdong alte Tempel zu renovieren, teils neue einzurichten und vor allem Tempelfeste auszurichten. Finanziell spielen dabei die Überseechinesen eine erhebliche Rolle. Aus ihrem Kreis kommt vielfach auch die religiöse Literatur, die unter anderem in Singapur und Hongkong gedruckt wird und innerhalb von Tempeln in der Volksrepublik China gekauft werden kann.

Während in südlichen Provinzen der liturgische Daoismus (*Zhengyi*) wieder an Präsenz gewinnt, scheint dies in nördlichen und zentralen Provinzen weniger deutlich zu sein. Für die Ausführung daoistischer Liturgien in den genannten südlichen Regionen Chinas gilt, daß sie mit Vereinfachungen und Verkürzungen traditionellen Regeln folgen.

Mancherorts – zum Beispiel in der Volksrepublik China – wird gesagt, daß es »keine Daoisten (*dao-shi*) mehr gibt«. Die Diskussion war lange von der Ansicht dominiert, daß sich »Religion« in einer sozialistischen Gesellschaft überlebe. Ihre »ausbeuterischen und betrügerischen« Formen seien auszumerzen. Zugleich war und ist per Verfassung »Religionsfreiheit« garantiert. Ein gewisser Spielraum wurde den »Hochreligionen« zugebilligt. Dies betraf den Buddhismus, den Islam und das Christentum. »Daoismus« spielt in diesem Kontext keine Rolle.

Dies verdeutlicht die Schwierigkeiten, mit denen die Daoisten der Himmelsmeister-Schule (*dao-shi*) konfrontiert sind. Die ideologisch bestimmte Propaganda greift gewisse Erscheinungsformen auf, etwa exorzistische Behandlungen von Erkrankungen oder Bittopfer um Regen, und kritisiert die Akteure mit materialistischen, aufklärerischen Argumenten. Da die genannten Praktiken oft mit dem religiösen Daoismus identifiziert werden, ist es leicht, den daoistischen Berufsstand (*Zhengyi*) auszugrenzen. Der Vorwurf lautet, es handle sich um »Schamanismus« oder einfach »nicht um normale religiöse Betätigungen«. Bis heute scheint vielfach die Bereitschaft zu fehlen, sich mit den spirituellen und historischen Voraussetzungen solcher Erscheinungsformen und Praktiken zu befassen und ihnen offiziell den angestammten Spielraum zu gewähren.

Für das Auftreten und Agieren der Daoisten gab und gibt es die Anforderung aus der Bevölkerung, die sich in modernen Gesellschaften von selbst einpendelt und behauptet, wie chinesische Gemeinwesen in Südost-Asien zeigen. Was die Volksrepublik China betrifft, so gilt wohl, daß die daoistische Sphäre der (*Zhengyi*) Priester, die »am Herd« (in der Familie) leben, eine gewünschte Überschaubarkeit vermissen läßt. Andererseits werden rituelle und exorzistische Elemente des *Zhengyi* Daoismus im klösterlich limitierten Spielraum der zölibatären *Quanzhen* Daoisten weitergeführt. Das Studium der daoistischen literarischen, spirituellen und religiösen Kultur wird in der Volksrepublik China in diesem Rahmen geduldet und unterstützt.

All diese Aktivitäten werden von offiziellen »Gesellschaften« getragen, die mit der Partei sicherstellen, daß gesellschaftskonforme Bahnen gewahrt werden. Auf der Grundlage des monastisch organisierten *Quanzhen* Daoismus und der staatlichen bzw. provinziellen »Studiengesellschaften« und »Akademien« entwickeln sich unter diesen Bedingungen zumeist an alten und bekannten Klosterstätten neue Gemeinschaften von Daoisten.

Bemerkenswert ist der Anspruch der *Quanzhen* Daoisten, ein gehobenes literarisches Niveau zu vertreten. Wang Chongyang (12. Jahrhundert) hatte zur Grundbildung seiner Schüler (zum Beispiel) das Studium der Schrift *Daodejing* (Lao-tzu) empfohlen. Mit dem Hinweis, daß sich der Daoist mit großen literarischen Traditionen identifiziert, erhebt er sich explizit über das Niveau des »Schamanen« und betont damit den Anspruch »Hochreligion« zu vertreten.

Ein weiteres Argument, das in dieselbe Richtung zielt, ist die proklamierte Harmonie mit den Lehren Buddhismus und Konfuzianismus. Wang Chongyang war ein Exponent der alten Theorie, daß die »Drei Wege ein Ziel« hätten. Daoismus, Buddhismus und Konfuzianismus seien wie »Drei Beine eines Dreifuß-Gefäßes«. In der Tat sieht man gelegentlich in Quanzhen Klöstern buddhistische Embleme und Altäre. Diese betonte Offenheit hilft heute, die offizielle Toleranz zu erhalten und populären Wünschen zu entsprechen.

Die Weite der religiösen Fazette in *Quanzhen* Tempeln zieht Pilger und Fromme an, die mit ihren Gaben zum Unterhalt von Personal und zu den nötigen Renovierungen beitragen. Manche daoistische Zentren tragen sich wirtschaftlich selbst, so durch die Produktion von Genußmitteln (Tee und Wein), durch den Betrieb von Hotels und religiöse Dienstleistungen.

Diese Möglichkeiten sind nicht immer gegeben. Auch variieren die administrativen Verhaltensweisen von Ort zu Ort. Daher kann keine für das ganze Land gültige Beschreibung gegeben werden. Sicher ist, daß die daoistische Kultur wiederersteht, indem von der Bevölkerung ihre religiösen Möglichkeiten gesucht werden. Es ist stets zu bedenken, daß die daoistische Kultur und Religion regional verschieden ausgeprägt war, und ihre Renaissance entsprechend unterschiedlich verläuft. Wissenschaftliche Bemühungen um Erhalt und Verständnis der daoistischen Tradition sind an »Sozialkundeakademien« (national und regional) gebunden. Von dieser Seite gehen keine religiösen Impulse aus, bleibt es doch Aufgabe der Wissenschaft, »Religion zu überwinden«.

Es gibt im religiösen Daoismus keine übergreifende Diskussion um »Reformbewegungen« oder »fundamentalistische« Strömungen, wie in den Religionen Christentum oder Islam. Sind liegen jenseits der traditionellen Begrifflichkeit des religiösen Daoismus. Zu den Möglichkeiten der daoistischen Kultur gehört auch das künstlerische Schaffen, das formal und thematisch bis heute die Tradition fortführt. Der Wiedergabe von religiösen Überlieferungen in der Kunst kommt eine große didaktische Rolle zu. Die Wiederherstellung alter Kultstätten zeigt, daß die notwendigen Fertigkeiten nicht vergessen sind, wenn auch die Verluste durch die Kulturrevolution (1966–1976) nicht auszugleichen sind.

LITERATUR: Anna K. Seidel: La divinisation de Lao Tseu dans le Taoisme des Han. Paris 1969. – Henri Maspero: Le Taoisme et les religions chinoises. Paris 1971, Neuedition. – Werner Eichhorn: Die Religionen Chinas. Stuttgart 1973. – Erik Zürcher: The Buddhist Conquest of China.Taipei 1975, Nachdruck. – Holmes Welch und Anna K. Seidel (Hg.): Facets of Taoism, Essays in Chinese Religion. New Haven and London 1979. – Erik Zürcher: Buddhist Influence on Early Taoism. In: T'oung Pao LXVI, S. I 84–147, Leiden 1980. – Lionello Lanciotti: Il libro della Virtù e della Via, Il Te-tao ching secondo il manoscritto di Ma-wang-tui. Mailand 1981 (mit Übersetzung des Te-tao ching nach dem Textfund von Ma-wang-tui). – Kristofer Schipper: Le corps taoiste. Paris 1982. – Piet van der Loon: Taoist books in the libraries of the Sung period, A critical study and index. Oxford 1984. – Ernstjoachim Vierheller: Umwelt im Taoismus. In: Ethik der Religionen – Lehre und Leben, Band 5. Hg. von Michael Klöcker/Udo Tworuschka. Göttingen/München 1986, S. 123 – 140. – Peter J. Opitz: Besitz und Armut im Konfuzianismus und Taoismus. In: Ethik der Religionen – Lehre und Leben, Band 4, Hg. von Michael Klöcker/Udo Tworuschka. Göttingen/München 1986, S. 114–130. – Judith M. Boltz: A survey of Taoist literature, Tenth to Seventeenth centuries. Berkeley 1987. – John Lagerwey: Taoist Ritual in Chinese Society and History. New York/London 1987. (Es gibt eine deutsche Übersetzung). – F. C. Reiter: Grundelemente und Tendenzen des Religiösen Taoismus, das Spannungsverhältnis von Integration und Individualität in seiner Geschichte zur Chin-, Yüan- und frühen Ming-Zeit. Stuttgart 1988. – F. C. Reiter (Hg./Übers.): Leben und Wirken Laotzu's in Schrift und Bild (*Lao-chün pa-shih-i hua t'u-shuo*). Würzburg 1990. – F. C. Reiter: Der Perlenbeutel aus den Drei Höhlen. Wiesbaden 1990. – Zur gegenwärtigen Situation: Donald E. MacInnis: Religionspolitik im kommunistischen China, Theorie und Praxis in Dokumenten. Göttingen 1972. – F. C. Reiter: Religion in China oder die Beständigkeit des Überbaus, Beobachtungen und Eindrücke im Frühjahr 1991. In: Asien, Juli 1992.

Florian C. Reiter

Zur Daoismus-Rezeption im Westen

Chinesische Spiritualität ist heutzutage auf sehr vielfältige Weise bei uns präsent. Sie reicht von der Rezeption des klassischen Weissagungsglücks *Yijing* in esoterischen Kreisen, über die Verwendung der alten chinesischen Heilmethode der Akupunktur bis hin zu Erkenntnissen moderner Physiker (Fritjof Capra), die das dynamische und komplementäre Weltbild, das sich in der Struktur des *dao,* sowie die beiden Größen *yin* und *yang,* als in prinzipieller Übereinstimmung mit ihren Erkenntnissen begreifen. Schriften, wie die des Engländers John Blofeld (Das Kleine und Erhabene, 1974; Eine Reise von tausend Meilen beginnt mit dem ersten Schritt, 1974. Neuausgabe 1990) werden von sinn-suchenden Abendländern geradezu verschlungen. Klassische Texte erscheinen, teilweise erstmalig, in deutschen Übersetzungen und erreichen ein breites Publikum. »Tao für den Westen«, lautet der Titel einer »Hinführung«, die der katholische Kirchenrechtler Knut Walf herausgegeben hat.

Walf möchte »zum tieferen Einleben in die Tao-Lehre anregen und ermutigen«. Er steht damit in der Tradition einiger weniger christlicher Theologen, die der chinesischen Gedankenwelt gegenüber aufgeschlossen waren. Zu erwähnen ist der katholische Theologe Hermann Schell (1850 – 1906), der unter allen Schriften außerhalb der Bibel und der von ihr beeinflußten Schriften »dem Büchlein Lao-tse's den Primat« erteilt. Engagiert hat sich auch der evangelische Alttestamentler Julius Grill mit den vermeintlichen Parallelen zwischen dem Neuen Testament und dem Daodejing auseinandergesetzt (Lao-tszes Buch vom höchsten Wesen und vom höchsten Gut, 1910). Einer der Pioniere des christlich-buddhistischen Dialoges, der Trappistenmönch Thomas Merton (1915 – 1968), hat sich wenige Jahre vor seinem Unfalltod in Bangkok engagiert mit chinesischer Religiösität beschäftigt (The Way of Chuang Tzu, 1965). Unter den gegenwärtigen deutschen Theologen ragt vor allem der Katholik Hans Küng heraus, der zusammen mit Julia Ching das Werk »Christentum und Chinesische Religion« (1988) herausgebracht hat. Auf jüdischer Seite verdient Martin Buber Erwähnung, der nicht nur eine Sammlung der »Reden und Gleichnisse des Tschuang-Tse« (1910) herausbrachte, sondern auch eine Darstellung verfaßte: »Die Lehre des Tao« (Ges. Werke Bd. 1, 1962).

Auf philosophischer Seite ist an Karl Jaspers zu erinnern, der in seinem »Lao-tse, Nagarjuna – Zwei asiatische Metaphysiker« (1957) den großen Chinesen und den bedeutenden Hindu-Philosophen aus dem 2./3. nachchristlichen Jahrhundert miteinander vergleicht. Der Kulturphilosoph, Rechtswissenschaftler und Soziologe Eugen Rosenstock-Huessy (1888 – 1973) betrachtet Laozi als Ergänzung Buddhas und bezieht ihn in die Heilsgeschichte ein und deutet Dao als »eine neue Dimension der Freiheit«. Auch Ernst Bloch (1885 – 1977) hat sich in seinem Hauptwerk »Das Prinzip Hoffnung« (1954 – 1959) ebenfalls mit Laozi auseinandergesetzt, insbesondere mit dem Prinzip des »Nicht-Tuns«: »Also ist Laotses Nicht-Machen durchaus mit einer Art mitwaltender Wirksamkeit verbunden: kraft seiner Allianz mit dem Puls der Welt, kraft seiner Abneigung gegen abstrakte Technik, die ohne Kontakt mit der Natur als Mutter wirkt. Also enthält aber auch die verstandene Lehre des Nicht-machens eine Maxime, die am Ende so fern von Quietismus sein kann, daß sie konkreter Handlung am wenigsten fremd bleibt, ja Revolution als Durchbruch ins Fällig-Rechte heiligt.« Zusammen mit dem Chinesen Shih-Yi-Hsiao arbeitete Martin Heidegger (1889 – 1976) an einer Übersetzung des Daodejing. Zusammen mit dem berühmten Sinologen und evangelischen Theologen Richard Wilhelm (1873 – 1930), dessen Übersetzungen klassischer chinesischer Werke den Boden für eine breitere Kenntnis der chinesischen Geisteswelt in Deutschland bereiteten, kommentierte Carl Gustav Jung (1875 – 1961) die daodistische Schrift »Das Geheimnis der Goldenen Blüte« (1929). Die Wirkung Laozis, dieses chinesischen »Mystikers«, wie ihn Gustav Mensching (1901 – 1978) charakterisierte (Die Söhne Gottes, 1958), reicht bis in unsere Schulbücher hinein – und zwar vermittelt durch Bert Brechts 1938 entstandene »Legende von der Entstehung des Buches Taoteking auf dem Wege des Laotse in die Emigration«, dessen 13. und letzte Strophe so lautet:

»Aber rühmen wir nicht nur den Weisen
Dessen Namen auf dem Buche prangt!
Denn man muß dem Weisen seine Weisheit erst entreißen.
Darum sei der Zöllner auch bedankt:
Er hat sie ihm abverlangt«

Udo Tworuschka

SHINTO

Das Wort Shinto ist zusammengesetzt aus zwei chinesisch-japanischen Zeichen, die »Weg der kami« (kami no michi) bedeuten. Die kami sind die einheimischen Gottheiten Japans. Der »Weg der kami« wurde vom japanischen Volk in vorgeschichtlicher Zeit geprägt und überliefert. Ein Gründer ist nicht bekannt. Obwohl der legendäre Kaiser Jimmu die Yamato-Nation vor mehr als 2600 Jahren ins Leben gerufen haben soll, wurden die wesentlichen Elemente des »Wege der kami« schon vorher praktiziert, so daß sich die letzten Ursprünge des Shinto in der prähistorischen Vergangenheit verlieren. Kurz gesagt umfaßt der »Weg der kami« die traditionellen Lebensvorschriften des japanischen Volkes, die Glaubensüberzeugungen, nach denen es lebte und starb, die Lebenseinstellung und die Bräuche insgesamt. Da zu jenem Zeitpunkt dieser Lebensweg der einzige war, den die Japaner kannten, bedurfte es auch keiner eigenen Bezeichnung hierfür. Der Name Shinto oder »Weg der kami« wurde erst später für diesen Lebensstil benutzt, als der Konfuzianismus und der Buddhismus aus China eingeführt wurden.

Ihr Menschen unter
dem Himmel!
Empfanget der Götter
gerechte Gesetze!
Erkennet den Himmel
als euren Vater,
die Erde als eure Mutter,
als Brüder und Schwestern
das Andre all!
Dann werdet ihr froh sein
dieses göttlichen Landes,
unübertroffen, werdet frei sein
von Haß und Not!«
(Orakel von Atsuta)

Der Weg der Kami

Der Begriff Shinto ist erstmals in den »Chroniken Japans« (*Nihon shoki*) dokumentiert, die 720 zusammengestellt wurden. In der Episode, in der von Kaiser Yomei berichtet wird (regierte 585 – 587), heißt es, daß dieser »das buddhistische dharma verehrte und Shinto nicht vernachlässigte«. Der Begriff wird also benutzt, um explizit einen Gegensatz zur importierten Buddha-Religion herzustellen.

Vor seiner Verwendung in Japan wurde der Begriff Shinto (chinesisch *shen dao*) in China etwa vom 4. oder 3. Jahrhundert v. Chr. an gebraucht und ist bereits im klassischen Werk des Konfuzianismus, dem *Yijing*, zu finden. Als Terminus, der sich auf die transzendentale Welt der religiösen Wahrheit bezog, wurde er in das *Nihon shoki* aufgenommen und schließlich zum umfassenden Begriff für jene magisch-religiösen Glaubensinhalte und Glaubenspraktiken, die in Japan bereits seit der vorbuddhistischen Periode existierten. Kurz, der Begriff Shinto war in Japan als »Weg der kami« bekannt, und in dem *Nihon shoki* wurde das Wort *kami* mit dem chinesischen Schriftzeichen für *shen* ausgedrückt, was häufig mit »Geist« oder »Seele« übersetzt wird.

Wissenschaftler haben lange über die etymologischen Ursprünge des Wortes *kami* debattiert, doch gilt als sehr wahrscheinlich, daß es sich um eine Verkürzung des ursprünglichen Wortes *kakurimi* handelt, was soviel bedeutet wie »ein Verborgener«, oder vielleicht eine Kurzform von *kakuri mitama*, was »verborgener Geist« bedeutet.

Mit anderen Worten, k*ami* bezeichnet eine dem menschlichen Auge nicht sichtbare Existenz, einen unsichtbaren Geist (*mitama*), und der »Weg der kami« (*Shinto*) ist eine Kombination aus den Schriftzeichen für *kami* (*shin*) und »Weg« (*michi* oder *to*; chin. *dao*). Interessanterweise leitet sich das Wort für »Person« – *hito* – von *hi ga todomaru* ab, ein Ausdruck, der etwa »der Geist wohnt« bedeutet, sich also auf die Vorstellung bezieht, wie die *kami* in den Menschen lebten. Das Wort *hi* (Geist) ist linguistisch gesehen verwandt mit einem homophonen Zeichen, das »Sonne« bedeutet, verweist also auf den Glauben an die Urquelle alles Lebens und aller Lebendigkeit.

Im Shinto glaubt man nicht nur, daß die *kami* in den Menschen wohnen, sondern potentiell in allen Phänomenen der Natur, von Bergen, Flüssen und Seen bis hin zur Erde, den Bäumen, den Pflanzen und selbst den Steinen. In der Verehrung solcher Naturphänomene wie der *kami* kann man eines der spezifischen Charakteristika des »Weges der kami« Japans sehen. Die oben erwähnten Begriffe *kakuri* oder *kakureru* (verbergen) bezeichneten in alter Zeit den Tod einer adligen oder hochstehenden Persönlichkeit, und der Ausdruck *kakuri yo* meinte jene andere Welt nach dem Tode: die Welt der *kami*.

Die beiden Schriftzeichen der Zusammensetzung *mi-tama* (oder auch *reikon*) können jeweils auch einzeln als *tama* gelesen werden und bezeichnen eine übermenschliche spirituelle Kraft. In Wörterbüchern heißt es, daß diese Zeichen »Geist eines Menschen« bedeuten oder auch »Dinge, die mit dem Leben zu tun haben, auch Tiere und Pflanzen« und »das, was in der Natur beheimatet ist oder spezifische Geräte«. Nach einer anderen Definition bedeutet *tama* »das Prinzip, das den Menschen, Tieren und Pflanzen innewohnt, diesen Leben gibt und die Funktionen des Geistes bestimmt. *Tama* wird als etwas gedacht, das unabhängig vom Körper und auch nach dem körperlichen Tod existieren kann.«

Die Schriftzeichen, die als *kami no michi* gelesen werden und »Weg der kami« bedeuten, können aber auch als *kannagara no michi* gelesen werden, ein Ausdruck, der in der japanischen klassischen Literatur als »die kami selbst« (*ishin*) und »in Übereinstimmung mit dem Willen der kami« (*zuishin*) interpretiert wird. Ein Kommentar zu einem kaiserlichen Reskript des Kaisers Kotoku (regierte 645 – 652), der in die *Nihon shoki* aufgenommen wurde, vermerkt, daß der Ausdruck *ishin* (*kannagara*) den Status der »Übereinstimmung mit dem Weg der kami oder die natürliche Existenz des Weges der kami« bezeichnet.

Leben und Tod im Shinto

Die beiden Schriftzeichen, die die Zusammensetzung *mitama* (*reikon*) ergeben, können auch als *tama* gelesen werden. Eins dieser Zeichen, *rei*, hat noch eine dritte Lesart, *qi*, was in etwa soviel wie mystische, spirituelle Kraft bedeutet. Der Begriff *qi* entstand vor dem Hintergrund einer Weltsicht, die man als pantheistisch bezeichnen könnte, und spiegelt eine der ältesten japanischen Vorstellungen von einer spirituellen Seinsweise. Er hat dieselbe Wurzel wie das Wort für »Leben«, *inoqi*.

Wenn ein neuer *kami* geboren wird, empfängt dieser das *qi* (eigentlich das *inochi* oder die »Lebenskraft«) von seinen elterlichen *kami*. Des weiteren wird das chinesisch-japanische Zeichen für »Blut« im Japanischen auch als *qi* gelesen, und es ist eine allgemeine Redensart, daß die Eltern-Kind-Beziehungen eine »Teilung des qi (Blutes)« darstellen. Umgekehrt heißt im Japanischen der männliche Elternteil, der mit seinem Nachwuchs das »Blut teilt«, *qiqi*, ein Begriff, der wiederum auch für die Mutterbrust verwendet wird, die ihren Nachwuchs ernährt.

Entsprechend dem »Weg der kami« oder Shinto wird diese große Lebenskraft als *musubi* (Geist der universellen Zeugung) bezeichnet, und alle Dinge im Universum, nicht nur die Menschen, sondern auch Land und Berge, Flüsse und Seen, Pflanzen und Tiere, sind aus dieser Lebensquelle geboren. Folglich wird alles im Himmel und auf der Erde als das Leben selbst betrachtet.

Oberflächlich gesehen erscheint das Leben in dieser Welt als eine unendliche Mannigfaltigkeit individueller Formen, in Wirklichkeit aber sind diese Formen lediglich besondere Momente eines einzigen Lebens, das vom universellen Leben des Kosmos selbst abgeteilt oder zugeteilt wurde. Nach japanischem Verständnis der Schöpfung ist die Geburt eines neuen *kami* sein »Werden« (*naru*, werden). *Naru* hat dieselbe sprachliche Wurzel wie ein anderes Zeichen, das »Geburt« bedeutet, und bezeichnet Geburt, Wachstum, Veränderung und Reifung eines lebenden Wesens. »Geboren werden« (*naru*) bedeutet außerdem auch einfach »sein« oder »existieren« (*aru*). »Existenz« (*ari*) bedeutet also die Existenz von etwas, das durch das »geboren werden« oder »zum Sein kommen« (*aru*) und durch Ausdehnung in Erscheinung tritt, »etwas, das erschienen ist« (*arawareru*).

»Erscheinen« bedeutet, daß etwas, das vorher einer Sache innewohnte oder verborgen war, zu Tage tritt und sichtbar wird; und das japanische *arawareru*, das diese Vorstellung zum Ausdruck bringt, hat dieselbe Wurzel wie das bereits erwähnte *aru* (»sein« oder »geboren wer-

Yumedono des Horyu, des ältesten japanischen Tempels. 7. Jahrhundert. Nara.

den«). Der Begriff »erscheinen« steht im Gegensatz zu »verborgen sein« (*kakusareru*) und bedeutet, daß etwas, was normalerweise verborgen ist, sichtbar zur Erscheinung gekommen ist.

Schließlich kann »werden« (*naru*) als Zusammensetzung von Wörtern aufgefaßt werden, die bedeutet, daß die »Wurzel« (*ne*) erscheint« (*aru*). Und Geburt (*naru*) bedeutet daher, daß ein Teil einer »Wurzel«existenz Form angenommen hat und sichtbar geworden ist. Dieser Begriff von »Wurzel« (*ne*) kann mit Hilfe der Metapher einer Baumwurzel erläutert werden, die unsichtbar tief unter der Erde existiert und den sichtbaren Baum mit Nahrung versorgt. Die »Wurzel« existiert also als Ursprung aller Dinge, gebiert sie, nährt sie und führt sie schließlich im Tode zu ihrem Ende. Genau diese »Wurzel« ist die Kraft von *musubi*, der »großen Lebenskraft« und des Geistes des Kosmos.

Der »Weg der kami« lehrt also, daß die kami aus dem Geist von musubi »wurden« und als die »acht Millionen Myriaden von kami« (*yaorozu no kamigasi*) in Erscheinung traten, von denen in der klassischen Shinto-Literatur die Rede ist.

In alter Zeit wurde das Ereignis des Todes manchmal mit »die kami gehen fort« (*kami saru*), »die kami scheiden« (*kami agaru*) oder »der Geist scheidet« (*mimagaru*) umschrieben. Diese Ausdrücke beziehen sich auf die Tatsache, daß der Geist (*kami* oder *mi*) den Körper und diese Welt verläßt, um in jene andere Welt zu gehen und dort mit dem ursprünglichen Geist des Kosmos wiedervereint zu werden. Phänomenologisch weisen sie darauf hin, daß das »Blut« oder der »Geist« (*qi*) den Körper verlassen hat. Ein Körper ohne *kami* oder *mi* hieß *nakigara*, ein Begriff, der eine »leere« oder ausgetrocknete »Muschel« (*kara*) bezeichnet, also die Muschel, aus der der *kami* oder *mi* sich zurückgezogen hat. Wie die Blätter eines Baumes, die vertrocknen und zu Staub werden, ist auch *nagikara* eine Existenzform, die dahinscheidet und in die Natur zurückkehrt.

Rituelle und klassische Literatur des Shinto

Die Glaubensinhalte und Bräuche des »Weges der kami« sind durch Legenden (die sogenannten *kamigatari goto*) der kaiserlichen Familie und anderer Japaner überliefert worden. Aufgrund eines Erlasses von Kaiser Tenzu (regierte 673 – 686) wurden diese Legenden in schriftlicher Form zusammengefaßt, so daß zwei offizielle Geschichtsbücher, das *Kojiki* (Berichte aus alter Zeit) und das *Nihon shoki*, entstanden. Beide enthalten einen Abschnitt mit dem Titel »Buch des göttlichen Zeitalters« (*jindai no kan*), der detailliert die Ereignisse von der Erschaffung von Himmel und Erde bis zur Gründung Japans als Nation durch den legendären Kaiser Jimmu darstellt.

Von frühester Zeit an existierten neben dem Shinto die Traditionen des Konfuzianismus und Buddhismus, die vom Kontinent, aus China, kamen. Ihr Einfluß hat den Shinto wesentlich bereichert, doch die Glaubensinhalte und die Lebenseinstellung, die dem »Weg der kami« eigen sind, haben sich von der Zeit seiner Entstehung bis heute unverändert gehalten.

Ahnenverehrung und Familienaltäre

Einer der grundlegendsten Glaubensinhalte des Shinto besagt, daß die Ahnen weiterhin existieren und mit ihren lebenden Nachkommen zusammenleben. Der Glaube, daß Ahnen an einem heiligen Platz wohnen, wo die Nachkommen jederzeit vor sie hintreten können, ist immer ein lebendiger Bestandteil des japanischen Denkens gewesen. Die heiligen Orte, von denen hier die Rede ist, sind die »Schränke der Gottheit« (*kamidana*) und die buddhistischen Altäre (*butsudan*) im japanischen Haus. Der *kamidana* ist ein kleiner Altar, wo die *kami* mit Gaben verehrt werden, während der *butsudan* in der Regel ein größerer Familienaltar ist, in dem sich eine buddhistische Darstellung und Gedenktafeln verstorbener Ahnen befinden.

In alter Zeit glaubte man, daß der Geist des verstorbenen Verwandten am Neujahrsabend in seine alte Wohnung in dieser Welt zurückkehrt. Daher legten die Familienmitglieder Opfergaben bereit, um die Geister zu unterhalten. Dieses »Fest der Geister« oder *mitama matsuri* war bereits im achten Jahrhundert in der japanischen Gesellschaft weit verbreitet. Das Sommerfest der wiederkehrenden Geister (*urabon*, bekannter unter der einfacheren Bezeichnung »Bon«) gilt heute als buddhistischer Brauch, doch der Buddhismus des alten Indien war ursprünglich keine Religion der Ahnenverehrung; die buddhistische Form der Ahnenverehrung entstand auf der Grundlage des einheimischen Shinto-Glaubens in Japan.

Mit dem Aufstehen am Neujahrstag steht der Einzelne dem ersten Tag eines neuen Jahres, eines neuen Lebens gegenüber. Dieser Moment des Übergangs ist der Zielpunkt der Ahnengeister, die plötzlich erscheinen, um ihre lebenden Nachfahren zu besuchen. Die Lebenden wiederum stellen Opfergaben zum *kamidana* und *butsudan*, um die Geister bei einem gemeinsamen Mal zu unterhalten. Am nächsten Tag nehmen die Geister von den lebenden Nachkommen Abschied und reisen wieder in ihre andere Welt. Das Ritual wird von Jahr zu Jahr wiederholt, um sicher zu gehen, daß die Ahnen auch weiterhin ihre Nachfahren besuchen. Und der Platz, wo jene Geister wohnen und zum Gegenstand der Verehrung durch die Lebenden werden, ist der *kamidana* und der *butsudan*. Diese Einrichtungen bilden den sogenannten *yorishiro* oder den »Ort des Nahens« (einer Gottheit).

Ursprünglich war der Schrein oder *jinja* keine dauerhafte Wohnstatt für die *kami*. Er war eine räumliche Gegebenheit, um den *kami* zu huldigen, die gebeten oder eingeladen wurden, hin und wieder an diesem Ort zu erscheinen. In der alten Zeit glaubte man, daß die *kami* nur während der jährlichen *matsuri* erschienen, später wurde das materielle Gebilde jedoch als dauerhaftes Gebäude und Wohnstatt für die *kami* betrachtet. Die *kamidana* und *butsudan* in Japan sind also weder nur Dekoration noch Objekte der Verehrung, sondern materielle Symbole für die Verehrung der Ahnengeister.

Das Fest mit dem Namen *kinensai* oder *toshigoi no matsuri* ist ein Frühlingsritus, bei dem die *kami* um eine reiche Reis- und Kornernte angefleht werden. Seit altersher lebten die Japaner in einer bäuerlichen Gesellschaft auf der Grundlage des Reisanbaus, und im großen und ganzen hing ihr Glück jedes Jahr von neuem von einer erfolgreichen Ernte ab. Die Funktion des Besuchs der Ahnengeister steht hiermit in unmittelbarem Zusammenhang. Eine Jahresernte – Reis oder anderes Korn – wurde *toshi* genannt, ein Wort, mit dem auch ein »Jahr« bezeichnet wurde. Auf dieses *toshi* oder die »jährliche Kornernte« bezieht sich der Ausdruck *toshigoi no matsuri*. Das *toshi* hieß aber auch »kami des Jahres« oder *mitoshi no kami*, eine Bezeichnung, die die Vergöttlichung des Reiskorns widerspiegelt, wie sie auch in »Geist des Reiskorns« oder *inedama* zum Ausdruck kommt. Die Japaner glaubten, diese Kraft des *musubi* im jährlichen Zyklus auf dem Feld zu sehen, angefangen von der Geburt (dem Sprießen) der Reispflanze über das Wachsen und Reifen bis zum schließlichen Tod (dem Trocknen) und zur Wiedergeburt im nächsten Frühjahr.

Diese Vorstellungen von der Fortpflanzung und der Geist-Kraft verschmolzen im *Niiname*, der feierlichen Zelebration der Ernte, einem Brauch, der in der bäuerlichen Kultur Japans das Zentrum des rituellen Kalenders war. Auf diesem *Niiname*-Fest wiederum beruhten die *Shinjosai*- und *Daijosai*-Feste, die am kaiserlichen Hofe eine entscheidende Rolle spielen. Diese beiden Rituale wurden vom Kaiser durchgeführt und sind Spielarten der »Feste zum ersten Kosten des neuen Korns«, wobei das erstgenannte jährlich stattfand und das zweite einmal in jeder Regierungszeit im Anschluß an die Zeremonien der Inthronisierung. Die Beziehung zwischen dem *Niiname* und den kaiserlichen *Shinjosai* und *Daijosai* werden vor dem Hintergrund der Beziehung zwischen dem Glauben der Japaner an das *musubi*, die Anbetung der Sonne, und den »Geist des Korns« deutlich.

»Hierauf befahlen die Himmelsgötter den beiden Gottheiten Izanagi No Kami und Izanami No Kami: ›Schaffet, befestiget und vollendet dieses umhertreibende Land!‹ Sie gaben ihnen einen himmlischen Juwelenspeer. Die beiden Gottheiten standen nun auf der schwebenden Brücke des Himmels, stießen den Juwelenspeer nach unten und rührten damit herum. Und als sie die salzige Flut gerührt hatten, bis sie sich zäh verdickte, und den Speer dann heraufzogen, häufte sich die von der Speerspitze herabträufelnde Salzflut an und wurde zu einer Insel. So entstand die Insel Onogoro.«
(Aus dem »Kodjiki«)

»Ich rede zu euch, erhabene Seelen meiner Vorväter aller Generationen! Alljährlicher Übung folgend sind wir, eure Verwandten, hier versammelt, um die Ahnenfeier zu begehen. Höret in Ruhe an, wie wir euch unter Darbringung verschiedener Opfer in größter Ehrerbietung zu dienen geloben. Ich flehe euch an, lasset diesem Hause kein Unglück widerfahren, und lasset uns, eure Kinder und Kindeskinder, euch bis in die letzten Generationen mit einer Feier wie heute dienen – ohne Unterlaß und ohne Säumnis!«
(Totengebet)

Bäuerliche Gesellschaft und Festbräuche: Matsuri

In archaischer Zeit hieß Japan *Toyoashihara no Mizuho no Kuni*, was soviel wie »Land der üppigen Reiskörner« bedeutet. Als während der Yayoi-Periode (etwa drittes Jahrhundert v. Chr. bis drittes Jahrhundert n. Chr.) der Reisanbau mit Hilfe eines Bewässerungssystems in Japan eingeführt wurde, herrschte unter den alten Japanern der allgemeine Wunsch, Japan in solch ein Land der »üppigen Reiskörner« zu verwandeln. Damit verschrieben sich die Japaner einem Kalender und einer Lebensweise, die vom Reisanbau bestimmt waren.

Sie hielten religiöse Feste zu jedem Jahreszeitenwechsel ab, beteten für eine reiche Ernte und nahmen dankbar die Reisernte als Gabe der *kami* an.

Die religiösen Rituale, die mit der bäuerlichen Lebensweise aufkamen, fanden bei den Shinto-Schreinen statt. Sie waren der Ort für die gemeinschaftlichen Feste, die die Bewohner jedes Dorfes begingen. Die beiden wichtigsten Feste, die bei solchen Schreinen gefeiert wurden, waren daher das Frühlingsfest, bei dem man für eine reiche Ernte betete, und das Herbstfest, der Ausdruck des Dankes für die Ernte.

Im Lauf der Zeit führten die kleinen Schreine oder *hokora* eines Dorfes dazu, daß sich die gemeinschaftlichen *ubusunagami* (die *kami* eines Geburtsortes) und die *ujigami* (die *kami*, die als Schutz eines bestimmten Clans fungierten) herausbildeten und zu Schutzgottheiten für jede einzelne Gemeinschaft beziehungsweise jeden Clan wurden. Damit wiederum entwickelten sich jene dauerhaften Shinto-Schreine, die wir aus der Geschichte kennen.

Allmählich entstanden aus Gruppen nicht miteinander verbundener Dörfer regionale Gemeinschaften, die *kuni* oder Provinzen. Und diese Provinzen wiederum bildeten schließlich die japanische Nation mit der kaiserlichen Familie und dem Hof als Mittelpunkt. Der legendäre zehnte Kaiser Sujin soll im Dorf Kasanui in der Region Yamato einen *himorogi* für *Amaterasu Omikami* errichtet haben, womit er sie als wichtigste und meistverehrte Gottheit Japans anerkannte. Während der Herrschaft des legendären elften Kaisers Suinin wurde der Schrein von Kasanui nach Ise verlegt, einem entfernten Ort weiter südlich auf der Halbinsel Mii, wo er sich heute noch befindet. So wurde der Große Schrein von Ise gegründet, ein Ort, an dem im Namen des Herrschers Japans und seiner Untertanen fast zwei Jahrtausende lang in unveränderter Form Riten zu Ehren der Götter abgehalten wurden.

Der Kaiser und das Daijosai

Das japanische Wort für Kaiser ist *tenno*, ein Begriff, der aus dem alten China stammt. In China wurde dieses alte Wort jedoch vom 3. Jahrhundert v. Chr. bis etwa zum 6. Jahrhundert n. Chr. als Bezeichnung für die höchste kosmische Gottheit verwendet. Als oberster Herrscher des Universums hieß diese Gottheit auch *Tenno Taitei*,

»Ich künde: Höret allesamt wohl, die ihr in Ehrfurcht hier versammelt seid, ihr Kaiserlichen Prinzen, ihr Fürsten, ihr Großwürdenträger und ihr Beamten alle! Ich künde: Höret allesamt wohl auf die Reinigung, die große, dadurch am heutigen Tage...der Kaiser geruht, von aller Art Sünden und Übertretungen zu reinigen und zu läutern, die vorsätzlich oder in Unbedachtsamkeit mögen begangen worden sein...
Von den mancherlei Sünden und Übertretungen nun, die vorsätzlich oder in Unbedachtsamkeit von dem himmelentstammten Geschlecht, das in immer wachsender Zahl dieses Land friedsamen Regimentes bevölkert, begangen worden sein mögen, heben sich einige als die sogenannten Himmlischen Sünden besonders hervor, nämlich: Durchbrechen von Reisfelddämmen, Verstopfen von Wasserzuleitungen im Reisgelände, Schleusenaufziehen, Saatübersäen, Fußangeln legen im Reisfeld, Rückwärtsschinden von Tieren bei lebendigem Leibe und Verunreinigen heiliger Orte. Diese alle sind Himmlische Sünden.
Irdische Sünden aber sind: Körperverletzung, Leichenschändung, Albinismus, Aussatzbehaftung, Blutschande mit der eigenen Mutter, der eigenen Tochter, der Stieftochter oder der Schwiegermutter, Sodomie, Gezeichnetsein durch Plagen von Schlangenbiß, Plagen vonseiten der Götter oder vonseiten der Vögel, Tötung fremden Viehs, Behexung.«
(Aus dem »Engischiki«)

Daigoji; Fujiwara-Zeit, 951. Kyoto.

»Himmlischer Herrscher und Kaiser«. All diese Begriffe waren, ebenso wie das Wort »Shinto« selbst, durch den chinesischen Daoismus geprägt.

In Japan hingegen hieß der oberste Herrscher ursprünglich *Aramikami Ame no Shita Shirasu Hinomoto no Sumeramikoto*, ein anschaulicher Ausdruck, der soviel bedeutet wie »sichtbarer kami, der das Reich Japan regiert«. Mit dem *kami*, ist offensichtlich der *kami* des Shinto oder des »Weges der kami« gemeint. *Sumera* war ein altes japanisches Wort, das als Ehrenbezeichnung für den Kaiser verwendet wurde und »klar« oder »rein« bedeutete. Der Kaiser hieß also »Sumera Mikoto«, »reiner Herrscher«, und man betrachtete ihn als »reine« oder »heilige« Existenz.

»Wenn ihr Menschen zu mir kommt und mich um Erfüllung eurer Wünsche bittet, müssen eure Herzen innen und außen unveränderlich rein sein. Nur mit solchem Herzen könnt ihr vor mich hintreten wir vor einen Spiegel, um zu beten.«
(Götterspruch von Kitano-Schrein)

Die alte Nationalphilosophie Chinas kannte den Gedanken einer politischen Umwälzung. Danach rief ein Herrscher, der seiner Tugenden verlustig ging und ein schlechter oder böser Herrscher wurde, den Zorn des Himmels hervor. Die Strafe dafür war, daß ihm die Vollmacht des Himmels entzogen und einem neuen Herrscher mit den entsprechenden Tugenden übertragen wurde.

Dieses Denken ist Japan vollkommen fremd. Da die frühesten historischen Legenden berichten, daß der Enkel der göttlichen *kami Amaterasu Omikami* vom Reich des Hohen Himmels herabstieg, um Herrscher über Japan zu werden, ist jener Herrscher blutsverwandt mit der himmlischen *kami* und spirituell mit ihm verbunden. Somit steht er an der Spitze des »Weges der kami«. Der japanische Monarch ist ein »kami, der sich manifestiert hat« oder *aramikami*, eine physische Manifestation des Willens der himmlischen Göttin; als *Sumera Mikoto* könnte er sich daher nie den Zorn des Himmels zuziehen und abgesetzt werden.

Die Vorstellung von einem Kaiser als manifest gewordener *kami* bedeutet demnach, daß es nur eine einzige unendliche kaiserliche Generationenlinie gibt und jede Möglichkeit eines revolutionären Bruchs in dieser Reihe von vornherein ausgeschlossen ist. Folglich ändert sich der Status des japanischen Kaisers nicht durch irgendwelche Wechselfälle des Himmels und der Erde. Und rituell wird dieses nationale Ideal im *Daijosai* sichtbar, jenem entscheidenden Element in den Riten der kaiserlichen Krönung und Inthronisierung. Im *Daijosai* feiert ein soeben gekrönter Kaiser zum erstenmal das jährliche »Fest der ersten Früchte« (*Niiname matsuri*). Dabei bekommt er denselben Status wie der ursprüngliche *Ninigi no Mikoto*, nämlich als »kaiserlicher Abkömmling« (Enkel der *Amaterasu Omikami*).

Das *Shinjosai*, die alljährliche Feier der ersten Früchte, das dem *Daijosai* vorausgeht, wurde nicht nur innerhalb des kaiserlichen Hofes begangen, sondern auch an den Schreinen im ganzen Land; es hat seinen Ursprung in einem alten bäuerlichen Ritus der Danksagung, der vom gemeinen Volk praktiziert wurde. Zu dieser Feier gehörten die Darbringung des ersten Korns an die *kami* und der Dank für die Ernte, Reinigungsriten und die Einhaltung von Tabus sowie ein gemeinsames Mahl mit den *kami*.

Das Gegenstück zum Erntedankfest (*Shinjosai*) war das *Kinensai* oder *Toshigoi no Matsuri*, ein Frühlingsfest, bei dem die *kami* um gutes Wetter und eine gute Ernte für die nächste Wachstumsperiode angefleht wurden.

Im Gegensatz zum *Shinjosai*, das am Hofe und allen Schreinen des Landes begangen wird, findet das *Kannamesai* nur am Großen Schrein von Ise statt. Dieses Fest, bei dem der *Amaterasu Omikami* Erntedankgaben dargebracht werden, wird am 17. Oktober jeden Jahres gefeiert. An diesem Tag vollzieht der Kaiser in seinem Palast den Ritus des Großen Schreins im privaten Kreis der kaiserlichen Familie. In der klassischen Literatur heißt es, das *Kannamesai* sei auf Geheiß des elften Kaisers Suinin zur Erinnerung an die Verlegung des Schreins der *Amaterasu Omikami* nach Ise ins Leben gerufen worden.

Die Tatsache, daß dieses Fest bis heute begangen wird, spiegelt die Bekräftigung des traditionellen historischen Glaubens wider, daß der Reisanbau, auf den sich der japanische Staat gründete, in Übereinstimmung mit dem Willen der *Amaterasu* überliefert wurde.

Shinto und das Auftreten des Buddhismus

Japan hatte mit dem asiatischen Festland bereits lange vor der Gründung einer geeinten Nation um das fünfte Jahrhundert Kontakt. Doch etwa mit dem Beginn jenes Jahrhunderts erlebte das Land einen besonders starken Zuzug von Immigranten, die vor der politischen Instabilität auf der koreanischen Halbinsel flohen. Darunter waren nicht wenige, die bereits den buddhistischen Glauben angenommen hatten. In der Literatur und den Kunstwerken, die sie mitbrachten, fanden sich nicht nur zahlreiche Hinweise auf den Buddhismus, sondern auch auf Konfuzianismus, Daoismus, auf *Onmyodo* (das chinesische Yin-Yang-Prinzip und die Theorie von den »fünf Elementen«) sowie andere religiöse Inhalte und Praktiken, deren Heimat die chinesische Kultur war.

Ein bedeutender Einfluß des Konfuzianismus ist seit Beginn des sechsten Jahrhunderts festzustellen, während von einer offiziellen Einführung des Buddhismus erst im weiteren Verlauf desselben Jahrhunderts berichtet wird. Vor allem aber der Import buddhistischer Darstellungen löste bei vielen Japanern großes Staunen aus. Zu Beginn der Einführung des Buddhismus gab es verschiedene Begriffe für Buddha und die buddhistischen Gottheiten wie »ausländischer *kami*«, »fremder *kami*« oder »Buddha *kami*«. Daran wird deutlich, daß der neue Gegenstand der Verehrung wenig mehr war als ein *kami* aus einem fremden Land und sich in seinem Wesen nicht allzu sehr von den eigenen Gottheiten Japans unterschied. Auch buddhistische Tempel wurden von einzelnen Clans errichtet (*uji*), was ebenfalls darauf hinweist, daß buddhistische Elemente in die früher entstandene Verehrung von »Clangottheiten« (*ujigami*) integriert wurden.

Durch Versöhnungsfeste für die *kami* anläßlich der Errichtung von neuen buddhistischen Tempeln und durch die Opferrituale für die *kami* der Berge und des Waldes, die abgehalten wurden, wenn die Bäume für die neuen Tempelbauten gefällt wurden, vermischte sich jedoch der Buddhismus mit dem einheimischen *kami*-Glauben und drang tief in die Herzen und in den Geist der Bevölkerung ein. Die buddhistischen Tempel wurden erbaut, um Wohlstand und langes Leben für die Clanmitglieder zu erflehen, und die Gebete und Riten sollten ein langes Leben, die Abwendung von Unglück und die Heilung von Krankheiten bewirken.

Die Hinwendung zum Buddhismus – vor allem in den oberen Schichten der höfischen Gesellschaft Japans – warf allerdings die Frage auf, wie dieser mit dem *kami*-Glauben in Übereinstimmung gebracht werden sollte. Die *kami* des Shinto waren eng mit der jeweiligen lokalen Gemeinschaft verbunden, sie wohnten, so der Glaube, tief in den Bergen und Wäldern und erschienen unter bestimmten Bedingungen bei den Jahreszeiten-Festen.

Daher standen sie in scharfem Gegensatz zu den strahlenden Bildern der buddhistischen *bodhisattvas* und Schutzgeister, die in den immer zahlreicher werdenden buddhistischen Tempeln zu sehen waren. So war es eins der heikelsten Probleme, mit denen die Menschen in dieser Zeit konfrontiert waren, wie man diese neuen Symbole übernehmen könne, ohne den »Weg der kami« zu verraten.

Verglichen mit dem »Weg der kami« war die buddhistische Sicht des menschlichen Lebens weitaus tiefgründiger und kam in einer sehr differenzierten Philosophie zum Ausdruck. Darüber hinaus wurde mit der Entwicklung der historischen Bedingungen der japanischen Gesellschaft auch das Leben des Individuums komplexer, und die Ursachen für Angst und Unglück nahmen zu. Angesichts dieses Wandels erwies sich der traditionelle »Weg der kami« als machtlos, so daß die Menschen zunehmend in den buddhistischen Lehren Erlösung suchten: Der Buddhismus begann, einen starken Einfluß in Japan auszuüben, der eine radikale Veränderung in den Erscheinungsformen des »Weges der kami« bewirkte.

Heian-Schrein. Die shintoistischen Tempelgebäude der Heian-Zeit sind von der buddhistischen Architektur stark beeinflußt.

Die Versöhnung von Shinto und Buddhismus und die Entstehung der Shinto-Theorie

Um das 8. Jahrhundert machte das Studium der buddhistischen Schriften in Japan große Fortschritte, und die Kenntnis der buddhistischen Lehre breitete sich immer mehr aus. Der Buddhismus ersetzte den Shinto als Staatsreligion, die buddhistische Priesterschaft wandte sich weitgehend Zeremonien und Riten zu, die dem Schicksal der japanischen Nation galten, während sie sich sonst dem Studium der buddhistischen Lehre widmete.

Als die Förderung des Buddhismus zur nationalen Priorität erklärt wurde, behaupteten seine Apologeten, daß die heimischen *kami* selbst Anhänger des Buddhismus seien. Die *kami* wurden nun als Schutzgottheiten der buddhistischen Einrichtungen interpretiert, die neuerdings in einem Bereich entstanden, der früher ausschließlich die Domäne der einheimischen *kami* gewesen war.

Die Verbreitung des Buddhismus entsprach, so glaubte man jetzt, dem Wunsch der heimischen *kami*. Innerhalb der Bezirke der Shinto-Schreine wurden sogenannte *jinguji* (Schreintempel) errichtet, während gleichzeitig Schreine für die lokalen, Schutz ausübenden *kami* im Bereich der buddhistischen Tempel entstanden.

In diesem Kontext wurde erstmals ein synkretistisches Konzept der »Einheit der kami und Buddhas« formuliert, womit zum Beispiel der Sonnengöttin *Amaterasu Omikami* dieselben Wesenseigenschaften zugeschrieben wurden wie dem Buddha *Mahavairocana,* dem »großen kosmischen Erleuchter«. Gleichzeitig wurden die kami nun als »fühlende Wesen« interpretiert, die in der Existenz gefangen seien und daher die buddhistische Erlösung ersehnten. Derartige Lehren dienten der buddhistischen Priesterschaft als Hilfsmittel, um den Buddhismus im japanischen Volk zu verbreiten, das ihnen große Sympathien entgegenbrachte.

Auf diese Weise drang der Buddhismus tief in den Alltag der japanischen Gesellschaft ein, so daß schließlich Buddhismus und »Weg der kami« miteinander verschmolzen, ein Phänomen, das häufig als »Versöhnung von Shinto und Buddhismus« beschrieben wird.

Doch obwohl der Shinto auf diese Weise eine synkretistische Verbindung mit dem Buddhismus einging, verlor er nie seine große Bedeutung für das japanische Volk – ein Tatbestand, den die Kontinuität des japanischen Glaubens an die Ahnengeister und des Vertrauens in sie widerspiegelt.

Während sich der Buddhismus in der Bevölkerung verbreitete, hielt der kaiserliche Hof an den festlichen Riten für die *kami* fest. Und jene Schreine, die unter dem besonderem Schutz des Hofes standen – insbesondere in den Gebieten um Kyoto – konnten ihren angestammten Status wahren.

Zwischen dem 12. und 13. Jahrhundert fand die Lehre von *honji suijaku* große Verbreitung, und es entwickelte sich eine enge Beziehung zwischen den bedeutenden Schreinen und den buddhistischen Sekten *Tendai* und *Shingon*. Diese beiden Sekten entwarfen eine hochdifferenzierte Theorie vom Shinto-buddhistischen Synkretismus, den *Tendai Shinto* (*Hie Shinto*) beziehungsweise den *Shingon Shinto*. Diese neuen Shinto-Theorien griffen auf das *Kojiki* und das *Nihon shoki* zurück und lieferten so die Grundlage für eine Sicht, nach der die *kami* des Shinto und die Buddhas des Buddhismus ein und dasselbe waren.

Japanische Mondgöttin. Zeichnung auf Seide von Monka, 1556. Rijksmuseum voor Volkenkunde, Leiden.

Ende des 13. Jahrhunderts versuchte das Mongolenreich zweimal, Japan zu unterwerfen, wobei sowohl der kaiserliche Hof als auch die Militärregierung (*bafuku*) alle Kräfte sammelten, um die Bedrohung abzuwehren. Die Folge hiervon war, daß das nationale Bewußtsein im japanischen Volk geschärft wurde. Es entstand die Vorstellung, daß Japan durch die heimischen *kami* geschützt werde, und die beiden Taifune, die die mongolische Flut brachen, wurden zu »göttlichen Winden« (*kamikaze*) erklärt, die die Invasoren von den japanischen Ufern hinweggefegt hätten. Das Bewußtsein, daß Japan ein »göttliches Land« (*shinkoku*) sei, wuchs, so daß der Glaube an die heimischen Gottheiten eine allgemeine Wiederbelebung erfuhr.

Eine Folge dieser Wiederbelebung des Shinto war der aufkommende Glaube, die japanischen *kami* seien den göttlichen Gestalten des Buddhismus überlegen. Dieser Glaube spiegelte sich in einer Umkehrung der früher entstandenen *honji suijaku*-Theorie, nämlich der Auffassung, daß die *kami* das »Wesen« seien und die Buddhas »Manifestationen« (*shinpon butsujaku*).

Diese revolutionäre theoretische Strömung kam in besonderer Klarheit in der *Ise Shinto*- oder *Watarai Shinto*-Schule zum Ausdruck, die nach den Watarai, einer Priesterfamilie des Geku (des äußeren Schreins) von Ise benannt war. Der *Watarai-Shinto* lieferte mit Hilfe des *Kojiki* und des *Nihon shoki* eine historische Erklärung für die Ursprünge des Großen Schreins von Ise und entlieh sich gleichzeitig Theorien aus dem *Shingon-Shinto*, dem Konfuzianismus und dem Daoismus, um das Wesen der Gottheiten zu erläutern, die sich in diesem Schrein befanden. Die Schule propagierte auch die spirituelle Reinigung durch physische Enthaltsamkeit und betonte die Tugenden der aufrichtigen Ehrlichkeit (des reinen Geistes) und die Bittgebete als Mittel, um die Vereinigung mit den *kami* zu erlangen. Der Ise-Shinto bedeutete einen Fortschritt gegenüber den früheren Theorien des Shinto-buddhistischen Synkretismus und hatte als solcher einen immensen Einfluß auf spätere Shinto-Theorien.

Im 15. Jahrhundert verkündete Yoshida Kanetomo, der oberste Priester des Yoshida-Schreins den *Yuiitsu-Shinto* (auch *Yoshida-Shinto*), in den er Elemente des *Shingon-Shinto*, des *Ying-Yang*-Denkens, des Daoismus und des Konfuzianismus aufnahm. Dabei verbreitete er die Lehre, Shinto sei der Urquell aller religiösen Wahrheit. Wie der

Ise-Shinto so lehrte auch der *Yoshida-Shinto*, daß die *kami* das ursprüngliche Wesen und die Buddhas zufällige Manifestationen seien. Shinto sei die »Wurzel«, der Konfuzianismus der »Zweig« und der Buddhismus die Frucht«.

Im Gegensatz zu *honji suijaku* setzte der *Yoshida-Shinto* den elementaren *kami* des Universums mit *Kuni no Tokotachi no Mikoto* gleich, einer Gottheit, die zu Beginn der *Nihon shoki* erwähnt wird. Und alle Dinge, die im Universum existierten, seien wiederum die Folge oder ein Aufblühen jener elementaren, ursprünglichen *kami*. Dieser Gedanke führte dazu, daß der *Yoshida-Shinto* auch als *Sogen-Shinto*, als »Shinto der letzten Ursprünge« bezeichnet wurde.

Nach dem *Yoshida-Shinto* hatten die physischen Körper der Menschen dasselbe ursprüngliche Wesen wie Himmel und Erde, während der menschliche Geist der Reinigung bedurfte, um die reine Heimstatt des *kami* zu werden. Der *Yoshida-Shinto* lehrte daher einen mystischen Zustand, in dem man den *kami* anbetete, der im eigenen Herzen und im eigenen Geist wohnte. Wie die Bezeichnung »Shinto der letzten Ursprünge« ausdrückt, versuchte der *Yoshida-Shinto*, zum ursprünglichen »Weg der kami« zurückzukehren, und vertrat eine Position, die man mit *shinpon shinjaku* umschreiben könnte: »Die kami sind sowohl letzter Ursprung als auch Manifestation«.

»Ihr Menschen alle solltet anstatt den Himmel anzubeten, die Erde zu verehren und zu allen Göttern zu beten, euren Eltern gut dienen. Denn eure Eltern sind Götter. Wenn ihr innerlich nicht rein seid, dürft ihr um des Äußerlichen willen keine Wünsche haben.« (Göttersprucn von Tatzuta-Schrein)

Die Lehren des *Yoshida-Shinto* markierten das Ende der *honji suijaku*-Theorien der früheren Generationen und übten einen starken Einfluß auf die Shinto-Auffassungen bis ins 17. und 18. Jahrhundert aus. Gleichzeitig war diese Lehre jedoch nicht in der Lage, sich der allgemeinen Entwicklung hin zu synkretistischen Shinto-Theorien zu entziehen, die die Shinto-Theologie bis zu diesem Zeitpunkt charakterisiert hatten.

Im Gegensatz zu diesen Entwicklungen im shinto-buddhistischen Synkretismus versuchte der konfuzianistische Shinto, der im 17. Jahrhundert aufkam, sich klar und deutlich vom Buddhismus abzugrenzen, und übte von einem neuen Standpunkt aus – nämlich einer Verbindung von Shinto und konfuzianistischen Theorien – Kritik am buddhistischen Shinto. Der Konfuzianismus (Neokonfuzianismus) wurde in diesem Zeitraum als die vorherrschende Theorie der politischen und sozialen Organisation übernommen. Doch es gab durchaus auch konfuzianische Denker, die Interesse am »Weg der kami« bekundeten und die Theorie verbreiteten, Konfuzianismus und Shinto seien letztlich dasselbe. Für diese neue Form des shinto-konfuzianistischen Synkretismus setzten sich nicht nur Konfuzianer ein, sondern auch Apologeten des Shinto.

Diese neue Denkströmung formulierte besonders prägnant Yamazaki Ansai (1618–1682). Ursprünglich buddhistischer Priester, unterzog sich Yamazaki später dem Studium des Konfuzianismus und des Shinto und wurde ein eifriger Verfechter dieser beiden Lehren. Er übernahm verschiedene Elemente aus dem *Ise-Shinto* und dem *Yoshida-Shinto* und schuf eine Synthese, die er *Suika-Shinto*, »Shinto der göttlichen Offenbarung und Gnade«, nannte.

Restaurativer Shinto und Staats-Shinto

Den restaurativen Shinto (*Fukko Shinto*) kann man als Reaktion auf die synkretistischen oder synthetisierenden Tendenzen in den früheren Shinto-Schulen und als Versuch betrachten, die ursprüngliche Religion ausschließlich auf der Grundlage der klassischen nationalen Literatur zu deuten, wobei jeder Rückgriff auf den Konfuzianismus oder Buddhismus zurückgewiesen wurde. Auf diese Weise sollte die ursprüngliche und unvermischte Reinheit des Shinto wiederhergestellt werden.

Im 17. Jahrhundert war der Konfuzianismus in den Theorien und wissenschaftlichen Aktivitäten die wichtigste Strömung, und der Shinto konnte sich dessen starkem Einfluß nicht entziehen, so daß sich die verschiedenen Richtungen des oben erwähnten shinto-konfuzianistischen Synkretismus entwickelten. Gegen Ende des Jahrhunderts jedoch vollzog sich ein Wandel in der Philosophie. Die neue wissenschaftliche Strömung, die nun aufkam, befaßte sich nicht mehr mit der theoretischen Deutung der Shinto-Lehre, sondern mit dem systematischen Studium der Sprache in den klassischen japanischen Schriften.

Diese Betonung der Sprache wurde zuerst von dem Sprachwissenschaftler Kei Chu (1640–1701) vertreten. Von ihm ging die neue nativistische Bewegung *Kokugaru*, »nationale Gelehrsamkeit«, aus. Und Kada Azumamaro (1669–1736), ein Priester des *Inari*-Schreins in Fushimi (bei Kyoto), schrieb: »Es ist unmöglich, die alten Bedeutungen zu verstehen, wenn man die alte Sprache nicht versteht. Und ohne ein Verständnis der alten Bedeutungen ist es nicht möglich, die alte Gelehrsamkeit wiederzubeleben«. Kada förderte die philologische Erforschung der klassischen Literatur und der Nationalgeschichte. Und er verbreitete den restaurativen Shinto, so daß dieser eine große Rolle bei der späteren Entwicklung der Schule der nationalen Gelehrsamkeit spielte. Einer der Gefolgsleute Kadas war Kamo Mabuchi (1696–1769). Schließlich trieb Motoori Norinaga (1730–1801), ein Schüler Kamos, dessen Studium der alten Methoden weiter fort und stellte einen systematischen Regelkanon der nationalen Gelehrsamkeit auf. Sein *Kojikiden* war sein Hauptkommentar zum *Kojiki*, die Frucht fünfunddreißigjähriger Studien und eine Schrift, die seine ausführliche Lehre in einem einzigen umfassenden Werk verdichtete. Es stellte einen Kanon für die Schule der nationalen Gelehrsamkeit dar und wies jeglichen konfuzianischen und buddhistischen Einfluß zurück. Auch verzichtete dieser Kanon auf alles Artifizielle und jedes rationalistische Element. Statt dessen proklamierte Motoori die Rückkehr zum ursprünglichen einfachen Geist der Alten, wie er sich in ihrer schlichten Unterwerfung unter den »Weg der kami« zeige: *Kannagara no michi*, den »Weg in Übereinstimmung mit dem Willen der kami«.

Nach Motooris Tod setzte sein Schüler Hirata Atsutane (1776–1843) die wissenschaftliche Erforschung der alten Sprache und der klassischen Literatur fort. Doch Hirata versuchte außerdem, eine Stiftung ins Leben zu rufen, die sich der religiösen Treue zu diesem Alten Weg verschrieb, und verwandelte die Nationale Gelehrsamkeit in einen religiösen Glauben. Zwar übte er auch Kritik am Konfuzianismus, doch seine heftigsten Angriffe galten dem Buddhismus. Er beharrte fest darauf, daß Japan zu seinem ursprünglichen, vorbuddhistischen Status zurückfinden müsse. Hiratas fanatischer Glaube an den Alten Weg Japans war eine der treibenden Kräfte für die Meiji-Restauration (1868).

In Hiratas Sichtweise kam keineswegs nur ein enger Provinzialismus zum Ausdruck, vielmehr führte sie zu einer Art japanischen Globalismus oder Internationalismus. In seiner theologischen Synthese ist der Einfluß der katholischen Glaubenslehre erkennbar, die er anhand chinesischer Übersetzungen studierte.

Diese Strömung der Nationalen Gelehrsamkeit führte einerseits zu einer wissenschaftlichen Auseinandersetzung mit der alten Sprache und der klassischen Literatur Japans, andererseits förderte sie die Übernahme des restaurativen Shinto. Aus ihren Ideen entwickelte sich ein absolutistischer Nativismus und Japan-zentrierter Panglobalismus, die in Versuchen zum Ausdruck kamen, die alten Institutionen, Riten und Gebräuche des Shinto in ihrer ursprünglichen Form wiedereinzusetzen. Die Bewegung der Nationalen Gelehrsamkeit wurde zur wichtigsten intellektuellen Strömung dieser Zeit und zur treibenden Kraft für den Sturz der Regierung der Tokugawa-Krieger im Jahre 1868. Danach wurde eben dieses Gedankengut als Grundpfeiler von der neuen Meiji-Regierung übernommen und diente schließlich zur Verbreitung des Staats-Shinto.

Staats-Shinto

Der Staats-Shinto ist gewissermaßen die moderne Form des »Weges der kami« und wurde von der zentralistischen Nationalregierung übernommen, die unmittelbar aus der Meiji-Restauration hervorging. Seit ihren Anfängen hatte die japanische Nation nie nachgelassen, den »Weg der kami« zu propagieren, doch bedeutete dies letztlich, daß der kaiserliche Hof die Schirmherrschaft übernahm und er in gleicher Weise auch den Konfuzianismus und den Buddhismus unterstützte.

Bei der Meiji-Restauration jedoch hatte der Kontakt mit modernen westlichen Kräften den ersten Anstoß zu Modernisierungen gegeben, während die innere Dynamik, die diese plötzliche Erneuerung hervorrief, aus dem restaurativen Shinto kam. Die Folge war, daß der Shinto der geistige Grundpfeiler der modernen japanischen Nation wurde – das heißt die Basis für den spirituellen Charakter und die Identität der Nation.

Unter dem Banner der Rückkehr zum ursprünglichen schöpferischen Werk des Kaisers Jimmu versuchte die Meiji-Regierung, das alte Ideal des *saisei itchi* – der »Vereinigung von Kult und Herrschaft« – zu verwirklichen. Die Anhänger der Hirata-Schule – also des restaurativen Shinto – übernahmen nun die Führung der Bewegung, um Japan zum reinen »Weg der kami« zurückzubringen, wie er ihrer Ansicht nach vor dem Einfluß durch den Buddhismus existiert hatte. Sie verfolgten eine Politik der »Trennung von Shinto und Buddhismus« (*shinbutsu bunri*), deren Folge die gewaltsame Zerstörung buddhistischer Tempel und religiöser Darstellungen war, so daß der etablierte Buddhismus erheblichen Schaden erlitt.

Die buddhistischen Organisationen sahen in dieser offiziellen Politik der Trennung von Shinto und Buddhismus die Ablehnung des Buddhismus und reagierten mit scharfen Protesten bei der Zentralregierung. Die geistige Tradition des shinto-buddhistischen Synkretismus hatte eine über tausendjährige Geschichte, und die buddhistischen Tempel verfügten über ein enormes organisatorisches Potential, sozialen Einfluß und finanziellen Reichtum. Vor allem die Schule von *Jodo Shinshu*, die größte buddhistische Organisation Japans, hielt weiterhin enge Verbindungen zu den Beamten der neuen Meiji-Regierung. Aus der Sicht der neuen Regierung, die weder ausreichende militärische Macht noch große finanzielle Stärke besaß, konnte die spirituelle Erneuerung Japans ohne die Unterstützung durch den etablierten Buddhismus nicht erfolgreich sein.

Die Religionspolitik der Regierung mußte daher unausweichlich modifiziert werden, und das hehre Ziel der Trennung von Shinto und Buddhismus, das in den ersten Tagen der Restauration entstanden war, fiel schon ein paar Jahre später wie ein Kartenhaus zusammen. Der Buddhismus gewann seinen vormaligen Einfluß zurück. Die Folge war, daß zahlreiche gebildete Shintoisten aus den Anfängen der Restauration fristlos aus dem politischen Leben entlassen wurden.

»Die Menschen sind göttliche Wesen unter dem Himmel, darum darf man Seele und Geist nicht verletzen.
Dem göttlichen Herabkommen geht das Gebet voraus, göttliche Gnade setzt Ehrlichkeit voraus.«
(Gochinza-Denki)

Während die Bewegung zur Förderung des Shinto wesentlich an Stärke gewann, führte der Rückzug der Regierung aus der früher praktizierten Politik – den Shinto zur Staatsreligion zu erheben – zu einem heftigen theologischen Widerstreit unter den verschiedenen Shinto-Schulen. Es kam zu sektiererischen Spaltungen, so daß es nunmehr völlig unmöglich war, den »Weg der kami« als Staatsreligion auf einer einzigen, einheitlichen Grundlage zu etablieren.

Vor dem Hintergrund der Schismas innerhalb der Angehörigen des Shinto-Glaubens entwickelte sich die Theorie vom Shinto als »Nicht-Religion«. Im Jahre 1881 fand eine große Shinto-Konferenz statt, bei der verkündet wurde, der Shinto sei keine Religion. Die Regierung erließ eine Bestimmung, wonach alle Shinto-Schreine von alltäglichen religiösen Aktivitäten ausgeschlossen wurden, und behandelte von nun an den Shinto als Nichtreligion. Somit wurden die Shinto-Schreine die zentralen Institutionen für die Durchführung staatlicher Zeremonien und höfischer Rituale. Gleichzeitig wurde sektiererischen Shinto-Gruppen, die eine eigene Lehre entwickelt hatten, gestattet, sich als unabhängige religiöse Sekten zu etablieren. Diese Sekten verkörperten nun die religiöse Dimension des Shinto, nämlich jenen Aspekt, der unter die Glaubensfreiheit fiel, wie sie in der Meiji-Verfassung (verkündet 1889) festgelegt war. Diese religiösen Shinto-Richtungen wurden also klar vom Schrein- oder Staats-Shinto unterschieden.

Der russisch-japanische Krieg (1904 – 1905) stellte einen Höhepunkt in der Entwicklung des japanischen Nationalismus dar. Viele religiöse Führer nahmen zu jener Zeit aktiv an der pro-japanischen Bewegung teil. Etwa 120 Vertreter der verschiedenen Religionen übernahmen die Schirmherrschaft über die »Große Konferenz der Religiösen Japans«, bei der zahlreiche religiöse Gruppen sich, jede auf ihre Weise, der Aufgabe zuwandten, den Kriegswillen und die Kriegsmoral des japanischen Volkes zu fördern. Die Religionsführer, die bei dieser Konferenz auftraten, waren religiöse Denker höchsten Ranges; dazu zählten sowohl Vertreter des Christentums und des Buddhismus als auch Gelehrte, die sich dem wissenschaftlichen Studium der Religion widmeten. Auch zwei Repräsentanten des Shinto nahmen an der Konferenz teil, jedoch gehörten sie den religiösen Shinto-Sekten an, während bedeutende Priester oder andere Vertreter des Schrein- (oder Staats-) Shinto fehlten.

Der Schrein- oder Staats-Shinto entstand nicht aus einem geheimen Einverständnis zwischen begeisterten Shintoisten und Regierungsvertretern. Vielmehr handelt es sich hierbei um ein Phänomen, das aus einem Kompromiß zwischen den Forderungen der Befürworter und Gegner des Shinto hervorging. Doch ganz abgesehen von der Rolle, die der Shinto für die Regierung spielte, existierte im japanischen Volk auch weiterhin eine hiervon völlig verschiedene Shinto-Auffassung.

Mit dem Tod des Kaisers Meiji und dem Einsetzen der *Taisho*-Periode (1912–1926) begann die Zeit der Regierungsbildung durch politische Parteien. Diese Ära wird daher auch allgemein als »Taisho-Demokratie« bezeichnet. Zur Zeit des Ersten Weltkriegs (1914 – 1919) und der erfolgreichen kommunistischen Revolution in Rußland (1917) begann die Komintern, international aktiv zu werden, so daß das sozialistische Gedankengut mit der Zeit auch das japanische Volk beeinflußte. So wurden in der *Taisho*-Periode erstmals auch die japanischen Politiker unterschieden in »Rechte« und »Linke«. Die Zahl der aktiven »Rechten« während der *Taisho*-Periode ist auf mehrere Hundert bis mehrere Tausend geschätzt worden, und praktisch alle standen sowohl der sozialistischen Revolution als auch der Vorherrschaft der USA und Großbritanniens in Folge des Ersten Weltkrieges feindlich gegenüber.

Einige »Rechte« standen der royalistischen und auslandsfeindlichen *sonno-joi*-Fraktion (»verehret den Kaiser und verjagt die Fremden«) nahe, die als Reaktion auf die Krise Japans am Ende der Tokugawa-Periode entstanden war. Sie alle vertraten die Auffassung von »Japan als dem göttlichen Land« (*shinkoku*). Doch während diese Denkweise ihrer Orientierung nach insgesamt als shintoistisch betrachtet werden kann, gab es in den konkreten Überzeugungen und Dogmen der einzelnen Rechtsgruppen doch große Unterschiede; einige befürworteten einen shinto-buddhistischen Synkretismus, andere wiederum hatten sich mehr einem rechtsgerichteten Buddhismus verschrieben. Auf jeden Fall muß diese Form des rechtsgerichteten Shinto-Gedankens klar und deutlich vom Staats-Shinto der Regierung abgegrenzt werden.

Zu Beginn der *Showa*-Periode (1926 – 1989) stellte der Widerstand der populären Shinto-Fraktionen gegen die Macht der Regierung für diese eine große Bedrohung dar. Folglich sorgte die Regierung für eine Atmosphäre psychischen Drucks, die zu sozialen Unruhen führte. Im Jahre 1932 hetzten die radikalen Nationalisten zu einer Reihe von terroristischen Akten auf, woraufhin eine Gruppe verärgerter Militärs, angeführt von jungen Marineoffizieren, zahlreiche Regierungsziele angriffen, unter anderem die Residenz des Premierministers (der damalige Premierminister wurde ermordet), Parteizentralen und die Bank von Japan.

1936 verübten junge Armeeoffiziere mit 1400 Soldaten einen ähnlichen Anschlag auf den Premierminister und andere Regierungsmitglieder und besetzten die Residenz des Premierministers, das Verteidigungsministerium und die Hauptquartiere der nationalen Polizei. Nachdem die Generäle nur zögernd auf diesen Angriff reagiert hatten, kam es schließlich durch eine kaiserliche Erklärung zu einem gemeinsamen Vorgehen gegen die Rebellen, so daß der Aufstand unterdrückt wurde. Die Beteiligten dieser Vorfälle vertraten erstaunlich unterschiedliche religiöse Überzeugungen, jedoch können sie insgesamt als Verfechter der Idee »Japan, das göttliche Land« charakterisiert werden, die stark von den populären Shinto-Philosophen beeinflußt waren.

Nicht nur die Shinto-Sekten, auch andere Religionen beteiligten sich an dem plötzlichen Lobgesang auf die Ideologie vom »göttlichen Land«. Ihren Höhepunkt erreichte diese wachsende Strömung kurz vor dem Großen Ostasienkrieg (Zweiter Weltkrieg). Doch viel mehr noch als dieser Prozeß wies das Auftreten einer populären rechtsgerichteten »Shinto«-Ideologie, die aus der gegen die Regierung gerichteten Bewegung zur »Wiederherstellung des Kaisertums« hervorgegangen war, auf einen grundlegenden Wandel im Staats-Shinto hin, wie er von der kaiserlichen Regierung vertreten wurde.

Als Japan seine kommerziellen Interessen auf dem chinesischen Kontinent durchzusetzen begann, fiel die Aufgabe, diese und die in der Mandschurei lebenden japanischen Bürger zu schützen, der Armee zu. 1931 schürten Mitglieder der japanischen Armee einen Aufstand, der zu einer Verschlechterung der chinesisch-japanischen Beziehungen führte und die feindselige Haltung gegen die Japaner förderte. Doch weder die Regierung noch das Militär hatten die Macht, die Unruhen endgültig zu beenden, so daß die Feindseligkeiten 1937 zum China-Aufstand führten, mit dem Japans achtjähriger Krieg mit China begann. Zahlreiche Japaner, die dem Kaiser und ihrem Land loyal gegenüberstanden, wurden an die Front geschickt. Die Traditionen Japans zu lieben und das Heimatland als »göttliches Land« zu betrachten, galt dem japanischen Volk seit altersher als Tugend; gleichzeitig sind diese Forderungen ein Charakteristikum des Staats-Shinto.

Wenn junge Männer in den Krieg geschickt wurden, versammelten sich die Dorfbewohner zu Zeremonien an der örtlichen Grundschule oder am Dorfschrein. Und wenn sie dann im fremden Land kämpften, riefen sich viele Soldaten diese kleinen Schreine als Symbole ihres Heimatdorfes in Erinnerung. Dieses emotionale Moment machte den Bezirk um den Schrein zum idealen öffentlichen Ort, um den gemeinsamen Willen der Bürger zum Ausdruck zu bringen. Das Volk ließ sich von diesem Gedanken des »göttlichen Landes« und der damit verbundenen allgemeinen Stimmung hinreißen und versammelte sich bei jeder Gelegenheit, die von nationaler Bedeutung war, um die lokalen Schreine, auch wenn die Regierung oder das Militär dies nicht eigens anordneten. Dort sang man dann gemeinsam die japanische Nationalhymne (*Kimi ga yo*) und betete für den Sieg und die sichere Rückkehr der jungen Männer.

Mit dem Ausbruch des Krieges gegen die Vereinigten Staaten im Jahre 1941 erreichte die Spannung in der japanischen Gesellschaft ihren Höhepunkt, und die Hingabe an den Gedanken des »göttlichen Landes« nahm im Volk extreme Ausmaße an. Im wesentlichen kann man sagen, daß dieser Gedanke, der sich während des Krieges wie ein Buschfeuer im japanischen Volk ausbreitete, in keinerlei Weise auf Äußerungen der Schreinpriester des Staats-Shinto zurückzuführen war.

Bereits 1934 hatte der Verteidigungsminister eine Druckschrift herausgegeben mit dem Titel »Das Wesen der nationalen Verteidigung und die Forderung, sie zu verstärken«. In dieser Abhandlung sprach das Militär von der Notwendigkeit einer festen

Kontrolle über alle Bereiche des nationalen Lebens, so auch über die Regierung, die Wirtschaft und die Kultur. Diese feste Kontrolle wurde mit der Notwendigkeit begründet, das nationale Kriegspotential zu fördern, womit offen neue Prioiäten für das Land gesetzt wurden. Vor diesem Hintergrund verstärkten sich die Restriktionen im Hinblick auf die Rede- und Gedankenfreiheit, und der Marxismus und liberale Theorien wurden verboten. Das Bildungsministerium gab Erlasse zur Indoktrination der Bürgerschaft heraus, so zum Beispiel die »Grundlagen der nationalen Verfassung« (*Kokutai no hongi*) und »Der Weg des Einzelnen« (*Shinmin no michi*).

Als der Krieg mit China sich ausweitete, gründete sich im Herbst 1937 die »Nationale Bewegung zur spirituellen Mobilisierung«, die die feste Einheit der japanischen Bürger zur Erfüllung der nationalen Ziele anstrebte.

Die japanische und die sowjetische Armee stießen mehrmals an der Grenze zwischen der Mandschurei und der Sowjetunion zusammen, doch die eigentlichen Kämpfe brachen im Mai 1939 bei Nomonshan nahe der Inneren Mongolei aus, wo die japanischen Streitkräfte geschlagen wurden. In Europa brach im selben Jahr im August der Zweite Weltkrieg aus, und der Krieg zwischen Japan und den Vereinigten Staaten begann im Dezember 1941. In der Zwischenzeit hatten im September 1940 Japan, Italien und Deutschland, die sogenannten Achsenmächte, ein Bündnis geschlossen.

Im Land selbst entstand nun die Bewegung der Neuen Ordnung, deren Ziele durch die Gründung der Gesellschaft zur Förderung der Kaiserlichen Herrschaft im Mai 1940 verbreitet wurden. Die verschiedenen politischen Parteien wurden aufgelöst und als Mitglieder in der Vereinigung aufgenommen. Die Gewerkschaften wurden ebenfalls aufgelöst und unter der landesweiten Großen Japanischen Patriotischen Vereinigung der Industrie neu organisiert. Auch Zeitungen und andere Gruppierungen unterlagen einer derartigen Umstrukturierung und wurden der Patriotischen Vereinigung angegliedert.

Unter den Bedingungen des Krieges übt jedes Land eine strenge Kontrolle über das Denken und die Äußerungen seiner Bürger aus. Extreme Beispiele hierfür sind das Naziregime und faschistische und kommunistische Regierungen. Doch selbst liberale Länder wie die Vereinigten Staaten gewähren in Kriegszeiten nicht das gleiche Ausmaß an Freiheit wie in Friedenszeiten, wie die Schließung oder Konfiszierung von japanischen Schreinen und Tempeln an der Westküste und in Hawaii beweist. Auch in Japan wurden während des Krieges einige christliche Kirchen und ausländische Missionen unterdrückt, doch dieses Vorgehen war eigentlich nicht auf religiöse Gründe oder den Shinto zurückzuführen, sondern auf die Kriegspolitik.

»Wer immer darauf bedacht ist, andern Menschen in der Not zu helfen, dem stehen die Götter zur Seite und belohnen ihn mit ihrem Segen.
Wer andern Menschen schaden will, den strafen die Götter mit böser Vergeltung.«
(Göttterspruch
von Tsukushi-Schrein)

Die Shinto-Direktive

Am Ende des Zweiten Weltkriegs besetzten die alliierten Mächte Japan. Das Land stand unter deren militärischer Herrschaft, und die Großen Hauptquartiere (GHQ) befanden sich in Tokio. Im Dezember des Jahres erließen die GHQ ihre berühmte »Shinto-Direktive«, die vorschrieb, daß der Shinto – dem man die Verantwortung für die militärische Ideologie Japans zuschrieb – vollständig vom Staat getrennt wurde. Auf diese Weise führten die Besatzungsmächte eine Politik ein, die das nationale Bewußtsein des japanischen Volkes umformen sollte.

Der Nationalismus und Rassismus der Kriegsjahre war zwar eng mit dem Denken bestimmter populärer Shintoisten verbunden, doch dieses Denken ging ursprünglich nicht von den Schreinpriestern der Regierung aus, sondern von Shintoisten, die außerhalb der professionellen Schrein-Priesterschaft anzusiedeln waren. Dieser Nationalismus stellte in erster Linie eine Massenbewegung an der Basis dar und spiegelte den japanischen Lokalpatriotismus wider, der nicht einmal annähernd als das Werk bestimmter »Shinto-Apologeten« bezeichnet werden kann. Im Gegenteil, es handelte sich um eine Demonstration des Gedankens vom »göttlichen Land«, der damals bei allen Japanern latent vorhanden war. Daher war die Shinto-Direktive letztlich der Versuch, eben dieses nationale Bewußtsein zu überwinden. Der Schutz und die Unterstützung der Schreine durch den Staat wurden verboten, und in den staatlichen Organisationen wurden sämtliche Shinto-Institutionen abgeschafft. Die Schreine selbst wurden zu religiösen Rechtspersonen erklärt, und die meisten schlossen sich zur Vereinigung der Shinto-Schreine (*Jinja Honcho*) zusammen.

Nach dem Ende der Besatzungszeit erhielten die Shinto-Schreine allmählich ihre traditionelle Bedeutung als Zentren des japanischen Glaubens zurück. Verglichen mit den verschiedenen Shinto-Sekten können die meisten Schreine jedoch kaum entwickelte Lehren und Organisationsformen vorweisen. Zudem verfiel mit dem fortschreitenden Modernisierungsprozeß auch zunehmend die Ordnung der lokalen Gemeinschaft, die für die feierlichen Riten zuständig war. Somit stehen heute viele Schreine vor der Notwendigkeit, neue Antworten auf die veränderten Bedingungen zu finden.

Die gegenwärtige Situation und die Zukunft des Shinto

Die Shinto-Direktive der alliierten Mächte war unter der Annahme erfolgt, der Shinto-Glaube stelle die spirituelle Kraft dar, die den Japanern den heroischen Kampf in Kriegen im Ausland ermöglichte. Die Absicht war, die Verbindung zwischen den Schreinen und dem japanischen Staat beziehungsweise der Regierung abzuschneiden. Im Januar 1946 führten die Besatzungsmächte eine offizielle Säuberungskampagne durch und entfernten etwa 200 000 Personen aus Ämtern in der japanischen Regierung und Gesellschaft. Im Mai desselben Jahres begann das Internationale Militärtribunal für den Fernen Osten (das bis November 1948 dauerte). Die neue japanische Verfassung wurde im November 1946 verkündet und im Mai des folgenden Jahres für rechtskräftig erklärt. Die neue japanische Verfassung sollte eine Erweiterung der Shinto-Direktive sein. Vermutlich deshalb wurde sie auch »Verfassungsdirektive« genannt. Viele glaubten daher, daß der »Weg der kami« nach Japans Niederlage im Zweiten Weltkrieg stetig bergab ginge. Ein Zeichen hierfür war der starke Rückgang der Zahl der Pilger, die in den Jahren nach Kriegsende den Großen Schrein von *Ise* besuchten. Gleichzeitig kann man dieses Phänomen jedoch auch als Zeichen für die emotionale und physische Erschöpfung des japanischen Volkes nach den langen Kriegsjahren deuten. Es bedeutet nicht unbedingt, daß der Shinto-Glaube einen endgültigen Rückschlag erlitten hatte.

Die klare Trennung des Shinto vom japanischen Staat stellte sicherlich ein wichtiges Ereignis in der zweitausendjährigen Geschichte Japans dar. Die Nachkriegsverfassung, die von den siegreichen Alliierten diktiert worden war, hatte auch zur Folge, daß sich das Wesen jenes japanischen »Staates« veränderte. Doch was geschah tatsächlich mit dem »Weg der kami« vor dem Hintergrund dieses grundlegenden Wandels in der japanischen Geschichte? Zunächst kann man feststellen, daß die alte Tradition der religiösen Riten am japanischen Hof mit unverminderter Feierlichkeit durchgeführt wird und die Zahl der Pilger, die die Schreine überall im Land aufsuchen, nach dem anfänglichen Absinken infolge des Krieges wieder ihr vorheriges Niveau erreicht hat. Besonders erwähnenswert ist, daß die Feier des Umzugs des Großen Schreins von Ise und die Rekonstruktion und der Wiederaufbau anderer bedeutender Schreine überall im Land durch private Schenkungen erfolgen, da die staatliche Förderung der Schreine abgeschafft wurde. Hierin zeigt sich, daß die Hingabe der Japaner an den »Weg der kami« nicht im geringsten nachgelassen hat.

Der restaurative Shinto, der dem Staats-Shinto der Vorkriegszeit vorausging, hatte versucht, zum ursprünglichen Zustand Japans vor der Einführung des Buddhismus zurückzukehren. Dabei bezog er seine Vorbilder aus der unerschöpflichen Quelle des primitiven Shinto, wie er noch vor der Gründung der japanischen Nation durch Kaiser Jimmu geherrscht hatte. Doch die Gezeiten der westlichen Kultur machten vor den japanischen Ufern nicht halt, und innerhalb kurzer Zeit wurde die importierte Kultur als exotischer neuer Trend begrüßt und bewirkte revolutionäre Veränderungen in Japan. Die letzten Auswirkungen dieser Übernahme westlicher Vorbilder wurden in der japanischen Nachkriegsverfassung sichtbar.

Während in den Riten des Hofes und des japanischen Volkes auch weiterhin am »Weg der kami« festgehalten wird, werden die religiösen und philosophischen Inhalte jenes Glaubens, insbesondere die mythologischen Beschreibungen vom »Reich des Hohen Himmels«, die der restaurative Shinto in den Vordergrund rückte, vom Volk nicht mehr akzeptiert. Angesichts dieser neuen Entwicklung wird es nicht mehr ausreichen, wenn das japanische Volk lediglich die »Sagen und Erzählungen von den kami« so überliefert und studiert, wie sie sind, ohne durch jene alte Sprache hindurchzugehen. Statt dessen muß der Glaube sich noch jenseits dieser Legenden orientieren und zu einem noch früheren »Weg der kami« zurückkehren. Der Shinto, von dem hier die Rede ist, könnte als revolutionär neuer Shinto bezeichnet werden, »der zu den Ursprüngen zurückkehrt«, und würde selbst über den restaurativen Shinto hinausgehen.

LITERATUR: Sokyo Ono: The Kami Way. Tokyo 1959. – Masaharu Anesaki: Religious Life of the Japanese. Tokyo 1961. – Edmond Rochedieu: Der Shintoismus und die neuen Religionen Japans. Genf 1973. – Haruko Okano: Die Stellung der Frau im Shinto. Diss. Bonn 1975. – Matthias Eder: Geschichte der japanischen Religion. 2 Bde. Nagoya 1978. – Nelly Naumann: Die einheimische Religion Japans. Band 1. Bis zum Ende der Heian-Zeit, Leiden 1988.

Toshiya Yabu

NEUE RELIGIONEN

Afrikanische Gebets-Heilungskirchen

In Schwarz-Afrika, das heißt Afrika südlich der Sahara, entstand vor rund 100 Jahren eine einheimische christliche Bewegung, die sich von den Missionskirchen trennte und sich selber als Afrikanische Unabhängige Kirchen bezeichnete.

In den ersten Jahrzehnten betonte sie besonders ihre Unabhängigkeit von den Weißen (Äthiopische Kirchen). Seit etwa 1910 legte sie einen stärkeren Akzent auf Afrikanische Spiritualität.

In West-Afrika nennt man sie mit einem Yoruba-Begriff *aladura* (Leute des Gebets), weil in ihrem Handeln die Krankenheilung durch Fürbitte besonders auffällig ist.

Im südlichen Afrika bezeichnet man sie als Zionisten. Dieser Name hat aber nichts mit dem Zionismus der Israeli zu tun. Er reflektiert viel mehr den Einfluß einer afro-amerikanischen Kirche, der *Christian Catholic Apostolic Church in Zion*, die 1896 von John Alexander Dowie gegründet worden war, und deren Zeitschrift »Leaves of Healing« (Blätter der Heilung; nach Offb. 22, 2) in Afrika weite Verbreitung fand. Im Rahmen dieser Bewegung entstanden Tausende meist kleinerer Gemeinschaften unter einheimischer Leitung und ohne Dachorganisation.

Durch die Übersetzung der Bibel in die Stammessprachen Afrikas hatten die Missionare den Grund für diese Bewegung gelegt.

Die Afrikaner konnten nun selber die Bibel lesen, ohne durch europäische Ausformungen von Glaube und Lehre am Verstehen behindert zu werden.

Sie führten die Christianisierung dadurch einen wesentlichen Schritt weiter, daß sie die Botschaft in das Denken und die Kultur der Afrikaner übersetzten und es ihren Landsleuten aus den traditionellen Stammesreligionen ermöglichten, Christen zu werden, ohne ihre afrikanische Identität aufgeben zu müssen.

So wurden sie zur stärksten Missionsbewegung Schwarz-Afrikas ohne finanzielle Unterstützung von außen.

Unter Heilung verstehen sie mehr als nur eine angepaßte ärztliche Mission, die den Kranken von seiner Krankheit befreit. Es geht ihnen dabei vielmehr um die Wiederherstellung des ganzheitlichen Lebens, das durch die Mächte des Bösen bedroht und geschädigt wird: Die heile Beziehung des Menschen zu sich selbst und zu seiner Gesellschaft, zu seiner sichtbaren Umwelt und zur unsichtbaren Welt der Geister, zu denen auch die Ahnen gehören, und letztlich zu Gott.

So beten sie um Heilung nicht nur bei Krankheiten im medizinischen Verständnis, sondern auch bei Arbeitslosigkeit oder Dürre, die Hunger und Armut bringen, und für Frauen, die keine Kinder bekommen, weil Kinder dort eine Versorgung im Alter bedeuten.

Sie beten um Bewahrung vor Blitzschlag und Unfällen, aber auch vor Zwangsumsiedlungen, politischer Unterdrückung, gesellschaftlicher Diskriminierung und ökonomischer Ausbeutung. Alle Hilfe erwarten sie von dem Heiland, der Menschen zu einem neuen Glaubensleben, zur Gemeinschaft untereinander und zum Frieden mit Gott führt.

In ihrem heilenden Handeln verwenden sie Symbole, die ihnen vertraut sind, und die sie in der Bibel wiederfinden. Neben den Kirchen, die die Missionare im europäischen Stil erbaut hatten, richten die unabhängigen Kirchen ihre »Tempel« auf: Solch ein Gottesdienstplatz besteht oft nur aus einem Kreis weißgetünchter Steine um einen hohen Baum herum.

Schon in den Stammesreligionen fanden alle wichtigen Ereignisse unter einem Baum statt, der die Verbindung nach oben – zu den Ahnen, und durch sie zu Gott – symbolisierte.

Dieses Symbol des Baumes des Lebens fanden sie überall in der Bibel wieder, angefangen vom Garten Eden (1. Mos. 2, 9) bis hin zum Neuen Jerusalem (Offb. 22, 2).

Der Kreis symbolisiert in Afrika Gemeinschaft. Schon der traditionelle Arzt-Priester heilte nur im Familienverband. Nun unterstützt die Gemeinde den Pfarrer bei der Fürbitte; alle Mitglieder der Gemeinde stehen oder tanzen dabei im Kreis und singen ein Gebetslied, so daß der Kranke nun »ganz von Gebet umgeben ist«.

Und wird er nicht gleich gesund, so wird er von der Gemeinde weiter gepflegt, verpflegt und besucht.

Dabei erzählen die Christen von ihren Glaubenserfahrungen – ein informeller Taufunterricht. Denn das Ziel ihrer Mission ist nicht nur die körperliche Heilung, sondern die Eingliederung in das neue Volk Gottes.

Auf dem Wege dahin müssen Sünde und Streit durch Bekenntnis und Vergebung beseitigt werden. Bekennt sich der Geheilte dann öffentlich zum Glauben, wird er – nach biblischem Vorbild – durch Untertauchen im Fluß getauft.

Wie Jesus es seinen Jüngern aufgetragen hatte, predigen diese Kirchen das Evangelium, treiben sie böse Geister aus und legen den Kranken zur Heilung die Hände auf (Mark. 16, 15 ff.).

LITERATUR: Bengt Sundkler: Bantupropheten in Südafrika. Die Kirche in der Welt. Bd. 3. Stuttgart 1964. – Hans-Jürgen Becken: Wo der Glaube noch jung ist. Afrikanische Unabhängige Kirchen im Südlichen Afrika. Erlangen 1985.

Hans-Jürgen Becken

Unabhängige Großkirchen in Afrika

Die afrikanischen Unabhängigen Kirchen sind meist kleinere Sippen- oder Stammesgemeinschaften, wo jeder jeden kennt. Nur drei von ihnen haben sich bisher zu einer Stämme und Grenzen überschreitenden Großkirche entwickelt. Jede dieser drei geht auf die Initiative eines einheimischen Propheten zurück, der für seine Bewegung ein Zentrum einrichtete. Von dort werden die Ortsgemeinden auch über weite Entfernungen zusammengehalten, ohne dabei ihren intimen Gemeinschaftscharakter einzubüßen. Der Prophet besucht weiter die verschiedenen Regionen, aber zu großen Festen kommen die Christen im Zentrum zusammen, zu einer Art Kirchentag, der wochenlang dauern kann. Diese Großkirchen sind:

1. *L'Église de Jésus-Christ sur la terre par le Prophète Simon Kimbangu* (Die Kirche Jesu Christi auf Erden durch den Propheten Simon Kimbangu), die der Gründer-Prophet um die heiligen Quellen in N'Kamba im heutigen Zaire sammelte.

2. Die *Zion Christian Church* (Christliche Kirche in Zion), deren Zusammenhalt der Prophet Engenas Lekganyane durch den Aufbau der Kirchensiedlung Zion City Moria in Nord-Transvaal, Südafrika, ermöglichte.

3. Die *Nazareth Baptist Church* (Baptistenkirche in Nazareth), auch bekannt als *Ibandla lama Nazaretha* (»Kirche der Leute von Nazareth«), deren Prophet Isaiah Shembe gleich zwei solcher Zentren schuf: die Kirchensiedlung Ekuphakameni am Rande der südafrikanischen Hafenstadt Durban und den heiligen Berg Nhlangakazi, weit draußen in der unberührten Natur des Zululandes in Natal. In diesen Kirchen haben diese Zentren zugleich auch die Bedeutung eines Abbildes des zukünftigen »afrikanischen« Jerusalem.

Diese afrikanischen Propheten wurden durch Träume und Visionen zum Lesen der Bibel und zum Glauben gerufen. In ihrer mündlich überlieferten Tradition berichten diese Kirchen jeweils auch von einer speziellen Sendung ihres Propheten zum Dienst im Sinne des Missionsbefehls Jesu. Diesem Ruf folgend zogen die Propheten, begleitet von einer kleinen Schar ihrer Nachfolger, unermüdlich durchs Land, predigten das Wort, trieben Dämonen aus und heilten die Kranken, wie es auch die Gebets-Heilungskirchen taten. Es wird sogar von Totenauferweckungen erzählt.

Dieser Mythos, mit dem der »Anfänger des Weges« dargestellt wird, ist symptomatisch für einen weiteren Schritt in der Inkulturation des Christentums in Afrika; die Großkirchen selber sprechen da von einer Inkarnation. Diese interpretiert die Botschaft vom Königreich Gottes vor dem Hintergrund des Sakral-Königtums in den afrikanischen Religionen, das in vorkolonialer Zeit schon zur Bildung großer Königreiche geführt hat. Darin wurde der König nicht nur als der Priester angesehen, sondern als Repräsentant des Volkes, der Ahnen und letztlich Gottes, ähnlich wie im Kaisertum des alten Europa. Im gleichen Sinne wird nun auch der Prophet als »Maske« des afrikanischen Christus gesehen, vergleichbar mit der Rolle der Ikonen in der Ostkirche, und man redet von ihm in Begriffen, mit denen man früher vom göttlichen König gesprochen hatte. Zwar wird dabei nicht der in der Bibel-Übersetzung verwendete Gottesname gebraucht; aber die Berichte über sein Handeln sind von der Diktion biblischer Berichte geprägt und lassen diese im afrikanischen Kontext transparent werden. Ihre Theologie ist an der Bibel orientiert, ohne dabei Ausdrucksformen und Dogmen der europäischen Kirchen zu übernehmen; viel mehr setzt sie sich bewußt dagegen ab. Denn in den Missionskirchen wurde Jesus auf Bildern als Weißer dargestellt; aber in den Weißen sahen die Afrikaner ihre Unterdrücker. Die Europäer sprachen von Jesus als dem Sohn Gottes; aber im afrikanischen Denken ist der Sohn immer geringer als der Vater. Darum reden sie lieber von Gottes voller Menschwerdung, statt ihn den Sohn Gottes zu nennen.

Diese betonte afrikanische Eigenständigkeit erregte nicht nur bei den Missionskirchen Anstoß; sie alarmierte auch die weißen Machthaber, die dahinter eine »schwarze Gefahr« witterten. Obwohl keiner dieser Propheten zur gewaltsamen Befreiung aufgerufen hat, wurden sie verfolgt und unterdrückt. Kimbangu wurde nach nur dreijähriger Tätigkeit 1921 verhaftet und blieb bis zu seinem Tod 1951 im Gefängnis. Lekganyane wurde vertrieben und mußte sich jahrelang im heutigen Lesotho verbergen. Shembe wurde häufig verhaftet und verhört, aber immer wieder als unschuldig entlassen. Dieses Leiden wird oft mit dem Leiden des Volkes gleichgesetzt, und der Prophet mit dem leidenden Knecht Gottes (Jes. 42): ein stellvertretendes Leiden.

Nach dem Tode dieser Propheten wurde deren Werk durch ihre Söhne weitergeführt. Auch das entspricht dem Vorbild des Sakralkönigtums. Erst unter der Leitung dieser zweiten Generation konsolidierten sich diese Großkirchen. Diese afrikanische Reformation zeigt heute ein großes zahlenmäßiges Wachstum in Afrika südlich der Sahara. Als erste dieser Großkirchen ist die des Propheten Kimbangu in den Ökumenischen Rat der Kirchen aufgenommen worden.

LITERATUR: Katesa Schlosser: Eingeborenenkirchen in Süd- und Südwestafrika. Ihre Geschichte und Sozialstruktur. Arbeiten aus dem Museum für Völkerkunde der Universität Kiel II. Kiel 1958. – Marie-Louise Martin: Kirche ohne Weiße. Simon Kimbangu und seine Millionenkirche im Kongo. Basel 1971.

Hans Jürgen Becker

Christlich beeinflußte Freiheitsbewegungen in Schwarzafrika

Die vorkolonialen Gesellschaften Schwarzafrikas waren von äußerst komplexen Sozialstrukturen geprägt, in denen die traditionellen Religionen eine zentrale Rolle spielten. Aus diesem Grunde hatten die religiösen Funktionsträger (Priester) eine wichtige politische Bedeutung, die sich auch auf den Bereich der Kriegsführung erstreckte. Der Abwehrkampf gegen den europäischen Kolonialismus wurde demgemäß auch unter religiösen Aspekten geführt (Kampf um Land und Gräber der Ahnen).

Aufgrund der waffentechnischen Überlegenheit der Europäer scheiterte der militärische Widerstand der Afrikaner: in relativ kurzer Zeit gelang es den europäischen Kolonialmächten, den Kontinent zu erobern und ihre Herrschaft zu sichern (Berliner Kongokonferenz, 1884/85).

Während der Kolonialzeit erreichte auch die christliche Missionstätigkeit einen Höhepunkt. Die überwiegende Mehrheit der in Afrika wirkenden Missionare verfolgte eine kolonialfreundliche Strategie, die eklatant eurozentrische und paternalistische Züge trug.

Die traditionellen Strukturen hielten dem Ansturm von Kolonisation nicht stand: ein Transformationsprozeß größten Ausmaßes erfaßte fast alle afrikanischen Völker. Die Reaktion der Unterdrückten vollzog sich auf verschiedenen Ebenen: Von »Propheten« angeführte religiöse Freiheits- und Heilsbewegungen waren in einigen Regionen Träger des antikolonialen Widerstands. Es formierte sich aber auch eine Opposition, die von einer bereits westlich geprägten und in christlichen Missionsschulen ausgebildeten Elite angeführt wurde. Die Verfechter einer nationalen Emanzipation lehnten die Konfrontation mit den Kolonialmächten ab, setzten sich aber für eine allmähliche Integration der Afrikaner in die modernen Strukturen ein, die die Europäer in Afrika geschaffen hatten. Unter Berufung auf die christlichen und humanistischen Traditionen des Abendlandes forderten sie politische und soziale Gleichberechtigung der Kolonisierten, wirtschaftliche Gerechtigkeit und als Endziel die staatliche Unabhängigkeit der afrikanischen Völker.

Einen entscheidenden Einfluß auf die Herausbildung der modernen antikolonialistischen Bewegung hatten afro-amerikanische Intellektuelle, die vor allem aus den schwarzen Kirchen der USA und der Karibik kamen und ihren Heimatkontinent als Ziel der Evangelisation und als Ort eine Repatriierung der in der Diaspora lebenden ehemaligen Nachfahren der Sklaven ansahen (Back-to-Africa Movements).

Das Ziel, schwarze Amerikaner wieder in Afrika anzusiedeln, fand die volle Unterstützung der Gegner der Sklaverei in Europa und Nordamerika: auf ihre Initiative gehen die Gründungen der Staaten Sierra Leone und Liberia zurück. Gerade Sierra Leone, für dessen Entwicklung sich führende Abolitionisten Englands einsetzten, war nicht nur Ausgangspunkt der protestantischen Mission in Westafrika, sondern auch politischer und kirchlicher Autonomiebestrebungen der freigelassenen schwarzen Bevölkerung.

Durch die enge Verbindung zwischen Afrika und Afro-Amerika erhielten die Freiheitsbestrebungen nicht nur eine nationalistische, sondern auch eine panafrikanische Dimension. Bedeutende Persönlichkeiten, die dem Panafrikanismus religiös-ideologische Legitimation verschafften und als Vorläufer der Dekolonisation verstanden werden können, waren u. a. der aus St. Thomas stammende Gelehrte Edward Wilmot Riyden und der Missionsbischof der unabhängigen afro-amerikanischen African Methodist Episcopal Church (AMEC), Henry McNeal Turner.

Sie schufen die ideologischen Voraussetzungen für die radikale schwarze Bewegung von Maucus Garvey, die nicht nur in den USA und der Karibik, sondern auch in Afrika bedeutende Auswirkungen hatte (Elias Farajaje-Jones).

Das wichtigste religiöse Phänomen des Widerstandes waren die Afrikanischen Unabhängigen Kirchen (AUK). Diese kirchlichen Gemeinschaften waren entstanden im Kontext sozial-religiöser Protestbewegungen und wandten sich gegen die von der Mission propagierten und implantierten Formen abendländisch-westlichen Christentums. Je nach ihrer spezifischen Ausrichtung überwiegt in den AUK ein sozial-politisches oder ein religiös-kulturelles Motiv.

Die Mehrzahl der auf weit über sechstausend angewachsenen kirchlichen Gemeinschaften entstand in den Gebieten, in denen der Kulturkonflikt eine besondere Intensität erreicht hatte. Hervorzuheben ist die Aladura-Bewegung in Nigeria, die Bewegung des Propheten William Wade Harris an der Elfenbeinküste und spirituelle Kirchen in Ghana, die kinbanouistische Kirche in Zaire, der Äthiopismus und zionistisch-spirituelle Bewegungen im südlichen Afrika und Ostafrika.

Das zentrale Symbol der eher politisch motivierten AUK ist der auf Ps. 68,32 bezugnehmende Begriff »Ethiopia«. Äthiopien umfaßt hier den gesamten afrikanischen Kontinent (»Mohrenland«), dem endzeitliches Heil zugesprochen wird. Die »Erlösung Afrikas« vollzieht sich im Prozeß der Befreiung der afrikanischen Völker vom europäischen Joch, oft verbunden mit der Hoffnung auf Rückkehr der ehemaligen Sklaven in ihre Heimat. Politisch relevant wurde der Äthiopismus in Westafrika, wo unter der Leitung des Geistlichen James Johnson ein unabhängiges Kirchenwesen entstand (Niger-Delta-Pastorat) und vor allem in Südafrika. Die 1892 von dem methodistischen Geistlichen Mangena Maake Mokone in Pretoria gegründete »Ethiopian Church« war Ausgangspunkt der das gesamte südliche Afrika umfassenden »Äthiopischen Bewegung«. Vertreter dieses spirituellen, aber auch durchaus politisch motivierten Separatismus haben nachweisbar an antikolonialen Aufstandsversuchen teilgenommen, wie die Beispiele von John Chilembwe in Nyassaland und der Bambata-Rebellion in Zululand zeigen.

Das zentrale Symbol des zweiten Typs der AUK bezieht sich auf die biblischen Weissagungen, die die Erlösung Zions beinhalten. Die Anhänger der zionistischen Bewegung, die um 1910 in Südafrika entstand, setzen sich aus den noch weniger europäisierten ländlichen Bevölkerungsgruppen zusammen.

Wie die Äthiopisten lehnen sie die europäische Dominanz im religiösen Bereich ab; im Gegensatz zu diesen erstreben die Zionisten die Integration der traditionellen Religion und Lebensweise in ihre christliche Praxis (Synkretismus). In ihren Gottesdiensten finden sich daher Elemente autochthoner Glaubensvorstellungen (Ahnenverehrung, Geistbesessenheit, Tabus, Glossolalie).

Im Zentrum ihrer praxis pietatis steht das Heilen von Krankheiten. Diese »Heilungskirchen« sind heute auf dem gesamten afrikanischen Kontinent verbreitet; sie bieten ihren Gläubigen eine geistliche Heimat (»A Place to Feel at Home«), die es ihnen ermöglicht, dem psychischen Streß des sozialen Transformationsprozesses, der Urbanisierung und der zunehmenden Verelendung, die große Teile Afrikas erfaßt hat, zeitweilig zu entgehen. Die Einstellung zionistischer Gemeinschaften zu sozio-politischen Fragen ist nicht einheitlich: Während die Mehrheit ihrer Anhänger »weltliche Aktivitäten« ablehnten, finden sich vor allem in Südafrika zunehmend zionistische Gruppierungen, die sich als integraler Bestandteil der Antiapartheidbewegung verstehen. Im übrigen stellt auch die unpolitische anti-westliche Haltung im Sinne einer eigenen schwarzen Identitäts- und Bewußtseinsfindung ein Politikum dar.

Die AUK haben auch das theologische Denken der ehemaligen Missionskirchen beeinflußt und Anstöße für die Entfaltung einer eigenständigen kontextuellen afrikanischen Befreiungstheologie gegeben. Beispiel ist die ökumenische Vereinigung Afrikanischer Theologen (AOTA), deren Mitglieder sich nicht nur mit den Problemen einer Inkulturation des Evangeliums befassen, sondern in Übereinstimmung mit den Zielen der Allafrikanischen Kirchenkonferenz (AACC) nach kirchlichen Antworten auf Unterdrückung, Ausbeutung und Verarmung großer Teile der afrikanischen Bevölkerung suchen. Wichtigster Repräsentant ist der kamerunische Theologe Jean Marc Ela, der aus der stark religiös gefärbten Négritude-Bewegung kommt, die in den 40er Jahren von schwarzen Nationalisten aus den französischen Kolonien Afrikas und der Karibik begründet wurde. Im südlichen Afrika hat sich die Black-Theology-Bewegung herausgebildet, deren Vertreter im Kampf gegen das rassistische Apartheitssystem engagiert sind und auch politische Funktionen wahrnehmen (Allan A. Boesak, Frank Chikane, Desmond Tutu).

LITERATUR: Vittorio Laternari: Religiöse Freiheits- und Heilsbewegungen unterdrückter Völker, Neuwied/Berlin 1960. – Bengt Sundkler: Bantupropheten in Südafrika, Stuttgart 1964. – Theo Sundermeier: Wir aber suchten Gemeinschaft. Kirchwerdung und Kirchentrennung in Südwestafrika, Erlangen 1973. – Werner Ustorf: Afrikanische Initiative. Das aktive Leiden des Propheten Simon Kimtangu, Frankfurt/Bern 1975. – Erhard Kamphausen: Anfänge der kirchlichen Unabhängigkeitsbewegung in Südafrika. Geschichte und Theologie der Äthiopischen Bewegung, 1872 – 1912. Bern/Frankfurt 1976. – Hans-Jürgen Becken: Wo der Glaube noch jung ist. Afrikanische Unabhängige Kirchen im Südlichen Afrika, Erlangen 1985. – Itumeleng Mosala, Buti Tlhagale (Hg.): The Unquestionable Right To Be Free, Johannesburg 1986. – Elias Farajaje-Jones: In Search of Zion. The Spiritual Significance of Africa in Black Religious Movements, Bern/Frankfurt/NewYork/Paris 1990. *Erhard Kamphausen*

Neuhinduistische Religionen

Geschichtlicher Hintergrund und Grundmerkmale

Indien ist etwa zwei Jahrhunderte durch europäische Kolonialmächte und besonders durch England kolonisiert gewesen. Nach einer gewissen Fixierung der Hindu-Tradition seit dem Auftreten des Islam auf dem Subkontinent und nach dem Niedergang des islamischen Reiches der Großmogulen (um 1725) bedeutete das Erscheinen der europäischen Kultur und Zivilisation eine große Herausforderung der indisch/hinduistischen Lebens- und Denkart. So entstanden seit dem Anfang des 19. Jahrhunderts Versuche, den traditionellen und erstarrten Hinduismus den Forderungen einer »neuen« Zeit und eines »modernen« Lebensgefühls anzupassen. Es konnte nicht ausbleiben, daß bei diesen Versuchen indisch/hinduistische und europäische Werte und Gedanken miteinander vermischt wurden; sind doch Vermischung und Anpassung der Hindu-Tradition seit jeher nicht fremd. Es entstand eine Bewegung, die Neuhinduismus genannt wird. Sie wurde, vor allem bis zur Mitte des 20. Jahrhunderts, von Hindus mit einer guten Bildung und Kenntnis der europäischen und vor allem englischen Kultur und des europäischen Christentums getragen. Die sozialen Aktivitäten und klar bestimmten Organisationsstrukturen von Kirche und Gottesdienst – vor allem des reformatorischen Christentums – faszinierten diese Hindus, wenn auch die Unduldsamkeit und der Absolutheitsanspruch eben desselben Christentums sie sehr verärgerten. Der Neuhinduismus kennt auch ein großes Interesse für Jesus von Nazareth, der oft mit *Krishna* und Buddha verglichen und wegen der Reinheit seiner Hingabe an seinen göttlichen Vater sowie seiner Friedfertigkeit als Vorbild und Meditationsobjekt betrachtet wird. In der Frühperiode des Neuhinduismus wurden reformatorische Formen des Gottesdienstes (Schriftlesung, Predigt, Gesang) übernommen. Europäisch-christliche, aber auch islamische Gleichheitsideale beeinflußten die neuhinduistische Ablehnung oder Neuinterpretation des Kastensystems.

Unter dem Einfluß der europäischen Geschichtswissenschaft lernten Hindus aus wohlhabenden Familien, die in England oder in Missionscolleges in Indien studierten, die alte Zivilisation ihres »Mutterlandes« neu kennen. Um 1890 fingen sie an, diese Vergangenheit und zugleich ihre eigene – die älteste lebendige Religion – als eine Kraftquelle für ihr religiöses, kulturelles und politisches Erwachen zu betrachten. Um wirklich im gesamten Bereich von Religion, Kultur, Wirtschaft und Politik das Wiedererwachen von »Mutter Indien« vorantreiben zu können, müsse das Land auf all diesen Gebieten »nach Geist und Körper« selbständig werden, um in einer Welt, die drohe, an Materialismus zugrunde zu gehen, den eigenen *dharma* erfüllen zu können: die Berufung zur spirituellen Führung der Welt.

Man nahm damit eine Linie auf, die seit der Antike und seit der Phantasmagorie eines märchenhaften Ostens im Mittelalter und besonders in der Romantik in Europa lebendig war: die Linie eines Orientalismus europäischer Herkunft, der Indien als Musterbeispiel asiatischer »Weisheit« betrachtete. Inzwischen nicht mehr auf »Kirchlichkeit« und auf »Lehrmäßigkeit«, sondern auf die Offenheit »spiritueller Religiosität« gerichtete Hindu-Intellektuelle wurden zunehmend selbstbewußter.

Alle großen Vertreter der neuhinduistischen Bewegung waren in ihrem Denken und Auftreten geprägt durch die Herausforderung Indiens durch die europäische Zivilisation, die wirtschaftliche und politische Kolonisation Indiens und durch typisch europäisch-christliche Formen der Mission. Viele von ihnen nahmen diese Herausforderung offenherzig an und suchten auf synkretistische Weise (durch »Vermischung« der Religionen) nach Lösungen. Sie übernahmen die aus der europäischen Kulturgeschichte stammende Idee der Polarität vom »Osten« und »Westen«, von Spiritualität und Materialismus und versuchten eine Synthese dieser beiden Pole unter östlicher Führung. Von einem »verkirchlichten« Christentum provoziert, wandten sie sich gegen einen als »Religionismus« betrachteten, engherzigen und schuldbeladenen Dogmatismus. Orientiert auf die Entfaltung des »Göttlichen im Menschen«, sahen sie alle faktischen Religionen als relative und begehbare Wege zur einen göttlichen, absoluten Wahrheit. Sie fanden die Berechtigung dazu in der Idee eines »gereinigten« Hinduismus, der als die sich verwirklichende Idealgestalt der Religion die anderen, faktischen Religionen entweder überrage oder eben ihr Wesen ausmache.

1875 gründete der nordindische Brahmanensohn Dayananda Sarasvati (1824–1883) in Bombay den *Arya Samaj* (Gemeinde der Edlen), der den vermeintlichen Monotheismus der Veden wiederherstellen, das Kastensystem und andere soziale Mißstände als Abweichungen von der ursprünglichen moralischen Reinheit abschaffen wollte. Die Absicht war, Indien nicht nur religiös, sondern auch sozial und national zu einigen, was unter anderem bedeutete, daß indische Muslime und Christen wieder zum Hinduismus »zurückbekehrt« werden sollten.

Die neuhinduistische Selbstbesinnung und Neuinterpretation der überreichen Tradition kennt zwei Linien, die faktisch in den jeweiligen Gruppen im unterschiedlichem Mischungsverhältnis hervortreten. Die eine Linie verläßt die traditionell eher implizite Auffassung der Gleichheit von Inder- und Hindusein, die in Indien spätestens mit dem Auftreten des Islams fragwürdig wurde. Dies zeigt sich in der Möglichkeit der Bekehrung von Nicht-Indern zu einem »rein religiösen« Hinduismus (zum Beispiel bei der *Ramakrishna Mission* und der *Hare Krishna* Bewegung) oder in der Annahme einer vagen Hindu-Spiritualität, die allerdings gewöhnlich von der Betonung der Position des *gurus* geprägt bleibt. Die andere Linie will Land, Herkunft, Politik, Ethik und Religion miteinander verbinden und fordert so ihre Interessenten ebenso zu einer bewußten Wahl (»Konfession«) auf. In beiden Fällen verläßt die Entwicklung des modernen Hinduismus unweigerlich den traditionellen Weg einer eher impliziten, orthopraktischen und unausgesprochen selbstverständlich angenommenen Lebensweise, wenn diese auch auf dem Lande, wo die Mehrzahl der Hindus lebt, noch weit verbreitet ist.

Die Zahl und Variationsbreite neuhinduistischer Bewegungen ist groß. Es können nur wenige behandelt werden, soweit sich wichtige Züge der hinduistischen Mission im Westen oder der Neuinterpretation hinduistischer Werte in Indien an ihnen ablesen lassen.

Die Ramakrishna-Mission

In Bengalen, der Hochburg britischen Einflusses im kolonialen Indien, hatte der durch europäische Bildung und Philosophie skeptisch gewordene Student Narendranath Datta (1863–1902) die Ausstrahlungskraft des einfachen, wenig gebildeten, aber die Hindu-Göttin *Kali* ekstatisch liebenden Heiligen Shri Ramakrishna kennengelernt, durch dessen Beispiel er lernte, daß der Hinduismus nicht abgewirtschaftet hatte. Er wurde Lehrling des Heiligen und kurz vor dessen Tod zusammen mit elf anderen Schülern als Mönch initiiert. Er wurde Svami Vivekananda genannt und leitete eine kleine Mönchsgruppe. 1893 machte er auf dem Ersten Weltparlament der Religionen in Chicago mit seiner sich auf das *Advaita Vedanta* stützenden Botschaft von der göttlichen Natur des Menschen einen solchen Eindruck, daß ausgedehnte Vortragsreisen durch Amerika und Europa folgten, was wiederum stärkend auf das Selbstbewußtsein vieler Hindus einwirkte. In Indien wollte er die Jugend begeistern, indem er den Hinduismus im Sinne einer die *bhakti* betonenden All-Einheitslehre propagierte, die es verdiene, gegen die materialistische Zivilisation des Westens verteidigt zu werden – vorausgesetzt, daß sie ihren sozialen Verpflichtungen nachkomme. 1897 schuf er die *Ramakrishna Mission*, eine Organisation, die seine Lehre zu verbreiten und in Verbindung mit dem Orden durch das Betreiben von Schulen, Hospitälern und Waisenhäusern sozial zu gestalten sucht. In Indien weit verbreitet und in mehreren westlichen Großstädten vertreten, legt die Ramakrishna Mission im Geiste ihres Stifters besonders im Heimatland grossen Wert auf die soziale Arbeit, denn es habe nach Vivekananda keinen Sinn, die Menschen über Religion zu belehren, ehe nicht ihre Armut und Leiden behoben seien. Vivekananda und die Ramakrishna Mission interpretieren die *Tat-tvam-asi-Mystik* (»Das-bist-Du-Mystik«) der *Upanishaden* im Sinne der Nächstenliebe; denn, wenn das eine Göttliche in jedem Menschen sei, liebe jeder den Nächsten nicht nur wie, sondern als sich selber; »Ich« und »Du« seien identisch.

ISCKON/Hare Krishna

Die *International Society for Krisna Consciousness* (Internationale Gesellschaft für Krishna-Bewußtsein) steht in der langen hinduistischen *bhakti*-Tradition der Verehrung des Gottes *Vishnu*, hier in der Gestalt *Krishnas*, wie sie besonders in Bengalen in den letzten Jahrhunderten Gestalt annahm. Bereits Vorgänger ihres Stifters Bhaktivedanta Svami Prabhupada sollen einige deutsche Gelehrte in den Kreis der Krishna-Verehrer aufgenommen haben. Nach eigener Mitteilung hat Svami Prabhupada (1896–1977) von seinem *guru* den Auftrag bekommen, das *Krishna*-Bewußtsein in der westlichen Welt zu verkünden. Der Mensch habe wegen seiner ständigen Sucht nach Selbstbefriedigung vergessen, daß er seinem Wesen nach der ewige Diener *Krishnas* sei. Weil er sich nicht liebevoll unterordnen, sondern selbst herrschen und kontrollieren wolle, bedürfe er zur Aufhebung seiner Gottesvergessenheit der Gnade *Krishnas*, die sich durch die Begegnung mit dem irdischen *guru* manifestiere. Mit Hilfe der Gottesgnade könne der *Krishna*-Anbeter sich allmählich von seiner Selbstsucht lösen und zunehmend für *Krishna* leben. Mehr und mehr werde er dann das alltägliche Weltgeschehen als Schein und Sinnestäuschung sehen lernen und entdecken, daß *Krishna* in seinem Herzen lebe. Er solle sich aus der Materie lösen, um sich *Krishna* ganz hinzugeben. Das beste Mittel dazu ist das

Chanten (zur Ekstase treibendes Rezitieren) des heiligen Gottesnamens. »Da Gott von seinem Namen nicht verschieden ist, können wir direkt durch das Singen und Sagen seines heiligen Namens mit ihm Verbindung aufnehmen«. Wer auch nur einmal aufrichtig das große *mantra* »Hare Krishna... Hare Rama« sage, werde von Sünden befreit. Es sei Aufgabe der ISCKON-Anhänger, die Welt mit dem gemeinsamen Singen des heiligen Gottesnamens zu überfluten.

Svami Prabhupada hat diese Lehre vor allem in ausgiebigen Kommentaren zur *Bhagavadgita* ausgearbeitet. Nach seiner Sicht soll das Leben der *Krishna*-Verehrer durch Hingabe und Verehrung gekennzeichnet und durch vier ethische Prinzipien geregelt sein: 1. strenger Vegetarismus; 2. Verbot von Rauschmitteln (bis zu Tee/Kaffee); 3. Verbot unerlaubter Sexualität; 4. Verbot von Spiel und Sport als nutzlosem Treiben.

Divine Light Mission

Diese Bewegung, die unter anderem das Kastenwesen ablehnt, wurde 1960 in Indien vom Vater des jetzigen *gurus*, Shri Hans gegründet. Nach dessen Tod 1966 offenbarte der jüngste Sohn, damals acht Jahre alt, sich der Schülerschaft des Vaters als der wiederverkörperte »Guru Maharaj Ji«. Nach Reibungen mit seiner Familie brach er auf zur Mission in den Westen, wo er in der jugendlichen Subkultur wie auch bei enttäuschten Repräsentanten der politischen Linken alsbald zehntausende Anhänger oder Interessierte fand.

Die erwähnten Reibungen führten zur Trennung des indischen und des westlichen Zweiges. Guru Maharaj Ji lehrt in der Nachfolge seines Vaters eine sehr einfache, stark verallgemeinerte Meditationstechnik: Durch die Meditation des Lichts, Klangs, Nektars und des Wortes erlange der Meditationsschüler ein »Wissen«, das ihn zum »göttlichen Urgrund« und zur »ewigen Energie in sich selber« (*brahman*) zurückführe.

Seine Anhänger, *Premies* genannt, ordnen sich dem *guru* als dem »vollkommenen Meister des Zeitalters« und dem »Ozean der Liebe« vollkommen unter, was ebenso wie im Falle anderer *guru*-zentrierter Bewegungen, zu Beziehungsbrüchen und psychischen Abhängigkeit führen kann. Die Bewegung tendiert zu einer das ganze Leben des Schülers umfassenden, dienstvollen Hingabefrömmigkeit.

Die Transzendentale Meditation (TM) oder Internationale Meditationsgesellschaft

Der Gründer dieser Bewegung, der 1918 geborene Mahesh Prasad Varma, studierte in seinem bürgerlichen Leben Physik. Während der Ausübung seines Berufes traf er alsbald seinen *guru*, der einem alten hinduistischen Mönchsorden angehörte, und soll von diesem als Mahesh Yogi 1953 beauftragt worden sein, eine für jedermann zugängliche Meditationsmethode zu entwickeln.

Er gründete das *Spiritual Regeneration Movement* und reiste 1959 in die USA, 1960 nach Deutschland. Auf den naturwissenschaftlichen Geist des Westens eingehend, entwickelte er seine anfangs mehr religiös ausgerichtete Lehre zur einer »Wissenschaft der kreativen Intelligenz« und einer »Mechanik der Befreiung«, in der die yogische Hindu-Tradition, aus der er stammte, den Bedürfnissen nach »wissenschaftlicher« Neutralität angepasst wurde. Der Anspruch der weltanschaulichen Neutralität kann aber dennoch die hinduistische Herkunft nicht verdecken, denn die aus dem *Vedanta* stammende Lehre, daß das »kosmische Bewußtsein« (*brahman*) mit dem tiefsten Kern des Menschen (*atman*) identisch sei, bleibt wesentlich. Dieser *atman* gilt als Quelle einer schöpferischen Kraft, die mittels der einfachen Praxis der TM zur Lebensgestaltung genutzt werden solle und, erfolgreich eingesetzt, zum harmonisch-glücklichen Leben von Individuum und Gesellschaft führen werde.

Ananda Marga

Den *Ananda Marga Pracaraka Sangha*, vom 1921 geborenen Prabhat Ranjan Sarkar, der sich Sri Anandamurti nennt, gestiftet, kennzeichnet eine enge Verbindung von Lehre und Sozialethik. Die Allgegenwart des Göttlichen in jedem Menschen und im gesamten Kosmos könne vom Individuum eingesehen und im Sinne einer Vereinigung erlebt werden, wenn dieser sich dem Guru als »Verkörperung der Glückseligkeit« (*Anandamurti*) hingebe und dem von ihm entworfenen »Pfad der Glückseligkeit« (*Ananda Marga*) folge. In einer Initiation wird der Adept in eine achtstufige Meditationspraxis eingewiesen und erhält ein geheimes *mantra*, durch dessen Kraft er mit dem *guru* und somit auch mit dem allgegenwärtigen *brahman* in Verbindung stehe und an der göttlichen Energie teilhabe.

In einer naturwissenschaftlich anmutenden Sprache entfaltet Sri Anandamurti seine Lehre von der Selbstentfaltung der Natur (*prakrti*) zur materiellen Welt und von der Rückkehr der entfalteten Materie zum höchsten Geist. Der Wert der spirituellen Praxis des Menschen bestehe in der Förderung dieser Rückkehr, wodurch zugleich die spirituelle Evolution des gesamten Kosmos beschleunigt werde. Der spirituelle Fortschritt des Individuums und der Gesellschaft bedingen einander; dies erfordere ein starkes soziales Engagement. Die Abschaffung des Kastensystems, die Ablehnung des Kapitalismus und das Ziel einer grundlegenden Veränderung der Gesellschaft finden sich verbunden in Anandamurtis *Progressive Utilization Theory* (PROUT) und in der Praxis der sozialen und politischen Arbeit in Indien.

Die starke Identifikation mit dem zeitweilig von der indischen Justiz verhafteten *guru*, ein gewisser moralischer Rigorismus und ein Elitebewußtsein verdichteten sich in den siebziger Jahren zu einem Klima der Militanz, die sich unter anderem in Selbstverbrennungen einiger Anhänger zeigte. Trotz ihrer im Westen eher auf die Verbreitung von Spiritualität gerichten Aktivität zielt die Lehre Anandamurtis, ihren Kritikern zufolge, vor allem auf die Schaffung einer idealen Gesellschaft unter Führung einer Meditationselite, die mit Hilfe tantristisch geprägten Yogas übermenschliche Fähigkeiten entwickeln wolle, um zu machtvollen Kontrolleuren eines neuen Zeitalters zu werden.

Satya Sai Baba

1926 wurde in einem südindischen Dorf Satyanarayana Raju geboren, von dem in späteren Jahren gesagt wurde, er sei eine Reinkarnation des acht Jahren vorher verstorbenen Sai Baba von Shirdi im

Staate Maharashtra. Dieser war zu Lebzeiten bemüht gewesen, hinduistische und muslimische Frömmigkeit zu vereinen, hatte auffällige Heilungswunder vollbracht und erklärt, er sei Allah. Vierzehn Jahre alt, wurde Satyanarayana von einem Skorpion gestochen und fiel in Koma. Im Verdacht, von einem bösen Geist besessen zu sein, wurde er erfolglos von Exorzisten behandelt. Als nach einigen Monaten eine Besserung eintrat, erklärte er, er sei der reinkarnierte Sai Baba, oder, wie er später sagte: »Ich bin der Allgegenwärtige, Allmächtige und Allwissende«. Seinen Namen deutete er in späteren Jahren als »göttliche Mutter« (*sai*) und »göttlicher Vater« (*baba*). Er will alle Religionen in einer Religion der Liebe (*prema*) und des Dienstes vereint sehen, wozu er 1976 die »Sai-Religion« ausrief, deren »ökumenische« Funktion vor allem in der Verehrung seiner Gestalt als integraler Avatar besteht.
Satya Sai Baba fällt vor allem durch seine Wundertätigkeit auf, bei der er mit Vorliebe heilige Asche »hervorzaubert« oder »materialisiert«, die als *vibhuti*, das heißt als eine Expansion oder Manifestation des Göttlichen in die materielle Welt betrachtet und verehrt wird.

Um den enormen Zulauf seiner Verehrer zu kanalisieren und die Verehrung zugleich zu einem Lebensstil zu formen, hat Sai Baba in Indien eine große sozial, pädagogisch und medizinisch tätige Organisation aufgebaut, geprägt vom Geiste einer Art moralischen Wiederaufrüstung im Sinne von einen allseitigen, auch ästhetischen Selbstentwicklung, nach dem Motto: »Diene dem Menschen, dann dienst Du Gott in menschlicher Gestalt«. Er sagte auch: »Meine Aufgabe ist es nicht nur zu heilen, zu vertrösten und Leid und Schmerz von einzelnen Menschen wegzunehmen. Das ist nur eine inzidentelle Sache. Meine Aufgabe ist die Wiederherstellung des Vedanta und der Vedantischen Lebensart in Indien wie in der Welt«.

Die Divine Life Society des Svami Sivananda Sarasvati

1936 gründete der 1887 geborene südindische Brahmane P. V. Kuppusvami Iyer in der Nähe des nordindischen Rishikesh die *Divine Life Society*, eine Laienorganisation, deren viele nur lose zusammenhängenden Zweige in Indien und dem Westen gewöhnlich von Mönchen aus dem traditionellen Mönchsorden des Shankara geleitet werden. In Indien als Arzt ausgebildet und als solcher tätig, sagte Kuppusvami Iyer 1923 der Welt ab und wurde durch die Initiation in den traditionellen Mönchsorden der *Saravatis* zum Sannyasin mit dem Namen Svami Sivananda Saravati. Er gründete einen Ashram nahe Rishikesh, wo Meditation mit Mission und ärztlicher Versorgung verbunden wurde, wollte aber mehr und mehr Menschen in seine Arbeit einbeziehen, weshalb die DLS gegründet wurde.
Ihr Ziel ist in vier Ratschlägen formuliert:
Diene, liebe, meditiere und verwirkliche! Im Geiste des Neo-Vedanta Vivekanandas faßte Sivananda den *karma-yoga* als leidenschaftslose und selbstlos dienende Liebe zum »Einen-in-Allem« auf. Dazu soll der Meditierende sich in *hatha-yoga* und besonders in der Technik der Atembeherrschung trainieren, um mit der Aufmerksamkeit eines Wachhundes auf jede Möglichkeit zum spirituellen Wachstum zu achten. Denn, »warum solle man den Armen und der leidenden Menschheit dienen?« Die Antwort: »Durch Dienstbarkeit reinigst Du Dein Herz«.
1948 folgte die Errichtung der Yoga Forest Academy, von der aus eine aktive Yoga-Mission betrieben wurde, nach dem Motto: »Rechte Übung, rechtes Atmen, rechte Entspannung, rechte Diät, sowie positives Denken und Meditation«.

LITERATUR: J. Gonda: Die Religionen Indiens, Bd. 2: Der jüngere Hinduismus. Stuttgart 1963, S. 253–345. – R. Hummel: Indische Mission und neue Frömmigkeit im Westen. Stuttgart 1980.

Alphons van Dijk

Bhagwan/Osho und die Neo-Sannyas-Bewegung

Der psychoreligiöse Heilsweg

Die von Bhagwan/Osho Shree Rajneesh (bürgerlicher Name: Rajneesh Chandra Mohan, 1931–1990) ins Leben gerufene Neo-Sannyas-Bewegung stellt die wohl am weitesten verwestlichte hinduistische Glaubensrichtung der Neuzeit dar. Religiöse und psychologische Heils- und Heilungswege des Ostens und des Westens verbinden sich darin allerdings so weit, daß dem traditionell denkenden religiösen Hindu die Grundelemente seines Glaubens kaum noch erkennbar sind.

Die äußeren Merkmale hinduistischer Religiosität fehlen tatsächlich fast ganz: Die Gottheiten des indischen Pantheons spielen keine Rolle, auch nicht ihre Verehrung, die Übernahme traditioneller Heilspraktiken, die Einordnung in hinduistische Lebensgestaltung, *karma* und Wiedergeburt. Dennoch bleiben bei Shree Rajneesh einige entscheidende Elemente des Hinduismus erhalten: die Vorstellung einer spirituellen Eigentlichkeit, eines authentischen Selbst (Shree Rajneesh spricht eher von »Buddha in dir« oder vom »Buddha-Sein« und vermeidet den traditionell hinduistischen Begriff *atman*), das dem Menschen freilich aufgrund seiner Selbstentfremdung und spirituellen Unbewußtheit verborgen ist. Die Erkenntnis seines eigentlichen Wesens (*samadhi/bodhi*) und damit die Befreiung aus existentiellen Bindungen steht im Zentrum religiösen Mühens. Dabei ist der entscheidende Weg der Weg totaler Hingabe an den *guru* und die Ausübung unterschiedlicher Meditationsformen. Mit genuin indischen Elementen verbindet Shree Rajneesh ein breites Spektrum von Therapieformen der *Personal Growth* Psychologen des Westens. In seinen späteren Jahren gewann außerdem der Zen-Buddhismus zunehmend an Bedeutung.

Shree Rajneesh – Bhagwan

Shree Rajneesh selbst war von Geburt Jaina. Die ersten sieben Lebensjahre wuchs er bei seinen Großeltern auf. Der plötzliche Tod seines Großvaters hinterließ tiefe Spuren. Schon immer ein in sich zurückgezogenes Kind, wandte er sich nun noch mehr nach innen, suchte zu ergründen, wo Unendlichkeit in allem Endlichen zu finden sei. Intensive psychische Grenzerfahrungen, wie sie in hinduistischer Tradition aus dem Leben vieler großer spiritueller Meister bekannt sind, prägten seine Jugend. Mit 21 Jahren kam es zum Erleuchtungserlebnis. Shree Rajneesh führte jedoch sein Studium zu Ende und übernahm an der Jabalpur Universität eine Dozentenstelle für Philosophie. Mit 35 gab er seine Lehrtätigkeit auf und begründete in Bombay ein erstes Ashram-Zentrum. Bis dahin hatte er schon mehr als ein Jahrzehnt Indien bereist und in Vorträgen, Debatten und Meditationsschulungen seine eigene spirituelle Weltsicht verbreitet.

Seine Vorstellungen zu Politik und Gesellschaft, zu Sexualität und Religion hatten vehementen Widerspruch traditionell-religiöser Kreise provoziert, ihm aber zugleich eine erste feste Anhängerschaft, vornehmlich aus Indien selbst, zugeführt (Neo-Sannyasins, eigentlich »Mönche«/ »Wanderasketen«; »neu« im Sinne von nicht traditionell). Anfang der 70er Jahre traten zunehmend Menschen aus dem Westen in seine Nachfolge. Shree Rajneesh, bisher Lehrer genannt, nahm nun für sich den Hoheitstitel Bhagwan (Sanskrit: *bhagavant*, »Gesegneter«) in Anspruch, verstand sich also – ganz in hinduistischer Tradition – als einer, dessen Göttlichkeit alles Verhaftetsein in Raum und Zeit überwunden hat, der sich selbst als Gott erkannt hat.

Poona 1974 bis Rajneeshpuram, USA, 1985

1974 zog der Ashram nach Poona. Tausende kamen nun aus westlichen Ländern dorthin. Mitte der 80er Jahre gab es weltweit ca. 200000 Sannyasins (BRD: 40000), die in ihren Heimatländern eigene Meditations- und Therapiezentren, Kommunen und auch Wirtschaftsunternehmen gründeten. Selbst der aufgrund interner Schwierigkeiten und externer Angriffe gescheiterte Versuch einer Großkommune in Oregon/USA (Rajneeshpuram, 1981 – 1985) hat diese Anhängerzahl nur vorübergehend zurückgehen lassen; sie wurde Anfang der 90er Jahre wieder erreicht.

Therapie, Meditation, Zen

Unter den ersten Sannyasins aus dem Westen befanden sich viele Therapeuten verschiedener, damals vor allem in den USA bekannter psychologischer Schulrichtungen (Gestalt, Primär, Encounter, Erickson-Hypnose, Gurdjieff, Rolfing, etc.). Shree Rajneesh fügte diese westlichen therapeutischen Methoden in sein Programm der spirituellen Selbstbefreiung ein: Intensivkurse nach westlicher Therapie sollen von mentalen und körperlichen Blockierungen befreien, um damit zuerst den Zugang zu den von Shree Rajneesh entwickelten meditativen Techniken östlicher Tradition zu eröffnen und dann, als so freigesetzte körperliche und seelische Energie, in der Meditation wirksam zu werden.

Shree Rajneesh hat damit vor allem die Tradition des Tantra-*Yoga* aufgenommen und sie zum zentralen Element seines spirituellen Befreiungsweges gemacht.

Immer stärkeren Einfluß bekamen außerdem auch, besonders in der letzten Phase seines Wirkens, Lehre und Meditationspraktiken des Zen-Buddhismus – wiederum in einer Weise, die sich vom eigentlichen Zen sehr unterscheidet.

Zeitweise bezeichnete Shree Rajneesh sich als Inkarnation des Buddha und wurde schließlich nicht länger Bhagwan, sondern Osho genannt, ein Ehrentitel, der ursprünglich und erstmals für Bodhidharma benützt wurde (»Hochverehrter, der gesegnet ist mit Bewußtsein in allen Dimensionen«).

Poona II, ab 1987

Der Versuch, die Neo-Sannyas-Bewegung zu einer festgefügten Religion (Rajneeshismus) zu formen, wurde 1985 von Shree Rajneesh unterbunden. 1987 kehrte er, nach erfolglosen Versuchen, sich in anderen Ländern niederzulassen, nach Poona zurück. In wenigen Monaten entstand dort eine neue, weit größere Kommune als früher, mit zunehmender Besucherzahl, erstmals nun auch aus dem ostasiatischen Raum. Shree Rajneesh nahm anfänglich seine täglichen Lehrreden und Initiationen wieder auf, zog sich dann aber immer mehr und ab April 1989 ganz zurück. Mit seinem Tode (19. Januar 1990) übernahmen elf von ihm bestimmte Frauen und zehn Männer die weitere Verwirklichung seiner Vision.

LITERATUR: G. Klosinski: Warum Bhagwan? München 1985. – Yvonne Karow: Zur Konstruktion und Funktion von Subjektlosigkeit am Beispiel der Bhagwan-Bewegung und der Vereinigungskirche. Berlin 1988. *Wolfgang Sonn*

Die Religionsgemeinschaften der Cao Dai und Hoá Hao

Die Religionsgemeinschaften der Cao Dai (»Höchstes Wesen«) und Hoa Hao sind reformbuddhistische Erweckungsbewegungen im Mekong-Delta aus dem Anfang des 20. Jahrhunderts mit politischen Inhalten wie Anti-Kolonialismus und sozialen Reformen.

Cao Dai

Die religiös-politische Erweckungsbewegung der Cao Dai, Anfang des Jahrhunderts von dem ehemaligen Kolonialbeamten Ngo van Chieu gegründet, zählte Ende 1990 noch eine Million Anhänger. Die Bewegung ist im nördlichen Mekong-Delta ansässig und besitzt in Tay Ninh, 70 km nordwestlich von Ho-Chi-Minh-Stadt, ein religiöses Zentrum mit einem eindrucksvollen Tempel. Die Lehre basiert auf populärem Buddhismus, konfuzianischer Ethik, Ahnenverehrung und katholischen Organisationsstrukturen.

Unter dem allgegenwärtigen Symbol des göttlichen Auges wird ein maximaler Synkretismus gelehrt und praktiziert. Durch die »erste Offenbarung« von Animismus, Daoismus, Judaismus, Buddhismus und die »zweite« von Konfuzianismus, Christentum und Islam sind alle Religionen widerspruchslos im Cao Daismus vereinigt. Selbst Elemente der europäischen Aufklärung, wie der Humanismus eines Victor Hugo, gehören zum Glaubensgut. Auf der Grundlage eines »dialektischen Buddhismus« von Toleranz und Harmonie sind die sich sonst gegenseitig exkommunizierenden Glaubensrichtungen integriert.

Die Bewegung verstand es, die Interessen von Großgrundbesitzern an der Befreiung vom Kolonialismus und die der Armen an einem Stück Land miteinander zu verknüpfen. Sie verbündete sich während des Zweiten Weltkrieges mit den Japanern gegen die französische Kolonialmacht, wurde von Ngo Dinh Diem wegen sezessionistischer Bestrebungen bekämpft und ließ sich von seinen Nachfolgern wegen ihrer antikommunistischen Grundhaltung gegen die Guerilla des Viet Cong einspannen.

Die Anhänger der Cao Dai haben sich mit dem sozialistischen Regime arrangiert. Sie werden von der Parteiführung als »proimperialistisch und antirevolutionär« eingestuft und auf rein religiös-liturgische Aktivitäten beschränkt. Die Gemeinschaft ist Mitglied der »Vaterländischen Front«, und der gegenwärtige ranghöchste Führer, Kardinal Thai Huu Thanh, ist Mitglied im Volkskomitee der Provinz von Tay Ninh.

Hoa Hao

Benannt nach dem Geburtsort des Begründers Huynh Phu So zählt die Erweckungsbewegung der Hoa Hao eine Million Anhänger im südlichen Mekong-Delta entlang der Grenze zu Kambodscha. Gegründet in den dreißiger Jahren, stellt sie eine Reformbewegung des *Hinayana*-Buddhismus mit dem Anspruch einer reinen Lehre dar und wird von theologisch ausgebildeten mittleren Bauern und Lehrern angeführt.

Ein messianischer Buddhismus, von sündigen Verirrungen gereinigt, verspricht seinen Anhängern die Befreiung von Not und Bedrängnis und verheißt das Millenium einer erlösten Gemeinschaft. Das irdische Elend von persönlicher Armut und nationaler Unterdrückung wird mystisch-religiös aufgefangen und in das Versprechen einer sozial-politischen Endlösung umgemünzt.

Durch die Verknüpfung von Anti-Kolonialismus und Gläubigkeit fand die Bewegung starken Anklang unter armen Bauern im ganzen Mekong-Delta und stand zeitweise in Konkurrenz mit der Befreiungsbewegung des Viet Minh und späteren Viet Cong. Sie verbündete sich während des Zweiten Weltkriegs mit den Japanern gegen die französischen Kolonialisten und danach mit dem Viet Cong gegen Ngo Dinh Diem.

Mit dem sozialistischen Regime hat sich die Religionsgemeinschaft der Hoa Hao arrangiert, ihre Aktivität ist jedoch auf rein religiöse Funktionen beschränkt.

LITERATUR: Jayne Werner: The Cao Dai, The Politics of a Vietnamese Syncretic Religious Movement. Ann Arbor 1978. – John B. Haseman: The Hoa Hao. A Half-Century of Conflict. In: Asian Affairs, New York 1976, Nr. 3, S. 373 – 383.

Heinz Kotte

Koreanische Neureligionen

Zum »bunten Charakter« der koreanischen Religiosität gehört eine Fülle von neuentstandenen und neuentstehenden Religionen. Da diese Neureligionen verschiedene Elemente aus den traditionellen Religionen zu einer neuen Mischung verschmelzen, tragen sie zumeist eklektischen Charakter. Die größten Neureligionen stammen aus den Südprovinzen der koreanischen Halbinsel und stehen mit sozialen Reformbewegungen in Beziehung.

Chondo-kyo und Chungsan-kyo

In der Endphase der Chosun-Dynastie kam es zu Unruhen und Bauernaufständen im Süden Koreas. Die Seouler Regierung wurde der Rebellionsbewegung nicht mehr Herr, und Japan nutzte die Gelegenheit, um seinen Einfluß in Korea zu vergrößern. Japanische Truppen wurden entsandt und warfen 1895 die sogenannte Tonghak-Bewegung in Korea nieder. Die Führer der Aufständischen wurden hingerichtet.

Die Tonghak-Aufstände beziehen sich in ihrem Namen und ihrer Ideologie auf die Lehre von Chio Che-u (1824 – 1864), der aus einer verarmten Beamtenfamilie stammte. Choi verkündigte den Weg des *Chondo* (Lehre vom himmlischen Weg) und *Tonghak* (Östliche Lehre; im Kontrast zu *Sohak*, der westlichen Lehre des Christentums). Seine Lehre verbindet Elemente aus Schamanismus, Daoismus, Buddhismus und Konfuzianismus, wobei viele liturgische und organisatorische Elemente der von außen kommenden Religion des katholischen Christentums entnommen wurden. Choi versuchte, dem ausländischen Christentum eine einheimisch-koreanische Religion entgegenzustellen, doch machte die Verwandtschaft mit Strukturen der katholischen Kirche und die Nähe zu den Bauernaufständischen die Behörden der Chosun-Dynastie so mißtrauisch, daß Choi verhaftet und in Taegu enthauptet wurde.

In seinem monotheistischen Konzept wird Gott als *Hanul* (Himmel), aber auch als *Choniu* (Herr des Himmels: der in der katholischen Kirche Koreas gebräuchliche Gottesname) bezeichnet und als zugleich transzendent und immanent gedacht. Wenn Choi formuliert, daß der »Geist des Volkes« zugleich der »Geist des Himmels« ist, so liegt die Pointe dieser Formulierung darin, daß nicht die Herrscher oder Aristokraten den »himmlischen Geist« für sich reklamieren können. Der »Himmel« ist für Choi seiner Natur nach egalisierend, er begegnet leibhaftig und im Alltäglichen. Chois Lehre wird von seinen Nachfolgern als *Innaechon* (der Mensch ist der Himmel«) und *Pap i Hanul ida* (Reis ist der Himmel) zusammengefaßt, was den demokratisierenden und auf soziale Veränderung drängenden Impuls in dieser neuen religiösen Bewegung verdeutlicht.

Unter dem langanhaltenden Druck der japanischen Besatzung allerdings zerbrach die ursprüngliche *Tonghak*-Bewegung, und es entwickelte sich die eher unpolitische Chondo-»Kirche« (*Chondo-kyo*). Heute umfaßt sie etwa 850000 Mitglieder, die sich in 140 Kirchen zum sonntäglichen Gottesdienst versammeln.

Die Chungsan-»Kirche« (*Chungsan-kyo*) mit ihren etwa 350000 Mitgliedern repräsentiert eine Seitenlinie des *Tonghak*. Ihre Ursprünge führen ebenfalls in die Aufstandsbewegung der Bauern in den Cholla-Provinzen zurück. Ein *Tonghak*-Führer namens Chungsan hatte das Desaster der sozialrevolutionären Aufstände vorausgeahnt und vor jedem politischen Engagement gewarnt. Chungsan betonte stattdessen die heilende Kraft des religiösen Rituals. Indem er Elemente der konfuzianischen Ahnenverehrung (das *Chesa*-Ritual) mit Motiven der Schamanen-Zeremonien (*kut*) verknüpfte, glaubte er, ein universell-versöhnendes Ritual entwickeln zu können, in dem Korea als »axis mundi« und als heiliges Zentrum der Welt gedacht wurde. In dem Versuch, Schamanistisches und Konfuzianisches miteinander zu verknüpfen, zeigt sich zugleich die Absicht, zwischen der koreanischen Oberschicht und dem unterdrückten Volk eine Versöhnung in die Wege zu leiten.

Taejong-kyo

Eng mit dem Kampf gegen die japanische Okkupation ist der *Tangun*-Kult (*Taejong-kyo* beziehungsweise *Tan-gun-kyo*) verbunden, der im Sinne der konfuzianischen Ahnenverehrung den Ahnherrn Koreas in den Mittelpunkt der religiösen Aufmerksamkeit stellt. *Tangun* soll als Sohn des Himmelsgottes und einer Bärin im Jahre 2333 v. Chr. das Reich Choson mit seiner Hauptstadt nahe Pyongyang gegründet haben. In Rückbesinnung auf die eigene Vergangenheit entstand 1909 diese »Lehre des Großen Vorfahren«; heute wird *Tangun* in mehr als dreißig Schreinen in Südkorea verehrt; die Gläubigen beten vor einer Namenstafel Tanguns an der Nordwand ihrer Häuser. Der 3. Oktober wird als Staatsgründungstag in Erinnerung an die »Öffnung des Himmels im Jahr 2333« in ganz Südkorea feierlich begangen. Der Stifter dieser Neureligion, Na Chol, machte 1916 aus Verzweiflung über die japanische Unterdrückung seinem Leben selbst ein Ende; auch unter seinen Nachfolgern blieb das Element des antijapanischen Patriotismus lebendig.

Der Won-Buddhismus

Die Entstehung einer bedeutenden Neureligion im Bereich des Buddhismus geschah zeitlich etwas später. Der Gründer des *Won*-Buddhismus, Park Chang-bin, wurde 1891 in sozial niedrigen Verhältnissen in der Cholla-Provinz geboren. Nach seiner Erleuchtung sammelte er Anhänger aus den *Tonghak*-Bewegungen um sich. Der *Won*-Buddhismus verbindet buddhistische Spiritualität mit konfuzanischer Familienethik und christlichen Organisationsformen. Die Gläubigen, bei denen der Frauenanteil deutlich überwiegt (ca. 75 Prozent), versammeln sich am Sonntagmorgen in ihren Tempeln zu einem Gottesdienst mit Liedgesang, Textlesung und Predigt. Die Verankerung in den städtischen Gebieten ist dem sich selbst als »modern« empfindenden *Won*-Buddhismus gut gelungen, und dies markiert einen wichtigen Unterschied zum traditionellen Buddhismus.

Wolfgang Kröger

Neureligionen in Japan

Der heute gebräuchliche Begriff der »Neureligionen« läßt sich bis etwa in das Jahr 1950 zurückverfolgen. 1951 schlossen sich die »Vereinigung der Neureligionsgruppen« (*Shinshukyodantai Rengokai*) und die »Vereinigung japanischer Neureligionen« (*Nihon Shinshukyorengo*) zur »Vereinigung neuer japanischer Religionsgruppen« (*Shin Nihon Shukyodantai Rengokai*, SNSR) zusammen, aber die Bezeichnung »Neureligionen« ist nicht im Namen der neuentstandenen Vereinigung enthalten. In glaubwürdigen Dokumenten taucht diese Bezeichnung erst in dem 1963 veröffentlichten »Memoiren der Nachkriegsreligionen« auf. Inzwischen hat sich durch die Forschungen von Nicht-Japanern der Begriff »Neureligionen« als wertneutraler Fachbegriff durchgesetzt.

Mit Neureligionen bezeichnet man heute neue religiöse Gruppen, die sich seit Anfang des 19. Jahrhunderts (Ende der Tokugawa- oder Edozeit; 1603 – 1867), formiert haben. Man unterscheidet drei Epochen: die Zeit vom Niedergang des Tokugawa-Regimes (1603 – 1867) bis zur Meiji-Zeit (1867 – 1912); den Anfang des 20. Jahrhunderts; und die Zeit nach dem 2. Weltkrieg.

Soziologischer Hintergrund

Es gibt viele Motive, die zur Gründung der Neureligionen geführt haben: Am häufigsten genannt werden gravierende gesellschaftliche Veränderungen aufgrund politischer Umwälzungen, zum Beispiel als das Tokugawa-Regime im 19. Jahrhundert zusammenbrach, in der Meiji-Zeit die industrielle Revolution auf Japan hereinbrach, und die Zeit des Wiederaufbaues nach dem verlorenen 2. Weltkrieg. Vor allem in den letzten 100 Jahren, während der Modernisierung der japanischen Gesellschaft, hat der Zuwachs an materiellem Wohlstand und Bequemlichkeit jedoch einen Sinnverlust nach sich gezogen. Auf diese Situation gibt es drei Arten von Antworten: eine »anti-modernistische«, eine die Moderne ordnende, und eine der Moderne entfliehende. Die japanischen Neureligionen bieten entweder eine die Moderne ordnende Antwort, wie es die bis Mitte des 19. Jahrhunderts entstandenen Tenrikyo, Konkokyo unter anderem taten, oder sie gestalten sich als Fluchtbewegungen aus der Moderne.

Nach dem Zweiten Weltkrieg war das Hauptmotiv für den Eintritt in eine Neureligion, wie Risshokoseikai (R.) oder Soka Gakkai (SG), individuelle Erfahrungen von Verlust: Armut, Krankheit, Krieg. Die neuen Mitglieder erhofften sich von der Neureligion hauptsächlich tatkräftige Hilfe und Lösung ihrer realen Probleme.

Der in den 60er Jahren beginnende Wirtschaftsboom bedeutete für Risshokoseikai, Soka Gakkai unter anderem einen weiteren Entwicklungsschub. Der Fortschritt der Industrialisierung und Verstädterung schwächte die Einheit der traditionellen Regionalgesellschaft und des Familienverbandes und damit auch die Macht der Volksreligionen. Damit ging eine fortschreitende Profanisierung einher, doch reicht dieser Tatbestand nicht aus, den großen Erfolg der Neureligionen zu erklären.

Die großen Neureligionen, wie Risshokoseikai und Soka Gakkai haben sich mit ihrer Missionsstrategie der durch den Wirtschaftsboom verursachten, oberflächlichen Veränderung im menschlichen Bewußtsein Schritt für Schritt angepaßt. Mit dem fortschreitenden Wirtschaftsboom kann man beobachten, daß zunehmend Angehörige der Mittelschicht an die Pforten der Neureligionen klopfen. Damit geht auch eine große Veränderung bei den Beitrittsmotiven einher: Im großen und ganzen handelt es sich um eine Verschiebung vom innerweltlichen Nutzen weg zur Suche nach dem Sinn des Lebens hin.

Nishiyama Shigeru nennt diese Verschiebung »Sinnkonsum«. Er unterscheidet einen auf Werte abzielenden, selbstlosen, im Selbst einen Sinn suchenden »wertorientierten Konsum« und einen in der mystisch-emotionalen Perfektionserfahrung des inneren Selbst Sinn suchenden »Ausdruckskonsum«. Für den »wertorientierten Konsum« lassen sich Risshokoseikai und Soka Gakkai nennen, die nach dem 2. Weltkrieg zunächst auf das Bedürfnis nach innerweltlichem Nutzen mit einer stark magisch gefärbten Lehre und Praxis geantwortet habe. Aber durch den wirtschaftlichen Fortschritt und verstärkten direkten Kontakt mit außerjapanischen Gesellschaften wurde diese magische Seite von den Massenmedien angegriffen, bis sie sich von einer allzu deutlichen Ausrichtung auf innerweltlichen Nutzen abwandten. Dadurch wurde ein Prozeß der Entzauberung und Rationalisierung auf den Ebenen der Lehre und der Praxis in Bewegung gesetzt. Vor allem die Soka Gakkai ist durch Intoleranz anderen Religionen gegenüber, ihre aggressiven Missionstechniken und die Gründung einer politischen Partei, der Komeito, also eine fundamentalistische und exklusive Lehre und Praxis, über eine einfache Entzauberung und Rationalisierung hinausgegangen.

Neben einem solchen »wertorientierten Konsum«, der sowohl bei Risshokoseikai und Soka Gakkai zu beobachten war, gibt es auch eine Hinwendung zum »Ausdruckskonsum«, wie er zum Beispiel bei der Reiyukai in den letzten Jahren sichtbar wurde: Dort veranstaltete man mit dem Schlagwort »Singend, tanzend und liebend glauben« eine »Inner-Trip«-Kampagne. Aber nachdem vor allem junge Leute – einer augenblicklichen Laune folgend – der Gemeinschaft beigetreten sind, nimmt der religiöse Ernst wieder überhand. Man leitet sie im täglichen Leben der Reijukai an, zu dem das morgendliche und abendliche Gebet Namu Myoho Rengekyo (»Gelobt sei das wunderbare Lotus-Sutra«) am buddhistischen Ahnenaltar gehört, und schränkt sie gewaltig ein. Somit handelt es sich nur um eine zu Missionszwecken propagierte Neigung zum »Ausdruckskonsum«, die in der Lehre und Praxis sonst zu keinen Veränderungen geführt hat.

Gedankenwelt der Neureligionen

In der Tokugawa-Zeit (1603–1867) wurde ein System der Tempelzugehörigkeit im ganzen Land eingerichtet. Die in der Kamakura-Zeit (1192–1333) neuentstandenen buddhistischen Sekten waren ein Teil der traditionellen Religion geworden. Ihr jenseitiger Erlösungsgedanke bildete nun das Motiv für den Bestattungsbuddhismus.

Im Lotus-*sutra* ist von »Frieden im Diesseits, Glück im Jenseits« die Rede. Doch wurde »Glück im Jenseits« einerseits den Bestattungstempeln als Teil des Tempelsystems zugewiesen, während im Volk in den verschiedensten Gebetstempeln und im Volksglauben um »Frieden im Diesseits« gebetet wurde.

Hier ist durch die Arbeitsteilung zwischen den jenseitsorientierten Bestattungstempeln und den diesseitsorientierten Gebetstempeln ein typisch japanisches System von mehreren Religionen nebeneinander entstanden. Die Gebetstempel sind mit vielerlei mächtigen Gottheiten aus dem Volksglauben verbunden, wie zum Beispiel dem Kwannon-Glauben, dem Jizo-Glauben und anderen beliebten Buddhafiguren.

Die Neureligionen, welche seit dem Ende der Tokugawa-Zeit verkündet wurden, sind ebenfalls ein Ausdruck dieses diesseitsbezogenen Religionsbewußtseins. Diese Neureligionen gründen aber auch auf den traditionellen Religionen; denn viele wurden von schamanistischen Religionsstiftern ins Leben gerufen.

Nach dem 2. Weltkrieg erlebte Japan die Entwicklung von Neureligionen wie Seicho no Te, Reiju-kai, Risshokoseikai und anderen. Besonders die seit dem 2. Weltkrieg in Japan mächtigste Neureligion, die Soka Gakkai, beurteilte andere Religionen sehr kritisch und trug somit zu einer Systematisierung der Neureligionen bei. Bis dahin hatte es kein allgemeingültiges System gegeben, so daß zum ersten Mal im Religionsbewußtsein des Volkes, welches dem Volksglauben geneigt war, eine naturwissenschaftliche Reinigung und eine philosophische Ordnung vollzogen wurde. Außerdem traten durch Magie und Fluchpraktiken Neigungen zu Unwissenschaftlichkeit und Nationalismus innerhalb eines weltlichen Erlösungsgedankens auf, die eine Herausforderung für die Systematisierung einer pantheistischen Weltoffenheit boten. Hier ist aus der Mitte des »Experimentellen Landes für Religion«, Japan, anstatt des traditionellen ein neues Wertesystem als pantheistische Weltoffenheit entstanden, welche sich durch Wissenschaftlichkeit, Philosophie und Allgemeingültigkeit auszeichnet.

Auf jeden Fall ist den seit Ende der Edo-Zeit plötzlich aufgekommenen Neureligionen das Merkmal des »weltoffenen Erlösungsgedankens« gemeinsam. Nach diesem Bericht hat das Denken der in der Zeit vom Ende der Tokugawazeit bis nach dem 2. Weltkrieg entstandenen Neureligion des Nichiren-Zweiges das vage religiöse Bewußtsein der Japaner systematisiert und zum Ausdruck gebracht. Der Erlösungsgedanke der traditionellen und etablierten Religionen – Jodoshu, Shinshu, Nichirenshu, Zenshu, Shingonshu unter anderem – besaß einen »nach innen gewandten, Anspruch auf Allgemeingültigkeit aufweisenden, extremen, das Diesseits leugnenden Charakter«. Dahingegen weisen die Neureligionen einen »materiellen, menschheitszentrierten, individualistischen, instrumentellen, diesseitsbezogenen, zeitlich begrenzten, im Diesseits nützlichen Erlösungsgedanken« auf. Der Buddhismus hatte bis in diese Zeit hinein einen weltabgewandten Erlösungsgedanken.

Tenrikyo

Am 26. Oktober 1838 wurde die Tenrikyo öffentlich anerkannt und 1908 als eine der 13 Sekten des Sektenshinto zugelassen. Den Kern des Dogmas bilden die drei heiligen Bücher: Ofudesaki, Mikagurauta und Doraoumikofuki, die Tenrioonomikoto durch die Hand der Stifterin selbst geschrieben hat. In diesen Schriften wird folgende Lehre vertreten: Wenn man auch in die Armut abgestürzt ist, bedeutet dies den Anfang des Glückes. Alles soll dem Schöpfer des Universums, dem Oyagami – wie sich Tenrioonomikoto später selbst umbenannte – überlassen werden. Als Mittel zur Erlösung dienen Kaquratsutoma (heilige Tänze) und Teodori (Händetanz), um in der ganzen Welt ein Leben in Freude zu realisieren. Das Ojiba genannte Zentrum der Weltschöpfung liegt in der

Stadt Tenri (dem Hauptquartier der Tenrikyo, auf dem ehemaligen Grundstück des Wohnhauses der Stifterin). Dort ist als Objekt der Verehrung ein kanrodai genannter Platz abgegrenzt, wo Oyagami selbst anwesend geglaubt wird.

Tenrikyo verfügt über eine große Organisation, zu der in ganz Japan 2525000 Angehörige, 15057 Kirchen und 153480 Priester(innen) gehören (Daten von 1982).

Konkokyo
Diese am Ende der Tokugawa-Zeit entstandene Neureligion, wurde im Jahre 1859 von dem Bauern Kawada Bunjiro gestiftet, nachdem er eine Offenbarung empfangen hatte. Kawada wird seit seinem Tod als Konkodaijin verehrt. Er hat sich vom Aberglauben an günstige und ungünstige Tage u. ä. abgewandt und die notwendige Zusammenarbeit von Tenchikinnokami, der am Ursprung aller Dinge lebt, und den Menschen erkannt. Er lehrte, daß man, wenn man nur der Logik des »Weges« (chin. *dao*) von Himmel und Erde folgt und eifrig arbeitet, die Möglichkeit hat, ein wahres Menschenleben zu führen.

Risshokoseikai
R. wurde als Dainippon-Risshokoseikai von dem jetzigen Präsidenten Nisano Nikkyo (geb. 1906) und Naganuma Myoko (1889–1957) in Tokyo gegründet. Sie hat sich am 5. März 1938 (Showa 13) von der Reijukai abgespalten und wird zur Nichiren-Gruppe der Neureligionen gerechnet. Seit 1948 heißt sie offiziell Risshokoseikai. Ihr gehören 5081000 Anhänger an; die 9809 Priester sind in der Zaikabukkyo-Kyodan organisiert. Die Lehre dieser Neureligion basiert auf dem Lotus-Sutra und vertritt vor allem die Achtung vor der Welt, die sich ewig im gütigen Schakamuni (= Buddha) manifestiert, und dem Ahnenkult. Die Missionstätigkeit wurde seit Ende des 2. Weltkrieges als wichtiger Bestandteil der Lehre aufgenommen: Die Anhänger studieren gemeinsam in Lesekreisen das Lotussutra, und sie lernen die von Buddha beispielhaft vorgelebte Lehre im alltäglichen Leben zu realisieren.

Nach dem Tod von Naganuma, die sich durch schamanistische Fähigkeiten auszeichnete und vorhergesagt hatte, daß sich die Wahrheit deutlich zeigen werde, wandte sich die R. von der Magie ab und dem Sutrenstudium sowie der Förderung der Kultur zu. Um im eigenen Land eine »Bewegung zur Schaffung einer offenherzigen Gesellschaft zu proklamieren«, und als internationales Ziel durch die Zusammenarbeit der Religionen den Weltfrieden zu errichten, nimmt die R. am Friedenskongreß der Weltreligionen teil. Dem angemessen, wurde neben einer »Großen Heiligen Halle« auch ein Tempel für die Kwannon-Bodhisattva errichtet, die das spirituelle Zentrum für die 222 Kirchen in Japan und 4 weitere Kirchen außerhalb Japans bilden.

Sekai Kyuseikyo
1935 erstmals in Tokyo ins Leben gerufene Neureligion. Nachdem Okada als Mitglied der Omoto-Sekte »göttlichen Boden« und »göttliche Kraft« erhalten hatte, trat er 1934 aus und gründete im darauffolgenden Jahr die Dainippon Kwannonkai. Diese Neureligion verbreitete Okadas Methode der Heilung durch Fingerdruck (Shiatsu). Nacheinander wurde die Gruppe in Dainippon Kenko Kyokai, Nippon Kwannonkyokai, 1950 in Sekai Meshiya Kyo und schließlich in Sekai Kyuseikyo umbenannt. Im Zentrum der Lehre steht die Bekehrung zu Mirokuomikami, die Teilnahme an den Jorei genannten Riten zur Läuterung der Seelen, damit eine menschliche Gesellschaft entstehen kann, in der das perfekte Wahre, Gute und Schöne Gestalt angenommen hat. Es ist das Ziel der S. K., eine friedliche Welt aufzubauen, in der Armut, Krankheit und Krieg überwunden sind. Der Stifter Okada hat eine »natürliche Landwirtschaft« verkündet, und dieser Gedanke wird auch von seiner Tochter, Fujieda Itsuki, dem jetzigen Haupt der S. K., weiterhin vertreten. Sie gründete das »Institut für umwelttechnische Studien«, die Firma Messianic General Company usw. und fördert Unternehmen zur Bildung und Wohlfahrt. Die Zahl der Mitglieder in ganz Japan beläuft sich auf 803000, die der Priester auf 3846, die der Kirchen auf 2.

Seicho no Ie
Seit 1930 gab Präsidenten Taniguchi Masaharu (1893–, Meiji 26) in der Präfektur Hyogo (südlich von Kyoto) die Zeitschrift Seicho no Ie (»Haus des langen Lebens«) heraus. Diese Neureligion der Omoto-Gruppe formierte sich erst im Jahre 1957 (Showa 32) unter demselben Namen. Aus den profunden philosophischen Einsichten Taniguchis heraus verbreitete er die Lehre von der Einzigartigkeit der Ursache der Erlösung der Menschen, deren »Realität« und »einzige Wahrheit« im Kern aller Religionen steckt. Er erhob die Gottheit von S. I., die Realität zum Verehrungsgegenstand. Die Grundlage des Dogmas bilden die »Offenbarungen der sieben Leuchttürme« (sieben Türme, die jeweils einem frommen Gebet um Weltfrieden u. ä. geweiht sind), auf deren Basis »die sieben Prophezeiungen der S. I.« zum Ziel der Verwirklichung erklärt werden: die Wichtigkeit des Lebens, die Ewigkeit des Lebens, die Methoden der Verwirklichung, die Liebe, die Schöpfung der richtigen Kultur, die richtige Erziehung usw. Die geistigen Übungen der Anhänger bestehen aus Meditation und der Lektüre der heiligen Bücher. Die Missionierung wird »aktive Liebe« genannt. Darüber hinaus ist die S. I. sehr aktiv in der Publikation der Zeitschrift Seicho no Ie und Büchern wie »Die ideale Welt«, »Naturwissenschaft des Geistes«, »Weiße Taube«, »Quelle des Lichts«.

Die Verbreitung der japanischen Neureligionen im Ausland
Die Internationalisierung der japanischen Religionen setzt schon gegen Ende des 19. Jahrhunderts ein, beschränkte sich jedoch in der Zeit vor dem 2. Weltkrieg auf Auslandsjapaner in den USA, Brasilien, Kanada, Taiwan, Korea und der Mandschurei. Zunächst waren es eher die buddhistischen Sekten, denen die Auswanderer schon früher angehört hatten, welche über den sogenannten »Bestattungsbuddhismus« hinaus eine wichtige gesellschaftliche, kulturelle und erzieherische Rolle spielten. Seit Anfang des 20. Jahrhunderts gibt es auf Hawaii auch shintoistische Schreine. Aber die Lösung akuter Probleme, die durch Krankheit u. ä. entstehen, erhoffte man sich eher vom esoteri-

schen Buddhismus (Shingon-Shu), später vom Schamanen und den Neureligionen.

Nach dem 2. Weltkrieg wurde die Internationalisierung der japanischen Religionen und die Weltmission vor allem durch Neureligionen vorangetrieben. Weil sie viel stärker als die etablierten Religionen Japans den Wunsch haben, auch Nicht-Japaner zu bekehren, nicht so stark auf der japanischen Kultur basieren, sowie ihre Missionsmethoden systematisiert haben, gelingt ihnen eine sensible Anpassung an und Integration der jeweiligen Lokalkultur. Im Gegensatz zu den etablierten Religionen haben sie einen Stifter, wenden sich an das Individuum und halten am Prinzip der freiwilligen Affiliation fest. Dadurch gelingt es ihnen, auch Mitglieder außerhalb der Gemeinschaft der Auslandsjapaner und ihrer Nachkommen zu gewinnen.

Natürlich gibt es durch die Berührung mit der Fremdkultur auch Reibungspunkte, so daß die religiösen Aktivitäten der Neureligionen und ihr zunehmender Einfluß auf die Bevölkerung in der Fremde als eine Bedrohung empfunden werden. Dann greift der Staat zu Maßnahmen wie Missionsverbot, Verweigerung der Einreise oder erklärt die religiöse Gruppe für illegal. So wurde zum Beispiel 1974 dem Präsidenten der Soka Gakkai, Ikeda Daisaku, die Einreise nach Brasilien verwehrt.

Andererseits haben Neureligionen wie zum Beispiel Perfect Liberty Kyodan sich mit dem Papst in Rom getroffen und um freundschaftliche Beziehungen geworben. Die Soka Gakkai benutzt eine Strategie, um Kultur und Religion durch Veröffentlichung von Gesprächen mit Intellektuellen aus aller Welt zu fördern.

Soka Gakkai

1975 wurden die Soka Gakkai International (SGI) und als Friedensbewegung, die im Bereich von Kultur und Bildung eines jeden Landes einen gesellschaftlichen Beitrag leisten will, die Internationale Buddhistische Liga (IBL) gegründet. Präsident der SGI ist Ikeda Daisaku; das Ziel der SGI ist es, eine Weltreligion zu verbreiten und eine friedliche Idealgesellschaft, den Weltstaat, die Weltrepublik zu gründen.

1987 zählte die SGI in Nordamerika 333 000 Mitglieder, in Mittelamerika 10 000, in Südamerika 190 000, in Europa 15 000, in Asien und Ozanien 709 000, im Nahen Osten und in Afrika 5 000 Mitglieder; insgesamt 1 270 000 Mitglieder in 115 Ländern. Dabei machen die Mitglieder nicht-japanischer Abstammung ca. 80 Prozent aus und kommen meist aus den niedrigeren Gesellschaftsschichten. Bis 1982 waren im Ausland 7 Tempel, 46 Versammlungshallen, 3 Studien- und Ausbildungszentren errichtet und man plante ähnliche Projekte an vielen anderen Orten. In den USA und Europa gibt es auch Zweiguniversitäten der SG Universität.

Der Anfang der Missionstätigkeit geht in den meisten Ländern auf einen Besuch des Präsidenten Ikeda zurück: 1960 Hawaii und südliche USA, 1961 in 9 Ländern Indiens und Europas. Die ersten Regionalgruppen in den USA wurden bereits 1960 zum Beispiel in Hawaii, San Francisco, Seattle, New York und Chicago gegründet. 1967 baute die SGI in Hawaii den ersten Tempel außerhalb Japans. Die kanadische Regionalgruppe formierte sich in den Jahren 1963/64. In Mexiko war der Zulauf seit 1963 so stark, daß man dort schon 1969 ein eigenes Hauptquartier der SGI einrichtete.

Nachdem Präsident Ikeda Europa im Jahre 1961 besucht hatte, trafen sich auf der 1. Europäischen Generalversammlung 1962 nur 50 Mitglieder aus Deutschland, Frankreich, England, Spanien und Schweden. Doch schon ein Jahr später entstanden Regionalgruppen in Skandinavien, Deutschland, London und Paris. Die Mitgliederzahl stieg so rapide an, daß ein weiteres Jahr später, 1964, ein europäisches vom amerikanischen Hauptquartier abgespalten wurde.

In Südamerika wird seit 1960 missioniert und es gibt Regionalgruppen in Brasilien, Paraguay, Peru, Bolivien, Argentinien und Panama. Seit 1964 existiert ein südamerikanisches Hauptquartier, von dem sich 1967 das argentinische Hauptquartier getrennt hat. 1965 wurde in Brasilien eine Versammlungshalle gebaut; im selben Jahr fanden auch erstmals in Brasilien und Peru Laienweihen statt.

Seit 1961 gibt es auch in Asien Regionalgruppen, in Hongkong, auf den Philippinen, in Indonesien, in Birma und Südvietnam; 1974 kam eine weitere Gruppe in Malaysia hinzu. 1966 wurde in Hongkong die Buddhistische Nichiren Shoshu-Sekte gegründet.

In Australien gibt es seit 1964 eine Regionalgruppe mit einem Hauptquartier in Melbourne seit 1971.

Die SGI benutzt seit 1966 die jeweilige Landessprache zur Mission. Die zentrale Heilige Schrift, das Lotus-Sutra, wurde bisher in 6 Sprachen übersetzt, darunter englisch, französisch, portugiesisch und indonesisch. Darüberhinaus bedient sich die SGI eines organisierten Dolmetschersystems. Zwar kamen die aggressiven Missionsmethoden, die als *Shakubuku* bekannt sind, auch im Ausland zum Einsatz, aber inzwischen ist man zu informellen Gesprächen über die Lehre übergegangen und versucht, durch Aktivitäten die buddhistische Wahrheit den Menschen nahezubringen. Es gibt eine Tendenz, – soweit dadurch buddhistische Prinzipien nicht verletzt werden – das regionale Brauchtum des jeweiligen Landes miteinzubeziehen, und sogar Bestrebungen, sich mit christlichem und islamischem Gedankengut auseinanderzusetzen.

LITERATUR: Peter Görlitz: Gott erwacht in Japan. Freiburg.

Masayuki Okubo

Afrokaribische Religionen

Der karibische Raum ist aufgrund seiner wechselvollen Geschichte von starker kultureller Verschiedenartigkeit gekennzeichnet. Diese Tatsache tritt im religiösen Leben karibischer Gesellschaften besonders deutlich zu Tage. Daher lassen sich die afrokaribischen Religionen wenn überhaupt, so allenfalls in entwicklungsgeschichtlicher Hinsicht als eigenständiger Typus begreifen: Sie sind das Resultat komplexer und in ihren Einzelheiten noch nicht ausreichend erforschter Prozesse des Kontaktes zwischen verschiedenen afrikanischen religiösen Kulturen und den kolonialen Ausprägungen europäischer Volksreligiosität. Hierbei kam es in regional unterschiedlichem Maße zur wechselseitigen Durchdringung und Amalgamierung einzelner afrikanischer Traditionen, gleichzeitig aber auch zur selektiven Anlagerung europäischer Elemente.

Die meisten der aus diesen Prozessen hervorgegangenen religiösen Traditionen haben bis heute den Charakter von Volksreligionen behalten. Sie besitzen in der Regel weder ein schriftlich fixiertes Dogma, noch institutionalisierte Orthodoxie oder körperschaftliche Organisationsformen. Auch religiöser Parallelismus (die gleichzeitige Zugehörigkeit zu einer der Weltreligionen) wird von mehreren afrokaribischen Religionsgemeinschaften toleriert.

Bis heute hat keine dieser Religionen von staatlicher Seite her Anerkennung gefunden. Auch wenn die Mehrzahl der Anhänger dieser Religionen sich aus afroamerikanischen Bevölkerungskreisen rekrutiert, scheinen ethnische Kriterien heutzutage nur im Falle der Religionen sogenannter Buschneger-Gruppen Surinams sowie der jamaikanischen *maroons* eine maßgebliche Rolle für die religiöse Gemeinschaftsbildung zu spielen.

Ungeachtet des Fehlens jeglicher Universalitätsansprüche sind in jüngster Zeit – speziell im Falle der afrokubanischen Santería und der ursprünglich jamaikanischen Rastafari-Bewegung – deutliche Expansionstendenzen beobachtet worden. Hierbei zeichnet sich vor allem in der nordamerikanischen Diaspora in zunehmendem Maße auch das Vordringen dieser Religionen in die Gesellschaft des Gastgeberlandes ab. Gilt die afrobrasilianische *Umbanda* derzeit als die Religionsgemeinschaft mit der weltweit höchsten Wachstumsrate, so nimmt die kubanische *Santería* laut jüngsten Schätzungen innerhalb der USA eine vergleichbare Stellung ein.

Entwicklung der afrokaribischen Religionen

Die Inselgruppe der Antillen war nicht nur der Brückenkopf für die koloniale Erschließung des amerikanischen Doppelkontinents, sondern bildete gleichzeitig auch das vornehmliche Experimentierfeld für moderne Formen kolonial-wirtschaftlicher Ausbeutung, insbesondere die Plantagensklaverei. Um den durch den drastischen Rückgang der indigenen Bevölkerung bedingten Mangel an Arbeitskraft zu beheben, hatten die Spanier bereits in der ersten Hälfte des 16. Jahrhunderts begonnen, afrikanische Sklaven zu importieren. Andere Kolonialmächte folgten diesem Beispiel. Der je nach Region und Kolonialmacht unterschiedlich rasch verlaufende Übergang zur Produktion tropischer Konsumgüter wie Tabak, Kaffee und vor allem Zucker bewirkte in der Folge die Entstehung von Gesellschaften, deren Strukturen auf dem Ausbeutungsverhältnis zwischen einer herrschenden weißen Minderheit und einer manchmal überwältigenden Mehrheit versklavter Afrikaner und deren Nachkommen basierten. Da die karibischen Sklavenpopulationen aufgrund der unmenschlichen Lebens- und Arbeitsbedingungen bis weit in das 19. Jahrhundert keine natürlichen Wachstumsraten aufwiesen, konnte die auf unfreier Arbeit basierende Plantagenwirtschaft nur durch kontinuierlichen (ab 1820 illegalen) Import von Afrikanern aufrecht erhalten werden. Im Falle Kubas wurden so wahrscheinlich noch nach 1870 Sklaven importiert. Folglich kann man davon ausgehen, daß der Fluß afrikanischen Kulturgutes in die Antillenregion erst vor kaum mehr als 100 Jahren endgültig versiegte.

Beschränkte sich die Sklavenmission selbst im iberisch kolonisierten Raum nur auf die formale Gewährleistung eines Taufchristentums, so wurde die Christianisierung der versklavten Afrikaner in der britischen, niederländischen und französischen Karibik – zum Teil sogar mit Billigung der Kolonialverwaltung – unterdrückt, oder vollzog sich in Form der Indoktrination der Sklaven mit auf die Rechtfertigung rassistischer Unterdrückung zugeschnittenen Versionen der christlichen Botschaft. Das Resultat war in vielen Fällen nicht die Christianisierung der Afrikaner, sondern eine Afrikanisierung derjenigen christlichen Inhalte und Formen, die Eingang in das Gedankengut und symbolische Repertoire der entstehenden afrokaribischen Religionen fanden.

Kuba und Haiti

Auf Kuba finden sich heutzutage die maßgeblich von Einflüssen der Yoruba des südwestlichen Nigeria geprägte *regla ocha* (im populären Sprachgebrauch auch *santería*), verschiedene von Bantu-Traditionen beeinflußte *reglas de congo* (wie *palo monte* oder *mayombe*), sowie der auf verschiedene Ethnien des Niger-Deltas zurückführbare, nur unzureichend erforschte religiöse Männerbund der *abakuá* oder *ñañigos*. Abgesehen von letzterer Gruppierung, die aufgrund ihrer »konterrevolutionären Tendenz« massiven Repressionen ausgesetzt ist, scheinen die afrokubanischen Religionen von der kubanischen Regierung heute weitgehend toleriert zu werden.

Der *regla ocha* und den *reglas de congo* ist der Glaube an ein (bisweilen vage mit dem christlichen Gott assoziiertes) Höchstes Wesen, sowie die Verehrung von aktiv in den Kult miteinbezogener Intermediärgottheiten (*oricha* beziehungsweise *mpungus*) und Totengeistern (*egún* beziehungsweise *nfumbi*) gemeinsam.

Hierbei stehen die *oricha* für die *regla ocha* im Vordergrund, die Totengeister bilden das Zentrum des Kultes der bantukubanischen Religionen. In der *regla ocha* werden einige *oricha* – vor allem in ikonologischer Hinsicht – mit katholischen Volksheiligen assoziiert.

Daher stammt die abwertende Fremdbezeichnung *santería*. Kontakt mit diesen Wesen und ihren Kräften wird unter anderem mittels Gebet, Anrufung durch Gesang und je nach Gottheit spezifischen Trommelrhythmen, kollektiven Besessenheitsriten und Opferpraktiken hergestellt. Des weiteren existieren im Falle der *regla ocha* verschiedene, eindeutig auf Yoruba-Ursprünge zurückführbare Orakelsysteme (*biague*, *diloggun* und *ifá*). Die Zugehörigkeit zu den afrokubanischen Religionsgemeinschaften wird durch eine Serie von Riten hergestellt, die in der vollständigen Initiation (*kari ocha*, *asiento* oder *hacer ocha* in der *regla ocha*, beziehungsweise *rayado* in den bantukubanischen Kulten) gipfelt. Hiermit werden auch priesterliche Kompetenzen erworben. Der Aufstieg in der wenig religiösen Hierarchie der regla ocha vollzieht sich im Zuge des Erhalts zusätzlicher Weihen beziehungsweise auf der Basis des Erwerbs von Reputation.

Ähnliches gilt für den haitianischen *vodun* (»Voodoo«, »Wodu«), in welchem vor allem Einflüsse der im Gebiet der heutigen Volksrepublik Benin siedelnden Fon und verschiedener bantusprachiger Ethnien des westlichen Zentralafrika wirksam scheinen. Die Anhänger glauben an ein - allerdings stark mit dem christlichen Gott identifiziertes – Höchstes Wesen (»Bon Dieu«) und eine Vielzahl von afrikanisch konzipierten *lwa* (Intermediärgottheiten).

Die *lwa* untergliedern sich in zwei pantheonartige Gruppierungen: *rada* und *petro*. Auch im *vodun* stehen Besessenheits- und Opferriten (*sèvis lwa*) im Vordergrund des zeremonialen Lebens. Wie in den afrokubanischen Religionsgemeinschaften glaubt man, daß die Götter bei zeremoniellen Anlässen von initiierten Gläubigen zeitweilig Besitz ergreifen können, was eine direkte Kommunikation zwischen den Mitgliedern der Kultgemeinschaft und den solcherart »inkorporierten«, der Vorstellung nach quasi persönlich anwesenden Geistwesen ermöglicht.

Anders als in den ursprünglich dem urbanen Milieu entstammenden afrokubanischen Religionen scheint zumindest im ländlichen Haiti der Kult der *lwa* noch stark an Abstammungsgruppen gebunden, die sich unter anderem über Landrechte und rituelle Verpflichtungen gegenüber den mit dem familiären Landbesitz assoziierten Gottheiten und Ahnengeistern definieren. Auch wenn die Mehrzahl der haitianischen Bevölkerung nominell der katholischen Kirche angehören, ist *vodun* die überwiegend praktizierte Religion des Landes. Allerdings kam es aufgrund der vermuteten Zusammenarbeit zwischen manchen *hungan* (Priester) und den verhaßten »tonton makout« nach Ende des Duvalier-Regimes zu Wellen der Verfolgung von *vodun*-Anhängern.

Die englischsprachige Karibik

In der englischsprachigen Karibik kam es aufgrund der nach Ende der Sklaverei (1832) verstärkt einsetzenden Missionsbemühungen methodistischer und baptistischer Gruppierungen zu religiösen Synthese, in denen christliche Elemente weitaus deutlicher zu Tage treten, als dies in denjenigen Regionen der Fall war, in denen sich der Katholizismus als offizielle Religion der kolonialen Machthaber (und heutzutage der staatstragenden Eliten) erhalten hat.

Dennoch kann kein Zweifel daran bestehen, daß sich zum Beispiel in Jamaika, Grenada oder Trinidad auch afrikanische Elemente erhalten haben. Speziell im Falle des in Grenada, Trinidad und St. Lucia verbreiteten *shango*- beziehungsweise *kele*-Kultes oder der jamaikanischen *kumina*-Tradition ist dies auf den Einfluß von um die Mitte des 19. Jahrhunderts als Kontraktarbeiter importierten Afrikanern zurückzuführen.

Doch auch die Vorstellungswelten und religiösen Praktiken der *Spiritual Baptists Trinidads* oder der jamaikanischen *Revivalists* weisen Merkmale auf, die sich schwerlich allein auf die Tradition der protestantischen Missionen des 19. Jahrhunderts zurückführen lassen (u.a. die Betonung ekstatischer Kommunikation mit dem Göttlichen, den Glauben an das Einwirken von Totengeistern auf das Leben der Menschen, sowie die mit dem Begriff *obeah* verbundenen Vorstellungen über Schadenszauber). Wie bei allen anderen afrokaribischen Religionsgemeinschaften gibt es kaum verläßliche Angaben über die Anzahl der Mitglieder dieser Gruppierungen.

Die Religionen der heutigen »Maroon«-Gruppen

In Kolumbien, Jamaika und vor allem Surinam haben die Nachkommen ehemaliger *Maroons* (Gruppen entlaufener Sklaven) eigenständige religiöse Traditionen bewahrt. Am besten erforscht sind die Religionen der surinamesischen »Buschneger-Stämme« *Ndyuka* und *Saramaka*. Neben dem Hochgottglauben findet sich in beiden Fällen der Kult zahlreicher, in mehrere Gruppierungen unterteilter Geistwesen (*winti*), die in enger Verbindung mit Naturkräften stehen und von ausgebildeten Medien Besitz ergreifen können. Daneben existiert ein ausgeprägter Ahnenkult, der Glaube an vage personalisierte Machtobjekte, die als *obia* bezeichnet werden und ein intensiver Glaube an Hexerei (*wisi*), der sich mit der als »Bahrprobe« bekannten Divinationstechnik verbindet. Seit den 1890er Jahren sind vor allem unter den Ndyuka wellenartig auftretende ikonoklastische Erneuerungsbewegungen beobachtet worden, die - speziell im Falle des bis 1972 wirksamen *gaan gadu*- Kultes – Antihexerei-Kampagnen mit dem Kult einer den »traditionellen« winti übergeordneten, strafenden Gottheit verbinden.

LITERATUR: G.E. Simpson: Black Religions in the New World. New York 1978. – S.W. Mintz: Caribbean Transformations. New York 1989. – Stephan Palmié: Das Exil der Götter. Frankfurt 1991. – A. Metraux: Voodoo in Haiti. New York 1972. – H.U. E. Thoden van Velzen, E.W. van Wetering: The Great Father and the Danger. Leiden 1988.

Stephan Palmié

Maria Lionza

Maria Lionza ist eine junge Religion in Venezuela, in der Geister den Gläubigen in Medien erscheinen. Sie beraten, reinigen und heilen die Menschen. Die Geister stehen zwischen Gott und den Menschen und fungieren als Ansprechpartner und Gegenüber für die Gläubigen.

Die Maria-Lionza-Religion (von den Anhängern auch Maria-Lionza-Kult genannt) hat keine schriftlich festgelegte Lehre. Gemeinsame Überzeugung aller Gläubigen (Marialionzistas) ist, daß die Welt vom christlichen Gott gelenkt wird; sie verstehen sich selbst als Katholiken. Gott ist den Menschen aber fern, und sie wenden sich mit ihren Problemen an die Geister, die sich in einem Medium manifestieren und so mit den Gläubigen direkt reden können. Die zahlreichen Geisterfiguren sind verteilt auf verschiedene »Höfe« (*cortes*), die sich nach rassischen oder funktionalen Gesichtspunkten unterscheiden. So gibt es einen Hof der Indianer, einen Hof der Afrikaner, einen Hof der Mediziner und weitere Höfe.

Oberhaupt aller Geister ist Maria Lionza, dargestellt als schöne Frau, die zugleich ihrem eigenen Hof voransteht. Ihr zur Seite stehen der Indianergeist Guaicaipuro und der afrikanische Geist Negro Felipe: die »drei Mächte« (*tres potencias*). Über Maria Lionza kursieren viele Legenden unter den Marialionzistas: Sie sei früher eine indianische Prinzessin gewesen, die sich nach ihrem

Tod in einen hilfreichen Geist verwandelt habe, oder sie sei die Tochter spanischer Einwanderer, die mit ihrem Gold den Armen geholfen habe. Sie regiert in ihrem Palast in den Bergen und erhört die Bedürftigen, die sie anrufen und verehren.

Die Glaubensüberzeugungen der Anhänger variieren in einigen Punkten, denn die praktische Seite der Religion ist für sie ausschlaggebend. Die Geister beraten, helfen und heilen in der *velación*-Zeremonie: Ein mit Kerzen durchgeführtes Ritual, bei dem sich in den am Boden liegenden Personen die Geister manifestieren. Die Medien fallen in Trance und nehmen die charakteristische Sprechweise und die Gebärden eines Geistes an. Die Indianer reden indianisch, die Afrikaner tanzen wild herum, die Mediziner ziehen sich einen weißen Kittel an usw. Bei der Zeremonie spielen alkoholische Getränke, die über den Körper des Mediums gesprüht und von ihnen getrunken werden, Blumen, Duftessenzen und vor allem Kerzen eine wichtige Rolle. Trommelmusik und Gesang prägen die Zeremonien.

Die Gläubigen sind in Gruppen zusammen, die von einem religiös erfahrenen »Gruppenleiter« (*banco*) geführt werden, der die Trance bewacht und für den richtigen Aufbau der Zeremonien sorgt. Die Gruppen treffen sich entweder in ihren Zentren in den großen Städten oder im Gebirgswald der heiligen Orte Quivallo und Sorte, zu dem sie wallfahrten. Sie errichten ihren »Altar« (portal), führen die Velacionen durch und übernachten auch dort.

Die Wurzeln der Religion liegen in der indianischen und in den Kulturen der Einwanderer, die sich im Laufe der Jahrhunderte vermischt haben. Ein wichtiger Einfluß ist der christlich-katholische Glaube, der das »Gerüst« für die Glaubensüberzeugungen der Anhänger liefert. Dieser Glaube wird erweitert durch die Vorstellung, daß die Geister die Vermittler der heilenden Kräfte sind. Ihnen werden Geschenke bei der erfolgreichen Erfüllung der Bitte versprochen.

Die Maria-Lionza-Religion ist eine venezolanische Bewegung, die viele Kulturelemente in einer neuen Religion vereinigt hat. Die Religion entstand in der Zeit zwischen den Weltkriegen, in der erste Gruppen Trancezeremonien durchführten. Die starke Verstädterung und das Verschwinden der traditionellen Gesellschaft brachten der Bewegung bald darauf viel Zulauf:

Auf der Suche nach einer neuen Identität wandten sich viele städtische Venezolaner der Religion zu. In den 50er und 60er Jahren vereinheitlichten sich die Strukturen der *cortes* und der Zeremonien. Die Religion wurde zeitweilig von der Regierung als »Magie« verboten.

Heute ist Maria Lionza sehr populär: Zählungen gibt es nicht, aber jeder zweite kennt die Religion und einige Hundertausend Venezolaner nehmen aktiv an ihr teil. Sie ist in ganz Venezuela verbreitet.

Die Religion ist immer noch in einem Entwicklungsprozeß, in dem sich langsam die Lehre, die Zeremonien und die Strukturen vereinheitlichen. Das Bestreben nach schriftlicher Fixierung wird möglicherweise die Entwicklung der Zukunft bestimmen, eine stärkere Sanktionierung der Mitglieder und Abspaltungen könnten die Folge sein.

LITERATUR: T. Eberhard: Kult & Kultur. München 1983. – R. Mahlke: Die Geister steigen herab. Berlin 1992. *Reiner Mahlke*

Umbanda und Candomblé

Umbanda ist von dem Bantu-Wort ki-mbanda abzuleiten, das den Propheten, Zauberer und Heiler bezeichnet. Der Name taucht in den 30er Jahren in Rio de Janeiro als Bezeichnung für afrikanische religiöse Praktiken auf, die sich mit dem Kardecismus verbunden hatten. Gemeint ist die Spiritologie des Allan Kardec alias Hippolyte Léon Denizart Rivail (1804–1869) mit ihren Vorstellungen von *karma* und Reinkarnation.

Die Umbanda ist im Zusammenhang mit der urbanen Entwicklung und der damit verbundenen Entwurzelung von schwarzen Unterschichten sowie der Bildung einer nach politischer Mitwirkung strebenden weißen Mittelschicht zu sehen. Es ist daher zu unterscheiden zwischen einer mehr afrikanischen Umbanda, in deren *terreiros* (Kultplätze) afro-brasilianische Rituale bis hin zur *Macumba*-Magie ausgeübt werden, und einer *Umbanda Branca* (Weiße Umbanda), in deren tendas (Zelte) Kardec gelesen und Nachdruck auf Caritas gelegt wird. Allgemeine Ziele der *Umbanda* sind Heilen, Wahrsagen, Lebensorientierung und Lebenshilfe.

Wie im Candomblé stehen die Orixás (Herren des Kopfes), die Personifikationen der göttlichen Naturkräfte, im Mittelpunkt, welche mit den katholischen Heiligen gleichgesetzt werden. Für die Umbandisten ist jeder Orixá ein Heiliger, aber – im Unterschied zum Candomblé – ist nicht jeder Heilige ein Orixá. Letzterer agiert unsichtbar im Astralbereich und herrscht in bestimmten Bereichen von Mensch und Natur. In diesen äußert er sich durch Vibrationen über die zu seiner Schar (Phalanx) gehörenden spirituellen Botschafter innerhalb seiner linha (Linie). Diese »Geistführer« oder *guias* verkörpern sich in der Trance in den Medien.

Der größte unter allen *Orixás* ist *Oxalá*, der mit Jesus Christus identifiziert wird. Er repräsentiert die Höchste Macht der *Umbanda*, von der alle *einhas* und Phalanxen ausgehen. Der kosmisch-göttlichen Hierarchie entspricht die Unterscheidung zwischen Anhängern, Eingeweihten oder Glaubenskindern (weibliche Eingeweihte sind in der Minderzahl!), die als Medien fungieren, und dem babalao, d.h. dem Priester und Leiter des mit Altären ausgestatteten Kultzentrums. Die Medien bleiben ein Leben lang mit bestimmten *Orixás* verbunden, von denen sie nach Initiation und Opfer (zum Beispiel Ziege, Huhn, Tabak, Alkohol) während der Trance in Besitz genommen werden. Besessenheit meint hier die göttliche Inkorporation. Von großer Bedeutung als *guias* sind neben den zahlreichen *caboclos* auch die afrikanischen Ahnen aus der Sklavenzeit, die *pretos velhos* (Alte Schwarze), welche für den Widerstand gegen die weiße Ausbeutung stehen. Für die spirituelle Entwicklung wichtig ist auch die Verbindung zu den *éguns* (von Yorubá *egúngún*: »Skelett«, dann aber Seele des Toten), das heißt, zu den Geistern der Verstorbenen überhaupt.

Der grundlegende Unterschied des *Candomblé* – der Name bezeichnete ursprünglich nur die afrikanischen Rituale in Bahia – zu der *Umbanda* ist darin zu sehen, daß in ihm neben einigen *voduns* (»Götter«) der Bantu die große Zahl der *Orixás* und ihre Rituale aus der Religion der Yoruba (= Nago) fortleben. *Candomblé* ist »die Religion der *Orixás*«, die für den gemeinschaftlichen kulturellen Widerstand in einer Situation des Beherrschtwerdens durch Weiße steht. Die Magie des *exú*, des Götterboten und Tricksters, dient dem Schutz vor sozialen Konflikten, die mit der Urbanisation und Industrialisierung eingesetzt haben. Der *Candomblé* bietet seinen Anhängern, deren Mehrheit aus Frauen besteht, ein afrikanisches Modell der Persönlichkeitsbildung und kosmischen Eingliederung an. Der Mensch hat einen Teil seines Seins von Gott, daneben empfängt er einen Teil der uranfänglichen Substanz, durch die er mit allen Menschen der Vergangenheit, seiner »Nation« und seiner Familie verbunden wird. Mit dem *Orixá*, dessen Inkorporation angestrebt wird, partizipiert er an den Kräften, die diese Substanzen regieren.

Ort der heiligen Trance ist der *terreiro* mit seinen Altären – Symbol der Mutter Afrika! –, der von einer *ialorixá* (Priesterin) oder einem *mae-de-santo* beziehungsweise *babalorixá* (Priester) oder einer *paide-santo* (»Mutter« beziehungsweise »Vater der Heiligen«) geleitet wird. Über jahrelange Initiation und nach Übertragung der heiligen Kraft *axé* wird aus der *filha-de-santo* oder dem *filho-de-santo* (»Tochter« beziehungsweise »Sohn der Heiligen«) ein *iawo*, ein Kind des *Orixá*. Dieser wird bis zu dessen Tode die Inbesitznahme ausüben und den Initiierten wie ein Pferd »reiten«. Trommelschlag, Gesang und Tanz sind neben dem Opfer die Bestandteile der Trance-Zeremonie. Die *Orixás* verwalten die Welt im Namen des höchsten Gottes Olórun auf verschiedenen Stufen der Wirklichkeit: Luft, Wasser, Feuer, Erde, Natur und Zivilisation. Unter allen *Orixás* ist *Xango* einer der mächtigsten, dessen Hauptfrau *Yansa* (vergleiche Inhaca) – die Göttin *Oyá* des Flusses Niger – nicht nur als Herrin des Unwetters von dominierender Leidenschaft ist, sondern auch Herrscherin der *éguns*. Da die Seelen der Verstorbenen über große spirituelle Kraft verfügen, gedenkt man ihrer im November; man sucht auch den Rat der *pretos velhos*. Großer Beliebtheit erfreut sich Yemanjá, die Mutter aller *Orixás* und Symbol der Fruchtbarkeit. Sie ist gleichzeitig die »Jungfrau von der unbefleckten Empfängnis«. *Yemanjá* ist die Frau von *Oxalá*, des bisexuellen Sohnes von *Olórun*. Nachdem letzterer den Menschen aus Tonerde geformt und ihm Leben eingehaucht hatte, kümmerte sich Oxalá um die Details.

Die häufig in den Medien erwähnte *Macumba* – von Bantu: kimbundo, »alles, was erschreckt« – existiert dagegen nicht als selbständige Religion. Das Wort diente einst in Rio de Janeiro zur Bezeichnung von afrikanischen Bantu-Kulten, die sehr starken Einflüssen aus Europa und Asien ausgesetzt waren. Die *Macumba* ist heute der *Umbanda* zuzuordnen und meint eher schwarzmagische Praktiken.

Umbanda und Candomblé haben ihre Anhängerschaft in den letzten beiden Jahrzehnten gewaltig vergrößern können, auch in Kreisen der weißen Mittelschicht bis hin zu Akademikern und Intellektuellen. Die therapeutische Funktion des Besessenheitsphänomens dürfte hierbei eine Rolle spielen. Die Grenzen untereinander und auch gegenüber der katholischen Kirche sind fließend. Vielleicht nehmen 30–40 Prozent der 150 Millionen Brasilianer an den afro-brasilianischen Kulten teil. Wiewohl keine der beiden Religionen eine feste Organisation aufweist, ist dennoch eine fortschreitende Konsolidierung zu beobachten: überregionale Zusammenarbeit, auch mit staatlichen Einrichtungen, Kongresse sowie die Publikation eines eigenen Schrifttums für gehobene Ansprüche. Die katholische Kirche hat inzwischen das Gespräch mit dem Candomblé aufgenommen.

LITERATUR: Martin Gerbert: Religionen in Brasilien. Berlin 1970. – Serge Bramley: Macumba: Die magische Religion Brasiliens. Freiburg i. Br. 1978. – Elisabeth A. Kaspar: Afrobrasilianische Religion. Der Mensch in der Beziehung zu Natur, Kosmos und Gemeinschaft im Candomblé – eine tiefenpsychologische Studie. Frankfurt/M. u. a. 1988. – Sangirardi Jr.: Deuses da África e do Brasil: Candomblé/Umbanda. Rio de Janeiro 1988. – Jorge Amado: Das Verschwinden der heiligen Barbara. Berlin 1990.

Heinz-Jürgen Loth

Rastafari

Der Rastafarianismus ist eine afro-jamaikanische Religion, die zwar erst in den 30er Jahren entstanden ist, aber in der Kontinuität des im 19.Jahrhundert einsetzenden Prozesses der Afrikanisierung von Religion und Kultur (Revival) in Jamaika steht. Als am 2. November 1930 Ras (»Fürst«) Tafari Makonnen (1892–1975) zum »König der Könige« gekrönt und den Namen Haile Selassie, d.h. Kraft der Dreifaltigkeit, annahm, ging das Krönungsbild um die Welt.

Die ersten Propheten von Rastafari setzten den Königstitel »Erobernder Löwe aus dem Stamm Juda« in Beziehung zu Offb 22,16; 5,5 und 19,16, ist doch nach Jer 8,21 Gott selbst schwarz.

Überdies gibt die englische Bibelübersetzung der King James Version alle Stellen, an denen von Kusch die Rede ist, mit Äthiopien wieder. Haile Selassie ist daher die Inkarnation des Gottes Jah und damit der wiedergekehrte Jesus Christus für unsere Zeit. Als der äthiopische Kaiser im April 1966 Jamaika besuchte, feierten die Rastafaris oder Rastas (= Kurzform) enthusiastisch die Gegenwart des lebendigen Gottes.

Da der allmächtige Schöpfer- und Vatergott Jah Rastafari nicht sterben kann, führte der Tod Haile Selassies auch nicht zu einem Zusammenbruch von Rastafari . Marcus Garvey (1887–1940) gilt als die Reinkarnation Johannes des Täufers, weil er 1929 prophezeit haben soll: »Schaut nach Afrika, wenn sie dort einen schwarzen König krönen, dann ist der Tag der Befreiung nahe«.

Garvey, ein Abkömmling der Maroons der afrikanischen Freiheitskämpfer des 18.Jahrhundert in Jamaika, hat in den 20er Jahren als Führer des schwarzen Nationalismus in den USA und als Visionär des Pan-Afrikanismus – mit Äthiopien als Symbol – den Schwarzen in Amerika und Afrika ein neues Selbstwertgefühl vermittelt. Allerdings hat er auch auf die Notwendigkeit hingewiesen, sich aktiv für die eigenen Belange einsetzen zu müssen.

Bibel, afrikanische Mentalität und Spiritualität sind die Grundlagen der Rastologie, d. h. der Lehren des Rastafarianismus. Die Bibel wird eifrig studiert, aber losgelöst von kirchlicher Auslegungstradition und Dogmatisierung. Rastafari kennt daher auch keine Kirchenorganisation, sondern unterschiedliche Gruppen, in denen der individuelle Zugang zu Gott – bisweilen auch mit Hilfe des Genusses von Ganja (Cannabis sativa) – meditativ gesucht wird. Es geht hierbei um die Begegnung mit dem »Gott in uns«, um die engste Einigung mit der universalen Kraft, für die der Name »Kraft der Dreifaltigkeit« steht.

Es entspricht afrikanischer spiritueller Erfahrung, wenn das Erlebnis des göttlichen »ICH« im menschlichen »ich« das Ziel ist. Rastas sprechen daher von sich als »ICH & ich« (englisch »I&I«), um diese ewige Gemeinschaft mit Jah zu bekunden. Denn Jah ist kein transzendenter Gott, der ein jenseitiges Himmelreich verspricht, sondern ist in uns. Von daher kann der Umgang mit der Bibel nur ein existentieller sein. Zum religiösen Leben gehören feierliche Zusammenkünfte – Weihnachten und Neujahr am 7. Januar bzw. 11. September, Geburtstag des Kaisers am 23. Juli und Krönungstag am 2. November –, bei denen gebetet, gesungen, die Trommeln (»Harfen«) geschlagen und auch getanzt wird. So entsteht ein Gefühl des Verbundenseins von Mensch und Gott, die Vereinigung mit der »Macht der Heiligen Dreifaltigkeit«! Unter der Bezeichnung Reggae gelangte die Jahmusik in die ganze Welt. Als ihr größter Interpret gilt Bob Marley (1945 – 1981), bisweilen auch als Reinkarnation von Marcus Garvey verstanden. Reggae ist Ausdruck der afrikanischen Vision von Errettung und Erlösung der wahren Israeliten, d.h. der Rastas, aus dem schrecklichen Babylon (vgl. Offb 17,5); Babylon ist Symbol für das korrupte System weißer Unterdrückung und rassistischer Gesinnung. Ziel der Heimführung ist das irdische Zion, d.h. Afrika.

Erst der umfassende Wandel gesellschaftlicher Verhältnisse ermöglicht die Durchsetzung von Jahs Liebe unter allen Menschen, weshalb Marley von einem »burn down Babylon« (»brenn Babylon nieder«) sang, das jedoch friedlich einmündet in »chant down Babylon« (»sing Babylon nieder«). Rastafari ist wie das Judentum ein Lebensweg in ein von der übrigen Welt abgegrenztes Wirklichkeitsverständnis: »a hola way of life«, wobei »hola« sowohl »holy« (»heilig«) als auch »whole« (»ganzheitlich«) meint.

Vom Judentum werden die Zehn Gebote übernommen, die Verbote des Nasiräats hinsichtlich des Haar-und Bartscherens sowie des Alkoholgenusses (vgl. 4. Mose 6,3.5).

Aber die »Furchtlocken« (»dreadlocks«) der älteren Rastas stehen auch für den Löwen als Symbol Afrikas. Die biblischen Vorschriften hinsichtlich der menstruierenden Frau werden beachtet. Wichtig sind auch die Vorschriften der kaschrut wie zum Beispiel das Verbot des Blutgenusses oder der von Kriechtieren. Aber die Speisevorschriften werden zu einer eigenen Eßkultur ausgeweitet: »Ital Food«, womit eine lebenswichtige, göttlich sanktionierte Nahrung gemeint ist, die weitgehend vegetarisch ist und nicht maschinell oder chemisch bearbeitet wurde. Charakteristisch ist auch die Rastasprache, »Dread Talk« (vgl. zum Beispiel I&I, hola und ital), die sich aus dem afrikanisierten Jamaika-Englisch entwickelt hat. Rastologie, Reggae, eigene Eßkultur und eigenes Sprachrepertoire haben für Rastafari eine kulturelle Identität geschaffen. Den Rastas kommt ferner das Verdienst zu, der Mehrheit der Jamaikaner (etwa 98% sind afrikanischer Herkunft) die afrikanische Identität bewußt gemacht zu haben. Ihre Kreativität hat ihnen zudem in den letzten Jahren eine Respektabilität eingebracht, welche die Weiterexistenz des Rastafarianismus außer Frage stellt.

Inzwischen hat die katholische Kirche Englands diesen als Religion anerkannt, während die Äthiopisch-Orthodoxe Kirche engere Kontakte zu Rastas unterhält. Ihre Zahl dürfte sich weltweit – wobei größere Gruppen außer in der Karibik vor allem in den USA, Canada und England anzutreffen sind – inzwischen auf mehrere Millionen belaufen. Überdies erfreut sich der Reggae großer Beliebtheit in Afrika, ja selbst in Japan. In Jamaika selbst hat Rastafari inzwischen sowohl in der Mittelschicht als auch unter den Intellektuellen Anhänger gefunden.

LITERATUR: Itations of Jamaica and I Rastafari. Art/iconographics von Millard Faristzaddi and the poetry of Iyawata Farika Birhan u. a., München 1982, und Itations of Jamaica and I Rastafari : The Second Itation, the Revelation. By Mihlawhdh Faristzaddi/Judah – Heinz-Jürgen Loth: Rastafari. Bibel und afrikanische Spiritualität. Köln/Wien 1991.

Heinz-Jürgen Loth

Kirche Jesu Christi der Heiligen der letzten Tage (Mormonen)

Ursprung – Verbreitung

Die am 6. April 1830 in Fayette (US-Staat New York) gegründete, seit 1838 sogenannte »Church of Jesus Christ of Latter-Day Saints« basiert auf Erscheinungen und Offenbarungen ihres Stifters John Smith (1805–1844). Diesem Farmersohn aus Palmyra im Staat New York erschien am 21. September 1823 ein Engel Moroni, der ihm auf goldene, mit »reformägyptischen« Zeichen versehene Platten wies und ihm diese 1827 übergab. Teils mit Hilfe zweier »Seher«-Steine entzifferte und übersetzte Smith den Text ins Englische, unterstützt von drei Schreibern; diese und acht weitere »Zeugen« bestätigen die Existenz der zum Fundort zurückgebrachten, dann verschwundenen Platten. 1830 wurde daraufhin das »Buch Mormon« erstmals veröffentlicht: die zum größten Teil vom Propheten Mormon verfaßte »heilige Geschichte« der (angeblichen) Ureinwohner Nord- und Südamerikas – beginnend mit dem frommen Judäer Lehi, der um 600 v. Chr. mit seiner Familie Jerusalem gen Amerika verließ; Höhepunkt: das Erscheinen Jesu Christi in Amerika kurz nach seiner Auferstehung.

Brigham Young, Nachfolger des 1844 ermordeten Religionsstifters, leitete 1846/47 den Treck der Mormonen zum Großen Salzsee, wo diese ein theokratisch verfaßtes Gemeinwesen errichteten (1896 wurde Utah Teilstaat der USA). Zentrum der Hauptstadt Salt Lake City ist der hellgranitene Mormonentempel, von dem aus Christus das Jüngste Gericht halten werde. Die einst ländlich geprägte Sekte ist zur überwiegend städtischen Glaubensbewegung geworden, die dank intensiver Mission weltweit 1847 die Millionengrenze erreichte, in jüngster Zeit sehr expandiert (1922: über 8 Millionen Mitglieder; in Deutschland nach der Wiedervereinigung etwa 36 000 Mitglieder).

Heilige Schriften – religiöse Kernaussagen
Als Heilige Schriften gelten die Bibel, das Buch Mormon und zwei Bücher von J. Smith (»Lehre und Bündnisse«, »Die köstliche Perle«). Die wiederhergestellte Kirche Jesu Christi orientiert sich an den 13 Glaubensartikeln des Religionsstifters von 1841 (»erste Grundsätze und Verordnungen des Evangeliums« demzufolge: Glaube an Jesus Christus, Umkehr, Taufe durch Untertauchen, die Gabe des Heiligen Geistes) und an Neuoffenbarungen seiner Nachfolger als Präsident (»Seher, Prophet und Offenbarer«). Präsidenten: 1890 Bannspruch über die bisherige Praxis der Polygamie; 1978 Gewährung des voll gleichberechtigten Status für die Schwarzen.

Ewigkeit und Höherentwicklung allen (auch des göttlichen) Lebens (»Gesetz des immerwährenden Fortschritts«) kann der Mensch für sich durch strikte Frömmigkeit im mormonischen Sinne hinlenken zur körperlich-geistigen Wiederauferstehung in »himmlischer Herrlichkeit«, dem höchsten der drei Reiche für die auferstandenen Menschen. Dank des Sühneopfers Christi können alle Menschen im Jenseits auferstehen. Stellvertretende Taufhandlungen dienen zur Errettung Verstorbener (daraufhin ausgedehnte genealogische Erhebungen).

Kirchenorganisation – Tempelrituale
An der Spitze der männlichen Priesterhierarchie (durchweg unentgeltliches Priestertum ab dem 12. Lebensjahr; verschiedene Ämter innerhalb des Priestertums für weltliche Angelegenheiten bzw. des höherstehenden Priestertums für hauptsächlich geistliche Angelegenheiten) steht der Präsident. »Generalautoritäten« der Kirche: Präsident, zwei präsidiale Berater, Rat der 12 Apostel, Erstes Quorum der Siebzig (oberstes Missionsgremium), Präsidierende Bischofschaft. Organisationsprinzip: System von Räten und Präsidentschaften. Eine Anzahl von Gemeinden (an der Spitze ein Bischof) wird zu einem »Pfahl« (vergleichbar einer Diözese) zusammengefaßt. In Diasporagebieten gibt es »Missionen« – aus Distrikten bestehend, die wiederum in Zweige unterteilt sind. Von jedem Mitglied wird als Kirchenbeitrag ein Zehntel des Einkommens erwartet. Tempelrituale für »würdige« Mormonen: Taufen für Tote; »Endowment« (Ausstattung) mit Hilfestellungen für den Eingang in die »himmlische Herrlichkeit«; »Ehesiegelungen« für »Zeit und Ewigkeit«; »Zweite Salbung«: weniger bekanntes Ritual, in dem ausgewählte Mormonenführer schon im irdischen Leben zu »Göttern« gesalbt werden (höchste Stufe der Vollendung im Jenseits).

Frömmigkeit – Alltagsleben
Taufe ab dem 8. Lebensjahr, ein sehr intensives Familien- (montags »Familienabend«) und Gemeindeleben, freiwillige Sozialarbeit und unentgeltlicher Missionsdienst (durchweg zwei Jahre) sind typisch wie auch konservative Moralvorstellungen, hohes Arbeitsethos, Disziplin etwa in Hinsicht auf die strengen Ernährungsvorschriften (kein Genuß von Nikotin, Alkohol, Kaffee, Tee; vitaminreiche Kost; Vorratshaltung). Die statistisch nachgewiesene höhere Lebenserwartung gilt als Folge einer besonders gesunden Lebensweise.

Perspektiven
In den USA, ihrem Hauptverbreitungsgebiet, ist in jüngster Zeit keine Religionsgemeinschaft schneller gewachsen als die der kinderreichen, fleißig missionierenden Mormonen. Fraglich bleibt, inwieweit die Barrieren gegen den verurteilten modernen Lebensstil Emanzipationserrungenschaften (etwa der Frauenbewegung) massiv aufrechtzuerhalten sind. In jüngster Zeit wiederum vorgebrachte wissenschaftliche Bedenken gegen die Authentizität der Kirchenfundamente (Gründungsgeschichte; das Buch Mormon als das »korrekteste Buch der Welt«, das allerdings unter anderem auf das gestohlene Romanmanuskript eines Salomon Spaulding zurückgeführt wurde) werden zwar oft als Bedrohung für die Existenz dieser Kirche »uramerikanischen« Relilgionsgemeinschaft nicht verhindert.

LITERATUR: James E. Talmage: Die Glaubensartikel, 1899 u. ö. – Gordon B. Hinckley: Die Wahrheit wiederhergestellt. Ein kurzer Abriß der Geschichte der Kirche Jesu Christi der Heiligen der Letzten Tage. Dt. 1983. – Rüdiger Hauth: Tempelkult und Totentaufe. Die geheimen Rituale der Mormonen. Gütersloh 1985. – Internationale Zeitschrift der Kirche – deutsche Ausgabe, der Stern, monatlich.

Michael Klöcker

Baha'i

Die Geschichte der Baha'i-Religion begann 1844 in Persien, als Mirza 'Ali Muhammad (1819–1850) mit dem Anspruch auftrat, der Vorläufer des vom Propheten Muhammad verheißenen endzeitlichen Gottesgebotes zu sein. Dieser Mann nannte sich »Bab« (arabisch »das Tor«) und prophezeite, daß der neue Gottesoffenbarer ein Zeitalter der Gerechtigkeit und des Friedens als Vollendung aller früheren Sendungen einleiten und einen neuen Zyklus in der Religionsgeschichte der Menschheit begründen würde. Bald nach dem Auftreten des Bab setzten Verfolgungen ein, die zur Ermordung von ihm und von vielen seiner Anhänger führten.

Mirza Husayn 'Ali (1817–1892) war der, auf den der Bab hingewiesen hatte. Er, dem später der Ehrentitel Baha'u'llah (Der Herrlichkeit Gottes) zugelegt wurde, gilt für die Angehörigen der Baha'i-Religion als Gottesoffenbarer für die nächsten tausend Jahre. Für Baha'i stehen alle Offenbarer auf der gleichen Stufe. Schon 1844, als der Bab seine Mission erklärte, wurde Baha'u'llah ein Verfechter des neuen Glaubens.

Lange Jahre verbrachte er in verschiedenen Gefängnissen. 1863 bekannte er, derjenige zu sein, den der Bab angekündigt hatte. 1868 wurde er nach Akka (Israel) verbannt, wo er 1892 starb. Er gilt als der erste Offenbarer, der zum Westen direkte Kontakte pflegte.

Von ihm sind viele authentische Schriften überliefert. Sein ältester Sohn Abdu'l-Baha, den

Baha'u'llah zum bevollmächtigten Ausleger und Nachfolger ernannt hatte, brachte seine Botschaften und Lehren in den Westen. Shoghi Effendi, der Urenkel Baha'u'llahs, wurde von Abdu'l-Baha testamentarisch zum Hüter des Baha'i-Glaubens und autorisierten Ausleger der Baha'i-Schriften ernannt. Er leitete die Baha'i-Gemeinschaft bis zu seinem Tod 1957. Seit 1963 steht das »Universale Haus der Gerechtigkeit« an der Spitze dieser Religionsgemeinschaft.

Die Lehre

Baha'i glauben an die Einheit Gottes und seiner Propheten und Religionsstifter. Die Gottesoffenbarung ist nie abgeschlossen. Sie vollzieht sich in Zyklen. Jeder Zyklus hat seine eigenen Gesetze und Anordnungen, die so lange Gültigkeit haben, bis ein neuer weltumfassender Offenbarer zu wirken beginnt. So gelten die Lehren Baha'u'llahs für die nächsten 1000 Jahre. Baha'u'llah lehrte die fortschreitende Gottesoffenbarung.

Alle Religionen gelten in ihren grundlegenden Lehren als gleich. Alle heiligen Bücher werden als gleichermaßen verehrungswürdig betrachtet. Deshalb wird in den »Häusern der Andacht« aus der Bibel, dem Koran, der Bhagavad Gita und anderen Schriften gelesen. Die heiligen Schriften der Baha'i-Religion bestehen aus den Werken Baha'u'llahs und seiner Auslegung und Erweiterung in den Schriften 'Abdu'l-Bahas und Shoghi Effendis.

Alle Menschen gelten gleichermaßen als Geschöpfe Gottes. Deshalb werden Vorurteile wegen der Rasse, Nationalität, Religion oder der sozialen Klasse abgelehnt. Baha'i fordern die völlige Gleichberechtigung der Geschlechter und haben sie in ihren Gremien verwirklicht.

Der Einsatz für einen gerechten Weltfrieden ist ein Bestandteil der Lehre. Die Baha'i verlangen die Errichtung eines internationalen Gerichtshofes, der alle Streitfälle zwischen den Staaten bindend entscheidet und einer Weltregierung, die diese Entscheidungen vollzieht. Ein weiteres Mittel für ein friedliches Zusammenleben ist die Einführung einer Welthilfssprache.

Mitgliedschaft

Es gibt keine Aufnahmezeremonie, keine Taufe, keine Sakramente und keine Geistlichkeit. Jeder Baha'i steht unter der geistigen Verpflichtung, täglich zu beten, 19 Tage im Jahr zu fasten, indem sie oder er von Sonnenaufgang bis Sonnenuntergang nichts ißt oder trinkt. Narkotika, Alkohol und alle Substanzen, die den Verstand beeinflussen, sollen gemieden werden. Baha'i leben in Einehe, die sie mit Zustimmung der Eltern eingehen.

Der Baha'i-Kalender wurde von Bab eingeführt und von Baha'u'llah bestätigt. Das Jahr ist in 19 Monate zu 19 Tagen eingeteilt mit zusätzlich 4 eingeschobenen Tagen.

New Roz, das Neujahrsfest, fällt auf den Frühligsanfang und bezeichnet gleichzeitig auch den Schluß des Fastenmonats. Alle Mitglieder treffen sich zu Beginn jedes Baha'i-Monats einmal zu einem »19-Tage-Fest«.

Jede Gemeinde ist nach dem gleichen Muster konzipiert. Die Basis ist die Gruppe der in der gleichen politischen Gemeinde wohnenden Mitglieder, die den »Lokalen Geistigen Rat« wählen. Delegierte der Regionen eines Landes bestimmen den »Nationalen Geistigen Rat«, der wiederum das »Universale Haus der Gerechtigkeit« wählt. Alle Wahlen erfolgen geheim und ohne jegliche Wahlpropaganda; sie gelten als gottesdienstliche Handlungen. Jedes volljährige Mitglied ist wählbar. Dieses Wahlsystem und die damit verbundene administrative Ordnung wurde in der heute geübten Form von Baha'u'llah geoffenbart und wird von Baha'i als Modell den üblichen parlamentarischen Systemen und Regierungsformen gegenüber gestellt.

Die heutige Situation

Die »Häuser der Andacht« haben neun Eingänge; die Neun symbolisiert als höchster einziffriger Wert das Umfassende, die Einheit. Gleichzeitig zeigt sie die Offenheit gegenüber allen anderen Glaubensansichten, die eingeladen sind zu den Andachten, bei denen aus den verschiedenen Heiligen Schriften gelesen wird. Baha'i verhalten sich der jeweiligen Regierung gegenüber loyal und setzen sich nicht für eine Revolution, sondern für eine friedliche evolutionäre Veränderung der Welt ein. Mittel dazu sind zum Beispiel Schulen und andere soziale Einrichtungen.

Statistische Angaben

Im Januar 1992 lebten ca. 4,8 Millionen Baha'i an 112 000 Orten. Die Baha'i betreiben 18 300 »Örtliche Geistige Räte«, 151 »Nationale Geistige Räte« und 602 Baha'i-Schule.

LITERATUR: Baha'u'llah: Ährenlese. Eine Auswahl aus den Schriften Baha'u'llahs, zusammengestellt und ins Englische übersetzt von Shoghi Effendi Hofheim-Langenhain 1980. – Udo Schaefer: Der Baha'i in der modernen Welt. Strukturen eines neuen Glaubens. Hofheim-Langenhain 1981. – Baha'u'llah: Sendbrief an die Christen. Hofheim-Langenhain 1982. – Christine Hakim: Die Baha'i oder der Sieg über die Gewalt. Altstätten 1984.

Christoph Peter Baumann

Die Vereinigungskirche

Gründer

Über das Leben des Gründers San Myung Mun sind nur wenige Fakten bekannt. Die Aussagen des Studienführers zur Lebensgeschichte des Gründers beziehen sich in erster Linie auf dessen religiöse Erfahrungen und sind durch die Aussageabsicht der neuen Lehre bestimmt. S. M. Mun wurde am 61. (nach dem Mondkalender; nach westlicher Zeitrechnung 25. Februar) 1920 in Chongju (heute Nordkorea) geboren. 1946 vollzog er eine Namensänderung von Yong (Drache) Myung Mun in San (strahlendes, richtiges Zeichen) Myung Mun. Die ursprünglich buddhistische Familie trat 1930 zum Christentum presbyterianischer Prägung über. Am Ostermorgen 1936 hatte er eine Christusvision und erhielt so die Gewißheit, eine »große Mission« zu haben. In weiteren sieben oder neun Jahren des Ringens gewinnt er Klarheit über den Inhalt seines Glaubens:

Er muß die erlösende Wahrheit nicht nur Satan abringen, sondern auch die Bestätigung dieser Wahrheit durch Gott und Jesus erkämpfen, die zunächst die Wahrheit behindern wollen. Bei dieser Berufungsgeschichte gibt es in vielen Einzelheiten Entsprechungen zu dem koreanischen Schamanismus. Mun setzt Schule und Ausbildung fort und kehrt nach dem Zweiten Weltkrieg (1945) vom Elektronikstudium in Tokyo nach Pyongyang (Nordkorea) zurück.

Einige Zeit gehörte er einer Gemeinde um den ursprünglich methodistischen Pfarrer Young Do Li und Guk-Ju Hwang an. Diese verkündigten, daß das Heil in der Rückkehr zum Zustand der Unschuld vor dem Sündenfall bestehe, daß es notwendig sei, den Teufel zu entmachten. Ekstatisches Gebet und Heilungsglaube gehörten zu den Kennzeichen dieser Bewegung, die 1923 gegründet wurde. Anfang 1946 soll sich Mun für einige Zeit einem messianischen Israel-Orden unweit von Seoul angeschlossen haben. Der Gründer des Ordens Pak Mun Kim hält sich für den Messias - Ideen, die deckungsgleich in der VK wieder auftauchen. Gegen Ende 1946 gründete er in seiner Heimat in Nordkorea eine eigene Pfingst- und Heilungsgemeinde: Kwanghae (»Leuchtendes Meer«). Sind auch heute diese Wurzeln und Einflüsse durch das neue Gepräge überdeckt, so daß sie durchaus unabhängig und ursprünglich erscheint, so sollten sie dennoch mitbedacht werden. 1948 wurde Mun wegen »sektiererischer Umtriebe« aus der presbyterianischen Kirche ausgeschlossen. Aus nicht näher bekannten Gründen verhaftet und zu mehrjährigem Arbeitslager verurteilt, wurde er hier zum erklärten Gegner des Kommunismus. Ende 1950 kommt er im Zuge des Koreakrieges nach Südkorea, wo er in Pusan seine Gemeinschaft gründet.

1954 kommt es zur eigentlichen Gründung der Vereinigungskirche in Seoul. Im nächsten Jahr stößt die Religionsphilosophin Young Oon Kim zu ihm, die von Swedenborg stark beeinflußt war. Sie übersetzt die »Göttlichen Prinzipien«, die 1957 in Korea erschienen waren, ins Englische. Damit ist die Grundlage für die Verbreitung im Westen geschaffen. Sie wird die entscheidende Kontaktperson zur westlichen Welt. Anfang der 60er Jahre im Zusammenhang mit dem Militärputsch in Südkorea erfolgt die antikommunistische Zuspitzung der Lehre. Der Kommunismus ist der satanische Hauptfeind Gottes. Muns Heirat mit Hak-Ja Han (geb. 1942) 1960 interpretiert er als die erste sündlose und vollkommene Ehe der Heilsgeschichte. Seit 1972 lebt er in Irvington (N. J.) und leitet von dort aus seine Kirche und das damit verbundene Wirtschaftsimperium.

S. M. Mun ist nicht nur die Stifter der neuen Religion, sondern auch die zentrale Gestalt der Heilslehre, eine neuer, zweiter Messias. Der zweite Messias wird ein Reich der Freude und Liebe auf Erden errichten.

Ausbreitung

1958 stellt den Beginn der Auslandsmission in den Japan und USA dar, seit 1964 ist die Bewegung in Deutschland vertreten. Die Gesamtzahl der Anhänger wird weltweit mit 2 Millionen angegeben. Allgemein rechnet man mit höchstens 200000 Mitgliedern. Für Deutschland liegen die Zahlen bei etwa 1000 Vollmitgliedern und 4000 sonstigen Anhängern. Mit etwa 22 000 liegt die Mitgliederzahl in Korea auffallend niedrig. Die Haupterfolge hat die Bewegung in Japan, USA und Lateinamerika. Die Zahl der Sympathisanten ist mit mehreren Millionen anzusetzen.

Das Wort Mission (Werbung) bezeichnet das vielleicht wichtigste Element im Tätigkeitsbereich der Vereinigungskirche; denn sie versteht sich als legitime Erbin der christlichen Missionstradition und verwendet einen außerordentlich großen Teil ihrer Anstrengungen auf Werbung. Es geht darum, Mitarbeiter für die Rettung der Welt zu gewinnen, eine Vorhut, eine Elite; denn die Welt liegt im Argen. Zwar anerkennt die Geisterwelt Mun schon als Herrn des Universums und die Vereinigung aller Gegensätze ist bereits vollzogen, aber dieses muß nun auf der physischen und politischen Ebene auch noch erfolgen durch die Errichtung der »idealen Welt«, wie Mun sie verkündigt hat.

Die Lehre

Die Lehre ergibt sich aus den laufenden Offenbarungsreden von Mun, die in den »Göttlichen Prinzipien« von den späteren Präsidenten der Vereinigungskirche Hyo-Won Eu zusammengestellt wurden. Diese abschließende Neuoffenbarung an Mun bedeutet die Ablösung von Bibel und den heiligen Büchern der anderen Religionen. Obwohl das Lehrsystem den Eindruck einer abgeschlossenen Heilslehre erweckt, wird es von Mun als unvollständig bezeichnet, im Hinblick auf die Verkündigung weiterer Offenbarungen, die die Gestaltung der Zukunft betreffen sollen. Äußerlich betrachtet ist die Lehre von Mun eine Mischung aus asiatisch-daoistischem Denken mit christlichen Begriffen. Mit der Deutung der biblischen Botschaft durch fremdreligiöse Kategorien gelangt man im Ergebnis zu einem völlig eigenständigem System, das Makrokosmos und Mikrokosmos, die Welt und Geschichte der Menschen umfassen soll. Die Lehre ist von großer innerer Folgerichtigkeit und außerordentlich stark entfaltet und durchdacht. Aber nur von einem Ausgangspunkt kann das Ganze verständlich werden: Das ist die Lehre von Gott und der Schöpfung.

Nach dieser Lehre ist Gott die ewige Energie, männlich und weiblich polarisiert. Der pulsierende Energieaustausch im wechselseitigen Geben und Nehmen bildet die Grundlage der ewigen Existenz und macht die Erschaffung des Menschen als »Objekt« Gottes nötig.

Das Ziel der Schöpfung war die »vollkommene Menschenfamilie« als das Objekt der Liebe Gottes. Und der vollkommene Mann und die vollkommene Frau sollen durch ihre Vereinigung zum »substantiellen Gott«, zur Verkörperung des »Prinzips« werden. Satan vereitelte diesen Plan durch die sexuelle Verführung der Menschen, und so scheiterte Adam. Nach dem Brudermord an Abel blieb nur die Satan-Eva-Linie erhalten, und so haben alle Menschen »satanisches« Blut in ihren Adern.

Ziel des Göttlichen Prinzips ist es, daß ein vollkommener Mann eine Frau zur vollkommenen Eva erzieht und dann mit ihr vollkommene, sündlose Kinder zeugt und so eine neue, satansfreie und vollkommene Familie gründet, die zum Objekt Gottes wird. Jesus hat zwar selber die persönliche Vollkommenheit erreicht, doch er ist gescheitert, weil er keine Familie gründete und so keine physische Erlösung bringen konnte. Er stiftete nur eine neue geistige Familie, die Christenheit.

Korea wird zum »Neuen Israel« und bringt den »Wahren Menschen« hervor: den dritten Adam als »Herrn der Wiederkunft« und eine neue, vollkommene Eva. Durch die Eheschließung 1960 mit Hak-Ja Han, die als »Hochzeit des Lammes« (Offb 19,7) und als Wiedergutmachung der Kreuzigung erklärt wird, ist Mun zum physischen Erlöser der gesamten Menschheit durch weltweite »Blutreinigung« (pikarim) geworden. Mun und seine Frau sind zum »substantiellen Gott« geworden.

Seit 1985 haben mediale Kundgaben aus der Geisterwelt im Namen des 1984 tödlich verunglückten Mun-Sohnes Heung-Jin eine hohe Wertschätzung. Er gilt als Himmelsstatthalter, Jesus ist ein Assistent (der sein Versagen eingesehen und bereut hat). Durch ihn hat die physische Vereinigung mit der Geisterwelt begonnen. Nun muß auch in der physichen Welt der Wille von Mun allgemeines Gesetz werden und die ganze Welt unter ihm und seiner Familie »vereinigt« werden.

Kultische Handlungen

Es werden keine öffentlichen Gottesdienste veranstaltet, wohl kennt jede Gruppe und jedes Zentrum tägliche Gebets- und Meditationszeiten, darüber hinaus auch längere Gebets- und Fastenzeiten. Dem freien Gebet wird eine große Bedeutung zugemessen. Bei diesen Anlässen wird das »Gelöbnis« gebetet, das von einem engeren Kreis jeden Morgen gesprochen wird.

Die kultischen Handlungen beziehen sich als religiöse Verehrung auf das den »Wahren Eltern« Gott vertretende Ehepaar Mun, den Himmelsstatthalter Heung-Jin Mun und den als »Zentrale Person« der zweiten Generation geltenden weiteren Sohn Hyon-Jin Mun.

Mitglied der Vereinigungskirche wird man nach längerer Vorbereitungszeit durch ein Ritual der paarweisen Adoption. Diese in der Öffentlichkeit als »Massenhochzeit« mißverstandenen Segnungen fanden 1961 in Seoul statt. Dabei werden Partner aus verschiedenen Nationen gemeinsam in die Mun-Familie aufgenommen. Ein besonderer Ritus des »Blutaustausches« (Holy Wine Ceremony) soll den »physischen« Wechsel der Abstammung bewirken und hat Reinigungsfunktion. Erst nach einer weiteren Bewährung ist es dem Paar erlaubt zu heiraten. Die Mitglieder müssen drei »geistige Kinder« zeugen, d. h. drei Mitglieder für die Gemeinschaft werben. Die von Mun-Paaren geborenen Kinder werden als physische Kinder der »wahren Eltern« Mun und seiner Frau, die »Mutter des Universums«, verstanden.

LITERATUR: Haralds Biezais (Hg.): New Religions. Stockholm/Uppsala 1975. – G. Kehrer (Hg.): Das Entstehen einer neuen Religion. Das Beispiel der Vereinigungskirche. München 1981. – N.-P. Moritzen: S. M. Muns Vereinigungskirche. Lehre und Praxis. Erlangen 1981.

Horst Rzepkowski

Civil Religion

Mit Civil Religion (auch: »Zivilreligion«, »Bürgerreligion«) wird jenes – die kollektive Orientierung sichernde – Ensemble von Sätzen, Symbolen, Ritualen zur Sicherung des staatlichen/nationalen und gesellschaftlichen Zusammenhalts benannt, das eine verbindende Legitimations- und Integrationskraft besitzt. »Religion« wird hier als Orientierung sicherndes, Sinn vermittelndes Deutungs-, Symbol- und Kommunikationssystem verstanden.

Die Herausbildung einer Civil Religion ist im Kontext der westlich geprägten kulturellen Modernisierung (und damit geistesgeschichtlich im Gefolge von »Aufklärung« und »Säkularisierung«) begreifbar als Folge der Akzeptanz verschiedener Konfessionen und zugleich der Notwendigkeit, in Staaten mit einer multireligiösen/multikulturellen Gesellschaft von der Sinnorientierung bis hin zum Alltagshandeln, Zusammenhalt zu sichern. In unterschiedlicher Gewichtung werden dabei in Geschichte und Gegenwart teils die großen einheimischen Religionstraditionen und ihre modernisierten Aussagen/Formen favorisiert, teils Orientierungsfreiheiten in der Tradition der reliösen Toleranz gewährt beziehungsweise neue, für Staat und Gesellschaft grundlegende Grundsätze, Symbole, Rituale etabliert.

Der begriffsgeschichtliche Rekurs führt zurück auf die Grundidee einer »religion civile« im Denken von Jean Jacques Rousseau und Émile Durkheim. Die gegenwärtige, in den 1980er Jahren noch sehr heftige Diskussion um die vielfältigen Formen von Civil Religion ist insbesondere angestoßen worden durch den amerikanischen Soziologen Robert N. Bellah (grundlegender Aufsatz von 1967) und seine Annahme einer eigenen, von den überlieferten Kirchen und religiösen Organisationen unabhängigen, für sich existierenden Civil Religion (für die USA musterhaft nachgewiesen am Text der Inauguralreden der amerikanischen Präsidenten). Im Rahmen der neueren Diskussion mit weiten und engen Begriffsfassungen tritt generell die Bedeutung von Religion für Staat und Gesellschaft scharf hervor; Religion und speziell Civil Religion werden dabei aber unterschiedlich verortet und in Hinsicht auf Geschichte, Gegenwart und Zukunft kontrovers beurteilt – im Für und Wider einer politischen Religiosität, die über die alten Religionstrationen hinaus (ja, sie womöglich ganz ersetzend) mit eigenen mythischen Aussagen, Symbolen (etwa des demokratischen Regierungssystems) und Ritualen (etwa »bürgerlichen« anstelle von kirchlichen Feiertagen) die kulturelle Grundlage des Lebens in den modernen Staats- und Gesellschaftssystemen bildet.

LITERATUR: Robert N. Bellah, Philipp E. Hammond: Varieties of Civil Religion. San Francisco 1980. – Hermann Lübbe: Religion nach der Aufklärung. Graz-Wien-Köln 1986, S. 306 ff. – Rolf Schieder: Civil Religion. Die religiösen Dimensionen der politischen Kultur. Gütersloh 1987. – Gottfried Kuenzlen: Kirche und Zivilreligion weltweit – Konsultation der Lutherischen Weltbundes. In: Materialdienst der Evangelischen Zentralstelle für Weltanschauungsfragen. H. 11/ 1987, S. 327 – 332 (einschl. Bibliographie)

Michael Klöcker

ETHNISCHE RELIGIONEN

Der Begriff »ethnische Religionen« (von griechisch ethnos: Volk) wird vielfach in der Religionswissenschaft benutzt, um einen Typus von Religionen zu bezeichnen, für den früher – zum Teil sogar heute noch – diverse abschätzige Begriffe gebraucht wurden: Naturreligionen, primitive Religionen, schriftlose Kulturen, traditionelle bzw. traditionale, archaische oder auch Stammesreligionen.

Wie der aus Kenia stammende Theologe John S. Mbiti bemerkt, stammten die Untersuchungen über diese Religionen meist von westlichen Ausländern: Missionaren, Völkerkundlern, Kolonialbeamten sowie selbst ernannten Fachleuten. Sie verzerrten die Religionen oft zur Karikatur, deuteten sie falsch von einer vermeintlich höheren Kulturstufe aus. Grundsätzlich änderte sich das Bild erst, als seit der Mitte unseres Jahrhunderts einheimische Gelehrte ihre Forschungen präsentierten und westliche Gelehrte »objektiver« ans Werk gingen.

Ältere Darstellungen stellen »Naturreligionen« oft den »Kulturreligionen« gegenüber. Bei diesem Begriffspaar schwingen Wertvorstellungen mit: Natur, Primitivität und Zivilisationslosigkeit werden in krassen Gegensatz zur Kultur gestellt. Die Begriffe Naturreligionen, Naturvölker verweisen außerdem auf einen vermeintlich idealen Urzustand, auf den Traum von der Ganzheitlichkeit des Lebens. Rousseaus Vorstellung des »homme naturel«, das im 17. Jahrhundert auftauchende Stereotyp vom »edlen Wilden«, die »Heimweh nach dem Paradies« (Mircea Eliade) als utopische Möglichkeit des Ausbrechens von einer enttäuschenden Gegenwart (von dem englischen Philosophen Toynbee »Archaismus«) genannt: Dies sind wichtige Bestandteile dieser idealisierten Naturauffassung, welche die Verwendung des Ausdrucks Naturreligion problematisch macht. Außerdem ist die Gegenüberstellung von Natur – Kultur fragwürdig; denn es gibt keine Menschen – weder in der Frühzeit noch heute – ohne Kultur. Kultur wird dabei verstanden als die »Gesamtheit der Kenntnisse und Verhaltensweisen (technische, wirtschaftliche, rituelle, religiöse, soziale etc.), die eine bestimmte menschliche Gesellschaft kennzeichnen« (M. Panoff/M.Perrin). Man darf Kultur auch nicht mit Technik verwechseln, die tatsächlich bei den gemeinten Kulturen in verhältnismäßig geringerem Maße vorhanden ist. Mit dem Kulturanthropologen Wilhelm Emil Mühlmann gilt: »›Natur‹ ist wesentlich ›nur‹ ein Potential, Kultur aber ist Manifestation« – und die findet sich zum Beispiel selbst bei der Gesellschaft von Wildbeutern, niederen Feldbauern, Rentierhaltern u. a.

Es ist nicht zutreffend, den sogenannten Naturreligionen eine passive Haltung gegenüber der Natur nachzusagen. Ihr total und wehrlos unterworfen ist kein sogenanntes Naturvolk. Allenfalls gibt es ein Sich-Anpassen, das jedoch immer »ein gewisses Eingreifen und Verändern« einschließt. Die ökologische Krise hat auf wichtige Werte, die in diesen Religionen eine Rolle spielen, aufmerksam gemacht: »Die Menschen streben eine mystische Beziehung zur Natur an, wollen in Harmonie mit ihr leben. (...) Sie sind keine zerstörerischen Herren über die Natur. Stattdessen fühlen sie sich eins mit ihr und sind ihre weisen Bewahrer« (John S. Mbiti).

Oft sind die »Naturreligionen« als Primitivreligionen bezeichnet wurden. Primitiv hat allerdings mehrere Bedeutungsebenen: In abwertendem Sinne meint es soviel wie »niedrig«, »auf niedriger Entwicklungsstufe stehend«, »unterentwickelt«, »ungebildet«, »roh«. Primitiv kann aber auch »urtümlich« bedeuten, »in einem Urzustand befindlich«. Man sollte aber nicht einfach davon ausgehen, daß diese Religionen wirklich den Urzustand der Menschheit widerspiegeln. Sie dürften den Anfängen vielleicht etwas näherstehen als spätere Religionen; doch sind sie keineswegs statisch, haben zum Teil eine äußerst bewegte Geschichte hinter sich – wie andere Kulturen auch. Der niederländische Religionswissenschaftler Th. P. van Baaren spricht in seiner Abhandlung »Menschen wie wir« (1964) ein grundsätzliches methodisches Problem an: »Um dem Beginn der Menschheit näherzukommen, müssen wir zur Vorgeschichte zurückkehren. Leider ist aber die Vorgeschichte für die Interpretation des geistigen Lebens der prähistorischen Menschen auf die Analogie mit den noch lebenden primitiven Völkern angewiesen, so daß wir hier in einen circulus vitiosus (»Teufelskreis«) geraten – wobei wir, trotz einiger Anhaltspunkte, der wirklichen Existenz einer derartigen Analogie gar nicht sicher sein können«.

Noch weitere Annahmen sind korrekturbedürftig: Primitiv, im Sinne von »einfacher strukturiert«, sind die betreffenden Kulturen meist gar nicht, sondern – wie etwa Verwandtschaftsbeziehungen demonstrieren – häufig sehr viel komplizierter. Die Angehörigen der ethnischen Religionen haben auch keine andere, sogenannte »prä-logische Mentalität« (Lévy-Bruhl), die grundsätzlich von unserer verschieden wäre. »Gerade in der Zauberei und im Gebrauch von Medizinen«, so räumt Theo Sundermeier mit Recht ein, »kommt ein Wirklichkeitsverständnis zutage, (...) das bestimmten Gesetzen unterliegt, die durchaus nicht ›primitiv‹, sondern im Kontext der jeweiligen Gesellschaft sinnvoll sind und offenbar Strukturen reflektieren, die allem menschlichen Empfinden zugrunde liegen«.

Von einem totalen Kollektivismus in den ethnischen Religionen zu sprechen, der dem Einzelnen keinerlei Individualität ermöglicht, kann nach Paul Radins Untersuchungen nicht mehr gesprochen werden. Trotzdem bildet ein afrikanischer Stamm zum Beispiel in stärkerem Maß eine kollektive Einheit als ein modernes Volk. Der gelegentlich gezogene Vergleich von »Primitiven« und geistig Behinderten ist falsch. Denn die »Primitiven« sind »die erwachsenen Produkte ihrer eigenen Kultur«. Die ethnischen Religionen bilden keine Einheit. Auf materiellem und geistigem Gebiet gibt es große Unterschiede, so daß man sich vor Verallgemeinerungen in acht nehmen muß. Ihre religiösen Vorstellungen gleichen einander nicht wie ein Ei dem andern; denn dazu sind ihre Unterschiede viel zu groß. Trotzdem liegt ihnen eine gemeinsame Grundstruktur zugrunde, welche indianische, afrikanische, australische, skandinavische (Samen) Religionen unterscheidbar macht.

Einige Forscher sprechen – ungewollt wertend – von »schriftlosen Religionen«, um die negativ belasteten Ausdrücke zu vermeiden. Bis auf geringe Ausnahmen lassen sich tatsächlich Völker in solche einteilen, die schreiben bzw. andere, die nicht schreiben. Ihr Wissen und ihren reichen Erfahrungsschatz geben sie mündlich (etwa in Geschichten, Mythen, Sprichwörtern, Gebeten, Liedern) bzw. in Gestalt ihrer künstlerischen Produkte weiter.

Wieder andere Gelehrte favorisieren den Begriff »Stammesreligionen«. Dieser hat den Vorteil, nicht gleich mit wertenden Gegensätzen wie hoch/niedrig, Natur/Kultur, primitiv/hochstehend, schriftlich/schriftlos verbunden zu sein. Eine Studie zum Rassismusproblem in Schulbüchern hat allerdings ergeben, daß selbst das – eher unverdächtige – Wort »Stamm« sprachlich diskriminierend wirkt.

Neuerdings findet der Begriff »indigene Religionen« (»indigenous religions«) Verwendung. Er steht in Verbindung mit dem Terminus »indigene Völker«, womit die heute rund 300 Millionen Menschen in der ganzen Welt bezeichnet werden (immerhin 6% der Gesamtmenschheit), die in industriellen und nicht-industriellen Gesellschaften leben: 250000 »Aborigines« (Australien), 350000 Maoris (Neuseeland), 80000 Samen (bzw. Lappen), 100000 Inuits (Eskimos); 33,5 Millionen in Zentral und Südamerika, 3,5 Millionen in Nordamerika. In Asien leben schätzungsweise 51 Millionen in Indien, 67 Millionen in China, 6,5 Millionen auf den Philippinen, 1 Million in Bangladesh, 11 Millionen in Birma, rund 1 Million in Sibirien (Aufzählung nach: Dictionary of the Ecumenical Movement, 1991). Diese indigenen Völker wurden von Menschen fremder Kultur durch Eroberung, Besiedlung usw. in eine nichtbesitzende, koloniale Situation gebracht.

Indigene Religionen gibt es in Afrika, den beiden Amerikas, Asien, Australien und im pazifischen Raum. Ihre tatsächliche Zahl übersteigt die in den Statistiken angebenen Größenordnungen bei weitem. Auch wenn die großen missionierenden Weltreligionen (Christentum, Islam u. a.) Bekehrungs-»Erfolge« bei diesen Religionen aufweisen, so leben deren traditionelle Weltbilder unter dem oft oberflächlichen christlichen oder islamischen Anstrich weiter: »vor allem in Schlüsselmomenten wie Geburt, Initiation, Heirat, Krankheit und Tod. Konvertiten bringen aus ihren indigenen Religionen eine Vielzahl von Vorstellungsweisen und Praktiken mit sich« (John S. Mbiti), was in den offiziellen Missionsstatistiken nicht zum Ausdruck kommt.

Dem Begriff »ethnische Religion« wird von den Herausgebern dieses Handbuches der Vorzug gegeben, weil er der am wenigsten wertende sein dürfte. Er ersetzt den von Gustav Mensching benutzten Begriff »Volksreligion«, der als veraltet gilt und von den Ethnologen abgelehnt wird. Mühlmann prägte stattdessen den elastischeren Begriff »Ethnos« bzw. »Ethnie« (Plural: Ethnien). Er versteht darunter »die größte feststellbare souveräne Einheit, die von den betreffenden Menschen selbst gewußt und gewollt wird. Eine Ethnie kann daher auch eine Horde, ein Klan, ein Stamm, sogar eine Kaste sein; was sie de facto ist, kann nur empirisch festgestellt werden, indem man versucht, in die kollektive Intentionalität einzudringen«.

Ethnische Religionen sind von den »Universalreligionen« u. a. dadurch unterschieden, daß in ihnen »Religion« und »Staat« eine untrennbare Einheit bilden. In frühen Kulturen lassen sich beide Größen überhaupt nicht voneinander trennen. Es gibt keine organisierte Religionsgemeinschaft als Institution in unserem Sinne. Ethnische Religionen sind immer deckungsgleich mit einer bestimmten Gruppe von Menschen, die entweder als Familie, Sippe, Klan, Stamm, Volk organisiert ist. Auch wenn der Begriff »Volksreligion« – als Gegenbegriff zu »Universalreligion« – in diesem Handbuch nicht mehr verwendet wird, so bleiben die damit verbundenen grundlegenden religionsstrukturellen Erkenntnisse Menschings weiterhin gültig.

Vorsicht geboten ist bei der Verwendung einst so beliebter Fachbegriffe wie Animismus, Fetischismus, Totemismus. Oft sind ganze (meist afrikanische) Völker kurzerhand als »Animisten« bezeichnet worden – als stellten sie einen regelrechten Religionstypus dar. In älteren Religionsschulbüchern aus den späten 1960er Jahren kann man noch lesen, daß weltweit »150 Millionen Animisten (Geistergläubige) (...) Götzen verehren«. Im Glossar finden sich nähere Informationen über »Animismus«, so daß an dieser Stelle auf weitere Hinweise verzichtet werden kann. In der modernen Ethnologie gilt der Begriff als veraltet. Animistische Züge sind übrigens nicht auf die ethnischen Religionen beschränkt, sondern finden sich auch bei uns. Der Begriff »Fetischismus« ist ebenfalls veraltet. Weder gab es ein derartiges ursprüngliches Stadium der Religionsgeschichte, noch verehren Angehörige ethnischer Religionen »von Hand gemachte« (portugiesisch »feitico«), »tote« Kultgegenstände. Der Normalfall dürfte sein, daß diese als symbolische Manifestationen einer durch sie wirkenden heiligen Macht verstanden werden. »Von 1920 an begannen die Ethnologen, die Existenz des Totemismus als eigenständige und deutlich bestimmte Institution zu bezweifeln; die Verschiedenartigkeit der unter dieser Bezeichnung zusammengefaßten Kulturelemente hatte sich als zu groß herausgestellt, und gleichzeitig erschien ihr Vorhandensein oder Nichtvorhandensein in den einzelnen Gesellschaften mehr und mehr als zufällig. Schließlich zeigte Lévi-Strauss (1962), daß der Totemismus eine Illusion war, deren Ursache in den Vorurteilen der Gelehrten des ausgehenden 19. Jahrhunderts lag.« (M. Panoff/M. Perrin).

Die genannten Begriffe stammen von einer Religionswissenschaft, die der Evolutionstheorie verhaftet war und die allgemeine Religionsgeschichte als Abfolge verschiedener Stufen – von »primitiven« Anfängen bis hinauf zum Monotheismus (»Eingottglaube«) – betrachtete.

LITERATUR: Paul Radin: Gott und Mensch in der primitiven Welt, Zürich 1953. – Carl August Schmitz (Hg.): Religionsethnologie, Frankfurt/Main 1964. – Th. P. van Baaren: Menschen wie wir, Gütersloh 1964. – Ina Corinne Brown: Verstehen fremder Kulturen, ein Beitrag zur Völkerkunde, Frankfurt/Main 1968. – Michel Panoff/Michel Perrin: Taschenwörterbuch der Ethnologie, München 1975. – Wilhelm Emil Mühlmann: Umrisse und Probleme einer Kulturanthropologie. In: Ders./Ernst. W. Müller (Hg.): Kulturanthropologie, Köln/Berlin 1966, S. 15 – 49. – Karl-Heinz Kohl: Exotik als Beruf. Zum Begriff der ethnographischen Erfahrung bei B. Malinowski, E. E. Evans-Pritchard und C. Lévi-Strauss, Wiesbaden 1979. – Ders.: Entzauberter Blick, Das Bild vom Guten Wilden und die Erfahrung der Zivilisation, Berlin 1981. – Gerhard Schlatter: Religionsethnologie. In: Handbuch religionswissenschaftlicher Grundbegriffe, Bd. 1, Stuttgart u. a. 1988, S. 157–194 (Lit.).

Udo Tworuschka

Indigene Völker Nordamerikas

Heute sind bei den Ureinwohnern des nordamerikanischen Kontinents vor allem drei religiöse Komplexe von Bedeutung: traditionelle Religionen, die sich erhalten und weiterentwickelt haben beziehungsweise wiederentdeckt und revitalisiert worden sind; das Christentum in Gestalt seiner diversen Konfessionen, von denen häufig gleich mehrere auf einer Reservation tätig sind, und neue synkretistische Religionen, die als Reaktion der Ureinwohner auf die katastrophalen Folgen der europäisch-amerikanischen Eroberungs-, Ausrottungs- und Anpassungspolitik entstanden sind, allen voran die *Native American Church of North America* (auch: Peyote-Religion) als größte stammesübergreifende indianische Religionsgemeinschaft. Die Feststellung der Religionszugehörigkeit gestaltet sich jedoch schwierig. Ethnische Gruppen als ganze und selbst einzelne Individuen lassen sich nicht eindeutig zuordnen.

Reine Christen sind ebenso selten wie pure Traditionalisten oder Peyotisten. Viele sehen keinen Widerspruch darin, sowohl an traditionellen Zeremonien als auch am christlichen Gottesdienst und dem Peyote-Ritual teilzunehmen oder die Religionszugehörigkeit bei Gelegenheit zu wechseln, insofern man sich zum Beispiel bei Begräbnissen in der christlichen Gemeinschaft besser aufgehoben fühlt, bei Krankheiten aber einen der traditionellen Schamanen aufsucht.

Rückblick

Die heutige religiöse Situation der nordamerikanischen Ureinwohner ist ein Produkt dessen, was oft so harmlos Kontaktgeschichte genannt wird, aber nichts anderes bedeutet als Tod, Vertreibung, Unterdrückung und Diskriminierung. Die Vertreter der christlichen Kirchen, die versuchten, die Indianer und Eskimos zu missionieren, arbeiteten mit wenigen Ausnahmen Hand in Hand mit den Regierungsstellen und hatten das gleiche Ziel, nämlich die Heiden zu zivilisieren. In der Regel erzielten sie größere Erfolge erst in der Reservatszeit.

In den schlimmsten Zeiten der militärischen Unterwerfungen und Vertreibungen traten immer wieder Propheten in Erscheinung, die dazu aufforderten, zu den alten Traditionen zurückzukehren. Als Folge prophezeiten sie eine Wiederherstellung der vergangenen, jetzt paradiesisch erscheinenden Zustände. Häufig bekamen diese Prophezeiungen militanten Charakter und führten zu Kriegen oder Aufständen gegen die Weißen. So fand die Botschaft des Propheten Tenskatawa bei den Shawnee und vielen anderen Ethnien soviel Anklang, daß sein Bruder Tecumseh in den Jahren 1811/12 die größte indianische Allianz in den Krieg führen konnte. Die Geistertanz-Bewegung breitete sich in den Jahren 1890/91 schnell unter den Ethnien der Prärien und Plains aus. Ihre Anhänger sahen der Rückkehr ihrer Ahnen und der bereits nahezu ausgerotteten Büffel entgegen. Die Erde werde sich auftun und die Weißen verschlingen. Die Hoffnungen endeten mit dem Massaker von Wounded Knee am 28. Dezember 1891, bei dem über 300 aus ihrem Reservat geflohene Sioux niedergemetzelt wurden. Andere nativistische Bewegungen blieben jedoch bis heute lebendig, und das, obwohl in den USA bis 1934, in Kanada bis 1951 die indianischen Zeremonien und kultischen Versammlungen verboten waren.

In Kanada hat es keine Indianerkriege im US-amerikanischen Stil gegeben. Die Mißstände in den Reservaten waren und sind aber in beiden Ländern ähnlich. Überdurchschnittlich große Arbeitslosigkeit, Armut, hohe Selbstmordraten, Alkoholabhängigkeit, Lethargie und Kriminalität sind Mißstände, für die die verschiedenen neuen revivalistischen indianischen Religionen Lösungsansätze bieten.

Heute ist man eher bereit, den Indianern kulturelle Autonomie zuzugestehen. Das ist nicht zuletzt eine Folge ihres wiedererwachten Widerstandes. Eine Methode, aus den Indianern, »zivilisierte Menschen« zu machen, war gewesen, die Kinder in Internate zu stecken, die möglichst weit entfernt vom Wohnort ihrer Eltern waren. Hier erhielten sie Haarschnitt und Kleidung nach weißem Vorbild. Sie durften nur Englisch sprechen und wurden zwangschristianisiert. Das Zusammenleben von Indianerkindern unterschiedlichster Herkunft in den Internaten und die Nachbarschaft verschiedener ethnischer Gruppen in den Reservaten haben letztlich ein panindianisches Bewußtsein entstehen lassen.

1968 wurde das *American Indian Movement* (AIM) gegründet, das mit zum Teil militanten Aktionen viel zur Öffentlichmachung der indianischen Probleme im In- und Ausland beitrug. AIM-Aktivisten gründeten regierungsunabhängige *Survival Schools*, in denen indianische Traditionen gelehrt werden. Die Indianer versuchen heute auch, auf gerichtlichem Weg Recht aus ungerechten und gebrochenen Verträgen einzuklagen.

Bei den Kirchen begann in den 50er Jahren eine allgemeine Umorientierung. Integrationsabsichten werden verhaltener formuliert. Die Kirchenvertreter unterstützen zum Teil den Kampf der Ureinwohner um ihre Rechte. Folkloristische Elemente finden Eingang in die Kirchenräume und Gottesdienste. Indianer und Eskimos werden mit Laien- und Priesterämtern betraut.

Die alten und neuen indianischen Religionen

Eines hatten alle traditionellen Religionen gemein, daß sie nicht als abstrakter Begriff gedacht wurden und mit allen Bereichen des Lebens untrennbar verbunden waren. Das ganze Leben von den wirtschaftlichen Aktivitäten über die soziale Organisation bis hin zur Kunst wurde von der Religion bestimmt. Es gibt auch heute mehrere hundert verschiedene Ethnien mit jeweils eigenen religiösen Vorstellungen, Werten, Riten und Gemeinschaftsformen. Aber auch innerhalb der Ethnien gibt es unterschiedliche Einstellungen dazu, ob traditionelle oder an die dominante Gesellschaft angepaßte Lebensweisen richtig sind.

Eskimos

In der Urzeit gab es keine Unterschiede zwischen Leben und Tod, Tag und Nacht, Feuer und Wasser, Mensch und Tier. Später konnten nur noch die Schamanen diese Unterschiede überwinden. Sie konnten als einzige ins Jenseits oder auf den Meeresgrund reisen, um die dort hausende Sedna, die Herrin der Meerestiere, dazu zu bewegen, den Menschen Jagdwild zu senden. Diese war die mächtigste übernatürliche Macht. Aber auch jedes andere Element in der Natur hatte seinen Geist oder Eigner: Tier, Pflanze, Stein, Feuer, Eis, Luft und sogar der Appetit. Das Wohlwollen der Tiergeister wie auch das gute Verhältnis der Eskimos zu ihrer gesamten Lebensumwelt hing von der Beachtung komplexer Lebensregeln und Tabus ab. Tabubrüche führten zu Wildmangel, Hunger, Unwettern und Krankheiten. Schamanen konnten die Tabuverletzungen aufheben, Krankheiten heilen, für Jagdwild sorgen, das Wetter beeinflussen und in die Zukunft sehen. Sie hatten infolgedessen große Macht und wurden von den Missionaren besonders bekämpft.

Die allermeisten Eskimos ebenso wie die ehemaligen Jäger in den subarktischen kanadischen Wäldern bekennen sich heute zum Christentum. Sie sind nur ein Beispiel dafür, daß sich christliche und traditionelle Vorstellungen vermischt haben. Dies wurde von den Missionaren zum Teil bewußt gefördert, indem sie mythische Gestalten und Ereignisse christlich umdeuteten, wie zum Beispiel das weit verbreitete Sintflutmotiv.

Spezifisch indigene Auffassungen zeigen sich, wenn eine Eskimofrau während ihrer Menstruation keine Kommunion vollzieht. Sie äußert sich in der respektvollen Haltung gegenüber der Schöpfung und nicht zuletzt in den Motiven, die Indianer und Eskimos zu einer Kirchenmitgliedschaft bewegen: zum Beispiel das Aufgehobensein in der Gemeinschaft; die Möglichkeit der Statuserhöhung durch das Bekleiden von Ämtern; die Familientradition; die Hilfestellung bei persönlichen Problemen; die spirituelle Ausstrahlung und Heilkraft eines Priesters; Benachteiligungen innerhalb der traditionellen Sozialorganisation und Armut, die es unmöglich macht, eine traditionelle Zeremonie auszurichten, für die im allgemeinen große Ausgaben für den Zeremonialleiter und für die Bewirtung vieler Gäste notwendig sind.

Kaiwiyoh – Die gute Botschaft

Südlich des St. Lorenz-Stromes und östlich des Mississippi lebten Völker, die zum großen Teil seßhafte Ackerbauern waren. 1830 wurde der größte Teil der überlebenden Indianer dieser Region in das Gebiet westlich des Mississippi umgesiedelt.

Die meisten Irokesen leben heute noch in Ontario auf der Six Nations Reserve. Auch ihre Vorstellung einer omnipräsenten Macht (*orenda*) wurde von den Missionaren umgedeutet und mit dem christlichen Gott gleichgesetzt. Die Irokesen kannten agrarische Gottheiten und einen am Bodenbau orientierten Zeremonialkalender, der mit dem Ahornfest begann. Es folgten das Maisaussaatfest, das Donnertanzfest, das Erdbeerfest, das Grünkornfest, das Maiserntefest und das bedeutendste von allen, das Mittwinterfest mit umfassenden Reinigungs- und Erneuerungsriten. In reformierter Form ist die irokesische Religion bis heute lebendig. 1799 hatte der Seneca Handsome Lake (Die Seneca sind einer der sechs Stämme der Irokesenliga) die erste einer Reihe von Erscheinungen, die sich bis zu seinem Tod im Jahr 1815 fortsetzten. Der Prophet war von den Quäkern beeinflußt und ehemals ein Trinker gewesen. Es erschienen ihm sowohl Engel als auch Jesus persönlich.

Die ethischen Grundsätze, die er verkündete, wurden durch die Androhung eines Weltuntergangs bekräftigt. Sie lauteten: kein Alkohol, friedliches Zusammenleben und Rückkehr zu den traditionellen Zeremonien des bäuerlichen Jahreszyklus. Handsome Lake befürwortete aber die Übernahme von Pflug und Viehzucht und damit die Beteiligung der Männer an der Landwirtschaft. Diese waren ehemals als Jäger, Händler, Krieger und Diplomaten viel unterwegs gewesen und hatten aus diesen Tätigkeiten Anerkennung und Selbstwertgefühl bezogen. In der Reservatssituation waren alle diese Aufgabenfelder hinfällig geworden und Alkoholismus, Kriminalität und Familienzwiste waren die Folge gewesen.

Die Religion von Handsome Lake ist exklusiv irokesisch. Die Zeremonien werden in modifizierter Form bis heute durchgeführt. Die weiblichen und männlichen Zeremonialleiter, die sogenannten Faithkeeper (Glaubenshüter), sind geachtete Persönlichkeiten.

Während der Zeremonien gibt es Reden oder Predigten, in denen zur traditionellen Lebensweise aufgerufen wird.

Ursprünglich wurden die irokesischen Medizinbünde, Zusammenschlüsse von Schamanen, die Krankenheilungszeremonien durchführten, von Handsome Lake abgelehnt. Sie existierten aber weiter und spielten ihrerseits als Traditionswahrer eine bedeutende Rolle. Mit der Zeit verschwand die Kluft zwischen Geheimbünden und der neuen Lehre. Heute folgt noch etwa ein Drittel der Bevölkerung der Six Nations Reserve der Lehre *Kaiwiyoh*.

Sonnentanz

Westlich des Mississippi bis zu den Rocky Mountains erstrecken sich die Großen Ebenen. Auf den östlichen Prärien siedelten Maisbauern, die im Sommer große Bisonjagden in den westlich gelegenen Plains veranstalteten. Im 17. Jahrhundert wechselten sie ganz zu einer auf die Bisonjagd ausgerichteten, nomadisierenden Lebensweise. Auch hier gab es die Vorstellung einer alles durchdringenden Lebenspotenz. Die Visionssuche als lebensleitende Instanz war von zentraler Bedeutung. Bereits als Jugendliche suchten sich die Männer einen Schutzgeist, der ihnen in einer durch Einsamkeit und Fasten herbeigeführten Vision erschien. Er lehrte sie einen Ruf, mit dessen Hilfe er herbeigerufen werden konnte. Er sagte ihnen, welche Medizinen sie zu ihrem Schutz in ihren Bündeln sammeln sollten. Neben den individuellen gab es Stammesbündel, die das Wohlergehen des gesamten Stammes sicherten und sein größtes Heiligtum darstellten.

Die wohl bekannteste Zeremonie der Prärie- und Plainsindianer ist der Sonnentanz. Er ist Danksagung für und Bitte um die Unterstützung durch die übernatürlichen Mächte und wurde überall für das Wohlergehen des Volkes als so wichtig erachtet, daß der ganze Stamm daran teilnahm. Man errichtete eine große Hütte, eine runde Holzkonstruktion mit einem zentralen Mittelpfosten und einem Eingang im Osten. Der Mittelpfosten symbolisierte den großen Geist beziehungsweise trug die Gebete der Tänzer zu ihm. Vor ihm tanzten diejenigen, die das in einer Notsituation gelobt hatten, vier Tage lang, ohne etwas zu sich zu nehmen. Bei manchen Gruppen beinhalteten die Gelübde auch Selbstfolterungen. Die Tänzer »opferten« sich aber nicht nur um ihres eigenen Heiles willen, sondern für das Wohlergehen des gesamten Volkes und erlangten dadurch hohes Ansehen.

1881 wurde der Sonnentanz verboten, 1934 mit dem Indian Reorganisation Act wieder erlaubt, aber vermutlich auch in der Zwischenzeit heimlich durchgeführt. Berichte aus den 50er und 60er Jahren über den Sonnentanz der Oglala zeigen, daß er in dieser Zeit mehr oder weniger zu einer Touristenattraktion degeneriert war. Das Fasten wurde nicht eingehalten. Es fanden sich nur noch wenige ältere Tänzer, die vom Stammesrat bezahlt wurden. Touristen wurden auf Plakaten geworben. Die meisten Indianer kamen nicht wegen der Zeremonie, sondern wegen des anschließenden Festes mit Rodeos und anderen Vergnügungen. Das änderte sich in den 70er Jahren, wobei die neotraditionalistischen Aktivisten des *American Indian Movement* eine entscheidende Rolle spielten. Sie sorgten dafür, daß alle kommerziellen Aktivitäten und insbesondere die Touristenwerbung abgeschafft wurden. Touristen durften keine Fotos und Tonbandaufzeichnungen mehr machen. Inzwischen gibt es wieder viele Tänzer, auch jüngere, oft AIM-Mitglieder, die sich durchwegs einer Selbstfolter unterziehen. Der Sonnentanz als stammesumfassende und die Einheit des Stammes zementierende Zeremonie ist aber trotzdem wieder gefährdet. Denn im Gegensatz zur Tradition steht nicht mehr das Fasten, sondern die Folter im Vordergrund, was die Traditionalisten dazu bewegt hat, eigene private Zeremonien durchzuführen oder den Sonnentanz der Arapaho zu besuchen, wo Selbstfolterungen seltener sind. Neben dem Sonnentanz sind Schwitzhütten, Visionssuche, Krankenheilungszeremonien und die Zeremonien um die Stammesbündel bei etlichen Plains-Gruppen wieder lebendige Formen traditioneller Religionsausübung.

Spirit Dancer und Shaker

Die Nordwestküste mit ihren dank reicher Ressourcen (Lachse!) im Überfluß lebenden Gesellschaften war gleichzeitig ein Kulturareal mit ausgeprägtem Zeremonialwesen. Im Sommer regierten die Clans, im Winter die Geheimbünde. Entsprechend dem hierarchischen Aufbau der gesamten Sozialorganisation erfolgte die Aufnahme in die Bünde aufgrund ererbter Privilegien.

Bei den Ethnien der Küsten-Salish gab es individuelle Schutzgeister, die schon im frühen Jugendalter erworben wurden. Die Jugendlichen mußten tagelang ohne Nahrung alleine in der Wildnis verbringen, bis sich ihnen ihr zukünftiger Hilfsgeist offenbarte. Seine Anwesenheit brachte man während der winterlichen Zeremonien zum Ausdruck. Diese Wintertänze wurden in den 60er Jahren wiederbelebt.

Meist einige Jahre nach der ersten Begegnung mit dem Schutzgeist macht sich dieser in Form einer Krankheit wieder bemerkbar. Der Mensch fühlt sich schwach oder ruhelos, hat Atemnot oder muß plötzlich weinen. Er ist krank von der Macht, die in ihm wohnt. Diese muß nun zum Ausdruck gebracht werden. Die Familie muß eine Winterinitiationszeremonie ausrichten, die letztlich damit endet, daß der Schutzgeist den Novizen einen Tanz und ein Lied lehrt.

Zentrales Thema der Initiation ist das Sterben und Wiedergeborenwerden. Der Initiand wird durch die Einwirkung leichter Schläge und lauten Trommelns bewußtlos, er »stirbt«. Dann wird er in eine kleine Kammer innerhalb des Zeremonialhauses eingeschlossen, wo er fasten muß und Instruktionen über die rechte Lebensart erhält. Nachdem der Geist sich erfolgreich in Tanz und Lied geäußert hat, wird der Initiand wie ein Baby behandelt, gebadet, gefüttert und angezogen. Die Tänze dauern den ganzen Winter über. Später kommt der Schutzgeist jährlich zu seinem Schützling. Während für die Diagnose und die Leitung der Initiationszeremonie schamanische Spezialisten notwendig sind, können sich die einmal Initiierten nun selbst heilen, indem sie ihren Tanz und ihr Lied bei den Wintertänzen aufführen. Die Instruktionen, die die Initianden in der Kammer des Zeremonialhauses erhalten und die auch öffentlich während der Tänze geäußert werden, sind Abkehr vom Alkohol, Appelle an das Verantwortungsgefühl gegenüber der Familie und Gemeinschaft und Rückkehr zu den alten Lebensregeln. Die Zahl der Initiierten ist zwar noch gering, aber die Beteiligung an den Wintertänzen wächst.

Bei den Küsten-Salish ist auch eine neue Religion entstanden, die *Indian Shaker Church*. Sie ist nach den tranceartigen Schüttelzuständen der Ritualteilnehmer benannt. Die Shaker-Überlieferung berichtet, daß John Slocum im Jahre 1882 gestorben, aber noch während der Beerdigungsvorbereitungen wieder auferstanden sei. Gott war ihm erschienen und hatte ihm gesagt, daß die

Indianer auf Alkohol, Tabak und Glücksspiel verzichten und die traditionellen Schamanen nicht mehr aufsuchen sollten. Gott hatte ihm außerdem eine mächtigere Medizin als die der alten Schamanen versprochen. Ein Jahr später wurde Slocum erneut krank. Seine Verwandten riefen einen Schamanen. Slocums Frau verließ aus Protest das Haus. Sie wurde von einem unkontrollierbaren Schütteln befallen, ging zurück, betete für ihren Mann und er wurde wieder gesund. Das Schütteln wurde als die neue, mächtige, von Gott versprochene Medizin erkannt. Die neue Lehre breitete sich zwischen 1883 und 1930 bis ins südliche British Columbia und nördliche Kalifornien sowie nach Osten und zu den Plateaugruppen aus. Bereits im Jahre 1892 reagierten die Shaker auf die Anfeindungen von Missionaren und Regierungsbeamten, indem sie sich als gesetzlich anerkannte Kirche konstituierten. Sie haben eine formelle Führungsstruktur nach dem Vorbild protestantischer Kirchen. Ein Bischof und ein Kirchengemeinderat werden alle vier Jahre gewählt.

Die in der Anfangszeit starke Gegnerschaft zu den Schamanen hat sich gewandelt. Heute werden die oben beschriebenen Wintertänze als spezielle Form der Hilfe anerkannt. Häufig beteiligen sich die Indianer im Sommer an den *Shake*-Ritualen, im Winter an den Wintertänzen. Die Angehörigkeit der *Shaker*-Gemeinden sind unter den Indianern allgemein geschätzt. Sie lassen ihre Hilfe und Heilkraft auch Nicht-Shakern zugute kommen, und zwar, anders als die Schamanen, ohne Bezahlung. Seit 1975 versehen *Shaker* auch Dienste in Gefängnissen und Schulen.

Die *Shaker* glauben an den allmächtigen Gott, seinen Sohn Jesus und den Geist Gottes. Letzterer kommt über sie, wenn sie sich schütteln. Er gibt ihnen die Kraft zu heilen. Wie die traditionellen Schutzgeister kommt der Shaker-Geist zu einer Person in einem Trancezustand. Durch das Schütteln wird der Kontakt zur göttlichen Macht stets erneuert. Die Zusammenkünfte finden in bescheidenen rechteckigen Holzkirchen statt.

Die Kleidung der *Shaker* besteht aus einer langen weißen Robe mit einem blauen Kreuz aus Bändern auf der Brust. Sie symbolisiert Reinheit und Schutz. Es finden regelmäßig Zusammenkünfte an Sonntagen mit Gebet, Predigt, Gesang und Prozessionen zum Rhytmus von Handglocken statt sowie besondere Schüttelrituale als Heil- und Aufnahmeriten. Vom Neuling wird die Schütteltrance erwartet. Später muß sie sich nicht mehr bei jeder Versammlung einstellen. Kranke werden in die Mitte des Raumes geführt. Einige Teilnehmer geraten in Trance. Sie berühren die Kranken, um das Übel von ihnen zu nehmen. Eingebungen über Ursachen und eventuelle Heilmittel werden öffentlich vorgetragen. Die gemeinsame Anstrengung mobilisiert die Macht des Geistes.

Navaho

Im trockenen Südwesten lebten sowohl Steppensammler als auch Bodenbauern und eingewanderte Jäger, die zum Teil schon früh von den Spaniern die Haustierhaltung übernahmen und Viehzüchter wurden. Die seßhaften Pueblo-Indianer hatten ein komplexes Zeremonialsystem mit einem am agrarischen Zyklus ausgerichteten Kalender. Viel davon hat sich heute erhalten, weil viele Pueblo-Indianer auf den Assimilationsdruck zwar reagierten, indem sie sich taufen ließen; unter strenger Geheimhaltung führten sie ihre Zeremonien jedoch weiter durch.

Für die Navaho, das größte der eingewanderten Jägervölker des Südwestens, ist ihre Welt zwischen den vier heiligen Bergen ein einheitliches System, in dem jedes Element, vom Donner über den Menschen bis zum Schmetterling seine Rolle spielt. In ihr ist Gutes und Böses vereinigt. Es gibt Zeremonien, die darauf ausgerichtet sind, das Gute zu erhalten und zu sichern, und solche, die Böses bekämpfen. Zu ersteren zählen zum Beispiel Segnungen neuer *hogans*, der traditionellen Behausungen der Navaho. Letztere sind in der Regel Krankenheilungszeremonien. Krankheit wird als Folge der Mißachtung der Navaho-Lebensregeln betrachtet. Korrekt durchgeführte Rituale können die Navaho-Götter dazu bewegen, den Menschen wieder gesunden zu lassen und mit seiner Lebensumwelt in Einklang zu bringen. Solche Heilrituale dauern mehrere Tage. Nach den vorbereitenden Reinigungsriten (Fasten, Schwitzen) wird vor dem *hogan* ein Altar errichtet. Gebetsstäbe werden als Einladung an die Götter aufgestellt. Die Zeremonien selbst bestehen aus der Rezitation langer Mythen und Gebetslitaneien sowie dem Herstellen großer, aus der Hand gestreuter Sandbilder, die Szenen aus den Mythen darstellen. Sie bleiben nur für wenige Sekunden in vollendetem Zustand. Denn sie sind jetzt von der Macht der mythischen Wesen erfüllt, und diese Macht ist gefährlich. Der Patient wird hereingeholt. Sein Körper wird bemalt. Er setzt sich auf das Sandbild und der Ritualleiter überträgt das Sandbild auf ihn, indem er den Sand von bestimmten Teilen des Bildes nimmt und auf die entsprechenden Körperteile des Menschen preßt. Der übrige Sand wird in alle vier Himmelsrichtungen, die Richtungen der vier heiligen Berge, verstreut.

Obwohl viele Navaho an die alten Vorstellungen glauben, sind nicht mehr viele bereit, die schwere und langwierige Ausbildung zum Sänger auf sich zu nehmen. Einige der heiligen Gesänge sind bereits ausgestorben. Heute werden auf Holz oder Stoff fixierte Sandbilder zum Verkauf an Touristen angeboten. Damit von ihnen keine unheilbringenden Kräfte ausgehen, läßt man Bildteile weg oder vertauscht sie. Das *Peyote*-Ritual wurde zunächst von den Traditionalisten abgelehnt. Heute wird es als ein möglicher Heilsweg betrachtet. Viele Navaho sind gleichzeitig Peyotisten und Anhänger ihrer traditionellen Religion.

Die Native American Church

Die mit Abstand bedeutendste neue Religion bei den nordamerikanischen Indianern ist die *Peyote*-Religion. Sie ist aus älteren mexikanischen *Peyote*-Kulten entstanden und in ihrer heutigen Form zuerst 1885 bei den Kiowa und Comanchen in Oklahoma hervorgetreten. Im Anschluß hat sie sich in die Plains bis nach Kanada, ins Große Becken und an die Große Seen ausgedehnt. Im Nordwesten bildete die *Indian Shaker Church* eine Barriere für ihre Ausbreitung. Im Südwesten fand sie bei den Pueblo-Indianern kaum, bei den Navaho erst in den 30er Jahren Anklang.

Das Kernmotiv der indianischen Herkunftsmythen lautet etwa so: Einer Person, die in Not gerät, erscheint der *Peyote*-Geist, zeigt ihr den Kaktus und lehrt sie das Ritual. Auf dieselbe Weise haben die Plains-Indianer ihre alten Zeremonien erhalten. Die Peyotisten glauben an Gott und seinen Sohn Jesus. Dessen Gegenwart können sie unmittelbar durch den Genuß von *Peyote* erfahren, während die Weißen, die sich am Tode Jesu schuldig gemacht haben, auf die Bibel angewiesen sind. Der *Peyote*-Kaktus, dessen getrocknete Früchte während des Rituals verzehrt werden, enthält mehrere Alkaloide, darunter das halluzinogene Mescalin. Die dadurch hervorgerufenen Visionen werden als göttliche Botschaften und Zeichen verstanden. Sie vermitteln Wissen und Erkenntnisse zur Lösung von Lebensproblemen. *Peyote* selbst lehrt das Individuum den rechten Lebensweg. Es gibt keine formelle Lehre in Form von Schriften oder Predigten. Peyote wird außerdem als Allheilmittel betrachtet.

Einzelheiten des nächtlichen Rituals variieren zudem von Ethnie zu Ethnie und sogar von Ritualleiter zu Ritualleiter. Im Kern besteht es aus folgenden Elementen: Singgebete, Rauchen, *Peyote*-Mahlzeit und gemeinsames Frühstück. Bei Einbruch der Dämmerung versammeln sich die Teilnehmer in einem *tipi* im Kreis um einen sichelförmigen Altar, der den Pfad von der Geburt bis zum Tod symbolisiert. Auf ihm liegt eine *Peyote*-Frucht, der »Vater Peyote«, und vor ihm brennt ein Feuer.

Der Zeremonialleiter eröffnet die rituelle Versammlung. Helfer sind zuständig für den Unterhalt des Feuers und das rhythmische Trommeln. Reihum werden zunächst von allen Gebete gesprochen, Lieder gesungen, es wird geraucht und zuletzt werden *Peyote* gegessen. Die Halluzinationen werden als Offenbarungen des Göttlichen gedeutet. Zum Abschluß der Versammlung am Morgen erfolgt ein gemeinsames Mahl traditioneller Speisen (Mais, Wild). Der Stifter der Versammlung übernimmt die Kosten für den *Peyote*, den Zeremonialleiter, seine Helfer und die Bewirtung der Teilnehmer. Früher wurden Versammlungen nur anläßlich von Gelübden abgehalten und waren einem ganz bestimmten Zweck geweiht, zum Beispiel der Krankenheilung. Heute finden sie regelmäßig in der Nacht von Samstag auf Sonntag statt.

Die Ethik des »Peyote-Weges« ist bestimmt von Nächstenliebe, Hilfsbereitschaft, Familienfürsorge, gegenseitiger Achtung und Brüderlichkeit, ökonomischer Selbstständigkeit, Mäßigkeit und Alkoholabstinenz. Damit reagiert auch sie auf die Reservatsmißstände Arbeitslosigkeit, Lethargie, Alkoholismus, Kriminalität und Familienzerrüttung.

Die Peyotisten waren lange Zeit Vorwürfen und Anfeindungen von Seiten der Missionare und BIA-Agenten ausgesetzt, die ihnen unmoralische Rausch- und Sexorgien unterstellten. Dahinter stand aber letztlich nichts anderes als die berechtigte Befürchtung, die *Peyote*-Religion wirke der angestrebten Assimilierung der Indianer an die angloamerikanische Gesellschaft entgegen. Wegen der gesetzlich verankerten Religionsfreiheit konnte ein Verbot allerdings nicht durchgesetzt werden. Die Peyotisten ließen sich 1918 in Oklahoma, 1944 bundesweit und 1955 kontinentweit als *Native American Church of North America* eintragen.

Ausblick

Indianische Kultur und Spiritualität haben in den letzten Jahrzehnten eine Renaissance erlebt. Das zeigt sich nicht zuletzt darin, daß die Bevölkerungszahl überdurchschnittlich wächst, nicht allein aufgrund verbesserter medizinischer Versorgung, sondern auch, weil immer mehr Menschen stolz auf ihre indianische Abstammung sind. Das panindianische Selbstverständnis, das von den Indianern selbst erst seit dem Zweiten Weltkrieg akzeptiert wird, weicht neuerdings einem Trend zu noch größerer Internationalisierung. Indianer suchen Kontakte zu Minoritäten und organisieren sich gemeinsam mit Minderheiten anderer Kontinente. Auf der anderen Seite macht sich zunehmend eine Rückbesinnung auf die einzelnen Stammestraditionen bemerkbar.

Das neue indianische Selbstbewußtsein basiert auf religiösen Traditionen und Lebensphilosophien. Hierbei werden im allgemeinen drei Themen betont, in denen sich indianische und weiße Kultur unterscheiden. Die Indianer fühlen sich als Teil der Natur. Aus ihr beziehen sich ihre Lebenskraft, und sie sind bemüht, ihr Gleichgewicht nicht zu stören. Die Weißen suchen die Natur zu beherrschen und fügen ihr aus Profitsucht Schäden zu. Übernatürliche Kraft zu erhalten und damit zu heilen, ist indianisch. Die Weißen benötigen Hilfsmittel wie die Bibel und technische Apparate. Die Indianer teilen das Erworbene mit der Familie und der Gemeinschaft. Die Weißen suchen individuellen Erfolg und Reichtum.

Mit öffentlichen Aktionen und dem Gang vor die Gerichte bedienen sich die Ureinwohner zunehmend der Vorgehensweise der dominanten Gesellschaft, um ihre Rechte zu erstreiten. Sie verteidigen zum Beispiel ihre heiligen Stätten und Begräbnisplätze gegen Tourismus und Bergbau- oder Ölgesellschaften und fordern Heiligtümer, die sich in amerikanischen oder europäischen Museen befinden, zurück.

LITERATUR: William C. Sturtevant (Hg.): Handbook of North American Indians. 20 Bde., Washington 1978 ff. – Peter Gerber: Die Peyote-Religion. Nordamerikanische Indianer auf der Suche nach einer Identität. Zürich 1980. – Wolfgang Lindig, Mark Münzel: Die Indianer. Bd 1: Nordamerika. München 1985. *Gertrud Boden*

Indianische Religionen Lateinamerikas

Die große kulturelle Vielfalt der indianischen Gesellschaften Lateinamerikas drückt sich auch im religiösen Bereich aus. So finden wir bei den Ureinwohnern Lateinamerikas heute noch sehr unterschiedliche religiöse Systeme vor, obgleich die jahrhundertelange Beherrschung des riesigen Gebietes durch die spanische beziehungsweise portugiesische Kolonialmacht zu einer gewissen Vereinheitlichung der einheimischen Religionen beigetragen hat. Aber auch unabhängig von der

Überformung durch das Christentum weisen die Religionen der Indianer Lateinamerikas Gemeinsamkeiten auf.

Vorkolumbische Religionen und ihre Entwicklung in der Kolonialzeit

Über viele indianische Religionen sind kaum Berichte aus der Zeit vor dem Kontakt mit den Europäern vorhanden. So wurden die Bewohner der Karibikinseln ausgerottet, bevor man ihre religiösen Anschauungen einigermaßen erfaßt hatte. Sie teilten das Schicksal vieler anderer Indianervölker, von denen wir heute kaum Kenntnis haben. Am ehesten sind Aussagen über die Religionen der präkolumbischen Staaten in Mesoamerika und im Andenraum möglich, wobei hier allerdings vor allem die Religion der Elite, weniger die der Volksmasse überliefert ist. In den einstigen Territorien des Aztekenreiches in Mesoamerika und des Inkareiches im Andengebiet lebt auch heute noch eine umfangreiche Indianerbevölkerung, die einzelne Elemente der vorkolonialen Religionen bis in die Gegenwart bewahrt.

Als die Europäer, zunächst Spanier und Portugiesen, Ende des 15. und Anfang des 16. Jh. nach Amerika expandierten, führten sie zur Rechtfertigung der Kolonialisierung den päpstlichen Missionsauftrag ins Feld. Insbesondere die Spanier betrieben vom Anbeginn der Eroberung des amerikanischen Kontinents die Christianisierung der Indianer, allerdings häufig auf gewaltsame Weise. Indianische Kultstätten wurden zerstört, die Kultausübung verboten. Auf den Mauern der vorkolumbischen Tempel errichteten die Europäer Kirchen, und an den von Indianern verehrten Orten, Bergen, Quellen usw., stellte man Kreuze auf. Die Spanier glaubten, auf diese Weise die indianischen Religionen durch das Christentum zu ersetzen. Dort, wo die europäische Expansion nicht die völlige Vernichtung der autochthonen Kulturen zur Folge hatte, bewirkte diese Methode jedoch eher die Herausbildung synkretistischer Glaubensformen als die tatsächliche Christianisierung der Indianer. Häufig erleichterte sie sogar, unter dem Schutz eines dünnen katholischen Firnis, das Fortleben indigener Glaubensvorstellungen.

In viele Gebiete, zum Beispiel ins amazonische Tiefland, drangen die Europäer aber erst sehr viel später, im 18. und 19. Jahrhundert vor. Manche indianische Gesellschaften sahen sich einem intensiven und unmittelbaren Kontakt mit Weißen sogar erst in unseren Tagen ausgesetzt.

Kosmogonie und Kosmologie

In den Mythen über die Erschaffung des Universums werden bei mesoamerikanischen Indianern häufig christliche Einflüsse spürbar. Ging bei den Azteken die Schöpfung von einer androgynen Gottheit aus, so sind heute die präkolumbischen Auffassungen meist nur noch in Rudimenten greifbar, und manchmal wird der christliche Gott direkt als Schöpfer der Welt bezeichnet.

Im Andengebiet sind die mythischen Überlieferungen, die vom Ursprung des Kosmos berichten, wie in Mesoamerika stark mit christlichen Elementen durchsetzt. Als Schöpfer der Welt fungiert häufig Gottvater. Allerdings soll beispielsweise der Mond, in vorkolumbischer Zeit eine Gottheit, nach einigen Traditionen schon vorher existiert haben. Wie in Mesoamerika und im übrigen Südamerika ist auch im Andengebiet die Erschaffung des Lichtes beziehungsweise der Sonne wichtiger Teil des Schöpfungsaktes. Im übrigen entspricht die Schöpfung in der andinen Auffassung weniger einer Erschaffung aus dem Nichts als vielmehr einem Ordnen der Dinge.

Im übrigen Südamerika erfolgt die Schöpfung des Universums, ähnlich wie im Andengebiet, nur selten aus dem Nichts, sondern eher als Akt der Verwandlung, indem eine Schöpfergottheit die Welt aus bereits Vorhandenem gestaltet. Einige Ethnien betonen in ihren Schöpfungsmythen das Wirken abstrakter Kräfte. So wurde nach Ansicht der Piaroa in Venezuela die Welt durch Gedanken oder Vorstellungskraft erzeugt. In einigen indianischen Gesellschaften Lateinamerikas beginnt die Geschichte der Welt, ohne einen eigentlichen Schöpfungsakt, mit dem Auftreten der ersten Menschen.

Weit verbreitet ist bei lateinamerikanischen Indianern die Vorstellung von verschiedenen Weltzeitaltern. So gingen nach dem Glauben der Azteken der jetzigen Welt drei andere voraus, die jeweils in Katastrophen endeten.

Die Vorstellung von verschiedenen, aufeinanderfolgenden Weltzeitaltern ist auch für das Andengebiet belegt, und zwar sowohl für die präkolumbische Zeit wie für die heutigen Andenbewohner. Meist unterscheiden sie drei Weltzeitalter, wobei im ersten vor allem mythische Wesen die Erde bevölkerten. Die Wesen der zweiten Epoche wurden verbrannt oder mußten unter die Erde flüchten, als die Sonne erschaffen wurde. Das dritte Zeitalter ist das der Menschen. In manchen Fällen wird die christliche Beeinflussung deutlich, wenn etwa als Regenten für die drei Epochen der Welt Gottvater, Gottsohn und der Heilige Geist genannt werden. Die Epoche Gottsohns soll schon bald dem Zeitalter des Heiligen Geistes weichen.

In den Traditionen des restlichen Südamerika, sind Überschwemmungen und Weltenbrände die häufigsten Ursachen für die Vernichtung aller Lebewesen auf der Erde beziehungsweise für ihre Verdrängung in eine andere kosmische Schicht.

Übereinstimmungen zwischen altamerikanischen und heutigen Vorstellungen bestehen auch im Hinblick auf das Weltbild. Bei einer Anzahl mesoamerikanischer Ethnien hat sich die bei den Azteken verbreitete Ansicht erhalten, daß Himmel und Unterwelt in verschiedene Schichten oder Stufen unterteilt sind. Die Erde, manchmal als von Wasser umgebenes Eiland vorgestellt, wird bei anderen Gruppen an den vier Kardinalpunkten durch bestimmte Bäume begrenzt, beziehungsweise von unter der Erde befindlichen Trägern gestützt. Außerdem existiert die Vorstellung, daß ein im Zentrum der Erde stehender Weltbaum den Himmel über der Erde hält.

Der Kosmos galt bei den Inka als dreigeteilt: Über der Welt der Menschen befand sich die Oberwelt, Sitz verschiedener Gottheiten wie Sonne, Mond, Blitz usw., während die unter der Erdoberfläche angesiedelte innere Welt nach der spanischen Eroberung schon bald mit der christlichen Hölle identifiziert wurde. Heute ordnet man der Oberwelt häufig Charakteristika des christlichen Himmels zu, ansonsten haben sich die Vorstellungen vom Aufbau des Universums kaum verändert.

Wie in den Anden und Mesoamerika besteht für die Indianer im übrigen Südamerika das Universum aus den drei Ebenen Himmel, Erde und Unterwelt, wobei das für Mesoamerika aufgezeigte Modell des mehrschichtigen Himmels hier wieder auftritt. Die verschiedenen Schichten des Kosmos sind oder waren früher durch eine axis mundi, häufig einen Baum, miteinander verbunden.

Aus der in Lateinamerika weit verbreiteten Vorstellung, daß Wesen früherer Weltzeitalter in einer anderen kosmischen Schicht Zuflucht fanden und unter bestimmten Umständen wieder auf die Ebene der menschlichen Lebenswelt gelangen können, ergibt sich eine latente Präsenz mythischer Wesen aus anderen Weltepochen in der Gegenwart.

Götterwelt, mythische Figuren

Das Pantheon der Azteken wurde von einer ungeheuren Zahl von Göttern bevölkert, die überdies in verschiedenen Aspekten auftraten. Heute nimmt unter den Göttern vieler mesoamerikanischer Ethnien Gottvater den obersten Platz ein, manchmal auch Christus oder eine Kombination aus beiden. Zapoteken und Nahuatl verehren mehrere Christusfiguren, was an die mehrfaltigen Götter der vorkolumbischen Zeit erinnert. Verbindungen mit indigenen Gottheiten, zum Beispiel dem Sonnengott, kommen häufig vor. Die Jungfrau Maria identifiziert man mit Erdmutter und Mondgottheit, während katholische Heilige häufig die präkolumbischen Patronatsgötter überlagern. Weitgehend erhalten hat sich die große Bedeutung von Vegetationsgottheiten. Für die herausragende Rolle des Teufels im Glauben vieler Ethnien ist christlicher Einfluß verantwortlich.

Wichtigste Gottheiten der Inka waren der Sonnengott, »der Ordner aller Dinge« *Viracocha*, der Blitzgott sowie die Erdmutter *Pachamama*. Für die von den Inka unterworfenen ethnischen Gruppen standen jedoch weiterhin die lokalen Götter im Vordergrund, die in der Gegenwart häufig mit bestimmten Marienbildern und Heiligenfiguren identifiziert werden. *Pachamama* lebt in der Marien- oder Christusverehrung weiter. Der vorkolumbische Blitzgott ist mit dem spanischen Nationalheiligen Santiago (Heiliger Jakob) zu einer Einheit verschmolzen. Besondere Verehrung lassen die heutigen Andenbewohner, wie schon zur Zeit der Conquista, den hohen Berggipfeln zuteil werden. *Inkarrí* ist ein Gott, der erst in der Folge der spanischen Eroberung und der damit verbundenen blutigen Ereignisse entstand. Man glaubt, daß er von den Spaniern enthauptet wurde. Sein Kopf soll sich nun unter der Erde befinden, wo er wächst, bis der Körper wieder vollständig ist, um dann zurückzukehren.

Eine wichtige Rolle spielt bei vielen ethnischen Gruppen ein mythisches Brüder-, beziehungsweise Zwillingspaar, das durchaus gegensätzlich sein kann, und das schließlich zum Himmel aufsteigt, um dort Sonne und Mond zu verkörpern. Paarweise konzipierte Götter (jeweils zwei oder vier) sind übrigens von den Mapuche in den Südanden (Chile) bezeugt. Besonders ausgeprägt finden wir bei den vielfach noch stark mit der Jagd verbundenen indianischen Gesellschaften des südamerikanischen Tieflandes die Gestalt des »Herren der Tiere«. Er gilt als Besitzer aller Tiere oder bestimmter Tierspezies, von denen er den Menschen einige Exemplare zu ihrem Lebensunterhalt zur Verfügung stellt. Verletzen die Menschen jedoch bestimmte Gebote, kann er die Tiere zurückhalten, so daß die Frevler Hunger leiden müssen.

Die Herkunft der Menschen

Bei modernen mesoamerikanischen Gesellschaften herrschen sehr unterschiedliche Ansichten über die Frage, woher die heutigen Menschen stammen. Die Lakandonen vertreten zum Beispiel die Auffassung, daß eine erste Menschheit aus Lehm geformt wurde, während eine zweite von dem Weltbaum herabstieg. Beide zusammen brachten vor ihrem Aussterben die jetzigen Menschen hervor. Eine jüngere Mythenvariante der gleichen Ethnie schreibt die Schöpfung der Indianer einer indigenen Gottheit zu, während die Weißen einem anderen Gott ihre Entstehung verdanken sollen.

Höhlen, Seen und ähnliche Naturerscheinungen als Ursprungsorte der Menschen spielten auch bei den präkolumbischen Andenbewohnern eine große Rolle. Als Schöpfer der jetzigen Menschen wird meist Gottvater betrachtet, doch bisweilen soll dies das Werk eines Gottes gewesen sein, der gewisse Ähnlichkeiten mit Jesus Christus aufweist. Manche betrachten *Inkarrí* als den Schöpfer aller Dinge, doch bleibt unklar, ob dies auch den Ursprung der Menschen betrifft. Andere meinen, daß *Inkarrí* nur der Stammvater der heutigen Menschen ist, selbst jedoch von einem Gott namens *Roal* erschaffen wurde.

In den übrigen indianischen Religionen Südamerikas ist ebenfalls die Vorstellung belegt, daß ein Schöpfergott die Menschen erschuf, indem er antropomorphe Figuren aus Lehm beziehungsweise anderen Materialien formte oder aus Holz schnitzte. Dabei kam es nach Auffassung der Indianer nicht selten zu mißlungenen Versuchen, zum Beispiel wegen der Wahl ungeeigneter Materialien wie Wachs, das an der Sonne schmilzt. Die Gottheit soll dann ihre Geschöpfe vervollkommnet haben, bis schließlich die Menschen in ihrer heutigen Gestalt entstanden. Nach der Meinung anderer Ethnien hat der Schöpfer keine neuen Menschen geformt, sondern sie durch eine Verwandlung hervorgebracht – beispielsweise von Pfeilspitzen, die er überhauchte, wie bei den Shipaya in Brasilien. Schließlich gibt es bei südamerikanischen Indianern noch eine dritte Gruppe von Erzählungen, die vom Erscheinen der Menschen auf der Erde handeln, ohne einen eigentlichen Schöpfungsakt vorauszusetzen. In diesen Fällen wanderten die Menschen gewissermaßen aus anderen kosmischen Schichten ein. Sie ließen sich von der Oberwelt herab oder stiegen aus der Unterwelt empor.

Religiöse Mittler und Kultausübung

Für den Staatskult bei Azteken und Inka war eine hierarchisch gegliederte, umfangreiche Priesterschaft zuständig, doch kam für die Masse des Volkes, vor allem was die Belange des täglichen Lebens anging, den Priestern von Lokalgöttern sowie Heilern, Wahrsagern usw. größere Bedeutung zu. Der Einfluß der christlichen Mission tritt in der Arbeitsweise heutiger religiöser Mittler Mesoamerikas und des Andengebietes deutlich hervor.

Einzelne Elemente, insbesondere Zeremonialgegenstände (Kruzifixe, Rosenkränze und ähnliches) oder Gebete, wurden aus dem christlichen Bereich übernommen und in die indianischen Riten integriert. Insgesamt bewahrten die indianischen Religionen jedoch ihren Charakter. Das Amt des religiösen Spezialisten in Mesoamerika und in den Anden weist große Ähnlichkeiten auf mit dem sogenannten Medizinmannwesen im übrigen Lateinamerika und mehr oder weniger auch mit dem sibirischen Schamanismus. Wie die sibirischen Schamanen werden mesoamerikanische und andine religiöse Spezialisten häufig von einer Gottheit direkt zu ihrem Amt berufen, zum Beispiel durch eine Berufungskrankheit oder (im Andengebiet) durch einen oder mehrere Blitzschläge, die die betreffende Person überlebt hat. Bei der Berufung durch den Blitz ist sogar das für die Schamaneninitiation so wichtige »Zerstückelungsmotiv« vorhanden. Man stellt sich nämlich vor, der Berufene sei durch einen Blitzschlag zerstückelt und durch einen weiteren wieder zusammengesetzt worden. Nach einer Lehrzeit bei einem erfahrenen religiösen Spezialisten, verfügt der Berufene über die Fähigkeit – häufig in Trance –, mit den Göttern zu sprechen, um die Ursache etwa von Krankheiten zu erfahren.

Noch deutlicher sind die schamanischen Fähigkeiten bei den Medizinmännern der Indianer des übrigen Lateinamerika ausgeprägt, die deshalb häufig als Schamanen bezeichnet werden. (Selbstverständlich sind nicht alle religiösen Spezialisten der Indianer Lateinamerikas Schamanen, doch ist in vielen Fällen die große Ähnlichkeit mit dem eigentlichen Schamanismus sibirischer Prägung nicht zu übersehen.) Der zukünftige Medizinmann kann auf unterschiedliche Weise zu seinem Amt berufen werden, etwa durch eine schwere Krankheit oder durch gewisse Träume und Visionen. Er begibt sich hierauf zu einem Schamanen in die Lehre, manchmal wird er auch vom Geist eines toten Schamanen in sein Amt eingeführt.

In der Regel überwiegen bei südamerikanischen Indianern Schamanen männlichen Geschlechts, mit Ausnahme der *machi* der Mapuche in Chile, die in der Mehrzahl weiblich sind. (Männliche *machi* legen zur Ausübung ihres Amtes Frauenkleider an.)

Während der oft jahrelangen Lehrzeit erwirbt sich der Neuling die nötigen Kenntnisse; denn im Unterschied zu den anderen Mitgliedern der ethnischen Gruppe muß der Schamane über ein spezielles Wissen verfügen, das ihn zu seinen gefährlichen Tätigkeiten befähigt. Hierzu zählen etwa der Kampf mit Krankheitsverursachern oder mit bösen Geistern, Reisen in andere kosmische Schichten, zum Beispiel ins Totenreich oder zu den Tierherren, um von ihnen Nahrung für die Ethnie zu erbitten, und ähnliches. All dies vollbringt der Schamane im Zustand der Trance, der häufig durch die Einnahme halluzinogener Drogen herbeigeführt wird. Während seiner Lehrzeit erwirbt der zukünftige Medizinmann außerdem bestimmte Ausrüstungsgegenstände, zum Beispiel Rasseln, bei den Mapuche auch eine Schamanentrommel.

Überall in Lateinamerika kommt dem Medizinmann eine wichtige Funktion als Heiler zu. Häufig gilt der Seelenverlust als Krankheitsursache, wobei dem Heiler die Aufgabe zufällt, die Seele in den Körper zurückzubringen. In den indianischen Religionen Lateinamerikas werden dem Menschen meist zwei oder auch mehrere »Seelen« zugeschrieben. Manche Gesellschaften, wie die Jivaro in Ecuador, haben äußerst komplexe Vorstellungen hierzu entwickelt. Nicht selten wird angenommen, daß eine der Seelen eine Tierseele ist und der betreffende Mensch mit diesem Tier in einem Lebensgleichlauf steht. Wird solch ein Tier getötet, so muß auch der Mensch sterben, dessen Alter ego dieses Tier war. Welches auch die Krankheitsursache sein mag, im allgemeinen agiert der Schamane bei der Heilsitzung nicht alleine, sondern wird von seinen Hilfsgeistern unterstützt.

Außer für den Einzelnen wird der Schamane für die Gemeinschaft seiner ethnischen Gruppe tätig. Sollte bei einer von der Jagd wirtschaftlich abhängigen Gesellschaft das Wild ausbleiben, so ist es Aufgabe des Medizinmanns, beim Tierherren die Entsendung von Jagdtieren zu erwirken. Er leitet die Feierlichkeiten bei den Festen des Jahreszyklus, wie zum Beispiel die Zeremonien, die anläßlich der Reife wirtschaftlich bedeutender Nutzpflanzen veranstaltet werden. Weitere Funktionen übernimmt er bei den Übergangsriten, die bestimmte Lebensabschnitte markieren.

In den meisten lateinamerikanischen Indianergesellschaften betrachtet man das Abhalten der religiösen Feste als unabdingbar für die Versorgung mit Nahrung und das Fortleben der ethnischen Gruppe. Außerdem sieht man einen unmittelbaren Zusammenhang zwischen religiösen Riten und dem Erhalt der kosmischen Ordnung. Ziel dieser Zeremonien ist daher nicht, den Vorteil einzelner Mitglieder der Ethnie zu sichern, sondern durch gemeinsame Erfüllung der religiösen Pflichten auf den Erhalt der kosmischen Ordnung und damit auf den Weiterbestand der Welt überhaupt hinzuwirken.

LITERATUR: Allgemein zu größeren Regionen: Otto Zerries: Die Religionen der Naturvölker Südamerikas und Westindiens. In: Die Religionen der Menschheit. Bd. 7: Die Religionen des alten Amerika. Stuttgart 1961, S. 269–384. – I. Gareis: Llama und Alpaca in der Religion der rezenten Bewohner des zentralen und südlichen Andengebietes. Hohenschäftlarn 1982. – María Susana Cipolletti: Jenseitsvorstellungen bei den Indianern Südamerikas. Berlin 1983. – Ulrich Köhler: Schamanismus in Mesoamerika? In: Circumpacifica. Bd. 1, hg. v. M. S. Laubscher u. B. Illius. Frankfurt 1990, S. 257–275. – Ina Rösing: Der Blitz. Drohung und Berufung, Glaube und Ritual in den Anden Boliviens. München 1990. *Iris Gareis*

Schamanismus in Nordeurasien

Der Schamanismus ist weit über die Welt verbreitet. Er kommt meistens in sogenannten ursprünglichen Religionen und Kulturen vor. Typisch für diese Religionsform ist der Schamane, der »religiöse Virtuose«, der mit Hilfe der Ekstase die Verbindung zum Jenseits herstellt. Der Schamanismus ist charakteristisch für die alten Kulturen Nordeurasiens (auch für die nordskandinavischen Samen und die Eskimos Grönlands) und kommt besonders in Sibirien und Zentralasien, und auch in nordbuddhistischen Gegenden, zum Beispiel in Nepal und Tibet, sowie bei den amerikanischen Indianern vor.

Das Wort Schamane leitet sich über das Russische vom Tungusischen ab. Bei den verschiedenen Völkern wechseln die Benennungen des Schamanen freilich, aber der Terminus wurde in der Forschung als Bezeichnung des Phänomens anerkannt.

Das Weltbild des Schamanismus besteht aus drei Teilen: dem Himmel (Wohnort der Geister), der Erde (Wohnort der Menschen) und der Unterwelt (Wohnort des Bösen). Jede Schicht kann noch in Unterkategorien eingeteilt werden. Als Verbindung zwischen den verschiedenen Schichten stellt man sich entweder einen kosmischen Fluß vor, der im Himmel entspringt und durch die Wohnorte der Menschen in die Unterwelt strömt, oder man denkt an einen Weltpfeiler beziehungsweise einen kosmischen Weltbaum (nicht selten eine Birke), die durch die verschiedenen Etagen hindurchgehen.

Im Schamanismus begegnet uns auch der Glaube an Seelen und Geister, die vom Menschen Besitz ergreifen können. Besonders der Schamane kann seine Seele (auf alle Fällen eine von ihnen, wenn man mit mehreren rechnet) Fahrten in Himmelswelten unternehmen lassen. Dadurch kann er die Ursachen verschiedener Krankheiten oder anderer für das Individuum oder die Gruppe unglücklicher Begebenheiten aufklären.

Es gibt verschiedene Arten von Schamanen: Einige vertreten einen ganzen Clan oder eine Volksgruppe, andere nur eine kleinere Sippe. In verschiedenen Kulturen besteht eine Stufung von Schamanen, je nachdem, mit welchen Hilfsgeistern sie zu tun haben.

Oft ist die Schamanenrolle erblich, aber es kommen auch Schamanen vor, die einen besonderen Ruf (von den Geistern) bekommen haben. Personen mit einem abnormen Verhalten oder einem nervösen und hysterischen Charakter werden häufig als besonders geeignet empfunden.

Es ist ein schwerer und manchmal schmerzhafter Prozeß, Schamane zu werden. So muß der Kandidat bisweilen lange allein leben (zum Beispiel im Wald), er kann seiner Aufgabe durch Träume und Visionen bewußt werden, und er tritt gelegentlich aggressiv und unkontrolliert auf. Vorstellungen darüber, wie der Kandidat von Dämonen und Geistern in Stücke gerissen worden ist, aber auch Erzählungen davon, wie ihm neues Fleisch und Blut zugeführt wurden, gehören oft zum Einritt in die Schamanenrolle. Das Wichtigste ist hierbei, daß der Schamane die Verbindungen mit den Hilfsgeistern herstellt, die ihn zukünftig in seiner Ekstase begleiten werden. Das Komponieren von Schamanenliedern, durch die die Geister hervorgerufen werden, wie auch der Gebrauch der Schamanentrommel sind typisch für den Schamanismus. Der Prozess ist also eine Initiation in den geistigen Auftrag und ein Erwerben der geistigen Autorität unter den Anhängern.

Die Geister, mit denen der Schamane in Verbindung steht, sind verschiedener Art: In der Regel wird mit Naturgeistern gerechnet, das heißt Geistern in Gestalt eines Wolfs, Bären, Raben, einer Möwe oder dergleichen. Auch die Geister der Vorfahren spielen eine beträchtliche Rolle. Sie können den neuen Schamanen auswählen, ihn unterrichten und lenken. Nicht selten treten sie auch als die eigentlichen Hilfsgeister des Schamanen auf.

Das vielleicht wichtigste Attribut des Schamanen ist die Trommel. Sie ist oft aus dem Holz des Weltbaumes hergestellt und mit der Haut von dem Schutztier des Schamanen überzogen. Die Trommel ist auch oft mit einem Bild bemalt, wodurch die Welt in einer verdichteten Darstellungsform geschildert wird. Manchmal hat die Trommel auch eine divinatorische Funktion. Man nimmt an, daß der Schamane durch den Gebrauch der Trommel den für ihn charakteristischen ekstatischen Zustand erreicht.

Der Schamane trägt oft eine besondere Kleidung aus Leder oder Stoff und ist reichlich mit metallenen Gegenständen, Beinstücken, Federn oder anderen Materialien, welche die Geister vorstellen, dekoriert. Zur Kleidung gehört in der Regel eine Kopfbedeckung mit Federn. Die Kleidung des Schamanen wird in der Regel als ein Symbol des Jenseits angesehen und ist deshalb ein heiliger Gegenstand.

Der Schamane konzentriert seine Kraft auf die Seance, die je nach Bedarf veranstaltet wird. Meistens ermittelt man dadurch die Ursache einer gewissen Krankheit. Der erfolgreichen Seance gehen sorgfältige Vorbereitungen voraus. Dazu gehören unter anderem Fasten und Konzentration auf die für die Gelegenheit nötigen Gegenstände. So ist zum Beispiel das Anziehen der Kleidung ein umständlicher und langer Ritus. Die Seancen finden manchmal in besonderen Schamanenzelten im Dunkeln statt, meistens abends oder nachts in der Gegenwart von Zuschauern. Der Schamane braucht auch oft einen Mithelfer. Die Seancen fangen damit an, daß der Schamane seine Hilfsgeister durch Singen, Trommeln und Tanzen anruft. Die Lieder beschreiben in der Regel die Fahrten der Geister und des Schamanen in der Geisterwelt. Gewöhnlich kommt auch eine Schilderung der Kosmologie vor. Die rhythmischen Bewegungen werden während der Seance immer intensiver und enden mit einer Art Trancezustand des Schamanen. Man glaubt, er begegne seinen Hilfsgeistern, reise in den himmlischen Sphären herum und besiege die Krankheitsdämonen.

Es gibt zweierlei Seancen: Einerseits identifiziert sich der Schamane völlig mit den Geistern. Seine Bewegungen, Sprache und Gesten werden anders als gewöhnlich. Der Mithelfer des Schamanen kann in dem Falle in die Schamanenrolle eingehen und den Geist (den Schamanen) anreden. Manchmal kommt sogar ein längerer Dialog vor. Um den Eindruck zu vermitteln, die Geister seien wirklich bei der Seance anwesend, kann der Schamane die Technik des Bauch- und Zungenredens benutzen. Andererseits reist der Schamane weit weg und begegnet allerlei Geistern und beschreibt das Jenseits. Hier ist die Identifikation mit den

Geistern nicht so stark wie in dem vorher erwähnten Typus von Seancen.

Eine Seance hört oft dadurch auf, daß der Schamane seine Hilfsgeister fortschickt. Er beantwortet auch die Fragen der Zuhörer und gibt ihnen Verhaltungsmaßregeln. Selbstverständlich kommen viele Varianten der Schamanenriten vor, aber die wichtigste Funktion scheint die Aufrechterhaltung des Gleichgewichts in der Gesellschaft zu sein.

Die Forschung bietet mehrere Erklärungen zur Entstehung der Trance: Manchmal wurden biologische Faktoren betont; denn es war bekannt, daß die Schamanen halluzinogene Pilze zu sich nahmen. Auch Rauch, Tabak und Alkohol werden erwähnt. Es ist jedoch unmöglich zu behaupten, jene Stoffe hätten eine entscheidende Rolle gespielt. Statt dessen werden heute die systematische Einführung in die Ekstase durch rhythmische Stimuli, die zunehmende Konzentration und das Rollenspiel zwischen dem Schamanen und dem Zuhörer betont. Die sozialpsychologische Komponente des Ritus steht dadurch im Mittelpunkt.

LITERATUR: Mircea Eliade: Schamanismus und archaische Ekstasetechnik. Zürich/Stuttgart 1957. – Louise Bäckman, Ake Hultkrantz: Studies in Lapp Shamanism. Stockholm 1978. (Acta Universitatis Stockholmiensis. Stockholm Studies in Comparative Religion 16). – Anna-Leena Siikala: The Rite Technique of the Siberian Shaman. Helsinki 1987. *Nils G. Holm*

Yezidi

Das Volk der Yezidi umfaßt rund 100 000 Familien. Sein Siedlungszentrum, infolge der Zwangsmaßnahmen des irakischen Präsidenten Saddam Hussein gegenwärtig weithin verlassen, ist der Shaikhan-Bezirk bei Mossul mit dem Zentralheiligtum in Lalish und dem Stammsitz der Fürstenfamilie in Ba'adri; weitere Siedlungen im Irak lagen bis zur Umsiedlung durch Saddam Hussein im Jebel Sinjar. Außerhalb des Irak leben Yezidi in verhältnismäßig geschlossenen Gebieten in Syrien (Jebel Sim an, Nordostsyrien), und in der Südosttürkei (Provinzen Batman, Mardin, Viranshehir, Urfa). Die religiöse Intoleranz der Muslime, die die Yezidi als Heiden, »Teufelsanbeter« und Leugner der Einzigkeit Allahs verachten und verfolgen, und wirtschaftliche Not veranlaßten die Yezidi in der Türkei zur Auswanderung, so daß ihre Dörfer heute fast vollständig verlassen sind.

In Deutschland befinden sich im Augenblick rund 20 000 Yezidi aus der Türkei und aus Syrien. Eine Gruppe, die auf ca. 130 000 Personen angewachsen sein soll, wanderte seit dem Ende des vergangenen Jahrhunderts nach Armenien und Georgien aus.

Die Sprache der Yezidi ist ein Dialekt des Kurdischen; Familien der Priesterkaste im Irak behaupten, über arabische Stammbäume zu verfügen und sprechen neben dem Kurdischen das Arabische.

Geschichte und Religion der Yezidi sind noch weithin unerforscht. Die Yezidi verfügen über keine geschriebene Tradition, die Sammlung und die Analyse entscheidender, aber nur mündlich überlieferter religiöser Texte haben noch kaum begonnen. Unbezweifelbar ist die Verbindung des Yeziditums mit dem arabischen Sufi-Sheykh ' Adi b. Musafir (gest. 1162, Grab in Lalish). Er wird als Erneuerer einer Religion verstanden, die bis ins 8. Jahrhundert (als anti-abbasidische Gruppe) beziehungsweise bis ins 7. Jahrhundert (Zeit des von Muslimen als »Ketzer« betrachteten Kalifen Yazid I., 680/683) oder sogar bis in das neutestamentliche Zeitalter zurückzuverfolgen sein soll. Bei den Yezidi gilt Sheykh ' Adi als irdische Gegenwart des obersten Engels Melek Taus, der in Krisenzeiten des Volkes immer wieder auf der Erde erscheint.

An der Spitze des Yezidi-Volkes steht nachweislich seit dem 17. Jahrhundert ein Emir, gegenwärtig Khairallah, ein Sohn des 12. Emirs Said. Der Emir besitzt die oberste weltliche, nach Meinung der Fürsten selbst auch die oberste religiöse Gewalt. Er entstammt jeweils dem Col-Clan, dessen beide Hauptlinien sich seit der Mitte des 18. Jahrhunderts die Emirwürde zum Teil bis in die Gegenwart streitig machen. Seit Ermordung des 8. Emirs Yasim 1843 wird die Würde unter den männlichen Erben des 9. Emirs Hussein weitergegeben; die Linie Yasims hat ihren Anspruch auf die Herrschaft aber nicht aufgegeben.

Das Yezidentum ist exklusiv, das heißt mit der Abstammung von yezidischen Eltern gegeben; Heirat mit einem Nicht-Yeziden bedeutet Ausschluß aus der Volks- und Religionsgemeinschaft. Das Volk ist in die erblichen und endogamen Kasten der Priester und der Laien (*murids*) gespalten; die Gliederung in Stämme (*ashiret*), parallel zu den muslimischen Kurden im Irak, ist in Resten nur noch im Irak lebendig. Priesterklassen, durch die Mythologie auf Engel bezogen, sind, in abnehmender Würde und ebenfalls mit strenger Endogamie, aber auch mit festen Heiratsregeln innerhalb der eigenen Klasse, die Sheykhs und die Pirs, sowie, nur im Sheykhan-Bezirk, die Qawwals und die Kojaks. An der Spitze der Priester steht der Baba Sheykh. Die Fakire, heute zum Teil ebenfalls ein erblicher Stand, leben in besonderem Maße asketisch, widmen sich der religiösen Unterweisung und besitzen durch Leben und Lehre eine besondere moralische und religiöse Autorität.

Die Yezidi sind in sog. Religionsfamilien organisiert, d. h. die Familien der *murids* sind erblich zur kultischen Betreuung bestimmten Priesterfamilien, Sheykhs oder Pirs (diesen übergeordnet die zur Gruppe der Sheykhs gehörenden Peshimame), zugeordnet und zu Abgaben an diese verpflichtet.

Die Religion der Yezidi ist weithin Geheimreligion, d. h. Glaubensvorstellungen und Praktiken unterliegen der »Geheimhaltung« (*taqiye*). Sie kennt keine einheitliche Dogmatik, aber auch keine für alle Gruppen und in allen Siedlungsgebieten gemeinsame Form des Kultes. Die Religion lebt aus Mythen und Praktiken, in denen sich altmesopotamische (zum Beispiel Gestirnglaube und Gestirnverehrung), westiranische (zum Beispiel Sonnenverehrung), gnostische (zum Beispiel dualistische Vorstellungen), jüdische (zum Beispiel Bezüge zur alttestamentlichen Schöpfungsgeschichte und zu Gestalten der alttestamentlichen Geschichte, Elias-Glaube, vielleicht auch die Vorstellung von der Exklusivität des Volkes und seiner

Erwählung, wenn diese Gedanken nicht an iranische Tradition anknüpfen), christliche (zum Beispiel Blut Christi) und muslimische (zum Beispiel Speisevorschriften, Anlehnung an den muslimischen Festkalender) Elemente verbinden. Mythen und Praktiken, vor allem auch die Gebete, haben sich in vielen Fällen in den verschiedenen Siedlungsgebieten unterschiedlich gebildet, beziehungsweise weiterentwickelt, sicherlich infolge der räumlichen Trennung der Yezidi-Gruppen, aber auch infolge der bei den Priesterfamilien zu beobachtenden Konkurrenz; vieles ist den meisten Laien unbekannt, da es von Priestern zu Wahrung der Autorität geheimgehalten wird. Viele Yezidi sehen sich heute unhistorisch als Nachfahren der Zoroastrier Irans.

Die Yezidi besitzen zwei wenig umfangreiche heilige Schriften, das »Schwarze Buch« und das »Buch der Offenbarungen«, deren Inhalt den meisten Yezidi jedoch unbekannt ist (ehemalige Tabuisierung des Schreibens und Lesens) und deren literarhistorische, quellenkritische und traditionsgeschichtliche Erforschung noch kaum begonnen hat.

Die Ursprünge und die Entwicklung des Gottes- und Engelsglaubens der Yezidi sind noch unbekannt; höchst altertümlich ist die Vorstellung, daß Gott und (einige) Engel vogelgestaltig sind und vor sowie bei der Gestaltung der Welt auf Urbäumen lebten.

Die Yezidi glauben an die Existenz eines einzigen Gottes (*Khode*). Er ist der Gestalter der Welt, der sieben Engel entstehen ließ, die an der Formung der Welt beteiligt sind; deren Namen werden z. T. unterschiedlich angegeben beziehungsweise angeordnet, sie werden außerdem mit »historischen« Gestalten der heiligen Geschichte der Yezidi identifiziert.

An der Spitze der Engel steht Melek Taus, der »Engel Pfau«, der auch Ezde genannt wird. Sein von den Yezidi nicht ausgesprochener Geheimname ist Shaitan (Satan, daher werden die Yezidi fälschlich als »Teufelsanbeter« bezeichnet); über die Herkunft dieses Namens verweisen die Yezidi auf unterschiedliche Mythen. Melek Taus ist in besonderem Maße an der Schöpfung der Menschen beteiligt; er verlieh dem Urelternpaar Adam und Eva die Lebens- und Fortpflanzungsmöglichkeiten. Einem Mythos zufolge verweigerte Melek Taus Khode die Anbetung Adams und wurde zur Strafe in die Hölle versetzt. Nach vollzogener Reue von Khode wieder in Gnaden angenommen, wurde Melek Taus Herr der Welt. Der erste Engel ist der Verführer des Urelternpaares, das er im Paradies zum Essen des verbotenen Weizens veranlaßte. Nach dem Sündenfall bildete er den Ureltern den After und führte sie aus dem Paradies. Melek Taus ist in besonderer Weise Herr und Gesetzgeber des auserwählten Volkes der Yezidi. Dessen Urelternpaar entstand nach einer Tradition im Gegensatz zu den Ureltern aller anderen Völker nicht aus der geschlechtlichen Verbindung zwischen Adam und Eva, sondern allein aus dem Samen Adams, nach einem anderen Mythos aus dessen Schweißtropfen, als er nach der Vertreibung aus dem Paradies den ersten Acker bearbeitete.

Unter den anderen Engeln spielen eine besondere Rolle Fahrad-Din, dessen Gestalt Melek Taus in einem Urelternmythos angenommen haben soll, Sultan Ezi, der in einigen Traditionen mit dem Kalifen Yazid I. identifiziert wird, Sherif-ad-Din, der kommende Erlöser, und Sheikh Shims (»Scheich Sonne«), der in Mythen auch als Konkurrent Khodes vor der Gestaltung der Welt auftaucht und als Empfänger der Gebete der Yezidi gilt, die er zu Khode in den 7. Himmel bringt.

In Traditionen der Yezidi finden sich Hinweise auf eine heilige Geschichte des Volkes. Es soll einst Großmacht im Vorderen Orient gewesen sein unter Leitung bedeutender Herrscher und Propheten. Als solche gelten zum Beispiel Shahid, der Sohn Adams, Lut (Lot), Nuh (Noah mit einer eigenartigen Sintflutgeschichte), Krus (Kyros), Serdest (Zarathustra) und Brahim (Abraham).

Das religiöse Leben der Yezidi wird von der Unterwerfung unter das Gesetz des Melek Taus und von dem Glauben an die bis zu siebenmal erfolgende Reinkarnation bestimmt, deren Art von der jeweiligen Lebensführung abhängt. Durch einen Übergangsritus, die sog. »Taufe« (*bisk*), wird der Yezide vollwertiges Mitglied der Gemeinschaft.

Die Ehe ist in der Regel monogam, die Jungfräulichkeit der Braut gehört zur Ehre; Verstoßung der Ehefrau ist möglich. Beim Sterben sollen die zuständigen Priester und der sog. »Bruder (oder die Schwester) der Anderen Welt«, die der Yezide sich während seines Lebens wählt, zur Sterbebegleitung und zur Totenunterweisung zugegen sein. Das Begräbnis folgt mit Waschungen des Leichnams durch die Priester, Einkleidung und Grablegung einem geregelten Ritus. Der Tagesablauf ist durch drei Gebete vor Sonnenaufgang, zur Mittagsstunde und nach Sonnenuntergang und durch Tabus (Meidung bestimmter Nahrungsmittel, Meidung eines blauschwarzen Farbtons in der Kleidung) geordnet. Das Jahr ist durch Feste gegliedert, die mit Fastenperioden verbunden sind (Sonnenfest im Dezember, Fest des Khidr Elyas im Februar, Neujahr im April, Totenfest mit wechselndem, dem Rhythmus der Jahreszeiten folgenden Termin, in einigen Gegenden Jesusfest um Ostern, Fest des [muslimischen Fastenmonats] Ramadan, Pilgerfest [vor dem muslimischen Opferfest]). Von herausragender Bedeutung ist die Wallfahrt im September/Oktober zum Heiligtum Sheykh Adis in Lalish, zu dem der Emir einlädt. Er sendet dazu die Qawwals aus, die als Zeichen ihrer Autorität die sog. Sinjaqs mit sich führen, der Tradition zufolge von Melek Taus geschaffene Standarten mit vogelähnlichen Aufsätzen. Volksglaube der Yezidi rankt sich um die sog. Ziyarets, umfriedete Areale in der Nähe der Dörfer. In ihnen liegen übergroße »Heiligengräber«, z. T. auch mausoleenartige Gebäude, deren Architektur an die Gestalt westiranischer Feuerheiligtümer anschließt.

An den Gräbern wird zum Beispiel um Kindersegen gebeten, in den Ziyarets werden Opfer (zum Beispiel Hähne) dargebracht. Bei vielen Zeremonien werden sog. *berats* verwandt, zu Kugeln geformte weiße Erde vom Grabe Sheykh Adis; in Mythen begegnet die berat als Instrument des Melek Taus bei der Weltschöpfung.

LITERATUR: K. E. Müller: Kulturhistorische Studien zur Genese pseudoislamischer Sektengebilde in Vorderasien. Wiesbaden 1967. – G. Wießner:

»...in das tötende Licht einer fremden Welt gewandert.« Geschichte und Religion der Yezidi. In: Die kurdischen Yezidi, l. Aufl., Göttingen 1984. – J. S. Guest: The Yezidis. 1987 (Lit.). – Die Yezidi. Hg. vom Kirchenamt der EKD. Hannover 1992 (im Druck).

Gernot Wießner

Die Religion der Sinti und Roma

Die Sinti, ursprünglich mehr im mittel-, und die Roma, mehr im osteuropäischen Raum beheimatet, sind die bekanntesten zigeunerischen Ethnien. An ihnen wird deutlich, wie diese Gruppen immer mehr in Bedrängnis und Verfolgung geraten sind, indem sie versuchten, an ihrer Tradition und damit an ihrer Identität festzuhalten. Durch den fortschreitenden Zivilisationsprozeß werden ihr Lebensraum und ihre Lebensrechte immer mehr eingeengt, der Assimilationsdruck zu nichtzigeunerischen Kulturen hin wächst. Die dominanten europäischen Kulturen erkennen den zigeunerischen Ethnien keine kulturelle Eigenständigkeit zu, ordnen sie vielmehr sozialen Prozessen der depravierten Randgruppen der Eigenkultur zu und setzen sie dadurch einer Diskriminierung und Stigmatisierung aus. Die Verfolgung und Vernichtung der Sinti und Roma unter dem Nationalsozialismus stellen einen schrecklichen Höhepunkt einer Entwicklung dar, die wenn auch graduell verschieden – international zu beobachten ist.

Die Zigeunerethnien pflegen eine schriftlose Tradition, sodaß die Frage nach ihrem Ursprung nur indirekt – etwa durch Ausschöpfung von Dokumenten und Quellen bei anderen Kulturen – zu beantworten ist. Vor allem sprachwissenschaftliche Vergleiche des Romani (die Gesamtheit der Dialekte der zigeunerischen Ethnien) mit dem Sanskrit und indischen Dialekten der Gegenwart legen den Nordwesten Indiens, die Uferregion des Indus und die an Afghanistan grenzenden Gebiete als Heimat der Zigeuner nahe. Von hier aus sind sie möglicherweise auf Grund wirtschaftlicher, politischer oder auch klimatischer Veränderungen in mehreren Wanderbewegungen zwischen dem 5. und 7. Jahrhundert n. Chr. nach Persien (Iran) und Armenien aufgebrochen. Es ist also nicht von einem einheitlichen Zigeunervolk zu sprechen. In Kleinasien geriet die Wanderbewegung wahrscheinlich in Verbindung mit einer häretischen Sekte, die durch besondere Reinheitsgebote und magische Praktiken einen großen Einfluß ausübte und sich selbst als Unberührbare, »Atsingani«, bezeichnete. Davon ließe sich die Sammelbezeichnung »Zigeuner« (französisch »Tsigan«; polnisch »Cygan«; türkisch »Tschinghiane«) ableiten. Die Mehrzahl der Gruppen zog über den Bosporus auf den Balkan, der zu einem Sammelbecken wurde. Der Weg führte dann weiter nach West-, Nord- und Osteuropa, wo sie im 15./16. Jahrhundert eintrafen. Ein Teil zog nach Griechenland und hielt sich eine Zeit auf dem Peloponnes auf, dem vermeintlichen Ägypten, wovon sich die Bezeichnung »Gypsies« herleitet. Von hier aus ging es vielleicht auf dem Seeweg weiter nach Spanien. Kurze Zeit nach ihrem Auftreten wurden sie fast überall als Fremde vertrieben und verfolgt, wahrscheinlich aufgrund ihrer nichtseßhaften, nomadisierenden Lebensweise, ohne echte Nomaden zu sein. Während des Kolonialzeitalters wurden von den jeweiligen Kolonialmächten Deportationen von Roma-Ethnien nach Nord-, Mittel- und Südamerika sowie an die Westküste Afrikas in die dortigen Kolonien vorgenommen (Kolonisation). Mit dem Rückgang der Türkenherrschaft auf dem Balkan nach dem Jahr 1829 wurden viele Zigeuner in der Walachei und Moldau (Rumänien) aus der Leibeigenschaft Sklaverei) entlassen. Sie suchten neue Wohnsitze. Zwischen 1855 und 1920 ist in Bessarabien, Rußland, Bulgarien, Serbien, Ungarn, Mittel- und Westeuropa eine neue Wanderbewegung zu beobachten, die sich dann bis nach Nord- und Südamerika, Mexiko und Australien ausdehnt. Seit Beginn der 1970er Jahre ist eine neue Bewegung zigeunerischer Ethnien von Osteuropa in Richtung Westen in Gang gekommen, nicht zuletzt aufgrund der politischen und ökonomischen Krisen in diesen Gebieten.

Von grundlegender Bedeutung für Zigeuner ist ihre Offenheit und Bindung an religiöse Werte. Ihr Verhältnis zur Religion ist unmittelbar und von ursprünglicher poetischer und erzählerischer Kraft bestimmt. In ihren Märchen wird das Verhältnis von Diesseits und Jenseits als auch die Begegnung mit guten und bösen Geistern thematisiert. Die Mehrzahl der in Westeuropa lebenden Zigeuner gehört der katholischen Konfession an. In den Balkanländern treten dazu die griechisch- bzw. russisch-orthodoxe Konfession als auch der Islam. Einzelne Gruppen haben sich der protestantischen Kirche angeschlossen. Nachdem sich die Zigeuner zunächst selber bei ihrer Einwanderung in das mittelalterliche Europa als Büßer und Pilger bezeichnet hatten und sie zur Unterstützung ihrer Pilgerzüge Geleitbriefe erhalten hatten, schlug die Haltung der Seßhaften (»Gadsche«) ihnen gegenüber bald in Feindschaft um. Der Reichstag von 1498 erklärte sie für vogelfrei. Die katholische Kirche schloß sie vom Priesterstand aus.

Es folgten Zeiten härtester Verdächtigung und Verfolgung. Praktische Seelsorge bei den Zigeunern setzte erst im 19. Jahrhundert ein, wie z. B. die Forest Gipsy Mission und die Gipsy Gospel Waggon Mission in England. In Deutschland bemühte man sich zwar schon früher seelsorgerisch um die Zigeuner, jedoch war damit eine Umerziehung und Assimilation verbunden. Als Beispiel mag dafür das Erziehungshaus in Friedrichslohra aus dem Jahre 1828 genannt werden. Nach dem Zweiten Weltkrieg haben sich sowohl die großen Konfessionen als auch eine Reihe missionarischer Bewegungen und Sekten in stärkerem Maße um die Missionierung der Zigeuner bemüht. Einige Gruppen haben sich der »Internationalen Zigeunermission« als einer eigenständigen Freikirche angeschlossen. Letztere setzt eigene Zigeunerprediger ein.

Für den Zigeuner selbst treten die Aussagen kirchlicher Lehrsätze sowie die unterschiedlichen Auffassungen der einzelnen Konfessionen hinter der konkreten religiösen Aktivität zurück. Er sucht den geeigneten organisatorischen Rahmen, in dem sich sein religiöses Leben entfalten kann. Eine schwere Erschütterung erfuhr die Religiosität der älteren Generation durch ihre Erlebnisse in den Konzentrationslagern.

Sein Leben sieht der Zigeuner bestimmt durch die Einwirkungen übernatürlicher Kräfte und Geistwesen, an die er sich magisch gebunden fühlt, was ihm aber durchaus eine rationale Handhabung dieser Bindungen erlaubt. Der Zigeuner fühlt sich aber nicht einfach seinem Schicksal unterworfen. Gegen jeden Krankheitsdämonen und die von ihm verursachten Krankheiten gibt es Riten und Heilmittel, die Unglück und Krankheit abzuwenden imstande sind. Haare, Nägel und Zähne haben in diesem magischen Zusammenhang eine besondere Bedeutung. Sie sind der Stolz des Zigeuners, zum anderen können durch sie auch böse Zauber übertragen werden. Ein ungetauftes Kind ist dem Bösen mehr ausgesetzt.

Die Zigeuner kennen ein höchstes Wesen, den *Baro dewel*, den »Großen Gott«. Er ist das Prinzip des Guten schlechthin, der Herr über Blitz und Donner, Schnee und Regen. Er wird aber nicht im christlichen Sinne als der barmherzige, wohltätige, sondern vielmehr als der produktiv schöpferische Gott gesehen. Er kann Unheil oder Glück zulassen beziehungsweise Strafen verhängen, wenn bestimmte Tabus überschritten wurden. An ihn richten die Zigeuner ihre Bitten, mit ihm hadern sie, wenn sie nicht erhört werden. Christus wird einmal mit dieser Gottesvorstellung identifiziert, zum anderen nur als historische Person gesehen. Hervorzuheben ist, wie stark Maria als Mutter Gottes (»Debleskri Dai«) oder auch als die Heilige (»I Hailigi«) und andere weibliche Heilige von den Zigeunern verehrt werden. Es sei an die zahlreichen Wallfahrten nach Lourdes, Banneux, Illingen und viele andere Orte erinnert, u. a. auch in der Neuen Welt. Die Wallfahrt nach Sainte Marie de la Mer vom 23. – 26. Mai wird zu Ehren der Mütter der Apostel Jakobus und Johannes, der Maria Jakobäa und Maria Salomäa und deren ägyptischer Dienerin Sara, des Lazarus mit seinen Schwestern Maria und Martha, Maximins, Sidonie, deren Magd Marcellas und des Joseph von Arimathia, die nach der Legende alle mit einem Schiff auf eine wunderbare Weise aus dem Heiligen Land nach Südfrankreich gelangten, unternommen

Desgleichen gilt den Zigeunern die Erde als heilig. Als weiblicher Mythos ist die Erde gleichsam Gegenpol zu Gott. Der Teufel, Bengh, ist ihnen als Prinzip des Schlechten, Unreinen ebenfalls bekannt. In den religiösen Vorstellungen einiger Gruppen ist dieses Prinzip der Allmacht Gottes unterworfen. Andere Gruppen sehen beide Prinzipien in einem ständigen Kampf.

Die Verehrung der Ahnen und Vorfahren steht in engem Zusammenhang mit der Auffassung der Zigeuner vom Tode. Der Tod gilt als nichts Endgültiges, vielmehr als ein Durchgangsstadium in eine andere Lebensform. Jan Yoors berichtet von Balkan-Zigeunern: »Die Rom strebten danach, einen großen Tod zu haben, einen, auf den sie sich vorbereiten und den sie im Kreise ihrer Familie, Verwandten und Freunde sterben konnten. Am meisten fürchteten sie sich vor einem Tod, der sie unvorbereitet überraschen konnte«. Die Todeszeremonie beginnt nicht erst nach dem eingetretenen Tod, sondern es wird ein regelrechter Sterberitus durchgeführt. Wlislocki erwähnt dazu, daß die Aussprüche der Sterbenden weissagende Kraft besitzen. Der Sterbende wird im Freien aufgebahrt. Stirbt er im Wagen, muß dieser verbrannt werden. Die Beerdigungszeremonien sind von dem Glauben an das Weiterleben des Verstorbenen geprägt. Die Verehrung des Verstorbenen gebietet den Zigeunern, dem Toten die persönlichen Gegenstände wie Schmuck oder Instrumente mit ins Grab zu legen. Die nächsten Angehörigen müssen eine Trauerzeit ohne Feste, Musik und Spiel von einem Jahr einhalten. Eine besondere Furcht hegen die Zigeuner vor der herumirrenden Seele unruhiger Toter. Die geheimnisvollste Gestalt in diesem Zusammenhang stellt der Mulo dar. Er ist eine Art geistiger Doppelgänger des Verstorbenen, der dessen Körper bewohnt, aber diesen jederzeit verlassen kann, besonders dann, wenn die Beerdigungszeremonie nicht in gebührender Form durchgeführt wurde. Von hier erklärt sich auch der Wunsch vieler Zigeunerfamilien, das Grab ihrer Verstorbenen mit einer schweren Platte abzudecken.

In engem Zusammenhang mit dem religiösen Leben muß auch das strenge Tabu- und Wertsystem der Zigeuner gesehen werden, das sich um den Begriff des Unreinen zentriert. Bestimmte Verhaltensweisen, Personen oder Gegenstände sind tabuisiert. Derjenige, der ein Tabu verletzt hat, muß mit der Verurteilung durch das Zigeunergericht und damit verbunden dem Verlust seines sozialen Ansehens oder gar dem Ausschluß aus der Sippe rechnen. Wer mit einem Unreinen Gemeinschaft pflegt, wird selbst unrein. Die Meidungs- und Reinheitsvorschriften in der zigeunerischen Tradition beziehen sich auf den weiblichen Organismus, die Trennung der Geschlechter nach Altersstufen, die Trennung von Nichtzigeunern, die Hygiene, Nahrungszubereitung, den Tod.

Der Bereich der Frau unterhalb der Gürtellinie ist tabuisiert (*marhime*). Die Übersetzung dieses Wortes mit »unrein« kann irrtümlich mit Geringschätzung der Frau gleichgesetzt werden, beinhaltet aber vielmehr den unbedingten Schutz der Intimsphäre der Frau. Beruf und Tätigkeiten des Arztes, der Hebamme, der Krankenschwester gelten für Zigeuner als tabuisiert.

LITERATUR: M. Block: Zigeuner. Ihr Leben und ihre Seele. Leipzig 1936. – J. Yoors: Die Zigeuner. Stuttgart 1970. – T. Zülch (Hg.): In Auschwitz vergast, bis heute verfolgt. Zur Situation der Roma (Zigeuner) in Deutschland und Europa. Reinbek 1979. – K. Jokisch: Zigeuner – Fremdgebliebene unter uns. Bonn 1981 (Beilage zur Wochenzeitung des Parlament, Bd. 12). – R. Vossen: Zigeuner: Roma, Sinti, Gitanes, Gypsies zwischen Verfolgung und Romantisierung, Frankfurt/M. u. a. 1983 (Literatur).

Karl Jokisch

Religionen des Himalaya

Der Himalaya, das höchste Gebirge der Erde mit zehn der 14 Achttausender, bedeckt eine Fläche von rund 550 000 km², auf der etwa 40 Millionen

Menschen leben. Davon nehmen die Himalayastaaten Nepal 26,4 Prozent und Bhutan 8,5 Prozent ein, 1,3 Prozent fällt auf den indischen Bundesstaat Sikkim, der Rest auf die indischen Bundesstaaten Jammu und Kashmir, Himachal Pradesh, Uttar Pradesh, den östlichen Teil von Ladakh und das Territorium im Osten Arunachal Pradesh. Durch den Himalaya laufen wichtige Handelsstraßen, die Indien mit Tibet und China verbinden. Die nördlichen Gebiete des Himalaya sind durch den überwältigenden kulturellen Einfluß des tibetischen Buddhismus geprägt und die südlichen Gebiete durch Formen des sich immer weiter ausbreitenden Hinduismus, doch konnten im Himalaya beide Hochreligionen nie ganz animistische und lokale Glaubensformen verdrängen. Allgemein gesprochen, existiert hier eine Mischung aus vor-brahmanischen, brahmanischen und buddhistischen Praktiken, die in ihren geschichtlichen Aspekten noch nicht vollständig erforscht sind. Mit einer Großzahl der wichtigsten hinduistischen und buddhistischen Pilgerorte (Gangotri, Kedarnath, Badrinath, Rishikesh, Dharamsala, Tsho Pema, Muktinath, Svayambhunath und Bodhnath) und den unzähligen Tempeln und Schreinen pulsiert im Himalaya das religiöse Leben das ganze Jahr hindurch.

Indischer Himalaya

Kashmir ist trotz seiner alten glorreichen hinduistischen und buddhistischen Vergangenheit heutzutage das Himalayaland, in dem der überwiegende Teil der Bevölkerung muslimischen Glaubens ist. 70 Prozent sind Muslime, 27 Prozent Hindus, 2 Prozent Sikhs und 1 Prozent Buddhisten. Die Verbreitung des Buddhismus in Kashmir begann auf Veranlassung des Herrschers Ashoka, der um 250 v. Chr. Kashmir annektiert hatte. Jaloka, Ashokas Nachfolger, war Anhänger des Shiva Kultes und ließ viele Tempel in Kashmir erbauen. Die Vorherrschaft des Islam begann mit Shams-ud-Din in der Mitte des 12. Jahrhunderts. Unter Sultan Sikandar gab es grausame Verfolgungen der Hindugläubigen. Zain-ul-Ab-ul-Din, Sikandars Sohn, förderte dagegen den Hinduismus.

Die Bevölkerung von Himachal Pradesh besteht zu 96,08 Prozent aus Hindugläubigen, 1,45 Prozent sind Muslime, 0,10 Prozent Christen, 1,3 Prozent Sikhs, 1,04 Prozent Buddhisten und 0,02 Prozent Jainas. Während die Muslime hauptsächlich in den Distrikten Chamba, Kangra und Sirmur siedeln, findet man die Buddhisten in den Distrikten Kinnaur und Lahul-Spiti an der tibetischen Grenze. Nach der Flucht nach Indien und besonders in die Himalaya-Länder prägen die Exiltibeter mit ihren Klöstern und Siedlungen immer mehr die religiöse Landschaft. Diese Stätten werden zu neuen Zentren des tibetischen Buddhismus, unter denen Dharamsala im Himachal Pradesh als Sitz der tibetischen Exilregierung eine besondere Stellung einnimmt.

Uttar Pradesh hat 111 Millionen Einwohner, davon 78 Prozent Hindus und 15 Prozent Muslime. Berühmt sind die Pilgerorte Yamunotri und Gangotri an den Quellen des Yamuna und Ganges, in deren Nähe es viele von Asketen für die Meditation aufgesuchte Höhlen gibt.

Das östlichste Land im Himalaya ist Arunachal Pradesh, in dem viele verschiedene Volksstämme indo-mongolider und tibetischer Herkunft leben. Neben dem Mahayana-Buddhismus gibt es noch Reste des alten Bon-Glaubens und animistische Praktiken. Im 11. Jahrhundert geriet das Tal von Tawang unter buddhistischen Einfluß. Das im 17. Jahrhundert gegründete Kloster der dGe-lugs-pa-Schule ist immer noch einflußreich, ihm sind 14 kleinere Klöster unterstellt.

Der Buddhismus gelangte nach Ladakh vielleicht schon im 3. oder 2. Jahrhundert v. Chr., erhielt aber seine tibetische Prägung erst ab dem 8. Jahrhundert n. Chr. durch Padmasambhava, den größten Tantriker seiner Zeit, der aus dem nordwestindischen Udyana stammte. In der ersten Hälfte des 11. Jahrhunderts gab der Mönchskönig Yesheö (ye-ses-'od) dem Buddhismus neue Impulse, indem er die Stadt Guge zu einem wichtigen Zentrum des Buddhismus ausbaute, das in enger Verbindung zu Kashmir stand. Der große Gelehrte Rintschen Zangpo (Rin-chen bZan-po; 958 – 1055) rief eine bedeutende Übersetzerschule ins Leben und war maßgeblich an der Konzipierung und Gründung von 108 *lhakhangs* (Tempel) in Guge, Ladakh und Spiti beteiligt. Während des Mittelalters konnten alle tibetischen buddhistischen Schulen in Ladakh Fuß fassen, unter denen die Schule der *Drikungpa* (*'Bri-khun-pa*) herausragte. Diese Schule wurde von 'Jig-rten mGon-po Rin-chen-dpal (1143 – 1216) gegründet. Durch die Verfolgung des Buddhismus in Tibet seit 1959 fehlen dem Buddhismus in Ladakh belebende Impulse, und durch die politische Dominanz Indiens in Ladakh mit der Aufgabe der Sicherung der Grenzen, kommen immer mehr muslimische und hindugläubige Inder ins Land, die den Buddhismus langsam zurückdrängen. Die seit der Mitte des 19. Jahrhunderts laufenden Missionierungsversuche zum Christentum fallen statistisch nicht sonderlich ins Gewicht.

Nepal

Das Königreich Nepal ist eine konstitutionelle Hindu-Monarchie. Das Land zählt rund 17 Millionen Einwohner, die sich in zahlreiche Völkerschaften gliedern. Politisches und kulturelles Zentrum ist das Tal von Kathmandu mit der gleichnamigen Hauptstadt Kathmandu. Die für weite Teile des Himalaya repräsentative friedliche Koexistenz von Hinduismus und Buddhismus und den alten animistischen Vorstellungen und Gebräuchen läßt sich am Beispiel Nepals besonders deutlich darstellen. Die beiden Hochreligionen gerieten in Nepal niemals miteinander in Konflikt. Beide existieren nebeneinander, überlappen und beeinflussen sich. Bestes Beispiel dafür ist das starke Vorherrschen von hinduistischem Shaktismus und buddhistischem *Vajrayana*.

Entgegen den ursprünglichen Lehren des Buddha sind die Buddhisten Nepals seit der Zeit Jayasthiti Mallas (1367 – 1395) fest in ein Kastensystem gefügt, haben ein vererbtes Priestertum und glauben an ein Göttliches Wesen. Buddhisten wie Hindus teilen sich zum großen Teil ein Pantheon, dessen zahlreiche Götter und Gottheiten dieselbe konzeptuelle Basis haben, ihre ikonographischen Abbildungen sind ähnlich und nach dem gleichen ästhetischen Kanon geschaffen und werden meistens in fast derselben Weise verehrt. Beide Glaubensrichtungen betonen Rituale und benutzen Opfer als ein Mittel für private und öffentliche Zeremonien. Beide Gruppen werden von spirituellen Präzeptoren (*guru*) geführt, die oft zu einem halbgottähnlichen Status erhoben werden, und beide verehren alle Arten von heiligen Männern (*sadhus*, *yogis*, Asketen). Der Tantrismus hat dem Buddhismus und Hinduismus keine fundamentalen philosophischen Prinzipien hinzugefügt, aber die Rituale radikal verändert und Abkürzungen zur Erlösung ausgearbeitet. Devotionale Praktiken wurden »verdrängt« von *sadhana*-Ritualen, psychosomatischen Anstrengungen, die, wenn richtig ausgeführt, die Götter veranlassen, ihre Attribute für das weltliche und spirituelle Wohlergehen des Gläubigen einzusetzen. Einweihungen in die tantrischen Praktiken wurden vom Lehrer auf den Schüler übertragen und beinhalten »symbolische Gesten« (*mudras*), vorgeschriebene »Yogapositionen« (*asanas*), »Atemkontrolle« (*pranayama*), die Wiederholung magischer Formeln (*mantras*) und der Gebrauch von »mystischen Diagrammen« (*mandala*, *yantra*). Die verschiedenen buddhistischen Schulen, die tantrische Ideen und Praktiken in ihre Lehrgebäude inkorporiert haben, sind kollektiv mit der Bezeichnung Vajrayana versehen worden. *Vajra* heißt »Donnerkeil« oder »Diamantzepter«, hat aber in der tantrischen Geheimsprache noch andere Bedeutungen.

Nepalesisches Nichtsektierertum zeigt sich deutlich in den Gottheiten, die verehrt werden. Alle Nepali verehren *Shiva Pashupati* und seine Partnerin *Bhagavati* (*Durga*), die beiden höchsten Gottheiten Nepals. Ebenso die buddhistische Gottheit *Rato Matsyendranath*, die als der Patron des Kathmandu Tales angesehen wird. Jeder bemüht sich auch um das Wohlwollen Ganeshas, des elephantenköpfigen Sohnes Shivas.

Andere Gottheiten werden von beiden Gruppen verehrt, doch sehen sie in ihnen verschiedene Wesen: *Jalasayana Narayana*, der »schlafende Vishnu« in Budhanilkantha zum Beispiel wird von den Shivaiten als *Vishnu* verehrt, aber von vielen Buddhisten als eine Form Buddhas. Eine eminente tantrische Göttin in der Nähe von Pasupatinath wird von den Shivaiten als *Guhyesvari* (*Guhyakali*), eine Form von *Durga*, verehrt, wohingegen Buddhisten sie als *Prajnaparamita*, als *Agni-yogini* oder als *Nairatma* ansehen. Andere verehrte Gottheiten sind die Muttergottheiten (*matrkas*). Alle Nepalesen glauben mehr oder weniger an Götter und Wesen, die weder buddhistischer noch hinduistischer Abstammung sind, sondern ursprüngliche Naturgottheiten, die sich in Bäumen, Steinen, Vögeln, Schlangen und in verschiedenen anderen Tieren befinden oder in Bergen und im Feuer und besonders im Wasser.

Zölibat ist bei den Newars im Gegensatz zu den meisten tibetischen Schulrichtungen nicht Pflicht. Seit gut 30 Jahren gibt es eine buddhistische Bewegung, die von den südlichen *Theravada*-Ländern unterstützt wird. Dieser »buddhistische Modernismus«, der bisher nur auf das Kathmandutal und die Newars beschränkt ist, zählt zwar im Ganzen nur ca. 200 Mönche, Novizen und weibliche Anhänger, die bestimmte Gelübde genommen haben, es darf aber als sicher gelten, daß die Zahl der die Mönche unterstützenden Gläubigen weit größer und im Zunehmen ist.

Neben den Hochreligionen Hinduismus und Buddhismus gibt es besonders in den Bergregionen animistische Überlieferungen und Bräuche einer alten Volksreligion, in denen man sich an den Schamanen wendet, der im Falle von Krankheiten und Unglücken oder für eine gute Ernte mit Ritualen versucht, die Schicksalsmächte günstig zu stimmen.

Sikkim

Seit der Mitte des 17. Jahrhunderts herrschten in Sikkim eine Reihe buddhistischer Könige, die teilweise in enger Beziehung zu Tibet standen. 1975 wurde das Land mit seinen ca. 370 000 Einwohnern als 22. Bundesstaat der Indischen Union eingegliedert. Die Ureinwohner Sikkims, die Lepcha und die Bhotia mit ihrem animistischen und buddhistischen Glauben, sind heutzutage eine Minderheit; die größte Bevölkerungsgruppe sind die Nepali, etwa 70 Prozent, die sich zum Hinduismus bekennen. Die Hauptstadt Gangtok gewann mit dem Exilsitz des *karmapa*, dem Oberhaupt der Karma-Kagyudpa, für die Exiltibeter in den letzten Jahren an Bedeutung.

Bhutan

Bhutan hat eine Bevölkerung von 1,4 Millionen Einwohnern, rund zwei Drittel der Bevölkerung sind Einheimische – Bhotia – tibetischer Herkunft. Etwa ein Viertel sind Nepalesen, der Rest Inder, die sich beide überwiegend zum Hinduismus bekennen. Der buddhistische Glaube tibetischer Prägung ist Staatsreligion. Vom Staat werden auch die etwa 6 000 Mönche unterhalten, die in einem für sie bereitgestellten Teil der Burgen wohnen. In den Anfängen des Buddhismus in Bhutan hatten sich alle buddhistischen Schulen Tibets dort etabliert und sich um immer mehr Einfluß bemüht. In der Mitte des 17. Jahrhunderts gewann die von gTsang-pa rGya-ras Ye- shes rDo-rje (1161 – 1211) in Tibet gegründete 'Brug-pa-Schule unter Zhabs-drung Ngag-dbang rNam-rgyal (1594 – 1651) die Oberherrschaft, der das Land vereinigte und die vererbbare Monarchie etablierte, die bis jetzt Bestand hat und dem Land neben den anderen tibetischen Namen die Bezeichnung 'Brug-yul, das »Land der 'Brug-pa«, gab.

LITERATUR: D. L. Snellgrove, Tadeusz Skorupski: The Cultural Heritage of Ladakh. 2 Bde., Delhi 1977/1980.

Christoph Cüppers

Die Religionen des Hindukusch

Hindukusch ist der Name des zentralasiatischen (Kashmir und Afghanistan umfassenden) Faltengebirges, das sich vom Pamir ca. 700 km nach Südwesten erstreckt und im östlichen Tirich Mir 7708 Meter hoch ist.

Man unterscheidet zwischen den Religionen des nördlichen und südlichen Kafiristans, der Religion des (nicht mehr als 5 000 Personen zählenden) Ashkungebietes (hierzu zählen drei östliche Nebentäler des Alingarflusses in Südwestkafiristan), der Religion der Kalash und den Religionstraditionen der Kho in Chitral.

Kafiristan (arabisch »Land der Ungläubigen«) war der Begriff der Muslime, die damit alle Nicht-Muslime im nördlichen Grenzgebiet zwischen Pakistan und Afghanistan bezeichneten. Das (mittlerweile islamisierte) Gebiet westlich der Grenze wird heute Nuristan (arabisch »Land des Lichtes«) genannt. Trotz aller Unterschiede bildet die Kultur der Nuristani und der Kalash eine Gesamtkultur.

Die Kalash genießen im islamischen Staat Pakistan Minderheitenrechte. Es ist für dieses Volk sehr schwierig, die alten Religionstraditionen ungebrochen aufrecht zu erhalten. So fehlen nicht nur die Mittel, um die prachtvoll-aufwendigen Feste – Herzstück der Kalash-Religion – feiern zu können. Auch das Errichten der riesigen Ahnenfiguren ist erst möglich, wenn ein großzügiges, also kostspieliges Verdienstfest abgehalten worden ist, für das die Schlachtung ganzer Herden stattfindet. Zudem werden diese Monumente schnell zu »Steinbrüchen« ethnographischer Trophäenjäger. Der von der pakistanischen Regierung geförderte Tourismus (Erhebung von Eintrittsgeld für das Betreten der Kalashtäler) hat zunehmenden Identitätsverlust der Kalash zur Folge, deren Mädchen in halbprofessionellen Tanzgruppen auftreten und in landesüblicher Tracht gegen Entgeld ihre traditionellen Tänze vorführen und sich fotografieren lassen.

Das auf der Schaf-, vor allem aber Ziegenzucht beruhende Wirtschaftssystem der Kalash kennt eine religiös begründete Arbeitsteilung: Für alles, was mit der Ziegenzucht und -verwertung zusammenhängt (Käse- und Fleischerzeugung, Haut- und Wollverarbeitung) sind die Männer zuständig. Frauen dagegen dürfen nicht einmal in die Nähe der Ziegen kommen und betätigen sich in der Agrarwirtschaft.

Der Reinheits-/Unreinheitskomplex ist hochbedeutsam für die Kalash-Religion. Heiligkeit konzentriert sich räumlich um Altäre, Ziegenställe, den Raum zwischen Herd und Hinterwand des Hauses; zeitlich orientiert sie sich an den Festzeiten. Die Kalashheiligtümer werden unter freiem Himmel angelegt. Religiös rein ist alles, was mit dem Kalashmann zu tun hat. Als unrein gelten dagegen die Muslime und die Kalashfrauen, insbesondere wenn ihr Sexualcharakter in Erscheinung tritt. Unrein sind außerdem Tod und Verwesung. Die Kalash begehen (zum Teil mehrtägige) Reinigungszeremonien: Knaben vor der Pubertät müssen sich reinigen, die Speise für Götter und Ahnen wird gereinigt. Von den Ahnen nimmt man an, daß sie bei den Festen unsichtbar anwesend sind. Die in Felsen, Bäumen, Zweigen wohnenden Götter (*devalog* beziehungsweise *deu*) der Kalash, die von den weniger mächtigen Geistern und Dämonen unterschieden werden, bringt man mit bestimmten Orten in Verbindung (»lokale Schutzgottheiten«). Es gibt neben den größeren Gottheiten auch »Fruchtbarkeits- und Hirtengötter«.

Als religiöser Spezialist (insbesondere bei großen Festen und Opferungen, auch bei dem Trauerritual) ragt der *dehar* hervor, der dem Schamanen Nordeurasiens entspricht. Tänze und blutige Ziegenopfer gehören zu den wichtigsten religiösen Handlungen. Ihrer Feinde entledigen sich die Kalash durch »Seelentürme«: kastenartig aufeinander geschichtete Holzspäne, in die zusätzliche Holzspäne hineingeworfen und angezündet werden. Sehr bedeutsam sind die Übergangsriten, so 20 Tage nach der Entbindung; im Alter von drei Jahren bei Erhalt der Kleidung; bei 10jährigen Jungen anläßlich der Verleihung der ersten Hosen; Hochzeit; Tod. Die Kalash bestatten ihre Toten in Holzsärgen über der Erde. Tote, die zu Lebzeiten besonders verdiente Persönlichkeiten waren, erhalten eine sehr kostspielige Ahnenfigur: eine Art Trophäe für ein großzügiges Fest (Verdienstfest). Der Ahne lebt nach dem Glauben der Kalash in dieser Figur weiter, solange die Nachkommen an ihn denken.

LITERATUR: Karl Jettmar: Die Religionen des Hindukusch. Mit Beiträgen von Schuyler Jones und Max Klimburg. Stuttgart u. a. 1975 (=Die Religionen der Menschheit, Bd. 4,1).

Udo Tworuschka

Die ethnischen Religionen Indiens

Man kann die ethnischen Religionen Indiens entsprechend ihrer Zugehörigkeit zu bestimmten Sprachgruppen einteilen in: 1. Dravida, 2. Munda, 3. Mon-Khmer und 4. Tibeto-Birmanisch. Die zu den beiden letztgenannten Sprachgruppen zählenden Ethnien der Bergvölker Assams und des Himalayaraumes unterscheiden sich kulturell und religiös deutlich von den übrigen.

Christoph von Fürer-Haimendorf unterteilt die verschiedenen indischen »Primitivvölker« nach ihrer wirtschaftlich-kulturellen »Höhe« in die Religionen der: 1. Jäger- und Sammlerstämme, 2. Rodungsfeldbauern, 3. höheren Bodenbauern. In ihren religiösen Vorstellungen gibt es viele Gemeinsamkeiten, dennoch sind die Unterschiede zum Teil sehr beachtlich, »selbst innerhalb ein und desselben Stammes«.

Die Menschen sowie die personal vorgestellten, auf Gebete und Opfer reagierenden Götter und Geister befinden sich »innerhalb derselben Sphäre«, also nicht in unterschiedlichen kosmischen Bereichen. Es gibt ein Reich der Toten (Unterwelt beziehungsweise Ort im äußersten Osten oder Westen). Ihre Ursprungsmythen beschäftigen sich mehr mit der Erschaffung der Menschen als mit der Entstehung der Erde. Viele Götter sind auf die regelmäßigen Opfergaben der Menschen angewiesen.

Bei den Rodungsfeldbauern spielt die »Mutter Erde«, die Personifikation der Fruchtbarkeit, eine Rolle. Bei zahlreichen Ethnien sind Hochgötter von Bedeutung, oft *bagavat* genannt, zum Teil untätige und müßige Himmelsgötter, andererseits auch mit Macht und Willen ausgestattet. Der in vielen ethnischen Religionen wichtige böse Gegenspieler des Himmelsgottes fehlt bei diesen indischen Völkerschaften. Religiöse Spezialisten (Priester, »Schamanen«) finden sich nur bei den seßhaften Stämmen. Bei den Wildbeuterkulturen kann oft jedes Stammesmitglied sich selbst an die Gottheit mit Gebeten und Opfern wenden.

Alle indischen »Primitiv«-Religionen gehen davon aus, daß nach dem Tode nicht alles aus ist, sondern ein oder mehrere Elemente der menschlichen Persönlichkeit in einem Totenland fortleben. Entweder ist dieser Aufenthalt von immerwährender Dauer, oder »nach einer Reinkarnation in Tiergestalt« löst die »Seelensubstanz sich allmählich« auf, so daß die »Persönlichkeit schließlich erlischt«. Der Gedanke, daß sittliche Verdienste im Diesseits ein entsprechend belohntes jenseitiges Leben bewirken, oder umgekehrt, ist nicht ausgeprägt.

Am Beispiel der im Westen und Zentralindien ansässigen 3,8 Millionen Menschen umfassenden Bhil, die zu den größten Ethnien in Indien zählen, sollen einige religiöse Grundzüge dieses Volkes vorgestellt werden. Sprachlich, körperlich, wirtschaftlich und kulturell besteht keine Einheitlichkeit. Dennoch betrachten sich die in viele Untergruppen zerfallenden Bhil, die verschiedene indoarische Sprachen sprechen, als ein von anderen abgegrenztes, besonderes Volk: als die Urbevölkerung des Landes.

Ihre Nachbarn sehen dagegen in ihnen dunkelhäutig-wilde, räuberische Waldmenschen. Die Hauptsiedlungsgebiete der Bhil sind die an den Flüssen Narmada und Tapti gelegenen Vindhya- und Satpura-Berge im Bundesstaat Madhya Pradesh und die Gebirgsregion von Gujarat und Rajasthan an der pakistanischen Grenze. Die Bhil sind heute weitgehend hinduisiert.

Religiöse Spezialisten und Vermittler der Bhil-Traditionen sind die *barwo*: Diese sind Heilkundige, Zauberer, die Medizinmännern anderer ethnischer Religionen ähneln. Daneben gibt es »Zauberer«: den männlichen, aber auch weiblichen *pando*, der zu seinem Amt »berufen« (Belehrung durch eine Art Guru sowie durch die Schutzgottheit) wird.

In den unterschiedlichen mündlichen Überlieferungen der *barwo* spielt die Schöpfung von Himmel, Erde, Mensch, von Sünde und Strafe und vom Ursprung der *barwo* selbst und der Zauberschutzgeister, die als Mittler zwischen dem Hochgott und den Menschen fungieren, eine Rolle. Neben dem Hochgott Bhagwan und niederen Gottheiten gibt es im Weltbild der Bhil Geister, Hexen, die sich in verschiedene Tiere verwandeln können, um Unheil anzurichten, mythologische Wesen wie Schlange, riesige Schildkröte, Fischpaar, Erd- und Himmelsrind, Zauberschutzgeister. Der *barwo* braucht bei seinen Zeremonien, die auf einem heiligen Hain stattfinden, verschiedene Zauberinstrumente, um die Kranken heilen zu können. Eine glänzend weiße Perle spielt eine wichtige Rolle bei dem Herausfinden der Krankheitsursachen. Der Lebens- (Vorgeburt, Geburt, Jugend, Verlobung, Ehe, Tod und Fortleben) und Jahreszyklus (Neujahr, Fest des Bruders und der Schwester, Opfer der neuen Früchte, Hochfest der Zauberer, Büffelopfer, Ahnenverehrung usw.) werden rituell abgesichert. Die komplexen Riten der Bhil, die mit Tod und Fortleben verbunden sind, belegen den Glauben der Bhil an das Fortleben der menschlichen Seele, ihre »Seelenreise« über insgesamt 12 verschiedene Stadien der Läuterung, und ihr Wohnen in den himmlischen Gefilden Bhagwans, wo sie dem Ahnenverband eingegliedert wird.

LITERATUR: Christoph von Fürer-Haimendorf: Die Religionen der Primitivvölker. In: Die Religionen Indiens, Bd. 2: Buddhismus-Jinismus-Primitivvölker. Stuttgart u. a. 1964 (= Die Religionen der Menschheit, Bd. 13). – Matthias Hermanns: Die religiös-magische Weltanschauung der Primitivstämme Indiens. Bd. 2: Die Bhagoria Bhil. Wiesbaden 1964.

Udo Tworuschka

Die ethnischen Religionen Koreas

Die großen Religionsgemeinschaften sind in Korea die Buddhisten und die Christen. Fast die Hälfte der Bevölkerung Südkoreas gibt an, keiner Religionsgemeinschaft zuzugehören. Dieser Teil der Bevölkerung wird sich in den Krisen- und Wechselfällen des Lebens an eine Schamanin wenden, um Hilfe und Orientierung zu bekommen. Für die gesamte Lebenskultur Koreas gilt gleichzeitig, daß sie vom Ethos des Neokonfuzianismus geprägt ist. Schamanismus und Konfuzianismus prägen also – neben dem gesondert gehandelten Buddhismus – Korea als einheimische Religionen, wobei diese Religionen zwar aus anderen Regionen (der Schamanismus aus dem altaisch-sibirischen Raum, der Konfuzianismus aus China) nach Korea eingewandert sind, inzwischen aber eine unverwechselbar »koreanische Gestalt« angenommen haben.

Im Zentrum des koreanischen Schamanismus steht der »kut«, die schamanistische Zeremonie. Die großen Zeremonien beziehen sich auf das Leben der dörflichen Gemeinschaft, auf die Gefährdung der Ernte, die Abhängigkeit vom Wetter; durch die zunehmende Verstädterung und die Industrialisierung auch der landwirtschaftlichen Produktion sind diese großen Zermonien, die jeweils ihre spezifische regionale Prägung hatten, teilweise in Vergessenheit geraten beziehungsweise nur noch zu artifiziellen Zwecken lebendig erhalten worden. Ausgeübt und für die koreanische Alltagskultur bedeutsam sind dagegen die familienbezogenen Zeremonien wie der »chip-kut« (»kut« für eine Familie beziehungsweise für ein Haus), der glücksbeschwörende »chaesu-kut« oder der »pyong-kut« im Fall psychosomatischer Erkrankungen.

Während dieser Zeremonien, die oft mehrere Tage dauern können, verkörpert die Schamanin, die sich zu Flöten- und Trompetenklängen in eine unspektakuläre Ekstase getanzt hat, verschiedene Gottheiten, die durch ihr Verhalten und ihr Sprechen jeweils die ihnen eigenen Wünsche und Ratschläge äußern.

Beherrschende Gestalt im »kut« ist die Schamanenpriesterin. Nur im nicht-ekstatischen Schamanismus auf der zwischen Korea und Japan gelegenen Cheju-Insel begegnen häufig auch männliche Schamanen. Im Normalfall ist es eine ernste psychische Erkrankung während der Adoleszens, die der Berufung zur Schamanin vorausgeht: wenn sich das kranke Mädchen unter der Obhut einer älteren Schamanin zu ihrer Berufung bekennt und wenn sie in einem Initiations-kut selber zur Schamanin wird, gesundet sie vollkommen und kann als Heilerin, Wahrsagerin und Segensspenderin arbeiten. Der in den Grabkammern von Kyongju gefundene Königsschmuck deutet darauf hin, daß in vorbuddhistischer Zeit die koreanischen Herrscher zugleich schamanen-priesterliche und königliche Funktionen ausgeübt haben. Als aber der Buddhismus und dann der Konfuzianismus beherrschend wurden, sahen sich die Schamaninnen ins Abseits gedrängt. Selbst heute gilt der Beruf der Schamanin, obwohl er finanziell recht einträglich sein kann, als sozial minderwertig.

Erst beides zusammen, schamanistische Ekstase und neokonfuzianische Ordnung, beherrschende Rolle der Schamanin und gesellschaftliche Zurücksetzung der Frau, kosmische Religiosität und steifes Zeremoniell ergibt die Mischung, die für die »koreanische Religiosität« typisch ist.

Wolfgang Kröger

Die Igorot-Religion auf den Philippinen

Statistische Angaben

Zu den Igorot gehören ca. 1,25 Prozent der philippinischen Gesamtbevölkerung oder rund 750000 Menschen. Die Bevölkerungsdichte in ihrem Siedlungsgebiet beträgt annähernd 60 Einwohner pro km². Sie betreiben Bodenbau sowohl im Brandrodungsverfahren wie auf bewässerbaren Terrassen. Sie züchten Reis, Süßkartoffeln, Mais und Gemüse. Sie leben in kleinen Ortschaften oder verstreuten Siedlungen.

Aus sich heraus haben sie keine zentralen Herrschaftsformen entwickelt. Ursprünglich war die Verwandtschaftsgruppe die wichtigste wirtschaftliche, politische und religiöse Einheit. Autorität und Einfluß beruhten auf persönlichem Ansehen und dem Prestige der eigenen Verwandtschaftsgruppe.

Gegenwärtige Situation

Die Bergvölker im Zentralmassiv der nordphilippinischen Kordilleren traten in den 50er und 60er Jahren des 20. Jahrhunderts weitgehend zum Christentum über. Dennoch praktizieren die meisten Igorot weiterhin ihre traditionellen Bräuche, die ein umfangreiches Ritualwissen voraussetzen. In der jungen Generation ist allerdings ein rapider Schwund dieser überlieferten Kenntnisse zu verzeichnen.

Diese Bergvölker werden mit dem Sammelnamen »Igorot« bezeichnet, wörtlich: »Bergleute«. Ihre größten und bekanntesten Ethnien sind die Ifugao, Kalinga, Bontok, Kankana-ay, Ibaloy, Isneg und Tinguian. Im einzelnen weisen diese Gruppen unterschiedliche Traditionen, Kulturmerkmale und eine eigene Sprache beziehungsweise einen eigenen Dialekt auf und müssen für sich gesehen werden. Gleichzeitig zeigen sich jedoch in wirtschaftlicher, politischer und religiöser Hinsicht eine Reihe charakteristischer Gemeinsamkeiten, die es als legitim erscheinen lassen, sie unter analytischen Gesichtspunkten zusammenzufassen.

Bis zum Anfang des 20. Jahrhunderts wurde in diesen Gesellschaften die Kopfjagd praktiziert. Dieser Brauch lebte in den Kämpfen des 2. Weltkrieges wieder auf. In einigen Regionen wird bis heute die Blutrache ausgeübt.

Die übermenschlichen Wesen

Die Igorot verehren Ahnen, Naturgeister und Gottheiten. Sie beten zu ihnen um Gesundheit und Fruchtbarkeit, die Abwendung von Krankheit und die Verhinderung des Eintretens böser Vorzeichen. Jeder Verstorbene existiert weiter in der Form eines Totengeistes, der auf Opfer der Hinterbliebenen wartet. Verstorbene mit hohem Sozialprestige werden zu Ahnen, die mehrere Generationen lang verehrt werden können. Die Ahnen werden für das körperliche und materielle Wohlbefinden ihrer Nachkommen verantwortlich gehalten. Naturgeister leben in Bäumen, Flüssen, Wasserfällen, Höhlen usw. – gewöhnlich ein wenig abseits von den Wohnungen der Menschen. Begegnungen mit ihnen können für die Menschen gefährlich verlaufen und zu Krankheit und Tod führen. Das Pantheon der Gottheiten in den einzelnen Igorot-Gesellschaften ist recht unterschiedlich und heute unter dem Einfluß der Christianisierung in seiner ursprünglichen Zusammensetzung kaum noch rekonstruierbar. In verschiedenen Igorot-Gesellschaften findet sich der Glaube an ein höchstes Wesen, das mitunter Züge eines Hochgottes trägt. Er gilt als Schöpfer und der Mächtigste unter den Göttern. Sein Name (gewöhnlich: *Kabunian*) wird in zahlreichen Mythen erwähnt, jedoch lassen die Igorot ihm selten Verehrung und Opfer zukommen.

Rituale

Bei allen wichtigen Ereignissen im Leben der Igorot, aber auch in vielen alltäglichen Angelegenheiten werden Rituale vollzogen: bei Geburt und Hochzeit, Ankunft und Abschied, Hausbau, Herstellung oder Erwerb wertvoller Gegenstände, Scheidung, Krankheit und Tod. Die Mythen erzählen bei diesen Anlässen, warum eine Handlung als geheiligt gilt. Wort und Handlung gehören zusammen, was den religiösen Ausdrucksformen der Igorot ein sakramentales Gepräge gibt.

Die wichtigsten Rituale in Igorot-Gesellschaften sind Fruchtbarkeitsriten, welche die Kontinuität allen Lebens gewährleisten sollen. Das Überleben der Igorot ist bis heute abhängig von den natürlichen Elementen: den Regenfällen zur rechten Zeit, der Fruchtbarkeit des Bodens, den Gefährdungen durch Taifune, Bergrutsche und Erdbeben. Diese Ereignisse gelten als abhängig von den Geisterkräften in der Natur, die über den Jahreszeiten walten. Rituale sollen die harmonischen Abläufe der Welt erhalten sowie die Ausgeglichenheit und den Rhythmus des Lebens sichern. Sie sind Zeitmarkierungen im Jahreslauf und im Lebenszyklus. Sie prägen dem Leben ein rhythmisches Muster auf, das durch die Traditionen und Gebräuche der Vorfahren erklärt und geheiligt wird.

Rituale sind Gruppenaktivitäten. Je größer das Ritual und die Menge und Größe der Opfertiere, desto mehr Gäste werden eingeladen. Einladungen werden ausgesprochen bis zu Vettern und Kusinen zweiten Grades. Nur kleinere Rituale beschränken sich auf die Mitglieder des Haushalts.

Größere Rituale werden gewöhnlich von Medien durchgeführt, welche die Funktion von Priestern, Heilern und Wahrsagern haben, die ihr Amt durch Vererbung oder Berufung erlangt haben. Sie tragen schamanistische Züge.Häufig handelt es sich bei ihnen um Frauen.

Verdienstfeste
Wie andere Völker des südostasiatischen Archipels kennen auch die Igorot-Gesellschaften Verdienstfeste. Dabei geht es darum, durch besondere Gastfreiheit »Verdienst« zu sammeln und sich gegenüber den anderen Mitgliedern der Gemeinschaft auszuzeichnen. In einer gestaffelten Folge von Festen wird der Reichtum einer Familie zur Schau gestellt und in Form von Beköstigungen verteilt. Je mehr Haustiere geschlachtet, je mehr Reis gekocht und Reiswein ausgeschenkt wird, umso angesehener wird die betreffende Familie.

Tod und Jenseits
Krankheiten gelten in Igorot-Gesellschaften als von Geistern verursacht. Wenn sich die verursachenden Wesen nicht durch Opfer beschwichtigen lassen oder die Medien die Ursache nicht entdecken, kann der Tod eintreten. Bestattungszeremonien erweisen sich (besonders bei wohlhabenden Igorot) als ausgedehnte Rituale. Nach der Beisetzung hält sich die Totenseele noch eine Zeitlang in der Nähe des Bestattungsplatzes auf, bevor sie die Totenreise antritt und – gewöhnlich nach einer Flußüberquerung – ins Totenreich gelangt. Diesen Übergang markierten in vielen traditionellen Igorot-Gesellschaften Sekundärbestattungen, bei der die Knochen des Verstorbenen wiederausgegraben, gereinigt und mit einem weiteren Ritual beigesetzt werden.

Allen Igorot-Gesellschaften sind relativ einheitliche Vorstellungen von einem Weiterleben nach dem Tod gemeinsam. Der Tod eines Menschen bedeutet keineswegs das Ende seines Lebens, sondern einen Bruch, der den Übergang in eine neue Daseinsform bewirkt. Die Seele des Verstorbenen beginnt im Totenreich mit den Ahnen eine neue Form der Gemeinschaft, die weitgehend den irdischen Gewohnheiten gleicht. Die Totenseelen pflanzen und ernten, gehen auf Fischfang oder Jagd, waschen und reinigen sich oder heiraten und paaren sich (ohne sich allerdings fortpflanzen zu können).

LITERATUR: N. Krohnen: Igorot. Alltag und traditionelle Wege des Heilens. Düsseldorf 1987. – R. Neu (Hg.): Die Igorot. Berichte deutscher Forschungsreisender aus den Philippinen zwischen 1860 und 1940. Dumaguete/Köln 1992.

Rainer Neu

Papua-Neuguinea

Das Territorium von Papua-Neuguinea ist eine Inselgruppe im südwestlichen Pazifik. Die Gesamtbevölkerung von vier Millionen Menschen zerfällt in 850 Sprachgruppen. Im weiteren Sinne läßt sich bei jeder von diesen Gruppen von einer eigenen Kultur und einer eigenen Dorfreligion sprechen. Seit 1975 ist das Land vereint und unabhängig. Mehr als 90 Prozent der Bevölkerung standen seit den 80er Jahren des letzten Jahrhunderts unter dem Einfluß europäisch-christlicher Missionare. Viele christliche Konfessionen mit ihren Kirchen, Schulen und Gesundheitszentren sind über das ganze Land verbreitet.

Die traditionellen Stammes- und Dorfreligionen sind noch sehr lebendig, denn ein Großteil der Bevölkerung, selbst die städtische, orientiert sich am Dorfleben. Die Religionen auf Papua-Neuguinea müssen in ihrer dynamischen Rolle für das Dorfleben betrachtet werden. Einen idealen Zugang zu den Religionen auf Papua-Neuguinea bietet die religiöse Erfahrung des Individuums in der Gesellschaft, die nirgendwo besser definiert wurde als in Rudolf Ottos Worten »mysterium tremendum et fascinosum«. Gemeint ist damit die Erfahrung der Diskontinuität innerhalb des normalen Ablaufs von Ereignissen oder die Erfahrung bestimmter Qualitäten in Dingen, die dann zu religiösem Staunen führen.

Ein Hauptbeispiel einer solchen religiösen Erfahrung in den meisten, wenn nicht in allen Religionen Papua-Neuguineas ist die Initiation. Dabei handelt es sich nicht nur um eine Folge von Riten und inszenierten Mythen, auch nicht um eine Feier der Reife bei jungen Leuten, sondern um eine Gelegenheit zur persönlichen Konversion. Die Gesellschaft fordert die Verwandlung der Person. Daher werden die jungen Menschen manchmal strengen Prüfungen und äußerstem körperlichen Schmerz ausgesetzt, denn sie müssen eine nun unangemessene Lebensweise aufgeben, weil das Weiterbestehen der Gemeinschaft jetzt von ihnen abhängt.

Die Themen von Tod und Wiedergeburt und die Strukturen der Trennung, Transformation und Reintegration, wie sie van Gennep in seinen »Rites of Passage« behandelt, bieten einen Rahmen für die Betrachtung der religiösen Aspekte der Initiation. Zur religiösen Erfahrung der Initiation gehört im allgemeinen eine Folge von Stufen. F. Barth hat herausgearbeitet, daß die damit verbundene Geheimhaltung es ermöglicht, menschliches Wissen als transzendent zu lehren, da es immer nur teilweise und mit dem Versprechen späterer Ergänzung offenbart wird.

Die religiöse Transformation von Personen ist eine Grundbedingung dafür, daß die jungen Leute in die Austauschzyklen eintreten können: für ihre Heirat und den Erwerb der dazu und zur Unterhaltung einer Familie nötigen Mittel; für die Gewinnung von Kenntnissen und Vertrautheit mit den für die verschiedenen soziologischen Kategorien wichtigen Geistern; für die Entwicklung der eigenen Fähigkeiten durch Kenntnis und Gebrauch der Magie.

Alle diese Aspekte des Dorflebens verlangen dynamisches Wachstum der Persönlichkeiten, und dieses Wachstum ist in religiöse Formen gekleidet. Es ist lebenswichtig, kein *rabis man* (Tok Pisin: eine Person, die weder Reichtum noch Einfluß beansprucht) zu sein, sondern ein »großer Mann« hinsichtlich des Reichtums, des gesellschaftlichen Einflusses und des Wissens über die eigene Kultur. An vielen Orten ist ein wahrhaft großer Mann derjenige, der die Grenzen zwischen Männern und Frauen überwunden hat. Er hat seine Persönlichkeit auf magische Weise so erweitert, daß seine Fähigkeiten durch spezifische religiöse Verstärkungen außerordentlich geworden sind. Er teilt nun das Wissen von Geistern der verschiedensten Art, er kennt die Mythen über die Stiftung der Kultur, er ist mit den örtlichen Clan-Geistern vertraut, die für die Topologie, die Landrechte und verschiedenartige Identifikationen der Clans verantwortlich sind; er unterhält die rechten Beziehungen zu den Toten, deren Hauptaufgabe es ist, die Tradition zu wahren und die richtigen gesellschaftlichen Beziehungen unter ihren Nachkommen zu gewährleisten.

LITERATUR: Glynn Cochrane: Big Men and Cargo Cults. Oxford 1970 – Mircea Eliade: Myths, Dreams and Mysteries. London 1972. – Fredrik Barth: Ritual and Knowledge Among the Baktaman of New Guinea. New Haven 1972. – Patrick F. Gesch: Der Synkretismus einer Dorfreligion. In: Hermann P. Siller (Hg.): Suchbewegungen. Darmstadt 1991, S. 84–94 *Patrick F. Gesch SVD*

Religionen Ozeaniens

Die traditionellen Religionen Ozeaniens sind sehr unterschiedlich. Innerhalb der Großregionen Melanesien, Mikronesien und Polynesien gibt es infolge der jeweiligen Besiedelungsgeschichte grundlegende Übereinstimmungen; trotzdem verfügte jede Inselbevölkerung, zum Teil auch jede einzelne Dorfschaft, über besondere eigene Ausformungen. In ganz Ozeanien überwiegen inzwischen christliche Bekenntnisse; vielfach wurden Elemente der traditionellen Religionen in den neuen Glauben integriert.

Allgemeines

In fast allen traditionellen ozeanischen Religionen spielte der Ahnenkult eine bedeutende Rolle. Da die Verstorbenen in derselben Welt wie die Gottheiten weiterlebten, war der Übergang von der Verehrung realer Vorfahren zum mythischen Ahnenkult meist fließend. Neben den höchsten (und mythologisch ältesten) Gottheiten existierten zahlreiche Kulturheroen und Geistwesen, bisweilen mit hinterlistigem oder gar böswilligem Charakter.

Die Religionen enthielten keine ethischen Normen, solche Werte beziehungsweise Maßstäbe ergaben sich aus sozialen Regeln und Verbindlichkeiten. Die Einhaltung religiöser Vorschriften (Tabu-Regeln, Opfergaben, Zeremonien etc.) sollte den Einzelnen oder die Gemeinschaft vor dem Unwillen der Gottheiten beziehungsweise Geistwesen bewahren.

Seit Ende des 18. Jahrhunderts waren protestantische (besonders die London Missionary Society) und ab 1833 auch katholische Missionen in Ozeanien aktiv, die meist eng mit den Kolonialverwaltungen zusammenarbeiteten.

Heute sind über 90 Prozent der Ozeanier (zumindest nominell) Christen; andere Religionen (Shinto, Buddhismus, Islam) sind weitgehend auf Einwanderer beziehungsweise Nachfahren von zwangsumgesiedelten Arbeitskräften begrenzt und spielen eine marginale Rolle.

Mikronesien

Über ursprüngliche mikronesische Religionen ist wenig bekannt, da systematische Untersuchungen erst stattfanden, als europäische und amerikanische Einflüsse schon weitverbreitet waren. Ein hierarchisches Pantheon ist nur auf den Zentralkarolinen überliefert: Die höchste Gottheit *Önulap* erschuf weitere Gottheiten und Kulturheroen, welche ihrerseits die Welt erschufen. Häuptlinge hatten zumeist auch Priesterfunktionen, ihre Qualifikation ergab sich aus detaillierten mythologischen Kenntnissen. Als Kultorte dienten besondere Häuser, Opferschreine für Ahnen und besondere Steinplätze, wobei dem Volk oft der Zutritt verwehrt war. Ruinen großartiger Anlagen (vermutlich aus dem 14. Jahrhundert) mit Kulträumen, Priesterwohnungen und Begräbnisstätten sind auf Ponape und Kusae erhalten.

Da Mikronesien größtenteils unter spanischem Einfluß stand, waren katholische Missionen besonders aktiv. Die japanische Herrschaft verlief ohne besondere Missionstätigkeiten. Auf Palau gehören etwa 10 Prozent der *modekgnai*-Bewegung an, die traditionelle und christliche Religion zu verbinden sucht (Symbol: Kreuz und Fischspeer).

Melanesien

Neben Papua-Neuguinea zählen die Inselgruppen beziehungsweise Staaten Solomonen, Vanuatu und Neu-Kaledonien zu Melanesien; Fiji ist ein melanesisch/polynesisches Mischgebiet. Grundlage melanesischer Religionen bildete eine Traditionsgemeinschaft der Lebenden und Toten (Ahnen). Zur Ahnenwelt gehörten auch allgegenwärtige Schöpferwesen. Religiöses Handeln zielte immer auf den Erhalt dieser zugleich auch sozial aufgefaßten Traditionsgemeinschaft.

Dauerhafte zentrale Kultanlagen bestanden nicht, sie wurden jeweils für einen aktuellen Anlaß errichtet. Organisiertes Priestertum war unbekannt, allerdings konnten Einzelpersonen dank ihres starken *mana* besondere Aktivitäten übernehmen. Ca. 70 Prozent der Melanesier gehören heute formell einer christlichen Kirche an, doch der neue Glaube ist nicht tief in der Bevölkerung verankert. Traditionalistische Unabhängigkeitsbewegungen (besonders auf Neu-Kaledonien) sind bestrebt, Elemente der alten Religionen wiederzubeleben.

Polynesien

Die traditionellen polynesischen Religionen (siehe auch Maori) zeigen infolge der Besiedelungsgeschichte sowie reger Kontakte ein relativ einheitliches Bild und sind eng mit der Gesellschaftsstruktur verknüpft. Der Adels- und Priesterstand führte seine Herkunft entweder direkt auf die mythische Urheimat *hawaiki* zurück (zum Beispiel Tahiti, Hawaii), oder er stammte unmittelbar von Schöpfergottheiten ab (z.B. Samoa, Tonga); das gemeine Volk dagegen wurde von diesen Gottheiten erschaffen.

Der Kosmos war dreigegliedert in Himmels-, Erd- und Meeres- sowie Unterwelt; das Totenreich war Teil dieser Welten. An der Spitze des Pantheons stand *Tangaroa*, der über etliche Schöpfergottheiten und Kulturheroen herrschte. Am bekanntesten ist Maui, von dessen schalkhaften, mitunter auch grausamen Streichen viele Mythen erzählen. Daneben existierten zahllose Orts-, Tätigkeits- und Familiengottheiten (*aitu*) mit gut- oder bösartigem Charakter.

Die Macht des Priester- und Adelsstandes basierte wesentlich auf religiösen Vorrechten. Ruinen großartiger Tempelanlagen auf Tahiti und Tonga sind Zeugnis ihrer bisweilen absolutistischen Herrschaft. Meist bestanden Kultanlagen aber nur in weniger aufwendigen Steinplätzen, die über die gesamten Inseln verteilt waren. Besondere Kultobjekte waren selten (zum Beispiel Steinskulpturen der Osterinsel).

Heute sind praktisch alle Polynesier überzeugte, praktizierende Christen; Samoa hat die weltweit höchste Pro-Kopf-Kirchendichte. Die vorchristliche Zeit wird vielfach als »dunkle Vergangenheit« gewertet. Etwa 50 Prozent gehören der protestantischen Congregational Church an, ca. 20 Prozent sind Katholiken, ca. 15 Prozent Methodisten und 6 Prozent Mormonen; daneben bestehen noch verschiedene andere christliche Denominationen.

LITERATUR: H. Nevermann, E. Worms, H. Petri: Die Religionen der Südsee und Australiens. Stuttgart 1968. – H. Fischer: Studien über Seelenvorstellungen in Ozeanien. München 1965. – C. Wilpert: Südsee. Inseln, Völker und Kulturen. Hamburg 1987. *Dietrich Schleip*

Die Religion der Maori

Statistische Angaben

Die Religion der Maori, die heute 12,5 Prozent der Gesamtbevölkerung Neuseelands stellen, unterscheidet sich auf den ersten Blick nur wenig von der ihrer weißen Landsleute, sind doch die meisten von ihnen Mitglieder der verschiedenen christlichen Kirchen. Ungefähr 21 Prozent von ihnen sind Anglikaner, 15 Prozent Katholiken, 6 Prozent Methodisten und 3 Prozent Presbyterianer. 7 Prozent gehören zur Kirche Jesu Christi der Heiligen der Letzten Tage (Mormonen). Zu nennen sind auch zwei unabhängige Maori-Kirchen: die Ringatu-Kirche mit knapp 2 Prozent und die Ratana-Kirche mit etwa 10 Prozent. Bei genauerem Hinsehen zeigt sich, daß alte Vorstellungen und Bräuche das religiöse Leben der Maori in starkem Maße bestimmen.

Traditionelle Vorstellungen

Die traditionellen religiösen Vorstellungen der Maori kreisen um die grundlegende Idee, daß alles in der materiellen Welt eine spirituelle Dimension hat. Auch jeder Mensch hat spirituelle Eigenschaften, die er von seinen Ahnen erbt und die er selbst an seine Nachkommen weitergibt. Diese menschliche Spiritualität findet ihren Ausdruck in *mana* und *tapu*.

Mana wird heute meist mit »Status« oder »Prestige« übersetzt, doch ursprünglich bedeutete es spirituelle Macht. *Mana* bewirkt den Erfolg in der Welt und garantiert ein Leben im vollen Sinne, zu dem mehr gehört als der rein physische Aspekt.

Der soziale Rang eines Menschen ist dann nur ein Zeichen für die Stärke seines *mana*, das sich noch in anderer Weise äußern kann, etwa in der Kunstfertigkeit des Schnitzers oder in der Ausdruckskraft des begnadeten Redners.

Der einzelne kann sein *mana* durch besondere Leistungen steigern, aber es kann andererseits auch verlorengehen. Um dies zu verhindern, ist alles, was mit *mana* zu tun hat, bestimmten Verhaltensregeln unterworfen: Es ist *tapu*. In voreuropäischer Zeit war das ganze Leben von strengen *tapu*-Regeln bestimmt. Da *tapu* durch Berührung übertragen werden konnte, wurde alles, was mit einer Person mit großem *tapu* in Berührung kam, ebenfalls *tapu*. Ein Gegenstand konnte erst dann wieder uneingeschränkt benutzt werden, wenn dieses *tapu* rituell beseitigt worden war. Eine betroffene Person war solange von normalen Kontakten zu anderen ausgeschlossen.

Viele dieser Regeln sind heute im Alltag der Maori vergessen; manche werden weiter praktiziert, weil es Brauch ist und man es so gelernt hat. Aber wenn die Maori in ihren Versammlungshäusern zusammenkommen, dann werden die alten religiösen Vorstellungen wieder lebendig, und *mana* und *tapu* bestimmen den Umgang miteinander. Solche Treffen können sehr unterschiedliche Anlässe haben: Hochzeiten, Beerdigungen oder politische Diskussionen – doch alle beginnen sie mit einer Begrüßungszeremonie, in deren Verlauf sich Gastgeber und Gäste einander schrittweise annähern. Dabei zollen sie dem *tapu*, das jedem einzelnen Menschen, aber auch jedem Stamm eigen ist, ihren Respekt.

Diese Treffen verdeutlichen einen weiteren wichtigen Aspekt der Maori-Religion, nämlich die Rolle der Ahnen. Von ihnen ererbt der einzelne nicht nur sein *mana* und sein *tapu*, sie können darüber hinaus unmittelbar Einfluß auf das Leben ihrer Nachkommen ausüben, indem sie ihnen Zeichen geben oder im Traum mit ihnen Kontakt aufnehmen. In den Reden während der Begrüßungszeremonie werden die Ahnen direkt angesprochen; denn wenn sich die lebenden Verwandten versammeln, sind die verstorbenen ebenfalls anwesend. Sie werden repräsentiert durch das Versammlungshaus, das den Körper des Urahn symbolisiert, nach dem es benannt ist. Wenn die Maori das Haus betreten, gehen sie also in den Bauch ihres Ahns und damit zurück zu ihrem Ursprung.

Eng mit den Ahnen und ihrem *mana* verbunden ist das Stammesland, von dem vielen Maori heute nicht mehr geblieben ist als das kleine Stück, auf dem ihr Versammlungshaus steht. So gering der ökonomische Nutzen dieses Rests sein mag, so groß ist seine spirituelle Bedeutung; denn das Stammesland bindet die Lebenden nicht nur an die Ahnen und ihr *mana*, sondern ist auch Teil von Mutter Erde, der Spenderin allen Lebens.

Maori und Christentum

Die christliche Mission unter den Maori begann 1814, als die ersten anglikanischen Missionare eintrafen. Die anderen Kirchen folgten einige Jahre später. Zunächst schien die Arbeit der Missionare wenig erfolgreich zu sein; denn es dauerte mehr als fünfzehn Jahre, bis sie eine größere Zahl von Bekehrten taufen konnten. Zur selben Zeit jedoch traten auch die ersten Maori-Propheten auf, die versuchten, das religiöse Erbe der Ahnen mit den Lehren der Missionare zu verbinden. Auf diese Weise entstanden bis in das 20. Jahrhundert immer wieder neue religiöse Bewegungen, die vor allem jene Maori anzogen, die sich enttäuscht vom Christentum der Missionare abgewandt hatten.

Ein für die heutige Religiosität der Maori wichtiges Ereignis fiel in die Zeit um 1860: Damals verkündeten zwei alte Priester während eines großen Maori-Treffens eine neue Lehre über die

Schöpfung der Welt. Bis dahin hatten sich die Maori die Entstehung der Welt als einen langsamen Entwicklungsprozeß vorgestellt: Aus dem Nichts entstand zunächst die Dunkelheit, darauf folgte das Licht und dann das Urelternpaar Himmel und Erde, aus deren Vereinigung eine Reihe von Söhnen hervorging, die zu den Herren der verschiedenen Bereiche der Natur wurden. Sie wiederum schufen dann alle anderen Lebewesen einschließlich des Menschen.

Nun verkündeten die beiden Priester, daß der Gott *Io* die Welt geschaffen habe und seitdem wegen seines großen *tapu* zurückgezogen im höchsten Himmel wohne. Diese Lehre, so hieß es, war nur einem kleinen Kreis von Eingeweihten bekannt gewesen. Ob es sich dabei wirklich um eine alte Maori-Tradition handelt oder ob sie erst im letzten Jahrhundert unter christlichem Einfluß entstand, ist bis heute umstritten. Für die Maori jedoch bewies sie die Gleichwertigkeit ihrer Religion mit dem Christentum und ermöglichte ihnen, trotz Bekehrung die Kontinuität zu wahren. Heute jedenfalls haben die meisten Maori keinen Zweifel, daß ihre Vorfahren diese Lehre kannten und daß *Io* mit dem christlichen Gott identisch ist.

Maori-Kirchen

Zwei der erwähnten neuen religiösen Bewegungen haben sich zu unabhängigen christlichen Maori-Kirchen entwickelt. Die Ringatu-Kirche wurde 1868 von dem Propheten Te Kooti ins Leben gerufen, der ein visionäres Berufungserlebnis hatte, während er aufgrund falscher Anschuldigungen inhaftiert war. 1938, 45 Jahre nach seinem Tod, wurde die Kirche formell von der Regierung anerkannt.

Die Ringatu-Kirche feiert keinen Sonntagsgottesdienst, sondern die Gläubigen versammeln sich regelmäßig am Zwölften jeden Monats in einem traditionellen Versammlungshaus. Die Feiern beginnen am Vortag mit der zeremoniellen Begrüßung der Gäste. Am Abend findet bereits der erste einer ganzen Reihe von Gottesdiensten statt, der letzte folgt am Morgen des Dreizehnten. Neben diesem monatlichen Feiertag kennt die Kirche vier weitere, jahreszeitliche Feste. Die liturgischen Texte entstammen der Bibel, manche wurden jedoch von Te Kooti gemäß seiner Inspiration neu zusammengestellt. Sie werden im Stil traditioneller Maori-Gesänge rezitiert.

Die zweite unabhängige Maori-Kirche wurde von Tahupotiki Wiremu Ratana gegründet, der 1918 ein Berufungserlebnis hatte und den Auftrag erhielt, die Maori zum Christentum zu bekehren und ihre allgemeine Lebenssituation zu verbessern.

Er begann, zu predigen und Glaubensheilungen durchzuführen. Er forderte die Maori auf, alle abergläubischen Vorstellungen und Praktiken aufzugeben und allein dem christlichen Gott zu vertrauen. Zunächst arbeitete Ratana mit Vertretern aller großen Konfessionen zusammen. Erst als sich die katholische und dann die anglikanische Kirche von ihm distanzierten, gründete er 1925 eine eigene Kirche. Der Streit entzündete sich an der Lehre von den »Getreuen Engeln«, die im Glaubensbekenntnis der Ratana-Kirche dem dreieinigen Gott als Helfer und Boten an die Seite gestellt werden. Eine weitere Vorstellung betrifft Ratana selbst, der als »Sprachrohr« Gottes und als Mittler zwischen ihm und den Menschen gilt.

Maori-Religiosität und die europäischen Kirchen

Der Ringatu- und der Ratana-Kirche ist es gelungen, Christentum und Maori-Religiosität dauerhaft miteinander zu verbinden. Seit einigen Jahren versuchen nun auch die Maori-Mitglieder der großen europäischen Kirchen verstärkt, die Kluft zwischen beiden Traditionen, die für sie noch immer besteht, zu schließen. Diese Bemühungen haben dazu geführt, daß diese Kirchen relativ selbständige Maori-Sektionen eingerichtet haben. Es gibt bereits erste Ansätze, die Liturgien den Bedürfnissen der Maori anzupassen und eine eigene Maori-Theologie zu entwickeln: Dabei geht es darum, die Vorstellungen beider Traditionen zu einander in Beziehung zu setzen, den Zusammenhang zwischen Religion und alltäglichem Handeln wiederherzustellen und die Bedeutung verwandtschaftlicher Bindungen für die Maori-Religiosität zu betonen. Vor allem einige Maori-Katholiken fordern eine Theologie der Befreiung, die die kolonialistische Vergangenheit des Landes und ihre Folgen für die Maori theologisch aufarbeitet.

Diese Entwicklungen innerhalb der Kirchen sind Ausdruck des erstarkten Selbstbewußtseins der Maori und der damit verbundenen Betonung ihrer kulturellen Vorstellungen und Werte (*maoritanga*), denen sie nun in allen gesellschaftlichen Bereichen größere Geltung verschaffen wollen.

LITERATUR: Hans-Jürgen Greschat: Mana und Tapu. Die Religion der Maori auf Neuseeland. Berlin 1980. – Stefan Schlang: Religiöse Aspekte von Maoritanga. Bonn 1989. *Stefan Schlang*

Die Religion der Batak

Die Batak, eines der bedeutendsten Altvölker des indonesischen Archipels, sind im Bergland von Nordsumatra im Gebiet des Tobasees ansässig. Während der Indisierung Sumatras (1. – 14. Jahrhundert n. Chr.) entwickelten sie Elemente ihrer materiellen Kultur sowie ihrer Weltanschauung, u.a. ihren Kalender mit bestimmten Vorstellungen vom Göttlichen und von der Entstehung der Welt. Insbesondere zeigten ihre fortgeschrittenen Vorstellungen einer Dreiteilung des Kosmos und einer trinitarischen Gottheit Einflüsse des Hinduismus. Zum Batakvolk rechnen sich fünf Stämme in jeweils unterschiedlichen Siedlungsgebieten von Süden nach Norden: die Angkola/Mandeling-, Toba-, Simelungun-, Pakpak- und Karo-Batak. Es umfaßte vor der Ankunft der christlichen Mission um die Mitte des 19. Jahrhundert ungefähr 500 000 Menschen. Der zahlenmäßig größte Stamm sind die Toba-Batak. Ihre Religion hat sich zur bestimmenden Gestalt entwickelt, so daß man im Blick auf Grundüberzeugungen und Handlungsweisen von einer – historischen – Religion des Batakvolkes reden kann. Die bedeutende Eigenständigkeit der vier kleineren Stämme darf aber nicht unterschätzt werden. Als lebende Glaubensform hat die Batakreligion die Wende zum 20. Jahrhundert nicht überdauert. Der Religionswechsel zum Christentum hat in Frömmigkeit, Bildung und Bevölkerungswachstum eine starke Aufwärtsentwicklung für die Stellung der Batak in der indonesischen Nation eingeleitet. Auf dem Wege ihres Christentums erlangte auch ihre geschichtlich abgeschlossene Religion besondere Beachtung in der Forschung. Die Aspekte des Göttlichen erschienen in vier Manifestationen:

1) Der Schöpfergott oder Hochgott *Mulajadinobolon* zog sich nach der Übergabe seiner Herrschaft an seine drei Söhne zurück. Diese Vorstellung enthielt die ontologische Tradition vom Urahnen, der die *adat*, die makrokosmisch-mikrokosmische Lebensordnung, stiftete und die »Seelenkraft« (*tondi*) des Menschen erschuf. Sie enthielt aber auch die kosmologische Tradition von der Erschaffung der Mittelwelt, die aus einem Konflikt himmlischer Mächte der Oberwelt mit negativen Kräften der Unterwelt hervorging.

2) Die Dreigottheit erschien mit *Bataraguru*, *Soripada*, auch *Balesori*, und *Mangalabulan*. Wie ihr Vater, der Hochgott, waren sie nicht bildhaft repräsentiert und spielten in der Alltagsfrömmigkeit nur eine geringe Rolle.

3) Der Batak erfuhr aus seiner Umwelt die Macht von fünf Geistwesen, denen die Überlieferung Namen gab. Drei von ihnen hießen Boraspati und wurden dem Reisfeld, dem Dorf und dem Haus zugeordnet. Sie wurden gebetsweise als Vermittlerinnen zum Hochgott angerufen.

4) Die sogenannten Lebensgottheiten waren die einzigen Gottesbilder, geschnitzt oder in Stein gehauen. Diese vergöttlichten Vorväterbilder wurden vor allem zur Heilung unfruchtbarer Ehen angerufen.

In der *adat*, der gesetzmäßigen Lebensordnung, sah der Batak den Angelpunkt seiner Glaubensüberzeugung. Wie ihm die Ordnung, die seine Lebenswelt durchwaltete, von den Vätern überliefert war, so gestaltete er Familie, Dorf und Stammesgemeinschaft mit ihrer Autorität und bestimmenden Kraft. In diesem Sinne war das Alte, schon Dagewesene, das Gute, davon Abweichendes, Neues, hingegen durchaus ungut und abzulehnen. In der Bezogenheit auf die Ahnen lebte diese *adat*-Gemeinschaft als Religionsgemeinschaft. Die *adat*, so glaubten die Batak, war so alt wie der Hochgott und von Anfang an bei ihm. Der Mensch wurde in sie hineingeboren und lernte so den Umgang mit den Mitmenschen und Mitgeschöpfen. Die Ordnung des Bodens und der Wasserquellen, der aus den Gestirnen abgelesenen günstigen und ungünstigen Tage für Eheschließung, Feldarbeit und Auswanderung bestimmte sich aus der unbedingten *adat* der Väter. So wurde auch der Umgang mit Krankheit und Tod geübt. Dieser wurde als Übergang zum Dasein als Seelengeist verstanden.

Je nach Alter, Verdienst und Nachkommenzahl bewirkten tagelange Riten, Opfer und Feste die Erhebung des Toten zum *sumangot* beziehungsweise zum *sombaon* (Anbetungswürdiger), der höheren und der höchsten Stufe des Seelengeistes im Totenreich. In dieser Glaubensüberzeugung nahm der Mensch mit seinem Seelengeist (*tondi*), dem Träger des Ich, die Spannung zwischen der religiösen Macht und ihrer Entgegnung durch den Menschen in Furcht und Verehrung wahr. Die mächtigsten Repräsentanten des Geschickes waren die Ahnen mit ihrem Heil oder Unheil wirkenden Einfluß auf Familie, Dorf, Vieh und Wetter. Die Ahnen günstig zu stimmen, war darum der Inbegriff der Glaubenspraxis in dieser Religion.

In der Gegenwart ist für über 70 Prozent der Batak ihre lebende Religion das Christentum, für etwa 25 Prozent der Islam. Eine kleine Minderheit versucht, die altbataksche Väterreligion dem modernen Geist anzupassen.

LITERATUR: Lothar Schreiner: Adat und Evangelium. Zur Bedeutung der altvölkischen Lebensordnungen für Kirche und Mission unter den Batak in Nordsumatra. Gütersloh 1972. – Waldemar Stöhr: Die altindonesischen Religionen. Köln 1976 (Handbuch der Orientalistik 3. Abt. 2. Bd. Abschn. 2).

Lothar Schreiner

Traditionelle Religionen Westafrikas

Es gibt eine Vielzahl unterschiedlicher westafrikanischer Religionen, die hier nicht im einzelnen dargestellt werden können. Zu erwähnen sind die Religionen der Akan, eine große Gruppe matrilinearer Völker im südlichen Ghana und im Südosten der Republik Elfenbeinküste, zu denen u. a. die Ethnien der Ashanti und Fanti gehören.
Einen bemerkenswerten esoterischen Reichtum bietet die in Obervolta und Mali beheimatete Religion der Dogon. Von den Yoruba und anderen benachbarten Gesellschaften wurde die Fon-Religion in Benin beeinflußt, die sich in einer beträchtlichen, keineswegs ausgeglichenen Vielfalt darstellt. In Sierra Leone und Liberia treffen wir auf die Religion der Mende, bei der Ahnenkult und Geheimgesellschaften eine bedeutende Rolle spielen.

Die bedeutendste Religion Westafrikas ist die im folgenden Abschnitt dargestellte Religion der Yoruba.

Die Religion der Yoruba

Die Yoruba-sprachigen Völker, zu denen über 20 Millionen Menschen gehören, leben hauptsächlich in West-Nigeria, aber auch in Benin und Togo. Die Yoruba sind Künstler, Handwerker und Baumeister; berühmt wurden ihre Schnitzereien, ihre Keramik, die Textilien und Metallgegenstände. Die Yoruba erbauten große und kleine Städte und schufen dauerhafte politische und religiöse Institutionen. Sie haben noch immer großen Einfluß auf die Gesellschaft und das Erziehungssystem Nigerias.

Die Yoruba-Religion besitzt für das heutige Afrika große Bedeutung. Die Anhängerzahl der Yoruba -Religion in ihrer Heimat ist allerdings gesunken, die der Muslime und Christen dagegen gestiegen. Trotzdem haben die sogenannten *orisha*-Kulte der Yoruba weithin ihre beeindruckende Vitalität bewahrt. In den Jahrhunderten der Zerstreuung haben sie sich in Amerika verbreitet, wo die Zahl der *orisha*-inspirierten religiösen Bewegungen schnell wächst. Religiöse Darstellungen der Yoruba wurden zu einem Bestandteil der Weltkunst und -kultur; sie erzielen bei Auktionen in London, München und New York hohe Preise. Die religiöse Kosmologie der Yoruba inspiriert auch moderne nigerianische Schriftsteller, unter denen der Nobelpreisträger Wole Soyinka, der den Gegensatz der Yorubareligion und der jüdisch-christlichen Traditionen betont, auch in Europa und den USA bekannt wurde.

Geschichte

Die Ursprünge der Yoruba-Völker und ihrer Religion liegen im Dunkeln. Es gibt Hinweise auf Ansiedlungen früher Gruppen (zwischen 500 v. Chr. und 500 n. Chr.) von einer Stelle nahe des Niger-Benue-Zusammenflusses nach Westen und Süden bis zum heutigen Yoruba-Land. In der Zeit nach der Verstreuung gewann die Stadt Ife-Ife Bedeutung für die ganze Region. Radio-Karbon Untersuchungen bestätigen, daß Ife um 1000 zu einer stark zentralisierten politischen Macht mit metallverarbeitenden Industrien und Handelsverbindungen zur Küste und ins Landesinnere geworden war. Es ist gut möglich, daß während der fünf Jahrhunderte anhaltenden Vormachtstellung Ifes die dortigen *orisha*-Kulte sehr stark ausgearbeitet wurden und universalistische Tendenzen entwickelten. Sie fanden Ausdruck nicht nur im sakralen Königtum, von dem die königliche Ikonographie einen plastischen Eindruck vermittelt, sondern auch im Kult des Orakels von Ife. Dieser verbreitete sich ebenso in der ganzen Region wie der Einfluß ihrer Götterdreiheit *Olorun* oder *Olodumare* (die Himmelsgottheit), *Orunmila* oder *Ifa* (Weisheit) und *Eshu* oder *Elegbara* (die Unvorsehbarkeit). Durch Ifes Niedergang (1450 – 1600) enstanden zahlreiche Nachfolger-Königreiche: Oyo und Benin waren die bedeutendsten, unmittelbar gefolgt jedoch von Ketu, Ijebu, Ondo, Ilesha und Owa. Es existierten auch kleinere Königreiche und Stadtstaaten. Obwohl sich diese Königreiche auf die Abstammung von Ife beriefen, erhielten ihre *orisha* -Kulte verständlicherweise ein anderes Profil.

In Oyo war *Shango* (Sturm-Gottheit) die Hauptgottheit, in Benin entwickelte sich parallel dazu die *Edo*-Religion, und auch viele andere *orisha*-Kulte erhielten den von den Ife-Orakeln bekannten universalistischen Charakter. Zu diesen *orishas* zählten: *Orisha-nla* oder *Obatala* (Schöpfungsgottheit), *Ogun* (Gott des Krieges und der Metalle), *Yemoja* (Göttin der feuchten Erde), *Shoponna* oder *Babaluaiye* (Windpocken, heiße Erde), *Ibeji* (*orisha* der Zwillinge), *Erinle* (Jagdgottheit), *Oshun* und *Oya* (Flußgöttinnen), *Oduduwa* (ebenfalls ein Ife-*orisha*), *Obalufon* (Ife-Himmelsgottheit), *Orisha-Oko* (Bauerngottheit), *Osanyin* (*orisha* der Heilkräuter), *Oshoshi* (weitere Jagdgottheit), *Oshumare* (Regenbogen-*orisha*), *Onile* oder *Nana Buruku* (die Erdgöttin).

Alle genannten *orishas* gelangten während der zweiten großen Verbreitungsbewegung vom 16. bis zum 19. Jahrhundert nach Amerika. Dort wurden und werden die afrokaribischen und afrobrasilianischen Kulturen von einer kleinen religiösen Minderheit geformt, deren Yoruba-typische kosmologische Tradition von der Nicht-Yoruba Mehrheit übernommen und zu neuen, schnell wachsenden religiösen Bewegungen umgestaltet wurde: Candomblé und Umbanda (Brasilien), Lucumi (Kuba), Vodun (Haiti), Shango (Trinidad) sowie Ogun und Shango (in New York). In früheren Stadien wurden die *orishas* mit Christus, Maria und den Heiligen identifiziert, in der jüngsten Zeit wurden andere religiösen Gestalten hinzugefügt. So fließt zum Beispiel auf der Insel Trinidad *Osanyin* mit dem Heiligen Franziskus, dem Hanuman der Hindus und dem Husain der Muslime zusammen; die Heilungs- und Vogelsymbolik ist ihnen gemeinsam. Dies führte die Überlagerung lokaler Kulte durch universalistische *orisha* im Yorubaland zur Zeit des Niedergangs von Ife nur einen Schritt weiter. In Ijebuland ging die einheimische Himmelgottheit *Agemo* eine nicht einfache Koexistenz mit der großen Himmelsgottheit des *Olorun* von Ife ein. *Olorun* wurde seinerseits vom Christentum und vom Islam als Yoruba-Äquivalent Gottes beziehungsweise Allahs in Anspruch genommen.

Das Verhältnis der Yoruba zu Muslimen und Christen

Muslime gelangten frühestens im 17. Jahrhundert in die Savannen und Wälder des Yorubalandes. Mitte des 19. Jahrhunderts hatten große Städte wie Abeokuta ein muslimisches Viertel. Nach der Volkszählung von 1921 lebten in Lagos mehr Muslime als *orisha*-Verehrer. Diese verhielten sich dem Islam gegenüber tolerant. Muslime stellten eine andere Kult-Gruppe dar, die der *Olorun*-Anhänger. Die Toleranz der *orisha*-Anhänger schlug lediglich in Extremsituationen in Verfolgung um; so zum Beispiel als die nördliche Yoruba-Stadt Ilorin von den muslimischen *jihad*-Kämpfern aus dem Norden eingenommen wurde. Das traditionalistische Yorubaland schloß sich gegen sie zusammen, und die Muslime mußten fliehen, um ihr Leben zu retten. Allmählich kehrte die alte Toleranz zurück, und zum Zeitpunkt der Unabhängigkeit Nigerias (nach der Volkszählung von 1963) lebten in viel mehr Regionen des Yorubalandes mehr Muslime als Anhänger der traditionellen Religion. Die Muslime nahmen ihrerseits weiterhin an den größeren Festen ihrer Heimatstädte teil, insbesondere an solchen, die der Ahnenverherung dienten, wie etwa die der maskierten Egungun-Gruppe.

Im Gegensatz zu den Muslimen erreichten die Christen (Europäer und Afrikaner aus Sierra Leone) das Yorubaland auf dem Seeweg von Süden her. Während sie langsam von Badagry und Lagos aus über die Städte Abeokuta, Ibadan, Ijaye und Ogbomosho ins Inland vordrangen, errichteten sie ein Netz von Missionsschulen und Kirchen. Das Ejebuland und die östlichen Königreiche von Owo und Ekiti zählten zu den Gebieten, welche die Christen als letzte erreichten. Die *orisha*-Verehrer behandelten auch die Christen tolerant; zu Verfolgungen kam es nur, wenn sie ihre traditionelle Kosmologie ernsthaft bedroht sahen. 80 Jahre nach ihrer ersten Ankunft 1841 – und nun von der britischen Kolonialmacht gestützt – waren die Christen in Lagos mehr als halb so zahlreich wie die Muslime und die *orisha*-Verehrer zusammengenommen. Doch schon in Abeokuta war ihre relative Anzahl niedriger, und in Oyo, Ondo und Ijebu waren die Christen noch eine winzige Minderheit. Es folgte eine Phase dramatischen Wachstums, so daß die Christen zum Zeitpunkt der Unabhängigkeit die größte religiöse Gruppe des damaligen Western State bildeten (48,7 Prozent im Verhältnis zu 43,4 Prozent Muslimen und nur noch 7,9 Prozent *orisha*-Verehrern).

Die Angaben der Volkszählung von 1963 machen die rasche Abnahme der Zahl der *orisha*-Verehrer nur zu deutlich. In jedem Teil des damaligen Western States lag ihr Anteil unter dem der Muslime oder Christen. Doch in einigen Gebieten waren sie noch recht zahlreich: in Egbado mit 24 Prozent *orisha*-Verehrern, und in Oyo mit beinahe 20 Prozent. Es muß auch daran erinnert werden, daß viele Muslime und Christen noch in den traditionellen Religionen verwurzelt waren, auch wenn sie sich um das Ansehen und die Bildungschancen bemühten, die ihnen die beiden großen Weltreligionen versprachen. G. E. Simpsons detaillierte Untersuchung des Gebiets von Ibadan bestätigt das: Von 271 Informanten waren 159 Muslime, 98 Christen und nur 14 *orisha*-Verehrer. Aber knapp ein Drittel aller Informanten gab an, Geister zu sehen oder glaubte an Zauberei und Hexerei, und mehr als die Hälfte der Gesamtgruppe (57 Prozent) konsultierte Hellseher und benutzte apotropäischen Zauber. In diese Gruppe fielen viele Muslime und einige Christen nicht weniger als die *orisha*-Verehrer. Zur Frage des Niedergangs oder Fortbestehens der *orisha*-Verehrung können abschließend zwei Aussagen gemacht werden: Zum einen ergeben alle Untersuchungen einen unaufhaltsamen Niedergang der *orisha*-Verehrung westlich der Grenze zwischen Nigeria und Benin, in einem Gebiet, das von den Yoruba-Kernlanden abgeschnitten ist. Andererseits ließ im Yoruba-Land selbst das explosive Wachstum der *orisha*-Verehrung in Amerika die *orisha*-Kulte nicht unberührt. Die amerikanischen Kulte wirkten ihrerseits stimulierend auf die älteren Kulte Nigerias.

Die Kulte

Die folgende phänomenologische Skizze kann angesichts der Verschiedenartigkeit der Kulte nicht vollständig sein.

Bilder und Schreine

Yorubaland ist voller Natursymbole (Hügel, Bäume, große Felsen, Flüsse), von denen viele zu Hierophanien (Erscheinungen des »Heiligen«) der *orishas* wurden. Bei ihnen befinden sich die Schreine, während es in anderen Gebieten auch Hausschreine und Tempel gibt. Statuen mit und ohne Abbildungscharakter (ikonisch/anikonisch) werden zusammen mit anderen Kultgegenständen beim Schrein untergebracht. In letzter Zeit kam es wegen der Nachfrage nach Bildern auf dem überseeischen Markt zu einem Wechsel zu anikonischen Statuen. So wurden verschiedene *orishas* 1975 im Schrein des Shango-Priesters Elegun durch Tongefäße dargestellt. Bilderreich sind weiterhin die Maskenkulte: Egungun im Oyogebiet, Gelede in Egbado und Epa in Ekiti. Die Kultgruppen werden sowohl durch charakteristische Bilder wie durch Kleidung und Farben hervorgehoben.

Heilige Handlungen

Die täglichen Riten in den Häusern und an einfachen Schreinen bestehen häufig in der Niederwerfung vor dem *orisha* und seiner Anbetung, begleitet von einem Kolanuß-Orakel und einem Speiseopfer. Bei der wöchentlichen Verehrung ist die örtliche Kult-Gruppe beteiligt. Ayodele Agundipe hat die Gruppe beschrieben, die in den 60er Jahren in Lagos den *orisha* Eshu verehrte: Zu dieser Verehrung gehörten folgende Elemente: 1. Vorbereitung auf den Ritus. 2. Begrüßung und Aufforderung zur Verehrung; 3. Reinigung des Eshu-Bildes; 4. Anrufung des *orisha*, ausgedehnte Lobgesänge (*oriki*), Schlagen des Gebetsgongs, besondere Fürbitten (zum Beispiel: »Laß den Tod uns nicht töten… und uns nicht von Krankheit befallen werden …und uns nicht durch Mangel zerstört werden … Eshu erbarme dich«); 5. Brechen und Verteilen der Kolanüsse; 6. Verspritzen von Trankopfern; 7. Darbietung von Speiseopfern; 8. gemeinsame Mahlzeit. Begräbnisriten für Prominente und Jahreszeitenfesten werden aufwendiger gestaltet. Die Feiern zur Bestattung einer *Shango*-Priesterin (*iya Shango*) in Ejigbo 1972 dauerten einen ganzen Tag und enthielten auch ein Blutopfer, langes Tanzen, Trommeln und »Einwohnung« des Gottes *Shango*. Das jährliche *orisha*-Fest kann sich unter der Ägide der sakralen Könige der Stadt über sieben Tage und mehr erstrecken.

Das Heilige Wort

Zwei Formen des von der Gottheit stammenden Wortes verdienen unsere Aufmerksamkeit: die vielfarbigen Mythen der *orishas* (*itan*), die ihren Aufenthalt auf der Erde beschreiben; und die Orakel (etwa mit einer Kolanuß und den 16 Kaurischnecken) werden immer noch weithin geschätzt. An die Gottheit gerichtet sind, wie wir gesehen haben, Loblieder (*oriki*). Vor allem die weiblichen *olorishas* schöpfen aus einem großen Reservoir an Lobgesängen, mit denen sie ihre *orishas* verehren.

Kosmologie und Gottesvorstellung

Das traditionelle Kosmos besteht aus der Welt der Lebenden (*aiye*) und der Geisterwelt (*orun*). Die Lebenden reisen nach dem Tod in die Geisterwelt aber sie können dorthin auch im Traum oder in einer Vision in diesem Leben noch gelangen. Entsprechend können jene, die sich zum *orun* begeben haben, die Lebenden verkleidet hinter Egungun-Masken besuchen.

Orishas sind ebenfalls in dieser Welt anwesend und können zwischen den Welten reisen. Von den *orishas* als Formen der Gottheit könnte vieles gesagt werden, doch drei Dinge müssen genügen: Erstens, *Olorun* oder *Olodumare* (die Gottheit des Himmels) steht abseits und über den *orisha*-Kulten (so wie es auch bei den Muslimen und den Christen geschieht). Zweitens, bei den vielen *orishas* findet man Gruppenbildung oder Filiation und Heiratsregeln (Austausch von Ehepartnern). Schließlich bleibt es jedem *olorisha* vorbehalten, seine oder ihre private Gruppe zu Hause zu bilden. Drittens, wie nimmt ein *orisha* Formen an, wie verwandelt er sich? Ein *orisha* enthüllt sich selbst durch Offenbarung. Diese mag verblassen oder einen Lokalkult begründen. Der wiederum kann sich zu einem Regionalkult erweitern und schließlich zu einem bei allen Yoruba verbreiteten, ja sogar inter-kontinentalen Kult entwickeln. So gesehen, bietet die Geschichte der Yoruba-Religion immer nioch Entwicklungsmöglichkeiten.

LITERATUR: H. Courlander: Tales of Yoruba Gods and Heroes. New York 1973. – Peter McKenzie: Yoruba Orisha Cults. In: Journal of Religion in Africa 8 (1976), S. 189–207. – Ayodele Ogundipe: Eshu Elegbara, The Yoruba God of Chance and Uncertainty. Bloomington 1978. – J. O. Awolalu: Yoruba Beliefs and Sacrificial Rites. London 1979. – G. E. Simpson: Yoruba Religion and Medicine in Ibadan. Ibadan 1980. – Peter McKenzie: The Phenomonogy of Yoruba Religion. In: Africana Marburgensia 20 (1987), S. 19–34. – Karin Barber: Oriki, Women and the Proliferation and Merging of Orisha. In: Africa 60 (1990), S. 313–337.

Peter R. McKenzie

Traditionelle Religionen Ostafrikas

Allgemeines

Neben einigen nilotischen Ethnien leben vor allem Bantuvölker in Ostafrika. Ihre Religionen sind von den allgemeinen Grundanschauungen afrikanischer ursprünglicher Religionen durchdrungen. Kontroverse Diskussionen werden über die Stellung des Gottesglaubens und die Beurteilung des Ahnenkults geführt. Eine besondere Ausprägung des Gemeinschaftsgedankens findet sich im *ujamaa*-Konzept Nyereres in Tanzania.

Der Begriff »Ostafrika« meint im engen Sinn die drei Staaten Kenya, Tanzania und Uganda, die bis 1977 die Ostafrikanische Gemeinschaft bildeten. Andererseits kann das Verbreitungsgebiet des Kiswahili als Ostafrika bezeichnet werden. Diese lingua franca Ostafrikas, die, wenn auch stark vom Arabischen beeinflußt, zur Gruppe der Bantusprachen gehört, ist in Kenya und Tanzania Staatssprache, wird aber auch im Osten Zaires, in Uganda, Ruanda und Burundi sowie in den nördlichen Teilen von Zambia, Malawi und Mosambik verstanden. Diese sprachliche Komponente ist auch in religiöser Hinsicht wichtig, weil hier im Unterschied zu den meisten Teilen Afrikas eine genuin afrikanische Sprache nicht nur nationale, sondern gerade auch afrikanische Identität vermittelt.

Die Bevölkerung Ostafrikas ist in eine Vielzahl von Ethnien (in Tanzania zum Beispiel 120) gegliedert, die, obwohl fast alle Bantuvölker, dennoch jeweils durch eine eigene Sprache, Kultur und Religion geprägt sind. Zwar lassen sich gemeinsame Grundstrukturen erkennen, trotzdem ist mit gutem Grund von afrikanischen Religionen im Plural zu sprechen, auch wenn eine Reihe afrikanischer Gelehrter die Einheit der traditionellen Religionen in ganz Afrika hervorhebt und dementsprechend von afrikanischer Religion nur im Singular spricht und schreibt.

Dini za asili – Ursprüngliche Religionen

Angesichts eines sich entwickelnden Nationalbewußtseins in den einzelnen Staaten Ostafrikas wird der im deutschen noch vielfach benutzte Ausdruck »Stamm« für die einzelnen Ethnien als negativ empfunden. Statt des Begriffes Stammesreligionen sollte in Anlehnung an den im Kiswahili üblichen Ausdruck *dini za asili* die Bezeichnung »ursprüngliche Religionen« oder »Urreligionen« weitere Verbreitung finden. Die Kiswahili-Bezeichnung *dini ya kienyeji* (einheimische Religion) hat dagegen immer einen negativen, ablehnenden Klang.

In Ostafrika liegt einerseits eine der Wiegen der Menschheit, wie die Ausgrabungen 1957–1963 in der Oldovai-Schlucht in Nordtanzania beweisen. Andererseits geht die heutige Bevölkerung Ostafrikas auf die Wanderungsbewegungen der Bantu zurück. Es wird vermutet, daß diese Migration aus dem Kongobecken kam, um 500 n. Chr. den Viktoriasee erreichte und von dort den Rest Ostafrikas besiedelte. Diese Wanderungsbewegungen, von der viele Traditionen sprechen, lassen sich bis in das 18. Jahrhundert nachweisen. Ursprünglich waren die Bantu Viehhirten und Wanderhackbauern. Heute ist die Kultur der Bantuvölker in Ostafrika durch den Ackerbau geprägt.

Vom 16. Jahrhundert an verbreitete sich durch arabische Händler der Islam in Ostafrika, dem sich vor allem im Küstenbereich viele Afrikaner anschlossen. Seit dem 19. Jahrhundert breitete sich auch das Christentum aus, das besonders in ländlichen Gebieten Fuß faßte. Heute muß davon ausgegangen werden, daß etwa 30 Prozent der Bevölkerung Anhänger ursprünglicher Religionen sind. Genaue Religionsstatistiken gibt es freilich nicht.

Der aus Kenya stammende Theologe John S. Mbiti war einer der ersten Afrikaner, der eine Darstellung afrikanischer Religion und Weltanschauung vorlegte. Es sind meist christliche Theologen, welche die Traditionen und Werte der ursprünglichen Religionen untersuchen und danach fragen, welche Elemente für die christliche Theologie und Praxis fruchtbar gemacht werden können. Hieraus entwickeln sich kontextuelle Theologien, die bewußt danach suchen, die christliche Botschaft im Kontext afrikanischer Kultur und religiöser Werte zu entfalten und zu verwurzeln.

Viele afrikanische Autoren betonen, daß die afrikanischen Religionen seit alters monotheistisch seien und der Glaube an den einen Gott das Zentrum der Religion bilde. Im Widerspruch dazu steht die Beobachtung, daß in der Religionspraxis (zum Beispiel Ahnenkult) die Anrufung Gottes keine Rolle spielt. Vielmehr ist davon auszugehen, daß sich einige der in Ostafrika gebräuchlichen Gottesbezeichnungen aus Ahnenvorstellungen entwickelt haben, zum Beispiel durch die Vergöttlichung von Urahnen oder Heroen. Beispiele dafür sind die Gottesnamen *Nguluve*, *Kyala* oder auch die weitverbreitete Bezeichnung *Mulungu* beziehungsweise *Mungu*. Andere Namen gehen eindeutig auf coelare Vorstellung (zum Beispiel *Iruva:* Sonne) zurück. Da die Missionare die traditionellen Gottesnamen in ihrer Verkündigung aufnahmen und auf den biblischen Gott bezogen, hat sich auch im traditionellen Kontext das Gottesbild stark verändert. Es ist kaum noch zu erheben, was hier genuin afrikanisch und was christlich beeinflußt ist.

Ujamaa

Zentrum der ursprünglichen Religionen der Bantuvölker in Ostafrika ist nicht ein Gottesglaube, sondern das Leben, das nie individualistisch verstanden wird, sondern immer Teilhabe am Leben der Gemeinschaft meint. Dieses Leben und damit die Gemeinschaft zu erhalten und zu fördern, sind die Grundgebote afrikanischer Ethik. In den sogenannten Übergangsriten, die den Lebenszyklus des Menschen begleiten, wird dieser Anschauung Rechnung getragen. In Einzelheiten variieren diese Riten von Volk zu Volk. Auch Beschneidungsriten sind nicht in allen Völkern Ostafrikas verbreitet.

Aus der Einbindung in die Gemeinschaft ergeben sich Verpflichtungen. Wenn Notfälle auftreten, hat die Großfamilie zu helfen und für den Notleidenden einzutreten. Dieser Grundsatz des Familiensinns hat in Ostafrika eine politische Variante gefunden: das tanzanische Konzept von *ujamaa*, das vorschnell mit Afrikanischer Sozialismus übersetzt wird, aber seine Wurzeln eben nicht im sozialistischen Denken Europas, sondern in diesen afrikanischen Traditionen hat. *Jamaa* heißt Familie, Gemeinschaft. *Ujamaa* als Abstraktum meint also Familienschaft, Familiensinn, Familiengemeinschaft. Die Politik der *ujamaa* möchte die Erfahrungen und Grundsätze, die bisher für die Familie galten, auf die ganze Nation übertragen und den hier praktizierten Gemeinschaftssinn zur Grundlage des Staates machen. »In unserer traditionellen afrikanischen Gesellschaft waren wir Individuen innerhalb einer Gemeinschaft. Wir kümmerten uns um diese Gemeinschaft, und die Gemeinschaft kümmerte sich um uns (...) Die Grundlage und das Ziel des afrikanischen Sozialismus ist die Großfamilie. *Ujamaa* kann von seinem traditionellen Erbe her den Bereich von >Gesellschaft< als eine Ausweitung der Grundeinheit Familie verstehen.« (Julius Nyerere)

Der Staat als füreinander sorgende Familie eine Utopie? Das Konzept ist gescheitert, weil es nicht gelang, den Familiensinn auf den Staat zu übertragen, sondern der Gruppenegoismus größer war. Das ganzheitliche Denken der *ujamaa* ist an real gewachsene Beziehungen gebunden. Insofern war das *ujamaa* Konzept eine Utopie und konnte nicht als Grundlage einer Realpolitik dienen. Dennoch ist der Einfluß dieses Bewußtseins auf die tanzanische Nation nicht zu unterschätzen.

Ahnenkult oder Ahnenehrung?

Die eben beschriebene Familienschaft beschränkt sich nicht nur auf die Lebenden, sondern wurzelt in der Vergangenheit. Die Ahnen gehören mit zur Familie dazu. Sie sind Ursache dafür, daß es uns heute überhaupt gibt. Nur von ihnen her kann man das Jetzt verstehen. Sie beeinflussen das Leben. Um sie zu versöhnen und in Zeiten der Not ihr Wohlwollen zu erlangen, werden in heiligen Hainen, den Begräbnisstätten der Vorfahren, Opfer dargebracht. Ein Teil davon wird den Ahnen an einem bestimmten Platz, zum Beispiel einem Baum, übergeben, der Rest gemeinsam verzehrt.

Weil die Ahnen die Garanten des Lebens sind, ist dieser Ahnenkult das Zentrum der Religionsausübung auch in Ostafrika. Diese Beurteilung ist aber umstritten. Afrikanische Autoren sehen in der Ahnenverehrung nicht primär einen religiösen Akt, sondern ein Sozialverhalten, eine Ehrerbietung den Alten gegenüber, die über den Tod hinausgeht. Deshalb sprechen sie nur von Ahnenehrung. Dies ist aber eine verkürzte Sichtweise dieser Praxis.

Wahrsager, Zauberer und Hexer

Wie überall in den Urreligionen haben die Wahrsager und Heiler auch in Ostafrika eine wichtige positive Funktion. Sie nehmen im traditionellen System eine Schlüsselstellung ein; denn sie entscheiden, ob ein Mensch verhext oder vergiftet wurde, ein Tabu gebrochen oder die Ahnengeister entehrt hat oder aber ob der Regierungsarzt aufgesucht werden muß. »Die Feststellungen der Wahrsager werden ohne jede Frage geglaubt und befolgt. Was sie durch ihre Wahrsagerei herausfinden, wird von der Mehrheit als absolute Tatsache geglaubt«, beobachtet Swantz in Dar es Salaam. Der Diagnose entsprechend, behandeln die Heiler die Leiden mit Anweisungen zu Ahnenopfern, Amuletten, körperlichen Manipulationen, Tees oder pflanzlichen Medizinen. Heute nennen sich diese Heiler gern Herbalisten, um anzudeuten, daß sie den Patienten nur verschiedene pflanzliche Heilmittel verordnen, die nachgewiesenermaßen eine heilende Wirkung haben.

Von der Wahrsagerei strikt zu trennen sind Zauberei und Hexerei als Feinde der Gesellschaft, die Unheil bringen, das Zusammenleben der Menschen stören und Leben vernichten. Streng genommen gehören sie nicht zur ursprünglichen Religion, sondern sind als parareligiös einzustufen. Die Grenzen zwischen Zauberer und Heiler sind heute aber fließend.

Der Glaube an Hexerei und Zauberei ist seit Beginn der Kolonialzeit und der Missionsarbeit der Kirchen nicht nur unverändert stark geblieben, sondern hat sogar noch zugenommen. Denn durch die modernen Einflüsse auf die traditionelle afrikanische Gesellschaft wurden das Werte- und Sozialsystem verändert. Die zum Teil schwindende Macht der Ahnen wird durch die von Hexen und Zauberern ersetzt.

Neben den Bantu leben einige nilotische Völker in Ostafrika, die sich auch in der Religion von ihnen unterscheiden. Das bekannteste ist das Nomadenvolk der Massai. Die zentrale Stellung des Ahnenkults fehlt hier. Stattdessen ist der Glaube an Gott *Engai* stark ausgeprägt. Das soziale Gefüge ist weniger durch die Familie bestimmt als durch die Altersgruppe der gemeinsam Initiierten, die zeitlebens eine Einheit bilden. Die religiöse Vorstellung anderer nilotischer Völker, zum Beispiel der Luo in Uganda, ist durch den Glauben an *Jok* gekennzeichnet, eine Geistvorstellung, die sich sehr unterschiedlich manifestieren kann und das Leben der Menschen bestimmt.

LITERATUR: Julius K. Nyerere: Afrikanischer Sozialismus. Stuttgart 1972. – John S. Mbiti: Afrikanische Religion und Weltanschauung. Berlin 1974. – Lloyd Swantz: Medicine Man Among the Zaramo of Dar es Salaam. Uppsala 1990. – Ngoy Kasukuti: Recht und Grenze der Inkulturation. Erlangen 1991. – Johannes Triebel: Gottesglaube und Heroenkult in Afrika. Erlangen 1992.

Johannes Triebel

Traditionelle Religionen Südafrikas

Von den etwa 18 Millionen Schwarzafrikanern Südafrikas gehören noch 20 bis 25 Prozent den Stammesreligionen an. Die Bedeutung der Stammesreligionen ist jedoch größer, als es sich in Zahlen ausdrücken läßt, da sie das Denken, die Symbolwelt und das rituelle Handeln auch der Christen vielfach bestimmt. Das wird besonders an den sogenannten Unabhängigen Kirchenbewegungen deutlich, die eine Art Zwischenglied zwischen Stammesreligionen und den aus Europa stammenden christlichen Kirchen bilden und afrikanische und christliche Traditionen miteinander verbinden.

Stammesreligionen sind dadurch gekennzeichnet, daß Religion und Gesellschaft eine Einheit bilden. Das gilt sowohl im Blick auf das Territorium als auch die soziokulturelle Gestalt. Außerhalb des Stammesgebietes haben sie keine Gültigkeit. Sie sind unmissionarisch und nach außen tolerant. Im Innern aber beansprucht sie ursprünglich absolute Gültigkeit; denn es würde den Stamm bedrohen, wenn er innerhalb seiner Grenzen verschiedene, konkurrierende Religionssysteme tragen müßte. Die ersten Christen wurden entsprechend nach der Bekehrung aus dem Stammesverband ausgeschieden oder hatten mit schweren Sanktionen zu rechnen.

Jeder Stamm hat seine eigene, spezifische Religion: die der Zulu, Xhosa, Venda, Sotho usw. Dennoch kann man sie zusammenfassend gemeinsam darstellen, da sie in ihren Grundstrukturen bemerkenswert übereinstimmen. Das gilt auch über den gemeinsamen Sprachraum (Bantusprachen) hinaus, nämlich für die Khoisan-Völker (Buschleute u. a.), die noch am Rande Südafrikas leben, auch wenn hier größere Unterschiede festzustellen sind.

Will man das symbolische Zentrum der Stammesreligionen benennen, das alle Aspekte dieser an Traditionen und Gestaltungen so reichen Religionen (von »primitiv« kann nicht die Rede sein) brennspiegelgleich zusammenfaßt, so kann man ein in Südafrika weit verbreitetes Sprichwort zitieren; »Der Mensch wird Mensch durch den Menschen«.

Die Stammesreligionen orientieren sich am Menschen und wollen dem Menschen helfen, sein Leben in einer harmonischen Gemeinschaft zu führen. »Leben ist die große Sache, die zählt«, interpretierte der große Afrikanist Diedrich Westermann zutreffend afrikanische Religiosität. Aber es ist nicht das indivuelle Leben des abendländischen Menschen gemeint. Afrikaner sind sich viel stärker als wir dessen bewußt, daß ihr Leben immer das von den Vätern, den Ahnen ererbte Leben ist und jeder unter der Verpflichtung steht, dieses Leben an die nächste Generation weiterzugeben und zu vermehren. Viele Kinder zu haben, ist nicht nur soziales Prestige und Mittel der Altersversorgung, sondern eine religiöse Pflicht; Kinderlosigkeit dagegen nicht nur ein Unglück, sondern Schuld oder Strafe.

Keiner lebt ein individuelles Leben; denn Leben ist durch Interdependenz gekennzeichnet. Jeder ist tief verwoben in das Netz der Kräfte von Familie und Welt. Was einem Familienmitglied passiert, berührt alle anderen. Die Krankheit des einen schwächt auch die anderen. Deshalb kommen die Familien zusammen, wo immer möglich und nötig, um sich zu stärken, zur gegenseitigen Hilfeleistung, zum Feiern. Individuelles Vorankommen – Kennzeichen unserer von der Ökonomie geprägten Gesellschaft – kann es hier kaum geben. Was man hat, muß mit anderen geteilt werden, auch das selbstverdiente Geld und Gehalt.

Die Interdependenz des Lebens geht über den Kreis der Familie und Mitmenschen hinaus. Sie reicht in die Welt der Tiere und die Fruchtbarkeit des Feldes hinein. Der Totemismus, das heißt die Bindung von Familien an bestimmte Tiere, nach denen sich der Clan benennt, Tabugesetze, Meidungsvorschriften und anderes mehr finden hier ihre plausible Erklärung. Das » ich bin« abendländischer Philosophie kann ein Angehöriger der Stammesreligionen nicht nachvollziehen. Statt »Cogito – ergo sum«, wie Descartes es ausdrückte, formulieren Afrikaner »Participo – ergo sum« : Ich nehme teil, daran erkenne und weiß ich, daß es mich gibt. Leben ist Teilhabe !

Das Leben ist immer ambivalent: Es gibt böse und gute Kräfte. Im Zusammenleben muß die Ambivalenz in Eindeutigkeit überführt werden. Das geschieht durch das Wort. Durch das gute Wort, das Preislied, den Segensspruch und das weisheitliche Sprichwort, welches das Zusammenleben regelt, wird das Böse überwunden und das Gute gestärkt. Afrikaner gehen deshalb mit Worten sehr vorsichtig um. Es ist als Segen und als Fluch immer wirksames Wort.

Das Leben ist begrenzt. Wie alle Menschen in der Welt, so fürchten auch Afrikaner den Tod, vor allem den unzeitgemäßen, plötzlichen Tod. Der ruhige Tod eines alten Menschen aber, der Kinder und Kindeskinder gesehen hat, wird erwartet. Für ihn ist der Tod ein Übergang in ein anderes Leben, nämlich das der Ahnen. Wie das Leben der Ahnen aussieht, dafür interessiert man sich nicht besonders. Irgendwie ist es eine Fortsetzung des hiesigen Lebens. Wichtig ist vielmehr, daß die Hinterbliebenen den Verstorbenen rituell zur Neugeburt ins Jenseits verhelfen, so daß er als Ahn zukünftig den Hinterbliebenen beisteht und dafür sorgt, daß es ihnen und dem Vieh wohlgeht. Die enge Verbindung zu den Vätern und d. h. zur Vergangenheit, zu den Wurzeln, darf nicht abreißen; denn sie allein garantiert den Zusammenhalt der Familie und des Clans in der Gegenwart und in der Zukunft. Das meint und symbolisiert der Ahnenglaube.

Hinter den Ahnen steht Gott. Von ihm kommt letztlich auch das Leben. Bei den Sotho wird er *Modimo* genannt. Der Begriff wird von der Wurzel *dima* abgeleitet, was »durchdringen«, »erfüllen« meint, so wie Wasser einen Stofflappen durchdringt. Gott ist also derjenige, der alles durchdringt und erfüllt. Er ist die »allerhöchste Energie«. *Mothlodi*, »Quelle des Seins« kann er genannt werden oder *Hlaahlaha*, »dessen Ursprung unbekannt ist«. Die Zulu nennen ihn *Umvelingqangi*, »Der Alte der Tage« oder »dessen Erscheinen unbekannt ist«. Die verschiedenen Benennungen drücken Gotteserfahrungen aus, die die Menschen in ihrer Umgebung mit Gott machen. Letztendlich aber ist er der Ferne, Unbekannte. Zu ihm geht man nicht mit kleinen Dingen des Alltags. Damit belästigt man die Ahnen. Auch Opfer bringt man ihm nicht. Er ist zu groß dafür. Nur wenn ein übergroßes Glück den Menschen überfällt, dankt man ihm mit kurzen Ausrufen. Wenn ein großes Unglück eine Familie trifft und in seiner Schwere und Tiefe nicht mehr erklärt werden kann, dann weiß man : Hier war Gott am Werk. Für die Stammesreligionen sind Trauerriten, welche die Hinterbliebenen durch eine Trauerphase hindurch begleiten, sehr wichtig. Wenn aber jemand – so bei den Zulu – vom Blitz erschlagen wird, dann begräbt man ihn möglichst bald in kühler, feuchter Erde und wird keine Trauerriten durchführen. Gott selbst hat eingegriffen. Hier muß man verstummen und klaglos das Schicksal akzeptieren!

Monotheistisch im strengen Sinn des Wortes kann man den Gottesglauben der Stammesreligionen in Südafrika nicht nennen, auch wenn er nicht polytheistisch ist, wie etwa die westafrikanischen Stammesreligionen Beides sind westliche Kategorien. Afrikaner denken nicht in solchen Begriffen, für sie kommt es in der Religion auf die Erfahrung an. Gott aber wird in dem tausendfachen Gesicht der Wirklichkeit erfahren. Darum hat er viele Namen und steht doch für den einen, letzten Horizont der Wirklichkeit, den der Mensch nicht überschreiten kann.

Die Welt zwischen Gott und den Menschen ist noch mit anderen Kräften, guten und bösen, gefüllt. Eine Vielzahl von Geistern ist bekannt, die man teils fürchtet, teils verspottet; Natur-, Erd- oder Himmelsgeister. Die *diviner* (Medizinmänner beziehungsweise -frauen), die auch zu den Ahnen ein besonderes Verhältnis haben, wissen mit ihnen umzugehen. Sie sind hauptberuflich dafür zuständig. Sie sind im Dorf Arzt, Psychotherapeut, Priester und Sozialarbeiter in einem. Von ihnen sind die Zauberer und Hexen zu unterscheiden. Die tun Böses, heimlich und im Dunkeln. Sie wenden sich gegen ihre eigenen Leute, was eine Perversion ethisch richtigen Verhaltens schlechthin ist.

Die Religion nimmt in der Gesellschaft zweifach Gestalt an: im rituellen und im ethischen Handeln. Die Riten begleiten den einzelnen Menschen durch die Lebensstadien (Geburt, Pubertät, Hochzeit, Sterben) und die Gemeinschaft bei den sie berührenden Ereignissen des Jahreszyklus (Aussaat, Ernte) und sonstigen wichtigen Vorkommnissen, wie Jagd, Inthronisation des Häuptlings, Regenzeremonien, Iniationszeremonien etc. Die Riten helfen den Menschen, Krisenzeiten zu durchstehen, sie festigen die Gemeinschaft und vermitteln die Grundwerte von Religion und Gesellschaft. Kurz, sie stärken das Leben und wollen Gefahr und Tod abwehren.

Der zentrale Grundwert aber, der aus allem sozialen und religiösen Tun spricht, ist die Überzeugung, daß Menschsein nur in Gemeinschaft möglich ist. Nur gemeinsam kann man leben und überleben. Das Ziel ethischen Handelns ist das gute Dorf, die harmonische Lebensgemeinschaft. Das schließt im Detail ein: 1. Ehrfurcht vor dem Nächsten, das heißt Achtung seiner Position und Anerkennung seiner Stellung in der hierarchisch gegliederten Gesellschaft; 2. Hilfsbereitschaft. Man achtet aufeinander und sorgt dafür, daß jedem das Seine zukommt; 3. Selbstüberwindung und Weisheit sind wesentliche Tugenden, die dem gleichen Ziel dienen.

Unbeherrschtheit, unnütze scharfe Worte, lautes Gezeter stören den Dorffrieden; denn sie lassen sich in den Wirkungen nicht kontrollieren. Deshalb muß man in den Beschneidungsschulen früh lernen, Schmerz zu ertragen, Überlebensstrategien gemeinsam zu entwerfen und selbst in allerschwersten Situationen »kühl« zu bleiben. »Kühle« ist das Symbol für Weisheit schlechthin. Sie wird durch die Farbe »weiß« symbolisiert, die zugleich als Symbol für die Ahnen und für Frieden steht. So gilt für die Stammesreligionen in Südafrika: »Frömmigkeit ist das Streben nach Frieden«.

LITERATUR: I. Schapera: The Khoisan Peoples of South Africa. Bushmen and Hottentots. London 1965 (Repr.).–W. D. Hammond-Tooke: The Bantu-Speaking Peoples of Southern Africa. London 1974. – A. I. Berglund: Zulu Thought-Patterns and Symbolism. London 1975.–Theo Sundermeier: Nur gemeinsam können wir leben. Das Menschenbild schwarzafrikanischer Religionen. Gütersloh 1990 (Literatur). *Theo Sundermeier*

Die Religion der Samen (Lappen)

Das Volk der Samen

Die Samen (ihr eigener Volksname anstelle der häufig gebrauchten Bezeichnung Lappen) bewohnen heute Nordskandinavien, Nordfinnland und die Kolahalbinsel. Ihr Siedlungsgebiet reichte früher weiter nach Süden. Die verschiedenen samischen Ethnien, die sich als ein zusammengehöriges Volk verstehen, verteilen sich auf die Staaten Norwegen, Schweden, Finnland und Rußland. Das Gesamtgebiet umfaßt etwa 260 000 km², die insgesamt von 1,5 Millionen Menschen bewohnt werden. Die Anzahl der Samen wird nach älteren Angaben auf etwa 58 000 geschätzt: in Schweden 20 000, in Norwegen mehr als 30 000, in der GUS 2 000, in Finnland etwa 4 000–5 000. Die Samen verstehen sich als Urbevölkerung des Lebensraumes, in den unter anderen Schweden, Norweger, Russen, Finnen kolonisierend eingedrungen sind und sich als herrschende Majoritäten etabliert haben. Der Lebensraum umfaßt Meeresküste, Gebirge, Tundra, Flüsse, Sümpfe, Wälder. Nach Art der Lebensweise und Wirtschaftsform wurden traditionell drei Gruppen unterschieden: Die vollnomadisierenden Gebirgssamen (Fjällsamen), die ihre Rentierherden folgend jahrzeitlich von den Waldgebieten als Winterweide zu den Almen des Hochgebirges (Fjäll) als Sommerweide zogen und umgekehrt, oder in Norwegen entsprechend zwischen Landesinnerem und Eismeerküste. Die Waldsamen hielten die Rentiere in einem kleinerem Umkreis von einem festen Wohnplatz aus. Seesamen betrieben weniger Rentierhaltung, sondern lebten als Jäger, Fischer mit bescheidenem Gartenbau und Schafhaltung. Nach der Lebensweise sind mit ihnen die Flußsamen verwandt. Etwa ein Fünftel aller Samen baut gegenwärtig seine Existenz auf der Rentierhaltung auf, 4/5 arbeiten in anderen Berufen. Die Skoltsamen in Petsamogebiet und die Samen auf der Kolahalbinsel ähneln in Lebensweise und Wirtschaftsform den schwedischen Waldsamen. Unter allen Berufen ist die Rentierhaltung bestimmend für das Identitätsbewußtsein der samischen Gesellschaft. Die meisten Samen versuchen in irgendeiner Form darin einbezogen zu sein. Moderne Lebensweise mit ihren technischen Möglichkeiten wie Motorschlitten, Motorrad,

Auto, Elektrizität, Radio, Fernsehen, Funk und Wohnkomfort haben die Unterschiede weitgehend aufgehoben und die samischen Gruppen untereinander als auch zu den Majoritäten in Richtung einer westlichen Zivilisationsgesellschaft angeglichen.

Die Samen gehören zum finnisch-ugrischen Sprachkreis, einem Zweig der uralischen Sprachfamilie, dem unter anderem auch Samojedisch, Finnisch, Estnisch und Ungarisch zuzuordnen sind. Das Samische bildet etwa 50 Dialekte, die sich jeweils zu einer ost-, nord-, Lule- und Pite- (nach Flußgebieten) und südsamischen Gruppe zusammenfassen lassen.

Zur Herkunft der Samen gibt es verschiedene, nicht abgeschlossene theoretische Ansätze. Einmal werden die Samen in Verbindung zu einer steinzeitlichen Kultur gebracht, zum anderen werden sie als Nachfahren von Einwanderern aus östlichen Gebieten (Asien) gesehen. Dabei soll ein Zug über den Baltischen Schild, dann sich teilend einmal nördlich um das Ostseebecken zum Eismeer, ein anderer in früher postglazialer Zeit dem weichenden Eis folgend in das Landesinnere gegangen sein. Es wird versucht, die kulturhistorischen und rassischen Unterschiede unter den einzelnen samischen Gruppen zu erklären. Laufende archäologische, ethnologische und und kunsthistorische Untersuchungen versuchen die Thematik abzuklären.

Die Religion der Samen

Die Lebensform der Samen als Jäger und Sammler und später ab den 15. Jahrhundert als rentierzüchtende Nomaden hat ihre ursprüngliche Religion kosmisch eingebunden sein lassen. Der ständige Aufenthalt in und die Auseinandersetzung mit der Natur haben sie deren Erscheinungen wie Wind, Felsen, Flüsse, Seen, Berge, Bäume, Tiere u. a. als beseelte Wesen erleben lassen. Zeugnisse aus den früheren Jahrhunderten sind spärlich und zumeist von christlichen Missionaren aus dem 16./17. Jahrhundert übermittelt. Vergleichende Forschungen legen Verwandschaft und Austausch mit asiatischen Ethnien nahe.

Als höchste Götter wurden Radien-Attje, der Urvater, und seine Frau Radien-Akka verehrt. Letztere wurde auch mit der Stammutter Madderakka gleichgesetzt. Radien-Attje gilt als Gott des Weltalls, als Lebensspender, er hält den Kosmos in Gang, ihm werden Opfer für Glück in der Rentierhaltung und Fruchtbarkeit gebracht. Er nimmt die toten Seelen in seinen Wohnsitz auf die zuerst in das Totenreich Jabmeaimo hinabsteigen müssen. Den Göttern gegenüber ungehorsame Menschen schickt er in die Unterwelt zu der Gottheit Rota. Die Töchter von Madderakka sind Sarakka, Uksakka und Juksakka. Die Stammutter Madderakka empfängt nach häufiger Überlieferung von Radien-Pardne, dem Sohn Radien-Attjes, die Seele eines werdenden Menschen. Sie formt den Körper. Sie reicht ihn ihrer Tochter Sarakka als menschliches Wesen weiter. Diese bringt ihn in einen Mutterleib und sorgt dafür, daß er geboren wird. Das Geschlecht des Kindes wird von Juksakka im Mutterleib festgelegt. Die drei Töchter Madderakkas stehen der Frau bei Menstruation, Schwangerschaft und Geburt bei. Sie bewachen und stützen das neugeborene Kind. Sie werden angerufen, um den Frauen Fruchtbarkeit zu bringen.

Der Mensch gründet auf zwei Prinzipien: Körper und Seele. Hinsichtlich der Seele wird zwischen einer Freiseele und einer Lebensseele unterschieden. Die letztere kann den Körper bei bestimmten Gelegenheiten verlassen zum Beispiel im Schlaf, bei Krankheit, in Ekstase. Die Lebensseele hingegen ist fest mit dem Körper (Skelett) verbunden. Sie wird unter anderem mit dem Atem identifiziert. Es finden sich Vorstellungen von Reinkarnation. Es wird geglaubt, durch Weitergabe des Namens eine Verbindung zwischen Verstorbenem und Neugeborenem stiften als auch die Eigenschaften des Verstorbenen auf den Neugeborenen übertragen zu können.

Außerdem wurden eine Reihe von mächtigen Naturerscheinungen unmittelbar durch Götter personifiziert. Der Donnergott Tiermes, oder auch Horagalles genannt, wurde in Form von Bergen und Seen vorgestellt. Er war mit Hammer und Keule ausgerüstet und bestrafte Böse mit Donnerschlag und Blitz. Es seien hier einige männliche Gottheiten genannt: Varalden-Olmai (Gott der Fruchtbarkeit), Bjiegg-Olmai (Herr des Windes und des Wetter), Beiwe (Sonnengott), Mano (Mondgott), Leib-Olmai (Mann des Blutes, Gott der Jagd, Herr der Tiere besonders in Verbindung mit dem Bärenkult: den Bären zu töten, zu verspeisen und die Reste zu begraben). Kas-Olmai (Gott der Fische), Tsats (Herr des Wassers), ebenso einige weibliche Gottheiten: Viku Akka (Herrin des Waldes, über dessen Tiere und Pflanzen), Rana-Neyda (Göttin des Wachstums, die vor allem für frisches grünes Gras für die Rentiere sorgt, höchste weibliche Gottheit), Jamie-Akka (Herrscherin des Totenreiches).

Zugleich war der Glaube an Geister in Gestalt von Kobolden, Elfen und Uldageistern ausgeprägt. Die unterirdisch lebenden Uldageister können hilfreich oder peinigend in den Alltag eingreifen, so auch Stallo, ein teufelsähnliches Wesen, der Dämon des Waldes, der sagenumwobene Kinderschreck. Die Samen sahen jede Tierart unter einem eigenen Schutzgeist, zum Beispiel haben verschiedene Fischarten ihren Fischältesten, Vögel ihre Vogelmutter. Es läßt sich eine Typologie der Schutzwesen aufstellen: 1. Die Seele als Schutzwesen des Einzeltieres. 2. Die Artgeister der einzelnen Tiergattungen. 3. Die allgemeinen-Tiereigner oder Gottheiten der Tiere und der Jagd, die aus der Tierwelt, den Artgeistern hervorgehen. 4. Die besonderen Jagdgottheiten ohne eine unmittelbare Verbindung zur Tierwelt usw. 5. Allgemeine und lokale Naturwesen als Schutzgeister des Wildbestandes in seinem jeweiligen Bereich, Geister des Waldes, der Berge und des Wassers. Oft stimmten wahrscheinlich die Funktionen der Tiereigner (Wildgeister) mit denen der Naturwesen (Naturplatzeigner) überein.

Mit diesen Vorstellungen müssen die Seidakult und die Saivowesen in enger Verbindung gesehen werden. Ein Seida kann ein Stein, eine aus dem Wasser ragende Felsklippe, ein Berg oder eine geschnitzte Holzfigur sein. Jede Siedlung hatte ihren Kultplatz, zum Beispiel einen heiligen Berg mit einem Seida, der die Siedlung beschützte. Darüberhinaus verteilten sich einzelne Seidas auf die einzelnen Familien. Bei den Seidas wurde zum

Beispiel ein Rentier geopfert, um Glück in der Rentierhaltung zu erlangen. Das Eßbare des Opfers wurde von den Opfernden gegessen und die Reste am Seida niedergelegt. Das Opfer wurde von den Männern ausgeführt. In den Seidas schienen sich in verschiedener Weise übernatürliche Mächte zu manifestieren. Besonders in heiligen Gebieten, in heiligen Bergen, leben die Passevareolmak (Heiligenbergsmänner) oder Saviolmak (Saviomänner) von denen die Samen annahmen, daß sie ein glückliches Leben führen. Die Samen sehnen sich danach, nach ihrem Tod in die Schar der Saviogeister aufgenommen zu werden.

Von den himmlischen, kosmischen Gottheiten fühlten sich die Samen wohl abhängig. Aber das Alltagsleben war vom Umgang mit den untergeordneten und auf die lokalen Verhältnisse bezogenen Gottheiten bestimmt.

Im Mittelpunkt des religiösen Lebens stand der Noaide, eine männliche oder weibliche Person, die die Aufgabe eines Schamanen übernahm. Dazu gehörte, Informationen über abgelegene Plätze im Diesseits zu geben, wo Wildbret oder entlaufene Rentiere zu finden sind, die Zukunft vorauszusagen, für die Mitglieder der eigenen Gruppe zu sagen, welche Krankheit jemand hatte und diese fortzubeten; mit den Göttern zu sprechen, wer von ihnen ein Opfer fordert und welcher Art dieses Opfer sein sollte; einen Sterbenden oder Schwerkranken zu retten, indem er die Seele aus dem Totenreich holt; einen verstorbenen Verwandten zu dingen, die Rentierherde zu bewachen; die Opferung anzuleiten und durchzuführen; die Gruppe kulturell zu führen, indem er die einzelnen Mitglieder anhält, nach samischer Art zu leben. Er ist der Mittler zwischen den übernatürlichen Mächten und den Menschen. Die wichtigsten Mittel der Noaiden waren ein ganz spezieller Gesang, das Joiken, und das Schlagen der Zaubertrommel als auch das Aufsuchen eines Zauberplatzes. Bei den Joiks handelt es sich um spezielle samische Gesänge, in denen die Melodie gegenüber dem Rhythmus zurücktritt. Sie beinhalten die Zwiesprache mit der Natur, dem Wind, einem Tier oder einem entfernten Menschen. Manche Joiks bestehen aus der Wiederholung bloßer Silben und nur wenigen Tonschritten. In bezug auf Form und Inhalt gibt es tradierte Joiks und solche mit hohem Anteil an Improvisation bzw. ganz frei erfundene. Die Gesänge werden in der Einsamkeit oder in der Gemeinschaft aufgeführt. Die starke rhythmische Gliederung in Verbindung mit einer verhältnismäßig geringen Anzahl von Tonschritten macht die Joiks in Verbindung mit der Trommel zu einem Mittel, sich in Ekstase zu bringen.

Die Zaubertrommel ist mit einer Haut bespannt, die mit symbolischen Darstellungen von Göttern, Geistern und überirdischen Zusammenhängen bemalt ist. Das Trommelfell ist meist in drei Felder eingeteilt entsprechend dem Himmel, der Erde und dem unterirdischen Reich. Die Trommel wird mit einem Hornhammer geschlagen, nachdem die Noaide vorher die Trommel erwärmt hat und einen Ring oder Hornzeiger auf das Trommelfell gelegt hat. Der Noaide fällt in Ekstase, was soviel wie eine Reise ins Jenseits bedeutet. Entscheidend ist dabei, auf welchem Zeichen der Ring oder der Hornzeiger nach Beendigung der Reise liegen blieb. Das Symbol des Totenreiches bedeutet, daß für einen Kranken, für den gefragt wurde, der Tod zu erwarten ist. Zum Noaiden wird ein Mensch von den übernatürlichen Wesen ausgewählt. Im Schlaf begegnen ihm die Ahnengeister und bieten ihm ihren Dienst an. Er muß das Joiken erlernen, um die Schutzgeister anrufen zu können. Die Vorbereitung auf das schwere Amt des Noaiden soll in frühem Alter beginnen.

Missionierung der Samen

Im Mittelalter begannen Versuche, die Samen zum Christentum zu bekehren. Weithin war die Missionierung mit der Ausbreitung politischer und wirtschaftlicher Macht gekoppelt. Ein trauriges Beispiel dafür sind die Birkarla: Personen die Handel trieben und vom Staat zugleich das Recht erhielten, die Steuern einzutreiben (14./16. Jahrhundert). Seit dem 16./17. Jahrhundert wurde die Missionierung systematisch betrieben (Thomas von Westen). Das Neue Testament erschien 1755, die gesamte Bibel 1811 in südsamischer Schriftsprache. Die Missionierung brachte die Verschriftung der bis dahin oralen samischen Sprache in Gang. Die ursprüngliche Religion der Samen wurde mit brutaler Härte verfolgt (Verbot der Zaubertrommel unter Androhung der Todesstrafe). Lars Levi Laestadius begründete in Nordschweden im 19. Jahrhundert als Pfarrer von Karesuando eine evangelische Erweckungsbewegung, die sich später über Nordeuropa bis nach Amerika und Afrika ausgebreitet hat. Er mahnte zu einem Leben nach der Heiligen Schrift in Nüchternheit (Absage an den sich damals ständig ausweitenden Genuß von Branntwein). Seine Gottesdienste lösten Ekstasen aus, wie sie im Schamanismus zu finden sind. Sie lassen vermuten, wie sehr die ursprüngliche Religion der Samen noch lebendig blieb. In der Gegenwart sind die Strömungen in der samischen Bevölkerung zu beobachten, die einen Rückbesinnung und Wiederbelebung der ursprünglichen samischen Glaubensvorstellungen anstreben.

LITERATUR: Ernst Manker: Die lappische Zaubertrommel. I-II, Acta Laponica I/VI Stockholm 1938, 1950. – Ake Hultkrantz, Die Religion der Lappen. In: Ivar Paulson/Ake Hultkrantz/Karl Jettmer: Die Religionen Nordeurasiens und der amerikanischen Arktis. Stuttgart 1962. – Israel Ruong: Samerna. Stockholm 1975, 3. Ausgabe. – Bo Lundmark: Samernas förkristna religion och samemission (Die vorchristliche Religion der Samen und die Samenmission). In: Lars Svonni (Hg.): Samerna ett folk i fyra länder (Die Samen – ein Volk in vier Ländern). Stockholm/Lund 1976. – Gustav Hagemann: Das Leben der Lappen. Iserlohn 1976. – Zeitschrift Samefolket. Herausgegeben von Svenska Samernas Riksförbund und Same Attnam, östersund/Gimle, c/o Gejel, Tellusborgwägen 62, Hägersten. *Karl Jokisch*

GLOSSAR

Abendmahl/Herrenmahl: Neben der → Taufe wichtigstes → Sakrament der evangelischen Kirche; von Jesus am Tag vor Karfreitag eingesetzt. In der katholischen Kirche Eucharistie genannt.
Abhidhamma Pitaka (Pali »Korb der besonderen Lehre«): Dritter Teil des → Tipitaka (Sanskrit Tripitaka), Schlüsselwerk buddhistischer Psychologie. Zentralthema der sieben Bücher: die Auslöschung des »Selbstes« (→ atman, anatta).
Absolute, das: Bezeichnung für → Gott oder das → Göttliche. Dieser Begriff wird oft von denen verwendet, die von Gott abstrakt oder unpersönlich (impersonal) sprechen.
Achtfacher Pfad: Im Buddhismus der zur Befreiung vom »Leiden« (→ duhkha) führende Weg. Die acht Glieder des Weges sind: rechte Anschauung, rechte Gesinnung, rechtes Reden, rechtes Handeln, rechtes Leben, rechtes Streben, rechtes Überdenken und rechtes Sich-Versenken.
Achtzehnbittengebet: Im Judentum Hauptgebet des synagogalen (→ Synagoge) Gottesdienstes; enthält heute 19 Bitten.
Adat (arab. »ada«: »Brauch«): Das nach vorislamischen (Rechts-) Bräuchen und kulturellen Traditionen orientierte, in Südostasien oft neben dem islamischen Glaubenssystem vorhandene Verhaltens- und Benehmenssystem, welches von den göttlichen Ahnen abstammt.
Adhan: Islamischer Gebetsruf.
Adi Granth (Sanskrit »religiöses Buch«): Heilige Schrift der Sikhs. Sie enthält die von den zehn lebenden → Gurus verfaßten heiligen Texte sowie Schriften angesehener Hindu- und Muslim-Meister.
Adoptianismus (lat.): Christlich-theologische Lehre, nach welcher der Mensch Jesus erst aufgrund sittlicher Vollkommenheit bei der Taufe durch Johannes von Gott adoptiert wurde. Diese Lehre wurde mehrmals verurteilt, endgültig 431 in Ephesos.
Advaita (Sanskrit »Das, was kein Zweites (neben sich) hat«/»Nicht-Zweiheit«): Die → monistische Lehre des Hindu-Philosophen Shankara (788 – 820 n. Chr.), daß alle Wirklichkeit eins und göttlich ist.
Adventisten, genauer »Adventisten des Siebenten Tages«: Religiöse Gemeinschaft, die der von William Miller (1782 – 1849) seit 1831 in den USA verkündeten Endzeitbotschaft entsprang. Als die für 1844 angekündigte Wiederkehr Christi ausblieb, zersplitterten sich die Anhänger. Ein Teil sammelte sich um die Prophetin Ellen G. White (1827 – 1915), zu deren Lehren gehört: Erwartung der nahen Wiederkunft (Advent), Heiligung des → Sabbats statt des Sonntags (daher: Sieben-Tag-Adventisten). Die Adventisten treiben weltweite Mission durch Schriften und Radio (»Stimme der Hoffnung«, 1979: 3400 Radio- und 285 Fernsehstationen). Sie unterhalten ein umfangreiches Gesundheitswerk, Krankenhäuser, drei Universitäten. Seit 1965 haben sie Kontakt zum → Ökumenischen Rat der Kirchen. Sitz der Generalkonferenz: Washington.
Aggada (hebr. »Aussage, Erzählung«): Moralische oder religiöse Lehren, die aus einer midraschartigen Auslegung (→ Midrasch) biblischer Texte bezogen werden. Aggada bezeichnet die nicht-gesetzlichen Teile des → Talmud: Schriftauslegungen, ethische Richtlinien, geschichtliche Erörterungen, philosophisch-mystische Gedanken über Gott.
Aggiornamento (ital.»Anpassung an heutige Verhältnisse«): Von Papst Johannes XXIII. eingeführter Begriff für die notwendige Anpassung der katholischen Kirche, insbesondere ihrer → Liturgie und ihrer äußeren Erscheinung, weniger der Lehre) an die Bedingungen der modernen Welt.
Agni (Sanskrit »Feuer«): Sprachverwandt mit lateinisch »ignis« (Feuer). Indischer vedischer (→ Veden) Gott des (Opfer-)Feuers. Er wird besonders von den → Brahmanen verehrt. Agni ist zweifach geboren: am Himmel aus dem Blitz, auf Erden aus Stein oder auch aus dem Wasser.
Agnostiker (griech. »agnostos«: »unbekannt«): Verfechter einer philosophischen Lehre, die nur die sinnlichen Wahrnehmungen gelten lassen und davon ausgehen, daß über diese hinausgehende Phänomene (zum Beispiel Gott, Göttliches, Übersinnliches) nicht erkannt werden können.
Agudat Israel (hebr. »Vereinigung Israels«): 1912 im oberschlesischen Kattowitz gegründete, streng religiöse Organisation mit dem Ziel, alle orthodoxen (→ Orthodoxie) Gruppen gegen den → Zionismus zu vereinen. Im heutigen Israel Partei der mystisch-religiösen (→ Mystik), populistischen → Chasidim.
Ahimsa (Sanskrit »Nicht-Verletzen«): Die indische Tugend der Gewaltlosigkeit. Kein Lebewesen soll verletzt oder getötet werden. Ahimsa hat große Bedeutung im Jainismus, Buddhismus und in einigen Hindu-Gemeinschaften.
Ahl al-bait (arab. »Leute des Hauses«): Nachkommen des Propheten Muhammad durch Ali und Fatima.
Ahl al-kitab (arab. »Leute des Buches«): Im → Koran für Juden und Christen.
Ahl-i-hadith (»Volk des Hadith«): Eine islamische Bewegung, welche die »gesunden« → hadithe als Quelle für die Interpretation von → Koran und → Sharia betrachtet. Diese Bewegung lehnte nicht nur viele traditionelle Lehren und Autoritätsketten der Sufigemeinschaften ab, sondern auch die Autorität früherer Gelehrten-Generationen. Auch wurde der Konsensus der klassischen Rechtsschulen abgewiesen. Wenn sie der emotionalen Verehrung des Propheten Muhammad auch eine besonders große Bedeutung beimessen, so sind doch die hadithe für sie zentral. Im Unterschied zur → Brailvi-Bewegung, die besonders die Rolle der verschiedenen Traditionsübermittler ervorhebt, sind die Vertreter dieser Gemeinschaft der Auffassung, einen unmittelbaren Weg zum Propheten zu besitzen. Die ahl-i-hadith betonten ihre Beziehungen zu den großen hadith-Gelehrten der islamischen Geschichte sowie zur Bewegung der Wahhabiten. Am meisten fand die Bewegung bei den Gebildeten Anklang. Kritisiert wurde sie von den Brailvi und Deobandi.
Ahnengeister/Ahnenverehrung: Geister der Verstorbenen in den Stammesreligionen. Sie leben in einer schattenhaften Unterwelt, manchmal auch an einem glücklichen Ort, z. B. den ewigen Abgründen der nordamerikanischen Indianer. Es ist Pflicht der Lebenden, die Ahnengeister zu ehren. Man glaubt, daß sie in Träumen erscheinen und die Menschen vor Gefahr bewahren können.
Aikido (japan. »Weg der guten/harmonischen Kraft«): wurde von Meister Morihei Uyeshiba in der 20er Jahren des 20. Jahrhunderts aus einer Jiu-Jitsu verwandten Methode entwickelt. Aikido ist eine »Kampfkunst ohne Gewalt«, die den »Angreifer« im Geist der Gerechtigkeit und Friedensbereitschaft abzuwehren sucht. Es geht bei diesem »Weg« um Selbstfindung und Lebensführung aus der »Mitte« heraus.
Aisha: Tochter Abu Bakrs. Muhammad heiratete sie noch als Kind – einige Zeit nach dem Tod der ersten Frau Chadija. Sie war bis zum Tod des Propheten dessen Lieblingsfrau. Besonders zu erwähnen ist ihre politische Rolle bei der Opposition gegen den dritten Kalifen Uthman sowie ihre spätere Gegnerschaft zu Ali. Aisha werden große Frömmigkeit und Redegewandtheit nachgesagt. Für viele Musliminnen ist sie ein Vorbild in der Lebensführung. Ihr Name ist einer der häufigsten Frauennamen im sunnitischen Islam.
Ajivika (Sanskrit »alternatives Leben«): Altindische Philosophenschule. Schicksalhafte Vorherbestimmung regelt nach Auffassung

dieser altindischen Asketenphilosophen (→ Askese) die Wiedergeburt.

Alawiya-Orden: → Sufismus.

Alchimie/Alchemie: Mystische (→ Mystik) Chemie, die minderwertige Stoffe in Gold umzuwandeln versucht. Sie strebt danach, ein Allheilmittel für alle Krankheiten zu finden und das Geheimnis der Unsterblichkeit zu entdecken. Vom hellenistischen Ägypten kam sie durch die Araber ins mittelalterliche Europa. Sie spielt auch im Daoismus eine große Rolle.

Alenu (hebr. »An uns ist es [zu preisen]...«): Zentraler jüdischer Hymnus, der die Einzigartigkeit Gottes, die Auserwählung Israels und das Vertrauen auf die Realisierung des Reiches Gottes enthält.

Alewiten: (Vergleiche Kapitel Alewiten)

Alija (hebr. »Aufstieg«): Zionistisch motivierte Einwanderungen nach Israel. Es gibt fünf »Alijot« (Plural von Alija) vor der Staatsgründung (1948) und eine Alija danach.

Alim: → Ulama

Allah (arab. »der Gott«): Nach islamischem Verständnis nicht nur der Gott der Muslime, auch nicht nur der Gott von Juden und Christen, sondern grundsätzlich aller Menschen.

Allegorese: Deutung von Texten, bei der hinter dem Wortsinn eine verborgene Bedeutung aufgezeigt wird. Das von Philon (1. Jahrhundert n. Chr.) entwickelte Verfahren wurde von ihm selbst auf das »Alte Testament« übertragen. Im Mittelalter wurde die allegorische Schriftdeutung zur Grundlage der Interpretation religiöser Texte.

Almosen (zu griech. »eleemosyne«, »Erbarmen«): Freiwillige Gabe zur Unterstützung sozial Schwacher wie auch freiwillig Armer. Viele Religionen betrachten das Almosen als verdienstvoll. Die islamische → zakat ist kein freiwilliges Almosen, sondern eine religiöse Pflichtabgabe.

Altar: In den meisten Religionen vorhandener block- oder tischartiger Platz, um Opfer darzubringen.

Altkatholiken: Diese Glaubensgemeinschaft trennte sich von der römisch-katholischen Kirche. Gegen die auf dem 1. Vatikanischen Konzil 1870 verkündete Lehre von der Unfehlbarkeit des Papstes erhob sich in Deutschland, Österreich und Schweiz eine Protestbewegung, aus der die altkatholische Kirche hervorging. Abgelehnt werden außerdem: die beiden Mariendogmen (1854/1950), die Verdienstlichkeit der Werke, Ohrenbeichte und Priesterzölibat (→ Zölibat). Gottesdienstsprache ist die Muttersprache, nicht Latein. 1889 schlossen sich die meisten altkatholischen Kirchen in der »Utrechter Union« zusammen. Bezeichnung in der Schweiz: Christkatholische Kirche (Universität Bern: Christkatholische Fakultät). Bonn ist Sitz des Bischofs; an der Universität gibt es eine altkatholische Fakultät. Beide Kirchen sind Mitglied des Ökumenischen Rates der Kirchen.

Amina: Mutter des Propheten, die aus einer Sippe der Quraish stammte. Sie starb, als Muhammad sechs Jahre alt war. Viele wundersame Legenden umranken ihr Leben.

Amitabha, (Sanskrit »Von unermeßlichem Glanz«) auch Amida, (→ Amitayus)

Amitayus (Sanskrit »Von unermeßlicher Lebensdauer«): In Japan Amida genannt, ist der volkstümlichste aller transzendenten Buddhas des → *Mahayana*-Buddhismus. Er lebt im *Sukhavati*-Himmel, im »Reich des Westens«.

Amritsar: Indische Stadt im Bundesstaat Punjab nahe der pakistanischen Grenze. Heilige Stadt der Sikhs, deren »Goldener Tempel« (Harimandir) in einem See liegt.

Amulett: Gegenstand, der offen oder verdeckt am Körper getragen wird und auf magische (→ Magie) Weise vor Schaden und Gefahren schützen soll.

Anabaptisten: Wiedertäufer. Bewegung der Reformationszeit. Vorkämpfer für Religionsfreiheit, zum Teil revolutionär-kommunistisch gesinnt. Sie forderten die Erwachsenentaufe. Überall in Europa verfolgt, fanden sie ihre Heimat in den USA, wo sie heute noch tätig sind (Huttersche Brüder, → Mennoniten).

Ananda: Vetter und Lieblingsjünger des Buddha. Trug beim 1. Konzil in Rajagriha auswendig Buddhas Predigten vor. Beliebter buddhistischer Mönchsname.

Anatta-Lehre (Pali »Nicht-Selbst«): Zentrale buddhistische Lehre, die besagt, daß im individuellen Dasein kein »Ich«, »Selbst« vorhanden ist.

Anglikaner: Mitglieder der englischen Staatskirche (Established Church, Church of England, Anglican Church).

Anikonisch: Durch Bildlosigkeit charakterisiert.

Animismus: Man muß zwischen Animismus im Sinn 1. einer Religionstheorie, 2. des allgemeinen religionsgeschichtlichen Phänomens eines Seelen- und Geisterglaubens und 3. einer allgemein menschlichen, insbesondere kindlichen Denkweise unterscheiden. 1. Die bis in die jüngere Vergangenheit einflußreiche Religionstheorie geht auf den englischen Anthropologen Edward Burnett Tylor (1832 – 1917) zurück, der sie insbesondere in seinem Werk »Primitive Culture« (1871) aufstellte. In der »anima« (spirituelles Prinzip, Lebenshauch, Seele) sah Tylor ein schattenhaftes Gebilde, das verschiedenen Objekten belebend einwohnen konnte. Die »Primitiven« wären der Ansicht, daß jeder Gegenstand seine eigene Seele hätte und die Welt von unzähligen Geistern bevölkert wäre. Vor allem die Annahme Tylors, daß der Animismus im Rahmen der damals vorherrschenden evolutionistischen Ansicht von der schrittweisen Höherentwicklung der Religion über Polydämonismus, → Polytheismus zum → Monotheismus das ursprüngliche Religionsstadium (»Fundament der Religionsphilosophie«) darstellte, kann heute als widerlegt gelten. Außerdem geht die Animismus-Theorie von einer Einheitlichkeit der Seelenvorstellungen aus, die faktisch nicht besteht. In der modernen Völkerkunde wird der Begriff Animismus heute nur selten gebraucht. 2. Animismus im Sinne eines religionsgeschichtlichen Phänomens bedeutet in der Religionswissenschaft den Glauben an personhafte Wesen: Geister, Ahnen, Dämonen. Diese bilden eine Art Zwischenreich zwischen Menschen und Göttern und haben nur begrenzte Macht. Es gibt Tier-, Feuer-, Luft-, Erd-, Wasser-, Baum-, Berggeister usw. Man stellt sich die Geister auch als Familien und Hierarchien vor. Neben den Naturgeistern stehen die Toten- und Ahnengeister (→ Ahnengeister/Ahnenverehrung), die der Gemeinschaft Schutz und Kraft verleihen. Neben gutartigen Geistern gibt es bösartige Wesen, die oft unheimlich aussehen und Schrecken verbreiten, so daß man sich durch Zaubermittel (→ Amulett) gegen sie zu schützen versucht. Als bestimmte Erscheinungsform des → Heiligen ist der Geisterglaube nicht auf bestimmte Zeiten und Religionsformen beschränkt. Im Sinne Gustav Menschings ist er ein »ewiger Strukturtypus«, der bis in die Universalreligionen hinein vorkommt. 3. In der Psychologie etwa Jean Piagets (1896–1980) gilt Animismus als Ausprägung des egozentrischen (ichbezogenen) Denkens in der präoperationalen Phase des Kindes (2 – 7 Jahre), die dem Auftauchen logischer, reversibler (umkehrbarer) Operationen vorangeht.

Anthroposophie: Die Anthroposophie ist keine Religion, hat aber vielfältige Berührungen mit Religion, insbesondere mit dem Christentum, dem sie eine zentrale Stellung in der Bewußtseinsgeschichte der Menschheit zuweist. Ihr Begründer Rudolf Steiner (1861 – 1925) definiert Anthroposophie als »Erkenntnisweg, der das Geistige im Menschenwesen zum Geistigen im Weltenall führen möchte«. Mensch und Universum sind als »geistig« prinzipiell gleichen Wesens definiert. Darin gründet die von Steiner in seinen philosophischen Schriften gegen den Kantianismus geltend gemachte Möglichkeit, erkennend zum Wesen der Dinge vorzudringen. Weil sich die Sinnenwelt als Schleier vor die Wesenheit legt, bedarf es allerdings einer Schulung der Erkenntniskräfte, um die Fähigkeit übersinnlichen Wahrnehmens zu erwerben.

Die Kluft zwischen beiden Welten und Wahrnehmungsweisen zeigt an, daß es sich hier nicht nur um ein Erkenntnisproblem handelt. In seiner vorfindlichen Existenzform ist der Mensch aus der wesenhaften Wirklichkeit herausgefallen und damit nicht nur der Geistblindheit, sondern zugleich der Materieverhaftung und dem Todesgeschick ausgeliefert. In letzter Konsequenz führt deshalb der Erkenntnisweg zu einer vergeistigten Existenzform, die den Menschen wieder voll in das geistige Universum eingliedert.

Als Weg der »Erlösung durch Erkenntnis« erinnert die Anthroposophie an die spätantike → Gnosis, jedoch mit gewichtigen Unterschieden:

1. Die materielle Welt ist nicht ein Gefängnis der Menschenseelen, sondern Schauplatz und Mittel ihrer Bewährung und Entwicklung. Sie

ist – gerade weil sie vom göttlichen Urgrund trennt – Bedingung der Freiheit und Selbständigkeit, die der Mensch diesem Urgrund, dem Absoluten, gegenüber hat und haben soll.
2. Der Weg der Erlösung führt nicht aus der materiellen Welt hinaus, sondern durch sie hindurch. In der Gestaltung und Verwandlung der Materie gewinnt der Mensch den konkreten Inhalt seiner Freiheit.
3. Erlösung kann deshalb nicht durch momentane Erleuchtung geschehen, sondern nur als ein Entwicklungsprozeß, der sich durch viele aufeinanderfolgende Inkarnationen hinzieht (positive Sinngebung von Reinkarnation und Karma).
4. Leib und Welt fallen, wenn die Menschenseele sich vollendet, nicht ins Nichts zurück, sondern werden zu ihrer geistigen Wesenhaftigkeit befreit. Die Wesen der Naturreiche, die durch ihre Materialisierung die eigene Entwicklung der des Menschen zum Opfer gebracht haben, werden miterlöst.

Gegenüber der angloindischen Theosophie der Blavatsky und Besant hat Steiner die Anthroposophie entschieden mit der einmaligen Erlösungstat auf Golgatha verknüpft. Er sieht in ihr eine geistige Tatsache von menschheitlichem, ja universalgeschichtlichem Rang: Durch Inkarnation und Opfertod einer kosmischen Wesenheit (Christus als »Geist der Sonne«, trinitarisch: der Sohnesgott) wird die hinabziehende Macht der Materie gebrochen. Als »Herr des Karma« hilft der auferstandene Christus zugleich den Einzelnen bei der Bewältigung ihrer karmischen Schuldenlast.

Weil es sich beim Ergebnis von Golgatha beziehungsweise dem gesamten Inkarnationsgeschehen um eine kosmische »Tatsache« handelt, transzendiert die Christusoffenbarung die Religionsgeschichte: »Das Christentum hat begonnen als Religion, aber es ist größer als alle Religionen.« Das Christusprinzip bedeutet als aufgehobene, weil realisierte Religion, daß der göttliche Geist alle Formen menschlicher Weltgestaltung – Wissenschaft, Kunst, Technik, Sozialleben – durchdringt. Von daher verstehen sich Steiners pädagogische und kulturschöpferische Aktivitäten.

Hellmut Haug

Anthropomorphismus: Die Übertragung menschlicher Gestalt und menschlichen Verhaltens auf die Gottheit.

Anwatan (arab. »gewalttätig«, ohne Friedensvertrag): Im Gegensatz zu → sulhan (»friedlich«). Begriffe im Zusammenhang der Eroberungspraxis durch das islamische Reich.

Apokalypsen: Gattung jüdischer und christlicher Schriften, die sich mit verborgener Wahrheit beschäftigen. In der Bibel sind das Buch Daniel und die Offenbarung des Johannes Apokalypsen.

Apostolat (griech. »Sendung«): Teilnahme aller Getauften am Sendungsauftrag der Kirche (→ Laienapostolat).

Aranyaka (Sanskrit »Waldtexte«): Sie gehören zu den späteren Texten des Veda (→ Veden), enthalten Opferspekulationen (→ Opfer).

Arianer: Anhänger der Lehre des Arius (ca. 260 – 336), daß Christus nicht wesensgleich mit dem Vater sei, sondern ein Geschöpf des Vaters aus dem Nichts. Der Arianismus wurde mehrfach verdammt, zuletzt auf dem Konzil von Nizäa (325).

Arier (Sanskrit »arya«, die »Reinen«): Hellhäutige Volksstämme, die um 2000 v. Chr. in Indien einfielen und deren Kultur allmählich die der ursprünglichen Einwohner überdeckte. Andere arische Stämme ließen sich im Iran und Irak nieder.

Arkandisziplin (lat. »arkanum«, »Geheimnis«): Es handelt sich um Kultübungen und Lehren religiöser Gemeinschaften, die nur einem Kreis von Eingeweihten zugänglich waren. Übliche Praxis in den hellenistischen Mysterienreligionen. Während des 4. und 5. Jahrhunderts galt die Arkandisziplin auch innerhalb der christlichen Kirche bezüglich → Taufe und → Abendmahl.

Armenisch-evangelische Gemeinden: Bildeten sich aus dem Bestand der armenisch-gregorianischen Kirche (zuerst 1846 in Konstantinopel) und leben heute zerstreut in USA, Frankreich, Naher Osten.

Armenisch-gregorianische Kirche: Sie hat ein → monophysitisches Bekenntnis und benennt sich nach Gregor dem Erleuchter (um 300). Heute rund 5 Mio. Gläubige.

Armenisch-katholische Kirche: Seit 1740 entstand ein mit Rom uniertes »Patriarchat Kilikien« (mit Sitz im Libanon) sowie daneben 1830 ein Erzbistum Konstantinopel, die 1866 miteinander vereinigt wurden. Die heute rund 250000 unierten Armenier leben in GUS, Naher Osten, Polen, Wien (sog. Mechitaristen), USA.

Arnoldshainer Konferenz: 1967 gegründete Arbeitsgemeinschaft von Kirchenleitungen mit dem Ziel, zusammenzuarbeiten und damit die Einheit der → EKD zu stärken. Mitglieder sind Kirchen reformierten und lutherischen Bekenntnisses.

Artha: Im Hinduismus Reichtum, Besitz, Wohlstand. Neben → kama, → dharma und → moksha eines der vier »Lebensziele«.

Arya Samaj (Sanskrit »Vereinigung der Reinen«): 1875 von Svami Dayananda Sarasvati (1824–1883) gegründete neuhinduistische Reformbewegung mit großem Einfluß auf die indische Unabhängigkeitsbewegung in Nordwestindien.

Aschkenase(n)/Aschkenasim: Eine der beiden großen Richtungen des Judentums, die im Mittelalter entstanden; sie leben in Mittel, Nord- und Osteuropa.

Ashrama: Versammlungsort spirituell Suchender und Asketen. Die Art des Ortes ist unterschiedlich: Einsiedelei, Kloster, Landhaus usw. Dasselbe Wort bedeutet in einem anderen Zusammenhang die vier klassischen »Lebensstadien«, die ein männlicher Hindu im Idealfall zu durchlaufen hat, das Stadium des Schülers (brahmacharya), Familienvaters (grihastha), (Wald-)Einsiedlers (vanaprastha) und Entsagenden (Sannyasa; → Sannyasin).

Ashura (arab. »der Zehner«): Freiwilliger Fastentag am 10. Tag des islamischen Monats muharram. Hauptfest der Shiiten, bei dem sie sich an Husains Martyrium in der Schlacht von Kerbela (680) erinnern. Sunniten begehen diesen Tag als Gedenken daran, daß Noah die Arche verließ.

Askese (griech. »Übung«): Eine in den meisten Religionen vorkommende fromme Praxis des Verzichts auf Nahrung, Schlaf, Kleidung, Geschlechtsverkehr, Wohnung und Vermögen, wobei die Anforderungen unterschiedlich rigoros sein können. Manche Religionen fordern einen ständigen Verzicht auf bestimmte Speisen oder verlangen/empfehlen generellen Vegetarismus. Das katholische Verständnis von »Askese« ist sehr weit gefaßt, bedeutet Tugendübung, zu der Demut, Gehorsam, Lesung geistlicher Schriften usw. gehören.

Assassinen (arab. »Haschischgenießer«): Geheimbund der → Ismailiten, gegründet um 1090 von Hasan As-Sabbah (gest. 1124) auf der Bergfestung Alamut. Durch ihren Haschischgenuß erfuhren die Mitglieder dieses bedingungslosen Gehorsams fordernden Ordens die Freuden des → Paradieses. Sie breiteten sich über den Iran, Syrien und Palästina aus und verübten Mordanschläge. Ihr Oberhaupt hieß »Alter vom Berge«.

Assimilation: Begriff aus der Chemie und Sinnespsychologie. In der Soziologie und Völkerkunde meint der Begriff den sozialen Prozeß der Angleichung von Menschen, die innerhalb einer anderen ethnischen, rassischen und religiösen Gemeinschaft leben. Resultat: Verlust jeglichen Gruppenbewußtseins bei der assimilierten Gruppe.

Atman-Brahman: Die beiden Sanskritbegriffe bezeichnen im Hinduismus das unzerstörbare ewige »Selbst« (atman) im Menschen, das mit dem absoluten, göttlichen Selbst (brahman) im Grunde identisch ist, aus ihm stammt und wieder in ihn eingehen soll.

Audition: Grundform religiöser Erfahrung; inneres Hören des Propheten und Ekstatikers auf übernatürliche Laute und Worte, auf die göttlichen → Offenbarungen zurückgeführt werden. Vgl. entsprechend → Vision.

Auswahlchristen: Begriff des katholischen Theologen Paul M. Zulehner für Katholiken, die sich weitgehend vom aktiven Kirchenleben entfernt haben und aus dem »weltanschaulichen Paket« der Kirche »auswählen«.

Autokephalie: Kirchliche Unabhängigkeit der orthodoxen Nationalkirchen (→ Orthodoxie) mit eigenem Oberhaupt. Von minderer Rechtsstellung sind »autonome Kirchen«.

Avatar (Sanskrit »Herabstieg«): In der hinduistischen Vishnu-Theologie wird gelehrt, daß Gott Vishnu in Gestalt mehrerer »Herabstiege« (nach klassischer Lehre: zehn) auf der Erde erschienen ist, um die alten Werte zu stärken: als Fisch, Schildkröte, Eber, Löwenmensch, Zwerg, Rama mit der Axt, Rama, Krishna, Held des → Ramayana-Epos, Buddha sowie der erst in der Zukunft erscheinende Kalki. Die avatara-Lehre bietet Hindu-Denkern die Möglichkeit, bedeutende Persönlichkeiten anderer Religionen (so Jesus) in ihr System zu integrieren. In einigen Religionsgemeinschaften wird ein lebender Avatara angebetet.

Avesta (altiran. »Wissen«): Das heilige Buch des Parsismus, seit 1771 in Europa bekannt. Die ältesten Stücke des Avesta, die gathas (»Lieder«), gehen auf Zarathustra zurück. Das Avesta enthält in seinen fünf Teilen (Yasna, Vispered, Vedevdat, Yascht, Khorda Avesta) liturgische Stücke, Sagen, Opferlieder und Andachtsanleitungen. Die Sprache des Avesta ist eine altertümliche iranische Mundart.

Axis mundi: Weltachse. Mit ihr ist der Gedanke des Mittelpunktes der Welt verbunden.

Ayatollah (arab. »Zeichen Gottes«): Ein reiner Ehrentitel im schiitischen (→ Schia) Islam. Im allgemeinen wird er einem mujtahid zuerkannt, d.h. einem Gelehrten, der zur Durchführung des → ijtihad (selbständige Rechtsfindung) befugt ist und der infolge seines Ansehens zu einer Instanz wird, an die sich andere Theologen und Gläubige wenden. Nach der Revolution im Iran erhielten diesen Titel zum Teil auch solche Personen, die nach klassischem Verständnis kein Anrecht darauf gehabt hätten.

Al-Azhar: Berühmte islamische Universität in Kairo. Ihre Gutachten genießen in der gesamten islamischen Welt Anerkennung.

Baal Schem (hebr. »Herr des Namens«): In neuerer Zeit Würdetitel des Israel ben Elieser (1699 – 1760), Begründer des ostjüdischen → Chasidismus.

Baath-Partei (arab.»Erneuerung«): Politische Partei (Syrien/Irak), deren Ideologie sowohl nationalistisches, panarabisches sowie sozialistisches Gedankengut enthält. Michel Aflaq (geb. 1912), der aus einer griechisch-orthodoxen, syrischen Händlerfamilie stammte und große Teile seiner Studienzeit in Paris verbrachte, gründete die Partei zusammen mit seinem Freund Salah ad-Din Bitar. Im Mittelpunkt der Baathideologie steht der Glaube an die ewige Sendung des Arabertums. Diese Beschränkung auf das Arabertum steht im Gegensatz zum islamischen → Umma-Gedanken; denn Muslime geben der Gemeinschaft aller Muslime den Vorzug, nicht jedoch einer Beschränkung auf alle Araber unabhängig von ihrer Religion. 1963 gelangte die Baathpartei in Syrien durch einen Militärputsch an die Macht. Drei Jahre später kam es zu innerparteilichen Auseinandersetzungen. Aflaq und Bitar wurden in das Exil geschickt. In Syrien und Irak (1968) befinden sich zwei Zweige der Neo-Baath an der Macht. Aflaqs wichtigste Schrift: »Fi sabil al-Baath« (Auf dem Wege zur Erneuerung, 1953).

Bahai-Religion: (Vergleiche Kapitel Bahai-Religion).

Bani (arab. »Söhne«, Sg. banu): Zusammen mit dem Genitiv Bezeichnungen für Stamm oder Volk. Beispiel: banu Israel = die »Söhne Israels«, Israeliten.

Baptisten (griech. »Täufer«): Sammelbezeichnung für freikirchliche (→ Freikirche) Calvinisten, entstanden aus Gemeindegründungen des 17. Jahrhunderts in England. Heute vor allem in den USA verbreitet (seit 1972 »American Baptist Churches in the USA«), wo es noch zwei weitere Dutzend Baptistenkirchen gibt. Anhängerzahl weltweit: ca. 35 Mio. Während die Baptisten Großbritanniens und Irlands Mitglied des → »Ökumenischen Rates der Kirchen« sind, gilt dies nicht für den »Bund der südlichen Baptisten« (USA). Die deutschen Baptisten sind im »Bund Evangelisch-Freikirchlicher Gemeinden in Deutschland« organisiert (Begründer des neueren Baptismus in Deutschland: J. G. Oncken, 1800 – 1884); nicht dem Ökumenischen Rat der Kirchen angeschlossen.

Bar Mizwa (hebr. »Sohn der Pflicht«): Bezeichnung für einen jüdischen Jungen, der das 13. Lebensjahr vollendet hat und religionsmündig ist (→ Bat Mizwa).

Barmer Bekenntnis: Auf der vom 29. – 31. Mai 1934 in Barmen-Gemarke tagenden Synode der → »Bekennenden Kirche« als »Theologische Erklärung zur gegenwärtigen Lage der Deutschen Evangelischen Kirche« formuliert. Enthält Leitsätze für eine Auseinandersetzung mit dem nationalsozialistischen Kirchenregiment und Anspruch des totalitären Staates.

Basisgemeinde/Basisgruppen: Von Lateinamerika ausgehende selbstorganisierte Orts- oder Personalgemeinden, die durch aktive Beteiligung aller Mitglieder am Gemeindeleben ein praktisches Beispiel für die Reform der kirchlichen Strukturen und gesellschaftlichen Verhältnisse geben wollen (→ Befreiungstheologie, → Kirche von unten).

Bat Mizwa (hebr. »Tochter der Pflicht«): Von Konservativen und Rekonstruktionisten im 20. Jahrhundert eingeführtes Fest für jüdische Mädchen ab 12 Jahren.

Befreiungstheologie: Unter den Begriff der lassen sich verschiedene Richtungen → kontextueller Theologien fassen, die den christlichen Glauben aus der Perspektive ausgebeuteter Völker und Klassen (lateinamerikanische B.), unterdrückter Rassen (z. B. schwarze Theologie) oder des diskriminierten Geschlechts (→ Feministische Theologie) interpretieren. B. ist die kritische Reflexion verändernder Praxis im Lichte des Glaubens, welche als die für die Dritte Welt spezifische Art, Theologie zu treiben, gesehen wird, auch wenn z. B. bei den theologischen Ansätzen der Schwarzen, Indianer und Latinos der USA die Dritte Welt in der Ersten liegt.

Der Entstehungszusammenhang der B. ist sozio-politisch in den Entkolonialisierungsprozessen der 60er Jahre zu sehen, die – obwohl sie oft schwer erkämpft wurden (vgl. F. Fanon: Die Verdammten dieser Erde) – nicht das Ende von Abhängigkeit und Ausbeutung bedeuteten. Die rasante Ausdehnung des Welthandels hatte in den Ländern der Peripherie trotz angeblicher Entwicklungshilfe (z. B. Allianz für den Fortschritt in Lateinamerika) eine massenhafte Verarmung der Bevölkerung als Begleiterscheinung, die heute oft wieder als internes Problem jener Länder interpretiert wird, aus der Sicht der verelendeten Mehrheiten der Weltbevölkerung jedoch nach wie vor in (neo-)kolonialer Kontinuität steht (→ Dependenztheorie).

Kirchlich-theologisch ist das Entstehen der B. auf katholischer Seite wesentlich im Zusammenhang mit dem 2. Vatikanischen Konzil (1962 – 1965) zu sehen, das eine Öffnung zur Welt bewirkte und die weltweite Verantwortung der Gesamtkirche sowie die Bedeutung der Ortskirchen betonte.

Auf evangelischer Seite steht die Entwicklung der B. in der Tradition der ökumenischen Bewegung; ein wichtiger Anstoß war z. B. die »Weltkonferenz für Kirche und Gesellschaft« 1966 in Genf. Einfluß auf die B. hatte nicht zuletzt auch die neue politische Theologie, wie sie vor allem von J. Moltmann und J. B. Metz entwickelt wurde.

Die spezifischen Ausprägungen der B. zeigen die kulturelle Vielfalt und die weltkirchliche Bedeutung dieses theologischen Ansatzes. In Lateinamerika wurden die oben genannten Anstöße von zahlreichen (aus pastoralen Notsituationen entstandenen) → Basisgemeinden aufgegriffen. Der lateinamerikanische Episkopat bestätigte diese Praxis in seinen Beschlüssen von Medellín (1968) und Puebla (1979), indem er die durch Massenarmut und Abhängigkeit gekennzeichnete Situation seines Kontinents als »soziale Sünde« bezeichnete und sich die von Befreiungstheologen vertretene Option für die Armen zueigen machte.

Den ersten theologischen Versuch einer Systematisierung der Thematik der Befreiung legte Anfang der 70er Jahre der Peruaner Gustavo Gutiérrez vor. Er ging dabei (wie die meisten der späteren Autoren auch) von einer sozialwissenschaftlichen Analyse der Situation aus, die auch das Instrumentarium der marxistischen Gesellschaftskritik benutzte, ohne jedoch gleichzeitig deren weltanschaulichen Hintergrund mitzuübernehmen. In Asien sind die Christen (mit Ausnahme der Philippinen) eine Minderheit und stehen vor der Herausforderung der alten Religionen, die das kulturelle Denken prägen.

Hier gilt es, nicht nur die Möglichkeiten des Dialogs, sondern auch der Zusammenarbeit auszubauen, wie es z. B. die Minjung-Theologie in Korea versucht, die als B. die Bibel, die Geschichte und die Lebenswirklichkeit »von unten«, d. h. vom »Volke« (Minjung) aus, interpretiert. In Afrika geht es der B. besonders um die Rettung der kulturellen Traditionen, die von europäischem Kolonialismus und westlicher Zivilisation so stark bedroht sind, daß von einer »anthropologischen Armut« gesprochen wird, welche die Bevölkerung unterdrückt und von der es sich zu befreien gilt. Seinen extremsten Ausdruck fand diese Unterdrückung im Apartheidregime in Südafrika, das seine praktischen Auswirkungen trotz derzeitiger Reformansätze behalten hat.

Hier wird auch die enge Verwandtschaft mit der in den USA vor allem von James H. Cone entwickelten »Schwarzen Theologie« deutlich, die eine intensive Auseinandersetzung mit der weißen europäischen und nordamerikanischen Theologie darstellt.
Die gemeinsamen Grundlagen und Perspektiven der B. sind bei weitem größer als die genannten Unterschiede. Allen Ansätzen ist ihr Ursprung im Leid und in der Erniedrigung ihrer Völker ebenso gemeinsam wie ihre Entschlossenheit, gegen dieses Unrecht anzukämpfen. Verbindende Grundlage dafür ist die biblische Botschaft von der Befreiung, das Vertrauen auf den Gott des Lebens (im Gegensatz zu den Götzen des Geldes) und die Hoffnung auf das schon jetzt im Kommen begriffene Reich Gottes.
Dieser Glaube hat den Vorrang der Orthopraxie vor der Orthodoxie und die Subjektwerdung der einzelnen Christen und Gemeinden zur Konsequenz.
Gemeinsam ist allen Ansätzen einer B. auch die Aufhebung des westlichen Monopols auf Theologie und die Zulassung eines theologischen Pluralismus. Seinen Ausdruck findet dies vor allem in der Gründung der »Ökumenischen Vereinigung der Theologen der Dritten Welt« (EATWOT), welche seit Mitte der 70er Jahre gemeinsame Perspektiven zu erarbeiten versuchen.
Dabei zeichnen sich drei Schwerpunkte ab: Befreiung (von sozialer ebenso wie von individueller Sünde) bleibt das gemeinsame Thema und das zentrale Anliegen; wobei in jüngster Zeit verstärkt auch die Rolle der Frauen in diesem Befreiungsprozeß in den Blick genommen wird. Als hauptsächliche Ursache der für die Mehrheit der Menschen in der Dritten Welt katastrophalen Situation werden die dominierenden Strukturen des Weltmarktes und der ressourcenverschlingende Lebensstil der Nutznießer des ökonomischen Status quo gesehen; wobei die den Dritte-Welt-Ländern aufgebürdete Schuldenlast sinnfälliger Ausdruck dieses Unrechtsverhältnisses ist. Und schließlich wird aus einer ökumenisch verwurzelten Kirchlichkeit heraus das Gespräch mit den andern Religionen gesucht, um einen Beitrag zur Erhaltung der eigenen kulturellen Identität und zum Überleben der ganzen Schöpfung zu leisten. *Josef Senft*

Begarden: Männliche Entsprechung zu den → Beg(h)inen.

Beg(h)inen: Frauen, die ein klosterähnliches Gemeinschaftsleben pflegten, meist in »Beg(h)inenhöfen«. Entstanden um 1200 in Brabant. Reste sind heute noch in Belgien und Holland anzutreffen.

Bekehrung: Moralische oder geistliche Umkehr; die Annahme eines neuen Glaubens.

Bektashi-Orden: Türkischer Derwischorden, benannt nach dem legendären hajji Bektash. Im Mittelpunkt mystische Gottesliebe, Ablehnung islamischer Ritualgebote (→ Ritus).

Bergpredigt: Urchristliche Zusammenstellung von ursprünglich selbständigen Sprüchen Jesu zu einer großen Rede, der »Bergpredigt« (Matth. 5 – 7) bzw. der »Feldrede« des Lukas (Lk. 6). Die Bergpredigt wurde im Laufe immer wieder zum entscheidenden Anstoß für Reformbestrebungen.

Beschneidung: Entfernen der Vorhaut bei Männern oder der kleinen Schamlippen und teils der Klitoris bei Frauen aus religiös-sozialen Motiven. In Afrika verbreitet, meist als Pubertätsritus. Im Judentum werden die Jungen am achten Tag nach der Geburt zur Erinnerung an Gottes Bund mit Abraham beschnitten. Auch männliche → Proselyten werden beschnitten. Im Islam ist die (im Koran nicht erwähnte) Beschneidung weit verbreitet.

Bhagavadgita (Sanskrit »Gesang des Erhabenen«): Kleines philosophisches Lehrgedicht (18 Kapitel), Teil des großen → Mahabharata-Epos; entstanden zwischen dem 5. vor- und 2. nachchristlichen Jahrhundert.

Bhagavata-Purana (Sanskrit »Alte Überlieferung der Anhänger des Erhabenen« [gemeint ist Vishnu]): Zu den → Puranas gehörige Schrift der Hindus. Der im 10. Jahrhundert nach Chr. verfaßte Text gilt den Vishnu-Gläubigen als der → Bhagavadgita gleichrangige göttliche Offenbarung.

Bhagavan (Sanskrit »Der Erhabene«): Name für Gott, aber auch für große Heilige. In der → Bhagavadgita wird Krishna, als → avatara Vishnus, bhagavan genannt.

Bhakti (Sanskrit »Liebe, Hingabe zu Gott« bzw. zu einem → Guru): Die hinduistische bhakti-Frömmigkeit ist stark emotional und erotisch geprägt. Bhakti schafft ein persönliches Verhältnis zur Gottheit wie zu Vater, Mutter, Freund, Geliebter oder Kind. Der Anbetende erwartet von der Gottheit Gnade. Die bhakti-Frömmigkeit gilt als leichter Heilsweg und genießt eine hohe Popularität.

Bhakti Marga (Sanskrit »Weg der Bhakti/Liebe«): Einer der drei klassischen Heilswege des Hinduismus (→ Jnana Marga/Karma Marga).

Bharata: König und Held aus dem → Bhagavata-Purana; Stammvater des Volkes der Bharata, deren heldenhaften Kampf das bedeutende Heldenepos → Mahabharata schildert.

Bhikhu (Pali »Mönch, Bettler«): Männliches Mitglied des buddhistischen Ordens (→ sangha). (→ bhikhuni).

Bhikuni (Pali »Nonne«): Weibliches Mitglied des buddhistischen Ordens (→ Sangha). (→ bhikhu).

Bibel (griech. »ta biblia«, »kleinere Schriften«): Heilige Schrift der Christen (»Wort Gottes«). Besteht aus dem sogenannten »Alten« und »Neuen Testament«. Die Entstehungszeit dieser biblischen Bibliothek erstreckt sich über einen Zeitraum von weit über 1000 Jahren. Um 400 n. Chr. war die Bibel in ihrer heutigen Gestalt abgeschlossen.

Biblizismus: Ein im Gegensatz zur historisch-kritischen Bibelforschung ungeschichtliches Bibelverständnis, für das die ganze Bibel als wortwörtliches »Wort Gottes« gilt.

Bida: Arab. »Ketzerei, Erneuerung«.

Bismillah (arab. »Im Namen Gottes«): Segensspruch und Einleitungsformel der (bis auf eine) Koransuren.

Bistum: Im Katholizismus Amtsbereich eines Bischofs, auch Diözese.

B'nai B'rith (hebr. »Söhne des Bundes«): Nach Freimaurervorbild (→ Freimaurer) in Logen organisierter weltweiter jüdischer Verein: »Independent Order of the B'nai B'rith«; gegründet am 13. Oktober 1843 von deutschen Juden in New York. Der »Orden« verfolgt philanthropische und pädagogische Ziele.

Bodhi (Sanskrit, Pali), abgeleitet von der Wurzel »budh«: »erwachen, verstehen«): Erwachung, Erleuchtung. Zustand, den ein → Buddha erreicht hat.

Bo-/Bodhi-Baum: Von → Bodhi, der Baum, unter dem der → Buddha »erleuchtet« wurde.

Bodhisattva (Sanskrit »Erwachungswesen«): Im → Hinayana-Buddhismus Bezeichnung für ein auf die »Erwachung« zugehendes Wesen (»Buddha-Kandidat«, Gustav Mensching). Der historische → Buddha Shakyamuni war vor seiner letzten Geburt als Mensch ein solcher bodhisattva. – Im → Mahayana-Buddhismus Bezeichnung für ein Wesen, das durch systematische Übung der Tugendvollkommenheiten die Buddhaschaft anstrebt, so lange aber auf das Eingehen in das → Nirvana verzichtet, bis alle Wesen erlöst sind. Im Mahayana werden irdische von himmlischen bodhisattvas unterschieden, die zum Teil als Gnadengottheiten verehrt werden.

Borobudur: Bedeutendster buddhistischer Tempel (→ Stupa) auf Java (9. Jahrhundert), 41 km von der zentraljavanischen Fürstenstadt Jogjakarta entfernt. Der Borobudur verfiel vom 10. Jahrhundert an, bis er seit dem Ende der 1960er Jahre bis 1983 von den UN-geförderten Restaurierungsarbeiten gerettet wurde. Er besteht aus fünf quadratischen, abgestuften Terrassen mit drei konzentrisch-kreisförmigen Plattformen. Im Zentrum des Ganzen befindet sich ein Abschluß-Stupa. Wenn die buddhistischen Pilger meditierend die Terrassen abschreiten, begegnen ihnen auf den unteren Reliefs die verschiedenen »Welten der Begierden«: Himmel, Erde, Unterwelt. Auf der nächsten Stufe hat der Pilger Gelegenheit, sich in die einzelnen Abschnitte von Buddhas Leben zu vertiefen. Nach oben hin werden die Reliefs immer abstrakter. Schließlich öffnen sich dem Frommen die freien Terrassen. Im zentralen Heiligtum schließlich ist alles Sinnlich-Konkrete aufgehoben: Den Frommen empfängt die »reine Leere«, das → Nirvana.

Brahma: Oberster, personal aufgefaßter Gott der Hindu-Dreiheit (Brahma, Vishnu, Shiva). Nicht zu verwechseln mit der neutralen göttlichen Absolutheit: → brahman.

Brahmacarya: Enthaltsamkeit, Keuschheit.

Brahman: Das ewige, unvergängliche Absolute, die höchste Wirklichkeit. Im Unterschied zum personalen Gottesbegriff ist das »brahman« impersonaler Natur, das Göttliche. Identisch mit dem → atman.

Brahmane: Vertreter der obersten der vier traditionellen Hindu- →Kasten.

Brahma Samaj (Sanskrit »Gemeinschaft des Brahman«): Neuhinduistische Reformbewegung. Sie unternahm den Versuch, die sozialethischen Grundforderungen des Christentums und den → Monotheismus von Christentum und Islam mit dem Hinduismus unter Beseitigung von dessen ethischen Schattenseiten zu vereinigen. Gegründet 1829 von Ram Mohan Roy (1772–1833).

Brailvi-(Barailawi-)Bewegung: Indisch-islamische Frömmigkeitsbewegung, gegründet von Ahmad Riza Khan (1856–1921), der einer Familie von Gelehrten und → Sufi-Führern entstammte, die alle in der Stadt Rai Baraili (etwa 240 km östlich von Delhi) ansässig waren. Schon als Vierjähriger war der Brailvi-Gründer von Begeisterung für den Propheten Muhammad erfüllt. Hauptmerkmale der Bewegung, die Elemente des Volksislam mit dem → orthodoxen Islam verknüpft: Zentrale Stellung des Propheten Muhammad, die große Bedeutung der Nachfolger der Propheten (sayyids), geistigen Führer, Heiligen und → pirs; die große Rolle volkstümlicher Feste (Geburtstag des Propheten), die Verehrung von pirs im Rahmen lokaler oder regionaler Pilgerfahrten. Hauptverbreitungsgebiet: Dörfer in den Vereinigten Provinzen und im Punjab, Pakistan, in der indisch-muslimischen Gemeinde Südafrikas, in verschiedenen Ländern Westeuropas .

Bruderschaft: Im katholischen Bereich Vereine zur Förderung der Frömmigkeit und der Caritas; im Protestantismus ordensartige Zusammenschlüsse zur kirchlichen Erneuerung. Bekanntestes Beispiel: die »Communauté« im burgundischen Taizé.

Brüdergemeinde/Brüderunität: Evangelische Gemeinde, die aus den Resten der böhmischen Brüder und deutscher Pietisten um 1722 unter Leitung des Grafen N. von Zinzendorf auf dessen Gut Berthelsdorf (Oberlausitz) entstand. Hier wurde der Stammsitz Herrnhut gegründet. Die »Brüdergemeine« zeichnet sich aus durch heitere Frömmigkeit, arbeitsames Leben, Missions-, Erziehungs- und Pflegetätigkeit. Weit verbreitet sind ihre »Losungen« (ausgeloste Bibelstellen). Wichtige ökumenische Impulse gingen von ihnen aus. Seit Juni 1992 ist die Trennung in einen Ost- und Westdistrikt aufgehoben. Dienstsitze der Kirchenleitung der »Europäisch-Festländischen Brüderunität« sind: Bad Boll, Herrnhut und Zeist (Niederlande). Hinzugekommen sind die neu gegründeten Brüdergemeinen Estlands. Die Gemeinschaft gehört u. a. dem »Ökumenischen Rat der Kirchen« an. Junge Kirchen, insbesondere in der Karibik, Ost- und Südafrika und Indien (»Mährische Kirche«) verdanken ihre Ursprünge der Brüdergemeine. Mitgliederzahl weltweit ca. 500000.

Buddha (Sanskrit, Pali »der Erwachte«): 1. Ein Mensch, der die Vollkommene Erwachung (→ bodhi) und damit → Nirvana erreicht hat. Es gibt verschiedene Arten von »Erwachten«: »Einzelerwachte«, »Vollkommen Erwachte« (Samma-Sam-Buddha). Ein »Vollkommen Erwachter« war der historische Siddharta Gautama Buddha, der von sechs Vorgängern und seinem nächsten Nachfolger sprach. 2. Der historische Siddharta Gautama (6. Jahrhundert v. Chr.), auch Buddha Shakyamuni (»der schweigende Weise aus dem Geschlecht der Shakyas«) genannt, um ihn vom Buddha-Prinzip zu unterscheiden. 3. Dieses »Buddha-Prinzip« manifestiert sich in den verschiedensten Erscheinungsformen. Der →Mahayana-Buddhismus kennt viele transzendente Buddhas. 4. Ausdruck für die absolute göttliche Wirklichkeit, insbesondere im Mahayana.

Cäsaropapismus: Zuteilung der höchsten geistlichen (»papalen«) Gewalt an den weltlichen Herrscher.

CAL: Katholische »Kommission für Lateinamerika«.

Candomble: Afro-brasilianische Religion (vergleiche Kapitel Candomble)

Cargo-Kulte: Neue religiöse Bewegungen in Melanesien und Neuguinea, in denen bestimmte Riten das Kommen westlichen materiellen Reichtums, in Gestalt von »Schiffsladungen« (»cargo«), herbeiführen sollen. Oft wird ein → Messias erwartet, der Krankheit vertreibt und »cargo« verteilt.

Caritas (verband): Im Katholizismus als »Deutscher Caritasverband« (gegründet 1897) organisierte Liebes- und Hilfstätigkeit. Untersteht der Aufsicht der deutschen Bischöfe; Sitz: Freiburg i. Br.

CCLA: Protestantisches »Komitee für Zusammenarbeit in Lateinamerika«.

CELAM: »Consejo Episcopal Latinoamericano«/»Lateinamerikanischer Bischofsrat«, mit Sitz in Bogota; 1955 gegründet, organisierte CELAM die 2. und 3. Generalversammlung der lateinamerikanischen Bischöfe von Medellín (1968) und Puebla (1979) (→ Befreiungstheologie).

Chaesu-kut: Glücksbeschwörende Zeremonien in Korea.

Chakra (Sanskrit »Rad, Kreis«): Im tibetischen und indischen Denken die sechs Nervenzentren, aus denen die psychische Energie fließt. Diese Zentren befinden sich zwischen den Augenbrauen sowie an: Hals, Herz, Nabel, Genitalien, dem Ende der Wirbelsäule, wo Kundalini, die Schlangenenergie, zusammengerollt liegt. Die »chakras« werden auch Lotoszentren genannt.

Chakravartin (Sanskrit): Der Weltenbeherrscher. Herr, nicht nur einer national begrenzten Gemeinschaft; nach buddhistischer Auffassung profanes Gegenstück zu →Buddha.

Chaldäer/Chaldäische Kirche: Die mit Rom unierten Ostsyrer.

Chanten: Religiöses Singen insbesondere hinduistischer → Mantras: »Hare Krishna, Hare Krishna, Krishna Krishna, Hare Hare«.

Chanukka (hebr. »Einweihung«): Lichterfest, Tempelweihfest.

Charisma (eine Weiterentwicklung aus griech. »charis«, »Huld, Anmut«): Menschen, die über besondere Ausstrahlung verfügen und andere oft entscheidend beeindrucken, wird oft Charisma nachgesagt. Martin Luther King, Mutter Teresa, Johannes XXIII. sind solche außergewöhnlichen Persönlichkeiten. Aber auch Politiker, Schauspieler, Dirigenten, Sportler, Popstars u.a. wirken auf »Anhänger« und Fans, die sich ihnen bereitwillig unterordnen, ihnen buchstäblich »zu Füßen liegen« durch ihre Nichtalltäglichkeit. Vom Genie bis zum Scharlatan, vom Helden bis zum Volksverführer, von der Heiligen bis zur »Femme fatale« reicht die Spanne der Charismatiker. In einigen »Phantasy-Spielen« für Jugendliche ist »Charisma« eine von mehreren Kategorien (neben Körperkraft, Mut, Intelligenz u. a.), nach denen Helden eingestuft werden.

»Charisma« bedeutet in der Theologie des Paulus Gnadengeschenk. Sind auch die Gaben verschieden, so gehen sie alle auf den Heiligen Geist zurück. Nicht alle Schöpfungsgaben sind von vornherein Charismata; sie werden es erst durch ihre Anwendung im Kontext des Reiches Gottes. Paulus erklärt den Grundgedanken am Bild vom Körper und dessen einzelnen Gliedern. Jedes einzelne hat seine besonderen Aufgaben.

Die Christen nehmen mit ihren Gnadengaben einen für die ganze Gemeinde wichtigen Dienst wahr. Zu den Gaben gehören einmal »natürliche«: Diakonie, Management, Barmherzigkeit, Lehre, Ehelosigkeit u. a. Als »außergewöhnliche Gaben« gelten: → Glossolalie (Zungenreden), Heilen, Vorherwissen, →Visionen, →Auditionen und →Träume.

Diese Phänomene werden in den pfingstlerischen (→ Pfingstbewegung) und charismatischen Bewegungen (seit ca. 1960) besonders gepflegt. Am höchsten stehen solche Gnadengaben, die das Gesamtwohl der Gemeinde fördern. Von einigen religiösen Autoritätspersonen (Apostel, Propheten, Lehrer) wird angenommen, daß sie im Besitz charismatischer Eigenschaften sind (Ursprung späterer Amtsgnade).

Für den Soziologen Max Weber (1864–1920) ist die »charismatische Herrschaft« eine von insgesamt drei Typen legitimer Herrschaft. Im Unterschied zur »rationalen« und »traditionalen« Herrschaft beruht sie »auf der außeralltäglichen Hingabe an die Heiligkeit oder die Heldenkraft oder die Vorbildlichkeit einer Person und der durch sie offenbarten oder geschaffenen Ordnungen«.

Charismatische Bewegung: Erneuerungsbewegung in katholischen und evangelischen Kirchen, die Wirken und Gaben des Heiligen Geistes im Leben der Gemeinde und des einzelnen Gläubigen betonen.

Chasidismus: Nach ihren Anhängern, den Chasidim (hebr. »die Frommen«), genannte religiöse Bewegung, der es um Verinnerlichung der jüdischen Religion statt starrer Gesetzestreue geht. 1. Quietistische jüdische Asketen: die Vorläufer der Pharisäer. 2. Mittelalterliche jüdische Mystiker, besonders für die Entwicklung des Judentums in Deutschland maßgebend. 3. Anhänger Baal Schem Tows, die im 18. Jahrhundert eine neue Art des Chasidismus lehrten.

Cheder: »Zimmer«, Lehrzimmer, Kinderschule. Der Cheder ist teilweise noch bis heute die hebräische Grundschule, in der die jüdischen Jungen vom 4./5. Lebensjahr an bis zum Übergang auf die → Talmud-Schule bzw. die Jeschiwa bleiben.

Chinesischer Christenrat: Die Aufgabe dieser 1980 gegründeten Institution ist der kirchliche Wiederaufbau nach der Kulturrevolution (1965–1969) und die pastorale Leitung der Gemeinde. Seit 1991 Mitglied des »Ökumenischen Rates der Kirchen«.

Chinvat-Brücke: Brücke im Parsismus, über die der Gerechte wie auf einer Straße in das → Paradies gelangt, während sie für den Verurteilten so fein wie ein Haar ist, so daß er von ihr in die → Hölle stürzt.

Chip-kut: Familienbezogene Zeremonie in Korea.

Chonju (korean. »Herr des Himmels«): Gebräuchlicher koreanischer Gottesname.

Christlich-jüdische Gesellschaften: Auf US-amerikanische Initiative hin wurden 1948/49 die ersten Gesellschaften in München, Stuttgart, Wiesbaden, Frankfurt und Berlin gegründet. Die neue deutsche Demokratie sollte sich am Verhalten gegenüber den Juden bewähren. In der Phase nach dem von Konrad Adenauer durchgesetzten »Wiedergutmachungsvertrag« (1952/53) ging es stärker um die Auseinandersetzung mit der NS-Judenverfolgung, um Förderung und Pflege des Judentums und der christlich-jüdischen Beziehungen. Heute verstehen sich die Gesellschaften als nationale Organisationen zur Aussöhnung mit dem Judentum.

Christologie: Lehre von Jesus Christus, seiner Person und seinem Wesen, deren Anfänge bis in das neutestamentliche Schrifttum zurückgehen und um die in der Alten Kirche schwere dogmatische Auseinandersetzungen geführt wurden. In den Konzilien von Nicäa (325) und Chalcedon (451) wurden folgende Entscheidungen gefällt: »Jesus Christus, Sohn Gottes, der gezeugt wurde aus dem Vater als Einziggeborener – das heißt aus dem Wesen des Vaters –, Gott aus Gott, Licht aus Licht – wahrer Gott aus wahrem Gott, gezeugt, nicht geschaffen, wesenseins mit dem Vater«, und: »Christus vollkommen in der Gottheit und vollkommen in der Menschheit«.

CLAI: Protestantischer »Lateinamerikanischer Rat der Kirchen«.

CLAR: Katholischer »Verband lateinamerikanischer Ordensleute«.

CONELA: Evangelische Lateinamerikanische Bruderschaft.

Dämonen (griech. »daimon«, vom Verb »daimonai«, »teilen, zerteilen«) bedeutet »Teiler, Zerteiler« im Sinne von »Schicksalszuteiler«): In der frühgriechischen Religion Synonym zu »theos« (Gott), gegenüber dem der »daimon« jedoch anonym und unvorhersehbar wirkt. Frühchristliche Theologen deuten die nichtchristlichen Götter als »Dämonen«, die für das Böse verantwortlich gemacht werden. In der Religionswissenschaft negativ wirkende Wesen innerhalb einer Hierarchie numinoser (→ Numen) Wesenheiten.

Dagoba: Singhalesische (Sprache Sri Lankas) Bezeichnung für das Hauptsymbol des Buddhismus, den → »Stupa«

Dakhma (altiran. »Scheiterhaufen«): In der Religion Zarathustras der Ort, an dem die Toten ausgesetzt werden (»Türme des Schweigens«).

Dao (chines. »Weg«): Im chinesischen Daoismus das aller Wirklichkeit zugrunde liegende Prinzip.

Dalai Lama (mongol.-tibet. »Lehrer, dessen Weisheit so groß wie der Ozean ist«): Ehrentitel für das Oberhaupt der tibetischen → Gelugpa-Richtung.

Denomination: Im angelsächsischen Sprachraum übliche Bezeichnung für alle rechtlich und verwaltungsmäßig selbständigen Glaubensgemeinschaften. Im christlichen Bereich unterscheiden sich Denominationen auf konfessioneller, nationaler, verfassungsmäßiger (→ hierarchisch, episkopal-synodal, presbyterial-synodal, kongregational) Ebene sowie nach ihrem Verhältnis zu Volk, Staat und Gesellschaft (→ Freikirche/Volkskirche).

Dependenz-Theorie: Sammelbegriff für eine Vielzahl von lateinamerikanischen Theorieansätzen, welche die »Unterentwicklung« der sogenannten Dritten Welt nicht als historisches Durchgangsstadium verstehen, sondern als Resultat des Kolonialismus und der gegenwärtigen strukturellen Abhängigkeit von den kapitalistischen Metropolen des Nordens. Nach der Dependenz-Theorie ist die Kluft zwischen Arm und Reich aber nicht nur international durch die Bedingungen des Weltmarktes verursacht, sondern wird auch innerhalb dieser Länder selbst in Form von Wohlstandsinseln und Massenelend reproduziert. *Josef Senft*

Deraqvasi: Diejenigen Jainas, die → Idole in Tempeln verehren. (→ Sthanakavasi.)

Derwisch (pers. »darwish«, »Armer«): Islamischer Mystiker (→ Mystik, → Sufismus), der zu einem → Orden gehört, der durch Bewegung, Tanz und Rezitation der Namen Gottes zur Ekstase gelangen möchte.

Deutsche Bischofskonferenz: Zusammenschluß der katholischen Bischöfe der deutschen → Diözesen (Name bis 2. März 1966: Fuldaer Bischofskonferenz). Nach dem politischen Umbruch in der DDR wurde 1990 die Vereinigung mit der »Berliner Bischofskonferenz« beschlossen.

Deva raja: Eine Art Gottkönig in Thailand.

Devotio moderna: Bei dieser Frömmigkeitsform, die vom niederländischen Bußprediger und Mystiker (→ Mystik) Geert Groote (1340–1384) ins Leben gerufen wurde, steht die persönlich-innerliche Frömmigkeit des einzelnen im Mittelpunkt. Tätige Nächstenliebe in der Nachfolge Christi, Gebet, Betrachtung und Schriftlesung gehören zu den hauptsächlichen Merkmalen dieser Bewegung. Als »Brüder und Schwestern vom gemeinsamen Leben« schlossen sich Grootes Anhänger zusammen. Sowohl bei den Augustiner-Chorherren als auch bei Kartäusern und anderen Orden fand diese Bewegung Eingang. Ihr Einfluß auf das religiöse Leben der → Laien in Mittel- und Westeuropa war nicht gering. Schriften aus ihrem Geist, (so Thomas von Kempens (1379/80 – 1471) »Nachfolge Christi«, wirken bis heute inspirierend.

dGe lugs pa: Buddhistische Schulrichtung, die im ausgehenden 14. Jahrhundert von dem tibetischen Reformator Tson kha pa (1357 – 1419) begründet wurde.

Dhamma (Pali): Hauptbegriff des Buddhismus mit großer Bedeutungsvielfalt: kosmische Ordnung, Verhaltensnormen, Bezeichnung für die Daseinsfaktoren, am wichtigsten: die uralte, schon vor → Buddha existierende »Lehre«, die dieser wiederentdeckt und verkündet hat.

Dharma (Sanskrit): Mit → dhamma verwandter Hauptbegriff des Hinduismus: Weltordnung, Daseinsfaktor, Gesetz, Heilsordnung; »Seins- und Sollensgesetz« (Gustav Mensching). Als »Seinsgesetz« regelt dharma die kosmische sowie die Natur- und Gesellschaftsordnung (→ Kaste). Moral, »Religion«, Recht und Sitte werden von dharma im Sinne eines »Sollensgesetzes« bestimmt. Der Hinduismus versteht sich als »sanatana dharma« (ewiger Dharma) bzw. als »varnashrama dharma« (dharma der Varnas/Kasten und → Ashrama). Dharma ist darüber hinaus eines der vier traditionellen »Lebensziele« des Hinduismus (→ kama, artha, moksha): das rechte, vernunftgemäße, rechtschaffene Leben in Bezug auf die Gemeinschaft.

Dhammayut-Bewegung: Von dem thailändischen König Mongkut/Rama IV. (1803 – 1868) ins Leben gerufene Reformbewegung, die besonderes Gewicht auf die strengere Einhaltung der Ordensregeln (Vinaya) legt. Erst 1894 erhielt diese Richtung einen Sonderstatus innerhalb der geistlichen Verwaltung.

Dhimmi (arab. »Schutzbefohlene«): Bezeichnung für die »Schriftbesitzer« in einem islamischen Staat. Sie genossen den Schutz der islamischen Oberhoheit als Gegenleistung für die von ihnen zu entrichtende Kopfsteuer.

Diakon (griech. »Diener«): In der evangelischen Kirche von Johann Hinrich Wichern (1808 – 1881) neuerweckter Beruf für die Gemeinde- oder Anstaltsdiakonie. Im Katholizismus ein Kleriker, der die letzte der höheren Weihen vor der Priesterweihe erhalten hat und selbständige liturgische (→ Liturgie) Funktionen ausüben darf.

Diakonie: Christlich geprägte Haltung des »Dienens« gegenüber Kranken und Bedürftigen.

Dialektische Theologie: Eine von Karl Barth (1886 – 1968) ausgehende theologische Denkrichtung, die an S. Kierkegaard (1813 – 1855) anknüpfte. Sie war bestrebt, den unendlichen Abstand zwischen Gott und Mensch auch in der Theologie zu wahren. Dieser Abstand ist so gewaltig, daß keine direkte, sondern nur eine dialektische Aussage über Gott gemacht werden kann.

Diaspora (griech. »Zerstreuung«): Eine unter Andersdenkenden zerstreut lebende (religiöse) Minderheit. Die jüdische Diaspora ist besonders stark. Jahrhundertelang mußten fast alle Juden fern von Israel leben.

Digambara (Sanskrit »von den Himmelsrichtungen bekleidet«, nackt): Eine Form des Jainismus, deren Mönche besonders strenge → Askese praktizieren und unbekleidet gehen (»Nacktgänger«).

Diözese (griech.) → Bistum.

Dipavamsa: Geschichtschronik Sri Lankas aus der Mitte des 4. Jahrhunderts n. Chr.

Disciples of Christ: 1832 von Thomas und Alexander Campbell gegründete baptistische (→ Baptisten) Glaubensgemeinschaft mit → kongregationalistischer Verfassung und absoluter Selbständigkeit der Einzelgemeinde. Die »Disciples« wollen ihr Leben so wie die Jünger Jesu führen, praktizieren die Erwachsenentaufe und verstehen das sonntägliche → Abendmahl als Gedenkfeier. Sie sind Mitglied u. a. im »Ökumenischen Rat der Kirchen«.

Divali: Lichterfest zu Beginn des hinduistischen Neujahrs (November). Divali symbolisiert den Sieg der guten über die bösen Mächte, des Lichts über die Dunkelheit, wie es in den Mythen (→ Mythos) von König Rama und Vishnu erzählt wird.

Divine Light Mission: (Vergleiche Kapitel Divine Light Mission).

Dogma (griech. dasjenige, »was als richtig erschien«): Der Begriff steht im philosophischen Sinn für Meinung, Grund- und Lehrsatz sowie Lehre. Auch Beschlüsse und Anordnungen waren im Frühchristentum mit Dogma gemeint, z. B. diejenigen in der Apostelgeschichte des Lukas, welche den Missionsgemeinden als Richtlinien dienen sollten.

Zwei Linien gibt es im Christentum: Die eine versteht unter Dogma einen verbindlich festgelegten »Glaubenssatz«, die andere mehr eine »unaufgebbare Glaubenslehre«.

Dogmen und Bekenntnisse (→ Symbol) sind miteinander verwandt. Im Unterschied zu den von Gustav Mensching sog. »Volksreligionen« kennen »Universalreligionen« wie etwa das Christentum Bekenntnisse. Formelartig fassen sie Kernaussagen des Glaubens zusammen. Es handelt sich um eine ursprünglich existentiell erfahrene Wahrheit, die zusammengefaßt wird, um sie nachwachsenden Generationen zu überliefern. Glaubensbekenntnisse sind Ausdruck einer tiefen religiösen Bindung, formuliert in der Sprache einer logisch-erkenntnismäßigen Richtigkeitsaussage. Bekenntnisse stabilisieren eine Glaubensgemeinschaft nach innen und grenzen sie zugleich von abweichenden Meinungen ab. Der Ursprung des Dogmas liegt mehr in solchen Bekenntnissen als im Lehrsatz, mehr im Bezeugen einer intensiv erlebten Wahrheit als im schlüssigen Beweis einer Richtigkeit. Dogmen, also feste Lehr-Sätze entstanden erst, als die Kirche zur »Heilsanstalt« wurde mit beamteten Funktionären. Aus dem vertrauenden »Glauben«, um den allein es im Neuen Testament ging, wurde die »Rechtgläubigkeit«, die Zustimmung zu kirchlich vorgeschriebenen Sätzen. Aus der spontanen Verkündigung wurde reflektierte Lehre, aus einer bekennenden Erlebnisaussage wurde ein intellektuelles Dogma. Solchen Vorgängen lag auch ein gewandeltes Wahrheitsverständnis zugrunde; denn die Wahrheit im Sinne der göttlichen Wirklichkeit, verschob sich zur Wahrheit im Sinne der Richtigkeit eines Lehrsatzes, nach dem Muster: zwei mal zwei ist vier. Die römisch-katholische Kirche kennt solche fest definierten Glaubenssätze. Seit dem 1. Vatikanischen Konzil (1869/70) bezeichnet Dogma im katholischen Raum eine Lehre oder Satzaussage, in der die Kirche, genauer: das Lehramt einen Aussageinhalt endgültig und allgemein verbindlich so und nicht anders zu glauben vorschreibt. Die Leugnung solcher Dogmen, die Fragen des Glaubens oder des christlichen Lebens betreffen, ist dann gleichbedeutend mit Irrlehre, → Häresie. Solchen Dogmen schreibt die katholische Kirche »Unfehlbarkeit« zu. Damit will sie ausdrücken: Der Heilige Geist schützt die Kirche vor Irrtum, wenn die mit dem Papst vereinten Bischöfe eine feierliche Glaubensentscheidung treffen. Protestanten sprechen lieber von Bekenntnis. Dieses kann niemals Zustimmung bedeuten zu einem Dogma als solchem.

Dogmatik: Teilgebiet der Theologie, in dem die Glaubensinhalte systematisch zusammengefaßt und wissenschaftlich dargestellt werden.

Dominikaner: Ordo Fratrum Praedicatorum (Abkürzung: OP), vom spanischen Mönch Dominikus (um 1170 – 1221) gegründeter katholischer Bettelorden, der meditatives und aktives Leben miteinander verbindet. Den Dominikanern wurde seit 1231 vorzugsweise die Inquisition übertragen.

Donatisten: Nach dem afrikanischen Bischof Donatus (gest. um 355) benannte Bewegung, die zur Bildung einer bis in das 7. Jahrhundert existierenden Sonderkirche führte. Die Donatisten forderten, daß die Kirche alle offensichtlichen »Sünder« ausschließen solle. Die von »sündigen« Priestern gespendeten → Sakramente seien ungültig.

Draviden: Altvölker Indiens, deren Kultur im Indusbecken durch das Eindringen der Arier um 2000 v. Chr. überlagert wurde. Heute große Volksgruppe in Südindien.

Drusen: (Vergleiche Kapitel Drusen)

Dualismus: 1. Glaube an die zweifache Natur der Welt. Im Gegensatz zum → Monismus glaubt der Dualismus an einen fundamentalen Gegensatz zwischen Gott und Schöpfung. 2. Der Glaube an zwei entgegengesetzte Prinzipien, Gut und Böse, die in ständigem Kampf miteinander liegen. Dieser moralische Dualismus ist z. B. die Grundlage des Zoroastrismus. 3. Der Begriff kann auch den Gegensatz von → Seele (Geist) und Körper meinen.

Duhkha (Sanskrit, Pali: »dukkha«): Zentraler Gedanke der → Buddha-Lehre; das universale »Leiden«, in welches unterschiedslos alle Wesen hineingeboren werden; die »generelle und existentielle Unheilssituation« (Gustav Mensching) – vergleichbar mit der christlichen Erb-/Ursünde (→ Sünde und Schuld).

Durga (Sanskrit »die Unergründliche«): Häufig verwendete alte Bezeichnung für »Große Muttergöttin«, die Frau Shivas. Ihr Charakter ist ambivalent: gnädig und strafend.

Ekklesiologie: Theologische Lehre von der Kirche, ihrem Wesen und ihrer Funktion im heilsgeschichtlichen Handeln Gottes.

Emblem: Sinnbild, das aus (allegorischem) Bild und Text besteht.

Emirat (von arab. »amir«, Befehlshaber): Politische lokale Herrschaftsform, der ein Emir vorsteht.

Empfängnis, Unbefleckte: Lehre der katholischen Kirche, daß Maria durch besondere Gnade ohne den Makel der → Erbsünde ins Dasein getreten sei, als ihre Mutter sie empfing (Dogma 1854).

Endogamie: Heiratsordnung, bei der der Ehepartner nur innerhalb der eigenen engeren sozialen Gruppe gewählt werden darf (Gegensatz: Exogamie).

Engel: Geisteswesen, die in Judentum, Christentum und Islam Boten Gottes sind. Die → Amesha spenta der zoroastrischen Religion waren möglicherweise Vorbilder der Erzengel.

Enthusiasmus (griech. »entheos«, »gottbegeistert«): Zustand seelischer Ergriffenheit, bei der die betreffende Person glaubt, von Gott erfüllt zu sein (Ekstase; → Glossolalie).

Eparchie: → Diözese der Ostkirche.

Episkopalkirche: Bezeichnung für die Anglikanische Kirche in den USA. Seit 1776 unabhängig von der Jurisdiktion des Londoner Bischofs. Etwa 5 Mio. Mitglieder.

Erbsünde: Die »generelle und existentielle Unheilssituation« (Gustav Mensching) des Menschen. Nach christlicher Lehre die vom Sündenfall Adams herrührende Verfallenheit aller Menschen, die Leid und Tod sowie die ausnahmslose Erlösungsbedürftigkeit zur Folge hat (→ Sünde und Schuld).

Eschatologisch: Auf die Endzeit, die sogenannten »letzten Dinge« bezogen.

Erleuchtung: Die durch göttliche Einwirkung empfangene Glaubenserkenntnis; in der christlichen → Mystik die mittlere Stufe der Erkenntnis. Im Buddhismus ist Erleuchtung → »bodhi«: die erlösende Erkenntnis, die aus dem Kreislauf der Wiedergeburten befreit.

Erlösung: Christlicher Begriff, der das in allen Religionen angestrebte Ziel kollektiver/individueller Befreiung aus der (inhaltlich sehr verschiedenen) »Unheilssituation« (Gustav Mensching) beschreibt: entweder durch göttliches Heilswirken, durch göttlich-menschliche Zusammenarbeit oder (in äußerst seltenen Fällen) durch die Kraft des Menschen allein.

In den »Universalreligionen«, den eigentlichen Erlösungsreligionen, ist Erlösung stets Aufhebung einer existentiellen Unheilssituation und die Herbeiführung eines existentiellen Heils (→ Sünde und Schuld).
Erweckungsbewegungen: Vom → Pietismus und Neokonfessionalismus geprägte Bewegungen mit dem Ziel, das Gemeindeleben zu verlebendigen. Im deutschen Protestantismus traten sie nach 1800 auf; in England um 1740 im Methodismus (→ Methodisten). Das Wirken des Dänen Grundtvig (1783 – 1872) beförderte die dänische Erweckungsbewegung (→ Bekehrung, → Pietismus).
Erzdiözese (griech. »archi...«, »Ober-, Haupt...«): Erste Diözese einer katholischen Kirchenprovinz (Residenz des Erzbischofs bzw. in der Ostkirche des Metropoliten). In Deutschland gibt es fünf Erzdiözesen: München und Freising, Freiburg i. Br., Bamberg, Paderborn, Köln.
Esoterik: Geheimlehre, nur den Initiierten zugänglich, den Außenstehenden aber, oft selbst den gewöhnlichen Gläubigen, verschlossen.
Essener: Priesterlich geprägte Gruppe im Judentum, die sich vom offiziellen Jerusalemer Tempel im 2. Jahrhundert n. Chr. trennte. Die Essener zogen sich in die Wüste zurück bzw. in besondere Niederlassungen, wo sie die rituelle Reinheit und den strengen Gesetzesgehorsam besser praktizieren zu können glaubten. Das Kloster Qumran am Toten Meer, wo 1947 wichtige Handschriften gefunden worden sind, gehörte den Essenern.
Ethnie: Nach dem Kulturanthropologen Wilhelm Emil Mühlmann »die größte feststellbare souveräne Einheit, die von den betreffenden Menschen selbst gewußt und gewollt wird. Eine Ethnie kann daher auch eine Horde, ein Klan, ein Stamm, sogar eine Kaste sein; was sie de facto ist, kann nur empirisch festgestellt werden, indem man versucht, in die kollektive Intentionalität einzudringen«.
Evangelikale: Christen aller Konfessionen, welche die zentrale Bedeutung der Bibel, die Rechtfertigung aus Glauben und die Notwendigkeit der persönlichen Bekehrung betonen. Manchmal ist »evangelical« auch die Übersetzung des deutschen Wortes evangelisch.
Evangelisation: Verbreitung des Evangeliums. Heutzutage Bezeichnung für die auf persönliche Entscheidung und Bekehrung dringende Verkündigungsform, die sich an die kirchlich Entfremdeten wendet. Im Protestantismus förderte besonders der → Pietismus und die → Erweckungsbewegungen des 19. Jahrhunderts, in der katholischen Kirche Papst Paul VI. im Apostolischen Schreiben → »Evangelium nuntiandi« die Evangelisation.
Evangelium Nuntiandi: Maßgebliches päpstliches Dokument zur Evangelisierung, 1975.
Ewiger Jude: Erstmals im 13. Jahrhundert bezeugte Legende, die von einem Juden (Ahasver) erzählt, der dem erschöpften Jesus auf dessen Weg zur Kreuzigung die Rast verweigert und daher von Jesus zum ewigen Wanderdasein bis zum Jüngsten Gericht verdammt wird.
Exegese: Schriftauslegung.
Exkommunikation: Kirchenbann. Entzug der aktiven Gliedschaftsrechte in der römisch-katholischen Kirche, nicht »Ausschluß aus der Kirche«.
Exodus: 1. Flucht Israels aus Ägypten unter Moses Führung. 2. Das 2. Buch Mose im »Alten Testament« der Bibel.
Exorzismus: Austreibung der → Sünde oder des Bösen, besonders eines bösen Geistes, aus einem Menschen durch Gebet oder Riten (→ Ritus).

Fatalismus (lat. »fatum«, »Schicksal«): Vorstellung eines unabänderlichen, »blinden« Schicksals als einer unpersönlichen göttlichen Macht.
Fatimiden: Islamische Dynastie schiitischer Richtung (909 – 1171).
Fegefeuer: Zwischenzustand nach dem leiblichen Tod, in dem die »läßlichen Sünden« abgebüßt werden können. Der Begriff »Purgatorium« (»Reinigungsort«) ist wohl um 1170 entstanden. Im deutschen Sprachraum bürgerte sich Fegefeuer ein (fegen = reinigen). Spätestens seit Mitte des 13. Jahrhunderts glaubte man, daß die »Armen Seelen« an drei bzw. vier Orten »gereinigt« werden. Kirchenrechtliche Sanktionierung dieser Lehre seit den Konzilien von Lyon (1245, 1274). Das Konzil von Trient schob 1562 dem Ausufern der Phantasie einen Riegel vor und erklärte, daß die Leiden der Armen Seelen auf Feuerpein beschränkt seien. 2. Vatikanisches Konzil (1962 – 1965) und Glaubenskongregation (1979) schweigen sich über Art und Ort der »Reinigung« aus, halten aber dogmatisch daran fest, daß es ein Fegefeuer gibt.
Feministische Theologie: »Sexismus in den siebziger Jahren – Diskriminierung von Frauen« – zu einer Internationalen Frauenkonferenz mit diesem Thema wurde 1974 vom Ökumenischen Rat der Kirchen (ÖRK) nach Berlin eingeladen. Die feministische Bewegung erreichte Kirche und Theologie auch in Europa. In den USA waren bereits einige Jahre zuvor Veröffentlichungen feministischer Theologinnen (z. B. von Mary Daly und Rosemarie Redford Ruether) erschienen. Von der Konferenz in Berlin gingen wichtige Impulse für die Zukunft aus. Der Aufbruch der Frauen in der ökumenischen Bewegung führte vier Jahre später zum Studienprogramm des ÖRK »Die Gemeinschaft von Frauen und Männern in der Kirche«. Die erste Konsultation im Rahmen dieser Studie fand 1978 in Brüssel statt. In den Anfängen feministischer Theologie in Europa war diese Konsultation zweifellos ein Kristallisationspunkt – bezeichnend ihr Titel: »Auf der Suche nach einer feministischen Theologie«. Catharina M. Halkes, katholische Theologin aus den Niederlanden, und Elisabeth Moltmann-Wendel aus Deutschland hielten die Hauptreferate. Beide zählen nach wie vor zu den wichtigsten Vertreterinnen feministischer Theologie im deutschsprachigen Raum. Feministische Theologie hat nicht nur eine einzige Wurzel. Sie entstand im Zusammenspiel mehrerer Faktoren. Der Kampf um die Emanzipation der Frauen, der Einsatz für sexuelle Autonomie und die Gleichberechtigung lesbischer Lebensformen, Befreiungsbewegungen und ökumenische oder (nach) konziliare Reformgruppen in den Kirchen beeinflussen bis heute ihre Entwicklung. Diese Bewegungen haben ihren gemeinsamen Nenner im Widerstand gegen die Konzentration ökonomischer und politischer Macht in den Händen weniger und kritisieren deshalb die Unterdrückung von Frauen in der Gesellschaft und in den Kirchen. Vor diesem Hintergrund sind die Verbindung von Aktion und Reflexion ebenso Kennzeichen feministischer Theologie wie ihre Parteilichkeit und ihre Kritik an der Ideologie der Objektivität und Wertneutralität wissenschaftlicher Arbeit. Frauen bleiben nicht länger Opfer patriarchaler Definitionsmacht, sondern sind Subjekte ihrer eigenen Geschichte. Die Versuche, feministische Theologie im Spannungsfeld zwischen Feminismus und theologischer Wissenschaft auf einen Begriff zu bringen und zu definieren, haben sich immer wieder als unzureichend erwiesen. Sie sind der Mehrschichtigkeit und dem lebendigen Prozeß, in dem sich feministische Theologie vollzieht, kaum gerecht geworden. Hedwig Meyer-Wilmes, Nachfolgerin von M. Halkes an der Universität Nijmegen, unterscheidet verschiedene Ansätze feministischer Theologie. Die Nähe zu einer der Strömungen der feministischen Bewegung (liberal, sozialistisch, gynozentrisch), die erkenntnistheoretische Ausrichtung (Befreiungstheologie, Ontologie, Strukturalismus oder Archetypenlehre) und der methodische Bezugsrahmen (historisch-kritisch, sozialgeschichtlich, literarkritisch, kulturkritisch und sprachkritisch) bestimmen das Profil des jeweiligen Ansatzes. Feministische Theologinnen suchen ihre eigene Sprache und Begrifflichkeit in der Auseinandersetzung mit unterschiedlichen Traditionen und Theorien. Der interkulturelle Dialog zwischen Theologinnen aus Nord und Süd, der besonders vom ÖRK gefördert wird, belebt die Diskussion, z. T. auch über die Grenzen des Christentums hinaus.
Erst langsam beginnt in Deutschland die Phase der Institutionalisierung. Je nach Ansatz stehen unterschiedliche Modelle im Vordergrund: autonome Frauengruppen, die z. T. an matriarchale Kulte anknüpfen oder selbständige Frauenkirchen bilden; kirchliche Frauenkreise und Frauenreferate, die neben ihrem Auftrag für frauenspezifische Bildungsarbeit in den Kirchen als Anlauf- und Kontaktstelle für Frauen dienen, Mitarbeiterinnen beraten und für die Frauenförderung bei Stellenbesetzungen oder für die Durchsetzung der Frauenquote in kirchlichen Gremien verantwortlich zeichnen; Lehraufträge und Forschungsprojekte im Rahmen der Universitäten, in denen die ganze Spannbreite feministischer

Theologie sichtbar wird. Einen Lehrstuhl für dieses Fach gibt es bisher nicht.

Barbara Siebel-Robra

Fetisch(ismus): Fetisch bezeichnet zunächst westafrikanische Götterbilder, dient darüber hinaus als Ausdruck für künstlerisch hergestellte Dinge, die religiös verehrt werden. Der Fetischismus ist nicht die Urform der Religion (en), wie der französische Historiker und Geograph C. de Brosses (1709–1777) annahm, sondern ein insbesondere in westafrikanischen Religionen anzutreffendes religionsgeschichtliches Phänomen.

Fluch: Unheilswunsch, Gegenteil des → Segens; beruht auf der Grundlage der Wortmagie.

Franziskaner: Ordo Fratrum Minorum (Abkürzung: OFM), geht auf die 1209 erfolgte Gründung durch Franz von Assisi (1181/82–1226) zurück. Neben den → Dominikanern der bedeutendste Bettelorden.

Freikirche: Eine → Denomination, die im Gegensatz zur »Staatskirche« in der Regelung ihrer Belange unabhängig vom Staat verfährt und die im Gegensatz zur → »Volkskirche« ihre Mitglieder aufgrund eines freiwilligen Eintritts-Entschlusses aufnimmt (Freiwilligkeitskirchen).

Im Unterschied zu Deutschland gibt es in den USA und Frankreich nur Freikirchen.

Freimaurer: Die Geschichte der spekulativen oder symbolischen Freimaurerei beginnt mit dem Zusammenschluß von vier Londoner Logen am 24. Juni 1717. Ausgeprägte Pflege des Brauchtums von Bauhandwerkern (zum Beispiel Loge = Bauhütte; Grade des Lehrlings, Gesellen und Meisters mit ihren Arbeitsgeräten rauher Stein und Spitzhammer, Kelle und Mörtel, Winkelmaß und Zirkel) in symbolischer Deutung legt nahe, die sich vereinigenden Logen wie die Freimaurerei insgesamt aus den mittelalterlichen Dombauhütten herzuleiten.

Die Freimaurerei dient dem Ziel, ihre Mitglieder durch brüderliche Gemeinschaft in der Loge, besonders durch die rituelle »Tempelarbeit« anzuleiten, sich zu redlichen, sittlich hochstehenden Männern heranzubilden, die sich dann an ihrem Platz in Leben u. Gesellschaft entsprechend verhalten. Die Verschwiegenheit, zu der sich der Kandidat bei der Aufnahme verpflichtet, soll gewährleisten, daß das rituelle Geschehen zum persönlichen Erlebnis werden kann. In Worten mitteilbare Geheimnisse, die sich verraten ließen, kennt die reguläre Maurerei vom Ansatz her nicht. - Was über das Humane und Zwischenmenschliche hinausgeht, wird beim ethischen Bemühen nicht ausgeklammert. Doch legen bereits die von J. Anderson 1723 auf der Basis älterer Konstitutionen zusammengestellten sogenannten »Alten Pflichten«, verbindliches Grundgesetz der Bruderschaft bis heute, die Mitglieder auf »die Religion (oder religiöse Grundüberzeugung) fest, in der alle Menschen übereinstimmen«. Diese kann sich mit dem Bekenntnis jeder positiven Religion decken, aber auch beliebige andere Formen (außer der Leugnung von Göttlichem überhaupt) annehmen. Die Institution Freimaurerei selbst schreibt kein ausformuliertes Bekenntnis vor, ihr Aufruf zu Toleranz und Achtung des Andersdenkenden ist nicht der ihr unterstellte religiöse Indifferentismus. Im Kern bildet die Freimaurerei einen ethischen Bund, keine Religion oder Glaubensgemeinschaft.

Organisatorisch steht die einzelne Loge im Mittelpunkt. Sie allein ist selbständig, wählt jährlich aus ihrer Mitte den Beamtenrat (Meister vom Stuhl und Stellvertreter, zwei Aufseher und je einen Schriftführer, Redner und Schatzmeister) und ist für Aufnahme und Schulung neuer Mitglieder verantwortlich. Unterwirft sie sich bestimmten Grundsätzen, nimmt also zum Beispiel nur Männer auf und bekennt sich zu Verschwiegenheit und dem »Allmächtigen Baumeister der Welten«, heißt sie regulär; nur irreguläre Logen können gemischt sein oder sich ausschließlich aus Frauen rekrutieren. Vollzogen wird die Anerkennung von der Londoner Großloge, die aber letztlich nur einen Ehrenvorrang genießt. Eine überstaatliche, zentral geleitete maurerische Institution mit eigenem politischem Programm existiert nur in den Köpfen der Freimaurerei-Gegner. Für die Bruderschaft selbst bezeichnet »Welt-Freimaurerei« eine reine Vision: die Verwirklichung ihrer Ideale weltweit. Mit ihren derzeit etwa 6 Millionen Mitgliedern, die in über 130 Ländern der Erde in etwa 40000 Logen arbeiten, ist die Freimaurerei aber selbst von diesem ideellen Ziel noch weit entfernt.

Auch nationale Zusammenschlüsse in Großen Landeslogen dienen in unterschiedlichen Ausprägungen nur der Vereinheitlichung des Logenwesens, der Koordination der vielfältigen zum Beispiel karitativen Aktivitäten der Logen In Deutschland sind die rechtlich zumeist als e.V. verfaßten ca. 400 regulären Logen mit ihren ca. 20 000 Mitgliedern in der alten Bundesrepublik hauptsächlich in drei, ihrerseits vereinigten Großlogen, einer humanitären (von rund 230 Logen) und zwei deutlich kleineren betont christlichen, zusammengeschlossen. *Karl Hoheisel*

Fundamentalismus: In vielen Gegenden der Welt machen sich heute, keineswegs zum ersten Mal, »fundamentalistische« Züge bemerkbar: In Christentum und Islam springen sie besonders ins Auge. Aber auch im Judentum, im Hindu-Nationalismus unserer Tage, bei militanten Sikhs hat Fundamentalismus Konjunktur.

Der Begriff Fundamentalismus ist christlicher Herkunft. Erst später wurde er auf andere Traditionen übertragen. Nach Martin Riesebrodt ist der ursprüngliche US-Fundamentalismus eine konservative protestantische Sammlungsbewegung, die wohl in einigen, keineswegs aber allen Glaubenspunkten übereinstimmt. Der amerikanische Fundamentalismus hat verschiedene Wurzeln: Dem Pietismus verdankt er die Hochschätzung der Bibel sowie seinen missionarischen Schwung. Persönliche Bekehrung, »Erweckung« sind Merkmale, die auf die in verschiedene Lager zerfallenden Evangelikalen zurückgehen.

Zwei texanische Ölmilliardäre finanzierten 1910–1915 eine 12 teilige Hefte-Serie, die von führenden konservativen Theologen der damaligen Zeit herausgegeben wurde: »The Fundamentals: A Testimony to the Truth« (»Die Glaubensprinzipien: ein Zeugnis für die Wahrheit«). Sie enthalten die berühmten »fünf Glaubensprinzipien«, die als theologischer Kitt dieser in sich uneinheitlichen Bewegung wirken: Die Bibel – gesehen als »Wort Gottes« – ist irrtumsfrei. Nur derjenige versteht sie richtig, der sie wörtlich, nicht etwa symbolisch deutet. Die übrigen vier Glaubensprinzipien beziehen sich auf: Jungfrauengeburt, leibliche Auferstehung Christi, dessen stellvertretendes Sühneopfer sowie seine baldige körperliche Wiederkehr.

Mit solchen Anschauungen machten die Konservativen Front gegen den um sich greifenden Liberalismus, attackierten die moderne Bibelkritik und Evolutionstheorie. Sie bekämpften ebenfalls sozialreformerische Ansätze, wie sie im »Social Gospel« zum Ausdruck kamen. Rückwendung zur idealen Urzeit, wortwörtliche Anwendung des göttlichen Gesetzes, Ablehnung der Welt, insbesondere ihres derzeitigen Zustandes: Dies sind nach Riesebrodt gemeinsame Merkmale des US-Fundamentalismus. Während sich der »charismatische Fundamentalismus« (Pfingstler, Heilungsbewegung) durch Weltflucht und eine a-politische Haltung auszeichne, gewinnt der »rationale Fundamentalismus« aus der wortwörtlichen Betrachtung der Bibel den Willen Gottes für den Alltag des Einzelnen und der Gemeinschaft. Dieser Fundamentalismus ging aus dem angelsächsisch-mittelständigen Milieu hervor, das die gesamte US-Gesellschaft bis hin zur Außenpolitik beeinflußte. Fundamentalisten koalierten mit Amerikas »Neuer Rechten« und unterstützten die Reagan-Administration. Zielscheibe des fundamentalistischen Rassismus sind heute allerdings nicht mehr Farbige und Juden, sondern Feministinnen und Homosexuelle beiderlei Geschlechts. Seit den 70er Jahren erlebt der Fundamentalismus eine neue Blüte: in Gestalt der »elektronischen Kirchen« mit ihren oft in Verruf geratenen TV-Prediger-Stars. Fundamentalistische TV-Stationen strahlen ihr erfolgreichen Programme rund um die Uhr aus.

Die unüberschaubare, vieldeutig gewordene Welt macht vielen Zeitgenossen Angst. Typisch antimodernistische Reaktionen sind u. a.: das Anklammern an objektiven Heilstatsachen (Fundamenten), frei flottierende Religiosität (Esoterik, New Age) bzw. eine Hinwendung zu archaisch-matriarchalen Urwelten. Vor allem »autoritäre Persönlichkeiten« weisen eine Affinität zu fundamentalistischen Positionen auf. Was sie inmitten des verwirrenden Pluralismus suche, ist Halt, eine »auf äußere Autorität gebaute Gehäusefrömmigkeit« (Gustav Mensching). Diese findet sich in protestantischen

Konventikeln ebenso wie in traditionalistischen Kreisen um Bischof Lefebvre bzw. dem »Opus Dei«.
Für den Fundamentalismus ist der Glaube an die Unfehlbarkeit der Heiligen Schrift oder – auf katholischer Seite – an lehramtliche Äußerungen zentral. Vor allem in Fragen von Ethik und Moral wird der nur scheinbar eindeutige »göttliche Wille« gern von Fundamentalisten in Anspruch genommen. Typisch für christliche Fundamentalisten ist außerdem die Ablehnung der Ergebnisse der modernen Wissenschaft.
Dialogische Unfähigkeit ist meist gepaart mit Intoleranz, ja Aggression gegenüber Nicht-Fundamentalisten. Ganz wesentlich ist schließlich die Überzeugung, daß alles politische Handeln von der Religion her bestimmt sein muß.
Spätestens seit Khumaini nennt man die Aspekte des Auf- und Umbruchs in der islamischen Welt Re-Islamisierung oder Islamismus. Die Rückkehr zum islamischen Strafrecht, die Wiederverschleierung der Frauen und die Ablehnung der westlichen, als »unmoralisch« empfundenen Lebensart, sind für viele westliche Beobachter gleichbedeutend mit Fortschritts- und Freiheitsbeschneidung. Islamischer Fundamentalismus – sunnitischer wie schiitischer – zeichnet sich, darin dem christlichen nicht unähnlich, durch folgende Merkmale aus: Gefordert wird die Rückkehr zum Koran als unverfälschte Glaubensquelle sowie zur Prophetentradition. Man orientiert sich am Frühislam, als die Einheit der Gemeinschaft, der umma, noch Realität war. Islamische Fundamentalisten wollen eine Gemeinschaft errichten, in der die sharia alle Bereiche des menschlichen Lebens regelt. Darüber hinaus betont man die Gleichheit aller Gläubigen. Islamische Fundamentalisten sind weit weniger am Dialog interessiert als die übrigen Muslime. Fundamentalistische Denker sind immer dann im Islam aufgetreten, wenn sich die islamische Welt in einer Krise befand. Der Theologe Ibn Taimiya (gest. 1328) forderte z. B. eine Rückkehr zur Urgemeinde von Medina, nachdem er den Islam durch den Tatareneinfall von außen und spekulative Philosophie von innen gefährdet sah. Auch der Wahhabismus – die bis heute offizielle Religionsauffassung Saudi-Arabiens – war eine solche Bewegung gegen religiöse Neuerungen.
Im Unterschied zum christlichen Fundamentalismus ist die islamische Spielart keine Reaktion auf eine philosophische Aufklärung, sondern hauptsächlich eine späte Reaktion auf die Kolonialzeit, in der Europa seine technische Überlegenheit oft als Mittel von Herrschaft und zum Aufzwingen der säkularistischen Trennung von Religion und Politik einsetzte. Hinzukommt, daß viele der an Europa orientierten Regierungen islamischer Länder es nicht geschafft haben, die sozialen und wirtschaftlichen Probleme zu überwinden. Anders als im christlichen Fundamentalismus werden technologische und ökonomische Neuerungen nicht kritisiert oder abgelehnt. Die durch den Kontakt mit dem Westen ausgelösten Veränderungen sind nur für kleinere Gruppen aus der Ober- und Mittelschicht nützlich gewesen.
Große Teile der Bevölkerung sehnen sich nach einer überschaubaren Gemeinschaft und einer Regierung, die ihre Probleme in den Griff bekommt. Auch aus einer übersteigerten Abwehrhaltung gegen alles Westliche und seine vermeintlich materialistisch-dekadente Moral nehmen größere Bevölkerungsteile zu fundamentalistischen Spielarten ihrer Religion Zuflucht.
Ein in mancher Hinsicht ähnliches Gesicht trägt der jüdische Fundamentalismus. So wie die Islamisten der sharia in allen Lebensbereichen Geltung verschaffen wollen, streben jüdische Fundamentalisten danach, die Tora und die Halacha, das Religionsgesetz, für das gesamte jüdische Leben verbindlich zu machen. In Israel konnten die Religiösen (Anteil an der Knesset: über 15%) zahlreiche Entscheidungen der Regierung auf religiösem Gebiet zu ihren Gunsten beeinflussen. Ihr Ideal: der jüdische, auf dem Religionsgesetz fest gegründete Staat. Wie ihre christlichen und islamischen Geistesverwandten beschwören sie das wörtliche Verständnis der Tradition, die Unwandelbarkeit der Tora.
Eine andere jüdisch-fundamentalistische Strömung gründet in der schon im Mittelalter nachweisbaren »Zionsliebe« zum heiligen »Land der Väter«. Ein absolut Tora-treues Israel – so die Ideologie – ist notwendig, damit die messianische Zeit tatsächlich anbricht. Die ultraorthodoxe Bewegung der Gush Emunim (»Block der Getreuen«) tritt für die Vertreibung aller Nichtjuden aus Israel ein. Nicht weniger extremistisch, und vom obersten Gerichtshof Israels 1988 als »rassistisch« bezeichnet, ist die Bewegung um Meir Kahane, der bei seinen Getreuen als zukünftiger Präsident des Staates »Juda« gehandelt wird. Juda: Das sind die annektierten Gebiete, die man notfalls – wenn Israel sich zurückziehen sollte – mit Gewalt in Besitz nehmen will. In den letzten Jahren haben die Auseinandersetzungen zwischen fundamentalistisch-militanten Hindu-Organisationen einerseits und den nicht-hinduistischen Religionen an Schärfe zugenommen. Das Ziel des politischen Hinduismus, dessen Wurzeln in das letzte Drittel des 19. Jahrhunderts zurückreichen, ist die reine Hindu-Nation, aus der alles Fremde getilgt worden ist. Dayananda Sarasvati, Gründer des intoleranten Arya Samaj (»Ariervereinigung«), beschwor eine ideale Urzeit.
Die Hindu-Lebensordnung müsse für alle im Lande bindendes Gesetz sein. Im Hintergrund steht die typische hindupolitische Reinigungsidee: Das »heilige Indien« soll wieder dadurch »rein« werden, daß alle fremden Bekenntnisse durch »Rückbekehrung« ausgerottet werden. Auf die Ideen des Chefideologen der »Partei der großen Hindugemeinschaft«, Savarkar, berufen sich heute hindupolitische Nachfolgegemeinschaften: die kampfbundartig organisierte »Nationale Eigenständigkeitspartei« etwa. Anfang 1991 ging es durch die Medien: Hindu-Faschisten wollten im Namen ihres Gottes Ram in Ayodhya einen Tempel bauen – an einer Stelle, wo bereits eine Moschee stand. Im Grunde ging es nicht um den Tempel, sondern um Ram Raj (»Herrschaft Rams«): die Vorherrschaft der Hindus über die Nicht-Hindus in Indien.
Im Unterschied zum christlichen und islamischen Fundamentalismus besitzt der Hinduismus, als Sammelbecken vieler, zum Teil grundverschiedener Religionen, kein »Fundament«, keine schriftlich fixierte, für alle verbindliche Lehre. Nicht Frömmigkeit, sondern Nationalismus und Selbstbehauptung gegenüber Fremdgruppen bzw. dem »säkularistischen« Staat prägt den Hindu-Fundamentalismus. Das große Thema ist die »Einheit aller Hindus« (Jürgen Lütt).
Die religionsvergleichende Erforschung des Fundamentalismus steht noch in den Anfängen, so daß allgemeine Aussagen mit vielen Fragezeichen zu versehen sind. Abzuzeichnen scheint sich, daß den verschiedenen »fundamentalistischen« Strömungen folgende Merkmale gemeinsam sind: ein Zurück zur idealen Urzeit; ein nicht-symbolisches, wortwörtliches Verstehen und konkret-politisches Umsetzen heiliger Schriften; ein dualistisches Weltbild, eine Abwehrhaltung gegenüber Pluralismus bis hin zur Bekämpfung von Abweichlern und Andersgläubigen. *Udo Tworuschka*

Fünf Beziehungen: Die Anwendung der Lehren des Konfuzius auf die grundlegenden Beziehungen des Menschseins: Vater - Sohn, älterer Bruder – jüngerer Bruder, Mann – Frau, Älterer – Jüngerer, Herrscher – Untertan. Der Niedrigerstehende soll Respekt, der Höherstehende dagegen Wohlwollen zeigen. Betont ist dabei die Gegenseitigkeit. Konfuzius glaubte, ein solches Verhalten würde die Gesellschaft »im Weg des Himmels« formen.

Fürbitte: Im Christentum das Bittgebet für andere. Jede von Gott gewollte Gabe ist Gegenstand der Fürbitte. 2. Gebet für Kirche, Welt und alle bedrängten Menschen zum Abschluß des Wortgottesdienstes. Protestanten und Katholiken haben sich seit einiger Zeit auf die alte Tradition der Fürbitte wieder neu besonnen.

Gathas: (aestisch »Lieder«): Texte (prophetische Sprüche), die als ältester Teil des Avesta auf Zarathustra zurückgeführt werden.

Gay-Bewegung: Homosexuellen-Bewegung. Anzutreffen auch in verschiedenen Religionen (Judentum, Christentum).

Gayatri-Mantra: Einer der heiligsten Verse aus den → Veden (Rigveda), der an die Sonne gerichtet ist und mit dem man um Inspiration bittet: »Mögen wir über das leuchtende Licht dessen meditieren, der anbetungswürdig ist und alle Welten geschaffen hat. Möge er unseren Verstand ganz auf die Wahrheit lenken!«

Gebetsfahne: Im tibetischen Buddhismus gebräuchliche Fahnen, auf denen Sprüche stehen, die durch das Flattern im Wind ihre magischen Kräfte entfalten.

Gebetsmantel (hebr. Tallit): Viereckiger weißer Schal, an dem die »Schaufäden« angebracht sind. Von traditionsverbundenen Juden beim Morgengebet und im Synagogengottesdienst getragen.

Gebetsmühle: Im tibetischen Buddhismus gebräuchliche Gefäße, die durch Hand-, Wasser- oder Windantrieb gedreht werden. Dadurch aktivieren sie die in ihnen enthaltenen Formeln (oft: Om mani padme hum: »Om, du Kleinod im Lotus«) auf magische Weise.

Geistertanz-Bewegung: Indianische Allianz, die sich 1890/91 unter den →Ethnien der Prärien und Plains ausbreitete. Die Bewegung, die auf die Rückkehr der Ahnen und Büffel und die Verschlingung der Weißen durch die Erde hoffte, fand im Massaker am Wounded Knee am 28. Dezember 1891 ihr Ende.

Gelugpa (tibetisch): Letzte der vier Hauptschulen des tibetischen Buddhismus (»Schule der Tugendhaften«), deren Oberhaupt der → Dalai Lama ist.

Gemara (hebr. »Vollendung«): Zweiter Bestandteil des → Talmuds, enthält erläuternde und kritische Erörterungen zur → Mischna.

Getto/Ghetto: Bezeichnung für das abgeschlossene Judenquartier einer Stadt. Seit dem 16. Jahrhundert bezeugt.

Gita → Bhagavadgita.

Gitagovinda: Noch heute in Indien öffentlich aufgeführtes lyrisches Gedicht vom Anfang des 12. Jahrhunderts, in dem Krishnas Jugend als Govinda und seine Liebe zu Radha besungen werden.

Glaubensbekenntnis: Formale Zusammenfassung des Glaubens. Die heute am häufigsten gebrauchten Glaubensbekenntnisse sind das Apostolikum und das Nicaenum. → Dogma/Symbol.

Glossolalie, Zungenreden: Das Zungenreden ist eine sprachliche Erscheinung, wobei der Redner in der normalen Sprache nicht zu findende Lautkombinationen hervorbringt, die aber sowohl er selbst als auch die Zuhörer als Laute einer wirklichen Sprache auffassen. Das Zungenreden kommt in den meisten Religionen vor, wird aber im Christentum unter den Anhängern der → Pfingstbewegung und der → charismatischen Erweckung des 20. Jahrhunderts besonders hervorgehoben. In der Kirchengeschichte wird das Zungenreden jedoch sporadisch schon seit der biblischen Zeit erwähnt.

Den wichtigste Bericht findet man in der Apostelgeschichte, 2. Kapitel, wo die für die christliche Kirche entscheidenden Begebenheiten des ersten Pfingstsonntags geschildert werden: wie die Jünger anfingen, fremde Sprachen zu sprechen, wonach Petrus auftritt, um dies zu erklären, was zur Bekehrung Tausender führte. Auch anderswo in der Bibel, vor allem im 1. Korintherbrief, 12. Kapitel, werden die Gnadengeschenke und das Zungenreden von Paulus erwähnt.

Besonders die Pfingstbewegung, die seit 1906 weltbekannt ist, wird mit dem Zungenreden verknüpft. Die Bewegung verbreitete sich wie ein Lauffeuer und wurde deshalb von anderen Kirchen und Gemeinschaften streng beobachtet, und dabei wurde die Aufmerksamkeit vor allem auf das Zungenreden gelenkt.

Während der letzten Jahrzehnte wurde es möglich, Tonbandaufnahmen von echten Kultsituationen zu machen. Die Analysen zeigen, daß das Zungenreden meistens sinnlos ist, und daß der Redner mehr oder weniger bewußt Lautkombinationen aus seiner Muttersprache zusammenstellt. Manchmal kommen jedoch Lautelemente vor, die an die Laute einer fremden, wirklich existierenden Sprache erinnern. Auf Grund einer normalen Sprachbeherrschung dürfte, unter günstigen Umständen, jeder seine gewöhnlichen, kodierten Sprachmodelle aufgeben können, um nur mit den Lauten zu »spielen«, und dadurch neue Kombinationen hervorzubringen. (Vgl. hierzu Jazz und Kinderspiel). Das Zungenreden weist oft Assonanzen und Alliterationen auf, und es ist auch rhythmisch und klangvoll.

In der Pfingstbewegung wird das Zungenreden mit einem geistigen Erlebnis, der Geistestaufe, verbunden, d. h. Gott habe dem Menschen überschwenglich von seinem Geiste gegeben, was sich als ein Gnadengeschenk, z. B. als Zungenreden, zeigt. Weitere Gnadengeschenke sind die Heilung durch Gesundbeten, die Geschenke der Auslegung, der Weisheit und des Erkenntnisses. In der Praxis war jedoch das Zungenreden das wichtigste Zeichen der Geistestaufe, und deshalb war das Aktivieren der Sprechorgane zum Zungenreden bedeutungsvoll, denn so wurde es möglich, sich dessen zu vergewissern, daß Gott wirklich dem Menschen eine übernatürliche Rede gab. Dies bewirkte, daß die Anhänger solche Situationen bewußt aufsuchten, wo sie das Gefühl hatten, Gott gebe ihnen sein Geschenk. Oft geht auch eine Zeit voller Vorbereitungen und Erwartungen dem Erlebnis voran, und Fürbitte und Handauflegen sind üblich. Manche Leute erleben jedoch das Zungenreden erst, wenn sie allein sind, oft spät abends beim Schlafengehen.

Religionspsychologisch war das biblische Vorbild äußerst bedeutungsvoll für die Pfingstler. Sie haben sich in die biblischen Rollen hineinversetzt und haben sie auch ganz konkret übernommen. Dabei wurden auch die Gott gegebene Rolle aktiviert und das Wahrnehmungsfeld so strukturiert, daß das Zungenreden und die übrigen Ereignisse als ein Geschenk Gottes erlebt wurden. Die suggestiven Elemente, wie Fürbitte, Handauflegen und intensives Warten auf das Wunder, schufen dazu die äußeren Bedingungen für das Wechseln des Wahrnehmungsfeldes. Wenn der Betreffende später eine alltäglichere Auffassung der Ereignisse wiedererlangt, kann sich die Perspektive verschieben, wobei Anfechtungen über die wahre Qualität des geistigen Erlebnisses eintreten können. In jener Lage sind Bestätigungen von geistig zuverlässigen Autoritäten notwendig, um die Glaubensstruktur, und dadurch auch ihre Deutung des Erlebnisses als eine Tat Gottes, zu verstärken.

Früher haben die Wissenschaftler das Zungenreden oft als ein Zeichen psychischer Krankheiten angesehen, weil es ziemlich oft im Zusammenhang mit Psychosen vorkommt. Die gegenwärtige Forschung zeigt jedoch, daß eine psychische Krankheit keine Voraussetzung des Zungenredens ist. Vielmehr sind Empathie und eine dynamische Persönlichkeit gute Bedingungen, wenigstens wenn man die Pfingstbewegung mit ihren Spielregeln für geistige Kommunikation als eine Subkultur betrachtet. Wenn ein Mitglied der Pfingstgemeinde dies Verhalten auch noch nach Jahrzehnten nicht übernimmt, deutet das eher auf psychische Hemmungen und in gewissen Fällen sogar auf Verhaltensstörungen. *Nils G. Holm*

Gnade: Unverdiente Zuwendung, besonders in der göttlichen → Erlösung. Grundkonzept des (protestantischen) Christentums, Gegensatz von Verdienst. Die Christen glauben, daß niemand erlöst wird, weil er sich die Erlösung durch eigene Leistung »verdient« hat, sondern nur, weil Gott ihm gnädig ist.

Gnosis/Gnostizismus: Nach der Empfehlung des Gnosiskongresses von Messina (1966) ist unter Gnosis das »Wissen um göttliche Geheimnisse, das einer Elite vorbehalten ist« zu verstehen; unter Gnostizismus die »Gruppe von Systemen des 2. Jahrhunderts n. Chr.« Dennoch hat sich Gnosis als Terminus für die spätantike gnostische Bewegung eingebürgert. Als stärkste religiöse Strömung neben dem anwachsenden Christentum ist die Gnosis anzusehen, weniger im Sinne einer Lehre, mehr als Erkenntnis, Erfaßtwerden und Einswerden mit dem göttlichen Lebensprinzip. Sie ist darum stark im Erfahrungsbereich und in der Frömmigkeit angesiedelt, auch wenn sich einige variierende Lehrtraditionen entwickelten. Ziel ist die → Erlösung, das Einswerden von Gott und Welt, die Einheit von Glauben und Wissen als religiöse Bedingung, die auf dem Weg der → Erleuchtung mit dem göttlichen Licht erreicht wird.

Dieses Licht – ursprünglich in vollem Glanz – ist durch die Geschichte fortschreitender Gottesentfremdung seit dem Sündenfall (→ Sünde und Schuld) im →Paradies nur noch als Seelenfunke in jedem Menschen (verborgen) vorhanden. In der speziellen Ausformung der Gnosis zur Zeitenwende und im späteren → Hellenismus liefert diese mit dem Gedanken der Emanation (= Ausfluß aus dem Göttlichen) und der Hypostasen als Verhältnisbestimmungen von immanenter und transzendenter Wirklichkeit (also Wesensbestimmtheiten, keine Personen im heutigen Sinne) Grundmuster und begründende Sprachhilfe für das Verständnis Gottes und seines Wirkens in der irdischen Welt, sowie in der Seele des Suchenden. Die Gnosis in ihren mannigfachen

Prägungen hat das Christentum auch deshalb so stark beeinflußt, weil zur Entzündung des göttlichen Lichts in der Seele des Menschen der himmlische Erlöser durch die Mächte und Kräfte zwischen Himmel und Erde (=Äonen) hindurch (im Sinne einer spirituellen Inkarnation) den zerbrochenen Heilszustand des Menschen wieder herbeiführt. Der Erlöser als Menschensohn, als Emanation und Hypostase Gottes, reist unerkannt von allen Gegenmächten zum Menschen, durch dessen Erlösung die Seele ihre Himmelsreise antritt und die Vergottung des Menschen stattfindet (vgl. auch Phil. 2,5–11, wo sich Anklänge an den gnostischen Erlösermythos finden.
Reinhard Kirste

Granth → Adi Granth.

Gregorianische Kirche → Armenische Kirche.

Grihashtya: »Haushälter«, zweite Lebensstufe der Hindus (→ ashrama).

Guna (Sanskrit »Grundeigenschaft«): Alle Gegenstände der Erscheinungswelt besitzen nach Hindu-Glauben bestimmte »Grundeigenschaften«: Sattvas/Rechtschaffenheit, Gelassenheit, Friedfertigkeit; Rajas/Streben, Ruhelosigkeit; Tamas/Trägheit.

Gurdwara: Tempel und Versammlungsort der Sikhs, dessen Mittelpunkt der →Adi Granth ist.

Guru (Sanskrit »Verehrungswürdiger Meister«): 1. Spiritueller Lehrer im Hinduismus; vergleichbar dem zen-buddhistischen → roshi, jüdischen → zaddik, islamischen → Sheich. Guru bedeutet ursprünglich eine Eigenschaft: schwer, gewichtig, verehrungswürdig. Auf den Menschen übertragen, konnte es den verehrten Vater bzw. auch die Mutter meinen. In den → Upanishaden meint Guru den religiösen Lehrer, der in die heilige Tradition einführt und mit eigener Erfahrung verbindet. Der traditionelle Guru trieb keine Mission, sondern mußte von seinen Schülern gesucht werden. Er legte strenge Qualitätsmaßstäbe an seine Schüler an. 2. Bei den Sikhs einer der zehn Lehrer von Guru Nanak (1469–1539) bis Guru Govindh Singh (1666–1708), welche die Gemeinschaft der Sikh führten.

Hadith (arab. »Bericht«): Überlieferungen von Aussagen, Entscheidungen und Handlungen Muhammads sowie anderer frühislamischer Autoritäten, von denen vorausgesetzt wird, daß der Prophet sie gutgeheißen hätte. Die Summe der hadithe bildet die → Sunna. Nach dem → Koran die wichtigste Quelle des islamischen Rechts. Viele Hadith sind gefälscht. Eine der wichtigsten Aufgaben der islamischen Juristen bestand und besteht darin, die verschiedenen hadithe nach dem Grad ihrer Glaubwürdigkeit zu klassifizieren.

Häresie (griech. »hairesis«, »Wahl, das Gewählte«): Bezeichnet in der christlichen Kirche die willkürliche und fortgesetzte Abweichung vom Dogma der Kirche aufgrund willkürlicher Auswahl der Lehrgutes. Im Mittelalter wurde die Häresie bekämpft und mit der Todesstrafe geahndet, heute mit → Exkommunikation.

Hagana (hebr. »Schutz, Verteidigung«): Halb geheime jüdische militärische Organisation in Palästina zur Zeit des britischen Mandats (1920–1948). Aus der Hagana entwickelte sich die reguläre israelische Armee.

Hajj: Pilgerfahrt nach Mekka, die jeder erwachsene Muslim einmal im Leben unternehmen soll, sofern ihn nicht gesundheitliche, finanzielle, politische oder andere zwingende Gründe davon abhalten. Fünfte Grundpflicht des Muslims.

Halacha (hebr. »Wegrichtung«): Ausdruck für die religionsgesetzlichen Überlieferungen, das Religionsgesetz. Halacha ist religiöse Praxis, im Gegensatz zur Glaubens-Lehre.

Hanafiten: Angehörige einer der vier islamischen Rechtsschulen.

Hanbaliten: Angehörige einer der vier islamischen Rechtsschulen.

Handauflegen: Eine Geste, mit der die Übermittlung von Kräften versinnbildlicht wird.

Harijan (Sanskrit »Gottgeborene, Kinder Gottes«): Ein von Mahatma Gandhi geprägter Begriff für die Kastenlosen (→ Kaste).

Hashimiten: Zweig des in Mekka wichtigen Stammes der Quraish. Die Dynastie des jordanischen Königs Husain führt ihre Abstammung auf diese Propheten-Sippe zurück.

Haskala (hebr. »Aufklärung«): Bewegung im Judentum des 18./19. Jahrhunderts in Deutschland, Österreich, Polen, Rußland, die auf der westeuropäischen Aufklärung aufbaut, aber jüdisch-national orientiert ist.

Heide: Ursprünglich von Christen gebrauchter Begriff für jeden Nicht-Christen. Heute werden oft die damit bezeichnet, die weder Christen, Juden noch Muslime sind; manchmal auch irreligiöse Menschen oder solche, die sich einer neubelebten Religion des Altertums zurechnen (Neu-Heiden).

Heidenchristen: Nicht-Juden, ehemalige »Heiden« im Bereich des Mittelmeeres, die an Christus glaubten.

Heiland (althochdeutsch »Erlöser«): Bezeichnung für Jesus im Christentum. In der Religionswissenschaft wird der Begriff für andere heilsvermittelnde Gestalten verwendet, die von Krankheit, Sünde und Schuld befreien, der Welt den Frieden schenken. (→ Messias/Bodhisattva).

Heiliger Synod: 1. Leitungsorgan, von Zar Peter dem Großen 1721 in der russisch-orthodoxen Kirche eingerichtet. Durch die Wiedereinführung des Patriarchates 1917 fiel der heilige Synod in dieser Rechtsform fort. 2. In größeren orthodoxen Kirchen das dem Bischof zur Seite stehende, aus Bischöfen gebildete Leitungsorgan.

Heilsarmee: Von William Booth (1829–1912) in London 1878 gegründete militärisch straff-organisierte christliche »Heiligungsgemeinde«, die sich der Großstadtbevölkerung annimmt. Heute in über 80 Ländern der Erde verbreitet.

Herrenhuter Brüdergemeine: → Brüdergemeine/Brüderunität.

Heterodoxie: Von der → Orthodoxie abweichende Lehre.

Hierarch: oberster Priester.

Hijra (arab. »Auswanderung«): Der Weg des Propheten Muhammad in das Exil von Mekka nach Medina (622) war keine Flucht, sondern eine von langer Hand vorbereitete Auswanderung.

Hinayana (Sanskrit »kleines Fahrzeug«): Ursprünglich abschätzige Bezeichnung der → Mahayana-Buddhisten für den alten Buddhismus. Die Anhänger des Hinayana-Buddhismus bezeichnen ihre Lehre meist als → Theravada-Buddhismus.

Histadrut: Verband, Organisation; z. B. der »Arbeiterverband«, bedeutende gewerkschaftliche Organisation der jüdischen Arbeiter in Palästina (seit 1920).

Hizb al-ahrar al-yamaniyin: Liberal eingestellte »Partei der Freien Jemeniten«.

Hochgott: In den »Stammesreligionen« ein als höchstes Wesen anerkannter Gott. Er wird als Schöpfer verstanden, oft als Schöpfer des Universums. Er ist gut und verlangt vom Menschen moralischen Gehorsam. Oft wird er als ferner Gott verstanden. Der Hochgott hat oft eine besondere Beziehung zum Himmel, zu Bergen oder Höhen. In manchen Gesellschaften wird er im täglichen Leben nicht angebetet, aber er wird auf jeden Fall in Krisensituationen angerufen. Hochgottglaube ist nicht identisch mit → Monotheismus, sondern ein Phänomen im Bereich des → Polytheismus.

Holi: Karnevalsartiges, dem Gott Krishna geweihtes Frühlingsfest im Hinduismus.

Holocaust (hebr. »ganzes Brandopfer«): Bezeichnung für Hitlers Vernichtung von 6 Millionen europäischer Juden in den Jahren 1941 bis 1945. Damit sollte die »Endlösung« des »Judenproblems« geschaffen werden. Die Erinnerung an den Holocaust ist ein Schlüssel zur heutigen jüdischen Theologie.

Ibaditen: Islamische Sondergemeinschaft, Zweig der frühislamischen, an Ali orientierten Kharijiten, die sich nach der Schlacht von Siffin 657 von Ali trennten. Entstanden wohl Mitte des 7. Jahrhunderts im Irak. Verbreitet heute vor allem in Oman, wo eine ibaditische Dynastie regiert, an der Küste Ostafrikas, auf der tunesischen Insel Djerba und im Mzab (Algerien).

Iblis: Teufel im Islam; nach dem Koran ein gefallener Engel.

Ibrahim (arab. für »Abraham«): Stammvater des Islam, Prophet und Erbauer der → Kaaba.

Id al-Adha (arab. »Opferfest«): Begangen am Ende des → hajj nach → Mekka. Türkisch: Qurban Bayram.

Id al-Fitr (arab. »Fest des Fastenbrechens«): Am Ende des Monats → Ramadan. Türkisch: »Seker Bayram« (»Zuckerfest«).

Idol (griech. »Bild, Gestalt«): Ein durch Menschen gefertigtes Götterbild.

Ijma (arab.): Konsensus der Rechtsgelehrten im Islam. Wichtige Quelle islamischen → Rechts.

Ijtihad (arab. »Sich-Anstrengen«): Methode bei der selbständigen Auslegung religiöser

Quellentexte. Ein Weg, die islamische Gesetzgebung neuen Entwicklungen anzupassen. Ijtihad ist die Entscheidung eines einzelnen Rechtsgelehrten, nicht der Konsensus der Gemeinschaft (Ijma). Es ist umstritten, ob Ijtihad gültig bleibt oder ob der Abschluß der → Sharia sie unnötig macht.

Ikebana (japan. »Teichblume«): Bezeichnung für den geistigen Schulungsweg (do) des Blumenstellens im japanischen Zen-Buddhismus, eigentlich »ka-do« (»Weg der Blumen«) genannt. Hierbei geht es nicht nur um Ästhetik, sondern um die Erfahrung des Einfachen und Natürlichen, der Ruhe, wie man es aus der Natur kennt.

Imam (arab.): 1. Religiöser Führer, Vorbeter in der Moschee, legt den Koran aus. 2. In der → Schia ein Titel, der in manchen Aspekten dem → Kalifen entspricht. Der Imam muß hier ein Nachkomme Alis sein. Er gilt als der Mittler göttlicher Erleuchtung. Die Schiiten glauben, daß jedes Zeitalter einen Imam hervorbringt, der die Wahrheit Muhammads für die Gegenwart interpretiert. Bei den Schiiten gehört der Glaube an den Imam zu den Säulen des Islam. Die Ansichten der verschiedenen schiitischen Gruppen über die weiteren Qualifikationen des Imam variieren.

Imamiten: Zwölferschiiten (→ Schia)

Immanenz: Wörtlich »darin-bleiben«. Als Nicht-Übersteigen das Gegenteil von → Transzendenz.

Indian Shaker Church: Benannt nach den tranceartigen Schüttelzuständen, begründet von Shaker Slocum. Die Bewegung hat sich in den USA zu einer geschichtlich anerkannten Kirche konstituiert.

Initiation: Übergangsritus zum Erwachsenwerden; auch die Geheimriten, die zur Mitgliedschaft in einem Mysterienkult führen (→ Erstkommunion, Konfirmation).

Inkarnation: 1. Die christliche Lehre, daß Gott in Jesus Christus Mensch wurde, der somit göttlicher und menschlicher Natur war. 2. Im Hinduismus ein → avatara.

Interreligiöse Organisationen: Angesichts gefährlicher Zuspitzung der Probleme unserer Welt (Umwelt, Schuldenkrise, Verletzung der Menschenrechte, Flüchtlingsströme) engagieren sich verschiedene Einzelne mit bewundernswertem Mut wie die Friedensnobelpreisträger: Adolfo Pérez Esquivel (Argentinien), Aung San Suu Kyi (1991, Birma) oder der XIV. Dalai Lama (Indien/Tibet). Das Vorbild und der Mut einzelner angesichts der Mißachtung von Menschenleben und der Bedrohung der Natur führen auch zur Gründung interreligiöser Bewegungen.

Schon im 19. Jahrhundert gab es einige beachtenswerte Versuche, sowohl im wissenschaftlichen wie im praktisch-interkulturellen Bereich, die das bewußte Sich-Einlassen auf andere Glaubensweisen zum Prinzip erhoben und damit den Durchbruch zu ehrlicher interreligiöser Begegnung schufen. Das berühmteste Beispiel ist die Gründung des Parlaments der Weltreligionen im Rahmen der Weltausstellung in Chicago, das besonders durch den hinduistischen Religionsphilosophen Svami Vivekananda geprägt wurde, 1893.

Diese Tradition vorurteilsfreier Begegnung hat der Temple of Understanding mit Zentren in Charlottesville/Virginia und New York aufgenommen. Neben gemeinsamen Tagungen sind die Begegnungen auch durch gemeinsame Meditationen und Gebete geprägt, was durch den Bau des »Temple of Understanding« zum Ausdruck kommt, in dem die wichtigsten religiösen Traditionen mit ihren Symbolen repräsentiert sind.

Gewissermaßen als englische Parallele ist der World Congress of Faiths (WCF) anzusehen, der aus den Indien- und Tibeterfahrungen des britischen Offiziers Sir Francis Younghusband 1936 entstand und zu dessen »Patronen« der jetzige XIV. Dalai Lama und der Geiger Sir Yehudi Menuhin zählten.

In Großbritannien koordiniert ein »Interreligiöses Netzwerk« (Interfaith Network), das auch von der Anglikanischen Kirche Englands unterstützt wird, die Aktivitäten verschiedener lokaler, regionaler und nationaler Organisationen. Solch eine »Netzwerkverbindung« scheint bisher einmalig auf der Welt zu sein.

Ebenfalls in der Versöhnung stiftenden Tradition des Parlaments der Weltreligionen und damit die asiatische Variante interreligiöser Begegnung aufnehmend, stehen die aus der buddhistischen Reformbewegung Rissho Kosei-kei herausgewachsene Weltkonferenz der Religionen für den Frieden (»World Conference on Religion and Peace«/WCRP, gegründet 1970 mit einem multireligiös besetzten Präsidium und dem Generalsekretariat in Genf) und die in den Kontext der Unitarierbewegung gehörende und weltweit wirkende International Association for Religious Freedom (IARF) mit dem Generalsekretariat in Frankfurt/M.

IARF, WCRP, WCF und Temple of Understanding haben ein Koordinierungskomitee gebildet, um 1993 als Jahr der Interreligiösen Begegnung weltweit zu begehen und damit an die Gründung des Weltparlaments der Religionen von 1893 bewußt anzuschließen.

Zu den international wirkenden interreligiösen Gruppierungen mit eher privaten Wurzeln gehören die Aktivitäten der Katholischen Kirche und des Weltrates der Kirchen (Ökumenischer Rat der Kirchen/ÖRK).

Die katholische Kirche klärte durch das 2. Vatikanische Konzil (1965) zum ersten Male das Verhältnis zu den anderen Religionen im Sinne positiver Akzeptanz und richtete 1967 ein Sekretariat für die Nichtchristen ein. Schließlich lud Papst Johannes Paul II. 1986 zu einem Gebet der Weltreligionen nach Assisi. Der Ökumenische Rat der Kirchen (ÖRK) richtete 1971 eine eigenständige Dialogabteilung ein, die mit verschiedenen internationalen Konferenzen Marksteine interreligiöser Verständigung setzte.

Dazu brachte die Dialogabteilung 1979 auch die Guidelines on Dialogue with People of Living Faiths and Ideologies (»Leitlinien zum Dialog mit Menschen anderer lebender Religionen«) heraus, die durch weitere Arbeitsergebnisse unterstützt in revidierter Form 1990 zum vierten Mal aufgelegt wurden und allen Mitgliedskirchen als praktische Empfehlung vorliegen.

Auch im Bereich der Erziehung stellt sich die Notwendigkeit interreligiöser Zusammenarbeit und Koordination der Unterrichtsprogramme. Das geschah 1969 im mittelenglischen Dorf Shap durch die Shap Working Party. Angesichts des immer enger zusammenwachsenden Europa wurde 1990 eine Art kontinentaler Parallelorganisation gegründet: EAWRE (Europäische Arbeitsgemeinschaft für Weltreligionen in der Erziehung), eine unabhängige Vereinigung von Lehrern und Lehrerinnen, Forscherinnen und Forschern aus Religion, Bildung und Kultur.

In jedem Land, besonders in den Regionen, die durch multikulturelle Gesellschaften geprägt sind, z. B. Indien, Sri Lanka, Birma, Indonesien, Südkorea, Japan, Südafrika, USA, Großbritannien) gibt es Institutionen, welche die Begegnung von Menschen verschiedener Glaubensweisen fördern. Oft steht die Begegnung zweier Religionen im Vordergrund. Das liegt an den jeweiligen Bevölkerungsverhältnissen. Aber diesen bilateralen Begegnungen kommt wegweisende Funktion zu (zum Beispiel das Ecumenical Institute for Study and Dialogue in Colombo, das Claremont College bei Los Angeles, die Temple Universität in Philadelphia).

In Deutschland findet der über zwei Religionen hinausgehende Dialog weitgehend außerhalb oder höchstens im Verbund mit einzelnen Abteilungen der Universitäten statt (z. B. Hans Küng mit seinem Ökumenischen Institut in Tübingen oder der Verein Theologie interkulturell an der Universität Frankfurt/M.). Ansonsten sind Akademien der Kirchen, politischen Parteien oder andere gesellschaftliche Organisationen (z. B. Konrad-Adenauer-Stiftung) sowie private Vereine die Träger des interreligiösen Engagements (so das Interdisziplinäre Institut für Religionsgeschichte/IIRG in Bad Münstereifel – im Sinne religionswissenschaftlicher und kulturvergleichender Arbeit). In dieselbe Richtung gehört Inforel in Basel (Schweiz), eine Arbeitsstelle, die verschiedene Religionen der Schweiz auf ihre Einwurzelungsprozesse hin analysiert.

Stärker den spirituellen Charakter betont die Neumühle, Ökumenisches Zentrum für Meditation und Begegnung im Saarland und das schon längst etablierte Zentrum Todtmoos-Ruette (Schwarzwald), in dem Karlfried Graf Dürckheim seine asiatischen Erfahrungen in die meditative Praxis auf europäischem Hintergrund umsetzte.

Aus dem christlich-islamischen Dialog entstand 1989 die Interreligiöse Arbeitsstelle (INTRA) in Nachrodt (Nordrhein-Westfalen), die im Sinne einer religionspluralistischen Option für den Dialog arbeitet.

Reinhard Kirste

Invokatikon: Anrufung heiliger Mächte.

Irvingianer: Eigentlich »Katholisch-apostolische Gemeinden«, gegründet von dem presbyterianischen Prediger Edward Irving (1792 – 1834). Zwischen 1832 und 1835 wurden 12 Apostel für die ganze Erde berufen, welche die Völker auf die unmittelbar bevorstehende Wiederkunft des Herrn vorbereiten sollten. Der letzte Apostel starb 1901, wodurch der Strom des Heiligen Geistes unterbrochen wurde. Heute gibt es in den zahlenmäßig immer kleiner werdenden »Katholisch-apostolischen Gemeinden« keine Apostel mehr. Die sakramentalen (→ Sakrament) Handlungen (Taufe, Abendmahl; auch: Priesterweihe, Versiegelung, Privatbeichte, Krankensalbung) können nach dem Tode des letzten von einem Apostel ordinierten Priesters (1971) nicht mehr ausgeführt werden. Die Sakramente lassen sich die Gläubigen in den Kirchen spenden, an deren Gottesdiensten sie auch vielfach teilnehmen.

Islamische Weltliga: 1962 gegründete, bedeutendste internationale islamische Organisation, die nicht auf staatlicher Grundlage operiert. Sie besitzt Beobachterstatus bei den Vereinten Nationen. Arbeitsschwerpunkte: Palästinaproblem, Unterstützung islamischer Minderheiten und Widerstandsgruppen; missionarische Tätigkeit in Europa und USA.

Ismailiten: Islamisch-schiitische Religionsgemeinschaft, auch Siebener-Schiiten genannt. Sie erkennen als letzten, 7. → Imam nur Ismail (gest. 762), den Sohn des 6. Imam Jafar As-Sadik an, glauben nicht an Ismails Tod und erwarten seine Rückkehr als Mahdi. Ismailiten leben in Syrien, Afghanistan, Pakistan und Indien. Oberhaupt der indischen Ismailiten ist der Aga Khan. Zu den Ismailiten gehörten im Mittelalter die → Assassinen.

Jafariten: Angehörige einer der vier islamischen Rechtsschulen.

Jansenisten: Religiös-sittliche Erneuerungsbewegung des nachtridentinischen Katholizismus, vor allem in Frankreich (17./18. Jahrhundert), die auf Cornelius Jansen (1585 – 1638) zurückgeht. In seiner posthumen Schrift »Augustinus« vertrat er eine stark augustinisch gefärbte Gnadenlehre. Jansen setzte sich für strengere Moral und für die Stärkung der bischöflichen gegenüber der päpstlichen Gewalt ein. In Frankreich durch Staat und Kirche unterdrückt, fand der Jansenismus vor allem in den Niederlanden (»Kirche von Utrecht«) Aufnahme und wirkte in der altkatholischen Kirche (→ Altkatholiken) fort.

Jataka (Pali »Geburtsgeschichten«): Insgesamt 547 Geschichten die von früheren Leben des → Buddha Shakyamuni, seiner Anhänger und Widersacher erzählen, um die Auswirkungen des → Karma-Gesetzes zu demonstrieren.

Jehovas Zeugen: Vom Kaufmann Charles Taze Russell (1852 – 1916) 1878 – 1879 in Pittsburg/USA gegründete apokalyptische Religionsgemeinschaft. Früher »Ernste Bibelforscher« genannt. Aufgrund seiner Endzeitberechnungen erwartete Russell die Wiederkunft Christi für 1914 und danach den Anbruch des Tausendjährigen Reiches. Als dieses Ereignis nicht stattfand und eine Krise die Glaubensgemeinschaft erschütterte, wurde die Gemeinschaft durch Joseph Franklin Rutherford (1869 – 1942) lehrmäßig und organisatorisch verändert. Sie erhielt eine »theokratische Organisation«, verpflichtet alle Mitglieder zum »Felddienst« als »Verkündiger« oder »Pioniere« (1991: 4278820 aktive Verkündiger, davon allein im vereinigten Deutschland 157845).
Die Zeitschriften »Der Wachtturm« und »Erwachet« (mittlerweile in neuem Layout) werden öffentlich angeboten. Der Name Jehovas Zeugen wurde 1931 von Rutherford eingeführt.
Die Zeugen Jehovas räumen in den letzten Jahren Irrtümer bei den Endzeitberechnungen ein. Sie heben Person und Werk Jesu Christi stärker als früher hervor. Militärdienst und Wahlbeteiligung lehnen sie ab. Sie sind über die ganze Welt verbreitet und in der Körperschaft »Watch Tower Bibel and Tract Society« in Pittsburg und Brooklyn (USA) zusammengeschlossen. Deutsche Zentrale: Selters (Taunus).

Jerusalem: Heilige Stadt für Juden, Christen und Muslime. Jerusalem heißt auf arabisch »Al-Quds« (alte Bezeichnung: »Bait al-maqdis« nach der Bezeichnung des salomonischen Tempels) und ist neben → Mekka und → Medina die drittwichtigste heilige Stadt des Islam. Nach der islamischen Eroberung (638) blieb es nur mit Unterbrechung der Kreuzfahrerzeit in islamischer Hand. Der heilige Bezirk (»Al-haram«) auch nach der Entstehung des Staates Israel (1967). Der heilige Felsen, der als Stätte des Abraham-Opfers betrachtet wird, wurde durch Abdalmalik (688) mit dem Felsendom überbaut. Dieser Felsen wird auch mit der Himmelsreise des Propheten in Verbindung gebracht. Ferner wird das zweite islamische Heiligtum in Jerusalem, die in unmittelbarer Nähe südlich des Felsendoms gelegene Al-Aqsa-Moschee, nach islamischer Ansicht bereits im Koran (17,1) erwähnt. 2,144 ff. macht Angaben zur Gebetsrichtung. Bis heute ist Jerusalem Gegenstand des Zankes zwischen Juden und Arabern. Die Vorstellungen der verschiedenen Religionsgemeinschaften über den Status dieser Stadt gehen auseinander.

Jesuiten: Societas Jesu (Abkürzung: SJ), katholischer Orden, gegründet 1534 von Ignatius von Loyola. Wichtiges Instrument der Gegenreformation. Die Jesuiten haben großen Einfluß auf Kirche und Staat im 17./18 Jahrhundert genommen. Im 19. und 20. Jahrhundert hatten die Jesuiten in vielen Staaten Schwierigkeiten. In Deutschland waren sie von 1872 – 1917 verboten. Der Jesuitenorden ist straff organisiert, die Mitglieder werden streng und sorgfältig ausgewählt und ausgebildet. Zu den drei üblichen Ordensgelübden kommt bei ihnen als 4. das des unbedingten Gehorsams gegenüber dem Papst hinzu.

JHWH: Das Tetragramm, der heilige Name des Gottes Israels, den er Mose offenbarte. JHWH bedeutet »Ich bin«. Der Name durfte nicht gesprochen werden. Wurden die Heiligen Schriften verlesen, las man Adonai (»Herr«).

Jiddisch: Volks- und Bildungssprache der jüdischen → Aschkenasen, entstand im Rheinland aus dem mittelalterlichen Deutschen, nahm viele hebräische und slawische Elemente auf. Ursprünglich nur Umgangssprache, wurde das Jiddische ab dem späten 13. Jahrhundert schriftlich tradiert. Es existiert eine reichhaltige jiddische Literatur.

Jihad (arab. »sich abmühen« [auf dem Weg Gottes]): Bezeichnung für den von Gott befohlenen »Kampf« der Muslime in bewaffneter und nicht-bewaffneter Form für eine gottgewollte Ordnung. Heute oft als Einsatz für eine bessere Gesellschaft im weitesten Sinne verstanden.

Jizya (arab. »Kopfsteuer«): Die Nicht-Muslime (Juden, Christen, Zoroastrier) mußten als Ersatz für den Schutz oder als Ausgleich für die Befreiung vom Kriegsdienst diese Steuer entrichten.

Jnana Marga (Sanskrit: »Weg der Erkenntnis«): Einer der drei klassischen Heilswege des Hinduismus, bei dem es um die Erkenntnis der Einheit von → atman und → brahman geht (→ bhakti marga, → karma marga).

Jom Kippur (hebr. »Versöhnungstag«): Heiligster Tag des jüdischen Jahres (Mitte September/Mitte Oktober), letzter der 10 Bußtage. Begangen mit strengem Fasten, Gebet. Zur Zeit des Alten Testaments fand ein Sühneritual (→ Ritus) statt.

Judenchristen: Jüdische Anhänger des Messias-Jesus.

Judo (japan. »Weg des Ringens«): Einer der Schulungswege (do) des Zen-Buddhismus. Der Körper soll ganz natürlich, aus sich selber heraus, ohne geistige Steuerung agieren, »wie ein Weidenbaum, der sich im Winde biegt, anstatt zu erschauern oder vielleicht zu brechen« (Ernest Wood).

Jugendreligion: Ein von Friedrich-Wilhelm Haack 1974 geprägter Begriff für Religionsgemeinschaften, die überwiegend Jugendliche ansprechen, sie von ihrer bisherigen Lebenswelt isolieren und einem Führer unterordnen. Verschiedene neue Religionen werden von manchen zu den Jugendreligionen gezählt. An Begriff und Bewertung der Gemeinschaften ist inzwischen Kritik geäußert worden.

Jurisdiktion: Rechtssprechung. In der katholischen Kirche das »Kirchenrecht«. Neben die Weihegewalt tritt die Jurisdiktionsgewalt. Beide Gewalten sind von einander unterschieden, aber einander zugeordnet. Die Jurisdiktionsgewalt besitzt der Papst über die Gesamtkirche, die Bischöfe über die → Diözese.

Kaaba (arab. »Würfel«): Großes, würfelförmiges Gebäude in der Moschee zu → Mekka. Besonders verehrt wird in der Volksfrömmigkeit ein in die Wand der Kaaba eingemauerter schwarzer Stein. Keine der islamischen Rechtsschulen erklärt das Küssen des Steines zu den obligatorischen Bestandteilen des → hajj. Manche halten es für einen »guten Brauch«, zu dem aber keine Verpflichtung besteht. Nach islamischer Glaubensauffassung wurde die Kaaba von Abraham (»Ibrahim«) und seinem Sohn Ismail erbaut.

Kabbala (hebr. »Überlieferung«): Jüdisch-mystische (→ Mystik) Geheimlehre des Mittelalters, bei der die Buchstaben- und Zahlensymbolik große Bedeutung hat.

Kaddisch (hebr.»heilig«): Schlußteil des täglichen Gebets. Gebet der Söhne bei der Bestattung der Eltern und an deren Gedenktag.

Kaiwiyoh (»Die gute Botschaft«): Eine vom Seneca-Propheten Handsome Lake gestiftete Religion, die von den → Quäkern beeinflußt war. Ziele: Friedliches Zusammenleben, kein Alkohol, Rückkehr zu den traditionellen Zeremonien.

Kalender: Mit Kalender bezeichnet man die Zeiteinteilung in Tage, Monate und Jahre aufgrund von astronomischen Einteilungen. Weil Monat und Jahr jedoch keine ganzzahligen Vielfachen der Grundeinheit Tag sind, ergeben sich unterschiedliche Einteilungen. Und dies ist auch der Grund für die Existenz verschiedener Kalendersysteme. Das Wort Kalender (lat. »calendae« = 1. Tag des Monats) hat etwas mit »Ausrufen« zu tun. Im alten Rom bezeichnete das lateinische Wort »calare« die Tätigkeit des Priesters, den ersten Tag des Monats öffentlich auszurufen. Unser Kalender geht auf den von Julius Caesar 46 v. Chr. eingeführten »Julianischen Kalender« zurück. Dieser beruht auf einem 12monatigen Sonnenjahr zu je 30 bzw. 31 und 28 (Februar) Tagen. Auf jeweils drei Jahre mit 365 Tagen folgt ein Schaltjahr mit 366.

Weil das tatsächliche Sonnenjahr geringfügig länger ist, war das Julianische Kalenderjahr zu lang. Veranlaßt durch Papst Gregor XIII. kam es 1582 zu Fehlerbeseitigungen. Der neue »Gregorianische Kalender« bestimmt: Schaltjahre sind solche Jahre, deren zwei Endziffern durch 4 teilbar sind. Alle 400 Jahre fallen drei Schaltjahre aus. Daß unser Jahr am 1. Januar beginnt, ist keine Selbstverständlichkeit: Im alten Rom begann man das Jahr am 1. März, und dieser Termin galt bis ins 8. Jahrhundert, woanders teils noch länger. Im Unterschied zum »bürgerlichen Jahr« beginnt das Kirchenjahr mit dem 1. Sonntag im Advent. Daß wir das Jahr 1991 nach Christi Geburt schreiben, versteht sich ebenfalls nicht von selbst. Eingeführt wurde diese »christliche« Zeitrechnung vom römischen Abt Dionysius Exiguus (um 470 – 550 n. Chr.). In Japan gibt es neben der westlichen eine eigene, vorwiegend national-religiös begründete Zeitrechnung. Jeder Kaiser gibt zu Beginn seiner Dynastie eine Losung aus, z. B.: »Himmlischer Friede«. Das Jahr seines Regierungsantritts gilt als das Jahr 1.

Kali (Sanskrit »Die Schwarze«): Grausige Gemahlin des Gottes Shiva, der heute noch blutige Opfer dargebracht werden. Die »Göttliche Mutter« wird vor allem in Bengalen verehrt.

Kalifat (arab. »Stellvertreter, Statthalter« Gottes auf Erden): Politisches und religiöses Nachfolgeamt Muhammads. Die ersten Kalifen wurden von einem Beratungsrat gewählt, während mit Beginn der Omaiyaden-Dynastie (661–750) eine dynastische Erbfolge einsetzte. Während der Regierungszeit der vier »Rechtgeleiteten Kalifen« und während der Dynastie der Omaiyaden bezeichnete der Kalifentitel noch das Oberhaupt des gesamten islamischen Reiches, das in seiner Person weltliche und geistliche Macht vereinigte. Vom 9. Jahrhundert an ging die politische Macht des Kalifats dadurch zurück, daß Gouverneure, Heerführer und Reformer neue Dynastien gründeten. Es gab daher kein einheitliches islamisches Reich mehr, sondern eine islamische Welt, in der das Kalifat vornehmlich geistliche Autorität genoß. Vom 10.–12. Jahrhundert bestand neben dem offiziellen Kalifat der Abbasiden ein schiitisches (→ Schia) Gegenkalifat. Die Sorge um die Einheit des Islam und die Furcht vor Anarchie veranlaßten die Rechtsgelehrten die faktische Machtübernahme in den Provinzen zu rechtfertigen, solange der Name des Kalifen in der Freitagspredigt erwähnt und Münzen in seinem Namen geprägt wurden. Nach der Beseitigung des Abbasidenkalifats setzte sich bei den Gelehrten allmählich der Gedanke durch, daß jeder Sultan, der die religiösen Gesetze aufrecht erhält, den Namen Kalif führen dürfe. Seit dem 15. Jahrhundert führten die Sultane der Osmanen wie auch andere Herrscher den Kalifentitel. Von der 2. Hälfte des 15. Jahrhunderts an wurde der Gedanke der Notwendigkeit eines universalen Kalifates wiederbelebt, so daß seine endgültige Abschaffung 1924 durch Kemal Atatürk bei Teilen der Bevölkerung große Entrüstung hervorrief.

Kama (Sanskrit/Pali »Begehren, Sinnesverlangen«, Sexualität, Liebe): 1. Eines der vier traditionellen hinduistischen »Lebensziele« (→ ashrama). 2. Hinduistischer Gott der Liebe, als nie alternder Knabe auf einem Papagei reitend vorgestellt, mit Bogen, Pfeil mit Blumenspitze und Köcher ausgestattet (wie der römische Amor).

Kamasutra (Sanskrit »Lehrbuch der Erotik«): Grundtext des Shaktismus, verfaßt von dem Gelehrten Mallanaga aus der Sippe der Vatsyayana (4. Jahrhundert), meist Vatsyayana genannt. Kein pornographisches Werk, keine Sammlung sexueller Ratschläge, sondern ein Handbuch über das richtige Verhalten gegenüber dem Mitmenschen.

Kangha: Bei den Sikhs eines der »fünf Merkmale«, die den Typus des »Soldaten-Heiligen« auszeichnen: ein Kamm, der im Haar steckt, um es zu kämmen und sauberzuhalten; er soll die Selbstzucht symbolisieren (→ kachh, → kash, → kara, → kirpan).

Kara: Bei den Sikhs eines der »fünf Merkmale«, die den Typus des »Soldaten-Heiligen« charakterisieren: ein am rechten Arm getragenes Stahlarmband, das den Zusammenhalt der Sikh-Gemeinschaft symbolisiert (→ kachh, → kangha, → kash, → kirpan).

Karate: Die Kunst der »leeren« (kara) »Hand« (te) ist nicht nur eine Sportart, bei der man mit einer Hand Bretter und Steine zerschlägt, sondern eine religiöse Übung. Bei dieser geht es darum, daß der Körper vom Geist regiert wird. Der von der Illusion, ein unabhängiges Subjekt zu sein, befreite Mensch befindet sich in einem neuen Verhältnis zu allem, was um ihn herum ist: »Er schlägt wie in einen Zwischenraum, ja er erlebt dasselbe wie der Bogenschütze: Er erfährt die ›Leere‹ und damit durch seine ›leere Hand‹ den Geist, und das Zusammentreffen mit dem, was alles ›durchdringt‹« (Werner Kohler).

Karma (Sanskrit »Tat«): Ursprünglich »Opferwerk«, jetzt allgemein geistige oder körperliche Handlung, die automatisch Wirkungen hervorbringt. Universales Gesetz von Ursache und Wirkung.

Karma Marga (Sanskrit »Weg der (Opfer) taten«): Der älteste der drei klassischen »Heilswege« des Hinduismus, bei dem es auf die Verdienste durch fromme (Opfer)werke ankommt (→ bhakti marga, → jnana marga).

Karmeliter: Aus einer 1156 auf dem Berge Karmel (Palästina) gegründeten Eremitengenossenschaft entstandener → Orden, der 1238 in das Abendland kam und zum Bettelorden umgewandelt wurde.

Karuna (Sanskrit/Pali »Erbarmen«): Besondere Eigenschaft aller → bodhisattvas und → Buddhas. Das Erbarmen und tätige Mitfühlen ist eine der Haupttugenden der → Mahayana-Gläubigen.

Kash: Bei den Sikhs eines der »fünf Merkmale«, die den Typus des »Soldaten-Heiligen« charakterisieren: ungeschnittenes Kopf- und Barthaar, das die völlige Hingabe des Sikhs Gott gegenüber symbolisiert (→ kangha, → kachh, → kara, kirpan).

Kasten: Religiös begründete Gesellschaftsordnung. Ursprüngliche Bezeichnung für das portugiesische Wort »casta« war → varna, worunter die gesellschaftliche Teilung aufgrund unterschiedlicher Hautfarbe gemeint war.

Kasualien: Im Christentum gottesdienstliche Handlungen, die im Zusammenhang mit besonderen Anlässen vollzogen werden (Eheschließung, Tod).

Katechese: Unterricht im christlichen Glauben, oft Vorbereitung für Taufe oder Konfirmation.

Katechismus: Ursprünglich Glaubensunterricht für Taufbewerber, im Mittelalter Glaubensexamen der Taufpaten, seit der Reformation Lehrbuch für die Glaubensunterweisung. Der »Kleine Katechismus« Martin Luthers (1529) und der reformierte »Heidelberger Katechismus« (1563) sind bis in die Gegenwart Leitfäden für den Konfirmandenunterricht geblieben. Im Katholizismus haben sich mehrere Katechismen abgewechselt: »Catechismus Romanus« (1566), »Deutscher Einheits-Katechismus« (1925), »Katechismus für die Bistümer Deutschlands« (1955) sowie dessen Neufassung »Katholischer Erwachsenenkatechismus« (1985). Sowohl der »Evangelische Erwachsenenkatechismus« (1975) als auch der sog. Holländische Katechismus (»Glaubensunterweisung für Erwachsene«, 1968) fanden breite Aufnahme in beiden Konfessionen.

Katholikos: Titel des Oberhauptes einer unabhängigen (autokephalen) orientalischen Nationalkirche.

Kaur (»Prinzessin«): Bezeichnung für alle Sikh-Frauen, die ihren angehobenen Status in der Sikh-Gemeinschaft betonen soll (→ Singh).

Kebetinan-Bewegung: Mystisch-theosophisch (→ Mystik, → Theosophie) orientierte Bewegung in Java, bei der die Herzensreinigung der Gesetzestreue vorgezogen wird. Diese Bewegung errang in den letzten Jahren sogar die Anerkennung neben dem Islam als eigene Religion.

Kele-Kult: Karibischer Ahnenkult im vorwiegend katholischen Saint Lucia, ähnlich dem Shango-Kult in Trinidad. Die Kele-Anhänger sind oft auch zugleich aktive Katholiken. Die Ahnen werden rituell aufgefordert, um für Gesundheit, Schutz gegen Mißerfolg in der Landwirtschaft zu sorgen. Steinäxte (Sinnbilder für die afrikanischen Ahnen), Trommeln, und landwirtschaftliche Werkzeuge spielen eine ebenso wichtige Rolle im Kult wie das → Opfer eines Widders. Im Mittelpunkt des Kults steht die Besessenheit der Kultteilnehmer durch die Ahnengeister.

Kemalismus: Politische Bewegung in der Türkei, gegründet von Kemal Atatürk (1881–1938), deren Ziel darin besteht, die Türkei politisch und kulturell an Europa anzulehnen. Nationalismus, Säkularismus und Modernismus sind die Hauptmerkmale. Der Islam als ideologische Basis des Staates wird abgelehnt.

Kendo (japan. »Weg des Schwertes«): Schulungsweg (do) des Zen-Buddhismus, bei dem die Waffe mit einer Hand geführt wird. Ideale: Askese, Disziplin, Selbstzucht und Einfachheit. Es waren die Samurai-Krieger, die diesen »Schwert-Weg« praktizierten. Der Dienst an der Waffe wurde zu einem Heilsweg, dessen Ziel in der Überwindung des Selbstes besteht: »Der Endzweck des Fechtens besteht nicht darin, den Gebrauch des Schwertes methodisch zu vervollkommnen oder einen beliebigen Feind zu erledigen, sondern er konzentrierte sich im ethischen Ringen um die Erlösung, in der alles Fremde – selbst der Feind – zum eigenen werden kann. Der Zustand der Einigkeit von Zen-Mystik und Schwert wird auch als der der Selbstlosigkeit (muga) bezeichnet. Man gewinnt den Kampf, wenn man sich selbst vernichtet« (J. Kitayama).

Ketzer: Von »Katharer« (= mittelalterlich religiöse Bewegung, die das Armutsideal vertrat und dualistisch-manichäische Gedanken lehrte) abgeleiteter Begriff mit der Bedeutung von → Häresie.

Khalifa (arab. »Stellvertreter, Nachfolger, Statthalter«): Bezeichnung im → Koran für den Menschen; insbesondere Titel für die Nachfolger des Propheten Muhammad, die politische und religiöse Macht in ihrer Hand vereinten.

Khuruj: Auflehnung gegen ungerechte Herrschaft im zaiditischen Islam.

Kibbuz (hebr. »Versammlung, Gemeinschaft«): Gemeinschaftssiedlung in Israel.

Kiddusch (hebr. »Heiligung«): → Sabbat- oder Festtagsweihe der Familie, bei der ein Becher Wein getrunken wird.

Kirche von unten: Auf dem Berliner Katholikentag (1980) traten verschiedene Basisgruppen als »Katholikentag von unten« in Erscheinung und gründeten die (sich hauptsächlich aus Jugendlichen und dem Bildungsbürgertum zusammensetzende) »Initiative Kirche von unten«, die innerhalb der katholischen Kirche trotz ihrer medienwirksamen Darstellung immer noch eher eine Randstellung besitzt. 1981 fand das erste Großgruppentreffen von rund 300 Vertretern und über 30 Gruppierungen statt, die »für eine permanente Erneuerung der Kirche im Sinne des II. Vatikanischen Konzils und der Würzburger Synode« sowie »für das konkret gesellschaftspolitische Engagement der Kirche« eintraten. Von großer Bedeutung für die deutschen Basisgruppen ist die lateinamerikanische »Theologie der Befreiung« (→ Befreiungstheologie).

Kirchenkampf: Auseinandersetzung zwischen dem Nazi-Regime und den christlichen Kirchen in Deutschland (1933 – 1945).

Kirpan: Bei den Sikhs eines der »fünf Merkmale«, die den Typus des »Soldaten-Heiligen« charakterisieren: ein Kurzschwert, das an die Pflicht des Gläubigen erinnert, stets für die Wahrheit einzutreten.

Klerus: Stand der katholischen Geistlichen gegenüber den Laien.

Koan (japan. »öffentlicher Aushang«): Im Rinzai-Zen gebrauchte Methode, um → Satori zu erlangen. Das Koan ist eine vom → roshi gestellte paradoxe Frage, die der Lehrer dem Schüler zur Meditation gibt, damit er aus dem Gefängnis seiner Vorstellungen ausbrechen und zum unmittelbaren Erleben der Realität vorstoßen kann. Das Koan ist mit den Gesetzen der Logik nicht lösbar.

Königtum, sakrales: Weit verbreitete Institution, bei welcher der Herrscher als Gott auf Erden, Sohn Gottes oder als ein von Gott Erwählter gilt. Das Sakralkönigtum (bzw. Gottkönigtum) findet sich bei vielen schriftlosen Kulturen, im frühen Asien, insbesondere in China (Herrscher = »Sohn des Himmels«) und Japan (Tenno als Sohn der Sonnengöttin Amaterasu), im alten Ägypten (Pharaonen), im alten Orient, im Hellenismus und in der römischen Kaiserzeit. Die göttliche Bedeutung des sakralen Königs wird durch seine Gewänder und Insignien verdeutlicht. Der Herrscher ist oft mit einer Fülle von → Tabus umgeben. Seine Lebenszeit kann durch sakrale Tötung verkürzt werden, wenn z. B. der Ernteerfolg ausgeblieben ist.

Kommunion: In der katholischen → Liturgie: Empfang der Eucharistie.

Kommunität: Bruderschaft.

Konfessionsfamilien: Bezeichnung für die einzelnen Konfessionen innerhalb der → Konfessionsverwandten (auch Bekenntnisfamilie).

Konfessionsverwandte: Im Christentum gibt es drei große Konfessionsblöcke: 1. die romfreien katholischen Kirchen (orthodoxe, altorientalische, alt-katholische); 2. die römisch-katholische Kirche; 3. die reformatorischen Kirchen.

Kongregationalisten: Mitglieder anglo-amerikanischer calvinistischer → Denominationen, deren Grundsätze die volle Souveränität der Einzelgemeinde innerhalb des kirchlichen Verbandes und die Unabhängigkeit vom Staat (→ Freikirche) sind.

Kontextuelle Theologie: Eine Art des theologischen Denkens, das die Bedingungen der eigenen Kultur – auch der vorchristlichen bzw. vorkolonialen – ernstnimmt und in das eigene Verständnis als unverzichtbaren Bestandteil aufnimmt.

Konversion: Glaubenswechsel, Bekehrung von einem Glauben zu einem anderen.

Konzil: Kirchliche Versammlung, die über Fragen von Lehre und Leben berät.

Koran (arab. »Lesung, Rezitation«): Summe der Offenbarungen, die der Erzengel Gabriel Muhammad von Gott überbrachte. Der Koran enthält 114 Abschnitte (Suren), die wiederum aus einzelnen Versen (aya) bestehen. Die schriftliche Fixierung des Korans geschah zur Zeit des Kalifen Uthman (644 – 656).

Kosmogonie: Form des → Mythos, der von der Entstehung des Kosmos erzählt. Mensching unterschied zwei mythologische Grundformen: »Schöpfung« und »Emanation, Entwicklung«. Während die erste Vorstellung die Weltentstehung mit dem Wirken von Gott/Göttern in Verbindung bringt, gilt die Welt nach der anderen »Erklärung« nicht als »gemacht« bzw. »geschaffen«, sondern als »geworden aus einer Ursubstanz, einer Urwirklichkeit«.

Kosmologie: Die wissenschaftliche Lehre vom Weltall als Ganzem (→ Kosmogonie).

Krisenkult: Wenn eine Gesellschaft eine schwere Krise durchmacht und ein besseres Leben durch die »Rückkehr zu den Ursprüngen« sucht, spricht man von Krisenkult bzw. Nativismus (Ralph Linton). Alles Fremde wird aus der eigenen Kultur entfernt.

Die Krisenkulte entstanden meist aus gewaltsamen oder erzwungenen Kontakten zwischen der dominanten westlichen Gesellschaft und den unterdrückten traditionalen Gesellschaften. Propheten treten auf, um die sich Anhänger sammeln.

Krishna: → avatara des Gottes Vishnu; am meisten gefeierter Held der Hindu-Mythologie; herausragende Gestalt im → Mahabharata-Epos; belehrt dort den Helden Arjuna (→ Bhagavadgita).

Kshatriya: Zweithöchste hinduistische Kaste: Herrschender, Krieger.

Kult: (lat. »colere«, »pflegen (der Gottheit«): Nach Gustav Mensching vollzieht sich im Kultus »der Umgang mit der Gottheit, und zwar in festen Formen, die durch Gewohnheiten oder durch bewußte Fixierung seitens der Sakralgemeinschaft entstanden sind. Aller Kultus hat stets den Charakter des Gemeinschaftshandelns, wie sehr auch vielfach die sichtbare Gemeinschaft zur Passivität zugunsten des stellvertretenden Handelns der Priester gezwungen sein mag. Zu diesem Moment aber kommt das Bewußtsein, im Kultus vor der Gottheit zu stehen, um sie anzubeten, Sünde zu sühnen, Erfüllung von Wünschen zu erbitten, Dank auszusprechen, Gelübde des Gehorsams zu leisten und die Erfahrung von Gnade und Erlösung zu erflehen oder zu bezeugen«.

Kulturheros: Held, dessen Verehrung (vor allem im alten Griechenland) einen → Kult begründet. Dieser findet meist an seiner Grab- bzw. Gedächtnisstätte statt.

Kumari (Sanskrit »Jungfrau«): Name sowohl für Sita, die Gemahlin Ramas, als auch für Durga, die gnädig-grausame Gemahlin Shivas. Die Göttliche Mutter wird als Jungfrau im Tempel Kanya-Kumari an der Südspitze Indiens verehrt.

Kumina-Kult: Jamaikanischer Ahnenkult, der von Zentralafrikanern stammt, die sich östlich von Saint Thomas niederließen. Im Mittelpunkt dieser »Familienreligion« stehen Familiengeister sowie andere göttliche Wesen. Himmelsgötter, Erdgötter und Ahnengeister sind drei wesentliche Gattungen der Kumina-Geister (Zombies).

Trommeln und Gesänge stehen im Mittelpunkt des Kumina-Kultes, dessen Höhepunkt die Opferung einer Ziege ist sowie der Tanz der Königin der Kumina und ihrer Helfer. Die Übermittlung von Wünschen an die Ahnen hat eine große Bedeutung.

Kundalini-Yoga (Sanskrit: »Yoga der Schlangenkraft«): Frömmigkeitspraxis im → Tantrismus. »Am unteren Ende des Rückgrats schlummert eine mächtige Kraft, die shakti heißt, was auch der Name einer indischen Göttin ist. Die Kraft ist zusammengerollt wie eine Schlange (Kundalini), und mit Hilfe der rechten Technik wird die Kraft geweckt und dazu gebracht, sich das Rückgrat aufwärts zu schlängeln. Jedesmal, wenn sie das Rückgrat überquert, kommt sie an einer der sogenannten Chakras vorüber, einem Kraftzentrum, dessen Kraftpotential aktiviert wird. Da vereinigt sich die Shakti – die weibliche Kraft im Menschen – mit der männlichen (bisweilen Shiva genannt), und der Yogi erlebt einen Zustand höchster Seligkeit und Befreiung« (Thomas Hultberg).

Kyo: Studium der buddhistischen Texte (Korea).

Laie (griech. »laos«, »Volk«): Ursprüngliche Ehrenbezeichnung für alle Angehörigen des »Gottesvolkes« (Kirche), später eingeengt auf denjenigen, der kein geistliches Amt innehat, nicht zum Klerus oder Ordensstand gehört. Nach katholischem Kirchenrecht ist die Trennung von Klerus und Laien ein Grundsatz der Kirchenverfassung. In den reformatorischen Kirchen haben die Amtsträger und die übrigen Kirchenmitglieder gemäß dem Prinzip des allgemeinen Priestertums der Gläubigen keine unterschiedliche verfassungsrechtliche Stellung.

Laienapostolat: In der römisch-katholischen Kirche gibt es die Verpflichtung der Laien zum selbständigen apostolischen Wirken im eigenen Bereich, um an der »Sendung« der Kirche mitzuarbeiten.

Laizismus: Im Frankreich des 19. Jahrhundert entstandener Begriff für die Tendenz, den Einfluß von Religion und Kirche auf das öffentliche Leben zu reduzieren oder auszuschalten.

Lakshmi: Weibliche Göttin des Glücks und des Überflusses; Gemahlin Vishnus; Symbol der Schönheit.

Lama (tibet. »Höherstehender«): Lehrer im tibetischen Buddhismus (→ Meister des Weges, → Meister-Jünger-Verhältnis).

Landeskirche: Ursprünglich Bezeichnung für die in einem lutherischen oder reformierten Territorium allein anerkannte → Denomination. Heute sind die evangelische und römisch-katholische Kirche in der Bundesrepublik Deutschland weder → Freikirchen noch Staatskirchen. Sie sind aber mit dem Staat durch Verträge verbunden und haben das Privileg der »Körperschaft des Öffentlichen Rechts«. Sie gelten als Landeskirchen.

Lehramt: Lehrer in den Schulen üben ein Lehramt aus, bekleiden ein öffentliches Amt im staatlichen Schuldienst. Lehramt ist darüber hinaus ein Begriff aus der Kirchensprache. Von »Lehramt« sprechen weniger die griechisch-orthodoxen und die protestantischen Kirchen, sondern vor allem die römisch-katholische Kirche.

Die »Lehre« spielt eine herausragende Rolle im Christentum, wenn man die anderen großen Religionen zum Vergleich heranzieht. Im Judentum und Islam beispielsweise stehen nicht bestimmte, genau inhaltlich abgezirkelte Lehren im Mittelpunkt, es handelt sich eher um einen Grundkonsens. Viel wichtiger ist die richtige Glaubenspraxis. Man hat daher von ortho-doxen und ortho-praxen Religionen gesprochen, also solchen, die auf eine korrekte Lehre und andere, die auf eine korrekte Kultausübung achten. Die Verkündigung und lehrhafte Vermittlung der durch Jesus Christus gebrachten frohen Botschaft sowie ihre theologische Reflektion gehören zu den wesentlichen Bestandteilen der Übermittlung christlicher Inhalte. Lebte die Urgemeinde noch mit Jesus im Stadium der »Anfangsverbundenheit« (Gustav Mensching), so stellte sich bald die Frage, wie dieser religiöse Besitz an andere weitergegeben werden könne: an die nachwachsende Generation sowie an Außenstehende. So entstand die Notwendigkeit der »Tradition« als festgefügtes Gebäude kultischer Formen und gültiger Lehren. Zur Selbsterhaltung der religiösen Gemeinde gehört eine feste Lehrtradition. Bekenntnisse entstehen, später dann → Dogmen.

Zwischen den großen Kirchen besteht Übereinstimmung in der grundlegenden Rückbindung an das apostolische Ursprungszeugnis, wie es in der Heiligen Schrift seinen Ausdruck gefunden hat, und in der Überzeugung der bleibenden Gegenwart des Heiligen Geistes in der Kirche. Im römischen Katholizismus ist der ursprüngliche Zeugnisauftrag Jesu Christi stärker als in anderen Kirchen dogmatisiert und institutionalisiert worden.

Das Lehramt hat mehrere Aufgaben: einerseits die amtliche Lehrverkündigung, sodann die rechtskräftige Lehrerklärung und schließlich die endgültige Lehrentscheidung. Auf dem 1. Vatikanischen Konzil (1869/70) definierte sich das Lehramt selbst, verkündete die Lehre von der Unfehlbarkeit als Dogma. In modifizierter Weise wurde dies vom 2. Vatikanum wiederholt. Der »Codex Iuris Canonici«, das »Gesetzbuch des Kanonischen Rechtes«, wurde erst 1917 als offizielles Gesetzbuch erlassen. Das 2. Vatikanum beabsichtigte auch eine Reform des Kirchenrechts. Diese fand mit der Herausgabe des neuen »CIC« 1983 ihren Abschluß. Zunächst wird über die Ausübenden des kirchlichen Lehramtes gesprochen, sodann ein Bild von den Tätigkeitsbereichen des Lehramtes (in Mission, Schulen, Universitäten, Medien) entworfen. Die Kirche wird als Mutter und Lehrerin der Völker gesehen. Ein fester Glaubensschatz ist ihr anvertraut, den sie zu bewahren und auszulegen hat. Entsprechend dem 1. Vatikanum wird auf die Unfehlbarkeit des Papstes hingewiesen. Ebenfalls wird betont, daß das Bischofskollegium Unfehlbarkeit im Lehramt besitzt. Diese Aussage wird allerdings an bestimmte Voraussetzungen gebunden. Deutlich wird unterstrichen, daß das kirchliche Lehramt bei der Auslegung und Festlegung der Glaubensinhalte eine leitende Funktion besitzt. Mit dem Begriff des »authentischen Lehramtes« drückt das Kirchenrechtsbuch aus, daß zwischen den unfehlbaren Erklärungen von Papst und Bischofskollegium und den Lehren, welche die Bischöfe als einzelne oder auf Bischofskonferenzen erklären, ein Unterschied besteht. Das Lehramt ist hierarchisch von oben nach unten strukturieriert: Papst, Bischöfe, Priester, Diakone und Ordensleute, schließlich die Laien. Das kirchliche Lehramt darf nur vom Papst und den Bischöfen ausgeübt werden. Die darüber hinaus noch in der Glaubensverkündigung Stehenden bedürfen des Auftrages oder der Sendung der Inhaber des kirchlichen Lehramtes. Katholische Religionslehrer, die ein weltliches Lehramt an öffentlichen Schulen bekleiden, erhalten von Vertretern des kirchlichen Lehramtes die sogenannte »missio«.

Lehrer-Schüler-Verhältnis → Meister-Jünger-Verhältnis.

Libation: Trankopfer

Liberale Theologie: Dachbegriff für mehrere evangelisch-theologische Bewegungen im 19. Jahrhundert, die sich von kirchlichen Bindungen freimachen wollten und historisch-kritische Forschung zum Programm erhoben.

Linga: Phallisches Symbol des Gottes Shiva; erscheint häufig zusammen mit seinem weiblichen Gegenstück, der Yoni.

Litanei: Im christlichen Gottesdienst Wechselgebet zwischen Vorbeter und Gemeinde.

Liturgie (griech. »Werk für das Volk, Dienst am Volk«): Die Gesamtheit der offiziellen gottesdienstlichen Handlungen innerhalb der christlichen Kirchen.

Los-von-Rom-Bewegung: 1897 in Österreich entstandene Bewegung, die wegen der oft deutschfeindlichen Haltung des katholischen Klerus den Übertritt zur evangelischen Kirche propagierte und für einen späteren Anschluß an Deutschland warb. Diese Bewegung fand starke Unterstützung von Seiten des Evangelischen Bundes und des Gustav-Adolf-Vereins, führte zu massenhaften Austritten aus der katholischen Kirche.

Lotos: Eine Art der Wasserlilie, zentrales buddhistisches Symbol der Erleuchtung. Ihre Wurzeln ruhen im Boden, ihre Blüte ragt aus dem Wasser heraus.

Lotossitz: Sitzhaltung, aufrecht mit gekreuzten Beinen; in Buddhismus und Hinduismus als Haltung der → Meditation üblich.

Lustration: Waschung aus religiösen Gründen, um »Unreinheit« zu beseitigen.

Lutheraner: Auf das Wirken des Reformators Martin Luther (1483–1546) zurückgehender Hauptzweig der reformatorischen Kirchen. Wichtige Zusammenschlüsse: Lutherischer Weltbund (gegründet 1947), dem fast alle sich als lutherisch bezeichnenden und verstehenden Kirchen in der ganzen Welt angehören (ca. 55 Mio. aus 105 Mitgliedskirchen).

Märytrer (griech. »der gegenüber Gottes Wort gehorsame Zeuge«): Blutzeuge, der für seinen Glauben das Leben ließ bzw. eine blutige Strafe erleidet. Nach altchristlicher und islamischer Vorstellung folgt dem Leiden des Märtyrer nach seinem Tode die Erhöhung, und sein Todestag wird ihm zum Geburtstag ewigen Lebens. Die ältesten christlichen Heiligen waren die Märtyrer.

Maggid (hebr. »Sprecher, Erzähler, Verkünder«): Prediger, der in manchen Gemeinden neben dem örtlichen → Rabbiner eine feste Anstellung hatte. Im Chasidismus tragen manche Zaddikim (→ zaddik) den Titel maggid. Auch in der Bedeutung des rabbinischen Richters und schließlich in der Kabbala als Verkündigungsengel tritt der maggid auf.

Magie: Die üblichen Magie-Theorien sind trotz mancherlei Unterschiede im einzelnen im wesentlichen von dem britischen Ethnologen James George Frazer (1854–1941) beeinflußt, die sich »eng auf den eigenen kulturellen und biographischen Hintergrund bezieht. Dominierend werden dabei vor allem Elemente einer protestantisch und klassisch-humanistisch geprägten Religionsanschauung.« Gemeinsamer Nenner: »das zwingende, (rituell) nach bestimmten Regeln sich vollziehende Handeln«. Magie wird so – unhistorisch – verstanden »als zwingendes Handeln; zu allen Zeiten, an allen Orten von gleicher Beschaffenheit«. Unter Berücksichtigung des Theorieansatzes des französischen Soziologen, Ethnologen und Religionswissenschaftlers Marcel Mauss (1872–1950) ist Magie stärker vom »jeweiligen Selbstverständnis der betreffenden Größen« zu verstehen. Was manche Gemeinschaften magisch nennen, gälte anderen wiederum als religiös und umgekehrt.

Mahabharata (Sanskrit »Großes Epos der Nachkommen des Bharata«): Neben dem Ramayana eines der beiden großen Epen im Hinduismus, verfaßt im 3. oder 2. Jahrhundert vor Chr., dem Weisen Vyasa zugeschrieben. Es beschreibt den Krieg zwischen den Kauravas und den Pandavas. Der göttliche Held des Epos ist der → Avatara Krishna. Im 6. Buch befindet sich die berühmte → Bhagavadgita.

Mahanikay-Orden: Buddhistischer Orden in Thailand.

Mahatherasamagama (»Versammlung der Mahatheras«): Ältestenrat des thailändischen → Sangha, dem außer dem Sangharaja (Persönlichkeit an der Spitze des Ordens) die Oberhäupter der vier großen Verwaltungsbezirke und ihre Stellvertreter angehören.

Mahavamsa (Pali »Große Chronik«): Geschichtswerk des Pali-Schrifttums; Chronik zur alten Geschichte Ceylons, aufgezeichnet etwa um 500 nach Chr.

Mahayana (Sanskrit »großes Fahrzeug«): Die zur eigentlichen Weltreligion gewordene Schule des nördlichen Buddhismus (Nepal, China, Korea, Tibet, Mongolei, Japan). Teilzweig des Mahayana-Buddhismus ist der tibetische → Vajrayana. Gegenüber dem ursprünglichen → Hinayana-Buddhismus bestehen eine Reihe von Lehrunterschieden.

Mahdi (arab. der »Rechtgeleitete«): Der nach der Lehre der Schia am Ende der Welt kommen wird. Er wird mit Muhammad al-Mahdi identifiziert, der 880 verschwand und bis zu seinem Wiedererscheinen versteckt bleibt. Unter den Schiiten traten eine Reihe von falschen Mahdis auf (→ Messianismus, → Messias).

Maitatsine-Religionsgemeinschaft: Islamische Sondergemeinschaft in Nigeria. Gegründet vom religiösen »Reformer« Marwa, genannt Maitatsine, der im Dezember 1980 bei Auseinandersetzungen getötet wurde. Der von seinen Anhängern als »Prophet« Verehrte änderte den Islam in entscheidenden Aspekten: Reduzierung der täglichen fünf Pflichtgebete auf drei; Gebetsrichtung nach Mekka gilt als religiös unwichtig; das Prophetentum Muhammads wird abgelehnt, weil dieser Araber war. Die Maitatsine-Gemeinschaft entfaltet sozialpolitisch-revolutionäre Impulse.

Maitreya (Sanskrit »der Liebende«): Der zukünftig erwartete Buddha im → Mahayana. Er ist jetzt noch ein → bodhisattva, der auf seine letzte Wiedergeburt wartet.

Makkabi: 1911 gegründete jüdische Sportvereinigung. Hauptsitz Tel Aviv. Gründung in Deutschland 1921, Wiedergründung 1965.

Malikiten: Anhänger einer der vier großen islamischen Rechtsschulen.

Mamluken: Islamische Dynastie, zurückgehend auf getaufte Sklaven türkischer, kaukasischer oder slawischer Herkunft, die als Söldner im Dienst der Aiyubiden standen und diese ablösten (1250–1811).

Mana (polynesisch »wirksam«): Eine übernatürliche, unpersönliche Macht, welche hervorragende Persönlichkeiten (Häuptlinge, tapfere Krieger, Priester, Ärzte), aber auch Tiere, Pflanzen, Geister besitzen können.

Mandala (Sanskrit »Kreis, Bogen, Abschnitt«): Zeichnungen (Quadrate, Kreise usw.), als Hilfsmittel zur Meditation im tibetischen Buddhismus. Bild aus konzentrischen farbigen Kreisen. Die Teile der Kreise stellen die verschiedenen Aspekte des Mitleides des → Buddha dar. Sie bringen den, der über sie meditiert, in Beziehung zu Buddhas Mitleid und auf den Weg zur → Erleuchtung.

Mandäer: Gnostische (→ Gnosis) Religionsgemeinschaft, nachweisbar seit dem 4. Jahrhundert n. Chr. Reste dieser »Täufergemeinschaft« haben sich bis heute im südlichen Mesopotamien erhalten. Sie betrachten Johannes den Täufer als ihren Meister und lehnen Christus als falschen Propheten ab. → Erlösung der in die Materie geknechteten himmlischen → Seele erstreben sie durch die (wiederholbare) Taufe in fließendem Wasser.

Manichäismus: Universalreligion, gestiftet vom Perser Mani (216 – 276), der gewaltige Missionsreisen zur Ausbreitung seiner Botschaft unternahm. Der Manichäismus lehrt die Befreiung der in die Materie geknechteten himmlischen Seele mit Hilfe göttlicher Sendboten (»Urmensch«, Jesus u.a.) und durch asketische Anstrengungen (→ Reinkarnation). Im 4. Jahrhundert war der Manichäismus ein beachtlicher Gegner des Christentums. In christlichen Sekten des Mittelalters lebte manichäischer Geist fort (Bogomilen, Katharar, Albigenser). Reste der Literatur des Manichäismus sind in den Turfan-Fragmenten und in koptischen Homilien enthalten.

Mantra: Ein an sich sprachlich bedeutungsloser Klang, der innere Vibrationen hervorruft, die zur Konzentration und zur Selbsterkenntnis führen. Ein Beispiel ist die Silbe »Om«, im tibetischen Buddhismus der Satz: Om Mani Padme Hum. Im Hinduismus wurden ursprünglich nur bestimmte heilige Verse der → Veden so bezeichnet. Man meinte, daß sie geistige Macht besäßen und daß ihre dauernde Wiederholung auf dem Weg zur Be0freiung hilfreich sei. Manchmal gibt der Seelenführer seinen Schülern bei der Initiation ein Mantra.

Marga (Sanskrit »Weg«): U.a. Bezeichnung für die drei klassischen Hindu-Heilswege (→ bhakti marga, → jnana marga, → karma marga).

Marja-i-taqlid (arab. »Oberste theologische Autorität«): Im schiitischen (→ Schia) Islam Titel von wissenschaftlich herausragenden, ethisch vorbildlichen, frommen mujtahids.

Maroniten: Mit der römisch-katholischen Kirche unierte Christen, die historisch ihren Ausgang in den Kämpfen um den Monotheletismus (= Lehre von der einen Person und den zwei Naturen Christi, aber nur einem Willen in ihm) genommen haben. Ihr Name geht auf das älteste Kloster des Heiligen Maron (gest. vor 432) und auf den im 7. Jahrhundert lebenden Geistlichen Johannes Maron zurück. Heute gibt es etwa 1 Mio. Maroniten (Libanon, Ägypten, übriger Vorderer Orient, USA, Lateinamerika, Australien).

Matriarchat: Mutterrechtliche Gesellschaftsform. In ihr sind Familienstruktur, Wirtschaft, Politik und Religion weiblich geprägt. Hauptmerkmale: »1. Matrilinearität (Herkunft nach der Mutter), 2. Matrilokalität (Wohnsitz nach der Mutter), 3. sexuelle Selbstbestimmung der Frau, auch vor und in der Ehe. 4. Eheformen wie Besuchsehe oder Polyandrie (Vielmännerei), 5. abhängige Stellung des Mannes in der Gesellschaft (Ämterzuteilung durch die Mütter) und in der Familie (keine Verwandtschaft mit den von ihm gezeugten Kindern, sondern soziale Vaterschaft für die Kinder seiner Schwester), 6. Matrifokalität (Kontrolle der Werte und Normen durch die Mütter), 7. Vererbung von Sachen und Ämtern nach der Mutter, 8. soziokulturelle Dominanz der Frau als Verwalterin des Landes (Ackerflächen und Weidegründe), der Ämter und der Kultobjekte, 9. religiöse Dominanz der Frau, z. B. als Ahnfrau, Schamanin, Priesterin« (Wörterbuch der Feministischen Theologie, Gütersloh 1991).

Maulid an-nabi: Geburtstag des Propheten Muhammad.

Mausoleum: Bezeichnung für ein prachtvolles Grabmal. Das von dem Herrscher Mausolos begonnene und von seiner Gemahlin vollendete »Mausoleum von Halikarnassos« zählt zu den sieben Weltwundern der Antike.

Maya (Sanskrit »Illusion, Täuschung«): 1. Im Hinduismus die sich stets wandelnde, unbeständige Welt der Erscheinungen und Formen. 2. Universales Prinzip der → Vedanta-Philosophie. 3. Mutter des Buddha.

Medina (arab. vollständig »madinat an-nabi«: »Stadt des Propheten«): Ort, an dem Muhammad nach seiner Auswanderung (→ hijra) aus → Mekka die erste islamische Gemeinde gründete. Medina gehört neben → Mekka und → Jerusalem zu den drei heiligsten Stätten des Islam. In Medina befindet sich auch das Grab Muhammads.

Meditation: Tiefes und ununterbroches Nachdenken, in verschiedenen Religionen praktiziert mit sehr unterschiedlichen Zielen. Sie dient der Erlangung der Selbsterkenntnis, oder in theistischen Religionen der Erreichung des Einswerdens mit Gott. Viele Religionen lehren Körperhaltungen, Methoden der Atmung und Kontrolle der Gedanken.

Medium: Ein vom Geist eines Verstorbenen oder von einer Gottheit besessener Mensch. Er verliert seine eigene Identität und wird der Sprecher des Verstorbenen oder der Gottheit.

Medizinmann: Religiöser Spezialist in den indianischen Gesellschaften, der dank seiner »übernatürlichen« Kräfte die Schutzgeister wohlwollend stimmen kann und Kranke heilt. Die Grenzen zum Schamanen sind fließend.

Medrese (aramäisch-arab. »Ort des Studierens«): in der islamischen Welt Bezeichnung für eine Hochschule.

Meister-Jünger-Beziehung: Ein sowohl im nichtreligiösen (Handwerker-Auszubildender; Professor-Student usw.) als auch religiösen Bereich vorkommendes Autoritätsverhältnis. Religionswissenschaftlich gibt es mehrere Meistertypen: 1. die Religionsstifter, 2. die spirituellen Führer, insbesondere in den mystischen (→ Mystik) Traditionen, 3. die Führer neureligiöser Bewegungen im Westen (Fortentwicklung von 2). Das Meister-Jünger-Verhältnis wird von Gustav Mensching dem Lehrer-Schüler-Verhältnis gegenübergestellt: Während ersteres wesentlich an der Person des Meisters orientiert sei, beziehe sich das andere auf die vermittelte Lehre. Der religiöse Lehrer als Traditionsvermittler sei eine gegenüber dem Meister sekundäre Gestalt, die Kenntnisse, Fähig- und Fertigkeiten weitergibt. Die Grenzen zwischen beiden Typen sind jedoch fließend: Es gibt Lehrer-Schüler-Verhältnisse, bei denen die Verehrung des Lehrers die zu vermittelnde Lehre in den Hintergrund drängt.
Hauptmerkmale des Meister-Jünger-Verhältnisses: 1. Der Meister besitzt persönliches → Charisma: Er ist »Vorbild und Führer« (Max Scheler). 2. Die Religionsstifter werden entweder durch einen persönlichen Gott »berufen« oder »erleuchtet« (→ Erleuchtung). Als Folge davon berufen sie entweder selbst ihre Jünger oder Anhänger, oder diese schließen sich ihnen auf eignenen Wunsch hin an. 3. Der Meister steht - soweit dies die Quellen erkennen lassen – im Mittelpunkt eines konzentrischen Kreises mit »Lieblingsjüngern« (mit bestimmten Vorrechten) und »Fernerstehenden«. 4. Die Anfangsphase kann durch religiösen Radikalismus geprägt sein (zum Beispiel: Heimat-, Besitz-, Familienlosigkeit), wie er sich zum Beispiel bei Jesus und Buddha, aber auch bei Sun Myung Mun u. a. zeigt. 5. Das originäre Meister-Jünger-Verhältnis unterscheidet sich vom späteren Gemeindeaufbau dadurch, daß der Meister zum teilweise vergotteten → Kultheros wird.

Meister des Weges: Ausdruck von Gertrude und Thomas Sartory für religiöse »Lehrer« (→ Guru, → Roshi).

Mekka: Auch »umm-al Qura« (arab. »Mutter der Städte«) genannt. Im alten Arabien Handelsknotenpunkt und Wallfahrtszentrum. Entstehungsort des Islam und Ziel des alljährlich stattfindenden → hajj.

Melkiten (syrisch »malka«, »König«): Bezeichnung im weiteren Sinne für die rund 700000 Gläubigen der drei Patriarchen der morgenländischen orthodoxen Kirchen; im engeren Sinne die fast 500000 aus diesen Kirchen heraus mit Rom unierten Christen. Die Melkiten gehen zurück auf die Anhänger der Konfession des oströmischen Kaisers, d.h. der byzantinischen Kirche auf der Grundlage des 4. Ökumenischen Konzils von Chalcedon (451 nach Chr.).

Mendikanten: Mitglieder katholischer Bettelorden.

Mennoniten: Anhänger des ursprünglich katholischen Priesters Menno Simons (1496 – 1561). Unter dem Einfluß Luthers wandte sich Simons den Wiedertäufern (→ Anabaptisten) zu, deren radikale Auswüchse er jedoch ablehnte. Glaubensinhalte: Glaube an Christus, Rechtfertigung allein aus Glauben, Erwachsenentaufe, Eidverweigerung, ethisches Christentum ohne Lehrzucht. Seit 1683 in Amerika (»Mennonite Brethren Church of North America«), seit 1789 in Rußland verbreitet. Die Mennoniten gehören dem Ökumenischen Rat der Kirchen an.

Mercedarier-Orden: Ordo Beatae Mariae de Mercede redemptionis captivorum (Abkürzung: OdeM), katholischer Bettelorden, der sich dem Loskauf christlicher Gefangener in Afrika widmete. Als Ritterorden 1218 gegründet von Petrus Nolascus und Raimund von Penafort. Schwerpunkt war die Amerikamission. Heute ist der Orden hauptsächlich in Italien, Spanien und Lateinamerika tätig. Im 17. Jahrhundert entstand der Reformzweig der »unbeschuhten Mercedarier« (heute noch in Spanien).

Messianismus: Sozioreligiöse Erscheinung, bei welcher der Glaube an das Kommen eines → Messias zentral ist, welcher Gerechtigkeit und Frieden für die ganze Welt bringen soll. Ethnologisch kann Messianismus als »nativistische Bewegung« (→ Krisenkult) interpretiert werden. Diese tritt in zahlreichen Kolonialgebieten der Welt auf und interpretiert die christliche Messiasvorstellung neu. Messianismus gibt es nicht nur im jüdischen und christlichen Bereich, sondern in zahlreichen anderen Kulturen: Hinduismus, Zoroastrismus, Islam (→ mahdi).

Messias (hebr. »maschiach«, »Der Gesalbte«). 1. In biblischer Zeit wurden Hohepriester und Könige bei ihrer Amtseinsetzung zum Bevollmächtigten Gottes »gesalbt«. 2. Der von den Juden bis heute erwartete universale Heilskönig aus dem Geschlecht Davids. 3. Bezeichnung für Jesus im Neuen Testament.

Mestizen: Mischlinge zwischen Weißen und Indianern.

Methodisten: Die Brüder John und Charles Wesley gründeten 1729 in Oxford einen Bibelkreis. Die Mitglieder erhielten den Namen Methodisten, weil sie sich in methodischer Strenge um das Bibelstudium und die persönliche Frömmigkeit bemühten. 1795 wurde die methodistische → Freikirche in England gegründet. Hauptlehren: Die Lehre Luthers von der Rechtfertigung des Sünders allein aus Gnade im Glauben. Hinzukommen: → Bekehrung und Heiligung. Organisationsstruktur sind die »Konferenzen«: Bezirkskonferenz (Gemeindeebene), Jährliche Konferenz (Regionalebene), Zentralkonferenz (Verbund der Regionen), Generalkonferenz (Verbund auf Weltebene). Die Gemeinden haben eine große Selbständigkeit. Der »Weltrat Methodistischer Kirchen« (gegründet 1881) umfaßt rund 21 Mio. Kirchenglieder. Hinzukommen ca. 49 Mio. Kinder und Freunde.

Metta (Pali »Güte, Wohlwollen, Freundschaft, Liebe«): Eine der zentralen buddhistischen Tugenden. Sozialethisches Ideal, das sich nicht nur auf die Mitmenschen, vielmehr auf die Tierwelt, ja letztlich auf alle Formen des Lebens erstreckt. Inhalt einer wichtigen Meditationsübung.

Mevlevi-Orden: Von Jelal ad Din Rumi (gest. 1273) gegründeter Derwischorden (→ Derwisch, → Mystik, → Orden, → Sufismus), deren Frömmigkeitspraxis sich durch ekstatischen Tanz unter Flötenbegleitung auszeichnet.

Mihrab: Gebetsnische in der Moschee, die die für den Muslim vorgeschriebene Gebetsrichtung nach → Mekka anzeigt.

Milindapanha (Pali »Fragen des Milinda«):, Bedeutendste nichtkanonische theravadabuddhistische (→ Theravada) Schrift. Dialog zwischen dem griechischen König Menandros (1. Jahrhundert v. Chr.) und dem Mönch Nagasena, der den Herrscher zur Konversion zum Buddhismus bewegt.

Millet (türk. »Religionsgemeinschaft, Nation, Volk«): Bezeichnung für nicht-islamische Minderheiten, die unter islamischer Oberherrschaft lebten.

Minarett (arab. »Ort des Lichtes und des Feuers«): Ein Turm bei der Moschee, von dem aus der → Muezzin (bzw. heutzutage auch ein Tonband) zum Gebet ruft.

Minjan (»Zahl«): Im engen Sinne die zur Abhaltung eines Gemeindegottesdienstes notwendige Zahl von 10 erwachsenen Juden.

Minjung → Befreiungstheologie.

Mischna (hebr. »Wiederholung«): Von Rabbi Judaha Nasi um 200 vorgenommene Sammlung mündlicher Überlieferung. Sie ist nach dem Alten Testament die höchste Autorität und ist die Grundlage des → Talmud. Als die Zukunft des Sanhedrins in einer Zeit der Verfolgung unsicher war, half die Mischna, die jüdische Lehre zu sichern.

Mission (latein. »Sendung«): Das Bemühen der christlichen Kirche, die »Ungläubigen« mit dem Evangelium zu erreichen. Der Begriff ist auch für die Ausbreitung anderer Religionen üblich geworden.

Mission, Innere: Diakonische (→ Diakonie) Arbeit der evangelischen Kirchen im eigenen Land (im Unterschied zur Äußeren → Mission). Ihre Wurzeln liegen in der Erweckungsbewegung des 19. Jahrhundert. Führender Vertreter: Johann Hinrich Wichern (1808–1881), Gründer des »Rauen Hauses«. Er erreichte auf dem 1. Deutschen Evangelischen Kirchentag in Wittenberg (1848) die Gründung des »Centralausschusses für innere Mission der deutschen evangelischen Kirche«. Zur Inneren Mission gehört u. a. die Arbeit in Krankenhäusern, Heimen, Kindergärten, Bahnhofsmission, Fürsorge. Verkündigung und Nächstenliebe gehen Hand in Hand.

Mizwa (hebr. »Gebot«; Plural Mizwot): Religiöse Einzelforderung, Pflicht im Judentum (→ Bar Mizwa, → Bat Mizwa).

Moksha (Sanskrit »Befreiung«): Erlösung aus dem unheilvollen Kreislauf der → Reinkarnation (→ samsara). Höchste Stufe der vier Lebensziele (→ ashrama) des Hinduismus (→ artha, → dharma, → kama) und zugleich die Negation dieser Werte.

Molla/Mullah (arab. »maula«, »Herr«): Soviel wie »Hochwürden«.

Monismus: All-Einheitslehre. Der Glaube, daß es trotz der vielfältigen Erscheinungen im Grunde nur eine Wirklichkeit gibt. Besonders stark vertreten von dem Hindu Philosophen Shankara (→ Advaita, → Vedanta).

Monogamie: Einehe (→ Polygamie).

Monophysiten: Anhänger der christologischen Lehre von der »einen Natur« Christi. Die göttliche und die menschliche Natur Christi vereinen sich zu einer Natur und Person: der göttlichen. Die Lehre steht im Gegensatz zu dem auf dem Konzil von Chalcedon (451) formulierten Dogma, welches zwei Naturen in Christus in einer Person definierte. Einige → morgenländische Kirchen bekennen sich heute zur monophysitischen Lehre.

Monotheismus: Im Gegensatz zum Polytheismus der Glaube an einen einzigen Gott. Dem Monotheismus ist Ausschließlichkeitscharakter eigen; er betont die Absolutheit Gottes, seine Ewigkeit, Allmacht usw.

Montanisten: Von dem Phrygier Montanus um 150 n. Chr. gegründete christliche Sondergemeinschaft, welche die baldige Herabkunft des Heiligen Geistes und den Beginn eines neuen Zeitalters erwartete. Noch im Mittelalter lebte der Montanismus gelegentlich auf.

Morgenländische Kirchen: Eine der Kirchengruppen der Ostkirchen, wobei zwischen → Monophysiten und → Nestorianern unterschieden wird.

Muawiya: Ein Gegner Alis bei der Abspaltung der → Schia von der → Sunna. Erster Kalif (→ Kalifat) der Omaiyaden-Dynastie (661 – 750), die ihren Namen von Omaiya, dem Stammvater einer Sippe der → Quraisch ableitete.

Mudita (Sanskrit/Pali »Mitfreude«). Zusammen mit → metta, → karuna, → upekkha eines der »vier Unendlichkeitsgefühle«, über die man im Buddhismus bevorzugt meditiert.

Mudra (Sanskrit »Siegel, Zeichen«): Im Buddhismus und Hinduismus symbolische Hand- und Fingergesten beim kultischen Tanz und in der bildenden Kunst.

Muezzin: Gebetsrufer, der die Gläubigen vom Minarett der Moschee zum Gebet ruft.

Mufti: Islamischer Rechtsgelehrter, der in Übereinstimmung mit → Koran, → Sunna und den Rechtsschulen ihm vorgelegte Fragen religiösen Rechts entscheidet.

Muhammadiya: Eine seit 1912 in Indonesien bestehende Wohlfahrts- und Bildungsorganisation, die vor allem im Gesundheitswesen aktiv ist.

Muharram: Fest der Schiiten zum Gedächtnis des Todes Husains am 10. Tag des Monats Muharram, bei dem ein Passionsspiel über sein Martyrium (→ Märtyrer) aufgeführt wird.

Mujtahid: Islamischer Rechtsgelehrter, der religiöse und juristische Entscheidungen auf der Grundlage seines eigenen Wissens trifft (→ ijtihad). Bei den Schiiten hat der mujtahid sehr große Autorität (→ Ayatollah, → marja-i taqlid).

Mul Mantra: Wichtiger Text der Sikhs: »Es ist nur ein Gott,/der Wahre mit Namen,/der alles durchdringende Schöpfer,/ohne Furcht, ohne Haß,/unsterblich, ungeboren,/durch sich selbst bestehend/durch Gnade, der Erleuchtete./Der Wahre war im Anfang,/der Wahre war durch alle Zeiten,/ der Wahre ist in der Gegenwart,/Nanak, der Wahre, wird auch in Zukunft sein.«

Muslim-Bruderschaft: 1928 von Hasan al-Banna gegründete »puritanische« Organisation. Die → Bruderschaft war nach dem Krieg sehr bedeutsam und kämpfte gegen Zionismus und Verwestlichung. Wegen terroristischer Aktivitäten 1954 in Ägypten verboten.

Muslimliga: 1906 in Indien gegründete Organisation zur Förderung der religiösen und politischen Interessen des Islam.

Mutaziliten: Angehörige einer theologischen Richtung des Islam, die aus den politisch-dogmatischen Kämpfen in der ersten Hälfte des 8. Jahrhundert hervorgingen. Hauptlehren: absolute Einheit Gottes, Gottes Gerechtigkeit, die den freien Willen des Menschen bedingt, Erschaffenheit des Korans.

Mutterrecht: 1. In der Ethnologie bezeichnet dieser Begriff die Abstammung und Erbfolge in Sozialverbänden, in denen die Kinder der mütterlichen Verwandtschaftsgruppe zugerechnet werden, mit ihrem biologischen Vater als nicht verwandt gelten (→ Matriarchat). 2. Die auf den Schweizer Juristen Johann Jakob Bachofen (1815–1887) in seiner Abhandlung »Mutterrecht und Urreligion« (1927) zurückgehende These, daß die mutterrechtliche Familienform der vaterrechtlichen voraufgegangen sei und eine durchweg dominierende Stellung der Frau dokumentiere. Neue Forschungen zu Mutterrecht und Urreligion betonen übereinstimmend, »daß keine Gesellschaft gänzlich matrilinear oder patrilinear ist hinsichtlich von Abstammung, Erbfolge, Sukzession und Autorität, sondern daß das Familiensystem die Interessen und Rechte zwischen den beiden Seiten der Familie ausbalanciert, wobei die eine oder die andere Seite besonders betont wird« (A. I. Richards).

Mystik: Dieses Wort gehört zu den verschwommensten Begriffen der Religion. Geheimnisvoll, absonderlich und weltfremd scheint es zu signalisieren. Gelegentlich ist sogar von »magisch-mystisch« die Rede, wenn ausgedrückt werden soll, daß es um etwas Unerklärliches, Dunkles geht.

Mystik ist eine spezifische Frömmigkeitsform. Weil sie quer durch die großen Religionstraditionen der Menschheit hindurchläuft, bezeichnet man sie auch als eine »interreligiöse

Strömung«: So gibt es jüdische Mystik (Kabbala), islamische Mystik (→ Sufismus). Ähnlich wie ihre Vorbilder, die christlichen Mönche, waren die Sufis in weiße wollene Gewänder (suf) gekleidet. Schließlich gibt es hinduistische, buddhistische und christliche Spielarten der Mystik. Das Wort Mystik leitet sich vom griechischen »myein« ab: »verschließen«, alle Sinne verschließen.

Mystische Frömmigkeit steht der »Welt« und allem, was an sie bindet, kritisch, ja ablehnend gegenüber. Das Weltliche gilt als heilshinderlich; denn es lenkt von Gott ab. Der protestantische Mystiker und Kirchenliederdichter Gerhard Tersteegen singt: »Ich bin so satt der fremden Dingen, So müd der Mannigfaltigkeit: Es kann mir nichts als Plage bringen: Zu enge wird mir's in der Zeit.« Zwischen Gott und sich selbst fühlt der Mystiker einen großen Abstand, der ihn einsam werden läßt. Diese Trennung möchte er aufheben, mit Gott will er sich verbinden. Nach mystischer Grundüberzeugung befindet sich in der Seele des Menschen ein göttlicher »Funken«. Im tiefsten Innersten sind Gott und Seele miteinander verwandt. Mystische Frömmigkeit hat einen systematischen Wesenszug. Daher ist die → Meditation ihre bevorzugte Frömmigkeitsübung. Der Mystiker beschreitet einen Heilsweg, der aus genau vorgeschriebenen Stufen besteht.

Der Traum des alttestamentlichen Patriarchen Jakob von der Himmelsleiter steht oft im Hintergrund der Auffassung vom mystischen Pfad. Während seines inneren Aufstieges erlebt der Mystiker freudvolle, aber auch depressive Gemütszustände. Am Ende steht die »unio mystica«, die Vereinigung von Gott und menschlicher Seele. Tersteegen: »Ich senk mich in dich hinunter. Ich in dir, du in mir, laß mich ganz verschwinden, dich nur sehn und finden.«

Mystikern wird Weltabgewandtheit und Passivität nachgesagt. Doch ihrer »Hinreise« zu Gott folgt oft die »Rückreise« in die Alltagswelt. Nicht nur im katholischen, auch im evangelischen Christentum gibt es eine reiche mystische Tradition, die sich bis auf Martin Luther zurückführen kann. Im 18./19. Jahrhundert wird sie immer mehr zurückgedrängt und von führenden Theologen bis hin zu Karl Barth verunglimpft. Sie galt als Musterbeispiel des menschlicher Selbsterlösung. Auch relativiere sie Christus und die »objektive« Offenbarung zugunsten persönlicher Gotteserfahrungen. Schließlich verharmlose sie die Sünde. Alle Einwände haben sich jedoch bei kritischer Betrachtung als sehr stark überzogen, wenn nicht falsch erwiesen.

Mythos: Heilige Geschichte, die in einer bestimmten Gemeinschaft entsteht und von ihr überliefert wird. Aitiologische Mythen erklären erstaunliche Naturphänomene und Sitten, die sonst unerklärt blieben.

Namu: »Sich dem Buddha hingeben« (im Amida-Buddhismus).

Namu Myohorengekyo: Myohorenkekyo ist ein anderer Name für »Hokke Sutra«.

Native American Church of North America: Heute bedeutendste indianische Kirche, die auf der Peyote-Religion basiert.

Negus: Herrscher von Äthiopien zur Zeit der Entstehung des Islam.

Neo-Vedanta: Neuhinduistische Form des → Vedanta, die von Vivekananda begründet wurde und welche die Einheit von Gott und Mensch sowie aller Religionen hervorhebt.

Nestorianer: Altchristliche, auf den Patriarchen von Konstantinopel, Nestorius (nach 381–451), zurückgehende Sekte, die seit 484 in Persien zur Hauptkirche wurde und sich bis Indien ausbreitete (Thomaschristen). Als »chaldäische Kirche« im 16. Jahrhundert teilweise mit der römisch-katholischen Kirche uniert. Reste der Nestorianer leben noch in Kurdistan; zum großen Teil sind die Nestorianer in die USA ausgewandert. Sitz des Patriarchen heute: San Francisco.

New Age Gruppen: Meist in den 60er Jahren in Kalifornien entstandene religiöse Gruppen, die vom Bewußtsein geprägt sind, am Anbruch eines neuen Zeitalters zu stehen. Sie sind stark von westlicher und östlicher → Mystik beeinflußt.

Nirvana (Sanskrit »Nicht mehr wehen, Verwehen, Verlöschen«). Heilsziel aller Buddhisten. Es besteht im Ausscheiden aus dem Kreislauf der Wiedergeburten und kann definiert werden als das Ende von → duhkha.

Niyya (arab. »Absichtserklärung«). Sie ist Voraussetzung dafür, daß ein Gebet oder Fastentag gültig ist.

Novize (lat. »Neuling«): Eine Person, die in einen katholischen Orden aufgenommen werden möchte. Sie muß 15 Jahre alt sein und vor der Ablegung der Ordensgelübde eine mindestens einjährige Probezeit (Noviziat) bestehen.

Numen (latein. »Wink [der Gottheit«]): In der römischen Religion die die Natur durchdringende göttliche Kraft. Rudolf Otto stellte 1917 in seiner Schrift »Das Heilige« die These auf, daß das Erleben einer heiligen Macht die Grundlage der Religion sei. Diese numinose Macht beschrieb er in ihrer Wirkung auf den Menschen als »mysterium tremendum«, »mysterium fascinans« und »mysterium augustum«.

Okkultismus (lat. »occultus«, »verborgen, versteckt, geheim«). Der Okkultist ist daran interessiert, die geheimnisvollen, verborgenen Kräfte in sich selbst, in Natur und Kosmos aufzuspüren. Denn mit diesen Kräften will er manipulieren, sie will er zu magischen Praktiken einsetzen. Zu den klassischen Okkultphänomenen, welche von der Parapsychologie erforscht werden, gehören die »außersinnlichen Wahrnehmungen«: Hellsehen und Vorherwissen; die Telepathie oder Gedankenübertragung. Manchen Menschen wird nachgesagt, sie hätten das »Zweite Gesicht«. Auch die Psychokinese, die physikalisch nicht erklärbaren Einflüsse von Menschen auf Gegenstände, fällt in diesen Phänomenbereich. Solche paranormalen Phänomene gelten als okkult, wenn sie auf dem Hintergrund einer bestimmten Weltsicht gedeutet werden. Zwischen Okkultismus und → Esoterik besteht eine enge Beziehung: Okkultismus ist angewandte Esoterik, in die Praxis umgesetztes Geheimwissen. Der früheste Beleg für den Begriff Okkultismus stammt aus dem 19. Jh. Die Sache aber ist wesentlich älter: Okkulte Praktiken (so Magie, Astrologie, Totenbeschwörungen, Orakel) lassen sich bis nach Ägypten und Mesopotamien zurückverfolgen. Das Okkulte ist international. Alle großen Menschheitskulturen kennen es: Judentum, Islam, Hinduismus, Buddhismus usw. Teils tritt es offen zutage, meist aber schwelt es verdeckt unter der Oberfläche. Buddhisten sprechen von Siddhi-Kräften. Darunter verstehen sie übernatürliche Fähigkeiten, die sich entweder als Nebeneffekte der spirituellen Entwicklung von selbst einstellen oder durch bestimmte Übungen – Yoga z. B. – gezielt erworben erwerben: Schwerter, die unbesiegbar machen; ein Augenelixier, das Götter sichtbar werden läßt; die okkulten Siddhi-Kräfte sollen die Körpergeschwindigkeit beschleunigen und jung erhalten. Man kann sogar im Raum schweben und auf Wasser wandeln. Wenn der Hindu-Heilige Satya Sai Baba vor seinen Anhängern mit den Fingern schnippt, dann »materialisiert« er z. B. heilige Asche. Sie wird von den Gläubigen verzehrt und soll Heilkräfte besitzen. Auch einen Toten soll dieser Wundermann wieder zum Leben erweckt haben. Die Attraktivität des Okkultismus erklärt sich für Mircea Eliade aus dem Wunsch nach »Initiation«, nach Einweihung in einen Geheimzirkel. Diese verspricht nämlich eine Statusverbesserung, hebt den einzelnen aus der anonymen Masse heraus. Tobias Brocher deutet die Beliebtheit des Okkultismus – psychologisch – als Zeichen einer Enttäuschung über das nicht eingelöste Versprechen des wissenschaftlich-technischen Zeitalters, die Welt beherrschbar zu machen.

Ökumenische Bewegung: Bewegung zur Wiedererlangung der Einheit der christlichen Kirchen. Geht auf die Weltmissionskonferenz 1910 in Edinburgh zurück. Schwerpunkt ist heute der »Weltrat der Kirchen«.

Offenbarung: Dieser Begriff weist nach Gustav Mensching darauf hin, daß »für den religiösen Menschen entscheidend und dauernd Wichtiges, das ihm zuvor verborgen war, aus dieser Verborgenheit heraustritt und erfaßbar wird«. Mensching unterscheidet vier Arten von Verborgenheit, deren Aufhebung man Offenbarung nennt: 1. Verborgenes Sein des Numinosen. »In religiöser Erfahrung tritt die Gottheit aus ihrem Verborgensein heraus und wird als existent erfahren.« 2. Verborgenes Wirken der Gottheit »in Natur, Geschichte und Schicksal«. 3. Geheimnischarakter der Gottheit, die »als ihrem Wesen nach tief geheimnisvoll erfahren wird«. 4. Verborgener Wille der Gottheit.

Omaiyaden: Erste bedeutende islamische Dynastie (661–750).

Opfer: Eine der ältesten Formen des → Kultes, bei dem eine Handlung vollzogen wird, die der gänzlichen oder teilweisen Hingabe von Mensch, Tier, Pflanze u. a. Gütern dient und damit einen Kontakt zu überirdischen Mächten, vergöttlichten → Ahnen und Gottheiten herstellt. Geopfert wird zu bestimmten heiligen Zeiten und an heiligen Orten, insbesondere von befähigten und beauftragten Kultfunktionären (Priestern).

Opus Dei: 1928 von dem spanischen Geistlichen Josemaria Escriva de Balaguer (1902 – 1975) in Madrid gegründete, von Papst Paul II. sehr geschätzte Laiengemeinschaft. 1947 wurde sie vom Papst zunächst als katholisches Säkularinstitut anerkannt. Seit 1982 ist sie Personalprälatur, also nicht unter Kontrolle der Diözesanbischöfe. Das Opus Dei versteht sich als Elitegemeinschaft, die christliche Vollkommenheit innerhalb der Welt anstrebt. Nur wenige ihrer (gestuften) Mitglieder (weltweit 74000) sind Priester (1800). Das Opus Dei ist dem Papst unbedingt ergeben. Die Jugendlichen werden zu strengem Gehorsam, geistlicher Disziplin, Askese und Ehelosigkeit verpflichtet.

Orakel (latein. »Weissagung«): Methode der Enthüllung von Zukünftigem, räumlich Entferntem, des Willens der Gottheit. Loswerfen (z. B. Urim und Tummim im Alten Testament), Bleigießen, Kartenlegen, Gottesurteil, Traum-, Vogelflug-, Blätterrauschendeutungen sind die bekanntesten Orakelformen. Berühmte antike

Orakelstätten: Delphi, Dodona, Olympia.

Orden: Im Sinne Gustav Menschings eine universalreligiöse Gemeinschaftsform in vorwiegend mystisch (→ Mystik) geprägten Religionen (Hinduismus, Jainismus, Buddhismus, Daoismus) bzw. auf dem Boden mystischer Strömungen (→ Sufismus, Christentum). Hauptsächliche Wesensmerkmale: radikale Trennung von weltlicher und heiliger Sphäre; Askese; Freiwilligkeit des Eintritts; Erstreben persönlicher Heiligkeit; Wendung nach innen; Ordnung der Gemeinschaft durch Regeln; weitgehende Auslöschung des Individuums und seines Eigenwillens. Es gibt weibliche und männliche Orden. Neben ihren religiösen Aufgaben erfüllen die Ordensleute vielfach auch Aufgaben in kirchlichen, wissenschaftlichen und karitativen Bereichen. Einige Religionen kennen klosterähnliche Zwischenformen (»3. Orden«): → Bruderschaften, Laiengenmeinschaften.

Ordination: In der katholischen Kirche ist damit der sakramentale Akt der Aufnahme in den → Klerus durch die Weihe gemeint. In den evangelischen Kirchen die im Auftrag der Kirchenleitung ausgesprochene Bevollmächtigung zum Predigtamt, zur Verwaltung der → Sakramente und zur Ausübung kirchlicher Amtshandlungen.

Orthodoxie (griech. »rechter/richtiger Glaube«): 1. Bezeichnung für eine der drei Gruppen christlicher Konfessionsverwandten bzw. → Konfessionsfamilien: diejenigen Kirchen, welche aus der byzantinischen Kirche hervorgegangen bzw. unter ihrem Einfluß entstanden sind. Ihre Grundlage: Bibel und Tradition, womit die ersten sieben ökumenischen Konzile gemeint sind (1. Nicäa 325 bis 7. Nicäa 787). 2. Im Protestantismus eine Richtung der nachreformatorischen lutherischen und reformierten Theologie, die reformatorische Positionen zu einem Lehrgebäude ausbaute (ca. 1555 – 1700): »altprotestantische Orthodoxie«. 3. Richtung im Judentum. 4. Allgemeine Bezeichnung für Strenggläubigkeit.

Osmanen: Letzte islamische Großdynastie, gegründet von Osman I. Ghasi (1300 – 1922). Ursprünglich waren die Osmanen türkische Nomaden, die vor den Mongolen nach Westen flohen. Von Kemal Atatürk wurde das → Kalifat 1922 nach dem Zusammenbruch des osmanischen Reiches, von dem nur noch die Türkei übrigblieb, engültig abgeschafft.

Ostern: Fest der Auferstehung Christi. Ältestes christliches Fest, das ursprünglich an jedem Sonntag begangen wurde, seit dem 2. Jahrhundert jedoch als jährlich wiederkehrendes Fest gefeiert wird.

Pacceka-Buddha: Vollkommener Heiliger, der die Lehre aus sich selber heraus erkannt und verwirklicht hat, jedoch nicht fähig ist, sie wie ein vollendeter Buddha anderen in klarer Weise darzulegen.

Pachamama-Kult: Geschichtlicher und noch gegenwärtiger Kult der »Mutter- und Erdgottheit« Pachamama in der Religiosität der Landbevölkerung in den zentralen und in nördlichen Süd-Anden (Peru, Bolivien, Nordchile, Nordwest-Argentinien). Im katholischen Glauben wurde Pachamama allmählich mit der Jungfrau Maria vermischt. Dieser Prozeß wurde bewußt von den spanischen Missionaren gefördert.

Pagode: Buddhistische Architekturform in China, Korea und Japan , die sich aus dem indischen → stupa entwickelte. Der vier- bzw. achteckige schlanke, aus mehreren Stockwerken bestehende Bau ist ein Reliquien-Aufbewahrungsort, zugleich Symbol des Absoluten.

Pali: Sprache Nordindiens zur Zeit des Buddha; Sprache des frühen Buddhismus und der Heiligen Schriften des → Theravada; abgeleitet aus dem Sanskrit.

Pali-Kanon: Die grundlegenden (im → Theravada die einzigen) Heiligen Schriften des Buddhismus. Die Sammlung der Schriften begann bald nach dem Tod des Buddha, als sich seine Nachfolger trafen, um den Tripitaka (Dreikorb) seiner Lehre zu rezitieren.

Panafrikanismus: Politische und religiöse Bewegung, begründet von Afroamerikanern und Afrikanern um 1900. Hauptfigur war W. E. B. Du Bois. Ziel der Bewegung: die Vereinigung der Afroamerikaner in den USA und Westindien, ihre Emanzipation sowie die Einigung Schwarzafrikas.

Pancasila (Sanskrit/Pali »fünf ethische Grundregeln«): Fünf Prinzipien, die nach Auffassung von Achmed Soekarno (1901 – 1970) die Grundlage der indonesischen Verfassung (1945) bilden sollen: 1. die All-Eine Göttlichkeit; 2. gerechte und zivilisierte Humanität; 3. die indonesische Einheit; 4. Demokratie; 5. soziale Gerechtigkeit.

Panchen Lama (Sanskrit/Tibet. »Lehrer, der ein großer Gelehrter ist«): Im tibetischen Buddhismus führender Abt neben dem → Dalai Lama. Seine Autorität liegt stärker auf religiösem Gebiet. Er gilt als → Reinkarnation, → Amitabhas.

Pandit: Aus der → Kaste der → Brahmanen stammender Hindu-Priester. Er ist ein Kenner der vedischen (→ Veda) Texte und weiß auch große Teile der Epen (→ Mahabharata, → Ramayana) auswendig. Sein gelehrtes Sanskrit-Wissen setzt ihn in die Lage, die heiligen Texte verbindlich auszulegen. Neben priesterlichen Funktionen im Tempel hat der Pandit auch unterweisende Aufgaben.

Pantheismus: Der Glaube, daß alle Wirklichkeit letztlich göttlich ist.

Paradies (altiran. »eingezäunter, mit einem Wall umfriedeter Garten«): Urzeitlicher oder zukünftiger Ort der Seligkeit. Im Judentum hat das hebräische Wort für Paradies nur die profane Bedeutung »Garten, Park«. Der »neue Himmel« und die »neue Erde« werden als Paradies bezeichnet. Religionsgeschichtliche Paradiese: Mesopotamien, Ägypten, Iran, Griechenland (»Gefilde von Elysion«, »Inseln der Seligen«), Kelten (Avalon), Amida-Buddhismus (»Reines Land im Westen«), Islam (»Haus des Friedens«).

Paria (Tamil »Trommler«): 1. Name einer unteren → Kaste (Erdarbeiter) in Tamilnadu (südöstliche Küste Südindiens), fälschlich gebraucht für alle kastenlosen (outcasts) Inder. 2. Der von dem Soziologen Max Weber eingeführte Begriff »Pariavölker« (auch Gastvölker) bezeichnet unterprivilegierte Gruppen, deren Beschäftigungen für die Nachbargruppen zwar wirtschaftlich unentbehrlich sind, die aber als »unrein« gelten und daher gemieden werden. Sie sind entweder halbseßhaft oder leben in Vororten und Randsiedlungen. Wilhelm Emil Mühlmann hat die Theorie eines »Kastengürtels« aufgestellt, worunter er ein kulturhistorisch zusammenhängendes Gebiet versteht, in dem hierarchische Kasten-Ordnungen auftreten. Die Paria-Phänomene greifen seiner Meinung nach »in Asien nach Norden, in Afrika nach Süden, über den Gürtel hinaus«.

Passion: Das Leiden Jesu Christi von seiner Festnahme bis zum Tod am Kreuz. Vorösterliche (→ Ostern) Fastenzeit, in der an das Leiden und Sterben Christi gedacht wird.

Patriarch: 1. Name für die alttestamentlichen »Erzväter« (Abraham, Isaak, Jakob und seiner Söhne. 2. Seit dem 4./5. Jahrhundert Titel der Bischöfe von Rom, Alexandrien, Antiochien, → Jerusalem, Konstantinopel. 3. Titel leitender Bischöfe in einigen Ostkirchen, soweit diese nicht einen → Katholikos oder Erzbischof als leitenden Bischof haben. Der Patriarch von Konstantinopel führt den Titel »Ökumenischer Patriarch«, der (→ orthodoxe und koptische) Patriarch von Alexandria auch noch den Titel Papst.

Patriarchat: Im Kirchenrecht Stellung und Amt eines Patriarchen (→ Patriarch 3).

Pentateuch: Die »fünf Bücher Moses« in der hebräischen → Bibel (»Altes Testament«).

Pepo-Kult: In ihm spielt die Besessenheit von Geistern (Suaheli: pepo) eine große Rolle.

Pessach (hebr. »Verschonung«): »Überschreitungsfest«. Im Frühling begangen, gedenkt es des Auszuges der Israeliten aus Ägypten. Haus- und Familienfest. Die beiden ersten Abende heißen Seder-Abende, weil an ihnen ein häuslicher Gottsdienst nach genau festgelegter Ordnung (seder) stattfindet.

Peyote-Religion → Native American Church of North America

Pfingsten (griech. »pentekoste«, »der 50. Tag«): Das genau sieben Wochen nach → Ostern gefeierte jüdische »Wochenfest« (→ Schawuot) wurde im Christentum zum Fest der Ausgießung des Heiligen Geistes.

Pfingstbewegung: Pfingstkirchen, allgemein

1. Definition und Beschreibung

Der Begriff Pfingstkirchen bezeichnet eine umfassende und wachsende Bewegung innerhalb der christlichen Religion, die zahlreiche verschiedene regionale Ausdrucksformen hat. Deren gemeinsamer Nenner ist die Hervorhebung der Gegenwart und Kraft des Heiligen Geistes, die sich in ähnlicher Weise manifestieren wie beim Pfingstereignis nach der Auferstehung Jesu, das in der Apostelgeschichte beschrieben wird. In den Pfingstgemeinden machen Menschen die Erfahrung des ekstatischen Zungenredens oder der → Glossolalie, bestimmter → Offenbarungen Gottes in Form von → Träumen und → Visionen, der Heilung durch Gebet und Handauflegen. All diese Dinge fördern den Mut, das Evangelium zu verbreiten, und werden einem besonderen und außergewöhnlichen Wirken des Heiligen Geistes zugeschrieben, der von den Menschen Besitz ergreift; folgerichtig gilt die Pfingstbewegung als Wiederbelebung des Glaubensverständnisses der Apostel im ersten Jahrhundert. Schätzungen von Barrett zufolge hatten die Pfingstkirchen 1988 332 Millionen Mitglieder, von denen 71 % Nichtweiße waren, 66 % in der Dritten Welt lebten, 87 % zu den Armen gehörten und die Mehrheit in Städten wohnte. Die von Hollenweger entwickelte Typologie unterscheidet drei Strömungen: die klassischen Pfingstkirchen, die → charismatischen Bewegungen innerhalb der traditionellen Kirchen und die indigenen, nichtweißen Kirchen. Historiker und Missionstheologen weisen darauf hin, daß diese Form des Christentums im 20. Jahrhundert weltweit das stärkste Wachstum zu verzeichnen hat, insbesondere aber bei den städtischen Massen in Asien, Afrika und Lateinamerika. Soziologische Beobachtungen haben ergeben, daß diese vielfältige Zunahme vor allem in sozialen Randgruppen stattfindet, die in Zeiten rascher Urbanisierung entwurzelt wurden und im Zustand sozialer Unordnung leben mußten. Einige Aspekte des religiösen Lebens und der theologischen Schwerpunkte stimmen mit den Merkmalen der Kultur der Armut überein, beispielsweise die Wortliturgie, der narrative Charakter der Theologie, eine hemmungslose Gefühlsbetontheit, eine größtmögliche Beteiligung der Gemeindemitglieder am Gebet und an der Beschlußfassung, Träume und Visionen und eine intensive Suche nach Gemeinschaft und Zugehörigkeit.

2. Geschichte

Einige als »sektiererisch« bezeichnete Bewegungen, die im Laufe der jahrhundertealten Geschichte des Christentums immer wieder auftauchten, zeichneten sich durch ähnliche Merkmale aus wie die modernen Pfingstkirchen. Ronald Knox verfolgt diese sich wiederholende Tendenz zurück bis zu einer Form der christlichen Religion, die er als »enthusiastisch« beschreibt und die bereits in der Korinthergemeinde zu finden ist, mit der der Apostel Paulus korrespondierte. In späteren Jahrhunderten trat diese Art der Religiosität bei den → Donatisten, den → Montanisten, den → Anabaptisten, den → Jansenisten, den → Irvingianer und den bekannten → Erweckungsbewegungen der englischsprachigen Welt auf, obwohl hier lediglich eine phänomenologische Verwandtschaft, nicht jedoch eine direkte historische Verbindung festzustellen ist. Von den gegenwärtigen drei Typen, haben die klassischen Pfingstkirchen ihren Ursprung in einem explosionsartigen Ausbruch von Spiritualität, der im Januar 1901 in der von Charles F. Parham geleiteten Bethel Bible School in Topeka in Kansas stattfand. Als nächstes folgte im Jahre 1906 eine Erweckung in dem Gebäude einer ehemaligen afrikanischen methodistischen Bischofskirche in der Azusa Street in Los Angeles, deren Leiter William J. Seymour war, ein schwarzer Prediger und Schüler Parhams. Diesen Ereignissen gingen schwelende Frömmigkeitsbewegungen in Großbritannien und den Vereinigten Staaten voraus, die wiederum für deren Verbreitung sorgten.

Innerhalb der katholischen und protestantischen Kirchen tauchten das Gedankengut und die Praktiken der Pfingstler erstmals in den 50er Jahren dieses Jahrhunderts auf, als einzelne Persönlichkeiten nach Wegen zur Erneuerung einer lebendigen Spiritualität suchten, jedoch innerhalb der Grenzen ihrer eigenen Kirche bleiben wollten. Diese Entwicklung setzt sich weiterhin fort und wird, als zweiter Typus, als charismatische oder neue Pfingstbewegung bezeichnet. Zu ihr gehören beispielsweise der Anglikaner Michael Harper, der Lutheraner Larry Christenson und der römisch-katholische Kardinal Leon-Joseph Suenens. Der dritte Typus, die indigenen nichtweißen Kirchen, ist vor allem in der Dritten Welt verbreitet, und zwar gleichzeitig in verschiedenen Regionen und häufig ohne Verbindung zu den nordamerikanischen und europäischen Quellen oder in offenem Widerspruch zu diesen, obwohl ihre Spiritualität, Frömmigkeit und Theologie deutliche Parallelen zu den ersten Pfingstlern aufweist. Dieser Typus ist wohl eher im Zusammenhang mit der Blüte des Christentums unter den Armen und Entrechteten des Südens zu sehen, die Bühlman »das Aufkommen der Dritten Kirche« nennt.

Lange Zeit wurden die ersten Pfingstkirchen aufgrund der Kennzeichen einer Armenkultur von anderen Protestanten, ja sogar von denen, die in der ökumenischen Bewegung aktiv waren, als »Sekten« abgetan. Dies änderte sich jedoch, als zwei indigene Kirchen aus Lateinamerika, die Iglesia Pentecostal de Chile und die Iglesia Misión Pentecostal, bei der dritten Versammlung des Weltkirchenrats in Neu Delhi 1961 von diesem aufgenommen wurden. Später wurden auch andere nichtweiße Bewegungen wie Brasil Para Cristo oder die Eglise du Christ sur la terre par le Prophète Kimbangu aus Zaire Mitglied des Weltkirchenrats und nehmen seither am ökumenischen Dialog auf globaler Ebene teil. Auf dem Berliner Kongreß zur Verkündigung des Evangeliums (1966) luden Protestanten Pfingstler wie Oral Roberts zur offenen Teilnahme ein und erkannten die massive Präsenz der Pfingstbewegung als wesentliche Kraft bei der Verbreitung des Evangeliums und der Missionsarbeit an. In der römisch-katholischen Kirche gab Paul VI. der katholischen charismatischen Erneuerungsbewegung, die deutlich sichtbar gewachsen war und wichtige Bereiche dieser Glaubensgemeinschaft wiederbelebt hatte, seine Zustimmung.

Barrett hat am konsequentesten versucht, das vielfach auftretende Wachstum der Bewegung zu dokumentieren, und die vollständigste Klassifizierung ihrer verschiedenen Formen geliefert. Er betrachtet seine Studie als Teil einer Missionswissenschaft, die der Rolle der Pfingstbewegungen bei der christlichen Mission in diesem Jahrhundert besondere Aufmerksamkeit widmet. Verschiedene nordamerikanische Pfingstkirchen haben bereits in einem sehr frühen Stadium ihrer Entwicklung – schon ab 1906 – Missionare ins Ausland geschickt, und auch zahlreiche indigene Pfingstkirchen legen den Schwerpunkt auf die Verbreitung ihres Glaubens und die Evangelisierung. Kennzeichnend für diese missionarische Aktivität ist die Fähigkeit der Pfingstkirchen, Laien unter Berücksichtigung ihrer kulturellen Einbindung zu mobilisieren, indem sie sich volkstümlicher Mittel der Kommunikation bedienen, die Betonung der einen Wandel bewirkenden spirituellen Erfahrung, die ethische Folgen für die Persönlichkeit hat, und die Beschränkung auf die jeweils vorhandenen menschlichen und materiellen Mittel, die die Unabhängigkeit von den Kirchen in anderen Ländern garantiert. Diese Kennzeichen sind der Grund dafür, daß die Pfingstbewegung überall auf der Welt, sei es in Rußland und Osteuropa, in den emporschießenden lateinamerikanischen Städten oder bei den ethnischen Minderheiten in Großbritannien, im koreanischen Proletariat oder bei den »Zigeunern« in Spanien, so großen Zulauf hat. Und auf diese Charakteristika ist auch die Tatsache zurückzuführen, daß sie selbst inmitten eines drastischen sozialen Wandlungsprozesses bestehen können.

3. Theologie und soziale Auswirkungen

Die Theologie der Pfingstkirchen weist einige Gemeinsamkeiten mit den grundliegenden Zielen der protestantischen Theologie auf, wie sie von den pietistischen und methodistischen Erweckungsbewegungen vertreten wird. Die theologischen Wurzeln der Pfingstbewegung liegen in den Frömmigkeitsbewegungen, die im 19. Jahrhundert in Nordamerika ihre Blüte erlebten. Diesen sind nicht nur die grundlegenden Kategorien der Rechtfertigung durch den Glauben und des Vorrangs der Gnade eigen, sie betonen auch die Notwendigkeit eines zweiten religiösen Krisenerlebnisses, das auf die → Konversion folgt und sich von dieser unterscheidet. Diese Erfahrung habe einen Integrationseffekt mit ethischen Folgen, sie befähige die Menschen zur Teilnahme am Leben und an den Aufgaben der Kirche.

Newbegin kam zu dem Schluß, daß die Pfingstkirchen – anders als im Katholizismus, wo eine vorgegebene Struktur, und anders als im Protestantismus, wo eine vorgegebene Botschaft im Vordergrund steht – den Schwerpunkt auf die gegenwärtig erfahrene Macht und Gegenwart des Heiligen Geistes legt. Hiermit kommt die neue Bewegung den Bedürfnissen der Armen und ihrer von mündlichen Ausdrucksformen geprägten Kultur entgegen, in der das geschriebene Wort keine zuverlässige Grundlage darstellt. Das Anwachsen der Pfingstbewegung in diesem Jahrhundert hat zu einem bedeutenden Wandel in der biblischen und theologischen Forschung beigetragen. Während Studien über den Heiligen Geist zu Beginn dieses Jahrhunderts den → Charismen noch keinerlei Aufmerksamkeit schenkten, betrachten zeitgenössische Untersuchungen dieses Phänomen aus einer neuen Perspektive und messen den holistischen und integrativen Dimensionen der Erlebnisse, die sich in den Schriften des Neuen Testaments spiegeln, größere Bedeutung bei (Spittler). In gleicher Weise widmet die Missionsforschung der spirituellen Erneuerung und der Wirkkraft des Heiligen Geistes und deren Bedeutung für die Missionsarbeit mehr Aufmerksamkeit.

Die Pfingstler werden in der Regel als sozial quietistisch oder konservativ eingeschätzt. Dieses Werturteil hatte seinen Ursprung in den eschatologischen Erwartungen, die in den Frömmigkeitszirkeln Nordamerikas zur Zeit ihres Auftauchens in der religiösen Landschaft verbreitet waren. Eine kritische Position gegenüber der institutionalisierten Religion und den Säkularisierungs- und Modernisierungstendenzen in der Gesellschaft führte zu einer weltfeindlichen Theologie. In einer besonderen Form der Heimsuchung durch den Geist, die sich in der Glossolalie offenbarte, sah man das Zeichen für das Ende der Zeitalter. Dies wiederum führte zu der Ansicht, daß die Dringlichkeit der Verkündigung keinen Platz ließe für soziale Reformen, insofern das Ende der gegenwärtigen Zeit durch die Wiederkehr Jesu Christi bevorstünde. Doch gleichzeitig trug dies dazu bei, daß, um die Allgemeingültigkeit der Weltanschauung zu erreichen, Rassenschranken niedergerissen und zunehmend Frauen in den religiösen Ämtern zugelassen wurden. Im Laufe dieses Jahrhunderts hat der eschatologische Gedanke aufgrund des vielfältigen Wachstums der nordamerikanischen Pfingstkirchen und der sozialen Akzeptanz, die sie erreicht haben, Veränderungen erfahren, so daß man heute von einer konservativen evangelikalen Religion der Mittelklasse sprechen kann. Ähnliches gilt für die Entwicklung der Pfingstbewegung in Korea und anderen asiatischen Ländern. Ein Zeichen für die extremen Formen, die diese soziale Evolution annehmen kann, war der Aufstieg von US-amerikanischen Fernsehpredigern wie Jimmy Swaggart und Pat Robertson und ihr Bündnis mit der Neuen Rechten.

In der Dritten Welt spielt die Pfingstbewegung als alternative Religionsgemeinschaft trotz ihrer quietistischen Eschatologie eine andere soziale Rolle, da sie Möglichkeiten des sozialen Wandels in sich birgt. Sowohl die lateinamerikanischen Pfingstkirchen als auch die unabhängigen Kirchen in Afrika haben in dieser Hinsicht geradezu eine progressive Haltung eingenommen, weil sie mit einem Wandlungsprozeß in der Gesellschaft konfrontiert sind, in dem sie Stellung beziehen müssen. Missionswissenschaftler wie Hollenweger, Walls und Bühlman gehen davon aus, daß sich in diesen Kirchen das Gesicht des Christentums des nächsten Jahrhunderts spiegelt, in welchem die Pfingstreligionen eine den Kulturen der Dritten Welt angepaßte Glaubensform darstellen werden.

Samuel Escobar

Pietismus (lat. »Frömmigkeit«): Protestantische Bewegung seit dem Ende des 17. Jahrhunderts, insbesondere in Deutschland. Ziele: Lebendige Glaubenserfahrung, praktische Frömmigkeit, Gedanke der persönlichen → Bekehrung. Angeregt wurde der Pietismus im Luthertum durch Philipp Jakob Spener (1635–1705) und August Hermann Francke (1663–1727). (→ Brüdergemeine/Brüderunität, → Erweckungsbewegung).

Pilger (lat. »peregrinus«, »in der Fremde, fern von zu Haus und Vaterland zu sein«): Wallfahrer nach heiligen Orten.

Pir (per. »Meister«): Bezeichnung für den Lehrer (→ Meister-Jünger-Beziehung, → Meister des Weges), der seinen Schüler in mystische (→ Mystik) Geheimnisse einweist.

Pogrom: Russischer Ausdruck für Hetze, Ausschreitungen gegen nationale, religiöse, rassische Gruppen.

Politische Theologie: Innerhalb der modernen christlichen Theologie eine Richtung, die sich als »kritisches Korrektiv gegenüber einer extremen Privatisierungstendenz gegenwärtiger Theologie« (Metz) versteht. Nachfolge Christi: nicht Suche nach privatem Heil, sondern verknüpft mit gesellschaftlichen Dimensionen (Veränderung politischer, wirtschaftlicher, sozialer Mißstände in der Dritten Welt). Hauptvertreter: Dorothee Sölle, Johann Baptist Metz, Jürgen Moltmann (→ Basisgemeinde, → Befreiungstheologie, → Kirche von unten).

Polygamie: Eheform, bei welcher eine Person gleichzeitig mehrere Ehepartner hat. Sie kann entweder polygyn sein (derselbe Mann kann gleichzeitig mit mehreren Frauen verheiratet sein) oder polyandrisch (Frau gleichzeitig mit mehreren Männern verheiratet).

Polytheismus: Im Unterschied zum → Monotheismus Glaube an viele Götter; die »charakteristische Religionsform fast aller großen antiken Kulturvölker«, d. h. solcher Kulturen, die im Besitz einer Schrift und höheren Landwirtschaft sind.

Populorum Progressio (»die Entwicklung der Völker«): Päpstliche Sozialenzyklika Pauls VI. (26. März 1967) über die Dritte Welt, in welcher die heute gültige politische Theologie der römisch-katholischen Kirche formuliert ist (Forderung u. a.: Abkehr vom wirtschaftlichen Liberalismus).

Positives Denken: »Wirf einen glücklichen Mann in den Nil, und er taucht mit einem Fisch im Mund wieder auf:« Diese arabische Weisheit wird von dem Theologen, Philosophen und Naturwissenschaftler Joseph Murphy (gest. 1981) zitiert. Mit ihm verbindet sich die Philosophie des »Positiven Denkens«. Sie verheißt der weithin irregeleiteten, »leidenden« Menschheit u. a.: Heilung von Krankheiten und Schuldgefühlen, Berufserfolg, Glück in Liebe und Ehe, inneren Frieden. Der durch viele Bestseller millionenfach verbreitete Murphy gilt als Hauptvertreter der »positiven« Denkweise und findet in unserem »Neuen Zeitalter« (New Age) große Scharen gläubiger Anhänger.

Man erkennt sie u. a. daran, daß sie in ihrer Wohnung kleine Schilder mit kurzen Sätzen aufgestellt haben: »Affirmationen«, d. h. Bekräftigungen: »Ich bin heil, ich bin vollkommen, ich bin gesund.« Jeder Blick auf die Karten erinnert automatisch an die Botschaft. Je öfter man sie wiederholt, umso stärker wird das »Unterbewußtsein« nach Murphy positiv auf das Gedachte bzw. Gesagte reagieren. 3x tägl. drei bis vier Minuten lang – und »was immer sie sich wünschen, wird Wirklichkeit werden«. Murphys Bewußtseinstechnik hat ein ausdrücklich religiöses Fundament: Im Mittelpunkt steht die göttliche, unendliche, kosmische Kraft, das »höhere Selbst«. Es wohnt, so argumentieren die Vertreter des »Positiven Denkens«, in jedem Menschen und warte nur darauf, aktiviert, »angezapft« zu werden. Beten, Meditation, auch »außersinnliche Kräfte«, gelten als Schlüssel zum Erfolg in allen Lebensbereichen.

Prädestination: Lehre von der »Vorherbestimmung« des Menschen zu Heil oder Verdammnis durch den Ratschluß Gottes. Vertreter einer strengen Prädestinationslehre im Christentum: Augustinus (354–430), die Reformatoren Johannes Calvin (1509–1564) und Huldrych Zwingli (1484 – 1531) lehren die grundsätzliche Vorherbestimmung zu Heil und Unheil. Luther und die neuere reformierte Theologie stellen die Erwählung zum Heil in den Mittelpunkt. Im Islam gibt es unterschiedliche Auffassungen zur Prädestination. Der → Koran enthält wie AT und NT ebenso viele Freiheits- wie Prädestinationsaussagen.

Präexistenz: Der Glaube an ein vor bzw. überweltliches Dasein, z. B. der Seele entweder in anderen Leibern, auf anderen Sternen oder in Gott. Es gibt die Vorstellung einer Präexistenz der heiligen Schriften (→ Tora, → Koran, → Veda) vor ihrem irdischen Offenbarwerden (→ Offenbarung) wie auch die Vorstellung der in Gott präexistenten Welt.

Prakrti (Sanskrit »Materie, Natur«): Die Urmaterie, aus der das Universum besteht.

Presbyter: 1. Im Urchristentum Titel der »Ältesten«, die zusammen mit Aufsehern und Bischof die Gemeinde leiteten. 2. In der evangelischen Kirche Mitglied der gewählten Kirchengemeindevertretung (Presbyterium), welche die Gemeinde leitet und verwaltet. 3. In der katholischen Kirche Bezeichnung für eine bestimmte priesterliche Weihestufe.

Presbyterianer: Reformatorische Kirchen auf calvinistischer Grundlage, welche dem »Reformierten Weltbund« angehören. Das Bischofsamt wird abgelehnt, statt dessen leiten auf allen Ebenen (Gemeinde, Kreissynode, Synode und Generalsynode) »Älteste« (→ Presbyter) die Gemeinden. In der schottischen Kirche setzten sich die Presbyterianer durch, ebenfalls in den USA, wo es viele große und kleinere Presbyterianer-Kirchen gibt. Lehrgrundlage fast aller presbyterianischen Kirchen ist die »Westminster Confession of Faith« (1643).

Primas: In der römisch-katholischen Kirche heute nur ein Ehrentitel (oft verbunden mit bestimmten Bischofssitzen). Primas von Polen ist z. B. der Erzbischof von Gnesen und Warschau. In einigen reformatorischen Kirchen ist Primas der Ehrentitel des ersten Bischofs des Landes.

Priscillianismus: Eine von dem spanischen → Laien Priscillian gegründete streng asketische und enthusiastische Erneuerungsbewegung, die sich rasch über die iberische Halbinsel ausbreitete. Sie griff die bestehenden kirchlichen Ordnungen an, behauptete, daß der Geist nicht an Amt, Zeit und Ort gebunden sei, hielt eigene Versammlungen ab und favorisierte besonders die Apokryphen gegenüber der Bibel. Die Bewegung wurde von der Kirche ausgeschieden und endete als → Sekte. Priscillian wurde 386 n. Chr. zusammen mit sechs Gesinnungsfreunden wegen »maleficium« (magischer Künste) hingerichtet, was der Bewegung einen enormen Auftrieb gab. Der Priscillianismus hielt sich hauptsächlich im nordwestlichen Spanien bis weit in das 6. Jahrhundert hinein.

Prophetie/Prophetische Religion: Nach Gustav Mensching neben der → Mystik eine der »beiden Grundformen universaler Religion«. Hauptmerkmale: leidenschaftlicher Wille zum Leben; Berufung des Propheten; Werte und Aufgaben des Menschen als Willensziele Gottes; Aktivität: »Getriebenwerden vom Geiste«; Protest gegen Komplizierung des Gottesumgangs, gegen kultische Mittelsfrömmigkeit; Gott als der »personal Eine«; sozialer Charakter im Unterschied zur asozialen Mystik.

Protestantismus, Freikirchlicher: Baptisten und Methodisten sind die am weitesten verbreiteten → Freikirchen. Weltweit gibt es mehr als 138000 baptistische Gemeinden mit etwa 35. Mio. Mitgliedern, wobei nichtgetaufte Familienangehörige und Freunde nicht mitgerechnet werden. Die meisten, mehr als 24 Mio. leben in Nordamerika, jeweils über 1 Mio. in Asien und in Europa, einschließich der früheren Sowjetunion. Die Vereinigte methodistische Kirche ist mit über 20 Mio. Mitgliedern in vielen Ländern der Welt vertreten, davon mit ca. 10 Mio. in den USA, wo weitere 2 bis 3 Mio. Methodisten kleineren Kirchen angehören. Die → Mennoniten sind mit mehr als einer halben Mio. weltweit verbreitet, vor allem in den Niederlanden, Rußland und Kanada. Alle diese Kirchen betreiben Evangelisation, soziale Arbeit und Mission in Übersee. Die → Quäker schätzt man weltweit auf ca. 200000, davon mehr als 122000 in USA und Kanada, ca. 41000 in Afrika, mehr als 24000 in Europa, allein über 21000 in Großbritannien. Die Heilsarmee arbeitete 1974 in 82 Ländern mit 16187 Korps, von 18256 Offizieren und Kadetten geleitet. Zu den → Pfingstbewegungen gehören weltweit vermutlich ca. 30 Mio. Mitglieder. Abgesehen von Europa, wachsen die Freikirchen weltweit, besonders in Südamerika und Afrika. Wegen der verantwortlichen Mitarbeit der Laien bedeuten auch kleinere Zahlen größere Wirksamkeit. Vor allem in den Freikirchen breitet sich der Protestantismus aus.

Billy Graham, in vielen Ländern evangelisierender Christ und Geistlicher von Präsidenten der USA, ist Baptist. Martin Luther King, Führer und Märtyrer der amerikanischen Bürgerrechtsbewegung, gehörte der gleichen Freikirche an. Freikirchen, in Europa religiöse Minderheiten, doch über alle Erdteile verbreitet, sind in den Vereinigten Staaten oft die Stimme des christlichen Gewissens. Nur vorsichtig kann benannt werden, was das Besondere der Freikirchen ist. Nicht nur zwischen den verschiedenen → Denominationen, sondern auch unter den einzelnen ihrer Gemeinden bestehen beachtliche Unterschiede. Trotz bestehender Zusammenschlüsse ist die Selbständigkeit der Gemeinden ein herausragendes Merkmal des Freikirchentums. »Freikirchen« heißen sie wegen ihrer völligen Unabhängigkeit vom Staat. Ihre Pioniere sind deshalb im 16. Jahrhundert (Täufer), 17. Jahrhundert (Baptisten, Quäker) aus ihrer Heimat, meistens England, ausgewandert. Ihr Ziel war vielfach die »Neue Welt« Nordamerikas, zuweilen die Niederlande. → Puritaner, → Kongregationalisten und → Methodisten sind weitere bekannte Freikirchen englischen Ursprungs. In einigen Kolonien des amerikanischen Kontinents waren sie zunächst gebannt. Doch die klare Trennung von Kirche und Staat in der Verfassung der USA begünstigte dann ein blühendes freikirchliches Leben.

Außer Selbständigkeit der Einzelgemeinde und Unabhängigkeit vom Staat sind weitere Merkmale der Freikirchen: Ausrichtung persönlicher Frömmigkeit und gemeinschaftlichen Lebens an Verheißungen und Weisungen der Bibel; persönliches Bekenntnis des Glaubens vor der Gemeinde und Praxis des Glaubens in Gemeinde und Gesellschaft; Hochschätzung des freien Gebets; Verantwortung der Laien in Leitung und Praxis der Gemeinden. Die Mitglieder finanzieren aus ihrem Einkommen die Gemeinden. Kirchensteuern werden abgelehnt.

Die Einstellung der Freikirchen zur weltweiten Zusammenarbeit in der christlichen Ökumene ist positiv – wegen der Bindung an Jesus, den Christus. In den »konziliaren Prozeß für Frieden, Gerechtigkeit und (Bewahrung der) Integrität der Schöpfung« sind viele freikirchliche Impulse eingegangen. Andererseits kommt es – wegen der Verantwortung der einzelnen Gemeinden – immer wieder zu Distanzierungen von anderen Kirchen und Gemeinschaften und der Ablehnung institutioneller Zusammenarbeit. Die Südliche Baptisten-Union in den USA z. B. ist Mitglied des Ökumenischen Rates der Kirchen, andere bedeutende Baptistenvereinigungen lehnen eine Mitgliedschaft als Bevormundung der Einzelgemeinden ab. Die Heilsarmee war Mitglied, ist aber Anfang der 80er Jahre ausgetreten. Sie sympathisiert weiterhin mit der Ökumene, will aber die lehrmäßigen und sakramentalen Minimalfestlegungen der Weltgemeinschaft nicht teilen, um ihre Offenheit im Dienst für viele Menschen zu bewahren.

In allen, so verschiedenen Freikirchen blieben Ideale der Reformation erhalten. Von der Armenbewegung des Petrus Waldes im 12. Jahrhundert bis zur heutigen Waldenserkirche (vor allem in Italien und Uruguay) wird die Gewissensfreiheit des einzelnen Christen hochgehalten. Aber die Waldenser haben mit Methodisten und Baptisten eine Föderation mit gemeinsamer Kirchenleitung gebildet. Allen Freikirchen ist das allgemeine Priestertum der Gläubigen ein Essential. Von den Täufern des 16. Jahrhunderts in Zürich, den Niederlanden und Zwickau bis zu → Mennoniten und Baptisten heute ist Bekenntnis des Glaubens Voraussetzung der Taufe. Lutheranern, Reformierten, Römisch-Katholischen und Anglikanern mit ihren Kirchenordnungen galten Freikirchen bis in die Neuzeit als Sekten. Heute sind sie anerkannte ökumenische Gesprächspartner. *Herbert Schultze*

Proselyten: 1. Zum Judentum übergetretene Nicht-Juden. 2. Allgemein jeder, der zu einer neuen Religion bekehrt (→ Bekehrung) worden ist.
Puja (Sanskrit »Verehrung«): Die Tempelgottesdienste im Hinduismus. Ausdruck für die kultische (→ Kult) Verehrung des → Buddha im Buddhismus.
Purana (Sanskrit »altes Erzählwerk«): Die zur religiösen Literaturgattung (→ smriti) zählenden 18 Puranas enthalten u. a. Götterlegenden, Schöpfungserzählungen, geschichtliche Darstellungen der Königsgeschlechter.
Purim (Wort unbekannter Herkunft): »Losfest«, das an die Errettung des jüdischen Volkes aus drohender Gefahr, die vom Perser-günstling Haman ausging, erinnert.
Puritaner: Bezeichnung für die streng calvinistisch gesinnten Protestanten in England (16. Jahrhundert), die das bischöfliche System der Staatskirche ablehnten (→ Presbyterianer, → Kongregationalisten). Unter Oliver Cromwell (1599 – 1658) kam eine radikalpuritanische Richtung an die Macht, die seit 1660 zurückgedrängt wurde. Seit 1689 war die Existenz der Puritaner aufgrund der Toleranzakte gesichert. Hauptmerkmale: Bewußtsein des Auserwähltseins, Einfachheit im Gottesdienst, Trennung von Kirche und Staat (→ Freikirche), Glaubensfreiheit und → Toleranz.
Purusha (Sanskrit »Mensch«): Höchstes absolutes Wesen, Urmensch.
Pyong-kut: Zeremonien zur Heilung psychosomatischer Erkrankungen in Korea.

Quäker: Eigentlicher Name ist »Society of Friends« (Gesellschaft der Freunde), gegründet von George Fox (1624 – 1691) innerhalb des → Puritanismus. Die ursprünglich enthusiastische (→ Enthusiasmus), apokalyptische Gemeinschaft – wegen ihrer konvulsivischen Zuckungen (engl. to quake »beben, zittern«) Quäker genannt - verbreitete sich durch William Penn (1644 – 1718) in den USA (Pennsylvania).
Verdienst: Abschaffung der Sklaverei. Hauptmerkmale: praktisch-soziale Frömmigkeit, Wahrhaftigkeit, Einfachheit, Verweigerung von Eid und Kriegsdienst, »inhaltlich tolerante« (Gustav Mensching) antidogmatische Einstellung, Ablehnung des → Kults. In ihren stillen Gottesdiensten spielt das »harrende Schweigen«, das Warten auf das »innere Licht« eine große Rolle. Neben den → Mennoniten und der »Kirche der Brüder« (Church of the Brethren) gehören die Quäker wegen ihrer kompromißlosen Anti-Kriegshaltung zu den historischen Friedenskirchen. Große Hilfsorganisationen in USA und Britannien (berühmt: Quäkerspeisungen nach dem 2. Weltkrieg). In den beiden letzten Jahrzehnten starke Verbreitung in Ostafrika.
Qadiriya: Islamische mystische Bruderschaft (→ Sufismus), verbreitet in: Benin, Elfenbeinküste, Gambia, Ghana, Guinea, Kenia, Mauretanien, Niger, Senegal, Zaire, Indonesien, Java, Afghanistan.
Qiyas: Analogieschluß. Neben → Koran, → Sunna und → ijma (Konsensus der Gelehrten einer Generation) die vierte Quelle des islamischen Rechts. Man führte dabei ein aktuelles Problem auf eine Regel zurück, die für einen ähnlich gelagerten Fall geschaffen war.
Quietismus: Eine in der → Mystik vieler Religionen (Daoismus, Buddhismus, Christentum, → Pietismus) vorhandene Haltung, bei der der Mensch bewußt auf alles Wollen und Tun verzichtet.

Rabbiner (hebr. »Meister, mein Meister«): Ursprünglich Titel autorisierter jüdischer Gelehrter und Vorsteher von Lehrhäusern, in denen die Toraschüler (→ Dora) in der Auslegung der Heiligen Schrift unterrichtet wurden. Heute ist der Rabbiner die höchste Autorität in Fragen von Kultus und Erziehung. Er übt Richterfunktionen aus, ist Lehrer, Prediger, auch Seelsorger.
Rajasuya-Opfer (Sanskrit): altindischer Ritus der Königsweihe.
Raka: Islamische Gebetsposition, Rumpfbeugen mit vorausgehendem Aufrechtstehen und nachfolgendem Niederknien als Teil des Pflichtgebets.
Ramadan: 9. Monat des islamischen Mondkalenders, Fastenzeit. Im Ramadan wird der → Offenbarung des → Korans gedacht. Der Ramadan ist eine Zeit der Selbstbesinnung und Buße.
Ramakrishna-Mission: Ein von Vivekanada (1863 – 1902) gestifteter Mönchsorden (→ Orden), der sich unter anderem der Bildung und Krankenpflege widmet.
Ramayana (Sanskrit »Der Lebenslauf des Rama«): Ältestes und zusammen mit dem → Mahabharata bedeutendstes Heldenepos des Hinduismus (4. Jahrhundert v. Chr.). Erzählt wird das Leben des Königs Rama und seiner Frau Sita.
Dem Ramayana wird im Hinduismus allergröße Verehrung zuteil. Der mythologische (→ Mythos) Stoff wird Kindern und Erwachsenen erzählt und öffentlich aufgeführt. Indische Filme widmen sich gern den Motiven aus den Heldenepen.
Reb, Rebbe: Chasidische (→ Chasidismus) Variante von → Rabbi in der Bedeutung von → Zaddik, was vollendeter Frommer, Gerechter und Heiliger bedeutet. Im Ostjudentum Ausdruck für Wanderrabbi.
Rechtfertigung(slehre): Hauptbegriff der Theologie des Paulus und Martin Luthers: Gott verwirft den Sünder nicht, sondern nimmt ihn aus reiner Gnade – ohne menschliche Vorleistung um Christi willen in seine Gemeinschaft auf.
Reconquista: Begriff für die Wiedereroberung der iberischen Halbinsel durch christliche Armeen zwischen 711 und 1492.
Reduktionen: Bezeichnung für die von → Jesuiten im 16. Jahrhundert in Lateinamerika (hauptsächlich Paraguay) gegründeten geschlossenen Indianersiedlungen, in denen die missionierten Indianer eine relative Selbstverwaltung und wirtschaftliche Unabhängigkeit besaßen.
Reformierte: Neben den Lutheranern eine der großen Hauptgruppen der Reformationskirchen, zurückgehend auf Johannes Calvin und Huldrych Zwingli. Vor allem verbreitet in: Schweiz, Schottland, einigen Teilen Deutschlands, Frankreich, Ungarn, USA. Wichtigste Bekenntnisschrift: »Heidelberger Katechismus« (1563) (→ Presbyterianer).
Reinkarnation: Die Lehre von der Wiedergeburt in einem zukünftigen Leben findet sich im Hinduismus, Buddhismus, Jainismus und ist mit dem Gedanken des → karma verknüpft. Darüber hinaus findet sich diese Welt- und Lebensauffassung bei Griechen (Platon, vor allem aber Plotin und → Neuplatonikern), bei Pythagoräern und Orphikern, bei welchen diese Lehre der sittlichen Verbesserung diente. Die Kelten (Geheimlehre der Druiden), vielleicht auch die alten Skandinavier, kannten die Lehre von der Wiedergeburt. In → Gnosis und → Manichäismus ist die Reinkarnation ein zentraler Gedanke.
Die Vorstellung der Wiedergeburt läßt sich auch im → Sufismus, bei den → Ismailiten und Drusen finden. Große Bedeutung hat der Gedanke der Wiedergeburt in der jüdischen Kabbala (→ Kabbala), wo es die Lehre von der »Rotation« gibt, bei der sich Vergehen und Vergeltung genau entsprechen: Ein Mensch, der mit seinen Augen Sünde begangen hat, wird als Blinder wiedergeboren. Reinkarnationen in der Pflanzen- und Tierwelt, ja sogar im mineralischen Bereich, werden für möglich gehalten. Als Privileg einzelner kennt man die Reinkarnation auch aus dem altägyptischen Totenbuch, wo davon die Rede ist, daß Verstorbene in Gestalt sogar von Blumen und Tieren wiedergeboren werden.
Während für die östlichen Religionen der Kreislauf der Weiterverkörperungen als Zwang des Wiedergeborenwerdens erfahren wird, bewerten abendländische Vertreter die Reinkarnation positiv.
In der deutschen Klassik steht der Gedanke der individuellen Persönlichkeit im Zentrum, die ihre Anlagen entfalten soll – wofür mehrere Leben nötig sind. Goethe und Lessing, auch Kant, Lichtenberg, Lavater und Herder standen der Reinkarnationslehre aufgeschlossen gegenüber.
Im 19. Jahrhundert war das Evolutionsdenken der Wiedergeburtsidee förderlich. Dabei wurde der materialistische Hintergrund abgeblendet und der Mensch als geistiges Wesen verstanden, das zur Höherentwicklung bestimmt ist. Vor allem im → Spiritismus, in der → Theosophie, der aus ihr hervorgegangenen Anthroposophie findet sich die Auffassung, daß der Mensch aus dem Bereich des Materiellen in immer höhere geistige Gefilde aufsteigen kann. Um zu seinem wahren geistigen Sein zu finden, sind mehrere Reinkarnationen notwendig. Auch im Bereich der phantastischen Literatur hat die Reinkarnation ihre Bedeutung.
Im 20. Jahrhundert ist die Reinkarnationslehre

zum Gegenstand der Parapsychologie geworden. In der Literatur werden zahlreiche Fälle beschrieben, bei denen sich Personen an frühere Leben erinnerten und behaupteten, bereits an bestimmten Orten gewesen zu sein.
Die Reinkarnationstherapie geht davon aus, daß die Ursache vieler Störungen auf Erfahrungen und Verletzungen in vorherigen Daseinsformen zurückzuführen ist. Auf viele religiös Suchende, insbesondere der → Esoterik Zugeneigte, hat die Reinkarnationslehre große Attraktivität.
Re-Islamisierung: Seit den 70er Jahren von westlichen Beobachtern geprägter Sammelbegriff für verschiedene sowohl konservative als auch fortschrittliche innerislamische Strömungen der nachkolonialen Identitätsfindung. Mit unterschiedlicher Betonung und Zielsetzung fordern diese Bewegungen eine Rückbesinnung auf den Islam als geistige, politische und kulturelle Kraft. Sie treten ebenfalls für eine stärkere Einbeziehung des Islam in das gesellschaftliche Leben ein.
Reliquiar: Heiligenschrein. Behälter zur Aufbewahrung oder Zurschaustellung von → Reliquien.
Reliquie: Überreste des Körpers eines Heiligen. Im weiteren Sinn auch alle Gegenstände, die von dem Heiligen zu Lebzeiten gebraucht wurden (Kleidung, Geräte).
Revivalists: Neben den neo-afrikanischen Kulten (Voodoo/Haiti; Santeria/Cuba; Shango/Trinidad) und Ahnenverehrung (→ Kele-/Kumina-Kult) der dritte Typus afro-karibischer Religionen. Die revivalistischen (»Erweckungs-«) Kulte (→ Erweckungsbewegung) stammen von den afro-protestantischen Kulten des späten 18. Jahrhunderts ab. Die auf Jamaica verbreiteten Formen gehen zurück auf das »Great Revival« (1861 – 1862). »Revival Zion«/Jamaica, »Spiritual Baptists«/Trinidad sowie die »Shakers«/Saint Vincent sind bedeutende Beispiele für die afro-karibischen Erweckungskulte. Bei »Revival Zion« spielt die Ergriffenheit der Kultteilnehmer durch den Heiligen Geist bzw. die Geister alttestamentlicher Propheten, neutestamentlicher Apostel und Evangelisten, Erzengel, Satan, Geistwesen aus der jüdisch-esoterischen Tradition eine große Rolle. Tauf- und Totenzeremonien sowie Feste, bei denen man Befreiung von unterschiedlichen Leiden sucht, spielen eine große Rolle. Bei den »Spiritual Baptists«, zu denen überwiegend Menschen unterer Gesellschaftsschichten (meist Afrikaner, wenige Ostinder) gehören, ist es normalerweise ausschließlich der Heilige Geist, der die Kultteilnehmer ergreift. Mindestens auf das frühe 19. Jahrhundert geht der Kult der »Shakers« zurück, dessen Grundlage der Methodismus (→ Methodisten) ist sowie einige andere christliche Traditionen, bei denen auch die Ergriffenheit durch den Heiligen Geist im Mittelpunkt steht.
Rimpoche (tibet. »außerordentlich Kostbarer«): Ehrentitel für einen hervorragend qualifizierten Meister.
Rishi: (Sanskrit: »Seher«), bedeutende heilige Männer der Hindu-Überlieferung. Inspirierte Weise der Vorzeit, denen die → Veden geoffenbart (→ Offenbarung) wurden.
Rites de passage: Der von Arnold van Gennep in seiner Abhandlung »Les rites de passage« (1909) geprägte und popularisierte Begriff bezeichnet solche Riten (→ Ritus), die den als kritisch eingeschätzten Übergang eines Menschen von einem Zustand (Geburt, Pubertät, Ehe, Tod) oder sozialen Status in einen anderen vorbereiten oder begleiten. Jeder »Übergangsritus« besteht aus drei Phasen: 1. »Trennung von der früheren Stellung oder dem früheren Leben«; 2. der »Abstand«, welcher dem gefahrvollen Zwischenzustand entspricht; 3. die »Aufnahme«, welche die Person in die Gesellschaft mit dem neuen Status wiedereingliedert.
Ritus: Religiöse Zeremonie, die durch festgelegte Worte, Bewegungen oder Symbolhandlungen gekennzeichnet ist. In manchen Riten werden Götter- und Heldenmythen dramatisch nachgespielt, um das Wohlergehen der Gemeinschaft zu sichern.
Rosenkranz: In vielen Religionen gibt es Schnüre, an denen Perlen aneinandergereiht sind. Sie dienen der Kontrolle der Zahl der zu sprechenden Gebete. Buddhisten und Hindus kennen solche Hilfsmittel genauso wie Muslime, (katholische) Christen u. a.
Roshi (japan. »alter, verehrungswürdiger Meister«): Titel eines Zen-Meisters.

Sabäer: Südarabisches, theokratisch regiertes Reich, deren Königin (»Königin von Saba«) nach dem alttestamentlichen Buch 1. Kön. 10 Salomo besuchte.
Sabbat (hebr. »Ruhen«): Jüdischer Tag der Ruhe und des Gottesdienstes, vom Sonnenuntergang am Freitag bis zum Sonnenuntergang am Sonnabend. Der Sabbat ist heilig, weil er 1. als »Sabbat des Herrn, deines Gottes« Gottes Ruhe am siebten Schöpfungstag feiert, 2. als »Zeichen des Bundes« zwischen Gott und seinem Volk Israel verstanden wird, und 3. die Juden an den Auszug Israels aus ägyptischer Gefangenschaft erinnert.
Sadhu (Sanskrit, abgeleitet von »sadh«, »zum Ziel führen«): Bezeichnung für einen Heiligen bzw. Mönch, welcher der Welt entsagt hat. Identisch mit → sannyasin (→ ashrama). Das arabische Wort für Sadhu ist Fakir, das persische Derwisch.
Säkularisierung (wörtlich Verweltlichung): »Das Schwinden des kirchlichen Einflusses zugunsten des modernen Staates bzw. zugunsten einer modernen Gesellschaft, in welcher die alten kirchlichen Zwangsbindungen entfallen und Mündigkeit vorherrschen soll – auf der Grundlage des Vernunftgebrauchs bzw. der Selbstbildung aller Menschen, wie sie im klassischen deutschen Bildungsdenken proklamiert wurde; die Verdrängung des kirchlichen Einflusses in die Sphäre der Innerlichkeit« (Michael Klöcker).
Safawiden: Islamische Großmacht in Persien (16. Jahrhundert), hervorgegangen aus einem nordwestpersischen Sufiorden (→ Sufismus), Anhänger der → Zwölferschia.
Sahib (arab./persisch: »Herr«): Anrede.
Sakralkönigtum: → Königtum, sakrales.
Sakrament: Die evangelischen Kirchen betrachten Taufe und Abendmahl als Sakramente. Der Begriff Sakrament kommt im Neuen Testament nicht vor. Der Kirchenvater Tertullian (gest. nach 220) führte das lateinische Wort »sacramentum« in den Sprachschatz der abendländischen Kirche ein. Bei den Römern war mit »sacramentum« ein verpflichtender Weiheakt gemeint, z. B. ein Fahneneid. Tertullian bezeichnete mit »sacramentum« einerseits das Heilsgeschehen in Christus, andererseits auch bestimmte kultische Handlungen, wie Taufe und Abendmahl. Als das Neue Testament vom Griechischen ins Lateinische übersetzt wurde, gab man »mysterion« mit »sacramentum« wieder. »Mysterion« bedeutet Geheimnis und bezeichnet im Neuen Testament alles, was Gott zum Heil der Menschen beschlossen und in Christus getan hat. Für Augustin (354 – 430) war Sakrament das sichtbare Zeichen der unsichtbaren Gnade Gottes.
Die katholische Kirche versteht unter Sakrament ein von Gott gegebenes wirksames Gnadenzeichen, lehrt sieben Sakramente: Eucharistie, → Taufe, Firmung, Buße, Krankensalbung, Ehe, Priesterweihe. Während die Predigt von der Person des Predigers abhängig ist und Gott nicht immer gleichermaßen sichtbar macht, vermitteln die Sakramente als »wirksame Gnadenmittel« den Gläubigen immer die Gnade Gottes. Die katholische Heilige Messe besteht daher immer aus Wortgottesdienst und Eucharistiefeier.
In den evangelischen Kirchen steht die Verkündigung des Wortes Gottes gleichrangig neben den Sakramenten als Verkündigungshandlungen.
Es gelten daher nur Handlungen als Sakramente, deren Stiftung auf Jesus zurückgeführt wird: Taufe und Abendmahl. In den Sakramenten handelt Gott zwar auf andere Weise, aber nicht auf wirksamere Weise als in der Predigt. Die Sakramente verdeutlichen das den Menschen zukommende Heil: durch Übergießen mit Wasser sowie Essen und Trinken. Ihre Wirkung vollzieht sich nicht durch das bloße Tun, sondern in der Bindung Gottes an sein Wort.
Salafiyun (arab.): Traditionalistisch-islamische Gruppierung in Kuwait, die sich nach dem »Vorbild der ehrwürdigen Vorväter« ausrichtet. Anhänger dieser als extremistisch eingestuften Gruppierung sollen auch an der Besetzung der Moschee in Mekka mitgewirkt haben.
Salat (arab. »Gebet«): Rituelles Pflichtgebet des Muslim und die zweite Grundpflicht des Islam.
Salihiya (arab.): Im 8. Jahrhundert n. Chr. begründete Lehre von al-Hasan ibn Salih (st. 784). Sie unterscheidet zwischen dem »exzel-

lenten« und »weniger exzellenten« Oberhaupt der islamischen Gemeinde, dessen Amt durch ihre Loyalitätsbezeugung gerechtfertigt ist. Al-Hasan ibn Salih verweist auf die ersten drei Kalifen, welche die Leitung der Gemeinde übernahmen, obwohl Ali sich für dieses Amt am besten eignete.

Sambodhi/Samma-Sambodhi (Sanskrit: Zustand der »universalen Erwachung«) → Buddha (1).

Samsara (Sanskrit: »Wanderung«): Fluch des Kreislaufes von Geburt, Tod und Wiedergeburt, dem selbst das Universum unterworfen ist.

Samskara (Sanskrit »Bereitung, Weihe«): Bezeichnung für Übergangsriten (→ rites de passage) im Hinduismus.

Sanatana Dharma (Sanskrit »ewiger Dharma«): Selbstbezeichnung des Hinduismus.

Sangha (Sanskrit »Menge, Schar«): Gemeinde der buddhistischen Mönche. Die ersten Mönche waren die Jünger des Buddha. Die Sangha soll durch ihre Lebensweise die bestmöglichen Bedingungen zur Erlangung der → Erlösung schaffen und → dhamma lehren.

Sangharaja: Patriarchat der buddhistischen Mönchsgemeinde in Thailand.

Sannyasin: Der sich auf der letzten der vier traditionellen Lebensstufen des Hinduissmus befindende »Entsagende«, der einzig und allein auf → moksha hin orientiert ist und auf allen materiellen Besitz verzichtet.

Sanskrit: Altindisch, wie Latein heute eine »tote« Sprache. Wie Latein, Griechisch und Persisch gehört das Sanskrit zur indogermanische Sprachfamilie. Sanskrit war die Sprache der Arier Indiens und der Heiligen Schriften der Hindus.

Satori (japan. »Erkenntnis«): Ausdruck im Zen-Buddhismus für den Zustand der »Erwachung« (→ bodhi), der entweder als plötzliches Ereignis beschrieben wird oder als »die immer und überall gegenwärtige Erleuchtung, die das Wesen der Wirklichkeit ausmacht«.

Saum (arab.): Das Fasten im Monat → Ramadan, welches für Erwachsene und gesunde Muslime beiderlei Geschlechts verpflichtend ist. Kranke, Reisende und Schwangere sowie Schwerstarbeiter sind vom Fasten befreit, sollen es aber nachholen. Wenn dies nicht möglich ist, wird angeraten, als Ersatzleistung einen Armen zu speisen. Dritte Grundpflicht des Muslim.

Schia: Zur islamischen Religionsrichtung der Schia gehören diejenigen Muslime, die Ali, den Vetter und Schwiegersohn Muhammads, als dessen rechtmäßigen Nachfolger anerkennen. Die Schia erkennt als → Imame nur Nachkommen Alis aus dessen Ehe mit der Prophetentochter Fatima an. Ferner unterscheiden sich → Sunna und Schia einigen Aspekten des Menschenbildes, der Methoden des Studiums religiöser Quellen, der Einstellung zu Leiden und Märtyrertum (→ Märtyrer) sowie einigen philosophischen und mystischen Vorstellungen.

Schisma (griech. »Spaltung«): Die bewußte kirchlich-rechtliche, nicht aber lehrmäßige Trennung und Bildung selbständiger Teile in einer Kirchengemeinschaft (→ Häresie).

Schlafprediger: Junge Frauen in Skandinavien (19./20. Jahrhundert), die in Trance das Wort Gottes predigten.

Schriftbesitzer (arab. »ahl al-kitab: »Leute des Buches«): Ausdruck im → Koran für Juden, Christen und Zoroastrier, die im Besitz heiliger Schriften sind.

Scientology (griech./latein. »Lehre vom Wissen«): Vom US-Amerikaner Lafayette Ron Hubbard (1911 – 1986) gegründete »Religions«-Gemeinschaft, die seit 1971 in der Bundesrepublik Deutschland als »Scientology Kirche in Deutschland« mit Hauptsitz in München besteht. Hubbard war Schriftsteller populärer Romane, bis er mit seinem Hauptwerk »Dianetics – The Modern Science of Mental Health« (1950) die Grundlagen seiner zwischen 1948 und 1950 entwickelten Lehre vorlegte, in deren Mittelpunkt die »geistige Gesundheit« steht. Hubbards Anthropologie ist einseitig mechanistisch interessiert an der Funktionsfähigkeit des Menschen. Als geistig gesund gilt derjenige, dessen »Engramme« (negative mentale Eindrücke) gelöscht sind. Der »human mind« ist die »Ansammlung aller Aufzeichnungen von Gedanken, Beobachtungen und Wahrnehmungen des ›Ich‹ während seiner gesamten Existenz« und wird als ein perfekt funktionierender Computer aufgefaßt. Diesem »analytical mind«, der im Freudschen Sinne dem Bewußtsein entspricht, steht der »reactive mind« gegenüber – eine Analogie zum Unbewußten –, in welchem die Engramme während der Phase der Bewußtlosigkeit (so bei Ohnmacht, Schockzuständen, Schmerzen) gespeichert wurden. Viele Menschen gelten als krank, weil der Computer in ihrem Kopf nicht störungsfrei funktioniert und ständig Fehlleistungen (aberrations) produziert. Geistige Gesundung ist möglich mit Hilfe spezieller psychotherapeutischer Gespräche: Der Therapeut (Auditor: jemand, der »zuhört«) hilft dem Kranken durch Regression in frühere und entscheidende Stadien seines jetzigen Lebens, die Ursachen für die Bildung der Engramme zu finden und aufzuarbeiten. Aus einem kranken »Preclear« soll der gesunde »Clear« werden.

Seit etwa 1954 wurde Dianetics zur »Scientology« fortentwickelt, bei der nicht mehr Heilung von Krankheiten und Wiederherstellung von Gesundheit im Mittelpunkt stehen, sondern eine Erkenntnislehre des Ursprungsprinzips menschlichen Lebens schlechthin. Die eigentliche Identität des Menschen wird als »Thetan« bezeichnet, womit ewige und unzerstörbare Entitäten gemeint sind, die sich von Körper zu Körper reinkarnieren (→ Reinkarnation). Mit Hilfe eines sog. »E-Meters«(= Hubbard-Elektro-Meter«) betreibt die Scientology eine Reinkarnationstherapie, die heutige Krankheiten als Ursache von Engrammen früherer Leben begreift und selbst diese auslöschen kann. Das Ziel von Scientology ist es, den Menschen zu einem »Operating Thetan« werden zu lassen, zu einer Art Übermensch außerhalb seines grobstofflichen Körpers. In »The Volunteer Minister's Handbook« (1976, dtsch.: Handbuch für den Ehrenamtlichen Geistlichen) werden u. a. folgende Fähigkeiten aufgeführt: »Menschen glücklich zu machen und ihnen zu mehr Selbstachtung zu verhelfen. Bei anderen erneutes Interesse am Leben zu wecken. Körperliche Beschwerden lindern zu helfen und Menschen, die körperlichen und/oder seelischen Schaden erlitten haben, effektive Hilfe zu geben«. Die rigorosen Techniken und Anweisungen, die hohen Kosten für die Kurse führten zu erheblicher, in letzter Zeit noch stärker wachsender Kritik, zum Teil zu Verboten der Scientology. Während die Scientology Church 1991 in Italien durch ein Mailänder Gericht als Religion anerkannt wurde, entschied das Verwaltungsgericht Hamburg am 11. Dezember 1990, daß die Scientology-Kirche »ein auf Gewinnerzielung bedachtes Wirtschaftsunternehmen« sei.

Seance: Schamanistische Sitzung.

Seder (hebr. »Ordnung«): Name des häuslichen Familiengottesdienstes, der an den beiden ersten Abenden des → Pessach begangen wird. Bei diesem Gottesdienst wird die »Pessach-Haggada« vorgelesen.

Sedna: Herrin der Meerestiere bei den Eskimos.

Seele: Dieser Begriff stammt aus dem christlich-abendländischen Bereich, ist ein Dachbegriff für eine Vielfalt höchst unterschiedlicher Seelenvorstellungen. Seele kann mit H.-P. Hasenfratz verstanden werden »als Prinzip nachtödlichen Lebens, als Prinzip körperlichen Lebens (ihr endgültiges Verlassen des Körpers bewirkt seinen Tod), als Prinzip der normalen (Denken, Wollen, Empfinden) und paranormalen (Seelenexkursion) Äußerungen psychischen Lebens. Seele ist diejenige Mächtigkeit, die den Menschen (an sich and an andern) als Offenbarung physischen und hyperphysischen (körperlichen, geistigen, nachtödlichen) Lebens widerfährt«.

Seelenwanderung → Reinkarnation.

Segen: Heilschaffendes Wort im Gegensatz zum Fluch. Der Vollzug des Segens ist begründet im Glauben an die Macht des zugesprochenen Wortes. Oft ist der Segen von Handlungen begleitet (Handauflegen, Kreuzzeichen) und (oder) an ein Amt gebunden (Priester o. ä.).

Sekten: Im kirchlich-theologischen Raum und in der Umgangssprache hat der Begriff meist negativen Klang - sehr zum Leidwesen der Betroffenen, die das Wort für sich ablehnen und von Verband, Gemeinschaft, Gesellschaft, Versammlung, Kirche in Verbindung mit einer genaueren Bezeichnung sprechen. »Wertfreiheit« anstrebende Wissenschaftler verwenden den Begriff neutral, im Sinne von: kleinere Religionsgemeinschaft. Für den Religionswissenschaftler Gustav Mensching ist Sekte eine spezifisch »universalreligiöse Gemeinschaftsform« neben »Lehrer-Schüler/ →

Meister-Jünger-Verhältnis«, Gemeinde, Kirche, Ordensgemeinschaft (Orden). Alle Weltreligionen kennen Sekten (lat. secta von sequi = nachfolgen): Es handelt sich dabei entweder um Abspaltungen von einer Mutterreligion (so im Christentum, Islam), oder einzelne Sekten bilden zusammen mit anderen erst ein Ganzes (so im Hinduismus).
Die lateinische Bibelübersetzung (Vulgata) übersetzt an einigen Stellen des Neuen Testaments das griechische »hairesis« teils neutral (Schule, Richtung), teils abwertend (Irrlehre, Abspaltung) mit »secta«. Die negative Bedeutung überwog im Verlauf der christlichen Religionsgeschichte. Aus der Perspektive der großen Kirchen sind Sekten Religionsgemeinschaften, die in Riten und Lehren von ihnen abweichen. Im Laufe ihrer Entwicklung haben sie eigenständige (kirchenähnliche) Organisationen gebildet, aus der allgemeinen christlichen Tradition Inhalte (auch einseitig) ausgewählt.
Sepharde(n): Bezeichnung für die spanischen und portugiesischen Juden; genauer: die seit 1492 aus Spanien vertriebenen Juden und ihre Nachkommen. Ihre Sprache war Ladino.
Sesshin: Zen-Seminar.
Shadhiliya (arab.): Neo-sufische (→ Sufismus) islamische → Bruderschaft. Verbreitet in Tunesien, Ägypten. Der große ägyptische Gelehrte Muhammad Abdhuh war Mitglied dieser Bruderschaft.
Shahada (arab. »Zeugnis«): Glaubenszeugnis der Muslime: »Ich bezeuge, daß es keine Gottheit gibt außer dem Gott; ich bezeuge, daß Muhammad der Gesandte des Gottes ist.« Die Shahada ist die erste Grundpflicht des Muslims.
Shahid (arab. »Zeuge«): Märtyrer.
Shakti (Sanskrit »Macht, Kraft, Energie«): Die Gemahlin des Hindu-Gottes Shiva, die unter verschiedenen Namen verehrt wird: Durga, Kali und andere. Im → Tantrismus bedeutet Shakti die universelle Kreativität, die im Menschen als latente Energie am unteren Ende der Wirbelsäule (→ Kundalini) ruht. Im tantrischen → Yoga wird diese Energie geweckt und steigt die Wirbelsäule hoch, um sich mit Shiva zu vereinen, der im Verstand gegenwärtig ist.
Shaktismus: Eine der drei großen Hindu-Religionstraditionen neben Vaishnavismus und Shaivaismus.
Shakyamuni (Sanskrit »Der Weise aus dem Geschlecht der Shakyas«): Der historische Buddha.
Shango: Gewittergott der Yoruba in Südwestnigeria mit eigenen Priestern, Anhängern und Kultzentren. Shangos Symbol ist die Axt, der Widder ist sein heiliges Tier. Bei dem Shango-Kult Trinidads, der große Ähnlichkeiten mit dem von Grenada aufweist, ist Shango einer von mehreren Yoruba-Gottheiten. Im Shango-Kult werden afrikanische Götter mit katholischen Heiligen identifiziert. Jährlich findet ein 14 tägiges Ritual statt, bei dem christliche Gebete (u. a. Vaterunser, Apostolisches Glaubensbekenntnis) ebenso eine Rolle spielen wie Tanzen, Singen, Geisterbesessenheit und Tieropfer.
Sharia (arab. »Weg«): Nach Abdoldjavad Falaturi der Weg zur Verwirklichung der Einheit von Glaube und Handeln, der in der islamischen Glaubens- und Pflichtenlehre dargestellt wird. Häufig wird unter dem Begriff die Gesamtheit der Vorschriften verstanden, welche die Handlungen des Menschen im privaten und öffentlichen Leben betreffen. Die Gleichsetzung »Sharia« und »islamisches Gesetz« kann Anlaß zu Mißdeutungen geben, wenn Begriffe wie Recht und Gesetz im säkularen Sinne verstanden werden. Im islamischen Verständnis sind die Vorschriften nicht Selbstzweck, sondern Hilfen, sich richtig auf Gott auszurichten. In diesem Sinne regelt die Sharia alle Lebensbereiche: rituelle Handlungen, Familien-, Erb-, Handels-, Wirtschafts-, Zivil- und Strafrecht sowie Regeln der Wiedergutmachung von Schäden unter der Rechtsprechung. Insgesamt umfaßt sie mehr als 50 Sachgebiete.
Schawuot: Wochenfest, wird sieben Wochen nach Pessach gefeiert.
Shekinah: Die Gegenwart oder (weiblich gedachte) Manifestation Gottes, beschrieben in der → Bibel, in den Targumen und in späteren jüdischen Schriften. Später bezeichnete Shekinah die Gegenwart Gottes in seiner Schöpfung. In der Lehre der → Kabbala ist die Shekinah wegen der → Sünde des Menschen. aus der Ewigkeit Gottes (En Sof) verbannt . Sie wird erst bei der endgültigen Erlösung zurückkehren.
Shila (Pali »Verpflichtungen, Gebote«): Die Tugendregeln des Buddhismus, welche für Mönche/Nonnen und → Novizen sowie für Laien teilweise identisch, teilweise unterschiedlich sind.
Shirk (arab. »Beigesellung«): Die Beeinträchtigung der Einheit Gottes durch → Polytheismus oder das Absolutsetzen weltlicher Werte und Normen.
Shivaratri: »Nacht Shivas«. Der Tag vor Neumond ist das wichtigste Fest Shivas und wird eine Nacht lang wachend und fastend verbracht.
Shoa (hebr. »Verwüstung, Vernichtung, Katastrophe«): Wird von Juden dem Begriff → Holocaust oft vorgezogen.
Shruti (Sanskrit »Gehörtes«): Wichtigste Gattung der Heiligen Schriften des Hinduismus. Die → rishis der Vorzeit haben die → Offenbarung »gehört«. Zu Shruti gehören: Die → Veden (Wissen), Brahmanas (Opferliteratur), Aranyakas (»Waldtexte«) und die → Upanishaden.
Shvetambaras (Weißgekleidete): Eine Hauptrichtung des Jainismus, die die von den Digambaras geforderte Nacktheit nicht für nötig hält. Sie sind zahlreich in Nordindien.
Singh: »Löwe«, Titel aller Sikh-Männer, hinter ihrem Namen getragen (→ kaur).
Skandha/Khandha: (Sanskrit/Pali »Anhäufung, Gruppe«), im Buddhismus die das Individuum konstituierenden fünf Elemente: Form, Empfindungen, Vorstellungen, Wollen, reines Erkennen. Ihr Verhältnis zueinander wechselt ständig unter dem Einfluß des Karma.
Smriti (Sanskrit »Erinnerung«): Eine der beiden großen Schriftengattungen des Hinduismus. Gegenüber → Shruti gelten sie als zweitrangig. Sie enthalten nicht das ewige Wort der Götter, sondern das, was Männer der Vorzeit (→ rishi) im Gedächtnis aufbewahrt haben. Smriti enthält göttliche und menschliche Gedanken miteinander vermischt. Zur smriti gehören u.a. die → Puranas und die Epen → Mahabharata und → Ramayana.
Sonnentanz: Zeremonie der Prärie- und Plainsindianer, in der sie den übernatürlichen Kräften Dank sagen und um Hilfe bitten.
Sotapanna (Pali »der in den Strom Eingetretene«): Strom steht synonym für den edlen achtfachen Pfad. Ein Sotapanna wird höchstens noch siebenmal wiedergeboren.
Spiritismus: Religiöse Systeme oder Praktiken, die das Ziel haben, Kontakt zu den Toten aufzunehmen. Die Spiritisten versuchen u. a. durch Medien, Tischrücken und automatisches Schreiben solchen Kontakt herzustellen. Alle christlichen Kirchen lehnen den Spiritismus ab.
Spiritualität: Mit dem katholischen Theologen Hans Urs von Balthasar kann man sie als »jene praktische oder existentielle Grundhaltung eines Menschen« bezeichnen, »die Folge und Ausdruck seines religiösen – oder allgemeiner, ethisch-engagierten Daseinsverständnisses ist: eine akthafte und zuständliche (habituelle) Durchstimmtheit seines Lebens von seinen objektiven Letzteinsichten und Letztentscheidungen her«.
Sthanakavasi: Diejenigen Jainas, die keine Idole verehren.
Stupa (Sanskrit »Verehrungshügel«): Buddhistischer Reliquienbau. Viele Stupas in Indien stammen aus der Zeit Königs Ashokas (Pagode).
Süleymanli: Von dem islamischen Gelehrten Süleyman Hilmi Tunahan (1888 – 1959), der aus dem ehemaligen Jugoslawien in die Türkei kam, gegründeter mystischer (→ Mystik) → Orden.
Sünde und Schuld: Nach der klassischen Untersuchung von Gustav Mensching (»Die Idee der Sünde«, Leipzig 1931) ist zwischen »aktuellen und konkretisierten Sünden« einerseits und der »essentiellen und generellen Sündenidee« anderseits zu unterscheiden. Aktuelle Sünden sind konkrete Verfehlungen gegenüber Gott, Göttern, einer kosmischen Ordnung usw. Sie finden sich in allen Religionen als kultische und moralische Sünden. Zu den Merkmalen aktueller Tatsünden gehört die Auffassung von einer prinzipiell erreichbaren Sündlosigkeit sowie der Sündenstaffelung (so: Todsünden, läßliche Sünden im Katholizismus). Sünde wird in vielen Religionen als Sündenschmutz begriffen. Sie haftet am Täter, kann jedoch durch Reinigungsriten (→ Ritus), Wegwischen, Verbrennen oder durch

Übertragung auf andere Wesen beseitigt werden (»Sündenbock«). Die Sünde im Singular meint dagegen eine »Gesamtsituation«, »ein vor aller Tat und vor aller Gesinnung liegendes Sein« (Mensching). Sünde ist dann nicht in erster Linie ein moralisches Versagen, sondern ein Symbol für das »Urmysterium unserer eigenen und aller menschlichen Existenz«. Paul Ricoeur unterscheidet drei Grundsymbole: »Befleckung« (auf Reinheit bezogen), »Sünde« (Bruch eines Freiheitsverhältnisses zu Gott) und »Straffälligkeit« (Schuld). Die prinzipiell vorgegebene, unheilvolle »Gesamtsituation« ist nicht für das Christentum, sondern auch für andere Weltreligionen charakteristisch. Die »essentielle und generelle Sünde« tritt nach Mensching in den Formen der »Ichsüchtigkeit« und »Ichhaftigkeit« in Erscheinung. In den prophetischen (→ Prophetie) Religionen (z. B. Judentum, Christentum, Parsismus, Islam) zeigt sich die »Ichsüchtigkeit« in der Richtung aller Wesenskräfte des Menschen auf das Ich und seine Bedürfnisse und wird dort »Unglaube« genannt. Dieser tritt u.a. in Rebellion gegen Gott, »Beigesellung anderer Götter« (Islam) auf. In den mystischen (→ Mystik) Religionen sind »das Ich und das Ichbewußtsein (...) die Faktoren, gegen die als heilshindernde Größen sich das Erlösungsverlangen in erster Linie richtet, weil das Ichbewußtsein für die Mystik der markanteste Ausdruck unerlöster Existenz ist.« Ichhaftigkeit tritt als »körperliche Existenz« auf, die als unheilvoll betrachtet wird (Hellenismus, → Manichäismus, → Gnosis) oder als irrige Annahme, daß es überhaupt ein »Selbst« gibt (→ anatta).

Sufismus: Die islamisch-mystischen Bruderschaften (Sufi-Orden) verstehen sich als innerer Weg des Islam. Der entsprechende arabische Begriff ist tarîqa (im Plural turûq), wörtlich übersetzt »Pfad«, und ist damit das Pendant zu sharia, dem (großen) »Weg«, der islamischen Lebensordnung und Pflichtenlehre. Der Schüler des Sufi-Weges bedarf der Führung eines Scheichs, der sich durch eine Kette mystischer Nachfolger des Propheten Muhammad legitimieren muß. Dem Schüler ist es aufgetragen, sich in der Gemeinschaft in guter Lebensführung zu üben, neben dem Pflichtgebet zusätzliche Texte und Formeln seines Ordens zu rezitieren und am meditativen dhikr (Gottesanrufung, wörtl. »Erinnerung«) teilzunehmen, welcher sich gelegentlich zu einem ekstatischen Tanz steigert. Bei den Ordensgemeinschaften handelt es sich nicht notwendigerweise um Männerbünde, wenngleich die Männerdominanz nicht zu übersehen ist. Es gab und gibt, wenn auch nur vereinzelt, von eingeweihten Scheichas angeleitete Frauengruppen und sogar gemischtgeschlechtliche Gruppen.

Politische Umwälzungen haben dazu beigetragen, daß die Sufi-Orden im 11. und 12. Jahrhundert stark an Attraktivität gewannen und mit erstaunlicher Geschwindigkeit zu einer Massenbewegung anwuchsen, die maßgeblich zur Ausbreitung des Islam insbesondere nach Südostasien beitrug. Heute gibt es weltweit unzählige Verzweigungen der Sufi-Wege. Dies ist zum einen in dem politischen und sozialen Umfeld begründet, in dem der Orden vertreten war und ist. Zum anderen gewinnt bei einem Führungswechsel die unterschiedlich ausgeprägte Persönlichkeit und geistige Ausstrahlung der Lehrer an Bedeutung, so daß selbst ein ausdrücklich zur Nachfolge designierter Ordensführer möglicherweise nicht mehr von allen Schülern und Stellvertretern seines Vorgängers akzeptiert wird. Eine unterschiedliche theologische Anschauung muß nicht ausschlaggebend sein und fällt auch bei einer generellen Unterscheidung der Sufi-Orden in der Regel nicht ins Gewicht. Eine Differenzierung ist eher in Bezug auf die äußeren Formen und Gewohnheiten vorzunehmen, so auch bezüglich der religiösen Praxis. Dabei lassen sich oft mehr Gemeinsamkeiten zwischen verschiedenen Orden derselben Region als zwischen Gemeinschaften desselben Ordensnamens verschiedener Regionen ausmachen.

Am weitesten verbreitet ist heute die Bruderschaft der Qâdirîya, deren Gründer Abdul Qâdir Jîlânî (1088–1166) in Bagdad als asketischer Prediger hanbalitischer Rechtsschule wirkte. Er wird auch über den Orden hinaus als »Wiederbeleber der Religion« gerühmt und in unzähligen Legenden als großer Heiliger verehrt. Zum Ende der Abbasidendynastie (Mitte 13. Jahrhundert) verlagerte sich das Zentrum mystischer Orden nach Ägypten. Die Badawîya ist weitgehend ein ägyptischer Orden geblieben, der wahrscheinlich aufgrund der Tatsache, daß er lokalgebundene vorislamische Traditionen bewahrt hat, vor allem bei der ländlichen Bevölkerung Fuß faßte. Die Shâdhilîya galt dagegen als ein Orden der Mittelschicht mit eher nüchternen religiösen Praktiken. Auf ihn beziehen sich heute fast alle Bruderschaften Nordafrikas, u.a. die algerische (Darqâwîya) Alawîya, die in den 20er Jahren dieses Jahrhunderts auch auf westliche Intellektuelle eine große Faszination ausübte. Deutsche Muslime mit mystischer Anschauung gehören heute meist einem Zweig der großen sudanesisch-ägyptischen (Shâdhilîya) Dasûqîya-Burhânîya an. Nordafrika stand im beginnenden 19. Jahrhundert im Zeichen einiger Reformbewegungen, die teilweise in kämpferischer Form eine Neuorientierung an der Lehre des Propheten propagierten, die in ihrer ausschließenden Denkweise eine Abkehr von einer liberaleren Gesinnung der meisten Sufi-Orden bedeutete. Eine dieser Reformbewegungen ist die Tijânîya, die in den westafrikanischen Ländern neben der Qâdirîya am stärksten vertreten und bis heute politisch sehr einflußreich ist. Der indische Subkontinent wurde zunächst von der Suhrawardîya (aus Bagdad) und der Kubrawîya (aus Zentralasien) geprägt. Untergruppen (etwa die Shattârîya) breiteten sich weiter nach Südostasien (Indonesien u. a.) aus. Heute sind im indo-pakistanischen Raum neben dem Qâdirî-Orden vor allem die Chishtîya und die aus Zentralasien stammende Naqshbandîya vertreten. Zahlreiche Hindus wurden im Laufe der Jahrhunderte zu Anhängern des Chishtî-Ordens, der nicht auf einer formalen Konversion zum Islam bestand. Nach wie vor ist die Chishtîya bekannt für ihr ausgeprägtes Interesse für Musik und Poesie. Demgegenüber stützen sich die Anhänger der nüchternen Naqshbandî-Bruderschaft betont auf die → sunna des Propheten Muhammad und pflegen eine orthodoxe Auslegung des Islam. Sie legen keinen Wert auf äußerliche Askese, üben ein Schweigen des Herzens (dhikr) und verneinen jedwede ekstatische Zurschaustellung der Erfahrungen, wie sie etwa der Rifai-Orden in spektakulären Wundertaten praktiziert. Während der Naqshbandî-Orden es stets als seine Pflicht ansah, auf die herrschende Schicht des Landes einzuwirken, ist er heute zumindest in der Türkei eine dem Staat antagonistisch gesonnene Gruppe. Die kemalistische Politik (ab 1925) bewirkte eine erhebliche Schwächung der Sufi-Orden in der Türkei, vor allem des auf einen Sohn des berühmten mystischen Dichters Maulânâ Jalâluddîn Rûmî zurückgehenden Ordens der »Tanzenden Derwische« (Mevlevîye). Relativ unbeschadet hat offenbar der in Istanbul ansässige (inzwischen auch im Westen bekannte) Cerrahi(Jerrâhî)-Orden diese Entwicklung überstanden.

Der Bektasi(Bektâshî)-Orden ist wegen seiner Nähe zum Alewismus nach Ansicht mehrerer westlicher Islam-Experten nur bedingt als Sufi-Orden anzusehen. Die Tradition der Bektasi ist, wie sich in jüngster Zeit bestätigt, insbesondere in Albanien und auf dem Balkan lebendig geblieben. *Ludwig Schleßmann*

Sukkot (Singular Sukka): »Kleine Hütte«, Laubhüttenfest, Erntedankfest.

Sulhan (arab. »friedlich«): Im Gegensatz zu → anwatan (»gewalttätig«). Begriffe im Zusammenhang mit der Eroberungspraxis des islamischen Reiches.

Sultan(at): Titel einer politischen Herrschaft im islamischen Reich.

Sunna (arab. »gewohnte Handlungsweise«): 1. Sunna des Propheten: Sammlung der Aussprüche und Handlungen Muhammads und seiner frühen Gefährten. Die Sunna ist nach dem → Koran die zweitwichtigste Quelle des islamischen Rechts. 2. »Orthodoxie« als Gegensatz zur → Schia. Bezeichnung für die Mehrheit der Muslime (fast 90%), die entsprechend der geschichtlichen Realität Abu Bakr, Umar, Uthman und dann erst Ali für die vier ersten rechtmäßigen Kalifen halten.

Sure: Abschnitt des → Korans.

Sutra (Sanskrit »Leitfaden«): Bezeichnung für die Lehrrede des → Buddha.

Svadharma: (Sanskrit: »Das eigene (sva) Gesetz [Dharma]).

Svami (Sanskrit »Herr, Gatte«): Bezeichnung eines heiligen Mannes oder eines Ordensmitgliedes im Hinduismus.

Synagoge: Jüdisches Versammlungshaus für Gottesdienst und Studium. Die Synagogen entstanden aus den Tora-Schulen der Schriftgelehrten während des Exils. Nach der Zerstörung des Tempels von Jerusalem (70) wurde die Synagoge zum Zentrum des jüdischen Lebens. Die Synagoge ist in Richtung Jerusalem gebaut und enthält einen Schrein, in dem die Schriftrollen aufbewahrt sind und vor dem ein ewiges Licht leuchtet. Zum Gottesdienst gehören die Lesung der Tora, der Psalmen und der Propheten, die Predigt und gemeinsame Gebete.

Symbol: »Symbol ist alles, was zu einer von sich selbst verschiedenen Wirklichkeit in einem sachlich notwendigen Verhältnis der Repräsentation steht, wobei das Repräsentierte je nach Art des Symbols in eine verschiedene Nähe zum Symbol tritt« (Gustav Mensching). Für Mensching bestand die Hauptaufgabe der Religionswissenschaft im »Symbolverstehen«, und er unterschied im Bereich der Religion(en) Sprachsymbole (so → Mythos, Bekenntnis), Handlungssymbole, »künstlich und zum Teil auch künstlerisch hergestellte Symbole«, Kultsymbole (realistisches, rationalistisches, evangelisches).

Synkretismus: Der Begriff bezeichnet »einerseits den bewußten Zusammenschluß verschiedener Religionen bzw. einzelner Elemente in ihnen, andererseits das organische Zusammenwachsen von Religionen und ihren Anschauungen und Praktiken zu einer Einheit. Es handelt sich bei diesem Phänomen um eine allgemeine religionsgeschichtliche Erscheinung mit verschiedenen Motiven.

Den Begriff Synkretismus braucht man andererseits heute speziell zur Bezeichnung der religiösen Welt und des religionsgeschichtlichen Geschehens innerhalb der ausgehenden Antike, das heißt im Hellenismus«. Dieser religionswissenschaftlich wertneutrale Vorgang würde und wird in der christlichen Theologie oft als illegitimer Vorgang angesehen, der die Eindeutigkeit des christlichen Glaubens aufs Spiel setze. → Mission als eine Form der Religionsbegegnung ist häufig von synkretistischen Vorgängen begleitet.

Synode (griech. »Zusammenkunft): Versammlung von Bischöfen und Gemeindevorstehern in der alten Kirche.

Synoptiker: Bezeichnung für die drei ersten Evangelisten (Matthäus, Markus, Lukas), weil ihre miteinander verwandten Texte in einer Synopse (»Zusammenschau«) angeordnet werden können.

Tablighi-jamaat: Indisch-islamische Bewegung, gegründet von Deobandi Muhammad Ilyas (1885 – 1944). Hauptmerkmal dieser »pietistischen« und weitgehend apolitischen Bewegung: Persönliche Frömmigkeit als notwendiger Hintergrund der »äußeren« religiösen Pflichten. Im Mittelpunkt stehen die durch die Lande ziehenden und verkündigenden Prediger, denen es darum geht, das »gute Beispiel« eines herzensfrommen Muslims zu demonstrieren. Die Bewegung ist über die ganze Welt verbreitet: Malaysia, Indonesien, Singapur, Nordafrika (insbesondere Algerien). Von Indien und Pakistan aus gelangte die Bewegung nach Großbritannien, von Algerien aus gelangte sie in den 1970er Jahren vor allem nach Frankreich (Name der Bewegung: Foi et pratique).

Tabu: Polynesischer Begriff für Sachen, Orte oder Personen, die »verboten« sind, weil sie als »heilig« oder »gefährlich« gelten (vergleiche das Kapitel »Religionen in Ozeanien«).

Taiping (chines. »höchste Ausgewogenheit/ höchste Harmonie«): Begriff aus der Han-Zeit (206 v. Chr. – 220 n. Chr.), er bezeichnete den friedlichen Idealzustand, in dem die Kräfte des Universums und alle gesellschaftlichen Kräfte auf harmonisch-vollendete Weise zusammenwirken.

Taiping-Revolution: Chinesischer Bauernaufstand (1850 – 1854) mit agrarkommunistischen Zielen (Taiping).

Talmud (von »lamod« lernen): Bezeichnung für zwei große Literaturwerke: der Jerusalemer/Palästinensische Talmud ist im 4. Jahrhundert kodifiziert worden, der Babylonische Talmud erst um 500. Der Talmud zählt zur Gattung der Kommentarliteratur, die die Bibel deutet. Der Talmud besteht aus Mischna (s. d.), Gemara (s. d.).

Tanha (Pali »Durst, Gier, Verlangen, Begehren«): Zentraler buddhistischer Begriff für die Ursache des »Leidens« (→ duhkha).

Tantra/Tantrismus (Sanskrit »Gewebe«): Bezeichnung einer Sorte von Texten wie eines religiösen Systems. »Als Religion zielt Tantrismus auf die Verwirklichung (Erfahrung) der absoluten, göttlichen Einheit. Diese Einheit wird im Tantrismus als die Vereinigung zweier Aspekte, von Shiva und seiner → Shakti (»Kraft, Energie«), von männlichem und weiblichem Prinzip vorgestellt; es handelt sich also weder um einen → Monismus nach Art des → Advaita-Vedanta, noch um einen → Dualismus nach Art des Samkhya. Folge solcher Erfahrung und Verwirklichung wäre, aus den Fesseln von Leben, von Geburt und Tod, von Leid und Vergänglichkeit befreit zu sein« (Peter Schreiner). – Praktiken vor allem im tibetischen Buddhismus, die auf das direkte Erleben des erleuchteten Selbst durch → Symbole, Bilder, wiederholte Klänge, vorgeschriebene Bewegungen, Atemkontrolle und ritualisierte Sexualität hinzielen. Tantaistische Praktiken finden sich auch in anderen Teilen Asiens.

Tanzimat-Reform: Osmanische Verfassungs- und Verwaltungsreformen (1839 – 1876), welche u. a. die Gleichberechtigung der Nichtmuslime sichern und ihnen die vollen Bürgerrechte verschaffen wollten. Dies bedeutete zugleich die Abschaffung der »Kopfsteuer« und die Heranziehung zum Wehrdienst.

Tari Nembutsu: Die Haltung, sich auf den Hauptwunsch Amidas absolut zu verlassen, ohne selbst etwas zu tun. »Tariki« ist die Kraft desjenigen, der nicht »ich selbst« ist.

Tariqa (arab. »Art und Weise, Weg, Pfad, methode, Mittel, Glaubenssystem): Religiöse → Bruderschaft bzw. → Orden in der islamischen → Mystik (→ Sufismus).

Taufe: In den Religionen weit verbreiteter Reinigungs- und Einweihungsritus (→ rites de passage, → Ritus, → Sakrament). Das Sakrament der Aufnahme in die christliche Kirche. Das Untertauchen in Wasser im Namen des dreieinigen Gottes symbolisiert das Einssein des Täuflings mit Christi Tod und Auferstehung: Er stirbt als Sünder und wird auferweckt zu neuem Leben. Wenn Kinder getauft werden, sprechen Paten das Taufgelübde für das Kind, das es dann in der Konfirmation (→ Rites de passage) bestätigen soll.

Tauhid (arab. »Einheit«): Die grundlegende islamische Lehre von der Einheit Gottes. Er ist eins und ungeteilt, und niemand ist ihm gleich.

Tefillin: Gebetsriemen, die der orthodoxe männliche Jude beim Gottesdienst um den linken Arm und die Stirn bindet. Auf dem Stirnband befindet sich eine Kapsel, die vier Abschnitte aus der → Tora enthält.

Theogonie: → Mythos, der von Ursprung und Herkunft der Götter erzählt.

Theologie: 1. Systematische Formulierung des Glaubens durch oder für einen einzelnen, eine Kirche oder eine Gruppe von Gläubigen. 2. Das kritische Studium der Religion, besonders des Christentums. Studiert werden: Herkunft, Heilige Schriften (→ Bibel) und andere Texte, Leben, Ethik, Geschichte, Frömmigkeit.

Theosophie (Göttliche Weisheit): Bezeichnung verschiedener mystischer (→ Mystik) Richtungen, besonders aber der von Madame Blavatsky 1875 gegründeten Theosophischen Gesellschaft. Die Theosophie verbindet hinduistische, buddhistische und christliche Ideen. Sie lehrt insbesondere → Reinkarnation, Unsterblichkeit und die Gegenwart Gottes in allen Dingen. Die Theosophen glauben an die aufeinanderfolgende Reihe von Weltlehrern, die sich inkarniert (→ Inkarnation) haben, um den Menschen Ausdruck der göttlichen Weisheit zu vermitteln.

Theravada (Pali »Lehre der Ordensältesten«): Die einzig überlebende Schule des → Hinayana-Buddhismus.

Thomaschristen: Sammelbegriff für die Christenheit syrischer Kirchensprache an der südwestlichen Malabarküste Indiens, die ihren Ursprung auf den Apostel Thomas zurückführt.

Tijaniya: Islamische mystische Bruderschaft, verbreitet insbesondere in schwarzafrikanischen Staaten. Typisches Merkmal: eine sehr innige Beziehung zwischen den einzelnen Mitgliedern der Gemeinschaft über den religiösen Bereich hinaus.

Tora (hebr. »Lehre, Unterweisung): Im engeren Sinne die fünf Bücher Moses, die Hauptquelle jüdischen Rechts und jüdischer Ethik sind. Aus jüdischer Sicht ist die Tora eine Gnadengabe Gottes und Ausdruck seiner Willensoffenbarung (→ Offenbarung). Allgemein meint Tora die Gesamtheit aller Vorschriften der jüdischen Religion.

Transzendenz (lat. »Übersteigung, Überstieg«): Das Überschreiten der Grenzen der

Erfahrung, des Bewußtseins, des Diesseits – wobei dieser Überstieg auf ein Absolutes oder »Gott« hingedacht sein kann. Gegensatz zu Immanenz.

Totem (Odjibwa »Geschwisterverwandtschaft«): In verschiedenen ethnischen Religionen der Glaube einer zeitlich unbegrenzten Verbundenheit zwischen bestimmten Tieren (Totemtiere), Pflanzen oder auch Gegenständen und den Menschen.

Unterschieden werden: Individualtotemismus, Familien-, Clantotemismus und Totemismus der Stammeshälften. In der heutigen Ethnologie und Religionsforschung ist der Begriff und die auf evolutionistischen Vorstellungen beruhende Religionstheorie des »Totemismus« umstritten.

Viele bestreiten die Existenz einer solchen Religionsform und sprechen allenfalls von totemistischen Zügen in einzelnen Gesellschaftordnungen oder Mythologien

Trance: Dachbegriff für verschiedene schlafähnliche Bewußtseinzustände (Benommenheit, Schlafwandeln, Hypnose, Ekstase) mit anschließender Erinnerungslosigkeit.

Traum: Eine der Hauptoffenbarungsquellen (→ Offenbarung) für Individuen in den Religionen.

Tripitaka/Tipitaka (Sanskrit/Pali: »Dreikorb«), der Kanon der heiligen Schriften des Buddhismus.

Tschenresi (Chenresi): Tibetische Form des → Bodhisattva Avalokiteshvara, dessen Erbarmen gepriesen wird. In Tibet gilt er als Schutzpatron des »Schneelandes«. Zentrale buddhistische Ereignisse und Personen werden mit dem Wirken Tschenresis in Verbindung gebracht.

Als Inkarnation dieses bodhisattva wird der → Dalai Lama betrachtet. In China ist diese gnadenspendende Gottheit in weiblicher Gestalt als Guan Yin, in Japan als Kwannon bekannt.

Trinität: Die christliche Lehre von Gottes Einheit in den drei »Personen« Gott-Vater, Sohn und Heiliger Geist.

Übergangsriten → Rites de passage.

Ulama (arab. Mehrzahl von »alim«, »Rechtsgelehrter«): Im Islam bei Sunniten und Schiiten wichtige Persönlichkeit der Rechtssprechung. Sie legen die → Sharia aus und verteidigen die islamische → Orthodoxie.

Umma (arab. »Gemeinschaft«): Die Gemeinschaft der Muslime.

Unberührbare: Kastenlose (→ Kaste) Inder, vom normalen sozialen Leben ausgeschlossen. Mahatma Gandhi nannte sie harijans: »Kinder Gottes« und bemühte sich, sie ins öffentliche Leben zu integrieren.

Unitarier: Im europäischen und amerikanischen Protestantismus Gruppen, welche die Lehre von der → Trinität ablehnen. Die älteste Kirche ist die 1568 gegründete »Unitarische Kirche Siebenbürgens und Ungarns«. Die 1825 gegründete »American Unitarian Association« vereinigte sich 1961 mit liberalchristlichen Gemeinschaften in der »Unitarian Universalist Association«. Die Unitarier Deutschlands haben Wurzeln im religiösen Liberalismus, aber auch in der völkischen Bewegung. Alle Unitariergruppen sind mit religiösen Gruppen nichtchristlicher Herkunft (aus Indien und Japan) vereinigt in der IARF (=International Association for Religious Freedom«).

Uphanishaden (Sanskrit »dabeisitzen«: Das Verhältnis zwischen → Guru und Schüler, dem eine esoterische Weisheitslehre übermittelt wird). Upanishaden sind die letzten Bücher der indischen Veden (Vedanta), verfaßt zwischen 800 und 400 v. Chr. Sie entwickelten die Vorstellung des brahman als der heiligen Kraft in den → Opfern so weit, daß es zur Wirklichkeit des Universums wurde. Der atman wird mit brahman identifiziert. Die Upanishaden enthalten auch Spekulationen, wie die Seele durch kontemplative Techniken ihres Einsseins mit brahman bewußt werden kann. Kein abgeschlossenes Corpus religiöser Literatur; denn bis in die Gegenwart werden Upanishaden verfaßt. Sie stellen die Grundlage der hinduistischen (Religions-) (Philosophie dar.

Upekkha (Pali »Gleichmut«): Neben → metta, → karuna (s. d.) und → mudita eines der »vier Unermeßlichkeitsgefühle«, die in der → Meditation erweckt werden. Upekkha ist der Zustand des Gleichmuts, in dem weder Freude noch Leid herrschen, der Geist sich im Gleichgewicht befindet und über alle Unterscheidungen erhaben ist.

Utraquisten: Vertreter des gemäßigten Flügels der Hussiten (15. Jahrhundert), die das → Abendmahl in »beiderlei Gestalt« (sub utraque specie) feiern wollten, also mit Hostie und Kelch.

Vairocana: Ehrenname der Sonne in der alten Hindu-Mythologie. Im → Mahayana Name eines der großen Buddhas. In Java und in der japanischen Shingon-Sekte wird er als der höchste Buddha angesehen. Er wird mit der Sonnengöttin Amaterasu im Shintoismus gleichgesetzt, was die Enwicklung von Ryobu Shinto förderte.

Vajrayana (Sanskrit »Diamant-Fahrzeug«): Vor allem in Tibet (auch: China, Japan) vertretene Sonderrichtung des → Mahayana-Buddhismus, die sich um die Mitte des ersten Jahrtausends n. Chr. entwickelte.

Varna (Sanskrit »[Haut]farbe«): Ursprüngliche Bezeichnung für die vier klassischen → Kasten, die noch auf dem Gegensatz der Hautfarbe zwischen den hellhäutigen Ariern und den dunkelhäutigen Ureinwohnern Indiens, den Draviden, hinweist.

Veda/Veden (Sanskrit [heiliges] »Wissen«): Bezeichnung für die ältesten Heiligen Schriften des Hinduismus, die aus mehreren Einzelschriften bestehen und die Religion der Arier in Indien widerspiegeln (vergl. das Kapitel »Hinduismus«)

Vedanta (Sanskrit »Ende der Veden«): 1. Name für die → Upanishaden, die letzte → Offenbarung im Hinduismus. 2. Auf der Lehre Shankaras (788–820 n. Chr.) beruhende indische Philosophie: Nur brahaman, das Absolute, gilt als real.

Die Welt der Sinne wird als widersprüchlich und traumhaft bezeichnet, weil sie maya (»Illusion«) ist. Die Vedanta-Philosophie gehört zu den bemerkenswertesten Formen der Hindu-Philosophie und hat wohl die meisten neuen Hindu-Denker beeinflußt.

Vihara (Sanskrit/Pali »Aufenthaltsort«): Wohnplatz für die Mitglieder der buddhistischen → Sangha. Heute auch Bezeichnung für buddhistische Tempel und Klöster.

Vision: Grundform religiöser Erfahrung. Erscheinung vor dem geistigen Auge, inneres Schauen, das sich meistens auf örtlich Entferntes oder zeitlich Künftiges richtet. Vielfach sind Hör- und Seherfahrungen (→ Audition) miteinander verbunden.

Volksfrömmigkeit/Volksglaube: Heute oft »populare Religiosität« genannt und der »offiziellen Religion« gegenübergestellt. Nach F. Isambert zählen hierzu: 1. traditionelle Kult- und Glaubensformen, 2. marginale Glaubensformen und religiöse Praktiken, 3. religiöse Massenphänomene, 4. die Festreligion, 5. die Verbundenheit mit gewohnten liturgischen Formen.

Volkskirche: Unscharfer Begriff für die hauptsächliche Form des kirchlichen Lebens in Deutschland und einigen westeuropäischen Staaten sowie den skandinavischen Ländern. Der Begriff suggeriert, daß alle Mitglieder des Volkes durch Geburt zur Kirche gehören, obwohl es sich nur um die Getauften (→ Taufe) handelt. Aufgrund der engen Verbindung von Kirche und Staat ist bis heute die überwiegende Mehrheit aller Deutschen Mitglied der Volkskirche.

Volksreligion: In der Begrifflichkeit Gustav Menschings (Volksreligion und Weltreligion, 1938) eine der beiden grundlegenden Strukturen der Religion(en). Volksreligionen sind auf ein »Volk« (besser: → Ethnie) beschränkt, dessen Gottheiten Gemeinschaften wie Familie, Sippe, Stamm, Volk zugeordnet und auf sie begrenzt sind. In den Volksreligionen ist grundsätzlich das Heil vorgegeben und muß durch → Kult aufrecht erhalten werden (Gegensatz: Universalreligion).

Voodoo: Religion von 90% der nominell katholischen Bevölkerung von Haiti, aber auch sonst in der Karibik verbreitet. »Voodoo« ist von einem westafrikanischen Gottesnamen abgeleitet. Der Kult ist synkretistisch (→ Synkretismus). Westafrikanische Gottheiten werden angebetet (Shango), oft als katholische Heilige.

Wahhabiten: Anhänger der Lehre Muhammad ibn Abdal-Wahhabs (1703/04 – 1792). Reformbewegung, die aus der hanbalitischen Rechtsschule hervorging. Die Wahhabiten unterstreichen vor allem die Einheit Gottes, lehnen Neuerungen strikt ab. Der Wahhabismus ist heute noch Staatsreligion Saudi Arabiens.

Waqf (arab. »fromme Stiftung«): Islamische Institution, die in manchen islamischen Staaten heute noch bzw. wieder erhebliche wirtschaftliche und soziale Bedeutung genießt.
Wiedergeburt → Reinkarnation.
World Fellowship of Buddhists: 1950 in Sri Lanka von G. P. Malaleskera gegründete Gesellschaft mit dem Ziel, Buddhisten aller Traditionen und Nationen einander nahezubringen, um den Buddhismus in der ganzen Welt verbreiten zu können.
Wunder: Nach Gustav Mensching (»Das Wunder im Glauben und Aberglauben der Völker«, 1957) »solche Ereignisse in Natur- und Weltgeschehen, die im Menschen die Begegnung mit dem Heiligen vermitteln. Das Entscheidende im Wunderereignis ist daher nicht seine wissenschaftliche Unerklärbarkeit, die sowieso mit Sicherheit nie festzustellen ist, sondern die in staunender Ergriffenheit erlebte Beziehung solcher Ereignisse auf die Gottheit und ihre Macht«.

Yad Vaschem (hebr. »Märtyrer und Heldenerinnerung«): Der Name geht zurück auf Jesaja 56,5. Nationale israelische Gedenkstätte, die an den →Holocaust, den Völkermord an sechs Millionen Juden erinnert.
Yangban-Kultur: Kultur der herrschenden Elite und Adelsklasse in Korea. Gegenstück: Minjung-Kultur.
Yantra (Sanskrit »Stütze, Instrument«): Mystisches (→ Mystik) Diagramm. Symbol des Göttlichen, verwendet insbesondere im → Tantrismus.
Yoga (Sanskrit [von der Verbalwurzel »yuj«, »einspannen, anschirren, anjochen, vereinigen«]): Umfaßt »das gesamte Spektrum von Übungstechniken, Heilswegen und philosophischen Systemen« (Christian Fuchs). Im Sinne der Katha-Upanishad 3,4 (»Die Sinne sind die Pferde«) wurde der konkrete Gedanke des Anjochens von Zugtieren vor einem (Kampf-) Wagen allegorisch als Zügelung des Geistes verstanden. In dieser Bedeutung wurde Yoga zum Dachbegriff für verschiedene indische Heilswege, die unter Verwendung psychophysischer Techniken nach »Befreiung« streben. (Vergleiche das Kapitel »Hinduismus«)
Zaddik: Jüdischer Lehrer des späten → Chasidismus. Der Zaddik wurde als der vollkommen gerechte Mensch angesehen, der in mystischer Verbindung zu Gott lebte. Sein Haus wurde der Treffpunkt der Chasidim.
Zaiditen: Richtung der → Schia, die auf Zaid ibn Ali, einen Urenkel Ali ibn Abi Talibs (Vetter und Schwiegersohn Muhammads durch seine Ehe mit Fatima) zurückgeht. Zaid wurde 739/40 n. Chr. in Kufa (Irak) bei einem Aufstand gegen die → Omaiyaden getötet. Die Zaiditen erkennen im Unterschied zu den → Zwölferschiiten keine Erbfolge von → Imamen an. Auch wurde die → Mahdi-Lehre nicht übernommen. Alle männlichen Nachkommen Alis und Fatimas können unter bestimmten Voraussetzungen Anspruch auf das Imamat erheben.
Zakat (arab. »Reinigungsabgabe«): Vierte Grundpflicht des Muslims. Es handelt sich um eine religiöse »Pflichtabgabe« auf verschiedene Güter und Waren. Empfänger sind nach dem Koran 9,60: Arme, Bedürftige, Reisende, freigelassene Sklaven und diejenigen, die sich in einem gerechten Kampf befinden. Auch heute ist die Zakat ein wichtiger Bestandteil des Sozialsystems.
Zar-Kult: Bei diesem Ritual (Verbreitungsgebiet: Niltal) steht die Beschwörung der jinn (arab. »Geist«) im Mittelpunkt, die den Menschen belästigen, in den sie gefahren sind. Eine erfahrene Frau leitet die zar-Gruppe. Der wichtigste Teil des komplexen Rituals ist ein meist mit den Besessenen gemeinsam ausgeführter Tanz, entweder in dessen eigener Wohnung oder in besonderen Gruppenräumen. Aus islamischer Sicht oft als shirk (Götzendienst) verurteilt, ist der zar-Kult im heutigen Ägypten von Bedeutung. Die an Heiligengräbern verbotenen zar-Rituale sollen den jinn mit Hilfe des von dieser Stätte ausgehenden geheimnisvollen → Segens besänftigen.
Zazen: (japan. wörtl. »Sitzen« in »Versunkenheit«): Meditative Sitzhaltung im Zen-Buddhismus.
Zeitrechnung → Kalender.
Zeugen Jehovas → Jehovas Zeugen.
Zionismus: Von Nathan Birnbaum 1890 geprägter Begriff, der vom Jerusalemer Tempelberg »Zion« abgeleitet ist. Durch das Engagement von Theodor Herzl wurde der Begriff zu einem politischen Programm. Ziel war zunächst die Schaffung einer Heimstätte in Palästina. Dem heutigen Zionismus geht es um die Stärkung des Staates Israel, die Erhaltung jüdischer Volkseigenart sowie um den Schutz jüdischer Rechte in der ganzen Welt.
Zölibat: Ehelosigkeit und geschlechtliche Enthaltsamkeit von Priestern, Mönchen und Nonnen in der römisch-katholischen Kirche, ebenfalls in Buddhismus und Jainismus.
Zwölferschiiten: Die bedeutendste Richtung der Schiiten. Sie lehrte, daß der 12. Imam, Muhammad al-Mahdi, verschwand und am Ende der Zeit als mahdi zurückkehren wird (→ Ismaliliten).

REGISTER